Praxishandbuch Kongress-, Tagungs- und Konferenzmanagement

Claus Bühnert · Stefan Luppold
(Hrsg.)

Praxishandbuch Kongress-, Tagungs- und Konferenzmanagement

Konzeption & Gestaltung, Werbung & PR,
Organisation & Finanzierung

Herausgeber
Claus Bühnert
Kongressentiell
Neulingen, Deutschland

Stefan Luppold
Duale Hochschule Baden-Württemberg
Ravensburg, Deutschland

ISBN 978-3-658-08308-3   ISBN 978-3-658-08309-0   (eBook)
DOI 10.1007/978-3-658-08309-0

Die Deutsche Nationalbibliothek verzeichnet diese Publikation in der Deutschen Nationalbibliografie;
detaillierte bibliografische Daten sind im Internet über http://dnb.d-nb.de abrufbar.

Springer Gabler
© Springer Fachmedien Wiesbaden GmbH 2017

Gedruckt auf säurefreiem und chlorfrei gebleichtem Papier

Springer Gabler ist Teil von Springer Nature
Die eingetragene Gesellschaft ist Springer Fachmedien Wiesbaden GmbH
Die Anschrift der Gesellschaft ist: Abraham-Lincoln-Str. 46, 65189 Wiesbaden, Germany

Vorwort der Herausgeber

Das Management von Kongressen, Tagungen und Konferenzen befindet sich in einem Kraftfeld zwischen Dienstleistungsmarketing und Projektmanagement. Auf der einen Seite steht ein erweiterter Mix von acht Marketinginstrumenten für die Handlungsfelder, auf der anderen Seite geht es entlang von Definition, Planung, Realisierung und Abschluss primär um Aufgabenbündel, Prozessschritte und Timing. Aus dieser Konstellation heraus ist die Idee zu diesem Praxishandbuch entstanden und die ganzheitliche Betrachtung – sowohl praxisorientiert als auch wissenschaftlich fundiert – ist die logische Schlussfolgerung daraus. Die Kombination von Grundlagen, Spezialwissen und Querschnittsthemen ist dabei dem Bildungsauftrag in einer Branche geschuldet, in der zunächst über Jahrzehnte nahezu alles Fachwissen in der Praxis entstand, das aber seinen Weg in die Berufsschulklassen und schließlich in die Hörsäle erst viel später fand. Mittlerweile ist Kongressmanagement zu einer wissenschaftlichen Disziplin geworden, deren Dynamik noch zusätzlich von vielen neuen Themen rund um Kongresse, Tagungen und Konferenzen gesteigert wird. Das führt auch dazu, dass im Praxisalltag, ursprünglich alleiniger Quell des Wissens auf diesem Fachgebiet, der Innovationsdruck zunimmt. Die Herausforderungen betreffen Veranstalter, Locations und alle beteiligten Dienstleister gleichermaßen. Aus deren jeweiliger Perspektive werden die Themen in den folgenden Kapiteln betrachtet.

Dieses Praxishandbuch ist analog zu den Instrumenten des Dienstleistungsmarketings gegliedert:

- Product (Plattformen und Marktteilnehmer, Formate und Gestaltung)
- Price (Finanzierung und Risikomanagement, Recht und Regelwerke)
- Place (Wissen und Daten, Interaktion und Wellenbewegungen)
- Promotion (Werbung und Public Relations, Inhalte und Transformation)
- Personnel (Akteure und Berufsbilder, Führung und Teams)
- Process (Projektarbeit und Prozesssteuerung, Kundenzufriedenheit und Bauchgefühle)
- Physical Facilities/Environment (Locations und Technik, Infrastruktur und Sicherheit)

und (was sich noch nicht in allen Lehrmeinungen etabliert hat)
- Productivity & Quality (Interaktion und Partizipation, Lernen und Mehrwert)

Das Dienstleistungsmarketing liefert demnach die ‚Blaupause'. Denn Marketing findet bekanntlich nicht erst am Ende des Herstellungsprozesses statt, sondern ist dauerhafter Begleiter im Produktzyklus. Das gilt im übertragenen Sinne auch für Dienstleistungen bzw. das Kongress-, Tagungs- und Konferenzmanagement. Und noch etwas anderes wird aus dem Wording dieser sogenannten „8 P's" deutlich: der globale Einfluss. Kongress-, Tagungs- und Konferenzmanagement ist kein Binnenthema mehr, sondern bekommt zahlreiche Impulse aus vielen Teilen der Welt, vor allem aus Nordamerika. Zugleich aber entsteht ein höherer Wettbewerbsdruck, der aufgrund unterschiedlicher politischer Kulturen auch zu Ungleichgewichten bei den Startvoraussetzungen führt, was sich an staatlichen Fördertöpfen beziffern oder beispielsweise in den Kongresstempeln im arabischen Raum und in Asien besichtigen lässt.

Zwischenruf

Ein Blick in das lateinische Vokabular besagt, dass „congressus" schlicht von „Zusammenkunft" abgeleitet ist. Nun – das kann jede Form des Aufeinandertreffens bedeuten. Kein Wunder also, dass es unterschiedliche Auffassungen gibt, was ein Kongress ist und wie er ‚geht'. Wie so oft im Leben steckt auch hier in allem ein Stück Wahrheit. Und es ist die Kunst, die Mosaiksteinchen zu einem Ganzen zusammen zu fügen, damit ein vollkommenes Bild erkennbar wird. Alles andere als Deutungshoheit, sondern die Wahrnehmung der unterschiedlichen Kompetenzen und Perspektiven. Oder mit anderen Worten: die Abbildung der Kongress- und Tagungsbranche mit ihren Eigenheiten, die übrigens auch zum Schmunzeln, aber auch zum Widerspruch verleiten können. Denn neben der kunterbunt werdenden Sprachfärbung per Anglizismen verwenden die Insider munter Begriffe, die Außenstehende entweder gar nicht verstehen oder eben ganz anders. „PAX" beispielsweise deutet nicht auf organisationsimmanente Friedfertigkeit hin, sondern meint lediglich eine (maximale) Anzahl Personen auf Plätzen. Und wenn ein „Supplier" (Sammlungsbegriff u.a. für Kongresszentren, Destinationen, PCO's) von „Kunden" spricht, ist stets der Veranstalter gemeint, nicht aber die Teilnehmer von dessen Veranstaltung. Gewiss, dies signalisiert gelebte Kundenorientierung. Gleichwohl ist der „Kunde Veranstalter" eher Partner, wenn auch Auftrag gebender und damit am Ende formal Kunde. Bei genauerer Betrachtung handelt es sich sogar bei den meisten dieser Beziehungen unausgesprochen um sogenannte „PPPs" – Public-Private-Partnerships. Entweder steht hinter dem Versammlungsort die öffentliche Hand oder der Veranstalter ist eine öffentliche resp. gemeinnützige Institution. Und das fügt sich wiederum ein in das gemeinsame Streben von Politik, Wirtschaft, Wissenschaft und Gesellschaft: Aus-, Fort- und Weiterbildung in vielfacher und vielfältiger Weise anzubieten.

Der Anspruch dieses Praxishandbuchs auf Ganzheitlichkeit berührt zugleich drei wesentliche Charaktermerkmale des Kongressgeschehens hierzulande:

- differenzierte Bedeutung und individuelle Auswirkungen der Kongressbranche für Wissenschaft, Wissensgesellschaft und Wirtschaft und daraus abgeleitet auch der (bildungs-) politische Stellenwert
- der Beruf Kongressmanager vor dem Hintergrund eines heterogenen Spektrums von Spezialisten, Generalisten, Quereinsteigern, Studierten und Ausgebildeten
- die ‚Diversity' der Aufgabenträger in einem Projekt namens Kongress, u.a. die Stabsabteilungen in der Industrie, klein- u. mittelständische Agenturen, öffentliche Einrichtungen/Dienststellen, Verbandsgeschäftsstellen, temporäre Projektteams/ Ehrenamtliche

Spätestens an dieser Stelle wird klar, dass der Wissensbedarf ein unterschiedlicher ist, was für die Inhalte des Praxishandbuchs ausschlaggebend war. Womit außerdem die Herkunft der Autorinnen und Autoren vorbestimmt wurde, nämlich sowohl Brancheninsider als auch Experten benachbarter Disziplinen. In der Summe ist damit ein Ensemble aus Themen geschaffen worden, die einerseits Kern des Kongress-, Tagungs- und Konferenzmanagements sind, andererseits von außen darauf einwirken. Eine Fülle, durch die geführt sein will. Jeder Beitrag startet deshalb mit einer Zusammenfassung, zusätzlich erleichtert ein Stichwortverzeichnis mit Begriffshierarchien das Auffinden von gesuchten Inhalten. Darüber hinaus geben die Autorinnen und Autoren noch einen kurzen Einblick in ihre ganz persönliche Gedankenwelt bzw. in ihre Verbindung zum jeweiligen Thema.

Von den ersten Überlegungen, über das inhaltliche Konzept und die Beiträge bis hin zur Herstellung sind mehr als vier Jahre vergangen. Ein Großprojekt, das am Ende niemals ohne die aktive Mitwirkung und Unterstützung so vieler zustande gekommen wäre. Unser besonderer Dank gilt daher und natürlich allen Autorinnen und Autoren, unserer Lektorin Kristina Folz sowie Imke Sander und Rolf-Günther Hobbeling vom Springer Gabler Verlag. Und unsere Reminiszenz gilt den Pionieren der deutschen Kongressbranche – unsere großen Erwartungen wiederum sind an den forschen(den) Berufsnachwuchs gerichtet.

Oktober 2017

Claus Bühnert
Prof. Stefan Luppold

▶ Genderformel: Bei allen Bezeichnungen in diesem Buch, die auf Personen bezogen sind, meint die gewählte Formulierung beide Geschlechter, auch wenn aus Gründen der leichteren Lesbarkeit die männliche Form steht.

Inhaltsverzeichnis

Teil I

Plattformen und Marktteilnehmer, Formate und Gestaltung

Treffpunkt Deutschland

Weltweit eine erste Adresse für Kongresse und Tagungen

Matthias Schultze

Zusammenfassung

Deutschland ist ein weltweit führendes Ziel für Kongresse und Tagungen mit einer großen Vielfalt an Veranstaltungsstätten, Dienstleistern und Kunden. Dabei steht die Veranstaltungsbranche in einer positiven Wechselwirkung mit Wirtschaft, Wissenschaft und Forschung – Bereiche, in denen Deutschland weltweit einen hervorragenden Ruf genießt. In besonderem Maße hat Deutschland als Kongress- und Tagungsstandort zudem vom Zusammenwachsen Europas seit Beginn der Neunzigerjahre profitiert. Die Zukunft der Veranstaltungsbranche wird geprägt sein von umfassenden, internationalen und auf alle Lebens- und Arbeitsbereiche wirkenden Megatrends: Die Wichtigsten unter ihnen sind Technisierung, Globalisierung, Mobilität, demografischer Wandel und Nachhaltigkeit. Mit einer Fülle an Veranstaltungsstätten sowie zahlreichen Dienstleistern hat die Kongress- und Tagungsbranche hierzulande an Bedeutung und Wahrnehmung merklich zugenommen. Längst ist der Kongress- und Tagungsmarkt in Deutschland ein Antriebselement in der Volkswirtschaft geworden.

Vorbemerkung des Autors

Kongresse, Tagungen und Events sind Plattformen für den Austausch von Erfahrungen und Ideen. Sie fördern Innovation, Wissenstransfer sowie Aus-, Fort- und Weiterbildung. Sie dienen der internationalen Völkerverständigung, spiegeln die

M. Schultze (✉)
Frankfurt, Deutschland
E-Mail: schultze@gcb.de

© Springer Fachmedien Wiesbaden GmbH 2017
C. Bühnert und S. Luppold (Hrsg.), *Praxishandbuch Kongress-, Tagungs- und Konferenzmanagement,* DOI 10.1007/978-3-658-08309-0_1

internationale und nationale Gesellschaft und setzen Impulse für politische, wirt-schaftliche, wissenschaftliche und soziale Prozesse.

Das GCB German Convention Bureau e. V. positioniert Deutschland im inter-nationalen Wettbewerb um Kongresse und Tagungen mit einem deutlichen Profil als nachhaltiges, wirtschaftlich und wissenschaftlich kompetentes sowie innovati-onsstarkes Ziel. Damit wird gewährleistet, dass die inhaltliche Zielsetzung einer Veranstaltung einen hohen Deckungsgrad mit dem Austragungsort erreicht und dadurch mehr Gewicht erhält.

1   Globale Dynamik und gefestigte Wettbewerbsposition

Deutschland ist – seit Jahrzehnten – ein weltweit führendes Ziel für Kongresse und Tagungen: Laut International Congress & Convention Association (ICCA) nimmt Deutschland als Standort internationaler Verbandskongresse bereits seit dem Jahr 2005 die Spitzenposition in Europa ein und rangiert weltweit nach den USA auf Platz zwei. Die Zahl der für die ICCA-Statistik erfassten internationalen Verbandskongresse in Deutschland lag im Jahr 2014 bei 659, die USA kamen auf 831 Kongresse. Spanien folgte mit 578 gezählten Veranstaltungen auf Platz 3 (ICCA 2015, S. 13).

Die Anzahl internationaler Gäste bei Veranstaltungen in Deutschland nimmt seit Jah-ren stetig zu: Laut „Meeting- & EventBarometer Deutschland" hat sie sich von 14,3 Mio. im Jahr 2006 auf 27,7 Mio. im Jahr 2015 fast verdoppelt (EITW 2016, S. 7).

Die internationalen Quellmärkte sind wichtige Wachstumstreiber für die deutsche Kongress- und Tagungsbranche: Neben Deutschland als wichtigem Quellmarkt, den tra-ditionellen internationalen Quellmärkten wie Europa und den USA sowie dem wichti-gen neuen Quellmarkt China rücken auch die weiteren BRIC-Staaten Brasilien, Russland und Indien als potenzielle Zukunftsmärkte in den Fokus. Diese Destinationen stellen nicht nur potenzielle Quellmärkte für Kongresse und Tagungen in Deutschland dar, son-dern als Gastgeber von Veranstaltungen auch eine wachsende Konkurrenz.

Das GCB positioniert als Repräsentant und Impulsgeber der deutschen Veranstal-tungsbranche sowie als Unterstützer seiner Mitglieder und Partner den Standort im internationalen Wettbewerb mit einem eindeutigen Profil: Neben der Vermarktung Deutschlands mit klassischen Faktoren wie der hervorragenden Infrastruktur, den hohen Kapazitäten, der guten Erreichbarkeit sowie dem sehr guten Preis-Leistungs-Verhältnis stehen die folgenden drei Leitthemen im Zentrum sämtlicher Marketingaktivitäten:

• Die Kompetenzen der deutschen Städte und Regionen in wichtigen Branchen aus Wirtschaft und Wissenschaft, die mit relevanten Kontakten oder thematisch passenden Rahmenprogrammen ideale Kontexte für Kongresse und Tagungen bieten.

- Die Angebote Deutschlands im Bereich *„Sustainable Meetings"*[1], die zunehmend nachgefragt werden.
- Die Zukunftsfähigkeit und Innovationskraft der deutschen Kongress- und Tagungsbranche.

2   Motor für Millionen von Menschen

Nach den Ergebnissen des „Meeting- & EventBarometers" besuchten im Jahr 2015 insgesamt 393 Mio. Teilnehmer rund 3,06 Mio. Veranstaltungen in Deutschland (EITW 2016, S. 4). Mehr als die Hälfte davon entfällt auf das Segment der Kongresse, Tagungen und Seminare. Hinzu kommen mit jeweils um die neun Prozent Anteil Kultur- und Sportveranstaltungen, Feste, lokale Veranstaltungen, soziale Events sowie in geringeren Anteilen Ausstellungen, Präsentationen und sonstige Veranstaltungen.

Die insgesamt 7208 Veranstaltungsstätten gliedern sich auf in Tagungshotels (3305), Eventlocations (2119) sowie Kongresszentren (1784). Auf der Anbieterseite im deutschen Kongress- und Tagungsmarkt kooperieren private Unternehmen – darunter Tagungshotels, Professional Congress Organisers (PCO) sowie eine Vielfalt an Dienstleistern für Technik, Catering oder Transport – mit den öffentlich getragenen kommunalen Kongresszentren und den städtischen Convention Bureaus, um in losen oder formellen Netzwerken gemeinsam für ihren jeweiligen Standort Veranstaltungen zu akquirieren.

Auf der Kundenseite stehen nationale und internationale Veranstaltungsplaner aus Agenturen, Verbänden und Unternehmen.

Auch beim Blick auf den Geschäftsreisemarkt zeigt sich Deutschlands Spitzenrang: In Europa ist Deutschland seit mehreren Jahren das führende Geschäftsreiseziel. Dabei verzeichnen im Segment der „promotablen" Geschäftsreisen vor allem die durch Kongresse und Tagungen motivierten Reisen deutliche Zuwächse.

3   Wegmarken eines traditionellen Kongresslandes

Die heute knapp 1800 Veranstaltungs- und Kongresszentren in zahlreichen Städten Deutschlands setzen eine lange Tradition fort: Bereits im Jahr 1447 erhielt Köln mit dem Gürzenich ein städtisches Festhaus für unterschiedliche Veranstaltungen. Viele der heute als Kongresszentren genutzten Gebäude entstanden um 1900. Eine Zäsur stellte der

---

[1]Veranstaltungen, die bei der Umsetzung an Umweltgesichtspunkten (auch „Green Meetings" genannt) sowie an sozial-ethischen und ökonomischen Erwägungen (Corporate Social Responsibility/CSR) und nicht zuletzt an ökonomischen Vorzeichen (z. B. Ressourceneffizienz) orientiert sind.

Zweite Weltkrieg dar: wie in allen Bereichen von Wirtschaft, Forschung und Gesellschaft auch bei den Strukturen für Kongresse und Tagungen.

Nach Gründung der Bundesrepublik gab es in Deutschland lediglich kleinere nationale Kongresse und Symposien. Die traditionsreichen wissenschaftlichen Fachgesellschaften bemühten sich, ihre Arbeit wieder aufzunehmen. So veranstaltete die Deutsche Gesellschaft für Innere Medizin bereits 1948 ihren ersten Kongress in der neuen Ära, ab 1949 trafen sich die Kardiologen jährlich. Ab Mitte der Sechzigerjahre nahm das wissenschaftliche Leben Fahrt auf. Flankierend fanden wieder erste internationale Symposien sowie Kongresse und Tagungen der Wirtschaft statt – sie dienten nicht nur dem fachlichen Austausch, sondern hatten große Bedeutung für die Wiedererlangung von Vertrauen in die junge Bundesrepublik.

Auch der technische Fortschritt, insbesondere in den Kommunikations- und Transporttechnologien, trug dazu bei, die Bundesrepublik nach ihrer Gründung weltweit als beliebte Gastgebernation zu etablieren. Unter anderem die beiden Gründungsmitglieder des GCB, die Lufthansa und die Deutsche Bahn, trugen mit Linienflügen ab 1955 beziehungsweise mit neuen Strecken und schnelleren Zügen in den Siebzigerjahren zum Aufstreben des Standorts bei.

Ein entscheidender Schritt auf dem Weg Deutschlands zur internationalen Kongressdestination war der Bau der ersten großen Kongresszentren Congress Center Hamburg (CCH) und Internationales Congress Centrum Berlin (ICC). Seit Mitte der Siebzigerjahre machten so verstärkt internationale Kongresse und Tagungen wieder in Deutschland Station: Im Jahr 1980 fanden allein im CCH 15 herausragende Weltkongresse statt.

Ein prägendes Ereignis auch für die deutsche Kongress- und Tagungsbranche war schließlich die Wiedervereinigung Deutschlands. Spätestens in den Neunzigerjahren galt Deutschland wieder als führender Kongressstandort in Europa: Zwischen 1990 und 1999 fanden hier laut ICCA 1992 Verbandstagungen statt, im Zeitraum von 2000 und 2011 lag ihre Gesamtzahl bereits bei 5557. Nach dem Fall von Mauer und Stacheldraht wuchs Europa enger zusammen, es entstand ein immer größerer Bedarf an Erfahrungsaustausch, Koordinierung und Interessenvertretung, von dem Deutschland mit seiner Lage in der Mitte Europas profitieren konnte.

4   Kongresse und Tagungen von morgen und übermorgen

4.1   Megatrends auf dem Kongressmarkt

Damit sich der Standort Deutschland im internationalen Wettbewerb um Kongresse und Tagungen auch in Zukunft an der Weltspitze behaupten kann, ist es wichtig, künftige Entwicklungen abschätzen und ihnen aktiv begegnen zu können – gemäß dem Leitsatz von Perikles: „Es kommt nicht darauf an, die Zukunft vorauszusagen, sondern darauf, auf die Zukunft vorbereitet zu sein."

Um die Frage zu beantworten, wie sich zukünftig Kongresse, Tagungen, Meetings und Events entwickeln und welche Herausforderungen sich daraus für die Infrastruktur von Veranstaltungsorten sowie für die Organisation und Durchführung von Veranstaltungen ergeben, hat das GCB im Jahr 2013 gemeinsam mit zahlreichen Partnern die Studie „Tagung und Kongress der Zukunft" initiiert, beim IZT (Institut für Zukunftsstudien und Technologiebewertung Berlin) in Auftrag gegeben und im Herbst desselben Jahres veröffentlicht (GCB 2013).

Die Studie, die relevante Entwicklungen bis zum Jahr 2030 skizziert, basiert auf dem in der wissenschaftlich fundierten Zukunftsforschung bedeutenden Konzept der Megatrends: Transformationen, die sich über mehrere Jahrzehnte erstrecken, in allen Lebensbereichen wirken und einen grundlegend globalen Charakter haben. Im Rahmen der Studie wurden vor allem fünf Megatrends identifiziert, die in besonderem Maße die Kongress- und Tagungsbranche beeinflussen werden: an erster Stelle die Technisierung der Arbeits- und Lebenswelten, gefolgt von den Megatrends „Globalisierung und Internationalisierung", „Mobilität", „Nachhaltige Entwicklung" sowie „Demografischer Wandel".

4.1.1 Technisierung der Arbeits- und Lebenswelten

Im Zuge der Technisierung der Arbeits- und Lebenswelten schreitet auch die Technisierung der Ausrichtungsstätten von Kongressen und Tagungen stetig voran. Sensoren, Bedienelemente und andere technische Einheiten im Gebäude werden miteinander vernetzt und automatisiert. Das Ziel ist dabei, Komfort und Sicherheit zu erhöhen und zugleich den Energieverbrauch zu reduzieren. Vor dem Hintergrund der demografischen Entwicklung gilt es zudem, die Bedürfnisse älterer Menschen mehr und mehr zu berücksichtigen. Neben den entsprechenden baulichen Maßnahmen spielt dabei die Automatisierung des Gebäudes beziehungsweise seiner einzelnen Bestandteile eine wesentliche Rolle.

Verstärkt werden neue Kollaborationstechniken Einzug in die Organisation von Kongressen und Tagungen halten. So könnten etwa holografisch dargestellte Referenten oder andere Personen, die nicht real vor Ort sind, nahezu real wahrgenommen werden. Auch große Exponate auf Messen oder Ausstellungen könnten mithilfe von Holografie live gezeigt werden, ohne ihren Standort wechseln zu müssen. Ein weiteres Beispiel ist der digitale Dolmetscher, der unabhängig von realen Dolmetschern eine spontane Interaktion ohne Sprachbarrieren ermöglicht. Gemeinsame Projektarbeit von unterschiedlichen Orten aus bietet die Bluescape-Technik (ein Hightech-Display, auf das man von überall zugreifen kann und das handschriftliche Notizen mit digitalen Features verbinden kann), die ebenfalls zu den neuen, innovativen Kollaborationstechniken zählt.

4.1.2 Globalisierung und Internationalisierung

Mit der Globalisierung verstärkt sich der internationale Wettbewerb mit den bisherigen Konkurrenten der deutschen Kongress- und Tagungsbranche. Hinzu kommen weitere Destinationen, wie z. B. Brasilien, China, Indien und Russland. Zunächst werden diese vor allem regional begrenzte Anziehungswirkung haben, je nach internationaler Ausrichtung dann aber auch globale Attraktivität entwickeln – zumal angesichts der wachsenden Wirtschaften und der für Kongresse und Tagungen besonders relevanten wachsenden Mittelschichten jener Regionen. Demnach bieten die ausländischen Märkte laut Analysen der Deutschen Zentrale für Tourismus e. V. das Potenzial für insgesamt 121,5 Mio. Übernachtungen im Jahr 2030 – über 60 % mehr als im Jahr 2014 (DZT 2014, S. 3). Vor diesem Hintergrund hat die Bearbeitung wichtiger Märkte weltweit große Bedeutung für die künftige Entwicklung der deutschen Kongress- und Tagungsbranche. Erwartungsmuster, Sprachen, kulturelle Verhaltensweisen sowie Kommunikations- und Interaktionsformen werden bei der Organisation erfolgreicher Kongresse und Tagungen zukünftig zu einem noch bedeutenderen Faktor werden.

4.1.3 Mobilität der Zukunft

Mobilitätskosten für die An- und Abfahrt sind für alle Beteiligten von Kongressen und Tagungen eine besonders relevante Größe. Dies wird vor allem dann spürbar werden, wenn Kosten steigen. Aber auch die Schnelligkeit und die Bequemlichkeit, mit der Veranstaltungsorte erreichbar sind, zählen zu den entscheidenden Auswahlkriterien bei Kongressen und Tagungen.

Die Mobilität der Zukunft ist multimodal. Multimodalität meint dabei die wechselnde Nutzung von Verkehrsmitteln über einen bestimmten Zeitraum: Dies umfasst Verkehrsmittel von Pkw und Motorrad über den öffentlichen Personennahverkehr und die Bahn bis hin zum Flugzeug, aber auch innovative Mobilitätsdienstleistungen wie Carsharing, Mitfahrgelegenheiten, Mietfahrräder oder Segways. Für Anbieter und Veranstaltungsplaner wird es wichtig sein, sich aktiv mit dem Thema „Mobilität" zu befassen und ihren Platz innerhalb der multimodalen Mobilitätskette zu definieren.

Auch nutzerfreundliche Übergänge zwischen den verschiedenen Mobilitätsmöglichkeiten werden künftig besonders wichtig und ausschlaggebend sein. Die Koordinierung von Routen und Tarifen, eine effiziente Angebotsauswahl sowie eine integrierte und sichere Zahlungsabwicklung aus einer Hand soll deshalb idealerweise eine übergreifende Plattform ermöglichen.

4.1.4 Nachhaltige Entwicklung

So wie in vielen Gesellschaften der Marktanteil von Bio-Lebensmitteln und Fair-Trade-Produkten immens gestiegen ist, sind auch „Sustainable Meetings" bis 2030 ein wachsendes Marktsegment und Ausdruck des Megatrends der nachhaltigen Entwicklung. Diese umfasst drei Bereiche: Die ökologische Nachhaltigkeit macht sich zum Beispiel in verschärften Umweltstandards und damit verbundenen Zertifizierungen und Rankings bemerkbar. Die ökonomische Nachhaltigkeit sorgt unter anderem für Ressourceneffizienz sowie eine zunehmende regionale Verankerung von Veranstaltungen. Die soziale Nachhaltigkeit als dritte Säule bezieht etwa den Umgang mit den eigenen Mitarbeitern ein, aber auch die Verantwortung gegenüber Arbeitsbedingungen bei Lieferanten und Dienstleistern.

Im Bereich von Kongressen und Tagungen bedeutet dieser Trend, dass immer mehr Kunden Veranstaltungen erwarten, die sich in der gesamten Angebotspalette deutlich an

Nachhaltigkeitsprinzipien ausrichten und entsprechende Qualität bieten. Weil die Kunden diese Prinzipien als wichtig bewerten, sind sie im Gegenzug bereit, auch moderat höhere Preise zu akzeptieren. Dies eröffnet zwei Perspektiven: einerseits ein neues Geschäftsmodell zur Stärkung der Wettbewerbsposition, andererseits ein imagewirksamer Beitrag zur Lebensqualität. Ziele in der Weiterentwicklung der Kongressbranche sind daher vor diesem Hintergrund Effizienzstrategien und punktuelle Maßnahmen, um Lösungsansätze für nachhaltig intelligente Konzepte hervorzubringen.

4.1.5 Demografischer Wandel und Diversity

Der demografische Wandel beschreibt primär die quantitativen Veränderungen der Bevölkerung. Nach einer Schätzung der UN aus dem Jahr 2010 wird die Weltbevölkerung im Laufe der kommenden 20 Jahre von sieben Mrd. auf 8,3 Mrd. Menschen anwachsen. Die zunehmende Lebenserwartung führt außerdem dazu, dass die Weltbevölkerung altern wird. Heute leben 760 Mio. Menschen auf der Erde, die älter als 60 Jahre sind. Bis zum Jahr 2030 soll sich diese Zahl nahezu verdoppeln (GCB 2013, S. 27).

Für Deutschland prognostiziert das Statistische Bundesamt ebenfalls eine deutliche Alterung der Bevölkerung: Während der Anteil junger Menschen unter 20 Jahren von 2010 bis 2060 relativ stabil bei etwa 18 bis 16 % bleibt, nimmt die Gruppe der Menschen über 65 von knapp über einem Fünftel im Jahr 2010 schon bis 2040 auf über 30 % zu. Die Gruppe der Menschen, die 80 Jahre oder älter sind, bildet einen kontinuierlich steigenden Anteil von lediglich rund fünf Prozent im Jahr 2010 auf etwa 14 % im Jahr 2060 (BMFSFJ 2015, S. 11).

4.2   „Future Meeting Space" – eine sehr realistische Vision

In Fortführung der Studie „Tagung und Kongress der Zukunft" entwickelt das GCB gemeinsam mit Akteuren der Branche in Deutschland Aktionen und Produkte zum Leitthema „Innovation und Zukunftsfähigkeit" mit dem Ziel, Deutschland als zukunftsfähigen Kongress- und Tagungsstandort zu präsentieren. Ein Beispiel dafür ist der Innovationsverbund „Future Meeting Space", den das GCB gemeinsam mit dem Fraunhofer-Institut für Arbeitswirtschaft und Organisation (IAO) und dem EVVC Europäischer Verband der Veranstaltungs-Centren e. V. Anfang 2015 ins Leben gerufen hat. Das Projektteam erforscht Trends, Innovationen und Entwicklungen in der Gesellschaft sowie deren potenziellen Einfluss auf die Veranstaltungsbranche. Auf dieser Basis werden zukunftsorientierte organisatorische, technologische und räumliche Konzepte für erfolgreiche Veranstaltungen entwickelt. In den Blick genommen werden dabei verschiedene Bereiche, die künftig Veranstaltungen beeinflussen, wie zum Beispiel gesellschaftliche Trends, neue Methodik- und Didaktikkonzepte, innovative Mobilität und Technik sowie Gebäudeautomation.

Im Rahmen der gemeinsamen Projektarbeit haben GCB und EVVC im Dezember 2015 einen Innovationskatalog veröffentlicht, der 120 für Kongresse und Tagungen maßgebliche Innovationen umfasst: von Sharing-Konzepten und neuen Formaten zur Wissensvermittlung über technische Tools für die Kommunikation und Zusammenarbeit über weite Distanzen bis hin zu Sicherheit, alternativen Mobilitätskonzepten und Nachhaltigkeit.

Im nächsten Schritt entwickelten die Forschungspartner Szenarien zur Organisation von zukünftigen Veranstaltungen auf Basis der Analyse maßgeblicher Trends, bei denen zum Beispiel eine verstärkte Interaktion der Teilnehmer, die Vernetzung räumlich verteilter Veranstaltungen oder die Kombination aus realen und virtuellen Elementen – die Hybridität – im Vordergrund stehen.

5   Brückenschläge in die physische und in die digitale Welt

Deutschland ist als Standort für Kongresse und Tagungen gut aufgestellt und behauptet seit Jahrzehnten erfolgreich seinen Status und die führende Position. Der Schlüssel zu einer erfolgreichen Weiterentwicklung liegt darin, künftige Chancen und Herausforderungen mithilfe umfassender Analysen zu identifizieren und ihnen mit passenden Maßnahmen bei der Gestaltung und Vermarktung des Angebots aktiv zu begegnen. Digitalisierung und Internationalisierung stehen daher ganz oben auf der Agenda der deutschen Kongressbranche und des GCB. Die Internationalisierungsstrategie stützt sich auf Prognosen, die eine zunehmende Bedeutung der internationalen Quellmärkte für den Kongress- und Tagungsstandort Deutschland erwarten lassen und den Handlungsspielraum damit vorgeben. In hohem Maße wird die Kongress- und Tagungsbranche künftig außerdem vom umfassenden Wandel der Lebens- und Arbeitswelt durch die Digitalisierung betroffen. Die digitale Entwicklung eröffnet völlig neue Möglichkeiten für die Organisation von Veranstaltungen und die Partizipation daran: etwa die virtuelle Teilnahme, die Dezentralisierung von Veranstaltungen durch Schaffung virtueller, miteinander vernetzter Räume oder den Abruf von Serviceinformationen zur Veranstaltung und zum Gebäude.

Grund für Optimismus in der Kongress- und Tagungsbranche bietet in diesem Zusammenhang das Festhalten der Akteure an echten Face-to-Face-Begegnungen, wie das „Meeting- & EventBarometer Deutschland 2016" zeigt: Auch wenn 86,5 % der befragten Veranstalter davon ausgehen, dass Veranstaltungen sich infolge der Hybridität verändern werden, erwarten sie gleichzeitig zu 99 %, dass rein reale Veranstaltungen bestehen bleiben, und knapp 30 % nennen den Verlust des persönlichen Kontakts als größten Nachteil hybrider Veranstaltungen (EITW 2016, S. 17 f.). Nicht zuletzt wird der deutsche Kongress- und Tagungsmarkt auch in Zukunft davon profitieren, dass der Wunsch nach persönlichen Treffen vor dem Hintergrund der digitalen Möglichkeiten nicht nachlassen wird.

Literatur

Bundesministerium für Familien, Senioren, Frauen und Jugend (BMFSFJ) (2015) Daten zum Demografischen Wandel in Deutschland. Bevölkerungsentwicklung und -struktur, Geburten, Lebenserwartung und Pflege. Berlin

Deutsche Zentrale für Tourismus (DZT) (2014) DZT-Prognose 2030 für das Deutschland-Incoming. Chancen für Wachstum erkennen. Frankfurt a. M.

Europäisches Institut für TagungsWirtschaft GmbH (EITW) an der Hochschule Harz (2016) Meeting- & EventBarometer Deutschland 2015/2016. Die Deutschland-Studie des Kongress- und Veranstaltungsmarktes (Kurzauswertung). Frankfurt a. M.

GCB German Convention Bureau e.V. (2013) Tagung und Kongress der Zukunft. Frankfurt a. M.

International Congress & Convention Association (ICCA) (2015) ICCA Statistics Report 2014: The International Association Meetings Market 2014. Abstract for international associations, press, universities, students, and consultants. Amsterdam

Weiterführende Literatur

Deutsche Zentrale für Tourismus (DZT)/World Travel Monitor (2016) Marktforschungsinstitut IPK International. Frankfurt a. M.

Über den Autor

Der Betriebswirt **Matthias Schultze** ist Geschäftsführer des GCB German Convention Bureau e. V. mit Hauptsitz in Frankfurt und Repräsentanzen in New York und Peking. Die berufliche Laufbahn von Matthias Schultze umfasst Stationen im nationalen und internationalen Hotel- und Kongressmanagement, unter anderem für Hilton International und als Mitglied der Geschäftsleitung der Betreibergesellschaft des World Conference Center Bonn – dem Kongresszentrum rund um den ehemaligen Plenarsaal des Deutschen Bundestags. Als Vizepräsident des EVVC Europäischer Verband der Veranstaltungs-Centren e. V. sowie Mitglied des Marketingausschusses des GCB engagierte er sich zudem im nationalen Verbandswesen und Destinationsmarketing. Er absolvierte ein betriebswirtschaftliches Studium an der Hotelfachschule Heidelberg.

Klassenprimus unter den Locations

Eigenschaften und Geschäftsmodelle von Kongresszentren

Hilmar Guckert und Mandy Pahl-Bauerfeind

Zusammenfassung

In diesem Beitrag werden die Unternehmensstrategien von Kongresszentren (auch „Locations" oder schlicht „Häuser" genannt) in Deutschland betrachtet. Dazu wird zu Beginn die Anbieterseite analysiert und das Gesamtangebot an Veranstaltungsstätten in Deutschland kategorisiert. Es wird konkret auf die unterschiedlichen Ausprägungen von Kongress- und Tagungszentren in Deutschland eingegangen.

Der Terminus „Geschäftsmodell" wird in den Ausführungen bewusst dem gleichgesetzt, was im Allgemeinen unter dem Begriff „Unternehmensstrategie" verstanden wird. Hierbei werden die Kernthemen „Angebot (Produkt)", „Nachfrage (Zielgruppe)" und „Vermarktungsstrategie" in den Vordergrund gerückt.

Vorbemerkung der Autoren

Ständige Veränderungen, neue Themen und Zukunftstrends prägen die Tagungs- und Kongressbranche. Wie wirkt sich das auf Kongresszentren aus, wozu gibt es sie überhaupt und wird es auch in Zukunft Veranstaltungszentren geben? Ganz sicher wird das so sein. Denn das Zusammenkommen von Menschen wird immer im Mittelpunkt stehen. Die Bedeutung von Kongresshäusern ergibt sich allein aus der Tatsache, dass es immer Plattformen geben muss, an denen Gesellschaft, Wissenschaft und Politik mit Gästen, Teilnehmern und Besuchern zusammentreffen kann, um zu informieren, zu beraten, zu lernen, zu erfahren, zu fördern, zu entscheiden, zu zelebrieren, sich

H. Guckert · M. Pahl-Bauerfeind (✉)
Düsseldorf, Deutschland
E-Mail: PahlM@d-cse.de

© Springer Fachmedien Wiesbaden GmbH 2017
C. Bühnert und S. Luppold (Hrsg.), *Praxishandbuch Kongress-, Tagungs- und Konferenzmanagement*, DOI 10.1007/978-3-658-08309-0_2

auszutauschen und zu vernetzen. Diese Orte decken das Grundbedürfnis des Menschen, sich mit Gleichgesinnten zu versammeln und fördern auf diesem Weg allgemeine Entwicklungen und Veränderungen in der Welt.

1   Vielfalt und Fülle an Veranstaltungsstätten

In Deutschland gab es im Jahr 2015 7208 erfasste Tagungs- und Veranstaltungsstätten mit jeweils mindestens 100 Sitzplätzen im größten Saal (EITW 2016). Wesen und Charakter der einzelnen Versammlungsstätten sind jedoch so unterschiedlich, dass man sie in drei Kategorien unterteilen muss.

1.1   Tagungshotels

Tagungshotels bieten neben den Tagungs- und Veranstaltungsräumen auch Übernachtungsmöglichkeiten an. Sie bilden mit 3305 Betrieben die größte Gruppe der Veranstaltungsstätten in Deutschland (EITW 2016).

1.2   Special-Event-Locations

Special-Event-Locations sind besondere Veranstaltungsstätten, die oftmals ursprünglich für einen anderen Zweck als den der Durchführung von Veranstaltungen gebaut wurden. Beispielhaft hierfür sind Fabrikhallen, Freizeitparks, Kinos, Burgen und Schlösser. Mit 2119 Betrieben bilden diese Häuser die zweitgrößte Gruppe der deutschen Veranstaltungsstätten (EITW 2016).

1.3   Veranstaltungszentren

Mit 1784 Häusern stellen die Veranstaltungszentren die kleinste Gruppe auf der Anbieterseite der deutschen Tagungs- und Veranstaltungsindustrie dar (EITW 2016). Zu den Veranstaltungszentren zählen hier konventionelle Kongress- und Tagungszentren, Stadthallen aber auch Mehrzweckhallen sowie Stadien und Arenen.

Charakterisiert sind diese Betriebe dadurch, dass sie die Infrastruktur vorhalten, die für die pure Veranstaltungsdurchführung notwendig ist. Sie sind allein für die Durchführung von Veranstaltungen errichtet worden und unterscheiden sich dadurch von den Tagungshotels, da sie in der Regel keine Übernachtungsmöglichkeiten anbieten, und von den Special-Event-Locations, bei denen Veranstaltungen nur in Zweit- oder Umnutzung durchgeführt werden.

In diesem Beitrag wird ausschließlich die Gruppe der Veranstaltungszentren näher betrachtet.

2 Die DNA der Veranstaltungszentren

Veranstaltungszentren sind Orte beziehungsweise Gebäude, die eigens für die Durchführung von bestimmten Veranstaltungen errichtet wurden und dafür regelmäßig und dauerhaft genutzt werden. Es ist charakteristisch, dass diese Stätten unterschiedliche Typen, Größen und Arten von Veranstaltungen beherbergen können. Die Multifunktionalität dieser Häuser steht somit im Vordergrund.

Trotz der Vielfalt, die bedient werden kann, finden in Veranstaltungszentren tendenziell eher die größeren Veranstaltungen statt. Das wird besonders deutlich, wenn man sich die Zahlen anschaut: 29 % aller in Deutschland durchgeführten Veranstaltungen fanden 2015 in Veranstaltungszentren statt. Doch diese 29 % machten mehr als die Hälfte (55 %) aller Veranstaltungsteilnehmer aus. Somit kann man schließen, dass in Veranstaltungszentren eher weniger, dafür aber die überproportional großen Veranstaltungen stattfinden – im Gegensatz zu den Tagungshotels und Eventlocations, die beide zusammen 70 % aller Veranstaltungen mit nur 45 % der Teilnehmer beherbergen (EITW 2016).

Auch wenn die theoretische Definition für alle Veranstaltungszentren gleichermaßen gilt, ist die Gattung der Veranstaltungszentren sehr vielgestaltig und so gibt es auch hier verschiedene Ausprägungen bei den einzelnen Häusern. Versucht man, die jeweiligen Produkte, Zielgruppen, Unternehmensstrategien und Vermarktungspotenziale herauszuarbeiten, ist eine weitere Unterteilung notwendig.

2.1 Messe- und Kongresszentren

In diese Kategorie fallen die großen, oftmals traditionellen Kongresszentren der deutschen Großstädte und Metropolen mit mehr als 500.000 Einwohnern, zum Beispiel in Berlin, Düsseldorf, Frankfurt, Hamburg, Köln, München, Stuttgart, Leipzig und Nürnberg.

Diese Kongresszentren sind in der Regel sowohl baulich und infrastrukturell als auch hinsichtlich der Gesellschaftsstruktur an die dortigen Messegesellschaften angebunden. So wird beispielsweise das Internationale Congress Center Stuttgart (ICS) genauso wie die zurzeit neun Stuttgarter Messehallen von der Landesmesse Stuttgart GmbH (LMS) betrieben, einer Gesellschaft, die der Stadt Stuttgart und dem Land Baden-Württemberg zu jeweils 50 % gehört. Ganz ähnlich verhält es sich in München. Das Internationale Congress Center München (ICM) wird zusammen mit einem weiteren Veranstaltungszentrum, dem MOC Veranstaltungscenter München, und den 16 Messehallen von der Messe München GmbH betrieben, deren Gesellschafter wiederum die Landeshauptstadt München sowie der Freistaat Bayern sind.

Die Betreiberstrukturen der Kongresszentren zum Beispiel in Berlin, Frankfurt und Hamburg sind vergleichbar. Während oftmals nur die örtlichen Kongresszentren von der Messegesellschaft betrieben werden (wie zum Beispiel in München, Stuttgart, Berlin, Hamburg) gehören in anderen Städten auch große Mehrzweck- oder Multifunktionshallen zum Betreiberportfolio, wie zum Beispiel in Frankfurt die Festhalle Frankfurt.

Darüber hinaus gibt es eine zweite Ausprägung des Betreibermodells, welches zum Beispiel in Köln und Düsseldorf Anwendung findet. Hier wurden von den jeweiligen Gesellschaftern Messe und Stadt eigenständige Tochtergesellschaften für den Betrieb der Veranstaltungszentren gegründet. Auffällig dabei ist, dass in den Verantwortungsbereich dieser Gesellschaften nicht ausschließlich die örtlichen Kongresszentren fallen, sondern auch der Betrieb einer Vielzahl weiterer – zumeist den Gesellschaftern gehörender – Veranstaltungsstätten integriert wurde.

So betreibt die KölnKongress GmbH als Tochtergesellschaft der Koelnmesse GmbH und der Stadt Köln neben dem Congress-Centrum Koelnmesse noch acht weitere Veranstaltungsstätten, die in der Kategorie „Special-Event-Location" angesiedelt sind, wie beispielsweise die Flora Köln.

Ähnlich wie in Köln gestaltet sich das Betreibermodell in Düsseldorf mit der Düsseldorf Congress Sport & Event GmbH (DCSE), einer Tochtergesellschaft der Messe Düsseldorf GmbH und der Landeshauptstadt Düsseldorf. So betreibt die DCSE neben dem auf dem Messegelände befindlichen Kongresszentrum CCD Congress Center Düsseldorf noch vier weitere Veranstaltungsstätten, die im Segment der Multifunktionshallen und Arenen angesiedelt sind und vermarktet darüber hinaus noch eine Special-Event-Location, die sich im Besitz der Flughafen Düsseldorf GmbH befindet.

Die deutschen Messe- und Kongresszentren sind in ihrem geschäftlichen Betätigungsfeld in erster Linie national und international ausgerichtet, was nicht zuletzt daran liegt, dass sie als Teil der Messegesellschaften seit jeher große, oft international ausgeprägte und in den jeweiligen Industriezweigen als Leitveranstaltungen etablierte Veranstaltungen durchführen. Denn ein wesentlicher Teil der Belegung dieser Häuser wird durch die Veranstaltungen der jeweiligen Messegesellschaften und deren Begleitprogramm generiert.

2.2   Solitäre Kongresszentren

In Deutschland existieren in großer Anzahl solitäre Kongresszentren ohne räumliche sowie in der Gesellschaftsstruktur verankerte Anbindung an Messegesellschaften. Um Unterschiede in der Arbeitsweise herauszuarbeiten, werden diese hinsichtlich ihrer geschäftlichen Ausrichtung nochmals unterteilt.

2.2.1 Solitäre Kongresszentren mit nationaler Bedeutung

Hierunter fallen die Kongresszentren von Städten wie beispielsweise Mannheim, Mainz, Bonn und Wiesbaden, die allesamt von der Stadt selbst oder hundertprozentigen städtischen

Tochtergesellschaften betrieben werden. Durch die fehlende Anbindung an Messegelände verfügen diese Häuser über deutlich reduzierte Veranstaltungskapazitäten im Vergleich zu den Messe- und Kongresszentren und konkurrieren deshalb oftmals mit größeren Tagungshotels. Aus diesem Grund ist es nicht unüblich, dass die Häuser dieser Kategorie mit räumlich direkt angebundenen oder nahe gelegenen Hotels kooperieren, um die notwendigen Übernachtungskapazitäten anbieten zu können, viel wichtiger aber, um die vorhandenen Tagungsräume der Hotellerie zusätzlich als Möglichkeit für eigene Veranstaltungen nutzen und somit das eigene Raumprogramm ausweiten zu können.

In die Kategorie der solitären Kongresszentren mit vorwiegend nationaler Bedeutung zählen auch solche, die direkt von Hotelgesellschaften betrieben werden. Als Beispiele lassen sich hier das Estrel in Berlin (Estrel Hotel-Betriebs-GmbH) sowie das Maritim Hotel & Internationales Congress Center Dresden als Betriebsstätte der Maritim Hotelgesellschaft mbH nennen. Bei diesen Hotels ist das Angebot an Kongressfazilitäten sowie die sonstige tagungsrelevante Infrastruktur so signifikant, dass sie eher den Veranstaltungszentren als den Tagungshotels zugeordnet werden können.

Die Kongresshäuser dieser Kategorie haben in erster Linie eine nationale Bedeutung, wenngleich – je nach Standort – auch vereinzelt internationale Veranstalter ihre Veranstaltungen hier ausrichten.

2.2.2 Solitäre Kongresszentren mit regionaler Bedeutung

Beispiele für Kongresshäuser dieser Kategorie sind Lübeck, Osnabrück, Münster, Kassel oder auch eine Vielzahl von Stadthallen. Sie sind ebenfalls vorwiegend in städtischer Hand. Sie befinden sich eher in mittelgroßen Städten bis maximal 300.000 Einwohner und bieten der lokalen und regionalen Kunden- und Besucherstruktur Veranstaltungsörtlichkeiten vorwiegend für Eintagesveranstaltungen oder kleinere Mehrtagesveranstaltungen mit regionaler Strahlkraft. In diesem Segment konkurrieren diese Häuser besonders mit örtlichen Tagungshotels.

Darüber hinaus ist zu beobachten, dass die Vermischung des Kongress- und Tagungsgeschäfts mit dem Kulturprogramm stark zunimmt, je kleiner eine Stadt ist. Das mag daran liegen, dass in Städten dieser Größenordnung ausreichende Hallenalternativen in Form von Stadthallen, Bürgersälen, Kulturhäusern etc. fehlen, sodass für die Durchführung kultureller Veranstaltungen (u. a. Konzerte, Kabarett-, Theateraufführungen) auf die größeren Säle der dortigen Kongresszentren zurückgegriffen wird. Demnach treten in dieser Kategorie viel mehr Kongress- und Kulturbetriebe in Erscheinung als in den vorgenannten Kategorien.

2.3   Arenen/Stadien/Mehrzweckhallen

Arenen, Sportstadien und -hallen sowie Mehrzweckhallen zählen ebenfalls zu den Veranstaltungszentren, weil sie sich – wie Kongresshäuser auch – mit ihrem Raumangebot multifunktional für Veranstaltungen jeder Art nutzen lassen.

So finden in den großen deutschen Stadien nicht selten mehr Kongresse und Tagungen von Verbänden, Organisationen und Firmen statt als in solitären Kongresszentren kleiner bis mittelgroßer Städte. Beispielsweise fanden allein in der Allianz Arena in München im Jahr 2015 626 solcher Veranstaltungen statt, während in kleineren Städten wie zum Beispiel Heidenheim in der Voith-Arena 162 solcher Veranstaltungen gezählt wurden. Neben dem normalen Ligabetrieb entwickeln sich solche Hallen immer stärker zu multifunktional nutzbaren Veranstaltungszentren.

Außerdem werden solche Locations hin und wieder von dem Management der örtlichen Kongressgesellschaft betrieben, wie zum Beispiel die ESPRIT arena oder der ISS DOME in Düsseldorf von der Düsseldorf Congress Sport & Event GmbH, zu deren Portfolio auch das städtische Kongresszentrum zählt, oder die Festhalle Frankfurt unter dem Dach der Messe Frankfurt GmbH.

Andere Betreibermodelle solcher Häuser sind private Gesellschaften wie zum Beispiel die international tätige Anschutz Entertainment Group, die in Deutschland die Multifunktionshallen in Hamburg (Barclaycard Arena), Berlin (Mercedes-Benz-Arena) und Köln (Lanxess Arena) alleine oder in Kooperation mit anderen Gesellschaften betreibt. Vergleichbar operiert die SMG Entertainment Deutschland GmbH (König-Pilsener Arena in Oberhausen).

Oftmals werden solche Multifunktionshallen aber auch durch hundertprozentige städtische Tochtergesellschaften betrieben, wie zum Beispiel die Porsche Arena in Stuttgart. Fußballstadien hingegen befinden sich meist im Management von Betreibergesellschaften, deren Gesellschafter die Sportvereine selbst oder dieselben in Kooperation mit der Stadt sind.

3   Das Veranstaltungszentrum als Produktmanager

Entsprechend ihren vielen unterschiedlichen Nutzungszwecken verfügen Veranstaltungszentren über eine vielfältige, multifunktional nutzbare Ausstattung.

Die drei wesentlichen Unterscheidungsmerkmale zwischen den verschiedenen Ausprägungen der Veranstaltungszentren sind dabei die Größenordnung beziehungsweise die zur Verfügung stehenden Veranstaltungskapazitäten, der technische Ausstattungsstandard und die Professionalität im Handeln.

Beginnend bei der Betrachtung der Größenordnung kann davon ausgegangen werden, dass ein Veranstaltungszentrum hinsichtlich der Anzahl verfügbarer Räume und Veranstaltungsflächen besser und vielfältiger ausgestattet ist, je größer die Destination ist, in der es betrieben wird.

Allen Locations gemein ist, dass es meist große und kleine Säle gibt, ergänzt durch Workshop- und Meetingräume für unterschiedliche Bedarfe, Foyer- und Ausstellungsflächen, Ruhezonen für Pausen und Catering, Neben- und Organisationsräume.

Da es deutlich mehr Veranstaltungen mit bis zu 1000 Teilnehmern gibt als große (1000 bis 5000 Teilnehmer), ist es gerade in den großen Zentren wichtig, flexible Raumeinheiten zu schaffen, um eine gleichmäßig hohe Auslastung zu erreichen. Dann können diese Häuser mit mehreren kleinen bis mittelgroßen Veranstaltungen auch parallel belegt werden, ohne dass sich die Veranstaltungen gegenseitig stören, indem sich zum Beispiel die verschiedenen Besucherströme kreuzen. Beim Neubau von Zentren wird zusätzlich angestrebt, multifunktional nutzbare, große Räume zu schaffen, die sich zum Beispiel mithilfe mobiler Trennwände unterteilen lassen. Oder es werden von vornherein Open-Space-Flächen geschaffen, innerhalb derer sich kleinere Gruppen zusammensetzen können und die den Austausch sowie das Networking fördern. Ideal sind Flächen, die je nach Bedarf gleichermaßen für veranstaltungsbegleitende Produktausstellungen oder für Teilnehmerbewirtung genutzt werden können.

Während solitäre Kongresszentren mit lokaler oder nationaler Ausrichtung oftmals zehn bis 20 Räume bereitstellen können, besteht das Angebot der meisten Messe- und Kongresszentren nicht selten aus 40 bis 80 Raumeinheiten. Wichtigstes Differenzierungsmerkmal sind hier allerdings die großen Messehallen in unmittelbarer Anbindung, die das eigentliche Raumangebot des Kongresszentrums ergänzen. Diese Zentren sind dadurch in der Lage, die wenigen Megakongresse (über 10.000 Teilnehmer) zu beherbergen, da sie die Flächen bieten, die solche Kongresse für die diversen Programmpunkte und die vielen Teilnehmer benötigen.

Nicht selten kann auch beobachtet werden, dass die Betreiber der Messe- und Kongresszentren neben ihrem zentralen Kongresszentrum noch ein weiteres in der Größenordnung von ± 1000 Plätzen Portfolio führen. So wird beispielsweise mit dem Kap Europa in Frankfurt, dem MOC Veranstaltungscenter München oder dem CCD Ost in Düsseldorf jeweils noch ein solches Kongresshaus parallel betrieben, um u. a. eine sich oft ballende Nachfrage decken und dabei für den verschieden großen Raumbedarf den adäquaten Rahmen bieten zu können.

Veranstaltungszentren verfügen über einen hohen technischen Ausstattungsstandard und unterscheiden sich dadurch von den Tagungshotels und Special-Event-Locations deutlich. Während Letztere oftmals nur die Standardausstattung im Sinne von Tonübertragung und Präsentationstechnik (Beamer, Leinwand) anbieten, oder gar völlig durch externe Dienstleister ausgestattet werden müssen, verfügen die Kongresszentren mit zunehmender Größe über eigene Technikabteilungen mit qualifiziertem Fachpersonal (Veranstaltungstechniker, Medientechniker, Meister für Veranstaltungstechnik) und einer breiten Produktpalette technischen Equipments. Sie arbeiten interdisziplinär und bedienen die AV-Tagungstechnik, Bühnentechnik, multimediale IT-Technik bis hin zur Versorgungstechnik bei Ausstellungen.

Qualifiziertes und erfahrenes Personal ist die Basis einer erfolgreichen Veranstaltungsumsetzung. Nicht selten werden die Techniker in den eigenen Veranstaltungszentren ausgebildet und bekommen nach einigen Jahren Berufserfahrung die Meisterausbildung von ihren Betrieben ermöglicht.

Je größer eine Veranstaltungsstätte ist, desto differenzierter und spezialisierter ist sie hinsichtlich der Personalressourcen aufgestellt. So existiert in den großen Messe- und Kongresszentren neben der Technikabteilung meist ein professionelles Netzwerk an

Abteilungen mit hoch qualifiziertem und überwiegend kaufmännischem Fachpersonal für die Akquise, Organisation und Abwicklung von Veranstaltungen jeder Art und Größenordnung, gestützt auf eine Verwaltung mit Querschnittsbezügen zu Logistik- und Sicherheitsabteilungen.

Nicht unwesentlicher Bestandteil des Produkts „Kongresszentrum" ist die Erbringung von Bewirtungsleistungen im Rahmen von Veranstaltungen. Hier gibt es unterschiedliche Modelle. Der überwiegende Teil der deutschen Kongresszentren bedient sich aktuell jedoch externer Cateringpartner, die für eine bestimmte Zeit das Recht erhalten, exklusiv oder zusammen mit einer Auswahl anderer Leistungserbringer, die Bewirtung der Veranstaltungsteilnehmer zu übernehmen.

Solitäre Kongresszentren mit direkter baulicher Anbindung an ein Hotel oder auch Kongresszentren, die von Hotels betrieben werden, zum Beispiel das Maritim Hotel & Internationales Congress Center Dresden, werden in der Regel gastronomisch durch den Hotelbetrieb versorgt.

Je größer eine Destination ist und je höher der Anspruch an nationale und vor allem internationale Veranstaltungen ist, desto mehr wird das Kongresshaus nur zum Teilprodukt des Gesamten. Viel mehr Vermarktungsrelevanz erhält das Produkt „Destination". So gehört es heute zum Grundverständnis der Branche, dass sich ein Kongresszentrum zuerst über seine Stadt verkaufen muss.

Hier spielen neben den Hard Skills, der sogenannten „tagungsrelevanten Infrastruktur" (Hotelkapazitäten, Anbindung/Erreichbarkeit, lokale Wissenschaft/Wirtschaft, Veranstaltungszentren), die oftmals von Veranstaltern als selbstverständlich vorhanden vorausgesetzt wird, vor allem die Soft Skills oder emotionalen Faktoren, wie allgemeine Attraktivität, Freizeit- sowie Kulturwert und Lifestyle einer Destination eine entscheidende Rolle.

Während sich die Soft Skills oft nicht oder nur sehr langfristig beeinflussen lassen, ist es Aufgabe der Destination, dafür Sorge zu tragen, dass die infrastrukturellen Rahmenbedingungen optimal sind.

Kongresszentren bedürfen einer guten Verkehrsanbindung zum jeweiligen Hauptbahnhof bzw. internationalen Flughafen durch ein gut ausgebautes ÖPNV- und Bahnnetz. Gerade die großen Messe- und Kongresszentren, die oft zu den traditionellen Kongressplätzen gehören, befinden sich fast ausschließlich in Großstädten, welche die Anbindungskriterien weitgehend erfüllen. Da diese Zentren häufig außerhalb des Stadtkerns liegen, können relativ leicht neue Verkehrsanbindungen geschaffen werden. Dadurch sind die Zentren optimal erreichbar. Eine Kongressdestination muss darüber hinaus in der Lage sein, die in die Stadt kommenden Veranstaltungsteilnehmer auch über Nacht unterbringen zu können. Vor allem bei solitären Kongresszentren lassen die reinen Kapazitäten der Kongresshäuser mehr Besucher zu, als die örtliche Hotellerie aufnehmen kann. Eine leistungsfähige Hotellerie mit Häusern diverser Größenordnungen und unterschiedlicher Klassifizierung ist unabdingbar, wenn ein kommunales Interesse an Kongressen vorhanden ist. Den Großstädten fällt dies oft leichter, da große, zumeist international agierende Hotelketten sich bereits aus anderen Gründen – Wirtschaftskraft, traditioneller Messestandort, touristische Attraktivität – niedergelassen haben.

Das Vorhandensein einer leistungsfähigen Wirtschaft, Wissenschaft und Industrie ergänzt darüber hinaus die Hard Facts einer erfolgreichen Kongressdestination. Eine Destination ist dann besonders geeignet, wenn die von der Veranstaltung betroffene Branche bereits an diesem Standort vertreten ist. Aus diesem Grund verfolgen viele Städte und deren Leistungsträger vor Ort die sogenannte „Kompetenzfelderstrategie", die ausführlicher in Abschn. 5 betrachtet wird.

4   Heterogenität der Zielgruppe

Die in Veranstaltungszentren durchgeführten Veranstaltungen sind sehr vielschichtig und können in ihrer Art, Dauer, Größe und in ihrem Durchführungszweck sehr heterogen sein.

Mehr als die Hälfte (50,2 %) sind Meetings und Veranstaltungen mit geschäftlichem Hintergrund, so zum Beispiel Kongresse, Tagungen, Seminare, Workshops.

Initiatoren solcher Veranstaltungen sind in der Regel Verbände, wissenschaftliche Gesellschaften, Institutionen wie Parteien oder Gewerkschaften, Vereine, Firmen, ethnische Gruppierungen und Kirchen. Sie können in ihrer Ausrichtung national, europäisch oder international aufgestellt sein und entsprechend ihrer jeweiligen Zielgruppe mal kleinere und mal größere Veranstaltungen durchführen. Je internationaler eine Veranstaltung ist, desto größer wird eine Veranstaltung hinsichtlich Raumprogramm und erwarteter Teilnehmerzahl sein.

Charakteristisch sind bei diesen Veranstaltungen die lange Vorlaufzeit und das umfangreiche Raumprogramm, das benötigt wird. Nicht selten werden solche Veranstaltungen drei bis acht Jahre im Voraus akquiriert bzw. gebucht. Und da sie in der Regel neben großen Plenarsälen eine Vielzahl unterschiedlich großer Nebenräume und Freiflächen für Ausstellungen und Bewirtung benötigen, ist dies die ideale Zielgruppe für Kongresszentren, die traditionell eher auf hohe Teilnehmerzahlen ausgelegt sind. Der Austragungsort dieser Veranstaltungen wechselt meist, die Veranstaltungen bedienen regelmäßig wiederkehrend bestimmte Standorte und gewährleisten somit langfristig eine Grundauslastung eines Kongresszentrums. Gegenteilig verhält es sich bei den Firmenveranstaltungen – sofern es sich nicht gerade um langfristig planbare Aktionärsversammlungen handelt –, weil sie meist sehr spontan und kurzfristig (bis zu zwölf Monate im Voraus) gebucht werden.

Entscheider über den Veranstaltungsrahmen, das heißt das Konzept, die inhaltliche Ausrichtung und den Austragungsort sind in der Regel die Geschäftsführung, der Vorstand, Fachabteilungen wie Marketing und Einkauf, Forschungsabteilungen, zum Tagungspräsidenten ernannte Professoren, Professional Congress Organisers (PCOs) oder Eventagenturen.

Knapp die Hälfte der Veranstaltungen in Veranstaltungszentren haben Unterhaltungs- und Freizeitcharakter, wie beispielsweise gesellschaftliche Veranstaltungen, Sport- oder Kulturevents.

Je größer die Destination und deren Angebot an sonstigen Veranstaltungshäusern, desto höher ist der Anteil der Veranstaltungen mit geschäftlichem Hintergrund in diesem Kongresszentrum. Im Umkehrschluss bedeutet dies: Je lokaler oder regionaler ein Veranstaltungszentrum agiert, desto höher wird der Anteil des Kulturprogramms an der Gesamtbelegung in diesem Haus sein. Das Kongresszentrum oder die lokale Stadthalle wird dort immer mehr zum Kulturbetrieb.

5 Location-Marketing mit allen Facetten

So bunt die Landkarte deutscher Veranstaltungszentren ist, so vielseitig sind auch die Vermarktungsansätze. Wer mit einem optimierten Produkt auf die als passend definierte Zielgruppe mit einem ausgewogenen Preis-Leistungs-Verhältnis trifft, wird am Ende ganz sicher seinen Anteil am Veranstaltungsgeschäft haben. Die Frage, die sich stellt, ist lediglich, wie man vor allem jene Veranstaltungen für sich gewinnen kann, die entweder aufgrund zu erwartender Umsätze oder einer internationalen Reichweite oder eines Image fördernden Themas begehrt sind und dadurch einem besonders starken Wettbewerb aufseiten der Veranstaltungszentren ausgesetzt sind.

Wichtig für die erfolgreiche Vermarktung und eine damit verbundene Auslastung der Kapazitäten sind zunächst Standortvorteile bei der – schon im Zusammenhang mit den Funktionalitäten genannten – städtischen Infrastruktur. Hierzu gehört die verkehrsgünstige Lage mit ICE- und Flughafenanschluss. Je internationaler das Geschäft des Kongresszentrums sein soll, desto größer wird die Bedeutung eines internationalen Flughafens in unmittelbarer Nähe. Es muss darüber hinaus eine hinreichende und facettenreiche Hotelinfrastruktur vorhanden sein. Eine dichte Ansiedlung von Wirtschaftsunternehmen und wissenschaftlichen Einrichtungen wie Hochschulen, Forschungszentren und -instituten sorgen darüber hinaus für die Verankerung potenzieller Veranstaltungsthemen in der Destination. Diese lokale Kundschaft sorgt für eine kontinuierliche Grundauslastung mit ihren Betriebs- und Aktionärsversammlungen, Kick-off-Meetings und Firmenjubiläen. Vor allem aber bildet die lokale Wirtschafts- und Wissenschaftsinfrastruktur einen Anreiz und das Argument für jeweilige nationale und international agierende Unternehmen und Verbände, ihre Jahreskongresse dann auch an diesem Standort durchzuführen. Immer häufiger suchen Veranstaltungsplaner nach Städten oder Regionen, in denen sie die Kompetenz ihrer Branche gebündelt vorfinden und entsprechend aufgebaute Netzwerke nutzen können.

Das German Convention Bureau (GCB), der für die deutsche Kongressbranche bedeutendste Verband, hat im Jahr 2013 aus diesem Grund die Kompetenzfelderstrategie entworfen und die Kongressdestination Deutschland nach nationalen und regionalen Kompetenz-Clustern eingeteilt.

Für die erfolgreiche Vermarktung eines Kongresszentrums wie einer Stadt, die Kongressmarketing betreibt, ist es deshalb wichtig, die Schlüsselkompetenzen des eigenen Standorts zu identifizieren und zu fördern, die wichtigsten Akteure zusammenzuführen und gezielt dafür passende Tagungen und Kongresse zu akquirieren.

Kompetenzfelderstrategie der Stadt Düsseldorf

Die Stadt Düsseldorf hat als eines der für sie relevanten Kompetenzfelder den Bereich „Chemie, Life Sciences und Biotechnologie" deklariert. Neben der Wirtschaftsförderung und der Universität der Stadt, die in diesen Bereichen neue Hochschul-Start-ups und Unternehmen ansiedeln, untermauert die Messe Düsseldorf mit ihren Pharma- und Medizintechnologiemessen „Expopharm" und „Medica" diese Standortkompetenz. Das Düsseldorfer Kongresszentrum versucht bei den eigenen Vertriebsanstrengungen, das vorhandene Know-how des Standorts in diesem Bereich zu nutzen und hat sich darauf fokussiert, u. a. Veranstaltungen aus diesem Segment für den Standort zu gewinnen. Ergebnis dieses Bestrebens war beispielsweise „FIP World Congress of Pharmacy and Pharmaceutical Sciences" der International Pharmaceutical Federation (FIP) mit 3000 Teilnehmern, der im Jahr 2015 parallel zur „Expopharm", der größten europäischen pharmazeutischen Fachmesse, im CCD Congress Center Düsseldorf stattfand.

Wenn die infrastrukturellen Rahmenbedingungen erfüllt sind und anhand der Kompetenzfelder festgelegt ist, in welche Richtung die Vermarktungsanstrengungen zielen sollen, ist es für eine optimale Vermarktung von Vorteil, wenn die Thematik „Kongressstandort" tief im städtischen Marketing verankert ist. Ein professionelles Kongresszentrum allein ist zwar für die meisten Veranstalter von Kongressen – vor allem ab einer bestimmten Größenordnung – ein notwendiger, aber oftmals nicht ausreichender Grund für die Auswahl einer Destination. Ein Veranstaltungszentrum kann nicht alleine eine (internationale) Veranstaltung akquirieren. Ein Kongressveranstalter entscheidet sich für oder gegen eine Destination, bei der die sonstigen relevanten Veranstaltungsanforderungen erfüllt sind.

Im Idealfall existiert also ein ganzheitlicher städtischer Ansatz für die Akquise von vor allem internationalen Kongressen. Hierzu ist es wichtig, dass alle Partner aus Wissenschaft, Forschung, Wirtschaft, Politik sowie die Leistungsträger vor Ort, wie Kongressgesellschaft und Hotellerie, nicht nur stark vernetzt sind oder gar miteinander kooperieren in Form von Convention Bureaus, sondern auch an einem Strang ziehen, sich gegenseitig fördern und unterstützen.

Betrachtet man die Kongresshäuser für sich, so verfügen sie über teils personell breiter aufgestellte Vertriebs- oder Business-Development-Abteilungen in den großen Zentren. In den meisten Häusern, vor allem in den solitären Kongresszentren vorwiegend kleiner Städte, werden Sales- und Marketingaufgaben allerdings in Personalunion mit wenig zeitlichen und personellen Ressourcen wahrgenommen. Vermutlich sind aber gerade diese regional und national ausgerichteten Kongresszentren stärkeren Vertriebsanstrengungen ausgesetzt, um eine optimale Auslastung zu erreichen. Ihr Vorteil gegenüber den Messekongresszentren ist die nahezu freie Verfügbarkeit von Räumen, da sie keine festen und im regelmäßigen Turnus wiederkehrenden Messetermine freihalten. Die Messekongresszentren hingegen können durch ihre Anbindung an die Messegesellschaft und deren jährliche Veranstaltungen mit kongressrelevantem Begleitprogramm zwar mit einer –turnusbedingten Schwankungen unterliegenden – Grundauslastung arbeiten und planen. Jedoch können sie terminlich nicht vollkommen frei agieren und unterliegen aufgrund der messeeigenen Veranstaltungen sowie der Gastmessen einem hohen terminlichen Abstimmungszwang bei der Terminierung künftiger Kongressveranstaltungen.

Recht ähnlich verhält es sich im Übrigen bei den Stadien und Multifunktionshallen, die Sportvereine und deren Veranstaltungen beherbergen. Auch hier unterliegt die Vermarktbarkeit der Halle für Tagungen und Firmenveranstaltungen Termineng-pässen und -abhängigkeiten, die durch die Spieltage der jeweiligen Heimmannschaft begründet sind.

Um mehr Einfluss auf Veranstaltungen, deren inhaltliche Ausrichtung und zeitliche Terminierung zu nehmen, entwickeln Betreiber von Kongresszentren allein oder in Zusammenarbeit mit Partnern mitunter auch Eigenveranstaltungen. Diese Produktdiver-sifikation hat zum Vorteil, dass man neuartige Themen am Standort mit solchen Veranstaltungen testen und sie bei erfolgreicher Erstumsetzung nach und nach etablieren kann. Gegebenenfalls lassen sich auf diese Weise auch Kompetenzen des Standorts, die einer breiteren Öffentlichkeit noch nicht bewusst sind, stärker in den Fokus rücken. Als Beispiel lässt sich hier die 2015 erstmals durchgeführte „Electri_City Conference" nennen, die in Düsseldorf stattfand – eine dreitägige Konferenz mit umfangreichem Vortragspro-gramm, welches durch Musikvorführungen und Konzerte ergänzt wurde und mit fast 1000 Teilnehmern bei der Erstveranstaltung äußerst erfolgreich gestartet ist.

So können solche Eigenveranstaltungen bereits existierende Veranstaltungen gleicher inhaltlicher Ausrichtung für den Standort gewinnen, deren individuelle Akquisition ohne oder mit nur geringem städtischen Themenbezug äußerst schwer möglich wäre.

Auch wenn die Neueinführung solcher Veranstaltungen auf dem Markt für das Kongresszentrum ein wirtschaftliches Risiko bedeutet, können erfolgreiche Eigenveranstaltungsformate langfristig die Auslastung sichern, Abwanderungsrisiken werden vermieden und Akquisitionsimpulse für weitere Veranstaltungen werden gesetzt.

Um gemeinsam stärker am Markt aufzutreten, Aufmerksamkeit zu erzielen und gemeinsame Frage- und Problemstellungen, die beim Betrieb oder bei der Vermarktung von Veranstaltungszentren auftauchen, einheitlich zu ergründen und zu beantworten, schließen sich Gleichgesinnte oftmals zusammen. Innerhalb Deutschlands haben sich in den letzten zehn Jahren verschiedene Marketingallianzen zwischen Veranstaltungszentren herausgebildet. Innerhalb solcher Allianzen werden die Kompetenzen gebündelt und man tritt gemeinsam stärker und mit größerer Durchschlagskraft auf als jeder allein für sich.

Ziele solcher Allianzen sind die Schaffung einheitlicher Standards (zum Beispiel Sicherheitsbestimmungen zur Durchführung von Veranstaltungen, vereinheitlichte Allgemeine Mietbedingungen), aber auch die Rotation von Veranstaltungen und der Austausch über Veranstaltungen untereinander, Investition in Branchenzukunftsstudien und Erforschung neuer Trends und Themen sowie gemeinsames Empfehlungsmarketing und Lobbyarbeit bei den großen nationalen und internationalen Branchenverbänden. Exemplarisch hierfür stehen die Seven Centers of Germany[1], ein Zusammenschluss der

---

[1] www.sevencenters.de; abgerufen am 30.06.2016.

sieben größten deutschen Kongresszentren (Berlin, Düsseldorf, Frankfurt, Hamburg, Köln, München, Stuttgart) mit direkter Anbindung an ein Messegelände oder die Congress Allianz[2], ein Zusammenschluss von neun solitären Kongresszentren mit nationaler oder lokaler Ausrichtung (Aachen, Bochum, Hannover, Kassel, Mainz, Münster, Pforzheim, Rostock, Weimar).

Dass auch bei der Vermarktung von Kongresszentren die Instrumente des Marketingmix optimal zusammenspielen müssen, um erfolgreich zu sein, ist selbstredend. Die Ansprache der Zielgruppen erfolgt mithilfe klassischer Kommunikationsmaßnahmen, die für die differenzierten Zielgruppen jeweils individuell ausgelegt und umgesetzt werden. Redaktionelle Beiträge in der Fachpresse, aktuelle Pressemeldungen sowie Printkampagnen in Branchen- und Special-Interest-Medien erhöhen die Aufmerksamkeit für das Kongresshaus und den Kongressstandort. Die Teilnahmen auf nationalen und internationalen Branchenfachmessen (u. a. „IMEX Frankfurt", „IMEX America", „IBTM World Barcelona") unterstützen und ergänzen diese Maßnahmen. Homepages und Newsletter sind darüber hinaus zentrale Informationsmedien für die potenzielle Kundschaft.

Anders als in anderen Branchen oder Industriezweigen, die klassisches Produktmarketing betreiben, handelt es sich in der Kongressbranche um Dienstleistungsmarketing. Auch wenn Hardware in Form von Räumen, Hallen, Gebäuden, mit technischem Equipment ausgestattet, als Produkt vertrieben wird, so ist das Angebot, eine Veranstaltung in ebendieser Hardware durchzuführen, eine Dienstleistung. Personen, der persönliche Kontakt und persönliche Beziehungen, kurzum der persönliche Vertrieb, stehen bei der Vermarktung von Kongresszentren im Vordergrund. Im persönlichen Vertrieb wird im Idealfall der Heterogenität und Individualität der Veranstalterzielgruppen Rechnung getragen. Klare Zuständigkeiten ermöglichen die intensive Bearbeitung und individuelle Ansprache von Veranstaltern, unter denen sich Professoren als Tagungspräsidenten und Eventagenturen ebenso befinden können wie regionale Verbände oder internationale Großkonzerne. Für einen wirtschaftlich optimalen Belegungsmix wird im besten Fall die gesamte Bandbreite des Marktsegments aufgegriffen und aktiv angesprochen. Vielfach strategisch ausgerichtete Maßnahmen im Kongressmarkt, eher kurzfristig und auf Trends eingehende Maßnahmen im Firmenmarkt bestimmen dabei die Marketingplanungen eines Veranstaltungszentrums.

Marktsegmentstrategie als Vermarktungsansatz

Die Düsseldorf Congress Sport & Event GmbH (DCSE) repräsentiert und vermarktet Düsseldorf national und international als Standort für Kongresse, Firmenveranstaltungen, Sportevents, Konzerte und Shows. Das Tochterunternehmen der Landeshauptstadt Düsseldorf und der Messe Düsseldorf ist somit nicht allein Betreiber eines Kongresszentrums (CCD Congress Center Düsseldorf), sondern bündelt in seinem Locationportfolio ganz verschiedene Veranstaltungszentren unter einem Dach, wie ein

---

[2]www.congressallianz.de; abgerufen am 30.06.2016.

Fußballstadion (ESPRIT arena), eine Multifunktionsarena (ISS DOME), Mehrzweck-hallen (Mitsubishi Electric HALLE und CASTELLO Düsseldorf) und eine Special-Event-Location (Station Airport).

Im Gegensatz zu vergleichbaren Unternehmen auf der Anbieterseite der Bran-che, fokussiert sich die DCSE in den Vermarktungsanstrengungen jedoch nicht allein auf das Tagungs-, Kongress- und Firmenveranstaltungsgeschäft, sondern ist auf drei Marktsegmente ausgerichtet: Tagungen und Kongresse, Sportveranstaltungen sowie Konzerte und Shows.

Ziel dieses Handelns ist es, die nationalen und internationalen Veranstaltungs-märkte einheitlich anzusprechen, Synergien zu nutzen und stark vernetzt im Kongress-, Sport- und Konzertgeschäft aufzutreten. Diese Ausrichtung schafft umfangreichere Service- und Dienstleistungsangebote und bringt wirtschaftliche Vorteile – zum Beispiel intern durch zentralisierte Abteilungen oder im Einkauf. Die Potenziale Düsseldorfs im Veranstaltungsgeschäft werden optimiert und der Standort nachhaltig national und international als Standort für Kongresse, Firmenevents, Sport-veranstaltungen, Konzerte und Shows gestärkt.

6   Social Networking pur

Veranstaltungszentren sind in ihren unterschiedlichen Ausprägungen die Orte, die Men-schen trotz digitalem Fortschritt, virtuellen Welten und der immer wiederkehrenden Frage, ob solche Bauten noch zeitgemäß sind, zusammenbringen und Kommunikations-plattformen schaffen. Das Geschäftsmodell „Kongresszentrum" hat somit nicht ausge-dient. Es gilt lediglich, sich den Marktveränderungen, neuen Fragestellungen und Trends immer wieder anzupassen, auf die sich verändernden Kundenwünsche zu reagieren und ein zeitgemäßes Produkt auf dem Markt zu platzieren.

Menschen werden sich auch in Zukunft weiterhin treffen, Veranstaltungen jegli-cher Art wird es somit weiterhin geben. Dank technischer Hilfsmittel und modernsten Möglichkeiten kann davon ausgegangen werden, dass die Teilnehmerzahlen bei Ver-anstaltungen eher steigen als sinken werden, wenn nämlich zum realen Teilnehmer-kreis der virtuelle hinzukommt. Der Wettbewerb im nationalen wie internationalen Umfeld zwischen den Veranstaltungszentren wird somit nicht abnehmen. Es werden eher weitere neue, ausgefallene und exotische Destinationen hinzukommen. Wichtig ist es deshalb, die eigene Position als Teilnehmer in diesem Wettbewerb immer wie-der zu reflektieren und sein Produkt – bestehend aus Kongresszentrum und Kongress-destination – immer wieder zu hinterfragen und den aktuellen Marktgegebenheiten anzupassen.

Literatur

Europäisches Institut für TagungsWirtschaft GmbH (EITW) an der Hochschule Harz (2016) Meeting- & EventBarometer Deutschland 2015/2016 – Die Deutschland-Studie des Kongress- und Veranstaltungsmarktes, Management-Info, Juli 2016

Weiterführende Literatur

Rück H (2016) Die Allrounder unter den Veranstaltungsstätten. tw tagungswirtschaft vom 17. Juli 2015
Stadionwelt INSIDE, Ausgabe 1/2016, S 18-19
www.gcb.de. Zugegriffen: 30. Juni 2016

Über die Autoren

Hilmar Guckert, Diplom-Betriebswirt, ist seit 1995 Geschäftsführer der heutigen Düsseldorf Congress Sport & Event GmbH, welche mit der Betriebsführung der großen Düsseldorfer Veranstaltungshäuser, wie u. a. des CCD Congress Center Düsseldorf, der Mitsubishi Electric HALLE, der ESPRIT arena und des ISS DOME, betraut ist. Zuvor besetzte er elf Jahre lang verschiedene leitende Positionen in den Veranstaltungssparten der Karlsruher Kongress- und Ausstellungs-GmbH KMK. Er begleitete in Düsseldorf den Ausbau des früheren MKC (Messe Kongress Center) zum internationalen Kongresszentrum CCD Congress Center Düsseldorf und erweiterte in den Folgejahren das Locationportfolio um fünf Häuser. Er wirkt zudem in verschiedenen branchenbezogenen Funktionen mit – wie etwa als stellvertretender Vorsitzender des Verwaltungsrats beim GCB German Convention Bureau e. V. (seit 2009) oder als Treasurer beim internationalen Verband der Kongresszentren AIPC (seit 2013).

Mandy Pahl-Bauerfeind, Diplom-Betriebswirtin, ist seit 2009 Leiterin des Vertriebs im Bereich „Kongresse und Firmenveranstaltungen" bei der Düsseldorf Congress Sport & Event GmbH. Sie verantwortet die ganzheitliche Vermarktung des Locationportfolios des Unternehmens sowie die stetige Entwicklung des Kongress- und Tagungsgeschäfts in der nordrhein-westfälischen Landeshauptstadt. In dieser Funktion verantwortet sie seit 2011 zusätzlich die strategische und inhaltliche Ausrichtung des convention bureau DÜSSELDORF und leitet seit 2012 die Geschäftsstelle der Marketingkooperation Seven Centers of Germany.

Professional Congress Organiser

Dienstleistungsunternehmen für das Kongress-, Tagungs- und Konferenzmanagement

Laura Brager und Bastian Fiedler

Zusammenfassung

Die Veranstaltungsbranche ist ein schnelllebiger und komplexer Markt (Brager und Dinkel, Qualitative Ansätze in der Veranstaltungsbranche: Wahrnehmungsorientierung mittels Eye Tracking, Mannheim, 2015). Dementsprechend werden auch die Veranstaltungen immer komplexer und ressourcenstärker und so ist in der Vergangenheit ebenfalls der Bedarf an einer professionellen Kongress- und Veranstaltungsorganisation kontinuierlich gestiegen (Pruust und Stegmann, Meeting made in Germany: Ein GCB-Leitfaden, Schreiber M-T (Hrsg), Kongresse, Tagungen und Events. Potenziale, Strategien und Trends der Veranstaltungswirtschaft, München, 2012; von Graeve, Events professionell managen. Das Handbuch für Veranstaltungsorganisation, Göttingen, 2014). In diesem Zusammenhang sind die Kongress- und Veranstaltungshäuser in der Pflicht, sich stetig anzupassen und aufgrund des zunehmenden Wettbewerbsdrucks ein umfangreicheres Portfolio an unterschiedlichen branchenspezifischen Dienstleistungen anzubieten (Raith, Dienstleistungs-Management in Veranstaltungszentren. Vom Raummieter zum Inhouse-PCO, Sternenfels, 2012). So hat sich mit der Zeit das Geschäftsmodell des PCOs entwickelt.

Aber warum ist nun das Geschäftsmodell der PCOs eine Besonderheit? Und was sind Herausforderungen und Chancen der Veranstaltungsorganisation mit einem PCO? Mit diesen Begleitfragen beschäftigt sich der folgende Beitrag. Die aufgezeigten Lösungsansätze stellen jedoch keine abschließenden und vollständigen Erkenntnisse dar, sondern lediglich Einblicke.

L. Brager · B. Fiedler (✉)
Mannheim, Deutschland
E-Mail: bastian.fiedler@mcon-mannheim.de

© Springer Fachmedien Wiesbaden GmbH 2017   29
C. Bühnert und S. Luppold (Hrsg.), *Praxishandbuch Kongress-, Tagungs- und Konferenzmanagement*, DOI 10.1007/978-3-658-08309-0_3

Vorbemerkung der Autoren

„Individuelle Lösungen zu schaffen, die ganz auf den Auftraggeber abgestimmt sind." Das sollte die Philosophie eines jeden Professional Congress Organisers (PCOs[1]) sein. Denn in der Schaffung von kundenorientierten Ansätzen und insbesondere auch innovativem Content liegt der Erfolg einer Veranstaltung. Und die Erfolgsfaktoren der geleisteten Arbeit und des eingebrachten Know-hows orientieren sich an der Kundenzufriedenheit.

1   Der Dienstleister PCO

Der Beruf des PCOs ist nicht geschützt und daher existiert für diese Tätigkeit keine allgemeingültige Definition (Raith 2012, S. 77). In der Regel sind PCOs Unternehmen der MICE-Industrie (Leitinger 2013, S. 157), welche sich auf die „Planung und Organisation von Kongressen, Konferenzen, Seminaren und ähnliche Events spezialisiert haben" (Berlin Tourismus & Kongress GmbH o. J.). Sie arbeiten in der Regel als eigenständig arbeitende Organisation bereichsübergreifend und reihen sich in die Kategorie der Dienstleister ein (IAPCO 2011, S. 1; Raith 2012, S. 71). In der Literatur lassen sich auch häufig synonym für PCO Begrifflichkeiten wie „Professional Conference Organiser", „Professional Conference Manager", „Meetings Manager" sowie „Meeting Planner" finden (Goschmann 1999), sodass eine eindeutige und finale Einordnung nur schwer möglich ist.

Die zunehmende Bedeutung von PCOs lässt sich damit begründen, dass sich mittlerweile eigenständige PCO-Verbände, wie zum Beispiel die International Association of Professional Congress Organisers mit seinen 115 Mitgliedern (IAPCO 2009) oder die European Federations of the Associations of Professional Congress Organisers mit mehr als 1500 Mitgliedern (EFAPCO 2015), gegründet und auch etabliert haben.

Grundsätzlich beauftragen Unternehmen einen PCO für die langfristige Veranstaltungsorganisation. So können Prozesse und Absprachen durch die langfristige Zusammenarbeit optimiert werden. Allerdings ist auch eine kurz- und mittelfristige Zusammenarbeit möglich.

2   Differenzierung der verschiedenen Geschäftsmodelle

Den „einen" typischen PCO gibt es nicht. In der Literatur wird eine Vielzahl von Modellen unterschieden, von denen in diesem Beitrag der Full-Service-, Teil-, Inhouse- und Core-PCO sowie die Servicegesellschaft näher beleuchtet werden.

---

[1]Unternehmen, welche sich auf die Planung und Organisation von Kongressen, Konferenzen, Seminaren und ähnliche Events spezialisiert haben.

2.1   Full-Service-PCO

In der Regel bietet ein PCO einen Full-Service für Kongresse und Konferenzen mit allen Dienstleistungen an. Er tritt in der Regel als eigenständiges Unternehmen und damit losgelöst von einem Kongress- oder Veranstaltungshaus auf. Dementsprechend übernimmt er neben der Organisation und Koordination verschiedener Dienstleistungen ebenfalls die Vermittlung einer Veranstaltungsstätte (Raith 2012, S. 71).

Folgende Dienstleistungen werden in der Regel von einem Full-Service-PCO u. a. übernommen beziehungsweise koordiniert:

- Content-Management
- Teilnehmerregistrierung
- Ausstellungsservices
- technische Ausstattung
- Druck- und Webservices
- Finanzierung und Sponsoring
- Catering
- Hotelmanagement

Insbesondere für die Schaffung von individuellem und gleichzeitig kreativem Content bedarf es einer engen Zusammenarbeit zwischen Full-Service-PCO und Auftraggeber. Als kritisch wird teilweise das fehlende Hintergrundwissen über eine Gesellschaft gesehen. Diese können bezogen auf ihre Branche ganz unterschiedliche Besonderheiten haben, wie beispielsweise bei medizinischen Gesellschaften die Berücksichtigung und Einhaltung des FSA[2]-Kodex.

Der Full-Service-PCO tritt in der Regel im Namen des Auftraggebers als Veranstalter auf und beteiligt sich somit teilweise oder komplett am wirtschaftlichen Risiko der Veranstaltung. Der PCO übernimmt in diesem Modell die Veranstalterrolle und dementsprechend alle dazugehörigen Rechte und auch Pflichten.

2.2   Teil-PCO

Teil-PCOs existierten bereits lange vor den Full-Service-PCOs. Ursprünglich boten Eventagenturen einem Veranstalter lediglich Teilleistungen an. Im Zusammenhang der bereits angesprochenen zunehmenden Professionalisierung entwickelten und etablierten sich allerdings bald große Full-Service-Agenturen, die zuvor beschriebenen Full-Service-PCOs.

---

[2]Verein freiwillige Selbstkontrolle für die Arzneimittelindustrie.

Die Teil-PCOs übernehmen, wie der Name bereits vermuten lässt, nur Teilleistungen. Hierzu zählen alle Dienstleistungen, welche in einem Betreuungs- oder Dienstleistungs- vertrag fixiert wurden. Hierzu zählen u. a.:

- Teilnehmerregistrierung
- Ausstellungsservices
- technische Ausstattung
- Catering

Daher benötigen sie weniger Personal als Full-Service-PCOs. Der Auftraggeber bleibt allerdings alleiniger Veranstalter und trägt dementsprechend auch das wirtschaftliche Risiko, wodurch Teil-PCOs heutzutage nur noch selten zu finden sind.

2.3 Inhouse-PCO

Bei den Inhouse-PCOs handelt es sich um einen PCO, der in der Auftrag gebenden Ins- titution angesiedelt ist. Er ist an eine Immobilie gekoppelt, sodass der Inhouse-PCO sich ausschließlich auf die Organisation und Durchführung von Veranstaltungen in diesem Gebäude konzentriert. Durch den Sitz im und die Zugehörigkeit zum Veranstaltungshaus kann eine Veranstaltung optimal geplant, durchgeführt und auch abgerechnet werden. Die Mitarbeiter eines Inhouse-PCOs steuern intern und extern erbrachte Dienstleistun- gen und bündeln sie für den Kunden, sodass dieser in der Regel nur einen Ansprech- partner hat (Raith 2012, S. 72). Ein Nachteil besteht darin, dass neue Veranstaltungen weniger flexibel organisiert werden können, als das beispielsweise in einem anderen Haus möglich wäre. Durch die kontinuierliche Abwicklung der Inhouse-Veranstaltun- gen sinkt der Bedarf an neuen und innovativen Formaten (Wewoda 2015b, S. 46 f.). Im Ergebnis werden für den Inhouse-PCO höhere Einnahmen für die Gesellschaft prognos- tiziert. Erstmalig wurde der DGN-Kongress im Jahr 2014 inhouse organisiert.

2.4 Core-PCO

Die sogenannten Core-PCOs betreuen ihre Kunden weltweit und über einen längeren Zeitraum. In der Fristigkeit besteht der Hauptunterschied zwischen einem Full-Service-, Teil- und einem Core-PCO. Ein Full-Service- sowie ein Teil-PCO betreuen ihre Kun- den u. a. auch bei einer einmaligen Veranstaltung. Ein Core-PCO ist vorwiegend an der Organisation multipler wiederkehrender Veranstaltungen interessiert. Er kann somit eine konstante Betreuung des Kunden gewährleisten, da der Core-PCO alle Abläufe des Kon- gresses im Detail über die Jahre kennt und so alle Prozesse für ein Veranstaltungsformat optimieren kann (IAPCO 2011, S. 1).

Der Core-PCO kann somit die langfristige strategische Ausrichtung einer Veranstaltung gewährleisten sowie die Gefahr eines möglichen Know-how-Verlusts bei der Übergabe reduzieren. Zudem kann er in der Regel von einer langfristigen Planbarkeit verschiedener Dienstleistungen profitieren. Das Übernahmeportfolio von Dienstleistungen unterscheidet sich hier allerdings kaum von dem des Full-Service-PCOs. Es beinhaltet u. a. (IAPCO 2011, S. 6):

- Sponsoring
- Ausstellungsservice
- Programmmanagement
- Teilnehmerregistrierung
- Rahmenprogramm
- Hotelmanagement
- Abstract-Management

Als Nachteil kann hier ebenfalls wie beim Inhouse-PCO ein Mangel an flexiblem Einsatz innovativer Methoden gesehen werden, da hier langfristig ebenfalls Events „von der Stange" organisiert werden.

2.5   Servicegesellschaft

Schließlich existiert noch das Geschäftsmodell der Servicegesellschaften. In diesem Modell gibt es kein zwischengeschaltetes Unternehmen, wodurch ebenfalls alle Rechnungen direkt über die Servicegesellschaft abgewickelt werden. Sie spaltet sich als eigenständige GmbH aus der Gesellschaft ab und kümmert sich insbesondere um den wirtschaftlichen Teil einer Veranstaltung, was vor allem die Industrieausstellung sowie das Sponsoring beinhaltet. Für weitere Dienstleistungen, wie zum Beispiel die Teilnehmerregistrierung, bedient sich die Servicegesellschaft in der Regel eines Teil-PCOs.

Hintergrund der Entwicklung von Servicegesellschaften ist die steigende Kritik an der Zahlung von Teilnehmergebühren o. Ä. an einen externen PCO (Wewoda 2015a, S. 52), was durch eine Servicegesellschaft umgangen wird. Die Abgrenzung zwischen Servicegesellschaft und Inhouse-PCO ist allerdings in der Literatur nicht ganz eindeutig.

3   Die Zukunft der professionellen Kongressorganisation

Auch wenn die Veranstaltungsabwicklung über einen PCO kontinuierlich in der Kritik zu stehen scheint, werden auch zukünftig nicht alle Leistungen vollumfänglich über die Veranstalter selbst abgewickelt werden können und entsprechendes Know-how dort zur Verfügung stehen. Insbesondere im Bereich des Teilnehmer- und Hotelmanagements sowie für das Abstracthandling wird es auch zukünftig notwendig sein, mit Experten außerhalb der veranstaltenden Organisation zu kooperieren, die sich in diesen Bereichen auskennen. So werden Veranstalter auch zukünftig auf die spezielle Expertise von Full-Service-, Teil-, Inhouse- oder Core-PCOs zurückgreifen (Wewoda 2015a, S. 52). Diese müssen sich dann der Herausforderung einer individuellen Veranstaltungsorganisation des Auftraggebers stellen und sich gleichzeitig seinem Umfeld als Dienstleister mit einem eigenen USP präsentieren.

Die Besonderheit der PCOs ist somit eindeutig in der individuellen Bereitstellung von Know-how sowie in der kreativen und dramaturgischen Schaffung von Content zu sehen. Dadurch werden zukünftig nicht nur die reine Organisation und Betreuung, sondern auch die inhaltliche Beratung des Kunden für einen PCO wichtig, um diesen langfristig zu binden und einen Mehrwert über die reine Dienstleistungsqualität (Wewoda 2015b, S. 51) hinaus zu schaffen. Dieses kann zum einen die Konzeption und Umsetzung innovativer Präsentationsformate, wie die Barcamps (hierzu ausführlicher Fiedler und Kopf 2010, S. 199 ff.; Semblat 2013, S. 25 ff.) oder der Science-Slam, zum anderen auch die Implementierung von einem außergewöhnlichen Rahmenprogramm sein, wie zum Beispiel eine Silent Party (Party/Disco, Tanz, Musik nur via kabellose Kopfhörer). Nur so kann ein wirklicher langfristiger Mehrwert geschaffen werden. Dieser muss dann von einem PCO optimal in die Veranstaltung eingebettet und mit Leben gefüllt werden. Hierfür werden stellenweise innovative Feinheiten gewählt, um die Anforderungen des Auftraggebers optimal zu bedienen. Die Zukunft liegt also nicht nur in der reinen Dienstleistungsqualität, sondern ebenfalls in der bedarfsorientierten Vermittlung und Bereitstellung von Content.

Ebenfalls wird es nach wie vor insbesondere für Veranstaltungen unterschiedlicher Größenordnungen interessant sein, einen Full-Service-PCO zu bestellen, um so das steuerliche und wirtschaftliche Risiko zu minimieren. Aus diesem Grund werden trotz des unterstellten fehlenden Hintergrundwissens über eine Gesellschaft die PCOs auch zukünftig notwendige Organisatoren von Verbandsveranstaltungen sein.

Literatur

Berlin Tourismus & Kongress GmbH (o. J.) Professional congress organiser. http://convention. visitberlin.de/de/artikel/professional-congress-organiser. Zugegriffen: 17. März 2015

Brager L, Dinkel M (2015) Qualitative Ansätze in der Veranstaltungsbranche: Wahrnehmungsorientierung mittels Eye Tracking. In: Mannheimer Beiträge zur Betriebswirtschaftslehre. DHBW Mannheim, Mannheim

EFAPCO (2015) About EFAPCO. http://www.efapco.eu/about_efapco.asp. Zugegriffen: 20. März 2015

Fiedler B, Kopf R (2010) Neue Ansätze bei der Live-Kommunikation im Meetingsektor. Offen gestaltete Konferenzmodelle wie Barcamps fordert ein Mehr an Interaktivität. In: Dinkel M, Heid E, Semblat U (Hrsg) Herausforderungen für die Live-Kommunikation im B-to-B. clf media, Walldorf, S 199–216

Goschmann K (1999) Medien am Point of Interest. Arbeits-Lexikon Messen, Ausstellungen, Events, Kongresse, Tagungen, Incentives, Sponsoring. FairCon Publications & Fachbuch, Mannheim

Graeve M von (2014) Events professionell managen. Das Handbuch für Veranstaltungsorganisation. Business Village, Göttingen

IAPCO (2009) Looking for a PCO? http://www.iapco.org/. Zugegriffen: 17. März 2015

IAPCO (2011) How to choose a core PCO. http://www.iapco.org/pdf/How%20to%20Choose%20a%20Core%20PCO.pdf. Zugegriffen: 23. Apr. 2015

Leitinger E (2013) MICE. In: Dinkel M, Luppold S, Schröer C (Hrsg) Handbuch Messe-, Kongress- & Eventmanagement. Verlag Wissenschaft & Praxis, Sternenfels, S 157–159

Pruust A, Stegmann U (2012) Meeting made in Germany: Ein GCB-Leitfaden. In: Schreiber M-T (Hrsg) Kongresse, Tagungen und Events. Potenziale, Strategien und Trends der Veranstaltungswirtschaft. Oldenbourg Verlag, München, S 93–106

Raith J (2012) Dienstleistungs-Management in Veranstaltungszentren. Vom Raummieter zum Inhouse-PCO. Verlag Wissenschaft & Praxis, Sternenfels

Semblat U (2013) Barcamp. In: Dinkel M, Luppold S, Schröer C (Hrsg) Handbuch Messe-, Kongress- & Eventmanagement. Verlag Wissenschaft & Praxis, Sternenfels, S 25–26

Wewoda F (2015a) Inhouse statt mit PCO. PCOs fehlt Hintergrundwissen. Tagungswirtschaft 2015(1):50–53

Wewoda F (2015b) Professional Congress Organiser. Eine Branche steht auf. Tagungswirtschaft 2015(2):46–51

Über die Autoren

Dr. Laura Brager, ist Senior Specialist Event Management bei der Roche Diagnostics Deutschland GmbH. Zuvor war sie bei der m:con – mannheim:congress GmbH Teamleiterin im Marketing. Sie ist zudem Dozentin im Studiengang „Messe-, Kongress- und Eventmanagement" an der Dualen Hochschule Baden-Württemberg in Mannheim sowie Verfasserin zahlreicher Publikationen im Bereich „Sport- und Eventmanagement". Darüber hinaus ist sie Initiatorin des „Eventforum Mannheim", welches erstmalig 2012 im Rosengarten in Mannheim stattgefunden hat. Zudem ist sie Mitentwicklerin des branchenspezifischen Agentur-Planspiels „TopEvent", welches für die Veranstaltungsbranche konzipiert wurde.

Bastian Fiedler, Dipl. BW (FH), ist seit 01.01.2017 Geschäftsführer der m:con – mannheim:congress GmbH. Davor war er 7 Jahre als Prokurist verantwortlich für Business Development und Marketing bei der m:con. Darüber hinaus ist er seit 2009 als Dozent tätig. Er ist Ehrenpräsident des SIM e. V., Kurator der AIESEC e. V. sowie Vertreter der deutschen PCOs im EFAPCO.

Convention Bureau

Destinationsmarketing für Städte und Regionen

Jutta Heinrich, Anne Demuth und Stephanie Kleine Klausing

Zusammenfassung

Die Vermarktung einer Stadt oder Region als Kongress- und Tagungsstandort liegt in den Händen des städtischen Convention Bureaus. Was bedeutet das Kongressgeschäft für einen Standort? Wie ist ein Convention Bureau aufgestellt? Wie finanziert es sich? Wie sehen die Aufgaben eines Convention Bureaus konkret aus? Was sind die Herausforderungen und wie beeinflussen weltweite Trends die lokalen Strategien? Dieser Beitrag beschäftigt sich mit den Kernthemen eines Convention Bureaus. Er gewährt einen Blick in die Welt des Veranstalters, indem er Entscheidungskriterien für eine Veranstaltungsdestination beleuchtet. Über Megatrends werden Handlungsoptionen herausgearbeitet, die das Convention Bureau vom reinen Kontaktvermittler zum qualifizierten Berater machen.

Vorbemerkung der Autorinnen

Das Convention Bureau bündelt die Angebote der Kongressbranche in einer Stadt. Profiteure sind nicht nur die Hotels, Tagungsraumanbieter und Kongressdienstleister, auch branchenfremde Unternehmen profitieren von den Ausgaben der

J. Heinrich (✉)
Frankfurt am Main, Deutschland
E-Mail: heinrich@infofrankfurt.de

A. Demuth
Stuttgart, Deutschland

S. Kleine Klausing
Köln, Deutschland

© Springer Fachmedien Wiesbaden GmbH 2017
C. Bühnert und S. Luppold (Hrsg.), *Praxishandbuch Kongress-, Tagungs- und Konferenzmanagement,* DOI 10.1007/978-3-658-08309-0_4

Kongressteilnehmer. Somit ist der Wirtschaftsfaktor „Kongress" für eine Stadt von großer Bedeutung. Schon alleine aufgrund ihres Vermarktungsauftrags sind die Convention Bureaus auf lokaler Ebene stark vernetzt. Um im Wettbewerb zu bestehen, sollte die lokale Vernetzung weiter vorangetrieben werden. Wichtig ist, die Bedeutung der Kongressbranche innerhalb der Politik und Wirtschaft zu verankern. Letztendlich geht es darum, dass alle an einem Strang ziehen und dazu beitragen, den Standort nach vorne zu bringen.

1   Das städtische Convention Bureau

Das städtische Convention Bureau ist in der Regel Teil einer Organisation, die den offiziellen Auftrag hat, eine Destination zu vermarkten.

▶ **Destination** Die Destination (im Kontext der Tourismuswirtschaft) ist als geografischer Raum, den ein Reisender/Gast (oder ein Gästesegment) als Reiseziel auswählt, definiert. Sie enthält sämtliche für einen Aufenthalt notwendigen Einrichtungen für Beherbergung, Verpflegung, Unterhaltung/Beschäftigung. Sie ist somit die Wettbewerbseinheit im Incoming Tourismus, die wie ein eigenständiges Unternehmen kooperativ geführt werden muss. […] Für die Organisation und Vermarktung der Destination ist i. d. R. eine Destinationsmanagementorganisation (DMO) zuständig (Gabler Wirtschaftslexikon 2015, Stichwort: Destination).

Diese Organisation wird in Deutschland auch gemäß der US-amerikanischen Bezeichnung „Convention & Visitor Bureau" (CVB) genannt. CVB steht für die städtische Vermarktungsgesellschaft, die sich um das allgemeine Tourismusmarketing und um das Kongressmarketing kümmert, wohingegen das Convention Bureau nur für das Kongressgeschäft zuständig ist. Beide aus den USA eingeführten Begriffe haben sich international etabliert (Schwägermann 2002, S. 471).

Im Rahmen des Destinationsmarketings übernimmt das städtische Convention Bureau also die Vermarktung einer Stadt oder Region als Standort für Kongresse und Tagungen. Es versteht sich als Kompetenzzentrum der Kongressbranche. Da sich Veranstalter selten nur aufgrund eines Kongresszentrums oder Hotels für eine Destination entscheiden, bündelt das Convention Bureau die kongressrelevanten wie auch destinationsspezifischen touristischen Angebote. In dieser Funktion ist es Bindeglied zwischen der Stadt und den Anbietern (Franke 2012, S. 136).

Für die Veranstalter fungiert das Convention Bureau als erste neutrale Anlaufstelle und als Türöffner zur Stadt. Es stellt Kontakte zur Stadtregierung, zu diversen Ämtern und sonstigen städtischen Institutionen her. Zudem werden Kunden bei der Planung und Organisation ihrer Veranstaltung beraten und unterstützt, indem Veranstaltungsorte, Hotels und Dienstleister vor Ort vermittelt werden. Kunden des Convention Bureaus sind Firmen, Institutionen, Verbände und Agenturen, die Kongresse und Tagungen organisieren. Der Begriff „Kunde" ist in diesem Kapitel mit „Veranstalter" gleichgesetzt.

weiter. Ein Beispiel hierfür ist die mit den Convention Bureaus gemeinsam entwickelte Kompetenzfelderstrategie (s. Abschn. 4.2).

International vernetzt sind die großen Convention Bureaus zudem in Fachverbänden wie ICCA (International Congress and Convention Association) oder MPI (Meetings Professionals International). ICCA bietet Hilfestellung bei der Einwerbung von internationalen Verbandskongressen, erstellt ein jährliches Länder- und Städteranking und bietet den Mitgliedern aus der ganzen Welt gleichzeitig Plattformen für Netzwerke, Weiterbildung sowie fachlichen Austausch. MPI setzt sich aus Anbietern und Firmenkunden zusammen und bietet neben einer internationalen Vernetzung primär Weiterbildungsmaßnahmen an.

2   Das Geschäftsmodell eines Convention Bureaus

Bis in die Neunzigerjahre verfügten deutsche Städte in der Regel über ein Verkehrs- oder Tourismusamt. Dieses vermarktete die Stadt primär in touristischer Hinsicht, bezog aber auch das Thema „Kongresse und Tagungen" mit ein. Darauf folgte ein Trend, die Ämter aus den Rathäusern auszugliedern und zu städtischen Gesellschaften umzuformen, meist zu GmbHs. Im Zuge der Neustrukturierung wurde gleichzeitig eine Abteilung für Kongressmarketing eingerichtet.

Die allgemeine Entwicklung der Branche sowie die Internationalisierung der lokalen Marketingaktivitäten führten zur Neubenennung der Kongressabteilung in Convention Bureau. In vielen Städten wurden die Convention Bureaus in diesem Zuge personell ausgebaut. Es wurden neue Strukturen und Hierarchien geschaffen. Einher ging damit auch die Neupositionierung der Abteilung, sowohl innerhalb der Tourismusgesellschaft wie auch auf lokaler Ebene gegenüber der Politik, Wissenschaft und Wirtschaft.

2.1   Organisationsformen und Finanzierung

Die Finanzierung eines Convention Bureaus hängt von der Organisationsform ab. In der Regel ist es eine Teilorganisation der touristischen Vermarktungsgesellschaft. Als Abteilung oder Geschäftsbereich wird es komplett aus den Geldern der Dachorganisation finanziert. In Deutschland gibt es die folgenden Formen:

- Abteilung einer Tourismusgesellschaft (GmbH)
- Abteilung eines städtischen Amtes
- eigenständige GmbH
- Mitgliederorganisation
- Partnerkooperationsmodell

Zusätzlich zu den kommunalen Mitteln besteht die Möglichkeit, eigene Einnahmen zu generieren, zum Beispiel durch:

- Mitgliedsbeiträge (bei Mitgliederorganisationen)
- Zuschüsse über strategische Partnerschaften
- Verkauf von Vermarktungspaketen an lokale Partner
- Vermittlungsprovision durch Hotelzimmerbuchungen
- Verkauf von Tickets

Das Frankfurt Convention Bureau ist zum Beispiel eine Abteilung der Tourismus+Congress GmbH Frankfurt am Main, eine hundertprozentige städtische Gesellschaft, die sich zum größten Teil selbst finanziert. Das Convention Bureau trägt hierzu durch Provisionen aus der Reservierung von Hotelzimmern für Kongresse und aus dem Verkauf von Kongresstickets für den öffentlichen Nahverkehr bei. Für spezifische Marketingmaßnahmen wie zum Beispiel Messeauftritte, Workshops oder Einträge und Anzeigen im Meeting-Guide wird eine Teilnahmegebühr von den jeweiligen Partnern erhoben und zweckgebunden verwendet. Zusätzlich wurde ein Kongressfördertopf zur Kofinanzierung eingerichtet, an dem sich Partner aus der Kongressbranche und der Wirtschaft beteiligen.

Im Vergleich zu Frankfurt am Main wird die Finanzierung des Kölner Convention Bureaus zusätzlich durch den Verkauf von spezifischen Marketingbeteiligungspaketen an Partner sichergestellt. Im Rahmen dieses Beteiligungsmodells soll der Branche die Möglichkeit gegeben werden, sich unternehmensspezifisch noch stärker zu positionieren und die Vertriebskanäle des Convention Bureaus noch intensiver zu nutzen, als dies nur durch kostenfreie Angebote der Fall wäre.

Neben der bereits genannten Grundfinanzierung durch die Tourismus-GmbH und weiterer projektbezogener Einnahmequellen implementierte das Stuttgart Convention Bureau sogenannte strategische Partnerschaften und konnte mit dieser Kofinanzierung die Ressourcen der Abteilung erheblich erweitern. Zu den strategischen Partnern zählen neben Veranstaltungszentren und Hotels auch der Flughafen Stuttgart sowie die Wirtschaftsförderung der Region Stuttgart.

Als Abteilung einer städtischen Gesellschaft oder eines Amts kann es zu Abhängigkeiten von der jeweiligen politischen Konstellation in der Stadt kommen. Werden die kommunalen Mittel reduziert, hat dies einen Einfluss auf die Arbeit der DMO und somit auch auf die des Convention Bureaus. Ebenso kann die Vermarktungsgesellschaft in den Genuss von Fördergeldern oder lokalen Abgaben kommen, die aber keine Planungssicherheit zulassen, da sie in der nächsten Wahlperiode der Stadtregierung wieder gestrichen werden könnten.

Um dem entgegenzuwirken, wird nach neuen Möglichkeiten gesucht, um zusätzliche Gelder zu generieren. Dies kann beispielsweise durch eine kommunale Kultur- oder Tourismusabgabe oder die Gewinnung weiterer Partner geschehen, die sich finanziell am Kongressmarketing beteiligen. Häufig werden auch Unternehmen und öffentliche Bereiche, die am Kongressgeschäft partizipieren, zur Mitfinanzierung herangezogen (zum Beispiel Verkehrsunternehmen, Flughäfen etc.).

Im Allgemeinen werden Organisationsformen und Finanzierungskonzepte von Convention Bureaus destinationsspezifisch von den kommunalen Gremien entschieden.

Damit stellen die genannten Beispiele nur einen Auszug der tatsächlich existierenden Konstellationen dar.

2.2 Aufgaben eines Convention Bureaus

Zu den Kernaufgaben eines Convention Bureaus gehört die nationale und internationale Positionierung der Stadt oder Region als attraktiver Kongress- und Tagungsstandort. Durch die Zusammenarbeit mit den lokalen Partnern verfügt es über ein dezidiertes Wissen, um maßgeschneiderte Angebote für den Veranstalter zusammenzustellen. Als „Schaltzentrale" bringt es Anbieter und Kunden zusammen. Somit ergeben sich die folgenden Aufgaben (Abb. 1):

- Erstellung eines Dienstleistungsangebots
- Vernetzung mit lokalen Partnern (Netzwerkmanagement)
- Vermarktung der Destination inklusive der kongressrelevanten Einrichtungen
- Kundenbetreuung vor und während der Veranstaltung

Um seine Aufgaben effektiv wahrzunehmen, gilt es für das Convention Bureau, zunächst die Anforderungen des Veranstaltungsplaners, hier als „Kunde" bezeichnet, an einen Standort zu kennen. Ausgehend von den Anforderungen sind dann die einzelnen Aufgaben zu gestalten.

2.2.1 Kundenanforderungen

Das Europäische Institut für TagungsWirtschaft GmbH (EITW) an der Hochschule Harz führt jährlich eine Befragung über mögliche Entscheidungskriterien der Veranstalter für eine Veranstaltungsdestination durch. Die Ergebnisse werden in dem Meeting- & Event-Barometer zusammengefasst. Laut dieser Studie sind die folgenden Anforderungen an einen Standort wichtige Entscheidungskriterien (Abb. 2):

An das Angebot eines Convention Bureaus werden hohe Maßstäbe angelegt. So gehört die schnelle Erreichbarkeit des Standorts zu den Topkriterien für die Wahl eines

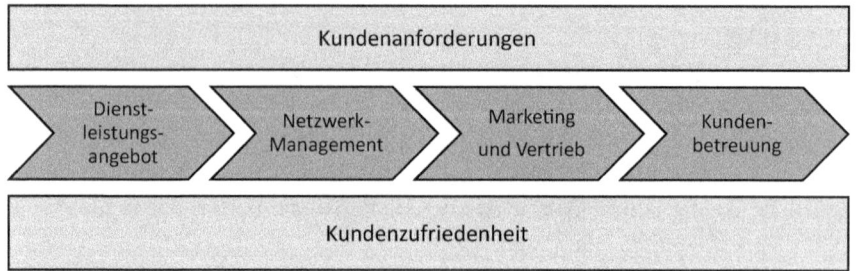

Abb. 1 Aufgaben eines Convention Bureaus. (Quelle: eigene Darstellung)

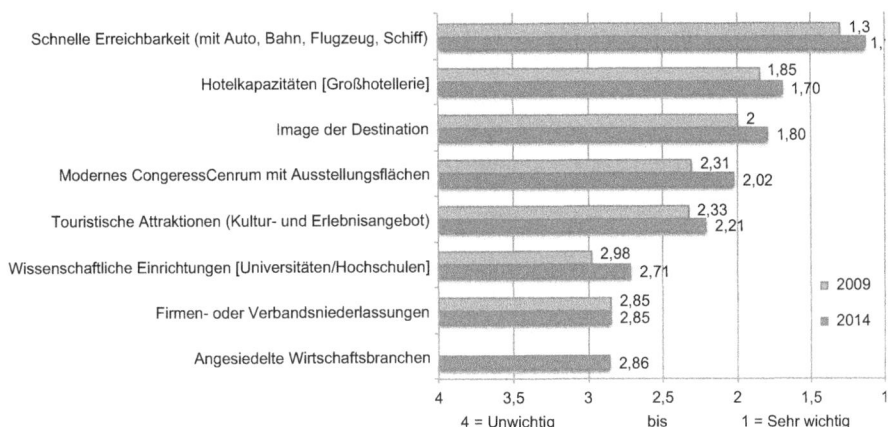

Abb. 2 Entscheidungskriterien der Veranstalter für Veranstaltungsdestinationen. (Quelle: Europäisches Institut für TagungsWirtschaft GmbH (EITW) an der Hochschule Harz 2015, S. 21)

Veranstaltungsorts. Auch in Zukunft wird Mobilität, gepaart mit Zeit- und Geldersparnis, wichtig sein. Daher sollten Convention Bureaus über ein fundiertes Wissen über die Verkehrsmittel zur Anreise, die städtische Infrastruktur und die mobilen Angebote vor Ort verfügen.

Ein weiteres Kriterium für Veranstalter sind die Hotelkapazitäten. Ein großes Veranstaltungszentrum ohne die entsprechenden Unterbringungsmöglichkeiten für die Teilnehmer lässt sich schwer vermarkten. Ist die Anzahl der Hotelbetten in einer Stadt für einen Kongress nicht ausreichend, empfehlen sich Allianzen innerhalb einer Region oder mit Nachbarstädten. Da große Kongresse von langer Hand geplant werden, sollte ein Convention Bureau nicht nur über das bestehende Bettenangebot Bescheid wissen, sondern auch über zukünftige Hoteleröffnungen informiert sein.

Auch das Image der Destination spielt eine zunehmend wichtige Rolle bei der Standortwahl. Je nach Zielmarkt und Zielgruppe ist es Aufgabe eines Convention Bureaus, spezifische Standortfaktoren herauszuarbeiten und sie imagebildend in die Kommunikation einzubinden. Wichtig ist hierbei die Relevanz für die Zielgruppe. So ist die Frankfurter Skyline in den USA oder in China kaum imagesteigernd, wohingegen sie in Deutschland und Europa ein Alleinstellungsmerkmal ist.

Weiterhin spielen ein modernes Kongresszentrum mit Ausstellungsfläche sowie touristische Attraktionen eine Rolle bei der Wahl des Standorts. Das Convention Bureau bietet hier Beratungsleistungen für Veranstalter an. Wenn benötigte Ausstellungsflächen nicht vorhanden sind, können Alternativen mit den Partnern erarbeitet werden, wie zum Beispiel moderne Zeltbauten, ehemalige Fabrikhallen oder Hangars. Durch die Einbindung in die touristische Vermarktungsgesellschaft kann das Convention Bureau auch Beratungsleistungen zu den lokalen Attraktionen und dem Kulturangebot der Stadt und der Region anbieten.

Da die großen Städte in Bezug auf die genannten Entscheidungskriterien immer vergleichbarer werden, können nachrangige Kriterien – wie die lokalen wissenschaftlichen Einrichtungen – von ausschlaggebender Bedeutung für die Standortwahl sein. So können Hochschulen oder Forschungseinrichtungen relevante Themen einbringen, Referenten stellen oder Touren durch die Einrichtungen anbieten. Gleiches gilt für Firmen- oder Verbandsniederlassungen.

Die Bedeutung der in einer Stadt angesiedelten Wirtschaftsbranchen ist ebenfalls ein Entscheidungskriterium. Neben den zuvor genannten Vorteilen der thematischen Einbindung kommt die Möglichkeit der Sponsorensuche für den Kongressveranstalter hinzu. Ein Convention Bureau kann hier unterstützen, indem es die Branchenkompetenzen der Stadt in das Kongressmarketing mit einbindet und Kontakte zu fachlich relevanten Firmen oder institutionellen Netzwerken vermittelt.

2.2.2 Dienstleistungsangebot

Das Dienstleistungsangebot eines Convention Bureaus richtet sich nach den Kundenanforderungen. Im Rahmen seiner Beratungs- und Vermittlungsfunktion werden folgende Dienstleistungen angeboten:

- Beratung und Unterstützung bei der Planung von Veranstaltungen
- Vermittlung von Veranstaltungsräumen
- Vorschläge für Rahmenprogramme und Incentives
- Ideengenerierung für Pre- und Post-Convention-Touren
- Abfrage und Verwaltung von Hotelzimmerkontingenten
- Vermittlung von ÖPNV-Kongress-Tickets
- Information über nachhaltige Angebote und Leistungsträger
- Text- und Bilderservice für Veranstalterdokumente
- touristische Informationen für die Teilnehmer

Das Dienstleistungsangebot sollte stets optimiert und angepasst werden, um die Veranstalter bestmöglich zu beraten. Das Frankfurt Convention Bureau hat zum Beispiel eine Mitarbeiterin zum „Location-Scout" benannt, die neue Veranstaltungshäuser und Incentive-Ideen in der Stadt und der Region ausfindig macht und so das Netzwerk der Anbieter erweitert. Die gefundenen Angebote werden geprüft, ob sie den Qualitätsmaßstäben entsprechen. Anschließend werden sie in einer Datenbank erfasst und über das Internet und einen Newsletter publiziert.

Zu den vermittelnden Tätigkeiten kommen weitere Serviceangebote oder der Verkauf von Produkten. So bietet das Frankfurt Convention Bureau beispielsweise ermäßigte Kongresstickets für den öffentlichen Nahverkehr und Kongress-Museums-Tickets an, die die Teilnehmer zum Besuch der kulturellen Einrichtungen der Stadt animieren sollen.

In einigen Städten, vor allem kleinerer und mittlerer Größe, ist das Convention Bureau auch verstärkt operativ tätig und übernimmt entgeltliche Agenturleistungen, beispielsweise die Registrierung der Teilnehmer oder die Projektleitung vor Ort.

2.2.3 Netzwerkmanagement

Da sich das Convention Bureau als Kompetenzzentrum der lokalen Veranstaltungsbranche versteht, kommt der Pflege und dem Ausbau von Netzwerken innerhalb seiner Aufgaben eine große Bedeutung zu. Der Veranstalter findet in dem Convention Bureau einen Partner, der sich in der städtischen Infrastruktur – sowohl in politischer, wirtschaftlicher als auch in touristischer Hinsicht – auskennt. In der Regel sind Convention Bureaus selbst Teil eines städtischen Netzwerks, oder aber sie haben den Zugang zu wichtigen Netzwerken. Durch diese Verbindungen können Kontakte hergestellt werden, die für die Kongressorganisation von großem Nutzen sind. Zu den Netzwerkpartnern zählen:

- städtische Verwaltung, Kommunalpolitik
- Hotellerie, Messegesellschaft, Tagungsstätten, Eventlocations
- Institutionen der Wirtschaft (Industrie- und Handelskammer, Wirtschaftsförderung)
- wissenschaftliche Einrichtungen (Universitäten, Forschungsinstitute)
- Branchennetzwerke

Mit den Netzwerkpartnern werden in regelmäßigen Treffen Projekte und Veranstaltungen besprochen. Mit Vertretern der Wirtschaft findet ein Austausch über die in der Stadt angesiedelten Unternehmen und Branchen statt. Über den Kontakt zu wissenschaftlichen Einrichtungen entstehen Verbindungen zu Professoren oder Institutsleitern, die Veranstaltungen organisieren und auf die Expertise des Convention Bureaus zurückgreifen.

2.2.4 Marketing und Vertrieb

Im Rahmen der Imagebildung, Kundenpflege und Kundenneugewinnung präsentieren sich die städtischen Convention Bureaus auf nationalen und internationalen Messen und Workshops. Die Präsentation erfolgt entweder als Anschließer an einem gemeinschaftlichen regionalen oder nationalen Stand, oder aber das Convention Bureau organisiert einen eigenen Stand, um den Partnern und Leistungsträgern der Stadt und Region eine gemeinsame Vermarktungsplattform zu bieten.

Die Erstellung eines gedruckten und/oder digitalen Meeting-Guides gehört ebenfalls zu den Marketinginstrumenten eines Convention Bureaus. Der Meeting-Guide ist ein Verzeichnis der Dienstleister sowie der Angebote der Stadt, der Hotels und Locations und dient als wichtige Grundlage für den Veranstaltungsplaner.

Ein weiteres wirkungsvolles Marketinginstrument ist die Einladung potenzieller Kunden in die Stadt, um die Vorteile des Standorts erlebbar zu machen. Für die Durchführung dieser Informationsreisen, auch „Educational Trips" genannt, binden die Convention Bureaus lokale Partner wie Hotels, Tagungsstätten, Eventlocations und Transportunternehmen mit ein. Auch können Fachvorträge aus der Wirtschaft und/oder die Besichtigung eines Unternehmens oder Instituts in diese Besuchsprogramme integriert werden, um die Stärken einer Destination zu demonstrieren.

Weitere Aktivitäten in der Marketingkommunikation sind:

- Presseberichte und Anzeigenschaltung in Fachmagazinen
- Präsenz auf Internet- und Social-Media-Plattformen
- Kommunikation mit den Veranstaltern über einen Newsletter
- Pflege einer Internetplattform zur Darstellung des Angebots der Destination
- Bereitstellung von Broschüren und digitalem Informationsmaterial über die Stadt

Im Rahmen der Vertriebsaufgaben bewerben sich die Convention Bureaus zusammen mit ihren Partnern um die Austragung von großen Kongressen. Am Anfang einer solchen Bewerbung steht zumeist die Anfrage des Veranstalters mittels eines RFPs (Request for Proposal/Aufforderung zur Angebotsabgabe). Das Convention Bureau holt Angebote der Partner, wie zum Beispiel der Kongresszentren und der Hotellerie, ein und erstellt ein Bewerbungsdokument, ein sogenanntes „Bidbook". Wenn die Destination in die engere Auswahl kommt, erfolgt ein Besuch des Veranstalters in der Stadt, um die Gegebenheiten vor Ort zu prüfen. Die Anpassung des Angebots und eine finale Präsentation vor einem Entscheidergremium bilden in der Regel den letzten Schritt des Bewerbungsprozesses.

2.2.5 Kundenbetreuung

Im Vorfeld der Veranstaltung und auch während des Kongresses betreut und unterstützt das Convention Bureau den Veranstalter mit folgenden Leistungen:

- Organisation von Site-Inspections (Ortsbesichtigungen)
- Vermittlung von Eventdienstleistern wie Agenturen, Technikunternehmen, Hostessen-services, Transportservices etc.
- Vermittlung kompetenter und mehrsprachiger Gästeführer

Zudem richten einige Convention Bureaus sogenannte „Welcome-Counter" am Flug-hafen oder Bahnhof ein, um die Teilnehmer direkt bei der Ankunft in der Stadt willkommen zu heißen. Ein anderes Beispiel für die Betreuung vor Ort ist ein Informa-tionsschalter im Rahmen der Veranstaltung selbst, der dem einzelnen Teilnehmer hilft, sich in der Stadt zurechtzufinden.

3   Markttrends und Herausforderungen

Im Rahmen der weltweiten Veränderungen und des gesellschaftlichen Wertewandels sehen sich die Convention Bureaus neuen Herausforderungen ausgesetzt. Die Studie „Tagung und Kongress der Zukunft", die das German Convention Bureau mit Unterstützung weiterer Partner in Auftrag gegeben hat, untersucht, wie sich allgemeingültige Megatrends und ihre zukünftige Entwicklung bis 2030 auch auf die Tagungs- und Kongressbranche auswirken. In einer Onlineumfrage unter Experten wurden die folgenden fünf Megatrends als beson-ders relevant für die Branche bewertet (GCB German Convention Bureau e. V. 2013, S. 76):

- Technisierung der Arbeits- und Lebenswelten
- Globalisierung und Internationalisierung
- demografischer Wandel und Diversity
- Mobilität
- nachhaltige Entwicklung

3.1   Technisierung der Arbeits- und Lebenswelten

Mit zunehmender Technisierung und Digitalisierung der Lebens- und Arbeitswelt sind die Veranstalter immer besser informiert und vernetzt. Sie suchen sich die Basisinformationen selbst im Internet zusammen, die sie über eine Destination benötigen. Für Convention Bureaus bedeutet dies, dass die Anforderungen an Beratungsleistungen steigen. Die Beratung wird immer individueller und dem Kunden muss ein qualifizierter Mehrwert im Vergleich zur Ausgabe von Standardinformationen geliefert werden.

Durch die zunehmende Vernetzung über soziale Plattformen erfolgt ein immer intensiverer Austausch unter den Teilnehmern, unter potenziellen Kunden sowie zwischen Kunden und Anbietern. Über eine Social-Media-Strategie kann ein Convention Bureau diese Entwicklung nutzen, um die Imagebildung voranzutreiben, mit Veranstaltern zu kommunizieren und diese an sich zu binden. Zu beachten ist hierbei, dass die Kunden in den einzelnen Zielmärkten auf unterschiedlichen Plattformen unterwegs sind. Je nach Ländern und Kundengruppen muss ein Convention Bureau entscheiden, welche Plattformen es aktiv nutzt.

3.2   Globalisierung und Internationalisierung

Durch die Globalisierung steigt auch der Wettbewerb zwischen den Städten. Die Convention Bureaus der deutschen Metropolen konkurrieren international mit Destinationen wie Wien, Barcelona, Paris, London, Amsterdam etc. Meist stehen nur die europäischen Destinationen untereinander im Wettbewerb, wenn es um die Ausrichtung eines internationalen Kongresses geht. Der Grund liegt im Entscheidungsprozess des Veranstalters, der sich zunächst für einen Kontinent entscheidet. Ein weiterer Punkt ist, dass neue Wettbewerber hinzukommen. Aufstrebende Destinationen, beispielsweise aus dem ehemaligen Ostblock oder den sogenannten BRICS-Staaten[1], richten den Blick immer mehr auf das internationale Kongressgeschäft.

Die Globalisierung führt auch dazu, dass Großstädte zunehmend vergleichbar werden. In der Regel unterscheiden sie sich nicht mehr in den infrastrukturellen Basisfaktoren, sodass hier kein besonderer Wettbewerbsvorteil mehr erzielt werden kann. Um weiterhin eine Destination mit ihren Alleinstellungsmerkmalen darstellen zu können, werden neue

---

[1] „BRICS" steht für Brasilien, Russland, Indien, China und Südafrika.

Themen, wie die wirtschaftlichen und wissenschaftlichen Kompetenzen, in die Standort-
kommunikation aufgenommen. Convention Bureaus übernehmen hierbei die Aufgabe,
die Vernetzung und Bündelung der Kräfte vor Ort voranzutreiben, um passgenaue Angebote zu erstellen. Die Einbindung branchenspezifischer Kompetenzen führt dann zum
Mehrwert für den Veranstalter.

3.3   Demografischer Wandel und Diversity

In Bezug auf den demografischen Wandel beschäftigt die Tagungs- und Kongressbranche, wie die Reisebranche, vor allem das Thema „Barrierefreiheit". Durch immer mehr
ältere Kongressteilnehmer und Menschen mit körperlichen Einschränkungen verändern
sich die Anforderungen an die Tagungshäuser und Hotels. Convention Bureaus können
diesem Trend dadurch begegnen, indem sie die relevanten Informationen über die einzelnen Häuser sammeln und für den Veranstalter zusammenstellen. Dies betrifft das bauliche Umfeld, aber auch die Kommunikation und die visuelle und auditive Darstellung der
Informationen.

Beim Thema „Diversity" begegnen die Convention Bureaus immer höheren Anforderungen vonseiten der Planer und der Teilnehmer. Die individuellen Ansprüche steigen.
Das Catering muss zum Beispiel gewisse Anforderungen erfüllen, wie nachhaltig, vegan
oder koscher. Die Hotelzimmer sollten nach den gesellschaftlichen Gewohnheiten der
Teilnehmer eingerichtet sein, beispielsweise über getrennte Betten oder Badewannen
verfügen. Weiterhin wird die Einhaltung von Regeln, also Compliance – wie beispielsweise der Pharma-Kodex – immer essenzieller.

Mit der Erschließung neuer Märkte wird es für Convention Bureaus und ihre Partner
immer wichtiger, interkulturell geschult zu sein und die Mechanismen der verschiedenen Märkte, Länder und Menschen zu kennen. Auch dies unterstreicht die Bedeutung der
individuellen Beratung durch Convention Bureaus.

3.4   Mobilität

Die schnelle und bequeme Erreichbarkeit des Tagungsorts ist ein wichtiger Entschei-
dungsfaktor für die Standortwahl. Die Erwartungen der Gesellschaft und somit auch der
Kongressbranche an die Mobilität steigen permanent. Die Verkehrsmittel zur An- und
Abreise sollen flexibel nutzbar und individuell verfügbar sein. Die Mobilität der Zukunft
wird multimodal sein, das heißt, eine Person möchte innerhalb eines bestimmten Zeitraums unterschiedliche Verkehrsmittel optimal nutzen.

Für Convention Bureaus bedeuten die steigenden Anforderungen an die Mobilität, Angebote für den Veranstalter und die Teilnehmer zu erstellen, die flexibel und einfach zu nutzen sind. Schnittstellen müssen geschaffen werden, um möglichst einfach vom Wohnort bis
zum Tagungsort zu gelangen. Die Reisedaten müssen fortlaufend aktualisiert und angepasst

werden. Schon heute bieten Apps die Möglichkeit, verschiedene Verkehrsmittel miteinander zu kombinieren. Das Convention Bureau sollte sich aktiv in die Mobilitätsstrategie mit einbringen und zur Unterstützung entsprechende Tools anbieten. So verkaufen oder vermitteln einige Convention Bureaus beispielsweise eine Fahrkarte für den ÖPNV vor Ort, der in die Eintrittskarte oder den Teilnehmerausweis integriert werden kann. Hier wird an der Weiterentwicklung solcher Angebote gearbeitet, um flexible und effektive digitale Lösungen anzubieten.

3.5   Nachhaltige Entwicklung

Was in Deutschland schon vor langer Zeit angestoßen wurde, das umweltgerechte Denken und Handeln, ist in den letzten Jahren weltweit mehr und mehr in das Bewusstsein der Arbeitswelt gedrungen: nachhaltiges Wirtschaften und der bewusste Umgang mit den Ressourcen. Mit zunehmendem Umweltbewusstsein steigen auch die Ansprüche der Kongressbranche zum Thema „Nachhaltigkeit".

In der Kongressbranche hat sich der Begriff „Green Meetings" etabliert. Dies bedeutet für die Anbieter von Räumlichkeiten neben Modernisierungs- und Sanierungsarbeiten eine Reduzierung des Ressourcenverbrauchs und CO_2-Ausstoßes, Müllvermeidung und den Einsatz von regionalen, saisonalen beziehungsweise fair gehandelten Produkten beim Catering. Die Teilnehmer werden angehalten, möglichst CO_2-reduziert zu reisen.

Nachhaltigkeit ist mehr als nur ein Marketinginstrument. Transparenz wird immer wichtiger. Dies soll durch neue Sozial- und Umweltstandards, Ratings und Zertifizierungen sichergestellt werden. Der Erfolg bei Erreichung der Standards beeinflusst die Wettbewerbsfähigkeit der einzelnen Destination. Die Convention Bureaus können zur Nachhaltigkeit beitragen, indem sie die Partner hinsichtlich des sozialverträglichen, ökonomischen und ökologischen Arbeitens sensibilisieren sowie die nachhaltigen Angebote der Stadt bündeln und an die Veranstalter kommunizieren.

4   Strategien

4.1   Primäre strategische Ansätze

Um sich den Herausforderungen zu stellen und erfolgreich am Markt zu agieren, ist es für Convention Bureaus wichtig, geeignete Strategien zu entwickeln. Dabei gilt es, einerseits den Vermarktungsauftrag der Stadt und andererseits die Anforderungen der Veranstalter im Blick zu behalten. Auch ein Benchmark mit anderen Destinationen kann die Entwicklung und den Ausbau der eigenen Strategien unterstützen. Die folgenden strategischen Ansätze zeigen Handlungsoptionen eines Convention Bureaus auf.

4.1.1 Zielmärkte

Zielmärkte umfassen sogenannte „Quellmärkte" und „Zukunftsmärkte". Quellmärkte sind die Länder, aus denen die meisten Veranstalter kommen. Diese lassen sich über statistische Erhebungen definieren und je nach Volumen in Primär-, Sekundär- und Tertiärmärkte unterteilen. Eine wirksame Strategie für ein Convention Bureau kann es sein, sich und seine Partner in dezidierten Quellmärkten vor Ort zu präsentieren. Dies kann die Beteiligung an Messen und Workshops, Einladungen zu Abendevents und Kundenbesuche umfassen. Einige Großstädte verfügen sogar über Repräsentanzen vor Ort.

Zukunftsmärkte sind Märkte, die durchaus schon zu den Quellmärkten zählen können, für die in Zukunft ein überdurchschnittliches Wachstum erwartet wird. Auch für Zukunftsmärkte werden ähnliche Strategien erarbeitet. Hier gilt es vor allem, gezielte Marketingaktionen frühzeitig durchzuführen und die Zielgruppen zu erschließen, um die eigene Destination langfristig dort zu positionieren. Das GCB hat beispielsweise China als einen solchen Markt definiert und eine Repräsentanz in Beijing eingerichtet. Mitglieder haben die Möglichkeit, diesen Zukunftsmarkt über Kooperationsangebote mit dem GCB zu bearbeiten.

4.1.2 Kundenbindung

Eine weitere Strategie fokussiert die Pflege und den Ausbau von Kundenbeziehungen. Diese Strategie zeigt sich zum Beispiel in den USA als sehr erfolgreich, da die Veranstalter dort gerne auf persönliche Kontakte zurückgreifen. Eine Voraussetzung hierfür ist eine leistungsstarke Kundendatenbank, in der alle Kontakte und für die Beziehung relevanten Informationen festgehalten werden. Auch eine Social-Media-Strategie kann zum Aufbau und zur Festigung der Kundenbeziehungen beitragen.

4.1.3 Vernetzung

Um die Beratungsqualität und das Angebot eines Convention Bureaus zu verbessern und zu erweitern, werden die lokale Vernetzung mit den örtlichen Anbietern der Kongressbranche und die Bildung von Allianzen mit Partnern stetig weiterentwickelt. Je besser die Partner vernetzt sind, umso erfolgreicher ist die Beratungsleistung für den Kunden. Durch ein gutes Zusammenspiel der lokalen Partner entstehen Synergien, die dem Veranstaltungsplaner zeigen, dass vor Ort „alle an einem Strang ziehen".

4.2   Kompetenzfelderstrategie

Im Rahmen der Kompetenzfelderstrategie soll den Kongressorganisatoren ein inhaltlicher Mehrwert für ihre Veranstaltung geboten werden. Werden Schlüsselbranchen und Kernkompetenzen von der Stadt als Wissenschafts- oder Wirtschaftsstandort definiert, so ergeben sich zahlreiche Möglichkeiten, dem Veranstalter thematische Anknüpfungspunkte zu bieten, wie zum Beispiel Kontakte zu Experten, die als Referenten auftreten können, zu Koryphäen vor Ort oder zu potenziellen Sponsoren und Ausstellern. Zudem bieten sich inhaltlich passende Rahmenprogramme und Firmenbesichtigungen an. Für dieses Vorgehen hat das German Convention Bureau den Begriff „Kompetenzfelderstrategie" eingeführt.

Die Schlüsselbranchen einer Stadt sind meist durch die lokale Wirtschaftsförderung definiert, die sich um die Ansiedlung von Unternehmen und die Steigerung der wirtschaftlichen Attraktivität einer Stadt oder Region bemüht. Hierbei spielen auch wissenschaftliche Einrichtungen und Universitäten eine wichtige Rolle. Wie die Städte Köln und Frankfurt ihre wirtschaftlichen und wissenschaftlichen Kompetenzen für die Vermarktungsstrategie nutzen, zeigen die folgenden Beispiele.

4.2.1 Köln

Köln vermarktet sich als eine der innovativsten Wissenschaftsregionen in Deutschland und Europa. Die Stadt ist mit mehr als 90.000 Studierenden und 20.000 Beschäftigten in Forschung und Lehre ein wichtiger Hochschul- und Forschungsstandort, der sich über alle Wissenschaftsbereiche erstreckt. Zu den bedeutendsten Forschungseinrichtungen zählen vier Max-Planck-Institute, das Deutsche Zentrum für Luft- und Raumfahrt (DLR) und die European Space Agency (ESA).

Das Cologne Convention Bureau richtet seine Vermarktungsschwerpunkte an den Themenjahren der Kölner Wissenschaftsrunde aus, an deren regelmäßigen Treffen es teilnimmt. Die Kölner Wissenschaftsrunde wurde von Vertretern der Kölner Hochschul- und Forschungseinrichtungen sowie der Stadt Köln und der Industrie- und Handelskammer gegründet, um die Wissenschafts- und Wirtschaftspotenziale der Stadt und der Region besser sichtbar zu machen. Eine intensive Vernetzung der wissenschaftlichen Institute untereinander, aber auch der Wissenschaft mit der Wirtschaft, stärken das Profil und die Konkurrenzfähigkeit von Köln als Wissenschaftsstandort.

Das Cologne Convention Bureau nutzte beispielsweise das Themenjahr „Luft- und Raumfahrt" im Jahr 2013, um mit dem gesamten Team passend dazu in die Rolle von Astronauten zu schlüpfen und sich für ein Fotoshooting im Europäischen Astronautenzentrum (ESA/EAC) in eine Raumkapsel zu wagen. Das entstandene Bild wurde an diversen Stellen positioniert. Noch heute wird die Kampagne von Kunden aktiv zu Beginn eines Gesprächs vorgebracht. Die ansässigen Wissenschafts- und Forschungseinrichtungen setzen Veranstaltungen als elementaren Bestandteil zum Wissenstransfer ein und leisten damit einen bedeutenden Beitrag zum Kongressmarkt. Umgekehrt ist die Wirtschafts- und Wissenschaftskompetenz vor Ort für Experten ein starkes Kriterium bei der Entscheidung für Köln.

4.2.2 Frankfurt am Main

Frankfurt am Main ist vor allem durch seine zentrale Lage in Deutschland und Europa bekannt. Es gilt als internationaler Finanzplatz und als wichtiger Standort für Unternehmen aus dem Bereich „Logistik/Mobilität". Darüber hinaus zählen die Bereiche „Chemie/ Pharma/Life-Sciences", „IT/Telekommunikation" und „Kreativwirtschaft" zu den Kernkompetenzen. Mit dem House of Logistics and Mobility, dem House of Finance, dem

Frankfurter Innovationszentrum Biotechnologie und dem Gründerhaus MAINRAUM, finden sich Start-ups, Forschung, Lehre und Wirtschaft zum Austausch in den einzelnen Bereichen unter einem Dach zusammen.

Das Convention Bureau nutzt die Kompetenzen der Stadt in folgender Weise: Werden Veranstalter oder Journalisten im Rahmen von Informationsreisen nach Frankfurt eingeladen, bindet das Convention Bureau die Kompetenzfelder thematisch mit ein. Dies waren in der Vergangenheit beispielsweise der Besuch einer Kreativagentur, die Ausrichtung eines Kreativworkshops, eine Besichtigung des House of Logistics and Mobility oder ein Vortrag zum Thema „Logistik/Mobilität".

Ergänzend zur Kompetenzfelderstrategie hat das Frankfurt Convention Bureau gemeinsam mit der IHK Frankfurt und der Kongressabteilung der Messe Frankfurt eine branchenübergreifende Initiative ins Leben gerufen, die „Frankfurter Kongress-Botschafter". Multiplikatoren in Führungspositionen aus Wirtschaft und Wissenschaft werden motiviert, sich für Frankfurt als Standort für Kongresse und Tagungen einzusetzen. Einige Kongress-Botschafter repräsentieren ausgewählte Kompetenzfelder. Über dieses Programm ist das Frankfurt Convention Bureau gut mit der Wirtschaft und Wissenschaft vernetzt.

5   Perspektiven einer Kongressdestination, Potenziale eines Convention Bureaus

Die Welt ist im Wandel. Weltweite Trends und Entwicklungen stellen ein Convention Bureau vor neue Herausforderungen. Die Komplexität der Anforderungen an die Kongressstandorte und Tagungsstätten steigt. Der fortschreitende Globalisierungstrend, steigende Mobilität, demografischer Wandel, der Ruf nach nachhaltigen Veranstaltungsformaten und die Technisierung und Digitalisierung der Arbeitswelt führen zu einem veränderten Wettbewerb, dem sich alle Convention Bureaus stellen müssen.

Als Kompetenzzentrum der Veranstaltungsbranche bündelt das städtische Convention Bureau die Angebote der Stadt. Seine Aufgabenbereiche haben sich vom Destinationsmarketing über die reine Vermittlung von Räumen, Hotels und Dienstleistungen zu hoch qualifizierten Beratungstätigkeiten entwickelt. Neben der touristischen und der Kongressinfrastruktur werden die wirtschaftlichen und wissenschaftlichen Kernkompetenzen der Stadt in die Beratung und in die Vermarktung des Kongressstandorts mit eingebunden.

Da die Kongressbranche ein wichtiger Wirtschaftsfaktor für eine Stadt ist, gilt es, diese auch in den Gremien der Wirtschaft, Wissenschaft und Politik zu positionieren. Die lokale Vernetzung auf allen Ebenen – über die Kongressbranche hinweg – ist hierbei eine wichtige Voraussetzung. Um im Wettbewerb zu bestehen, sollten gemäß dem Motto „Destination First" gemeinsame Schwerpunkte gesetzt und die Potenziale aufeinander abgestimmt werden, sodass alle nach außen eine gemeinsame Sprache sprechen.

Literatur

Duden (2009) Die deutsche Rechtschreibung. 25., völlig neu überarbeitete Aufl. Dudenverlag, Mannheim

Europäisches Institut für TagungsWirtschaft GmbH (EITW) an der Hochschule Harz (2015) Meeting- & EventBarometer Deutschland 2014/2015. Die Deutschland-Studie des Kongress- und Veranstaltungsmarktes. Management-Info. EITW, Frankfurt a. M.

Franke S (2012) Erfolgreiche Partnerschaft im Veranstaltungssegment: Cologne Convention Bureau. In: Schreiber M-T (Hrsg) Kongresse, Tagungen und Events. Oldenbourg, München, S 133

Gabler Verlag (Hrsg) (2015) Gabler Wirtschaftslexikon, Stichwort: Destination. http://wirtschaftslexikon.gabler.de/Definition/destination.html. Zugegriffen: 3. Sept. 2015

GCB German Convention Bureau e. V. (Hrsg) (2013) Tagung und Kongress der Zukunft. GCB German Convention Bureau e. V., Frankfurt a. M.

Schwägermann H (2002) Stadtmarketing: Basis für das Kongressmarketing. In: Schreiber M-T (Hrsg) Kongress- und Tagungsmanagement. Oldenbourg, München, S 471

Tourismus+Congress GmbH Frankfurt am Main, IHK Frankfurt am Main, DEHOGA Hessen (Hrsg) (2014) Wirtschaftsfaktor Tourismus in Frankfurt 2013, Ergebnisse der Studie des Deutschen Wirtschaftswissenschaftlichen Instituts für Fremdenverkehr (dwif). dwif, Frankfurt a. M.

Über die Autorinnen

Jutta Heinrich, Diplom-Anglistin (Ökonomie), ist Leiterin des Frankfurt Convention Bureau, eines Geschäftsbereichs der Tourismus+Congress GmbH Frankfurt am Main. Nach ihrem Studium der Anglistik, Hispanistik und Ökonomie an der Universität in Gießen war Jutta Heinrich stellvertretende Direktorin der Berlitz Schule Frankfurt. Anschließend war sie drei Jahre lang als Projektleiterin in einer weltweit agierenden Incentive-Agentur tätig. Seit 1999 vermarktet Jutta Heinrich Frankfurt am Main als Kongress- und Tagungsdestination. Sie war maßgeblich daran beteiligt, das Kongressmarketing auszubauen und das Frankfurt Convention Bureau zu gründen. Zudem war sie vier Jahre lang Deputy Chair des ICCA Central European Chapter (International Congress and Convention Association) und ist Mitglied im German Convention Bureau (GCB) sowie bei Meeting Professionals International (MPI).

Anne Demuth arbeitete nach dem Studium der Angewandten Sprachwissenschaften in Heidelberg und Paris sowie einem Aufbaustudium für Exportwirtschaft/Internationales Marketing fünf Jahre lang in einer unabhängigen Messe- und Kongressgesellschaft in Stuttgart und war weltweit für die Konzeption und Umsetzung von Veranstaltungen im Hightechsegment zuständig. 1994 übernahm sie die bei Stuttgart-Marketing neu geschaffene Stelle für das Kongressmarketing und baute die Abteilung über die Jahre kontinuierlich auf und aus. Als Mitglied im German Convention Bureau (GCB) vertrat sie viele Jahre die Sparte der Convention Bureaus im Marketingausschuss. Auch ist sie Mitglied bei der International Congress and Convention Association (ICCA) und Meeting Professionals International (MPI).

Stephanie Kleine Klausing schloss ihr Studium „European Business Studies" an der Hochschule Osnabrück sowie der École Supérieure de Commerce de Lille als Diplom-Kauffrau 1999 ab. Ihre berufliche Laufbahn begann sie im Anschluss an ihr Studium bei der Koelnmesse GmbH, zunächst als Vertriebsmanagerin, später als Produktmanagerin für diverse Messen. Im Juli 2008 wechselte sie zur KölnTourismus GmbH, um dort das Cologne Convention Bureau (CCB) aufzubauen. Seit Ende 2012 ist sie als Director Conventions & Marketing Prokuristin der KölnTourismus GmbH neben dem CCB auch für das touristische Marketing zuständig. In dieser Funktion ist sie Mitglied in Branchenverbänden wie dem German Convention Bureau (GCB), der International Congress and Convention Association (ICCA) und Meeting Professionals International (MPI).

1.1 Die Kongressbranche als Wirtschaftsfaktor

Für die Stadt ist die Kongressbranche ein wichtiger Wirtschaftsfaktor. Sie profitiert in Form von Steuereinnahmen und neuen Arbeitsplätzen durch die Ansiedlung von Unternehmen, die der Tourismus- und Kongressbranche direkt oder indirekt zugeordnet werden können (Tourismus+Congress GmbH Frankfurt am Main, IHK Frankfurt am Main, DEHOGA Hessen 2014, S. 21–24).

Die größten direkten Profiteure sind Veranstaltungsstätten – inklusive ihrer Dienstleister – sowie die Hotellerie. Die persönlichen Ausgaben der Teilnehmer kommen außerdem dem Einzelhandel, der Gastronomie, den Transport- und Taxiunternehmen sowie Museen, Theatern und Anbietern spezieller Dienstleistungen, wie zum Beispiel Reparaturservices, Schuster, Friseure oder Wellnessanbieter, zugute.

Indirekte ökonomische Effekte wirken durch die sogenannte „Umwegrentabilität". Der Duden definiert Umwegrentabilität als „mit einem Projekt verbundene indirekte Einnahmen" (Duden 2009, S. 1098). Im touristischen und kulturellen Umfeld wird der Begriff vor allem im Zusammenhang mit Veranstaltungen und touristischen oder kulturellen Einrichtungen genannt, die einer Region oder Stadt indirekte Einnahmen bescheren. Diese Gelder werden nicht direkt durch den Veranstalter, Dienstleister oder eine Institution eingenommen, stellen aber eine Kaufkraft dar, generieren Arbeitsplätze und führen zu Steuereinnahmen am Standort.

Einen indirekten Nutzen haben zum Beispiel Zulieferer wie Metzger, Bäcker, Technikfirmen, Energieunternehmen, Werbeagenturen und sogar die Steuerberater und sonstige Beratungsunternehmen.

Ein weiterer Mehrwert für die Stadt ergibt sich durch die notwendigen Instandhaltungsmaßnahmen von Gebäuden, durch Neubauten sowie eine Verbesserung der Infrastruktur. Hier partizipieren beispielsweise Architekten, Handwerksbetriebe, Technikunternehmen, Gebäudereiniger und viele mehr. Durch entsprechende Maßnahmen in der Stadtentwicklung profitieren letztendlich auch die Bürger von der Kongressbranche, beispielsweise durch den Ausbau des Netzes des öffentlichen Personennahverkehrs (ÖPNV) im Rahmen der Erschließung neuer Veranstaltungsstätten.

1.2 Nationale und internationale Vernetzung

Auf der nationalen Ebene ist die Mehrzahl der Convention Bureaus Mitglied im GCB German Convention Bureau e. V., der Marketingorganisation für Deutschland als Kongress- und Tagungsstandort. Über das GCB erhalten die Mitglieder konkrete Kongressanfragen, haben die Möglichkeit, sich an Vermarktungsaktionen zu beteiligen und Ergebnisse branchenspezifischer Statistiken und Erhebungen zu nutzen. Das German Convention Bureau versteht sich als Impulsgeber. Es beobachtet den Markt und gibt auf der Basis von Marktforschungsergebnissen gezielte Empfehlungen an seine Mitglieder

Hotellerie mit besonderer Ausprägung

Charaktermerkmale der Kongresshotels, Bildungshäuser und Akademien

Ralf Kleinheinrich und Catrin Hammerschmidt

Zusammenfassung

Die Ausprägungen von Betriebstypen in der Hotellerie ergibt sich aus der Kombination der einzelnen Teilleistungen des Gesamtprodukts „Hotel". Während sich die Ausprägung „Kongresshotel" auf kopfzahlstarke Veranstaltungen ab 300 Personen und die Übermittlung von Informationen konzentriert, finden in Akademien und Bildungshäusern in der Regel kleinere Veranstaltungsformate mit Personengruppen von 15–20 Personen in Form von Tagungen und Seminaren statt. Trotz dieser eindeutigen Abgrenzung ist es für beide Betriebstypen unerlässlich zu überdenken, welche wichtigen Produktmarktstrategien – wie die Produktentwicklungs- und Diversifikationsstrategie – am Markt bedient und bearbeitet werden sollten. Neben der Produktgestaltung, den Innovationen und neuen Märkten spielt auch die Produktqualität eine große Rolle – denn diese beeinflusst den potenziellen Kunden/Gast schon vor der Kaufentscheidung – dank reichhaltigem Zugriff auf Informationen über bereits erfahrene Hoteldienstleistungen auf verschiedensten Hotelbewertungsportalen.

Qualität nimmt somit eine zentrale Bedeutung für den Marketingerfolg des Unternehmens ein und sorgt für die Einführung von Qualitätsmanagementsystemen verschiedenster Anbieter in den Hotelbetrieben. Neben den Hauptleistungen, Beherbergung und gastronomische Verpflegung, entstehen bei den sonstigen Leistungen für beide Betriebstypen verschiedenste zusätzliche Einnahmequellen. Produktvariation soll eine Risikostreuung bewirken und zusätzliche Erlöse generieren. Dabei spielt auch die Namensgebung, insbesondere bei der Kongresshotellerie, eine wichtige Rolle. Bei Akademien und Bildungshäusern führt die Diversifikation oft nicht nur zu

R. Kleinheinrich (✉) · C. Hammerschmidt
Montabaur, Deutschland
E-Mail: Ralf_Kleinheinrich@adgonline.de

© Springer Fachmedien Wiesbaden GmbH 2017
C. Bühnert und S. Luppold (Hrsg.), *Praxishandbuch Kongress-, Tagungs- und Konferenzmanagement*, DOI 10.1007/978-3-658-08309-0_5

einem Wechsel vom Non-Profit-Unternehmen zu einem ertrag- und gewinnorientier-
ten Unternehmen, sondern ändert auch die Ausrichtung vom reinen Bildungsanbieter
zum Hospitality-Dienstleister.

Vorbemerkung der Autoren
Diversifikation ist nicht nur der Produktpolitik vorbehalten, sondern geht auch
im Berufsleben. Sie ist sogar besonders wertvoll, für alle Beteiligten. So galt es
für mich, nach vielen Jahren in der klassischen Hotellerie (Tagung, Kongress,
Leisure) die Aufgabe „Hospitality" für einen Bildungsdienstleister zu übernehmen.
Bildungsdienstleistung plus Hospitality – das ist eine besondere Ausprägung
der Hotellerie und eine facettenreiche Herausforderung, die es sich anzunehmen lohnte. Darüber und insbesondere über die Diversifikation freue ich mich zu
berichten. Vor allem dann, wenn der Transfer von Theorie zu Praxis gelingt und
dem Unternehmen damit eine wichtige Säule mit guten Erträgen entsteht.

1   Das Hotel als Gesamtprodukt

1.1   Ausprägungen und Typisierung

Ein weltweit stark zunehmender Tourismus und eine spezieller werdende Nachfragesi-
tuation schaffen in der Hotellerie eine immer größer werdende Erscheinungsvielfalt. Die
Schwierigkeit der exakten Definition des Hotelbegriffs resultiert aus einer möglichst
vollständigen Erfassung der zahlreichen Hotel(betriebs)typen (Gardini 2015, S. 31).
    Das Gesamtprodukt „Hotel" besteht aus einzelnen Teilleistungen: Beherbergungs-
leistung, gastronomische Leistungen und sonstige Leistungen (Hänssler 2011, S. 79). Je
nach Leistungsangebot und dessen Kombination zum Gesamtprodukt „ergibt sich eine
bestimmte Ausprägung [...] – ein bestimmter Betriebstyp" (Hänssler 2011, S. 79). Die
Unterscheidung von Betriebstypen hängen nicht selten vom Standort ab, jedoch sind
wesentliche Ausprägungsmerkmale auch die angebotenen Leistungen (Hänssler 2011,
S. 40). Ausgehend von ca. 33.000 Beherbergungsbetrieben in Deutschland (Statistisches
Bundesamt 2016), gehören sicherlich die Kongresshotels, aber auch die Bildungshäuser
beziehungsweise Akademien mit ihrem Logis- und Verpflegungsangebot zu einer besonderen Ausprägung der Hotellerie.

1.2   Nutzenversprechen der Betriebstypen „Kongresszentrum"
und „Bildungshaus"

Im strategischen Management ist das Nutzenversprechen oder auch Mission-State-
ment maßgeblicher Bestandteil eines Unternehmens, „[...] indem es den Zweck seines

Daseins in Form von Nutzenversprechen gegenüber seinen Anspruchsgruppen darlegt" (Gabler Wirtschaftslexikon, Stichwort: Unternehmensleitbild). Ebenso gilt das Nutzenversprechen als Orientierungsfunktion: Die Soll-Identität eines Unternehmens soll zum Ausdruck gebracht werden, verbunden mit der Motivationsfunktion. Dabei soll die Identifikation der Mitarbeiter mit dem Unternehmen gefördert werden (Gabler Wirtschaftslexikon, Stichwort: Unternehmensleitbild).

Das Nutzenversprechen bei Kongresszentren beinhaltet folgende Spezifikation: „[…] auf ein oder mehrere Tage begrenzte, genau definierte Zusammenkunft vorwiegend ortsfremder Personen zwecks wissenschaftlichem oder fachlichem Informationsaustauschs [sic!] mit vorausbestimmten Programm" (Dettmer 2000, S. 3). Neben der Kompetenz als Veranstaltungsort für kopfzahlstarke Veranstaltungen sind ebenso die technischen Voraussetzungen eine wichtige Zusatzleistung.

Während sich die Kongresshotellerie vielfach großen Veranstaltungen ab ca. 300 Personen verschrieben hat, konzentriert man sich in den Bildungshäusern und Akademien eher auf kleinere Veranstaltungsformate in Form von Seminaren und Tagungen mit Personenstärken von ca. 15–20 Personen.

Trotz der gleichen Zielgruppe differiert das Nutzenversprechen der beiden Geschäftsmodelle. So besteht das Alleinstellungsmerkmal der Kongresshotellerie darin, dass großen Gruppen Versammlungen ermöglicht werden, um mit der nötigen Organisation, technischen Ausstattung und guten Erreichbarkeit angenehme Aufenthalte und bestmögliche Voraussetzungen für eine erfolgreiche Teilnahme zu garantieren. Dabei beschränkt sich der Anspruch der Veranstalter i. d. R. auf die Übermittlung von Informationen. Voraussetzungen für einen Kongressstandort sind unter anderem ein direkter Autobahnanschluss, max. 50 km Entfernung zum nächsten Flughafen, mindestens 70 Betten und das Vorhandensein geeigneter Räumlichkeiten.

Das Nutzenversprechen der Akademien ist ein anderes. Ausgehend von dem Anspruch der Gäste an eine gute Erreichbarkeit, muss insbesondere der Wunsch nach Ruhe und Konzentration auf die Seminarinhalte erfüllt werden. Im Mittelpunkt des Aufenthalts steht die erfolgreiche Teilnahme an einer Weiterbildungsveranstaltung, mit oder ohne anschließende Prüfung/Abschluss. Alle anderen Leistungen (Beherbergung, Verpflegung, Rahmenprogramme) treten demgegenüber zurück. Damit ist jedoch nicht zwangsläufig ein Verzicht auf Komfort verbunden.

2 Strategische Aufstellung von Kongresshotels, Bildungshäusern und Akademien

2.1 Produktentwicklungsstrategie

„Tagungen, Kongresse und Events sind Plattformen für den Austausch von Erfahrungen und Ideen. Sie fördern Innovation und Wissenstransfer und dienen der internationalen Völkerverständigung" (German Convention Bureau 2017). Dies ist Grund genug zu überdenken, mit welchen veränderten oder neuen Produkten und Dienstleistungen ein

Hotelunternehmen den gegenwärtigen Markt bedienen und bearbeiten will. Neben der Marktdurchdringungs- und der Marktentwicklungsstrategie spielt hier die Produktentwicklungsstrategie eine übergeordnete Rolle. Die Aufnahme neuartiger Produkte als Ergebnis eigener oder fremder Forschung und Entwicklung in das Absatzprogramm bringt auch Herausforderungen mit sich. Zu nennen sind hier nicht nur der personelle und finanzielle Mehraufwand, sondern auch die erhöhte Risikobereitschaft. (Hänssler 2011, S. 196) Gegenüber Invention ist Innovation durch Marktbezug gekennzeichnet. Der Neuigkeitsaspekt kann sich auf den Anbieter, den Nachfrager und die Branche beziehen. Des Weiteren interessiert die Neuigkeitsintensität. Neben technischen sind auch anmutungshafte (zum Beispiel ästhetische) Innovationen möglich. Entsprechend der Theorie des Variety Seeking (Zunahme des Abwechslungsanspruchs) hofft man auf Neukäufe. Bei der Diffusion der Innovationen muss an die Lernbereitschaft und -fähigkeit der Käufer gedacht werden (Gabler Wirtschaftslexikon, Stichwort: Produktinnovation). Selbst kreierte Innovationen oder auch die schnelle Adaption von Trends bedeutet auch immer Konkurrenzvorsprung. Innovationen tragen aus folgenden Gründen maßgeblich zum Unternehmenserfolg bei (Hänssler 2011, S. 197):

- weniger Kundenabwanderung
- erhöhte Kundenbindung
- Steigerung der Neukundengewinnung
- Durchsetzung höherer Preise durch wahrgenommenen Mehrwert, damit verbunden sind i. d. R. auch höhere Gewinne
- Verbesserung des Unternehmensimages (modern, fortschrittlich, agil)

Kann in der Kongresshotellerie von wirklichen Innovationen in den letzten zehn Jahren gesprochen werden? Zu nennen ist hier sicherlich die technische Entwicklung, die nicht nur in der Vergangenheit, sondern insbesondere in der Zukunft neue Veranstaltungsformate zulassen wird. Hier verzeichnet beispielsweise die NH Hotel Group derzeit eine erhöhte Aufmerksamkeit durch die kürzlich eingeführte 3-D-Hologramm-Telepräsenztechnologie, die die Anwesenheit des Referenten oder des Redners überflüssig machen wird (siehe Abb. 1).

Auch die Akademien werden sich, wenn sie in der Vergangenheit von der Notwendigkeit wirklicher Produktinnovationen verschont geblieben sind, auf neue Veranstaltungsformate einstellen müssen. Waren und sind immer noch Veranstaltungen mit einer Präsenz der Teilnehmer maßgeblich, so werden in der Zukunft einzelne Inhalte oder ganze Veranstaltungen als Webinare® stattfinden. Ziel muss es also sein, um auch in der Zukunft die nötige Belegung zu generieren, wirkliche Innovationen anzubieten, die den Aufenthalt und den damit verbundenen Austausch mit Gleichgesinnten unabdingbar machen.

Hier kann schon heute auf Veranstaltungsformate wie Open Space, Barcamps oder Blue Ocean (systematische Methode zur Entwicklung von Geschäftsmodellen) etc. verwiesen werden, die, abweichend von der „Druckbetankung" durch einen einzelnen Referenten, das Ziel haben, dass Teilnehmer durch den Austausch von Wissen selbstständig Lösungen erarbeiten.

Abb. 1 3D-Hologramm Telepräsenztechnologie. (Quelle: http://www.nh-hotels.de [09.12.2015])

2.2   Diversifikationsstrategie

Bei den drei Arten der Diversifikation – horizontal, vertikal, diagonal – werden neue
Produkte oder Dienstleistungen auf einem neuen Markt angeboten. Gründe für eine spe-
zifische Diversifikationsstrategie kann die Stagnation, ein Preisverfall oder eine starke
Wettbewerbsintensität des gegenwärtigen Markts sein. Die Argumente, die mit den
Diversifikationsstrategien für einen positiven Einfluss auf den Unternehmenserfolg ver-
bunden werden, sind folgende (Hänssler 2011, S. 197):

- neue Märkte = geringere Konkurrenzintensität
- bessere Marktpreise, Wachstums- und Gewinnchancen
- Erzielung von Synergieeffekten
- Reinvestition von Gewinnen

Die horizontale Diversifikation agiert aus dem Kerngeschäft heraus und bietet neben
den unterschiedlichen klassischen Hotelleistungen auch zusätzliche Leistungen an, die
in sachlichem Zusammenhang mit dem bereits existierenden Angebotsprogramm stehen. Beispielsweise erweitert ein Betreiber eines Urlaubshotels sein Spektrum um ein
Angebot für Seminargäste. Hotelkonzerne erweitern ihr Angebot mit unterschiedlichen Betriebstypen, ob Sterneklassifizierung oder die Bildung eigenständiger Marken,
sie erreichen damit eine „nahezu totale Abdeckung des Hotelmarktes" (Hänssler 2011,

S. 197). Agiert das Hotelunternehmen auf vor- oder nachgelagerten Stufen der touristischen Wertschöpfungskette, so spricht man von einer „vertikalen Diversifikation". Dies kann durch die Erstellung eigener Leistungsbereiche oder die Beteiligung an anderen Unternehmen erfolgen. Als bekanntes Beispiel ist hier der Reiseveranstalter TUI zu nennen, der mit seinem Tochterunternehmen TUI Hotels & Resorts eine Größe in der europäischen Ferienhotellerie darstellt. Daneben ist Accor mit seinen Einzelmarken in verschiedenen Hotelkategorien und mit der Beteiligung an Reisebüros, Reiseveranstaltern, Autovermietungen, Reedereien, Kurzentren etc. zu nennen.

Die vertikale Diversifikation erleichtert die Beeinflussung der Kundenpotenziale zur Heranführung an das eigene Hotelunternehmen (Gardini 2015, S. 195; Hänssler 2011, S. 198). Branchenfremd agiert das Hotelunternehmen bei der lateralen Diversifikation. Dies ist die risikoreichste Diversifikationsstrategie, das Unternehmen verlässt bekannte Marktverhältnisse und sein angestammtes Kerngeschäft. Grund für die Entscheidung zu dieser Strategie kann die Risikostreuung sein, jedoch ist die laterale Diversifikationsstrategie auch die mit den meisten Misserfolgen. Sie ist in der Hotelerie nur selten zu finden, Beispiele einer erfolgreichen lateralen Diversifikation sind die Hotelgruppen Lindner, Arabella, Dorint oder Maritim mit Beteiligungen an Bauunternehmen.

3   Hotelmarketing mit Qualität

Wie die Produktgestaltung sollte sich auch die Produktqualität stark an den Anforderungen der Gäste und Kunden orientieren.

Die Qualität einer Dienstleistung beeinflusst schon im Vorfeld die Kaufentscheidung des Kunden. Potenzielle Gäste haben mittlerweile einen sehr umfangreichen Zugriff auf bereits erfahrene Hoteldienstleistungen. Internetportale wie HolidayCheck.de oder diverse andere Buchungsportale geben dem Kunden die Möglichkeit, seine Erfahrung und die Dienstleistung eines Hotelbetriebs zu beurteilen und zu veröffentlichen. Das Ergebnis aus Marketingsicht nach Gardini ist, dass im Dienstleistungsbereich die klassischen Instrumente des Marketings, die sogenannten „4 Ps" (product, price, promotion, place) um drei weitere „Ps" (process, people und physical facilities) erweitert werden müssen. „Process" stellt dabei die „kundengerechte Gestaltung der Dienstleistungsprozesse" (Gardini 2015, S. 25) dar. „People" erweitert die „4 Ps" um den Faktor „Mitarbeiter" und die Befähigung und Motivation des Personals, „den Kunden in jeder Phase des Dienstleistungsprozesses voll zufriedenzustellen" (Gardini 2009, S. 25). „Physical facilities" steht für Leistungen, die über die Kernleistung hinausgehen, jedoch zur Kundenbefriedigung und dem Qualitätseindruck des Kunden maßgeblich beitragen (zum Beispiel Anlagengestaltung, Raumgestaltung, Infrastruktur). Entscheidend ist, „der Gast allein bestimmt, was Qualität ist" (Hänssler 2011, S. 206).

3.1   Einführung von Qualitätsmanagementsystemen

Qualität nimmt eine zentrale Bedeutung für den Marketingerfolg des Unternehmens ein und führte in vielen Hotelunternehmen zur Einführung von Qualitätsmanagementsystemen.

Dabei versucht der VDR (Verband Deutsches Reisemanagement), durch Qualitätssiegel Auskunft zu geben und damit die „Spreu vom Weizen" zu trennen, indem speziell die Bedürfnisse von Geschäftsreisenden in den Beurteilungskriterien Berücksichtigung finden. Ein Certified Conference Hotel® musste bisher 73 Kriterien erfüllen, die sieben Kategorien zugeordnet waren. Die neue Version des Kriterienkatalogs sieht 100 Fragen vor, die in Muss- und Kann-Kriterien unterteilt sind. Abgestufte Antworten sind möglich, sodass auch hier künftig eine Differenzierung der Certified Conference Hotels® möglich ist. Es müssen 50 % der Punkte erreicht werden, das heißt mindestens 1250 von maximal 2500 Punkten (Certified Prüfkriterien 2015). Unter dem Motto „Erfolgreich tagen – mit Brief und Siegel" gewährleistet die Certified GmbH & Co. KG Geschäftsreisenden und Veranstaltungsplanern professionelle Tagungshotels mit genauer Kenntnis der Kundenbedürfnisse.

Auch weitere Systeme, wie die nach DIN ISO 9000 ff. oder ServiceQualität DEUTSCHLAND, finden bei immer mehr Hotelunternehmen Anklang.

Dabei kann sowohl in der Kongresshotellerie wie auch bei den Akademien von einem Wandel zu mehr Komfort, Dienstleistung und Qualitätsstreben ausgegangen werden. So wird in der Kongresshotellerie erwartet, dass die nötigen Voraussetzungen für die Anschlüsse und Aufbauten neuster Medientechnik vorhanden sind. Aber auch die Qualität des Mobiliars, d. h. bequem gepolsterte Stühle, Tische mit ausreichenden Tiefen und moderne Tagungstechnik in einwandfreiem Zustand, ist bedeutsam. Auch die Möglichkeit, in den Pausen und Freizeiten zu entspannen sowie das Angebot von ausgewogener und gesunder Ernährung ist zunehmend gefragt.

3.2   Chancen und Risiken beim qualitätsorientierten Marketing

Unzählige Argumente können in der Diskussion über die Einführung von Qualitätsmanagementsystemen genannt werden. Jedoch lässt sich klar erkennen, dass die Vorteile klar überwiegen. Als Herausforderung ist, ähnlich der Produktentwicklungsstrategie, der finanzielle und personelle Mehraufwand zu nennen. Ebenso wird als Nachteil die ausbleibende Begeisterung der Mitarbeiter für solche Zertifizierungen genannt.

Als Chancen sind an dieser Stelle unter anderem aufzuzählen (Hänssler 2011, S. 206 ff.):

- verbesserte Wettbewerbssituation (Unternehmensrichtlinien beinhalten immer mehr die Vergabe von Aufträgen an zertifizierte Unternehmen, ebenso Behörden)
- Überprüfung und Optimierung der Aufbau- und Ablauforganisation führen zur Verbesserung der wirtschaftlichen Ergebnisse

- Verbesserung des Images
- erhöhte Gästezufriedenheit
- Zunahme der Weiterempfehlung
- stärkere Kundenbindung

4   Erlöse aus mehreren Quellen

Ausgehend von einer zeitgemäßen Kostenrechnung (Kostenstellen, Kostenträger), können die Einnahmequellen klar definiert werden. Dabei handelt es sich in der Kongresshotellerie bei Weitem nicht mehr nur um die Einnahmen durch Vermietung von Zimmern
und Räumen. Das Leistungsangebot ist schier unerschöpflich und differenziert. Beginnend mit der Miete für Auf- und Abbautage über technische Ausstattung, technische
Dienstleistungen, Rahmenprogramme, Hostessenservice, unterschiedliches Inventar,
Dekoration, Präsente, die auf den Zimmern zu verteilen sind, bis zur Vermittlung von
Künstlern und vieles mehr.

Dabei unterscheiden sich Bildungshäuser unwesentlich von der Kongresshotellerie.
Vielfach als „Profit-Center" geführt, sind zusätzliche Einnahmequellen natürlich interessant, um Mehrerlöse sowie höhere Deckungsbeiträge zu generieren. Beginnend mit dem
Verkauf von Sach- und Fachbüchern über Dienstleistungen (z. B. Massagen, Beratun-
gen), Produkte, die den Aufenthalt angenehmer machen, bis hin zum „Mitbringsel" für
die Daheimgebliebenen, sind fast keine Grenzen gesetzt.

5   Kongresshotels, Bildungshäuser und Akademien im Spiegel der Produktpolitik

5.1   Produktvariation

Zu den Produktvarianten (siehe Abb. 2) gehören die zusätzlichen Dienstleistungen, die
mit angeboten werden, aber auch veränderte Nutzungskonzepte aufgrund von geänderten
oder zusätzlichen Kundenerwartungen.

So bieten einzelne Kongresshotels, die in der Vergangenheit lediglich Kurzaufenthalte
generierten, nun auch mit sogenannten „Longstays" adäquate Beherbergung und Verpflegung an. Auch hier unterscheidet sich die Kongresshotellerie nicht von modern geführten Akademien. Beide Unternehmensformen haben ein großes Interesse daran, durch
Produktvariationen eine Risikostreuung zu betreiben und natürlich, wie zuvor bereits
erwähnt, zusätzliche Erlöse zu generieren.

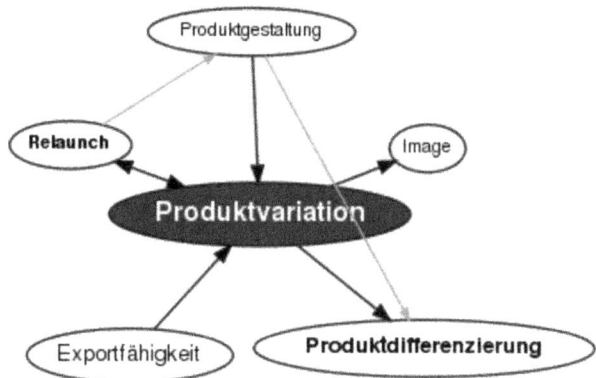

Abb. 2 Grafik Produktvariationen. (Quelle: http://wirtschaftslexikon.gabler.de/Definition/produktvariation.html, [09.12.2015])

5.2   Namensgebung

Wie bedeutsam die Namensgebung ist, wird alleine schon in Zusammenhang mit dem Begriff „wahrgenommen" deutlich. So beschreiben Backhaus und Schneider in ihrem KKV® (Komparativer Konkurrenz Vorteil):

„Als weitere Bedingung für die Entstehung von Netto-Nutzenvorteilen ist die kundenseitige Wahrnehmung anzuführen. Unternehmen müssen dabei beachten, dass Kunden häufig nicht von allen im Markt angebotenen Leistungen Kenntnis nehmen (fehlende Marktkenntnis) oder aber nicht alle im Markt faktisch angebotenen Leistungen als Alternativen zur Lösung ihres bestehenden Bedürfnisses wahrnehmen (fehlendes Marktinteresse). So kann es durchaus sein, dass Leistungen objektiv weniger Nutzen stiften, von Kunden aber trotzdem ausgewählt werden, da die Kunden andere im Markt angebotene, Nutzen stiftende Leistungen nicht kannten, oder aus Bequemlichkeit nicht beachtet haben. Daneben spielt die Wahrnehmung aber auch bei den beachteten Leistungen eine Rolle. Nachfrager bewerten die von ihnen berücksichtigten Leistungen so zumeist nicht anhand objektiver Kriterien" (Backhaus und Schneider 2009).

Um wahrgenommen zu werden und dem Kunden zu ermöglichen, durch den Namen gleich Rückschlüsse auf die angebotenen Produkte schließen zu können, wird in der Kongresshotellerie i. d. R. eine eindeutige Namensgebung gewählt. Beispielhaft seien das „Kongresshotel Potsdam" oder „Lindner – Congress Hotel Düsseldorf" genannt.

5.3   Vom Bildungsdienstleister zum Anbieter von Hospitality-Dienstleistungen

Eine Vielzahl von Unternehmen, die eigene Akademien betreiben, erkannten schon in den Neunzigerjahren, dass es Zeit ist zu diversifizieren und die Dienstleistungen (hier im Speziellen Hospitality-Dienstleistungen) auch außerhalb der eigenen Organisation anzubieten. Dies geschah sicherlich aus unterschiedlichen Gründen. Sei es, um freie Kapazitäten zu nutzen, sich von einem „Non-Profit-Unternehmen" zu ertrags- und gewinnorientiertem Handel zu wandeln oder alleine aus der Tatsache, dass sich der eigentliche Markt nicht mehr in der Weise darstellt, wie das in Zeiten der Akademiegründung der Fall war und die Existenz bedroht ist.

Einige dieser Unternehmen sind in der degefest, dem Verband der Kongress- und Seminarwirtschaft, unter dem Fachbereich „Bildungszentren" versammelt. In diesem Fachbereich stellen die ausschließlich für das eigene Unternehmen „zuständigen" Bildungszentren eine Minderheit dar und verschließen sich damit einem Markt mit 3,04 Mio. Veranstaltungen und 383 Mio. Besuchern (Meeting- & EventBarometer 2015). Sie tun das sicherlich aus verschiedenen, guten Gründen. So spielt beispielsweise die Geheimhaltung eine bedeutende Rolle, die bei einer Mischung von „eigenen" und „fremden" Gästen (die möglicherweise aus der gleichen Branche kommen) natürlich nicht mehr gewährleistet ist.

5.4   Bildungshäuser – eine besondere Ausprägung der Hotellerie

Was Diversifikation konkret bedeutet, lässt sich am Beispiel der Akademie Deutscher Genossenschaften e. V. ADG nachvollziehen. Hier fand im Jahr 1997 eine Diversifikation der Hospitality-Leistungen statt.

Ziele waren damals:

- freie Kapazitäten zu nutzen, speziell am Wochenende (Anreise Freitag, Abreise Sonntag),
- Dienstleistung und Ausstattung der 4-Sterne-Hotellerie anzupassen, gefördert durch die Anforderungen von „Außenstehenden",
- rechtzeitig auf die Wandlung der ursprünglichen Märkte zu reagieren.

Durch die stringente Ausrichtung, schon bei Gründung des Unternehmens als Akademie, fand eine starke Abgrenzung zur herkömmlichen Hotellerie statt.

Bedient die Hotellerie vielfach einen bunten Strauß von Marktsegmenten (Business-Traveller, Leisure-Guests, Tours & Groups, MICE[1] u. v. m.) war es der ADG insbesondere durch die Prozesse, aber auch die baulichen Gegebenheiten nur möglich, im MICE-Segment erfolgreich zu sein. Hier ist insbesondere die große Anzahl an Einzelzimmern zu nennen (damals 287 Zimmer gesamt, davon 272 Einzelzimmer). Sukzessive wurde, verbunden mit den notwendigen Renovierungsmaßnahmen, dieses Verhältnis gewandelt (heute 282 Zimmer, davon 101 doppelt belegbare Zimmer).

---

[1]Meetings, Incentives, Conventions, Events.

6 Der feine, aber entscheidende Unterschied

Merkmale der Abgrenzung zur klassischen Hotellerie gibt es viele, wie es sich am Beispiel der Akademie Deutscher Genossenschaften ADG zeigt. Maßgeblich sind sicherlich die baulichen Gegebenheiten, die durch die Größe der Zimmer (im Durchschnitt ca. 12 qm), die spartanische Ausstattung (vielfach ohne Fernseher) sowie ein sehr kleines Bad gekennzeichnet sind. Auf Minibars, Hosenbügler oder ähnliche Ausstattungsmerkmale, die in der Hotellerie üblich waren, wurde ebenso verzichtet. Auch die Dienstleistungen beschränkten sich auf das eher „Notwendige". Hier war die Hotellerie schon viel weiter. Weiterbildungsprogramme für die Mitarbeiter wie „Ja gerne", feierten bei den großen ausländischen Hotelgesellschaften (rezidor) als „Yes I can" bereits ein jahrzehntealtes Jubiläum.

Heute sind die Abgrenzungen wesentlich überschaubarer geworden. Viele Standards konnten angeglichen werden, beginnend mit der Zimmergröße, der Zimmerausstattung bis hin zur Dienstleistungsbereitschaft und den damit verbundenen Trainings. Jedes Jahr durchlaufen alle Mitarbeiter mit Kundenkontakt ein Tagesseminar unter dem Motto „Ja gerne", neben einer Vielzahl von Trainings, die die Mitarbeiter darüber hinaus besuchen. Kundenzufriedenheit wird akribisch gemessen und aus mehr als ca. 8000 Bewertungen jährlich elektronisch umgewandelt in Schulnoten zwischen eins und sechs. Eins wird dabei als „exzellent", zwei als „sehr gut" bewertet!

Abschließend kann von einer Abgrenzung zu klassischen Hotellerie nur noch aufgrund von Prozessen, die der Akademietätigkeit geschuldet sind, gesprochen werden.

Literatur

Backhaus K, Schneider H (2009) Stragisches Marketing, 2. Aufl. Schäffer-Poeschel, Stuttgart
Certified Prüfkriterien (2015) www.certified.de/pruefkriterien/. Zugegriffen: 15. Dez. 2015
Dettmer H et al (Hrsg) (2000) Tourismustypen. Oldenbourg, München
Gardini MA (2009) Handbuch Hospitality Management. Deutscher Fachverlag, Frankfurt a. M.
Gardini MA (2015) Marketing-Management in der Hotellerie, 3. Aufl. Oldenbourg, München
German Convention Bureau (2017) An der Spitze bleiben. http://www.gcb.de/de/das-gcb/ueber-uns.html. Zugegriffen: 24. März 2017
Hänssler KH (2011) Management in der Hotellerie und Gastronomie, Betriebswirtschaftliche Grundlagen, 8. Aufl. Oldenbourg, München
Meeting- & EventBarometer (2015) http://www.evvc.org/de/engagement/Meeting-und-event-barometer/383-millionen-teilnehmer-besuchen-deutsche-veranstaltungen-sechstes-rekordergebnis-in-folge.html
Statistisches Bundesamt (2016) Online im Internet am 30.03.2016. https://www-genesis.destatis.de/genesis/online;jsessionid=0C487543CB9470E6F89EBB2E1C70B218.tomcat_GO_1_2?operation=previous&levelindex=2&levelid=1459344831601&step=2

Über die Autoren

Ralf Kleinheinrich, Hotelfachmann, Hotelbetriebswirt (HMA), Bachelor of Arts Management, arbeitet nach diversen Stationen in der Tagungs-, Kongress- und Leisure-Hotellerie seit zehn Jahren für die Akademie Deutscher Genossenschaften ADG in der Position Hoteldirektor Hotel Schloss Montabaur und als Bereichsleiter der Akademie.

Catrin Hammerschmidt, B.A. Hospitality & Tourism Management, seit 2013 Qualitätsmanagerin und seit 2015 Reservierungsleiterin von Hotel Schloss Montabaur (ein Unternehmen der Akademie Deutscher Genossenschaften ADG e. V.).

Verbände in Deutschland

Eine unterschätzte Größe in der Tagungswirtschaft

Tim Richter

Zusammenfassung

In diesem Kapitel stehen zunächst Aufgaben und Organisationsformen von Verbänden im Fokus, anschließend werden Kennzeichen von Verbänden beleuchtet, die Situation der Verbände in Deutschland skizziert und abschließend erläutert, warum Verbände so oft tagen.

Vorbemerkung des Autors

Verbände sind Tagungsweltmeister! Sie allein setzen in der Tagungsbranche jährlich etwa 26 Mrd. EUR um. Oder anders ausgedrückt: Mehr als ein Drittel des Gesamt-Branchenumsatzes geht auf Verbände zurück.

Unglaublich, haftet doch Verbänden selten ein beeindruckend prunkvolles Image an. Im Gegenteil werden Verbände häufig – und manchmal nicht zu Unrecht – als verstaubt und wenig attraktiv wahrgenommen. Dabei liegt genau in diesem Image auch die Erklärung, weswegen Verbände weltmeisterlich tagen: Sie müssen es tun.

Dieser Beitrag erläutert, was genau unter Verbänden zu verstehen ist und weswegen in ihrer Struktur und aus ihrem Selbstverständnis heraus Tagungen und Messen so enorm wichtig sind. Weiterhin zeigt der Artikel das „Besondere" an Verbänden auf und warum diese nicht mit klassischen Kunden der Tagungs- und Messewirtschaft vergleichbar sind.

T. Richter (✉)
Berlin, Deutschland
E-Mail: mail@timrichter.eu

© Springer Fachmedien Wiesbaden GmbH 2017
C. Bühnert und S. Luppold (Hrsg.), *Praxishandbuch Kongress-, Tagungs- und Konferenzmanagement*, DOI 10.1007/978-3-658-08309-0_6

1 Verbände tagen und tagen und tagen

Laut Meeting- & EventBarometer des Europäischen Institut für TagungsWirtschaft (EVVC 2016, o. S.) zählten die Veranstaltungsstätten in Deutschland im Jahr 2015 393 Mio. Teilnehmer, das sind 2,6 % mehr als im Vorjahr. Mit einem Plus von knapp einem Prozent ist auch die Zahl der Veranstaltungen weiter gestiegen: 3,06 Mio. Kongresse, Tagungen und Events fanden 2015 in Deutschland statt, davon wurden etwa 32 % allein von Verbänden und Fachgesellschaften veranstaltet.

Doch warum tagen Verbände eigentlich so viel? Weil es in ihren Genen liegt, könnte man sagen. Verbände gelten als unverzichtbarer Teil einer pluralistischen Gesellschaft – sind Kommunikationsakteur und Moderator gesellschaftlicher, wirtschaftlicher, politischer, kultureller, sportlicher Entwicklungen.

Nach Statistiken der Deutschen Gesellschaft für Verbandsmanagement e. V. (DGVM) und der Internetplattform Deutsches Verbände Forum (verbaende.com), die der Autor mitentwickelt hat, existieren etwa 16.000 Verbände in Deutschland. Diese sind nicht zu verwechseln mit den rund 540.000 eingetragenen Vereinen, deren Rechtsform häufig auch für Verbände gilt, aber die Organisationsform „Verband" nicht vollständig erfasst. Von diesen knapp 16.000 Verbänden werden etwa 8700 hauptamtlich geführt (Deutsches Verbände Forum 2015, o. S.). Das heißt, man geht von mindestens einer halben hauptamtlichen Stelle aus, die geschäftsführende Aufgaben im Verband übernimmt. Alles in allem dürften Verbände in Deutschland eine volkswirtschaftlich und schließlich auch politisch nicht unerhebliche Stellung einnehmen. Diese 8700 professionell geführten Verbände sollen hier bei der Betrachtung, wie Verbände ticken, im Fokus stehen.

Nach einer Untersuchung der Johns Hopkins Universität in den Neunzigerjahren, die zeitgleich in 22 Staaten durchgeführt wurde, gaben Verbände in diesen 22 Ländern für ihre Ziele eine Bio. Dollar aus und beschäftigten 19 Mio. Vollzeitkräfte. Wären diese Verbände ein Staat, würden sie weltweit die achtgrößte Volkswirtschaft darstellen (Lietzau o. J.).

2 Aufgaben und Aufbau von Verbänden

Als Organisationseinheiten der Gesellschaft übernehmen Verbände verschiedene Aufgaben in der Gesellschaft für die Politik und für ihre Mitglieder. Als Wirtschaftsverbände sind sie (auch) branchenspezifische Dienstleister für ihre Mitgliedsunternehmen. Verbände sind mitgliedergesteuerte Organisationen, wobei je nach Verband der Einfluss des einzelnen Mitglieds mehr oder weniger stark ausgeprägt sein kann. Bei manchen Verbänden sind die wesentlichen Entscheidungen der Mitgliederversammlung vorbehalten, in anderen sind der besseren Effektivität wegen im Wesentlichen andere Verbandsgremien (Vorstände, Kuratorien) entscheidungsbefugt. Verbände sind damit – rein organisational – ein Schmelztiegel der Interessen und Belange ihrer jeweiligen Mitglieder. Sie formieren den Verband, sie ermöglichen seine Existenz und sie determinieren seine Entwicklung.

Ein im 21. Jahrhundert verankerter – moderner – Verband, ganz gleich, ob er Branchen-verband oder Dachverband, Wirtschafts- oder Fachverband ist, bietet seinen Mitgliedern branchenspezifische Dienstleistungen. In der ein oder anderen Weise und jeweils mit unterschiedlicher Ausprägung bieten alle Verbände die folgenden Leistungen an (Richter 2016; Von Alemann 1987; Sebald und Straßner 2004):

- Initiierung der Meinungsbildung
- Artikulation der Verbandsmeinung nach innen und außen (Kommunikationsleistungen)
- Presse- und PR-Aufgaben für die Branche
- Interessenvertretung gegenüber Dritten
- Erfahrungsaustausch
- Informationsleistungen (Mitgliederrundschreiben, Websites, Verbandszeitschriften)
- Beratung der Mitglieder
- Fortbildungsleistungen für Mitglieder
- Organisationsaufgaben und Stärkung des Erfahrungs- und Wissensaustauschs (Kongresse, Tagungen, Mitgliederversammlungen, Seminare)
- Koordinationsleistungen (Normung, Zeichenarbeit)

Verbände bündeln Aufgaben, die sonst dezentral und parallel von verschiedenen Organisationen wahrgenommen werden müssten. Sie rationalisieren dadurch Entscheidungsabläufe und wirken kostensenkend für die jeweilige Branche. Politisch und gesellschaftlich sind Verbände aufgrund ihrer Bündelungsfunktion ein „außerparlamentarischer Konsensbetrieb", der teilweise atomisierte Einzelmeinungen zu einem gesellschaftlich relevanten Mittel entwickelt. Horizontal sammeln Verbände Meinungen, Strömungen, Interessen, Belange und vermitteln diese vertikal in verschiedene Ebenen der Gesellschaft. Kurz gesagt: Verbände analysieren, vermitteln, organisieren und beraten.

Unabhängig von einer konkreten wissenschaftlichen Perspektive auf die Rolle und Bedeutung der Kommunikation von Verbänden, die hier nicht eingenommen werden soll, ist deutlich, dass Verbände praktizierende Informationsvermittler sind. Sie vermitteln im Umfeld von Politik, Wirtschaft, Öffentlichkeit und Mitgliedern. Letztlich beruht ihr Ansehen auf dem zugesprochenen Wert der Information: Ist sie glaubwürdig, nachvollziehbar und transparent, wird der Verband als ein vertrauensvoller Broker branchenspezifischer Information und Interessen anerkannt. Das Kapital von Verbänden ist Information, ihre Währung Kommunikation (Lietzau et al. 2011).

Als Verbände gelten freiwillige Zusammenschlüsse mehrerer Einzelpersonen (oder Personen, die Organisationen repräsentieren). Dabei ist dieser Zusammenschluss immer an einem Zweck ausgerichtet. Ist dieser Zweck ausschließlich nach innen gerichtet, wie in einem Sportverein, damit die Mitglieder miteinander Fußball spielen können, wird von einem „Verein" in Abgrenzung zu einem „Verband" gesprochen. Verbände orientieren sich in ihrem Zweck mehrheitlich in Richtung von Staat, Politik, Wirtschaft und verstehen sich als Dienstleister für ihre Mitglieder.

Dabei gibt es für verschiedenste Bereiche und Branchen einen Verband: die „klassischen" Wirtschaftsverbände stehen neben den Tarifpartnern, Berufsgenossenschaften und sozial- oder gesellschaftsbezogenen Verbänden. Kultur, Sport und Freizeit, Wissenschaft und Forschung: kein Bereich ohne Verband. Verbände sind auf lokaler Ebene organisiert, regional oder auf den Landesebenen, als Bundes- oder Zentralverbände, auf der Ebene der Europäischen Union sowie international.

Hinsichtlich ihrer Mitgliederstruktur lassen sich Verbände grob nach folgenden Merkmalen unterscheiden: Sie können ein Personenverband sein, dort sind Mitglieder natürliche Personen. Oder sie sind ein Institutionenverband, in dem sich Organisationen zusammengeschlossen haben. Natürlich gibt es auch Mischformen, die in der Praxis die Regel darstellen.

Nach der organisatorischen Einbindung kann man Direktmitgliedschaftsverbände von Verbandsverbänden unterscheiden. Bei direkten Mitgliedschaften sind alle oder einige Mitglieder unmittelbar Mitglied des jeweiligen Verbands; bei Verbandsverbänden sind nur Verbände (zum Beispiel Regionalverbände) Mitglied des (Ober-)Verbands. In der Praxis sind auch Mischformen möglich. Die Einzelheiten werden durch die jeweiligen Satzungen festgelegt. Auch sind Unterscheidungsmerkmale nach der Finanzierung (vornehmlich Beiträge, Spenden, öffentliche Finanzierungen oder Subventionen) denkbar (Richter 2016).

3   Das „Besondere" an Verbänden

In der mehrfach miteinander in Verschränkung stehenden Dimensionalität verbandlich struktureller Begebenheiten liegt das „Besondere" der Verbändetypologie. Was der Verbandsforscher in so verdichteter Weise gerne liest, benötigt doch ehrlicherweise ein wenig Ausdeutung:

Oft wird der Autor gefragt, was denn ein „großer" Verband sei. Dahinter steht die Vermutung, dass, wer Größe nachweist, auch Wirkmacht hat. Dies speist sich erst einmal vollkommen zu Recht aus der klassischen Wirtschaft. Und jene zugesprochene Größe zieht man aus quantitativ messbaren unternehmerischen Kennzahlen wie „Mitarbeiter" oder „Umsatz".

Die Größe eines Verbands

Zunächst soll die Größe eines Verbands einmal testweise an der Zahl seiner Mitarbeiter festgemacht werden. Der Autor trug vor einiger Zeit Zahlen zur Größe von Verbandsgeschäftsstellen zusammen, wobei durchschnittlich von sieben fest angestellten Mitarbeitern ausgegangen werden kann. Große Personenverbände beschäftigen in der Regel bis zu 350 Mitarbeiter, unangefochtener Spitzenreiter ist der ADAC mit mehreren Tausend hauptamtlichen Mitarbeitern. Zu den mitarbeiterstarken Verbänden zählen auch die Spitzenverbände des Sports (Richter 2008): In der Zentrale des Deutschen Fußball-Bundes e. V. (DFB) arbeiten 200 hauptamtliche Angestellte, der Deutsche Olympische Sportbund

(DOSB) beschäftigt in seiner Geschäftsstelle in Frankfurt am Main 120 hauptamtliche Mitarbeiter und der größte Landessportbund in Nordrhein-Westfalen mit fünf Mio. Mitgliedern bringt es auf 200 Angestellte. Anders schaut es beim Deutschen Gewerkschaftsbund (DGB) als größte Dachorganisation von Einzelgewerkschaften aus: Er beschäftigt etwa 800 Voll- und Halbzeitkräfte bundesweit. Ausgenommen schlank dagegen sind die Spitzenverbände der Wirtschaft aufgestellt. Mit durchschnittlich 120 Hauptamtlichen rangieren die Bundesvereinigung der Deutschen Arbeitgeberverbände e. V. (BDA) und der BDI Bundesverband der Deutschen Industrie e. V. eher im unteren Bereich großer Geschäftsstellen.

Übrigens: Insgesamt neun Prozent der befragten Verbände müssen sogar ohne bezahlte Beschäftigte auskommen. Verbände beschäftigen somit durchschnittlich etwa sieben Mitarbeiter in ihrer Geschäftsstelle (businessFORUM Verlag 2015; Richter 2016). Kein Vergleich auch nur zu mittelständischen Unternehmen, von DAX-Unternehmen ganz zu schweigen.

Auch der „Umsatz" eines Verbands, das heißt sein Verbandsbudget, sagt nur wenig über die Wirkmacht eines Verbands aus. Wer sieben Mitarbeiter hat und von Mitgliedsbeiträgen lebt, hat üblicherweise ein Jahresbudget im sehr geringen einstelligen Millionenbereich. Damit werden keine großen Sprünge machbar sein.

Zudem schließlich auch die reine Mitgliederanzahl wenig über die „Größe von Verbänden" aussagt: Der BDI (Bundesverband der Deutschen Industrie e. V.) hat nur etwa 60 Mitgliedsunternehmen, wohingegen der rein regional wirkende Bayerische Landes-Sportverband über vier Mio. Mitglieder aufbringt.

Es gibt Industrieverbände mit sieben oder acht Mitgliedern. Da liegt die Neigung nahe, einen derartigen Verband nicht als „wichtig" oder „groß" wahrzunehmen. Weit gefehlt, wie ein Blick auf die Wertigkeit der Mitglieder offenbart: Weltweit arbeiten nur zehn Unternehmen in der Branche und alle sieben Weltmarktführer sitzen in Deutschland und haben sich in diesem Bundesverband zusammengeschlossen. Wahrscheinlich haben die wenigsten je einen der vertretenen Handwerks-Unternehmensnamen gehört. Auch hier gilt wiederum: Die reine Zahl sagt zu wenig über die Wirkmacht des Verbands aus.

Doch Verbände sind Mittler, Moderatoren. Sie sind Organisationen, die aus Mitgliedern gemacht sind und für deren Interessen arbeiten. Die wirkliche Wirkmacht eines Verbands speist sich somit nicht aus der reinen Anzahl von Mitgliedern, sondern entsteht aus einer Gesamtbetrachtung: Wer genau sind die Mitglieder? Wie hoch ist der Organisationsgrad in der vertretenen Branche? Welcher vorrangigen Aufgabe widmet sich der Verband? Auf welcher lokalen, regionalen, nationalen oder internationalen Ebene ist er verankert? Welche Art der Geschäftsstellenleitung bestimmt die Geschicke des Verbands? Wie hoch ist der Anteil ehrenamtlicher Entscheidungsträger?

Somit lassen sich Bedeutung und Einfluss eines Verbands nur schlecht an seiner Mitgliederzahl oder dem Jahresbudget festmachen. Sein Bekanntheitsgrad, der Verbandstyp (Personen- oder Institutionenverband beziehungsweise Landes- oder Bundesverband, Spitzenverband, Zentralverband oder Gesamtverband), seine Öffentlichkeitsarbeit, aber auch der Organisationsgrad und beispielsweise die Wichtigkeit der Branche für die deutsche Wirtschaft sind ebenso wichtige „Einflussfaktoren".

Diese vielfältigen Dimensionen, an denen man die Relevanz eines Verbands ausmacht und manchmal auch nur dem Image entlehnt, macht das „Besondere" einer Verbändetypologie aus: Sie findet auf sehr vielen und vielen verschiedenen Ebenen statt. Ein einfacher Zugriff ist leider nicht möglich. Dafür sind jene gewachsenen Strukturen zu vielfältig.

4   Regionale Verteilung deutscher Verbände

Da nimmt es auch nicht wenig Wunder, dass eine Menge Verbände gar nicht mit Adresse und Büro in Berlin präsent sind. Die Arbeit für das Mitglied erfordert sehr oft eine auch lokale Nähe zum Mitglied – und wenn doch mal der thematisch relevante Bundestagsausschuss tagt, freuen sich die unterschiedlichen Verkehrsträger.

Entlang der „Rheinschiene" (Düsseldorf bis Rhein-Main) zählt man die meisten Verbandssitze und -geschäftsstellen. Dies liegt teilweise an dem traditionell korporatistisch starken Raum Köln-Bonn, was sich auch nach Umzug der Regierung von Bonn nach Berlin nur unwesentlich veränderte. Dass sich viele Verbandsgeschäftsstellen bis in die Neunzigerjahre hinein in relativer Nähe zum Regierungssitz befanden, liegt darin begründet, dass die junge Republik sich in den Fünfzigerjahren neu organisierte und in diesem Zug viele Verbands(neu)gründungen erfolgten.

Weiterhin sind – Verbände sind föderale Organisationen – die Landeshauptstädte Düsseldorf, Mainz und Wiesbaden wichtige Verbandsstandorte, deren gleiche Nähe sowohl zur Bundeshauptstadt Berlin wie auch nach Brüssel und Straßburg ausschlaggebend ist. Die Rhein-Ruhr-Gegend, das Rheinland und Frankfurt am Main sind zudem sowohl über Autostraßen wie auch per Bahn und Flugzeug gut erreichbar.

Ein weiterer, wenn nicht gar der wichtigste, Punkt ist die lokale Nähe zum Mitglied. Viele Verbände sind aus wirtschaftspolitischen Erwägungen ihrer Mitglieder heraus entstanden. Da möchten Arbeitgeberpositionen abgestimmt oder auch branchenspezifische Informationen den Mitgliedsunternehmen vermittelt werden. Insofern bildet die Verteilung der Geschäftsstellen ebenso die wirtschaftlichen Hotspots der Republik ab.

Die Gesellschaft für Konsumforschung (GfK) aggregierte eigene Daten zu einer Deutschlandkarte, aus der die Firmendichte ersichtlich wird: „[D]ie höchste Firmendichte in Deutschland ist in den Ballungsräumen Ruhrgebiet, im Südwesten – insbesondere den Regionen Frankfurt und Stuttgart –, in der Münchner Region sowie in den Stadtstaaten Hamburg und Berlin zu finden", so die GfK-Forscher. „Dort sind mehr als 50 Firmen pro km^2 anzutreffen. In einigen Gebieten Mecklenburg-Vorpommerns, Brandenburgs und im Osten von Bayern sind es hingegen weniger als 5 Firmen pro km^{2}" (GfK 2011; iVm 2014).

Da die Mitglieder Verbände formen, wird ein Verband seinen Sitz in die Nähe der meisten seiner Mitglieder legen. Und nicht unbedingt nach Berlin.

5 Meine Behörde, mein Verband

Wer den „Passierschein A 38" aus der Präfektur braucht, muss gut im Treppensteigen sein. Für das entsprechende Antragsformular steigen Asterix und Obelix durch das „Haus, das Verrückte macht" von Etage zu Etage, von Raum zu Raum, von einem Beamten zum nächsten, die sich alle für nicht zuständig halten. Ohne das Formular, wie im „Rundschreiben B 65" festgelegt, gibt es da kein Vorankommen.

Verbände sind ein bisschen so wie diese Bürokratieparodie aus „Asterix erobert Rom". Man könnte freundlich formulieren, sie agierten behäbig und umständlich. Dieses Vorurteil mag man für begründet halten. Nun trifft es sicher nicht auf alle Verbände zu. Auch in der Verbandswelt halten Flexibilität und Ergebnisorientierung Einzug. Doch als demokratisch verfasste und nicht hierarchisch durchorganisierte Körperschaften sind sie schon allein durch Struktur und Tradition auf Konsens verpflichtet. Wichtige Entscheidungen werden (zumeist) von Gremien und unterschiedlichen Personen getroffen. Dass zwischen Sitzungen Monate vergehen können, ist einzupreisen. Dabei geht der Erfahrung nach eine solche organisationale Beständigkeit nicht auf Kosten der Qualität des Ergebnisses.

Aus dieser auf mehreren Ebenen stattfindenden Zusammenarbeit – neudeutsch: Collaboration – begründet sich die Länge der Entscheidungswege. Doch auf der anderen Seite entsteht genau daraus eine Verlässlichkeit der Entscheidung. Wohlabgewogene Entscheidungen sind nicht nur in der Verbandswelt häufig qualitativ gute Entscheidungen. Nicht zu verachten in dieser Formel ist zudem der menschliche Faktor: Der Geschäftsführer, der eine einjährig herbeigeführte Entscheidung nach zwei Monaten wieder mit einem anderen einjährigen Prozess zurückholt, zählt nicht zur Bekanntschaft des Autors dieser Zeilen (und der Autor kennt durchaus einige Verbandsgeschäftsführer).

Was auch durchaus verständlich ist, liegt doch ein nicht unerheblicher Organisationsaufwand in der Vorbereitung einer Entscheidung und kein Geschäftsführer betreibt freiwillig diesen Aufwand.

Insofern sind Verbände als Kunden dankbar für Dienstleister und Anbieter. Zwar reifen ihre Entscheidungen langsam, sie sind häufig aber auch von Dauer.

6 Der Verband als Netzwerker

Verbände könnte man auch als „Konsensmaschinen" bezeichnen: Sie erarbeiten durch ihre Strukturierung und ihre Verfassung horizontale und vertikale Abstimmungsprozesse, leiten Themen von unten nach oben und tragen auf diese Weise maßgeblich zu einer pluralistischen Gesellschaft bei. Verbände leben Austausch: von Themen, Ideen, Fragen, Lösungen und Antworten (Richter 2012).

Dass all diese Aufgaben von Verbänden nur wahrgenommen werden können, wenn sie im weiteren Sinne kommunizieren, liegt wohl auf der Hand. Verbände seien – so einige

Definitionsvorschläge – von ihrer Kommunikationsaufgabe her zu verstehen. Sie werden bei Velsen-Zerweck sogar als „Kommunikations-Dienstleister" (2001, S. 444) oder bei Szyszka, Schütte und Urbahn als „Kommunikationsorganisationen" (2009, S. 193) verstanden.

7 Darum tagen Verbände

Nach diesem langen Inkurs stellt sich nun also wieder die Frage, die zu Beginn des Beitrags stand: Warum tagen Verbände eigentlich so viel? Wie gesagt, es ist in ihren Genen verankert. Sie können nicht nicht tagen.

Der Kommunikationsakteur und Moderator „Verband" kann seiner Aufgabe nur gerecht werden, wenn er die Plattform darstellt, damit Menschen sich austauschen können. Und auch wenn Kommunikation über das Internet funktioniert, wenn Collaboration in den Social Media kein Fremdwort ist oder gemeinsames „document sharing and idea mapping" mittlerweile beeindruckende Softwareunterstützung erfährt, so steht gleichzeitig auch fest: Getroffen wird sich weiterhin.

Kein Austausch ohne das persönliche Gespräch, keine Gremiensitzung, die nicht an einem bestimmten Ort stattfindet. Kaum eine Mitgliederversammlung ohne Präsenz der Mitglieder. Und bei all diesen vielfältigen Aufgaben und den „Besonderheiten" des Wesens „Verband" macht die Fähigkeit, Tagungen zu organisieren, bei vielen Verbände eine Kernkompetenz aus.

Man möge sich vorstellen, was passierte, wenn Verbände streikten. In Politik und Verwaltung würden maßgebliche Fach- und Brancheninformationen fehlen, die Experten aus Fachgruppen unterschiedlicher Verbände einbringen. Die Öffentlichkeit wäre schlechter über die Belange von Arbeitnehmern wie auch -gebern informiert, da die Gewerkschaften und Arbeitgeberverbände ihre Tarifverhandlungen und Berufsinformationen einstellten.

Die Mitglieder der jeweiligen Verbände müssten auf fachlichen Rat und Informationstransfer verzichten. Die Normung würde stillstehen, da die DIN-Gesellschaft (auch ein e. V.!) ihre Arbeit einstellte; kaum etwas würde noch gebaut werden, wenn die Sicherheitsstandards nicht mehr von unabhängiger Seite überwacht würden, wie es zertifikatgebende Fachverbände und in letzter Instanz der TÜV tagtäglich tun. Die Sozialdienste wie Essen auf Rädern oder auch unzählige Alten- oder Behindertenheime würden schließen, weil die großen Sozialverbände wie Diakonie oder Caritas ihre Dienste einstellten.

Zudem würde die Zahl der Veranstaltungen in Deutschland um ein Drittel sinken – und es würde sich so schnell keiner finden, der das übernehmen könnte, weil er dafür schlichtweg nicht legitimiert ist und nicht über das Fachwissen verfügt, um die zuvor beschriebene Lücke, die der Streik der Verbände reißt, auszufüllen.

8 Stabile Interessensgeflechte

Ja, Verbände sind besonders. Sie benötigen intensive Zusammenarbeit, sie agieren behäbig und ihre Entscheidungswege sind häufig lang. Gleichzeitig sind sie aber schlicht unerlässlich und Realität, da Deutschland als föderaler Staat über 8700 hauptamtlich geführte Verbände zählt (Richter 2016). Sie beauftragen Agenturen und bleiben im Hintergrund, sie geben sich gerne bescheiden und unwichtig und vertreten doch eine Milliardenbranche. Sie sind Multiplikatoren für ihre jeweilige Branche und kommunizieren gute Erfahrungen an ihre Mitglieder weiter.

Sie sind Kommunikationsexperten und Tagungsweltmeister. Weil sie Verbände sind. Wer also Verbände anspricht, braucht einen langen Atem, profitiert aber auch langfristig. Als mitgliedergetragene Organisationen definiert sich ihr Hauptziel immer nach der Mehrheitsauffassung der Mitglieder. Und wenn man sich umschaut, muss man ehrlich anerkennen: Hier spielt ein gewisser Egoismus die Hauptrolle. Mitglieder des ADAC wird vorrangig nicht der Naturschutzgedanke zum Beitritt getrieben haben, sondern das persönliche Interesse, im Pannenfall Hilfe zu erhalten. Bei anderen Verbänden ist das ähnlich: Ein Unternehmen wird sich betriebswirtschaftlich die Frage stellen, ob sich die Mitgliedschaft im Verband „lohnt". Mitglieder möchten etwas von ihrem Verband bekommen, das sie ohne ihn nicht hätten: mehr und bessere Informationen, ein belastbares Netzwerk, Erfahrungs- und Wissensaustausch, Fach- oder Branchendaten.

Verbände sind als Plattformgeber für dieses „Mehr" zu verstehen. Gleichzeitig sind sie immer auch Organisationen, deren (vor allem) hauptamtliche Mitarbeiter immer einen Spagat zwischen „notwendig" und „wünschenswert" wagen müssen und insofern in ihrer täglichen Verbandsarbeit gerne auch externe Unterstützung zurückgreifen, um schließlich – und das Interesse vereint alle Beteiligten – besser und einfacher für die Mitglieder wirken zu können.

Und in den Worten Ulrich von Alemanns, einem der renommiertesten Verbandsforscher in Deutschland: Verbände sind die Organisationen, in denen man „sozusagen von der Wiege bis zur Bahre betreut und in unseren Interessen vertreten wurde. Kinder, Jugendliche und Frauen, Berufe und Bildung, Sport und Kultur" (Von Alemann et al. 2003), Pflege und Krankenkassen: Für jede denkbare Interessenrichtung und Sparte findet sich ein Verband. Und ihre Aufgabe ist und bleibt es auf absehbare Zeit, diese – unsere – Interessen zu kommunizieren. Damit sind sie Plattformgeber und Veranstalter, Kongressorganisator und eben: Tagungsweltmeister.

Literatur

businessFORUM Verlag (2015) Service-Guide „Partner der Verbände". http://issuu.com/verbaende/docs/service-guide/1?e=0/34336609. Bonn 2015. Zugegriffen: 20. Juni 2016

Deutsches Verbände Forum & Deutsche Gesellschaft für Verbandsmanagement (DGVM) (2015) Die Anzahl der haupt- und nebenamtlich geführten Verbände – Entwicklung seit 1990. http://www.verbaende.com/hintergruende/studien-statistiken.php. Zugegriffen: 11. Juni 2016

EVVC Europäischer Verband der Veranstaltungs-Centren e. V. Meeting- & EventBarometer (2016) http://www.evvc.org/de/startseite/meeting-eventbarometer-2016.html. Zugegriffen: 11. Juni 2016

GfK GeoMarketing GmbH (2011) Bild des Monats Dezember „Firmendichte und Branchen Deutschland". http://www.gfk-geomarketing.de/fileadmin/newsletter/bild_des_monats/12_2011. html. Zugegriffen: 31. März 2014

iVm (2014) Deutsches Verbände Forum, „Standortkarte der Verbände in Deutschland". http:// www.verbaende.com/hintergruende/studien-statistiken.php. Zugegriffen: 11. Juni 2016

Lietzau W (o. J.) Was ist ein Verband? http://www.verbaende.com/media/dvf/WasisteinVerband. pdf. Zugegriffen: 11. Juni 2016

Lietzau W, Richter T, Bender J (2011) Praxishandbuch Social Media in Verbänden. businessFORUM Gesellschaft für Verbands- und Industriemarketing mbH. Bonn

Richter T (2008) Wachstumsbranche: Verbände in Deutschland/Verbände schaffen 1.500 Arbeitsplätze/200 Verbandsgründungen pro Jahr. Deutsches Verbände Forum 2008. http://www.verbaende.com/nachrichten_fuer_verbaende/2011/wachstumsbranche_verbnde_in_deutschland. php. Zugegriffen: 11. Juni 2016

Richter T (2012) Die Einführung von Social Media-Guidelines: das kommunikative Grundgesetz im Verband. Verbändereport 06/2012. Bonn

Richter T (2016) Finanzierungsinstrumente von Verbänden und Gesellschaften in Deutschland. Dissertation (Okt. 2016)

Sebaldt M, Straßner A (2004) Verbände in der Bundesrepublik Deutschland. VS Verlag, Wiesbaden

Szyszka P, Schütte D, Urbahn K (2009) Public Relations in Deutschland. Eine empirische Studie zum Berufsfeld Öffentlichkeitsarbeit. UVK, Konstanz

Velsen-Zerweck B (2001) Verbandsmarketing. Grundlagen, Besonderheiten und Handlungsfelder. In: Tscheulin DK, Hemig B (Hrsg) Branchenspezifisches Marketing. Gabler, Wiesbaden

Von Alemann U (1987) Organisierte Interessen in der Bundesrepublik Deutschland. Leske + Budrich, Opladen

Von Alemann U, Erbentraut P, Walther J (2003) Das Parteiensystem der Bundesrepublik Deutschland, Bd. 26. Leske + Budrich, Opladen

Über den Autor

Tim Richter ist Journalist, Autor und Ehrenamtsträger in verschiedenen Institutionen. Er arbeitet als freier Journalist, repräsentiert das Fachmagazin „Verbändereport" und die Deutsche Gesellschaft für Verbandsmanagement (DGVM) in Berlin und fungiert dort zugleich auch als International Officer. Er ist Herausgeber des Fachbuchs „Social Media in Verbänden", Autor des Buchs „Schaffen die Vereinten Nationen den ewigen Frieden?" und Redaktionsleiter des Deutschen Verbände Forum – verbaende.com sowie Mitglied der Redaktion des Verbändereports. Er berät regelmäßig Verbände und vergleichbare Organisationen in verschiedenen Fragen und tritt als Vortragender zu Themen der Verbandswelt auf.

Erlebnisse mit Format

Programmentwicklung im Zeichen medialer Veränderungen

Samuel Röthlisberger

Zusammenfassung

Jeder Kongress hat durch seinen Programmablauf – wie wo was vermittelt wird und geschieht – seine eigene Sprache und Form. Über all die Jahre haben sich verschiedene Formatelemente etabliert und in der Welt der Kongresse fest verankert. So zum Beispiel das klassische Referat, die Keynote-Speech, die Arena, der heiße Stuhl, der Workshop, Q & A (Questions & Answers) und viele mehr. Das gewählte Kongressformat soll sowohl zum Inhalt passen und dem Zielpublikum helfen, dessen Inhalt optimal zu erfahren und zu erleben, als auch den Kongress passend und zukunftsweisend positionieren.

Es mag im ersten Moment übertrieben klingen, bei einem Kongress von einem Besuchererlebnis zu sprechen. Durch die bewusste Formatgestaltung und die Formatinszenierung ist dies aber genau das, was unter anderem geschaffen werden soll. Im Folgenden wird erläutert, wie ein Erlebnis gestaltet werden kann und wie das Streben nach höchstmöglicher Einheit von Botschaft und Ablauf zu einem optimalen und differenzierenden Kongresserlebnis für das Zielpublikum führen kann. Die Entwicklungen in der digitalen Welt bringen Veranstaltungen nur vordergründig in Bedrängnis. Vielmehr spielen sie ihnen in die Hände, wenn die sich bietenden Chancen ergriffen werden. Hybride Events – die Kombination von Liveerlebnis und Liveübertragung – sind daher das Format der Zukunft.

Startpunkt der Programmentwicklung ist die Auseinandersetzung mit den Erwartungen des Publikums. Einerseits geht es ganz pragmatisch darum, die Gewohnheiten der Besucher und damit die Mindestanforderungen zu ergründen, um den fundamentalen

S. Röthlisberger (✉)
Regensdorf, Schweiz
E-Mail: samuel.roethlisberger@mckinivan.com

© Springer Fachmedien Wiesbaden GmbH 2017

C. Bühnert und S. Luppold (Hrsg.), *Praxishandbuch Kongress-, Tagungs- und Konferenzmanagement,* DOI 10.1007/978-3-658-08309-0_7

Qualitätsansprüchen gerecht zu werden. Andererseits gilt es zu sondieren, wie und womit Erwartungen übertroffen werden können, ohne das Publikum überzustrapazieren. Dieses Erfüllen oder Brechen (im positiven Sinne, also Begeistern) von Erwartungshaltungen ist ein grundlegendes Element der Kongressinszenierung.

Vorbemerkung des Autors

Die Erde dreht sich nicht, sie „eiert". Und auch die Welt der Kommunikation läuft nicht rund. Sehr viele Kräfte wirken auf sie ein und spätestens seit der digitalen Revolution ist vieles anders. Die Menschen gehen buchstäblich anders miteinander um. Es wird schneller, öfter und zunehmend auch unbedacht und unerbittlich kommuniziert, aber deutlich unverbindlicher. Das Chatten, Posten, Liken und Teilen (oh – ein deutsches Wort!) hat Konjunktur. Die kommunikative Inflation ist allerdings kein Zeichen von Belang- oder Anspruchslosigkeit, sondern Ausdruck eines neuen Geltungsbewusstseins und des Wunschs, etwas Unvergessliches zu erleben. Von dieser Entwicklung bleiben natürlich auch Veranstaltungen nicht verschont. Der aus der „guten, alten Schule" gewohnte Frontalunterricht kommt immer weniger an. Neue Formen der Mitwirkung und Beteiligung sind für die Veranstaltungsbranche entstanden, die – verstärkt durch digitale Medien – größere Reichweiten und mehr Resonanz erzielen. Damit gehen veränderte, höhere Anforderungen an Raumgestaltung, Visualisierung und Programmsteuerung einher.

1 Leitplanken der Programmentwicklung

Die gedanklichen Leitplanken bei der Programmentwicklung sind sowohl die Inhalte und Botschaften des Veranstalters als auch die Grundbedürfnisse des Zielpublikums. Dazu gehören:

- Verlässlichkeit und Wohlbefinden
- Wissensvermittlung
- Unterhaltung

1.1 Sicherheit im Sinne von Verlässlichkeit und Wohlbefinden

Der Besucher eines Kongresses will sicher sein, dass die erwartete Leistung auch erbracht wird und man sich um ihn kümmert. Wird der Mensch darin verunsichert, ist er nicht in der Lage, Inhalte und Botschaften aufzunehmen, geschweige denn den Moment oder die Veranstaltung als positives Erlebnis abzuspeichern. Viele Faktoren – beispielsweise die Örtlichkeit, die Wegführung oder der Empfang – wirken auf das Sicherheitsgefühl.

Vor allem aber der Ablauf des Programms – also das Format – beeinflusst das Empfinden des Besuchers.

Verlässlichkeit und Wohlbefinden in der Programmentwicklung heißt, eine verständliche und logische Grundstruktur zu schaffen. Wie greifen die einzelnen Elemente ineinander und wie verbinden sie sich zum großen Ganzen? Verschiedene Momente der Veranstaltung spielen dabei eine wichtige Rolle, beispielsweise der Start der Veranstaltung. Es gilt, dem Gast zu zeigen: „Hier bist du richtig". Der gemeinsame Beginn im Plenum kann dafür die richtige Wahl sein, sofern es zum Thema oder zur Dramaturgie der Veranstaltung passt.

Eine Führung durch einen oder mehrere Moderatoren, welche sowohl die jeweiligen Inhalte resp. Redner an- und abmoderieren als auch die gedanklichen Übergänge herstellen, bringen eine erkennbare Struktur in den Ablauf. Der Besucher fühlt sich gut aufgehoben. Darüber hinaus bekräftigen Zusammenfassungen und Ausblicke der Moderation als eingestreute Elemente diese Struktur und sie reichern auch die Informationsdichte an.

So kann es durchaus zu früh sein, bereits zum Veranstaltungsauftakt das Publikum in die Programmgestaltung durch Interaktion miteinzubeziehen. Dieses Formatelement ist sehr wichtig für das Erlebnis jedes Einzelnen, allerdings können sich Besucher am Anfang „überrumpelt" fühlen. Der Gast muss sich erst einmal zurechtfinden können.

1.2   Wissensvermittlung

Der Wissensvermittlung ist ebenso große Aufmerksamkeit zu widmen. Dies ist meistens der Hauptgrund für die Teilnahme. Man will (neues) Wissen erlangen! Programmentwicklung bedeutet darum auch nicht allein, Wissen zu programmieren, sondern sich vertieft mit dem vorhandenen Wissen des Publikums auseinanderzusetzen. Was ist dem Gast allgemein bekannt? Was muss vor der Wissensvermittlung noch gesagt, getan oder erlebt werden? Wenn vorab ergänzende Informationen eingestreut werden, entfalten Inhalte eine andere Wirkung auf das Publikum. Solche Informationen können von dem Moderator vermittelt werden oder aber durch einen Film oder künstlerischen Akt.

Auch die Wissensvermittlung selbst unterliegt gewissen Leitplanken. So definieren zum Beispiel die Veranstalter der erfolgreichen TED-Konferenzen sehr genau, wie der Inhalt in Bild und Sprache vermittelt werden soll. Neben zeitlichen Grenzen geben sie auch Gestaltungsregeln für die Präsentation vor, diese aber immer im Sinne des Besuchererlebnisses. Die bewusste Einschränkung der verfügbaren Redezeit zwingt den Redner letztlich auch zu einer präziseren Wissensvermittlung.

1.3   Unterhaltung

Die Balance zwischen Inhalt und Unterhaltung ist nicht immer einfach zu gestalten. Beides ist wichtig. Der beste Weg ist, die Unterhaltung mit dem Wissen zu koppeln.

Besonders erfolgreich kann das mit Künstlern umgesetzt werden, die zusammen mit dem Referenten die Wissensinhalte vorab koordiniert und abgeglichen haben. Das Trio Zusammenspiel.ch – bestehend aus zwei Musikern und einem zeichnenden Künstler – schafft es beispielsweise immer wieder, das Gehörte künstlerisch aufzunehmen und zu vertiefen. Beliebt sind auch Zeichnungskünstler und Cartoonisten, die live während des Referats eine Zusammenfassung zeichnen. Ebenso tragen jegliche interaktiven Formate viel zur Unterhaltung und zum Wissenstransfer bei.

Nicht selten ist das Kurzinterview und die Q & A-Phase – Fragen und Antworten – auf der Bühne mit dem Referenten sogar inhaltlich erhellender als die eigentliche Präsentation.

Und schließlich bieten neuere Konzepte wie zum Beispiel das Hybrid-Format vielversprechende Möglichkeiten. Die Zeit der „Präsentationsschlachten" auf der Leinwand geht ihrem Ende zu.

2 Multiplikation durch hybride Veranstaltungen

Das digitale Zeitalter zwingt dazu, die „normalen" Veranstaltungen einem neuen digitalen Publikum anzupassen und zu erweitern. Hierfür sind verschiedene vielversprechende Konzepte unter dem Begriff der hybriden Events zusammengefasst.

Das griechische Wort „hybrid" bezieht sich auf etwas von zweierlei Herkunft Gebündeltes, Gekreuztes oder Vermischtes (Wermke et al. 2006, S. 518). Den Begriff kennt man heute in erster Linie aus der Fahrzeugtechnik. Ein Hybridfahrzeug ist ein Fahrzeug, welches über zwei unterschiedliche Antriebssysteme und Energiespeicher verfügt (UNECE Transport Division 2005, S. 6). Beide Systeme bewirken aber ein und dasselbe, die Fortbewegung des Fahrzeugs. Hybridität in Events bezieht sich demnach auf unterschiedliche Formate, welche ebenso wie in der Fahrzeugtechnik das Gleiche bewirken, die Vermittlung der Botschaft. Hybride Events vermitteln dem Zuschauer auf unterschiedliche Arten ein und dieselbe Botschaft. Dies kann sowohl seriell als auch parallel geschehen.

Die wohl älteste Art hybrider Veranstaltungen ist das Fernsehen. Eine Veranstaltung (die TV-Show) wird an einem Ort (im TV-Studio) mit Publikum abgehalten und über ein zweidimensionales Bild an viele verschiedene weitere Veranstaltungsorte (das Wohnzimmer des Zuschauers) weitergetragen.

In den Anfängen des Fernsehens waren TV-Unterhaltungen abgefilmte Theaterstücke. Die erste Unterhaltung mit Publikum und mehreren Kameras war „I love Lucy" (A.V. Club 2016): ein Theaterstück, ausschließlich für das Fernsehen geschrieben und aufgeführt – und aufgezeichnet an einem klassischen Veranstaltungsort, dem Theater.

Schon an diesem ursprünglichen Format lassen sich gewisse Gesetzmäßigkeiten von hybriden Events erkennen und ablesen:

- Das Zielpublikum, das die Veranstaltung vor Ort erlebt, muss nicht zwingend die gleiche Zielgruppe sein, welche die Sendung zu Hause anschaut.
- Die Veranstaltung im TV-Studio zu erleben, ist definitiv nicht das Gleiche wie am Bildschirm (zum Beispiel im häuslichen Wohnzimmer). Und doch wird beiden Gruppen ein und dieselbe Botschaft vermittelt.
- Abläufe und Stimmungen im Rahmen der Liveveranstaltung können vom Veranstalter weitgehend gesteuert werden. Auf das Geschehen zu Hause hat er keinen Einfluss, es kommt allein auf den übertragenen Inhalt an.
- Die digitale Variante des hybriden Events muss nicht zeitgleich stattfinden. Dem Erlebnis und der Botschaft tut das keinen Abbruch, ob live (parallel) gesendet oder später (seriell) ausgestrahlt wird.

War das Publikum am Anfang da, um – im gleichen Set-up wie auf der Theaterbühne – die Leistungen der Schauspieler vor der Kamera herauszufordern, wurde es im Laufe der Zeit immer nebensächlicher. Das heißt, es wurde in erster Linie als Kulisse benutzt, als Applaus- und Lachgenerator. In den späteren Sitcoms wurde dieser sogar durch aufgenommenes Klatschen und Lachen ersetzt (Iverson 1994).

Erst durch populäre Spielshows wie „Wer wird Millionär" wurde der Wert des Publikums wiederentdeckt und es bekam eine aktive Rolle zugeteilt (zum Beispiel mit dem Publikumsjoker). Dennoch bleibt der elementare Unterschied zu Events bestehen, weil es beim Fernsehen nach wie vor und in erster Linie um das Publikum zu Hause an den Endgeräten geht. Bei Kongressen ist genau das Umgekehrte der Fall. Das Publikum am Veranstaltungsort ist das primäre Zielpublikum. Beides hat seine Berechtigung. Bei hybriden Events dagegen geht es darum, beide Publikumsgruppen in den Fokus zu rücken – und auf deren Bedürfnisse differenziert einzugehen. Dies ist das Schlüsselmoment aller hybriden Überlegungen. Im Fokus steht das Zielpublikum und die Frage, wie man es im Sinne höchster Effizienz mit Botschaften bedienen kann. Diese Frage war schon der Mittelpunkt jeglicher Planung einer Veranstaltung, eines Kongresses. Bei hybriden Events muss aber nun erstmals davon ausgegangen werden, dass mehr als ein Publikum zu bedienen ist.

2.1 Hybrid durch Bildübertragung

Ähnlich einer TV-Übertragung wird ein Publikum mit einem TV-Bild bedient, das sich zu Hause oder an einem anderen Ort befindet. Dabei ist zu beachten, dass nicht nur das Leinwandbild des Events übertragen wird, sondern dafür eigens ein neuer Bildschnitt – ein sogenannter World-Feed (Livebildsignal, welches außerhalb der Eventlocation ausgestrahlt wird) – zusammengestellt wird.

Das Livegroßbild auf der Leinwand im Veranstaltungssaal hilft dem Teilnehmer vor Ort, von sämtlichen Plätzen aus einen guten Blick auf den Redner und auf die Bühne zu bekommen. Daher interessieren hier die Weitwinkelaufnahmen des Raums oder Reaktionsbilder vom Publikum weniger. Diese Bilder sind jedoch für den Zuschauer, der an einem anderen Ort die Veranstaltung am Bildschirm verfolgt, sehr wertvoll. Durch diese zusätzlichen Bilder bekommt der virtuell anwesende Teilnehmer ein Gefühl für den Raum und für die Stimmung innerhalb der Veranstaltung. Es ist daher wichtig, auch für den „zugeschalteten" Betrachter ein emotionales Erlebnis (oder: emotionales Verständnis des Erlebnisses vor Ort) zu generieren. Und das kann in dieser Umgebung nur durch das übertragene Bild geschehen.

Konsequent wurde dies beispielsweise in der „128th International Olympic Committee (IOC) Session" in Kuala Lumpur umgesetzt. Transparenz wurde gefordert, auch während der Session. Darum sollten sämtliche Kongresstage für alle Personen live via Internet zur Verfügung stehen. Genau in diesem Moment war es wichtig, dem Publikum an den Bildschirmen nicht nur den Redner zu zeigen, sondern auch das Umfeld des Kongresses, um auf diese Weise Transparenz zu vermitteln. Technisch gelöst wurde dies durch vier zusätzliche TV-Kameras, welche vor allem die Kongressteilnehmer und deren Raumumfeld gezeigt haben.

Musterbeispiele für innovative Bildübertragungen liefern seit mehreren Jahren die erwähnten TED-Konferenzen. Getrieben durch die wiederkehrende Frage: „How can we best spread great ideas?" (Ted.com 2016) werden neue Wege der Aufzeichnung für das Internet eingeschlagen. So erkannten die Veranstalter, dass ein Bild des Referenten allein die Zuschauer nur mäßig emotional anspricht. Es braucht zusätzlich die Bilder der Zuschauer am Ort des Geschehens. Emotionen werden einfacher und eingängiger via Emotionen anderer Menschen weitergegeben. Wer lässt sich nicht vom Lachen anderer Menschen anstecken? Interessante Randerscheinung bei TED-Konferenzen: Nicht das Bildsignal für die Saalleinwand wird ausgestrahlt, sondern die Kamera wird auf den Redner im „realen" Bühnenumfeld gerichtet.

Ein solcher World-Feed kann durchaus auch im Rahmen des Events vielseitig genutzt werden. So wurde beispielsweise für die „128th IOC Session" in Kuala Lumpur ein Gästeraum installiert, in dem Zuschauer in einer Lounge nur für geladene IOC-Gäste (mit Sofas und Catering) die Session live mitverfolgen konnten. Auch im Rahmen von TED-Konferenzen wird den (zahlenden) Kongressteilnehmern ein Raum zur Verfügung gestellt, in welchem sie an Tischen mit Stromanschluss und LAN arbeiten und trotzdem das Programm im Hauptsaal mitverfolgen können. Dies eignet sich vor allem bei mehrtägigen Veranstaltungen, weil nahezu jeder Teilnehmer auch in der Ferne in geschäftliche Angelegenheiten eingebunden bleibt. Solche World-Feeds können übrigens auch in das Hotel der Teilnehmer direkt auf einen Kanal in jedes Zimmer gesendet werden.

Ein hybrides Event ist im Grad der parallelen oder seriellen Informationsvermittlung, Informations-Aggregation und Interaktion beliebig ausbaubar, und zwar innerhalb (real) und außerhalb (digital) des Veranstaltungsorts. Nicht nur der Zuschauer am Bildschirm soll etwas vom Event haben, sondern auch der physisch anwesende Teilnehmer. Wie kommt man dazu?

2.2 Kommentator/Moderator

Für die digitale Variante eines hybriden Events schafft ein Kommentator, der sich auf dem Kongress befindet, Mehrwert für den Betrachter. Ähnlich eines Fußballkommentators, der das Spiel auf dem Platz kommentiert und dem Zuschauer Hintergründe, Meldungen, Zahlen und Beobachtungen liefert, gibt der Kongresskommentator live zusätzliche Informationen über die einzelnen Referenten. Dies kann sowohl mündlich als auch in Schriftform geschehen. Wenn sich beispielsweise Teilnehmer einer Delegiertenkonferenz von ihrem Sitzplatz aus zu Wort melden können, käme ein Kongresskommentator mit Hintergrundinformationen über den jeweiligen Sprecher zu Wort. Natürlich kann der Betrachter das am Bildschirm selbst im Web recherchieren, wenn er denn will. Die Optimierung hybrider Events muss aber gerade solche Dienste zum Ziel haben.

Es ist naheliegend, die Kommunikation nicht nur einseitig – vom Kommentator zu den Zuschauern – zu betreiben, sondern auch umgekehrt, sodass diese sich mit Fragen oder Kommentaren zu Wort melden können. Der Kongresskommentator wird dadurch zum Moderator der Kommunikation im digitalen Netzwerk der Veranstaltung. Er kann Fragen beantworten und Meinungen redaktionell bearbeiten oder sogar eine Diskussionsrunde im Web leiten. Sollten sich wertvolle Fragen oder Meinungen im Netzwerk formieren, kann der Kongresskommentator diese in das Liveevent einspeisen. Bestehende soziale Plattformen können für dieses Prozedere genutzt und auch am Veranstaltungsort auf Monitoren oder auf der Leinwand sichtbar gemacht werden.

2.3 Satellitenevents

Einer Veranstaltung am Bildschirm beiwohnen, muss nicht Einsamkeit bedeuten. So kann ein Side-Event organisiert werden, bei welchem der World-Feed auf einer Großleinwand gezeigt wird. Ein solches Format bietet sich beispielsweise an, wenn eine Location beziehungsweise ein Saal die Menge der Teilnehmer nicht fassen kann und es eines „Überlaufraums" bedarf. Ein Gemeinschaftserlebnis besonderer Art weit weg vom Kongressort kann mit einer Übertragung in eine andere Veranstaltungsstätte – in einer anderen Stadt, einem anderen Land oder gar auf einem anderen Kontinent – geschaffen werden. Dort können sich die Teilnehmer nicht nur gemeinsam eine Veranstaltung oder einen Teil davon anschauen, sondern anschließend in ihrem Kreis darüber live diskutieren. Dieses Satellitenevent kann ebenso von einem Moderator auf einer Livebühne begleitet werden oder sogar ein eigenes Programm haben, in das nur ab und zu der World-Feed eingespielt wird.

Bei solchen Satellitenevents zeigt sich, wie vielfältig hybride Events eingesetzt werden können. So können Satellitenevents für andere Zielgruppen, aber mit gleicher Botschaft stattfinden. Sogar mit der Wahl der Lokalität können gezielt andere Zielgruppen erschlossen werden. Während man die eine Zielgruppe im Kongresszentrum versammelt, wird durch eine außergewöhnliche Veranstaltungsstätte, einen typischerweise frequentierten Ort oder vielleicht sogar ein Szenelokal eine zweite Zielgruppe in den Dialog eingebunden. Für den Kommunikationsprozess kann es dann noch besonders anregend werden, wenn in diesen zwei Locations dieselbe Botschaft auf unterschiedliche Art und Weise vermittelt wird – differenzierte Emotionalisierung bei gleicher Ausgangslage.

3   Das Publikum entwickelt das Programm

Es gibt keine universelle Schablone für Kongresse. Jede Veranstaltung ist individuell und wird durch die Teilnehmer, durch den Inhalt und durch die jeweilige Örtlichkeit beeinflusst. Kongressveranstalter hängen aber noch immer der Meinung an, dass ein einmalig erfolgreiches Format immer erfolgreich sein wird. Das ist definitiv nicht so. Das Publikum, die Erwartungshaltungen sowie der Wunsch nach Interaktion und Partizipation, aber auch die Inhalte und die Techniken der Informationsvermittlung verändern sich. Sie brauchen jeweils zwingend eine neue Standortbestimmung in Bezug auf die Gestaltung. Ganz zu schweigen davon, wie sich der Zeitgeist einmischt und bemerkbar macht. Das bedingt eine wache und kontinuierliche Arbeit am Besuchererlebnis.

Die Zukunft der Programmentwicklung für Kongresse steckt mit großer Sicherheit im hybriden Ansatz. Inwieweit dieser weiterentwickelt und per Inszenierung gestaltet wird, bleibt dem Gestaltungswillen der Veranstalter überlassen. Doch wer sein Publikum ernst nehmen und seine Botschaft gezielt platzieren will, tut gut daran, das Format an den gestiegenen Erwartungen und am veränderten kommunikativen Verhalten der Teilnehmer zu orientieren.

Literatur

A.V. Club (2016) Do sitcoms taped before a studio audience have a future? http://www.avclub.com/article/do-sitcoms-taped-before-a-studio-audience-have-a-f-61711. Zugegriffen: 28. Apr. 2016

Iverson PR (1994) The advent of the laugh track, 2. Aufl. Hofstra University Archives, Hempstead

Ted.com (2016) Our organization. http://www.ted.com/about/our-organization. Zugegriffen: 29. Apr. 2016

UNECE Transport Division (2005) Vehicle Regulations: Definitionen, S. 6, 2.13/2.14.1

Wermke M, Kunkel-Razum K, Scholze-Stubenrecht DW (2006) Duden: Die deutsche Rechtschreibung. Dudenverlag, Mannheim

Über den Autor

Samuel Röthlisberger, gelernter Werbefotograf, arbeitet seit über 15 Jahren in der Veranstaltungsbranche. Anfänglich als Regisseur verantwortete er die Inszenierung und Umsetzung von nationalen und internationalen Großveranstaltungen. Ab 2009 leitete er in der Funktion des Chefregisseurs die Abteilung „Mediale Szenografie" der Firma Habegger AG. Zusammen mit seinem Team, bestehend aus Showcallern, Konzeptern, Regisseuren und Szenografen, entwickelte er bereits mehr als 200 Veranstaltungen. Seit 2016 verantwortet er als Creative Director at Large das Entwicklungs- und Kreativteam der Kommunikationsagentur Habegger STUDIOS.

Labore für Kongressdramaturgie

Fallbeispiel „micelab": Am Bodensee werden zukunftsweisende Veranstaltungsformen erforscht

Michael Gleich

Frage dich nicht, was die Welt braucht.
Frage dich, was du brauchst, um lebendig zu sein.
Denn die Welt braucht lebendige Menschen.
Howard Thurman,
amerikanischer Philosoph und Theologe

Zusammenfassung

Die MICE-Branche hat sich jahrelang damit begnügt, die Serviceleistungen zu optimieren, von der Registrierung bis zum Transfer zurück zum Bahnhof. Gleichzeitig bleiben Kongressformate und Veranstaltungsdramaturgien hinter den Erfordernissen einer sich schnell wandelnden Wissensgesellschaft zurück. Um nicht Teilnehmer und Kunden zu verlieren, ist ein ständiger Innovationsprozess erforderlich. Mit dem „micelab bodensee" ist ein Labor entstanden, in dem zukunftsweisende Formate erforscht und an Praktiker weitergegeben werden. Die Institution fand innerhalb von drei Jahren international Beachtung. Ein Rezept für ihren Erfolg besteht darin, Impulsgeber aus den verschiedensten (auch wissenschaftlichen) Disziplinen gemeinsam nachdenken und Prototypen erproben zu lassen. Sie befruchten mit ihrer Außensicht die Branche. Veranstaltungen, so die These, sind als „temporäre Gemeinschaften" anzusehen. Als soziale Mikrokosmen spiegeln sie Entwicklungen, Umbrüche und positive Perspektiven der Gesellschaft im Ganzen. Im Praxisdialog werden die gefundenen Innovationen anschließend auf Umsetzbarkeit geprüft. Eine neue Kongresskultur kann entstehen, wenn Vordenker und alltagserfahrene Praktiker in einen gemeinsamen Forschungs- und Lernraum eintreten. Dafür bieten „FutureLabs" einen guten Rahmen.

M. Gleich (✉)
Saunstorf, Deutschland
E-Mail: michaelgleich@t-online.de

© Springer Fachmedien Wiesbaden GmbH 2017
C. Bühnert und S. Luppold (Hrsg.), *Praxishandbuch Kongress-, Tagungs- und Konferenzmanagement*, DOI 10.1007/978-3-658-08309-0_8

Vorbemerkung des Autors

Vor einigen Jahren schrieb ich einen Essay „Ladet mich nicht mehr ein!" Ich war als Moderator immer wieder für Veranstaltungen engagiert worden, die ich als langweilig und wenig wirksam empfand, mental überfordernd und emotional leer. Ich erlebte erstarrte, überholte Kongressformate. Doch ich wollte es nicht bei der Kritik belassen. Deshalb gründete ich zusammen mit Kollegen „der kongress tanzt – Netzwerk für gute Veranstaltungen". Seitdem sehe ich mich als Lebendigkeitsforscher: Was fördert Lebendigkeit bei Zusammenkünften? Wie können Menschen dort ihr gesamtes kreatives Potenzial entfalten? Wie können wir Begegnungen, Lernen und Wandel menschlicher gestalten? Ich kann verraten: Dazu braucht es keine aufwendigen oder abseitigen Formate. Aber die Bereitschaft, Neues zu wagen.

1 ThinkTank für die MICE-Branche

Der Soziologieprofessor scheint ziemlich überrascht zu sein, als er plötzlich ein Schwert in der Hand hält. „Zieh den Schlag durch", ruft der Schwertmeister, „und dann achte auf deine Gefühle. Tut es dir leid? Bist du stolz auf deinen Schlag? Hast du Respekt vor deinem Gegner?" Der Professor macht einen energischen Ausfallschritt nach vorn und lässt das Schwert durch die Luft sausen.

Diese Szene spielte sich in einem Thinktank zu „Der Kongress der Zukunft" ab, der erstmals im Jahr 2013 am Bodensee organisiert wurde. Aber was, um Himmels willen, hat ein Schwertmeister mit diesem Thema zu tun? Warum wurden außerdem ein Grafiker, eine Theaterintendantin, eine Architekturstudentin, ein Friedensjournalist zum gemeinsamen Nachdenken eingeladen?

Bei den sogenannten „micelabs", die auch in den Jahren 2014 und 2015 stattfanden, geht es darum, mit neuem, unverstelltem Blick auf Veranstaltungen und ihre Abläufe, Strukturen und Formate zu schauen. Deshalb war es den Organisatoren wichtig, Menschen mit sehr unterschiedlichen beruflichen Kompetenzen, biografischen Hintergründen und inneren Haltungen zusammenzubringen. Diese Diversität in der Komposition der Teilnehmerschaft beruht auf einer Grundannahme: Veranstaltungen sind so etwas wie Mikrokosmen der Gesellschaft, sie vereinigen in temporärer Gemeinschaft Menschen unterschiedlicher Provenienz und kultureller Prägung, insbesondere in hochindividualisierten westlichen Kulturen. Also sollte ein Format, das sich mit der Gestaltung einer zukunftsfähigen Kongresskultur beschäftigt, in diesem Fall „micelab" betitelt, genau diese gesellschaftliche Vielfalt abbilden und den Dialog zwischen Menschen mit unterschiedlichen Perspektiven fruchtbar machen. Alle Zitate in diesem Beitrag stammen aus den „micelabs" 2013 bis 2015.

▶ „Die Zukunft gehört der Tugend des sich auf andere Einlassens. Dies bedeutet
   das Ende des egozentrischen Einbringens der absoluten Wahrheit."
   Gerard Stübe, Direktor Festspielhaus Bregenz[1]

So kamen in den drei Jahren, in denen „micelabs" am Bodensee stattfanden, Menschen
mit ganz unterschiedlichen Professionen zusammen: Architekten, Theaterwissenschaft-
ler, Soziologen, Organisationsentwickler, Outdoorpädagogen, Jugendforscher, Journalisten. Und eben auch ein Schwertmeister. Sein Beitrag, so exotisch und weit vom
Tellerrand der Kongressbranche entfernt sein Metier zu sein scheint, war aber gerade
deshalb so inspirierend. Im ritualisierten Schwertkampf geht es um den Kontakt zum
Gegenüber, um den Kontakt zur Mitwelt überhaupt. Erfahrbar wird in den Übungen, wie
der eigene persönliche Zugang ist: Bin ich ein Typ, der vorprescht? Lasse ich den anderen kommen? Mag ich Kontakt oder bin ich eher scheu?

Der Bezug zum Thema des Labors liegt darin, dass es eine zentrale Gestaltungsaufgabe
ist, bei Konferenzen Begegnungsräume zu schaffen und Menschen miteinander in Kontakt zu bringen, um die Vernetzung zu erleichtern. Eine Lernerfahrung aus den „micelabs"
besteht darin, dass es wichtig ist, emotionale Barrieren bei Kongressteilnehmern ernst zu
nehmen und Formate anzubieten, die über Schwellen- und Berührungsängste hinweghelfen.

▶ „Stell dir vor, es ist Kongress, und keiner geht hin: Gegenwärtige Kongresse
   sind virtuell immer besser substituierbar. Warum auch nicht? Wird die Welt
   dadurch ärmer?"
   Prof. Gerhard Schulze, Soziologe

Die MICE-Branche braucht dringend neue Impulse. Viele Teilnehmer von Veranstaltungen melden zurück, dass sie mit den gängigen Settings und Formaten unzufrieden sind.
Mehr noch: Sie scheuen immer öfter den zeitlichen Aufwand und die Kosten, weil Kongresse die Erwartungen nicht erfüllen. „Stell dir vor, es ist Kongress, und keiner geht
hin …" Die Potenziale von Livekommunikation, gemeinsamem Lernen und Vernetzung
bleiben ungenutzt. Viele der gängigen Formate (langatmige Grußworte, Reihenbestuhlung, PowerPoint-Powerplay) werden als nicht mehr zeitgemäß, geschweige denn als
zukunftsweisend wahrgenommen.

Konsequenterweise sollten Labore, die sich der Erneuerung und Weiterentwicklung
der Kongresskultur verschrieben haben, nicht „im eigenen Saft schmoren", sondern
Kenntnisse und Kompetenzen aus Bereichen einbeziehen, die inhaltliche Bezüge zum
Thema herstellen können und den Horizont von Gestaltern und Organisatoren erweitern.

▶ „Raum ist ein unterschätzter Akteur bei der Vermittlung von Inhalten, Begegnung und Austausch."
   Andrea Hofmann, Architektin

---

[1]Quelle zu allen Zitaten in diesem Beitrag: http://www.micelab-bodensee.com.

Konkret: Wenn Lernen eines der wichtigen Ziele von Tagungen, Konferenzen und Foren ist, dann kann es nützlich sein, Erkenntnisse aus der Hirnforschung, Reformpädagogik, Entwicklungspsychologie und Ähnliches einzubeziehen. Da die Frage nach den Räumen, in denen sich Kongressgestaltungen bewegen, eine wichtige Rolle spielt, sollten Architekten, Designer und Szenografen gehört werden.

Da Kongresse ästhetische und dramaturgische Komponenten haben, können Theaterregisseure, Maler, Musiker und Kuratoren inspirierende Beiträge leisten. Da Kongresse vor allem auch Begegnungsräume von Menschen sind, werden Sichtweisen von Psychologen, Coaches und Dialogbegleitern relevant.

Eine wichtige Lernerfahrung aus den „micelabs", die auf ähnliche Formate übertragbar ist, bezieht sich auf den Aspekt der Diversity selbst. Immer dann, wenn Menschen unterschiedlicher Herkunft, kultureller Prägung, geistiger Haltung, beruflicher Orientierung zusammenkommen (und das ist bei sehr vielen Veranstaltungen der Fall), stellt sich die Herausforderung, mit dieser Vielfalt konstruktiv umzugehen. Wichtig ist dazu eine einfühlsame Moderation, die vorhandene Unterschiede und Andersartigkeit auf wertschätzende Weise sichtbar macht. Dazu ist es wichtig, einen Raum des Vertrauens zu schaffen und zu halten, in dem sich jeder Teilnehmer zeigen kann, ohne befürchten zu müssen, für seine Eigenarten abgelehnt zu werden. Das schafft die Basis für kommunikative und kreative Prozesse, bei denen „das Ganze mehr als die Summe seiner Teile ist".

Für eine Zukunftswerkstatt, die das wirklich Neue denken will, sind Formate und Methoden sinnvoll, die ein Ausbrechen aus alten Paradigmen und eine Abkehr von überholten, oft unbewussten, aber stark einschränkenden Glaubenssätzen ermöglichen. Es geht darum, in diesem Augenblick das Zukünftige zu erspüren, was man als eine Kombination aus visionärem Denken und Intuition beschreiben könnte – im Gegensatz zum „Download" des ewig Gleichen aus der Vergangenheit.

▶ „Eigene Erfahrungen sind motivierend, ansteckend und fördernd. Nur darüber lassen sich verkrustete Strukturen in unserem Denken, in unseren Haltungen verändern, um gestaltend in ein lebendiges Miteinander zu kommen."
Günther Maag-Röckemann, Schwertmeister

Dazu wurden in den drei „micelabs" Settings gewählt, die sich an Methoden wie Design-Thinking, Szenariotechniken und der „Theory U" des MIT-Professors Claus-Otto Scharmer orientieren.

Ergebnisse der bisher drei Labore waren nicht unbedingt kohärente Erzählungen, wie die Vision eines zukunftsweisenden Kongressformats aussehen könnte, sondern ein Set von Thesen zum „Kongress der Zukunft" (einige wurden diesem Text beigestellt), die nicht den Anspruch auf Widerspruchsfreiheit erheben. Sie deuten auf essenzielle Fragen hin, denen sich Meeting-Owner, Kongressgestalter und Organisatoren stellen müssen. Im dritten Thinktank schließlich wurden Prototypen für eine Institution entwickelt, die eine Verstetigung der „micelabs" organisieren soll – als ein Ort des Forschens, Erprobens, Entwickelns und Vermittelns von fortschrittlichen Kongressdramaturgien.

2   Visionen von Lebendigkeit

Was ist Fortschritt? Die größere Vision hinter der Erneuerung von Veranstaltungsdramaturgien ist das Prinzip „Lebendigkeit". Ein ganzheitliches Menschenbild geht davon aus, dass wir über die instinktive Intelligenz des Körpers verfügen, die intuitive Intelligenz des Herzens und die intellektuellen Fähigkeiten des Verstands; und dass sie sich, wenn wir uns ihrer bewusst bedienen, zu etwas Höherem vereinen, was man Seele oder Beseeltheit nennen könnte. Veranstaltungen, die dieses ganze Potenzial des Menschseins nähren und ihm Entfaltungsraum bieten, sind als gesellschaftlicher Fortschritt anzusehen.

Um diese ambitionierte Vision zu verwirklichen, haben sich zwei Netzwerke zusammengeschlossen, die jedes für sich schon eine große Diversität von Partnern repräsentieren. „BodenseeMeeting" ist ein Zusammenschluss von großen Kongresshäusern und Locations rund um den Bodensee; dazu gehören beispielsweise das Festspielhaus Bregenz, das Würth-Zentrum in Rohrschach, die Insel Mainau und die Stadthalle Singen, aber auch Dachorganisationen wie Convention Partner Vorarlberg. Der zweite Partner ist „der kongress tanzt – Netzwerk für gute Veranstaltungen", ein Zusammenschluss von Moderatoren, Designern und Kuratoren, die sich seit 2010 für innovative Formen von Veranstaltungen und generell für eine fortschrittliche Kongresskultur einsetzen.

▷   „Der Kongress der Zukunft nutzt die Intelligenz der Gruppe und macht die Kompetenzen jedes Einzelnen für alle fruchtbar. Die Teilnehmenden sind immer auch Teilgebende."
     Hans-Joachim Gögl, Kurator

Den Kooperationspartnern war wichtig, bei aller Vielfalt der Perspektiven keinen von der Praxis abgehobenen Leucht- oder gar Elfenbeinturm zu kreieren. Der Dialog mit den Praktikern, die sich tagtäglich in ökonomischen Zwängen und logistischen Engpässen, zwischen protokollarischen Leitplanken und Veranstaltern mit unklaren Zielvorstellungen bewegen, war integraler Bestandteil der „micelabs"; er sei auch für ähnliche Innovationsprozesse empfohlen. Für die „micelabs" hat sich folgender Ablauf bewährt:

* zwei Tage kreatives Nachdenken, Diskutieren, Entwicklung von Inhalten in einem Kreis von acht bis 15 Teilnehmern,
* Vorbereitung von Dialogformaten für den dritten Teil, nämlich den
* Dialog mit Praktikern aus der Branche in einer Tagesveranstaltung mit 80 bis 120 Teilnehmern in einer Halle.

Wichtig war den Gestaltern, zu denen auch der Autor dieses Artikels gehört, die Selbstähnlichkeit der Formate: Sowohl in den kleinen Laboren als auch beim Praxisdialog wurde Wert darauf gelegt, „zu praktizieren, was wir predigen". Sprich: Im Kleinen sollte die neue Kongresskultur bereits gelebt und erlebbar werden, gemäß dem Grundsatz, dass sich die Zukunft auch schon in der Präsenz dieses Moments erspüren lässt; Claus-Otto Scharmer nennt diesen Aspekt „presencing". Alle drei Intelligenzen des Menschen – Körper, Herz, Geist – wurden angesprochen, um den Teilnehmenden die Gelegenheit zu geben, ihre vollen kreativen Potenziale zu entfalten.

Die wichtigsten Ergebnisse der bisherigen Labs waren nicht etwa besondere oder ausgefallene Formate und Methoden. Das ist auf den ersten Blick überraschend, da doch viele Gestalter von Events glauben, Innovation bestünde darin, den methodischen Rahmen zu verändern und zu modernisieren. „Lasst uns doch mal einen Open Space machen" oder „Wie wäre es mit einem World Café?" – solche Sätze sind von neuerungswilligen Organisatoren regelmäßig zu hören. Doch die Diskussionen in den „micelabs" laufen auf eine andere Erkenntnis hinaus. In Kürze lautet sie: „Das Format ist nichts, die innere Haltung ist alles." Damit ist gemeint, dass Settings und Format nur der äußere Ausdruck dessen sind, was jemand mit seiner Veranstaltung erreichen will, welche Werte seiner Gastgeberschaft zugrunde liegen, wie das System der Beziehungen und Interaktionen zwischen ihm und der Teilnehmerschaft aussieht.

▶   „Der Kongress sollte ein Forum guter Gastgeberschaft sein. Jedes Fest hat eine
        Dramaturgie – und das braucht es auch für Kongresse."
        Veronika Kaup-Hasler, Intendantin

Eine Dramaturgie sollte sich aus dem Kern dessen ergeben, worum es inhaltlich und motivatorisch geht. Beispiel: Ein Open Space kann ein sehr nützliches Format sein, wenn es um echte Partizipation der Teilnehmer geht und wenn radikale Offenheit beim Veranstalter vorhanden ist; nicht jedoch in einer hierarchisch geführten Organisation, die beim Management vor allem auf Top-down-Prozesse setzt – in solch einem Kontext würde ein offenes, partizipatives Format womöglich nur Irritationen auslösen.

▶   „Ein ausgewogenes Verhältnis zwischen Teilnehmer- und Teilgeberschaft
        nährt die Rhythmisierung von Struktur und Freiheit – Gelingensfaktor für
        einen erfolgreichen Kongress."
        Andrea Thilo, Kulturvermittlerin

Wenn die inneren Haltungen und Werte so wichtig sind, ist es nützlich zu untersuchen, wie denn das Mindset vieler Meeting-Owner und Meeting-Planner aussieht. In den bisherigen Laboren am Bodensee wurde dazu intensiv geforscht, angereichert durch Praxisberichte der Berater von „der kongress tanzt". Dabei wurde deutlich, dass es in der Kongressbranche zahlreiche Paradigmen und Glaubenssätze gibt, die verantwortlich scheinen für die zu beobachtende Rückständigkeit der üblichen Formate. Im Einzelnen handelt es sich um Glaubenssätze über …

- … die Natur des Menschen: Wie in der „Schwarzen Pädagogik", die noch bis in die Sechzigerjahre des vergangenen Jahrhunderts die westlichen Schulsysteme dominierte, wird angenommen, Menschen seien grundsätzlich eher faul und träge; ohne Druck und Zwang seien sie nicht bereit, etwas zu leisten; nur mit materiellen Belohnungen könne man Motivation zu wecken. Kurz gesagt: Wolle man Menschen bewegen, setze man am besten auf ein System von „Zuckerbrot und Peitsche". Dem widersprechen jedoch Erkenntnisse, wonach Menschen, wenn sie „eingeladen, inspiriert und ermutigt werden", wie der Neurobiologe Prof. Gerald Hüther immer wieder betont, sehr gerne Beiträge leisten, weil Selbstwirksamkeit ihnen eine große Befriedigung verschafft. Solche Befunde unter anderem von Hirnforschung und Entwicklungspsychologie werden immer noch ignoriert.

- … das Wesen von Arbeit. „Dienst ist Dienst, Schnaps ist Schnaps" – auf diese Weise benennt der Volksmund die traditionelle Trennung von Arbeit und Freizeit. In vielen Köpfen ist dieser Gegensatz als scharfe Grenze zwischen fremdbestimmter, aufopfernder, eher lustloser Arbeit einerseits und den Freiheiten und Vergnügungen des Privatlebens andererseits noch fest verankert. Selbst in einem modernen Begriff wie „Work-Life-Balance" klingt er noch an. Zu dem gleichen Denksystem gehören Klischees wie „Arbeit ist der Ernst des Lebens". Übertragen auf Veranstaltungen bedeutet das in einer kurzen Formel: Kongresstag = Arbeitstag = Entfremdung, mit einem Quäntchen Quälerei. Würde das Erleben eines solchen Tages geprägt von Freude und Leichtigkeit, gälte das in den Augen vieler Zeitgenossen nicht als vollwertige Arbeit. Für das „Zuckerbrot" als Ausgleich sorgen dann jeweils das kalte Buffet und ein heißes Abendprogramm.

▶ „Die Digitalisierung schafft eine „Second Sphere", die als paralleler Layer durch die abwesenden Teilnehmer gebildet wird. Der Kongress der Zukunft denkt diese Ebene mit und gestaltet sie pro-aktiv."
  Andreas Gebhard, Digitale Teilhabe

- … das menschliche Lernen. Viele Kongresse dienen der Weitergabe von Wissen, Informationen und Neuigkeiten. Eine klassische, hierarchische Haltung sieht ein grundsätzliches Gefälle zwischen „Experten" und „Teilnehmern", und geht von einer Art hydraulischem Modell aus, wobei das Wissen bergab fließt, vom Rednerpult in den Saal und zu den Menschen im Publikum, die die Fakten wie ein Computerspeicher aufnehmen. Man könnte es „Downloading" nennen. Die entsprechenden Settings basieren auf Hierarchie, sprechen vor allem das Mentalzentrum, also den Verstand an, geschehen im Sitzen, lassen wenig Nachfragen und Interaktion zu. In Wirklichkeit, so zeigen Erkenntnisse aus Hirnforschung und Pädagogik, lernen Menschen dann am besten, wenn sie gleichzeitig starke Emotionen fühlen, wenn sie begeistert sind, wenn sie gemeinsam etwas erarbeiten, wenn sie sich zwischendurch auch körperlich bewegen können.

- … Organisation von Gruppen. Das gängige Arrangement vieler Kongresse, wo vorne ein Redner auf der Bühne steht und das Publikum in Reihenbestuhlung unten im Saal sitzt, mit langen Vorträgen und wenig Zeit für Reflexion und Infragestellung, könnte auch als „Kontrollraum" bezeichnet werden. Eine solche Anordnung ist für die Veranstalter leicht zu dirigieren, weil nur einer spricht und alle anderen schweigen. Es geschieht nichts Unvorhergesehenes, was zwar manchmal langweilig erscheint, aber aus der Sicht mancher Entscheider den Vorteil hat, dass es auch keine unliebsamen Überraschungen, Kritik und Widersprüche gibt. Die Angst vor Selbstorganisation, vor Inklusion, Mitbestimmung und echter Partizipation ist weit verbreitet. Dagegen scheint das Vertrauen in Qualitäten wie Selbstregulierung, Empathie, Achtsamkeit noch wenig gegeben zu sein.

▶   „In Zukunft wird ein Kongress nur dann erfolgreich sein, wenn wir steigender Komplexität mit größerer Flexibilität begegnen. Dazu gehört auch der Mut, neue Wege zu gehen."
    Urs Treuthard, Convention Partner Vorarlberg

Für die Analyse solcher alten, überholten Glaubenssätze, die eine wesentliche Hürde für die Modernisierung von Kongressen darstellen, war die Vielfalt der Sichtweisen und die Unterschiedlichkeit der Kompetenzen in den „micelabs" besonders förderlich. Durch die Multiperspektive konnten „blinde Flecken" in der Branche beziehungsweise in der Gesellschaft überhaupt identifiziert werden.

Gleichzeitig wurde ein Set von Thesen entwickelt, die bei der Entwicklung zukunftsfähiger Formate und gelingender Dramaturgien hilfreich sein können. Sie beziehen sich im Wesentlichen auf folgende Aspekte:

- Die Einbeziehung möglichst vieler Teilnehmer, die dadurch zu Teilgebern werden.
- Den Wechsel von mechanischer Wissensvermittlung zu dynamischer, interaktiver Wissenserarbeitung.
- „Chaordische" Systeme: *Cha*os und *Ord*nung werden neu ausbalanciert. Systeme (dazu gehören auch Kongresse), die zu sehr in Richtung „Ordnung" tendieren, erweisen sich als wenig innovativ, dynamisch, kreativ. Systeme, die zu chaotisch geraten, sind zwar kreativ, verlieren sich aber in Unübersichtlichkeit und produzieren keine Ergebnisse. Es geht um ein Fließgleichgewicht zwischen den beiden Aspekten, ausgedrückt im Prinzip der Chaordik.
- Die Einbeziehung und ganzheitliche Ansprache aller Intelligenzformen des Menschen – Denken, Handeln, Fühlen –, um Potenzialentfaltung zu begünstigen.
- Eine Definition von Lebendigkeit, die nicht technisch und konsumistisch geprägt ist (Spaß, Zerstreuung, Attraktionen), sondern auf anthropologischen Grundkonstanten wie Berührung, Begeisterung, Bewegung beruht.
- Überlegungen zum Rhythmus von Impulsen (Referate, Workshops, …) und Reflexion (einzeln, in kleinen Gruppen) bei Veranstaltungen, inklusive einer Dramaturgie der Zwischenräume: Pause, Stille, Meditation.

▶   „Wenn der ganze Mensch mit Körper, Seele und Geist angesprochen wird, ist
      für unterschiedlichste Bedürfnisse gesorgt und der Kongress wird im Rück-
      blick für viele eine lebendige und ganzheitliche Erfahrung sein."
        Herbert Salzmann, Organisationsentwickler

Das gemeinsame Nachdenken von Menschen unterschiedlichster Disziplinen und Fakul-
täten über freudvolle, lebendige und effektive Veranstaltungsformen kann als Alleinstellungsmerkmal der bisherigen „micelabs" gelten. Gleichzeitig zeigt sich bei Mitarbeitern
der Branche ein steigender Bedarf nach Weiterbildung, insbesondere bezüglich moderner Gestaltungsformen. Sie möchten potenzielle Kunden nicht nur logistisch, sondern
auch beim Design einer Veranstaltung beraten können. „Wir wollen nicht nur die Bühne
bereitstellen und Stühle rücken," so eine typische Aussage eines PCOs, „sondern auch
Einfluss nehmen, was im Saal geschieht." Nicht zuletzt aus Eigeninteresse: Wenn Veranstaltungen wirksamer, nachhaltiger und eindrücklicher werden, steigt die Kundenzufriedenheit.

▶   „Der Kongress der Zukunft lässt all jene in Ruhe, die nicht ständig beteiligt
      werden wollen. Er schafft dies, ohne den Beobachtern ein schlechtes Gewis-
      sen zu machen."
        Philipp Ikrath, Jugendkulturforscher

Insofern war es konsequent, beim dritten „micelab", basierend auf der Szenariotechnik,
Prototypen für eine Institution zu entwickeln, die den Prozess des Nachdenkens über
eine fortschrittliche Kongresskultur verstetigt. Das geschieht analog zu den Abteilungen
für Forschung und Entwicklung, die sich Unternehmen in anderen Branchen aus gutem
Grund leisten, in diesem Fall ist sie ausgelagert in eine gemeinsame Institution. Um den
innovativen Charakter dieser Institution zu wahren, wurde zunächst auf jede einschränkende Kategorisierung (handelt es sich um eine Akademie, einen Thinktank, eine For
schungsgemeinschaft?) verzichtet. Klar ist jedoch jetzt schon: Dieses Gebilde wird in
strategisch interessanter Lage angesiedelt sein, in der Grenzregion am Bodensee; es wird
weiterhin interdisziplinär geforscht und experimentiert werden; Kongressdramaturgien
werden nicht nur beschrieben, sondern auch in der Praxis erprobt werden.

▶   „Das Kongresskonzept der Zukunft verlagert sich von der Wissensvermittlung
      zum Wissensmanagement. Es behandelt den Einzelnen nicht als Empfänger
      von Botschaften, sondern als Einzelgänger im Wissensdschungel, der selbst
      die Verantwortung für seinen Pfad übernimmt."
        Prof. Gerhard Schulze, Soziologe

Die Notwendigkeit solcher „FutureLabs" in der gesamten Kongressbranche und an vielen
Orten ergibt sich aus der großen Dynamik des gesellschaftlichen, kulturellen und wirtschaftlichen Wandels, die westliche Länder weiterhin und zunehmend charakterisiert.

Sie befinden sich mittlerweile in permanenten Change-Prozessen, mit erheblichen Auswirkungen auf alle Formen von Veranstaltungen, ob Event oder Kongress, Tagung oder Konferenz, politischer Gipfel oder Unternehmensjubiläum. Veranstaltungen können als temporäre Gemeinschaften, als Mikrokosmen der Gesellschaft betrachtet werden. Die Gestaltung des modernen ‚Convenire' (lat.: „convenire" = „zusammenkommen") braucht dauerhaft Reflexions-, Anpassungs- und Fortschrittsprozesse, um zukunftsfähig zu werden – immer wieder neu.

▶   „Wir brauchen nachhaltige Versammlungskulturen, um den Wandel zu managen. Vom Spaß über die Begeisterung hin zur Sinnhaftigkeit."
        Charly Siegl, Faszinatour

Bei den „micelabs" zeigte sich, dass es zwar eine Tendenz zur Professionalisierung einzelner Dienstleistungen in der Branche gibt (bei Catering, Licht und Technik, Einsatz digitaler Medien, die Ausbildung von PCOs), nicht aber im Bereich Dramaturgie und formal-inhaltlicher Gestaltung von Events. Im Gegenteil: In nicht wenigen Unternehmen ergeht beispielsweise der Auftrag zur Organisation eines großen Kongresses an die Chefsekretärin, die diese Aufgabe dann nebenbei zu erledigen hat. Eine Institution, die das Wissen für gelungene Veranstaltungskonzepte bündelt, weiterentwickelt und an Organisatoren und Veranstalter weitergibt, wäre ein Meilenstein auf dem Weg zu einer fortschrittlichen Kongresskultur.

3   Paradigmenwechsel für Veranstaltungsplaner

Die MICE-Branche, geprägt von starkem Konkurrenzdruck und sinkenden Buchungszahlen, hat sich sehr lange nur um die Optimierung des Bestehenden gekümmert. Das heißt, Logistik, Architektur, Catering, Reservierungssysteme und andere Serviceleistungen wurden erheblich verbessert. Gleichzeitig wurde dem gesellschaftlich-ökonomischen Umfeld und seiner Entwicklungsdynamik wenig Beachtung geschenkt. Mit der Folge, dass viele Veranstaltungen in ihren Abläufen „routiniert erstarrt" sind. Moderne Dramaturgien, Methoden und Formate wurden lange ignoriert. Erkenntnisse aus Psychologie, Didaktik, Erfahrungspädagogik und Neurobiologie wurden ebenfalls nicht einbezogen. Man könnte auch sagen: Es fehlte der Mut zur Innovation.

In jüngster Zeit ist ein Aufbruch in der Branche wahrnehmbar, der teilweise aus inneren Motivationen der Akteure resultiert, denen die Erstarrung und Unlebendigkeit herkömmlicher Veranstaltungen auch für ihr persönliches berufliches Schaffen zunehmend unbefriedigend erscheint. Zum anderen ist er aus der Not sinkender Teilnehmerzahlen geboren. In diesem Kontext ist die Initiative von „BodenseeMeeting" zu sehen, eine hybride Institution zu schaffen, die sowohl Innovationen erforscht als auch erworbene Erkenntnisse an die eigenen Mitarbeiter weitergibt.

Weiterführende Literatur

Gleich M (Hrsg) (2014) Der Kongress tanzt. Begeisternde Veranstaltungen, Tagungen, Konferenzen – Ein Plädoyer und Praxisbuch. Springer Gabler, Wiesbaden

Über den Autor

Michael Gleich ist Journalist, Buchautor und Moderator. Im Jahr 2010 initiierte er „der kongress tanzt. Netzwerk für gute Veranstaltungen" (zusammen mit Tina Gadow). Er sieht sich selbst als „Lebendigkeitsforscher", auch in seinen anderen Projekten, zu denen unter anderem „Peace Counts" gehört, Friedensberichterstattung aus Konfliktregionen. Er gehört zu den Vordenkern eines konstruktiven Journalismus, der auf Lösungen gesellschaftlicher Probleme fokussiert.

Schauplatz Bühne

Die Bedeutung von Inszenierung und Dramaturgie im Eventmanagement

Joachim Grafen

Zusammenfassung

Begriffe wie „Inszenierung", „Regie", „Dramaturgie" begegnen uns allenthalben im Bereich der Veranstaltungsplanung – Eventregisseur ist mittlerweile ein verbreitetes Berufsbild geworden. Jedoch haben all jene Bezeichnungen im Eventbereich durchaus andere Bedeutungen als dort, wo sie entliehen wurden, dem Theater oder dem Film. Hier zu einer klareren Definition zu kommen, wäre für die Durchschaubarkeit von Prozessen und für die Kommunikation zwischen den Akteuren, Auftraggebern und Ausführenden sicherlich von Vorteil, für Letztere auch die Möglichkeit, sich intensiver mit den Vorbildern für ihr Tun im Bereich der darstellenden und bildenden Künste zu beschäftigen um „Immergleiches" zu vermeiden. Denn ob beispielsweise die viel zitierte „Markeninszenierung" tatsächlich zumeist nicht bloß eine „Markendekoration" nach Vorgaben des Produktmarketings ist – angereichert durch gleichsam geborgte allgemeingültige Emotionsversatzstücke in Show- und Videoelementen – und die Branche hier durchaus noch emanzipierter zu Werke gehen könnte oder gar musste, bleibt eine spannende Frage. Eine allgemeingültige Antwort wird sich da kaum finden lassen, wohl aber, anhand von direkten Vergleichen von Theater und Event, die ein oder andere Anmerkung und Anregung zur Herkunft und zum Umgang mit Bildern, Abläufen und Personen.

J. Grafen (✉)
Mannheim, Deutschland
E-Mail: joachim.grafen@mcon-mannheim.de

© Springer Fachmedien Wiesbaden GmbH 2017   99
C. Bühnert und S. Luppold (Hrsg.), *Praxishandbuch Kongress-, Tagungs- und Konferenzmanagement,* DOI 10.1007/978-3-658-08309-0_9

Vorbemerkung des Autors

„Großartig inszeniert" – das hört man als Eventgestalter wohl öfter als jeder
Regisseur, aber gemeint ist dabei dann natürlich nicht die neue Interpretation und
Produktion eines bestehenden Werks, sondern im Zweifelsfall die schlichte Dekoration eines Abendessens. Die halt – oftmals noch ohne jeglichen tieferen Bezug
zum eigentlichen Anlass oder Absender – mehr oder minder originell irgendeinem
Motto folgt; der Begriff „Inszenierung" wird dabei inflationärer als die Papier-
mark 1923. Wird er das? Bedeutet „inszenieren" nicht eigentlich nur, etwas zu
verbildlichen, eben einen Vorgang in eine Szene setzen, schlicht einen Raum zu
schaffen? Oder bedeutet beispielsweise „Dramaturgie" nicht ursprünglich allein
das Aufziehen eines Spannungsbogens für eine Geschichte und nicht – wie heute
an den Bühnen und beim Film üblich – die theoretische Auseinandersetzung mit
einem (vorhandenen) Stoff? Es herrscht in der Eventbranche eine schier babyloni-
sche Sprachverwirrung um diese Themen und manchmal kann man den Eindruck
gewinnen, dass man sich hier eher mit wohlklingenden Begriffen schmückt, als sie
überhaupt zu verstehen. Eine halbwegs allgemeingültige Begriffswelt wäre gewiss
hilfreich – nicht zuletzt um auszuloten, an welcher Stelle der Eventgestaltung man
sich tatsächlich lohnend den Mühen und Kosten einer Inszenierung/Dramaturgie
im Sinne des Theaters oder Films stellen könnte und wo die „Dekoration" genügt.
Respektive ob jene Begriffe in der Branche überhaupt sinnvoll anzuwenden sind,
oder nicht eher durch Konzept, Didaktik, Gestaltung etc. ersetzt und somit guten
Gewissens vernachlässigt werden können. Regeln wird es hier keine geben – vielleicht aber einige Anregungen und letztlich ein gewisses (historisches) Fundament
für einen zielorientierten Sprachgebrauch.

1   Vorspiel auf dem Theater

„Masken sind bewahrter Ausdruck und bewundernswerte Echos des Fühlens, zugleich
wahrheitsgetreu, zurückhaltend und übersteigert. Lebende Wesen, die der Luft ausgesetzt sind, brauchen eine Schutzhaut, und niemand wirft es der Haut vor, dass sie nicht
das Herz ist; dennoch scheinen es manche Philosophen den Bildern zu verübeln, dass sie
nicht die Dinge selbst sind, und den Worten, dass sie nicht die Gefühle sind" (Santayana
1922, S. 131 f.).

Der Drang, Dinge abzubilden, nachzubilden, dabei zu abstrahieren, zu erhöhen, zu
dramatisieren, Emotionen zu wecken und sich dabei mitzuteilen und auszutauschen,
gehört zu den ältesten und wichtigsten menschlichen, zivilisatorischen Errungenschaften.
So lassen sich inszenierte Rituale, meist religiöser Natur, bis in die Frühzeit verfolgen,
aber ob somit die darstellende Kunst ein Kind inszenierter Events/Rituale ist, oder inszenierte Events andersherum ein Theaterkind sind, die berühmte Henne-Ei-Frage, bleibt
letztlich unwichtig – die darstellende Kunst ist zum einen aus Ritualen geboren:

- Religion
- Politik/Machtdarstellung
- gesellschaftliche Organisation
- Aberglaube (Heilung, Naturbeeinflussung etc.)

und zum anderen aus Emotion:
- Langeweile
- Unterhaltung
- Ausdruck des Nicht-Ausdrückbaren: Trauer, Liebe, Wut etc.

Während viele rituelle Inszenierungen, sofern sie in aufgeklärten Zeiten und Zivilisationen noch zum Einsatz kommen, nun über die Jahrtausende weitgehend gleich blieben, sich zumindest in ihren Grundstrukturen und -techniken ähneln (insbesondere religiös-mystische Aktionen oder Masseninszenierungen), nahm die darstellende Kunst eine rasante Entwicklung, die die Eventinszenierung wiederum kaum mitmachte, weiterhin auf alte Techniken setzte oder setzen musste.

2   Ansätze einer Begriffsklärung

„In ihrem erklärten Anspruch, Theater als besondere Kunstgattung begrifflich auszudifferenzieren, ist Theaterwissenschaft […] schon bald durch Entwicklungen in der Praxis geradezu überrollt worden. Theatralische Darstellungen erlangen, verbreitet durch immer weitreichendere Medientechnik, durch groß angelegte Veranstaltungen in Politik, Sport, Musikkultur eine ungeheure Vielfalt …" (Schramm 1990, S. 235).

Eine Vielfalt, die sich letztlich in einem schier babylonischen Semantik-Wirrwarr niederschlägt – „Regie", „Inszenierung" oder auch „Dramaturgie": Begriffe aus der darstellenden Kunst, die sowohl historisch als auch verschiedene Genres und Kulturräume betreffend, völlig unterschiedlich verwendet werden. So sieht man eine Inszenierung, geschaffen ist sie von einem Regisseur (einen „Inszenator" gibt es nicht) – dennoch ist eine Inszenierung weit mehr als „Regie führen" und die sogenannte „Personenregie" nur ein Teil davon (andersherum nennt man Theater mit interpretatorischer Werkauffassung und durchdachten, kreativen Inszenierungen „Regietheater"). „Regieanweisungen" sind nicht die Anweisungen des Regisseurs, sondern die des Autors im vorliegenden Text oder Drehbuch. Eine Inszenierung zu schaffen, heute eine künstlerisch-kreative Tat, war die längste Zeit der Theatergeschichte, im Eventbereich bis heute, ein eher (kunst-)handwerkliches Tun; die Vorlagen und Texte waren sakrosankt. Theater wird also inszeniert, ein Film nicht – hier wird Regie geführt und damit auch die Kreation und/oder Interpretation gewürdigt.

Auch ein Dramaturg tat ursprünglich vollkommen andere Dinge als heute, da seine (wissenschaftliche) Arbeit kaum mehr etwas mit Spannungsbögen oder Dramenaufbau im eigentlichen Sinne zu tun hat (beim Film wiederum ist er weitgehend unbekannt und heißt Produzent oder Redakteur).

Der Regisseur schließlich ist im Eventbereich (zumeist) nicht mehr als ein Proben- und Ablauf-Verantwortlicher – die Aufgabe der Inszenierung und Dramaturgie übernimmt der Konzeptioner.

Es ist also schwierig – dennoch kann und sollte man versuchen, sich auf gewisse Begriffe zu einigen (folgende Definitionen unter anderem nach Schmidt, in Erler 2010):

- Dramaturgie
    - „dramatourgía", „dramaturgein" – altgriechisch: „ein Drama verfassen"
    - Kompositionsprinzipien und Gestaltung eines Spannungsbogens für ein Theaterstück
    - Lehre derselben
    - heutzutage eine Abteilung im Theaterbetrieb, zuständig für
        - Auswahl und gegebenenfalls Bearbeitung der Stücke, Auswahl von Regisseuren
        - wissenschaftliche Beratung von Regisseuren, wissenschaftliche/redaktionelle Dienste für das Theater – Programmhefte, Einführungsvorträge, Theatergeschichte etc.
- Inszenierung
    - „Skene" – Teil des altgriechischen Theaterbaus
    - „mise en scène" – französisch: „Inszenierung" im Sinne von „in eine Szene setzen"
    - das Einrichten und die öffentliche Aufführung eines Werks oder einer Sache
    - in heutiger Zeit auch die Interpretation, Fortentwicklung oder Umdeutung eines bestehenden Werks
    - bezeichnet das große Ganze – Bühnenbild, Kostüme, Licht, die Einbindung von Medien, Musik, Sekundärtexten
    - begrifflich oft synonym zu „Regie" verwendet
    - im engeren Sinne angewandt auf Werke des Theaters
    - im weiteren Sinne auch anwendbar auf jede Form bewusst eingerichteter Darstellung: Ausstellungen, Präsentationen, Kundgebungen, Rituale
- Regie
    - „regere" – lateinisch: „regieren"
    - die verantwortliche künstlerische Leitung einer Aufführung oder Sendung durch einen Regisseur in der darstellenden Kunst, also bei Theater, Oper, Film, Hörfunk und Fernsehen
    - umfasst (in jüngerer Zeit) die Werkdeutung und die Kontrolle über Einstudierung und Darstellung eines Werks durch die ausführenden Künstler (Inszenierung)
    - umfasst die Auswahl der ausführenden Künstler
    - begrifflich oft synonym zu „Inszenierung" verwendet

- umfasst im engeren Sinne die sogenannte „Personenregie" – also die Anweisung an die Darsteller bezüglich ihrer Darstellung – Gesamtausdruck, Gestik, Mimik, Gänge (Raumnutzung)
- umfasst im engeren Sinne alle Abläufe
- umfasst im engeren Sinne die gesamte Entwicklung der Probenarbeit

2.1   Theatralische Inszenierung

„Unter Inszenierung wird der Vorgang der Planung, Erprobung und Festlegung von Strategien verstanden, nach denen die Materialität einer Aufführung performativ hervorgebracht werden soll" (Fischer-Lichte 2014, S. 152).

Eine theatralische Inszenierung

- beschäftigt sich mit dem In-Szene-Setzen eines bestimmten Werks – entweder auf der Suche nach größtmöglichem Realismus (konservatives Theater, Film) oder in der Interpretation (Umdeutung, Pointierung, Schaffung neuer Kontexte),
- verlangt dem Publikum einiges ab – kann irritierend, verstörend, ergebnisoffen sein, das Publikum gegebenenfalls vor den Kopf stoßen und trotzdem erfolgreich sein,
- kann in heutiger Lesart und im Glücksfall eine hoch kreative Arbeit sein, tatsächlich ein Werk neu- oder nachschaffen.

2.2   Außertheatralische Inszenierung (unter anderem auch Massenregie)[1]

Erika Fischer-Lichtes Definition von Theatralität besagt: „[…] wo immer etwas oder jemand bewusst exponiert oder angeschaut wird, erhält Kultur eine theatrale Dimension" (Fischer-Lichte 2000, S. 19). Dies ist natürlich auf den (Veranstaltungs-)Alltag guten Gewissens übertragbar: Zwar mag die Behauptung „die ganze Welt ist eine Bühne" (Shakespeare 2002, S. 316[2]) in toto eine doch ein wenig euphorische Dramatikersicht

---

[1]Hier müssten allerdings gewisse Mischformen erwähnt werden – barocke (Musik-)Theaterproduktionen beispielsweise, die zum einen ob der neuen technischen Möglichkeiten, dem neuen Raumempfinden im Theater folgend, zum anderen zur kirchlichen oder fürstlichen Machtdemonstration etliche Spektakel hervorbrachten, bei denen eher die Darstellung als die Inhalte erwähnenswert waren. „Eventinszenierungen" im Theater gibt es auch heute beispielsweise im Bereich inhaltsarmer Musicals, die allein ob ihrer szenisch-spektakulären Möglichkeiten geschaffen wurden.

[2]Unterstützt wird der Dichter hier noch 2003 von dem Soziologen Ralf Dahrendorf (2003): „Die soziale Welt ist eine Bühne, eine komplizierte Bühne sogar, mit Publikum, Darstellern und Außenseitern, mit Zuschauerraum und Kulissen."

sein, aber dennoch – die Welt ist durchaus theatralisiert und dementsprechend begegnen uns „Inszenierungen" in vielen Bereichen unseres Lebens.

Eine außertheatralische Inszenierung

- betrifft kein „Werk" und dessen Realisierung oder Interpretation, sondern vielmehr ein Genre: religiöse Feste, politische Kundgebungen, gesellschaftliche Anlässe, Markenpräsentationen,
- will, anders als die Inszenierung im Theater, das Publikum nicht unbedingt zur Reflexion anregen, sondern vielmehr von einem vorab definierten Ziel überzeugen (sei es der Redeinhalt oder eine Marke),
- bedient sich gewisser Erwartungshaltungen, setzt auf Effekte, vermeidet aber inhaltliche Überraschungen,
- setzt ganz bewusst auf Muster der Emotionsbildung,
- schafft „große Gesten" (Choreografien) und spektakuläre Räume/Bilder sowie technische Finessen,
- will überzeugen und letztlich verkaufen.

Wenn auch die außertheatralische Inszenierung (rituelle Handlungen) gewiss vor dem Beginn der Kunstform „Theater" stand, so bedient sie sich stets aus dem Bereich der Kunst – ästhetisch, didaktisch, technisch und in künstlerischen Versatzstücken.

Eine besondere Rolle spielen hierbei die sogenannten „Masseninszenierungen"; hier wird besonders deutlich, dass sich außertheatralische Inszenierungen in ihrer Absicht, Darstellung, Dramaturgie, Bilderwelt und natürlichen Wirkung – beeinflusst allein von Moden sowie dem ethisch-moralischen und intellektuellen Entwicklungsstand der Gesellschaft – letztlich seit Tausenden von Jahren ähneln. Fast immer löst sich Individualität auf zugunsten einer scheinbar höherwertigen Gesamtheit, die dem Einzelnen aber nicht das Gefühl vermittelt, gleichsam seiner selbst beraubt zu sein, sondern vielmehr in der Gruppe aufgewertet zu werden (Glaser 2002, S. 195). Der Regisseur ist hier letztlich Arrangeur bewährter und erprobter Versatzstücke:

- Menschen werden zu Bildern (szenische Kontexte, Kostüme etc.), entweder in statischen oder in streng rhythmischen Gruppen,
- jene oft als Wellenbewegungen, komplett synchron, oder auch gegenläufig, kontrapunktisch – jedenfalls handwerklich spektakulär,
- eine Geschichte kann, muss aber nicht erkennbar sein,
- Gegensatz: Masse vs. Individuum (Corps de Ballet vs. Solist), oftmals mehr Choreografie als Regie,
- Verwischen der Trennung von „Akteuren" und „Publikum".

3 Eventinszenierungen

„Aufgabe von Kunst heute ist es, Chaos in die Ordnung zu bringen. Künstlerische Produktivität ist das Vermögen der Willkür im Unwillkürlichen", schreibt Theodor W. Adorno im 142. Aphorismus seiner Minima Moralia (Tiedemann 1972, S. 253) – und liefert damit eine überaus pointierte unter den unzähligen Definitionen des künstlerischen Tuns. Das im Bereich der Veranstaltungsgestaltung freilich – allen Äußerlichkeiten zum Trotz – nur eine untergeordnete Rolle spielt: „Live-Marketing als Bestandteil des gesamten, aufeinander abgestimmten Marketing-Mix ist in der Lage, Marken- und Produktwerte emotional aufzuladen und eine Unmittelbarkeit im Kundenkontakt zu erreichen, die von keinem anderem Marketinginstrument in vergleichbarer Weise geschaffen werden kann" (Dams 2013, S. 86).

Und jene Definition, die sich durchaus nicht allein auf Markenevents beziehen muss, sondern gleichermaßen für politische oder wissenschaftliche Veranstaltungen gelten kann, schließt für die Veranstaltungsbranche den modernen Inszenierungsbegriff aus: Alles was zu sehen und zu hören ist, dient allein der Emotionalisierung, Verstärkung, Erklärung etc. eines vorab definierten Themas – eine gewisse Abstraktion ist möglich, eine Reflexion dagegen zumeist nicht. „Mag sich das Handwerk auch noch so gleichen – beim Theater handelt es sich immer um einen künstlerischen Prozess. Kongresse, Tagungen und Firmenevents werden nicht um ihrer selbst willen durchgeführt, sondern haben eine klare Zielsetzung. Diese Ziele sollte man nie aus den Augen verlieren" (Schmidt, in Erler 2010, S. 14). Und während es so für Theater-, Opern- und Filmproduktionen durchaus ein Adelsschlag sein kann, kontrovers aufgenommen und diskutiert zu werden, hat das Event eine streng definierte Pflicht, eine recht eindimensionale Erwartungshaltung bei Absender wie Adressat zu erfüllen; was wiederum der Branche nicht die „Kreativität" (insbesondere bei neuen Formen der Kommunikation) absprechen soll – jene wird oftmals, wie in der klassischen Werbung, nur unterbewusst wahrgenommen und daher nicht immer gewürdigt.

3.1 Inszenierungsprozesse im Theater und beim Event

Dementsprechend sind, bei tatsächlich oftmals ähnlich erscheinenden Ergebnissen, die Herangehensweisen unterschiedlich (Abb. 1 und 2).

Mag das Theater also aus rituellen Eventinszenierungen geboren sein, die moderne Eventinszenierung (und -regie) ist ein Theaterkind.

Vom Theater übernommen wurden:

- Rhetorik, Didaktik und Dramaturgie – Spannung und Überzeugung
- Bühnenräume – Bauten, Bühnenbilder, Dekorationen
- der Einsatz von Symbolen – Schaffung assoziativer Bilder

- sinnvolle, nachvollziehbare Abläufe
- Personenregie – Haupt- und Nebenakteure, Auf- und Abtritte, Bewegungsfolgen
- Einbindung diverser Künste, das Streben nach einem „Gesamtkunstwerk"
- Technik – Licht, Ton, Medien
- Unterhaltung und Emotion

Was fehlt:

- das Werk, seine Deutung, Interpretation und Weiterentwicklung. An dessen Stelle tritt die Marke, das Produkt, die Botschaft, das Ziel etc., die allerdings keine reflektorische Betrachtung erlauben, sondern allein eine Emotionalisierung und Verstärkung.
- Ein Event hat ein Ziel – seine Umsetzung ist daher klar definiert und in gewissem Sinne statisch.

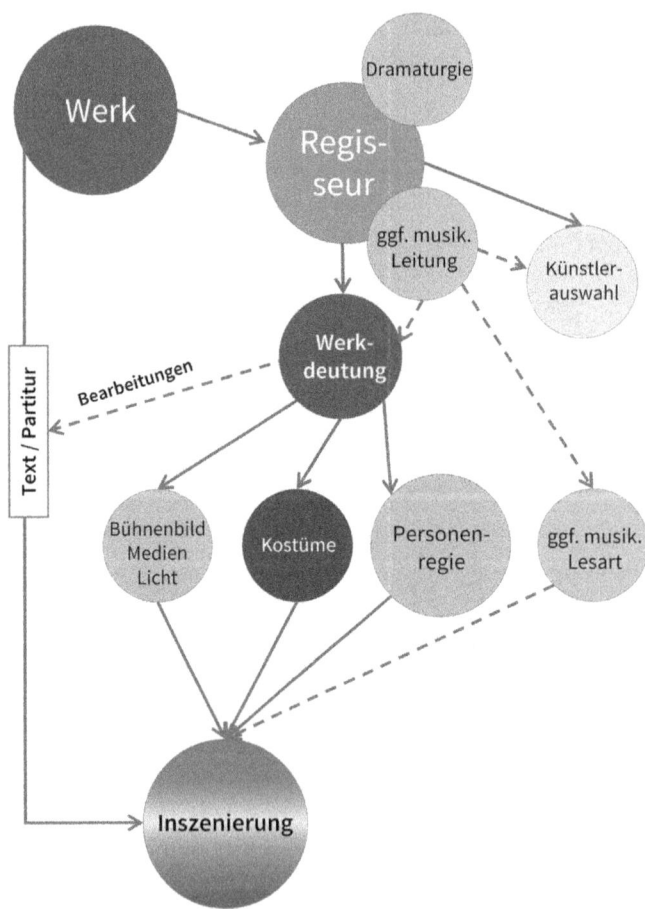

Abb. 1 Regie-/Inszenierungsprozess im Theater. (Quelle: eigene Darstellung)

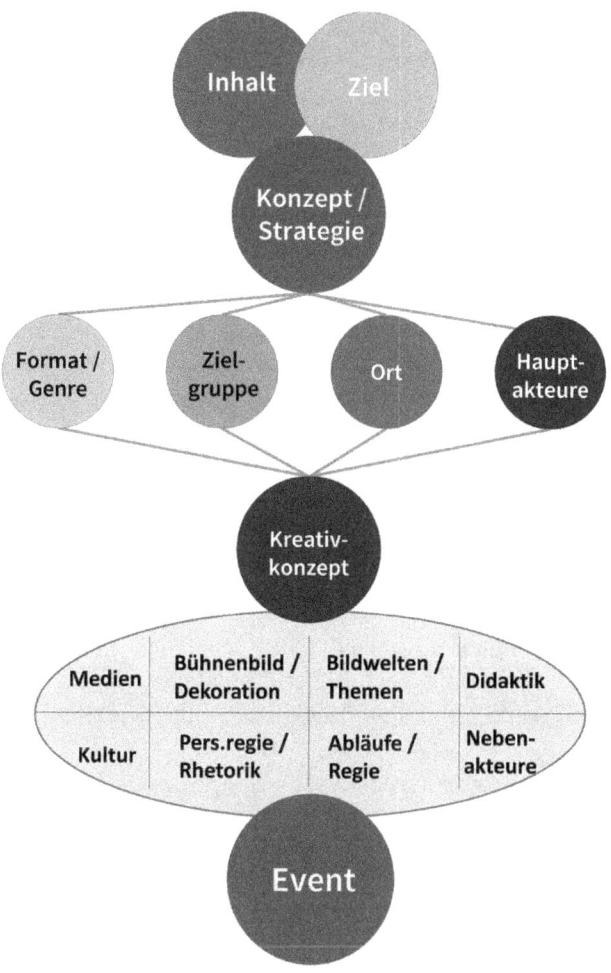

Abb. 2 „Regie-/Inszenierungsprozess" bei Events. (Quelle: eigene Darstellung)

Indes sich allerdings das Theater stetig fortentwickelte, von der planen, also flachen, Präsentation eines Werks vor einer Bühnenwand im antiken Theater zu tiefen Bühnenräumen, von der symbolisch gebundenen Maskenhaftigkeit der Darstellung zur hoch subjektiven Schauspielerei, von der naturalistischen Bebilderung einer Szene hin zum abstrakten, deutungsstarken Bühnenbild, von der Wiedergabe zur Interpretation eines Werks, ist das Event gleichsam auf einem antiken Stand geblieben. Abgesehen natürlich von Neuerungen in der Event- und Medientechnik sowie einer gewissen bildlichen Abstraktion des emotionalen Eventdesigns. Und erst langsam beginnen heute neue Formen der Didaktik und vor allem die Interaktion, die Einbeziehung des Publikums oder der Teilnehmer, tatsächlich neue, eigene Wege zu gehen.

3.2 Begrifflichkeiten in der Praxis des Eventmanagements

Zusammenfassend lassen sich die wichtigen Begriffe im Rahmen der Veranstaltungsgestaltung wie folgt von ihren theatralischen Vorbildern abgrenzen:

- Dramaturgie
    - umfasst den Spannungsbogen – die Anordnung gewisser Versatzstücke (Catering, Kennenlernen, Reden, Diskussionen, Medien, Präsentationen, kulturelle Elemente) zu einem sinnvollen, überzeugenden Ganzen
- Inszenierung/Eventdesign
    - umfasst das große Ganze: das Konzept, den „roten Faden"
    - verdeutlicht die Absicht des Events mit diversen Versatzstücken (Bühnenbild/Eventräume, Dekorationen, Medien, Kultur …)
    - stellt Kontexte her (Themen und Bilder, die mit den Inhalten auf den ersten Blick nichts zu tun haben, jene aber symbolisieren und verdeutlichen – Wirtschaftswachstum/Bergsteigen etc.)
    - gibt dem Event ein Gesicht
- Regie
    - umfasst die Überprüfung und Überwachung der detaillierten Abläufe innerhalb eines Events: Auf- und Abtritte, Lichtwechsel, Medieneinspielungen
    - umfasst auch die Personenregie und die Probenarbeit

4 Beispiele theatralischer Elemente in der Eventgestaltung

4.1 Dramaturgie

„Die Dramaturgie beschäftigt sich mit der Kunst, Geschichten zu erzählen, (…) Geschichten gut zu erzählen und gute Geschichten zu erzählen" (Becker 2009, S. 63). Das kann man getrost so stehen lassen, eigentlich damit das Kapitel auch wieder schließen und so auch all jene – teils sehr bemühten – Versuche beiseitelegen, klassische Theaterdramaturgie auf Biegen und Brechen in die „Event-Theorie" zu übertragen. Für das Theater geschriebene Werke bestehen in ihrer Vielzahl aus drei bis fünf Akten, in einer Spielzeit von einer bis fünf Stunden, unterbrochen von einer oder seltener zwei Pausen. Die klassische Dramentheorie beruft sich dabei auf die ca. 335 v. Chr. entstandene „Poetik" des Aristoteles und der darin beschriebenen dreiteiligen Struktur mit Exposition,

Konflikt und Auflösung – „ein Ganzes ist, was Anfang, Mitte und Ende hat" (Aristoteles 1982, S. 25). Alle Elemente sollen aufeinander bezogen sein, der Beginn stellt vor, was sich in der Mitte zum Konflikt (also einem Höhepunkt im thematischen Sinne) entwickelt, der Mittelteil wiederum soll den Beginn aufgreifen und zum Ende hinleiten, das Ende wiederum spiegelt Motive alles Geschehenen wider.

Diese Erzählformen finden sich selbstredend auch in der Eventgestaltung (kaum eine Veranstaltung wird direkt mit dem Höhepunkt beginnen und sich dann sofort für lange Stunden in einem Ausklang verlieren); stets noch durch die Literatur geisternde starre Eins-zu-eins-Übersetzungen mit Formeln wie „Prolog = Get-together" oder „Epilog = Party" etc. kann man allerdings getrost vernachlässigen. Für sie sind „Events" deutlich zu vielfältig und strukturell indifferent. Tatsächliche Spannungsbögen (grundsätzlich lesenswert zu diesem Thema ist und bleibt hier: Mikunda 2005) sind gleichermaßen vielfältig wie die mannigfachen Veranstaltungsformen, wobei einige Grundregeln des Sich-Vernetzens und des Spannungsaufbaus sicherlich durchgehend zu beachten sind.

Einen „Spannungskreis" aus sieben Phasen – hier gezeigt nach Reinhard Philippi (Philippi 2003, S. 39 ff.) – kann bei etlichen Eventformen vorbildlich sein, da er Vernetzung, Identifikation oder gar Solidarisierung des Adressaten mit dem Absender durchaus als zentrales Element präsentiert sowie auch eine erkennbare Verwandtschaft des Sich-Findens zu Beginn und zum Schluss empfiehlt (Abb. 3).

Grundsätzlich aber bleibt der Charakter vieler Veranstaltungen der einer „Nummernrevue" – es reihen sich Redebeiträge aneinander, werden unterbrochen von medialen Einspielern und gegebenenfalls mehr oder minder thematisch bezogenen kulturellen Beiträgen. Hier von „Spannungskurven" zu sprechen, wäre fast müßig: der „Dramaturgie" (auch der Inszenierung) bleibt kaum mehr, als Anfang und Ende eines Spannungsbogens sauber zu definieren, dafür zu sorgen, dass nicht zu viele gleichartige Veranstaltungsteile direkt aufeinanderfolgen (beispielsweise bei Preisverleihungen), gegebenenfalls das Publikum integrierende Elemente zu generieren und die Bindeglieder harmonisch und gegebenenfalls mit inhaltlich-emotionalem Mehrwert zu setzen. Die „Entwicklung" der eingangs erwähnten „Geschichte" kann die Eventplanung hier kaum beeinflussen.

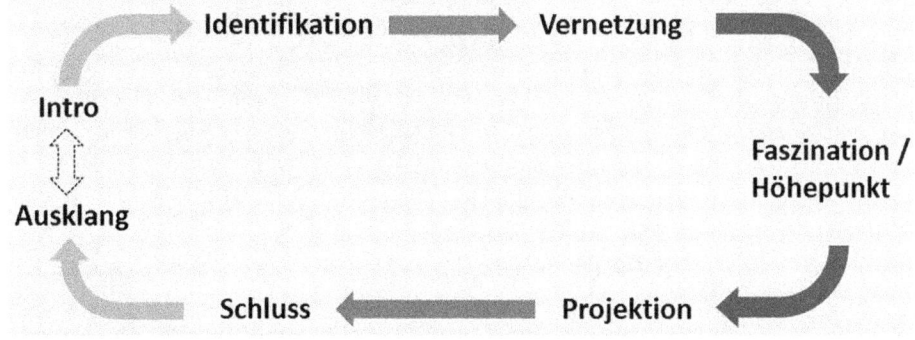

Abb. 3 Spannungsbogen bei Events. (Quelle: eigene Darstellung)

Oftmals ergeben sich sogar – im Sinne einer Showdramaturgie – abfallende Spannungs-kurven, beispielsweise bei protokollarisch gesteuerten politischen Veranstaltungen, bei denen der Hauptredner stets vor den Nebenakteuren auftreten *muss,* also eine Spannungs-steigerung im Sinne von „Vorband-Hauptband" von vornherein ausgeschlossen ist.

Noch schwieriger wird es dann natürlich, einen klar definierten Spannungsbogen für Veranstaltungen mit mehreren unterschiedlichen Veranstaltungsteilen, gegebenenfalls verteilt über mehrere Tage, zu definieren – mehr und mehr greift dabei dann wohl der Begriff des „Eventdesigns", respektive einer „Gesamtinszenierung" und weniger der der „Dramaturgie".

4.2   Theaterbühnen/Eventräume

Ausgehend von der ersten Hochzeit der Kunstgattung in der griechischen Antike, war eine der wichtigsten Errungenschaften des Theaters die Entwicklung von eher planen Bühnensituationen (eine Spielfläche vor einem fixen Bühnenhaus, der „Skene", die eine Bühnengestaltung im heutigen Sinne ausschloss) zu den Theaterräumen der Renaissance und des Barock. Sie boten mehr und mehr eine Bühnentiefe an und eröffneten somit als „Guckkastenbühne" die Möglichkeit, Werke in suggestiven, zunächst naturalistischen Räumen ausgeprägt, bewegt, dreidimensional und vor allem auch in wechselnden Bil-dern zu inszenieren. Moderne Theater besitzen Bühnenräume, die um ein Mehrfaches größer sind als die Publikumsbereiche.

Diese Entwicklung hat die Eventbühne nicht mitgemacht. Klassische Eventspielstät-ten, Kongresshallen etc. bieten solche Bühnen zumeist nicht an, aber auch Events, die in besonderen Räumen oder gar in Theatern stattfinden, nutzen die Bühnentiefe nur äußerst selten. Sie ist – vermeintlich – nicht nötig, die zentrale Rolle der Projektionsfläche unter-bricht den Bühnenraum, Video und Medien schaffen Bildwelten, die gebaute Bühnenbil-der unnötig erscheinen lassen. Zumal die meisten Mitwirkenden eines Events mit dem Raum auch nichts anzufangen wüssten – als ungeübte Bühnenakteure sind sie für jeden Meter, den sie sich nicht bewegen müssen, dankbar.

So sieht eine klassische, moderne Eventbühne der klassischen, antiken Theaterbühne, auf der ebenfalls eine gegenüber dem Szenischen sehr hohe Textkonzentration herrschte, verblüffend ähnlich (Abb. 4 und 5).

Stilbildendes Mittel gängiger Eventbühnen ist oftmals eine Projektion – hier wird mehr oder minder aufwendig der Raum emotionalisiert und jene theatralischen Elemente implementiert, die die Eventbühne und die Akteure darauf nicht leisten können. Wobei anzumerken ist, dass die mediengeprägte Eventbühne und -ästhetik hier gewiss auch mit stilbildend für moderne Theaterinszenierungen war, die mehr und mehr auch Videose-quenzen und andere multimediale Elemente in die Produktionen integrieren (Abb. 6).

Wenn eine Bühnentiefe indes dringend benötigt wird, beispielsweise für künstlerische Einlagen oder spezielle Effekte, ist zu beobachten, dass oftmals erheblicher Aufwand

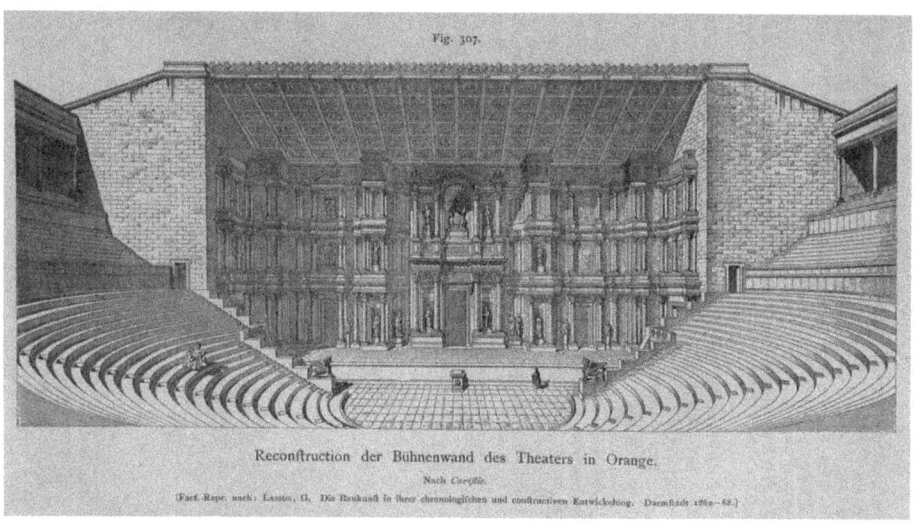

Abb. 4 Rekonstruktion der Bühnenwand des Theaters in Orange (19. Jh.). (Quelle: http://digi.ub.uni-heidelberg.de/diglit/durm1885/0012. abgerufen am 02.09.2016)

Abb. 5 Eventbühne (Hauptversammlung). (Quelle: m:con GmbH/Marius Müller)

Abb. 6 Eventbühne (Kongresseröffnung). (Quelle: m:con GmbH)

betrieben wird, um jene plane, auch eben für die Hauptakteure lieb gewonnene Medienbühne zu erhalten.

Ein jüngeres, gelungenes Beispiel ist hier die Jubiläumsfeier, mit der die BASF SE
im April 2015 ihr 150-jähriges Bestehen feierte und in dessen Rahmen sowohl komplexe
multimediale Präsentationen als auch die Uraufführung eines sinfonischen Auftragswerks
stattfanden. Die Bühne eines traditionellen Konzertsaals wurde hierfür mit 14, teils sich
bewegenden Quadern ausgestattet, die stets variierende Raumbilder schufen, als Split-
Screen einzeln oder in Gruppen bespielt wurden und einen Bühnenabschluss bildeten.
Für die dann nötige Orchestertiefe konnten die Quader aus dem Bild bewegt werden,
ohne es im Sinne eines letztlich schlichten „Vorhang-auf-Effekts" zu zerstören (Abb. 7).

Genau jener ist aber weitaus häufiger zu erleben – beispielsweise bei der Präsentation
der Mercedes S-Klasse 2013 in Hamburg (Pander 2013). Hierfür wurde auf dem Airbus-
Gelände ein Eventraum geschaffen, dessen Stirnseite sich während der Show in fließender
Bewegung nach außen öffnen ließ und somit auf dem Rollfeld ein spektakuläres „Auto-Bal-
lett" präsentiert werden konnte. Letztlich nur, um das neue Auto einfahren zu lassen, sich
dann ganz schnell wieder zu schließen und Akteuren wie Publikum die gewohnte mediale
Umgebung (diese sogar mit wiederum projiziert-simulierter Bühnentiefe) zu bieten (Abb. 8).

Eine deutliche Emanzipierung von den theatralischen Bühnenformen hat das Event
indes bei der Schaffung ganzheitlicher Eventräume erfahren. Geboren aus der Gestaltung
von Verkaufs-, Messe- und Erlebnisräumen (Mikunda 2005), hat bei klassischen Eventformaten die Auflösung einer „Bühnensituation" hin zu Gesamtkonzeptionen der Räume,

Abb. 7 Festakt 150 Jahre BASF SE. (Quelle: BASF SE)

der szenisch-räumlichen Integration der Akteure in das Publikum einen Weg gebahnt. Vorreiter waren hier „Verkaufsräume", respektive fest gebaute, nahezu museale Installationen zur Selbstdarstellungen von Firmen oder Marken – nur als ein Beispiel unter vielen können hier die von André Heller gestaltete und multifunktional bespielte Erlebnislandschaft „Swarovski Kristallwelten" gelten (Linxweiler und Siegle 2008). Diese Darstellungen gehen zumeist Hand in Hand mit didaktisch oder emotional motivierter Interaktion und werden – ob in großen Formaten oder kleinen Workshop-Situationen – auch im Eventbereich immer öfter eingesetzt. Und auch hier finden sich durchaus Parallelen zu modernen Produktionen junger Regisseure am Theater: Eine international gefeierte Produktion von Lachenmanns „Das Mädchen mit den Schwefelhölzern" an

Abb. 8 Präsentation Mercedes S-Klasse 2013. (Quelle: MBpassion)

der Oper Frankfurt beispielsweise begann bereits auf der Straße und zog sich durch die Foyers in einen nahezu bühnenfreien Theatersaal. Hier fand man das Orchester teilweise in den Rängen sitzend und den Raum, gleichsam in bester Eventästhetik, rundum (inklusive der Publikumsbereiche) mit Projektionen bespielt (Abb. 9).

4.3   Personenregie

Eine überzeugende Rede würde sich, so liest man es immer wieder, zusammensetzen aus über 50 % Körpersprache (und anderen visuellen Eindrücken), zu ca. 40 % aus

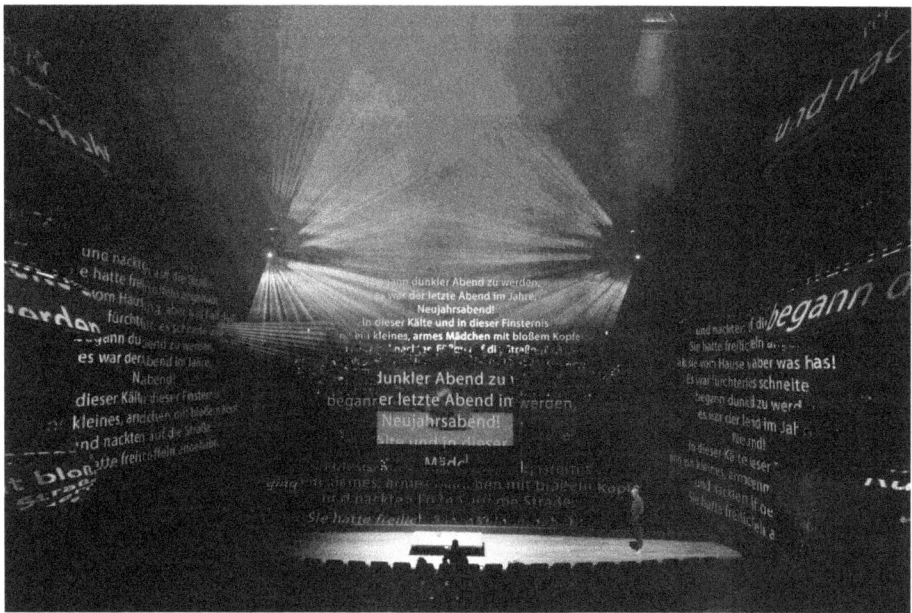

Abb. 9 Oper Frankfurt – „Das Mädchen mit den Schwefelhölzern". (Quelle: Oper Frankfurt/ Monika Rittershaus)

dem Stimmcharakter (Tempo/Intonation/Klang) und nur zu knapp zehn Prozent aus dem Gesprochenen (Redeinhalt/Sachinformation) selbst (Politische Akademie der ÖVP 2015). Ein wahres Eldorado für Eventregisseure? Im Gegenteil, so scheint es, denn wenn auch die häufig zu lesende Behauptung, dass einem, wenn man nichts zu sagen hat, Stimme, Körpersprache und Rhetorik gar nichts brächten, gleichermaßen übertrieben ist, bleibt „Schauspielerei" auf der Eventbühne (Wirtschaft, Wissenschaft, Politik) verpönt: Man lässt sich gerne in gutem Licht erscheinen (Szenerie), lehnt es aber ab, daran mitzuwirken.

„Schauspielen" bedeutet oder symbolisiert einerseits die Ablenkung von Inhalten, respektive das Übertünchen von nicht existenten oder schlechten Inhalten (wie übrigens auch das Wort „Inszenierung" bei Veranstaltungen, insbesondere politischen oder wissenschaftlichen, eine durchaus negative Konnotation besitzt – was „inszeniert" ist, kann nicht wahrhaftig sein). Andererseits bedeutet „Schauspielen" für den Akteur Anstrengung, Proben und schlussendlich die Angst, sich zu blamieren. Denn – und das ist bei dem mittlerweile immens hohen Grad der Professionalität in der Branche fast schon paradox – die Hauptakteure sind zumeist, was das Szenische betrifft, blutige Amateure.

„Bei der Auswahl der Bühnenakteure kann man natürlich nur bedingt in ein Casting einsteigen, da sich die Besetzung aus fachlichen oder unternehmensinternen Gründen oft von selbst ergibt. Trotzdem kann man die Akteure bei ihrer Bühnenpräsenz nach ihrem

Auftrittstalent gewichten. In keinem Fall sollte jemand gegen sein Naturell und sein Temperament eingesetzt werden, sondern stattdessen die ‚Rollen' an den Akteuren ausgerichtet werden" (Schmidt, in Erler 2010, S. 14).

Was dabei allerdings auch heute noch immer vernachlässigt wird, ist das Proben mit den Akteuren. Während ausgiebige Technik- und Medienproben, Proben mit Künstlern und selbst den Mitarbeitern des Service mittlerweile gang und gäbe sind, kommen die Proben mit den Hauptpersonen meistens zu kurz. Das Ausloten der Bühnenräume, Auf- und Abgänge, spezielle Bühnenaktionen (Preisübergaben etc.) wirken somit oftmals ungelenk. Wenn man bedenkt, mit welchen Budgets Events letztendlich realisiert werden, eigentlich kein gutes Zeugnis in puncto Kosteneffizienz für die agierenden, sich meist der Probenarbeit verweigernden Hauptdarsteller.

Die klassische Rede ist nach wie vor das probate Mittel des Wissenstransfers, respektive das Mittel des Überzeugens, kann mittlerweile allerdings auch – unterstützt von Medien – sehr vielschichtig, von unverzichtbaren Fakten befreit und somit aufgelockert sein. Redeverwandte Formate (Interviews, Podiumsdiskussionen etc.) versuchen, im „Event-Alltag" die oftmals überbordende Abfolge von Reden zu unterbrechen und aufzulockern, werden aber selten verwendet, wenn es um komplexe Inhalte oder Inhalte mit offiziellem Anstrich geht. Die „Personenregie" beschränkt sich hierbei auf die Klassiker: Auftrittswege, Augenkontakte, offene Körpersprache, Mimik und symbolische Gesten, das Lächeln zwischendurch.

Versuche, das Format zu ändern, oder gar aus ihm auszubrechen, sind vielfältig, aber eher selten, zum Beispiel:

The American Way

- Verzicht auf ein Pult, die Ex-cathedra-Situation,
- schafft durch bewusste „Lässigkeit" Nähe zum Publikum, Freizeitkleidung,
- Bewegung – man agiert wie im Freundeskreis, hat bessere Möglichkeiten, Witze und Anekdoten einzubetten,
- fordert zumeist hohen technischen Aufwand (Teleprompter, Vorschaumonitore),
- kann in einem entsprechenden Bühnenbild fast theatral wirken.
- Man muss es allerdings können und – was schon amerikanische Schulkinder tun – von der Pike auf lernen.

Das ursprünglich wohl von Predigern für den (TV-)Gottesdienst erfundene Bühnenverhalten hat sich bis heute in vielfältigsten Facetten entwickelt – von den schier mystisch angelegten Produktpräsentationen eines Steve Jobs bis hin zum legendären, raubeinigen Veitstanz und „Rede-Rock 'n' Roll" des ehemaligen Microsoft-CEO Steve Ballmer („I love this company"). Es wird indes selbst in Amerika eher für Motivations- und

Verkaufsveranstaltungen genutzt als für wissenschaftliche Referate, Hauptversammlungen oder Regierungserklärungen.[3]

Die „große wahre Geste"

- Die Darstellung überbordender Emotion, das (scheinbare) Gewähren eines Einblicks in die ganz persönlichen Empfindungen des Akteurs.
- Heiß oder kalt – erscheint entweder als Sternstunde, als Sinnbild von Ehrlichkeit und guten Willens oder als plump-peinlich in Szene gesetzte Lügengeschichte.

Auch hier ist Einsatz und Ausgestaltung überaus facettenreich und polarisierend. Einerseits wurde beispielsweise Willy Brandts Kniefall von Warschau (der allerdings wohl tatsächlich spontan stattfand und keine einstudierte Geste darstellte) zu einem emotionalen Fundament der neuen Ostpolitik und eines neuen Deutschlandbilds, letztlich zu einer Ikone der Wahrhaftigkeit. Andererseits erscheint, am entgegengesetzten Ende der Skala, ein lächerlicher Auftritt des amerikanischen TV-Predigers Jimmy Swaggart, der ob seiner zuvor aufgedeckten Drogen-, Sex- und Finanzskandale höchst professionell vor einem Millionenpublikum in Tränen ausbrach, als Sinnbild von Verlogenheit.

Große Gesten, so wie sie sich auch manch ein totalitärer Führer dereinst mühsam per Schauspielunterricht aneignete, erscheinen heute aus der Zeit gefallen, sind eher kontraproduktiv und erwecken, jedenfalls in unserer Mediengesellschaft, zumeist sofort Misstrauen. Wenn unlängst schon Mitglieder einer Bundestagsfraktion bundesweit Spott erfuhren, als sie sich – an sich löblich – einem Schauspiel-, Sprach- und Stilcoach anvertrauten, sollte man mit großen Gesten als Gestaltungsmittel bei Events jedenfalls nur mit äußerster Vor- und Umsicht umgehen.

Tatsächliches Schauspielen

- stellt für den Akteur eine echte Herausforderung dar,
- kann ihn und seine Botschaften allerdings immens glaubwürdig und nachhaltig präsentieren.

Als Beispiel für schauspielende Manager nahezu berühmt wurde der „Brief an Axel Springer", den Springer-CEO Mathias Döpfner, im Rahmen eines „Anti-Festakts" (Wiegelmann 2012) und eingebettet in eine große Revue, in Jeans und weißem T-Shirt als frei gehaltenen Monolog, ohne mediale oder andere szenische Unterstützung, vor viel hoher Prominenz im Publikum an den Verleger zu seinem 100. Geburtstag schrieb (Abb. 10).

---

[3]Einige beispielhafte Sequenzen finden sich bei YouTube, u. a. im Videotrailer zu Lobin, Henning: Inszeniertes Reden auf der Medienbühne.

Abb. 10 Revue mit Axel-Springer-CEO Mathias Döpfner. (Quelle: Axel Springer SE/Monika Rittershaus)

4.4   Theater im Event – künstlerische Versatzstücke, Medieneinsatz und Eventdesign im Sinne eines „Gesamtkunstwerks"

Entgegen allen Definitionen des Begriffs „Kunst" dürfen künstlerische Versatzstücke im Rahmen von Veranstaltungen zumeist das, was Kunst ausmacht, nicht – provozieren, kritisieren, infrage stellen, verwirren etc. Kunst im Event beschränkt sich zumeist auf das, was sie verlockend macht – auf große Bilder, Emotion, Spektakel, kurz: Sie soll beeindrucken und unterhalten. Aber auch anregen, sensibilisieren, natürlich symbolisieren sowie assoziieren und somit Ziele und Inhalte eines Events verdeutlichen und emotional nachhaltig unterstreichen. Zudem kann Kunst – in ihrem Idealbild – die Einstellung, das offene Denken und die gesellschaftliche Verantwortung zum Beispiel eines Konzerns, aber auch einer Region oder eines Landes darstellen.

Kultur hat im Eventbereich klare Aufgaben:

- Gebrauchskunst, das heißt künstlerische Einlagen (zumeist Musik), die allein der Untermalung oder Auflockerung einer Situation oder eines Ablaufs dienen, zum Beispiel:
  - Hintergrund- und Dinnerbands
  - Dekorationsskulpturen
  - Walk-Acts, thematisch nicht gebundene Comedians
  - Varietéprogramme, Cover-/Partybands, Animateure/DJs

- symbolisch-assoziative Kunst, das heißt künstlerische Programme, die Bausteine der Inszenierung oder der Eventinhalte sind, zum Beispiel:
  - musikalische Einlagen mit klarem thematischen Bezug („Gipfelstürmer" – Alphornquartett)
  - künstlerische Rauminstallationen mit Bezug zum Auftraggeber, zum Beispiel in Form oder Materialauswahl (Kunststoff-, Glas-, Leuchtmittelhersteller)
  - thematisch bezogene mediale Installationen
  - Modern Dance als Symbolbild für Dynamik, Präzision, Willen
  - klassische Musik als Symbolbild für Präzision, Intellekt, Elite
  - Businesstheater mit klarem thematischen Bezug zu den Tagungsinhalten
- spektakuläre Kunst, das heißt künstlerische Programme, die überaus bildhaft „Nie-Gesehenes" präsentieren oder den Gast durch ihre Exklusivität beeindrucken sollen, zum Beispiel:
  - technisch gestützte Kunst – Tanz/Laser oder Tanz/LED
  - rein dekoratives Videomapping, Sandmalerei
  - Kunst an spektakulären Orten (das Orchester am Kran)
  - die Präsentation von Stars um ihrer selbst willen
- Film- und Medieneinsatz, das heißt die Implementierung nicht-theatraler Elemente (im weiteren Sinne von Livekommunikation) in eine Veranstaltung
  - greift zumeist ästhetische Trends auf und profitiert von der Mediengläubigkeit unserer Tage
  - entlastet die Planer und Akteure von Mühen der Darstellung, da sie eben die Veranstaltung ihres „Livecharakters" berauben

So vielfältig hier auch die Ideen und Möglichkeiten sind, der eigentliche Katalog des Ausdrucks ist beschränkt, solange sich der Eventkunsteinsatz, gleichsam als diebische Elster, nur auf die „schönen Stellen" beschränkt, wird Kultur, verstanden als szenisches Schneller-Höher-Weiter, austauschbar, beliebig und irgendwann langweilig. Kommunikativ und didaktisch also auf Dauer beschränkt einsetzbar – wenngleich ihr Beitrag zur Unterhaltung und Entspannung innerhalb eines Events nach wie vor ein wichtiger ist. Denn das, was einst mit Streichquartettsätzen zwischen Reden begann, hat sich, unterstützt von immensen technischen Neuerungen und Möglichkeiten, zu einer eigenen Ästhetik gemausert, die, klug eingesetzt, immer wieder originelle Wege findet, die meist gleichen Dinge auszudrücken.

Eher selten sind Events, die eine Gesamtinszenierung respektive ein konsequentes Eventdesign im Sinne einer reflektiv-theatralischen Umsetzung versuchen. Zumeist durchaus viel beachtet, aber ebenso irritierend – beim Publikum/Teilnehmern bleiben gewohnte Erwartungen an die Ästhetik und Sprache „Event" unerfüllt, Marketing- und Kommunikationsprofis fehlt die klare Botschaft und dem Feuilleton wiederum der „ernste", also nicht-kommerzielle Antrieb. Ein Beispiel hierfür mag die große Präsentationstour der Mercedes A-Klasse 1997 sein, die der Konzern zusammen mit der spanischen Theatertruppe „La Fura del Baus" realisierte.

„Die A-Klasse", so Konzernvorstand Dieter Zetsche, „das neue revolutionäre Automobil von Mercedes-Benz, steht nicht allein im Mittelpunkt des Interesses, sondern eine Gesamtinszenierung aus A-Klasse-Themen, Schauspiel, Workshops und kritischer Reflexion, die in beeindruckender Weise zu den Menschen in die Innenstädte kommt" („Die Welt", 30.4.1997). Auch wenn hier einerseits die zu Recht von Zetsche „revolutionär" genannten Markenbotschaften durchaus deutlich wurden, andererseits ein hoch renommiertes Ensemble keinen Tanz ums goldene Kalb inszenierte, sondern mit ihrer „Simbiosis" eine spannende (und spektakuläre) Geschichte erzählte, schien letztlich niemand vollkommen zufrieden zu sein. Im selben Jahr, da die „La-Fura-del-Baus"-Produktion von Debussys „Le Martyre de Saint Sébastien" (mit Lorin Maazel am Pult) international gefeiert wurde, taten die Feuilletons die Arbeit für Mercedes als billige Effekthascherei ab (Abb. 11).

Ähnlich schwierig stellte sich beispielsweise auch die Rezeption der 2011 zum 125. Geburtstag der Erfindung des Automobils durch Carl Benz entstandenen „autosymphonic" dar. Hier kamen aufwendigste Eventästhetik, große Bilder und Mappings, zusammen mit sogenannter „neuer Musik". Da Teile des Publikums sich weder auf das eine noch das andere einlassen mochten, respektive zwei Publikumsgruppen sich jeweils an den Erwartungen der anderen rieben, blieb neben großer Begeisterung auch Irritation (Abb. 12).

Abb. 11 „A-Motion" – Simbiosis – 1997. (Quelle: Mercedes-Benz Classic)

Abb. 12 „autosymphonic" – 125 Jahre Automobil – 2011. (Quelle m:con GmbH/R. Larmann)

Als durchweg positiv aufgenommenes Beispiel hingegen kann die zuvor erwähnte Axel-Springer-Revue (der Verleger-Geburtstag kam ohne „echte" Rede aus) oder auch das 150. Jubiläum des Heraeus-Konzerns gelten. Hier hatten die Macher den Mut, zukunftsorientiert aus den 150 Jahren kurzerhand 175 zu machen und dies bis ins kleinste Detail durchzuhalten. Unter einer entsprechenden Überschrift wurde forsch für das Jahr 2026 eingeladen, der Veranstaltungsraum mit einer Installation als echter Kunstraum abstrahiert und nicht vordergründig futuristisch gestaltet (von einer Künstlerin, die in den Jahren zuvor unter anderem mit einem „Ring"-Bühnenbild bei den Bayreuther Festspielen für Furore gesorgt hatte). Die Rede des Konzernchefs (vor höchsten Vertretern der Politik und Wirtschaft) handelte dann entsprechend auch von intergalaktischen Geschäftsabschlüssen als nahe Unternehmensziele. So viel und gut inszeniert, ist selten.

4.5   Emanzipation vom Theater – Interaktion

„Wenn sich altbekannte Eventformate – austauschbare Entertainment-Acts – überlebt haben, bedeutet das, dass von den Erlebnis-Kreateuren anderes als konventionelle und gefällige Inszenierungen verlangt wird. Dabei geht es nicht mehr bloß um eine Einwegsprache (Monolog) mit der Zielgruppe, sondern um einen Dialog, welcher Kunden aktiv in eine Marke involviert" (Dams 2008, S. 141). Die Szenerie, Stimmung und Atmosphäre ist jedem Bühnenakteur, Schauspieler, Redner oder Vortragenden, selbst schon beim Referat in der Schule, bekannt. Es sitzt ein Publikum, schaut in Richtung „Bühne" und wartet darauf, etwas geboten zu bekommen. Was dann passiert, seien es Inhalte, Bilder, Emotionen, muss vom ersten Augenblick an passen, viel Zeit zum Überspringen hat der Funke nicht. Und vor allem – er muss stets von der Bühne zum Publikum springen. Während immer durchdachtere und aufwendigere Gestaltungen ihm genau dabei helfen, ist parallel eine stets intensivere Einbeziehung des Publikums zu beobachten. Das starre Gegenüber von Bühne und Saal, Aktion und Reaktion wird aufgebrochen, die Veranstaltung zu einem gemeinschaftlichen Tun.

Diese Form der Emotionalisierung durfte wohl, wie es Colja Dams für Markendarstellungen beschreibt, für fast alle Veranstaltungsarten eine der lohnendsten sein, trotz aller Kreativität, die in die Konzipierung und Umsetzung von Bildern und Räumen geflossen ist und fließt. In „Lehrveranstaltungen" schon lange wenigstens in kleinen Fragerunden am Ende der Referate und in das Hauptprogramm begleitenden Workshops für kleine Gruppen präsent, erscheint Interaktion für große Teilnehmerzahlen eher schwer umsetzbar. Hier ist, gerade bei Tagungen und Konferenzen, nicht zuletzt deshalb eine Tendenz zur Kleingliedrigkeit zu erkennen, die großen Plenarveranstaltungen gehen sichtbar zurück. Oftmals nun werden Ausstellungs- mit Diskussionsformaten verbunden (zum Beispiel „Meet the Experts", „Pecha-Kucha"-Bühnen in Foyers etc.), oder es entstehen Formate, die zwar die Bühnensituation des Vortrags nicht völlig auflösen, wohl aber die Programmgestaltung öffnen und gleichsam demokratisieren (Barcamps, Lift-Conferences, Science-Slams, die Einbeziehung über Social Media im Vorfeld einer Veranstaltung etc.).

Des Weiteren sind aus Formaten, die bislang eher dem Incentive, respektive dem puren Teambuilding zuzuordnen waren, mittlerweile didaktisch ernst zu nehmende und produktive (Kreativ-)Workshop-Formen entstanden. Viele Botschaften und Erkenntnisse, die bislang in Vorträgen und den sie begleitenden Bildern transportiert wurden, werden nun im Rahmen handwerklicher, musikalischer, filmischer, theatralischer oder anderer künstlerischer Arbeit nachempfunden oder gar neu entwickelt (so entstand beispielsweise unlängst auch der aktuelle Claim eines deutschen Weltkonzerns bei einem Kreativworkshop mit Mitarbeitern). Die Nachhaltigkeit solcher Ergebnisse ist selbstredend deutlich höher als die der noch so gut „inszenierten Mitteilungen". Aber auch die rein kommunikative Unterhaltung einer Teilnehmerschaft funktioniert interaktiv deutlich besser als in der klassischen Bühnensituation. Was einmal ganz klassisch die Form des Miteinander-Tanzens bei einem Festabend war, hat sich längst ausgeweitet auf mannigfache gemeinsame Aktivitäten, sei es Spielen, Kochen, Musizieren, Trainieren, Filmen oder vieles mehr. Und selbst die schlichte „Mottoparty" oder beispielsweise das wie von Zauberhand im Zweijahresrhythmus inflationär auftauchende Kongressmotto „Fußball", wird mit einem Mal kommunikativ, wenn die Gäste gehalten sind, es nicht nur in den gebotenen Bildern und Showelementen zu rezipieren, sondern aktiv mitzugestalten. Und sei es nur im Sinne eines klassischen Maskenballs.

Gerade auch in Zeiten, da aktuelle Trends die (teils nur scheinbare) Transparenz der Social Media einem „Eliten"-Begriff kritisch entgegensetzen und das von Akteuren sowie Medien klug konzipierte und moderierte Ex-Cathedra der gängigen Bühnensituation mehr und mehr hinterfragen und anzweifeln, dürfte es in diesen Bereichen tatsächlich spannend werden für Eventgestalter. Spannender jedenfalls als „Inszenierungen" stets nur technisch aufwendiger und spektakulärer zu gestalten.

Gewiss fördert und fordert Interaktion deutlich mehr an inhaltlichem Denken, Didaktik und letztlich auch Emotion und Nachhaltigkeit als das noch so beeindruckende Schaffen bloßer Bilder – solange jene nicht weiter vom Theater lernen und rein dekorativ bleiben. Denn auch sie könnten, wie in einer theatralischen Werkdeutung, durchaus einmal diskursorientierter und somit weniger beliebig sein, ohne dabei gleich die Botschaft des Absenders infrage zu stellen. Das ist und bleibt ein großes Alleinstellungsmerkmal der Livekommunikation.

Literatur

Aristoteles (1982) Poetik. (Hrsg. und Übers. von Manfred Fuhrmann). Reclam, Stuttgart

Becker J (2009) Dramaturgie. In: Wegener C, Wiedemann D (Hrsg) Kinder, Kunst und Kino. Kopaed, München

Dahrendorf R (2003) Vorwort. In: Goffman E (Hrsg) Wir alle spielen Theater. Piper, München

Dams CM (2008) Live-Marketing: Vom Event zum System. In: Herbrand NO (Hrsg) Schauplätze dreidimensionaler Markeninszenierung. Edition Neues Fachwissen GmbH, Stuttgart

Dams CM (2013) Eventmanagement. In: Dinkel M, Luppold S, Schröer C (Hrsg) Handbuch Messe-, Kongress- und Eventmanagement. Sternfels

„Die Welt" (Go.) (1997) Mercedes geht mit der A-Klasse auf Tour. 30. April

Durm J (1885) Die Baukunst der Etrusker, die Baukunst der Römer (Handbuch der Architektur, Theil 2, Die Baustile; Bd 2) – Darmstadt. http://digi.ub.uni-heidelberg.de/diglit/durm1885/0012

Fischer-Lichte E (2000) Theatralität und Inszenierung. In: Fischer-Lichte E, Pflug I (Hrsg) Inszenierung von Authentizität. Tübingen

Fischer-Lichte E (2014) Inszenierung. In: Fischer-Lichte E, Kolesch D, Warstat M (Hrsg) Metzler Lexikon Theatertheorie. Stuttgart

Glaser H (2002) Kleine Kulturgeschichte Deutschlands im 20. Jahrhundert. München

Linxweiler R, Siegle A (2008) Markenplattformen – Erlebnis für alle Sinne. In: Herbrand NO (Hrsg) Schauplätze dreidimensionaler Markeninszenierung. Stuttgart

Mikunda C (2005) Der Verbotene Ort. Frankfurt

Pander J (2013) Zetsches neues Stern-Zeichen. Spiegel Online, 15. Mai

Philippi R (2003) Veranstaltungsdramaturgie. Offenbach

Politische Akademie der ÖVP – Arbeitsheft 2: Politische Rhetorik (2015) (Hrsg) von Dietmar Halper. Wien

Reckwitz A (2012) Die Erfindung der Kreativität. Zum Prozess gesellschaftlicher Ästhetisierung. Suhrkamp, Berlin

Santayana G (1922) Soliloquies in England and later Soliloquies. Forgotten Books, New York (hier zitiert aus: Goffman, Erving: Wir alle spielen Theater, München 2003, Vorwort)

Schmidt H-D (2010) – zitiert In: Erler U (Hrsg) Regie, Dramaturgie und Inszenierung, m:con visions 12. Mannheim

Schramm H (1990) Theatralität und Öffentlichkeit. Vorstudien zur Begriffsgeschichte von Theater. In: Barck K et al. (Hrsg) Ästhetische Grundbegriffe. Studien zu einem historischen Wörterbuch. Berlin

Shakespeare W (2002) Wie es euch gefällt. In: Brasch, Thomas: Shakespeare-Übersetzungen. Frankfurt a. M.

Tiedemann R (Hrsg) (1972) Theodor W. Adorno – Gesammelte Schriften in zwanzig Bänden. Bd. 4. Frankfurt a. M.

Wiegelmann L (2012) Ein Anti-Festakt für Axel Springer in 100 Minuten. Die Welt, 02. Mai 2012

Weiterführende Literatur

Biehl B (2007) Business is Showbusiness. Wie Topmanager sich vor Publikum inszenieren. Campus, Frankfurt

Dörner A (2005) Inszenierung in der Politik: nur Show oder ein konstitutives Moment des Politischen? In: Die verstimmte Demokratie. Heidelberg

Lobin H (2009) Inszeniertes Reden auf der Medienbühne – Zur Linguistik und Rhetorik der wissenschaftlichen Präsentation. Frankfurt a. M.

Goffman E (2003) Wir alle spielen Theater. München

Frohn B (1999) Die Bedeutung theaterwissenschaftlichen Erkenntnisse für das Eventmarketing (Diplomarbeit), Norderstedt, diplom.de/Diplomica GmbH

Über den Autor

Joachim Grafen studierte Musikwissenschaften, Theater-, Film- und Fernsehwissenschaften sowie Mittlere und Neuere Geschichte in Frankfurt am Main. Während des Studiums begann er eine journalistische Tätigkeit unter anderem für die FAZ und Playboy Deutschland – es folgte ein Engagement in der Dramaturgie der Oper Frankfurt für die Betreuung des Schulprojekts und der Mitarbeit an etlichen Produktionen (unter anderem eine Neuübersetzung von Shakespeare/Brittens „Ein Sommernachtstraum"). Nach einer Zeit als Intendant der Deutschen Kammerakademie Neuss am Rhein kam der Wechsel in die Veranstaltungsbranche – zunächst bei der Voss + Fischer marketing event agentur in Frankfurt, seit 2001 (zuletzt als Leiter Projektentwicklung und -management Corporate Events) bei der m:con – mannheim congress GmbH. Hier zeichnete Grafen verantwortlich für die Konzeption und Umsetzung vieler großer Produktionen. Neben etlichen Publikationen im Musik-, Theater- und Eventbereich ist er immer wieder bei Workshops, Vorträgen oder Podiumsdiskussionen aktiv.

Kongressmanagement per Definition

Veranstaltungsformate und ihre besonderen Eigenschaften

Claus Bühnert

Zusammenfassung

Veranstaltungsformate stehen begrifflich und inhaltlich für die Produktpolitik eines Veranstalters. Zugleich sind sie Fundament und bieten ein großes Reservoir an Gestaltungsvorlagen. Die ewige Frage des Zeitgeists, klassisch oder innovativ, stellt sich dabei nur am Rande, zumal sie objektiv nicht beantwortet werden kann. Die beabsichtigte Wirkung, also das Ziel der Veranstaltung, steht im Fokus. Gleich mehrere Ziele hat dieser Beitrag: eindeutige Charakterisierung, Darstellung von Ziel und Zweck, Zuordnung der Gestaltungsmerkmale. Vier markante Bestimmungen liegen der Betrachtung dabei zugrunde: Kompetenzerweiterung, Identifikation, Kommunikation, Entscheidungsfindung. Veranstaltungen verkörpern in aller Regel mehrere Bestimmungen. Eine Ausrichtung dominiert jedoch immer und diese wird schließlich für jedes Veranstaltungsformat in Form von Steckbriefen herausgearbeitet. Der Blick geht dabei auch auf aktuelle Entwicklungen und auf das internationale Kongressparkett. Dieser Beitrag ist außerdem ein bewusster Gegenentwurf zu Definitionen, die sich einzig an Mengengerüsten (Teilnehmeranzahl, Veranstaltungsdauer, Zyklus) und an Folgeerscheinungen (Planungszeitspanne, Organisationsaufwand) orientieren.

Die Abschn. 1.1, 1.2, 1.3, 1.4 und 1.5 in diesem Beitrag entsprechen in weiten Teilen dem Beitrag „Veranstaltungsformat" des Verfassers im Handbuch Messe-, Kongress- und Eventmanagement, S. 199–212, Verlag Wissenschaft & Praxis, Sternenfels (2013).

C. Bühnert (✉)
Neulingen, Deutschland
E-Mail: cb@kongressentiell.de

© Springer Fachmedien Wiesbaden GmbH 2017   125
C. Bühnert und S. Luppold (Hrsg.), *Praxishandbuch Kongress-, Tagungs- und Konferenzmanagement*, DOI 10.1007/978-3-658-08309-0_10

Vorbemerkung des Autors

„Wir kommen nun zu den Definitionen."

Was bei Studierenden nicht zwingend Glücksgefühle und bei Veranstaltern durchaus fragende Blicke auszulösen vermag, steht für mich im Mittelpunkt und am Anfang allen Handelns. Warum? Weil die Beschaffenheit des „Produkts Veranstaltung" buchstäblich Ausdruck im Begriff finden muss. Und da beginnt das Problem: Die Heterogenität der Veranstaltungsformate hat zwar eine stattliche Bibliothek an Blaupausen für die Veranstaltungsgestaltung entstehen lassen, aber auch einen großen rhetorischen Spielraum. Hier die inflatorische Begriffswelt im Spiegel einer wie auch immer ausgeprägten Kreativität. Dort die verbale Beschränkung auf das alles und nichtssagende Etikett „Event". Gewiss drückt beides auf seine eigene Weise Modernität aus, allerdings mit Neigung zur sprachlichen Oberflächlichkeit. Die Grenze zwischen der begrifflichen Vielfalt und rhetorischen Trugbildern wird damit freilich löchrig. Deshalb appelliere ich – ob in der Rolle als beauftragter Organisator, Coach oder als Dozent – immer wieder gebetsmühlenartig an ein „produktpolitisches Denken". Per Definition an die Veranstaltungs- beziehungsweise Programmgestaltung heranzugehen, das ist der richtige systematische Weg.

1   Von der Zusammenkunft zum Kongress

Ein Kongress ist der Wortherkunft nach eine Zusammenkunft (lat.: „congressus"). Demnach gibt es Kongresse jenseits von Aufzeichnungen schon lange, nämlich seitdem sich Menschen organisiert austauschen und eine Sache beraten. Mit den historischen Stilmitteln hat ein Kongress heute allerdings nicht mehr viel gemein. Und dennoch: Es ist eine Zusammenkunft von Menschen geblieben, die Wissen und Gedanken austauschen, sich zu Meinungen bekennen und über Sach- beziehungsweise Personalfragen entscheiden. Zugleich entpuppen sich die im Laufe der Geschichte entstandenen Formate als Ableger politischer und kirchlicher Veranstaltungen oder des Bildungsalltags in Schulen und Hochschulen. Kongresse sind Versammlungsorte für Menschen und Austragungsorte für eine Fülle von Veranstaltungsformaten geworden. Alles, was unter dem Dach eines Kongresses stattfinden kann, ist daher Gegenstand der Begriffsbestimmungen.

Trotz tiefer historischer Wurzeln hat die Entwicklung neuer Veranstaltungsformate erst zum Ende des vergangenen Jahrhunderts Geschwindigkeit aufgenommen, was nicht zuletzt mit den digitalen Medien und einem veränderten Kommunikationsverhalten zusammenhängt. Die Grundmuster der Veranstaltungsformate sind freilich unverändert geblieben: ein Brennpunkt, ein Geschehen im Raum, verkörpert von einer oder mehreren Personen im sogenannten Rampenlicht, die vortragen, vorführen oder moderieren. Optik und Inszenierung täuschen unterdessen darüber hinweg, dass jedem Veranstaltungsformat diese gleichen Grundmuster zugrunde liegen. Sie finden sich in der gesamten Bandbreite der Veranstaltungen wieder, sei es bei einem Kongress mit Tausenden von Teilnehmern oder in einer kleinen Arbeitsgruppe. Im Unterschied dazu bestimmt die Anzahl der Teilnehmer die Intensität der Kommunikation und den Grad der Interaktivität. Interaktivität ist vor allem gegenwärtig sowohl Anforderung als auch Antrieb. Während in Kleingruppen ausgiebig wechselweise kommuniziert und interagiert wird, stoßen große Veranstaltungen dabei an ihre Grenzen. Zuhören steht im Vordergrund. Fragerunden am Ende von Vortragseinheiten bieten nur eingeschränkt bilaterale Kommunikation, weshalb vermehrt Technik (elektronische Abstimmungs- beziehungsweise Feedbacksysteme) zum Einsatz kommt, um überhaupt Interaktionsmöglichkeiten für alle Teilnehmer zu schaffen. Kommunikation miteinander findet hier verstärkt in den Pausen statt (Bühnert 2013, S. 200).

Nicht selten wird in der Interpretation zwischen klassischen und innovativen Veranstaltungsformaten unterschieden. Dies ist zum einem wenig schmeichelhaft, zum anderen mitunter gewagt und letztlich auch nicht hilfreich bei der Charakterisierung. Die Beschreibung von Anlässen wird gelegentlich schon für eine Zielformulierung gehalten, eine genauere Betrachtungsweise ist aber sinnvoll (Domning et al. 2009, S. 120).

1.1   Die Anatomie einer Veranstaltung

Allen Veranstaltungsformaten gemein ist, dass Menschen aus Wissenschaft, Wirtschaft, Politik, Sozialwesen, Gemeinwesen oder anderen Interessengruppen in einem bestimmten Zeitraum an einem festgelegten Ort zusammenkommen (Beckmann et al. 2006, S. 38). So verschieden die an den Veranstaltungen teilnehmenden Menschen in Sachen Wissensstand, Funktion, Entscheidungsbefugnis etc. auch sein mögen, sie eint das Motiv, Neues erfahren, begreifen, erleben und in die Tat umsetzen zu wollen. Dabei macht es keinen Unterschied, ob die auf und mit Veranstaltungen verbreiteten Inhalte und Botschaften wissenschaftlicher, ökonomischer, politischer, sozialer, gesellschaftlicher, weltanschaulicher oder anderer ideologischer Natur sind. Dieser einfachen Betrachtungsweise zufolge lassen sich Ziel und Zweck von Veranstaltungen anhand von markanten Bestimmungen typisieren:

- Kompetenzerweiterung (Aus-, Fort- und Weiterbildung, Wissenstransfer, Innovationen)
- Identifikation (Motivation, Meinungsbildung, Kundgebung, Überzeugung, Kundengewinnung)
- Kommunikation (Information, Gedankenaustausch, Aussprache, Inspiration)
- Entscheidungsfindung (Debatte, Zielsetzung, Lösungen, Arbeitsauftrag)

Diese vier Bestimmungen präjudizieren die Architektur einer Veranstaltung, während Aufmachung und räumliche Dimension lediglich das sichtbare Ergebnis des Gestaltungsprozesses sind.

1.1.1 Wesen und Charakter der Veranstaltungsformate

Die entscheidenden Unterschiede werden sichtbar, wenn man Veranstaltungsformate nach Wesensmerkmal/Ziel/Zweck, Inhalt/Fokus und Gestalt/Ausführung charakterisiert. Daran ist zu erkennen, ob der methodische Schwerpunkt auf Dialog, Lernen, Erfahrungsaustausch, Berichterstattung, Rechenschaftslegung, Präsentation (Verfahren, Methode, Produkt), Proklamation und/oder Beschlussfassung liegt. Aus Sicht der Produktpolitik handelt es sich hierbei um eine Produktvariation. Viele Veranstaltungsformate, vor allem die großen und komplexen, weisen in unterschiedlicher Gewichtung mehr als eine Bestimmung auf.

1.1.2 Kompetenzerweiterung

Signifikantes Wesensmerkmal der Veranstaltungsarten Kongress, Fachtagung, Seminar, Workshop, Kolloquium und Postersession ist die Kompetenzerweiterung.

- Kongress:
  - Wissenstransfer (Studien, Lehrmeinungen, Leitlinien aus/für Wissenschaft und Forschung), Fort- und Weiterbildung, Innovationen
  - Generalthema mit Schwerpunktsetzungen und thematischen Vertiefungen, Forschungsergebnisse
  - Lernen, Erfahrungsaustausch und Präsentationen (Verfahren, Methoden, Produkte)
  - parallel verlaufende – oft als Sitzungen, Sessions oder Break-outs titulierte – Veranstaltungsformate (insbesondere Symposien, Seminare, Workshops), Plenarsaal, mehrere Vortragssäle und Sitzungsräume, Posterausstellung und Postersessions, begleitende Ausstellung oder Messe (kommerzielle Präsentation von Produkten, Verfahren, Dienstleistungen), Fachexkursionen, fachliches, kulturelles oder gesellschaftliches Rahmenprogramm
  - analoge Charakterisierung für Fachkongress
- Fachtagung:
  - Fort- und Weiterbildung
  - Fachgebiet/Leitthema und zeitweise Beleuchtung ausgewählter Aspekte in Arbeitsgruppen oder Workshops
  - Dialog, Lernen und Präsentationen (Verfahren, Methoden, Produkte)
  - Plenarsaal und einige wenige Tagungsräume, Wortherkunft „Tag" bezieht sich nicht auf eine Veranstaltungsdauer (Bühnert 2003, S. 845), begleitende Ausstellung
  - analoge Charakterisierung für Fachkonferenz, Jahrestagung, dto. für viele – unpräzise – als „Tagung" bezeichnete wissenschaftliche Veranstaltungen
- Seminar:
  - Fort- und Weiterbildung (Fachkompetenz), lat.: „seminare" („säen")
  - Fachgebietsschwerpunkt, Lehrplan
  - Lernen, Lehrveranstaltung mit einer oder mehreren fachlich kompetenten Lehrkräften

- Unterrichtssituation (Weitergabe und Vertiefung von Fachwissen, Hilfestellungen), interaktiv, mitunter periodisch, Teilnehmer in einem Raum, oft zeitweise Aufteilung in Arbeitsgruppen
- analoge Charakterisierung für Kurs, Lehrgang, Schulung
- Workshop:
  - Fort- und Weiterbildung (Fach- und Methodenkompetenz), auch Lernstatt/Werkstatt genannt
  - Fachgebietsschwerpunkt, anwendungsorientiert
  - Lernen und – auf Methodik fokussierte – Präsentationen, Lehrveranstaltung mit Moderation und Anleitung
  - Übungssituation (Umgang mit Methoden, Techniken, Apparaten und Hilfsmitteln, das heißt buchstäblich „Hand anlegen", engl.: „hands-on workshop"), Optimierung von Fähigkeiten oder Fertigkeiten, ausgesprochen interaktiv, in aller Regel je Aufgabenstellung einmalig, Teilnehmer in einem Raum
  - analoge Charakterisierung für Gruppenarbeit, Training
- Kolloquium:
  - Ausbildung/Studium, Wissenstransfer
  - ausgewählte wissenschaftliche Fragestellungen und Forschungsergebnisse, Evaluierung, Prüfungsrelevanz
  - Dialog und Lernen
  - interaktiv, Teilnehmer in einem Raum
- Postersession:
  - Wissenstransfer (Forschung), Innovationen (Methoden, Verfahren, Produkte)
  - wissenschaftliche Studien/Erkenntnisse
  - Dialog und Lernen
  - Präsentation in einer thematisch gegliederten Posterausstellung, Vorstellung/Erklärung von Studienergebnissen (spontan bilateral oder in von Experten geführtem Posterrundgang), interaktiv, Platzierung im Foyer oder in einer Messe- beziehungsweise Ausstellungshalle (per Stellwandsystem)

1.1.3 Identifikation

Verbundenheit zu einer Sache, zu einem Auftrag und/oder zu einer Gruppe, also Identifikation schaffen vor allem Tagungen, Hearings und Kick-off-Meetings.

- Tagung:
  - Meinungsbildung, Motivation, Kundgebung
  - Leitthema/-motiv und aktuelle Fragestellungen beziehungsweise Satzungsauftrag (zum Beispiel Parteien, Verbände, Gewerkschaften, Kirchen/Synoden, Religions- und Glaubensgemeinschaften), Wahlen, Leitantrag und Sachanträge
  - Dialog, Berichterstattung, Rechenschaftslegung und Beschlussfassung
  - Plenum, kein Parallelprogramm, begleitende Ausstellung

- Hearing, Anhörung:
  - Überzeugung, Meinungsbildung
  - wissenschaftliche und politische Themen
  - Berichterstattung und (informelle) Rechenschaftslegung
  - Partizipation betroffener Personengruppen/Institutionen, ein Saal/Raum
- Kick-off-Meeting:
  - Motivation, Kundgebung, Überzeugung
  - Projekt- oder Kampagnenstart, Produkteinführung
  - Erarbeitung oder Operationalisieren von Zielen und Strategien durch Teilnehmer (insbesondere Mitarbeiter, Geschäftspartner), dient auch der Proklamation
  - interaktiv und kreativ, ggf. Aufteilung in Arbeitsgruppen, entsprechend unterschiedlicher Raumbedarf (Domning et al. 2009, S. 114 f.)

1.1.4 Kommunikation

Der fachliche Exkurs und die Diskussion, also die Kommunikation schlechthin, stehen im Vordergrund von Symposien, Konferenzen und Round-Table-Discussions sowie im Mittelpunkt von Science Slam, Campfire und Warp Conference.

- Symposium:
  - Information, Gedankenaustausch, im antiken Griechenland als geselliges Beisammensein bekannt (Beckmann et al. 2006, S. 71)
  - wissenschaftliche oder philosophische Themen
  - Dialog in Expertenrunde vor/mit Fachpublikum (Bühnert 2003, S. 845), Präsentationen und Erfahrungsaustausch
  - Teilnehmer in einem Saal/Raum
  - analoge Charakterisierung für Forum, Expertenforum
- Konferenz:
  - Information, Gedankenaustausch, Aussprache, lat.: „conferre" („zusammentragen, beitragen, mitwirken")
  - Generalthema, Handlungs- beziehungsweise Problemlösungsbedarf
  - Dialog, Berichterstattung und Beschlussfassung (Leitbilder, Rahmenbedingungen)
  - unterschiedlicher Raumbedarf (Plenarsaal, mehrere Vortragssäle und Sitzungsräume für politische Veranstaltungen, zum Beispiel Klimakonferenz, Friedenskonferenz, Geberkonferenz, dagegen ein Sitzungssaal/-raum bei Vorständen, Kollegien, Stäben, Kommissionen, Komitees etc.)
  - Sonderformen: Pressekonferenz (Berichterstattung in Vortragsform), General- und Ministerkonferenz (beide zugleich Organe)
- Round Table:
  - Information, Gedankenaustausch, Inspiration
  - Fragestellungen innerhalb eines Fachgebiets oder einer Interessengruppe
  - Dialog und Erfahrungsaustausch
  - ausgesprochen interaktiv, Teilnehmer in einem Raum an mehreren runden Tischen, zentrale Moderation

- integriert vor allem in Kongresse
- steht auch als Synonym für spontane weiterführende Gespräche von Interessengruppen nach offiziell beendeten Veranstaltungsteilen (in weiteren kleinen Räumen, Besprechungsecken, Lounges etc.)
- weiterentwickelt als World-Café
- Science-Slam:
  - Gedankenaustausch, Inspiration
  - pointierte wissenschaftliche Inhalte
  - Präsentationen (kurze Taktzeiten), auch via Web
  - kompetitiv, interaktiv (Vortragende stehen miteinander im Wettbewerb, Vorträge/ Präsentationen werden vom Publikum live/online bewertet), ein Saal/Raum
- Campfire:
  - Information, Inspiration
  - Innovationen, Erkenntnisse zu Einzelthema
  - Dialog, Erfahrungsaustausch
  - kurzes Impulsreferat (3–5 min.) von einem Experten
  - moderiertes Gruppengespräch (Interaktion in einem kleinen Kreis), unter anderem Vertiefung der Veranstaltungsinhalte, Teilnehmer sitzen im Kreis (auf Hockern, Sitzwürfeln, Bänken im Foyer, in der Ausstellung), ein Ablagetisch in der Mitte symbolisiert das Lagerfeuer
- Warp Conference:
  - Information, Inspiration
  - Leitthema oder B2B-Kontaktmanagement („Speeddating")
  - Dialog, Präsentation
  - Informationsaustausch an Zweiertischen, kollektiver Tischwechsel nach wenigen Minuten, Dokumentation der bilateral entwickelten Ideen beziehungsweise B2B-Gesprächsinhalte, ein Saal/großer Raum

1.1.5 Entscheidungsfindung

Das Ziel, Entscheidungen in der Sache und über Verantwortungsbereiche beziehungsweise Personen zu treffen, prägt Versammlungen, Open-Space-Foren, World Cafés, Klausurtagungen und Sitzungen.

- Versammlung:
  - Debatte, Zielsetzung, Arbeitsauftrag
  - Generalthema, Satzungs-, gesetzlicher oder parlamentarischer Auftrag
  - Berichterstattung, Rechenschaftslegung, Proklamation, Beschlussfassung (beziehungsweise Gesetzgebung)
  - Halle, Plenarsaal oder auf Plätzen (Open Air)
  - häufig tituliert beziehungsweise spezifiziert als Haupt-, General-, Voll- oder Mitgliederversammlung

- Open Space:
  - Zielsetzung, Lösungen, Arbeitsauftrag
  - aktuelle, komplexe Fragestellungen einer Interessengruppe im Rahmen eines Generalthemas
  - Dialog, Erfahrungsaustausch und Beschlussfassung
  - Themenfestlegung durch Teilnehmer (zu Beginn in großem Kreis platziert), Arbeitsgruppen zu Fragestellungen entstehen durch Beteiligung ("Abstimmung mit den Füßen"), keine Tagesordnung, keine Referenten, Plenum und mehrere, meist kleine Räume (Beckmann 2006, S. 72 f.)
- World Café:
  - Zielsetzung, Lösungen
  - Handlungsbedarf in einem konkreten Themen- oder Arbeitsfeld
  - Dialog, Erfahrungsaustausch
  - Diskussion in Kleingruppen, mit Moderation am Tisch, "kreative" Dokumentation (Papiertischdecken, Plakatwände, …), Austausch der Ergebnisse, mindestens drei Diskussionsrunden (à 15–45 min.) mit wechselnden Besetzungen
- Klausurtagung:
  - Lösungen
  - Aufgabenstellung, Problemlösungsbedarf
  - Dialog und Beschlussfassung
  - interaktiv, Teilnehmer in einem Raum, zeitweise Aufteilung in Arbeitsgruppen
- Sitzung:
  - Lösungen, Arbeitsauftrag
  - Fragestellungen innerhalb eines Fachgebiets oder einer Interessengruppe, Projekte
  - Dialog, Berichterstattung und Beschlussfassung
  - interaktiv, Teilnehmer in einem Raum, Zusammenkunft einmalig oder – bei Gremien/Arbeitskreisen – periodisch

1.2   Treffpunkt Zielgruppe

Oft stößt man auf Begriffe, die auf die Eigenschaft des Veranstalters oder auf die Zielgruppe schließen lassen. Sie bezeichnen kein konkretes Veranstaltungsformat, sondern Marktsegmente oder spezifische Gesetzmäßigkeiten. So verkörpern Corporate-/Business-/Consumer-Events (oder schlicht: Firmenveranstaltungen) die Veranstaltungsaktivitäten von Wirtschaftsunternehmen, die damit Kunden, Geschäftspartner, Shareholder und/oder Mitarbeiter ansprechen. Association-Meetings wenden sich an Mitglieder, Experten, Berufsgruppen, Öffentlichkeit und/oder Politik. Public Events können überbegrifflich für die Ansprache der Öffentlichkeit durch Veranstalter aller Couleur verstanden werden. Charity-/Social-/Cultural-Events (auch CSC-Events genannt) wenden sich an die Öffentlichkeit und/oder Multiplikatoren und verfolgen in aller Regel soziale beziehungsweise soziokulturelle Ziele.

1.3 Leitplanken für die Veranstaltungsplanung

Kongresse, Versammlungen und manche politische Konferenz bringen bis zu vierstellige Teilnehmerzahlen zustande. Die Fülle an Themen und die verschiedenen integrierten Veranstaltungsformate bedingen eine zwei- bis mehrtägige Veranstaltungsdauer. Fachtagungen, Tagungen, Symposien, fachlich orientierte Konferenzen und Open-Space-Foren umfassen einige bis mehrere Hundert Teilnehmer, die einen oder mehr Tage lang zusammenkommen. Alle anderen Veranstaltungsformate liegen bei deutlich unter hundert Teilnehmern, was in erster Linie didaktischen Überlegungen geschuldet ist. Der Zeitbedarf variiert stark und ist nicht symptomatisch. Workshops, Kolloquien, Sitzungen sowie in Kleingruppen aufgeteilte Round Tables und Postersessions liegen ebenfalls aus didaktischen oder aus organisatorischen Erwägungen bei ± 10 Teilnehmern.

Darauf zu achten ist, dass Veranstaltungsarten in ihrer Leistungsfähigkeit nicht überstrapaziert werden, vor allem, wenn bei Veranstaltungen, die auf Interaktivität und breite Mitwirkung ausgelegt sind, jegliche didaktischen Ansätze durch eine zu hohe Teilnehmerzahl untergraben werden.

1.4 Didaktische und emotionale Bausteine

Das Bühnengeschehen von Veranstaltungen mit drei- und mehrstelligen Teilnehmerzahlen wird dominiert von Vorträgen (gegebenenfalls mit anschließenden kurzen Fragerunden), Kurzvorträgen/Orals (bei wissenschaftlichen Veranstaltungen meist im einstelligen Minutenbereich getaktet), Plenumssitzungen (mit hervorgehobenen Vorträgen, engl.: „keynotes", „lectures"), Präsentationen (Projektion elektronischer Charts, Videos, Liveübertragungen), Impulsreferaten (als Einstieg in den fachlichen Dialog), Podiums- oder Pro- und Kontra-Diskussionen (moderierte Diskussion von zwei und mehr Diskutanten mit konträren Auffassungen). Damit wird Abwechslung angesichts geringer Spielräume für interaktive Elemente in großen Auditorien geschaffen. Interaktivität und unterrichtsähnliche Wissensvermittlung stehen dagegen bei Veranstaltungen mit weniger als hundert Teilnehmern im Vordergrund, weil Lernerfolg und Beratungsergebnisse eine aktive und breite Mitwirkung der Teilnehmer erfordern. Dies gilt dann wiederum auch für den Teil jener großen Veranstaltungen (vor allem Kongresse und Fachtagungen), die solche interaktiv ausgerichteten Veranstaltungsformate in das Programm integrieren. Auch ein Ortswechsel bereichert. So können Fachexkursionen zu Einrichtungen im größeren Umkreis der Veranstaltungsdestination, die zum Veranstaltungsthema einen inhaltlichen Bezug haben (zum Beispiel Produktionsanlagen, Forschungslabore, Medizintechnik), das Lernangebot erweitern und einen erlebbaren Praxisbezug schaffen.

Um Resonanz beziehungsweise Mitwirkung zu fördern, lassen Veranstalter Unterhaltungselemente in die Veranstaltung – kommuniziert als Rahmenprogramm – einfließen. Konservative und etablierte Formate sind:

- Bankett: festliches Essen in protokollarischem Rahmen mit Ansprachen und Ehrungen, überwiegend Kongressdinner oder Gesellschaftsabend genannt
- Ball: eine meist von Ansprachen umrahmte Gesellschaftstanzveranstaltung
- Get-together: erstes gemeinschaftliches formloses Zusammenkommen, in aller Regel als Stehempfang und dann oft in der begleitenden Ausstellung
- Klassikkonzerte: kulturelles Ereignis zur Eröffnung der Veranstaltung mit Ansprachen, Ehrungen und gelegentlich karitativen Aktivitäten, vergleichbar mit einer Gala
- Referentendinner und touristische Exkursionen

Einen Schritt weiter gehen Veranstalter mit der unmittelbaren Anreicherung ihrer Lehr- oder Informationsveranstaltung durch unterhaltende oder spielerische Elemente, „Edutainment" oder auch „Infotainment" genannt. Edutainment ist eine Wortschöpfung bestehend aus Wortteilen von „Education" (Bildung) und „Entertainment" (Unterhaltung). Edutainment beschreibt den Einsatz elektronischer Mittel (Audio, Video, Licht), besondere Inszenierungen (Bühnenkulisse, Schauspiel) sowie Spiele oder Redner mit Entertainment-Affinität zur Förderung der Gruppendynamik (Gabler Wirtschaftslexikon, Stichwort: Edutainment, Gabler Verlag 2012).

1.5   Globaler Erfindergeist

Internationale Kongresse werden im Angelsächsischen als „Convention" bezeichnet (Schreiber 2012, S. 6), In der Praxis werden die Begriffe „Meeting" und „Symposium" synonym dazu verwendet. Internationale Kongresse sind gekennzeichnet durch Bündelung und Dokumentation interkontinentalen beziehungsweise länderübergreifenden Wissens (häufiges Ziel: Themenhoheit), inhaltlichen Input beziehungsweise Referenten aus zwei oder mehr Kontinenten, international besetzte Komitees sowie international operierende Veranstalter beziehungsweise Träger.

Auf dem internationalen Parkett beziehungsweise im internationalen Sprachgebrauch entstehen fortlaufend kreative Veranstaltungsdesigns beziehungsweise Wortschöpfungen, die bei näherer Betrachtung herkömmliche Veranstaltungsarten oder Gestaltungselemente erkennen lassen:

- Teaching-Lecture: Vortrag eines anerkannten Experten zu einem aktuellen Thema, in der Folge Diskussion mit dem Publikum

- Focus-Session: Präsentation beziehungsweise Demonstration von Methoden und Techniken zu aktuellen Fragestellungen und Entwicklungen durch Experten, hoher videotechnischer Aufwand, anschließend Podiumsdiskussion und Interaktion mit dem Publikum mithilfe elektronischer Abstimmungs- beziehungsweise Feedbacksysteme
- Challenge the Expert/Meet the Expert: interaktive Sitzung, Präsentation einer Fallstudie durch den Moderator, gefolgt von einer Diskussion zwischen Publikum und Experten
- Keynote-Symposia: neue Erkenntnisse aus der Grundlagenforschung, Überblick durch eingeladene(n) Keynote Speaker, gefolgt von drei bis vier weiteren Präsentationen zum Thema
- Science-Symposia: Präsentationen von eingeladenen und aus einem Abstract-Einreichungsverfahren ausgewählten Verfassern/Rednern
- Late Breaking Abstracts/Best Abstracts: herausragende Forschungsergebnisse (Studien, eingereicht als Abstracts) und wichtige Abstracts von vorangegangen anderen Veranstaltungen
- Updates: Vermittlung neuer Erkenntnisse aus der Forschung, Vorträge von Experten im Plenum oder in Seminaren
- Refresher: Auffrischung des Wissens beziehungsweise Könnens für die Praxis, Vorträge durch Experten in Unterrichtsform, praktische Übungen
- Debate: Debatte im Oxford-Union-Format, Präsentation einer Resolution durch zwei Personen, Gegenrede von zwei Personen, jeweils unterstützt von einem Sekundanten
- Wrap-up-Session: mündliche kurze Zusammenfassung eines wissenschaftlichen Symposiums
- Management-Workshop: interaktive Sitzung mit zwei Koordinatoren, Präsentation einer Fallstudie zum Lerninhalt der Veranstaltung, Diskussion der Managementoptionen, Interaktion und Diskussion mit dem Publikum

Eine besondere Spielart sind Barcamps, die wegen ihrer unkonventionellen Gestalt auch als „Unconference" bezeichnet werden. „Bar" (US-amerikanische Alltagssprache: „total durcheinander") ist ein Begriff aus der Programmiersprache (Variable, Platzhalter für Dateien, Prozesse oder Ähnliches), „Camp" entspringt dem Wort „Camping". Barcamps entstehen aus der Kommunikation einer an einem speziellen Fach oder Thema interessierten Gruppe, die sich in Internetforen oder Blogs austauscht und schließlich im Rahmen einer eigens organisierten (Live-)Veranstaltung zusammenkommt. Vorträge und Diskussionen kennzeichnen ein Barcamp, was es mit einem Symposium vergleichbar macht. Weil das tägliche Programm durch die Teilnehmer anhand von – auf Whiteboards oder Pinnwänden bekundeten – Vorschlägen selbst festgelegt wird und damit aktive Beteiligung gefördert und gefordert wird, ist ein Barcamp vor allem durch die Open-Space-Methodik geprägt.

Mit einem Barcamp verwandt ist die Lift-Conference. Die Teilnehmer an dieser Veranstaltungsserie nehmen am Veranstaltungsort oder online (soziale Netzwerke, Blogs) teil und bestimmen beziehungsweise gestalten das Programm aktiv mit. In vorbereiteten Talkrunden und Workshops sowie im vom Publikum gestalteten „Open Program" werden Problemstellungen diskutiert. Themenvorschläge und Abstimmungen werden online organisiert. Spiele und Kreativitätsübungen dienen der Auflockerung.

1.6   Nomen est omen

Man kann es sich bildlich vorstellen: Wenn ein Veranstaltungsformat nicht das passende Fundament zur Veranstaltung darstellt, oder wenn es sich nur um eine pure Fassade handelt, gerät die Statik außer Kontrolle. Beides wird ein Veranstaltungskonstrukt zwar nicht zum abrupten Einsturz bringen. Aber die Veranstaltung wird nicht in der Form wahrgenommen, wofür sie erdacht wurde. Und es werden Erwartungen an sie gestellt, die sie nicht erfüllt. Veranstaltungsformate sind nicht irgendwelche Begrifflichkeiten, die dem Klang nach und nach Belieben vergeben werden können. Name ist Programm. Die Eigenschaften der Veranstaltungsformate kann man sich in zweierlei Hinsicht bei der Programmplanung zu eigen machen: als Anleitung, welche Stilmittel eingesetzt werden können sowie als Botschaft, wie das „Produkt Veranstaltung" konstruiert ist. Um bei dem Bild eines Gebäudes zu bleiben – der Kreativität des Architekten sind keine gestalterischen Grenzen gesetzt, solange Fundament und Statik stimmen. Das gilt analog für den Veranstalter.

Literatur

Beckmann K, Kaldenhoff A, Kuhlmann HE, Lau-Thurner U (2006) Seminar-, Tagungs- und Kongressmanagement. Cornelsen, Berlin

Bühnert C (2003) Mehrwert für Messen durch Veranstaltungskombinationen. In: Kirchgeorg M, Dornscheidt WM, Giese W, Stoeck N (Hrsg) Handbuch Messemanagement. Gabler, Wiesbaden, S 839–851

Bühnert C (2013) Veranstaltungsformat. In: Dinkel M, Luppold S, Schröer C (Hrsg) Handbuch Messe-, Kongress- und Eventmanagement. Wissenschaft & Praxis, Sternenfels, S 199–212

Domning M, Elger CE, Rasel A (2009) Neurokommunikation im Eventmarketing. Gabler, Wiesbaden

Gabler Verlag (Hrsg) (2012) Gabler Wirtschaftslexikon, Stichwort: Edutainment. http://wirtschaftslexikon.gabler.de/Archiv/85285/edutainment-v5.html. Zugegriffen: 12. Nov. 2012

Schreiber M-T (2012) Kongress, Tagungen und Events. Oldenbourg, München

Über den Autor

Claus Bühnert, Dipl.-Betriebswirt (BA), ist seit über zwei Jahrzehnten in Leitungsfunktionen der Kongressbranche zu Hause, zunächst als Leiter des Kongressbüros Stuttgart, dann des Messe Congress Centrums Stuttgart und schließlich von Thieme Congress. Seit 2013 begleitet und coacht er Kongressveranstalter in selbstständiger Tätigkeit (Claus Bühnert KONGRESSENTIELL). Er hatte mehrere Funktionen in Verbänden inne, darunter bei der Deutschen Fachpresse (Vorsitzender der Kommission Veranstaltungen, 2011–2014) und der ICCA (Chairman German Committee, 2001–2011). Er ist Dozent an der Dualen Hochschule Baden-Württemberg (DHBW) in Ravensburg, an der Internationalen Event- & Congress Akademie in Mannheim und an der VDZ Akademie (Akademie des Verbands Deutscher Zeitschriftenverleger) und außerdem Prüfungsausschussvorsitzender für Veranstaltungskaufleute in der IHK Region Stuttgart.

Digitale, virtuelle und hybride Konferenzformate

Die Welt der Digitalisierung in der Veranstaltungslandschaft

Timo Mildenberger und Max Burger

Zusammenfassung

Über welche Themen sprechen die Kunden? Welche Einflüsse wirken auf die Wirtschaft ein? Wie verändert sich das Leben in der Gesellschaft? Es gibt sicherlich noch viele weitere grundlegende Fragen, die einem Veranstalter in der heutigen Zeit durch den Kopf gehen, wenn er nach neuen Ideen und Inspirationen für sein nächstes Event sucht. Betrachtet man retrospektiv die ausschlaggebenden Entwicklungen der Veranstaltungsbranche der letzten zehn Jahre, so wird man feststellen, dass die Digitalisierung auch hier Einzug gehalten hat. Dabei sollen an dieser Stelle nicht digitale Tonmischpulte, Online-Ticketing oder intelligentes Teilnehmermanagement im Fokus stehen – wobei auch diese und weitere digitale Technologien erheblich zur Steigerung von Qualität und Effizienz von Konferenzen beigetragen haben –, sondern vielmehr die vielfältigen Applikationen der makroskopischen digitalen Welt im Mikrokosmos der Eventbranche beschrieben werden.

Und genau hier kommen die eingangs erwähnten Kernfragen bereits zum Tragen: Veranstaltungsformate orientieren sich immer an den aktuellen Bedürfnissen der Gesellschaft, der Wirtschaft oder auch der Politik. In allen drei Bereichen hat sich der Trend zur Digitalisierung fest als elementarer Bestandteil verankert. Wie Gartner im Hype-Cycle (o. V., Gartner's 2015 hype cycle for emerging technologies, http://www.gartner.com/newsroom/id/3114217, zugegriffen: 23. Apr. 2016, 2015a) aufzeigt, sind wir umfassend von Technologien in unserem Leben umgeben. Und somit bleibt die Frage nach den Anwendungsmöglichkeiten genau jener Technologien in Eventformaten nicht offen, sondern bedarf eher einer genaueren Klassifizierung; die

T. Mildenberger (✉) · M. Burger
Mannheim, Deutschland
E-Mail: t.mildenberger@outlook.com

© Springer Fachmedien Wiesbaden GmbH 2017   139
C. Bühnert und S. Luppold (Hrsg.), *Praxishandbuch Kongress-, Tagungs- und Konferenzmanagement*, DOI 10.1007/978-3-658-08309-0_11

Beschreibung der wichtigsten Formate für den Puls der Eventbranche – nämlich unserer Kongresslandschaft – ist folglich unerlässlich.

Abschließend, wenn es auch ein wenig philosophisch anmuten mag, sollen wichtige Reflexionen ausgelöst werden, um einen erfolgreichen Einsatz von digitalen, virtuellen oder hybriden Konferenzformaten darzulegen.

Vorbemerkungen der Autoren

„Sein oder Nichtsein, das ist hier die Frage", man könnte Hamlet auch in unsere heutige digitale Welt interpretieren. Nullen und Einsen bestimmen in der Digitalisierung den Puls der Zeit. Doch ganz so leicht lässt sich die Veranstaltungsbranche nicht in Bits und Bytes abstrahieren. Vielmehr zeigt sich mir in meinem täglichen Eventumfeld, dass gerade der Bereich zwischen null und eins, sozusagen die Grauzone der Digitalisierung, viel spannender und abwechslungsreicher den Gesellschaftsfaktor „Event" gestaltet als die vollständige Abstraktion. Somit steht für mich außer Frage, wohin die digitale Reise unserer Branche geht, nämlich in die Mehrdimensionalität zwischen Vertikalisierung der Anwendung, Horizontalisierung der Kreativität und Tiefenschärfe des Mehrwerts.

Timo Mildenberger

Der Trend zur Digitalisierung stellt die Eventbranche vor eine Vielzahl komplexer Herausforderungen, er bedeutet aber ebenso einen grundlegenden Paradigmenwechsel in der Inszenierung von Eventerlebnissen und Livekommunikationsmaßnahmen. Unsere alltägliche Umwelt wird immer digitaler, was einerseits Angriffsfläche für Kritik bieten mag, andererseits jedoch auch einen gigantischen Kosmos an Möglichkeiten eröffnet, an dem sich Kreative und Eventschaffende bedienen können. Einige Event- und Kongressveranstalter sind schon früh auf den Zug der digitalen Innovation aufgesprungen, andere Organisationen benötigten für diesen Schritt etwas mehr Zeit oder befinden sich gar noch auf dem Sprungbrett. Sicherlich bieten heutige digitale Eventformate noch nicht für alle Unternehmen, Zielgruppen und Events passende Lösungen. Doch in spätestens fünf bis zehn Jahren, wenn die heute noch jungen Digital Natives zur nächsten Generation von Kunden, Geschäftspartnern und Eventbesuchern herangewachsen sein wird, wird sich dies grundlegend ändern. Nicht nur aus diesem Grund ist es sinnvoll, die digitalen Entwicklungen in der Eventlandschaft aufmerksam zu verfolgen.

Max Burger

1   Einführung: Kongresse, Konferenzen und Events

Konferenzen, Tagungen und Kongresse können – ähnlich wie Sport-, Kultur- oder Musik-events – als spezielle Dienstleistung mit einem thematischen Inhalt, wie beispielsweise Wirtschaft, Wissenschaft oder Erfahrungsaustausch, betrachtet werden, die auf die Bedürfnisse der Veranstaltungsbesucher ausgerichtet sind (Diller 2001, S. 1722). In diesem Sinne dienen Konferenzen und Kongresse als aus besonderem Anlass anberaumte oder wiederkehrende Sitzungen dem allgemeinen Erfahrungsaustausch – neudeutsch „Conferencing" – sowie der Diskussion über ein bestimmtes Thema oder Problem (Gabler Wirtschaftslexikon 2015, Stichwort: Konferenz).

Neben den klassischen Kongressen und Tagungen haben sich in der jüngeren Vergangenheit zahlreiche Unter- und Sonderformen entwickelt, die im weiteren Verlauf dieses Kapitels thematisiert werden.

Während klassische Tagungen und Konferenzen zumeist einen stark wissenschaftlich geprägten Charakter aufweisen, haben ähnliche Formate heute auch in der Wirtschaft einen wichtigen Platz als spezielle Ausgestaltung des klassischen Marketingevents Einzug gehalten.

Der als Veranstaltung organisierte Erfahrungsaustausch zwischen verschiedenen Branchenakteuren sowie deren Anspruchsgruppen, wie beispielsweise Kunden oder Kooperationspartner, hat sich mittlerweile zu einer Sonderform zwischen Marketing-event und Kongress entwickelt. Diese Konferenzen und Tagungen im Sinne von *Content-Marketing*-Events möchten mit informierenden, beratenden und unterhaltenden Inhalten individuelle Personen und Zielgruppen ansprechen, um diese vom jeweiligen Unternehmen und dessen Leistungsangeboten zu überzeugen und sie so als Kunden zu gewinnen (o. V. 2015b). Im Vordergrund steht hierbei zumeist die Schärfung des Unternehmensprofils sowie eine öffentlichkeitswirksame Pflege bzw. Weiterentwicklung des Unternehmensimages.

Ebenso bedienen sich auch Konferenzen und Tagungen seit jeher verschiedener Bestandteile klassischer Marketing-Events und Messen, indem ein inszeniertes Umfeld den Teilnehmern firmen- und/oder produktbezogene Kommunikationsinhalte erlebnisorientiert vermitteln soll, um auf diese Weise eine Umsetzung vorgegebener Marketingziele zu erreichen (Zanger 2010, S. 5).

Diese Betrachtung zeigt, dass eine strikte definitorische Abgrenzung der Formate „Event" und „Konferenz" heute wenig sinnvoll scheint, weshalb im weiteren Verlauf dieses Kapitels auf eine begriffliche Trennung der beiden Veranstaltungsformate verzichtet wird.

Bevor sich der Beitrag den zahlreichenden digitalen Interaktionsformen und modernen Veranstaltungsformaten widmet, folgt nun zunächst eine kurze Erläuterung und Abgrenzung zwischen realen, virtuellen und digitalen Eventbestandteilen.

2 Kongresse und Events im Spannungsfeld zwischen Realität und Virtualität

Obgleich die Begriffe „Hybrid Event" und „Virtual Event" in der Eventpraxis seit geraumer Zeit weit verbreitet sind, existiert bis heute keine einheitliche Definition dieser beiden Termini. Die nachfolgend zusammengetragenen Erklärungsansätze und Definitionen aus praxisnahen Quellen sollen zunächst dazu dienen, die Verständnisbandbreite im Hinblick auf diese Formate aufzuzeigen und sie für die weitere Verwendung in diesem Beitrag zu präzisieren. In einem ersten Schritt ist zu unterscheiden, ob von einer rein virtuellen Konferenz, einer hybriden Konferenz oder einem vergleichbaren Eventformat unter Einbezug digitaler Komponenten zu sprechen ist.

2.1 Virtuelle Events und Konferenzen

Im Kern beschreibt Virtualität einen Zustand, welcher zwar nicht „echt" – im Sinne von „nicht in Wirklichkeit vorhanden" – ist, aber von den Rezipienten als echt wahrgenommen wird (duden.de 2015a, Stichwort: virtuell). Im Kontext dieses Beitrags ist unter einer „virtuellen Konferenz" folglich ein Ereignis mit vorangehend beschriebenen Eigenschaften (s. Abschn. Einführung: Kongresse, Konferenzen und Events) zu verstehen, welches zwar nicht in Wirklichkeit stattfindet, von den Teilnehmern aber dennoch als echt wahrgenommen wird. Nach Auffassung verschiedener Branchenakteure können virtuelle Events und Konferenzen die folgenden Merkmale (Salomon-Lee 2011) aufweisen:

- Virtuelle Events und Konferenzen setzen einen definierten Teilnehmerkreis voraus, welcher sich in der Regel aus Individuen des gleichen Unternehmens beziehungsweise der gleichen Profession oder zumindest der gleichen Interessengruppe zusammensetzt.
- Sie finden zu einer klar definierten Zeit und in einem definierten Zeitraum statt.
- Virtuelle Events und Konferenzen ermöglichen multidirektionale inhalts- und zweckbezogene Interaktion, Kollaboration und Kommunikation in Echtzeit.
- Sie bedürfen des Einsatzes digitaler Technologien, wie beispielsweise internetbasierter Anwendungen oder Onlinekommunikationsplattformen.
- Diese Plattformen können den Teilnehmern sowohl einen zweidimensionalen als auch einen dreidimensionalen digitalen Raum bieten, in dem sie miteinander interagieren können.
- Virtuelle Events und Konferenzen bedienen sich zudem einer Vielzahl an digitalen Übertragungskanälen um Informationen, Wissen und Meinungen auszutauschen, etwa Video- oder Chat-Applikationen sowie Up- und Download-Funktionen.
- Virtuelle Events und Konferenzen können als Unterstützung einer physischen Veranstaltung im Vorfeld und Nachgang eingesetzt werden und so die Reichweite des physischen Events drastisch erhöhen.

- Sie können geografische oder sprachliche Barrieren zwischen Teilnehmergruppen überbrücken.
- Virtuelle Konferenzen ermöglichen so beispielsweise die Einbindung von Teilnehmern, denen eine physische Teilnahme am Event verwehrt ist, und können so für die Organisatoren eine zusätzliche Einnahmequelle darstellen.
- Sie können als rein virtuelle Veranstaltung eine reale, physische Konferenz sogar vollständig ersetzen.
- Erweitert ein virtuelles Event hingegen eine reale Veranstaltung, so wird von einem „Hybrid-Event" oder einer „hybriden Konferenz" gesprochen; hierbei können Onlineteilnehmer an einer physischen Konferenz partizipieren.

2.2 Hybride Events und Konferenzen

Hybride Veranstaltungen und Konferenzen stellen eine Kombination aus einer realen Veranstaltung und beliebig vielen virtuellen Komponenten dar (o. V. 2014). Da hybride Konferenzen sowohl physische als auch virtuelle Elemente der Kommunikation miteinander verbinden, können Teilnehmer ihrer sowohl real als auch virtuell beiwohnen (o. V. 2015c).

Im Gegensatz zur rein virtuellen Konferenz findet bei der hybriden Ausgestaltung eine räumliche Trennung des Publikums statt. Während ein Teil der Rezipienten der Veranstaltung real vor Ort beiwohnt, verfolgen virtuelle Teilnehmer das reale Geschehen medial über das Internet, etwa über einen Livestream. Durch diverse Kommunikationskanäle, wie zum Beispiel Chat, Videochat oder Social-Media-Anwendungen, können sich virtuelle Teilnehmer über das Internet live am Veranstaltungsgeschehen beteiligen. So können Fragen an das Podium nicht nur von physisch anwesenden Personen, sondern auch von virtuell anwesenden Teilnehmern gestellt werden. Durch Liveschaltung eines Videochats auf die Bühne können sich Teilnehmer aus aller Welt live an den Diskussionen beteiligen. Zudem werden die auf hybriden Konferenzen diskutierten Themen und erhobenen Informationen oftmals über einen längeren Zeitraum hinweg in einem Onlinearchiv gesammelt und gespeichert, wodurch die Inhalte für die Teilnehmer auch im Nachhinein zugänglich bleiben (Schultze 2015).

Hybride Konferenzen vereinen viele Vorteile ihrer rein virtuellen oder rein realen Pendants in sich. Betrachtet man die Merkmale und Vorteile eines jeden virtuellen und realen Eventbestandteils, so können diese gar synergetische Effekte aufweisen, da der informative und kommunikative Nutzen einer hybriden Veranstaltung höher anzusiedeln ist als die Summe der einzelnen Kommunikationsbestandteile per se.

Als erläuterndes Beispiel sei im Folgenden die Organisations- und Planungsphase einer Konferenz angeführt, bei der sich diese bei hybrider Ausgestaltung fließend in die Vorfeldkommunikation integrieren kann. Setzt ein Veranstalter, beispielsweise über eine Onlineplattform, konsequent auf die fortlaufende Kollaboration und den Austausch mit seinen potenziellen Teilnehmern, so kann hieraus im besten Fall eine weitgehende Automatisierung der Konferenzplanung resultieren:

In einem ersten Schritt bittet der PCO („Professional Congress Organiser"; zu Deutsch: „Professioneller Kongressorganisator") die virtuellen Interessenten um Mithilfe bei der Wahl des thematischen Schwerpunkts der Konferenz. Hierfür können diese selbstständig interessante Vorschläge für Themen und Themengebiete einreichen, die fortan vom PCO gesammelt und verwaltet werden. In einem zweiten Schritt lässt der Organisator die Teilnehmer selbst nun virtuell über die eingereichten Vorschläge abstimmen, um diejenigen mit dem breitesten Zuspruch in der Masse zu identifizieren.

Nach einem organisatorischen Zwischenschritt des thematischen Sortierens und Ordnens können die Rezipienten nun im dritten Schritt in einem sogenannten „Call for Papers" Inhalte wie Vorträge, Poster oder Artikel einreichen. Die zugehörigen Abstracts (Titel sowie kurze und prägnante Beschreibung des Inhalts) können wiederum auf der Onlineplattform veröffentlicht werden, wo im Zuge einer weiteren Abstimmung durch das Onlinepublikum diejenigen Inhalte ermittelt werden, die schließlich auf der Konferenz live vorgetragen, in einer Postersession präsentiert oder in einem begleitenden Konferenzband publiziert werden.

Die vorangehend beschriebene Demokratisierung der Konferenzplanung kann sich durch die breite virtuelle Partizipation positiv auf die Teilnahmeabsichten der involvierten Personen auswirken, da bei der Planung ein größtmöglicher Konsens erreicht wurde. Somit kann die virtuelle Kollaboration in Hinblick auf die Konferenzplanung sowohl für die Teilnehmer einen großen inhaltlichen als auch für die Organisatoren einen wirtschaftlichen Vorteil mit sich bringen.

Durch die frühzeitige Einbindung der Teilnehmer in den Planungsprozess wird bereits bei der Vorfeldkommunikation ein ideales „Involvement" erzeugt, das sich über die reale Veranstaltung hinaus durch die verschiedenen virtuellen Kanäle auch noch lange nach deren Ende positiv auf Wahrnehmung, Erfahrungsaustausch und Informationsaustausch auswirken kann. Im Idealfall mündet die Nachfeldkommunikation, wie etwa die Bereinigung von Social-Media-Kanälen oder der begleitenden Onlinemediathek, direkt in die Auftaktplanung einer Folgeveranstaltung.

2.3   Events und Konferenzen mit digitalen Bestandteilen

Das Attribut „digital" wird heute als beliebter Zusatz zu einer Vielzahl von online stattfindenden Kommunikations- und Werbeaktivitäten nahezu inflationär verwendet. Im Kern beschreibt „digital" lediglich die Darstellung oder Übertragung von Informationen in Zeichenform, zumeist als binärer Code. Wird ein solcher Code verwendet, werden die darzustellenden oder zu übertragenden Informationen in eine Sprache übersetzt, die sich ausschließlich der Zeichen „Null" und „Eins" bedient. Im Kontext dieses Beitrags sind als digitale Eventbestandteile solche Kommunikationsmechanismen anzusehen, bei denen ein Teil der Kommunikation im Sinne einer multidirektionalen Übertragung von Informationen zwischen den Teilnehmern durch Digitaltechnik oder über digitale Übertragungsverfahren stattfindet.

Soll auf einer Konferenz oder einem Event digital mit den Protagonisten oder anderen Teilnehmern interagiert werden, ist der Einsatz eines digitalen Geräts erforderlich. Durch die mittlerweile flächendeckende Verbreitung von Smartphones und Tablet-Computern stellt dies für heutige Konferenzteilnehmer in der Regel kaum mehr eine Hürde dar. Die Kommunikations- und Interaktionsformen, die sich durch die Verwendung digitaler Übertragungswege erschließen, sind vielfältig und können in folgende Bereiche gegliedert werden:

1. **Organisation**
   - Programmplanung
   - Buchung von Sessions und Workshops
   - Reiseorganisation
2. **Interaktion**
   - Voting
   - Q & A-Sessions (Fragen und Antworten mit dem Publikum)
   - Chat und soziale Plattformen
   - Networking
3. **Information**
   - digitale Warenkörbe
   - Onlinemediathek
   - Livestreaming und Conference-on-Demand (auf Abruf)
   - digitale Postersessions

3 Virtuelle und hybride Veranstaltungsformate im Überblick

3.1 Webinar

Ein online stattfindendes Seminar, bei dem inhaltliche Fragen live gestellt und vom Präsentierenden direkt beantwortet werden können, bezeichnet man mit dem markenrechtlich geschützten Begriff „Webinar", hinter dem sich ein Kofferwort aus „Web" und „Seminar" verbirgt (duden.de 2015b, Stichwort: Webinar). Die zahlreichen Ausgestaltungsmöglichkeiten dieses Formats haben in den vergangenen zehn Jahren weltweit beachtliche Popularität erfahren.

Im Gegensatz zum reinen Livestreaming eines Vortrags, beispielsweise im Rahmen einer Kongressveranstaltung, ermöglichen Webinare durch den Einsatz bidirektionaler Übertragungstechniken Interaktivität zwischen den Vortragenden und dem Publikum. Über Rückkanäle wie zum Beispiel integrierte Chatfenster oder gar in Form von gesprochenen Beiträgen – in diesem Fall schaltet der Moderator über die Onlineplattform das Mikrofon eines virtuell Anwesenden frei – können sich die Rezipienten aktiv am Webinar beteiligen und dem Vortragenden vertiefende Fragen stellen.

Für den Einsatz im Kongress- und Tagungsbereich sind hauptsächlich die hybriden Webinare von besonderem Interesse, da neben der Präsentation mindestens ein Live-videobild des Vortragenden, oftmals aber auch des gesamten Vortragsraums mit Spre-cher, Rednerpult und Präsentation, live ins Internet übertragen werden. Auf diese Art können auch reale Interviews und Pressekonferenzen mit real anwesenden Journalisten als hybride Konferenz in Form eines Webinars live übertragen werden. In dieser Form gliedern sich Webinare als spezielle Ausgestaltung eines hybriden Events in den Kontext dieses Beitrags ein.

Bei rein virtuellen Webinaren hingegen ist die vortragende Person in aller Regel nicht selbst zu sehen, sondern überträgt neben ihrer Präsentation lediglich ihre Stimme. Häufig wird bei virtuellen Webinaren der gesamte Computerbildschirm des Vortragenden durch Screen-Sharing direkt auf die Computer der virtuellen Teilnehmer gespiegelt, sodass der Vortragende mit dem Cursor Inhalte der Folien erläutern oder mit grafischen Hilfsmitteln hervorheben kann. Softwarelösungen wie beispielsweise GoToWebinar des bekannten Softwareherstellers Citrix oder spezialisierte Onlineplattformen (zum Beispiel edudip) ermöglichen einem breit gefächerten Publikum, selbst Webinare zu organisieren und Teilnehmer zu ihren Onlineseminaren einzuladen.

Die meisten Webinar-Plattformen und Softwareanwendungen verfügen darüber hinaus über einfache Einladungs- und Teilnehmermanagement-Funktionen, mit deren Hilfe Interessierte angesprochen und zu den entsprechenden Webinaren eingeladen werden können. In der Regel ist für die Teilnahme an einem Webinar vorab eine Registrierung erforderlich, auf deren Basis der Interessent die Zugangsdaten für das Webinar oder die entsprechende Onlineplattform erhält. Häufig lassen sich die Organisatoren die Teil-nahme an solchen interaktiven Onlinetagungen auch von Teilnehmerseite in Form eines Beitrags finanziell vergüten, was das Webinar für Event- und Konferenzveranstalter über seinen Nutzen als Kommunikationsinstrument hinaus als zusätzliche Einnahmequelle interessant macht.

In Hinblick auf die Publikumssituation können Webinare vom Organisator entweder anonym oder öffentlich angelegt werden. Bei anonymem Publikum können sich die ein-zelnen virtuellen Teilnehmer untereinander nicht sehen oder anderweitig identifizieren, wodurch die Privatsphäre geschützt bleibt, während bei öffentlichen Webinaren jedem Teilnehmer die Identität seiner Mitteilnehmer im virtuellen Raum offengelegt ist. Bei öffentlichen Webinaren verfügen die Teilnehmer häufig über funktionale Nutzerprofile, die durch den Upload eines Profilbilds, Informationsangaben zu Person, Position und Unternehmen etc. individuell gestaltet werden können.

Heute kommen Webinare neben den vorangehend erläuterten Szenarien auch bei vielen Unternehmen und Organisationen zum Einsatz, um beispielsweise Mitarbeitern, Lernenden – etwa Studenten, Schüler, Seminar- oder Kursteilnehmer – oder anderen Anspruchsgruppen wie Kunden oder Interessenten Wissen und unternehmensrelevante Inhalte zu vermitteln.

3.2   Virtual Conferencing

Heutzutage finden im geschäftlichen Umfeld täglich virtuelle Konferenzen statt. Bereits eine klassische Videokonferenz zählt zu diesem Format. Einen sehr wichtigen Bestandteil des Virtual Conferencing stellt wiederum die Digitalisierung der Kommunikationswege dar. Durch Zusammenführen mannigfaltiger Kommunikationsmedien und plattformübergreifender Technologien ist es so globalen Teilnehmern möglich, sich an einem virtuellen Tisch zusammenzusetzen, um diejenigen Sachverhalte zu diskutieren, die aufgrund der geringen Komplexität ein solches Format zulassen.

Die dafür notwendigen Technologien stehen den üblichen Unternehmens-IT-Strukturen in aller Regel zur Verfügung oder sind mit geringem Aufwand an Kosten und Arbeitskraft in bestehende Strukturen implementierbar. Häufig werden neben der bidirektionalen Übertragung von Audio- und Videosignalen auch Panoramaansichten der Konferenzräume live übertragen. Dadurch erreicht man eine unmissverständliche Wahrnehmung von Mimik und Gestik der Konferenzpartner und erhöht ebenso die Aufmerksamkeit der Teilnehmer, da diese durchgehend in der Videoübertragung erfasst werden.

Erweitert wird die Kommunikation durch kollaborative Systeme wie digitale Whiteboards, Onlinemedienserver oder die Hinzuschaltung von themenbezogenen Live-TV-Sendungen.

Im Allgemeinen ist Virtual Conferencing somit kongruent zu der physischen Besprechung in Unternehmen anzusehen. Vorteile der virtuellen Konferenz liegen primär in der Flexibilität der Teilnehmer in Hinblick auf ihre räumliche Präsenz, womit Reisekosten bei standortübergreifendem Einsatz drastisch reduziert werden können, und der damit verbundenen Möglichkeit, kurzfristig Konferenzen einzuberufen sowie der nachhaltigen Dokumentation der Besprechung. Der Virtualisierungsgrad ($VC°$) dieser häufigsten Form des Virtual Conferencing ist von den Organisatoren frei an die Anforderungen der Konferenz anpassbar; es gilt somit $0 < VC < 100\,\%$.

Als Weiterentwicklung dieser weitverbreiteten Methode kann die vollständige Entkoppelung des Conferencings von der Anwesenheit der Teilnehmer im selben Konferenzraum gesehen werden, hierbei ist $VC = 100\,\%$. Alle Teilnehmer sind in einer vollständig virtualisierten und digitalen Umgebung miteinander vernetzt. Als Beispiel sei hier die Lösung AULA des in Zürich ansässigen Unternehmens vComm Solutions AG genannt. Mit sogenannten Avataren bildet der reale Teilnehmer sein Ich in einer vollständig virtuellen 3-D-Welt ab, die zum Beispiel ein Konferenzzentrum darstellt. Das immersive Erleben dieser absoluten Form des Virtual Conferencing fördert den Wissenstransfer durch den Spieltrieb der Teilnehmer im Zuge der digitalen Steuerung des Avatars innerhalb dieser virtuellen 3-D-Umgebung. Ähnliche Ansätze findet man auch im Rahmen der sogenannten „Gamification" innerhalb vieler Unternehmen.

3.3   Congress-on-Demand

In Zeiten von ubiquitär schnellen Internetzugängen, vor allem in Ballungszentren, haben internetbasierte On-Demand-Lösungen in den letzten Jahren deutlich zugenommen. Aus dem Verbrauchersektor bekannte Plattformen wie YouTube, Amazon Prime Instant Video, Netflix oder andere Video-on-Demand-Anbieter zeigen die Tragweite und Möglichkeiten der digitalen Distribution von Videoinhalten auf.

Um die On-Demand-Bereitstellung für – oder besser gesagt *nach* – Events einsetzen zu können, wird zunächst eine Aufzeichnung des Liveevents benötigt. Dieser Mitschnitt kann so für den Anwender örtlich und zeitlich ungebunden on demand aus dem Medienarchiv des Anbieters wiedergegeben werden. Durch diese Unabhängigkeit von Ort und Zeit des Originalmediums definiert sich on demand; der Übertragungsweg spielt hierbei eine untergeordnete Rolle. Die Distributionswege, zeitliche Verfügbarkeit und Zugänglichkeit der Medien werden dabei vom PCO oder Veranstalter festgelegt.

Häufig werden Inhalte als Congress-on-Demand in der Nachfeldkommunikation über mehrere Monate oder Jahre hinweg den Teilnehmern des eigentlichen oder auch zukünftigen Kongresses bereitgestellt. Die Mitschnitte werden dabei um Informationen, wie etwa Präsentationscharts, Vita des Referenten, Verlinkung zu Social Media, Unternehmensporträts oder Follow-up-Termine, ergänzt und auf digitalem Weg bereitgestellt. Dies führt dazu, dass die Inhalte jederzeit und überall abrufbar sind. Auch für diejenigen, die weder real noch virtuell an einem Kongress teilnehmen können, besteht somit die Möglichkeit, im Nachgang wichtige Inhalte abzurufen. Volltextsuchen, Kategorisierungen oder Verschlagwortung helfen beim schnellen Auffinden. Viele On-Demand-Lösungen bieten auch Bezahlsysteme an, um Inhalte gegen Gebühr zugänglich zu machen. Häufig findet sich dies bei Großkongressen, sogenannten „Summits", die live per Internet übertragen werden. Die Summit-Tickets bieten zeitlich und inhaltlich beschränkten Zugang zum Kongress.

3.4   Global Conferencing

Diese Sonderform der Konferenz hat als Kernfunktion die Vernetzung überwiegend international oder gar global verteilter Rezipienten. Die sich daraus ergebenden Aufgaben im Hinblick auf die technologischen Infrastrukturen geben dem Global Conferencing hier einen besonderen Stellenwert.

Die klassischen Formate einer globalen Konferenz sind allseits bekannt. Als Beispiel gelten die UN-Weltgipfel zu verschiedenen Themen oder die Konferenzen der G7(8) oder G20 Staaten. In einer solchen Konferenz werden naturgemäß unterschiedliche Sprachen gesprochen. Häufig wird vom PCO eine Kongresssprache festgelegt, jedoch ist es häufig aus politischen oder sprachlichen Hürden nicht allen Referenten oder Sprechern möglich, ihre Vorträge in dieser festgelegten Sprache zu halten. Dolmetscher kommen als Lösung der Sprachprobleme zum Einsatz. Präsentationen oder Dokumentationen werden zum Teil ebenfalls mehrsprachig bereitgestellt.

Im Rahmen der Digitalisierung eines solchen Kongresses kommen die bereits unter 3.2 Virtual Conferencing beschriebenen Lösungsansätze zum Tragen. Jedoch ist der Anspruch an die Technologie im Fall des Global Conferencings deutlich höher. Sprachbarrieren in der analogen Tagungsform, die häufig vor Ort durch Platzprobleme für Dolmetschertechnik entstehen, können digitalisiert durch Dezentralisierung über das Internet aufgehoben werden. Somit werden diese Services im Grunde cloudbasiert angeboten.

Zum aktuellen Zeitpunkt ist den Autoren jedoch kein Beispiel einer vollständig oder größtenteils digitalisierten globalen Konferenz bekannt. Ein Grund hierfür kann in der Brisanz der Themen und politischen Ausprägung der bereits genannten Veranstaltungen liegen. Als weitere mögliche Gründe dafür können die noch nicht hoch entwickelten Internettechnologien und Bandbreiten in Entwicklungsländern angeführt werden. Ferner ist die grundsätzliche Übertragungssicherheit höchstwahrscheinlich einer der Hauptgründe.

3.5   Barcamp

Das Barcamp ist ein noch recht junges Eventformat, das besonders in wissenschaftlich- und technologisch-interessierten Gemeinschaften großen Anklang findet. Das erste Barcamp wurde im August 2005 in Palo Alto, im kalifornischen Silicon Valley gelegen, veranstaltet und stellte in seinem Kern eine nutzer- beziehungsweise teilnehmergenerierte Konferenz oder „user-generated conference" dar (Azzimonti et al. 2015, S. 54 f.).

Auch als „Nicht-Konferenz", „Ad-Hoc-(Nicht-)Konferenz" oder „Unkonferenz" bezeichnet, liegt dem Barcamp vor seinem offiziellen Beginn lediglich ein grundlegendes Thema oder Problem zugrunde. Alle Themen, Inhalte, Sessions und Vorträge werden hingegen von den Teilnehmern erst unmittelbar vor Ort in einem demokratischen Prozess entwickelt und ausgearbeitet. Da für die selbstgesteuerte Planung und Organisation dieser Events häufig digitale Technologien und Übertragungswege zum Einsatz kommen, ist das Barcamp als hybrides Veranstaltungsformat von besonderem Interesse.

Zur Eröffnung eines Barcamps wird häufig vom Organisator oder einer relevanten themennahen Persönlichkeit eine sogenannte „Keynote" – eine Grundsatzrede – gehalten, in der das festgelegte Thema der Unkonferenz beschrieben und von verschiedenen Standpunkten beleuchtet wird. Im Anschluss werden die Teilnehmer aufgefordert, über eine Onlineplattform oder eine mobile Applikation Subthemen und Fragen einzureichen, die mit dem Themenkomplex der Konferenz in Zusammenhang stehen.

Im nächsten Schritt ermitteln die Teilnehmer durch eine weitere Abstimmung über die vorgenannten Kanäle, welche Themenvorschläge und Fragestellungen in die spontane Agenda der Unkonferenz aufgenommen werden sollen.

Einerseits ist das Barcamp durch die Anbindung digitaler Kommunikationskanäle wie etwa einer Onlineplattform oder mobiler Applikation für Smartphones und Tablet-PCs klar als hybrides Eventformat anzusehen, als zusätzliche Besonderheit erstreckt es sich jedoch auch weit in die virtuelle Welt hinein, indem das festgesetzte Thema parallel in Onlineforen und sozialen Netzwerken diskutiert werden kann.

In der Regel werden im Zeitraum des Barcamps sämtliche virtuellen Beiträge, die auf der realen Unkonferenz selbst oder durch interessierte Individuen im virtuellen Raum entstehen, mit einem vom Veranstalter vorgegebenen Hashtag gekennzeichnet. Hashtags, zu Deutsch etwa „Rautenmarkierungen" (von engl.: „hash" – „Raute"; engl.: „tag" – „Markierung"), dienen der digitalen Verschlagwortung und damit der erleichterten Wiederauffindbarkeit bestimmter Inhalte im Internet. Diese Markierungen treten als Verbindung zwischen Rautezeichen „#", „hash", und einem angehängten Schlagwort, dem „tag", in Erscheinung (zum Beispiel #barcamp) und werden in die Fließtexte von Onlinebeiträgen integriert. Viele Onlineplattformen und soziale Netzwerke verfügen bereits über eine integrierte Suchfunktion für Hashtags, die das Auffinden von themenbezogenen Inhalten in Zusammenhang mit dem Barcamp wesentlich erleichtern.

Im Gegensatz zu Webinaren sowie virtuellen oder hybriden Konferenzen wird das Barcamp als Veranstaltung zwar häufig auch live ins Internet übertragen, aufgrund seiner strukturellen Besonderheiten – Kleingruppendiskussionen, Breakout-Sessions, räumliche Gegebenheiten – ist hier in eine etwaige Liveübertragung jedoch nicht immer ein Rückmeldekanal für die virtuellen Teilnehmer integriert. Die hybride Kommunikation findet viel mehr parallel, im realen wie virtuellen Raum, statt, wobei sich die real Anwesenden sowie die virtuell diskutierenden Teilnehmer regelmäßig mithilfe Hashtags ihre individuellen Meinungen oder bereits erzielte Ergebnisse mitteilen und sich somit gegenseitig beeinflussen.

Als besondere Form der hybriden Konferenz kann bei einem Barcamp folglich die reale Kommunikation ein bestimmtes Thema betreffend mit der virtuellen verschmelzen. Häufig kommen bei Barcamps auch sogenannte „Twitter-Walls" zum Einsatz, die meist dergestalt ausgelegt sind, dass alle mit dem veranstaltungsspezifischen Hashtag gekennzeichneten Beiträge im Kurznachrichtendienst Twitter live auf einer Leinwand mitzulesen sind. So können virtuelle Teilnehmer indirekt Fragen an die anwesenden Referenten stellen, ohne über eine Onlineplattform direkt mit der Veranstaltung verbunden zu sein.

Typischerweise stehen den Teilnehmern in der Lokalität des Barcamps mehrere Räume zur Verfügung, in denen sie sich zu kleineren Gruppen in Breakout-Sessions zusammenfinden und gemeinsam die für sie individuell interessanten Themen diskutieren können. Kleinere Barcamps können auch in einem einzigen Raum stattfinden, in welchem verschiedene Sitzgruppen gebildet werden. In welcher Form diese Breakout-Sessions gestaltet werden, ist nicht vom Format vorgegeben und somit frei auslegbar. Es ist aufgrund der vorangehend beschriebenen Situation ratsam, den Teilnehmern eine drahtlose Internetverbindung zur Verfügung zu stellen, um einerseits die Kommunikation mit den virtuellen Anspruchsgruppen und andererseits Onlinerecherchen zu ermöglichen. Ob einer der Teilnehmer wegen persönlicher Erfahrungen einen spontanen Vortrag hält, zu einem bestimmten Thema ein gemeinsames Brainstorming stattfindet oder aber verschiedene Sichtweisen auf ein Problem und damit verbundene Lösungsansätze diskutiert werden, bleibt beim Barcamp voll und ganz den Teilnehmern überlassen. Ebenso muss, obgleich dies häufig der Fall ist, die Gruppenarbeit nicht zwingend ein konkretes Ergebnis hervorbringen.

Ähnlich der Open-Space-Workshop-Methode steht es den Teilnehmern eines Barcamps zumeist frei, nach Belieben zwischen den einzelnen Sessions und Workshops zu wechseln. Das Barcamp kann sich je nach anberaumter Dauer in mehrere Plenums- und Gruppenphasen aufgliedern. Normalerweise finden sich zu einem gegebenen Zeitpunkt die Kleingruppen wieder im Plenum zusammen, um den anderen Teilnehmern die eventuell erzielten Ergebnisse zu präsentieren oder kurz und prägnant die geführten Diskussionen zusammenzufassen. Auf dieser Basis können beispielsweise in einem zweiten kollektiven Themenfindungs- und Abstimmungsprozess neue Themen von Brisanz identifiziert und anschließend erneut in Kleingruppen näher erörtert werden. Am Ende des Barcamps finden sich die Teilnehmer in aller Regel zu einem gemeinsamen Abschluss in Form einer Abendveranstaltung zusammen.

Generell sind Barcamps als stark partizipatives hybrides Eventformat anzusehen. Aus technologischer Sicht können sich Barcamps, wie bereits beschrieben, diverser Technologien und digitaler Übertragungskanäle bedienen. Zum Abschluss der Betrachtung sollen nachfolgend noch einmal kurz die virtuellen und hybriden Kommunikationskanäle eines Barcamps zusammengefasst werden.

- **Onlineplattform**
  Die Onlineplattform dient in der Regel der strukturellen Organisation des Barcamps; sie kann aber auch Foren und Räume für Kommunikation zwischen den Teilnehmern bereitstellen, die vor, während und nach dem realen Event genutzt werden können. Die Plattform dient außerdem im Vorfeld der Registrierung für das Barcamp und bringt die Teilnehmer anschließend vor Beginn der Veranstaltung online zusammen, um sich auszutauschen, Erwartungshaltungen zu diskutieren und eventuell auf dieser Grundlage bereits gemeinsam erste Themen und Vorschläge zu erarbeiten.

- **Mobile App**
  Häufig kommen mobile Applikationen zum Einsatz, die einerseits die Interaktion zwischen den Teilnehmern bereichern sollen. Andererseits können sie den Großteil aller kollektiven Prozesse im Verlauf eines Barcamps erheblich erleichtern. Durch den Einsatz einer solchen Applikation können beispielsweise in Plenumssituationen alle Teilnehmer ein gemeinsames Brainstorming durchführen. Hierbei geben die Teilnehmer ihre individuellen Vorschläge und Anregungen in ein Textfeld der Applikation ein und senden diese Beiträge somit an die Leinwand auf der Bühne, wo sie für alle Teilnehmer sichtbar dargestellt werden und als Inspiration dienen können. Am Ende einer solchen Brainstorming-Phase können die eingereichten Beiträge über einen Onlineserver automatisch zur Abstimmung auf die mobile Applikation eines jeden Teilnehmers zurückgespielt werden. Etwa durch die Vergabe einer in Summe fest definierten Anzahl an Punkten können die Teilnehmer so im Kollektiv die interessantesten Beiträge identifizieren.

  Sobald die Themengebiete des Barcamps feststehen, kann auch die Ein- und Aufteilung in die verschiedenen Sessions und Räume über die mobile Applikation erfolgen. Hierfür stehen typischerweise bestimmte Raum-Kontingente (Raum 1 – Kapazität: 10

Personen/Raum 2 – Kapazität: 15 Personen) zur Verfügung, die den Teilnehmern eine einfache Selbstverwaltung ermöglichen. Ist die Kapazitätsgrenze einer Session erreicht, kann diese als belegt gekennzeichnet werden. Ebenso können über die mobile Applikation zahlreiche soziale Funktionen wie etwa Chats oder Visitenkartentausch verfügbar gemacht werden, um den Teilnehmern einen zusätzlichen Mehrwert zu bieten.

- **Livestreaming/Videostreaming**
  Heute stehen verschiedene Wege zur Verfügung, um ganze Veranstaltungen oder, im Sonderfall des Barcamps, einzelne Bestandteile oder Sessions live ins Internet zu übertragen. Da das Barcamp ob seiner grundlegenden Struktur eher unkoordiniert und von spontaner Natur ist, steht den Teilnehmern vor Ort nur selten professionelle Übertragungstechnik zur Verfügung. Vielmehr ist es gebräuchlich, die Übertragung ins Internet ebenso spontan wie die Unkonferenz selbst zu gestalten. So bieten beispielsweise die bekannten sozialen Netzwerke YouTube und Facebook bereits integrierte Livestreaming-Funktionen an, für die lediglich ein Laptop mit einer integrierten Kamera und eine ausreichend performante Internetverbindung benötigt wird. Häufig stellt einer der Teilnehmer seinen eigenen Laptop zur Verfügung, um damit etwa eine Gruppendiskussion ins Internet zu übertragen. Oft ist ein begleitender Beitrag mit dem zuvor beschriebenen Hashtag (#) ausreichend, um die virtuellen Interessenten auf das Angebot aufmerksam und gleichzeitig das Livestreaming-Angebot unkompliziert auffindbar zu machen.

  Neben dem Streaming über soziale Netzwerke mithilfe von Laptops existieren seit geraumer Zeit auch speziell entwickelte mobile Applikationen wie zum Beispiel Meerkat oder Periscope, die eine direkte Liveübertragung mithilfe von Smartphone oder Tablet-PC ermöglichen.

- **Soziale Netzwerke**
  Die meisten Barcamps verfügen über begleitende Kommunikationsangebote in den gängigen sozialen Netzwerken. So empfiehlt es sich im Vorfeld, ein Barcamp zum Beispiel im populärsten Netzwerk Facebook mit einer Veranstaltungsseite oder einer eigens initiierten Gruppe beziehungsweise einer Fanseite zu unterstützen, um eine zentrale Anlaufstelle für interessierte Onlinezielgruppen mit großer Reichweite zu schaffen. Hier können die Veranstalter alle relevanten Beiträge und Inhalte, die das Barcamp betreffen teilen und rechtzeitig auf das Hashtag zur Veranstaltung aufmerksam machen. Auf dieser Seite – respektive in der entsprechenden Gruppe – können Teilnehmer vor Ort mit virtuellen Teilnehmern diskutieren, Inhalte sammeln oder Meinungen austauschen. Über die Twitter-Wall können sich Onlineteilnehmer zusätzlich indirekt an Podiumsdiskussionen und Plenumssitzungen beteiligen. Von den Teilnehmern generierte Inhalte in weiteren Netzwerken wie Snapchat, Instagram oder YouTube tragen ebenfalls zur Verbreitung des Barcamps bei und spielen darüber hinaus auch eine wichtige Rolle in der Dokumentation etwa von Fotos, Videos oder gesammelten Eindrücken für Teilnehmer und Veranstalter.

4 Hybride Workshop-Formate und Digital Facilitation

Seit ihrem Aufkommen in den 1970er Jahren erfreuen sich Moderationsmethoden und Workshopkonzepte für die Arbeit in Großgruppen stetig wachsender Beliebtheit. So haben sich neben den gängigen Methoden wie zum Beispiel Open Space, World-Café oder Fishbowl mit der Zeit weitere Methoden und Ansätze entwickelt; als Beispiele hierfür sind Dragon-Dreaming oder Future-Search (auch als Zukunfts-Konferenz bekannt) zu nennen. Beschreibungen hierzu und zu weiteren partizipativen Methoden sind beispielsweise unter www.partizipation.at zu finden. Die Arbeit in Gruppen eignet sich insbesondere dafür, mit mehreren Personen konstruktiv gemeinsame Ziele und Strategien zu entwickeln oder sich gemeinsam mit einem Veränderungsprozess, wie etwa Change oder einer Unternehmensfusion, beziehungsweise einer anderen neuen Herausforderung auseinanderzusetzen.

Workshopkonzepte verfolgen das Ziel, mit dezidiertem Methodeneinsatz Gruppenprozesse und Gruppendynamik auf ein bestimmtes Ergebnis hinzusteuern. Diese besondere Form der gerichteten Prozesssteuerung – heute auch unter dem Begriff „Group-Facilitation" (Prozessbegleitung für Gruppen) bekannt – hat sich in den vergangenen Jahren zu einem bedeutenden Instrument inhalts- und ergebnisorientierter Eventkommunikation entwickelt. Eine solche kollaborative Gruppenarbeit bedarf nicht nur der methodischen Kompetenz eines geschulten Moderators, sondern auch einer zielführenden Struktur und gewissen Ordnungsprinzipien, um das gemeinsame Arbeiten, Diskutieren und Entscheidungsfinden zielführend und konstruktiv zu gestalten. Die klassischen, bisher analogen, Moderationsmethoden bedienen sich hierfür einer Vielzahl interaktionsfördernder Elemente und Hilfsmittel, die es den Teilnehmern erlauben, ihre Gedanken zu strukturieren oder sie für alle anschaulich, zum Beispiel auf einer Moderationswand darzustellen, die etwa in Form einer Metaplan- oder einer Pinnwand ausgestaltet sein kann.

Als größte Herausforderung bei den klassischen Workshopkonzepten haben sich die limitierte Teilnehmerzahl, die zeitnahe Dokumentation der Ergebnisse und der teils erhebliche Zeitaufwand herausgestellt. So sind analoge Workshopkonzepte in der Regel bis zu einer maximalen Gruppengröße von 40 Teilnehmern anwendbar und sinnvoll. Weiterhin muss die Sicherung der Inhalte der Metaplan- oder Pinnwände sowie die Transkription der Ergebnisse zeitnah erfolgen, um eine Nachhaltigkeit zu gewährleisten. Ferner ist die Zeit, die aufgewendet werden muss, damit 40 Personen je beispielsweise drei Moderationskarten mit Stecknadeln an einer Pinnwand befestigen können, immens. Da die Zeit, die bei einer Veranstaltung für den werthaltigen Austausch und die inhaltliche Zusammenarbeit zwischen den Teilnehmern verwendet werden kann, in der Regel begrenzt ist, stellen die digitalen Moderations- und Workshopmethoden („Digital Facilitation") eine effektive und effiziente Alternative zu ihren klassischen Pendants dar.

Durch eine Verknüpfung und Erweiterung der bewährten Moderations- und Workshopmethoden mit digitaler Übertragungstechnologie und mobilen Endgeräten wie Smartphones oder Tablet-PCs können individuelle Gruppenprozesse zeiteffizienter entwickelt und durchgeführt werden. Nachfolgend sollen in Kürze einige gängige Techniken und Methoden der Großgruppenmoderation erläutert und in ihrer digitalen Ausführung beschrieben werden:

- **Meinungsbild/Stimmungsbarometer**

  Das Erzeugen eines Meinungs- oder Stimmungsbilds in Form eines sogenannten „Stimmungsbarometers" ist eine bewährte Methode der klassischen Moderation, um die Grundeinstellung des Publikums ein bestimmtes Thema oder eine gegebene Situation betreffend zu verfolgen. Bei klassischen Moderationsmethoden wird das Stimmungsbarometer häufig mithilfe von Metaplan- oder Pinnwänden und bunten Klebepunkten durchgeführt. Hierfür erhält jeder Teilnehmer einen Klebepunkt, welchen er auf der Pinnwandtafel neben dem Emoticon anbringt, das seine momentane Gemütslage am treffendsten wiedergibt. Der Einsatz eines Stimmungsbarometers dient dazu, die Teilnehmer gedanklich für den weiteren Workshopverlauf zu öffnen und soll darüber hinaus das Wirgefühl stärken.

  Beim digitalen Pendant des Stimmungsbarometers teilen die Teilnehmer ihre Gefühlslage beispielsweise in Form eines „Emoticon-Live-Votings" oder durch Verschieben einer Markierung auf einer digitalen Emotionsskala mit. Da die Abstimmung grafisch auf einem Smartphone oder Tablet-PC stattfindet, kann sie – ohne körperliche Aktivität der Teilnehmer – wesentlich effizienter durchgeführt und darüber hinaus auch beliebig oft wiederholt werden. So lässt sich etwa während und nach der gemeinsamen Gruppenarbeit leicht eine Veränderung der Gemütslagen zum Positiven oder auch Negativen hin identifizieren.

- **Kollektive Sammlung von Ideen und Beiträgen**

  Das Sammeln von Beiträgen, Sichtweisen und Ideen aus dem Publikum ist ein zentrales Element vieler klassischer Moderationsmethoden. Häufig kommen dabei farbige Moderationskarten oder selbstklebende Haftnotizen, sogenannte „Post-its", aus Papier zum Einsatz, auf denen die Beiträge festgehalten und an einer Metaplanwand gesammelt werden. Die Moderationskarten eignen sich darüber hinaus auch dafür, bestimmte Prozesse anschaulich zu visualisieren und globale Zusammenhänge, beispielsweise in Organisationsstrukturen, aufzuzeigen.

  Auch bei der digitalen Ideensammlung können farbige Karten Anwendung finden, allerdings als digitale Post-its, die von den Teilnehmern auf ihren Smart Devices geschrieben und anschließend mit einem Klick an die Bühne gesendet werden. Dort können die eintreffenden Ideen und Beiträge live auf einer Leinwand erscheinen oder von einem Moderator über einen separaten Moderationsbildschirm bereits grob thematisch geordnet werden. Neben dem Vorteil der einfachen Ergebnisdokumentation, die im Gegensatz zum analogen Brainstorming digital gespeichert und sofort weiterverwendet werden kann, können auch Abstimmungen in die Beitragssammlung eingebunden werden.

- **Clustern der Beiträge**

  Unter „Clustern" (von engl.: „zu einem einheitlichen Ganzen zusammenfassen") versteht man das Bündeln von Beiträgen aus dem Publikum sowie das Sortieren derer in bestimmte Subkategorien und Themengebiete. Diese Cluster können entweder im Vorhinein, etwa als Inspirationsgrundlage eines gemeinsamen Brainstormings, bekannt sein, oder aber sie entstehen spontan aus den inhaltlichen Beiträgen der Teilnehmer. Ziel des Clusterns ist es, die Beiträge des Publikums in thematische Schwerpunkte zu untergliedern, wichtige Zusammenhänge aufzuzeigen und Assoziationsketten zu bilden.

Auch im Bereich „Clustering" können Digital-Facilitation-Prozesse von Softwareanwendungen profitieren. So ist es beispielsweise mithilfe einer speziellen Software-Anwendung möglich, digitale Beiträge der Teilnehmer auf semantische Zusammenhänge und verwandte Wortgruppen überprüfen zu lassen. Die Anwendung erkennt zusammenhängende Begriffe, beispielsweise Change, Veränderung, Neuordnung, und fasst diese auf der Bühnenansicht automatisch unter dem meistgenannten Begriff zusammen. Im Fall einer „Digital Word Cloud" werden die einzelnen Begriffe zudem farblich voneinander abgegrenzt und erscheinen auf der Leinwand umso größer, je häufiger sie von einzelnen Teilnehmern, etwa in Form von Hashtags, genannt werden. Beim sogenannten „Crowd-Clustering" erfolgt die Benennung der einzelnen Themengebiete und Subkategorien auf klassische Weise durch einen Moderator, wobei die Teilnehmer im Anschluss gemeinsam auf ihren mobilen Geräten alle Beiträge per Drag-and-drop in die zugehörigen Bereiche verschieben. Je nach Teilnehmergröße können so vom Kollektiv binnen kürzester Zeit Hunderte von Beiträgen kategorisiert werden.

- **Priorisieren**
Nicht immer können alle Beiträge im Verlauf eines Workshops mit der gleichen Intensität abgehandelt werden, da nicht alle Beiträge die gleiche Relevanz aufweisen oder schlichtweg aufgrund von Zeitproblemen. Daher priorisiert das Publikum oftmals unter allen eingereichten Beiträgen oder auch Clustern diejenigen Themen, die für die Lösung der gegebenen Herausforderung subjektiv am wichtigsten erscheinen. Bei den klassischen Moderationsmethoden geschieht dies wiederum durch das Anbringen von farbigen Klebepunkten an den jeweiligen Clustern oder Moderationskarten. Die Themen, die in der anschließenden Auswertung durch den Moderator die meisten Klebepunkte erhalten haben, werden im weiteren Verlauf des Workshops intensiver behandelt und ausgearbeitet.

Auch bei der Digital Facilitation spielt die Priorisierung von Clustern und Beiträgen eine wichtige Rolle, um thematische Elemente mit größtmöglichem Konsens zu identifizieren. Am Ende einer Sammel- oder Clustering-Phase kann der Moderator beispielsweise alle ermittelten Themenbereiche, sogenannte „Topics", auf die Endgeräte der Teilnehmer überspielen und somit über die gefragtesten Themen entscheiden lassen. Typischerweise erhalten die Teilnehmer hierfür ein virtuelles Punktekonto und können pro Beitrag maximal drei bis fünf Punkte vergeben. Durch die Limitierung der zur Verfügung stehenden Punkte müssen die Teilnehmer genau überlegen, welchem Thema sie wie viele Punkte gutschreiben möchten. Am Ende dieses Prozesses steht ein quantitativ und qualitativ aussagekräftiges Ergebnis, das von allen Teilnehmern gemeinsam binnen kürzester Zeit digital erarbeitet und priorisiert wurde.

5   Wege zu einem nachhaltigen Mehrwert

Am Ende dieser Betrachtung der gängigen sowie der zukünftig relevanten digitalen, hybriden und virtuellen Eventbestandteile steht natürlich die Frage, für wen sich hybride Konferenzen nun eigentlich eignen, und welche Herausforderungen auf dem Weg zur vollständig oder teilweise ausgeprägten Digitalisierung einer Konferenz gemeistert werden müssen.

Zunächst müssen sich Event- und Konferenzveranstalter mit der grundlegenden Frage auseinandersetzen, welches Ziel sie mit der eigenen Veranstaltung verfolgen, und welche Zielgruppen im Fokus der Kommunikation stehen:

- Sollen die Teilnehmer vor Ort aktiv digital eingebunden werden, oder soll nicht real Anwesenden eine Onlineteilnahme ermöglicht werden?
- Welcher Grad der Virtualisierung oder Digitalisierung wird angestrebt?
- Gibt es grundsätzliche No-Digital-Argumente, etwa durch Personenkreise mit eingeschränktem Seh- oder Hörvermögen oder anderen körperlichen Beeinträchtigungen, oder sind solche durch das Kernformat einzelner Events, wie beispielsweise der eines Klassikkonzerts, gegeben?
- Gibt es ausreichend Inhalte und Medienkanäle, um die Teilnehmer zielgerichtet zu erreichen?

Die Frage, ob ein hybrides Event für die eigene Veranstaltung sinnvoll ist, lässt sich nicht pauschal beantworten. Die Sinnhaftigkeit des Einsatzes von digitalen Medien und Technologien im Sinne dieses Beitrags entsteht in der Regel durch die Schaffung nachhaltiger Mehrwerte für den Teilnehmer. Nicht selten werden Events mit digitalen Inhalten regelrecht überflutet; der Teilnehmer selbst jedoch ist damit überfordert. Ferner kann die Zielsetzung der Inhaltsvermittlung durch den inflationären Einsatz digitaler Medien verfehlt werden. Es kann keineswegs als sinnvoll und nachhaltig erachtet werden, ein Event nur deshalb um digitale Anbindungen zu erweitern, weil das zur Verfügung stehende Budget es zulässt.

Prinzipiell sollte in der Konzeptphase eine elementare Analyse stattfinden, ob zwischen den geplanten digitalen Bestandteilen und den drei Hauptfaktoren – Zielgruppe und Ziele des Events sowie der Einsatz von (in welcher Art gestalteter) Medien – eine generelle strategische Passfähigkeit besteht. Die Fähigkeit zur Digitalisierung dieser drei Hauptfaktoren ergibt von der Dimension her ein Spannungsfeld, das möglichst gering ausfallen sollte, um eine positive Entscheidung für ein Hybrid-Event zu befürworten (s. Abb. 1). Sind die eingangs genannten Fragen positiv im Hinblick auf ein Hybrid-Event zu beantworten, so steht der Digitalisierung der Eventkommunikation nichts im Weg.

Für die eigentliche Konzeption und Planung ist eine frühzeitige Auseinandersetzung mit leistungsfähigen Dienstleistern, Partnern oder internen Fachabteilungen unerlässlich. Für eine erfolgreiche Strategie zur digital oder hybrid gestalteten Ausarbeitung ist es von

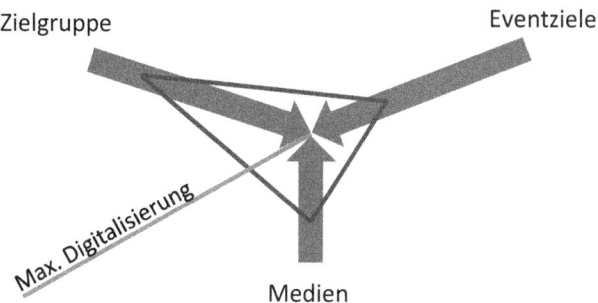

Abb. 1 Das Spannungsfeld der Digitalisierung von Hauptfaktoren. (Quelle: eigene Darstellung)

besonderer Relevanz, die eigenen persönlichen Kompetenzen durch Hinzunahme von weiteren Kompetenz- und Erfahrungsträgern zu erweitern. Da potenzielle Teilnehmer in ihrem Alltag ubiquitär von hoch entwickelten Technologien umgeben sind, ist deren Erwartungshaltung an digitale Komponenten auf Events vermutlich entsprechend hoch. Eine umfassende Bewertung der hybriden Veranstaltungselemente durch einen erweiterten Personenkreis ist daher unerlässlich. Heute gibt es am Markt bereits eine Vielzahl kompetenter Eventdienstleister mit unterschiedlichen digitalen Leistungsspektren, die sich zumeist auf einen bestimmten Teilbereich der Digitalisierung – Social-Media-Management, Livestreaming, mobile Apps für Events, Interaktionssysteme usw. – spezialisiert haben und daher Eventplanern beratend oder gar als Partner bei der Durchführung zur Seite stehen können.

Für die Umsetzung eines hybriden Events sollen nachfolgend einige Handlungsempfehlungen ausgesprochen werden, um das Gelingen auch bereits beim ersten Event zu fördern:

Hybride Veranstaltungen haben zweifellos die zuvor aufgeführten Vorteile für Besucher und Veranstalter, es ist jedoch nicht zu vernachlässigen, dass mit zusätzlichen digitalen Kommunikationskanälen und Inhalten auch ein erheblicher Mehraufwand aufseiten der Planung und Durchführung einhergeht. Diese häufig als „Content-Schlacht" bezeichnete Flut an Inhalten, Korrekturschleifen und potenziell verwirrenden Kommunikationswegen benötigt ausreichend Ressourcen und ein gutes Management im Vorfeld. Technische Hilfsmittel wie Kollaborationsplattformen und Projektplanungssoftware können zusammen mit klar formulierten Pflichten- oder Lastenheften sowie verteilten Aufgaben den Verantwortlichen auch bei komplexen und agilen Projekten jederzeit einen wichtigen Überblick geben.

Kurze Kommunikationswege, geringe Zeitabstände zwischen einzelnen Meilensteinen und vor allem eine möglichst große Transparenz zwischen den beteiligten Elementen erhöhen den Erfolgsfaktor erheblich. Weiterhin sind landesspezifische Datenschutzbestimmungen und Unternehmensstrukturen vor allem im Hinblick auf IT und IT-Infrastrukturen sowie – bei Corporate Events – die Klärung von Datenerhebungen mit den zuständigen Betriebsräten unbedingt zu beachten und einzuhalten.

Schließlich sollten sich Veranstalter die bekannte Gretchenfrage stellen: Gibt es in der Location ausreichende Internetbandbreite, um einen reibungslosen Ablauf für die Veranstaltung zu gewährleisten? – Denn auch mit der besten und teuersten Axt kann man keinen Baum fällen, wenn sie stumpf ist.

Literatur

Azzimonti et al (2015) BarCamp: Technology foresight and statistics for the future. In: Paganoni AM, Secchi P (Hrsg) Advances in complex data modelling and computational methods in statistics. Springer, Heidelberg, S 53–67

Diller H (Hrsg) (2001) Vahlens großes Marketing-Lexikon, 2. Aufl. Vahlen, München

Duden online (2015a) Stichwort: virtuell. http://www.duden.de/rechtschreibung/virtuell. Zugegriffen: 23. Apr. 2016

Duden online (2015b) Stichwort: Webinar. http://www.duden.de/rechtschreibung/Webinar. Zugegriffen: 23. Apr. 2016

Gabler Verlag (Hrsg) (2015) Gabler Wirtschaftslexikon, Stichwort: Konferenz. http://wirtschaftslexikon.gabler.de/Archiv/11045/konferenz-v8.html. Zugegriffen: 23. Apr. 2016

o. V. (2014) Research and markets: Global Virtual Event Market Report 2014–2018. http://www.virtualedgeinstitute.com/news/2014/05/16/research-and-markets-global-virtual-event-market-report-2014-2018-collaboration-software-unified-communication-and-video-conferencing-web-conferencing-social-networking. Zugegriffen: 23. Apr. 2016

o. V. (2015a) Gartner's 2015 hype cycle for emerging technologies. http://www.gartner.com/newsroom/id/3114217. Zugegriffen: 23. Apr. 2016

o. V. (2015b) Definition Content Marketing. http://www.content-marketing-blog.de/definition-content-marketing/. Zugegriffen: 23. Apr. 2016

o. V. (2015c) Hybrid events: live + virtual. http://meetingtomorrow.com/hybrid-events. Zugegriffen: 23. Apr. 2016

Salomon-Lee C9 Definitions of a virtual event. http://www.hypergridbusiness.com/2011/04/19-definitions-of-a-virtual-event/. Zugegriffen: 23. Apr. 2016

Schultze H (2015) Hybrid-events: Die Zukunft von Live-Kongressen. http://www.mittelstand-die-macher.de/produkte-loesungen/apps/hybrid-events-die-zukunft-von-live-kongressen-4709. Zugegriffen: 23. Apr. 2016

Zanger C (Hrsg) (2010) Stand und Perspektiven der Eventforschung – Eine Einführung. In: Stand und Perspektiven der Eventforschung. Gabler, Wiesbaden

Weiterführende Literatur

Duden online (2015) Stichwort: hybrid. http://www.duden.de/rechtschreibung/hybrid_gemischt. Zugegriffen: 23. Apr. 2016

Über die Autoren

Dipl.-Ing. (DH) Timo Mildenberger arbeitete bereits vor seinem 2003 begonnenen Studium zum Diplom-Ingenieur (DH) Veranstaltungs- & Produktionstechnik an der Dualen Hochschule in Karlsruhe als selbständiger IT-Consultant im KMU-Sektor. Er spezialisierte sich nach Abschluss des Studiums auf Full-Service-Rental, sowie Software- & IT-Lösungen für die Eventbranche und begleitete mehrere Jahre erfolgreich die Geschäftsentwicklung von 360-Grad-Software-Eventlösungen in einem mittelständischen Unternehmen für Veranstaltungstechnik in Deutschland. Weltweite Projekte in der agilen Softwareentwicklung für unterschiedlichste Veranstaltungsformate sowie strategische Produkt- & Dienstleistungsentwicklung bestimmen sein tägliches Arbeitsfeld. Fachvorträge, auch an der DHBW Ravensburg, runden sein Einsatzgebiet ab.

Max Burger, MBA, ist seit über zehn Jahren in der Event- und Kommunikationsbranche tätig. Er begann seinen Werdegang im Jahr 2006 als Projektmanager in einem Unternehmen für Medien- und Veranstaltungstechnik, das er zuletzt als kaufmännischer Geschäftsführer repräsentierte. Über weitere Stationen in Agenturen für Messe- und Eventproduktionen führte ihn sein Weg zu einem renommierten Eventdienstleister, bei dem er zweieinhalb Jahre lang als Berater den Aufbau eines neuen Geschäftsbereichs für Softwarelösungen begleitete. 2009 absolvierte er an der Popakademie Baden-Württemberg seinen Bachelor of Arts im Fachbereich „Business Management" mit Spezialisierung auf die Event- und Entertainment-Branche und begann ein weiterführendes Studium an der Technischen Universität Chemnitz, welches er 2011 als Master of Business Administration (MBA) im Fachbereich „Eventmarketing und Live-Kommunikation" abschloss. Heute ist er als freier Berater in der Event- und Kommunikationsbranche tätig und gibt sein Wissen als Gastdozent an der Technischen Universität Chemnitz, der DHBW Ravensburg sowie der Bayerischen Akademie für Werbung an die nächste Generation junger Eventschaffender weiter.

Kongressfinanzierung

Ein Quellenstudium besonderer Art

Bruno Lichtinger

Zusammenfassung

Der Fokus dieses Beitrags ist auf die Erzielung von Erlösen mit einem Kongress gerichtet. Wissenschaftliche Kongresse stehen bei den Erläuterungen meist Pate, weil deren Veranstalter – in aller Regel wissenschaftliche Fachgesellschaften – quasi alle Register für die Finanzierung ziehen müssen. Somit werden die Teilnehmer, Sponsoren, Aussteller, öffentliche Hand beziehungsweise Einrichtungen sowie Provisions- und Verwertungsmodelle als Finanzierungsquellen im Detail betrachtet. Außerdem wird der Zusammenhang mit der Preispolitik respektive Preisbildung sowie mit rechtlichen und steuerrechtlichen Aspekten dargelegt. Kostenplanung, Budgetplan, Liquiditätssteuerung, Budgetrisiken und Controlling sind weitere wesentliche Inhalte. In der Summe ist es ein Überblick über Konstruktionsmerkmale und ein Leitfaden für die Handhabung eines Kongressbudgets als Steuerungsinstrument.

Vorbemerkung des Autors

„Welches Budget steht denn zur Verfügung?" Das ist eine beliebte Frage von Eventagenturen, wenn sie es mit Unternehmen, Industrieverbänden oder wirtschaftsnahen Organisationen zu tun bekommen. Kongressagenturen – Professional Congress Organisers (PCOs) genannt – haben es da in aller Regel weniger komfortabel. Sie müssen nicht nur wie jede Agentur die Kosten im Blick haben. Nein, PCOs dürfen sich in aller Regel auch um die Finanzierung kümmern. Und dies

B. Lichtinger (✉)
München, Deutschland
E-Mail: b.lichtinger@interplan.de

© Springer Fachmedien Wiesbaden GmbH 2017
C. Bühnert und S. Luppold (Hrsg.), *Praxishandbuch Kongress-, Tagungs- und Konferenzmanagement*, DOI 10.1007/978-3-658-08309-0_12

dann nicht selten in wirtschaftlicher Mitverantwortung. Da ist es hilfreich, wenn man sich als PCO auf gewisse Themenfelder spezialisiert hat. Weniger, um inhaltlich mitzuhalten, sondern, um die Zielgruppen besser zu verstehen und Netzwerke aufzubauen, insbesondere aber, um eine möglichst realistische Einschätzung über das Engagement potenzieller Sponsoren zu erhalten.

Die mit einem Kongress angebotene Leistung ist im weitesten Sinne Bildung. Die kostet Geld. Wen ist hier allerdings die Frage, denn hierzulande ist noch immer die gesellschafts- und bildungspolitische Auffassung verbreitet, dass Bildung für den Konsumenten unentgeltlich oder mindestens preisgünstig sein muss. Bildung als Geschäftsmodell hat es da schwer. Je größer aber das Bildungsangebot, desto höher die Kosten. So ist auch die Rechnung bei einem Kongress. Während die Teilnehmer von Veranstaltungen industrienaher Verbände durchaus auch vierstellige Teilnahmegebühren nicht schrecken, kennen die Veranstalter der zahlreichen wissenschaftlichen Kongresse dagegen ein derart zahlungsfreudiges Klientel nicht. Das hat mitunter gar nichts mit der Kaufkraft, sondern auch mit Gepflogenheiten und mit dem breiten Kongressangebot in den jeweiligen Wissenschaften zu tun. Der Finanzierung durch Dritte, wenn es denn gelingt, ist zudem ein rechtlicher und auch ethischer Rahmen gesetzt. Compliance lässt grüßen. Potenziale und Regelwerke einer Kongressfinanzierung verlangen eben Erfahrung und Know-how.

1 Mit Kongressen Geld verdienen

Nur so viel ausgeben, wie eingenommen werden kann, ist nicht trivial, sondern mitunter eine existenzielle Frage. Denn die Kosten können eine beträchtliche Höhe erreichen. Ein Kongress ist nämlich sehr komplex, widmet sich mehreren Schwerpunktthemen in parallel verlaufenden Veranstaltungseinheiten, erfordert zahlreiche Referenten, viele Säle und Räume und dauert zwei und mehr Tage. Stehen außerdem keine Budgets aus internen Ressourcen zur Verfügung, gilt es, die möglichen Finanzierungsquellen zu erschließen und bestenfalls auszuschöpfen. Teilnehmer-, Ausstellungs- und Sponsorenerlöse sind hierbei zuerst zu nennen. Provisionen, Drittmittel aus öffentlichen Fördertöpfen sowie Erlöse aus der Weiterverwertung von Content liefern weitere, wenn auch vergleichsweise geringe Deckungsbeiträge. Die Vorgabe für das Finanzierungsziel liefern die Kostenplanung und Kostenentwicklung.

1.1 Geschäftsmodell „Kongresse"

Kann man einen sechsstelligen Betrag niedrig nennen? Einen solchen jedenfalls zahlt man offenbar beim World Economic Forum[1] (WEC) in Davos für den Status eines „industriellen Teilhabers", was mehr oder minder „Teilnahme" bedeutet. Von einer solch luxuriösen Situation können die Veranstalter von Kongressen hierzulande nur träumen. Schlecht schlafen muss man dabei aber nicht zwangsläufig. Neben Teilnehmererlösen tut sich ein recht weites Feld an Optionen auf: Industrieausstellung, Sponsoring, Zweitverwertung der Inhalte, Provisionen und – noch neu im Reigen – Crowdsponsoring. Eine zunehmende Zahl von Veranstaltern beschränkt sich außerdem nicht mehr nur auf Jahreskongresse beziehungsweise Jahrestagungen, sondern erweitert das Betätigungsfeld um spezielle Symposien, Seminare, Master-Classes oder Akademietätigkeiten. An dieser Stelle treten sie mit etablierten, wirtschaftlich agierenden Anbietern von Konferenzen und Seminaren in einen noch recht neuen Wettbewerb. Dennoch erfüllen für die zahlreichen Verbände ausschließlich der Herbstkongress und/oder die Frühjahrstagung nach wie vor – neben dem Bildungs- und Satzungsauftrag und unter Berücksichtigung der steuerlichen Rahmenbedingungen – den Zweck eines Geschäftsmodells, weil die Überschüsse zusätzliche Mittel für die Erfüllung der fortlaufenden Verbandsaufgaben einbringen.

Das Geschäftsmodell per se ist ein Kongress für eine Kongressagentur, einen Professional Congress Organiser (PCO). Diese sind auf die Planung, Vorbereitung und Abwicklung eines Kongresses spezialisiert. Im Rahmen eines Durchführungsauftrags werden dabei die Aufgaben (und gegebenenfalls die Aufgabenteilung mit dem Veranstalter) festgelegt und dotiert. Erfolgsabhängigkeit wird bei der Vergütung der PCO-Leistungen oft großgeschrieben. Dies erfolgt dann in Form einer Bezahlung pro Teilnehmer und eines prozentualen Anteils an den Erlösen aus Sponsoring und Fachausstellung. Der PCO handelt dann in aller Regel im Namen und auf Rechnung des Veranstalters bei allem, was den sogenannten wissenschaftlichen Teil des Kongresses betrifft, unter anderem in der Beziehung zu den Teilnehmern und den Referenten. Den Ausstellern und Sponsoren wiederum tritt der PCO in den meisten rechtlichen Konstrukten im eigenen Namen und auf eigene Rechnung gegenüber.

1.2 Gewinn vs. Gemeinnützigkeit

Es ist eine unternehmerische respektive institutionelle Entscheidung, wenn Kongresse unter der Überschrift „Eventmarketing" in erster Linie übergeordnete Marketingziele erfüllen sollen und dadurch die Erwirtschaftung von Erlösen oder gar die Gewinnerzielung in den Hintergrund tritt. Image- oder Produktwerbung per Marketingevent hat dann

---

[1]Eine seit 1971 in der Schweiz jährlich in Davos stattfindende Konferenz der in Wirtschaft, Politik und Medien herausragenden Repräsentanten. Gegründet wurde es von Klaus Schwab, Träger ist nun eine Stiftung, die auch in verschiedenen Regionen der Welt Satelliten des WEC organisiert.

mit einem Kongress als Geschäftsmodell nichts mehr zu tun. Ganz anders dagegen bei gemeinnützigen Kongressveranstaltern, die obendrein in einem besonderen Dilemma stecken. Mit ihren Kongressen oder Fachtagungen decken sie meist ein breites Themenspektrum und eine große Zielgruppe ab. Die Kongressbudgets spiegeln dies wider und können somit eine beträchtliche Größe erreichen. Während aber einerseits Defizite durch das Erzielen möglichst hoher Erlöse vermieden werden sollen, sind gemeinnützige Veranstalter – auch vor dem steuerrechtlichen Hintergrund – nicht dazu da, Gewinne zu erzielen. Ausnahmeregelungen erlauben indes eine Abweichung davon, die satzungsgemäße Verwendung dieser Mittel vorausgesetzt. Bei der Komplexität eines Kongressbudgets ist dies ein steuerlicher und ökonomischer Drahtseilakt. Die Gemeinnützigkeit einer solchen Non-Profit-Organisation und die damit verbundenen Steuerbegünstigungen (unter anderem Spendeneinnahmen) sind damit latent in Gefahr. Professionelle Steuerberatung ist daher ratsam.

Weil aber viele gemeinnützige Verbände Kongresse durchführen, um damit auch einen Teil ihrer ganzjährigen Arbeit zu finanzieren, sind angesichts der enge Grenzen setzenden Gemeinnützigkeit andere Wege zu gehen. So kann die als wirtschaftlicher Geschäftsbetrieb geltende Tätigkeit in ein Unternehmen ausgelagert werden. In den meisten Fällen geschieht dies in der Rechtsform einer GmbH. Daneben – und das ist bei wissenschaftlichen Kongressen und hauptsächlich ehrenamtlich organisierten Veranstaltern verbreitet – gibt es die Möglichkeit, einen Dritten (zum Beispiel PCO) mit der Abwicklung dieser unternehmerischen Tätigkeit zu beauftragen. Formell spricht man dabei von der „Verpachtung von Werberechten", für die der Verband am Ende ein Pachtentgelt erhält, das steuerlich (und steuerbegünstigt) dem Vermögenshaushalt des Verbands zugeordnet wird. Dieses Modell hat seine Wurzeln im Vereinssport, wo jeder Amateurverein Werbung auf Spielfeldbanden, Trikots oder in Printmedien betreiben lässt. Bei Kongressen wird nach diesem Muster explizit das Recht verpachtet, parallel zum wissenschaftlichen Teil eines Kongresses eine Fachausstellung und Sponsorenpräsentationen durchzuführen. Konsequenz daraus ist dann eine separierte Darstellung im Kongressprogramm und eine klare Abgrenzung zwischen wissenschaftlicher und kommerzieller Kommunikation.

Auch eine Vermengung der Finanzströme ist bei Erlösen aus Sponsoring und Industrieausstellung tunlichst zu vermeiden. Nicht einmal der wohlgemeinte Zweck heilt die Mittel, sondern die Zweckbestimmung setzt unverrückbare Grenzen. Was in Deutschland in den Neunzigerjahren mit den aus dem sogenannten „Herzklappenskandal" gezogenen Konsequenzen begann, fand in Wissenschaft und Wirtschaft seine Fortsetzung in Kodizes und Ethiknormen. Die Ursache für die Schaffung neuer Regeln entsteht aus einem Handlungsbedarf zum Schutz höherer Werte und zur Präzisierung von Interpretationsspielräumen. Die Schlagzeilen über festliche Bankette am Kongressabend oder über die Übernahme von Reisekosten für Begleitpersonen müssten damit endgültig der Vergangenheit angehören. Sie trafen und schwächten letztlich die Veranstalter mehrfach, und zwar in ihrer wissenschaftlichen und gesellschaftlichen Rolle und als Interessenvertretung. Mittlerweile sind Verhaltensregelwerke unter dem Titel „Compliance" oder auch im Rahmen von Corporate Governance hierzulande und weltweit eine Norm. So nahm im medizinischen Bereich der „Sunshine Act" in den USA eine Vorreiterrolle ein. An diesem Kodex, der von den Behörden zwar initiiert, aber letztlich in Zusammenarbeit mit der pharmazeutischen Industrie erstellt wurde, haben sich die nationalen und europäischen Kodizes ausgerichtet, die jedoch fast ausschließlich und auf Basis einer freiwilligen Selbstverpflichtung von den Industrieverbänden selbst eingeführt wurden – fast gänzlich ohne Mitwirkung der Behörden. In Deutschland dominiert für den Pharmabereich der „FSA-Kodex" (europäisch: „EFPIA") und für den Medizintechnikbereich der „Kodex Medizinprodukte" des BV-Med (europäisch: „eucomed").

2 Budgetplanung als vorweggenommenes Ergebnis

Ein Kongress ist ein Projekt, dieses ist zeitlich befristet und somit nennt sich die Planung von Erlösen und Kosten für ein solches Vorhaben „Budget". Ein Budget spiegelt Erwartungen wider. Weil Erwartungen nicht immer eintreten, ist beim Zahlenwerk Detailarbeit erforderlich, um möglichst viele Unschärfen von Beginn an zu eliminieren, beispielsweise mit einer Tabelle (s. Abb. 1). Das nahezu unvermeidliche Nachjustieren im Verlauf der Vorbereitung kann dadurch auf ein handhabbares Mindestmaß eingeschränkt werden.

2.1 Erlösplanung

Budgetplanung bedeutet zuerst Absatzplanung. Absatzgrößen sind für die Planung der Teilnehmer-, Sponsoren- und Ausstellungserlöse maßgeblich, weil nur entlang der Teilnehmerzahl, der verkauften Sponsorenpakete und der vermieteten Ausstellungsfläche belastbare Planungsgrößen ermittelt werden können. Absatzmengen sind dabei detailliert und für jede Preiskategorie in den Segmenten „Teilnehmer", „Sponsoren" und „Aussteller" zu beziffern.

Was trivial klingt, ist die Formel für die Planung und Steuerung eines Budgets: Menge × Preis. Beide Faktoren müssen sich an realistischen Erwartungen orientieren. Grundlage für die Mengenbestimmung sind Vorjahreswerte, oder es werden vergleichbare Kongresse herangezogen. Bei der Preisbildung hilft schon ein Blick auf den Wettbewerb, dabei sind allerdings Qualität und Tiefe des Programms abzuwägen. Bereits bei diesen Berechnungen müssen konkrete Überlegungen mitschwingen, wie die im Rahmen des Kongresses angebotenen Leistungen vermarktet werden. Preispolitik und Kommunikationspolitik üben hier den Schulterschluss.

Weder der Preis noch die Menge sind Stellschrauben, an der in der Planungsphase mehr oder minder willkürlich gedreht werden kann, um ein ausgeglichenes Budget zu erzielen. Überzogene oder wenig fundierte Erwartungen/Planungen zu diesem Zeitpunkt führen meist in der weiteren Vorbereitung zu Einschnitten und gehen zulasten des Servicegrads, was bei einer weniger ambitionierten Planung und einem vorauseilenden, größeren Kostenbewusstsein weitgehend erspart bleibt.

ERLÖSPLAN Teilnehmer Stand: 12/21/2016 Version: 1.0	VERANSTALTUNG \<Veranstaltungsname\> \<Veranstaltungsort, -datum\>			
	Potenzial	Abweichung	Realisiert	Plan
TEILNEHMERANZAHL (Stückzahl)				
Frühbuchertarife	**0**	**0**	**0**	**0**
Normalpreis	0	0	0	0
Tagespreis	0	0	0	0
Spätbuchertarife	**0**	**0**	**0**	**0**
Normalpreis	0	0	0	0
Tagespreis	0	0	0	0
Sondertarife	**0**	**0**	**0**	**0**
Tarif A	0	0	0	0
Tarif B	0	0	0	0
Tarif C	0	0	0	0
Summe Teilnehmer	**0**	**0**	**0**	**0**
Sonstige Teilnehmertarife	**0**	**0**	**0**	**0**
Rahmenprogramm 01	0	0	0	0
Rahmenprogramm 02	0	0	0	0

ERLÖSPLAN Teilnehmer Stand: 12/21/2016 Version: 1.0	VERANSTALTUNG \<Veranstaltungsname\> \<Veranstaltungsort, -datum\>	
PREISE		Prüfung, ob Brutto- oder Nettopreise
Frühbuchertarife		
Normalpreis	0.00	ggf. in Preise für Mitglieder/Nichtmitglieder trennen
Tagespreis	0.00	ggf. in Preise für Mitglieder/Nichtmitglieder trennen
Spätbuchertarife		
Normalpreis	0.00	ggf. in Preise für Mitglieder/Nichtmitglieder trennen
Tagespreis	0.00	ggf. in Preise für Mitglieder/Nichtmitglieder trennen
Sondertarife		
Tarif A	0.00	z. B. Gruppentarife, Berufsstatus, …
Tarif B	0.00	
Tarif C	0.00	
Sonstige Teilnehmertarife		
Rahmenprogramm 01	0.00	
Rahmenprogramm 02	0.00	

Abb. 1 Budgetierung Teilnehmerlöse als Beispiel für eine detaillierte Teilplanung. (Quelle: eigene Darstellung)

2.2 Preisbildung

Wer in der täglichen Kongresspraxis nach wissenschaftlichen Grundlagen der Preisbildung sucht, wird kaum etwas entdecken. Und wenn, dann eher unbewusste Handlungen. Vor allem dort, wo man sich am Wettbewerb orientiert und damit ein Stück weit den Marktwert berücksichtigt und somit dann doch der reinen Lehre folgt, Preise wert- statt kostenorientiert anzusetzen. Die Grundannahme in der Theorie, dass der Preis dann auch die (variablen) Kosten deckt, findet sich in der Kongresspraxis allerdings so nicht durchgängig wieder (Kotler et al. 2011, S. 732 f.). Häufig steht die Finanzierung eines Kongresses auf mehreren Säulen.

Preisobergrenzen für Teilnehmer werden im Kongressalltag nicht nach Erkenntnissen der Preispolitik festgesetzt, sondern spiegeln Gewohnheitsrecht der Zielgruppen wider. Psychologische Preise sind dann meist das sichtbare Ergebnis eines Verharrens vor der nächsten Preisschwelle, sei es die nächste Hundertermarke oder die Tausendermarke. Zusatzleistungen, die gesondert bestellt und bezahlt werden müssen, erfüllen dann meist aus preispolitischer Sicht einen heimlichen Umgehungstatbestand.

Mehrwert für die Teilnehmer schaffen und damit neue Potenziale erschließen – dies wird zwar allerorts betont, aber noch wenig umgesetzt. Denn einerseits werden dadurch hohe Anforderungen an die Entwicklung des „Produkts Kongress" hin zu interaktiven, partizipativen und hybriden Formaten gestellt, was nicht in einem eiligen Veränderungsprozess gelingt. Andererseits begibt man sich damit auf ein neues Terrain mit Leistungen und Produkten, für die es in der Kongressbranche noch wenig bis keine Anhaltspunkte für eine Preisfestsetzung gibt.

„Gold und Silber lieb ich sehr ..." – so wie ein Volkslied in eingängiger Weise die tief verwurzelte Vorliebe für Edelmetall thematisiert, so übt auch bei der Akquisition von Kongresssponsoren die „Platin-Gold-Silber-Bronze-Philosophie" eine gewisse Anziehungskraft aus. Von exklusiver oder überragender Präsenz bis hin zu temporären, auf Themen oder Programmpunkte fokussierte Darstellung finden potenzielle Sponsoren im Umfang differenzierte und in Preissprüngen gebündelte Optionen zur Präsentation des Unternehmens und seiner spezifischen Produkte. Diese Bündel – „Sponsoringpakete" genannt – unterscheiden sich demnach im werblichen Wert, die Attribute „Platin", „Gold", „Silber", „Bronze" drücken diesen Wert aus. Es gibt weitere Klassifizierungen, beispielsweise „Premium-", „General-", „Titel-", „Themen-" und „Zielgruppensponsoring", welche die Werbeplattformen beschreiben. Wiederum andere Veranstalter agieren mit Musterpaketen, in denen beispielhaft mehrere Optionen zusammengefasst sind, auch um preisliche Spielräume auszutesten.

Eine Sonderstellung im Rahmen des Kongresssponsorings nimmt die begleitende Fachausstellung ein. Eine Mitwirkung daran ist nicht an ein Sponsoringpaket gebunden, liegt auf einem relativ niedrigeren Preisniveau und sorgt dennoch für einen prominenten Auftritt. Eine Staffelung ist auch den Mietpreisen für eine Ausstellungsbeteiligung zugrunde gelegt, wobei der Quadratmeterpreis erheblich über Vergleichspreisen einer Messe liegt. Grund dafür ist die meist geringere zur Verfügung stehende Ausstellungsfläche im Kongressgebäude. Dennoch existieren begleitende Fachausstellungen, die deutlich größer sind als manche thematisch verwandte Fachmesse, was an der auf einem Kongress versammelten Kernzielgruppe liegt.

Allen Formen von Sponsorenpaketen ist gemein, dass am Ende ein Preis für mehrere Werbeleistungen ermittelt wird, in dem – wenn auch nicht explizit ausgedrückt – Mengenrabatt berücksichtigt ist. Compliance-Regeln in manchen Wirtschaftsbereichen

erfordern allerdings die Bezifferung der Einzelpreise der Leistungen solcher Sponsorenpakete. Je nach Bedeutung des Kongresses kann die Dotierung solcher Pakete im hohen
fünfstelligen Bereich liegen. Die Findung der Preise – das gilt auch für die Mietpreise
pro Quadratmeter für Ausstellungsflächen – erfolgt fast immer nach einem gleichen
Muster, wobei auch hier nur unbewusst Parallelen zur wissenschaftlichen Betrachtung
hergestellt werden: Orientierung am Wettbewerb, an der Kaufkraft der themenrelevanten Unternehmen sowie an der Strahlkraft des Kongresses (Qualitätsführerschaft) beziehungsweise der veranstaltenden Organisation (Kotler et al. 2011, S. 743 ff.). Weil damit
auch Subjektivität einfließt, ist die Kenntnis der Reaktionsmechanismen auf Sponsoren-
seite für die Preisfestsetzung äußerst hilfreich.

2.3   Kostenplanung

Der stets zu heiteren Sinnsprüchen aufgelegte frühere Stuttgarter Oberbürgermeister Manfred Rommel hatte ein eigenes Credo zur Kostendisziplin: „Kosten sparen bedeutet nicht,
Geld nicht auszugeben, das man ohnehin nicht hat." Das gilt gleichermaßen für Veranstalter und Organisatoren von Kongressen, die nicht auf interne Budgetmittel zurückgreifen
können, sondern (vornehmlich) auf Teilnehmer- und Industrieerlöse angewiesen sind.

Die wesentlichen Kostenarten eines Kongresses sind

- Redner (Honorare, Reisekosten) und Programm (Beratungsleistungen/Fachbeirat,
  Abstract-Management)
- Location und Audio-, Video-, Kommunikationstechnik
- Personal, Dienstleistungen
- Catering
- Logistik
- Marketingkommunikation
- Rahmenprogramm

Sowohl bei der Planung als auch bei der späteren Umsetzung sind strenge Kostenlimits
zu setzen. Die Einholung von konkreten Angeboten für die wesentlichen Budgetpositio-
nen „Kongresszentrum", „Audio- und Videotechnik" sowie „Catering" liefert dazu eine
erste Grundlage für ein belastbares Zahlenwerk. Im Blick haben muss man an dieser
Stelle, dass es sich um fixe und variable Kosten handelt, wonach sich unterschiedliche
Kostenszenarien in der Planung und bei der späteren Budgetsteuerung ergeben können.
Analog zur Erlösplanung heißt es hier: Menge × Stückkosten. Hinzu kommen noch fixe
Kosten, insbesondere für Marketingkommunikation oder die Location, wobei die Kos-
ten sich durchaus in einer Schwankungsbreite bewegen können („sprungfixe Kosten").
So kann die Freude über mehr Teilnehmer als erwartet rasch einen Dämpfer bekommen,
wenn die Kosten des größeren Saals und des lichtstärkeren Projektors die Mehrerlöse
aufzehren oder gar übersteigen.

3 Die Pfeiler und Pflöcke des Budgets

Die Finanzierung eines Kongresses verläuft entlang einer Wirkungskette. Während die Teilnehmer eines Kongresses für neues Wissen und aktuelle Fachinformationen ein Entgelt entrichten, bezahlen die Unternehmen einen Preis, um per Kongresswerbung in der Zielgruppe kommuniziert zu werden, und um im Verlauf des Kongresses mit den Teilnehmern Businesskontakte zu knüpfen. Der eine wirtschaftliche Erfolg bedingt also den anderen. Und weil Resonanz auch ein Zeichen von Qualität ist, haben die Inhalte eines erfolgreichen Kongresses einen (Stellen-)Wert, der sich obendrein vermarkten lässt. Was sich noch vor Jahren in der Vervielfältigung von Redemanuskripten erschöpfte, hat auf digitalen Plattformen zunehmend Konjunktur, auch wenn es (noch) nicht die Statik eines tragenden Budgetpfeilers hat. „Zweitverwertung mit Potenzialen" lautet das Stichwort: Livestreaming, Videocasts oder auch Übersichtsartikel auf Fachportalen. Als stützende Pflöcke im Budget erweisen sich darüber hinaus Provisionen und Vergütungen sowie Fördermittel staatlicher beziehungsweise öffentlicher Institutionen.

Unabhängig vom Format eines Budgetplans sollte dieser ein zentral gesteuertes Instrument darstellen, das auf der Grundlage von Mengen und Preisen beziehungsweise Angeboten alle Erlöse und Kosten konsolidiert. Ein Budgetplan ist kein statisches Gebilde. Realisierte Erlöse und Kosten sowie fortlaufend neu hochzurechnende, voraussichtlich noch entstehende Erlöse und Kosten stehen in einem permanenten Vergleich zu den Planzahlen. Nur ein stets aktuelles Zahlenwerk zeigt Handlungsbedarf auf, seien es Kosteneinsparungen oder zusätzliche Werbeaktivitäten.

3.1 Teilnahmeerlöse

Der Begriff „Teilnahmegebühren" hat schon etwas Verkaufspsychologisches. Gebühren kennt man aus Bescheiden der öffentlichen Verwaltungen, ihnen muten der Umlagegedanke und der Nutzungsaspekt an. So ganz sind diese Überlegungen auch bei Teilnahmegebühren nicht von der Hand zu weisen, sie sind sogar und vor allem bei den Non-Profit-Organisationen unter den Veranstaltern sachlich begründet. Präziser ist jedoch der Begriff „Teilnahmepreis", auch wenn Preispolitik im engeren oder gar wissenschaftlichen Sinn bei der Festsetzung der Preise für eine Kongressteilnahme von den Veranstaltern eher selten betrieben wird.

Neben dem Blick auf Kosten und vergleichbare zielgruppenrelevante Veranstaltungen sind bei der Preisbildung auch die Kaufkraft der potenziellen Teilnehmer und mitunter auch das Preisniveau der Destination zu beachten. Mehr oder minder wird dies in der Kongresspraxis flankiert durch

- Rabatte (Berufs-, Ausbildungsstatus, Gruppenkontingente/-anmeldung)
- Sonderkonditionen für bestimmte Teilnehmergruppen (Mitglieder, Referenten, Abonnenten, geografische Herkunft)

- Nachlässe oder Zuschläge zur Steuerung eines erwünschten Käufer- respektive Buchungsverhaltens durch
  - Frühbucherpreise (Ziel: Initiierung frühzeitiger Anmeldungen für Planungssicherheit und Liquidität)
  - Spätbucherpreise (Zweck: Anlass/Stichtag für Werbeappell an Teilnehmerzielgruppe)
  - On-site-Preise/Tageskasse (Nutzen: mehr Deckungsbeitrag für Check-in-Personal und Registrierungstechnik am Kongressort)
  und entlang einer steigenden Preiskurve

Typisch ist bei Kongressen die Differenzierung zwischen

- Kongresskarten (Preis für die Teilnahme am gesamten Kongress)
- Tageskarten (Tagespreis, eventuell nach Umfang des täglichen Angebots unterschiedlich)
- Seminare und Workshops im Parallelprogramm (zusätzlich buchbare, meist sehr spezialisierte und hochwertige Weiterbildung für einen begrenzten Teilnehmerkreis, vorbehaltlich Kauf einer Kongress- oder Tageskarte)
- Rahmenprogramm

Teilnahmepreise/-gebühren unterliegen per se der Umsatzsteuer. Hierzulande gemeinnützig tätige Veranstalter, worunter die meisten wissenschaftlichen Fachgesellschaften fallen, sind allerdings davon befreit, sofern deren Satzung die wissenschaftliche Fortbildung respektive entsprechende Veranstaltungen erlaubt und die Einnahmen überwiegend zur Deckung der Kosten verwendet werden. Dies klingt nach Gratwanderung, der nahezu durchgängige Bedarf an weiteren Finanzierungsquellen bei vielen wissenschaftlichen Kongressen lässt Zweifel an dieser Stelle aber gar nicht erst aufkommen. Man sollte diese Einschränkungen aber ausreichend berücksichtigen, genauso wie die Tatsache, dass vergünstigte Teilnahmepreise für Mitglieder, wenn die Höhe des Nachlasses den jährlichen Mitgliedsbeitrag übersteigt, möglicherweise als geldwerte Vorteile ausgelegt werden können.

Bei der Buchung einer Kongressteilnahme handelt es sich um einen Kauf(vertrag). Daher sind Geschäftsbedingungen erforderlich. Meist als „Teilnahmebedingungen" bezeichnet, sind sie als solche von den Teilnehmern bei der Buchung auch explizit anzuerkennen. Teilnahmebedingungen haben aber nicht nur einen rechtlichen Stellenwert, sie dienen auch quasi als „Bedienungsanleitung" für das Teilnehmermanagement. Folgende Vereinbarungen und Hinweise empfehlen sich:

- Verbindlichkeit der Anmeldung, Übertragbarkeit (Ersatzteilnehmer/Konditionen bei Übertragung)
- first come/first serve, begrenzte Teilnehmerzahl (unter anderem für einzelne Veranstaltungsteile)

- voraussichtlicher Zeitpunkt der
  - Zusendung der Anmeldebestätigung/Rechnung
  - Zusendung der Eintrittskarten (nach Zahlung)
  - Ausgabe von Teilnahmezertifikaten/Weiterbildungsnachweisen
- nachträgliche Änderungen oder Stornierungen in Schriftform (per Post, Fax oder E-Mail)
- Bearbeitungsentgelt bei Rücktritt (differenziert nach Zeitpunkt, Zeitpunkt der Rückerstattung)
- kein Anspruch auf Rückzahlung/Erlass des Teilnahmepreises bei Krankheit oder Ausfall oder Verspätung der Verkehrsmittel
- Hinweis auf Handhabung von Programmänderung (Zeitverschiebungen, verhinderte Referenten, Alternativtermin/-ort bei Absage oder Abbruch)

Kreditkarten sind, nicht nur im internationalen Kongressgeschehen, ein gängiges Zahlungsmittel geworden. Gleichwohl sind vor allem in einem nationalen Umfeld und abhängig von Teilnehmerprofilen Überweisungen und mitunter auch noch Einzugsermächtigungen anzutreffen. Um den Überblick über die unterschiedlichen Zahlungsströme zu behalten, haben gängige Teilnehmerregistrierungssysteme daher eine Schnittstelle zur Buchhaltung. Neben Buchung, Zahlungserinnerung und Mahnung können damit auch alle noch zahlungspflichtigen Teilnehmer erfasst werden, um (spätestens) beim Check-in vor Beginn des Kongresses die Zahlung (bar oder per EC- beziehungsweise Kreditkarte) abzuwickeln oder den Status der Bezahlung zu klären. Die Erfahrung lehrt, möglichst alles „Geld in der Kasse" zu haben, bevor der Kongress endet, denn danach wird es nicht leichter und rechtliche Schritte rechnen sich nicht. Die Standfestigkeit der öffentlichen Verwaltungen bei der Eintreibung von Gebühren wird denn auch selten erreicht.

3.2   Sponsoring und Industrieausstellung

Bei wissenschaftlichen und vor allem bei medizinischen Kongressen sind sie das Standbein des Budgets: Industrieerlöse – aus Sponsoring, Fachausstellung und Werbeauftritten. Wer dauerhaft mit Industrieerlösen kalkulieren will oder gar muss, hat für einen wirklichen und nachhaltigen Gegenwert zu sorgen. Mäzenatentum ist „out". Die Einkaufsabteilung ist im Bestellprozess involviert, die Controller hinterfragen den ökonomischen Sinn einer Beteiligung an einem Kongress als Sponsor, Aussteller oder Werbetreibender und auch die Compliance-Abteilung wirft einen kritischen Blick darauf. Da reicht es nicht mehr, die Fachabteilung – meistens ein Ressort im Marketingbereich – mit den programmatischen Highlights und den inhaltlichen Schwerpunkten zu gewinnen, auch wenn dies zur zentralen Argumentation in der Akquisitionsphase gehört. Es muss sich rechnen. Dieser Satz hat für Kongresssponsoring auf beiden Seiten des Verhandlungstischs primäre Bedeutung.

Im Zuge der unternehmensinternen Zielvorgaben sind die Erwartungen der Sponsoren, Aussteller und Werbetreibenden gestiegen. Neben zählbaren Kundenkontakten mit Potenzial zählt Exklusivität. Weil Exklusivität viel mit Alleinstellung zu tun hat, liegt der Schluss nahe, dass dies für mehrere Sponsoren eines Kongresses gar nicht praktizierbar ist. Weit gefehlt! Exklusivität lässt sich zeitlich und/oder räumlich begrenzt, also in definierten Zeitfenstern und fokussiert auf einzelne Programmpunkte respektive Säle, vielfach schaffen – und das sogar zu unterschiedlichen Preisniveaus.

Auf unterschiedlichen Handlungsfeldern gibt es eine Reihe von bereits erprobten Optionen:

- **Kongressprogramm**
  - Sponsor einzelner Veranstaltungteile, Sessions oder Referenten
  - Durchführung eines Symposiums oder Workshops zu einem Schwerpunktthema des Kongresses
  - Produktpräsentation in Workshops
- **Industrieausstellung**
  - Unternehmenspräsentation per Ausstellungsstand (entweder Teil des Sponsorenpakets mit bevorzugter Platzierung oder individuell mietbarer Flächen verbunden mit Sonderkonditionen für Anzeigen-, Beilagen-, Auslagen- und Bannerwerbung)
  - Firmenposter, -banner, -werbetafel im Innen- und Außenbereich
  - Ausgabe der Teilnehmerunterlagen (Print- oder digitale Speicherformate) am Ausstellungsstand
- **Ausstattung und Service**
  - Technik und Produktion von Videocasts sowie Livestreaming
  - Twitter-Wall, Photo-Wall
  - freier WLAN-Zugang für die Teilnehmer
  - Kongresstaschen, Badges, Lanyards
  - Arbeits-/Demonstrationsgeräte
  - Getränke, Snacks, Obst
- **Onlinewerbung**
  - Kongress-App
  - Videocasts vom Kongress auf der Firmenwebsite
  - Video- und Podcasts auf der Kongresswebsite
  - Logo und/oder Banner auf der Kongresswebsite und/oder im E-Newsletter; Website- und E-Mail-Links aus dem Online-Ausstellerverzeichnis
- **Printwerbung**
  - Kongresszeitung (Herausgabe oder Beteiligung)
  - Auslage vor/in/nach einzelnen Sessions mit firmenrelevantem Schwerpunktthema
  - Beilage in den Kongresstaschen/Teilnehmerunterlagen
  - Programm-, Saal- und Hallenpläne im Pocket-Format
  - Logo auf Geschäftsdrucksachen, Teilnehmervoucher
  - Anzeigen/Beilagen in Ankündigungen und im Programmheft

- **Branding**
  - Presenter-Chart vor Beginn von Sessions oder einzelner Vortragspräsentationen
  - Medien-Check-in für Referenten, Referentenlounge
  - Jobbörse live vor Ort
  - Gutscheine für Teilnehmerkarten
  - Beschilderung, Fußboden- und Treppentattoos

Das direkte Sponsoring von Kongressteilnehmern ist aus den genannten Compliance-Gründen sensibel zu handhaben.

Nicht nur weil es sich um größere Beträge handelt, ist eine Vertragsschließung über ein Sponsoring oder eine Ausstellungsbeteiligung angebracht. Zu regeln sind nämlich auch Geschäftsbedingungen, organisatorische Aspekte und versammlungsrechtliche Fragestellungen. Vor dem Hintergrund firmenspezifischer Geschäftspolitik, Regelmechanismen und Ethiknormen ist an dieser Stelle ein Master- oder Mustervertrag allenfalls ein Rohentwurf. Vermehrt werden daher auch die Rechtsabteilungen in den Unternehmen Ansprechpartner der Veranstalter und Organisatoren. Der Abschluss solcher komplexen Vertragskonstrukte mit den Firmen erfordert aufseiten der Veranstalter/PCOs zunehmend öfter einen in diesem Bereich erfahrenen Rechtsbeistand.

3.3 Provisionen und Vergütungen

Die deutsche Kongressbranche sieht sich als Generator für das sogenannte „Incoming-Geschäft", von dem insbesondere Hotels und in Maßen der Einzelhandel profitieren. Volkswirtschaftlich spricht man dann von der sogenannten „Umwegrentabilität" und meint damit die Auswirkungen unter anderem der öffentlichen Investitionen in Kongresszentren auf die regionale Wirtschaft. Aber auch die unmittelbaren Dienstleister wie beispielsweise Audio-/Videotechnikfirmen sind Gewinner des wachsenden Kongressmarkts.

Was volkswirtschaftlich gilt, geht auch betriebswirtschaftlich: Provisionen für Übernachtungsgäste (in aller Regel zehn Prozent) oder Rückvergütungen eines kooperierenden Dienstleisters ab einem vereinbarten Umsatzvolumen. Je nach Größe des Kongresses können hier bemerkenswerte Erlöse erzielt werden. Dies zeigt sich auch daran, dass lokale Convention Bureaus und Professional Congress Organisers (PCO) oder Destination Management Companies (DMCs) nicht selten in einem ernsthaften Wettbewerb bei der Hotelzimmervermittlung stehen. International im Umfeld sogenannter „Lead-Kongresse" finden sich Agenturen, die vorauseilend und ohne Auftrag Zimmerkontingente in Destinationen reservieren beziehungsweise einkaufen, sobald diese von einem Kongressveranstalter festgelegt und kommuniziert sind, um sie dann den potenziellen Teilnehmern in aller Welt anzubieten. Es taugt also auch (oder vielleicht doch) als Geschäftsmodell.

3.4 Kommerzielle Verwertung von Inhalten

Was man in der Verlagsbranche unter Content-Monetarisierung versteht, hat auch im Kongressalltag Tradition, wenn auch nur in bescheidenen Umfängen und auch nicht bewusst oder gar strategisch ausgerichtet. Manuskripte von Referenten oder Berichte konnte man noch vor Jahren gegen eine verhältnismäßig geringe Schutzgebühr erwerben, auch wenn man nicht Teilnehmer eines Kongresses war. Dort, wo es sich nicht um Dokumentationen hoch spezialisierter Fort- und Weiterbildungen oder um Erstveröffentlichungen handelt, herrscht eine überschaubare Nachfrage. Daraus hat sich die Erkenntnis entwickelt, dass mit einer kompletten Kongressdokumentation ein Mehrwert für die Teilnehmer und somit ein zusätzlicher Anreiz für eine Kongressteilnahme geschaffen wird, was mehr wiegt als der Verkauf einiger Manuskripte. Wenn in Printformaten, so finden sich Inhalte eines Kongresses in Fachzeitschriften wieder, wobei diese vor allem vor dem Kongress hauptsächlich Marketingzwecke erfüllen.

Auf Onlineplattformen hingegen besteht mehr Potenzial für den Verkauf von Inhalten. Dies reicht vom Download der Manuskripte oder Präsentationen über Videocasts bis hin zum Livestreaming. Letzteres ist denn auch mehr als nur die Verwertung von Inhalten, sondern die virtuelle Form der Kongressteilnahme – eine horizontale Produktdiversifikation. Insgesamt ist es noch ein Testmarkt und die Anbieter tasten sich an dieses neue Produkt, die dafür affinen Zielgruppen sowie an die Preisfindung heran. Somit kann trotz rasanter Entwicklung digitaler Produkte in allen Arbeits- und Lebensbereichen noch nicht prognostiziert werden, ob Kongressveranstalter dieses Geschäftsfeld erobern können, oder ob sie Onlineanbietern beziehungsweise dem Onlinehandel oder gar Fachverlagen einen Stein in den Garten werfen. Der Wettbewerb jedenfalls ist eröffnet.

3.5 Drittmittel

Je nach Thema und Konstellation der mitwirkenden Organisationen und Institutionen ist eine budgetwirksame Unterstützung durch die öffentliche Hand (Stadt, Region, Land, Bund, EU), Fördereinrichtungen (Deutsche Forschungsgemeinschaft/DFG, …) und/oder Stiftungen denkbar. Hierbei kann es sich um direkte Zuwendungen (zum Beispiel pauschaler Zuschuss, Reisekostenbeihilfen für Referenten, Ausfallbürgschaft) handeln oder um geldwerte Leistungen (zum Beispiel Bereitstellung von Locations, Durchführung eines Empfangs). In allen Fällen sind entsprechende Anträge weit im Voraus bei den jeweiligen Drittmittelgebern zu stellen, weil diese ihre jährlichen Förderhaushalte von langer Hand planen müssen. Solche Zuwendungen werden außerdem unter dem Vorbehalt gewährt, dass keine Überschüsse erwirtschaftet werden.

Drittmittel sind eine belastbare Finanzierungsgröße. Allerdings erfolgen die Zusagen – trotz verlangter frühzeitiger Beantragung – nicht immer zum Zeitpunkt der Budgetplanung, sodass je nach Potenzialen des Budgets zunächst von insgesamt weniger Gesamterlösen auszugehen ist. Das erschwert eine zielführende Budgetsteuerung. Vorauseilende Signale der Drittmittelgeber sind dann der einzige Anhaltspunkt.

4   Controlling bedeutet Steuerung

Budgetsteuerung als ein Teil des Event-Controllings hat die Aufgabe, seismografisch ungeplante Entwicklungen zu erspüren, denn zwischen Budgetplanung und Rechnungsabschluss liegt ein komplettes Projekt mit allen Phasen und Verläufen und auch mit Unwägbarkeiten. Mit einher geht bei der Budgetsteuerung die Liquiditätssteuerung, denn sowohl der Veranstalter als auch der eventuell beauftragte Organisator werden Marketingkosten decken und Deposits für Kongresszentrum und Hotelzimmer zahlen müssen. Neben der zwangsläufig erforderlichen Verfügbarkeit liquider Mittel aus internen Ressourcen ist vor allem die Synchronisierung von Bestellzeitpunkten und Zahlungszielen der Lieferanten respektive Vermieter und Dienstleister mit den Zahlungszielen für die Teilnehmer, Sponsoren und Aussteller eine in Teilen entlastende Maßnahme. Das gestaltet sich zunehmend schwerer, weshalb die Vorfinanzierung eines Kongresses nicht selten als zusätzliche Aufgabe auf einen PCO (Professional Congress Organiser) zukommt.

Wie schon bei der Planung selbst, sind detaillierte Hochrechnungen beziehungsweise Trendrechnungen erforderlich. Die Projektion betrifft in erster Linie noch zu erwartende – entlang der Teilnehmeranzahl zu differenzierende – Teilnahmepreise sowie Industrieerlöse in Anlehnung an den Verhandlungsstatus und der daraus ableitbaren fallweisen Einschätzung. Frühwarnindikatoren dafür sowie eine Beschaffungsstrategie, die sich am aktuell prognostizierten Kongressergebnis orientiert, flankieren die Hochrechnung.

Angesichts der vorauseilenden, kostenrelevanten Buchung der Kongresslocation und der Hotelzimmer wirken weniger Teilnehmer oder eine geringere Industriebeteiligung als geplant wie ein Multiplikator bei den Budgetrisiken. Aber auch weit gereiste Referenten, die an nicht rechtzeitig und nachdrücklich kommunizierten Reiseetats vorbei ihre Reise buchen, können für negative Überraschungen im Budget sorgen. Gleiches gilt für Preisgleitklauseln der Hotels und Dienstleister sowie – bei internationalen Kongressen – für Währungsschwankungen. Bei Letzterem kann mit einem Währungskonto (oder auch Fremdwährungs- oder Devisenkonto) Abhilfe geschaffen werden, wobei es sich nur dann anbietet, wenn insbesondere die Einnahmen nicht in der identischen Währung quotiert werden.

Nicht zu vergessen seien die Ausfallrisiken, entweder punktuell durch Insolvenzen von Vertragspartnern und Sponsoren oder den gesamten Kongress betreffende Behinderungen durch Naturkatastrophen, Proteste, Widerstand, Terrorismus, die zum Totalausfall oder zur vorzeitigen Beendigung führen können. Neben einem konsequenten Risiko- und Schadensmanagement können Ausfälle, weil sie einen Vermögensschaden anrichten, versichert werden (Ausfallversicherung).

5   Die Währung „Wissen"

Teilnehmer können mit dem neu erworbenen Wissen Geld verdienen. Deshalb zahlen sie einem Veranstalter Geld. Der Teilnahmepreis ist dabei der Wechselkurs. Auch die weitere Rechnung klingt einfach, auch wenn sie es de facto nicht ist: Viel und neues Wissen (und darüber hinaus natürlich auch Netzwerkkontakte sowie geschäftliche und berufliche Perspektiven) sorgt für viel Resonanz – und diese wiederum zieht Sponsoren und Aussteller an, handelt es sich doch obendrein um die Kernzielgruppe, also um Fachleute und womöglich sogar um Entscheider. Wo sich also ein – wirtschaftlich betrachtet – vollkommener Kongress auftut, sind auch Potenziale für Industrieerlöse. Die Wirkungskette funktioniert. Nicht allein die Strahlkraft des „Produkts Kongress" oder das daran geheftete Preisschild schafft den Zulauf von Teilnehmern, Sponsoren und Ausstellern. Dazu gehören die vielen Bausteine des Marketings, das dem Kostenbewussten Stirnrunzeln verschafft, ist es doch nicht sicher – so Henry Ford – welche Hälfte des Geldes davon die rausgeworfene Hälfte ist (Schmidt et al. 1999, S. 333). Betriebswirtschaftlich etwas ungenau ist Eventmarketing eine Investition in den Kongresserfolg, so wie es Referenten, Location oder der Service sind. Der Blick muss an diesen Stellen über das notwendige Maß hinausgehen, was keine Beschränkung des Kostenbewusstseins bedeutet. Vielmehr geht es um Qualität, die buchstäblich ihren Preis hat und die schließlich auch die Vorgabe an das Erlösziel stellt. Da ist sie wieder, die Wirkungskette. Wissen wird auch hier zur Währung.

Literatur

Kotler P, Armstrong G, Wong V, Saunders J (2011) Grundlagen des Marketing. Pearson, Hallbergmoos
Schmidt L, Feistel P (1999) Zitatenschatz für Führungskräfte. Ueberreuter, Wien

Über den Autor

Bruno Lichtinger ist seit über 25 Jahren in der Kongressbranche aktiv und hat sein Handwerk von Anfang an bei der INTERPLAN AG in München gelernt. Ursprünglich aus dem Hotelfach kommend, hat er sich dort auf das Handling von wissenschaftlichen Tagungen und Kongressen spezialisiert. Er war maßgeblich beteiligt am Auf- und Ausbau der Agentur zu einem der führenden Anbieter auf dem nationalen Kongressmarkt. Aktuell bekleidet er die Position eines Vorstands und treibt die Weiterentwicklung der INTERPLAN AG auf dem europäischen Markt voran. Seine Spezialgebiete sind das Vertragswesen und die Betreuung nationaler und internationaler Großkunden. Darüber hinaus engagiert er sich seit vielen Jahren lokal, national und international in verschiedenen Arbeitsgruppen von CVBs und Verbänden, unter anderem zur Verbesserung des Standings der Kongressindustrie in der öffentlichen Wahrnehmung.

Crowdsponsoring

Ein alternativer Weg in der Kongressfinanzierung

Tobias Klingenmayer

Zusammenfassung

Das Konzept „Crowdfunding" gewinnt in den verschiedensten Bereichen immer mehr an Bedeutung und wird in den Medien vielfach diskutiert. Dies geschieht jedoch oftmals ohne eine genaue Unterscheidung zwischen den vier verschiedenen Arten: Crowdinvesting, Crowddonating, Crowdlending und Crowdsponsoring, welche unter dem Sammelbegriff „Crowdfunding" zusammengefasst sind. Da allerdings nicht jede Art zu jedem Vorhaben passt, ist es von besonderer Wichtigkeit, diese Arten zu differenzieren. Crowdsponsoring, als eine dieser Unterarten, hat sich in Deutschland mittlerweile im Kultur- und Kreativbereich etabliert und scheint nun auch im Bereich der Kongressfinanzierung angekommen. Dies zeigen die jüngsten Beispiele – „JCI World Congress 2014" und „Degrowth-Konferenz 2014" –, die sich dieser neuen Finanzierungsform erfolgreich bedient haben. Ziel dieses Beitrags ist es, den aktuellen Stand von Crowdfunding in Deutschland zu beschreiben, sich mit der begrifflichen Einordnung und dem Crowdfunding-/Crowdsponsoring-Prozess auseinanderzusetzen und anhand des „JCI World Congress 2014" die Erfolgsfaktoren, Chancen und Risiken speziell von Crowdsponsoring im Kongresswesen aufzuzeigen.

Vorbemerkung des Autors

Die Erfolgsquote von Crowdsponsoring-Projekten liegt derzeit bei 53 %. Dies bedeutet im Umkehrschluss allerdings auch, dass noch immer knapp die Hälfte

T. Klingenmayer (✉)
Karlsruhe, Deutschland
E-Mail: tklingenmayer@karlshochschule.de

© Springer Fachmedien Wiesbaden GmbH 2017   179
C. Bühnert und S. Luppold (Hrsg.), *Praxishandbuch Kongress-, Tagungs- und Konferenzmanagement,* DOI 10.1007/978-3-658-08309-0_13

aller initiierten Projekte scheitern. Bei meinen Vorträgen stelle ich immer wieder fest, dass die Zuhörer den Aufwand hinter erfolgreich umgesetzten Crowdsponsoring-Kampagnen unterschätzen. Häufig wird mangels Alternative oder aufgrund der in den Medien gefeierten Erfolgsgeschichten auf Crowdsponsoring als Form der Projektfinanzierung zurückgegriffen. Dies geschieht in vielen Fällen allerdings ohne ausreichende strategische Planung und oft ohne Definition der zu erreichenden Zielgruppe, was für eine gelungene Umsetzung essenziell ist. Mit der erfolgreichen Finanzierung des „JCI World Congress 2014" und der „Degrowth-Konferenz 2014" ist Crowdsponsoring auch im Kongresswesen angekommen.

Mein persönliches Anliegen ist es, im folgenden Beitrag darzustellen, dass erfolgreiches Crowdsponsoring – wie in den erwähnten Beispielen – kein Zufall, sondern Ergebnis professioneller Planung und Umsetzung ist.

1   Crowdfunding – eine begriffliche Einordnung

Crowdfunding

„Crowdfunding ist eine Finanzierungsform, die im Wesentlichen über einen öffentlichen Aufruf im Web 2.0 erfolgt und zum Ziel hat, finanzielle Ressourcen für ein Vorhaben, entweder ohne Gegenleistung oder gegen irgendeine Art von Gegenleistung (finanzielle/materielle Vergütung, immaterielle, ideelle Leistungen und/oder Rechte, z. B. Stimmrechte), zu erhalten und damit einen bestimmten Zweck zu erreichen" (Hemer et al. 2011, S. 19).

Wie die Definition schon andeutet, versteht sich der Terminus „Crowdfunding" mehr als Sammelbegriff für verschiedene Formen der Crowdfinanzierung. Grundsätzlich werden vier verschiedene Arten unterschieden: Crowdinvesting, Crowdlending, Crowddonating und Crowdsponsoring. Dabei gilt zu beachten, dass der Oberbegriff „Crowdfunding" häufig synonym für „Crowdsponsoring" verwendet wird. Diese Verschmelzung der Begrifflichkeiten rührt unter anderem daher, dass sich Plattformen wie Startnext und VisionBakery als Crowdfunding-Plattformen vorgestellt und am Markt etabliert haben, obwohl sie im eigentlichen Sinne Crowdsponsoring fördern. Genannte Unterarten unterscheiden sich vor allem im Hinblick auf die vertragliche Beziehung, die der Unterstützer mit dem Projektinitiator eingeht, und damit auch im Hinblick auf die Gegenleistung, die durch den Kapitalsuchenden für die zur Verfügung gestellte Finanzierung erbracht wird (Klein 2014, S. 1).

Nachfolgend werden alle vier Arten näher beschrieben und ihr Status quo im deutschen Markt aufgezeigt.

Crowdinvesting

Crowdinvesting stellt ein Instrument zur Frühphasenfinanzierung für Start-ups und Unternehmen dar. Mikroinvestoren unterstützen mit ihren Zuwendungen, die vertraglich – meist über ein partiarisches Darlehen – geregelt werden, Start-ups und junge Unternehmen und erhalten im Gegenzug Beteiligungen. Crowdinvesting ist eine alternative Finanzierungsart gegenüber klassischen Kapitalquellen wie Bankkrediten, Angel-Finanzierung und Venture-Capital im Bereich der Frühphasenfinanzierung (Hemer et al. 2011, S. 95; Koren 2010a; Klein 2014, S. 1). Der Markt für Crowdinvesting in Deutschland hat sich seit den ersten erfolgreichen Start-up-Finanzierungen im Jahr 2011 äußerst dynamisch entwickelt und in 172 Finanzierungsrunden ca. 34,4 Mio. EUR für Start-ups und Wachstumsunternehmen eingesammelt. Manchen Start-ups ist es dabei gelungen, sich die Unterstützung der Crowd sogar ein zweites beziehungsweise drittes Mal zu sichern. Dieses Modell wurde 2014 auch in zunehmendem Maße auf andere Investitionsvorhaben, wie beispielsweise Immobilien oder ökologische Projekte, übertragen. Jedoch gilt zu beachten, dass das angekündigte Kleinanlegerschutzgesetz schon jetzt Auswirkungen auf diese Form des Crowdfundings hat (Klein 2014, S. 4).

Crowdlending

Crowdlending wird oft auch als „Peer-to-Peer-Lending" („P2P-Lending") bezeichnet. Hierbei vergeben Peers (Individuen) direkt an andere Peers Kredite ohne direkte Einbindung einer Finanzinstitution. Bei der Crowdlending-Variante setzt sich der Kredit aus der Summe der Beträge mehrerer Geldgeber zusammen, wobei oft Onlineplattformen die Abwicklung der Kredite übernehmen und neue Kreditgeber und -nehmer zusammenführen. So wird, je nach Plattform, Privatpersonen, Selbstständigen oder Unternehmen ein verzinstes Darlehen für einen gewissen Zeitraum eingeräumt und ein klassisches Schuldverhältnis begründet (Hemer et al. 2011, S. 54; Koren 2010b; Klein 2014, S. 1). Nach den Angaben von Für Gründer.de sind Zahlen zum Crowdlending-Markt in Deutschland schwer zu ermitteln. Den Homepagebetreibern zufolge liegt der Markt aber deutlich im zweistelligen Millionenbereich und wird mit einem Anteil von rund 80 % von auxmoney dominiert. Diese Plattform konnte nach eigenen Angaben im Jahr 2014 28,6 Mio. EUR an Krediten für Selbstständige vermitteln (Klein 2014, S. 2).

Crowddonating

Crowddonating ist eine Form von Spenden oder auch Zuwendungen von der Crowd. Unterstützer können hierfür Spendenquittungen erhalten, jedoch keine anderen Gegenleistungen. Über diese Form werden oft religiöse, wissenschaftliche, gemeinnützige, kulturelle, wirtschaftliche oder politische Zwecke, mit denen kein Rechtsgeschäft verbunden ist, unterstützt. Eines der bekanntesten Beispiele für diese Form des Crowdfundings war der Wahlkampf von Barack Obama 2008, für den er via Internetaufruf mehrere Hundert Mio. US-Dollar Spenden von seinen Anhängern einsammelte (Hemer et al. 2011, S. 7, 51; Koren 2010c).

Crowdsponsoring (Crowdfunding)

Wie zu Beginn dieses Beitrags beschrieben, gilt zu beachten, dass häufig eigentlich das Konzept „Crowdsponsoring" gemeint ist, wenn von „Crowdfunding" die Rede ist. Etablierte

Plattformen, wie zum Beispiel Startnext und VisionBakery, sind als Crowdfunding-Plattformen bekannt, beruhen allerdings auf dem Konzept des Crowdsponsorings. Bei dieser Variante spendet der Unterstützer nicht im eigentlichen Sinne, sondern tritt als Mikrosponsor auf und erwartet Gegenleistungen in Form von Sach- und Dienstleistungen (Hemer et al. 2011, S. 52; Zandvliet 2011). Die Gegenleistungen werden oft auch als „Prämien", „Dankeschön" oder „Rewards" bezeichnet und orientieren sich dabei in der Regel an der Höhe der jeweiligen Unterstützung. Beispiele hierfür können Danksagungen auf einer Homepage, namentliche Nennung („Credits") im Abspann eines Films oder auf dem Cover einer CD bis hin zur Eintrittskarte der geplanten Veranstaltung (Konzert, Ausstellung, Kongress) sein (Hemer et al. 2011, S. 25). Oft wird im Gegenzug für das Kapital auch das fertige Produkt in Aussicht gestellt, sodass von einer „klassischen Vorfinanzierung" gesprochen werden kann (Klein 2014, S. 1). Da sich der Beitrag im weiteren Verlauf speziell mit dieser Form des Crowdfundings beschäftigt, folgt eine genauere Betrachtung des Crowdsponsoring-Markts in Deutschland.

Seit dem Start im Jahr 2010 bis Jahresende 2014 wurden auf deutschen Crowdfunding-(Crowdsponsoring-)Plattformen 16,5 Mio. EUR eingesammelt. Allerdings entfiel mit 8,7 Mio. EUR gut die Hälfte des Volumens auf das Jahr 2014, was ein deutliches Wachstum in diesem Bereich erkennen lässt. Von den 1749 im Jahr 2014 auf deutschen Plattformen gestarteten Projekten wurden knapp 61 % und damit 1058 Projekte erfolgreich finanziert. Im Durchschnitt wurden die erfolgreichen Projekte um 21 % überfinanziert, hatten 116 Unterstützer, die im Schnitt 71 EUR gaben. In Deutschland entfallen 83 % des vermittelten Kapitals auf die Plattform Startnext, die somit deutlicher Marktführer vor der zweitaktivsten Plattform VisionBakery ist. Für das Jahr 2015 wird von einem moderaten Wachstum und einem Finanzierungsvolumen von zehn Mio. bis zwölf Mio. Euro ausgegangen (Klein 2014, S. 2 ff.). Wie die Zahlen verdeutlichen, hat sich dieses Modell in Deutschland speziell im Kultur- und Kreativbereich etabliert. Bevor anhand des „JCI World Congress 2014" aufgezeigt wird, dass dieses Konzept auch Potenzial im Bereich der Kongressfinanzierung hat, wird im folgenden Abschnitt zuerst der Crowdsponsoring-Prozess näher erläutert.

2   Der Crowdsponsoring-Prozess

Ehe der Crowdsponsoring-Prozess im Detail beschrieben wird, gilt es, die wichtigen Akteure im Crowdsponsoring-Prozess zu benennen.

Die Kapital suchenden Vorhaben
Projekte verschiedenster Organisationen sind Zielempfänger des einzusammelnden Kapitals.

Die Geld- oder Kapitalgeber

Privatpersonen, Unternehmen oder Organisationen stellen die Unterstützer der Projekte dar.

Die Intermediäre

Onlineplattformen, sogenannte „Crowdfunding-Plattformen" und Finanzintermediäre wie Banken oder Micro-Payment-Anbieter wie PayPal fungieren als Intermediäre. Intermediäre werden mit zunehmender Komplexität des Crowdsponsoring-Prozesses und mit steigender Anzahl der Unterstützer notwendig (Hemer et al. 2011, S. 33, 35). Auch wenn es erfolgreiche Beispiele für Crowdsponsoring-Projekte ohne Intermediäre gibt, befasst sich dieser Beitrag mit Crowdsponsoring-Prozessen, bei denen sogenannte „Crowdfunding-Plattformen" als Intermediäre fungieren, da diese Form die meisten Crowdsponsoring-Projekte betrifft (Bartelt und Theil 2012b, S. 18).

Der Crowdsponsoring-Prozess

Bei allen sogenannten „Crowdfunding-Plattformen" ist die Erstellung eines Crowdsponsoring-Projekts ähnlich. Der Projektinitiator beschreibt in Texten, Bildern und einem Video seine Projektidee. Für dieses Projekt werden ein Finanzierungsziel sowie ein Zeitrahmen vereinbart, in dem die gewünschte Zielsumme erreicht werden muss. Als Gegenleistung für seine Unterstützer erstellt der Projektinitiator „Rewards" in gestaffelter Höhe. In einem weiteren Schritt kommuniziert der Initiator sein Projekt im Freundes- und Familienkreis, bei seinen Fans, Mitgliedern oder Kunden. Hierbei nutzt er die Dienstleistungen, welche die Plattformen je nach Geschäftskonzept anbieten. Zu diesen Dienstleistungen zählen häufig die Anbindung an soziale Netzwerke, die Bereitstellung eines Blogs und einer Pinnwand auf der Projektseite sowie ein Projekt-Widget[1] mit einer kleinen Vorschau, das auf einfachem Weg in die eigene Website integriert werden kann. Viele Plattformen verfahren nach dem Alles-oder-nichts-Prinzip, was bedeutet, dass die Projektinitiatoren ihr Geld nur bekommen, wenn das Budgetziel innerhalb des festgelegten Zeitraums erreicht wird. Ist dies nicht der Fall, erhalten die Unterstützer ihr Geld zurück und können dieses wieder neuen Projekten zukommen lassen (Hemer et al. 2011, S. 35; Bartelt und Theil 2012a, S. 18, 2012b, S. 6). Die Abb. 1 zeigt die Schritte des Crowdsponsoring-Prozesses auf einen Blick.

Das Angebot der Intermediäre differenziert sich aufgrund der schnellen Verbreitung des Crowdfunding-Konzepts und der wachsenden Erfahrungen immer mehr aus (Hemer et al. 2011, S. 35). Während sich dieses Modell in der Kultur- und Kreativszene schon durchgesetzt hat, erreicht Crowdsponsoring auch immer mehr andere Bereiche. Folgender Abschnitt soll am Beispiel des „JCI World Congress" zeigen, wie sich auch Kongresse erfolgreich dieses Finanzierungsmodells bedienen können.

---

[1]Widget, eine Komponente einer grafischen Benutzeroberfläche.

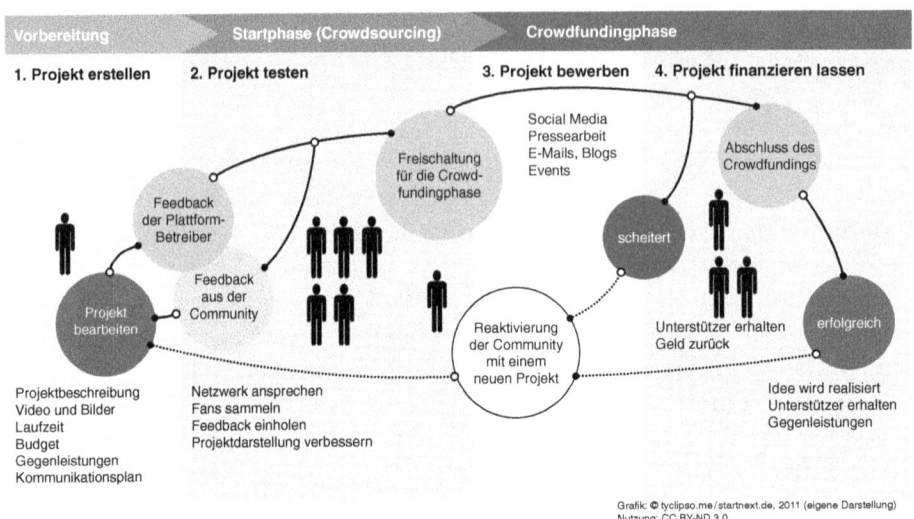

Abb. 1 Schritte im Crowdsponsoring-Prozess. (Quelle: Bartelt und Theil 2012a, S. 18; Nutzung: CC BY-ND 3.0 http://creativecommons.org/licenses/by-nd/3.0/de/)

3 Erfolgreich finanziert – Crowdsponsoring im Kongresswesen

Der Weltkongress der Junior Chamber International (JCI) fand vom 24. bis 29. November 2014 im Congress Center Leipzig statt. Ausgerichtet wurde die internationale Großveranstaltung von den Wirtschaftsjunioren Leipzig e. V. im Verband der Wirtschaftsjunioren Deutschland e. V. (WJD). Unter dem Motto „Freedom. Passion. Change." diskutierten Persönlichkeiten aus Wirtschaft, Politik und Gesellschaft mit rund 5000 jungen Unternehmern, Führungskräften und Investoren aus über 100 Nationen über Themen wie „The Leipzig energy turnaround" (Wünsch 2014, S. 25). Vor dem Hintergrund der Energiewende war es Ziel der Veranstalter, diesen Kongress klimaneutral auszurichten. Um diese Idee zu verwirklichen, bedienten sich die Initiatoren des Crowdsponsoring-Konzepts. Dieser Abschnitt zeigt daher anhand des Best-Practice-Beispiels „JCI World Congress 2014" und in Verbindung mit Aussagen von Slava Rubin, dem Gründer der amerikanischen Crowdfunding-Plattform Indiegogo, worauf es generell ankommt, wenn man Crowdsponsoring erfolgreich anwenden möchte und warum diese Form der Finanzierung auch für Kongresse und Konferenzen interessant sein kann.

Heute lassen sich zum Teil schon empirisch belegte Aussagen treffen, welche Faktoren ein erfolgreiches Crowdsponsoring begünstigen. Folgende Erfolgsfaktoren gilt es daher zu beachten:

- Die Projektidee kann eine große Zahl an Personen neugierig machen und begeistern. Den Kohlendioxidausstoß einer Großveranstaltung durch Klimaschutzmaßnahmen auszugleichen, war die Idee der Veranstalter des „JCI World Congress". Diese Idee begeisterte dadurch, dass man nicht nur eingeladen war, während des Kongresses über Klimaschutz zu diskutierten, sondern schon vorher aktiv und erlebbar an der Umsetzung eines klimaneutralen Kongresses mitwirken konnte und so Unternehmern aus aller Welt zeigte, welchen Stellenwert der Klimaschutz in Deutschland hat (Wünsch 2014, S. 23 f.).

- „Find an audience that cares" ist nach einer guten Projektidee mit einer der zentralen Punkte bei jeglicher Form des Crowdfundings. Eine wichtige Rolle spielt hierbei, sich den Family-and-Friends-Aspekt zunutze zu machen: „The entrepreneurial finance literature makes frequent reference to the role of family and friends (F&F) as an important source of capital for early stage ventures" (Agrawal et al. 2011, S. 2). In der Regel stammen die ersten 30 bis 40 % des angestrebten Budgets aus dem schon bestehenden Netzwerk von Freunden und der Familie. Diese Zahlen werden auch von Slava Rubin (2012) bestätigt: „30 to 40 % comes from your inner circle before anyone else funds you. Today, on average 20 % of money comes from total strangers." Allerdings sollte die Community über Jahre aufgebaut und eng mit der Organisation verbunden sein (Wünsch 2014, S. 20). Die JCI-Kampagne erfüllt diese Voraussetzung mit ihren zahlreichen Mitgliedern in den verschiedenen Regional- und Nationalverbänden. Mit diesem Projekt hat man gemeinsame Werte angesprochen und so eine gewisse Verbundenheit und Begeisterung bei den Mitgliedern hervorgerufen, die sich dann in finanzieller Unterstützung manifestiert hat.

- Kennt man seine Community, ist es wichtig, sein Projekt mit einer zielgruppenspezifischen Informationskampagne und einer durchdachten Kommunikationsstrategie kurz und knapp zu beschreiben und publik zu machen. Hierbei ist eine unterhaltsame Mischung aus Bildern, Texten und Videos zu empfehlen. Darüber hinaus ist die regelmäßige Kommunikation mit den Unterstützern ein weiterer wichtiger Aspekt, um das Engagement der Crowd zu fördern und somit ein Projekt erfolgreich zu realisieren. Vor allem die Kommunikation über das Internet (soziale Plattformen, E-Mail, Blogs etc.), spielt bei dem Konzept „Crowdfunding" eine übergeordnete Rolle. Erst in einem zweiten Schritt sollte man über klassische Medien weniger internetaffine Nutzer ansprechen. Generell gilt, dass Projekte erfolgreicher sind, wenn Initiatoren ihre Community mit Blogartikeln, neuen Videos oder Fotos regelmäßig über den Projektfortschritt informieren. „If you provide updates every five days or less, you get four times more money than if you provide updates only every 20 days" (Rubin 2012). Die Initiatoren des Weltkongresses haben diesen Erfolgsfaktor bei ihrem Projekt berücksichtigt und ihre Unterstützer über ein Video zur Crowdsponsoring-Aktion, Aktivitäten in sozialen Medien wie Facebook und Twitter sowie durch die persönliche Ansprache auf Roadshows mobilisiert (Wünsch 2014, S. 23).

- Das Pitchvideo ist das wichtigste Element einer Crowdfunding-Kampagne, da ohne ein solches die Erfolgsaussichten wesentlich geringer sind. Es soll authentisch sein und die Zielgruppe direkt und persönlich ansprechen, um so eine emotionale Bindung zu den Unterstützern aufzubauen und Vertrauen zu schaffen. Es steht nicht die Professionalität des Videoclips im Vordergrund, sondern vielmehr, die Geschichte hinter der Idee auf kreative Weise zu erzählen. Ein weiterer Vorteil eines Videos ist, dass die Fans dieses schnell und einfach in ihrem eigenen Netzwerk verbreiten können. Zudem sollte das Video nicht zu lang sein (max. fünf Minuten) und folgende Aspekte beinhalten: kurze Vorstellung des Initiators, Vorstellung der Projektidee, Erklärung, wie viel Geld wofür benötigt wird, Bitte um Unterstützung, Aufzeigen der Gegenleistungen und das Einbetten des Links zur Projektseite. Slava Rubin (2012) beschreibt es folgendermaßen:

„Have a good pitch, tell your story, be personal and show your passion." Das Pitchvideo für den „JCI World Congress" berücksichtigt dies und erzählt auf kreative, persönliche Weise, warum es naheliegt, gerade in Deutschland den ersten klimaneutralen Kongress zu veranstalten[2] (Wünsch 2014, S. 22 f.).

- Neben einem gelungenen Pitchvideo steigert auch das Angebot von kreativen und einzigartigen Gegenleistungen die Erfolgschancen eines Crowdsponsoring-Projekts erheblich. Die Unterstützungsbeträge liegen Erfahrungswerten zufolge im Bereich zwischen 25 und 75 EUR. Für die Orientierung der Geldgeber ist es wichtig, dass es nicht zu viele Gegenleistungen gibt und diese nach Unterstützungssummen und unterscheidbaren Inhalten gestaffelt sind. „Of all the campaigns that hit their targets 90 % have perks and over 80 % of them have three to eight perks (low-medium-high)" (Rubin 2012). Es ist auch darauf zu achten, dass die Kosten und der zusätzliche Aufwand solcher Gegenleistungen mit einkalkuliert werden. Statt einer Spendenquittung gibt es beim Crowdsponsoring eine Gegenleistung. Im JCI-Beispiel wurden insgesamt vier Optionen angeboten. Oftmals haben die Geldgeber die günstigste Option „ein exklusives, nachhaltiges Geschenk zum Weltkongress" für 42 EUR gewählt, aber grundsätzlich etwas mehr gegeben. Die exklusiveren Pakete ab 980 EUR, die zum Beispiel die Nennung auf verschiedenen Veranstaltungspublikationen umfassten, wurden mehrfach von Unternehmen oder einzelnen Unternehmern gebucht (Wünsch 2014, S. 24).
- Ein weiteres Kriterium ist die Laufzeit eines Projekts. Diese sollte zwischen 30 und 60 Tagen liegen, um so das Interesse der Crowd aufrechtzuerhalten. Ein längerer Finanzierungszeitraum hätte einen gegenteiligen Effekt. Das JCI-Projekt erreichte sein Fundingziel von 36.000 EUR in 57 Tagen und liegt somit in der optimalen Zeitspanne für ein Crowdsponsoring-Projekt. Mit 39.721 EUR wurde es sogar mit ca. zehn Prozent überfinanziert.
- In puncto Fundingziel ist eine realistische und transparente Darstellung des Budgets sowie eine Beschreibung, was mit dem Geld geschieht, auch wenn sich das Projekt verändert oder abgebrochen werden muss, entscheidend. Eine Zielsumme von 36.000 EUR ist für ein Crowdsponsoring-Projekt auf einer deutschen Plattform relativ hoch. In Anbetracht der Projektidee und der großen schon bestehenden Community ist dieser Betrag jedoch realistisch angesetzt.

---

[2]http://www.visionbakery.com/jciwc2014.

Zusammenfassend kann man sagen, dass die aufgezeigten Erfolgsfaktoren gleichzeitig auch als Misserfolgsfaktoren gesehen werden können. Die Hauptfaktoren, die es bei dem Konzept „Crowdsponsoring" zu beachten gilt, sind: Präsentation der Projektidee, Zielgruppe, Kommunikation und Interaktion mit der Crowd, Pitchvideo, Gegenleistungen, Projektlaufzeit und Budget (Harzer 2012, S. 22 ff.).

4   Chancen und Risiken

Das Modell „Crowdsponsoring" birgt sowohl Chancen als auch Risiken in sich, derer man sich im Vorhinein bewusst sein sollte.

Das größte Risiko für alle Crowdsponsoring-Projekte ist es, die Crowd nicht ausreichend für das Projekt begeistern und so zu einer finanziellen Unterstützung motivieren zu können. Ein weiterer wichtiger Aspekt im Hinblick auf die Crowd ist das Vertrauen. Jedes Crowdsponsoring-Projekt steht im Internet öffentlich zur Diskussion. Ändern sich Projektziele und wird dies nicht rechtzeitig und angemessen kommuniziert, riskiert man, das Vertrauen seiner Unterstützer zu verlieren, was zu Protesten der Community führen und das Projekt nachhaltig gefährden kann (Hemer et al. 2011, S. 78). Eine transparente, regelmäßige Interaktion mit der Crowd ist daher von besonderer Wichtigkeit. Indessen muss sich jeder Projektinitiator bewusst sein, dass dies sehr kosten-, personal- und zeitaufwendig sein kann und die zu erwartenden Crowdsponsoring-Erlöse diesen Aufwand möglicherweise nicht rechtfertigen (Hemer et al. 2011, S. 77 f.).

Allerdings ist es auch genau diese Crowd, die für jedes Crowdsponsoring-Projekt erhebliche Chancen bietet. Neben dem Aspekt der Finanzierung bietet die Einbindung der Crowd die Möglichkeit für eine Potenzial- und Marktanalyse. Die Resonanz der Community kann als früher Indikator für die generellen Erfolgschancen eines Projekts/einer Veranstaltung gesehen werden (Bartelt und Theil 2012a, S. 19; Hemer et al. 2011, S. 77; Eisfeld-Reschke und Wenzlaff 2011, S. 11). Auch für Veranstalter von Messen und Kongressen kann Crowdsponsoring als Markttest dienen (Wünsch 2014, S. 20). Jeder Unterstützer stellt einen potenziellen Teilnehmer dar (Wünsch 2014, S. 3). Darüber hinaus bietet Crowdsponsoring Kongressveranstaltern die Möglichkeit, ihre Reichweite über die gewonnenen Geldgeber enorm zu steigern, da diese ihre Unterstützung oft in ihren eigenen Netzwerken publik machen und so als Multiplikatoren fungieren. Neben der Gewinnung von Geldern kann Crowdsponsoring daher auch aus Marketinggesichtspunkten für Kongresse interessant sein (Bartelt und Theil 2012a, S. 20; Hemer et al. 2011, S. 77). Die gesteigerte Reichweite kann des Weiteren auch als Anreiz für Unternehmen dienen, sich an einer Crowdsponsoring-Kampagne zu beteiligen. Die Initiatoren des „JCI World Congress" haben mit Gegenleistungen wie der „Nennung als Partner auf Partner-Plakat + im Programmheft + App + auf jciwc2014.com + Geschenk" sogar ganze Werbepakte geschnürt, um gezielt Unternehmen als Sponsoren zu gewinnen. Hierbei muss jedoch unbedingt beachtet werden, dass aufgrund des Leistungsaustauschs „Geld gegen Logo" ein klassischer Sponsoringvertrag zustande kommt und somit die gesetzlich gültige Mehrwertsteuer anfällt. Generell gilt zu beachten, dass auf die Gegenleistungen und die Gesamtsumme Steuern anfallen können. Wie hoch diese sind, hängt von vielen Faktoren ab, zum Beispiel von Steuerstatus der Projektinitiatoren, der Art der Gegenleistungen oder auch dem Land. Daher wird von Plattformen wie Startnext empfohlen, immer einen Steuerberater zurate zu ziehen.[3]

Abschließend bleibt festzuhalten, dass Crowdsponsoring dennoch eine schnelle, weitgehend unbürokratische Finanzierungsform darstellt, die viel Spielraum für individuelle Ausgestaltung lässt. Auch wenn es gilt, die genannten Risiken zu beachten, überwiegen doch die Möglichkeiten, die Crowdsponsoring mit sich bringt, gerade auch aus Sicht von Kongressveranstaltern.

5 Finanzierungspotenziale für Kongresse, Tagungen und Konferenzen

Bezogen auf das Kongresswesen lässt sich zusammenfassend festhalten, dass Crowdsponsoring-Kampagnen die Punkte „Finanzierung", „Marketing" und „Kommunikation" sinnvoll kombinieren und Crowdsponsoring, wie aufgezeigt, viele Vorteile mit sich bringt (Hemer et al. 2011, S. 20). Auf der Grundlage der bisherigen Ausführungen dieses Beitrags können Handlungsempfehlungen für Kongress- und Konferenzveranstalter formuliert werden:

Veranstalter von Kongressen und Konferenzen, die Crowdsponsoring-Projekte starten wollen, sollten sich schon intensiv mit dem Thema „Social Media" auseinandergesetzt und die Arbeit mit sozialen Medien in ihre Strukturen etabliert haben. Des Weiteren ist zu empfehlen, Crowdsponsoring-Projekte vor dem Hintergrund eines bereits bestehenden Netzwerks zu entwickeln und umzusetzen, um sich den beschriebenen Family-and-Friends-Aspekt zunutze zu machen. Auch ist es ratsam, nicht zu versuchen, einen kompletten Kongress, sondern vielmehr einzelne Teilbereiche über Crowdsponsoring zu finanzieren, wie beispielsweise die Klimaneutralität des „JCI World Congress". Dabei sollte berücksichtigt werden, dass diese Teilbereiche emotional aufgeladen sind und so ein Gemeinschaftsgefühl erzeugen können. Sollte man noch nicht auf Erfahrungen mit dem Konzept „Crowdsponsoring" zurückgreifen können, ist es hilfreich, die ersten Projekte über professionelle Crowdfunding-Plattformen, wie beispielsweise Startnext und VisionBakery, publik zu machen und so von deren Erfahrungen zu profitieren. Zudem muss beachtet werden, dass Crowdsponsoring-Projekte sehr zeit- und somit auch personalaufwendig sind und dies Kosten verursacht. Aufwand und Nutzen müssen im Voraus genau abgewogen werden, um nicht einen gegenteiligen Effekt zu generieren. In diesem Zusammenhang gilt es auch zu klären, ob der monetäre Aspekt im Vordergrund einer solchen Kampagne steht, oder ob man Crowdsponsoring vor allem als Marketinginstrument begreift und einsetzt, um einen Kongress oder eine Konferenz zu bewerben und Community-Building zu betreiben.

---

[3]https://www.startnext.com/hilfe/FAQ.html#q50.

Das erfolgreiche Projekt des „JCI World Congress" hat gezeigt, dass Crowdsponsoring auch im Kongresswesen funktionieren kann. Ob sich Crowdsponsoring in der Kongress- und Konferenzfinanzierung tatsächlich etablieren kann, muss sich erst noch zeigen. Mit der „Degrowth-Konferenz 2014"[4], die ebenfalls über Crowdsponsoring erfolgreich 16.590 EUR einwerben konnte, zeigt sich jedoch das in diesem Bereich vorhandene Potenzial dieser alternativen Finanzierungsform.

Literatur

Agrawal A, Catalini C, Goldfarb A (2011) The geography of crowdfunding. University of Toronto, Toronto

Bartelt D, Theil A (2012a) Wie funktioniert Crowdfunding. In: tyclipso.me (Hrsg) Das co:funding Handbuch. Tyclipso media evolution UG, Dresden, S 18–21

Bartelt D, Theil A (2012b) Crowdfunding. Der neue Weg für private, öffentliche und unternehmerische Förderung in der Kultur- und Kreativwirtschaft. In: Loock F, Scheytt O (Hrsg) Kulturmanagement und Kulturpolitik. Die Kunst, Kultur zu ermöglichen, F 3.17. Raabe, Berlin, S 1–28

Eisfeld-Reschke J, Wenzlaff K (2011) Crowdfunding Studie 2010/2011 – Untersuchung des plattformgestützten Crowdfundings im deutschsprachigen Raum, Juni 2010 bis Mai 2011. Institut für Kommunikation in sozialen Medien, Berlin

Harzer A (2012) Erfolgsfaktoren von Crowdfunding-Projekten. In: tyclipso.me (Hrsg) Das co:funding Handbuch. Tyclipso media evolution UG, Dresden, S 22–24

Hemer J, Schneider U, Dornbusch F, Frey S unter Mitarbeit von Dütschke E, Bradke C (2011) Crowdfunding und andere Formen informeller Mikrofinanzierung in der Projekt- und Innovationsfinanzierung. Fraunhofer, Stuttgart

Klein RS (2014) Crowdfinanzierung in Deutschland. http://fuer-gruender.de/fileadmin/mediapool/Unsere_Studien/Crowdfinanzierung_Deutschland_2014_Fuer-Gruender.de_Dentons.pdf. Zugegriffen: 9. Apr. 2015

Koren G (2010a) Crowdfunding for start-ups. http://www.smartermoney.nl/?p=8. Zugegriffen: 15. Sept. 2012

Koren G (2010b) Crowdfunding, microfinance and peer to peer lending. http://www.smartermoney.nl/?p=73. Zugegriffen: 15. Sept. 2012

Koren G (2010c) Crowddonating: the online collecting box. http://www.smartermoney.nl/?p=272. Zugegriffen: 15. Sept. 2012

Rubin S (2012) Status Quo: Deutschland und USA. http://www.cofunding.de/Konferenz-2012/Dokumentation/Crowdfundingstatus-quo.html. Zugegriffen: 9. Apr. 2015

Wünsch K (2014) Crowd: Wen begeistert was? Wer begeistert wen? Kann Crowdfunding für Events funktionieren? In: CIM Conference & Incentive Management. T&M Media, Darmstadt, **6**, S 3–146

Zandvliet K (2011) Equity or debt? The next step in crowdfunding. http://www.crowdsourcing.org/editorial/equity-or-debt-the-next-step-in-crowdfunding/2421. Zugegriffen: 9. Apr. 2015

---

[4]http://www.visionbakery.com/degrowth.

Über den Autor

Tobias Klingenmayer studierte Kunst- und Kulturmanagement an der Karlshochschule International University sowie an der Vancouver Island University und beschäftigte sich in seiner Abschlussarbeit mit dem Thema „Crowdfunding: Eine mögliche Form der Projektfinanzierung für Museen in Deutschland". Auf seinen Bachelor folgte 2015 der Masterabschluss in Management an der Karlshochschule, wo er sich auch ehrenamtlich im Fakultätsbeirat „Management und Performance" engagiert. Neben seinem Studium war er Teil des Gründungsteams des ersten internationalen 3D-Festivals „BEYOND" und sammelte praktische Erfahrungen in den Bereichen „Projektberatung" und „Fundraising". Derzeit arbeitet Tobias Klingenmayer am ZKM | Zentrum für Kunst und Medien Karlsruhe, einer weltweit einzigartigen Kulturinstitution.

Compliance bei Kongressen

Anforderungen bei der Veranstaltungsplanung und -durchführung

Hans Rück

Zusammenfassung

Compliance-relevant sind bei Kongressen: die Wahl des Veranstaltungsorts (Destination), der Veranstaltungsstätte (Location) und der Übernachtungsstätte (in der Regel Hotel), die Proportion von Fach- und Rahmenprogramm und deren Inhalte sowie schließlich Fragen der Kostenübernahme durch die Industrie für die Veranstaltung (indirektes Sponsoring) oder einzelne Teilnehmer (direktes Sponsoring). Schon diese Aufzählung führt vor Augen, welch enorme Bedeutung Compliance heute für die Konzeption und Durchführung von Kongressen hat – und auch in Zukunft behalten wird.

Vorbemerkung des Autors

Diese Prognose ist nicht gewagt: Compliance wird Kongresse in den nächsten Jahren so tief greifend verändern wie sonst vielleicht nur noch die neuen Informations- und Kommunikationstechnologien. Dennoch ist die Bedeutung von Compliance erst im Ansatz verstanden worden – sowohl in der Tagungswirtschaft als auch in der Tourismuswirtschaft, die in vielfältiger Weise von Kongressen profitiert. Der folgende Beitrag bietet erstmalig einen Überblick der Anforderungen von Compliance an die Konzeption und Durchführung von Kongressen sowie ihrer Folgen für Veranstalter, Ausrichter, Sponsoren und Teilnehmer. Dabei wird der Pharma-Kodex

H. Rück (✉)
Worms, Deutschland
E-Mail: rueck@hs-worms.de

© Springer Fachmedien Wiesbaden GmbH 2017
C. Bühnert und S. Luppold (Hrsg.), *Praxishandbuch Kongress-, Tagungs- und Konferenzmanagement*, DOI 10.1007/978-3-658-08309-0_14

wegen seiner Vorreiterrolle und seiner besonders strengen Regelungen ausführlich besprochen.

Dieser Beitrag soll nicht nur zur Aufklärung über das wichtige Thema der Compliance bei Kongressen beitragen, sondern auch zu deren Weiterentwicklung in einer vernünftigen und mit einer marktwirtschaftlichen Wettbewerbsordnung verträglichen Weise. Deshalb werden auch aktuelle Fehlentwicklungen der Compliance im Veranstaltungsbereich kritisch aufgegriffen.

1   Einführung

Zahlreiche Skandale haben die Bedeutung und Notwendigkeit von Compliance in den vergangenen Jahren zunehmend ins Bewusstsein von Wirtschaft, Politik und Öffentlichkeit gerückt. Im Brennpunkt standen dabei wiederholt auch geschäftliche Veranstaltungen und Einladungen, die durch einen besonderen Erlebniswert den Eindruck erweckten, nicht allein sachlichen Zwecken zu dienen – seien es luxuriöse Geschäftsessen, seien es sogenannte „Hospitality"[1]-Einladungen (siehe etwa den „Fall Claassen" anlässlich der Fußball-WM 2006: BGH 2008a), seien es aufwendige Incentive-Reisen[2] für Kunden und Mitarbeiter, die für die Teilnehmer zuweilen ganz besondere, intime Überraschungen bereithielten (siehe zum Beispiel die Fälle „Ergo" und „Wüstenrot": Iwersen 2012; Peitsmeier 2011; o. V. 2011).

---

[1]Als „Hospitality" bezeichnet man „all forms of social amenity, entertainment, travel or lodging, or an invitation to a sporting or cultural event" (ICC 2014, S. 2). Siehe auch die engere Definition bei Fischer (2014, S. 2463 Rz. 24): „Einladungen zu kulturellen, sportlichen, kulinarischen oder sonstigen geldwerten Veranstaltungen durch Sponsoren".

[2]Der Begriff „Incentive" bezeichnet hier eine Eigenveranstaltung eines Unternehmens („Corporate Event") zur Motivation und Belohnung von Kunden oder Mitarbeitern, vor allem im Vertrieb und Verkauf. Die Berechtigung zur Teilnahme ist häufig an das Erreichen einer bestimmten Zielgröße (Jahresumsatz o. Ä.) gekoppelt. Incentives sind in der Regel aufwendig gestaltet, um die angestrebte Anreizwirkung auch sicher zu erreichen. Sie werden häufig in Form von Reisen („Belohnungs-" oder „Wettbewerbsreisen": Ergo 2013) in touristisch attraktive Destinationen durchgeführt, teilweise auch in Form von Hospitality (s. Fn 1). Der Begriff leitet sich her von dem lateinischen Wort für „anfachen/anzünden" („incendere") und bedeutet im Englischen „Anreiz" (in Anlehnung an IAPCO 2009; Funke und Müller 2007, S. 190; UNWTO 2006, S. 64).

Auch Kongresse[3] geben bis heute immer wieder Anlass zu kritischen Diskussionen, ursprünglich vor allem im Gesundheitswesen, mittlerweile aber auch in anderen Wirtschaftszweigen, speziell, wenn sie in fernen, touristisch attraktiven Ländern stattfinden, aufwendige Rahmenprogramme beinhalten und obendrein ein Industrieunternehmen als Sponsor die Kosten der Teilnehmer übernimmt.

Compliance bei geschäftlichen[4] Veranstaltungen – und speziell Kongressen – betrifft zum einen die Einladung von beziehungsweise Kostenübernahme für Geschäftspartner in ihrer Eigenschaft als Vorteilsgewährung, zum anderen aber auch ganz allgemein eine auf Vergnügen, Erlebniswert und Luxus ausgerichtete Gestaltung solcher Anlässe, die geschäftlichen Treffen nicht angemessen ist.

1.1   Das Strafrecht als Ausgangspunkt der Compliance

Compliance hat ihre Wurzeln in den jeweils geltenden gesetzlichen Vorschriften. In Bezug auf die Compliance von Kongressen sind vor allem das Strafrecht zur Vorteilsgewährung/Vorteilsannahme beziehungsweise Bestechung/Bestechlichkeit relevant (für Angestellte in privatwirtschaftlichen Unternehmen: § 299 StGB; für Amtsträger/Beamte und Angestellte im öffentlichen Dienst: §§ 331–334 StGB).[5]

Im Mittelpunkt dieser Bestimmungen steht die sogenannte „Unrechtsvereinbarung". So bezeichnet man das Versprechen oder Gewähren eines Vorteils für eine konkrete Dienstausübung (Auftragserteilung, Genehmigung etc.) zur Förderung des eigenen oder fremden Wettbewerbs (zum Beispiel durch Bevorzugung bestimmter Anbieter) unter Inkaufnahme einer Schädigung des eigenen Geschäfts- oder Dienstherrn durch Missachtung von Weisungen (Unlauterkeit/Untreue). Der gewährte Vorteil muss die wirtschaftliche, rechtliche

---

[3]Ein Kongress wird hier verstanden als Großveranstaltung mit in der Regel mehr als 200 Teilnehmern (ohne Obergrenze; internationale Medizinkongresse etwa kommen zum Teil auf mehrere zehntausend Teilnehmer), durchgeführt als Ein- oder Mehrtagesveranstaltung, meist regelmäßig wiederkehrend (z. B. jährlich), zu einem oder mehreren Themen (meist ein Schwerpunktthema, ergänzt um thematische Vertiefungen) mit dem Hauptzweck der Wissensvermittlung. Die verschiedenen Veranstaltungsteile finden in mehreren Sälen statt: ein großer Saal für das Generalthema, mehrere kleine für die (parallel laufenden) Begleitveranstaltungen wie z. B. Breakout-Sessions, Symposien, Workshops, Produktausstellungen (in Anlehnung an Bühnert 2013, S. 201; Schreiber 2012, S. 7; CIC 2010; Beckmann 2006, S. 41; Hank-Haase 1992, S. 108).

[4]Auch wissenschaftliche Kongresse werden hier der Einfachheit halber als geschäftliche Veranstaltungen angesprochen, da auch die Wissenschaft letztlich einen Zweig der Volkswirtschaft darstellt und sich im Übrigen mit Blick auf Compliance-Anforderungen nur im Detail Besonderheiten ergeben.

[5]Das Steuerrecht ist für den vorliegenden Beitrag nur von peripherem Interesse. Es sei aber erwähnt, dass in Bezug auf Kongresse hier insbesondere die Versteuerung des geldwerten Vorteils eines Zuwendungsempfängers im Mittelpunkt steht (Einladung eines Teilnehmers durch einen Sponsor oder ein anderweitig förderndes Unternehmen).

oder persönliche Lage des Dienstausübenden verbessern (Fischer 2014, S. 2463 Rz. 23; Blask und Curtius 2011, S. 6–8; Sponsoreninitiative S 20 2011, S. 5).

Das Konstrukt der Unrechtsvereinbarung bezieht sich auf zukünftige Handlungen; die Gewährung eines Vorteils als Belohnung für frühere Diensthandlungen (zum Beispiel bereits erteilte Aufträge) ist straflos, sofern die Belohnung nicht ihrerseits auf einer Unrechtsvereinbarung gründet (Fischer 2014, S. 2229 Rz. 13; ACC 2010, S. 10, 20).

Beide Seiten – die den persönlichen Vorteil verspricht und die ihn annimmt – können sich durch eine Unrechtsvereinbarung strafbar machen.

Strafbar sind abhängig Beschäftigte: Amtsträger, Angestellte sowie „Beauftragte" eines Unternehmens (Beauftragte sind zum Beispiel angestellte Geschäftsführer oder Handelsvertreter), die in einem Dienst- oder Auftragsverhältnis zu einem Geschäftsherrn (Inhaber) stehen und dessen Weisungen unterworfen (weisungsgebunden) sind (Fischer 2014, S. 2226 Rz. 9; Acker und Ehling 2013, S. 15). Für Amtsträger gelten dabei im Vergleich zu Angestellten strengere Maßstäbe; dadurch möchte der Gesetzgeber das berechtigte Vertrauen der Bürger in die Lauterkeit der öffentlichen Verwaltung schützen (Fischer 2014, S. 2454 Rz. 2; ACC 2010, S. 5). Nicht strafbar sind dem Grundsatz nach Inhaber beziehungsweise Teilhaber und andere Selbstständige, weil diese durch Unrechtsvereinbarungen nur sich selbst, nicht aber andere schädigen können.

Vorteile können unter anderem in Form von Zuwendungen gewährt werden. Beispiele für Zuwendungen sind Geld, Geschenke – oder auch Einladungen zu geschäftlichen Veranstaltungen, zum Beispiel Kongressen. Die Reichweite des Gesetzes wird dabei durch die Tatmerkmale der Unrechtsvereinbarung begrenzt; es gilt der Grundsatz: Jede Zuwendung ist ein Vorteil, aber nicht jede Zuwendung ist unlauter. Unlauterkeit liegt vor bei einer Schädigung des Geschäfts- oder Dienstherrn unter Missachtung von Weisungen zwecks Bevorzugung bestimmter Wettbewerber (Fischer 2014, S. 2230 f., Rz. 16).

Als Indizien einer Unrechtsvereinbarung nennt der BGH (2008b, S. 15 Rz. 32) im „Claassen-Urteil" zur Einladung von Amtsträgern durch die EnBW AG während der Fußball-WM 2006: a) die Stellung des Vorteilsempfängers und die Beziehung des Vorteilsgebers zu dessen dienstlichen Aufgaben, b) die Heimlichkeit der Vereinbarung sowie c) Art, Wert und Zahl der gewährten Vorteile.

1.2   Begriff und Zweck der Compliance und ihr Verhältnis zum Strafrecht

Der Begriff „Compliance" stammt von dem englischen Verb „to comply", was übersetzt „entsprechen, befolgen, erfüllen, gehorchen" bedeutet. Dementsprechend kann Compliance definiert werden als institutionalisierte Befolgung von Gesetzen und ethisch-moralischen Normen durch eine Organisation im geschäftlichen Verkehr (Rück 2013, S. 180). Rieder und Falge definieren Compliance knapp und mit fast schon aphoristischer Qualität als „organisierte Rechtschaffenheit" (Rieder und Falge 2010, S. 13). In der Praxis ist damit im Wesentlichen die Vermeidung von Korruption und anderen illegalen und unethischen Praktiken wie Kinderarbeit oder Prostitution, Geldwäsche oder Steuerhinterziehung gemeint.

Um ein Compliance-Management-System (CMS) in einem Unternehmen zu etablieren, reichen bloße Bekenntnisse zu den bestehenden Gesetzen und Normen nicht aus. Ein wesentliches Merkmal der Compliance ist vielmehr ihre Institutionalisierung, das heißt ihre Verankerung in der jeweiligen Organisationsstruktur. Wesentliche Kennzeichen sind der Erlass von Compliance-Richtlinien und die Bestellung von Compliance-Beauftragten (den „Compliance Officers"), deren Aufgabe es ist, die Einhaltung der Gesetze, Richtlinien und Normen zu überwachen.

Der Zweck von Compliance ist die Sicherstellung eines juristisch wie ethisch-moralisch einwandfreien Verhaltens des Unternehmens („Good Corporate Citizenship"), die Vermeidung von Imageschäden sowie juristischen Klagen, Strafzahlungen und Schadensersatzforderungen, die in einer globalisierten Wirtschaft schmerzhafte Größenordnungen erreichen können (der Siemens-Skandal beispielsweise kostete das Unternehmen eine Milliarde Euro Geldbußen und 500 Mio. EUR Anwaltshonorare) (Rück 2013, S. 180). Compliance erfüllt mithin eine Präventionsfunktion.

Um präventiv wirken zu können, muss Compliance über die gesetzlichen Vorschriften hinausgreifen (FAMAB 2014, S. 4) – und zwar gleich in doppelter Weise: Compliance soll nicht nur gesetzwidrigem Verhalten vorbeugen, sondern auch jeder Form von „unsauberem" Verhalten – ja sogar jedem „bösen Anschein" eines solchen Verhaltens, um die Reputation der Organisation schützen. Das soll an einem Beispiel verdeutlicht werden: Nach den Bestimmungen des Strafgesetzbuchs ist eine Zuwendung dann strafbar, wenn sie Bestandteil einer Unrechtsvereinbarung ist. Nach den Grundsätzen der Compliance ist eine Zuwendung schon dann zu vermeiden, wenn sie auch nur den Eindruck erwecken könnte, einer Unrechtsvereinbarung zu dienen. Aus diesem Grund sehen Compliance-Leitlinien zum Beispiel vor, dass Einladungen in zeitlicher Nähe zu Auftragsvergaben unterbleiben sollen, selbst wenn sie im Einzelfall nicht strafbar wären.

Besondere Aufmerksamkeit gilt deshalb unter Compliance Gesichtspunkten Maßnahmen der Kundengewinnung wie dem sogenannten „Anfüttern" („Anbahnungszuwendungen", die sich auf eine Dienstausübung beziehen: Fischer 2014, S. 2463 Rz. 24; Peters 2012), Maßnahmen der Kundenbindung (in Teilen der juristischen Literatur wurden sogar schon Bonusprogramme ins Visier genommen: siehe Fn. 6) sowie Maßnahmen der allgemeinen Beziehungspflege mit Geschäftspartnern, zum Beispiel in Form von Hospitality oder Einladungen zu geschäftlichen Veranstaltungen.

1.3   Weitere Quellen der Compliance

Aus dem Strafgesetzbuch lässt sich allerdings nur wenig Handlungssicherheit für den täglichen Umgang mit geschäftlichen Veranstaltungen gewinnen; dazu sind die Bestimmungen zu unspezifisch und nicht operational genug abgefasst. Deshalb haben Branchenverbände und wirtschaftszweigübergreifende Arbeitskreise beziehungsweise

Initiativen – wie zum Beispiel der Arbeitskreis Corporate Compliance (ACC 2010) und die Sponsoreninitiative S 20 (2011) – vor einigen Jahren begonnen, Compliance-Leitlinien („Codes of Ethics") zu formulieren. Eine Pionierrolle spielte diesbezüglich der Pharma-Kodex (FSA 2015), der im Jahr 2004 in Deutschland eingeführt wurde und für die nachfolgenden Ethik-Kodizes in weiten Teilen als Orientierung diente.

In der Folge dieser Branchenleitlinien haben auch immer mehr Unternehmen Verhaltensrichtlinien („Codes of Conduct") für ihre Mitarbeiterinnen und Mitarbeiter eingeführt. Die börsennotierten Unternehmen übernehmen dabei eine Vorreiterrolle; im Mittelstand sind Compliance-Managementsysteme bislang noch nicht flächendeckend implementiert worden (KPMG 2013).

Auch in der Veranstaltungswirtschaft hat es Versuche gegeben, das Regelsystem der Compliance den Unternehmen der Branche näher zu bringen; exemplarisch seien hier genannt: die Leitfäden des Verbands Direkte Wirtschaftskommunikation (FAMAB 2014, einer Vertretung unter anderem von Eventagenturen) sowie des Verbands der Veranstaltungsplaner (Vereinigung Deutscher Veranstaltungsorganisatoren 2012). Der FAMAB-Leitfaden ist insofern bemerkenswert, als er – im Gegensatz zu den Leitlinien der Industrieseite (Arbeitskreis Corporate Compliance, Sponsoreninitiative S 20) – nicht nur anführt, was nicht mehr möglich sein soll, sondern, als bewussten Kontrapunkt, auch das, was trotzdem noch möglich ist, und außerdem die Willkürlichkeit und zweifelhafte Fundierung vieler Compliance-Normen offen anspricht (siehe auch Abschn. 4).

Zusammenfassend lassen sich also folgende drei Hauptquellen der Compliance feststellen: 1) gesetzliche Vorschriften, 2) Richtlinien von Unternehmen (Codes of Conduct) und 3) Compliance-Leitlinien von Verbänden und anderen Organisationen (Codes of Ethics). Der Vorschriftcharakter und die Verbindlichkeit der Regelungen ist bei den gesetzlichen Bestimmungen am höchsten und nimmt dann in der genannten Reihenfolge ab.

1.4   Allgemeine Grundsätze der Compliance

Compliance stützt sich auf einige wenige Grundsätze, die im Strafgesetzbuch angelegt, in der Rechtsprechung (zum Beispiel des Bundesgerichtshofs) präzisiert und erstmals umfassend im Pharma-Kodex ausbuchstabiert worden sind. Von dort haben sie Eingang in allgemeine Compliance-Leitlinien gefunden (ICC 2014, S. 2; FAMAB 2014, S. 11 f.; Sponsoreninitiative S 20 2011, S. 5 f.):

1. **Transparenz**
   Zuwendungen müssen grundsätzlich offen erfolgen; Heimlichkeit ist ein Indiz für unlautere Absichten (BGH 2008b, S. 15 Rz. 32). Einladungen zu Kongressen beispielsweise sollten grundsätzlich nur an die offizielle Geschäftsadresse gesendet werden, unter detaillierter Beschreibung der Veranstaltung, damit diese von der vorgesetzten Stelle genehmigt werden kann.

2. Neutralität (Trennungsgebot)

Zuwendungen dürfen nur unabhängig von konkreten Diensthandlungen erfolgen und sollten auch jeden „bösen Anschein" vermeiden, in einem Zusammenhang mit einer Diensthandlung zu stehen[6] (es darf also nicht möglich sein, sie als unlauteren Beeinflussungsversuch aufzufassen). Das bedeutet, Zuwendungen dürfen nicht mit betrieblichen oder amtlichen Entscheidungen zeitlich zusammenfallen oder in missverständlicher zeitlicher Nähe zu Diensthandlungen erfolgen, weshalb zum Beispiel die Einladung von Personen zu geschäftlichen Veranstaltungen grundsätzlich zu unterlassen ist, wenn diese „maßgeblich in eine bevorstehende Beschaffungsentscheidung [oder Genehmigung; d. V.] eingebunden" sind (S 20 Sponsoreninitiative S 20 2011, S. 25; s. a. Fischer 2014, S. 2469 Rz. 27d; Rück 2013, S. 185 f.). Diese Regel gilt als „rotes Licht" für geschäftliche Einladungen (ACC 2010, S. 10, 20).

3. Äquivalenz („Angemessenheit")

Die Zuwendung muss stets in einem „angemessenen" und „vernünftigen" Verhältnis zu ihrem Anlass stehen, die Verhältnismäßigkeit im geschäftlichen Umgang muss gewahrt bleiben. Dabei sind drei verschiedene Aspekte der Äquivalenz zu unterscheiden: der sachliche Bezug der Zuwendung zur Geschäftstätigkeit; der Gegenwert der Zuwendung (Kosten und Anzahl der Zuwendungen, aber auch deren Exklusivität); und schließlich die soziale Adäquanz.

a) Sachlicher Bezug zur Geschäftstätigkeit („sachliche Angemessenheit")

Die Zuwendung – zum Beispiel die Veranstaltung, zu der eingeladen wird – muss einen sachlichen Bezug zur Geschäftstätigkeit des einladenden Unternehmens aufweisen; sie muss in diesem Sinn „vernünftig" beziehungsweise nachvollziehbar sein („reasonable"). Daraus folgt, dass bei geschäftlichen Veranstaltungen grundsätzlich das Geschäftliche im Vordergrund stehen sollte, nicht etwa der Unterhaltungs- oder Erlebniswert. Für Kongresse bedeutet das: Das Fachprogramm und die Vermittlung von Fachwissen müssen das Hauptmotiv für die Teilnahme sein, nicht das Rahmenprogramm und die Attraktionen des Veranstaltungsorts.

b) Angemessener Gegenwert („finanzielle Angemessenheit")

Die Zuwendung muss nach Wert und Häufigkeit dem Anlass angemessen sein („appropriate", „proportionate"). Dabei liegt der Wert einer Zuwendung nicht immer nur in ihrem finanziellen Gegenwert; unter Umständen kann eine preisgünstige, dafür aber exklusive Zuwendung mit „Money-can't-buy-Faktor" einen stärkeren Anreiz auf den Empfänger ausüben als eine teure. Üblicherweise jedoch steht der finanzielle Gegenwert im Vordergrund. Allerdings kann die finanzielle Angemessenheit einer Zuwendung nie unabhängig von der hierarchischen Stellung

---

[6]Bonusprogramme sind vom Trennungsgebot nicht betroffen, da sie a) vergangenes Verhalten belohnen und b) der Bonus aufgrund des in der Regel zugrunde liegenden Punktesystems (z. B. Meilen) rückwirkend nicht mehr einer bestimmten Transaktion zugeordnet werden kann (Fischer 2014, S. 2229 Rz. 13).

des Empfängers und seiner wirtschaftlichen Situation beurteilt werden („Sozialadäquanz", siehe folgender Absatz), was aber in allen bekannten Compliance-Leitlinien unterbleibt (siehe auch Abschn. 4). Lediglich einige Pharma-Kodizes werden konkreter und fordern bei Zuwendungen, unabhängig vom sozialen Status, ein „Maßhalten" („modesty"), woraus folgt, dass nur geringwertige Zuwendungen als angemessen anzusehen sind (zum Beispiel PhRMA 2008, S. 4 f., 9 f., 20 f.).

c) **Sozialadäquanz („soziale Angemessenheit")**

Eine Zuwendung muss nicht nur finanziell, sondern auch sozial angemessen und im kulturellen Kontext akzeptabel sein. Sie muss, mit anderen Worten, „der Höflichkeit und Gefälligkeit entsprechen und sozial üblich als auch [...] allgemein gebilligt" sein (ACC 2010, S. 8). Hierunter fallen zum Beispiel kleinere Aufmerksamkeiten oder Einladungen, deren Ablehnung landesüblichen Werten widerspräche (ACC 2010, S. 15–17). Zur Anwendung kommt das Kriterium auch in Bezug auf die Stellung der eingeladenen Person und den Gegenstand der Einladung: So ist es zum Beispiel grundsätzlich angemessen, hochgestellte Amtsträger mit Repräsentationsfunktion (etwa Regierungsmitglieder) zu einem Fußballweltmeisterschaftsspiel einzuladen (BGH 2008b); für einen Bauamtsleiter würde selbiges nicht automatisch gelten, schon gar nicht, wenn gerade eine Baugenehmigung für das einladende Unternehmen ansteht.

4. **Dokumentation**
Und schließlich müssen Zuwendungen für beziehungsweise durch Dritte überprüfbar sein, weshalb sie aufzuzeichnen sind – sinnvollerweise über den gesamten Lebenszyklus der Geschäftspartnerschaft hinweg.

1.5 Compliance bei Kongressen: ein Negativbeispiel

Speziell in der Pharmaindustrie haben Kongresse in den vergangenen Jahren immer wieder negative Schlagzeilen gemacht (Maugé 2006). Sie sind Teil eines allgemeineren Problems, nämlich den Verflechtungen zwischen Ärzten und der Pharmaindustrie, die seit Jahren Gegenstand kritischer Auseinandersetzung in Fachkreisen, Politik und Öffentlichkeit sind.

Die besondere Bedeutung der Compliance für das Gesundheitswesen ergibt sich daraus, „dass die ärztliche Fort- und Weiterbildung ohne das Sponsoring der Industrie kaum auskommt" (Warntjen 2009, S. 1256). Speziell „Kongresse leben in erheblichem Umfang davon, dass sich die Teilnehmer die oftmals hohen Kosten für Anreise, Unterkunft und Gebühren vollständig oder teilweise von der Pharmaindustrie finanzieren lassen" (Schneider und Lückmann 2008, S. 518). Ohne das Sponsoring der Industrie, das haben wissenschaftliche Studien ergeben, würde die Teilnahme an Kongressen und Symposien zurückgehen (Wazana 2000, S. 375). Aus Sicht der pharmazeutischen Industrie wiederum ist das Sponsoring von Kongressbesuchen und anderen Weiterbildungsveranstaltungen ein besonders wirksames Marketinginstrument, denn es beeinflusst das

Verschreibungsverhalten von Ärzten nachweislich stärker als zum Beispiel der Einsatz von Werbemitteln (Wazana 2000, S. 375 f.). Was in anderen Branchen als normaler marktwirtschaftlicher Effekt betrachtet würde, muss im Gesundheitswesen – aufgrund seines ethischen Auftrags – kritisch gesehen werden. Letztlich geht es hier um die Festlegung der Grenze zwischen zulässiger Unterstützung und strafbarer Korruption.

Im Visier der Staatsanwaltschaften standen und stehen dabei besonders „die Übernahme von Reisekosten, Kongressgebühren, Bewirtung und die Zahlung von Honoraren durch pharmazeutische Unternehmen für ‚Kongressbeobachtungen' oder gleich gänzlich ohne Gegenleistung" (Warntjen 2009, S. 1256). Ärzte haben das Sponsoring durch die Industrie jahrzehntelang als Selbstverständlichkeit betrachtet (Schneider und Lückmann 2008, S. 516), und erst langsam ändert sich diese Einstellung unter dem Druck der öffentlichen Diskussion, des Gesetzgebers und der mittlerweile installierten Compliance-Kodizes.

Ein Beispiel aus einem Compliance-Training des europäischen Medizintechnikverbands Eucomed zeigt sehr anschaulich, wie auch heute noch manche Medizinkongresse geplant werden (Sainvil und Eucomed 2014, S. 15 f.).

Programm	
Mittwoch, 27. August	
	Ankunft im Hotel Union Geiranger (Norwegen)
	Transfer vom Ålesund Airport Vigra kann arrangiert werden
16:00	Registrierung
18:30	Willkommensempfang im Norsk Fjørdsenter – Unesco World Heritage Center
20:00	Dinner im Hotel Union Geiranger
Donnerstag, 28. August	
7:30–10:00	Frühstück im Hotel Union
10:00	Exkursionen zur Auswahl:
	• Mit dem Bus zum Dalsnibba – Nordeuropas höchstem Berg mit 1500 m ü. M.
	• Sightseeing-Tour zum berühmten Geirangerfjørd
	• „Königinnen-Wanderung" zu der Fjørd-Farm Skageflå, 250 m ü. M.
	• Entspannen im Union Spa – 1500 m^2 Wellness
	• Fjørd Kayaking – die Gewässer des Geirangerfjørds mit dem Kajak erkunden
13:00–15:00	Mittagessen im Hotel Union
15:00–19:00	Wissenschaftliches Programm – Konferenz und Ausstellungsbesuch
20:00	Abendessen und Unterhaltungsprogramm

Die früheren Veranstaltungen dieses Kongresses hatten 2006 in Barcelona und 2009 in St. Tropez stattgefunden. Im Einladungsschreiben weisen die Veranstalter darauf hin, sie hätten sich auch in diesem Jahr wieder bemüht, eine Kongressdestination auszuwählen, die „bekannt ist für allerschönste Landschaft". Auch der Termin wurde sorgsam gewählt, denn der Veranstalter weist darauf hin, dass das letzte Augustwochenende vor dem US-amerikanischen „Labor Day" liegt, für Südeuropäer am Ende oder direkt nach dem Ende der großen Ferien und für Skandinavier nach den Ferien und üblicherweise außerdem in einer Phase mit stabil schönem Wetter (Sainvil und Eucomed 2014, S. 15). Und schließlich wird im Einladungsschreiben noch werbend angeführt, man habe am Mittwoch einen „slow start" geplant, um den Teilnehmern Gelegenheit zu geben, sich von einem eventuellen Jetlag zu erholen, und der Donnerstagvormittag sei dann der „Erkundung der Landschaft dieser spektakulären Gegend gewidmet" (Sainvil und Eucomed 2014, S. 15).

Das gern gebrauchte Wort vom „Kongresstourismus" wird durch dieses Beispiel sehr anschaulich. (Eben wegen dieser unvorteilhaften Konnotationen lehnt die Kongress- und Tagungswirtschaft es vehement ab: Rück 2016b; Cameron 2014.) Eine eindrückliche Dokumentation der Misere bieten auch die gesammelten, im Internet abrufbaren Schiedssprüche des Vereins „Freiwillige Selbstkontrolle Arzneimittelindustrie" (FSA 2004–2016). Solche konzeptionellen Fehlleistungen haben Kongresse – besonders im Gesundheitswesen, aber nicht nur dort – ins Visier der Compliance-Beauftragten gerückt und belegen zugleich die grundsätzliche Notwendigkeit von Compliance im Kongresswesen.

2   Compliance-Regeln für Kongresse und ihre Auswirkungen

2.1   Übersicht

Die Gründe, aus denen Menschen an Kongressen teilnehmen, sind nicht immer nur sachlich-fachlicher Natur; häufig spielen auch sachfremde Motive eine Rolle: Die Teilnahme an Kongressen ist mit Reisen verbunden, und jede Dienstreise hat – nolens volens – immer auch einen touristischen Aspekt. Deshalb kann eine attraktive Veranstaltungsdestination einen wesentlichen Anreiz für einen Kongressbesuch darstellen, wie auch das Rahmenprogramm, das sich oft aus den örtlichen Sehenswürdigkeiten speist. Vorausgesetzt natürlich, die Terminierung fällt in die „beste Jahreszeit" und gestattet es vielleicht sogar, die Kongressteilnahme zum Kurzurlaub auszudehnen. Auch die Ausstrahlung der Veranstaltungs- und der Übernachtungsstätte kann die Teilnahmeentscheidung beeinflussen. Und besonders angenehm wäre es zweifellos, das ganze Paket – oder zumindest Teile davon – durch Sponsoren aus der Industrie bezahlt zu bekommen.

Wie bereits das Beispiel in Abschn. 1.5 gezeigt hat, sind also vielfältige Aspekte der Konzeption und Durchführung von Kongressen für deren Compliance relevant und sensibel. Diese Aspekte werden nachfolgend im Detail ausgeleuchtet.

2.2 Kostenübernahme durch Sponsoren

Sponsoring ist eine wichtige Finanzierungsquelle von Kongressen. Folgende Formen des Sponsorings sind dabei zu unterscheiden:

a) Sponsoring der Veranstaltung (indirektes Sponsoring): Vorherrschend bei Kongressen ist eine gemischte Finanzierung über Teilnahmegebühren und Sponsoring. Das Sponsoring umfasst in der Regel eine Industrieausstellung und Werbung im Programmheft sowie zusätzliche Unterstützung der organisierenden Seite (zum Beispiel über Fachgesellschaften) und der lokalen Gastgeber. Ferner bietet die sponsernde Industrie häufig die Durchführung von begleitenden „Satellitenveranstaltungen" (in der Regel Symposien, Workshops) im Kongressprogramm (Drack et al. 2002, S. 1311 f.).
b) Sponsoring einzelner Veranstaltungsteilnehmer (direktes Sponsoring): Je nach Branche ist es mehr oder weniger üblich, dass Industrieunternehmen die Kongressteilnahme bestimmter Personen finanziell unterstützen. Dabei unterscheidet man aktive (als Redner) und passive Teilnahme (als Zuhörer) (Drack et al. 2002, S. 1313 f.). Solche persönlichen Zuwendungen sind geldwerte Vorteile und müssen vom Zuwendungsempfänger versteuert werden (der Zuwendende kann allerdings die Versteuerung freiwillig übernehmen und tut dies auch häufig).

Im Gesundheitswesen bezeichnet man Kongresse als „externe (‚third-party‘) Fortbildungsveranstaltungen" – weil sie aus Sicht der Pharmaindustrie durch Dritte (zum Beispiel Verbände) organisiert werden, im Gegensatz zu den eigenen Fortbildungsangeboten der Pharmaindustrie für Fachkreise im Gesundheitswesen. Nationale und internationale Pharma-Kodizes (zum Beispiel FSA 2015, § 20 Abs. 4–5; Advamed 2009, S. 4 f.; PhRMA 2008, S. 7) legen übereinstimmend fest: Pharmazeutische Unternehmen dürfen solche externen Fortbildungsveranstaltungen finanziell unterstützen (indirektes Sponsoring) und Teilnehmer dazu einladen (direktes Sponsoring). Die Unterstützung ist an folgende Bedingungen geknüpft (FSA 2015, S. 23 f.):

- Der wissenschaftliche Charakter der Veranstaltung muss im Vordergrund stehen.
- Die Veranstaltung muss einen sachlichen Bezug zum Tätigkeitsgebiet des Sponsors und des Gesponserten aufweisen.
- Es muss ein sachliches Interesse des Sponsors an der Teilnahme des Gesponserten geben.

Der Sponsor darf außerdem keinen inhaltlichen Einfluss auf die Veranstaltung und die Beiträge nehmen oder im Gegenzug für seine Unterstützung verlangen (Eucomed 2008, S. 12).

Folgende Kosten dürfen durch die Industrie beim direkten Sponsoring übernommen werden (FSA 2015, S. 23 f.):

1. „Angemessene" Reisekosten: Als angemessen gelten: Bahnticket 1. Kl.; Pkw-Fahrt-
   kosten in Höhe des steuerlich zugelassenen pauschalen Kilometersatzes für Dienstreisen; und bei Flügen: Economy Class für innereuropäische Flüge, Business Class für
   Interkontinentalflüge, First Class gilt generell als unangemessen (FSA 2015, S. 37;
   FSA 2012, S. 4 Rz. 5).
2. „Angemessene" und „notwendige" Übernachtungskosten: Als angemessen gilt eine
   Unterbringung in Tagungshotels beziehungsweise Businesshotels ohne außergewöhnlichen Erlebnis- oder Erholungscharakter (siehe dazu im Detail Abschn. 2.5). Es
   dürfen nur die für die Teilnahme an der Veranstaltung notwendigen Übernachtungen
   übernommen werden, gegebenenfalls An- und Abreisetage (aber keine Zwischen-
   stopps), gegebenenfalls mit Hotelfrühstück (FSA 2015, S. 23, 37).
3. Teilnahmegebühren.
4. „Angemessenes" Honorar für Referenten (FSA 2015, S. 49).
5. Bewirtungskosten dürfen nicht übernommen werden, mit Ausnahme von Tagungsmahlzeiten und Erfrischungen sowie Arbeitsessen während eines Kongresses (siehe
   auch Abschn. 2.6).
6. Die Einladung von Begleitpersonen zu Fortbildungsveranstaltungen ist grundsätzlich
   unzulässig (FSA 2015, § 20 Abs. 7). Das gilt auch für deren Teilnahme als Selbstzahler, von einer Kostenübernahme ganz zu schweigen.
7. Kosten für Unterhaltungs- oder Freizeitprogramme dürfen weder direkt (durch Sponsoring der Person) noch indirekt (durch Sponsoring der Veranstaltung) übernommen
   werden.

Für alle Unterstützungsleistungen im Rahmen eines Sponsorings von Fortbildungsveranstaltungen oder einzelnen Teilnehmern gilt das Äquivalenzprinzip: Die Vorteile, die
dem Gesponserten daraus erwachsen, müssen „angemessen" sein (FSA 2004–2016, Az.
2009.11-277–283; Warntjen 2009, S. 1259). Als Maßstäbe der Angemessenheit gelten
vor allem „die fachliche Bedeutung und die Dauer der Veranstaltung und die damit verbundene Anzahl der erwarteten Teilnehmer" (FSA 2004–2016, Az. 2011.11-312). Als
„unangemessener unsachlicher Einfluss" gilt insbesondere die Organisation und Durchführung sowie das Sponsoring beziehungsweise die Finanzierung von Unterhaltungspro-
grammen (FSA 2004–2016, Az. 2004.7-14, Az. 2010.10-294).

Für Sponsor und Gesponserten gilt ferner das Transparenzprinzip: Die Sponsoringbe-
ziehung muss von beiden aktiv offengelegt werden (FSA 2004–2016, Az. 2008.10-245;
Warntjen 2009, S. 1258).

Besonders wichtig: Sponsoren dürfen die finanzielle Unterstützung einer Fortbildungsveranstaltung nur zusagen, „wenn das Unternehmen das Programm und den Veranstaltungsrahmen zuvor eingehend geprüft hat" (FSA 2004–2016, Az. 2014.9-434).
Deshalb müssen Sponsoren alle zuvor genannten und die nachfolgend aufgeführten
Grundsätze genau beachten. Gleiches gilt auch für die Veranstalter, wenn sie in Zukunft
noch Sponsoren und Teilnehmer finden wollen.

Außerhalb des Gesundheitswesens existieren keine vergleichbar detaillierten und strengen Vorschriften für das Sponsoring von Kongressen. Dennoch strahlt der Pharma-Kodex natürlich auch auf andere Industrien aus, in denen Kongresssponsoren ebenfalls sicher sein wollen, dass die von ihnen unterstützten Veranstaltungen compliant sind. Es wird deshalb für Veranstalter wie Sponsoren in Zukunft immer wichtiger, ihr Verhältnis auf eine „saubere" Grundlage zu stellen und die Förderung auf das Angemessene zu begrenzen.

2.3   Veranstaltungsort, -zeit und Programmgestaltung

Die Wahl des Veranstaltungsorts („Destination"; zur Definition: Scherhag 2016) umfasst die Festlegung der Region, der Stadt und der Stätte („Location"; zur Definition: Rück 2016a), in der eine Veranstaltung durchgeführt wird. Dabei spielt unter Compliance-Gesichtspunkten vor allem der Freizeitwert und die Exotik einer Destination eine Rolle, weil dadurch im geschäftlichen Kontext potenziell unlautere Anreize gesetzt werden können. Entscheider sollten sich bewusst sein, dass die Genehmigung einer Kongress-teilnahme für Arbeitnehmer immer auch einen Belohnungscharakter besitzt. Aus der wissenschaftlichen Erforschung der Wirkung von Incentive-Reisen ist bekannt, dass die Entfernung und die touristische Attraktivität des Reiseziels für den Zuwendungs-empfänger der wichtigste Maßstab der Belohnung sind: je weiter weg, desto größer die empfundene Wertschätzung (Fenich et al. 2015, S. 157). Das gilt im Grundsatz auch für Dienstreisen.

Kongressveranstalter nutzen die Anziehungskraft des Veranstaltungsorts für ihr Marketing, wie das Beispiel „Pharmacon" zeigt: Der Pharmacon(gress) ist die „Internationale pharmazeutische Fortbildungswoche der Bundesapothekerkammer" und verspricht gemäß Werbung des Veranstalters „erstklassige Fortbildung in wundervoller Umgebung zur besten Jahreszeit" (Pharmacon 2016). Die Kongresse finden aktuell in Meran (Ende Mai) und im Skiort Schladming (Januar) statt. Würden die Kosten der Teilnahme von der pharmazeutischen Industrie übernommen, wäre diese Veranstaltung definitiv non-compliant, allerdings sind die teilnehmenden Apotheker Selbstzahler. Doch auch ohne Industriesponsoring ist ein solches Marketingkonzept für eine pharmazeutische Veranstaltung bemerkenswert, ignoriert es doch – immerhin über ein Jahrzehnt nach Einführung des Pharma-Kodex – in erstaunlich unverblümter Weise die allgemeine Compliance-Regel, wonach ein auffälliger Erlebniswert für geschäftliche Veranstaltungen unangemessen und deshalb zu vermeiden ist.

Aus Compliance-Sicht soll ein Tagungsort allein aus sachlichen Gründen ausgewählt werden. Der Pharma-Kodex schreibt dies ausdrücklich vor (§ 20 Abs. 3; FSA 2015, S. 23) und präzisiert: „Ein solcher Grund ist beispielsweise nicht der Freizeitwert des Tagungsortes. Die Unternehmen sollen […] Tagungsstätten vermeiden, die für ihren Unterhaltungswert bekannt sind oder als extravagant gelten" (ebd., Hervorhebung d. d. V.). Sachliche Gründe für die Wahl eines Tagungsorts sind insbesondere die Dauer der An- und Abreise, die abhängig von der reinen Entfernung des Reiseziels sowie dessen

Zugänglichkeit beziehungsweise Verkehrsgünstigkeit (so zum Beispiel auch FSA 2004–2016, Az. 2010.11-295). Zu berücksichtigen ist natürlich auch das Vorhandensein einer geeigneten Versammlungsstätte.

Die Wahl eines weit entfernten Veranstaltungsorts ist nur dann akzeptabel, wenn es dafür sachlich zwingende Argumente gibt und derselbe Zweck (hier: die Veranstaltung eines Kongresses) sich nicht in gleicher Weise an einem näher gelegenen Ort erreichen lässt. Nach dem deutschen Pharma-Kodex sind Einladungsveranstaltungen der Pharmaindustrie im Ausland nur noch dann zulässig, wenn die Mehrzahl der teilnehmenden medizinischen Fachkräfte ebenfalls aus dem Ausland kommt oder aber an dem Veranstaltungsort „Ressourcen oder Fachkenntnisse" zur Verfügung stehen, die für den Veranstaltungszweck notwendig sind, wie es etwa bei anerkannten Fachkongressen mit internationalen Referenten der Fall ist (§ 20 Abs. 8; FSA 2015, S. 24).

„Unsachliche" Gründe für die Wahl eines Veranstaltungsorts sind insbesondere dessen Freizeitwert in Verbindung mit einer Terminansetzung der Veranstaltung in der touristischen Saison sowie eine Programmgestaltung, die eine intensive Nutzung der Freizeitmöglichkeiten zulässt. Werden dann auch noch die möglichen Freizeitaktivitäten bereits in der Einladung hervorgehoben, wie in dem oben angeführten Negativbeispiel (siehe Abschn. 1.5), dann wird vollends der Eindruck erweckt, „dass nicht allein der Fortbildungscharakter der Veranstaltung maßgebend, sondern auch der Freizeitwert des Tagungsortes von Bedeutung ist" (FSA 2004–2016, Az. 2006.3-118) – was er nicht sein darf.

Das bedeutet nicht, dass „touristisch attraktive" Veranstaltungsorte von vornherein ausgeschlossen wären (zumal das Kriterium der touristischen Attraktivität auslegungsfähig ist). Darauf hat der FSA wiederholt hingewiesen, mit der einleuchtenden Begründung, eine solch enge Auslegung der Vorschrift würde „zu dem Ergebnis führen, dass kaum noch Orte für Fortbildungsveranstaltungen übrig blieben" (FSA 2004–2016, Az. FS II 5/05/2005.5-65, Az. 2010.11-295). „Entscheidend", so der FSA, „ist, ob das Programm derart straff organisiert ist, dass kaum oder nur wenig Freizeit verbleibt" (FSA 2004–2016, Az. 2006.3-118). Allerdings sollte der „Freizeitwert des Ortes" nicht „so bedeutend" sein, dass er geeignet wäre, die Teilnehmer zugunsten von Freizeitaktivitäten von einer Teilnahme an der Tagung abzuhalten (FSA 2004–2016, Az. 2006.3-118).

Nach diesen Leitsätzen des FSA ist letztlich die *Programmgestaltung* entscheidend für die Compliance einer Veranstaltung. Unter der Voraussetzung, dass die Agenda eine Nutzung der örtlichen Freizeitangebote nicht zulässt, ist selbst die Wahl eines touristisch attraktiven Veranstaltungsorts zur Hauptsaison grundsätzlich genehmigungsfähig.

In anderen Branchen gibt es ähnlich strenge Bestimmungen zur Wahl des Veranstaltungsorts nicht; doch liegt es natürlich auch außerhalb des Gesundheitswesens im Interesse der entsendenden Unternehmen, dass die Entfernung des Veranstaltungsorts und damit die Reisezeit in einem vernünftigen Verhältnis zur Dauer der Veranstaltung stehen. Die Reisezeit hängt natürlich nicht nur von der Entfernung, sondern auch von der Zugänglichkeit des Reiseziels ab. In der Konsequenz kommen weit entfernte und schlecht angebundene Veranstaltungsorte und Versammlungsstätten (hier: Kongresshäuser) abseits der großen Verkehrswege tendenziell nur noch für längere (Mehrtages-)Veranstaltungen in

Betracht. Am schlimmsten trifft es idyllisch gelegene Urlaubsregionen in den Bergen und an der See; diese werden zunehmend gemieden, zumindest während der Hauptsaison. Beispiele sind die Insel Sylt (FSA 2004–2016, Az. 2007.11-211 und Az. 2010.11-295) und bekannte Skiorte in den Alpen (Rück 2014; o. V. 2015). Kongresszentren in solchen Lagen können diesem für sie ungünstigen Trend begegnen (und tun es bereits teilweise), indem sie Compliance-sensiblen Veranstaltern Mehrtagesveranstaltungen außerhalb der Saison anbieten und die Saison mit Veranstaltungen weniger sensibler Branchen zu füllen versuchen. Größere Städte haben es aufgrund ihrer verkehrsgünstigeren Lage beziehungsweise besseren Infrastruktur leichter, die Compliance-Kriterien zu erfüllen, selbst wenn sie einen hohen Freizeitwert besitzen (wie zum Beispiel Wien oder Barcelona); hier werden Kongresse in der Regel problemlos genehmigt. Somit bevorteilt Compliance im Endeffekt die Metropolen, denen ihr (unter Umständen sogar höherer) touristischer Erlebniswert aufgrund der Qualität ihrer logistischen Vorzüge kaum etwas anhaben kann, und wirkt sich nur auf kleine, abseits gelegene Urlaubsorte nachteilig aus.

2.4 Programmgestaltung: Verhältnis von Fach- und Rahmenprogramm

Wie bereits erwähnt, kommt der Programmgestaltung zentrale Bedeutung für die Compliance einer Veranstaltung zu. Der zeitliche Ablauf sollte so stark verdichtet sein, „dass kaum oder nur wenig Freizeit verbleibt" (FSA 2004–2016, Az. 2006.3-118).

Des Weiteren sollen Fachprogramm und Rahmenprogramm in einem angemessenen Verhältnis zum Fortbildungszweck der Veranstaltung stehen, und zwar nach Dauer wie nach finanziellem Aufwand. Die Angemessenheit gilt allgemein als gegeben, wenn mehr als 70 % der Zeit und Kosten auf den Fachanteil einer Fortbildungsveranstaltung entfallen (FAMAB 2014, S. 12). Hingegen ist zum Beispiel ein Symposium von zwei ganzen Tagen Dauer, von denen jeweils ein halber Tag auf Rahmenprogramme entfällt, nicht compliant (FSA 2004–2016, Az. 2004.6-7). Auch Pausen und Essenszeiten sind angemessen zu proportionieren (FSA 2004–2016, Az. 2006.6-128). In keinem Fall darf das Rahmenprogramm der „heimliche, eigentliche Inhalt" des Veranstaltungsbesuchs sein (FSA 2004–2016, Az. 2004.6-7; s. a. Az. 2010.10-294, Az. 2004.7-14).

Nach dem deutschen Pharma-Kodex sind Unterhaltungsprogramme im Rahmen von Kongressen nur noch zulässig, sofern der fachliche Teil der Veranstaltung im Vordergrund steht und die Teilnehmer für das Unterhaltungsprogramm selbst bezahlen (FSA 2004–2016, Az. 2005.5-66). Aufwendige Rahmenprogramme, wie sie früher im Gesundheitswesen gang und gäbe waren – mit Golfturnieren, Oldtimer-Rallyes, Kochkursen mit Sterneköchen und Trüffelverkostung, um ein paar authentische Beispiele zu nennen (FSA 2004–2016, Az. 2004.6-7) –, sind somit nicht mehr möglich.

Auch hier gilt: Andere Branchen sehen das nicht ganz so streng, doch ist in den vergangenen Jahren allgemein ein Trend zur verstärkten Konzentration auf die sachlich-fachlichen Inhalte von Kongressen zu beobachten, der im Pharma-Kodex seinen Ausgang nahm.

2.5   Übernachtung

Die folgenden Grundsätze wurden im Pharma-Kodex für direktes Sponsoring (das heißt für die Einladung von medizinischem Fachpersonal bzw. „Fachkreisen") formuliert, sie sind aber auch wirksam bei indirektem Sponsoring (siehe Abschn. 2.2).

Auch die Übernachtungsstätte ist unter Compliance-Gesichtspunkten so zu wählen, dass sachfremde (nicht-geschäftliche) Vergnügungen und übermäßiger Luxus vermieden werden. Entsendende Unternehmen aller Branchen legen diese Grundregel in ihren Reiserichtlinien inzwischen häufig so aus, dass höchstens Viersternehotels für Übernachtungen gewählt werden dürfen. Solche Regelungen dokumentieren zweierlei: erstens ein mangelndes Verständnis der elementaren Compliance-Grundsätze, denn die Anzahl der Sterne eines Hotels hat mit seiner Compliance nichts zu tun. Und zweitens eine Unkenntnis der „Sternestandards", denn die DEHOGA-Zertifizierung ist nicht verpflichtend, weshalb manche Hotelkonzerne als Reaktion auf solche Richtlinien ihre DEHOGA-Sterne freiwillig zurückgegeben haben, um wieder buchbar zu sein (Freytag und Friese 2015). Außerdem sind die Sternestandards von Land zu Land verschieden, womit solche Richtlinien ins Leere laufen. Entscheidend sind vielmehr Auftritt und Ausstattung des Hotels: Handelt es sich um ein Geschäfts- oder um ein Urlaubshotel? Gegen ein Fünf-Sterne-Business-Hotel ist aus Compliance-Sicht gar nichts einzuwenden, darauf hat der FSA mehrfach hingewiesen (FSA 2004–2016, Az. 2009.3-255; FSA 2012, S. 5 Rz. 6.3; Grusa 2016). Zu vermeiden sind hingegen Übernachtungsstätten, die sich durch einen hohen touristischen Erlebniswert auszeichnen, durch luxuriöse Ausstattung und auffällige, nicht geschäftsmäßige Komfortmerkmale wie einen üppigen Wellnessbereich (Häuser der Kette „Relais & Châteaux" sind dafür ein anschauliches Beispiel: FSA 2004–2016, Az. 2006.12-156). Wird dennoch aus sachgerechten Gründen – zum Beispiel wegen seiner Lage – ein Hotel mit hohem Freizeitwert gewählt, ist es gemäß Pharma-Kodex nicht zulässig, den Teilnehmern „ausreichend Gelegenheit zu geben, die Angebote des Hotels zu nutzen", was wieder auf die Notwendigkeit einer kompakten Programmgestaltung verweist (FSA 2004–2016, Az. 2005.5-70, Az. 2009.3-255).

Entscheidend bei der Hotelwahl ist also – wie auch bei der Wahl des Veranstaltungsorts und der Veranstaltungsstätte – der geschäftliche Charakter im Gegensatz zum „Erlebnis- und Erholungscharakter" (FSA 2004–2016, Az. 2009.3-258). Letzterer sollte nie im Vordergrund stehen, um jeden „bösen Schein" des Missbrauchs geschäftlicher Anlässe für private Vergnügungen zu vermeiden. Eine verkehrsgünstige Lage, auch zum Veranstaltungsort, und die Erreichbarkeit mit öffentlichen Verkehrsmitteln kommen noch hinzu.

Natürlich ist unter Compliance-Gesichtspunkten auch die Höhe der Übernachtungs-kosten relevant, insbesondere dann, wenn diese von Sponsoren übernommen werden. Dann gilt der Leitsatz: „Die Unterbringung muss im Hinblick auf den berufsbezo-genen wissenschaftlichen Zweck der […] Veranstaltung von untergeordneter Bedeu-tung sein" (FSA 2004–2016, Az. 2006.12-155). Pharma-Kodizes verlangen aufgrund der spezifischen Historie ausdrücklich ein „Maßhalten" („modesty") bei den Kosten (siehe Abschn. 1.4). Andere, branchenübergreifende Kodizes (zum Beispiel ACC, S 20) sind hier weniger strikt; doch alle fordern übereinstimmend „Angemessenheit" für den geschäftlichen Kontext, woraus folgt, dass nicht-geschäftsmäßiger Luxus ebenso zu ver-meiden ist, wie ein auffälliger Freizeit- und Erholungswert.

Auch Veranstalter, die Kongresspauschalen mit Übernachtung anbieten, sollten des-halb auf die Auswahl sachgerechter Hotels für das Übernachtungsangebot achten, andernfalls könnten sie bei der Teilnehmer- und Sponsorenwerbung künftig auf Schwie-rigkeiten stoßen: Gemäß Pharma-Kodex haben sich die Sponsoren zu vergewissern, dass die geplante Veranstaltung kodexkonform ist (siehe Abschn. 2.2). Und was die poten-ziellen Teilnehmer anbetrifft, so unterliegen diese den internen Compliance-Regelungen ihrer entsendenden Unternehmen, die inzwischen oftmals strikter sind als die jeweiligen Branchenkodizes.

2.6   Bewirtung

Kongresse bieten auch vielfältige Anlässe für Bewirtungen – von gewöhnlichen Kon-ferenzmahlzeiten und Geschäftsessen über Bewirtungen an Kongressständen bis hin zu Galadiners bei Abendveranstaltungen. Hinzu kommen Bewirtungen in Rahmenprogram-men von Sponsoren und anderen Industrieunternehmen.

All diese Bewirtungen müssen – die maßgeblichen Kriterien sind inzwischen bekannt – grundsätzlich sachlich (zum Beispiel durch Bezug zur Geschäftstätigkeit des einladenden Unternehmens) gerechtfertigt und nach ihrer Art und Höhe dem geschäftlichen bezie-hungsweise Bildungs- oder Wissenschaftskontext angemessen sein.

Auch diesbezüglich sind die Vorschriften im Gesundheitswesen besonders streng: Der deutsche Pharma-Kodex lässt während Kongressen lediglich Einladungen zu „Arbeitses-sen"[7] zu, während internationale Kodizes auch das Sponsoring von „Tagungsmahlzeiten und Erfrischungen" („conference meals and refreshments": AdvaMed 2009, S. 4 f.) beziehungsweise „Verpflegung" (Eucomed 2008, S. 11) gestatten. Doch müssen alle Mahlzeiten, ob Einladung oder nicht, „maßvoll im Wert, dem Tagungszweck zeitlich und

---

[7]„Ein ‚Arbeitsessen' im Sinne des § 22 Abs. 1 [des dt. Pharma-Kodex] liegt vor, wenn die Bewir-tung im Zusammenhang mit der Erörterung von Fachfragen oder gemeinsamen Projekten zwi-schen Unternehmensvertretern und einer begrenzten Anzahl von Angehörigen der Fachkreise erfolgt" (FSA 2004–2016, Az. 2013.10-363).

in der Ausrichtung untergeordnet sowie deutlich getrennt vom fachbezogenen Veranstaltungsteil" sein („modest in value, subordinate in time and focus to the purpose of the conference, and clearly separate from the continuing medical education portion of the conference") – so lauten etwa die Bestimmungen aus dem Kodex des Medizintechnikverbands AdvaMed (2009, S. 5). Die Teilnahme an Galadiners und anderen „gesellschaftlichen" Bewirtungen im Rahmen von Kongressen ist damit für die Fachkreise im Gesundheitswesen ausgeschlossen. Es genügt bereits, dass die Bewirtung in der Einladung besonders hervorgehoben wird, um gegen den Kodex zu verstoßen (FSA 2004–2016, Az. 2006.1-108, Az. 2010.10-293).

Für Bewirtungen werden in allen bestehenden Kodizes konkrete Wertobergrenzen genannt: Allgemein gelten bis zu 50 EUR für Angestellte und 25 EUR für Amtsträger als Obergrenze der Angemessenheit für gelegentliche (!) Bewirtungen beziehungsweise allgemein für Zuwendungen (ACC 2010, S. 14). Auch der deutsche Pharma-Kodex nannte zunächst eine Obergrenze von 50 EUR, erhöhte diese ab 2008 jedoch mit Verweis auf die allgemeine Preissteigerung auf 60 EUR, bei Catering auf 65 EUR pro Person (FSA 2004–2016, Az. FS II 1/08/2007.10-208).

Die Bewirtung an Kongressständen wird bislang nur im Pharmabereich explizit geregelt: Sie ist „zulässig und angemessen, wenn [sie] den allgemein anerkannten Regeln der Höflichkeit entspricht. Dies ist dann der Fall, wenn etwa Kaffee, Tee und nicht alkoholische Getränke sowie belegte Brote/Brötchen, Kleingebäck oder Süßwaren angeboten werden. Unangemessen dagegen sind Bewirtungen, die einer vollwertigen Hauptmahlzeit entsprechen" (FSA 2004–2016, Az. 2014.10-444).

So weit, so nachvollziehbar. Doch hat ein neuer Spruchrichter des FSA diese Grundregel inzwischen wie folgt „verfeinert": „Kleingebäck, Handobst, Nüsse, kleine Laugenbrezeln oder Käsewürfel hält die Schiedsstelle für unproblematisch. Angebot und Abgabe von Blechkuchen, Waffeln, ‚Nürnberger Semmeln' (Bratwurst mit Brötchen), Chicken Wings, Mini-Blätterteigtaschen mit Käse oder Schinken, Yakitori-Spieße, Mini-Frühlingsrollen, Chillipopper, kleine Schweineschnitzel, Mini-Bifteki mit Fetafüllung, Mini-Pizza, Geflügelspieße, Mini-Flammkuchen sieht die Schiedsstelle kritisch. Zwar mag der Wert dieser Artikel, insbesondere wenn es sich um eher kleine Portionen handelt, im Einzelfall noch gering sein, sie überschreiten ihrer Art nach aber deutlich jene Bewirtung, die üblicherweise bei Besprechungen kürzerer Art angeboten wird" (FSA 2004–2016, Az. 2014.10-439 bis 441).

Belegte Brötchen sind also zulässig, Kuchen hingegen wird „kritisch gesehen". Ähnlich „logisch" ist auch die Abgrenzung bei Getränken zwischen dem (akzeptablen) Ausschank von Kaffee und Fruchtsäften und dem (nicht akzeptablen) Ausschank von alkoholfreiem Bier.

Diese Beckmesserei ging nun sogar dem Vorgänger des neuen Spruchrichters zu weit; er kritisierte öffentlich – ein ungewöhnlicher Vorgang – die „unfreiwillig komische" Regelungsfreude seines Nachfolgers und die dadurch hervorgerufene Verunsicherung der Veranstaltungsplaner als völlig überflüssig: „Der FSA-Kodex besagt, dass alle Maßnahmen untersagt sind, die ‚… die Therapie-, Verordnungs- und Beschaffungsentscheidung des Arztes in unlauterer Weise beeinflussen'. Dafür hat sich, auch in Abstimmung mit der Ärzteschaft, die Regel etabliert, dass Abgaben, die den Wert bis zu fünf Euro zum Beispiel für Essen und Trinken pro Person einhalten, nicht geeignet sind, den Arzt nachhaltig unlauter in seiner Entscheidungsfindung zugunsten eines Unternehmens zu beeinflussen. Dieser Wert kann auch bei der Bewirtung auf Kongressen als angemessen angesehen werden" (Grusa 2015). Kurz gesagt: Die Konfusion hätte man sich sparen können, ein Verweis auf die Fünf-Euro-Grenze hätte völlig ausgereicht.

3   Exkurs: der Pharma-Kodex und seine Folgen

Im Jahr 2004 wurde in Deutschland der Pharma-Kodex eingeführt. Nach Ablauf der ersten zehn Jahre hat die Hochschule Worms in einer wissenschaftlichen Studie die Frage untersucht, wie der Kodex seit seiner Einführung die Fortbildungsveranstaltungen im Gesundheitswesen quantitativ und qualitativ verändert hat. Dazu wurden mit Unterstützung des Pharma-Fortbildungs-Forums persönliche Interviews mit 20 Branchenexperten im Veranstaltungsmanagement pharmazeutischer Unternehmen, in Agenturen/Professional Congress Organisers (PCOs) und Unternehmensberatungen geführt. Hier eine Zusammenfassung der wichtigsten Ergebnisse (Rück und Litty 2014):

Die Gesamtzahl der Veranstaltungen hat unter dem Pharma-Kodex offenbar nicht abgenommen. Allerdings sei die Zahl und Dauer der mehrtägigen Veranstaltungen „stark bis sehr stark" zurückgegangen, äußern über die Hälfte der befragten Experten. Das würde nicht verwundern, denn gerade mehrtägige Reisen wurden oft für „Tagungstourismus" zweckentfremdet. Die rückläufige Veranstaltungsdauer ist vor allem auf die Kürzung oder völlige Streichung von Rahmenprogrammen zurückzuführen. Der Fachanteil der Veranstaltungen habe hingegen „stark bis sehr stark" zugenommen, geben drei Fünftel der Befragten an. Während früher so gut wie alle Tagungen ein Rahmenprogramm hatten, sind es heute nach Schätzung der Experten weniger als die Hälfte (40 %), und die verbliebenen Rahmenprogramme fallen im Durchschnitt kürzer aus. Sie haben sich auch inhaltlich verändert: Auf Showacts wird zunehmend verzichtet, stattdessen werden Rahmenprogramme als Teil der Fortbildung gestaltet, indem etwa Unterhaltungselemente mit Fachbezug eingeführt werden oder ein gesetztes Essen durch einen Vortrag eines renommierten Wissenschaftlers eingeleitet wird.

Ähnlich sieht es bei der Bewirtung aus. Sie ist nach wie vor fester Bestandteil fast aller Pharma-Tagungen, doch achten die Unternehmen heute viel mehr auf Art, Kosten und Dauer. Die 60-EUR-Obergrenze hat nach Angaben von 70 % der Experten dazu geführt, dass die Bewirtung heute deutlich schlechter ausfällt. Viele Unternehmen haben außerdem die Pausen gekürzt, damit die Bewirtung tatsächlich von untergeordneter Bedeutung ist im Vergleich zu den Bildungszwecken der Veranstaltung.

Starken Einfluss hat der Pharma-Kodex auch auf die Wahl des Veranstaltungsorts. Fortbildungsveranstaltungen würden „seltener" oder „sehr viel seltener" im Ausland durchgeführt, sagt die Hälfte der befragten Experten, und touristisch attraktive

Destinationen würden bewusst gemieden – obwohl der Kodex Tagungsorte mit hohem Erlebniswert nicht von vornherein ausschließt, sofern der fachliche Charakter der Tagung deutlich im Vordergrund steht.

Auch bei den Übernachtungsstätten hat der Kodex zu Marktanteilsverschiebungen geführt: Fünf-Sterne-Häuser werden oft aus Prinzip nicht mehr gebucht, selbst wenn es sich um Businesshotels handelt. Die Ursache für solche Übertreibungen sind die internen Compliance-Richtlinien der Pharmaunternehmen, die oft strenger sind als der Kodex, um jedes erdenkliche Klagerisiko auszuschließen.

Durch diese Maßnahmen hätten die Pro-Kopf-Veranstaltungskosten in Summe abgenommen, meint die Hälfte der Befragten, 30 % sind der Ansicht, sie seien gleich geblieben, und nur zehn Prozent, sie hätten zugenommen. Unter dem Strich wirkt der Pharma-Kodex wie ein Kostendämpfungsprogramm. Das war sicher nicht der entscheidende Grund für seine Einführung, aber ein erwünschter Nebeneffekt dürfte es für die Pharmahersteller schon sein.

Doch keine Medizin ohne Nebenwirkungen: Drei Viertel der Befragten geben an, der Pharma-Kodex erhöhe ihren Planungsaufwand, etwa für die Suche nach kodexkonformen Destinationen und Veranstaltungsstätten. Nur zehn Prozent der Befragten sind der Ansicht, der Kodex erleichtere die Planung. Für ein Regelwerk, das sehr viele Detailvorschriften macht, sähe ein Lob wohl anders aus.

Dennoch muss die Gesamtbilanz des Pharma-Kodex positiv beurteilt werden: Veranstaltungen im Gesundheitswesen kosten heute weniger und sind inhaltlich fokussierter, Dauer und Intensität des Fortbildungsanteils haben zugenommen. Letztlich war der Pharma-Kodex unverzichtbar, um den Wettbewerb in der Pharmaindustrie – der ja auch über die Veranstaltungskonzepte ausgetragen wurde – wieder auf ein lauteres Maß zurückzuführen (Rück und Litty 2014, S. 27).

4   Kritik des aktuellen Entwicklungsstands der Compliance

Compliance sollte ursprünglich eine trennschärfere Abgrenzung zulässiger Zuwendungen von Korruption bewirken und dadurch für mehr Handlungssicherheit bei Veranstaltern, Teilnehmern (beziehungsweise den sie entsendenden Unternehmen) und Sponsoren sorgen. Betrachtet man die aktuelle Situation in der Praxis, so muss man feststellen, dass dieses Ziel noch nicht erreicht worden ist. Zwar sind in der Zwischenzeit zahlreiche Regelwerke entstanden, doch hält die Verunsicherung bei allen Beteiligten an oder nimmt sogar noch zu. Diese unbefriedigende Situation hat mehrere Ursachen:

1. Vielzahl der Regelwerke: Neben den Gesetzen des jeweiligen Landes müssen Kongressveranstalter und Agenturen auch die verschiedenen Leitlinien (Codes of Ethics) der verschiedenen Branchen und Teilbranchen sowie die Richtlinien (Codes of Conduct) aller teilnehmenden Unternehmen kennen. Das Gesundheitswesen bietet wiederum ein anschauliches Beispiel: Dort existieren neben den verschiedenen

Pharma-Kodizes zum Beispiel auch Kodizes für die Medizintechnik auf nationaler (zum Beispiel BVMed, Fasmed), europäischer (Eucomed) und amerikanischer Ebene (zum Beispiel AdvaMed). Welche bürokratische Komplexität hier erzeugt wird, kann man sich beispielhaft vor Augen führen, wenn man sich einen Kongress vorstellt, zu dem Ärzte aus zehn verschiedenen Ländern anreisen, deren nationale Gesetzgebung, Branchenleitlinien oder Unternehmensrichtlinien allesamt unterschiedliche Obergrenzen für Bewirtung etc. vorsehen. Im Gesundheitswesen entsprechen sich die Kodizes inzwischen weitgehend; doch schon die reine Anzahl sorgt für Verunsicherung und ruft nach Vereinheitlichung und Verschmelzung in einem übergeordneten, internationalen oder gar weltweiten Kodex.

2. Mangelhafte Definition und Operationalisierung der Regelungen: Die Kodizes schaffen es allesamt nicht, ihre elementaren Grundsätze klar und zweifelsfrei zu formulieren. Man nehme zum Beispiel den wichtigsten dieser Grundsätze, das Trennungsprinzip: Es besagt, dass Zuwendungen an beziehungsweise Einladungen von Personen, die maßgeblich in eine bevorstehende Beschaffungsentscheidung oder Genehmigung etc. eingebunden sind, zu unterlassen sind (Sponsoreninitiative S 20 2011, S. 25). Diese Regelung ist einerseits unverhältnismäßig, andererseits unvollständig. Unverhältnismäßig ist sie, weil zwar jede Zuwendung ein Vorteil, aber nicht jeder Vorteil unlauter ist. Anders gesagt: Nicht jede Zuwendung vor Vertragsabschluss ist geeignet, den Empfänger zu einer Unrechtsvereinbarung zu verleiten, und auch nicht jede ist geeignet, einen solchen „bösen Anschein" zu erwecken. Ein Werbegeschenk im Gegenwert von etwa zehn Euro würde dafür in aller Regel nicht ausreichen. Es wäre der zuvor genannten Formulierung nach aber ausgeschlossen. Es gilt also zu differenzieren nach der Anreizstärke der Zuwendung, die sich ergibt aus ihrem finanziellen Gegenwert, ihrer Exklusivität und ihrer Häufigkeit, um nur drei wichtige Kriterien zu nennen (BGH 2008b, S. 15 Rz. 32). Diese Differenzierung ist auch deshalb geboten, weil in einer Marktwirtschaft die Beeinflussung menschlichen Verhaltens zu erwerbswirtschaftlichen Zwecken – man nennt es auch „Marketing" – legitim und innerhalb der gesetzlichen Grenzen legal ist. Diesen Grundsatz haben die Verfasser der Leitfäden übereinstimmend dem Ziel der Prävention geopfert, um alle denkbaren Verstöße von vornherein auszuschließen. Hier besteht ein Zielkonflikt zwischen Compliance und Marketing/Vertrieb beziehungsweise den Ertragszielen eines Unternehmens, und dieser Konflikt kann nur durch Beachtung des Grundsatzes der Verhältnismäßigkeit aufgelöst werden.

Unvollständig ist die Regel gleich aus mehreren Gründen: Sieht man einmal von der Unschärfe solcher Begriffe wie „maßgeblich", „eingebunden" oder „bevorstehend" ab, die allesamt undefiniert verwendet werden, und konzentriert sich nur auf den Zeitpunkt der Zuwendung: Eine Zuwendung vor einer Auftragserteilung wäre nach dem Wortlaut der Regel unzulässig, dieselbe Zuwendung nach einer Auftragserteilung aber zulässig. Doch diese Deutung ist natürlich nicht richtig, denn Zuwendungen, die (unmittelbar) nach einer bestimmten Auftragserteilung erfolgen, sind selbstverständlich ebenfalls geeignet, den strafrechtlich relevanten „bösen Schein" zu erwecken (dass nämlich hier der versprochene Vorteil für eine vorher geschlossene Unrechtsvereinbarung übergeben würde). Sie sind deshalb ebenfalls kritisch zu sehen

und – abhängig von ihrer Anreizstärke – zu unterlassen. Es geht also eher um die
zeitliche Nähe zu einer Dienstausübung als um die Frage des Vorher oder Nachher –
doch auch Grenzen der zeitlichen Nähe wurden bislang in keinem Regelwerk näher
bestimmt.

Auch für „rollierende", permanente Beschaffungsprozesse (typisch zum Beispiel
für den Leistungsbezug von Versorgungsunternehmen) müssen andere Regeln gelten,
andernfalls dürften die Beteiligten für die Vertragsdauer einander zum Beispiel niemals mehr zum Essen einladen, was einen unverhältnismäßigen Eingriff in ein ganz
normales geschäftliches Sozialverhalten darstellen würde.

Nichts von alledem steht in den Leitfäden das Arbeitskreises Corporate Com-
pliance beziehungsweise der Sponsoreninitiative S 20. Solche offensichtlichen
Regelungslücken führen selbstverständlich nicht dazu, das Sicherheitsgefühl der
Marktteilnehmer zu erhöhen.

3. Überregulierung: Während also die Verfasser der Kodizes nicht in der Lage sind,
   die grundlegendsten Vorschriften klar und zweifelsfrei abzufassen, zeigen sie bei
   den Details mitunter eine befremdliche Regelungsfreude. Den bisherigen Tiefpunkt
   markiert der FSA mit seinen geradezu kafkaesken Schiedssprüchen zur Bewirtung
   an Kongressständen (siehe Abschn. 2.6). Sie zeigen zugleich, wie weit sich Compliance inzwischen zum Teil von ihrer ursprünglichen Aufgabe entfernt hat, die Grenze
   zwischen lauteren Zuwendungen und Korruption besser zu markieren: Nach Ansicht
   des FSA verläuft diese Grenze allen Ernstes zwischen belegten Brötchen (erlaubte
   Zuwendung) und Mini-Flammkuchen (unlauter). Es wäre wünschenswert, der FSA
   würde diesen Beschluss rückwirkend widerrufen, denn er ist geeignet, das Bemühen
   um Compliance in der Öffentlichkeit zu diskreditieren.

   Doch es gibt noch viele andere Beispiele für Überregulierung. Man nehme
   beispielsweise den Leitfaden der Sponsoreninitiative S. 20. Dieser schreibt etwa vor,
   „sozialadäquat" seien als Inhalte von Rahmenprogrammen „zum Beispiel Museums-
   besuche und Stadtrundfahrten" (Sponsoreninitiative S 20 2011, S. 18), nicht jedoch –
   so darf man aus den genannten Beispielen schließen – der Auftritt einer Jazzband.
   Welche Kriterien solchen Empfehlungen zugrunde liegen (Hochkultur? Vergnügungs-
   faktor? Anderes?), bleibt, wie so häufig, offen.

   Weitere Beispiele für unfundierte Regelungsfreude sind die verschiedentlich angeführten starren Wertgrenzen. Dabei gibt es „bis heute keine gesetzlich verbindlichen
   Regelungen im Sinne von Wertgrenzen in Europa" (FAMAB 2014, S. 4). Diese Tatsache wird im „Kodex zur Abgrenzung von legaler Kundenpflege und Korruption" auch
   eingestanden (ACC 2010, S. 14). Dessen ungeachtet werden die Wertgrenzen beständig wiederholt und wechselseitig zitiert und dadurch zunehmend als feststehende Vorschriften von einem quasi-gesetzlichen Rang wahrgenommen, der ihnen keinesfalls
   zukommt. Dazu zählt die bekannte Bewirtungskosten-Obergrenze von 50 EUR für
   Angestellte beziehungsweise 25 EUR für Amtsträger oder auch die Wertgrenze von
   250 EUR, welche die Schwelle zu „hochwertigen" Einladungen markieren soll. Die
   Höhe der genannten Wertgrenzen wird nirgends begründet; man beruft sich stattdessen auf „allgemeine Erfahrungen", nach denen sich diese Grenzen „bewährt" hätten

(ACC 2010, S. 14) – ohne dafür irgendeinen objektiven Beleg anzuführen (etwa eine wissenschaftliche Studie). Tatsächlich handelt es sich bei solchen Empfehlungen eher um geschmackliche Bewertungen als um inhaltlich fundierte Urteile (FAMAB 2014, S. 4), denn eine allgemeingültige absolute Wertgrenze kann mit Blick auf unterschiedliche Branchengewohnheiten, regionale Preisunterschiede und die unterschiedlichen wirtschaftlichen Verhältnisse der Beteiligten kaum sinnvoll fixiert werden. Das sieht auch der FSA so (FSA 2004–2016, Az. 2006.10-143), hält aber gleichwohl daran fest. Dabei wäre doch zuallererst zu fragen, welche Kosten bei der Ermittlung der jeweiligen Wertgrenze überhaupt anzusetzen sind; denn je nach Antwort wären 250 EUR viel oder wenig. Auch darauf geben die Kodizes keine Antwort. Dies alles hinterlässt einen unguten Beigeschmack von Willkür und mangelndem Sachverstand, der Compliance schlecht zu Gesicht steht. Dass es selbstverständlich zulässig ist, von den genannten Wertgrenzen abzuweichen, zeigen exemplarisch die „Geschäftsgrundsätze für Mitarbeiter" der SAP AG, in welcher die Obergrenze der Bewirtungskosten auf 150 EUR und damit das Dreifache des Standardwerts festgesetzt worden ist. Es scheint, als hielte man bei SAP nicht viel von der angeblich so „bewährten" 50-EUR-Grenze.

Ungeachtet ihrer fehlenden Fundierung und Zweckmäßigkeit prägen absolute Wertgrenzen die Compliance-Diskussion, weil sie die durch Compliance aufgebaute Komplexität reduzieren und die alltägliche Anwendung vereinfachen. Doch verstellen sie dabei den Blick auf das Wesentliche, nämlich die Relativität und damit die Auslegungsbedürftigkeit der Compliance-Grundsätze. Man nehme zum Beispiel das Prinzip der „sozialen Angemessenheit". Dieses soll auf Empfehlung des Arbeitskreises Corporate Compliance (2010, S. 14) grundsätzlich einseitig ausgelegt werden, nämlich in Richtung eines möglichst niedrigen finanziellen Gegenwerts. Dabei liegt es auf der Hand, dass bei einem angestellten Vorstand oder Geschäftsführer die Obergrenze der sozialen Angemessenheit einer Zuwendung in aller Regel höher anzusetzen sein wird als bei einem Gruppenleiter; das ergibt sich schon aus den unterschiedlichen Einkommensniveaus. Wenn das Kriterium der sozialen Angemessenheit ernst gemeint sein soll, muss es also in beide Richtungen ausgelegt werden dürfen. Es sei denn, man möchte Vorstände und Geschäftsführer von Compliance-Richtlinien und den darin festgeschriebenen Grenzwerten ausnehmen. Das jedoch wäre mutmaßlich ein schwerer Schlag für die Akzeptanzfähigkeit der Compliance, erschiene sie doch als Regelwerk, das im Unternehmen für alle gilt, außer für das Topmanagement.

4. Widersprüchlichkeit der Kriterien und Bewertungen: Die Kodizes haben zu einer rechtssicheren Eingrenzung der Korruption auch deshalb noch nicht beitragen können, weil die Rechtsprechung vielfach noch keine klare Linie gefunden hat (Warntjen 2009, S. 1256). Auch die Spruchpraxis des FSA ist mehrfach als widersprüchlich kritisiert worden (zum Beispiel Fissenewert 2013; Grusa 2015) und kann diesen Sachverhalt deshalb exemplarisch gut verdeutlichen: Veranstaltungen auf Sylt werden untersagt, Veranstaltungen auf der Fraueninsel im Chiemsee jedoch gestattet (aufgrund einer wenig überzeugenden „Regionalklausel": FSA 2004–2015, Az. 2010.11-295). Veranstaltungen in einem Tagungshotel am Europa-Park Rust werden wegen der

nahe gelegenen Freizeitmöglichkeiten untersagt (FSA 2004–2016, Az. 2006.4-120), doch das Tagungshotel im „Robinson Club Fleesensee", einem bekannten Golfklub in Mecklenburg-Vorpommern, erhält das Gütesiegel des Pharma-Kodex und gilt damit als „ausgezeichneter Veranstaltungsort für kodexkonformes Tagen" (o. V. 2012). Im Ausland ein ähnliches Bild: So hat beispielsweise Davos als Kongressstandort durch die Compliance-Bestrebungen der Industrie seit einigen Jahren mit Schwierigkeiten zu kämpfen (o. V. 2015) – dabei ist das Kongresszentrum in Davos das älteste und traditionsreichste der Schweiz. In Barcelona, Wien oder Miami hingegen können Kongresse offenbar problemlos stattfinden – dabei verfügen diese Metropolen über ein weit größeres und vielfältigeres touristisches Angebot als ein kleiner Skiort in den Schweizer Bergen.

Solche Widersprüche wurzeln zum einen in der Orientierung der Spruchkammern am Einzelfall (Grusa 2015), zum anderen jedoch auch in einer unnötigen Vielfalt der Compliance-Kriterien. Überzeugender wäre es, einige wenige, stringent hergeleitete Grundprinzipien ohne Ausnahmen im Einzelfall durchzusetzen. Man nehme zum Beispiel die Wahl des Veranstaltungsorts. Entscheidend, so der FSA, sei nicht der Erlebniswert eines Veranstaltungsorts, sondern die Frage, ob die Tagesordnung dessen Nutzung gestatte (FSA 2004–2016, Az. 2006.3-118). Das ist ganz zweifellos richtig. Doch warum beschränkt man sich dann nicht auf die Prüfung der Frage, ob dies der Fall ist, und schreibt außerdem Anwesenheitskontrollen für die Teilnehmer vor, wie sie der AKG-Verhaltenskodex (AKG 2008, S. 13) für Mitglieder des Gesundheitswesens ohnehin fordert? Stattdessen wird zusätzlich – obwohl nach Aussage des FSA nachrangig – das Kriterium des „touristischen Erlebniswerts" eingeführt, ohne diesen präzise zu definieren („Was genau ist touristischer Erlebniswert, woran macht er sich fest, und welches Maß ist unzulässig?") und ohne zu berücksichtigen, dass nicht nur auf Skipisten und an Stränden „Gefahren" für die Lauterkeit lauern, sondern beispielsweise auch in Shopping-Malls – und solche gibt es auch in touristisch unattraktiven Städten.

Im Endeffekt benachteiligen die Compliance-Vorschriften zur Wahl des Tagungsorts kleine, abgelegene Urlaubsorte gegenüber Großstädten mit touristischem Erlebniswert. Gegen Sylt hatte der FSA seinerzeit eingewendet, der Freizeitwert dieser Insel sei „so groß, dass die Teilnehmer geneigt sein können, deren Freizeitmöglichkeit wahrzunehmen und dafür die Teilnahme an der Tagung zu vernachlässigen" (FSA 2004–2016, Az. 2007.11-211). Als ob diese Beschreibung nicht auch auf Paris, Wien, London und Berlin zuträfe – um nur vier der weltweit zehn beliebtesten Tagungsstädte zu nennen (ICCA 2015). Der unvoreingenommene Beobachter muss den Eindruck gewinnen, dass hier mit zweierlei Maß gemessen wird. Besser wäre es deshalb gewesen, den Erlebniswert eines Veranstaltungsorts gar nicht erst als Kriterium einzuführen. Dann müsste das Publikum auch nicht mit Erstaunen registrieren, dass Compliance-Regeln Veranstaltungen an touristisch attraktiven Orten gar nicht verhindern können – und es nach Aussage des FSA auch gar nicht sollen (FSA 2004–2016, Az. 2010.11-295).

Zusammenfassend muss man feststellen: Die „Suche nach dem richtigen Maß" (Freitag und Katzensteiner 2012) hält bei der Compliance ganz offensichtlich noch an.

5   Folgen für Veranstalter, Teilnehmer und Sponsoren

Compliance hat für das Veranstaltungsmanagement allgemein und das Kongressmanagement im Speziellen gravierende Folgen.

1. Verringerte konzeptionelle Spielräume und höherer konzeptioneller Aufwand: Compliance-Regelwerke engen die Spielräume der Kongressveranstalter und -ausrichter zur Differenzierung ihrer Angebote im Rahmen des Veranstaltungsmarketings (Deloitte Consulting 2011, S. 3) und der Sponsorengewinnung ein. Das betrifft, wie gesehen, insbesondere die Wahl des Veranstaltungsorts, die jahreszeitliche Ansetzung der Veranstaltung, ihre Dauer im Verhältnis zur Anreise, die Proportion und Inhalte von Fachprogramm und Rahmenprogramm, die angebotenen Übernachtungsstätten, Bewirtungen während des Kongresses und das direkte und indirekte Kongresssponsoring.

   Die Kehrseite des verringerten Spielraums ist ein höherer konzeptioneller Aufwand für die Veranstaltungsplaner, der bisher vor allem für den Pharmabereich nachgewiesen werden kann (Rück und Litty 2014, S. 26 f.), aber in Zukunft auch andere Branchen treffen wird. Exemplarisch sei hier die Klage einer US-amerikanischen Agenturchefin angeführt, an der Spitze der eigenen Prioritätenskala stehe inzwischen das Schritthalten mit der Regulierung, was man tun dürfe und was nicht: „there's just the sheer volume, the sheer workload, that's being added to the responsibilities of the meeting planner. My staff probably spends two-thirds of their time dealing with paperwork, and one-third actually planning the meeting" (Shapiro 2011).

2. Compliance als Vorwand für Budgetkürzungen: Compliance verringert nicht nur die konzeptionellen Spielräume des Veranstaltungsmanagements, sondern auch die finanziellen. Insbesondere durch Wertobergrenzen für Zuwendungen führt Compliance zu Budgetkürzungen und wirkt in der Praxis wie ein Kostensenkungsprogramm (Rück und Litty 2014, S. 27). Dabei steht das Veranstaltungsmanagement einer potenziell machtvollen Koalition aus Compliance Office, Revision und Controlling gegenüber, deren Interessen sich, wenngleich aus unterschiedlichen Motiven, in Bezug auf Zuwendungen, Marketing- und Vertriebsbudgets weitgehend decken – zulasten des Veranstaltungsmanagements.

3. Compliance als Beratungskompetenz für das Veranstaltungsmanagement: Veranstaltungsmanager müssen in Zukunft Compliance-spezifische Beratungskompetenzen aufbauen. Die Bewertungen Compliance-relevanter Tatbestände sind, wie gesehen, oft uneinheitlich. Umso wichtiger ist es, dass Veranstaltungsmanager ihre Auftraggeber bereits im Vorfeld der Veranstaltung in Compliance-Fragen beraten können. „Compliance geschulte Mitarbeiter bei [Veranstaltern,] PCOs und den Betreibern der Veranstaltungsstätten können Programmabläufe regelkonform zusammenstellen und im Zweifelsfall auch verteidigen" (Fissenewert 2013). In der Folge verschiebt sich das Anforderungsprofil für Veranstaltungsmanager immer weiter in Richtung der beratenden Funktion, weg von der ursprünglichen logistisch-organisatorischen Funktion (siehe auch Deloitte Consulting 2011, S. 8–10).

4. Compliance als Prüfkriterium für Sponsoren: Sponsoren sind von den vorstehenden Überlegungen insofern betroffen, als sie sich in Zukunft noch stärker als bisher versichern müssen, dass die von ihnen gesponserten Veranstaltungen compliant konzipiert sind und ablaufen. Dieses Interesse teilen sie mit den potenziellen Teilnehmern beziehungsweise den sie entsendenden Unternehmen.

6   Fazit und Ausblick

Abschließend werden die positiven wie negativen Wirkungen von Compliance für das Veranstaltungs- und Kongresswesen noch einmal rekapituliert.

Der größte Vorzug von Compliance besteht darin, konzeptionelle Fehlentwicklungen im Kongresswesen umgekehrt und eine Rückbesinnung auf die eigentlichen Zwecke der Veranstaltung bewirkt zu haben. Das kann exemplarisch an den Fortbildungsveranstaltungen im Gesundheitswesen abgelesen werden: Während vor Einführung des Pharma-Kodex die Nebensachen häufig die eigentlichen Hauptsachen waren, ist die Konzentration auf die fachlichen Inhalte heute so stark wie selten zuvor. Selbst Rahmenprogramme werden inzwischen als Verlängerung des Fachprogramms gestaltet. Die Veranstaltungen leisten mehr und sind dennoch kostengünstiger geworden. Insofern hat Compliance bereits deutlich zur Professionalisierung des Kongresswesens beigetragen.

Diese positive Entwicklung lässt allerdings die dabei sichtbar gewordenen Defizite und Fehlentwicklungen der Compliance umso deutlicher hervortreten, und auch hier hat das Gesundheitswesen eine (unrühmliche) Vorreiterrolle übernommen. Eine verwirrende Vielzahl von Kodizes und Regelungen, zum Teil mangelhaft fundiert und operationalisiert, widersprüchliche Leitsätze und (Schieds-)Urteile, Überregulierung und Bürokratieaufbau zeigen an, dass bei der Compliance noch große Optimierungspotenziale bestehen. Eine trennscharfe und operationale Abgrenzung von zulässigen Zuwendungen und strafbarer Korruption existiert nach wie vor nicht. Zentrale Compliance-Leitsätze wie das „Trennungsprinzip" haben zur Klärung wenig beigetragen und die Verunsicherung eher noch gesteigert. Hier gilt es für die Zukunft anzusetzen.

Reformen sind umso dringlicher, als die aufgezeigten Mängel geeignet sind, die Akzeptanz von Compliance langfristig zu beschädigen. Es wäre den Zielen von Compliance abträglich, wenn durch die geschilderten Fehlentwicklungen der Eindruck entstünde, bei Compliance handle es sich in Wahrheit um eine neue Form der Prohibition.

Compliance kann und darf sich nicht darin erschöpfen, Verbotsschilder aufzustellen. Die Aufgabe von Compliance muss es vielmehr sein, gangbare Wege aufzuzeigen, die Sicherheit für Veranstalter und Eingeladene schaffen. Das ist mit dem gegenwärtigen Instrumentarium offensichtlich noch nicht gelungen, doch es wäre wichtig und wünschenswert, denn das Projekt der Compliance ist, wie frühere Missstände deutlich zeigen, im Kongresswesen – und darüber hinaus – unverzichtbar.

Literatur

ACC Arbeitskreis Corporate Compliance (Hrsg) (2010) Kodex zur Abgrenzung von legaler Kundenpflege und Korruption, 2010. www.inea-online.com. Zugegriffen: 1. Jan. 2013

Acker W, Ehling J (2013) Einladung in die Business-Lounge? Strafbarkeitsrisiko bei Vergabe oder Annahme von Einladungen im geschäftlichen Verkehr. Compliance Berater 2013(0):14–17

AdvaMed Advanced Medical Technology Association (Hrsg) (2009) Code of ethics on interactions with healthcare professionals, Stand 1. Juli 2009. http://advamed.org/res.download/112. Zugegriffen: 1. Apr. 2016

AKG Arzneimittel und Kooperation im Gesundheitswesen e. V. (Hrsg) (2008) Verhaltenskodex der Mitglieder des „Arzneimittel und Kooperation im Gesundheitswesen e. V." AKG e. V. in der Fassung vom 07.04.2008, zuletzt geändert am 22.04.2015. http://www.ak-gesundheitswesen.de/verhaltenskodex/. Zugegriffen: 6. Apr. 2016

Beckmann K et al (2006) Seminar-, Tagungs- und Kongressmanagement, 2. Aufl. Cornelsen, Mannheim

BGH Bundesgerichtshof (Hrsg) (2008a) BGH entscheidet zum strafrechtlichen Vorwurf der Vorteilsgewährung bei Verschenken von WM-Tickets an Amtsträger: im Ergebnis keine Vorteilsgewährung, Urteil vom 14. Oktober 2008, 1 StR 260/08. Neue Jurist Wochenschr 2008:3580

BGH Bundesgerichtshof (Hrsg) (2008b) Freispruch des ehemaligen Vorstandsvorsitzenden der EnBW AG vom Vorwurf der Vorteilsgewährung im Ergebnis bestätigt. Mitteilung Nr. 189/2008 der Pressestelle des Bundesgerichtshofs, Karlsruhe, 14. Okt. 2008

Blask H, Curtius F (2011) Handhabung von Hospitality-Paketen bei Fußballveranstaltungen vor dem Hintergrund gesetzlicher Anforderungen, Memorandum. C Seifert von, W Niersbach (Hrsg), Frankfurt a. M.

Bühnert C (2013) Veranstaltungsformat. In: Dinkel M, Luppold S, Schröer C (Hrsg) Handbuch Messe-. Kongress- und Eventmanagement. Wissenschaft & Praxis, Sternenfels, S 199–212

BVMed Bundesverband Medizintechnologie e. V. (Hrsg) (2015) Kodex Medizinprodukte, Stand: 1. Januar 2015. Berlin

Cameron R (2014) Tagungen sind kein Freizeittourismus! TW Tagungswirtschaft 2014(2):70–73

CIC Convention Industry Council (Hrsg) (2010) Stichwort „convention", Apex Industry Glossary. http://www.conventionindustry.org/APEX/glossary.aspx. Zugegriffen: 10. Apr. 2016

Deloitte Consulting (Hrsg) (2011) Effizienz im Pharma-Marketing: Veranstaltungsmanagement zwischen Kostendruck und Marketingerfolg. http://www2.deloitte.com/content/dam/Deloitte/de/Documents/life-sciences-health-care/de_C_Effizienz_Pharmamarketing_030111.pdf. Zugegriffen: 20. Apr. 2016

Drack G, Kuhn H, Haller U (2002) Zum Umgang mit Drittmitteln und Sponsoring von ärztlichen Fortbildungsveranstaltungen. Schweiz Ärzteztg 83(25):1310–1317. http://www.saez.ch/docs/saez/archiv/de/2002/2002-25/2002-25-621.pdf. Zugegriffen: 8. Apr. 2016

Ergo Versicherungsgruppe (Hrsg) (2011) HMI Wettbewerbsreise Budapest 2007: Fachbericht der Konzernrevision vom 3. Juni 2011. http://www.ergo.com/de/Unternehmen/Overview/Corporate-Governance/Compliance/Massnahmen/Wettbewerbsreisen-Incentives#Budapest-2007. Zugegriffen: 1. Jan. 2013

Ergo Versicherungsgruppe (Hrsg) (2013) Incentive-Richtlinie, Stand: 1. August 2013. http://www.ergo.com/de/Unternehmen/Overview/Corporate-Governance/Incentive-Richtlinie. Zugegriffen: 1. Okt. 2013

Eucomed Ethical Med Tech (Hrsg) (2008) Eucomed Richtlinie zur Interaktion mit Healthcare Professionals (Code of Business Practice – Eucomed Guidelines On Interactions with Healthcare Professionals, dt.), geänderte Fassung September 2008. Dt. Übers. v Thilo Räpple. Baker & McKenzie, Frankfurt a. M.

FAMAB Verband Direkte Wirtschaftskommunikation e. V. (Hrsg) (2014) Umgang mit Compliance-Regeln bei Messe und Event, in Zusammenarbeit mit Rechtsanwalt Dirk Schmitz M. A.
Rheda-Wiedenbrück

Fenich GG et al (2015) Incentive travel: A view from the top. J Conv Event Tour 2015(16):145–
158

Fischer T (2014) Strafgesetzbuch mit Nebengesetzen, erläutert von Dr. Thomas Fischer, Vorsitzender Richter am Bundesgerichtshof, 61. Aufl. Beck, München

Fissenewert P (2013): Wenn die Tagung verdächtig ist. AHGZ 2013(18):15. http://www.ahgz.de/
jobs-und-karriere/wenn-die-tagung-verdaechtig-ist,200012203613.html. Zugegriffen: 6. Mai
2013

FSA Freiwillige Selbstkontrolle für die Arzneimittelindustrie e. V. (Hrsg) (2004–2016) Fachkreise
nach Datum. http://www.fsa-pharma.de/schiedsstelle/berichterstattung/fachkreise/. Zugegriffen:
1. Apr. 2016

FSA Freiwillige Selbstkontrolle für die Arzneimittelindustrie e. V. (Hrsg) (2012) Leitlinien des
Vorstands des FSA gemäß § 6 Abs. 2 FSA-Kodex Fachkreise, Stand: 18. Juli 2012. http://www.
fsa-pharma.de/fileadmin/Downloads/Pdf_s/Kodizes__Empfehlungen/neues_CD/Kodex_Fach-
kreise_Leitlinien_Stand_27.01.2015.pdf. Zugegriffen: 10. Apr. 2016

FSA Freiwillige Selbstkontrolle für die Arzneimittelindustrie e. V. (Hrsg) (2015) Kodex für die
Zusammenarbeit der pharmazeutischen Industrie mit Ärzten, Apothekern und anderen Angehörigen medizinischer Fachkreise („Pharmakodex"), Neuaufl 2015 inkl. Leitlinien. http://www.
fsa-pharma.de/fileadmin/Downloads/Pdf_s/Kodizes__Empfehlungen/FSA-Kodex_Fachkreise_
web.pdf. Zugegriffen: 10. Apr. 2016

Freitag M, Katzensteiner T (2012) Compliance: Terror der Tugend. Manager Magazin Nr. 6/2012.
http://www.manager-magazin.de/magazin/artikel/a-842925.html. Zugegriffen: 21. Jan. 2016

Freytag B, Friese U (2015) Hotels verzichten auf den Glanz der Sterne. Frankfurter Allgemeine
Zeitung, 9. August 2010. http://www.faz.net/aktuell/wirtschaft/unternehmen/luxusherbergen-
hotels-verzichten-auf-den-glanz-der-sterne-11028480.html. Zugegriffen: 13. Febr. 2015

Funke E, Müller G (2007) Rechtliche und steuerrechtliche Betrachtungen zum Incentive. In:
Hosang M (Hrsg) Event & Marketing 3: Konzepte – Beispiele – Trends. Deutscher Fachverlag,
Frankfurt a. M., S 189–209

Grusa M (2015) Selbstkontrolle findet „Mini-Pizza und Kuchen" bedenklich: Neue kleinliche
Urteile zu Bewirtung verunsichern Eventplaner. Tagungswirtsch Online, 6. Aug. http://www.
tw-media.com/infowelten/meldung/datum/2015/08/06/medizinbranche-im-kampf-gegen-mini-
buletten-und-blechkuchen/. Zugegriffen: 16. Sept. 2015

Grusa M (2016) Pharma Compliance: Keine Angst vor Fünf-Sterne-Hotels. Tagungswirtschaft
2016(2):76–78

Hank-Haase G (1992) Der Tagungs- und Kongressreiseverkehr als wirtschaftlicher Faktor in deutschen Großstädten. Dissertation Geographische Gesellschaft, Trier

IAPCO International Association of Professional Congress Organizers (o. J.) Stichwort „Incentive
meeting". http://www.iapco.org/publications/on-line-dictionary/dictionary/. Zugegriffen: 10.
Apr. 2016

ICC International Chamber of Commerce (Hrsg) (2014) ICC guidelines on gifts and hospitality,
26 June 2014. http://www.iccwbo.org/Advocacy-Codes-and-Rules/Document-centre/2014/ICC-
Guidelines-on-Gifts-and-Hospitality/. Zugegriffen: 11. Apr. 2016

ICCA International Congress and Convention Association (2015) Country and city rankings report.
http://www.iccaworld.com/npps/story.cfm?nppage=5786. Zugegriffen: 31. Mai 2016

Iwersen S (2012) Lustreisen-Skandal: Interner Bericht enthüllt Details der Ergo-Affäre. Handelsblatt, 14. August 2012. http://www.handelsblatt.com/unternehmen/versicherungen/lustreisen-
skandal-interner-bericht-enthuellt-details-der-ergo-affaere/6997572.html. Zugegriffen: 1. Jan.
2013

KPMG (Hrsg) (2013) Compliance Benchmark-Studie 2013. https://www.kpmg.com/DE/de/Documents/studie-compliance-2013-KPMG.pdf. Zugegriffen: 21. Mai 2013

Maugé M (2006) Wissenschaftliche Medizinkongresse und der Pharmakodex: Abbild der Marketing- und Vertriebsmisere der Pharma-Industrie. m:con visions 2006(2):24

O. V. (2011) Wüstenrot greift nach Sex-Skandal durch. Die Welt, 14. Dez. http://www.welt.de/13766375. Zugegriffen: 1. Jan. 2013

O. V. (2012): Robinson Club Fleesensee ist kodexzertifiziert. TW Tagungswirtschaft Online, 21. Nov. http://www.tw-media.com/de/infowelten/meldung/datum/2012/11/21/robinson-club-fleesensee-ist-kodexzertifiziert/. Zugegriffen: 20. Apr. 2016

O. V. (2015) Kongresstourismus: Zuerst die Arbeit, dann ein bisschen Vergnügen. Neue Zürcher Zeitung, 14. Aug. http://www.nzz.ch/wirtschaft/zuerst-die-arbeit-dann-ein-bisschen-vergnue-gen-1.18595089. Zugegriffen: 1. Apr. 2016

Peitsmeier H (2011) Sexaffäre im Gellert-Bad: Imagedesaster für Ergo. Frankfurter Allgemeine Zeitung, 27. Mai, S 16. http://www.faz.net/aktuell/wirtschaft/unternehmen/sex-affaere-im-gellert-bad-imagedesaster-fuer-ergo-17189.html. Zugegriffen: 1. Jan. 2013

Peters S (2012) Hospitality und Strafrecht oder „Bitte nicht (an)füttern". ZWH 2012:262–268

Pharmacon (Hrsg) (2016) Der pharmacon bedeutet erstklassige Fortbildung in wundervoller Umgebung zur besten Jahreszeit. www.pharmacon.de. Zugegriffen: 12. Apr. 2016

PhRMA Pharmaceutical Research and Manufacturers of America (Hrsg) (2008) Code on interactions with healthcare professionals, Revised July 2008. Washington

Rieder MS, Falge S (2010) Rechtliche und sonstige Grundlagen für Compliance: A Deutschland. In: Görling H, Bannenberg B (Hrsg) Compliance: Aufbau – Management – Risikobereiche, C. F. Müller, Heidelberg, S 13–29

Rück H (2013) Compliance: Neue Regeln für Veranstaltungen und ihre Folgen für die Tourismuswirtschaft. In: Conrady R, Ruetz D (Hrsg) Tourismus und Politik: Schnittstellen und Synergiepotentiale. „Schriften zu Tourismus und Freizeit" der Deutschen Gesellschaft für Tourismuswissenschaft (DGT) e. V. Bd. 16., Springer, Berlin, S 179–197

Rück H (2014) Influence of compliance on meetings and recommendations for the Swiss meetings industry. Nicht-öffentliche Studie für das Switzerland Convention & Incentive Bureau (SCIB), Zürich

Rück H (2016a) Stichwort „Event-Locations". In: Gabler Wirtschaftslexikon Online, Sachgebiet Tourismus. Wiesbaden. http://wirtschaftslexikon.gabler.de/Definition/event-locations-v2.html. Zugegriffen: 2. Jan. 2016

Rück H (2016b) Events in der Reise- und Tourismusindustrie: Einsatzfelder, Funktionen, Perspektiven. In: Zanger C (Hrsg) Events und Tourismus. Springer Gabler, Wiesbaden (im Druck)

Rück H, Litty L (2014) Deutlich abgespeckt: Wie der Pharma-Kodex Tagungen verändert hat. TW Tagungswirtsch 2014(4):24–28

Sainvil C, Eucomed Ethical Med Tech (2014) IPCAA Compliance Seminar. (Seminarunterlage, Wien, 19. März 2014)

SAP Aktiengesellschaft (Hrsg) (2006) Geschäftsgrundsätze für Mitarbeiter (in der Fassung vom März 2006). Walldorf

Scherhag K (2016) Stichwort „Destination". In: Gabler Wirtschaftslexikon Online, Sachgebiet Tourismus. Wiesbaden. http://wirtschaftslexikon.gabler.de/Definition/destination-v11.html. Zugegriffen: 20. Jan. 2016

Schneider N, Lückmann SL (2008) Pharmasponsoring in der ärztlichen Fort- und Weiterbildung. Z Allg Med 84(12):516–524. https://www.thieme-connect.com/products/ejournals/html/10.105 5/s-0028-1100421. Zugegriffen: 8. Apr. 2016

Schreiber M-T (2012) Die Bausteine der Veranstaltungswirtschaft. In: Schreiber M-T (Hrsg). Strategien und Trends der Veranstaltungswirtschaft. Oldenbourg, München S 3–24
Shapiro MJ (2011) Critical challenges for medical-pharmaceutical meetings. In: Meetings and conventions. http://www.meetings-conventions.com/News/Features/Critical-Challenges-for-Medi-
cal-Pharmaceutical-Meetings/. Zugegriffen: 20. Apr. 2016
Sponsoreninitiative S 20 (Hrsg) (2011) Leitfaden Hospitality und Strafrecht, Juli 2011. http://
www.s20.eu/schwerpunkte/recht. Zugegriffen: 10. Apr. 2016.
UNWTO United Nations World Tourism Organization (2006) Measuring the economic impor-
tance of the meeting industry: Developing a tourism satellite account extension. United Nations
World Tourism Organization. Madrid
Vereinigung Deutscher Veranstaltungsorganisatoren (veranstaltungsplaner.de) e. V. (Hrsg) (2012)
Leitfaden Compliance im Veranstaltungsbereich. Berlin
Warntjen M (2009) Sponsoring von medizinischen Kongressen, Workshops und Symposien durch
pharmazeutische Unternehmen. Anaesthesist 58(12):1256–1260. http://download.springer.com/
static/pdf/336/art%253A10.1007%252Fs00101-009-1639-4.pdf?originUrl=http%3A%2F%2Flink.
springer.com%2Farticle%2F10.1007%2Fs00101-009-1639-4&token2=exp=1460117206~acl=
%2Fstatic%2Fpdf%2F336%2Fart%25253A10.1007%25252Fs00101-009-1639-4.pdf%3Forigin
Url%3Dhttp%253A%252F%252Flink.springer.com%252Farticle%252F10.1007%252Fs00101-
009-1639-4*~hmac=22e7a3f385f1a44c53f2e60209e9ee41d434fef4b7b6462e421f1107b08942da.
Zugegriffen: 8. Apr. 2016
Wazana A (2000) Physicians and the pharmaceutical industry: Is a gift ever just a gift? JAMA
283(3):373–380. http://med.stanford.edu/coi/journal%20articles/Wazana_A-Is_A_Gift_Ever_
Just_A_Gift.pdf. Zugegriffen: 8. Apr. 2016

Über den Autor

Professor Dr. rer. pol. Hans Rück, Dipl.-Kfm., ist Dekan des
Fachbereichs Touristik/Verkehrswesen an der Hochschule Worms.
Dort verantwortet er die Lehrgebiete Eventmanagement und Marketing. Er gilt als einer der führenden deutschen Experten für Compliance im Veranstaltungsbereich. Er ist Mitglied im Deutschen Institut
für Compliance DICO e. V. und Mitglied im Fachausschuss MICE
des Deutschen Geschäftsreiseverbandes VDR e. V.

Ausbildung und beruflicher Werdegang: Nach einer Lehre zum
Werbekaufmann folgte ein Studium der Betriebswirtschaftslehre
mit den Schwerpunkten Marketing und Handelsbetriebslehre an
der Johann Wolfgang-Goethe-Universität in Frankfurt am Main und
ebendort die Promotion bei Prof. em. Dr. Dr. h. c. Rudolf Gümbel
zum Thema Dienstleistungen. Vor Übernahme der Professur über
zehnjährige berufspraktische Erfahrung als Unternehmensberater
für Marketing, Vertrieb und Kommunikation.

Vertrags- und Hausrecht

Die Vertragsbeziehungen von Kongress- und Tagungsveranstaltern im Überblick

Mandy Risch-Kerst

Zusammenfassung

Allein die Vielzahl der eventspezifischen Vertragstypen bei der Durchführung von Kongressen, Tagungen und Konferenzen, angefangen vom Besucher-, Ausstellungs-, Miet-/Raumüberlassungs-, Eventagentur-, Engagement-, Management-, Subunternehmer- und Medienpartnerschaftsvertrag, sowie die förderrechtlichen Verträge, wie Sponsoren-, Spenden- und Fundraising-Vertrag, lassen die Komplexität des Vertragsnetzes eines Veranstalters bereits erahnen. Eine ordentliche Vertragsgestaltung und verständliche Allgemeine Geschäftsbedingungen erleichtern den sicheren Umgang mit Vertragspartnern. Die jeweilige Vertragsbeziehung begründen neben ihren vertraglichen Hauptleistungspflichten auch vertragliche Schutz- und Obhutspflichten, sodass insbesondere im Verhältnis zum Besucher besondere Schutzpflichten bestehen.

Das Hausrecht dient der Sicherheit aller Veranstaltungsbeteiligten und gewährleistet die Hoheit über die Veranstaltungsdurchführung!

Die Gewährleistung der vertraglichen Schutzpflichten insbesondere gegenüber den Besuchern wird durch das Instrumentarium des Hausrechts des Veranstalters abgesichert, wonach dieser die Durchführungshoheit über die Veranstaltung hat. Die Erteilung eines Hausverbots bedarf eines sachlichen Grunds, wenn der Veranstalter mit dem Besucher einen Besuchervertrag geschlossen hat. Welche Verhaltenspflichten den Besucher treffen, ergeben sich aus dem zugrunde liegenden Vertrag und der in den Vertrag einbezogenen Hausordnung.

M. Risch-Kerst (✉)
Berlin, Deutschland
E-Mail: risch@eventlawyers.de

© Springer Fachmedien Wiesbaden GmbH 2017   221
C. Bühnert und S. Luppold (Hrsg.), *Praxishandbuch Kongress-, Tagungs- und Konferenzmanagement,* DOI 10.1007/978-3-658-08309-0_15

Vorbemerkung der Autorin
Verträge sind die professionelle Grundlage einer jeden Veranstaltungsorganisation. Als erfahrene Anwältin in der Eventbranche (EVENTLawyers) erlebe ich das jeden Tag.

1   Vertragsrecht

1.1   Vertragsarten

Die Spanne der veranstaltungstypischen Verträge (vertiefend dazu Risch und Kerst 2011, S. 12 ff.) reicht vom Konzert- oder Aufführungsvertrag, Künstlervertrag, Agenturvertrag und Managementvertrag im Umfeld des Künstlers bis hin zum Sponsoringvertrag zwischen dem Veranstalter und zahlungskräftigen Werbepartnern. Der Veranstalter schließt mit dem Betreiber des Veranstaltungsorts einen Hallenmietvertrag. Weiterhin verpflichtet er in Subunternehmerverträgen Licht- und Tontechnikbetriebe, Caterer, Sicherheitskräfte, Garderobenpersonal und andere Subunternehmer. Auch die Besucher stehen in einem vertraglichen Verhältnis zum Veranstalter – durch den Besucher- oder Zuschauervertrag. Die Vorverkaufsstelle ist mit dem Veranstalter vertraglich durch den Vorverkaufsvertrag verbunden.

1.2   Rechtsgrundlagen des Vertragsrechts

Das Vertrags- und Haftungsrecht ist im Wesentlichen im Bürgerlichen Gesetzbuch (BGB) normiert. Das BGB regelt die Rechtsbeziehungen zwischen privaten Rechtsträgern und ist das „Muttergesetz" des Privatrechts. Um im Fall von Leistungsstörungen wie „no show, late show and bad show" in der jeweiligen Vertragsbeziehung die einschlägigen Normen im BGB zu finden, ist zuvor der Vertragstyp zu ermitteln. Es ist zwischen dem Dienstvertrag, dem Werkvertrag sowie dem Geschäftsbesorgungsvertrag zu unterscheiden. Die allgemeinen Vorschriften über den Vertragsschluss und die Stellvertretung beginnen ab § 104 BGB. Die Haftung für die Verletzung von Schutzpflichten und das Leistungsstörungsrecht sind in den §§ 280 ff. BGB geregelt sowie in den Spezialregelungen zum jeweiligen Vertragstyp.

1.3   Vertragsgestaltung als Störfallvorsorge

Die in Tab. 1 dargestellte Vielzahl der eventspezifischen Vertragstypen lassen die Komplexität des Vertragsnetzes eines Veranstalters beziehungsweise das zu beachtende Vertragsrecht erahnen. Im Fall einer Leistungsstörung sollten die Vertragsklauseln zum

Tab. 1 Veranstaltungstypische Vertragsarten. (Nach Risch und Kerst 2011, S. 8)

Vertrag	Vertragstypus	Beziehung
Aufführungsvertrag	Werkvertrag oder Dienstvertrag	Veranstalter – Redner
Engagementvertrag		Veranstalter – Moderator/Künstler
Agenturvertrag	Makler- oder typengemischter Vertrag bzw. Werkvertrag	Veranstalter – Eventagentur Redner – Redneragentur – Veranstalter
Medienpartnerschafts-vertrag	Typengemischter Vertrag	Veranstalter – Medienpartner (Radio/TV)
Konferenz-/Tagungs-besuchervertrag	Werkvertrag mit mietrechtlichen Aspekten	Veranstalter – Besucher/Teil-nehmer
Subunternehmervertrag	Werkvertrag oder Dienstvertrag	Veranstalter – Subunternehmer
Raumüberlassungsvertrag Ausstellungsvertrag	Mietvertrag mit dienst-, werk- und geschäftsbesorgendem Charakter	Veranstalter – Hallenbetreiber Veranstalter/Hallenbetreiber – Aussteller
Kartenvorverkaufs-vereinbarung (Ticketing)	Handelsvertretervertrag oder entgeltlicher Geschäfts-besorgungsvertrag	Veranstalter/Hallenbetreiber – Vorverkaufsstelle (unter Beachtung datenschutz-rechtlicher Bestimmungen)
Sponsorvertrag	Typengemischer Vertrag	Veranstalter – Sponsor

Rücktrittsrecht, zu den Stornokosten, den Vertragsstrafen und den Haftungsausschlüssen aufeinander abgestimmt sein. Nur wenn beispielsweise die Fristenregelungen in allen Verträgen identisch sind, kann der Veranstalter von seinen Vertragspflichten frei werden. Tritt der Künstler ordnungsgemäß vom Vertrag zurück, muss der Veranstalter dies ja auch gegenüber dem Caterer können. Allein eine ausgewogene Vertragsgestaltung mit Vertragsmustern und verständlichen Allgemeinen Geschäftsbedingungen erleichtert so einen sicheren Umgang mit Vertragspartnern.

1.4 Vertragliche Schutzpflichten gegenüber Vertragspartnern

Nach dem Bürgerlichen Gesetzbuch treffen den Veranstalter gegenüber seinen Vertrags-partnern (Besucher, Sponsoren, Subunternehmer) auch vertragsbezogene Obhuts- und Schutzpflichten (vertiefend dazu Grünberg 2016, § 280 Rn. 24 ff.). Eine Haftung wegen schuldhafter Pflichtverletzung aus Vertrag setzt das Bestehen eines Vertragsverhältnisses voraus. Als Veranstalter schließt man eine Vielzahl von Verträgen ab (siehe Tab. 1), unter anderem mit Vermietern, Caterern, Firmen, die Equipment bereitstellen, Sponsoren und natürlich auch durch den Ticketverkauf mit den Besuchern. Die jeweilige Vertragsbe-ziehung begründen neben ihren vertraglichen Hauptleistungspflichten auch vertragliche

Schutz- und Obhutspflichten. Bei der Vertragsabwicklung haben sich die Vertragsparteien so zu verhalten, dass Körper, Leben, Eigentum und sonstige Rechtsgüter des Vertragspartners nicht verletzt werden (vertiefend dazu Grünberg 2016, § 280 Rn. 28). Die deliktischen Verkehrssicherungspflichten sind innerhalb des Vertragsverhältnisses zugleich als Vertragspflicht einzustufen (vertiefend dazu Grünberg 2016, § 280 Rn. 28). Die Verletzung von Schutzpflichten im Sinne des § 241 Absatz 2 BGB stellt eine Pflichtverletzung gemäß § 280 Absatz 1 BGB dar. § 280 Absatz 1 BGB enthält folgende umfassende Haftungsregelung:

Schutz- und Obhutspflichten des Veranstalters von Großevents gegenüber seinen Vertragspartnern (zum Beispiel Veranstaltungsbesuchern) können vor allem als vertragliche Nebenpflichten bestehen. Es handelt sich um einen ganzen Kanon unterschiedlichster Pflichten, die sich je nach dem konkreten Vertragsinhalt bestimmen. Für die Anwendung des § 280 Absatz 1 BGB ist eine nähere Einteilung wegen seines breiten Anwendungsbereichs ohne Belang, da die Verletzung jedweder Schutzpflicht einen Schadensersatzanspruch auslösen kann (Unberath 2015, § 280 Rn. 14). Das gemeinsame Element dieser Pflichten ist, dass sie auf die Erhaltung beziehungsweise den Schutz der Sphäre des Vertragspartners abzielen. Ihre Verletzung führt zum Anspruch auf Schadensersatz mit der Rechtsfolge des Ersatzes des Integritätsinteresses. Nur im Ausnahmefall kann die Verletzung einer Schutzpflicht nach § 282 BGB einen Anspruch auf Schadensersatz statt der Leistung und damit auf das positive Interesse begründen, obwohl die vertraglichen Leistungspflichten selbst ordnungsgemäß erfüllt werden (Unberath 2015, § 280 Rn. 14). Der Anspruch aus § 280 BGB bei Verletzung von Schutzpflichten kann neben einem Deliktsanspruch nach §§ 823 ff. BGB bestehen (vertiefend dazu Sprau 2016, Einf. v. § 823 Rn. 8 ff.). Aus praktischer Sicht hat ein vertraglicher Haftungsanspruch für den Geschädigten Vorteile, da im Deliktsrecht die Möglichkeit der Exkulpation für das Handeln von Verrichtungsgehilfen besteht (§ 831 Absatz 1 Satz 2 BGB). Delegiert der Veranstalter bestimmte Aufgaben, so ist er von einer Haftung nicht frei. Setzt er Erfüllungsgehilfen ein, die mit seinem Wissen und Wollen in seinem Pflichtenkreis (Vertragskreis) tätig werden, so wird dem Veranstalter deren Verschulden (vorsätzlich oder auch fahrlässiger Art) gemäß § 278 BGB zugerechnet. Der Veranstalter haftet nach § 278 BGB für das Verschulden – und den vorgelagerten Pflichtverstoß – von gesetzlichen Vertretern und Erfüllungsgehilfen, soweit er auch für eigenes Verschulden (und den eigenen Pflichtverstoß) verantwortlich ist (Grundmann 2016, § 278 Rn. 20). Die Haftung besteht auch bei Handlungen eines gesetzlichen Vertreters bzw. verfassungsmäßigen Repräsentanten nach § 31 BGB, zum Beispiel bei Handeln eines Organs von Vereinen (Stöber und Otto 2012, Rn. 592).

2 Hausrecht – Das Rechtsverhältnis zwischen Kongress- oder Tagungsbesucher und Veranstalter während der Veranstaltung

▶ Das Hausrecht dient der Sicherheit aller Veranstaltungsbeteiligten und gewährleistet die Hoheit über die Veranstaltungsdurchführung!

Die Gewährleistung der eben dargestellten vertraglichen Schutzpflichten insbesondere gegenüber den Kongress-/Tagungsbesuchern wird durch das Instrumentarium des Hausrechts des Veranstalters abgesichert, wonach dieser die Durchführungshoheit über die Veranstaltung hat. Der Veranstalter hat kraft seines Hausrechts in der Regel die Befugnis, frei darüber zu entscheiden, wem er den Zugang zu Kongress/Tagung und damit der Kongress-/Tagungshalle gestattet. Das Hausrecht des Veranstalters berechtigt ihn, gegenüber Besuchern/Teilnehmern ein Besuchs- oder Hausverbot auszusprechen, wenn diese wiederholt gegen den Besuchervertrag verstoßen oder sich in einer Weise verhalten haben, die geeignet ist, den reibungslosen Ablauf des Events oder sogar andere Besucher zu gefährden (Risch und Kerst 2011, S. 37 f.).

Das Hausrecht kann aber auch der Durchsetzung von Exklusivrechten dienen sowie der Gewährleistung einer eigenen Öffentlichkeitsarbeit. Hausverbote gegenüber kritischen Berichterstattern, Journalisten und Fotografen können in Abhängigkeit der Umstände im Einzelfall zulässig sein, wie auch das Unterbinden unerwünschter Werbemaßnahmen während des Events durch Nichtsponsoren.

2.1   Hausrecht als Teil des Risikomanagements

Das Hausrecht ist gerade im Hinblick auf die Gewährleistung der Eventsicherheit ein wichtiges Instrumentarium im Sicherheits- und Risikomanagement des Veranstalters. Es ist primäre Aufgabe des Veranstalters, für die Sicherheit der Besucher der Veranstaltung zu sorgen. Ihn trifft eine Vielzahl von Verkehrssicherungspflichten (Risch 2012).

Oftmals wird das Hausrecht durch eine örtliche Hausordnung oder örtliche Sicherheitsrichtlinien näher ausgestaltet. Die geltende Hausordnung ist durch die Einbeziehung in den Allgemeinen Vertragsbedingungen des Besuchervertrags Teil des Besuchervertrags. Auf Basis des Besuchervertrags ist zu bestimmen, welches Verhalten des Besuchers zur Gewährleistung von Sicherheit und Ordnung notwendig ist. Auf Grundlage der Hausordnung kann der Veranstalter Störer vom Event ausschließen und Regeln für die Veranstaltungsordnung aufstellen. Im Sportbereich haben sich hierfür bereits feste Stadionordnungsregelungen herausgebildet, die auf den Kongress-/Tagungsbereich dem Grunde nach übertragbar sind.

Beispiel (Auszug aus der DFB-Musterstadionordnung):

VI. Verhalten im Stadion

1. Innerhalb der Stadionanlage hat sich jeder Besucher so zu verhalten, dass kein anderer geschädigt, gefährdet oder – mehr als nach den Umständen unvermeidbar – behindert oder belästigt wird.
2. Die Besucher haben Anordnungen der Polizei, der Feuerwehr, des Kontroll-, des Ordnungs- und des Rettungsdienstes sowie der Stadionverwaltung, des Veranstalters und des Stadionsprechers Folge zu leisten.

3. Zur Abwehr von Gefahren sind die Besucher verpflichtet, auf entsprechende Anweisung der Polizei oder des Kontroll- und Ordnungsdienstes auch andere als auf ihrer
Eintrittskarte vermerkte Plätze – auch in anderen Blöcken – einzunehmen.
4. Alle Auf- und Abgänge sowie die Rettungswege sind freizuhalten.

(DFB o. J., Anlage 4)

Ferner dient das Hausrecht aber auch dem Schutz der Verwertungsinteressen des Veranstalters. Das Fotografieren im Rahmen von Events ist oftmals nur mit Einschränkung,
insbesondere für eine gewerbliche Nutzung und mit vorheriger Genehmigung gegen eine
Lizenz gestattet. Das Hausrecht des Veranstalters kann darüber hinaus nutzbar gemacht
werden, um unerwünschte Werbemaßnahmen zu unterbinden oder den Besuchern den
Eintritt zu verweigern, wenn sie Werbung in die Kongress-/Tagungshallen hineintra-
gen wollen (Reinholz 2005, S. 1491; Hermann 2006, S. 366 m. w. Nachw.). Mit seinen Unterlassungsansprüchen bildet das Hausrecht die Grundlage etwa für Verbote von
Werbung, das Einschreiten gegen Werbung vor Ort, die Zutrittsverweigerung zu Kon-
gress-/Tagungshallen, den Abbruch nicht genehmigter Werbestände und wohl auch, was
allerdings strittig ist, die Verhinderung eines unbefugten Überfliegens von Kongress-/
Tagungshallen zu Werbezwecken, zum Beispiel mit Helikopter oder Zeppelin (Thaler
2008, S. 166 m. w. Nachw.).

2.2   Herleitung des Hausrechts

Je nach Rechtsstellung des Veranstalters, entweder als Eigentümer oder Besitzer der
Kongress-/Tagungshallen, wird das Hausrecht unterschiedlich hergeleitet, da eine aus-
drückliche Regelung im Bürgerlichen Gesetzbuch (BGB) fehlt.

Der Eigentümer ist aufgrund seines Hausrechts grundsätzlich befugt, für die von ihm
betriebene Eventlocation (zum Beispiel: Kongress-/Tagungshalle, Gaststätte oder Hotel)
ein Hausverbot auszusprechen. Das Hausrecht beruht auf dem Grundstückseigentum
oder -besitz (§§ 858 ff., 903, 1004 BGB) und ermöglicht es seinem Inhaber, in der Regel
frei darüber zu entscheiden, wem er den Zutritt gestattet und wem er ihn verwehrt (BGH,
in: NJW 2006, S. 1054 Rn. 7; NJW 2010, S. 534 Rn. 11; BGHZ165, S. 70 = NJW 2006,
377 m. w. Nachw.). In ihm kommt insbesondere die – ihrerseits aus der grundrechtlichen
Eigentumsgarantie (Art. 14 GG) fließende – Befugnis des Eigentümers zum Ausdruck,
mit der Sache grundsätzlich nach Belieben zu verfahren und andere von der Einwir-
kung auszuschließen (§ 903 Satz 1 BGB). Darüber hinaus ist das Hausrecht Ausdruck
der durch Art. 2 I GG gewährleisteten Privatautonomie, die die Selbstbestimmung des
Einzelnen im Rechtsleben schützt (BVerfG, in: NJW 1994, S. 38 m. w. Nachw.). Dazu
gehört, dass rechtlich erhebliche Willensentscheidungen in der Regel keiner Rechtfertigung bedürfen; das gilt in gleicher Weise für die Entscheidung, ob und in welchem
Umfang einem Dritten der Zugang zu einer bestimmten Örtlichkeit gestattet wird.

Für den Mieter oder Pächter als Veranstalter ergibt sich das Hausrecht aus seinem
Besitzrecht gemäß §§ 858 ff. BGB.

2.3 Rechtliche Ausgestaltung des Hausrechts

Das Hausrecht ist jedoch noch keine individuelle Anspruchsgrundlage, sondern die daraus abzuleitenden Rechte folgen aus den jeweiligen vertraglichen und gesetzlichen Regelungen.

2.3.1 Zutrittsverweigerung für nicht zugelassene Personen

So kann der Veranstalter im Vorfeld einer Veranstaltung festlegen, welchem Personenkreis er den Zutritt zu der Veranstaltung gestattet. Dies regelt er im Besuchervertrag, sodass er nicht zugelassene Besucher, die trotzdem ein Ticket erworben haben, den Zutritt verweigern kann.

> **Beispiel**
> 16-Jähriger erwirbt Messeticket für Erotikmesse.

2.3.2 Zutritt ohne Ticket

Betritt jemand das Veranstaltungsgelände ohne Ticket oder in sonstiger Weise illegal, so kann der Eigentümer oder Besitzer der Eventlocation diesen ungebetenen Gast gemäß § 1004 BGB beziehungsweise § 861 f. BGB wegen Eigentums- und/oder Besitzbeeinträchtigung in Form des unbefugten Betretens vom Platz verweisen. Hier steht auch ein strafrechtlich relevanter Hausfriedensbruch gemäß § 123 I StGB im Raum.

> **Beispiel**
> Heimliches Überklettern der Zugangszäune, um auf das Messegelände zu gelangen.

2.3.3 Verstoß gegen Vertragsabsprachen

Verstößt der Besucher gegen die in den AGB niedergelegten Besucherpflichten (Beeinträchtigung des Veranstaltungsablaufs), so kann dieser von der Veranstaltung ausgeschlossen werden. Eine Beeinträchtigung liegt vor, wenn der Besucher gegen die Bestimmungen des Besuchervertrags, namentlich also der Hausordnung, verstößt; subsidiär ist durch – erforderlichenfalls ergänzende – Vertragsauslegung nach §§ 133, 157 BGB zu bestimmen, welches Verhalten die Parteien vom Besuchervertrag eines Events als umfasst ansehen. Weicht der Besucher hiervon negativ ab, liegt eine Beeinträchtigung vor (vertiefend dazu Breucker 2006, S. 1233 f.).

Die massive Verletzung der vertraglich vereinbarten Rücksichtnahmepflichten stellt einen sachlichen Grund für ein Hausverbot dar und rechtfertigt die fristlose Kündigung des Besuchervertrags aus wichtigem Grund.

Welche Verhaltenspflichten den Besucher treffen, ist genau im Besuchervertrag festzulegen. Dem Ticketkauf ist als Teil der AGB die geltende Hausordnung zugrunde zu legen. Darin verpflichten sich die Besucher je nach Ausgestaltung, Eingangskontrollen zu dulden und sich während der Veranstaltung nicht sicherheitsgefährdend zu verhalten. Soweit diese Bestimmungen bei Vertragsschluss nach § 305 II BGB wirksam einbezogen wurden, bestehen gegen die bei (Groß-)Veranstaltungen üblichen Verhaltensregeln nach §§ 307 ff. BGB keine inhaltlichen Bedenken (Breucker 2006, S. 1233). Der Veranstalter hat damit die Schutz- und Rücksichtnahmepflichten des § 241 II BGB durch Aufnahme in den Besuchervertrag konkretisiert und zu vertraglichen Nebenleistungspflichten gemacht.

> **Beispiel**
> Glasflaschenverbot zur Vermeidung von Glasbruch.

2.3.4 Ausschluss für künftige Veranstaltungen

Beeinträchtigt der Besucher den Veranstaltungsablauf, so kann der Veranstalter diesem für seine zukünftigen öffentlichen Events Hausverbot erteilen. Im Kongress-/Tagungsbereich könnte dies relevant sein bei randalierenden, diebstahlsgeneigten oder sexuell diskriminierenden/nötigenden Besuchern. Eine Historie hierzu ist bei Sportereignissen wie Fußball, wo randalierenden Fans ein Stadionverbot erteilt wird, vermehrt zu verzeichnen. Hierfür bedarf es eines gesetzlichen Unterlassungsanspruchs.

> **Beispiel**
> Bundesweites Stadionverbot wegen Abbrennen von Feuerwerkskörpern im Stadion.

Der Veranstalter kann als tatsächlicher Kongress-/Tagungshallenbesitzer nach §§ 861 f. BGB und als berechtigter Besitzer nach § 1004 I 2 i. V. mit § 823 I BGB von jedem Störer das Unterlassen von Beeinträchtigungen verlangen (Breucker 2005, S. 133). Diese Unterlassungsansprüche konkretisieren das Hausrecht (BGH, in: NJW 2006, S. 379). Sie setzen eine akute oder drohende Beeinträchtigung des Besitzes voraus. Eine Beeinträchtigung liegt vor, wenn der Besucher gegen die Bestimmungen des Besuchervertrags, namentlich also der Hausordnung, verstößt (Breucker 2006, S. 1235). Will der Veranstalter ein Hausverbot für künftige Veranstaltungen verhängen, muss eine Besitzbeeinträchtigung zu besorgen sein. Das ist der Fall, wenn der individuell Betroffene anlässlich vorangegangener Events nachweislich beispielsweise gewalttätig in Erscheinung getreten ist oder anderweitig gegen die Hausordnung verstoßen hat (vertiefend für den Bereich des Fußball Breucker 2006, S. 1233).

2.4   Schranken des Hausrechts

Einschränkungen bei der Ausübung des Hausrechts können sich, abgesehen von einer vertraglichen Bindung des Hausrechtsinhabers, insbesondere daraus ergeben, dass dieser die Örtlichkeit für den allgemeinen Publikumsverkehr öffnet und dadurch seine Bereitschaft zu erkennen gibt, generell und unter Verzicht auf eine Prüfung im Einzelfall jedem den Zutritt zu gestatten, der sich im Rahmen des üblichen Verhaltens bewegt (BGH, in: NJW 2006, S. 1054 Rn. 8; BGHZ124, S. 43). Das schließt es zwar auch in solchen Fällen nicht aus, dass der Berechtigte die Befugnis zum Aufenthalt nach außen hin erkennbar an rechtlich zulässige Bedingungen knüpft (BGHZ124, S. 43; BGHZ165, S. 70) (Zutrittsregeln gemäß Besuchervertrag). Geschieht dies jedoch nicht oder sind die Bedingungen erfüllt, bedarf ein gegenüber einer bestimmten Person ausgesprochenes Verbot, die Örtlichkeit (künftig) zu betreten, zumindest grundsätzlich eines sachlichen Grundes, weil auch in solchen Konstellationen die Grundrechte des Betroffenen, namentlich dessen allgemeines Persönlichkeitsrecht (Art. 2 I i. V. m. Art. 1 I GG) und das Gebot der Gleichbehandlung (Art. 3 GG), bei der gebotenen Abwägung einem willkürlichen Ausschluss entgegenstehen (BGH, in: NJW 2010, S. 535 Rn. 13). In solchen Fallgestaltungen tritt die Privatautonomie (Art. 2 I GG) des Hausrechtsinhabers in ihrem Gewicht zurück. Das ist deshalb gerechtfertigt, weil bei einer Öffnung der Örtlichkeit für den allgemeinen Publikumsverkehr der Person des einzelnen Besuchers oder Kunden regelmäßig nur eine untergeordnete Bedeutung zukommt. Hier liegt die Annahme besonders nahe, es sei unter Verzicht auf eine Prüfung im Einzelfall jedem der Zutritt gestattet, der sich im Rahmen des üblichen Verhaltens bewegt.[1]

Diese Grundsätze gelten nicht für die Kongress-/Tagungsbetriebe, bei denen erkennbar nur ein eingeschränkter Besucher- oder Kundenkreis angesprochen werden soll.

Beispiel

VIP-Bereich mit Gästeliste.

Weitere wichtige Schranken für die Ausübung des Hausrechts sind die Diskriminierungsverbote gemäß dem Allgemeinen Gleichbehandlungsgesetz. Mit dem Allgemeinen Gleichbehandlungsgesetz (AGG) vom 14. August 2006 verfolgt der Gesetzgeber das Ziel, Benachteiligungen aus Gründen der Rasse oder wegen der ethnischen Herkunft, des Geschlechts, der Religion oder Weltanschauung, einer Behinderung, des Alters oder der sexuellen Identität zu verhindern oder zu beseitigen (§ 1 AGG). Zu diesem Zweck begründet § 21 AGG einen Anspruch auf Unterlassung (§ 21 I 2 AGG) und Entschädigung (§ 21 II 3 AGG). Nach § 19 I Nr. 1 AGG gilt das Diskriminierungsverbot neben seiner breiten Anwendung im Arbeitsrecht auch für die Begründung, Durchführung und Beendigung zivilrechtlicher Schuldverhältnisse, „die typischerweise ohne Ansehen der Person zu vergleichbaren Bedingungen in einer Vielzahl von Fällen zustande kommen (Massengeschäfte) oder bei denen das Ansehen der Person nach der Art des Schuldverhältnisses eine nachrangige Bedeutung hat und die zu vergleichbaren Bedingungen in einer Vielzahl von Fällen zustande kommen". Zu dieser bisher weniger beachteten Fallgruppe des AGG zählt auch der Zugang zu öffentlichen Kongress-, Messe-, Kultur- und Sportveranstaltungen.

---

[1]Siehe hierzu *BGH,* NJW 2006, S. 1054 [Flughafenterminal]; NJW 2010, S. 534 [Fußballstadion]; BGHZ124, 39 = NJW 1994, S. 188 [Einzelhandelsmarkt]; ebenso bereits BGH, NJW 1980, S. 700 [Apotheke]; NJW-RR 1991, S. 1512 [Getränkemarkt].

2.5   Rechtsprechungsauswertung

Die nachstehenden Urteilsanalysen dienen der praktischen Veranschaulichung der Zulässigkeit und Grenzen des Hausrechts des Veranstalters.

2.5.1 Grundsatzurteil zur Rechtmäßigkeit eines Hausverbots

Der Bundesgerichtshof (BGH) hatte jüngst folgenden Sachverhalt zu bewerten (BGH, Urt. v. 9. 3. 2012 − V ZR 115/11): Der Beklagte (B) betreibt ein Wellnesshotel und wirbt mit einem „exzellenten Wohlfühlerlebnis" für seine Gäste. Die Ehefrau des Klägers (K), der zu dieser Zeit Bundesvorsitzender der Nationaldemokratischen Partei Deutschlands war, buchte bei einem Touristikunternehmen für beide Eheleute einen Aufenthalt in dem Hotel des B und erhielt eine Bestätigung der Buchung. Später teilte B ihr dann jedoch mit, dass ein Aufenthalt in seinem Hotel nicht möglich sei. Das Schreiben enthielt weiterhin verschiedene Unterbringungsalternativen und das Angebot einer kostenfreien Stornierung. Auf Nachfrage der Ehefrau des Klägers sprach B dem K gegenüber ein dauerhaftes Hausverbot aus. Dieses begründete er erst zu einem späteren Zeitpunkt damit, dass die politische Überzeugung des K nicht mit der Philosophie seines Wellnesshotels zu vereinbaren sei.

Der BGH prüfte vorliegend mustergültig die Schranken des Hausrechts. Zunächst erörterte er eine mögliche Diskriminierung wegen Anknüpfung an die Mitgliedschaft in der NPD gemäß dem Allgemeinen Gleichbehandlungsgesetz (AGG). Der BGH kam wie die Vorinstanz zum Ergebnis, dass aus der speziellen zivilrechtlichen Regelung des § 19 I Nr. 1 i. V. m. § 21 AGG keine Einschränkungen des Hausrechts des Hotelbetreibers hergeleitet werden können. Abgesehen davon, dass es bereits zweifelhaft erscheint, ob Verträge über den Aufenthalt in einem Wellnesshotel überhaupt unter den Tatbestand der Norm fallen[2], scheiterte das Eingreifen der Vorschrift jedenfalls daran, dass der Gesetzgeber bewusst davon Abstand genommen hat, das Diskriminierungsverbot auf Benachteiligungen wegen politischer Überzeugungen zu erstrecken.

Eine Beschränkung des Hausrechts nimmt der BGH jedoch für die Zeit der schon gebuchten Unterkunft an, weil der Hotelbetreiber vertraglich verpflichtet war, dem Kläger den gebuchten Aufenthalt in dem Hotel zu gestatten. Mit der Bestätigung der Buchung vonseiten des Touristikunternehmens erwarb nämlich nicht nur seine Ehefrau, sondern auch der Kläger selbst jedenfalls nach den Regeln des Vertrags zugunsten Dritter einen auf die Erbringung der vereinbarten Leistungen gerichteten Anspruch. Von diesem Vertrag hat sich der Hotelbetreiber weder durch eine Anfechtung noch durch eine Kündigung aus wichtigem Grund wirksam gelöst. Eine Anfechtung nach § 119 II BGB wegen eines Irrtums über eine Eigenschaft des Klägers scheitert schon daran, dass der Hotelbetreiber sie nicht unverzüglich im Sinne von § 121 I 1 BGB erklärt hat. Dass der

---

[2]Für Beherbergungsverträge bejahend Armbrüster (2008), § 19 AGG Rn. 20; differenzierend Bauer et al. (2011), § 19 Rn. 8.

Hotelbetreiber den Kläger wegen dessen politischer Überzeugung nicht als Gast in seinem Hotel wünschte, hat er erst nach der bestätigten Buchung und längerer Kenntnis geltend gemacht.

Soweit in der Erteilung des Hausverbots zudem eine Kündigung des Vertragsverhältnisses aus wichtigem Grund durch den Hotelbetreiber zu erblicken sein sollte, ginge
diese schon deshalb ins Leere, weil das Kündigungsrecht aus wichtigem Grund regelmäßig eine, nicht notwendig schuldhafte, Vertragsverletzung durch eine Vertragspartei
voraussetzt (BGHZ150, S. 369). Daran fehlt es. Die zivilrechtliche Bindung, durch deren
Begründung der Hotelbetreiber seine Interessen freiwillig – privatautonom – gestaltet
hat, führt dazu, dass die Berufung auf die Privatautonomie (Art. 2 I GG) und die unternehmerische Freiheit (Art. 12 GG) sowie die Ausübung der Eigentumsrechte (Art. 14
GG) deutlich an Gewicht verlieren. Dasselbe würde für das Recht gelten, sich durch die
Erteilung eines Hausverbots politisch zu positionieren (Art. 5 I 1 GG); hierauf hat sich
der Beklagte allerdings nicht berufen. Diese Grundrechte treten bei der gebotenen Abwägung hinter das Persönlichkeitsrecht (Art. 2 I GG) des von dem Hausverbot Betroffenen
sowie das Diskriminierungsverbot (Art. 3 GG) zurück, da diese Regelungen insbesondere über die zivilrechtlichen Generalklauseln der §§ 138, 242 BGB ebenfalls mittelbar
in das Zivilrecht einwirken. Die Abwägung führt dazu, dass ein den Vertrag vereitelndes
Hausverbot der Rechtfertigung durch besonders gewichtige Sachgründe bedarf. Solche
Sachgründe lagen nicht vor, soweit das Hausverbot den bereits gebuchten Aufenthalt
betraf.

Die vom Hotelbetreiber gegebene Begründung, wonach die politische Überzeugung
des Klägers in einem Widerspruch zu dem Ziel des Hotels stehe, jedem Gast nach Möglichkeit ein „exzellentes Wohlfühlerlebnis" zu bieten, trägt nicht die Weigerung, diesem
den bereits gebuchten Aufenthalt in dem Hotel zu gestatten. Feststellungen, aufgrund
derer konkrete Störungen durch den Kläger zu befürchten wären, lagen nicht vor.

Dem Hotelbetreiber bleibt angesichts der eingegangenen vertraglichen Bindung auch
die Berufung darauf versagt, berechtigte Belange anderer Hotelgäste begründeten ein
schutzwürdiges Interesse an der Erteilung des Hausverbots. Zwar liegt die Annahme
durchaus nahe, dass die Anwesenheit des Klägers mit Blick auf die von diesem und
dessen Partei vertretenen rechtsextremen Positionen bei anderen Gästen Missfallen
erregen oder gar als Provokation empfunden wird. Das Bestehen unterschiedlicher politischer Auffassungen ist der freiheitlichen – wesentlich durch das Mehrparteiensystem
geprägten – demokratischen Grundordnung indessen immanent. Das schließt die Möglichkeit ein, im alltäglichen Leben und damit auch in einem Wellnesshotel mit einer
Person zusammenzutreffen, die innerhalb einer – nicht verbotenen – politischen Partei
eine hervorgehobene Funktion innehat. Es begründet als solches keine rechtlich erhebliche Beeinträchtigung, die etwa Ansprüche gegen den Hotelbetreiber aus einem mit diesem geschlossenen Beherbergungsvertrag oder, sofern der Aufenthalt auf der Grundlage
eines Reisevertrags erfolgt, gegen den Reiseveranstalter (vgl. §§ 651c ff. BGB) auslösen
könnte.

Rechtlich nicht zu beanstanden, ist das Hausverbot dagegen, soweit dem Kläger dadurch für die Zukunft der Zutritt zu dem Hotel untersagt wird. Ein vertraglicher
Anspruch des Klägers, aufgrund dessen der Hotelbetreiber bei der Ausübung seines
Hausrechts Einschränkungen unterläge, besteht nach Ablauf der Zeit, für die der Hotel-
aufenthalt gebucht war, nicht mehr. Der Hotelbetreiber war insoweit auch nicht aus
sonstigen Gründen an der Erteilung eines Hausverbots gehindert. Die Grundsätze über
Eröffnung von Örtlichkeiten für den allgemeinen Publikumsverkehr sind indes auf die
Erteilung eines Hausverbots für ein Hotel mit Wellnesscharakter nicht übertragbar. Mit
dem Betrieb eines Wellnesshotels soll erkennbar nur ein eingeschränkter Besucher- oder
Kundenkreis angesprochen werden. Aus der Sicht potenzieller Gäste tritt klar zutage,
dass sich der Hotelbetreiber eine individuelle Entscheidung darüber vorbehalten wird,
ob er demjenigen, der um eine Beherbergung nachsucht oder aus sonstigen Gründen das
Hotelgelände betreten will, den Zutritt gestattet. Ein solcher Vorbehalt ist im Grundsatz
nicht zu beanstanden (Richter 2003, S. 135; Christensen 1996, S. 874). Er ist ebenfalls
Ausdruck der Privatautonomie (Art. 2 I GG), der unternehmerischen Freiheit (Art. 12
GG) sowie der Freiheit des Eigentums (Art. 14 GG; § 903 Satz 1 BGB) und beruht auf
dem legitimen Interesse, innerhalb der durch die Rechtsordnung gezogenen Grenzen auf
die Zusammensetzung des Publikums Einfluss auszuüben. Daraus folgt, dass der Hausrechtsinhaber nicht nur im Bereich privater Lebensgestaltung, sondern auch in seiner
unternehmerischen Entscheidung frei ist, ob und gegebenenfalls unter welchen Voraussetzungen er anderen den Aufenthalt in seinen Räumen gestattet. Die privatautonome
Erteilung eines Hausverbots muss daher auch insoweit in der Regel nicht durch sachliche
Gründe gerechtfertigt werden.

Auch der Umstand, dass der Hotelbetreiber das Hausverbot auf die politische
Überzeugung des Klägers gestützt hat, lässt dieses nicht als rechtswidrig erscheinen.
Wie bereits dargelegt, ergeben sich insoweit keine Einschränkungen aus §§ 19 I Nr. 1,
21 AGG. Nichts anderes folgt aus der Regelung des Art. 3 III GG, durch die unter
anderem solche Benachteiligungen verboten werden, die an die politischen Anschau-
ungen einer Person anknüpfen. Diese Bestimmung ist im Rechtsverkehr zwischen Privaten nicht unmittelbar anwendbar. Selbst wenn der Regelung des Art. 3 III GG auch
im Verhältnis zwischen Privaten ein besonderes Gewicht beizumessen wäre, führte
dies nicht dazu, dass sich das Interesse des Klägers, nicht aufgrund seiner politischen
Überzeugung durch die Erteilung eines Hausverbots benachteiligt zu werden, bei der
gebotenen Abwägung gegenüber den ebenfalls grundrechtlich geschützten Interessen
des Hotelbetreibers durchsetzt.

2.5.2 Schadensersatz bei diskriminierenden Einlasskontrollen

Das OLG Stuttgart (OLG Stuttgart, Urt. v. 12.12.2011 – 10 U 106/11, in: NJW 2012,
S. 1085) hatte folgenden Fall zu beurteilen: Der Kläger (K) begehrte am Abend den
Zutritt zur einer Diskothek, die vom dem Beklagten (B) betrieben wird. Diese bezeich-
net sich selbst unter anderem als „internationale Diskothek". Der Eintritt wurde dem
K jedoch von einem Türsteher verweigert. K behauptete, der Türsteher habe ihn im

Hinblick auf seine Hautfarbe mit der Begründung abgewiesen, es seien „schon genug Schwarze drin". Den Vollbeweis hierfür konnte K zwar nicht erbringen. Allerdings beobachtete der Zeuge Y, dass am fraglichen Abend verschiedenen Personen aufgrund ihrer Hautfarbe von den Türstehern der Zutritt verwehrt wurde, auch wenn Y sich nicht mehr daran erinnern konnte, ob auch der K unter diesen war. Der Kläger verlangte vom Betreiber/Veranstalter der Diskothek Unterlassung der Diskriminierung und ein Schmerzensgeld in Höhe von mindestens 5000 EUR.

Das OLG verurteilte den Veranstalter zur Zahlung einer Entschädigung gemäß § 21 II 3 AGG in Höhe von 900 EUR und gab weiterhin dem Anspruch auf Unterlassung wegen Diskriminierung gemäß § 21 I 2 AGG statt. Das OLG stellte dabei fest, dass zwischen dem anstehenden Diskobesucher und dem Betreiber/Veranstalter bereits im Vorfeld zum Zutritt zu einer Diskothek ein Schuldverhältnis im Sinne des § 19 I Nr. 1 Var. 2 AGG begründet wird. Nach Ansicht des Gerichts lässt bereits das Betreten des Eingangsbereichs einer Diskothek ein vorvertragliches Schuldverhältnis im Sinne des §§ 311 II, 241 II BGB entstehen, das zwischen den Parteien vertragliche Rechte und Pflichten begründet. Der Betreiber/Veranstalter hatte zur Erfüllung seiner Verpflichtungen aus § 241 II BGB Türsteher eingesetzt, deren schuldhaftes Verhalten er sich gemäß § 278 BGB zurechnen lassen muss. Ferner kam das Gericht aufgrund der Bezeichnung „internationale Diskothek" zu der Erkenntnis, dass es sich auch um ein Schuldverhältnis handelte, bei dem das Ansehen der Person eine nachrangige Bedeutung hat. Denn als „internationale Diskothek" gewähre der Diskothekenbetreiber im Allgemeinen sämtlichen Personen Zutritt, ohne dass es auf das konkrete Ansehen der Personen ankäme.

Außergewöhnlich und damit nennenswert im Urteil ist die vonseiten des Gerichts angenommene Vermutung der Benachteiligung trotz mangelnden Vollbeweises. Allein das vom Zeugen Y geschilderte Geschehen überzeugte das Gericht und veranlasste es, eine Benachteiligung des Klägers (Discobesuchers) wegen seiner Hautfarbe in Kombination mit seinem männlichen Geschlecht zu vermuten. Im Prozess widerlegte der Diskothekenbetreiber die Vermutung, dass zumindest zeitweise am Abend eine Selektion der männlichen Besucher nach Hautfarbe durch die Türsteher der Beklagten stattgefunden habe, nicht. Das Gericht – basierend auf dieser Vermutung – stellte eine Benachteiligung des Diskothekenbesuchers aus Gründen der Rasse und somit einen Verstoß gegen § 19 I AGG fest. Einen rechtfertigenden sachlichen Grund nach § 20 AGG für eine Diskriminierung waren für das Gericht weder ersichtlich noch wurde dies ausreichend vom Betreiber/Veranstalter vorgetragen.

Bei der Höhe des Schmerzensgelds ist nach Ansicht des OLG zu berücksichtigen, dass dem benachteiligten/diskriminierten Besucher auf diese Weise der Aufenthalt in einer Diskothek an diesem Abend öffentlich am Eingang verwehrt wurde und dies einen erheblichen Eingriff in das allgemeine Persönlichkeitsrecht des Betroffenen darstellt.

Im Hinblick auf die generalpräventive Funktion berücksichtigte das Gericht, dass der Betreiber/Veranstalter Menschen mit schwarzer oder dunkler Hautfarbe nicht generell vom Besuch seiner Diskothek ausschließt. Das OLG konnte daher nicht feststellen, dass die Diskriminierung zur generellen Geschäftspolitik des Betreibers/Veranstalters gehört. Das OLG hält unter Würdigung aller Umstände eine Entschädigung nach § 21 Abs. 2 S. 3 AGG von 900 EUR für angemessen. Damit sei auch ein Abschreckungseffekt verbunden, weil dies dem Eintritt von 150 zahlenden Gästen an dem besagten Abend entspricht.

2.5.3 Bundesweite Stadionverbote

Eine erhebliche Abschreckungswirkung dürfte die BGH-Entscheidung (BGH, Urt. v. 30.10.2009 – V ZR 253/08) zum bundesweiten Stadionverbot auf Mitläufer gewaltbereiter Besuchergruppen eines Events haben. Der BGH gibt dem Veranstalter das Recht, und damit auch die Pflicht, zur Verhängung eines Haus-/Platzverbots gegen potenzielle Störer, die die Sicherheit und den reibungslosen Ablauf von Großveranstaltungen gefährden können.

Bei Vorliegen eines sachlichen Grundes bejaht der BGH in dieser Entscheidung die Rechtmäßigkeit der Verhängung eines auf zwei Jahre befristeten bundesweiten Stadionverbots. Der Fußballsport-Veranstalter verhängte gegenüber einem auffällig gewordenen Zuschauer ein Hausverbot. Nicht nur die bloße subjektive Befürchtung des Veranstalters, sondern objektive Tatsachen sind für die Ausübung des Hausrechts erforderlich. Nach Ansicht des BGH seien allerdings keine überhöhten Anforderungen dabei an die Annahme der Störungsgefahr für die Sicherheit der Besucher und des reibungslosen Ablaufs des Events zu stellen. Angesichts der emotional aufgeheizten Stimmung, gerade bei Großveranstaltungen, werden diese häufig zum Anlass für Ausschreitungen zwischen rivalisierenden Gruppen genommen, in denen die Mitläufer erfahrungsgemäß ihre vermeintliche psychische Unterstützung der Gruppe und die Möglichkeit, in dieser abzutauchen, ausnutzen. Auf die Strafbarkeit des Verhaltens eines auffälligen Besuchers kommt es letztlich nicht an, sondern nur, ob sein Verhalten Anlass für die Einleitung des staatsanwaltlichen Ermittlungsverfahrens gegeben hat. Die nachträgliche Einstellung dieses Ermittlungsverfahrens wegen Geringfügigkeit ist ebenso unerheblich wie die Inhaberschaft einer Dauerkartenberechtigung.

Der BGH erkennt dabei an, dass die Verhängung eines Stadionverbots stets die Folge hat, dass Dauerkartenberechtigungen ganz oder teilweise ins Leere laufen. Mit Ausspruch des Hausverbots liege zugleich die fristlose Kündigung des zwischen dem Inhaber der Dauerkarte und dem Veranstalter bestehenden Dauerschuldverhältnisses vor. Der Veranstalter habe daran ein schützenswertes Interesse, weil ihn gegenüber allen Besuchern Schutzpflichten treffen, sie vor Übergriffen randalierender und gewaltbereiter „Fans" zu bewahren. Diese Schutzpflichten ergeben sich aufgrund des Besuchervertrags mit dem Veranstalter oder aus den allgemeinen Verkehrssicherungspflichten als Organisator des Events. Ein rechtliches Gehör des Besuchers vor Ausspruch des Hausverbotes wurde vom BGH im Übrigen für unnötig erachtet, da die Verhängung eines Hausverbots nicht in einem gerichtsförmigen oder verwaltungsähnlichen Verfahren geltend gemacht wird, sondern in einem dem Veranstalter zustehenden zivilrechtlichen Unterlassungsanspruch.

2.5.4 Hausverbot wegen kritisierter Theateraufführung

Im Fall des Verwaltungsgerichts Bayreuth (VG Bayreuth, Gerichtsbescheid v. 24.04.2008 – B 2 K 07.849.) aus dem Jahr 2008 hatte das Landestheater Coburg gegenüber einem Premiumabonnement-Inhaber ein Hausverbot ausgesprochen. Dieser hatte sich zuvor in einem offenen Brief an die Intendanz, den Theaterausschuss und an die Presse mit positiver wie auch negativer Kritik zu elf Produktionen des Landestheaters geäußert. Er verwendete Formulierungen unter anderem wie „billigster Klamauk", „jämmerliches Machwerk", „verächtliche Anbiederung an einen Plebs-Slang" oder „Geistesprodukt eines ruhmsüchtigen Regisseurs". Das Verwaltungsgericht Bayreuth hat dieses ausgesprochene öffentlich-rechtliche Hausverbot für rechtswidrig erachtet.

Das Gericht sprach dem kritischen Theaterbesucher als Gemeindeangehörigem vielmehr einen Anspruch auf Benutzung der öffentlichen Einrichtung (Landestheater Coburg) zu, weil es das verhängte Hausverbot für unverhältnismäßig bewertete. Trotz der zweifelsohne sehr deutlichen und bisweilen polemisch wie auch überspitzten Formulierungen handle es sich um eine wertende subjektive Meinungsäußerung. Derartige öffentliche Meinungsäußerungen entsprechen der Meinungsfreiheit. Nach Ansicht des Gerichts muss im Rahmen der öffentlichen Meinungsbildung auch Kritik hingenommen werden. Das Verwaltungsgericht erkennt keine unzulässige Schmähkritik oder Rufschädigung des Landestheaters, da im offenen Brief des Theaterbesuchers nur eine Auseinandersetzung mit der künstlerischen Qualität der Inszenierung stattfand. Nur eine vordergründige Diffamierung einer Person des Theaters hätte ein Hausverbot rechtfertigen können.

2.5.5 Hausverbote gegenüber Journalisten

Ein Journalist kann nicht allein wegen kritischer Berichterstattung vom Besuch der Pressekonferenzen oder des Spielgeländes ausgeschlossen werden, wenn diese Veranstaltung ansonsten der allgemeinen Presseöffentlichkeit zugänglich ist. Das OLG Köln (OLG Köln, Beschluss v. 07.03.2000 – 16 W 8/2000) hat in seinem Beschluss im Jahr 2000 deshalb dem Veranstalter aufgegeben, bei öffentlichen Pressekonferenzen grundsätzlich alle Pressevertreter gleich zu behandeln. Dennoch steht jedem privaten (Sport-)Veranstalter nach freiem Ermessen zu, ob und inwieweit die Medienöffentlichkeit generell oder partiell durch Exklusivbindung ausgeschlossen werden soll. Nur die Verletzung allgemeiner Verhaltensregeln durch einen Journalisten, wie störende Zwischenrufe in Pressekonferenzen oder Schmähkritik und die Verbreitung unwahrer Tatsachenbehauptungen, können ein Hausverbot gegenüber einem einzelnen Journalisten rechtfertigen. Unliebsame Berichterstattung kann somit nicht über ein Haus- oder Stadionverbot unterbunden werden, da ansonsten einer sogenannten „Hofberichterstattung" Vorschub geleistet würde.

Keinen Verstoß gegen die Freiheit der Berichterstattung hat hingegen das OLG München (OLG München, Urt. v. 28.01.2010 – U (K) 3946/09) in seinem Urteil von 28.01.2010 gesehen, als ein Journalist wegen Fertigung von Filmaufnahmen diverser Pressekonferenzen ein Hausverbot erhielt. Hier sei die Informations-, Presse-, Rundfunk- und Filmfreiheit nicht verletzt, wenn der Veranstalter Zutrittsbedingungen mit Akkreditierungsrichtlinien schafft, wonach die Vermarktung selbstveranstalteter Pressekonferenzen dann dem Hausrecht unterliegt.

2.5.6 Missachtung eines aufgrund des Hausrechts ausgesprochenen Fotografierverbots

Der BGH (BGH, Urt. v. 17. 12.2010 – V ZR 46/10 – ZUM 2011, S. 333) hat in seinem Urteil aus dem Jahr 2010 zum Themenkreis „Fotoaufnahmen und Hausrecht" entschieden: Das Filmen eines fremden Grundstücks, insbesondere eines darauf errichteten Gebäudes, lässt zwar dessen Sachsubstanz unberührt, das Eigentum an einem Grundstück wird aber dann durch (das Anfertigen und) die Verwertung von Filmaufnahmen von auf ihm errichteten Gebäuden und auf ihm angelegten Gartenanlagen beeinträchtigt, wenn das Grundstück zur Anfertigung solcher Aufnahmen betreten wird.

Der Grundstückseigentümer hat gemäß § 903 BGB auch die Befugnis, den Zugang zu seinem Grundstück eingeschränkt zu öffnen und sich etwa das Filmen seines Anwesens und die Verwertung solcher Filme vorzubehalten. Das Eigentum kann auch dadurch beeinträchtigt werden, dass es, ohne beschädigt zu werden, in einer dem Willen des Eigentümers widersprechenden Weise genutzt wird. So liegt es bei der ungenehmigten Anfertigung von Abbildern von Gebäuden und Gärten von dem Grundstück aus, auf dem sie stehen. Diese Beeinträchtigung des Eigentums wird durch die ebenfalls ungenehmigte Verwertung der ungenehmigten Abbilder vertieft und im Verhältnis zum Grundstückseigentümer nicht dadurch gerechtfertigt, dass eine Verwertung seiner Filme durch Dritte nur der Urheber, nicht der Grundstückseigentümer erlauben könnte.

2.6   Zusammenfassung zum Hausrecht

Der Veranstalter hat als Ausdruck der Privatautonomie (Art. 2 I GG), der unternehmerischen Freiheit (Art. 12 GG) sowie der Freiheit des Eigentums (Art. 14 GG; § 903 Satz 1 BGB) und innerhalb der durch die Rechtsordnung gezogenen Grenzen das Recht die Zusammensetzung des Publikums für sein Event (Kongress, Tagung) zu bestimmen und Beeinträchtigungen der Veranstaltung durch Hausverbote zu unterbinden. Damit ist der Hausrechtsinhaber nicht nur im Bereich privater Lebensgestaltung, sondern auch in seiner unternehmerischen Entscheidung frei zu bestimmen, ob und gegebenenfalls unter welchen Voraussetzungen er anderen den Aufenthalt in seinen Räumen gestattet. Die privatautonome Erteilung eines Hausverbots muss daher auch insoweit in der Regel nicht durch sachliche Gründe gerechtfertigt werden. Anders ist dies zu beurteilen, wenn die Zutrittsbeschränkung oder das Hausverbot diskriminierend wirkt, obwohl der Veranstalter seine Veranstaltung für jedermann, das heißt für den allgemeinen Publikumsverkehr geöffnet hat. Hier sind insbesondere die Vorgaben des AGG zu beachten.

Merksätze

Im Zivilrecht gilt der Grundsatz: „Verträge sind einzuhalten!".

Die Erteilung eines Hausverbots zum Betreten des Kongress- oder Tagungsgeländes bedarf ferner eines sachlichen Grunds, wenn der Veranstalter mit dem Besucher einen Besuchervertrag geschlossen hat.

Eine fristlose Kündigung des Besuchervertrags setzt einen wichtigen Grund und damit grundsätzlich eine Vertragsverletzung voraus.

Welche Verhaltenspflichten den Besucher treffen, ergeben sich aus dem zugrunde liegenden Vertrag und der in den Vertrag einbezogenen Hausordnung.

Literatur

Armbrüster Ch (2008) In: Erman WA(Begr) BGB-Kommentar, 12. Aufl. Beck, Berlin

Bauer J-H, Göpfert B, Krieger St (2011) Allgemeines Gleichbehandlungsgesetz AGG, Kommentar, 3. Aufl. Beck, München

BGH, Urt. v. 30.10.2009 – V ZR 253/08

BGH, Urt. v. 17. 12.2010 – V ZR 46/10 – ZUM 2011, 333

Breucker M (2005) Zulässigkeit von Stadionverboten. Juristische Rundschau (JR), S 133 ff.

Breucker M (2006) Sicherheitsmaßnahmen für die Fußballweltmeisterschaft 2006, Prävention durch Polizei und Deutschen Fußball Bund. Neue Juristische Wochenschrift, S 1233 ff.

Christensen G (1996) Taschenkontrolle im Supermarkt und Hausverbot – BGHZ 124, 39. JuS, S 873–878

DFB. Anlage 4 zu den DFB-Richtlinien zur Verbesserung der Sicherheit bei Bundesligaspielen. www.dfb.de. Zugegriffen: 5. Juli 2016

Entscheidung des Bundesgerichtshofs in Zivilsachen. Neue Juristische Wochenschrift 2006, S 377 ff.

Grünberg Ch (2016) In: Palandt O (Begr) BGB-Kommentar, 75. Aufl. Beck, München

Grundmann St (2016) In: Münchener Kommentar zum BGB, 2 Bd, 7. Aufl. Beck, München

Hermann (2006) In: Gewerblicher Rechtsschutz und Urheberrecht. o. S.

Neue Juristische Wochenschrift Rechtsprechungs-Report (1991). S 1512

Neue Juristische Wochenschrift (2010), S 534 Rn 11

OLG Köln, Beschluss v. 07.03.2000 – 16 W 8/2000

OLG München, Urt. v. 28.01.2010 – U (K) 3946/09

OLG Stuttgart, Urt. v. 12.12.2011 – 10 U 106/11, In Neue Juristische Wochenschrift 2012, S 1085

Reinholz F (2005) Marketing mit der FIFA WM 2006 – Werbung, Marken, Tickets, Public Viewing. Wettbewerb in Recht und Praxis, S 1485–1492

Richter J (2003) Vertragsfreiheit u. Hausrecht gewerblicher Anbieter. Dr. Kovač Verlag, Hamburg

Risch M (2012) Eventsecurity – Großveranstaltung im Fokus der Sicherheitswirtschaft – Rechtliche Verantwortung & Haftung des Veranstalters bei Großveranstaltungen. In: Jahrbuch der Sicherheitswirtschaft 2012

Risch M, Kerst A (2011) Eventrecht kompakt, 2. Aufl. Springer, Berlin

Stöber K, Otto D-U (2012) Handbuch zum Vereinsrecht, 10. Aufl. Beck, München

Thaler D (2008) Ambush Marketing mit der UEFA EURO 2008TM – Eine Standortbestimmung. Causa Sport 2:160–179

Unberath H (2015) In: Bamberger H-G, Roth H (Hrsg) Beck'scher Online-Kommentar BGB, 37. Edition (Stand: 1.11.2015). Beck, München

Urteil des Bundesgerichtshofs. Neue Juristische Wochenschrift 1980, S 700 ff.

Urteil des Bundesverfassungsgerichts. Neue Juristische Wochenschrift 1994, S 36 ff.

Urteil des Bundesgerichtshofs. Neue Juristische Wochenschrift 2006 S 1054 ff.

Urteil des Bundesgerichtshofs. Neue Juristische Wochenschrift 2010, S 534 ff.

VG Bayreuth, Gerichtsbescheid v. 24.04.2008 – B 2 K 07.849

Weiterführende Literatur

Entscheidungssammlung des Bundesgerichtshofs in Zivilsachen, Bd 124. S 39 ff.
Entscheidungssammlung des Bundesgerichtshofs in Zivilsachen, Bd 150. S 365 ff.
Entscheidungssammlung des Bundesgerichtshofs in Zivilsachen, Bd 165. S 62 ff.

Über die Autorin

Dr. Mandy Risch-Kerst, Fachanwältin für gewerblichen Rechts-
schutz, Dozentin und Gründerin der Kanzleikooperation EVENT-
Lawyers für Kunst-, Musik- und Eventrecht mit Sitz in Berlin
begleitet rechtlich namhafte Veranstalter, Künstler, Unternehmen
und Agenturen durch die Veranstaltungsorganisation und MICE-
Industrie. Sie referiert an verschiedenen Universitäten und Fach-
hochschulen für Bachelor- und Master-Studiengänge im Event-,
Sport- und Kongressmanagement. Als Kooperationsanwältin des
Europäischen Verbands der Veranstaltungs-Centren (EVVC e. V.)
und Autorin des Lehr- und Praxisbuchs „Eventrecht kompakt" sowie
der Gesetzessammlung „Event- und Marketingrecht" gilt sie als
Expertin in Vertrags- und Haftungsfragen im Veranstaltungs- und
MICE-Bereich sowie im Event-/IT-Compliance-, Datenschutz- und
Brand-Management.

Urheber- und Bildrechte

Der Umgang mit geistigen Schutzrechten und Persönlichkeitsrechten

Martin Glöckner

Zusammenfassung

Der Umgang mit geistigen Schutzrechten einerseits und Persönlichkeitsrechten andererseits ist bei der Organisation und Durchführung von Kongressen nahezu immer relevant. Dies gilt sowohl für den Kongressveranstalter als auch die Referenten, auch wenn dies nicht offensichtlich scheint. Es stellt sich daher die Frage, wie stark diese Rechte sind, wie sie entstehen und wo ihre Grenzen sind. In diesem Beitrag werden die beiden erwähnten Rechtskomplexe, der Urheberrechte und der Persönlichkeitsrechte, allgemein dargestellt und ihre konkrete praktische Relevanz für die Organisation und Durchführung von Kongressen erläutert.

Vorbemerkung des Autors

Im Zuge meiner Lehr- und anwaltlichen Beratungstätigkeit im Bereich des Veranstaltungsrechts werden immer wieder Fragestellungen aus dem Bereich des Urheberrechts und zu Bildrechten an mich herangetragen. Dabei kann ich oft erkennen, dass eine große Unsicherheit im Umgang mit diesen relevanten Themen herrscht, die dadurch noch verstärkt wird, dass teilweise falsche oder unvollständige Informationen kursieren, die aber allgemein als wahr angesehen werden. Diese Rechte werden daher in der täglichen Praxis von Veranstaltern oftmals leider sehr lax gehandhabt und eine Befassung mit ihnen findet nur dann statt, wenn es tatsächlich einmal zu einem Konfliktfall kommt. Diese Vorgehensweise birgt aber erhebliche

M. Glöckner (✉)
Nürnberg, Deutschland
E-Mail: gloeckner@anwaelte-gkr.de

© Springer Fachmedien Wiesbaden GmbH 2017
C. Bühnert und S. Luppold (Hrsg.), *Praxishandbuch Kongress-, Tagungs- und Konferenzmanagement*, DOI 10.1007/978-3-658-08309-0_16

Gefahren und wird der Bedeutung der betroffenen Rechte nicht gerecht. Das Recht am eigenen Bild steht nach dem deutschen Rechtsverständnis als allgemeines Persönlichkeitsrecht auf derselben Stufe wie die in der Verfassung verankerten Grundrechte und das Urheberrecht ist einer der Grundpfeiler des Schutzes geistigen Eigentums. Insofern werden hier leider nicht genug Fragen zum sicheren Umgang mit diesen Rechten gestellt. Mit diesem Beitrag möchte ich daher ein Grundverständnis für die Bedeutung und Relevanz der Bild- und Urheberrechte schaffen, um es dem Leser zu ermöglichen, sicherer im Umgang mit diesen Rechten zu werden.

1   Einführung

Dem Umgang mit geistigen Schutzrechten einerseits und Persönlichkeitsrechten andererseits wird bei der Organisation und Durchführung von Kongressen in aller Regel wenig Beachtung geschenkt. Dabei wird man sowohl als Kongressveranstalter als auch als Referent immer wieder mit diesen Themen konfrontiert, oftmals sogar, ohne es zu bemerken. So werden teilweise von anderen erstellte Inhalte oder Abbildungen von Personen verwendet, ohne dass diese bedenken, dass hierdurch in Rechte eingegriffen werden könnte.

Gerade im Bereich der Fotografie kann man das Nebeneinander von geistigem Eigentum und Persönlichkeitsrechten gut erkennen. Es wird immer wieder gesagt, dass sich Mitglieder von Naturvölkern nicht fotografieren lassen möchten, da sie Angst haben, die Abbildung würde ihnen einen Teil ihrer Seele rauben. Interessanterweise ist diese Befürchtung, auf einer etwas weniger metaphysischen Ebene, durchaus nachvollziehbar. Die Abbildung eines Menschen greift, sofern sie veröffentlicht wird, in dessen Persönlichkeitsrechte ein – und wenn er sich nicht gegen die Veröffentlichung zur Wehr setzt, verliert er diese starke Rechtsposition. Andererseits stellt eine Kamera auch eine gewisse Grenzlinie zwischen den Rechten der Personen vor und der Person hinter der Kamera dar. Der Fotograf erwirbt an der Aufnahme eigene Rechte, die er nutzen kann. Es existieren daher, rein nach dem Wortsinn, in der Tat zwei Rechte am eigenen Bild. Die Rechte dessen, der die Aufnahme gefertigt hat, und die Rechte derer, die auf der Aufnahme zu sehen sind.

Nachstehend sollen diese beiden Rechtskomplexe allgemein dargestellt und ihre konkrete praktische Relevanz für die Organisation und Durchführung von Kongressen erläutert werden.

2   Urheberrecht und verwandte Schutzrechte

2.1   Allgemein

Das Gesetz über Urheberrecht und verwandte Schutzrechte (UrhG) schützt zum einen das Werk, zum anderen den Urheber selbst. Dem Urheber wird insofern Schutz für seine kommerziellen Interessen, also die Interessen an der Verwertung seines Werks, sowie für seine persönlichen Interessen in Bezug auf das Werk selbst gewährt. Das Gesetz selbst drückt dies in den §§ 1 und 11 UrhG wie folgt aus:

§ 1 UrhG
Die Urheber von Werken der Literatur, Wissenschaft und Kunst genießen für ihre Werke Schutz nach Maßgabe dieses Gesetzes.
§ 11 UrhG
Das Urheberrecht schützt den Urheber in seinen geistigen und persönlichen Beziehungen zum Werk und in der Nutzung des Werkes. Es dient zugleich der Sicherung einer angemessenen Vergütung für die Nutzung des Werkes.

Das Urheberrecht an einem Werk entsteht mit dessen Fertigstellung. Es muss somit in irgendeiner wahrnehmbaren Form, meist in verkörperter Form, vorliegen. Die reine Idee zur Schaffung des Werks ist dem Urheberrechtsschutz nicht zugänglich. Dies bedeutet aber auch, dass der urheberrechtliche Schutz des Werks mit dessen Fertigstellung kraft Gesetzes zu laufen beginnt. Ein Antrag auf Schutzgewährung oder eine Registrierung zur Begründung des Schutzes, wie sie etwa bei Markenrechten notwendig ist, ist im Urheberrecht nicht erforderlich.

Mit Entstehung des urheberrechtlichen Schutzes beginnt dann die Schutzfrist für das Werk zu laufen. Diese ist zwar zeitlich begrenzt, kann gleichwohl aber sehr lange sein. Wie vorstehend dargestellt, beginnt der urheberrechtliche Schutz eines Werks am Tag von dessen Fertigstellung und endet für alle Werke eines Urhebers, nach § 64 UrhG, mit Ablauf von 70 Jahren nach dem Tod des Urhebers. Wenn mehrere gemeinschaftlich ein Werk geschaffen haben und daher Miturheber im Sinne des § 8 UrhG sind, so endet die Schutzfrist für dieses Werk mit dem Ablauf von 70 Jahren nach dem Tod des am längsten lebenden Miturhebers (§ 65 Abs. 1 UrhG). Der Urheber kann insofern sein Urheberrecht vererben (§ 28 Abs. 1 UrhG), es ist ihm aber nach dem Gesetz nicht gestattet, sein Urheberrecht auf Dritte in anderer Art und Weise zu übertragen (§ 29 Abs. 1 UrhG).

Durch das UrhG wird daher eine sehr starke Rechtsposition zugunsten des Urhebers (beziehungsweise seiner Erben) begründet. Zum einen werden seine wirtschaftlichen Interessen an dem Werk geschützt, mit der Folge, dass es beim Urheber liegt, zu entscheiden, wer sein Werk nutzen darf und wer nicht. Zum anderen werden aber auch seine persönlichen Interessen an dem Werk geschützt, welches sich darin äußert, dass der Urheber Entstellungen seines Werks verbieten darf, das Recht besitzt, stets als Urheber benannt zu werden und im Zweifelsfall auch das Recht hat, sich wegen geänderter Auffassungen vollständig von seinem Werk zu distanzieren. Rechtlich spricht man hier von den „Verwertungsrechten" einerseits und den „Urheberpersönlichkeitsrechten" andererseits. Der Urheber kann von einem Verletzer seiner Rechte nach § 97 UrhG die Unterlassung und Schadenersatz fordern.

Um diese starken Rechtspositionen zu erlangen, muss der Urheber aber zunächst ein „Werk" im rechtlichen Sinne geschaffen haben. Nicht jede kreative und/oder schöpferische

Leistung eines Menschen ist automatisch als urheberrechtlich schutzfähiges Werk anzusehen. Die nach diesem Gesetz schutzfähigen Werke sind in § 2 UrhG benannt:

§ 2 UrhG

**(1) Zu den geschützten Werken der Literatur, Wissenschaft und Kunst gehö-
ren insbesondere:**

1. **Sprachwerke, wie Schriftwerke, Reden und Computerprogramme;**
2. **Werke der Musik;**
3. **pantomimische Werke einschließlich der Werke der Tanzkunst;**
4. **Werke der bildenden Künste einschließlich der Werke der Baukunst
und der angewandten Kunst und Entwürfe solcher Werke;**
5. **Lichtbildwerke einschließlich der Werke, die ähnlich wie Lichtbildwerke geschaffen werden;**
6. **Filmwerke einschließlich der Werke, die ähnlich wie Filmwerke geschaffen werden;**
7. **Darstellungen wissenschaftlicher oder technischer Art, wie Zeichnun-
gen, Pläne, Karten, Skizzen, Tabellen und plastische Darstellungen.**

(2) Werke im Sinne dieses Gesetzes sind nur persönliche geistige Schöpfungen.

Wie das Wort „insbesondere" in § 2 Absatz 1 UrhG zeigt, ist die Auflistung nicht
abschließend. Der Gesetzgeber hat sich hier bewusst dazu entschlossen, auch neue, bisher unbekannte Werkformen dem Urheberrecht zugänglich zu machen. Bei allen Werken
im Sinne des § 2 Abs. 1 UrhG muss es sich aber, nach § 2 Abs. 2 UrhG, um „persönliche geistige Schöpfungen" handeln. Man spricht daher von einer gewissen „Schöpfungshöhe", die das Werk aufweisen muss.

Schöpfungshöhe wird dann angenommen, wenn das Werk ein Ausdruck bestimmten
Gedanken- oder Gefühlsinhalts ist und hinreichende Individualität aufweist. Vereinfacht
gesprochen, kann man sagen, dass der Urheber bei Erstellung seines Werks über einen
gewissen Gestaltungsspielraum verfügt haben muss und diesen auch individuell ausge-
schöpft haben muss (Dreier und Schulze, 2013, § 2, Rn. 16 ff.). Im Zuge der europäischen Harmonisierung geht man davon aus, dass bei Ermittlung der Schöpfungshöhe
die „kleine Münze" anzuwenden ist. Sobald ein Werk über einen auch nur geringen Teil
an Individualität verfügt, unterliegt es im Zweifelsfall dem Urheberrecht (Dreier und
Schulze, 2013, § 2, Rn. 4).

Neben diesen „schöpferischen" Werken schützt das UrhG aber auch dem Urheberrecht verwandte Schutzrechte, welche zusammenfassend als „Leistungsschutzrechte"
bezeichnet werden. Anders als beim urheberrechtlichen Werk muss die Leistung keine
Schöpfungshöhe aufweisen, um geschützt zu sein, sondern schlichtweg erbracht worden
sein (Dreier und Schulze, 2013, vor § 70, Rn. 1 ff.). Andererseits haben die Leistungsschutzrechte in der Regel eine deutlich kürzere Schutzdauer als das Urheberrecht und

schützen die Leistung in der Regel nur vor identischer Übernahme, wogegen das Urheberrecht auch den Schutz vor ähnlichen Werken Dritter bietet.

Ein Leistungsschutzrecht, das gerade im Zeitalter des Internets und der digitalen Fotografie enorm an Bedeutung gewonnen hat, ist das Leistungsschutzrecht der Lichtbilder nach § 72 UrhG:

§ 72 UrhG

(1) Lichtbilder und Erzeugnisse, die ähnlich wie Lichtbilder hergestellt werden, werden in entsprechender Anwendung der für Lichtbildwerke geltenden Vorschriften des Teils 1 geschützt.

(2) Das Recht nach Absatz 1 steht dem Lichtbildner zu.

(3) Das Recht nach Absatz 1 erlischt fünfzig Jahre nach dem Erscheinen des Lichtbildes oder, wenn seine erste erlaubte öffentliche Wiedergabe früher erfolgt ist, nach dieser, jedoch bereits fünfzig Jahre nach der Herstellung, wenn das Lichtbild innerhalb dieser Frist nicht erschienen oder erlaubterweise öffentlich wiedergegeben worden ist. Die Frist ist nach § 69 zu berechnen.

Dies bedeutet, dass jede Fotografie, egal ob verwackelter Urlaubs-Schnappschuss oder hochwertige Studioaufnahme, für die Dauer von 50 Jahren ab Erscheinen des Lichtbilds leistungsschutzrechtlich geschützt ist. Dem Fotografen steht das Recht zu, bei ungenehmigter Veröffentlichung seiner Fotografie Unterlassung zu fordern. Bezogen auf Fotografien ist es daher an sich nicht notwendig, eine Schöpfungshöhe der Aufnahme nachzuweisen, da in jedem Falle das Leistungsschutzrecht des § 72 UrhG greift. Das Verwenden fremder Fotografien, insbesondere von Bildern aus dem Internet, stellt daher fast immer einen Eingriff in Rechte Dritter dar und sollte in jedem Fall vermieden werden.

2.2 Praktische Bedeutung

Bezogen auf die Organisation und Durchführung von Kongressen haben die Regelungen des UrhG eine enorme praktische Bedeutung. Dies betrifft zum einen den Veranstalter des Kongresses, zum anderen aber auch die einzelnen Referenten.

Ein Referent bei einem Kongress verwendet häufig zur Visualisierung seiner Ausführungen eine begleitende Präsentation. Werden hierbei von Dritten gefertigte Abbildungen gezeigt oder von Dritten verfasste Texte präsentiert, stellt sich stets die Frage, ob der Referent hiermit nicht in die Urheberrechte dieser Personen eingreift. Der Veranstalter des Kongresses hat oftmals ein Interesse daran, dass eben diese Präsentationen den weiteren Teilnehmern als Unterlagen zur Verfügung gestellt werden. Zudem ist es nicht ungewöhnlich, dass Vorträge komplett aufgezeichnet werden und nach dem Kongress noch verwertet werden. Reden und Vorträge sind insofern aber als Sprachwerke dem urheberrechtlichen Schutz zugänglich (§ 2 Absatz 1 Nr. 1 UrhG; siehe zuvor). Es stellt sich daher die Frage, in welchem Umfang geistiges Eigentum eines anderen genutzt werden darf.

Wie bereits dargestellt, obliegt es primär dem Urheber, zu entscheiden, wer sein Werk in welchem Umfang nutzen darf. Rechtlich spricht man hier von der Einräumung von Nutzungsrechten. Generell unterscheidet man in diesem Zusammenhang zwischen der Verwertung des Werks in körperlicher Form (§ 15 Abs. 1 UrhG) – beispielsweise das Abdrucken eines auf einem Kongress gehalten Vortrags im Volltext – und der Verwertung in unkörperlicher Form (§ 15 Abs. 2 UrhG), etwa durch das Halten des Vortrags im Rahmen des Kongresses. Ferner wird zwischen einfachen und ausschließlichen Nutzungsrechten differenziert. Räumt der Urheber ein einfaches Nutzungsrecht ein, so darf der Urheber dieses Nutzungsrecht selbst ausüben und sogar noch weiteren Dritten einräumen. Räumt er hingegen ein ausschließliches Nutzungsrecht ein, so ist nur dem Vertragspartner die Ausübung dieses Rechts gestattet. Auch der Urheber selbst darf dieses Recht nicht mehr nutzen und er darf es auch keinem Dritten mehr zur Verfügung stellen.

In aller Regel werden Nutzungsrechte über einen Vertrag eingeräumt. Hierin kann der Urheber mit seinem Vertragspartner umfänglich regeln, an welcher Art der Nutzung (etwa Vervielfältigung, Verbreitung, Sendung im Rundfunk etc.) welche Art von Nutzungsrecht (einfach oder ausschließlich) über welchen Zeitraum eingeräumt wird. Wird keine klare abschließende vertragliche Regelung getroffen, so werden im Zweifel nur die Rechte eingeräumt, die zur Erreichung des Vertragszwecks unbedingt notwendig sind. Rechtlich spricht man hier von der „Zweckübertragungslehre" (Dreier und Schulze, 2013, § 31, Rn. 110 ff.). Die Nutzungsrechte haben ansonsten die Tendenz, beim Urheber zu verbleiben. Bezogen auf die urheberrechtliche Beziehung zwischen dem Veranstalter eines Kongresses und einem Referenten bedeutet dies, dass im Zweifel alle Rechte an dem Vortrag zunächst beim Referenten verbleiben und der Veranstalter nur die Nutzungsrechte erhält, die unbedingt zur Erreichung des Vertragszwecks notwendig sind. Der Veranstalter würde, in aller Regel, nur das Recht erwerben, den Vortrag auf dem Kongress den Teilnehmern zu präsentieren, hingegen nicht das Recht, den Vortrag in gedruckter Form den Kongressunterlagen beizufügen.

Auf der anderen Seite ist, wie bereits erwähnt, zu beachten, dass auch der Inhalt des Vortrags in bestehende Urheberrechte eingreifen kann. Der Referent kann, zur besseren Veranschaulichung seiner Thesen oder auch nur zur Auflockerung, darauf angewiesen sein, dass er von Dritten gefertigte Abbildungen oder von Dritten verfasste Texte in seinen Vortrag einbaut. An sich greift er damit in die Rechte des Urhebers der Abbildungen oder der Texte ein, da das Ausstellungsrecht von Bildern (§ 18 UrhG) und das Vortragsrecht von Sprachwerken (§ 19 UrhG) dem Urheber zustehen (Risch und Kerst, 2011, S. 164). Das Einstellen der Vortragspräsentation in das Internet im Anschluss an den Kongress stellt, sofern diese urheberrechtlich geschützte Texte oder Abbildungen enthält und keine Maßnahmen für eine Zugangs- oder Nutzungsbeschränkung getroffen wurden, eine Urheberrechtsverletzung dar (LG München I, Urteil vom 19. Januar 2005 – 21 O 312/05 –, juris).

Trotz des sehr weiten und sehr starken Schutzes des Urheberrechts gilt dieses aber nicht unbegrenzt. Der Urheber, oder sein Erbe, kann zwar theoretisch gegen jegliche Art der ungenehmigten und ungewollten Nutzung seines Werks vorgehen und diese Nutzung verbieten.

In einigen Fällen hat das Gesetz aber explizit Ausnahmen vorgesehen, die diesem absoluten Bestimmungsrecht des Urhebers entgegenstehen und eine Nutzung seines Werks auch ohne seine vorherige Genehmigung gestatten.

Zunächst ist zu beachten, dass der urheberrechtliche Schutz nicht zeitlich unbegrenzt gilt. Wie bereits erwähnt, endet der urheberrechtliche Schutz aller Werke eines Urhebers nach § 64 UrhG mit Ablauf von 70 Jahren nach dem Tod des Urhebers. Nach dieser Zeit wird das Werk „gemeinfrei" (Dreier und Schulze, 2013, vor § 64, Rn. 2), also von jedermann nutzbar. Diese Begrenzung erfolgt im Interesse der Allgemeinheit, da bei unbeschränktem Schutz die Möglichkeit der Erstellung neuer Werke irgendwann zum Erliegen kommen würde (Risch und Kerst, 2011, S. 174). Ein Zitat aus den Werken von Johann Wolfgang von Goethe kann daher verwendet werden. Dieser ist am 22. März 1832 verstorben, sodass das Urheberrecht an seinem Werk, nach gegenwärtigem Verständnis, am 23. März 1902 erlosch. Gerade die Verbindung zwischen dem Tod des Urhebers, nicht der Fertigstellung des Werks, und dem Ende der Schutzdauer birgt aber die Gefahr, dass ältere Werke fälschlich als gemeinfrei angesehen werden. Ein Zitat des Volkssängers und Komikers Karl Valentin ist daher mit Vorsicht zu behandeln. Dieser ist am 9. Februar 1948 verstorben, sodass das Urheberrecht an seinem gesamten Werk erst am 10. Februar 2018 erlischt.

Neben der zeitlichen Schranke existieren auch inhaltliche Schranken des Urheberrechts. Diese regeln bestimmte Situationen, in denen das Werk eines Dritten ohne dessen Zustimmung verwendet werden darf, in der Regel auch entschädigungsfrei. Im hier besprochenen Bereich stellt die wesentlichste inhaltliche Schranke des Urheberrechts das Zitatrecht (§ 51 UrhG) dar:

§ 51 UrhG
Zulässig ist die Vervielfältigung, Verbreitung und öffentliche Wiedergabe eines veröffentlichten Werkes zum Zweck des Zitats, sofern die Nutzung in ihrem Umfang durch den besonderen Zweck gerechtfertigt ist. Zulässig ist dies insbesondere, wenn
   1. **einzelne Werke nach der Veröffentlichung in ein selbständiges wissenschaftliches Werk zur Erläuterung des Inhalts aufgenommen werden,**
   2. **Stellen eines Werkes nach der Veröffentlichung in einem selbständigen Sprachwerk angeführt werden,**
   3. **einzelne Stellen eines erschienenen Werkes der Musik in einem selbständigen Werk der Musik angeführt werden.**

Es ist demnach durchaus möglich, in eigenen Werken, etwa einer Vortragspräsentation, Werke oder Teile von Werken anderer Urheber zu verwenden, ohne vorher deren Genehmigung zur Nutzung einzuholen. Dieses Privileg ist aber an gewisse Voraussetzungen gebunden. Zum einen dient das Zitat nie dem reinen Selbstzweck, sondern der inhaltlichen Auseinandersetzung mit dem Originalwerk, als Belegstelle oder Erörterungsgrundlage für selbstständige Ausführungen des Zitierenden (Dreier und Schulze, 2013, § 51, Rn. 3 f.). Ein Zitat zum reinen Selbstzweck ist eine Vervielfältigung eines Werks und bedarf der Zustimmung des Urhebers. Es muss auf das Original Bezug genommen und dessen Grundaussage analysiert und kommentiert werden, wobei das zitierte Werk dem neuen Werk dient und das neue Werk nicht lediglich als Rahmen für eine Nutzung des aufgenommenen Werks dienen soll (LG München I, Urteil vom 08. März 2012 – 7 O 1533/12 –, juris). Das zulässige Zitat muss die Quelle so genau wie möglich benennen (§ 63 UrhG).

3 Persönlichkeitsrechte

3.1 Allgemein

Wie einführend bereits erwähnt, stehen neben den Rechten derer, die Fotografien fertigen, auch die Rechte derer, die sich vor der Kamera befinden, also der „Motive". Gerade durch die rasante Verbreitung der digitalen Fotografie ist es sehr viel einfacher geworden, eine große Anzahl von Lichtbildern zu fertigen und diese in kürzester Zeit zu veröffentlichen. Solange der abgebildeten Person bewusst ist, dass von ihr eine Fotografie gefertigt wird und sie auch weiß, dass diese in einem bestimmten Kontext veröffentlicht werden wird, bestehen keine rechtlichen Bedenken. Kritischer wird es bei den Gelegenheiten, bei denen die abgebildete Person entweder nicht weiß, dass sie fotografiert wird, oder mit der Veröffentlichung der Fotografie nicht einverstanden ist.

Ähnlich wie der Fotograf seine Einwilligung geben kann, dass seine Fotografie veröffentlicht wird, kann auch die abgebildete Person darauf bestehen, dass ihre Abbildung nur mit ihrer Zustimmung veröffentlicht wird. Sofern diese Zustimmung nicht vorliegt, darf auch keine Veröffentlichung erfolgen. Diese einfache Betrachtungsweise deckt aber nicht die Fälle ab, in denen eine Person zufällig in die Fotografie im Zeitpunkt der Aufnahme läuft oder sich vom Fotografen unbemerkt mit auf dem Bild befindet, weil sich der Fotograf auf sein Hauptmotiv konzentriert hat. Es sind auch nicht die Fälle abgedeckt, bei denen mehrere Personen auf der Fotografie zu sehen sind und theoretisch von jeder Person die Einwilligung zur Veröffentlichung eingeholt werden müsste.

Das deutsche Recht regelt diese Problematik durch einen Bezug auf das Grundgesetz. Aus der Kombination der Rechtsgedanken von Artikel 1 und Artikel 2 Absatz 1 des Grundgesetzes wurde das Allgemeine Persönlichkeitsrecht entwickelt.

Art. 1 GG
(1) Die Würde des Menschen ist unantastbar. Sie zu achten und zu schützen ist Verpflichtung aller staatlichen Gewalt.
Art. 2 GG
(1) Jeder hat das Recht auf die freie Entfaltung seiner Persönlichkeit, soweit er nicht die Rechte anderer verletzt und nicht gegen die verfassungsmäßige Ordnung oder das Sittengesetz verstößt.

Das Allgemeine Persönlichkeitsrecht eines Menschen beschränkt sich nach der Rechtsprechung nicht nur auf das Aussehen der Person. Es umfasst vielmehr alle Aspekte, die die Persönlichkeit an sich ausmachen, also neben dem Aussehen auch den eigenen Namen, die eigene Unterschrift, das eigene gesprochene Wort usw. Das Allgemeine Persönlichkeitsrecht ist dabei entwicklungsoffen und soll auch dann Schutz entfalten, wenn neue, vorher unbekannte, Gefährdungen der Persönlichkeitsentfaltung bekannt werden (Glöckner, 2015, S. 42).

Bezogen auf das Recht am eigenen Bild gibt es eine eigene einfach gesetzliche Ausprägung des Allgemeinen Persönlichkeitsrechts. Die §§ 22 und 23 des Gesetzes betreffend das Urheberrecht an Werken der bildenden Künste und der Fotografie (KUG) stellen die wesentlichen Regelungen dar, wie mit dem Recht einer Person am eigenen Bild zu verfahren ist. Die Grundvoraussetzung schreibt dabei § 22 KUG fest:

§ 22 KUG

Bildnisse dürfen nur mit Einwilligung des Abgebildeten verbreitet oder öffentlich zur Schau gestellt werden. Die Einwilligung gilt im Zweifel als erteilt, wenn der Abgebildete dafür, daß er sich abbilden ließ, eine Entlohnung erhielt. Nach dem Tode des Abgebildeten bedarf es bis zum Ablaufe von 10 Jahren der Einwilligung der Angehörigen des Abgebildeten. Angehörige im Sinne dieses Gesetzes sind der überlebende Ehegatte oder Lebenspartner und die Kinder des Abgebildeten und, wenn weder ein Ehegatte oder Lebenspartner noch Kinder vorhanden sind, die Eltern des Abgebildeten.

Es ist daher verboten, Bildnisse ohne Einwilligung des Abgebildeten zu veröffentlichen, egal, ob dieser allein oder mit anderen Personen oder unbeabsichtigt auf dem Bild zu sehen ist. Wie § 22 KUG nahelegt, kann die Einwilligung nicht nur ausdrücklich, sondern auch konkludent, also durch schlüssige Handlung, erfolgen. Das Gesetz geht davon aus, dass die Einwilligung immer dann gegeben ist, wenn die abgebildete Person eine Entlohnung für die Fotografie erhalten hat. Aber auch ohne Entlohnung ist es möglich, durch schlüssiges Verhalten in die Veröffentlichung einer Fotografie einzuwilligen. Dies ist beispielsweise dann gegeben, wenn die abgebildete Person die Kamera wahrnimmt, zumindest erahnen kann, dass die Fotografie wohl veröffentlicht werden wird und selbst nichts unternimmt, um nicht auf der Fotografie abgebildet zu sein. Lächeln oder „Posieren" für die Kamera sind insofern starke Indizien für eine konkludente Einwilligung (Dreier und Schulze, 2013, KUG § 22, Rn. 17).

Die nach § 22 KUG gegebene Einwilligung, egal, ob ausdrücklich oder konkludent, kann jederzeit mit Wirkung für die Zukunft widerrufen werden. Auf dieses Recht kann die abgebildete Person im Vorfeld, etwa im Zuge eines Vertrags, verzichten. Auch solche Verträge dürfen jedoch nicht ausufernd sein und das Persönlichkeitsrecht der abgebildeten Person uneingeschränkt belasten. Wurde eine Entlohnung für die Fotografien zu einem bestimmten Zweck gezahlt und die abgebildete Person erklärt ihre unwiderrufliche Einwilligung, so ist aber auch nur der vertraglich vereinbarte Zweck von dieser

Einwilligung gedeckt. Jede darüber hinaus gehende Veröffentlichung bedarf im Zweifel erneut der Einwilligung durch die abgebildete Person (Glöckner, 2015, S. 46).

Bei der Abbildung Minderjähriger ist nicht nur die Einwilligung der Erziehungsberechtigten, sondern auch die Einwilligung der abgebildeten minderjährigen Person selbst einzuholen. Dies erklärt sich daraus, dass das Recht am eigenen Bild Teil der Allgemeinen Persönlichkeitsrechte und damit auf Stufe der Grundrechte ist. Eine Person ist nach deutschem Recht zwar erst mit dem 18. Lebensjahr voll geschäftsfähig, bereits mit Geburt aber in der Lage, Träger von Grundrechten zu sein. Daher wird hier die doppelte Einwilligung benötigt, die auch von den Erziehungsberechtigten und dem Minderjährigen unabhängig voneinander widerrufen werden kann (Dreier und Schulze, 2013, KUG § 22, Rn. 24 ff.).

Der strikte Grundsatz des § 22 KUG wird in § 23 Abs. 1 KUG eingeschränkt.

§ 23 KUG

   (1) Ohne die nach § 22 erforderliche Einwilligung dürfen verbreitet und zur Schau gestellt werden:
   1. **Bildnisse aus dem Bereiche der Zeitgeschichte;**
   2. **Bilder, auf denen die Personen nur als Beiwerk neben einer Landschaft oder sonstigen Örtlichkeit erscheinen;**
   3. **Bilder von Versammlungen, Aufzügen und ähnlichen Vorgängen, an denen die dargestellten Personen teilgenommen haben;**
   4. **Bildnisse, die nicht auf Bestellung angefertigt sind, sofern die Verbreitung oder Schaustellung einem höheren Interesse der Kunst dient.**

   (2) Die Befugnis erstreckt sich jedoch nicht auf eine Verbreitung und Schaustellung, durch die ein berechtigtes Interesse des Abgebildeten oder, falls dieser verstorben ist, seiner Angehörigen verletzt wird.

Der „Bereich der Zeitgeschichte" nach § 23 Abs. 1 Ziff. 1 KUG bezieht sich zum einen auf faktische Ereignisse, zum anderen auf Personen der Zeitgeschichte. Der Bereich der Zeitgeschichte umfasst somit das gesamte politische, soziale, wirtschaftliche und kulturelle Leben, das Gegenstand der Aufmerksamkeit, Wissbegier oder Anteilnahme der Öffentlichkeit ist, wobei auch eine zeitliche Begrenzung zu beachten ist (Glöckner, 2015, S. 47). Das dargestellte Ereignis muss einen gewissen zeitlich nahen Bezug zur Veröffentlichung der Fotografie haben. Vom Begriff der Zeitgeschichte sind nicht nur große und weltbewegende Ereignisse umfasst, auch trivialere Ereignisse können das Interesse der Öffentlichkeit begründen. Eine gewisse Grenze ist hier aber, auch im Interesse des Schutzes der Allgemeinen Persönlichkeitsrechte, zu ziehen. Insofern wird in der Rechtsprechung nicht nur das Bild an sich gewürdigt, sondern auch die damit verbundenen Kommentare in Form einer Wortberichterstattung. Wenn das Zusammenspiel aus beiden Elementen den zeitgeschichtlichen Bezug begründet, so greift § 23 Abs. 1 Ziff. 1 KUG.

Der für die Frage, ob es sich um ein Bildnis aus dem Bereich der Zeitgeschichte handelt, maßgebende Begriff des „Zeitgeschehens" beinhaltet alle Fragen von allgemeinem gesellschaftlichem Interesse. Dazu können auch Veranstaltungen von nur regionaler oder lokaler Bedeutung gehören (BGH, Urteil vom 08. April 2014 – VI ZR 197/13 –, juris).

§ 23 Abs. 1, Ziff. 3 KUG umfasst jede Form von „Massenszenen". Eine Vielzahl von Personen nimmt an einer Veranstaltung teil und wird als homogene Masse abgebildet und nicht als einzelner Teilnehmer der Veranstaltung. Hier ist es nicht notwendig, von jeder einzelnen auf der Fotografie zu sehenden Person eine Einwilligung in die Veröffentlichung einzuholen. Insofern existiert jedoch der weitverbreitete Irrglaube, dass ab einer gewissen Anzahl von auf der Fotografie zu sehenden Personen, die Angabe schwankt zwischen fünf und zehn, die Fotografie immer ohne Einwilligung der Abgebildeten veröffentlicht werden darf. Der Gesetzestext zu § 23 Abs. 1 Ziff. 3 KUG gibt hierzu nichts her. Wichtig bei der Beurteilung ist, wohin der Fokus des Betrachters sich richtet und wie er die Personen wahrnimmt (Dreier und Schulze, 2013, KUG § 23, Rn. 40). Nimmt er die Personen als homogene Masse wahr, so ist § 23 Abs. 1 Ziff. 3 KUG anwendbar. Kann er hingegen einzelne Personen deutlich individualisieren und richtet sich sein Blick auch auf die einzelnen individuellen Personen, so bedarf es der Einwilligung der abgebildeten Personen, um die Fotografie zu verwenden. Dieselbe Betrachtungsweise ist auch bei § 23 Abs. 1 Ziff. 2 KUG heranzuziehen, wenn es darum geht, zu beurteilen, ob die Personen auf der Abbildung nur Beiwerk zu einer Landschaft oder Örtlichkeit sind.

In § 23 Abs. 2 KUG gibt es aber zu den zuvor benannten Ausnahmen auch eine Gegenausnahme. Die „freie" Verwendung von Fotografien hat dort ihre Grenze, wo in das berechtigte Interesse der Abgebildeten oder seiner Angehörigen eingegriffen wird. Auch eine durch die Ausnahme nach § 23 Abs. 1 KUG gedeckte Abbildung kann daher dem Einwilligungsgebot unterliegen, wenn höhere Interessen der Abgebildeten hiervon betroffen sind.

3.2 Recht am Bild der eigenen Sache?

Nach dem Wortsinn können „Sachen" im rechtlichen Sinne, also bewegliche und unbewegliche Gegenstände, kein Allgemeines Persönlichkeitsrecht besitzen, mangels einer eigenen Persönlichkeit. Das Recht Sachen abzubilden, kann daher nicht nach den zuvor dargestellten Grundsätzen behandelt werden. Sachen haben aber, in aller Regel, einen Eigentümer, dessen Einwilligung eingeholt werden könnte.

Das Fotografieren einer Sache greift an sich nicht in die Persönlichkeitsrechte des jeweiligen Eigentümers ein. Dennoch kann der Eigentümer, als Teil seines Eigentumsrechts, in gewisser Weise Fotografien seiner Sachen verbieten. Die Rechtsprechung greift in diesem Fall auf eine Schranke des Urheberrechts, die sogenannte „Panoramafreiheit", zurück (BGH, Urteil vom 09. März 1989 – I ZR 54/87 –, juris). Nach § 59 UrhG stellt es keinen Eingriff in das Werk dar, wenn eine Vervielfältigung mit Mitteln der Malerei,

Grafik oder durch Lichtbild oder Film hergestellt wird, sofern die Vervielfältigung aus dem öffentlichen Verkehrsraum heraus erfolgt.

> **§ 59 UrhG**
>
> **(1) Zulässig ist, Werke, die sich bleibend an öffentlichen Wegen, Straßen oder Plätzen befinden, mit Mitteln der Malerei oder Graphik, durch Lichtbild oder durch Film zu vervielfältigen, zu verbreiten und öffentlich wiederzugeben. Bei Bauwerken erstrecken sich diese Befugnisse nur auf die äußere Ansicht.**
>
> **(2) Die Vervielfältigungen dürfen nicht an einem Bauwerk vorgenommen werden.**

Über diese Vorschrift regelt die Rechtsprechung auch das an sich im deutschen Recht nicht verankerte „Recht am Bild der eigenen Sache". Solange die Fotografie der Sache aus öffentlichem Verkehrsraum heraus erfolgt ist, darf der Fotograf diese ohne Einwilligung des Eigentümers veröffentlichen und sogar kommerziell nutzen. Der Begriff des öffentlichen Verkehrsraums ist hierbei aber sehr eng zu sehen. Das Gleiche gilt für Fotografien aus privaten Freiflächen oder Räumlichkeiten heraus, selbst wenn der Inhaber der Räumlichkeiten seine Einwilligung gegeben hat, dass von seinem Fenster aus das Foto gemacht werden darf. Zudem wurde vom Bundesgerichtshof aktuell entschieden, dass ein zu einem Schloss gehörender Park, der zwar der Öffentlichkeit gewidmet ist, aber in Privatbesitz steht, nicht mehr öffentlichen Raum darstellt (BGH, Urteil vom 01. März 2013 – V ZR 14/12 –, juris). Vor der Verwertung entsprechender Fotografien muss daher strikt geprüft werden, von wo aus sie gefertigt wurden.

3.3 Praktische Bedeutung

Die Bedeutung von Persönlichkeitsrechten, vor allem des Rechts am eigenen Bild, im Kontext der Organisation und Durchführung von Kongressen liegt auf der Hand. Jede während des Kongresses gefertigte Fotografie birgt die Gefahr, in das Recht am eigenen Bild einzugreifen. Überspitzt betrachtet, hätte sogar der Betreiber des Kongresszentrums ein Recht, gegen die Veröffentlichung von Fotografien des Gebäudes vorzugehen. Wenn der Kongressveranstalter Aufnahmen für die Eigenwerbung fertigt, besteht die Gefahr, dass abgebildete Teilnehmer und/oder Referenten sich gegen die Veröffentlichung wenden, was insbesondere bei bereits gedrucktem Werbematerial einen wirtschaftlichen Schaden verursachen kann.

Trotz der enormen Bedeutung der auf Rang der verfassungsmäßigen Grundrechte stehenden Persönlichkeitsrechte ist zu beachten, dass eine Veröffentlichung eines Bilds bei erteilter Einwilligung der darauf abgebildeten Personen stets zulässig ist. Die reine Teilnahme an einer Veranstaltung und Kenntnis davon, dass Fotos angefertigt wurden, genügt aber noch nicht, um auf eine (konkludente) Einwilligung zu schließen (BGH, Urteil vom 18. Oktober 2011 – VI ZR 5/10 –, Rn. 6, juris). Da die Einwilligung nicht an eine bestimmte Form gebunden ist, kann bereits ein deutlicher Hinweis im Vorfeld des Kongresses, dass Fotografien während des Kongresses gefertigt werden und zum Zweck der Berichterstattung und der Eigenwerbung des Veranstalters veröffentlicht werden, genügen, um eine gewisse rechtliche Absicherung zu schaffen. Ein solcher Hinweis kann in den Anmeldeunterlagen der Teilnehmer beziehungsweise den Referentenverträgen gegeben werden.

Daneben besteht auch die Möglichkeit, dass einer der Ausnahmetatbestände des § 23 Absatz 1 KUG greift, der eine Einwilligung unnötig werden lässt. Ein Bild, das das Auditorium oder die Referenten eines Kongresses zeigt und am nächsten Tag in der Tagespresse abgedruckt wird, kann als zeitgeschichtliches Ereignis im Sinne von § 23 Absatz 1 Ziffer 1 KUG angesehen werden. Zwei Beispiele sollen das vorstehend Dargestellte verdeutlichen.

Abb. 1 zeigt einen laufenden Vortrag im Rahmen eines Kongresses. Zumindest die Personen in den ersten Reihen und der Referent sind identifizierbar und der Fokus des Bildbetrachters verliert sich auch nicht in der Menge. An sich wären hier die entsprechenden Einwilligungen der abgebildeten Personen vor der Veröffentlichung einzuholen. Der vorstehend beschriebene Hinweis in den Anmeldeunterlagen/Referentenverträgen würde hier aber, da die abgebildeten Personen zudem offensichtlich wahrnehmen, dass sie fotografiert werden, genügen, um eine konkludente Einwilligung begründen zu können. Zudem könnte die Fotografie im Rahmen einer Presseberichterstattung über den Kongress, gemäß § 23 Absatz 1 Ziffer 1 KUG, verwendet werden.

Abb. 1 Forum DCONex 2009. (Foto: Paul Schneeberger)

Abb. 2   Kongress DCONex 2009. (Foto: Paul Schneeberger)

Abb. 2 zeigt eine Fotografie, bei der die abgebildeten Personen vom Betrachter als Teil einer homogenen Gruppe wahrgenommen werden. Die konkrete Situation des Vortrags an sich steht im Mittelpunkt und der Fokus richtet sich auf die Gesamtheit der Abbildung und nicht auf einzelne Personen. Dieses Bild kann demnach ohne Einwilligung der abgebildeten Personen im Sinne des § 23 Absatz 1 Ziffer 2 und 3 KUG veröffentlicht werden.

Literatur

Dreier T, Schulze G (2013) UrhG, Kommentar, 4. Aufl. Beck, München
Glöckner M (2015) Veranstaltungs®echt. Wissenschaft & Praxis, Sternenfels
Risch M, Kerst A (2011) Eventrecht kompakt, 2. Aufl. Springer, Heidelberg
Zitierte Rechtsprechung entnommen aus www.juris.de, Seitenbetreiber: Juris GmbH, Gutenberg-
    straße 23, 66117 Saarbrücken

Über den Autor

Martin Glöckner ist Rechtsanwalt und Fachanwalt für gewerbli-chen Rechtsschutz. Seine Mandantenstruktur erlaubte es ihm, schon seit Beginn seiner Tätigkeit vertiefte Kenntnisse zu den rechtlichen Themen im Bereich der Organisation und Durchführung von Veran-staltungen zu erwerben. Er ist zudem externer Dozent an der Dualen Hochschule Baden-Württemberg für den Studiengang „Messe-, Kongress- und Eventmanagement" und hält dort die Vorlesung „Ver-anstaltungsrecht".

Risikomanagement im Kongress-, Tagungs- und Konferenzmanagement

Risiken erkennen, analysieren und bearbeiten

Patrick Haag

Zusammenfassung

Bei Veranstaltungen wie Kongressen, Tagungen und Konferenzen kommt dem Risikomanagement in der Planung, Organisation und Durchführung eine prominente Rolle zu. So müssen Aktivitäten so geplant werden, dass im Fall der Fälle ein Plan B oder eine adäquate Problemlösungsstrategie vorliegt. Aufbauend auf dem aktuellen Stand der Forschung und der literarischen Betrachtung des Themas zeigt dieser Beitrag verschiedene Tools und Methoden auf, um ein adäquates Risikomanagement für Kongresse, Tagungen und Konferenzen zu entwickeln. Grundlegend ist hier die Zielsetzung der Veranstaltung. Auf dieser bauen Maßnahmen zur Risikoerkennung sowie Prozesse und Vorgehensweisen zur Einstufung, Analyse und Bearbeitung von Risiken auf. Der Beitrag liefert so Impulse, um ein an die jeweilige Veranstaltung angepasstes und adäquates Risikomanagement zu entwickeln und dadurch einen Grundstein für einen erfolgreichen und zielführenden Kongress, eine Tagung oder eine Konferenz zu legen.

Vorbemerkung des Autors

In der Hoffnung, es nie zu benötigen, ist der Veranstalter dennoch gut beraten, ein möglichst auf seine Veranstaltung angepasstes Risikomanagement zu entwickeln.

Je umfangreicher die Planung und Organisation eines Kongresses, einer Tagung oder Konferenz, desto mehr sind Veranstalter und Organisatoren dazu geneigt, Ressourcen in die verschiedensten Aufgaben zu stecken und übergehen dabei nicht selten das Risikomanagement. So ist in vielen Fällen, gerade bei komplexen

P. Haag (✉)
Wimsheim, Deutschland
E-Mail: haag@haag-international.com

© Springer Fachmedien Wiesbaden GmbH 2017
C. Bühnert und S. Luppold (Hrsg.), *Praxishandbuch Kongress-, Tagungs- und Konferenzmanagement*, DOI 10.1007/978-3-658-08309-0_17

Projekten, die einen hohen Ressourceneinsatz fordern, ein adäquates Risikomanagement vonnöten. Was geschieht, wenn der Beamer ausfällt, der Keynote-Speaker nicht erscheint, das Parkhaus voll ist oder die äußere Situation bestimmte Veranstaltungsinhalte nicht mehr zulässt? Ein adäquates und an die jeweiligen Bedürfnisse der Veranstaltung angepasstes Risikomanagement liefert Antworten auf diese Fragen. So können trotz unerwarteter oder unerwünschter Ereignisse die Ziele der Veranstaltung erreicht werden und ein erfolgreicher Kongress, eine erfolgreiche Tagung oder eine erfolgreiche Konferenz durchgeführt werden.

1   Einführung

„Risikomanagement", ein Begriff der sowohl in der generellen Managementliteratur wie auch in der Literatur um Veranstaltungen, vor allem mit Bezug zum Projektmanagement, immer wieder fällt. Mit der literarischen Betrachtung einher geht aber auch die Bedeutung des Risikomanagements auf operativer Ebene: sowohl im Projektmanagement als auch im Veranstaltungsmanagement – bei Veranstaltungen im Allgemeinen aber auch bei Kongressen, Tagungen und Konferenzen.

Die Relevanz des Themas wird einerseits aus der Literatur, andererseits aus der praktischen Veranstaltungswirtschaft deutlich. So sind es vor allem Berichterstattungen über Veranstaltungen und dort eingetretene Risiken, die auf ein mangelhaftes oder nicht vorhandenes Risikomanagement hinweisen und so die Wichtigkeit eines adäquaten Risikomanagements unterstreichen.

Dieses einführende Kapitel gibt eine definitorische Abgrenzung sowie einen Einblick in den Stand der Forschung. Weiter wird die Frage gestellt, warum und in welchem Umfeld Risikomanagement bei Kongressen, Tagungen und Konferenzen überhaupt angewendet werden soll und sinnvoll ist. Im Hauptteil dieses Beitrags werden verschiedene Grundlagen und Tools vorgestellt, die zur Erkennung, Beeinflussung und entsprechenden Reduzierung des Risikos eingesetzt werden können. Der Beitrag schließt mit einem Fazit ab, welches die gewonnenen Erkenntnisse zusammenfasst.

1.1   Risikomanagement – Definition und Abgrenzung

In der terminologischen Betrachtung setzt sich Risikomanagement aus zwei Bestandteilen zusammen. „Risiko" wird hierbei verstanden als „möglicher negativer Ausgang bei einer Unternehmung, mit dem Nachteile, Verlust, Schäden verbunden sind" (duden.de 2015) oder als „mit einem Vorhaben, Unternehmen o. Ä. verbundenes Wagnis" (duden.de 2015). Risiko stellt also „ein Maß für die Unsicherheit des Eintritts von Prognosen und Planungen" (Gabath 2010, S. 19) dar. So ist Risiko ein mit seiner Eintrittswahrscheinlichkeit bewertetes Schadensausmaß (Gabath 2010, S. 19) und kann mit nachfolgender Formel veranschaulicht werden:

$$\text{Risiko} = \text{Schadensausmaß} \times \text{Eintrittswahrscheinlichkeit}$$

Der Begriff „Management" beschreibt in diesem Zusammenhang die Funktion des Managements, welches alle zur Steuerung notwendigen Aufgaben zusammenfasst. Hierzu gehören unter anderem Planung, Koordination, Führung und Kontrolle (Schierenbeck 2002, S. 95 f.). Weiter werden unter dem funktionalen Managementbegriff auch Tätigkeiten wie das Setzen von Zielen, die Planung zur Umsetzung derselben, die Organisation, Führung und Kontrolle von deren Umsetzung subsumiert (Winkelmann 2010, S. 55).

„Risikomanagement" bezeichnet also alle Steuerungsaufgaben zur Vermeidung und Reduzierung von Risiken. So soll durch das Risikomanagement das Schadensausmaß und/oder die Eintrittswahrscheinlichkeit dahin gehend beeinflusst werden, dass durch bewusste Steuerung, Planung, Koordination, Führung oder Organisation die gesetzten Ziele möglichst gut erreicht werden können.

Im konkreten Fall, der Anwendung des Risikomanagements auf Kongresse, Tagungen und Konferenzen, kommt dem Risikomanagement eine besonders prominente Rolle zu. Dies ist darauf zurückzuführen, dass solche Veranstaltungen in der Regel immer mit einer Zielsetzung verbunden sind beziehungsweise verbunden sein sollten. Die Zielsetzung zur Durchführung einer Veranstaltung stellt implizit die Motivation des Veranstalters dar. Diese können zum Beispiel sein:

- monetäres Interesse (Erwirtschaften von Gewinn)
- Vermarktung seiner Produkte
- Imagegewinn
- Verbesserung des Bekanntheitsgrads
- Fort- und Weiterbildung der Kunden- oder Zielgruppen

Auch aus der Perspektive der Besucher beziehungsweise der Teilnehmer des Kongresses, der Tagung oder der Konferenz liegen bestimmte Zielsetzungen zugrunde. Diese sind in vielen Fällen nicht bewusst formuliert oder artikuliert, sind schließlich aber ausschlaggebend dafür, dass die Veranstaltung tatsächlich besucht wird. Solche Gründe können beispielsweise sein:

- Informationen über neue Produkte
- Informationen über die Branche
- Informationen über den Wettbewerb
- Austausch mit diversen Stakeholdern

Der vorliegende Beitrag geht hauptsächlich auf die Risiken des Veranstalters ein, also solche, die mit dessen Zielsetzung einhergehen. Diese bilden sich jedoch zu einem nicht zu vernachlässigenden Teil aus den Zielen und Beweggründen der Besucher. Wird zum Beispiel angenommen, dass Besucher auf einem Kongress von der Qualität der Redner und Referenten enttäuscht sind und wird dadurch deren Informationsinteresse nicht erfüllt, kann dies weitreichende Auswirkungen für den Veranstalter haben. Das Risiko, dass Besucherziele nicht erreicht wurden, kann sich in diesem Fall auf das Risiko des Veranstalters auswirken, zum Beispiel durch Imageverluste, negative Berichterstattung in Presse und Medien oder geringeren Konsum und Verkauf.

In der Betrachtung der Risiken ist es dementsprechend wichtig, eine multiperspektivische Betrachtungsposition einzunehmen. Aus Veranstaltersicht bedeutet dies nicht nur die Betrachtung der Risiken des Veranstalters, sondern auch die der Besucher, von Zulieferern und sonstigen Stakeholdern, da auch deren Risiken auf den Veranstalter übergehen oder zumindest Auswirkungen auf diesen haben können.

Generell kann bei dieser Betrachtung eine ressourcenorientierte Sichtweise zugrunde gelegt werden. So beanspruchen die Planung, Organisation und Durchführung eines Kongresses, einer Tagung oder einer Konferenz verschiedene Ressourcen, wie zum Beispiel finanzielle Mittel, Personal oder Know-how. Aus der betriebswirtschaftlichen Perspektive heraus ist es demnach geboten, die eingesetzten Ressourcen zielführend respektive gewinnbringend einzusetzen. So soll im Optimalfall ein Gewinn erwirtschaftet werden, wobei dieser nicht zwangsläufig primär ökonomischer oder monetärer Art sein muss. So kann je nach Zielsetzung das Ziel bereits erreicht sein, wenn sich eine Veranstaltung monetär selbst trägt, also keinen Verlust erwirtschaftet, oder – wenn die Ziele völlig unabhängig vom finanziellen Output sind – sogar, wenn Verluste erwirtschaftet werden. Hier gilt es dann, diese Verluste entsprechend der Zieldefinition im Rahmen zu halten und andere Ziele, wie zum Beispiel psychologische, zu erreichen.

Weiter gilt es zu beachten, dass verschiedenen Veranstaltungen verschiedene Ziele mit unterschiedlichen Prioritäten zugrunde liegen können, welche von Fall zu Fall durch diverse Zwischenziele ergänzt werden. Im Zentrum der Betrachtung und somit im Fokus des Risikomanagements steht dementsprechend nicht nur ein Ziel, sondern ein Geflecht aus verschiedenen Zielen, deren gesamte Erreichung schließlich zum Gelingen der Veranstaltung beiträgt.

Im Sinne des Veranstaltungsmanagements stellt das Risikomanagement also die Frage, was passieren muss – beziehungsweise was nicht passieren darf –, dass definierte Ziele entsprechend der Vorstellungen und Planung erreicht oder nicht erreicht werden. Es bietet dementsprechend eine systematische Herangehensweise zur Identifikation von Risikoquellen und soll Informationen darüber geben, wie diese Risiken in Bezug auf die Zielsetzung einzustufen und zu behandeln sind.

1.2   Relevante Literatur

Um die Relevanz des Themas und damit zusammenhängender Themenfelder aufzuzeigen, wird nachfolgend der aktuelle Stand der Literatur betrachtet. Hierzu erfolgt eine kurze Darstellung des Stands management- und praxisorientierter Literatur. In der nachfolgenden Textbox wird auf den aktuellen Stand der wissenschaftlichen Literatur näher eingegangen.

In der gängigen Managementliteratur kommt dem Risikomanagement eine bedeutende Rolle zu. Schon bei der Betrachtung der deutschsprachigen Literatur fällt auf, dass Risikomanagement generell, aber auch das Risikomanagement bei und in Projekten eine prominente Rolle einnimmt. Selbiges gilt auch bei der Betrachtung englischsprachiger und internationaler Medien und Literatur.

Mit dem Fokus auf Risikomanagement in der Veranstaltungsbranche sind vor allem zwei Titel herauszuheben. So befasst sich Silvers eher allgemein mit der Fragestellung nach dem Risikomanagement für Meetings und Events (Silvers 2009). Eine fokussiertere Betrachtung erfährt das Thema bei Hetzelt, welcher sich am Beispiel der „Winteruniversiade 2005" in Innsbruck mit dem Risikomanagement bei Sportveranstaltungen auseinandersetzt (Hetzelt 2009).

Bei der Betrachtung managementorientierter Literatur fällt auf, dass dem Risikomanagement im Allgemeinen sowie mit direktem Projektbezug eine bedeutende Rolle zukommt. So kann in einigen Fällen auch die verbindende Betrachtung des Risikomanagements mit Projekten und Themen aus der Veranstaltungsbranche ausgemacht werden. Die Bearbeitung des Themenfelds „Risikomanagement" in Verbindung mit Kongressen, Tagungen und Konferenzen bleibt bisher jedoch weitestgehend aus.

Risikomanagement in der wissenschaftlichen Literatur

Im wissenschaftlichen Kontext erfolgt, sowohl in den vergangenen Jahren als auch zum aktuellen Zeitpunkt, eine intensive Auseinandersetzung mit Fragestellungen und Themen zum Risikomanagement (unter anderem Suriadi et al. 2014, S. 933 ff.). So stellen aktuelle Themen zum Beispiel die finanzielle Relevanz des Risikomanagements (unter anderem Barduatan 2013, S. 167 ff.), Risikomanagement für „multinational Companies" (unter anderem Zhao et al. 2014, S. 55 ff.) oder das Risikomanagement aus einer volkswirtschaftliche Perspektive (unter anderem Campeanu und Balan 2014, S. 80 ff.; Simanavicius und Lazauskas 2014, S. 311 ff.) dar. Weitere Themen- und Forschungsfelder, die in Verbindung mit Risikomanagement auftreten, sind unter anderem Fragestellungen im Bereich des Supply-Chain-Managements (unter anderem Li et al. 2015, S. 83 ff.), im Bereich und mit dem Betrachtungsgegenstand von Finanzmärkten und Banken (unter anderem Megenze und Wei 2015, S. 159 ff.; Handorf 2015, S. 39 ff.; Ramos-Tallada 2015, S. 135 ff.) oder mit dem Fokus auf Unternehmensaktivitäten auf Auslandsmärkten (unter anderem Shymanska 2014, S. 206 ff.).

Mit der Betrachtung des Risikomanagements im Rahmen von Projekten stellt sich unter anderem die generelle Frage nach dem Einfluss von Risiken in Projekten (unter anderem Dinu 2014, S. 162 ff.), nach einem systematischen Risikomanagement (unter anderem Miklosik 2014, S. 195 ff.) oder danach, wie ein an das Projekt angepasstes Risikomanagement umgesetzt werden kann (unter anderem Cagliano et al. 2015, S. 232 ff.; Popescu und Petrus 2012, S. 73 ff.; Skrtic und Horvatincic

2014, S. 125 ff.; Fang und Marle 2012, S. 635 ff.). Während einerseits die Frage gestellt wird, wie sich ein adäquates Risikomanagement auf den Projekterfolg auswirkt (unter anderem Carvalho und Rabechini 2015, S. 321 ff.) erfolgt andererseits die Auseinandersetzung mit dem Risikomanagement in verschiedenen Branchen und Projekten wie zum Beispiel bei Bauprojekten (unter anderem Iqbal et al. 2015, S. 65 ff.; Holendere et al. 2014, S. 172 ff.; Fahad Al-Azemi et al. 2014, S. 415 ff.), im Informationssektor (unter anderem Denic et al. 2014, S. 1239 ff.) oder bei Softwareprojekten (unter anderem Elzamly und Hussin 2014, S. 131 ff.).

Auch in der Verbindung von Risikomanagement und Veranstaltungsbranche können einige interessante und relevante Arbeiten ausgemacht werden. So spielt einerseits das Risikomanagement in Verbindung mit Sportveranstaltungen eine wichtige Rolle (unter anderem Hanstad 2012, S. 189 ff.; Leopkey und Parent 2009, S. 153 ff.; Toohey et al. 2003, S. 167 ff.), während andererseits Fragestellungen zum Risikomanagement in Verbindung mit Sicherheitskonzepten bei Großveranstaltungen betrachtet und bearbeitet werden (unter anderem Jennings und Lodge 2011, S. 192 ff.; Taylor und Toohey 2006, S. 199 ff.; Cieslak 2009, S. 43 ff.). Im Kontext des Risikomanagements befassen sich Reid und Ritchie (2011, S. 329 ff.) mit den Eigenschaften der Person des Eventmanagers. Während verschiedene Arbeiten das Risikomanagement in Verbindung mit Festivals bringen (unter anderem Gration et al. 2011, S. 343–359; Markwell und Tomsen 2010, S. 225 ff.), bleibt eine Auseinandersetzung mit dem Risikomanagement bei Kongressen, Tagungen und Konferenzen aus wissenschaftlicher Perspektive jedoch bislang aus.

1.3 Warum Risikomanagement?

Risikomanagement ist mit Aufwand und dem Einsatz von Ressourcen verbunden. Gerade in der Phase der Planung und Organisation von Veranstaltungen sind verfügbare Ressourcen eher knapp und zusätzlicher Aufwand oft unerwünscht oder nicht „handlebar". Aufwand, auch in Form von zeitlichen und personellen Ressourcen, wird oft dort betrieben, wo eine Auswirkung sofort spürbar und sichtbar ist. Dies sind in der Regel nicht die Bereiche, die eventuell unter bestimmten Umständen zum Tragen kommen, die aber rein theoretisch gar nicht benötigt werden sollen, da – hoffentlich – die Organisation und Planung so gut ist, dass jegliches Risiko eingedämmt ist. Risikomanagement stellt dementsprechend in erster Linie einen Bereich dar, der Ressourcen in Anspruch nimmt, auf die aber nicht unmittelbar sichtbare Resultate, Änderungen oder Outcome folgen. Vielmehr ist es sogar eine Investition in etwas, das man hofft, nie zu brauchen. Wenn also die Veranstaltung nach Plan verläuft und alles gut geht, könnten die Investitionen in das Risikomanagement als überflüssig gesehen werden. So stellt sich oft die Frage, ob für die konkrete Veranstaltung überhaupt ein Risikomanagement benötigt wird. Weiter muss hinterfragt werden, wie umfangreich das Risikomanagement und somit auch die entsprechend eingesetzten Ressourcen ausfallen müssen und dürfen. Einen weiteren zentralen Punkt stellt die Realisierbarkeit dar, also die Fragestellung, inwieweit die in der Theorie und der Literatur vorgesehenen Maßnahmen überhaupt bei der konkreten Veranstaltung eingesetzt und umgesetzt werden können und inwieweit eine Umsetzung der Maßnahmen sinnvoll und zweckmäßig ist.

Ab welcher Veranstaltungsgröße wird ein Risikomanagement benötigt?
In Bezug auf diese Fragestellung ist grundlegend zu hinterfragen, ob der Einsatz von Methoden und Tools des Risikomanagements generell in Zusammenhang mit der Größe der Veranstaltung zu bringen ist. Weiterhin ist die Frage zu stellen, wie sich die Größe der Veranstaltung in diesem Zusammenhang definiert. Wird hierbei die Anzahl der Besucher, der Aufwand in der Planung, die eingesetzten Ressourcen oder zum Beispiel die Länge (in Anzahl der Tage) der Veranstaltung herangezogen?

Diese Größen könnten als Indikator gelten, ob ein Risikomanagement benötigt wird oder nicht. Hierbei liegt auf der Hand, dass bei einem mehrtägigen Kongress mehr Potenzial für Fehler besteht als bei einem eintägigen. Oder, dass bei mehr Besuchern, mehr eingesetztem Kapital oder größerem Aufwand das Risiko größer ist als bei geringerer Besucherzahl, weniger eingesetztem Kapital oder, wenn weniger Ressourcen involviert sind.

Ein Argument, welches teilweise explizit, teilweise auch implizit diese Argumente und Größen zusammenfasst, lässt sich in der Zielsetzung der Veranstaltung finden. Zugrunde liegt also die strategische und operative Zielsetzung mit der Fragestellung: „Was soll mit der Veranstaltung erreicht werden?" Oder etwas distanzierter und aus Veranstaltersicht betrachtet: „Warum führe ich die Veranstaltung überhaupt durch?" Aus der Zielsetzung lassen sich Faktoren ableiten (Teil- und Zwischenziele), die zur Erreichung der Gesamtzielsetzung erfüllt werden müssen. Das Risiko besteht nun darin, diese Ziele – aus welchem Grund auch immer – nicht zu erreichen. Die Fragestellung, ab wann ein Risikomanagement benötigt wird, geht dementsprechend nicht von der Veranstaltungsgröße aus, sondern vielmehr von der Fragestellung nach der Relevanz der Erreichung der einzelnen und gesamten Veranstaltungsziele.

So kann eine Konferenz mit 20 Vertretern aus Industrie, Politik und Medien, die nur über wenige Stunden geht, ein viel höheres Risiko mit sich bringen, als eine mehrtägige Veranstaltung mit Hunderten Endkunden. Es entscheidet schließlich die Fragestellung, „was soll mit dem Kongress, der Tagung oder der Konferenz erreicht werden und welche Auswirkungen ergeben sich, wenn diese Ziele nicht erreicht werden?" eher darüber, ob (und in welchem Umfang) ein Risikomanagement benötigt wird, als die Größe der Veranstaltung. Die Frage nach der Anwendung eines Risikomanagements ist demzufolge eine eher qualitative (zielorientiert) als eine quantitative (ressourcen- oder größenorientiert).

Wie umfangreich muss das Risikomanagement sein?
Nachdem bereits die Frage, ob ein Risikomanagement erfolgen muss oder nicht, durch eine Begründung über die Zielsetzung der Veranstaltung erfolgt, muss diese Argumentation ebenso die Grundlage für die Diskussion darüber bilden, wie umfangreich das Risikomanagement oder der entsprechende Risikomanagementprozess bei einer konkreten Veranstaltung

ausfallen muss. So wird auch hier die Frage gestellt, wie wichtig es ist, dass die Ziele erreicht werden beziehungsweise was geschieht, wenn diese nicht oder nur teilweise erreicht werden.

Je nach Relevanz der Veranstaltung und der damit verbundenen Ziele erfolgt in vielen Fällen bereits ein implizites Risikomanagement, indem beispielsweise bereits ein Plan B – zum Beispiel aus Gewohnheit, aufgrund der eigenen Absicherung oder weil es so gelernt wurde – vorliegt. Dies kann zum Beispiel sein, dass die Präsentation des Referenten nochmals als Back-up auf einem USB-Stick vorhanden ist oder in der Cloud abrufbar wäre. Weiter wäre vorstellbar, dass der Redner sich diese ausgedruckt und so vorbereitet hat, dass er im Zweifel auch ohne PowerPoint und gegebenenfalls mit anderen Medien (zum Beispiel Flipchart, Whiteboard oder Overhead) präsentieren kann.

Beispielhaft könnte diese Situation bei einer kleinen Besprechung im firmeninternen Rahmen auftreten. Grund des Meetings ist die Besprechung eines neuen Produkts, die Zielsetzung des Meetings die Kommunikation und Diskussion der innovativen Produkteigenschaften. Im firmeninternen Rahmen wäre die Produktpräsentation ohne Weiteres auch bei Ausfall der PowerPoint-Präsentation zum Beispiel am vorhandenen Whiteboard möglich.

Findet eine vergleichbare Präsentation vor Medienvertretern statt, ebenfalls mit dem Grund der Informationsvermittlung und der Vorstellung der neuen Produktinnovationen, ergibt sich neben der Zielsetzung der Informationsvermittlung ein weiteres Teilziel der Veranstaltung: die Außendarstellung des Unternehmens. In diesem Fall hätte der Ausfall des Präsentationslaptops nicht nur Auswirkungen auf die Informationsvermittlung – diese könnte auch ohne Laptop zum Beispiel am Flipchart erfolgen. Viel schwerer würde in diesem Zusammenhang die Auswirkung auf das Image ausfallen, da das Unternehmen, welches sonst als sehr zuverlässiges gilt, vermeintlich nicht imstande ist, eine vernünftige Pressekonferenz abzuhalten.

Der Umfang des Risikomanagements und der Aufwand sowie die Ressourcen, die in dieses gesteckt werden, müssen demnach in Relation zur Zielsetzung und vor allem in Relation dazu stehen, wie wichtig die Veranstaltung und einzelne Bestandteile für die Gesamt-Zielsetzung sind (= operative und strategische Unternehmenszielsetzung). Die Relation ergibt sich also aus der Fragestellung: „Wie wichtig sind die Veranstaltung und deren Teilaspekte im Verhältnis zu den eingesetzten Ressourcen des Risikomanagements?" Hierbei ist zu beachten, dass der Prozess des Risikomanagements sich zwischen den beiden Extremen „intuitives Risikomanagement" sowie „äußerst strukturiertes, bewusstes und aufwendiges Risikomanagement" bewegen kann (Abb. 1).

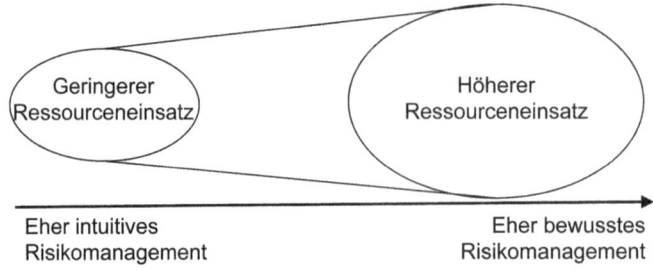

Abb. 1 Intuitives vs. bewusstes Risikomanagement. (Quelle: eigene Darstellung)

In Abhängigkeit dazu verhält sich in der Regel auch der damit verbundene Einsatz von Ressourcen. Es ist dementsprechend wichtig, das Risikomanagement auf die Fragestellung anzupassen, was Auswirkungen sein können, ob und von welcher Relevanz sie sind und daraufhin abzuwägen, in welchem Umfang ein Risikomanagement erfolgen soll, muss oder kann.

Risikomanagement und der Risikomanagementprozess sind skalierbar und müssen auf die entsprechende Situation und Veranstaltung angepasst werden. Eine solche Anpassung kann in der Regel jedoch nur durch eine bewusste Auseinandersetzung mit dem Thema erfolgen. Nur wenn, auch in angepasstem Umfang, bewusst überlegt wurde, was passieren kann und welche Auswirkungen sich daraus ergeben, kann über entsprechende Maßnahmen entschieden und in diesem Zusammenhang überlegt werden, ob und in welchem Umfang diese erfolgen müssen.

Risikomanagement: Theorie vs. Praxis

Im operativen Risikomanagement einer Veranstaltung können nicht pauschal alle Erkenntnisse und Theorien miteinbezogen werden, die die wissenschaftliche oder managementorientierte Literatur und Theorie anbieten oder vorschlagen. Hier muss entsprechend skaliert werden, um betriebswirtschaftlich zu bleiben und zum Beispiel Ressourcen nicht überzustrapazieren oder gar zu verschwenden. Weiter steht jedoch fest, dass die Literatur verschiedene Möglichkeiten, Tools und Erkenntnisse bietet, die im operativen Risikomanagement einer Veranstaltung Anwendung finden können, um dieses zu optimieren. Gerade durch diese Optimierung, die sich an Instrumenten, Tools und Methoden aus der Wissenschaft anlehnt und auf diese aufbaut, sollen bei richtiger Anwendung Ressourcen geschont werden und ein Risikomanagement dort implementiert werden, wo es von Bedeutung ist. So entsteht hieraus ein betriebswirtschaftlich sinnvolles Agieren.

Entscheidender Faktor bei der Anwendung des Risikomanagements ist in erster Linie eine konsequente und überlegte Umsetzung der Maßnahmen. Hierbei ist es wichtig, das Risikomanagement auf die entsprechenden Bedürfnisse zu skalieren und den Umfang beziehungsweise die Tragweite des Risikomanagementprozesses entsprechend an die jeweiligen Bedürfnisse, also an die entsprechende Veranstaltung, anzupassen.

2   Ansätze und Tools

Aufbauend auf den Überlegungen zur Relevanz der Themenstellung, werden nachfolgend verschiedene Herangehensweisen und Analysetools vorgestellt, die helfen sollen, einen Kongress, eine Tagung oder eine Konferenz aus Perspektive eines adäquaten Risikomanagementprozesses konsequent und zielführend zu planen und umzusetzen. Die Grundlage der Betrachtung bildet hierbei eine strukturierte und klare Zielsetzung für die Veranstaltung. Darauf aufbauend werden verschiedene Tools eingeführt, durch deren Anwendung potenzielle Schwachstellen und Risikofaktoren aufgezeigt werden können. Durch die Implementierung des Risikomanagementprozesses werden diese Risiken dann systematisch bearbeitet, minimiert und im Optimalfall sogar eliminiert. Schließlich wird aus Projektmanagementperspektive darauf eingegangen, dass eine entsprechende Projekt- beziehungsweise Veranstaltungsplanung unerlässlich ist und in Verbindung mit den aufgezeigten Tools und Methoden zu einer risikoärmeren Veranstaltung beitragen kann.

2.1   Risikominimierung durch klare Zielsetzung

Die Zieldefinition stellt die Grundlage des gesamten Projekts dar. Dies gilt im Projektmanagement generell und auch im Veranstaltungsmanagement im Allgemeinen sowie im Management von Kongressen, Tagungen und Konferenzen im Speziellen. Eine entsprechende Zielsetzung ist vor allem aus zwei Gründen notwendig. So ist sie in der operativen Planung und Umsetzung Grundlage für alle Entscheidungen, alle Maßnahmen und jede Aktivität, die im Zusammenhang mit dem Projekt steht. Nur wenn eine konkrete und adäquate Zieldefinition vorliegt, kann entsprechend und darauf aufbauend entschieden werden. Bildlich gesprochen, stellt diese den Zielflughafen einer Reise dar. Nur wenn der Pilot weiß, wohin er fliegen möchte, kann er entsprechende Maßnahmen ableiten und zum Beispiel seine Reiseroute planen. In diese bezieht er schließlich externe Faktoren und Risiken mit ein – zum Beispiel das Wetter – und entscheidet schließlich, welche Route er fliegt. Ein Flugzeug zu starten, ohne zu wissen, welcher Zielflughafen angesteuert wird oder in welche Region geflogen werden soll, kann extreme Folgen und Risiken mit sich bringen, zum Beispiel, wenn nicht genügend Treibstoff an Bord ist, um den Zielflughafen zu erreichen.

Der zweite Aspekt, welcher eine entsprechende Zielsetzung erfordert, liegt in der Erreichung des Ziels. Nur gesetzte Ziele können erreicht und bewertet werden. Ein Kongress, eine Tagung oder eine Konferenz, der keine Zielsetzung zugrunde liegt, kann diese nicht erreichen. So fällt eine Betrachtung und Einschätzung nach der Veranstaltung sehr schwer. Die systematische und objektive Beantwortung der Frage, ob es eine erfolgreiche Veranstaltung war und wie erfolgreich diese war, ist nahezu unmöglich. Fragestellungen, die sich daran anschließen, wie und warum die Veranstaltung erfolgreich war oder nicht, was beim nächsten Mal optimiert werden kann und wo Stärken und Schwächen liegen, bleiben ebenso unbeantwortet (oder können nur sehr subjektiv und schwammig beantwortet werden).

In der Bildsprache des Piloten wäre dieser an einem Flughafen gelandet und hätte die Parkposition in irgendeinem Land erreicht. Da von vornherein nicht definiert war, wo die Reise hingehen soll und wie diese geschehen soll, kann schließlich auch kein Fazit gezogen werden, ob es ein guter Flug war oder nicht. Vor allem die detaillierte Betrachtung des Flugs ist schwierig – da sich Fragestellungen wie „hätte von Beginn an eine andere Route ausgewählt werden können" oder „wäre es besser gewesen, die Gewitterfront rechtsherum anstatt linksherum zu umfliegen" ergeben.

Gerade in komplexen Projekten, wie der Planung und Organisation eines Kongresses, einer Tagung oder einer Konferenz ist eine adäquate Zieldefinition unerlässlich. Da solchen Projekten oft verschiedene Ziele zugrunde liegen, müssen diese einander gegenübergestellt werden und entsprechend priorisiert werden. So ergibt sich in der Regel ein Hauptziel der Veranstaltung, welches verschiedene Neben- beziehungsweise Teil- und Zwischenziele mit sich bringt. Bei der Definition dieser Ziele spielt die Betrachtung von Zielkonflikten eine entscheidende Rolle. Hier muss die Frage gestellt werden, ob generell alle Ziele und Nebenziele erreicht werden können oder ob und wie diese sich gegenseitig beeinflussen. In der operativen Umsetzung wird diese Fragestellung spätestens dann auftreten, wenn eine Entscheidung getroffen werden muss, die sich auf zwei Ziele auswirkt. Beispielhaft könnte dies die Fragstellung sein, wie der Saal bestuhlt wird. Hier könnten zwei sich gegenseitig beeinflussende Faktoren die Anzahl der möglichen Teilnehmer (je mehr Stühle im Raum, desto mehr Teilnehmer, desto höherer Erlös durch Eintritts- und Registrierungsgebühren) und der Komfort der Teilnehmer (je weniger Stühle und Teilnehmer, desto mehr Platz, desto höherer Komfort) sein. So stellt sich in diesem Fall die Frage von Qualität (mehr Komfort für die Teilnehmer und damit höhere Qualität der gesamten Veranstaltung aus Kundenperspektive) versus Quantität (weniger Komfort für Teilnehmer, dafür höhere Einnahmen, da mehr Besucher). Liegt eine klare Zieldefinition mit einer entsprechenden Priorisierung der Zwischen- und Unterziele vor, kann verhältnismäßig einfach abgewogen und entschieden werden. Liegt keine klare Zieldefinition und Zielpriorisierung vor, kann dies leicht zu Fehlentscheidungen und entsprechenden Auswirkungen führen.

Bereits eine solche Entscheidung kann relevante Auswirkungen auf die gesamte Veranstaltung haben. So könnte in einem Fall durch die Erhöhung der Gästezahl ein finanzielles Plus erwirtschaftet werden, welches schließlich dazu beiträgt, dass die Veranstaltung im kommenden Jahr wieder stattfinden kann. Im umgekehrten Fall könnte die Entscheidung, nicht weiter zu bestuhlen, schließlich dazu führen, dass nicht genügend Einnahmen erwirtschaftet werden und eine Folgeveranstaltung aufgrund fehlender finanzieller Ressourcen nicht mehr durchgeführt werden kann. Ähnlich kann auch in Bezug auf den Komfort der Teilnehmer argumentiert werden: So können zu wenig Komfort und Platz dazu führen, dass Teilnehmer die Veranstaltung im kommenden Jahr nicht mehr besuchen, und diese nicht mehr stattfinden kann.

Die Zielsetzung der jeweiligen Veranstaltung hat also Auswirkungen auf das gesamte Unternehmen beziehungsweise die gesamte Unternehmung. Diese wird in der Regel vom Veranstalter repräsentiert, welcher bei Tagungen unter anderem eine Agentur, eine Region, ein Verein oder eine Institution, ein Betrieb oder ein Unternehmen sein kann. In diesem Kontext muss die Frage gestellt werden, wie die Strategie aussieht, die hinter der Veranstaltung steht. Sieht die Unternehmensstrategie vor (zum Beispiel aus marketing- und

Abb. 2 Strategische, operative und Veranstaltungsziele. (Quelle: eigene Darstellung)

kommunikationsstrategischen Gründen und Zielen), den Kongress zu etablieren und ihn im regelmäßigen Turnus zu wiederholen, wird die Entscheidung, ob mehr Stühle in den Saal sollen, anders ausfallen, als wenn es sich um eine einmalige Veranstaltung handelt und das Image eine untergeordnete Rolle spielt. Der Zielsetzung einer Veranstaltung liegen also immer die strategischen und operativen Ziele des Veranstalters (oder der beauftragenden Institution) zugrunde (Abb. 2).

Sowohl auf unternehmerischer (strategisch und operativ) als auch auf projektbezogener Ebene (Kongress, Tagung, Konferenz) stellt das Modell der SMARTen Zieldefinition ein geeignetes Tool zur Definition und Formulierung von Zielen dar. Nach dieser aus dem Projektmanagement stammenden Methode werden Ziele in fünf Kriterien eingeteilt, welche sie erfüllen sollen, sodass eine adäquate Zieldefinition vorliegt. Demnach müssen Ziele sein:

S	Specific	=	Spezifisch
M	Measurable	=	Messbar
A	Achievable	=	Ausführbar
R	Realistic	=	Realistisch
T	Time-bound	=	Terminiert

Je nach Modell und Anwendungsgebiet unterscheidet sich diese Formel leicht, sodass in manchen Darstellungen zum Beispiel „realistic" durch „relevant" oder „time-bound" durch „time-lined" ersetzt wird. Eine Erweiterung schlägt zwei zusätzliche Argumente vor. Diese führen zu einer Zielsetzung, welche SMARTER ist:

E	Ethical	=	Ethisch, moralisch vertretbar
R	Rewarding	=	Lohnend

Je nachdem, was der Veranstalter oder Auftraggeber mit der Veranstaltung erreichen möchte, fällt eine Zieldefinition, die SMART oder SMARTER ist, oft nicht leicht. Dies hängt mit der zum großen Teil nicht gegebenen Quantifizierbarkeit von qualitativen Zielen und der damit einhergehenden schweren Messbarkeit zusammen. Das Auftreten dieser Problematik ist vor allem dann wahrscheinlich, wenn psychologische Faktoren, wie zum Beispiel die Verbesserung des Images oder die Steigerung des Bekanntheitsgrads, mit in die Zielsetzung einfließen. Hier müssen entsprechende Mechanismen oder Kennzahlen gefunden werden, um die Ziele messbar zu machen.

Die Quantifizierbarkeit einiger qualitativer Merkmale kann bei der Bekanntheit zum Beispiel über die Zählung der Besucher, von Klicks auf begleitenden Websites, Anfragen oder über die Resonanz in der Presse erfolgen. Zusätzlich können durch Befragungen auf der Veranstaltung und im Umfeld der Veranstaltung oft relevante Daten erhoben werden und somit die Zielerreichung überprüft werden.

Wenn auch nicht alle Ziele zu 100 % SMART oder SMARTER formuliert werden können, sollte immer eine Annäherung an die SMART- oder SMARTER-Formel erfolgen. Wichtig ist, sich mit den Zielen auseinanderzusetzen und sich im Klaren zu sein, welche Ziele wie erreicht werden können und sollen.

Durch eine professionelle Zielsetzung und Zieldefinition kann somit das Risiko einer Veranstaltung im Wesentlichen beeinflusst und verringert werden. Auswirkungen ergeben sich auf den Entscheidungsprozess bei diversen Fragestellungen im Kontext der Veranstaltung. So wird durch eine vernünftige Zieldefinition sichergestellt, dass Entscheidungen zielgerichtet getroffen werden. Dies gilt sowohl für strategische Entscheidungen, die in Zusammenhang mit der Veranstaltung stehen, sowie auch für operative, die im Vorfeld oder gar auf der Veranstaltung – oft unter Druck – getroffen werden müssen. Weiter stellt eine entsprechende Zielsetzung eine Absicherung gegenüber dem Vorgesetzten respektive dem Auftraggeber dar. Die Zielsetzung kann zur Rechtfertigung und Argumentation von Entscheidungen herangezogen werden – im Positiven, also dann, wenn Ziele erreicht werden, sowie auch im Negativen, wenn Ziele also nicht erreicht werden. Weiter erfährt die Zielsetzung auch eine hohe Relevanz zur Risikoreduzierung in einem übergeordneten Kontext. Wenn Ziele eines einzelnen Kongresses entsprechend definiert sind, kann diese Veranstaltung im Gesamtportfolio des Unternehmens oder Veranstalters besser eingeschätzt und eingestuft werden, was in diesem Zusammenhang wiederum das Risiko im Gesamtveranstaltungsportfolio reduziert.

Einen zentralen – wenn nicht sogar den zentralen – Punkt einer strukturierten Zieldefinition stellt die frühe Erkennung von Fehlern, Schwächen und Risiken dar. Nur wenn definiert ist, in welche Richtung und mit welcher gewünschten Wirkung verschiedene Entscheidungen und Tasks geplant sind, kann eine Abweichung festgestellt werden und dementsprechend gegengesteuert werden. Die Zieldefinition liegt also auch dem Controlling – im Sinne von Steuerung – zugrunde. Die im folgenden Kapitel vorgestellten Analysetools bilden demnach ein Controlling-Instrument, welches, aufbauend auf einer adäquaten Zielsetzung, von vornherein versucht, Risiken zu erkennen und diesen entgegenzuwirken.

2.2   Risiken erkennen durch den Einsatz von Analysetools

Während eine fundierte Zielsetzung und die Einigkeit (zum Beispiel im Projektteam, zwischen Auftraggeber und Auftragnehmer, dem Veranstalter und dessen Vertretern) darüber, was mit der Veranstaltung erreicht werden soll, als Ausgangslage für eine entsprechende Planung gelten, gilt es, auf Grundlage dieser Zielsetzung zu evaluieren, welche Risiken die Veranstaltung mit sich bringt. Dies erfolgt bei erfahrenen Veranstaltungsplanern zu einem gewissen Teil intuitiv und implizit. Bei Unerfahrenen – aber auch bei den Erfahrenen – lohnt es sich dennoch, die Evaluation der eventuellen Risiken an systematische und vorgegebene Mechanismen zu koppeln. Durch eine an die Bedürfnisse der Veranstaltung und der Zielsetzung angepasste und auf die entsprechenden Verhältnisse skalierte, systematische Herangehensweise kann eine entsprechende und umfassende Betrachtung erfolgen, welche verschiedene Felder und Aspekte betrachtet und somit die Gefahr reduziert, dass einzelne Aspekte vergessen, übersehen oder nicht betrachtet werden. Drei Instrumente, welche relativ einfach und ohne großen Ressourceneinsatz zu handhaben sind, stellen die SWOT-Analyse, die PESTEL-Analyse sowie eine einfache Machbarkeitsanalyse dar.

SWOT-Analyse
Im Allgemeinen gilt die SWOT-Analyse (Strengths, Weaknesses, Opportunities, Threats) als systematischer Ansatz, welcher interne Stärken und Schwächen sowie externe Chancen und Risiken analysiert und zur Entscheidungsfindung beiträgt. (Ghazinoory et al. 2007, S. 99 ff.). Sie wird weiter als Ausgangspunkt zur Strategieentwicklung im unternehmerischen Kontext gesehen (Peng 2009, S. 11). In der konkreten Anwendung werden so Chancen, Risiken, Stärken und Schwächen des Projekts beziehungsweise der Veranstaltung systematisch analysiert, zusammengetragen und dargestellt. So wird konsequent abgefragt, wo veranstaltungsintern Stärken und Schwächen liegen. Es können Eigenschaften identifiziert werden, die positiv eingestuft werden oder ein Risiko darstellen. Interne Eigenschaften sind in Bezug auf die Veranstaltung solche, die durch gezielte Maßnahmen direkt beeinflusst, verstärkt (bei Stärken) oder gemindert (bei Schwächen) werden können. Externe Eigenschaften hingegen können nicht direkt vom Veranstalter beeinflusst werden und müssen durch gezielte Maßnahmen – soweit möglich – in interne Aspekte umgewandelt werden.

Das zuvor angeführte Beispiel der Besucherzahl und der damit verbundenen Auswirkungen und Risiken lässt sich in einer SWOT-Analyse in verschiedenen Feldern darstellen. Ein gutes Veranstaltungsmarketing, welches zu einer hohen Besucherzahl führt, kann als interne Stärke eingestuft werden. So ist die Veranstaltung schnell ausgebucht und rechnet sich wirtschaftlich, da alle Plätze belegt sind. Führt das Marketing jedoch zu einer Nachfrage, die nicht bedient werden kann, da zum Beispiel zu viele Besucher eingeladen wurden und die Raumkapazitäten schließlich nicht ausreichen, ist dies als interne Schwäche zu sehen (da vom Veranstalter selbst beeinflusst und herbeigeführt), die zu unzufriedenen (Nicht-)Kunden führt, da diese keinen Platz bekommen.

		Externe Faktoren	
		Chancen	Risiken
Interne Faktoren	Stärken		
	Schwächen		

Abb. 3 SWOT-Analyse. (Quelle: eigene Darstellung in Anlehnung an Meffert et al. 2012, S. 241)

Als externe Faktoren, also solche, die vom Veranstalter nicht direkt beeinflusst werden können, kann in diesem Beispiel die politische Situation herangezogen werden. So ist es vorstellbar, dass aufgrund politischer Entwicklungen das Thema des Kongresses sehr brisant wird und sich die potenzielle Zielgruppe plötzlich mehr für das Thema und somit auch für den Kongress interessiert. Umgekehrt besteht jedoch das Risiko, dass die Thematik aufgrund politischer Veränderungen an Brisanz verliert und für potenzielle Kongressteilnehmer nicht mehr relevant zu sein scheint.

Bei den aufgeführten Beispielen fällt auf, dass eine positive Eigenschaft auch immer eine negative mit sich bringen kann (und umgekehrt). Gutes Marketing kann zu vielen Besuchern (positiv), aber auch zu vielen Gästen (negativ) führen. Durch die Kombination von internen und externen Faktoren kann in der SWOT-Analyse einerseits sichtbar gemacht werden, wo (nicht ausgeschöpfte) Potenziale bestehen, andererseits werden so auch Risiken aufgezeigt, welche externe Ursachen haben, aber durch interne Stärken kompensiert werden können (Feld: Risiken/Stärken). So würde ein gutes Marketing (= Stärke) einerseits dazu führen, dass genügend Besucher zur Veranstaltung kommen (= Feld: Stärken/Chancen), während es andererseits das Risiko birgt, dass zu viele Besucher zur Veranstaltung kommen (= Feld: Stärken/Risiken).

Die aufgezeigten Risiken können durch die systematische Herangehensweise identifiziert und eingestuft werden. Hierauf aufbauend können entsprechende Maßnahmen und Pläne entwickelt werden, um entstehenden oder potenziellen Risiken entgegenzuwirken. Im aufgezeigten Fall zum Beispiel das Hinzubuchen eines weiteren Raums in der Location oder die Möglichkeit, das Programm spontan an entsprechende Entwicklungen anzupassen (Abb. 3).

PESTEL-Analyse

Wie die SWOT-Analyse stellt auch die PESTEL-Analyse eine strukturierte Vorgehensweise zur Betrachtung verschiedener Felder dar, die das Projekt beziehungsweise die Veranstaltung beeinflussen können. Sie betrachtet äußere Einflussfaktoren und kann als Erweiterung der PEST-Analyse verstanden werden. Während „PEST" für „Political", „Economical", „Social-cultural" sowie „Technological", also die Betrachtung der politischen, ökonomischen, sozialen beziehungsweise kulturellen und technologischen Einflussfaktoren steht (Klandt 2006, S. 222), schließt „PESTEL" weiterhin „Environmental" und „Legal", also die Umwelt und rechtliche Faktoren mit ein (Yüksel 2012, S. 52 ff.). In einigen Veröffentlichungen wird an dieser Stelle auf eine andere Terminologie, zum Beispiel „socio-cultural" (Klandt 2006, S. 221; Yüksel 2012, S. 52 ff.) zurückgegriffen, wobei die Bedeutung nahezu unverändert bleibt. Die PESTEL-Analyse bietet „eine umfassende Liste von Einflussfaktoren auf den möglichen Erfolg oder Misserfolg von Strategien" (Johnson et al. 2011, S. 80) und zeigt dementsprechend Risiken für die erfolgreiche Durchführung des Kongresses, der Tagung oder der Konferenz auf. Durch die Erkennung der Risiken lassen sich schließlich Implikationen zur Risikoreduzierung, -minimierung oder -eliminierung ableiten

P	Political	=	Politisches Umfeld
E	Economic	=	Ökonomisches Umfeld
S	Social-cultural	=	Sozial-kulturelles Umfeld
T	Technological	=	Technologisches Umfeld
E	Environmental	=	Umwelt
L	Legal	=	Rechtliche Aspekte

Anhand der Überlegungen im Rahmen der PESTEL-Analyse können verschiedene, positive wie auch negative, Auswirkungen und Einflussfaktoren zusammengetragen werden. Der generell eher subjektiv verlaufenden Einschätzung von Risikofaktoren liegt so eine Herangehensweise zugrunde, die verschiedene und relevante Themengebiete aufzeigt.

So wird im letzten Schritt zum Beispiel hinterfragt, welche rechtlichen Rahmenbedingungen die Veranstaltung wie beeinflussen könnten. Der Auseinandersetzung mit der rechtlichen und für die Veranstaltung relevanten Situation folgt dann die Erkennung verschiedener Risiken auf diesem Gebiet. Auf Grundlage der erkannten Risiken (zum Beispiel im Bereich des rechtlichen und juristischen Umfelds) können schließlich weitere Maßnahmen abgeleitet werden.

Machbarkeitsanalyse
In einer vereinfachten Machbarkeitsanalyse, oder vielmehr sogar nur mit der Frage nach der Machbarkeit, soll beurteilt werden, ob und wie das geplante Konzept des Kongresses, der Tagung oder der Konferenz umgesetzt werden kann. So werden auf Grundlage der bisherigen Überlegungen folgende Fragen gestellt:

- Was sind wichtige Erfolgsparameter der Veranstaltung?
- Ist die Veranstaltung technisch realisierbar?
- Wie steht es um die Umweltverträglichkeit der Veranstaltung?
- Was sind rechtliche Vorgaben und wie können diese eingehalten werden?
- Wie steht es um die wirtschaftliche Realisierbarkeit und Rentabilität der Veranstaltung?
- Ist die Veranstaltung aus organisatorischer Perspektive realisierbar?

Mit den in den vorhergegangenen Überlegungen (Zielsetzung, SWOT-Analyse, PESTEL-Analyse) gewonnenen Informationen, Daten und Risikofaktoren ist in der Regel ein

Grundstock gelegt, um diese Fragen entsprechend zu bearbeiten und zu beantworten. Bei der Auseinandersetzung mit den aufgezeigten Fragestellungen können weitere Herausforderungen und Risiken aufgedeckt werden, welche schließlich in die Planung mit einfließen müssen.

Weitere Analysetools und Fragestellungen

Weitere Tools, die zur Einschätzung der Veranstaltung und der damit verbundenen Risiken herangezogen werden können, stellen unter anderem das Lebenszyklusmodell, die Wettbewerbsmatrix nach Porter, die Ansoff-Produktmatrix oder das Modell von Porters „Five Forces" dar.

Das Lebenszyklusmodell kann als Markt-Reaktions-Modell beschrieben werden (Meffert et al. 2012, S. 849). Dabei wird betrachtet, wo sich die Veranstaltung (im eigentlichen Sinne das Produkt im Produktlebenszyklus) befindet. Hier erfolgt die Auseinandersetzung damit, ob sich die Veranstaltung noch in den ersten Zügen befindet und bislang keine Erfahrungen vorliegen, oder ob sie bereits gewachsen ist und sich entsprechend entwickelt hat. Weiter ist möglich, dass sich die Entwicklung der Veranstaltung bereits auf einem rückläufigen Trend befindet. Aus diesen Erkenntnissen können verschiedene Risiken abgeleitet werden. So besteht bei einer neuen, noch nicht etablierten Veranstaltung eher die Gefahr, dass sie zu unbekannt ist und deshalb die erwarteten Besucher ausbleiben, während bei einer etablierten Veranstaltung eher andere Risiken (zum Beispiel die kontinuierliche Reduzierung des Stammpublikums) als die Bekanntheit im Zentrum der Betrachtung stehen müssen.

Gerade bei der strategischen Einordnung und Konzeption der Veranstaltung kann die Wettbewerbsmatrix nach Porter herangezogen werden. Diese stellt einerseits die Frage nach dem Zielobjekt, andererseits nach dem strategischen Vorteil. Als „Zielobjekt" kann im übertragenen Sinn die Zielgruppe der Veranstaltung, unter dem „strategischen Vorteil" die Zielsetzung des Kongresses, der Tagung oder der Konferenz verstanden werden. Unter diesen Gesichtspunkten ergeben sich schließlich drei Felder, in welche die Veranstaltung eingeordnet werden kann: Veranstaltungen mit hohem Differenzierungsgrad, Veranstaltungen mit einer positiven Preisstruktur oder Veranstaltungen, die sich auf ein bestimmtes Thema fokussieren (Abb. 4).

| | | Strategischer Vorteil | |
		Singularität	Kostenvorsprung
Zielobjekt	**Gesamte Branche**	Differenzierung	Preisführerschaft
	Segment der Branche	Fokussierung	

Abb. 4 Wettbewerbsmatrix nach Porter. (Quelle: eigene Darstellung in Anlehnung an Porter 1980, S. 34 ff.)

Je nachdem, in welchem Feld sich die betrachtete Veranstaltung positionieren lässt, können verschiedenen Risiken auftreten. So stellt ein potenzielles Risiko bei der Einordnung der Veranstaltung im Bereich der Fokussierung dar, dass die Fokussierung (also das Thema der Veranstaltung) bei der Zielgruppe nicht gefragt ist oder die Zielgruppe sich als zu klein erweist. Bei einer Veranstaltung im Bereich der Preisführerschaft kann ein Risiko sein, dass eine Konkurrenzveranstaltung eine noch attraktivere Preisstruktur beziehungsweise ein besseres Kosten-Nutzen-Verhältnis für die Kunden bietet oder zu bieten scheint.

Ähnlich wie die Wettbewerbsmatrix nach Porter lässt auch die Produktmatrix nach Ansoff eine weitere und tiefer gehende Einschätzung des Risikos zu. Sie betrachtet hierbei, ob mit einem bestehenden oder neuen Produkt in einen bestehenden oder neuen Markt eingetreten wird. Als Produkt wird in diesem Fall die Veranstaltung verstanden. Ein bestehendes Produkt ist somit eine Veranstaltung oder ein Veranstaltungskonzept, welches bereits etabliert ist und zum Beispiel schon über eine große Bekanntheit, ein Image und eine Marke verfügt. Diese Veranstaltung kann folglich auf einem neuen Markt (zum Beispiel in einer neuen Branche: Veranstalter eines Maschinenbaukongresses veranstaltet Medizinkongress) oder in bereits bekannten Märkten (Maschinenbaukongress wird in zwei Veranstaltungen unterteilt, einen Kongress zum Maschinenbau in der Blechverarbeitung, einen zum Maschinenbau in der Holzverarbeitung) erfolgen.

Durch die Betrachtung und Einordnung der Veranstaltung in die Ansoff-Produktmatrix ergibt sich so für verschiedene Veranstaltungen ein verschieden hohes Risiko. Dieses wird umso größer, je mehr unbekanntes Terrain betreten wird (Poosch 2010, S. 63). Zu beachten ist an dieser Stelle zudem, dass sich das Risiko nicht nur in der Höhe unterscheidet, sondern die verschiedenen Typen auch inhaltlich verschiedene Risiken bergen (Abb. 5).

In seinem „Five Forces"-Modell betrachtet Porter die Einflussgrößen und Wettbewerbsfaktoren, welche die Leistungsfähigkeit und das Abschneiden eines Unternehmens oder eines Projekts im Markt beeinflussen (Peng 2009, S. 35). Diese können einerseits zur Unternehmensstrategie- oder Marketingstrategieentwicklung herangezogen werden (Renko et al. 2011, S. 376 ff.), stellen andererseits jedoch ein Tool des Risikomanagements dar (Rice 2010, S. 375 ff.). So zeigt Porter mit der „Rivalität im Markt", „Kunden", „Substituten", „Zulieferern" und „potenziellen Mitbewerbern" fünf Felder auf, aus welchen ein Risiko für die Veranstaltung entstehen kann (Abb. 6).

	Bestehende Produkte	Neue Produkte
Bestehende Märkte	Marktdurchdringung → Geringes Risiko	Produkt-Entwicklung → Mittleres Risiko
Neue Märkte	Markt-Erschließung → Mittleres Risiko	Diversifikation → Hohes Risiko

Abb. 5 Ansoff-Produktmatrix. (Quelle: eigene Darstellung in Anlehnung an Ansoff 1965, S. 98 ff.)

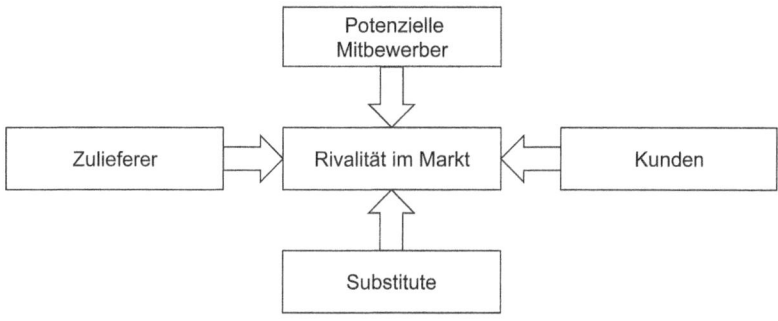

Abb. 6 Porters „Five Forces". (Quelle: eigene Darstellung in Anlehnung an Porter 2008, S. 80)

Auch hier gilt es – wie bei den zuvor bereits aufgezeigten Methoden und Tools –, für jedes Feld separat zu betrachten und einzuschätzen, wo welche Risiken auftreten können. Aus der Betrachtung der Risiken in den fünf verschiedenen Feldern lassen sich schließlich Implikationen für die strategische und operative Veranstaltungsplanung und -umsetzung ableiten.

Die aufgezeigten Maßnahmen und Tools stellen eine systematische Herangehensweise dar, um potenzielle Problemfelder sowie Risikogebiete und -faktoren zu identifizieren und aufzuzeigen. Im Rahmen dieses Beitrags wird auf die verschiedenen Tools jeweils nur in komprimierter Form eingegangen. Die an entsprechender Stelle genannte Literatur kann hierbei weiteren Aufschluss geben. Die Auswahl der dargestellten Tools erfolgte nach Relevanz für die allgemeine Problemstellung der Risikoidentifikation für Kongresse, Tagungen und Konferenzen. Sie erhebt keinen Anspruch auf Vollständigkeit und kann beziehungsweise muss, je nach Problemstellung und Veranstaltung, an die jeweilige Situation und Aufgabenstellung adaptiert und gegebenenfalls erweitert werden. Ebenso sei an dieser Stelle nochmals darauf verwiesen, dass nicht jede Veranstaltung einer Identifikation der Risikofaktoren anhand der aufgezeigten Tools bedarf und die vorgestellten Tools ebenso selektiv, angepasst an die jeweiligen Anforderungen, Anwendung finden können.

2.3   Der Risikomanagementprozess

Der Risikomanagementprozess setzt sich aus vier Stufen zusammen, die in einem Kreislauf angeordnet sind. Während zu Beginn die Risikoerkennung steht, folgen die Analyse und Bewertung des erkannten Risikos. Den vierten Schritt stellt die Beeinflussung des erkannten, analysierten und bewerteten Risikos dar.

Der Risikomanagementprozess endet jedoch nicht an dieser Stelle. Er gestaltet sich als Kreislauf, sodass nach der Risikobeeinflussung erneut die Frage nach der Erkennung neuer Risiken folgt, welche wiederum deren Analyse, Bewertung und Beeinflussung mit sich bringt (Abb. 7).

Abb. 7 Kreislauf des
Risikomanagements. (Quelle:
eigene Darstellung)

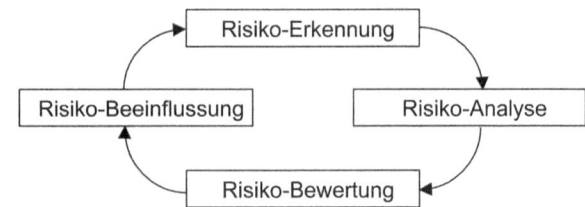

Risikoerkennung

Die Risikoerkennung stellt die entscheidende Phase im Prozess des Risikomanagements dar. Ihr kommt deshalb eine hohe Bedeutung zu, da nur die Risiken, die in dieser Phase erkannt werden, in den Prozess mit einfließen und entsprechende Beachtung finden. Werden Risiken in dieser Phase nicht identifiziert und somit auch nicht in die Betrachtungen und Handlungen des Risikomanagementprozesses miteinbezogen, kann dies zu verheerenden Folgen im Lauf der Veranstaltung führen. In der Praxis ergeben sich Fehler und Krisen oft daraus, dass in dieser Phase Risiken übersehen oder falsch eingeschätzt wurden.

Die Risikoerkennung baut – wie zuvor beschrieben – auf den strategischen und operativen Zielen der Veranstaltung auf. Ihr liegen unter anderem die bereits vorgestellten Tools und Vorgehensweisen zugrunde, mit welchen Risiken anhand systematischer Abfragen erkannt werden können.

Weiter spielt in dieser Phase die Erfahrung des Veranstalters beziehungsweise des Organisators eine entscheidende Rolle. Dieser kann beim Erstellen des Konzepts abschätzen, wo eventuelle Schwachstellen und Risiken auftreten könnten. So werden schließlich sowohl externe als auch interne Risiken und Risikofaktoren mit in die Betrachtung einbezogen und in den nachfolgenden Schritten bearbeitet.

Risikoanalyse

Auf die Erkennung und Identifikation des Risikos folgt die Analyse. In diesem Schritt wird hinterfragt und analysiert, welche Auswirkungen das betrachtete Risiko mit sich bringt. Ein triviales Beispiel: Wurde das Wetter als externer Risikofaktor für die Veranstaltung erkannt, wird nun die Frage gestellt, was dies für die konkrete Situation bedeutet. So wird in diesem Schritt zum Beispiel festgestellt, dass Konferenzteilnehmer, die mit öffentlichen Verkehrsmitteln anreisen, „trockenen Fußes" in das Kongresszentrum gelangen können. Für die Teilnehmer, die mit dem eigenen Pkw anreisen, besteht jedoch keine Überdachung vom nächstgelegenen Parkhaus zum Eingang des Konferenzzentrums. Im „Schlechtwetterfall" wären diese dann vom Regen betroffen und kämen durchnässt zur Konferenz.

Risikobewertung

In der Phase der Risikobewertung wird die Frage nach der konkreten Bedeutung gestellt. Während die Analysephase eher als qualitativer Part mit der Frage nach dem Schadensausmaß verstanden werden kann, stellt die Bewertung die eher quantitative Frage nach der Eintrittswahrscheinlichkeit. An dieser Stelle sei erneut auf die aufgeführte Formel verwiesen:

$$\text{Risiko} = \text{Schadensausmaß} \times \text{Eintrittswahrscheinlichkeit}$$

Im Beispiel des Wettereinflusses auf die Konferenz muss demnach hinterfragt werden, wie viele der erwarteten Besucher potenziell dem Regen ausgesetzt würden. Da die Veranstaltung im November stattfindet und aus den Anmeldungen hervorgeht, dass die Teilnehmer aus einem eher großen Einzugsgebiet anreisen werden, kann vermutet werden, dass ein großer Teil der Besucher mit dem Auto anreist. Weiter besteht im November eine erhebliche Chance auf Niederschlag. So ergibt sich schließlich eine hohe Eintrittswahrscheinlichkeit dafür, dass die Besucher durchnässt im Foyer des Kongresszentrums ankommen.

Risikobeeinflussung

Erscheint das Risiko entsprechend groß, wird in dieser Phase evaluiert, wie es beeinflusst beziehungsweise reduziert oder minimiert werden kann. Hier stehen generell zwei Stellschrauben zur Verfügung. So kann entweder versucht werden, die Eintrittswahrscheinlichkeit (Besucher wird nass) und/oder das Schadensausmaß (ist es schlimm, dass der Besucher nass wird?) zu beeinflussen.

Im angeführten Beispiel könnte ein Lösungsansatz sein, die Eintrittswahrscheinlichkeit durch das Bereitstellen von Regenschirmen zu beeinflussen. So würden die am Parkhaus bereitgestellten Regenschirme die Eintrittswahrscheinlichkeit, dass die Besucher nass werden, reduzieren. Sowohl in der praktischen Betrachtung als auch mit Blick auf die zuvor angeführte Formel wäre so das Risiko des Nasswerdens verringert.

Kreislauf des Risikomanagements

Der Prozess des Risikomanagements ist generell als Kreislauf zu verstehen. Im Optimalfall verringert sich das Risiko von Durchlauf zu Durchlauf, sodass die Darstellung auch als Spirale erfolgen kann, die sich nach unten dreht und somit das durch die eingeleiteten Maßnahmen immer geringer werdende Risiko darstellt.

Im Fall des Wettereinflusses auf die Veranstaltung kann so durch die Erkennung (Regengefahr), Analyse (relevant, da Besucher nicht nass in Konferenz sitzen sollen) und Bewertung (wahrscheinlich, da November und viele mit dem Pkw Anreisende) eine erste Risikobeeinflussung (durch die Ausgabe der Schirme) erfolgen. Im ersten Durchlauf ist das Risiko beeinflusst, kann aber zu weiteren Risiken führen. Diese könnten zum Beispiel sein, dass mehr Besucher mit dem Auto anreisen als geplant und dadurch die bereitgestellten Schirme nicht ausreichen. Auch dieses Risikoszenario wird anhand des Risikomanagementprozesses betrachtet, sodass im Schritt der Risikobeeinflussung schließlich entschieden wird, ob mehr Schirme zur Verfügung gestellt werden müssen. Auch hieraus kann sich ein weiteres Risiko ergeben, zum Beispiel, dass die Parkmöglichkeiten in dem Parkhaus, in welchem Schirme angeboten werden, erschöpft und Besucher gezwungen sind, ein anderes Parkhaus anzufahren. Auch dieses Szenario wird analysiert und bewertet, sodass schließlich eine Entscheidung getroffen wird, ob auch im zweiten Parkhaus Schirme angeboten werden.

Der aufgezeigte Kreislauf betrachtet dementsprechend immer die neu entstandene Situation, welche durch die getroffenen Maßnahmen geschaffen wurde. Es bleibt hier dem Anwender überlassen, den Kreislauf an einer Stelle abzubrechen. Dies geschieht an der Stelle, an der das Risiko (Eintrittswahrscheinlichkeit x Schadensausmaß) seiner Meinung nach gering genug ist, sodass keine weiteren Maßnahmen erforderlich sind.

2.4   Risikovermeidung durch adäquate Planung

Schließlich gilt es, die im Risikomanagementprozess betrachteten und evaluierten Risiken und die daraus resultierenden Maßnahmen adäquat in die Planung der Veranstaltung beziehungsweise des Kongresses, der Tagung oder der Konferenz zu übernehmen. Entscheidend ist hierbei, die Maßnahmen so in den Prozess respektive das Projekt zu integrieren, dass einerseits andere Maßnahmen davon nicht, oder zumindest nicht negativ, beeinflusst werden und dadurch andererseits die Zielsetzung der Veranstaltung nicht aus den Augen verloren wird.

Hierbei ist es wichtig, das gesamte Risikomanagement auf die entsprechende Veranstaltung und die damit verbundenen Herausforderungen und Risiken zu skalieren. Ein „over-engeertes" Risikomanagement ergibt aus Ressourcenperspektive genauso wenig Sinn wie ein zu knappes Risikomanagement. Die Kunst liegt also darin, in den verschiedenen Phasen des Projekts den Risikomanagementprozess adäquat anzupassen und gezielt einzusetzen. So bringen die verschiedenen Projektphasen verschiedene Anforderungen an das Risikomanagement mit sich, denen mit entsprechenden Tools, wie zum Beispiel den zuvor aufgezeigten zur Risikoerkennung, begegnet werden muss.

Ein adäquates und nahezu pauschal einsetzbares Mittel zur Reduzierung von Risiken stellt das Einplanen von Puffern dar. Mit Blick auf das „Magische Dreieck" der Betriebswirtschaft können so Reserven geschaffen werden, welche schließlich zu einer qualitativ besseren Zielerreichung führen können.

Das Magische Dreieck zeigt den Zusammenhang von Zeit („Time"), Kosten („Cost") und dem Rahmen beziehungsweise Ziel („Scope") auf, welches in einer bestimmten Qualität („Quality") erreicht werden soll. So wird zur Erreichung eines definierten Ziels in definierter Qualität ein bestimmter Einsatz an Ressourcen (mit Kosten verbunden) und Zeit benötigt (Abb. 8).

Abb. 8 Magisches Dreieck.
(Quelle: eigene Darstellung)

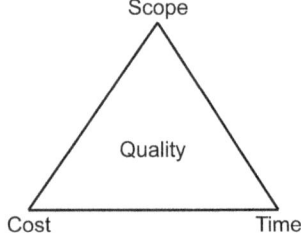

Wird hier beispielhaft die Bestuhlung des Kongresssaals herangezogen, werden vier Personen zum Aufstellen der Stühle und Tische (in einer bestimmten Qualität, also zum Beispiel in vorgegebenen Abständen etc.) für jeweils zwei Stunden benötigt. Fällt einer der eingeplanten Bestuhler aus, benötigen die übrigen drei entsprechend länger oder bestuhlen den Raum in derselben Zeit, jedoch in einer minderen Qualität (Abstände der Stühle stimmen nicht).

Wurde im beschriebenen Fall das Ausfallrisiko eines Bestuhlers und in der Planung ein entsprechender Puffer einkalkuliert, kann die Veranstaltung oder der Aufbau wie geplant verlaufen. Der einkalkulierte Puffer muss nicht zwangsläufig auf personeller Seite (zum Beispiel durch einen Ersatzmann) sein. Er lässt sich auch durch einen zeitlichen Puffer oder einen eingeplanten Puffer in der Qualität (durch Abstriche) realisieren. Im Optimalfall (und falls betriebswirtschaftlich möglich) verteilt sich der Puffer jedoch über alle drei Ecken des Dreiecks und trägt so optimal zur Risikoreduzierung bei.

3   Risikomanagement als zentrale Säule

Dem Risikomanagement bei Veranstaltungen wie Kongressen, Tagungen und Konferenzen kommt eine bedeutende Rolle zu. Diese ergibt sich sowohl aus den organisatorischen und planerischen Herausforderungen eines solchen Projekts als auch aus der operativen Umsetzung. Je professioneller das Risikomanagement einer Veranstaltung ist, desto besser kann diese schließlich werden, beziehungsweise desto sicherer ist es, dass diese wie geplant verläuft. Betrachtet wird in diesem Zusammenhang die Zielsetzung einer Veranstaltung, die erreicht werden soll, mit der aber auch das Risiko verbunden ist, die gesetzten Ziele nicht zu erreichen.

Um in komplexen Projekten, wie zum Beispiel der Planung, Organisation und Durchführung von Kongressen, Tagungen und Konferenzen, ein adäquates Risikomanagement zu gewährleisten, empfiehlt es sich, auf verschiedene, bewährte Tools zurückzugreifen. Durch den Einsatz der zuvor aufgezeigten Tools, Instrumente und Methoden, einer strukturierten und durchdachten Zielsetzung der Veranstaltung, der Umsetzung des Risikomanagementkreislaufs und dem Einplanen von Puffern kann ein Risikomanagementprozess für die konkrete Veranstaltung entwickelt werden. Wichtig ist hierbei, das Risikomanagement adäquat an die entsprechenden Bedürfnisse anzupassen und dieses weder zu umfangreich zu gestalten und dadurch überflüssige Ressourcen in Anspruch zu nehmen, noch ihn zu knapp zu halten und dadurch das Risiko für die Veranstaltung zu groß werden zu lassen. Diese Abschätzung, wie umfangreich das Risikomanagement schließlich sein soll, unterliegt der subjektiven Einschätzung des Veranstalters und der Verantwortlichen. Selbiges gilt auch für die aufgezeigten Tools zur Risikoerkennung. Diese bieten zwar einen Rahmen und decken verschiedene Felder ab, der Input sowie die Einschätzung, welche Felder näher betrachtet werden sollten, unterliegt der subjektiven Einschätzung des Anwenders.

Das Risikomanagement stellt eine der zentralen Säulen in der Planung, Organisation und Durchführung von Veranstaltungen dar. Es erstreckt sich über alle Phasen und alle Bereiche der Veranstaltung. Auch wenn es im Optimalfall nicht zum Einsatz kommt, bedarf es bei jeder Veranstaltung eines Risikomanagements, welches auf die aktuelle Veranstaltung und deren Bedürfnisse angepasst ist und somit zum Erfolg, also der Zielerreichung des Kongresses, der Tagung oder der Konferenz beiträgt.

Literatur

Ansoff HI (1965) Checklist for competitive and competence profiles – corporate strategy. McGraw-Hill, New York

Bardutan S (2013) Risk management and its economic-financial importance. In: Romanian Statist Rev, Supplement Trim II:167–170

Cagliano A, Grimaldi S, Rafele C (2015) Choosing project risk management techniques. A theoretical framework. J Risk Res 18(2):232–248

Campeanu V, Balan E (2014) Economic and social impact of natural disasters on European economies – risk management lessons of good practice for Romania. Knowl Horizons 6(2):80–86

Carvalho M, Rabechini R (2015) Impact of risk management on project performance – the importance of soft skills. Int J Prod Res 53(2):321–340

Cieslak T (2009) Match day security at Australian sport stadia – a case study of eight venues. Event Manag 13(1):43–52

Denic N, Moracanin V, Milic M, Nesic Z (2014) Risk management in information system projects. Tech Gaz 21(6):1239–1242

Dinu A (2014) The impact of risk management in projects. In: Qual Access Success 16(3):162–165

duden.de (2015) Risiko, http://www.duden.de/node/645699/revisions/1351959/view, Zugegriffen: 8. Sept. 2015

Elzamly A, Hussin B (2014) Managing software project risks (analysis phase) with proposed fuzzy regression analysis modelling techniques with fuzzy concepts. J Comput Inf Technol 22(2):131–144

Fahad Al-Azemi K, Bhamra R, Salman A (2014) A management framework for build, operate and tranfer (BOT) projects in Kuwait. J Civ Eng Manag 20(3):415–433

Fang C, Marle F (2012) A simulation-based risk network model for decision support in project risk management. Decis Supp Sys 52(3):635–644

Gabath C (2010) Risiko- und Krisenmanagement im Einkauf – Methoden zur aktiven Kostensenkung. Gabler, Wiesbaden

Ghazinoory S, Zadeh A, Memariani A (2007) Fuzzy SWOT analysis. J Int Fuzzy Syst 18(1):99–108

Gration D, Arcodia C, Raciti M, Stokes R (2011) The blended festivalspace and its sustainability at nonurban festivals. Event Manag 15(4):343–359

Handorf W (2015) Bank risk management, regulation and CEO compensation after the panic of 2008. J Bank Regul 16(1):39–50

Hanstad D (2012) Risk management in major sporting events – a participating national olympic team's perspective. Event Manag 16(3):189–201

Hetzelt A (2009) Risikomanagement bei Sportveranstaltungen: am Beispiel der Winteruniversiade 2005 Innsbruck/Seefeld, VDM Verlag, Düsseldorf

Holendere L, Dukule A, Jurgena I (2014) Assessment of the risk management process at the SJSC „Latvian Railway". Econ Science Rural Dev Conf Proc 35(1):172–181

Iqbal S, Choudhry R, Holschemacher K, Ali A, Tamosaitene J (2015) Risk management in construction projects. Technol Econ Dev Econ 21(1):65–78

Jennings W, Lodge M (2011) Governing mega-events: tools of security risk management for the FIFA 2006 world cup in Germany and London 2012 olympic games. Gov Oppos 46(2):192–222

Johnson G, Scholes N, Whittington R (2011) Strategisches Management – Eine Einführung: Analyse, Entscheidung und Umsetzung, 9. Aufl. Pearson, London

Klandt H (2006) Gründungsmanagement – Der integrierte Unternehmensplan, 2. Aufl. Oldenbourg Wissenschaftsverlag, München

Leopkey B, Parent M (2009) Risk management strategies by stakeholders in Canadian major sporting events. Event Manag 13(3):153–170

Li G, Huan F, Lee P, Cheng T (2015) Joint supply chain risk management – an agency and collaboration perspective. Int J Prod Econ 164(1):83–94

Markwell K, Tomsen S (2010) Safety and hostility at special events: lessons from Australian gay and lesbian festivals. Event Manag 14(3):225–238

Meffert H, Burmann C, Kirchgeorg M (2012) Marketing – Grundlagen marktorientierter Unternehmensführung, 11. Aufl. Springer Gabler, Wiesbaden

Megenze H, Wie L (2015) A comparative study on environment credit risk management of commercial banks in the Asia-Pacific region. Bus Strateg Environ 24(3):159–174

Miklosik A (2014) Selected aspects of systemic approach to project management. Actual probl Econ 155(5):195–202

Peng M (2009) Global strategic management, 2. Aufl. Cengage Learning Emea, Boston

Poosch H (2010) Total Factor Governance – Das Geheimnis langfristig erfolgreicher Unternehmen. Books on Demand, Norderstedt

Popescu S, Petrus A (2012) Risk analysis methods in project management – critical analysis. Qual Access Success 13(127): 73–76

Porter M (1980) Generic competitive strategies, Free Press, New York

Porter M (2008) The five competitive forces that shape strategy. Harv Bus Rev 86(1): 78–93

Ramos-Tallada J (2015) Bank risks, monetary shocks and the credit channel in brazil – identification and evidence from panel data. J Int Money Financ 55(1):135–161

Reid S, Ritchie B (2011) Risk management: event managers' attitudes, beliefs, and perceived contraints. Event Manag 15(4):329–341

Renko N, Sustic I, Butigan R (2011) Designing marketing strategy using the five competitive forces model by Michael E. Porter. Int J Manag Cases 13(3):376–385

Rice J (2010) Adaption of Porter's five forces model to risk management. Def AR J 17(3):375–388

Schierenbeck H (2002) Grundzüge der Betriebswirtschaftslehre, 16. Auflage, Oldenbourg

Shymanska L (2014) Risk management model for enterprise foreign economic activity. Act Probl Econ 160(10):206–209

Silvers J (2009) Risk management for meetings and events. Taylor & Francis Ltd, Abingdon

Simanavicius A, Lazauskas A (2014) Methods of tourism risk perception – economic assessment. Transform Bus Econ 13(2A):311–323

Skrtic M, Horvatincic K (2014) Project risk management: comparative analysis of methods for project risks assesment. Coll Antropol 38(1):125–134

Suriadi S, Weiß B, Winkelmann A, Hofstede A, Adams M, Conforti R, Fidge C, La Rosa M, Chun O, Pika A, Rosemann M, Wynn M (2014) Current research in risk-aware business process management – overview, comparison, and gap analysis. Commun Assoc Inf Syst 34(1):933–984

Taylor T, Toohey K (2006) Impacts of terrorism-related safety and security measures at a major sport event. Event Manag 9(4):199–209

Toohey K, Taylor T, Chong-Ki L (2003) The FIFA World Cup 2002: the effects of terrorism on sport tourists. J Sport Tourism 8(3):167–185

Winkelmann P (2010) Marketing und Vertrieb – Fundamente für die Marktorientierte Unternehmensführung, 7. Aufl. Oldenbourg, München

Yüksel I (2012) Developing a multi-criteria decision marketing model for PESTEL analysis. Int J Bus Manag 7(24):52–66

Zhao X, Jiang X, Li Z (2014) The impact of the economic crisis on the financial performance of multinational corporations. Int Rev Econ Finance 37(1):55–68

Über den Autor

Patrick Haag studierte Messe-, Kongress- und Eventmanagement sowie Management kleiner und mittlerer Unternehmen mit Schwerpunkt auf Entrepreneurship und Unternehmenskommunikation. In über zehn Jahren Praxiserfahrung in verschiedenen Unternehmen und Agenturen begleitete er unzählige Kongresse, Messen und Events in verschiedenen Positionen.

Heute berät er Unternehmen zu deren Messe- und Eventmarketing-Aktivitäten im In- und Ausland. Weiter ist er Lehrbeauftragter an verschiedenen Hochschulen. So lehrt er unter anderem im Studiengang „Messe-, Kongress- und Eventmanagement" an der Dualen Hochschule Baden-Württemberg (DHBW) Ravensburg, im Studiengang „Sport- und Eventmanagement" am Bodensee Campus Konstanz, der Steinbeis Business Academy/Steinbeis Hochschule Berlin oder an der IST-Hochschule für Management in Düsseldorf.

In seiner Dissertation beschäftigt er sich mit dem Eventmarketing von KMU und Start-ups. Er ist zudem Autor und Herausgeber zahlreicher Fachpublikationen in den Bereichen „Eventmarketing" und „Management von kleinen und mittleren Unternehmen".

Proaktives Risikomanagement bei Veranstaltungen

Die Fehlermöglichkeits- und -einflussanalyse FMEA

Kristin Brüning

Zusammenfassung

Die Auseinandersetzung mit Risiken ist eine Managementaufgabe, die im Veranstaltungsbereich wie auch in anderen Branchen immer noch als ressourcenaufwendig gilt und vielfach inadäquat behandelt wird. Jedoch zeigen viele, mitunter sehr medienwirksame Zwischenfälle, dass es notwendig ist, im Vorfeld Risiken abzuschätzen und diese durch entsprechende Maßnahmen zu beseitigen beziehungsweise zumindest zu minimieren. Um Veranstalter nachhaltig dazu zu animieren, proaktives Risikomanagement im Alltag anzuwenden, bietet es sich an, ein Instrument einzuführen, dessen Nutzen über ein präventives, aber nicht bewertbares Agieren hinausgeht. Mit der Fehlermöglichkeits- und -einflussanalyse (FMEA) bietet sich eine Methode, die Risiko- mit Wissensmanagement vereinigt und sogar eine detaillierte Prozessplanung mit effektivem Ressourceneinsatz erlaubt.

Vorbemerkung der Autorin

Im Rahmen meiner langjährigen Tätigkeit im Veranstaltungsmanagement der Dualen Hochschule Baden-Württemberg wurde mir bewusst, dass der Erfolg einer Veranstaltung nicht allein von der Inszenierung abhängt, sondern vor allem von einer wohlüberlegten Vorbereitung. Vor allem die Zusammenarbeit mit wechselnden, zum Teil wenig erfahrenen Projektteams führte mir vor Augen, dass für die Veranstaltungsplanung ein Instrument benötigt wird, das es erlaubt, strukturiert, vorausdenkend und

K. Brüning (✉)
Ravensburg, Deutschland
E-Mail: bruening@dhbw-ravensburg.de

© Springer Fachmedien Wiesbaden GmbH 2017   279
C. Bühnert und S. Luppold (Hrsg.), *Praxishandbuch Kongress-, Tagungs- und Konferenzmanagement*, DOI 10.1007/978-3-658-08309-0_18

Risikoabschätzung in vielen Fällen nur intuitiv durchgeführt. Diskursive, also analytisch-methodische Vorgehensweisen, werden oft nicht in Betracht gezogen, obwohl diese nicht nur zuverlässiger zum Ziel führen, sondern auch im Sinne einer Dokumentationsfunktion die Basis für eine Anwendung auf weitere ähnliche Fälle liefern und somit als mittel- bis langfristig effizienzsteigernd bezeichnet werden können. Somit bietet es sich an, bei derartigen Veranstaltungen eine Methode zu etablieren, die über das übliche Risikomanagement hinausgeht und einen Zusatznutzen für den Veranstalter bietet. Die Fehlermöglichkeits- und -einflussanalyse bietet aufgrund ihrer vielschichtigen Zielsetzung und systematischen Vorgehensweise eine Methodik, Fehlerrisiken im Vorfeld zu erkennen, nachzuvollziehen und zu vermeiden. Die Wirksamkeit der Methode ist unumstritten. Sie ist bereits seit Jahrzehnten im technischen Bereich erprobt und mittlerweile verpflichtend für die dort üblichen Zertifizierungen. Vor allem in der Dienstleistungsbranche ist die Fehlervermeidung im Vorfeld notwendig, da in der Regel die Erbringung und der Konsum der Leistung gleichzeitig erfolgen und eine Nachbesserung nicht möglich ist. Vor allem in Bezug auf die sicherheitsrelevanten Faktoren ist ein sorgfältig geplantes Risikomanagement wichtig, damit Sach- und vor allem auch Personenschäden erst gar nicht auftreten können. Unglücke, wie sie in der Vergangenheit mit zum Teil erschreckenden Auswirkungen aufgetreten sind (eventfaq 2015), bestätigen die Notwendigkeit, präventiv zu handeln, nachdrücklich. Dies kann in der heutigen Zeit nicht mehr allein anhand von Erfahrungswerten erfolgen, sondern erfordert ein systematisches Risikomanagement, das den Veranstaltungserfolg in seinen unterschiedlichen Facetten beleuchtet und absichert. Die nachfolgende Betrachtung über die Anwendung der FMEA auf den Veranstaltungsbereich zeigt eine Methode auf, die den Veranstaltungsprozess abbildet, mögliche Fehler beziehungsweise Risiken im Vorfeld identifiziert und durch konkrete Maßnahmen steuerbar macht. Zugleich wird anhand der Vorgehensweise der FMEA deutlich, dass es sich hierbei um weit mehr als das Analysieren und Vermeiden von Risiken handelt. Vielmehr wird nachfolgend eine Methode vorgestellt, die den geforderten Zusatznutzen in Form von Wissensmanagement und systematischer Prozessplanung bietet und zugleich eine lückenlose Dokumentation des Veranstaltungsprozesses ermöglicht.

Ursprünglich wird die FMEA vor allem in der Technik als weitverbreitete Methode zur Analyse potenzieller Störfälle, die während eines Entwicklungs-, Produktions- oder Geschäftsprozesses auftreten und diesen negativ beeinflussen können (Werdich 2012, S. 1), angewandt. Die FMEA ermöglicht in ihrer Form eine planbare, strukturierte und zielorientierte Umsetzung einzelner Aufgaben und Prozessschritte (Werdich 2012, S. 1). Da der Einsatz der FMEA zudem auch im Projektmanagement üblich ist (Drews und Hillebrand 2010, S. 83 f.), bietet sich die Einführung einer sogenannten Veranstaltungs-FMEA an. Weil präventiv Risiken analysiert, durch strukturiertes Vorausdenken und unter Einbindung von Expertenwissen mögliche Fehler frühzeitig aufgedeckt und mit Maßnahmen versehen werden, erfüllt die Vorgehensweise alle zuvor beschriebenen Anforderungen. Zusätzlich lässt das Aufdecken potenzieller Fehler beziehungsweise Risiken Rückschlüsse auf mögliche Folgen zu (McDermott et al. 2009, S. 13). Die FMEA beschreibt also einerseits die Wirkungskette von der Fehlerursache zu dem auftretenden

Fehler und den daraus resultierenden Folgen (Bruhn 2013a, S. 177), andererseits liefert sie Informationen über die Wahrscheinlichkeiten des Fehlerauftretens und der Fehlerentdeckung und ermöglicht eine strukturierte Analyse der potenziellen Probleme.

Gleichzeitig dient die FMEA der strukturierten Dokumentation des gesamten Prozesses und schafft für alle Beteiligten eine verlässliche Wissensbasis, auf die immer wieder zurückgegriffen werden kann, um Wiederholungsfehler zu vermeiden und Erfahrungen für das frühzeitige Erkennen potenzieller Fehler zu nutzen. Die Ableitung von Maßnahmen erfolgt nicht zufällig, sondern wird aufgrund der zugrunde liegenden Methodik sogar gefordert und liefert somit einen Leitfaden als klare Handlungsanweisung (Goebbels und Jacob 2004, S. 2). Dies zwingt vor allem bei schwerwiegenden Fehlern dazu, diese schon vor Prozessbeginn zu vermeiden. Derartige Fehler werden zu einem hohen Prozentsatz bereits in der Planungsphase verursacht oder übersehen, aber deren Auswirkungen meist erst zum Prozessende hin entdeckt (Werdich 2012, S. 4). Angewandt auf den Eventbereich, können so bereits im Vorfeld beispielsweise nicht hinreichend auf Traglast überprüfte Absperrungen berücksichtigt und deren Auswirkungen abgeschätzt werden (eventfaq 2015), vgl. auch Abb. 1.

Eine Früherkennung möglicher Fehler beziehungsweise Risiken bestimmt entscheidend den Prozessverlauf, gestattet die Einleitung problemlösender Maßnahmen und verringert dadurch entweder die Wahrscheinlichkeit eines Auftretens der Fehler oder reduziert deren negative Auswirkungen während des eigentlichen Veranstaltungsprozesses. Übertragen auf die Planung eines Kongresses bedeutet dies, dass mögliche Risiken, wie zum Beispiel der Ausfall eines Hauptredners, in der Eventplanung bereits in der Konzeptionsphase berücksichtigt werden können. Zudem ermöglicht die FMEA die Erhöhung der Entdeckungswahrscheinlichkeit, da durch vorausdenkendes Konzipieren der Veranstaltung versucht wird, möglichst alle potenziellen Gefahren zu identifizieren und entsprechende Maßnahmen zu entwickeln.

Bei der Konzeption der FMEA wird gemäß Abb. 2 eine Risikoprioritätszahl (RPZ) ermittelt, mithilfe derer Risiken bereits im Vorfeld entsprechend bewertet werden können.

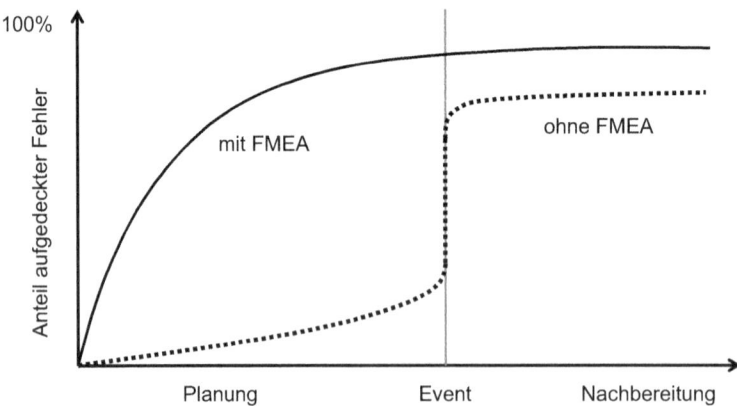

Abb. 1 Fehlerentdeckung innerhalb des Prozessverlaufs. (Quelle: eigene Darstellung)

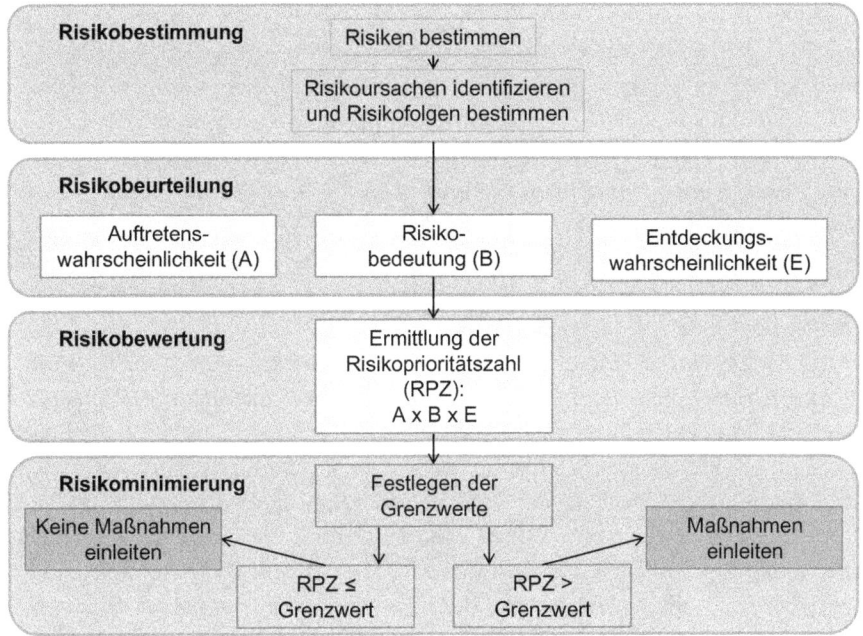

Abb. 2 Prozess der FMEA. (Quelle: Brüning 2014, S. 42)

Hierzu bedarf es dreier Teilwerte, die zur Ermittlung des Gesamtwerts notwendig sind (Bruhn 2013b, S. 176).

- Die Auftretenswahrscheinlichkeit (A) beschreibt die erwartete Häufigkeit, mit der ein Fehler im Laufe des Eventprozesses aufgrund einer bestimmten Ursache eintritt.
- Die Risikobedeutung (B) beschreibt die mögliche Auswirkung eines Fehlers von einfachen Unannehmlichkeiten bis hin zu schwerwiegenden Personenschäden.
- Die Entdeckungswahrscheinlichkeit (E) beziffert, inwieweit ein Fehler vor dem Event erkannt wird und somit noch ein Gegensteuern zulässt.

Die Festlegung der einzelnen Werte erfolgt idealerweise durch das Expertenteam im Rahmen der Risikobeurteilung über ein Punktesystem zwischen eins und zehn. Der sich daraus ergebende Produktwert (= RPZ) bestimmt über die Notwendigkeit des Einleitens der definierten Maßnahmen beziehungsweise veranlasst die Entscheidung, keinerlei Aktivitäten einleiten zu müssen (Harer 2013, S. 34).

Wird der FMEA-Prozess im Gesamten betrachtet, lassen sich folgende vier aufeinander aufbauende Teilprozesse identifizieren, die für die Erstellung einer Veranstaltungs-FMEA notwendig sind: Risikobestimmung, Risikobeurteilung, Risikobewertung und Risikominimierung.

Im ersten Schritt, der Risikobestimmung, werden unabhängig von der Eintrittswahrscheinlichkeit alle Fehler beziehungsweise Risiken im Sinne eines Fehlverhaltens, einer Fehleinschätzung oder eines problematischen Umwelteinflusses detailliert beschrieben, um daraus die Folgen und auch die Ursachen in geeigneter Weise ermitteln zu können. Da, wie bereits herausgestellt, eine Nachbesserung möglicher Versäumnisse im Rahmen der Planungsphase nur bedingt erfolgen kann, ist besonders diese erste Phase von Bedeutung.

Im zweiten Schritt, der Risikobeurteilung, wird der potenzielle Fehler mithilfe einzelner Punktwerte hinsichtlich Bedeutung, Auftretenswahrscheinlichkeit und Wahrscheinlichkeit der Entdeckung des Fehlers quantifiziert.

Im dritten Schritt, der Risikobewertung, ist es nun durch das Produkt der ermittelten Werte möglich, eine belastbare Kennzahl zu präsentieren, die den Vorteil einer Veranstaltungs-FMEA deutlich macht. Die errechnete Risikoprioritätszahl bietet nicht nur eine Möglichkeit zur Situationseinschätzung, sondern bildet darüber hinaus den Ausgangspunkt für die weiteren einzuleitenden Maßnahmen. Diese sind im Anschluss an die Situationseinschätzung in Abhängigkeit der Größe des Werts und der sich daraus ergebenden Priorität in die Wege zu leiten und umzusetzen.

Die Grenzwerte, die die Basis für die Risikominimierung als finalen Schritt bilden, sind grundsätzlich anpassbar und beruhen ebenso auf Erfahrungswerten und Expertenwissen wie die drei Faktoren der Risikoprioritätszahl. Diese Grenzwerte entscheiden darüber, ob eine Maßnahme eingeleitet werden muss, oder ob auf eine solche verzichtet werden kann, um zeitliche und finanzielle Ressourcen effizient zu nutzen.

Sind die einzelnen Fehler anhand der RPZ geordnet und bewertet worden, werden entsprechende Maßnahmen entwickelt und eingeleitet. Diese verhindern beziehungsweise minimieren entweder das Eintreten des Fehlers oder sorgen dafür, dass der Fehler beherrschbar ist und in seiner Bedeutung reduziert wird. Anhand der Veränderung der RPZ wird die Wirksamkeit der Maßnahme messbar. Zudem können im Vorfeld Reaktionen beziehungsweise Eskalationen definiert werden. Insbesondere im Fall der Gefährdung von Menschen sind Maßnahmen sofort einzuleiten, um die Sicherheit aller Beteiligten zu gewährleisten.

Ein Formblatt der FMEA (s. Abb. 3) für Veranstaltungen beziehungsweise Events ermöglicht eine schnelle, kompakte Übersicht über mögliche bekannte Fehler, die im Laufe des gesamten Eventprozesses auftreten können. Somit ergibt sich ein transparentes und visualisierbares Steuerungsinstrument zur Identifikation von Risiken und deren Ursachen ebenso wie zur Maßnahmenverfolgung. Zu dieser sowie zur Ursachenanalyse und Problemlösung können wiederum verschiedene Methoden herangezogen werden (Barthelmes 2013, S. 560 f.).

Im zuvor aufgeführten Beispiel wird deutlich, dass die FMEA im Rahmen des Risikomanagements effizient eingesetzt werden kann. Zu Beginn der Erstellung werden potenzielle Fehler gedanklich zusammengetragen und in ihrer Fehlerfolge beurteilt. Fällt bei einem Kongress beispielsweise die Funkmikrofonie aus, führt dies unweigerlich zu Zeitverzögerungen, zu verärgerten Teilnehmern und schlimmstenfalls zu einem

| Aktueller Zustand | | | | | | | | Aktueller Zustand | | | | | |
Mögl. Fehler	Fehlerfolge	Fehlerursache	A	B	E	RPZ	Empf. Maßnahmen	Zustän.	Getroffene Maßn.	A	B	E	RPZ
Funkmikrofonie fällt aus	verärgerte Teilnehmer, Zeitverzögerung, da keine schnelle Nachbesserung, Reputationsschäden, Kostenaufwand	Umstellung der LTE-Frequenz missachtet	9	10	10	900	doppelte Frequenz einrichten (kostspielig)	A.A.	erfolgt	2	10	3	60
		Mobiltelefone als Störfaktor	5	9	6	270	Mikrofone verkabeln	B.B.	Verkabelung nur teilweise umgesetzt	2	9	6	108
		Stromausfall, z. B. durch Überlastung	4	9	1	36	Maßnahme entfällt						
		falsches Set-up	2	9	5	90	detailliertes Briefing der MA	A.A.	erfolgt	1	9	9	81
		defekte Endgeräte	2	9	5	90	regelmäßige Wartung	C.C.	erfolgt	1	9	9	81
		Batterie leer	3	6	9	162	Batterie vor Veranst. austauschen	D.D.	Batterie kontrolliert	1	6	9	54

Wahrscheinlichkeit des Auftretens (A)

1	unwahrscheinlich
2-3	sehr gering
4-6	gering
7-8	mäßig
9-10	hoch

Bedeutung für den Kunden (B)

1	nicht bemerkbar
2-3	unbedeutend
4-6	mäßig schwer
7-8	schwer
9-10	äußerst schwer

Wahrscheinlichkeit der Entdeckung (E)

1	hoch
2-3	mäßig
4-6	gering
7-8	sehr gering
9-10	unwahrscheinlich

Risikoprioritätszahl (RPZ)

≥ 1000	= hoch
≥ 250	= mittel
≥ 125	= gering
≤ 1	= kein Risiko

Maßnahme ab 105 zwingend erforderlich

Abb. 3 Formblatt Veranstaltungs-FMEA. (Quelle: eigene Darstellung)

Reputationsschaden des Veranstalters. Um dies im Vorfeld zu vermeiden, wird bereits zu Beginn der Planungsphase ermittelt, welche Ursachen zum Ausfall der Mikrofonie führen könnten. Um alle relevanten Fehlerursachen zu erfassen, bedarf es der Erfahrung von Spezialisten und der Einschätzung von Experten. So kann im zuvor genannten Beispiel mithilfe erfahrener Veranstaltungstechniker rasch erkannt werden, dass die Einführung der LTE-Frequenz zu Beginn des Jahrs zu erheblichen Störungen im Frequenznutzungsplan von Veranstaltern geführt hat und immer noch führt.

Um letztendlich das Risiko realistisch abschätzen und daraus effizient Maßnahmen ableiten zu können, wird anhand der zu ermittelnden RPZ (A x B x E) darüber entschieden, ob Maßnahmen eingeleitet werden oder nicht. Im zuvor genannten Beispiel liegt die RPZ mit 900 (9 x 10 x 10) erheblich über dem Grenzwert von 105 und erfordert zwingend Maßnahmen, um des Risiko zu mindern. Der Grenzwert ist ebenso wie die Bewertung der einzelnen Teilwerte frei wählbar. Er sollte allerdings zusammen mit den möglichen Maßnahmen immer in Zusammenarbeit mit erfahrenen Expertenteams erarbeitet und festgelegt werden, um so einen möglichst realitätsnahen Wert zu entwickeln, der auch realistische Einschätzungen zulässt. So kann verhindert werden, dass das Risikomanagement entweder übervorsichtig und eventuell sehr kostspielig umgesetzt wird oder aber nachlässig mit erheblichen negativen Auswirkungen.

Im Falle der LTE-Frequenzen ist es möglich, sich zusätzlich über verschiedene Frequenzen abzusichern und so das Risiko eines Ausfalls der Mikrofonie auf 60 (2 x 10 x 3) zu senken. Das weitere Einleiten von Maßnahmen ist nun nicht mehr zwingend erforderlich.

Im Fall der Störungen durch Mobiltelefone ist die gewählte Maßnahme – der Einsatz verkabelter Mikrofone – nicht hinreichend. Auch nach Veranlassen der Maßnahmen ist der Grenzwert, wenn auch mit einem wesentlich geringeren Risiko, immer noch überschritten. Eine Iterationsschleife sollte eingeleitet werden.

Die klare Zuständigkeit und der Vermerk über die getroffenen Maßnahmen dokumentieren das proaktive Risikomanagement und ermöglichen eine klare Zuordnung der Verantwortlichkeit bei Zwischenfällen. Gleichzeitig wird die FMEA dadurch aber auch zu einem für nachfolgende Veranstaltungen wertvollen Managementinstrument, da sowohl das Expertenwissen als auch der Veranstaltungsprozess detailliert dokumentiert sind. Zudem wird eine effiziente Ressourcenplanung möglich, die vor allem im Risikomanagement oftmals dafür sorgt, dass Veranstaltungen im Sinne von „Es wird schon nichts passieren" geplant und umgesetzt werden.

Literatur

Barthelmes H (2013) Handbuch Industrial Engineering. Hanser, München
Brüning K (2014) Erfolgssicherung im Eventbereich der DHBW Ravensburg durch methodische Fehlermöglichkeits und -einflussanalyse. Masterthesis DHBW Ravensburg, Ravensburg
Bruhn M (2013a) Kommunikationspolitik, 7. Aufl. Vahlen, München

Bruhn M (2013b) Qualitätsmanagement für Dienstleistungen. Springer Gabler, Berlin

Drews G, Hillebrand N (2010) Lexikon der Projektmanagement-Methoden, 2. Aufl. Haufe, Freiburg

Eventfaq: 330/15 Süd-Afrika: 40 Verletzte auf Kirchenveranstaltung. https://eventfaq. de/33015-sued-afrika-40-verletzte-auf-kirchenveranstaltung. Zugegriffen: 28. Febr. 2016

Goebbels S, Jacob R (2004) Geschäftsprozess-FMEA. Symposium, Düsseldorf

Harer J (2013) Anforderungen an Medizinprodukte: Praxisleitfaden für Hersteller und Zulieferer. Hanser, München

McDermott R, Mikulak R, Beauregard M (2009) The Basics of FMEA, 2. Aufl. Taylor & Francis, New York

Werdich M (2012) Einführung in das Thema. In: Werdich, M (Hrsg) FMEA-Einführung und Moderation. Vieweg+Teubner & Springer Fachmedien, Wiesbaden, S. 1–19

Über die Autorin

Kristin Brüning, M. A. arbeitet an der Dualen Hochschule Baden-Württemberg Ravensburg und verantwortet das Eventmanagement der Hochschule. Davor war sie im Bereich des Hotelmanagements für die Planung und Durchführung von Veranstaltungen verantwortlich. Im Rahmen ihrer Masterthesis „Erfolgssicherung im Eventbereich der DHBW Ravensburg durch methodische Fehlermöglichkeits- und -einflussanalyse" untersuchte sie die Erfolgswirkung von Events und entwickelte eine Methode zur effizienten Steuerung von Veranstaltungen und Events.

Teil III

Wissen und Daten, Interaktion und Wellenbewegungen

Kongress und Innovation

Kongressformate für das 21. Jahrhundert

Claudia Brückner

Zusammenfassung

Unabhängig vom inhaltlichen Fokus (ob im Bereich Wirtschaft, Wissenschaft oder Politik) haben die Kongressteilnehmer ein gemeinsames Ziel: Sie alle erhoffen sich Austausch, und zwar von Wissen, Gedanken und Meinungen. Das zentrale Ziel von Kongressen ist die Kompetenzerweiterung durch Wissenstransfer und Erfahrungsaustausch. Kongressteilnehmer wollen Neues erfahren, erleben und dadurch begreifen (Bühnert 2013). Wie sich die Veränderungen im digitalen Zeitalter auf Kongresse auswirken, soll im Folgenden betrachtet werden.

Vorbemerkung der Autorin

Internet und digitale Kommunikation haben den Zugang zu Wissen und die Fähigkeit zu kommunizieren und kollaborieren fundamental und nachhaltig verändert: Informationen und Wissen sind durch das Internet extrem leicht zugänglich. Zunehmend werden vormals exklusive Inhalte frei verfügbar.

Durch Plattformen wie Wikipedia, Social-Media-Dienste (wie Twitter oder Facebook etc.), Onlinenetzwerke (wie LinkedIn), Webanwendungen wie Wordpress sowie MOOCs (Massive Open Online Courses) wird Wissen zunehmend kollaborativ erstellt, gelernt, inhaltlich diskutiert; es wird sich online vernetzt und ausgetauscht.

C. Brückner (✉)
Berlin, Deutschland
E-Mail: mail@claudiabrueckner.de

© Springer Fachmedien Wiesbaden GmbH 2017   291
C. Bühnert und S. Luppold (Hrsg.), *Praxishandbuch Kongress-, Tagungs- und Konferenzmanagement*, DOI 10.1007/978-3-658-08309-0_19

Die vorherige Trennung zwischen Inhalte-Produzenten und -Konsumenten ist aufgelöst: Alle, die Internetzugang haben, können sich an diesen Diskussionen beteiligen, auf Wissen zugreifen und selbst Ideen und Informationen beisteuern. Die Diskussion von Themen oder Arbeit an Projekten ist nicht mehr orts- und zeitabhängig, da permanent digital kommuniziert werden kann. Wenn Kommunikation, Inspiration, Lernen, Austausch und Networking jederzeit digital möglich sind, welchen Wert haben Kongresse im digitalen Zeitalter?

1   Kongresse im digitalen Zeitalter

Der Analyse soll eine Hauptthese vorangestellt werden, die im Folgenden durch die Skizzierung verschiedener Veränderungen und deren Auswirkungen auf Kongresse näher erläutert wird.

Hauptthese

Um die Kernziele eines Kongresses (Kompetenzerweiterung durch Wissenstransfer und Erfahrungsaustausch/Austausch von Wissen, Gedanken und Meinungen) auch im digitalen Zeitalter zu erreichen, müssen Kongresse Interaktionen herstellen und ermöglichen.

These I

Die klaren Rollen von Kongressteilnehmern lösen sich zunehmend auf. Durch Zugang zu Wissen und Ressourcen sowie Werkzeugen für Kommunikation und Kollaboration in Echtzeit sind Teilnehmer nicht mehr bloß Empfänger, sondern ebenso Produzenten von Wissen und Informationen.

Redner und Teilnehmende rücken hinsichtlich ihrer Expertise immer näher zusammen. Teilnehmer sind gut informiert und anspruchsvoll in Bezug auf die Inhalte von Veranstaltungen. Sie sind Kommunikation, Austausch und Kollaboration in Echtzeit gewohnt und bringen aus ihrem spezifischen Feld wertvolles Expertenwissen mit. Sie erwarten zunehmend Antworten auf individuelle Fragestellungen und Projekte und wollen sich mit anderen (ob Redner oder Teilnehmende) über Erfahrungen und Lösungsansätze austauschen, um wechselseitig voneinander zu profitieren. Sie wollen sich also nicht nur flüchtig kennenlernen, sondern gezielt Netzwerke bilden. Durch den rasanten Wandel von Wissen und Herangehensweisen verliert die reine Präsentation fertiger Produkte zunehmend ihren Wert.

Wenn man einen Blick auf die Mehrzahl der Kongressprogramme wirft, findet man nach wie vor jedoch häufig eine bloße Aneinanderreihung von Vorträgen und nur wenig andere Formate. Vergleicht man dies mit den Kommunikationsrealitäten im 21. Jahrhundert, gewinnt man schnell den Eindruck, der Kongress sei im „Fernsehzeitalter" stecken geblieben, in dem die Rollen von Sender und Empfänger klar abgesteckt waren.[1] Obwohl Interaktion und Partizipation zur täglichen Realität der Kongressbesucher gehören, erleben sie auf vielen Veranstaltungen nach wie vor eine inaktive und überwiegend hierarchische Top-down-Erfahrung, bei der ihnen die Rolle der passiven Zuschauer zugeschrieben wird. Ähnliches gilt für Redner, die überwiegend zu starren Vortragsformaten gedrängt werden. Darüber hinaus wird von ihnen erwartet, dass sie ihre Slides/Folien/Inhalte Tage vor dem Kongress abgeben. Dies erschwert zusätzlich die Möglichkeit, auf die Geschehnisse und Diskussionen während der Veranstaltung in Echtzeit zu reagieren oder noch unfertige Gedanken zu teilen und sich dazu mit den Kongressbesuchern auszutauschen.

Für diese Art von Erlebnis muss man nicht physisch zusammenkommen. In der Konsequenz werden Veranstaltungsformate erforderlich, die dem gewandelten Kontext des digitalen Zeitalters und den veränderten Rollen aller Teilnehmer gerecht werden. Diese Formate müssen auf Interaktion fokussieren, um die Bedürfnisse nach Austausch, Lernen und Networking von Kongressteilnehmern zu befriedigen.

These II

Im Zeitalter von Digitalisierung und Internet steht der temporäre physische[2] Kongress einem permanenten digitalen Raum gegenüber. Kongresse finden im Kontext einer digitalen zeitlichen Ausweitung des Kongresses (vor und nach dem Kongress) sowie einer permanenten digitalen räumlichen Ausweitung (parallel zum Kongress) statt.

Kommunikation und Austausch zu Themen gibt es im digitalen Zeitalter permanent (365 Tage im Jahr), also auch an jenen Tagen, an denen ein Kongress nicht stattfindet. Diese permanente Kommunikation wirkt sich auf den Informationsstand von Teilnehmern und auf Debatten über Themen und Ziele aus. Kongressveranstalter können das nicht ignorieren. Warum sollte man mit einer Diskussion, einem Austausch zu einem Thema bis zum Kongress warten, wenn man es ganzjährig online tun kann?

Bei zunehmendem Umfang von zugänglichen Informationen steigt der Wert von Aufbereitung und Strukturierung sowie Kontextualisierung enorm. Dies wird digital durch verschiedene Medien (Text, Bild, Video etc.) sowie Verlinkung abgebildet. Diese Erfahrung steht im Gegensatz zu einer überwiegend linearen Präsentation von Wissen (zum Beispiel durch PowerPoint-Vortragsreihen) auf Kongressen (vgl. Abb. 1).

---

[1]Zwar wurden zum Teil einige begrenzte Interaktionsformate (Twitter Walls etc.) eingeführt, doch an der grundsätzlichen Rollenverteilung von Sender und Empfänger (Zuschauer) sowie der überwiegend passiven Fernseh-Erfahrung (auch wenn man keine aktive Entscheidung trifft, folgt ein Programm auf das andere) hat sich nichts geändert.

[2]Es wird bewusst nicht die Unterscheidung „real" vs. „digital" verwendet. Diese Trennung suggeriert, dass digitale Räume nichts mit der Realität zu tun haben oder von dieser getrennt zu betrachten seien. Stattdessen werden für eine Abgrenzung die Kategorien „physisch" vs. „digital" verwendet.

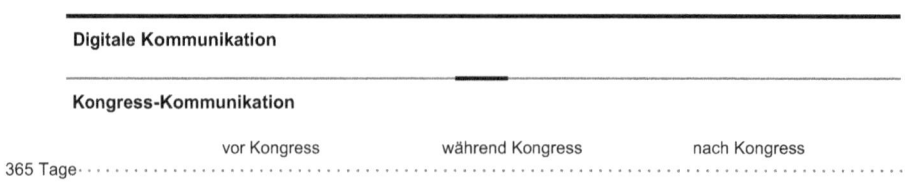

Abb. 1 Digitale Kommunikation im Vergleich zu Kongress-Kommunikation

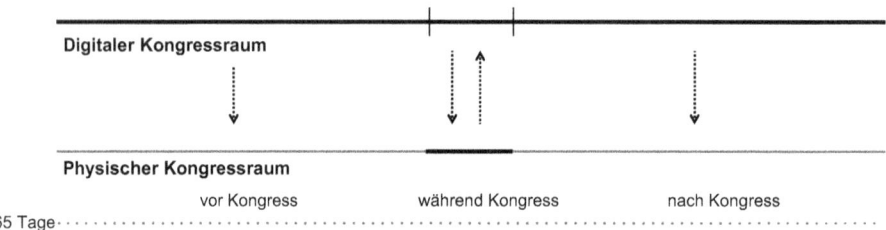

Abb. 2 Erweiterung des physischen Kongressraums durch einen digitalen Kongressraum

Die Erweiterung des physischen Kongressraums durch einen digitalen findet zeitlich nicht nur vor und nach der Veranstaltung statt, sondern ebenso parallel dazu – und zwar durch den permanenten digitalen Austausch während eines Kongresses (via Social Media) zwischen den Kongressteilnehmern und Rednern, aber auch Interessierten, die nicht anwesend sind (vgl. Abb. 2).

Hierdurch entsteht ein Echtzeiteffekt, da eine laufende Veranstaltung über Social Media nahezu in Echtzeit verfolgt werden kann, auch wenn man nicht vor Ort ist. Somit tritt neben die physisch anwesenden Teilnehmer ein digitales Publikum, das einen Kongress – vermittelt durch Social Media – wahrnimmt und beurteilt.

Auch Feedback wird digital ebenso in Echtzeit und unter dem unmittelbaren Eindruck der Kongresserlebnisse (überwiegend per Social Media) vermittelt, im Gegensatz zu einer Feedback-E-Mail, welche die Teilnehmer erst nach dem Kongress erhalten und in der sie zu ihrer Meinung befragt werden.

Dieser Echtzeiteffekt produziert zugleich eine Rückwirkung: die steigende Erwartungshaltung der Teilnehmer. Wenn man eine Veranstaltung in Echtzeit miterleben kann, ohne physisch vor Ort zu sein, muss es sich für die Teilnehmer der jeweiligen Veranstaltung umso mehr lohnen, tatsächlich anzureisen. Die Veranstaltung muss einzigartig sein und etwas bieten, das man nur erleben kann, wenn man physisch dabei ist. Gleiches gilt für die zukünftigen Teilnehmer, die online auf einen Kongress aufmerksam geworden sind und beim nächsten Mal unvermittelt dabei sein wollen, sowie für die Teilnehmer, die einen Kongress erneut besuchen: Sie alle kommen mit gesteigerten Erwartungen; einerseits wiederzuerkennen, was sie gewohnt sind und wertschätzen, andererseits auch überrascht zu werden und ein neues beziehungsweise neu erfundenes Veranstaltungsformat vorzufinden.

Vor dem Hintergrund der digitalen Erweiterung des Kongressraums und dessen Rück-
wirkungen werden neue Strategien benötigt, diesen digitalen Raum – vor und nach sowie
während des Kongresses – zu bespielen, um den Nutzern beziehungsweise Teilnehmern
zusätzliche oder neue Möglichkeiten der Interaktion (und somit zum Austausch, Lernen
und Networking) zu ermöglichen.

These III

Der physisch neutrale Kongressraum bietet keinen Mehrwert. Digitale Räume wirken
auf physische Räume zurück.

Wenn immer mehr Interaktion, Austausch und Networking ganzjährig online stattfindet
und somit andere Formate gefragt sind, damit physische Zusammentreffen einen Mehrwert behalten und die Erwartungen der Teilnehmer erfüllen können, kommt den physischen Veranstaltungsräumen bei Kongressen ebenfalls eine größere Bedeutung zu.

Oftmals werden Veranstaltungsräume als neutraler „third place" charakterisiert, an
dem sich Menschen treffen und zu einem bestimmten Thema austauschen.[3] Doch Veranstalter müssen sich zunehmend fragen, welche Interaktionen und Formate ein physischer
Raum unterstützen und ermöglichen muss, um einen zusätzlichen Mehrwert gegenüber
digitalem Austausch zu bieten beziehungsweise diesen sinnvoll zu ergänzen. Und damit
stellt sich auch die Frage, wie ein physischer Raum aussehen, aufgebaut und ausgestattet
sein muss, um zu Interaktion und Austausch zu verhelfen. Wirft man jedoch einen Blick
in die gängigen Räumlichkeiten beziehungsweise Locations von Kongressen, gewinnt
man den Eindruck, dass den Themen „Raumgestaltung", „Raumstrategie" und „Szenografie" nur sehr wenig Aufmerksamkeit geschenkt wird beziehungsweise Alternativen zu
den herkömmlichen Bestuhlungsarten (wie „Reihe" und „parlamentarisch") nur in wenigen Kongresszentren bekannt sind und angeboten werden. Diese mangelnde Flexibilität
begrenzt die Möglichkeiten, wie Kongresse ablaufen und welche Arten von Interaktionen
und Formaten stattfinden können (beziehungsweise nicht stattfinden können, wodurch
Frontalbeschallung überwiegend Standard bleibt).

Aus der digitalen Kommunikation sind die Kongressteilnehmer Austausch und Networking auf Augenhöhe (entlang von Themen anstatt innerhalb von Hierarchien oder
Rollen) gewohnt. Die physische Erfahrung auf Kongressen ist jedoch zumeist geprägt

---

[3]Den Ausdruck des „third place" hat der Soziologe Ray Oldenburg geprägt. Neben einem eigenen
Heim („erster Ort") und dem Arbeitsplatz („zweiter Ort") sind „dritte Orte", die im Vergleich zu
Heim oder Arbeit *neutral* sind, laut Oldenburg von großer Bedeutung für das Funktionieren einer
Gesellschaft. Als solche „dritten Orte" werden städtische Begegnungsräume („gathering spaces")
verstanden, in denen sich Menschen versammeln können und in denen Öffentlichkeit hergestellt
wird, zum Beispiel Cafés, Restaurants, Kneipen, Galerien, Bibliotheken, Museen, Theater oder
eben Kongressräume (Oldenburg 1999).

durch räumliche Erhöhungen in Form von Bühnen oder Aufteilung der Besucher und Redner durch gesonderte Backstage- oder VIP-Bereiche.[4]

Damit ein Kongress glaubhaft ist und Interaktion entstehen kann, müssen Themen und Veranstaltungsziele auch räumlich erfahrbar werden. Inwiefern ein „neutraler" Raum, in dem heute eine medizinische Tagung und morgen eine Aktionärsversammlung stattfindet, ohne sich räumlich wahrnehmbar zu verändern, einen inspirierenden und glaubhaften Rahmen darstellen kann, ist in Frage zu stellen. Insbesondere vor dem Hintergrund veränderter Kommunikationsgewohnheiten muss es sich für Kongressteilnehmer lohnen, sich auf den Weg zu machen, um einander physisch zu treffen. Der Kongressinfrastruktur und -ausstattung kommt daher zunehmend die Aufgabe zu, Austausch zwischen Menschen zu ermöglichen. Es werden neue Raumstrategien benötigt, um diese Interaktionen zu unterstützen und zu ermöglichen.

These IV

Kongresse finden in gesellschaftlichen Kontexten statt und müssen sich darin positionieren. Gesellschaftliche Entwicklungen und Diskurse wirken auf Kongresse zurück.

Weder sind Kongresse im 21. Jahrhundert räumlich neutrale Orte, noch sind sie wertneutral. Sie werden nicht nur durch verändertes Kommunikationsverhalten beeinflusst, sondern ebenso durch gesellschaftliche, kulturelle und politische Kontexte. Kongresse finden – unabhängig von ihren Themen – in diversen gesellschaftlichen, kulturellen und politischen Kontexten statt, innerhalb derer sie sich positionieren müssen. Die gesellschaftlichen, kulturellen und politischen Themen wie „Diversität" und „Geschlechtergerechtigkeit" wirken sich konkret auf die inhaltliche und räumliche Ausgestaltung aus: Inwiefern ist ein Kongress barrierefrei gestaltet (Zugänge für Rollstuhlfahrer, Übersetzung für Gehörlose etc.) und ermöglicht somit allen Interessierten den Zugang zum Kongress? Wurden nur die „üblichen Verdächtigen" (zumeist männliche, weiße, mittelalte, heterosexuelle) als Redner eingeladen, oder legt ein Kongressveranstalter Wert auf ein breites Spektrum von Referenten und Workshopleitern? Bezieht ein Kongressveranstalter eindeutig und konsequent Stellung zu Umgangs- und Verhaltensweisen, die nicht erwünscht sind und dementsprechend nicht geduldet werden? Hierbei kann ein Verhaltenskodex helfen, dem alle Teilnehmer eines Kongresses (auch Sponsoren) zustimmen müssen, um allen Kongressteilnehmern eine belästigungsfreie Umgebung und Erfahrung zu bieten (zum Beispiel der „Code of Conduct" der *Open Tech Conference*). Eine klare Positionierung der Veranstalter wird von Teilnehmern zunehmend erwartet und eingefordert. So wird zum Beispiel unter dem Twitter-Hashtag „#allmalepanel" auf sämtliche

---

[4]Selbst vermeintlich innovative Start-up-Konferenzen unterbinden (durch den gutmeinenden Versuch, VCs (Venture Capital-Gebern) durch VIP-Areas eine angenehme Atmosphäre zu verschaffen) den Austausch zwischen VCs und Start-ups – für die meisten Start-ups der zentrale Grund, diese Zusammentreffen zu besuchen.

Veranstaltungen hingewiesen, auf denen ausschließlich Männer an einer Diskussion teilnehmen. Um auf dieses Problem nicht nur aufmerksam zu machen, sondern um diesen Zustand aktiv zu verändern, ist die Datenbank Speakerinnen.org entstanden.

Diese Themen mögen Veranstaltern als sekundäre Details erscheinen, doch haben sie einen enormen Einfluss auf die Inhalte, die Debattenkultur und somit auf die Art und Weise, wie man sich auf einem Kongress austauschen kann, wer willkommen ist und dementsprechend gehört wird und die eigene Meinung und Sichtweise vertreten kann.

2 Strategien für Kongresse im digitalen Zeitalter

Nach der Beschreibung des veränderten Kontexts sollen im Folgenden einige Strategien für Kongresse im digitalen Zeitalter diskutiert und Best-Practice-Beispiele vorgestellt werden.

2.1 Strategien für neue Kongressformate

Um die Bedeutung im digitalen Zeitalter nicht zu verlieren, müssen Kongresse die skizzierten Veränderungen widerspiegeln und die entsprechenden Rahmenbedingungen für menschliche Interaktion schaffen, damit Lernen und Networking zwischen Kongressteilnehmern stattfinden können. Hierfür bedarf es solcher Formate, die auf die veränderten Rollen und Erwartungen von Teilnehmern eingehen und echten Austausch bieten, damit Interaktionen und Partizipation ermöglicht werden.

Neue Formate zu entwickeln und anzuwenden, bedeutet nicht, dass die klassischen Elemente wie Vorträge oder Keynotes verschwinden sollen. Nicht selten wird zwischen klassischen und innovativen Veranstaltungsformaten unterschieden. Dies ist zum einen wenig schmeichelhaft, zum anderen mitunter gewagt und letztlich auch nicht hilfreich bei der Charakterisierung. Die Beschreibung von Anlässen wird gelegentlich schon für eine Zielformulierung gehalten, eine genauere Betrachtungsweise ist aber sinnvoll (Domning et al. 2009, S. 120). Es kommt hingegen auf die Mischung der Elemente an, um ein Format zu gestalten. Und diese variieren entlang der spezifischen *Ziele*, konkreten Inhalte sowie Erwartungen und Bedürfnissen der Teilnehmer eines Kongresses. Dabei variieren die Bedürfnisse und Erwartungen zum Teil stark zwischen den verschiedenen Gruppen von Teilnehmern – abhängig davon, ob sie als Gäste, Redner, Sponsoren oder in anderen Funktionen einen Kongress besuchen. Wird den Teilnehmern Austausch und Networking versprochen, so muss die vorhandene „Face-to-Face"-Zeit tatsächlich hierfür genutzt und entsprechende Austauschformate in das Programm integriert werden, anstatt dies nur auf Pausen zu beschränken und die Initiative hierfür ausschließlich den Teilnehmern zu überlassen.

Daher muss man die beliebte Argumentation – nach der es immer physische Treffen geben wird, da der Mensch ein „soziales Wesen" sei – kritisch hinterfragen: Menschen kommen zusammen, weil sie sich von einem physischen Treffen den Mehrwert erhoffen, sich tatsächlich auszutauschen. Um genau dies – Austausch durch Interaktion – zu ermöglichen, müssen Veranstalter Formate schaffen, die diesen Austausch herstellen und damit etwas bieten, das allein durch digitale Kommunikation nicht (oder noch nicht) möglich ist. Demzufolge werden die Veranstalter und Formate Erfolg haben, die dies ermöglichen. Diejenigen werden leer ausgehen (Teilnehmerresonanz, Aufmerksamkeit, Einnahmen), die darauf vertrauen, dass sich das „soziale Wesen" Mensch mit einem neutralen Multifunktionsraum, ausgestattet mit ein paar Stühlen, einer Leinwand und der Aneinanderreihung von Vorträgen, zufriedengibt und sich Austausch und Networking schon von alleine ergeben. Bei der Entwicklung von interaktiven Formaten sollten die Elemente eines Kongresses dahin gehend analysiert werden, ob sie das physische Zusammentreffen von Menschen erfordern, oder ob sie nicht in einem anderen Rahmen und Zeitpunkt (wie im Abschn. 2.2 „Strategien für die Bespielung des digitalen Raums" erörtert) einen größeren Mehrwert bieten. Da dies je nach Zielen, Inhalten und Teilnehmern variieren wird, kann nicht das *eine* neue und innovative Kongressformat am Reißbrett entwickelt werden, sondern es benötigt individuelle Formate, die für die jeweils spezifischen Rahmenbedingungen und Ziele eines Kongresses gestaltet werden. Daher ist der aktuell zu beobachtende Trend – vor die eigentliche Veranstaltung ein zumeist nicht oder schlecht begleitetes Barcamp zu schieben, um den gewohnten Ablauf etwas aufzulockern, sich die restliche Kongresszeit jedoch nicht um Partizipation oder Interaktion zu bemühen – keine zukunftsweisende Formatentwicklung.

Ein spannendes Beispiel im Bereich Formatentwicklung ist das „Service Experience Camp" – eine Mischung aus Konferenz (mit einigen ausgewählten und inspirierenden Keynotes und praktischen Workshops zum Thema „Service Design"), spontanen Barcamp-Sessions (während des Programms) durch Teilnehmer sowie, um dem Motto der Veranstaltung gerecht zu werden und das Thema erlebbar zu machen, Elementen wie „Experience Walks" (Touren in kleinen Gruppen mit Erlebnischarakter) zu exemplarischen Orten außerhalb der Location. Das Format ermöglicht die Interaktion und den Austausch der Community – im Verlauf der zweitägigen Veranstaltungen sind die Rollen fließend: Teilnehmer werden zu Rednern oder Workshopleitern, geladene Speaker finden sich in den von Teilnehmern angebotenen Sessions wieder.

2.2   Strategien für die Bespielung des digitalen Raums

Der Logik der 365 Tage laufenden Kommunikation folgend (vgl. Abb. 1), sollten Veranstalter nicht ignorieren, dass Diskussionen zu bestimmten Themen bereits online (zum Beispiel via Social Media oder auf anderen Websites zu ähnlichen Themen) geführt werden. Vielmehr kann dies genutzt und dahin gehend ausgebaut werden, dass in der Zeit vor und nach einem Kongress Inhalte digital bereitgestellt werden (zum Beispiel spezifische Vorträge vorab als Video, anstatt auf der Konferenz). Darüber hinaus kann der digitale Raum genutzt werden, um Interaktion aller Teilnehmer zu ermöglichen, bevor ein Kongress überhaupt begonnen hat.

Ein Beispiel hierfür ist der „Panel Picker" des Festivals „SXSW" („South by South-west"). Mit diesem Online-Tool erhalten alle potenziellen Teilnehmer die Möglichkeit, Vorschläge für Programmpunkte (Speaker, Moderatoren, Künstler) beziehungsweise für Formatelemente (Paneldiskussion, Workshop etc.) zu machen und diese mit anderen Teilnehmern zu diskutieren. Auf diesen Weg werden 30 % des Inhalts der „SXSW" durch die Besucher bestimmt. Hierin liegt ein entscheidendes Qualitätspotenzial, da die thematische Ausrichtung eines Kongresses nicht allein von einem kleinen Kuratoren-kreis, sondern ebenso von den zukünftigen Teilnehmern entwickelt wird. Zusätzlich zur Qualitätssteigerung und Teilnehmerbindung verringert sich bei dieser Vorgehensweise das Risiko für die Veranstaltenden, da sie von Beginn an Feedback zu Interesse und Aktualität eines geplanten Kongresses erhalten und auf Basis dieser Informationen Ein-nahmen und Kosten besser kalkulieren können.

Die Erweiterung des physischen Kongressraums durch einen digitalen ist zeitlich jedoch nicht nur vor und nach der Veranstaltung möglich, sondern ebenso parallel dazu. Daher sollten die Veranstalter zum einen aufmerksam beobachten, wie die Teilnehmer den digitalen Raum in Bezug auf den jeweiligen Kongress nutzen (Social-Media-Moni-toring), diesen aber auch gestalten (zum Beispiel durch aktive Social-Media-Nutzung, Blogposts auf der Kongresswebsite oder themennahen Websites). Diese Bespielung ist nicht nur lohnenswert, weil sie den Austausch der Teilnehmer begleitet, die physisch (und parallel digital) anwesend sind, sondern weil sie ebenso jene anspricht, die nicht physisch vor Ort sind:

„Social Media has changed the focus. Everything we do goes live on Instagram and the internet the second it happens – or even before it happens. In those minutes or hours while people wait for an event to start, it's already been instagrammed and tweeted to death. So what we do needs to function well, if not better, on a phone than in any other format" (Bureau Betak 2015, S. 133).

Dies hat wiederum einen Einfluss auf den physischen Raum. Außerdem sollten Ver-anstalter überlegen, wie sie die Interessierten, die nicht vor Ort sein können, zusätzlich involvieren, um den Echtzeit-Austausch zu erhöhen. Eine gute Möglichkeit hierfür ist die Bereitstellung eines Livestreams. Dies kann nicht nur ein Anreiz für Interessierte sein, das nächste Mal physisch teilzunehmen, sondern dieser kann eine Rückwirkung evozieren, die wiederum physische Treffen hervorruft. Ein Beispiel hierfür ist die „Google I/O" (Googles jährlicher Entwicklerkongress). Neben dem zentralen Kongress werden weltweit zahlreiche zusätzliche lokale „Offsite-Treffen" organisiert, bei denen die Teilnehmer physisch zusammenkommen, um den Livestream der „Onsite-Konfe-renz" gemeinsam anzuschauen und sich darüber hinaus auszutauschen.

Häufig äußern Veranstalter Bedenken, dass ihre Teilnehmer (zumeist die Generation X, die heute 40- bis 55-Jährigen) solche Angebote nicht annehmen beziehungsweise sich davon sogar überfordert zeigen. Vor diesem Hintergrund muss man – genau wie bei der individuellen Gestaltung von Formaten – auch bei der Entwicklung von digita-len Strategien überlegen, welche Ziele, Inhalte sowie Bedürfnisse und Erwartungen bei dem jeweiligen Kongress relevant sind. Einfach nur den vorherrschenden Trends zu folgen – was aktuell bedeutet, eine generische Kongress-App anzubieten – wird vermutlich weniger angenommen als (digitale) Angebote, die für die Zielgruppe entwickelt wurden und an die spezifischen Bedürfnisse der Teilnehmer angepasst sind. Ebenso individuelle Angebote erwarten die nachkommenden Generationen, die im Internet beziehungsweise mit der Nutzung digitaler Medien aufgewachsen sind und die überhaupt nicht infrage stellen, dass im Vorfeld und Nachhinein sowie parallel zu physischen Treffen digitaler Austausch stattfindet. Vielmehr werden sie diesen einfordern, wenn er nicht angeboten wird – oder ihn einfach selbst initiieren. Und die Teilnehmer dieser Generationen werden in Zukunft noch wichtigere Entscheider sein, wenn sich die Verteilung der Erwerbsstrukturen weiter ändert und neue Arbeitsformen (mehr selbstbestimmte und flexible Arbeit, weniger Festanstellung und mehr selbstständige Tätigkeit) zunehmend die alten ablösen. Denn es wird gute Argumente brauchen, Selbstständige und Entrepreneure zu überzeugen, zu einer Veranstaltung zu kommen. Diese müssen zwar nicht ihre Vorgesetzten überzeugen, dass die Teilnahme an einem Kongress lohnenswert ist, sondern sie müssen selbst die Teilnahmekosten (Ticket, Anreise, Übernachtung etc.) tragen und daher genau prüfen, ob ihnen die Teilnahme einen wirklichen Mehrwert bietet.

Das Argument, dass die Entwicklung einer digitalen Strategie zu aufwendig sei, da die Veranstaltung ja nur wenige Tage stattfindet und warum dann die Arbeit auf das gesamte Jahr ausgedehnt werden soll, greift daher zu kurz: Denn Medien, die ganzjährig spannende Informationen, Anregungen, Inspirationen und die Möglichkeit zur Vernetzung bieten, werden regelmäßig frequentiert, da sie am Puls der Zeit sind. Und aus genau diesem Grund werden zunehmend Veranstaltungen von Akteuren ausgerichtet, die nicht aus der Veranstaltungsbranche stammen, sondern von der Inhaltsseite, die eine entsprechende Community direkt mitbringen beziehungsweise auf den Wunsch der eigenen Community eingehen, zusätzlich zu ganzjährigen (digitalen) Plattformen eine temporäre physische Plattform in Form einer Veranstaltung zu organisieren.

Ein gutes Beispiel für die Entwicklung einer solchen ganzjährigen Kommunikationsplattform ist wiederum die „SXSW", mit einem durchlaufenden Onlineradioprogramm sowie einem ganzjährig online erscheinenden „SXSW Magazin", in denen neben der Vor- und Nachbereitung der Kongresse zahlreiche Beiträge zu den Themen zu finden sind, die die Teilnehmer interessieren und aktuelle Debatten abbilden.

2.3   Strategien für die Bespielung des physischen Raums

Veranstalter müssen sich fragen, welche Formate ein physischer Raum unterstützen muss, um einen zusätzlichen Mehrwert gegenüber digitalem Austausch zu bieten beziehungsweise diesen sinnvoll zu ergänzen. Veranstalter müssen neue Raumstrategien entwickeln, um diese Interaktionen zu ermöglichen und herausfinden, wie ein physischer Raum daher aussehen, aufgebaut und ausgestattet sein muss.

Einen zusätzlichen Wert zum digitalen Austausch schafft zum Beispiel das Festival zu digitalen Gesellschaftsthemen „re:publica" für seine Besucher: Dort kommen diejenigen zusammen, die sich für Themen rund um die digitale Gesellschaft interessieren – zumeist Besucher, die sich ganzjährig bereits (überwiegend digital) austauschen. Neben klassischer Inhaltsvermittlung (größtenteils durch Vorträge und Workshops) schafft der Kongress durch großzügige Außenflächen für Pausen, Catering und Abendveranstaltungen sowie eine zentrale überdachte Fläche für informellen Austausch und zahlreiche Aussteller eine Festivalatmosphäre, die die Besucher nicht verpassen möchten. Nicht nur mit der Aufteilung des physischen Raums, sondern auch mit dessen Ausstattung beziehungsweise den Raumkonzepten experimentiert die „re:publica" – im Jahr 2012 zum Beispiel mit einer Installation eines Stuhlberges (Monobloc-Plastikstühle) im zentralen Ausstellerbereich. Diese Stühle konnten die Besucher überall dorthin auf dem Gelände mitnehmen, wo sie einen brauchen und damit den Konferenzraum nach ihren Bedürfnissen gestalten. Dabei entstanden nicht nur zusätzliche Sitzreihen bei Vorträgen (neben den fest gereihten Stühlen vor den Bühnen), sondern auch ganze neue Orte wie spontane Interview- oder Co-Working-Bereiche oder Sonnenstühle im Außenbereich. Durch das geteilte Erlebnis – eines sich permanent verändernden Raums – kamen die Besucher zusätzlich ins Gespräch.

Ein anderes Beispiel ist die Raumstrategie des Kongresses „Summit of newthinking", der sich von den Gewohnheiten digitaler Kommunikation – Austausch und Networking auf Augenhöhe entlang von Themen – inspirieren ließ und zugleich ein Raumerlebnis entwickelte, welches das Kongressthema „open strategies" erlebbar machte: Trotz parallel laufendem Programm fanden alle Workshops, Gespräche und Gesprächsrunden in einem Raum beziehungsweise einer Halle statt. So war es möglich, an einem Ende des Raums zu sein und gleichzeitig zu sehen, was am anderen Ende passiert. So wurde, um das Programm parallel in einem Raum stattfinden zu lassen, ein punktuelles Soundsystem mit mehreren kleinen Lautsprechern auf den Tischen installiert, um die Geräusche direkt zu den Teilnehmern zu lenken. Das Programm fand nicht auf Bühnen, sondern an Y-förmigen Tischen statt, wodurch sich während der Vorträge oder Workshops nicht nur Teilnehmer und Speaker sehen konnten, sondern auch alle Teilnehmer untereinander. Die räumliche Nähe und flexible Bestuhlung erleichterten Interaktion und Austausch unter Besuchern sowie mit Speakern. Darüber hinaus war die Raumausstattung flexibel genug, um verschiedene Formate – Talks sowie (zum Teil auch spontane) Workshops – zu ermöglichen, ohne dass zuvor umgestuhlt werden musste.

Doch auch wenn man nicht die Möglichkeit hat – wie in den beiden zuvor skizzierten Beispielen geschehen –, eine ganze Halle für einen Kongress umzubauen beziehungsweise einzurichten, sondern Locations wie zum Beispiel Hotel, Convention-Center etc. mietet, gibt es innovative räumliche Ansätze: das „Terminal" zum Beispiel, das die klassische Posterpräsentation auf Kongressen digitalisiert. Die Präsentationen werden durch das flache Terminal mit Bildschirm platzsparend und visuell attraktiver. Durch die Digitalisierung wird das Erstellen, Bearbeiten und Verteilen der Inhalte leichter (keine Deadline für den Druck, Inhalte sind jederzeit vor Ort anpassbar, per E-Mail in Echtzeit verteilbar und durch Volltextsuche erschließbar). Zusätzlich bieten sich neue Möglichkeiten der Interaktion: Durch das eingebaute schwenkbare Tablet können Inhalte auf dem

Terminal-Bildschirm gesteuert werden und hierdurch individuelle und interaktive Präsentationen gehalten werden.

Ein weiteres Beispiel für den Umgang mit Raum beziehungsweise die aktive Gestaltung eines Formats durch den Raum zeigt sich auch bei den Veranstaltungen des Berliner
„Haus der Kulturen der Welt (HKW)". Bei zahlreichen Veranstaltungen im „HKW" (ob
Konferenz, Symposium oder Ausstellung) sind die verschiedenen Räume nicht nur verschiedenen Inhalten oder Funktionen (Vortrag, Austausch, Ausstellung etc.) zugeordnet,
sondern auch für interessierte Besucher offen. So sind zum Beispiel das Foyer, das Café
sowie der Ausstellungsraum des Veranstaltungsorts zumeist auch dann zugänglich, wenn
man kein Ticket für eine Konferenz oder ein Symposium hat. Somit kann man sich in der
Location auch mit Interessierten verabreden oder austauschen, die nur wenig Zeit haben
und der Ort bleibt auch während Veranstaltungen attraktiv und offen für Laufpublikum.

3   Kongresse im 21. Jahrhundert – vom „third place" zum „third space"

Damit Kongresse im 21. Jahrhundert relevant bleiben und sich weiterentwickeln, müssen
sie jedoch noch einen Schritt weiter gehen als die skizzierten Best-Practice-Beispiele.
Kongresse müssen sich lösen vom Selbstverständnis eines neutralen dritten Ortes –
„third place" – und stattdessen eine Verschmelzung von digitalem und physischem Raum
anstreben (s. Abb. 3): „However, digital technology and social media permeate this third
place to the extent that it is lifted out of the purely physical dimension of place. The
third place becomes a third space" (Olma 2012, S. 31). Der Begriff und das Konzept des
„third space" stammen von Joseph Pine: „In his latest book, Infinite Possibility, Pine
argues that in the digital age, creating experiences is increasingly about reaching what
he calls a ‚third space'. A third space is what emerges when digital technology fuses the
real and the virtual in such a way that an unprecedented customer experience is created.
Third spaces arise at the digital frontier, where technology enables the imagination to
create new worlds by bringing together reality and virtuality" (Olma 2012, S. 30).

Kongresse als „third space" sind somit weder ein rein physischer noch ein ausschließlich digitaler Raum, sondern zu einem Hybrid verschmolzen.

Die Idee oder das Konzept des „third space" kann man auch als „Plattform"
umschreiben. Um den Veränderungen durch digitale Kommunikation und Austausch

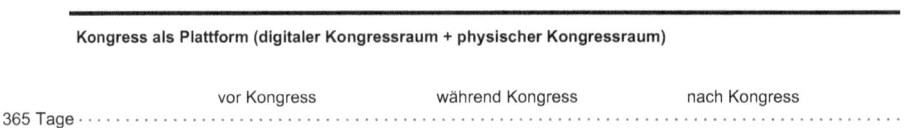

Abb. 3 Kongress als „third space" beziehungsweise Plattform (weder rein physischer noch ein
ausschließlich digitaler Raum, sondern zu einem Hybrid verschmolzen)

gerecht zu werden und als Austauschformat relevant zu bleiben, sollten sich Kongresse als Plattformen verstehen, also Anlaufpunkte, welche die digitalen und physischen Werkzeuge bereitstellen, damit sich Menschen zu bestimmten Themen, Fragen und Problemstellungen austauschen und vernetzen können. Dieses Verständnis setzt voraus, dass Kongresse nicht als singuläre temporäre Events verstanden, sondern holistisch betrachtet und entsprechend entwickelt werden.

Um dieses Potenzial auszuschöpfen, müssen neue spezifische Kongressformate entwickelt beziehungsweise angewendet werden, die auf die veränderten Rollen und Erwartungen von Teilnehmern eingehen und echten Austausch bieten, damit Interaktion und Partizipation ermöglicht werden. Parallel werden digitale und physische Raumstrategien benötigt, um den digitalen Raum (vor und nach sowie während des Kongresses) zu bespielen und den Nutzern und Teilnehmern zusätzliche und neue Möglichkeiten der Interaktion (und somit zum Austausch, Lernen und Networking) zu eröffnen; physische Raumstrategien, um Interaktionen zu ermöglichen und Formate zu entwickeln, die einen zusätzlichen Mehrwert gegenüber digitalem Austausch bieten oder diesen sinnvoll ergänzen. Nach erfolgreicher Transformation eines Kongresses zu einer Plattform im Sinne des „third space" sind die Kategorien „vor und nach" dem Kongress in erster Linie organisatorische Aspekte (für die Veranstalter) im Rahmen der Vorbereitung eines physischen Zusammentreffens. Der Kongress als Plattform ist jedoch nicht entlang organisatorischer Notwendigkeiten, sondern gemäß den Bedürfnissen, Zielen und Erwartungen der Teilnehmenden konzipiert.

Literatur

Bureau Betak: Frame Magazine, No. 102 (2015), S. 133–135
Code of Conduct der Open Tech Conference. https://otsconf.com/#a11y. Zugegriffen: 24. Nov. 2015
Das Terminal. http://www.dasterminal.com/. Zugegriffen: 24. Nov. 2015
dclass Conference. http://www.dclass.de/. Zugegriffen: 24. Nov. 2015
Domning M, Elger CE, Rasel A (2009) Neurokommunikation im Eventmarketing. Gabler, Wiesbaden
Google I/O. https://events.google.com/io2015/offsite. Zugegriffen: 24. Nov. 2015
Oldenburg R (1999) The great good place: cafes, coffee shops, bookstores, bars, hair salons, and other hangouts at the heart of the community. Paragon house, New York
Olma S (2012) The serendipity machine. A disruptive business model for society 3.0. Society 3.0 Foundation, Amsterdam
re:publica. https://re-publica.de/. Zugegriffen: 24. Nov. 2015
Service Experience Camp. http://serviceexperiencecamp.de. Zugegriffen: 24. Nov. 2015
South by Southwest Panel Picker. http://panelpicker.sxsw.com/about. Zugegriffen: 24. Nov. 2015
SXSWfm. http://www.sxsw.com/fm. Zugegriffen: 24. Nov. 2015
SXSW Magazin. http://www.sxsw.com/sxsworld. Zugegriffen: 24. Nov. 2015
Speakerinnen.org. http://speakerinnen.org. Zugegriffen: 24. Nov. 2015
Summit of newthinking. http://open-strategies.de. Zugegriffen: 24. Nov. 2015

sicherheitsorientiert vorzugehen. Mit der Fehlermöglichkeits- und -einflussanalyse (FMEA) bietet sich die Möglichkeit, Fehler bei der Durchführung von Veranstaltungen frühzeitig zu erkennen und bereits im Vorfeld gegebenenfalls Präventionen einzuleiten. So wird nicht nur die erfolgreiche Umsetzung einer Veranstaltung so weit wie möglich gewährleistet, sondern vor allem auch ein effizientes Risikomanagement umgesetzt, das für alle Beteiligten einen Mehrwert im Rahmen des Veranstaltungsmanagements schafft.

1   Einleitung

Veranstaltungen wie Kongresse, Tagungen oder Konferenzen sind heute weit mehr als Zusammenkünfte verschiedener Personen, bei denen spezielle Themenbereiche bearbeitet und Inhalte über beispielsweise Produkte oder Branchen vermittelt werden. Vielmehr werden derartige Veranstaltungen beziehungsweise Events heute gezielt als Marketinginstrument genutzt, um eine erfolgreiche Zielgruppenansprache mit all ihren Zielausrichtungen zu realisieren. Damit dies langfristig wirksam ist, bedarf es einer umfangreichen Erfolgsbetrachtung, die eng mit einer Risikobetrachtung verknüpft ist. Zwar gibt es abhängig von der Veranstaltungsart sehr unterschiedliche Zielsetzungen, doch haben alle Veranstaltungen gemein, dass ihr Erfolg von der Vermeidung verschiedenster Risiken wie etwa technischer Probleme, überfüllter Veranstaltungsorte oder menschlichen Versagens abhängig ist. Negative Zwischenfälle können vor allem beim Eintreten von Sach- und Personenschäden das Image des Veranstalters weitaus nachhaltiger beeinflussen, als ein erfolgreich durchgeführtes Event dies im positiven Sinne vermag. Wenngleich auch ein im Vorfeld angewandtes und effizient eingesetztes Risikomanagement mit hohem Aufwand verbunden ist, so bietet es dennoch eine Hilfestellung in der Planung und Umsetzung einer Veranstaltung. Um eine verlässliche Einschätzung des Umfangs des sich aus dem Risikomanagement ergebenden Aufwands zu ermöglichen, erscheint die Definition von Kennzahlen sinnvoll, die valide über einzuleitende Maßnahmen entscheiden. Dies führt langfristig zu einem ressourcenschonenden und effizienten Veranstaltungsmanagement.

2   Risikomanagement im Veranstaltungsbereich mithilfe der FMEA

Sowohl bei Kongressen und Tagungen als auch anderen Veranstaltungsformen handelt es sich immer um eine Vor-Ort-Kommunikation, die eine Nachbesserung beim Auftreten von Fehlern in situ nur schwer möglich macht und daher eine Prävention erfordert.

Dies ist mit einem zeitlichen, einem personellen und einem finanziellen Aufwand verbunden, ohne dass man den Nutzen vorher bewerten kann. Daher wird eine

Über die Autorin

Claudia Brückner ist Event-Experience-Designerin sowie Innovations- und Strategieberaterin. Sie entwickelt Eventformate und -konzepte (von der Großkonferenz bis hin zu Workshops) – immer mit dem Ziel, menschliche Interaktionen und nutzerzentrierte Erfahrungen zu gestalten. Zu Projekten und Kunden gehören unter anderem die „re:publica", die „DMY Berlin", das „Service Experience Camp" sowie „4531 km.eu" – ein 4531-km-Roadtrip durch Europa. Außerdem unterrichtet Claudia Brückner Design Thinking an der HPI School of Design Thinking.

Gut zu Wissen

Wissensmanagement in Theorie und Praxis

Katharina Klahn

Zusammenfassung

In der heutigen innovationsorientierten Wirtschaft leben die Menschen in einer Wissensgesellschaft, in der Wissen die wertvollste Ressource darstellt (Krcmar 2010, S. 623). Der Umfang an Informationen nimmt aufgrund komplexer Produkte und Dienstleistungen und globaler Märkte ständig zu (Bullinger et al. 1997, S. 5; Krcmar 2010, S. 54).

Schon seit Ende der Achtzigerjahre, besonders seit Beginn der Neunzigerjahre bis heute hat Wissen als Wettbewerbsfaktor Schlagzeilen gemacht (Probst et al. 2010, S. 3). Eines der bekanntesten Zitate stammt aus einem Artikel im Spiegel aus dem Jahr 1988 von dem damaligen Siemens-Geschäftsführer Henrich von Pierer: „Wenn Siemens wüsste, was Siemens alles weiß, dann wäre Siemens unschlagbar" (Spiegel 2012).

Das Wissen einer Organisation und das Wissen seiner Mitarbeiter altern heute schneller als je zuvor und erfordern den ständigen Aufbau neuen Wissens (Dillerup und Stoi 2011, S. 714 f.). Dadurch tritt das Thema „Wissen managen" immer mehr in den Vordergrund und die Notwendigkeit einer neuen „Kultur" des Wissens, in der das geteilte Wissen mehr zählt als das einzelne (Bünnagel 2010, S. 1; Mandl und Reinmann-Rothmeier 2000, S. 7).

Die Problematik, wie eine Institution – sei es ein Unternehmen, eine Organisation oder ein Verband – erkennen kann, ob das Wissen richtig gemanagt wird, wird anhand der Identifikation von Wissenslücken gezeigt. Ziel dieses Betrags ist es, neben der Verinnerlichung von Grundlagen des Wissensmanagements anhand von B eispielen zu zeigen, wie ein Istzustand des vorhandenen Wissensmanagements eruiert werden kann. Und anschließend werden aus der Analyse beispielhaft Ansätze für ein verbessertes und produktiveres Wissensmanagement aufgezeigt.

K. Klahn (✉)
Kaltenkirchen, Deutschland
E-Mail: katharinaklahn@gmail.com

C. Bühnert und S. Luppold (Hrsg.), *Praxishandbuch Kongress-, Tagungs- und Konferenzmanagement,* DOI 10.1007/978-3-658-08309-0_20

Vorbemerkung der Autorin

Ob Wissen Macht ist, sei dahingestellt. Auf jeden Fall ist Wissen Stärke und damit in allen Arbeits- und Lebensbereichen ein entscheidender Faktor. Wissen ist aber nicht resistent gegen nachlässige Handhabung. Wenn Wissen weder gespeichert noch abgerufen wird, ist es schon verloren – und buchstäblich vergessen. Dem tritt Wissensmanagement entgegen. Wissensmanagement ist ein Prozess, um Know-how systematisch zu sichern. Dies geschieht nicht nur durch eine Plattform, auf der sämtliches Wissen dokumentiert wird, sondern der Prozess, Wissen zu managen, muss auf verschiedenen Ebenen aktiviert werden. Damit wird eine langfristige Wettbewerbsfähigkeit sichergestellt. Wissensmanagement ist in der Praxis vornehmlich in Unternehmen zu finden, um in den arbeitsteiligen Strukturen für einen gleichen Wissensstand zu sorgen. Eine Anleihe des Wissensmanagements kann aber auch für Kongresse und Tagungen, ja sogar für sämtliche Bildungsveranstaltungen genommen werden. Zum einen gilt dies für die Veranstaltung als Projekt, wo viel Erfahrung mitspielt. Zum anderen betrifft es ein Aufgabenfeld, das man in der Verlagswelt unter dem Begriff „Content-Management" kennt. Was Fachverlage zum Gegenstand ihrer Geschäftsmodelle machen, ist nämlich die Maßeinheit aller Veranstaltungen, die Wissensaustausch und Lernen zum Zweck haben: Inhalte.

1   Wissenschaftliche Betrachtung von Wissen und Wissensmanagement

1.1   Entstehung und Begriffsdefinition des Wissens

Um zu verstehen, was Wissen ist und wie Wissen entsteht, ist die Wissenstreppe von North ein hilfreiches Modell, welches verdeutlicht, dass Wissen mehr ist als nur eine Ansammlung von Daten. Zusammenfassend sagt das Modell aus, dass Wissen durch Zeichen, Daten und Informationen, die in Zusammenhang gebracht und in einen Kontext gestellt werden, entsteht. Die wechselseitigen Zusammenhänge von Handeln und Kompetenzen sind die Basis für die Wettbewerbsfähigkeit (North 2005, S. 32 f.).

Die Bedeutung der Wissenstreppe von North bestätigen Probst, Raub und Romhardt durch eine ähnliche Definition von Wissen: „Wissen bezeichnet die Gesamtheit der Kenntnisse und Fähigkeiten, die Individuen zur Lösung von Problemen einsetzen. Dies umfasst sowohl theoretische Erkenntnisse als auch praktische Alltagsregeln und Handlungsanweisungen. Wissen stützt sich auf Daten und Informationen, ist im Gegensatz zu diesen jedoch immer an Personen gebunden" (Probst et al. 2010, S. 23).

1.2 Wissensarten und die Entstehung einer organisationalen Wissensbasis

Warum Wissen nicht gleich Wissen für alle bedeutet und wie dieses in das Unternehmen als Ganzes eingebracht wird, zeigen die vier wichtigsten Wissensarten und die Entstehung einer organisationalen Wissensbasis, die im Folgenden erläutert werden.

Das implizite Wissen ist den Mitarbeitern oft nicht bewusst. Es stellt das persönliche Wissen dar und beruht auf Idealen, Werten, Fertigkeiten, Vorstellungen, Gefühlen und besonders auf den eigenen Erfahrungen des Mitarbeiters (North 2005, S. 43; Belliger und Krieger 2007, S. 32; Lehner 2012, S. 58). Implizites Erfahrungswissen ist schwer formalisierbar, kommunizierbar und abrufbar, das heißt, es ist schwer in Worten auszudrücken oder in Algorithmen zu erfassen (Alex et al. 2002, S. 60; Krcmar 2010, S. 626; Lehner 2012, S. 58). Oft wird das Wissen als selbstverständlich angesehen, weil es tief in den Handlungen und Erfahrungen des Einzelnen verankert ist (North 2005, S. 43; Krcmar 2010, S. 626).

Explizites Wissen hingegen ist nicht in den Köpfen der Mitarbeiter gespeichert, sondern liegt außerhalb der einzelnen Individuen (Bullinger et al. 1997, S. 8). Das Wissen liegt auf unterschiedlichsten Medien in Form von Daten oder Dokumenten vor (Belliger und Krieger 2007, S. 48). Es ist formalisiert und daher kommunizierbar und kann deswegen unabhängig von der Person weitergegeben werden (Nonaka und Takeuchi 1997, S. 72). Durch Medien kann explizites Wissen gespeichert, verarbeitet und übertragen werden (Krcmar 2010, S. 626).

Individuelles Wissen ist im Bewusstsein der einzelnen Mitarbeiter verankert, jedoch nicht ausformuliert und nicht für andere zugänglich (Schneider 2012; Alex et al. 2002, S. 50). Es handelt sich hierbei um Begabungen, Erfahrungen, Fertigkeiten, Ansichten und Werte eines Mitarbeiters (Schneider 2012). Das individuelle Wissen besteht aus implizitem und explizitem Wissen. Es wird zu wertvollem Wissen, wenn es auch für andere zugänglich gemacht wird (North 2005, S. 187).

Wenn individuelles Wissen für viele Mitglieder einer Organisation zur Verfügung steht, beziehungsweise diese darauf zugreifen können, wird vom „kollektiven Wissen" gesprochen (Lehner 2012, S. 62). Kollektives Wissen, wie vereinbarte Vorgehensweisen, geteilte Werte, Berichte, Datenbanken usw., ist auch Teil des individuellen Wissens, da jeder Mitarbeiter das kollektive Wissen auf individuelle Art und Weise interpretiert (Schneider 2012).

Zusammengefasst ist die Unterscheidung in explizites und implizites Wissen bezüglich der Verfügbarkeit des Wissens in der Organisation wichtig, da Mitarbeiter Wissen erst nutzen können, wenn es in expliziter Form vorliegt (North 2005, S. 43). Und durch die Umwandlung der Wissensbestände einzelner Mitarbeiter, also von individuellem Wissen zu kollektivem Wissen, kann neues und zusätzliches Wissen entstehen (Jaspers 2008, S. 22).

Unterschiedliche Wissensarten in einem Unternehmen und deren Zusammenhänge werden als organisationale Wissensbasis eines Unternehmens bezeichnet (Probst et al. 2010, S. 15). Die Abb. 1 veranschaulicht die Entwicklung der organisationalen Wissensbasis.

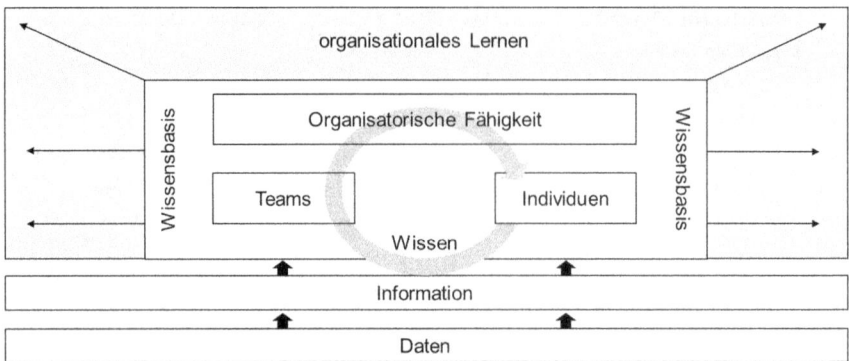

Abb. 1 Aufbau der organisationalen Wissensbasis. (Quelle: Probst et al. 2010, S. 15)

Abb. 1 verdeutlicht das Entstehen und die Verteilung von Wissen in einem Unternehmen. Der Prozess, individuelles Wissen einer Person in kollektives Wissen umzuwandeln und damit für alle verfügbar zu machen, wird „organisatorische Fähigkeit" genannt. Der Wissensbestand, der allen Mitarbeitern zur Verfügung steht, repräsentiert die organisationale Wissensbasis (Lehner 2008, S. 84).

Für ein Unternehmen ist ein einzelnes Individuum, welches „lernt", nicht effizient, sondern lediglich ein Lernprozess, welcher alle Mitarbeiter involviert. Das organisationale Lernen beschreibt diesen Lernprozess und das Bestreben, die organisatorischen Fähigkeiten wirkungsvoll zu behandeln und zu steigern (Probst et al. 2010, S. 37; Haun 2002, S. 40). Es ist die Reproduktion des organisatorischen Wissens. Für das Unternehmen sind Aufbau und Transfer von Wissen ein individueller und kollektiver Lernprozess (North 2005, S. 24). Wie das organisationale Lernen gestaltet und gelenkt wird, ist Gegenstand des Wissensmanagements.

1.3   Begriffsdefinition des Wissensmanagements

Anhand des beschriebenen Kernaufbaus von Daten über Informationen zum Wissen lässt sich das Wissensmanagement definieren und erklären. Analog betrachtet, hat das Wissensmanagement zwei Ursprünge: das Datenmanagement und das Informationsmanagement (Haun 2002, S. 42).

Unter Datenmanagement versteht man die allgemeine Verwaltung der Daten. Daten werden gesammelt, gespeichert und geordnet, um die Informationsversorgung optimal zu gewährleisten (Heinrich und Lehner 2005, S. 223). „Informationsmanagement" ist die Planung, Überwachung und Steuerung der Nutzung von Informationen. Sie wird daher als Erweiterung des Datenmanagements betrachtet (Lehner 2012, S. 166). Ein wichtiger Unterschied zwischen den beiden ist, dass sich das Informationsmanagement sowohl auf Information als auch auf Kommunikation bezieht und das Datenmanagement

Abb. 2 Aufbau des
Wissensmanagements. (Quelle:
eigene Darstellung)

nicht (Heinrich und Lehner 2005, S. 7). „Wissensmanagement" baut auf dem Informationsmanagement auf (Abb. 2). Ohne Information ist eine wissensorientierte Unternehmensführung nicht möglich (North 2005, S. 298). Der gravierende Unterschied
zwischen Informationsmanagement und Wissensmanagement besteht darin, dass Letzteres der zielorientierten Nutzung der Informationen zur Lösungsfindung dient und so
einen Mehrwert schafft.

Belliger und Krieger haben eine umfassende Definition von Wissensmanagement
aufgestellt (2007, S. 132): „Wissensmanagement ist die zielgerichtete Sammlung, Aufbereitung, Verwaltung und bedarfsträgergerechte Vermittlung von Wissen […]." North
definiert den Begriff des Wissensmanagements vergleichbar (North 2005, S. 167): „Wissensorientierte Unternehmensführung beinhaltet daher das Gestalten, Lenken und Entwickeln der organisationalen Wissensbasis zur Erreichung der Unternehmensziele."

Wissensmanagement ist eine Führungsaufgabe, die sich mit der zielorientierten Nutzung und Weiterentwicklung von Wissen befasst, um die Wettbewerbsfähigkeit und Produktivität langfristig zu optimieren (Heinrich und Stelzer 2011, S. 286).

1.4 Ziele und Nutzen des Wissensmanagements

Basis für jeden Prozess in einem Unternehmen ist eine konkrete Zielformulierung
(Lehner 2012, S. 290). Wissensmanagement als Prozess im Unternehmen bedarf daher
ebenso einer Zielformulierung (Belliger und Krieger 2007, S. 51). In Abb. 3 sind die
Ziele des Wissensmanagements grafisch zusammengefasst.

Ein wichtiges Ziel des Wissensmanagements ist, aus Informationen Wissen zu generieren und langfristig nutzen zu können. Hieraus ergibt sich eine Effizienzsteigerung,
zum Beispiel wird Doppelarbeit reduziert, schnellere Prozesse entstehen, Kosten werden
gesenkt und eine Steigerung der Kundenzufriedenheit wird erreicht (Belliger und Krieger 2007, S. 22; North 2005, S. 169).

Damit ein wissensorientiertes Unternehmen seine Ziele verfolgen kann, ist es wichtig,
dass der Nutzen des Wissensmanagements transparent ist (Belliger und Krieger 2007,
S. 49). Möglicher Nutzen ist eine gesteigerte Innovation im Unternehmen, neue Produkte
werden schneller entwickelt und es kann schneller auf Veränderungen in neuen Märkten
reagiert werden.

Weiterhin ist die Verbesserung der Arbeitsqualität ein Ziel, das durch das Wissensmanagement schnell erreicht werden kann (Belliger und Krieger 2007, S. 132 f.). Sobald
alle an einem Prozess beteiligten Mitarbeiter das notwendige Wissen haben, werden
weniger Fehler gemacht.

Abb. 3 Ziele des Wissensmanagements. (Quelle: in Anlehnung an North 2005, S. 11)

Das verfügbare Wissen stellt einen wichtigen Wettbewerbsfaktor dar und steigert den Marktwert eines Unternehmens (Dillerup und Stoi 2011; S. 620; Alex et al. 2002, S. 49). Ziel des Wissensmanagements ist es, die wichtigen Wettbewerbsfaktoren wie Qualität, Effizienz und Innovation nachhaltig zu gestalten.

1.5   Ebenen des Wissensmanagements

Um Wissensmanagement im Unternehmen erfolgreich anwenden zu können, müssen die relevanten Ebenen betrachtet werden. Abb. 4 veranschaulicht die Beziehungen zwischen den verschiedenen Ebenen. Wissensmanagement ist ein komplexes Zusammenspiel von Technik, organisationalen Maßnahmen und Menschen (Belliger und Krieger 2007, S. 29). Das Verbindungselement der drei Ebenen ist die Unternehmenskultur.

Der Erfolg des Wissensmanagements und damit auch die Förderung des Wissensaustauschs entsteht durch eine Kultur geprägt von Transparenz, Offenheit, Kommunikation und Vertrauen (Jaspers 2008, S. 60; Alex et al. 2002, S. 52 ff.; Jaspers und Westerink 2008, S. 78). Daher ist die Unternehmenskultur eine entscheidende Verbindung zwischen allen Ebenen. Einstellungen und Verhalten der Mitarbeiter werden durch gültige Normen, Einstellungen und Werte geprägt (Jaspers und Westerink 2008, S. 76; Nonaka und Takeuchi 1997, S. 191).

Abb. 4 Ebenen im
Wissensmanagement. (Quelle:
Kaiser 2008, S. 207)

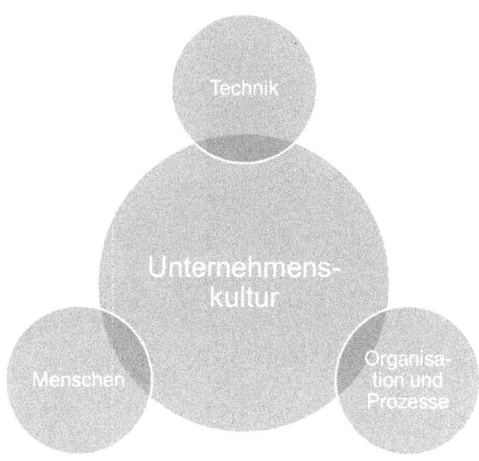

Die Technik ist gewissermaßen als Gedächtnis der Organisation anzusehen, die zur
Unterstützung der Informations- und Wissensverteilung dient (Lehner 2012, S. 246). Für
die Umsetzung ist eine technische Infrastruktur wie Informations- und Kommunikationstechnik, zum Beispiel Workflow-Systeme oder Intranet, nötig (Picot und Scheuble 2000,
S. 32).

Laut North gibt es drei Stufen der Informations- und Kommunikationsinfrastruktur:
Gelbe Seiten, Diskussionsforen und Groupware-Systeme (North 2005, S. 299).

Zu den Gelben Seiten gehören Best Practice und Wissenslandkarten. Best-Practice-
Verfahren bieten die Möglichkeit, eine Erfahrungsdatenbank durch Sammeln und Dokumentieren von guten und schlechten Erfahrungen aufzubauen (Jaspers 2008, S. 29;
Lehner 2012, S. 90). Eine Wissenslandkarte ist eine grafische Darstellung, die einen
Überblick über Wissensträger, -strukturen, -bestände, -quellen oder -anwendungen in
einer Organisation geben kann (Schuhbauer und Schwinghammer 2005, S. 67). Die Diskussionsforen stellen Internet- und Intranetanwendungen dar, bei denen Mitarbeiter spezielle Themen interaktiv diskutieren können (North 2005, S. 299). Die Gelben Seiten des
Wissens sowie die Diskussionsforen unterliegen einer weitgehenden Selbstorganisation
(North 2005, S. 300 f.). Groupware-Systeme – wie zum Beispiel E-Mail, Dokumenten-
management, Datenbankmanagement oder ein elektronisches schwarzes Brett – benötigen hingegen professionelle Pflege (North 2005, S. 299 f.). Ergänzend zu den drei
Informations- und Kommunikationstechnologien von North hat Social Software Einzug
in die Unternehmen gehalten, wie Abb. 5 zeigt.

Social Software sind webbasierte Anwendungen, die soziale Aktivitäten wie Kommunikation und Kooperation von sozialen Netzwerken ermöglichen und unterstützen (Belliger und
Krieger 2007, S. 93; Günther 2010, S. 6). Es gibt eine Vielzahl von Social-Software-Systemen

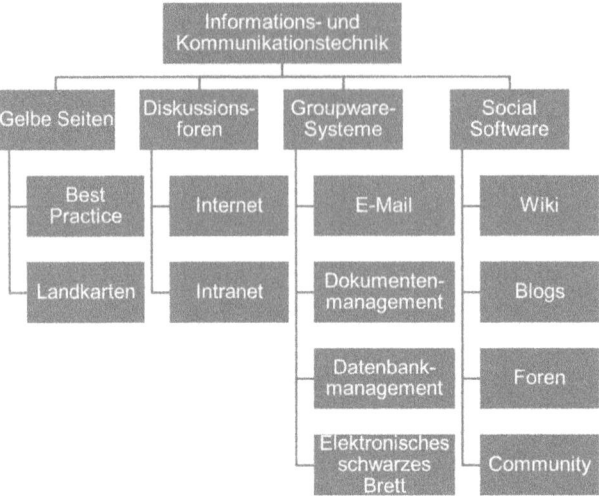

Abb. 5 Aufbau der Informations- und Kommunikationstechnik. (Quelle: eigene Darstellung)

wie zum Beispiel Blogs, Wikis[1], Foren, Tauschbörsen, Bewertungen, soziale Netzwerke, Community-Plattformen oder Lesezeichen, auch „Social Bookmarks" genannt.

Wissensmanagement muss in der Organisation des Unternehmens, das heißt bei den mitwirkenden Personen und allen unternehmerischen Prozessen, verankert werden (Forschungsinstitut Betriebliche Bildung 2012). Für ein harmonisches Zusammenspiel der Ebenen „Organisation", „Technik" und „Menschen" sollten die übergeordneten Steuerungs- und Zielsysteme aufeinander abgestimmt werden (Komus und Wauch 2008, S. 238 f.).

Die Einführung eines Wissensmanagements muss als ganzheitlicher Ansatz betrachtet werden, vergleichbar mit der Einführung eines Total-Quality-Managementsystems in einem Unternehmen (Kaiser 2008, S. 207). Die ganzheitliche Betrachtung und Einführung bedeutet, dass das Wissensmanagement – ähnlich wie bei einem Total-Quality-Managementsystem – in alle Abteilungen, Abläufe und Berichtsstrukturen integriert und dadurch gelebt wird (Rothlauf 2010, S. 510).

Als ein wesentlicher Erfolgsfaktor für einen kontinuierlichen Wissenstransfer und damit ein effektives Wissensmanagement, dient die Ebene „Mensch", also die Gesamtheit aller Mitarbeiter in einem Unternehmen. Das Wissen aller Mitarbeiter stellt die eigentliche organisationale Wissensbasis eines Unternehmens dar (Bullinger et al. 1997, S. 9).

---

[1]Das Wiki ist ein Social-Software-System (Belliger und Krieger 2007, S. 96). Es dient zur Vereinfachung der Informations- und Erfahrungsweitergabe (Belliger und Krieger 2007, S. 98; Richter 2008, S. 151). Leser und Autor werden in diesem Websystem gleichgestellt (Smolnik und Riempp 2006, S. 20). Die einfache Bedienbarkeit eines Wikis fördert den aktiven Informationsaustausch und erlaubt dadurch eine inhaltliche Konvergenz (Müller und Gronau 2008, S. 10 ff.).

1.6 Modell des Wissensmanagements nach Probst, Raub und Romhardt

Nachdem der Begriff „Wissen", der Zusammenhang mit dem Wissensmanagement und die Ebenen von Wissensmanagement näher erläutert wurden, wird ein Modell des Wissensmanagements von Probst, Raub und Romhardt (Abb. 6) dargestellt.

In der Literatur gibt es mehrere Modelle des Wissensmanagements. In diesem Beitrag soll jedoch nur dieses vorgestellt werden, da das Modell den Prozess in logische und in sich abgeschlossene Phasen strukturiert (Haun 2002, S. 106). Das Modell eignet sich gut, um Probleme aus der Praxis aufzudecken und zu analysieren.

In dem Modell sind acht Elemente als Bausteine des Wissensmanagements dargestellt. Der innere Kreislauf stellt die sechs Kernprozesse des Wissensmanagements dar und zeigt mögliche Interventionsfelder für Wissensmanagement-Probleme in einem Unternehmen. Durch die übergeordneten Bausteine „Wissensziele" und „Wissensbewertung" werden die sechs Kernprozesse zielorientiert gesteuert (Probst et al. 2010, S. 28 ff.).

Aufgrund der immer größeren Komplexität und des Umfangs des Wissens wird es schwieriger, einen Überblick und eine gute Transparenz für das Unternehmen zu schaffen. Der erste Baustein ist die Wissensidentifikation. Diese hilft bei der Analyse und Beschreibung des Wissensumfelds und dabei, ein effektives Wissensmanagement zu gestalten. Interne und externe Transparenz über das vorhandene Wissen wird geschaffen. Der zweite Baustein ist der Wissenserwerb. Unternehmen erwerben ihr Wissen größtenteils aus

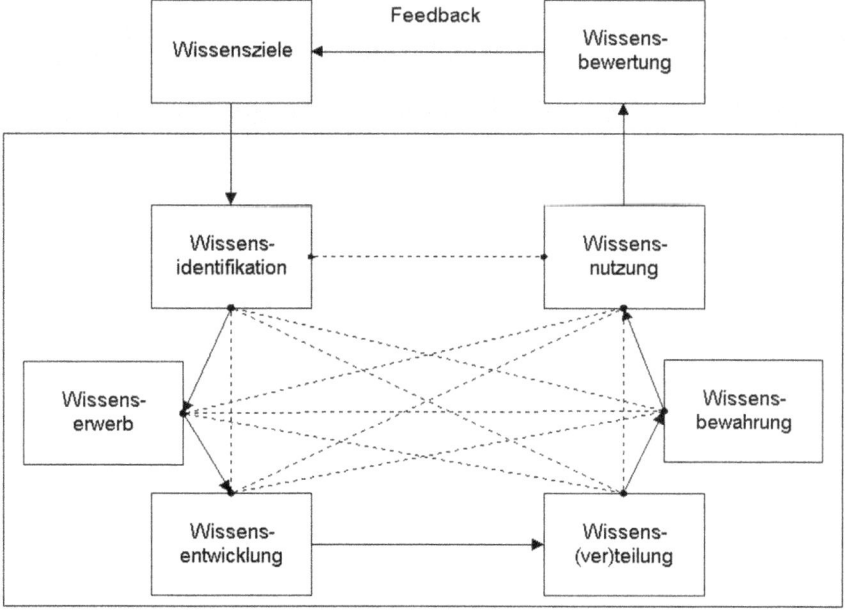

Abb. 6 Wissensmanagement-Bausteine. (Quelle: Probst et al. 2010, S. 32)

externen Quellen. Potenzielle Quellen sind zum einen die Kunden, Lieferanten und Kon-kurrenten des Unternehmens, zum anderen externe Berater, Partner, Fachliteratur, Semi-nare und andere Fortbildungsmaßnahmen. Wissensentwicklung, als dritter Baustein, dient zur Erschließung neuer Fähigkeiten, Produkte, Ideen und leitungsfähigere Prozesse und ist damit komplementär zum Wissenserwerb. Wissen kann in allen Bereichen der Organisation entstehen. Der vierte Baustein, die Wissens[ver]teilung, beschreibt die Aufgabe, das Wissen an den richtigen Ort zu bringen beziehungsweise Erfahrungen in der Organisation zu tei-len. Der Übergang von individuellem Wissen zu organisatorischem Wissen ist von großer Bedeutung und muss analysiert, bewertet und gemessen werden, um einen optimalen Pro-zess der Verbreitung vorhandenen Wissens innerhalb des Unternehmens zu schaffen. Durch eine gute Wissensidentifikation und -[ver]teilung wird die Nutzung des Wissens noch nicht zwingend garantiert. Der fünfte Baustein, die Wissensnutzung, stellt die Anwendung des organisationalen Wissens sicher. Diese Nutzung ist Ziel und Zweck des Wissensmanage-ments. Damit Erfahrungen, Information und Dokumente nicht verloren gehen, müssen diese auf Speichermedien wieder auffindbar und sicher abgelegt werden. Der Schutz vor Wissensverlusten ergibt ableitend den sechsten Baustein, die Wissensbewahrung. Die sechs Bausteine des Wissensmanagements können nur erfolgreich angewendet werden, wenn sich der Managementkreislauf durch die Bestimmung von Wissenszielen und die Durchführung einer Wissensbewertung schließt und gesteuert wird. Die Wissensziele werden in norma-tive, strategische und operative Wissensziele untergliedert. Die normativen Ziele sind für die Unternehmenskultur verantwortlich. Die strategischen Ziele dienen dem langfristigen Aufbau von Kompetenzen. Die operativen Ziele sorgen für die Umsetzung des Wissensma-nagements. Sobald Ziele formuliert worden sind, sollte eine Wissensbewertung derselben stattfinden. Die Wissensbewertung ist der siebte Baustein. Angepasst an die Wissensziele, wird mit einer geeigneten Methode, zum Beispiel Aufbau eines Kennzahlensystems, eine Erfolgsbewertung durchgeführt. Anhand dieser Bewertung wird die Frage geklärt, ob die Wissensziele erreicht worden sind oder nicht (Probst et al. 2010, S. 29 ff., 217).

2   Analyse von Wissensmanagement

Nachdem die theoretischen Grundlagen erläutert wurden, wird gezeigt, wie Wissensma-nagement in einem Unternehmen strukturiert analysiert werden kann und entsprechende Wissenslücken geschlossen werden können. Das wird anhand von praktischen Beispielen zu jedem Baustein des Wissensmanagements nachvollzogen.

2.1   Praktische Beispiele zu den Wissensmanagementbausteinen

Fall „Wissensidentifikation 1"
Unterlagen, die für bestimmte Aufgaben benötigt werden, sind in verschiedenen Daten-bankordnern abgelegt, was das Wiederauffinden verhindert oder erschwert und zeitlich

verzögert. Meist ist es dann pure Erfahrungssache, ob und wie schnell man fündig wird. Dieses Erfahrungswissen ist nur in den Köpfen einiger Mitarbeiter verankert, also kein kollektives Wissen und demnach auch eine offensichtliche Wissenslücke im Unternehmen.

Fall „Wissensidentifikation 2"

Wenn ein Mitarbeiter ein Problem bei der Anwendung eines PC-Programms hat, ist es ein aufwendiger Prozess, einen Wissensträger im Team zu identifizieren. Es ist keine Übersicht über alle Kenntnisse, Fertigkeiten, Erfahrungen und Fähigkeiten der Teammitglieder, wie zum Beispiel eine Wissenslandkarte, vorhanden. Das Wissen steht nicht direkt zur Verfügung und weist daher eine Lücke auf.

Fall „Wissenserwerb"

Bei projektbezogener Arbeit (zum Beispiel Organisation einer Veranstaltung) hat das Team unterschiedliche Anforderungen sowie Aufgaben zu bewältigen. Durch die Arbeitserfahrung wird neues, implizites Wissen generiert. Die erworbenen Erfahrungen der Teammitglieder werden nicht in kollektives Wissen überführt.

Fall „Wissensentwicklung"

Zwei Teams, die für einen gleichen Bereich arbeiten, haben jeweils ein eigenes Vorgehen, Projekte zu bewältigen – wie Prozesse, Tools oder allgemeine Vorgehensweisen. Das Wissen und die Informationen über laufende Projekte oder verschiedene Prozessabläufe werden nicht ausgetauscht. Der Wissensaustausch zwischen verschiedenen Teams ist mangelhaft und es wird keine Wissensentwickelung auf der individuellen und kollektiven Ebene zugelassen. Ein Mehrwert, sodass Abläufe beschleunigt und der Arbeitsaufwand durch Doppelarbeit vermieden wird, entsteht nicht.

Fall „Wissens[ver]teilung"

Trotz eines erfolgreichen Abschlusses lassen sich Defizite, Mängel oder Beschwerden im Rahmen eines Projekts aufzeigen. Jeder Mitarbeiter zieht diese Defizite, Mängel oder Beschwerden heran, um das nächste Projekt besser umzusetzen. Dies ist auch bei Veranstaltungen ein klassischer Prozess. Jedoch wird die entstandene operative Erfahrung nicht in der Organisation geteilt, um Fehler zu vermeiden und Abläufe kontinuierlich zu optimieren. Es existiert keine Plattform für einen Erfahrungsaustausch.

Fall „Wissensnutzung"

Bei der Suche nach Informationen in einem vorhandenen Wiki, welches viele wichtige Informationen von und für Mitarbeiter enthält, wird nichts gefunden. Die Informationen werden neu recherchiert und ein Mehraufwand ist entstanden. Die Erfahrungen, das Wiki zu nutzen, sind negativ behaftet und die Motivation, weiter mit dem Tool zu arbeiten, geht verloren. Das Wiki ist nicht gut strukturiert und hat wenige aktuelle Daten. Eine bessere Struktur für schnell auffindbare und viele Inhalte ist für eine hohe Nutzerfrequenz wichtig.

Fall „Wissensbewahrung"

Es sind Informationen in digitalen Dokumenten, E-Mails, dem Wiki sowie in analogen Dokumenten, wie Faxe oder Briefe, abgelegt. Die Daten sind in vielen verschiedenen Medien gespeichert, was das Auffinden von Informationen erschwert und einen Wissensverfall bedeutet sowie langfristig einem Wissensverlust nahekommt.

Fall „Wissensbewertung" und „Wissensziele"

In der Organisation findet keine Wissensbewertung statt, sodass ein Kennzahlensystem Bestandteil der Bewertung ist, wie eine Methode mit regelmäßigem Charakter (zum Beispiel eine vierteljährliche Befragung). Weiterhin haben die Wissensziele lediglich operativen Charakter und sind nicht langfristig ausgelegt. Es fehlt auch an der Kontrolle der Zielerreichung und bei größeren Abweichungen kann nicht gegengesteuert werden.

In einer kurzen Schlussbetrachtung kann festgehalten werden, dass in den beispielhaften Fällen bei jedem Wissensmanagementbaustein Verbesserungspotenzial zu erkennen ist. Prozesse, Handlungen und Vorgaben sind zu optimieren.

2.2   Werkzeuge für Wissensmanagement

Auch wenn Wissensmanagement eine zentrale Rolle spielt, so geht es dennoch im Alltag nur zu der Erledigung von Kernaufgaben „nebenher". Deshalb sind leicht zugängliche und einfach handhabbare Instrumente eine Grundvoraussetzung für erfolgreiches Wissensmanagement. Bewährt haben sich Wikis und Wissenslandkarten.

Aktivierung des Wikis mithilfe von Anreizsystemen

Ein Großteil der Wissenslücken kann durch die Aktivierung des Wikis gelöst werden. Das vorhandene und größtenteils verdeckte Wissen soll für alle Mitarbeiter verfügbar werden, damit diese daraus Wissen und Nutzen ziehen können. In der Praxis sind dann alle Mitarbeiter aktive Autoren und Leser im Wiki. Die Aktivierung bedeutet, eine systematische Quelle des Know-hows zu schaffen, um Prozessprobleme und Mehrarbeit zu vermeiden.

Ein bedeutender Punkt hierbei ist, dass alle Mitarbeiter aktiv am Wissensmanagement teilnehmen müssen, damit keine Wissens- und Kompetenzlücken entstehen und maximale Transparenz der Wissensbestände geschaffen wird. Die Mitarbeitereinbindung wird durch die Anpassung beziehungsweise Verbesserung der Unternehmenskultur erreicht. Hierzu sollte ein Anreizsystem eingeführt werden, um die Motivation der Mitarbeiter zu steigern (Probst et al. 1998, S. 257). Materielle sowie immaterielle Anreizsysteme sollten implementiert werden. Materielle Anreizsysteme wirken eher kurzfristig und sollten sparsam eingesetzt werden. Sowohl Lob und Anerkennung als auch öffentliche Würdigung oder die Übertragung von zusätzlichen Aufgaben gehören zu den immateriellen Anreizsystemen und erzielen eine langfristige Wirkung (Jaspers und Westerink 2008, S. 84). Um den Erfolg und die Performance des Wikis zu messen, muss ein Kennzahlensystem erarbeitet werden, mit dem die Geschäftsleitung den Prozess des

Wissensmanagements steuern und kontrollieren kann. Folgende Kennzahlen wären sinnvoll: Anzahl der neuen beziehungsweise verbesserten Artikel, Anzahl der Suchzugriffe und Qualität des Inhalts. Die Anzahl der neuen beziehungsweise verbesserten Artikel ist eine Kennzahl für die Wissensentwicklung und Wissens[ver]teilung, die Anzahl der Suchzugriffe ist ein Maß für die Wissensnutzung. Die Qualität des Inhalts kann durch regelmäßige Mitarbeiterbefragungen ermittelt werden.

Integration einer Wissenslandkarte und Best Practice
Für eine bessere interne Wissenstranstransparenz und einen effektiven Wissenstransfer ist eine Wissenslandkarte ein gutes Tool, um die eigenen Fähigkeiten in der Organisation festzustellen und Expertenwissen aufzudecken (Haun 2002, S. 106; Belliger und Krieger 2007, S. 15 f.). Wissenslandkarten regeln eindeutige Zuständigkeiten und unterstützen den systematischen Zugriff auf die organisationale Wissensbasis (Probst et al. 1998, S. 102 f.). Dieses Tool ist in das Wiki und in die Organisation einzubetten. Weiterhin kann dadurch herausgefunden werden, wo sich Wissenslücken im Unternehmen befinden, um so das Wiki auszubauen.

Um das Kennzahlensystem zu vervollständigen, müssen die Wissenslücken qualitativ erfasst werden, beispielsweise durch Nachfragen, wie oft Mitarbeiter im Wiki nicht fündig werden.

Findet kaum Erfahrungsaustausch zwischen Projektteams statt, ist eine Projekterfahrungsdatenbank notwendig, um dieses Problem anzugehen. Alle Mitarbeiter können mithilfe von Best Practice Erkenntnisse aus vergangenen Projekten gewinnen, einen Einblick in die Prozesse bekommen und sich Spezialwissen aneignen. Am Ende jedes durchgeführten Projekts muss es eine Reflexion der eigenen Arbeit geben, was durch eine einfache Dokumentation mit den Stichpunkten „Projektbezeichnung", „Gegenstand", „Beschreibung der Erfahrung: Was ist gut gelaufen? Was ist schlecht gelaufen? Welche Lehren können gezogen werden?" geschehen kann (North 2005, S. 288 f.). Die Erfahrungsberichte sind in das Wiki zu integrieren. Damit die Integration reibungslos funktioniert und Nachhaltigkeit schafft, muss nach einem vereinbarten System dokumentiert werden, Disziplin von den Mitarbeitern eingefordert und ein angemessenes Anreizsystem aufgebaut werden.

2.3 Wissensmanagement für Bildungsveranstaltungen aller Art

Alle dem Wissenstransfer und dem Lernen verschriebenen Veranstaltungen – wie Kongresse, Tagungen, Symposien, Seminare, Workshops oder Kolloquien – sind nicht nur für den Moment konstruiert. Es sind meist wiederkehrende Projekte und als Projekte sind sie auch Gegenstand des Wissensmanagements. Alle Elemente des Wissenskreislaufs sind gleichermaßen berührt. Dies betrifft in erster Linie die Veranstalter respektive Organisatoren, aber auch Dienstleister wie die Veranstaltungsstätte. Für deren Projektorganisation und die Gewährleistung der Qualität der Veranstaltung sorgt Wissensmanagement auch für Effizienz, weil Veranstaltungen meist keinen Einmaligkeitscharakter haben.

Das in den Veranstaltungen vermittelte Wissen verlangt ebenso nach Management, allerdings in anderen Zusammenhängen. Zunächst geht es im weitesten Sinne um Lernen, also um eine Form des Wissenserwerbs. Ausgangspunkt sind die Inhalte – Content. Content ist (ein) Grund, weshalb Menschen an einer Veranstaltung teilnehmen. In Sammelwerken, als Videocast auf der Webplattform oder als Übersichtsartikel in einer Fachzeitschrift dient der zusammengefasste Content nach einer Veranstaltung der Wissensbewahrung und kann in dieser Form außerdem noch weiterverbreitet werden. Daraus leitet sich sogar ein weiteres Geschäftsmodell ab: Inhalte sind nämlich betriebswirtschaftlich etwas unpräzise formuliert und bildlich gesprochen die einzelnen Produkte im Regal des „Supermarkts Kongress". Und wie als Käufer in einem Supermarkt kann auch der Teilnehmer eines Kongresses nicht das gesamte „Warenangebot" mitnehmen. Das gibt es dann einerseits im Nachhinein per Dokumentation oder Film. Andererseits sind die aufbereiteten Inhalte auch ein Angebot an jene, die am Thema interessiert sind, aber nicht an der Veranstaltung teilgenommen haben. Weiterhin sind auch Fachverlage eine Adresse für dieses Angebot. In jedem Fall steigert eine Weiterverwertung der Inhalte – ein Prozesselement im Content-Management – den Mehrwert einer Veranstaltung.

3   Wissen und sein Haltbarkeitsdatum

Die Ressource „Wissen" ist in allen Branchen ein wichtiger Erfolgsfaktor. Die Ressource wird genutzt, um Kompetenzen in einer Organisation aufzubauen und sich gegenüber Wettbewerbern zu profilieren. Wissensmanagement regelt den optimalen Umgang mit Wissen, sowohl in Strukturen als auch in Projekten. Damit dieses auch effektiv ist, sollte es stets auf einem hohen Stand, durch kontinuierliche Überarbeitung des Wissensmanagement-Tools, gehalten werden. Wissensmanagement ist ein ständiger Prozess, weil sich immer neue Ursachen für Wissenslücken und Wissensverluste einstellen: Veränderungen durch neue Marktteilnehmer oder durch Fluktuation der eigenen Mitarbeiter, neue Erkenntnisse aus der Praxis sowie aus Wissenschaft und Forschung. Wissensmanagement bekommt dann auch zunehmend die Aufgabe, überholtes Wissen „auszusortieren" – ein Gedanke, der vor allem für jene weit hergeholt klingen mag, die noch in den Anfängen einer Wissensmanagement-Implementierung stehen. Zumindest ist es ein Fingerzeig, dass es auch eines Controllings des Wissensmanagements und regelmäßiger Kosten-Nutzen-Analysen bedarf, damit der Nutzen eines Wissensmanagements dauerhaft besteht.

Literatur

Belliger A, Krieger D (2007) Wissensmanagement für KMU. Vdf-Hochschulverlag, Zürich
Bullinger H-J, Wörner K, Prieto J (1997) Wissensmanagement heute: Daten, Fakten, Trends. Frauenhofer, Stuttgart

Bünnagel W (2010) Handbuch zur Einführung einer modernen Wissenswirtschaft: Das Unternehmen im Visier. Hampp, Mering

Dillerup R, Stoi R (2011) Unternehmensführung, 3., überarbeitete Aufl. Vahlen, München

Forschungsinstitut Betriebliche Bildung (2012) Wissensmanagement heute – ein ganzheitlicher Ansatz, http://qib.f-bb.de/wissensmanagement/thema/heute/heute.rsys. Zugegriffen: 19. Febr. 2016

Günther J (2010) Management Summary. In: Spath D (Hrsg) Wissensmanagement 2.0: Erfolgsfaktoren für das Wissensmanagement mit Social Software Frauenhofer. Stuttgart, S 6–10

Haun M (2002) Handbuch Wissensmanagement: Grundlagen und Umsetzung, Systeme und Praxisbeispiele. Springer, Berlin

Heinrich LJ, Lehner F (2005) Informationsmanagement: Planung, Überwachung und Steuerung der Informationsinfrastruktur, 8., vollständige überarbeitete und ergänzte Aufl. Oldenbourg, München

Heinrich LJ, Stelzer D (2011) Informationsmanagement: Grundlagen, Aufgaben, Methoden, 10., vollständige überarbeitete Aufl. Oldenbourg, München

Jaspers W (2008) Wissensmanagement – ein Erfolgsfaktor für die Zukunft. In: Jaspers W, Fischer G (Hrsg) Wissensmanagement heute: strategische Konzepte und erfolgreiche Umsetzung. Oldenbourg, München

Jaspers W, Westerink AK (2008) Implementierungsvoraussetzungen und Rahmenbedingungen für eine erfolgreiche Wissensmanagement- Einführung. In: Jaspers W, Fischer, G (Hrsg) Wissensmanagement heute: strategische Konzepte und erfolgreiche Umsetzung. Oldenbourg, München

Kaiser A (2008) Wissensmanagement in Unternehmensnetzwerken. In: Jaspers W, Fischer G (Hrsg) Wissensmanagement heute: strategische Konzepte und erfolgreiche Umsetzung. Oldenbourg, München

Komus A, Wauch F (2008) Wikimanagement: Was Unternehmen von Social Software und Web 2.0 lernen können. Oldenbourg, München

Krcmar H (2010) Informationsmanagement, 5., vollständige überarbeite und erweitere Aufl. Springer, Heidelberg

Lehner F (2008) Wissensmanagement: Grundlagen, Methoden und technische Unterstützung, 2., überarbeitete Aufl. Hanser, München

Lehner F (2012) Wissensmanagement: Grundlagen, Methoden und technische Unterstützung, 4., aktualisierte und erweiterte Aufl. Hanser, München

Mandl H, Reinmann-Rothmeier G (2000) Die Rolle des Wissensmanagements für die Zukunft: Von der Informations- zur Wissensgesellschaft. In: Mandl H, Reinmann-Rothmeier G (Hrsg) Wissensmanagement: Informationszuwachs – Wissensschwund? Die strategische Bedeutung des Wissensmanagements. Oldenbourg, München

Müller C, Gronau N (2008) Wikis. In: Back A, Gronau N, Tochtermann K (Hrsg) Web 2.0 in der Unternehmenspraxis: Grundlagen, Fallstudien und Trends zum Einsatz von Social Software. Oldenbourg, München (1. Nachdruck)

Nonaka I, Takeuchi H (1997) Die Organisation des Wissens: wie japanische Unternehmen eine brachliegende Ressource nutzbar machen. Campus, Frankfurt

North K (2005) Wissensorientierte Unternehmensführung: Wertschöpfung durch Wissen, 4., aktual. u. erw. Aufl. Gabler, Wiesbaden

Picot A, Scheuble S (2000) Die Rolle des Wissensmanagements in erfolgreichen Unternehmen. In: Mandl H, Reinmann-Rothmeier G (Hrsg) Wissensmanagement: Informationszuwachs – Wissensschwund? Die strategische Bedeutung des Wissensmanagements. Oldenbourg, München

Probst G, Raub S, Romhardt K (1998) Wissen managen: wie Unternehmen ihre wertvollste Ressource optimal nutzen, 2. Aufl. Gabler, Wiesbaden

Probst G, Raub S, Romhardt K (2010) Wissen managen: wie Unternehmen ihre wertvollste Ressource optimal nutzen, 6., überarbeitete und erweiterte Aufl. Gabler, Wiesbaden

Schneider S (2012) Information wird zu Wissen – Wissensmanagement und die "human factors", http://www.medienheft.ch/dossier/bibliothek/d22_SchneiderSibylle.html. Zugegriffen: 20. März 2016

Schuhbauer H, Schwinghammer J (2005) Anwendung von Wissenslandkarten im Wissensmanagementprozess. In: Fröschle H-P (Hrsg) Wissensmanagement. dpunkt, Heidelberg

Smolnik S, Riempp G (2006) Nutzenpotenziale, Erfolgsfaktoren und Leistungsindikatoren von Social Software für das organisationale Wissensmanagement. In: Hildebrand K, Hofmann J (Hrsg) Social Software. dpunkt, Heidelberg

Spiegel (2012) Siemens: Viel Geld und viele Pannen. http://www.spiegel.de/spiegel/print/d-13528190.html. Zugegriffen: 20. März 2016

Über die Autorin

Katharina Klahn hat 2013 ihren Abschluss in „Messe-, Kongress- und Eventmanagement" (B.A.) an der Dualen Hochschule Baden-Württemberg (DHBW) in Ravensburg erlangt. Anschließend wurde sie vom Ausbildungsunternehmen übernommen und hat ein Jahr bei der FairControl GmbH, eine weltweit tätige Beratungs- und Marktforschungsagentur, als Projektmanagerin gearbeitet. Im Oktober 2014 hat Katharina Klahn das Masterstudium in Sportmanagement (M.A.) an der SRH Heidelberg begonnen und nach 21 Monaten abgeschlossen. Aktuell ist sie Marketing Coordinator bei SGS Germany GmbH.

Wissenstransfer und Content-Management

Lehren und Lernen im Kontext von Veranstaltungen

Uta-Dorothé Hart

Zusammenfassung

Was man unter Content versteht, wie man ihn generiert, aufbereitet und managt, das sind Fragen, die aus dem Blickwinkel des Veranstalters beleuchtet werden. Um aus einem Content-Angebot ein erfolgreiches Geschäftsmodell zu entwickeln, spielen die Aspekte der Bewertung und Monetarisierung eine entscheidende Rolle. Dabei wird der Fokus auf die Weiterbildung gelegt und die Bereiche „Schule", „berufliche Ausbildung" und „Studium" werden nicht betrachtet, obwohl auch in diesen Bereichen natürlich Wissensvermittlung primär in Präsenzveranstaltungen stattfindet.

Vorbemerkung der Autorin

Wir leben in einer Zeit, in der der Wert der Arbeitskraft in immer mehr Bereichen der Gesellschaft entscheidend durch ihr Wissen bestimmt wird. Mit dem Slogan „Lebenslanges Lernen" wird der Erwartungshorizont an den modernen Arbeitnehmer treffend beschrieben. In diesem Kontext sind die ständige Auffrischung von erworbenen Kenntnissen und das Schritthalten mit der Weiterentwicklung des eigenen Fachgebiets zwingend geboten. Wie wäre das besser möglich als durch Wissenserwerb in Veranstaltungen?

Es gibt eine Vielzahl von Geschäftsmodellen, deren primäres Ziel die Kompetenzerweiterung ist. Dazu gibt es verschiedene Veranstaltungsformate, die eines gemeinsam haben: Immer wird die Werthaltigkeit des Angebots über den Inhalt definiert.

U.-D. Hart (✉)
Berlin, Deutschland
E-Mail: imke.sander@springer.com

© Springer Fachmedien Wiesbaden GmbH 2017   321
C. Bühnert und S. Luppold (Hrsg.), *Praxishandbuch Kongress-, Tagungs- und Konferenzmanagement,* DOI 10.1007/978-3-658-08309-0_21

So ist es kein Wunder, dass immer mehr Verlage – die Spezialisten im Geschäft mit Inhalten – ihre Aktivitäten auch in den Veranstaltungsbereich ausweiten und damit ihre Wertschöpfungskette verlängern. Insbesondere Fachverlage nutzen diese Chance nicht nur, um ein weiteres Geschäftsmodell zu realisieren, sondern auch, um ihre Zielgruppen besser kennenzulernen. Alle Wissensangebote für die Zielgruppe aus einer Hand, so denken und handeln immer mehr Programmverantwortliche in Verlagen und so bin auch ich zu „meinen" Veranstaltungen gekommen.

1   Begriffsklärung

„Inhalt", „Wissen", „Information" und „Content" sind Begriffe, die oft synonym verwendet werden. Eine Begriffsklärung ist daher voranzustellen.

Inhalt ist „allg.: das von einer Form Umschlossene, in etwas Enthaltene. 2) Ästhetik: … das Gegenständliche oder Handlungsmäßige im Unterschied zu Form, Stil und Sinngehalt. … 5) Sprachwissenschaft: die Bedeutung der begriffl. Seite sprachl. Zeichen im Unterschied zur Lautgestalt" (Brockhaus-Lexikonredaktion 2003).

Wissen umfasst „2) im philosoph. Sinne die begründete und begründbare (rationale) Erkenntnis im Unterschied zur Vermutung und Meinung oder zum Glauben. W. kann primär durch zufällige Beobachtung, durch system. Erforschung (Experiment) oder deduzierende Erkenntnis gewonnen werden, sekundär durch lernende Aneignung von W.-Stoff" (Brockhaus-Lexikonredaktion 2003).

Information (lat.) ist „1) allg.: Auskunft, Nachricht, Belehrung, Mitteilung. 2) Bibliothekswesen: Fachinformation: veröffentlichtes Wissen, das zum Zweck der Erfüllung fachl. Aufgaben erfasst, aufbereitet und zur Verfügung gestellt wird" (Brockhaus-Lexikonredaktion 2003).

„Content" (engl.) bedeutet „Inhalt" und wird als solcher über Massenmedien verbreitet (zum Beispiel in Form von Text, Audio- oder Videomaterial). Der Begriff „Content" ist entlehnt aus dem mittellateinischen „contentum". Der Ausdruck „Medieninhalte" ist synonym zu verstehen. Die Bezeichnung „Content" soll für die folgenden Betrachtungen gewählt werden, da er im Veranstaltungsbereich für die Umschreibung aller zuvor genannten Begriffe verwendet wird, auch wenn je nach Veranstaltungsform die Ausdrücke „Wissen" oder „Information" treffender wären.

2   Content und Content-Generierung

Im Veranstaltungsbereich wird Content in verschiedener Tiefe vermittelt. Lehrgänge, Ausbildungen, Seminare oder Ähnliche, die gegebenenfalls mit Prüfungen und/oder Zertifikaten enden, sind anerkannte Formen der Wissensvermittlung. In diesen Veranstaltungen kommt es auf den Erwerb von Wissen und/oder Fertigkeiten an. Sie können für bestimmte berufliche Einsatzfelder qualifizieren oder auch die Voraussetzung für bestimmte Tätigkeiten sein. Dabei ist von einer Teilnahmebescheinigung bis zu einem Prüfungszeugnis jede Form des Qualifikationsnachweises möglich.

Veranstaltungen wie Tagungen, Workshops oder Ähnliche bieten zum Beispiel einen Überblick über ein aktuelles Thema oder einen Diskussions- oder Forschungsstand und werden damit eher dem Informationsbedürfnis der Zielgruppe gerecht.

Veranstaltungsangebote sind in jedem Fall eine interessante Darreichungsform von Content, die flexibel gestaltet und den jeweiligen Zielgruppenbedürfnissen perfekt angepasst werden kann.

Abgesehen werden soll hier von den Veranstaltungsformaten, deren Motivation in der Erfüllung anderer Kundenbedürfnisse wie zum Beispiel Networking, Unterhaltung, Selbstdarstellung oder Markenpflege liegt. Auch wenn eine scharfe Abgrenzung nicht immer möglich ist, sind zum Beispiel Award-Verleihungen und Showevents für den Content-Aspekt nicht relevant, Kongresse und Tagungen hingegen sind nicht ausschließlich „Content-getrieben", sondern haben häufig auch Networking-Funktionen.

Bei den „Content-lastigen" Veranstaltungsformen findet bereits die Definition des Themas, die Gestaltung des Programms und die Auswahl des/der Referenten unter dem Aspekt der Content-Vermittlung statt. Eine solche Veranstaltung muss werthaltigen, verifizierbaren und aktuellen Content bieten. Der Teilnehmer kommt mit der Erwartungshaltung eines Wissens- oder zumindest Informationsgewinns, der ihn in die Lage versetzt, seinen – meist beruflichen – Anforderungen besser oder effizienter gerecht zu werden oder sich für bestimmte berufliche Anforderungen zu qualifizieren.

Dabei unterscheiden sich nachhaltige und inhaltlich gleichartige, häufig wiederholbare Veranstaltungen wie Lehrgänge und Seminare von Veranstaltungsformen wie Kongresse und Tagungen, die häufig einmalig oder in längeren Abständen stattfinden und bei denen vor allem Aktualität und Neuheitswert der Inhalte im Vordergrund stehen.

Content für Lehr-, Aus- und Weiterbildungsveranstaltungen bedarf einer gewissenhaften Aufbereitung unter qualitativen und didaktischen Gesichtspunkten. Häufig gehören Übungsaufgaben, praktische Teile wie Experimente, Gruppenarbeit oder Exkursionen und zum Abschluss Prüfungen oder Abschlussarbeiten zu einer solchen Veranstaltung.

Bei der Auswahl der passenden Referenten sollte nicht nur auf ihre fachliche Qualifikation, sondern ebenso auf ihre didaktischen Fähigkeiten, die Form ihrer Präsentation und ihre Performance geachtet werden. Dass ein Referent auf dem aktuellen Stand des Wissens ist, sollte zum Beispiel bei wiederholt über längere Zeiträume angebotenen Seminaren immer wieder hinterfragt werden.

Der auf diese Veranstaltungsformen zugeschnittene Content bietet sich für eine Verwertung als Publikation geradezu an, wenn nicht sowieso der umgekehrte Fall vorliegt und bereits vorliegende Publikationen als Ausbildungsunterlage genutzt werden.

Gerade für diese Art von Content bieten die neuen digitalen Angebotsmöglichkeiten weitere Verwertungschancen zum Beispiel in Form von E-Learning-Kursen, die entweder ergänzend zu Präsenzveranstaltungen (Blended Learning) oder auch alternativ dazu als reine E-Learning-Kurse angeboten werden können. In jedem Fall sind dabei die fachliche Relevanz, Richtigkeit und Aktualität genauso wichtig wie eine formal und gestalterisch ansprechende Aufbereitung. Der in die Konzeption und Vorbereitung dieser Veranstaltungen gesteckte Aufwand rechtfertigt sich nur durch die Möglichkeit des wiederholten Anbietens. Daher ist genau darauf zu achten, ob eine Diversifizierung der Angebotsformen nicht auch Kannibalisierungs-Effekte beinhaltet. Gleichzeitig erfordern diese Angebotsformen eine kontinuierliche und regelmäßig wiederkehrende Überprüfung des angebotenen Contents sowohl im Hinblick auf Aktualität und Vollständigkeit wie auch im Hinblick auf ihre Aufbereitung und die Darreichungsform.

Kongresse, Tagungen oder Workshops sind unter Content-Aspekten anders zu betrachten. Diese wesentlich stärker aktualitätsorientierten Veranstaltungsformen werden viel deutlicher vom Neuheitswert des gebotenen Contents wie auch der Auswahl der Referenten getrieben. Ziel ist es häufig, alle wichtigen Akteure eines Themas oder auch alle Aspekte einer aktuellen Fragestellung zu präsentieren.

In diesen Bereichen ist oft der klassische Tagungsband oder die Kongressmappe (zunehmend nicht mehr gedruckt, sondern als CD-ROM, USB-Stick oder Download-Angebot verfügbar) die Zusammenfassung des Contents. Die Liveübertragung von Veranstaltungen oder Teilen davon (zum Beispiel einer Podiumsdiskussion) als Video- oder Audioangebot wird für diese Veranstaltungsformen zunehmend an Bedeutung gewinnen.

Unabhängig von der Form der Veranstaltung ist die weitere „Verwertbarkeit" des generierten Contents bereits bei der Konzeption der Veranstaltung mit zu bedenken. Die Frage, ob und in welcher Form der für die Veranstaltung geschaffene Content weitervermarktet wird, ist nicht nur hinsichtlich der Eigenschaften des Contents selbst, sondern auch strategisch zu beantworten. Ein Veranstalter muss sich fragen, ob die Verwertung des Veranstaltungs-Contents wirtschaftlich sinnvoll ist (Aufwand/Nutzen), ob die bestehende Organisation dafür geeignet ist oder der Workflow angepasst werden muss, ob er selbst verwerten will oder dazu besser mit Kooperationspartnern arbeitet und auch, ob exklusiver Content auf einer exklusiven Veranstaltung nicht vor einer weiteren Vermarktung geschützt werden sollte und er sich ganz bewusst gegen jede Form der Zweitverwertung entscheidet, um die Exklusivität des Angebots zu unterstreichen.

Entscheidet er sich für eine Vermarktung, ist neben der Definition der Angebotsform immer auch der Aspekt der Preissetzung wesentlich. Dafür sind nicht nur die veranstaltungsimmanenten Faktoren wie Teilnahmepreis und Wertigkeit der Veranstaltung, sondern auch die Vermarktungsbedingungen (selbst oder durch Handelspartner) und die Wettbewerbssituation wichtige Kriterien.

3   Content-Vermittlung

Die Art und Weise, wie Content aufgenommen wird, hängt von dem Lerntypus und der Vermittlungssituation ab. Für viele funktioniert Wissenserwerb am besten über das gehörte Wort oder über visuelle Eindrücke, beides bieten Präsenzveranstaltungen. Sowohl bei der klassischen Art des Seminars mit Vortrag, Übung, Gruppenarbeit und Ähnliches als auch beim Fachvortrag bei einem Kongress, immer steht Content-Vermittlung im Mittelpunkt.

Ob die Darreichung der Inhalte eher akademisch/wissenschaftlich oder eher praxisorientiert erfolgt, hängt von Zielgruppe und Thema ab. Je nach der Zielsetzung der Veranstaltung kann die eine oder andere Form adäquat sein. Eine Mischung aus Theorie und Praxis bietet sich in vielen Fällen an, wobei streng darauf zu achten ist, dass das fachliche Niveau innerhalb der Veranstaltung ausgeglichen ist.

Die Veranstalter sind jedoch mehr denn je gefordert, neue, spannendere Formen der Content-Vermittlung als die noch weitverbreitete „Folienschlacht" zu entwickeln, um auch für die junge, medial geprägte Generation von Teilnehmern interessant zu bleiben. Grundsätzlich ist eine Präsenzveranstaltung dazu geeignet, außer Frontalpräsentationen der Referenten auch Interaktionsmöglichkeiten zwischen Referenten und Teilnehmern oder auch der Teilnehmer untereinander zu ermöglichen. Bestenfalls wird dadurch im Laufe der Veranstaltung neuer Content generiert, der im Nachgang (oder sofort online) den Teilnehmern als Mehrwert übermittelt und gegebenenfalls auch als Publikationsangebot vermarktet werden kann. Moderne Formen der Wissensvermittlung, wie zum Beispiel der Science-Slam, werden unter dem Schlagwort „Edutainment" subsumiert und werden zukünftig sicher eine größere Rolle spielen.

Content-Vermittlung durch Webinare (auch „virtuelle Seminare" oder „Onlineseminare" genannt) ist eine Form der Content-Vermittlung, für die sich nicht jede Art von Content eignet. Ist ein Thema aber gut eingrenzbar oder sehr spezialisiert, der potenzielle Teilnehmerkreis online gut erreichbar sowie die Teilnehmeranzahl eher gering und eine Interaktion mit dem Referenten dennoch gewünscht und sinnvoll, dann bietet diese Angebotsform ohne Reisekosten und Zeitverluste gerade in der modernen Arbeitswelt einen überzeugenden Vorteil.

E-Learning-Angebote sind nicht nur orts-, sondern auch zeitunabhängig. Aufgrund der fehlenden Interaktion ist fraglich, ob man diese überhaupt als Veranstaltungsform oder eher als Publikation betrachten sollte. Diese Angebotsform ist letztlich Content in „Reinform".

4   Content-Bewertung

Auch bei primär „Content-getriebenen" Veranstaltungen sind verschiedene Aspekte bei der Verwertung des Contents zu beachten. Zunächst ist die Frage nach der Qualität zu prüfen. Ist der Referent kompetent? Ist der Content aktuell? Ist der Content relevant und fehlerfrei? Dazu gibt es häufig Beiräte, fachliche Berater oder Kongresskomitees, die für das fachliche/wissenschaftliche Niveau verantwortlich zeichnen.

Für wissenschaftliche Kongresse hat sich ein Verfahren etabliert, das der maximalen Absicherung des fachlichen Niveaus dient. Ergebnis des Bewertungsprozesses ist dann die Entscheidung, ob eine Einreichung als Vortrag beziehungsweise als Teil einer Postersession geeignet oder unter qualitativen Gesichtspunkten abzulehnen ist. Je spezialisierter und fachlicher eine Veranstaltung ist, desto wichtiger ist es, das Board so zu besetzen, dass eine kompetente Bewertung der Einreichungen gewährleistet ist.

Ein weiterer Aspekt ist immer auch die rechtliche Bewertung. Gibt es Rechte zu beachten (Urheberrechte, Persönlichkeitsrechte, Markenrechte oder Ähnliche)? Wird in den Vortragsfolien und/oder den Veranstaltungsunterlagen richtig zitiert, sind Zitate (auch Bildzitate) eindeutig gekennzeichnet und die jeweilige Quelle korrekt angegeben? Referenten sollten dazu eine entsprechende Belehrung erhalten und der Veranstalter klare Richtlinien haben, kommunizieren und auch kontrollieren. Für Livemitschnitte von Veranstaltungen gelten klare gesetzliche Rahmenbedingungen, bei denen insbesondere das Recht am eigenen Bild besondere Beachtung verdient.

Bei der Zweitverwertung von Content ist neben der vertraglichen Einholung dieser Rechte bei den Urhebern auch die Frage nach der finanziellen Bewertung und der Dauer der Aktualität zu beachten. Je schneller der Content veraltet, desto weniger sinnvoll ist der Versuch einer systematischen Zweitverwertung.

5   Content-Monetarisierung

Veranstaltungs-Content stellt primär den Wert der Veranstaltung dar. Bei aus- und weiterbildungsorientierten Veranstaltungen ist daher der Teilnehmerbeitrag die wichtigste Erlösquelle. Bei thematisch geeigneten Veranstaltungen ist Sponsoring ein möglicher Zusatzerlös. Häufig ist aber gerade der Aspekt der Produkt- beziehungsweise Herstellerneutralität ein gewünschtes Merkmal, das zur Vermarktung der Veranstaltung erforderlich ist. Auf den Umgang mit den Ausbildungsunterlagen wurde bereits eingegangen.

Ein inhaltlich hochwertiger Kongress kann entsprechend hochpreisig angeboten werden. Guter Content zieht viele Teilnehmer an und insbesondere bei wiederkehrenden Kongress- oder Tagungsveranstaltungen ist ein gutes Veranstaltungsimage der Türöffner bei gefragten Referenten. Ist eine Veranstaltung im Sinne dieser Wechselwirkung etabliert, ist eine zusätzliche Monetarisierung durch begleitende Ausstellungen, Sponsoring, mediale Vermarktung der Veranstaltungsunterlagen oder Ähnliches ein naheliegendes Geschäftsmodell.

Der Kongressband beziehungsweise die Tagungsmappe ist als inhaltliche Zusammenfassung der Content-Anteil, der für eine weitere Vermarktung zur Verfügung steht. Um eine möglichst umfassende Monetarisierung dessen zu erreichen, gibt es verschiedene Möglichkeiten:

- Vorabdrucke in fachlich relevanten Zeitschriften/Onlineportalen,
- die Vermarktung von Livemitschnitten der Veranstaltung (oder von Teilen davon),
- der nachträgliche Verkauf der Unterlagen insbesondere als Download-Angebot (auch der einzelnen Vorträge eines Kongresses),
- die Veröffentlichung in Form von Fachartikeln (online und/oder gedruckt).

Häufig tragen Wissenschaftler Erkenntnisse auf Kongressen vor, die später ganz oder teilweise in ihre wissenschaftlichen Publikationen einfließen. So fördert die Veranstaltung die Reputation des Wissenschaftlers und die nachträgliche Zitierung das Renommee der Veranstaltung. Relevante Veranstaltungen sind nicht selten Ausgangspunkt für Verlagsveröffentlichungen, ob in Büchern, Zeitschriften, Datenbanken, Portalen oder anderen Publikationsformen.

Im Vorfeld einer Veranstaltung wird der Vorabdruck oder die Vorabveröffentlichung von Content-Teilen häufig als Marketinginstrument eingesetzt. Das geht klassisch in einer Zeitschrift oder in einem Mailing genauso wie online. Gerade in diesem Fall eignet sich eine spezielle Veranstaltungswebsite, die durch Content-Marketing das Interesse potenzieller Teilnehmer weckt und bereits angemeldete Teilnehmer auf die Veranstaltung vorbereitet. Ein Veranstalter kann dabei so weit gehen, dass er den Teilnehmern die Möglichkeit einräumt, die Veranstaltung mitzugestalten. Das kann das Einreichen von Fragen im Vorfeld sein, wie auch die Mitbestimmung bei der Programmgestaltung, indem zum Beispiel Vorträge aus einem Gesamtangebot ausgewählt werden können, oder die Teilnehmer ihr persönliches Programm vorab aus einem Angebot paralleler Veranstaltungsteile zusammenstellen.

In Kooperation mit Medienhäusern ist aber durchaus auch eine Lizenzierung der Inhalte oder eine Medienkooperation ein Weg zu zusätzlichen Erlösen oder Einsparungen auf der Kostenseite. Eine Zeitschriftenmarke als Mediapartner kann dabei sowohl für die Reichweite der Teilnehmerwerbung wie auch für das Image der Veranstaltung von nachhaltigem Nutzen sein. Ein Artikel oder eine Artikelserie in einer Zeitschrift kann sowohl im Rahmen einer Mediapartnerschaft als Marketing genutzt werden als auch – bei wissenschaftlich hochwertigen Inhalten – als Lizenz vereinbart werden. Ob die Einsparung von Marketingbudget oder ein tatsächlicher Zusatzerlös das Ziel einer solchen Kooperation ist, liegt im Ermessen des Veranstalters.

Während einer Veranstaltung ist dank ständig zunehmender technischer Möglichkeiten inzwischen durchaus auch eine Livevermarktung über Onlineportale umsetzbar. Der nachträgliche Verkauf der Veranstaltungsunterlagen und/oder -mitschnitte sowie die Auskopplung von Fachbeiträgen oder die Entwicklung von auf der Veranstaltung basierenden Publikationen sind weitere übliche Wege der Monetarisierung. Eine andere Möglichkeit besteht darin, aus einer größeren Veranstaltung Content-Elemente zu extrahieren und daraus neue Veranstaltungsformate wie Seminare oder Webinare zu entwickeln.

Alle angesprochenen Formen basieren auf der Vermarktung von werthaltigem Content und sind von den reinen Marketingaktivitäten zu unterscheiden, die in Vor- und Nachberichterstattung, Pressemeldungen oder mediagetriebenen Angeboten bestehen.

Werthaltigen Veranstaltungs-Content nicht unmittelbar zu monetarisieren, sondern durch frei zugängliche Angebote im Netz Teilnehmer zu generieren, Kunden für Folgeveranstaltungen zu gewinnen, Medialeistungen zu verkaufen oder auf ähnlichen Wegen den Content zu nutzen, um weitere Erlöse zu generieren, wird als Content-Marketing bezeichnet.

6 Content-Management

Die übliche Form von Veranstaltungs-Content sind PowerPoint-Folien und PDF-Dateien (die gedruckt oder elektronisch zur Verfügung stehen). Zunehmend kommen dazu Video- und Audioangebote.

Ist bei der Veranstaltungskonzeption von Anfang an die Zweitvermarktung von Veranstaltungs-Content vorgesehen und gehört dies zum Geschäftsmodell des Veranstalters, ist entsprechende Softwareunterstützung zum Beispiel durch ein CMS (Content-Management-System) geboten. Ein solches System dient der elektronischen Verwaltung von Inhalten. Content kann dort medienneutral vorgehalten werden und auf verschiedenen Ausgabemedien publiziert werden. Print und online, Content-Teile oder unterschiedliche Konfigurationen lassen sich auf diese Weise einfach generieren. Ein weiterer Vorteil ist, dass Änderungen oder Aktualisierungen nur an einer Stelle durchgeführt werden müssen. Eine solche Verwaltung vereinfacht den Umgang mit werthaltigem Content und bietet gleichzeitig auch eine Unterstützung bei Rechtemanagement und Lizenzverwaltung.

7   Content is king

Hat ein Veranstalter sich der Vermittlung von Content verschrieben und „seine" Zielgruppen klar definiert, dann ist die Wesensform aller seiner Veranstaltungen die Kompetenzerweiterung. Das ist die Motivation für den Teilnehmer und unter dieser Prämisse sollte das Konzept der Veranstaltungsangebote entwickelt werden.

Welche Veranstaltungsformate angeboten werden, was genau inhaltlich geboten wird, wer das wo, wie, wann oder wie oft tut und welche wirtschaftlichen Optionen sich daraus noch entwickeln lassen: Es sind diese Fragen, die – richtig beantwortet – den Veranstalter mit seinem Content zum „King" in seiner Zielgruppe machen.

Literatur

Brockhaus-Lexikonredaktion (Hrsg) (2003) Brockhaus Universallexikon von A–Z in 26 Bänden. Brockhaus, Leipzig

Über die Autorin

Uta-Dorothé Hart, Dipl.-Ing., ist seit über 20 Jahren im Programmbereich verschiedener technischer Fachverlage tätig. Beginnend im Lektorat war sie Programm- beziehungsweise Verlagsleiterin bei Hüthig, Huss-Medien und Beuth und ist derzeit Verlagsleiterin Buch und Seminare beim VDE Verlag in Berlin. Seit mehr als zehn Jahren gehören die jeweiligen Veranstaltungsabteilungen der Verlage in ihren Verantwortungsbereich, woraus auch die langjährige Mitarbeit in der Kommission Veranstaltungen der Deutschen Fachpresse resultiert, deren Vorsitzende sie von 2013 bis 2015 war.

Modernes Teilnehmermanagement

Mehr als logistische Pflichterfüllung

Philipp Sautter

Zusammenfassung

Im Gesamtkontext der Kongressorganisation ist das Teilnehmermanagement ein zentraler Baustein. Die Wichtigkeit wird auch Veranstaltern von Fachkongressen zunehmend bewusst. Die Erwartungshaltung der Besucher an eine entsprechende Behandlung steigt dabei exponentiell. Das folgende Kapitel beleuchtet den logistischen Ansatz des Teilnehmermanagements mit dem Ziel, die einleitend genannte zentrale Rolle herauszuarbeiten und mit praktischen Beispielen zu illustrieren. Zu diversen Themenkreisen (Registrierungsprozesse, Tagungsunterlagen, Badges, Bezahlsysteme, Check-in und Zertifikate) werden Hintergründe, Zusammenhänge und Ausführungsvarianten aufgezeigt. Das Teilnehmermanagement ist Steuerungselement im Organisationsverlauf. An unterschiedlichen Stellen der Projektrealisierung kann damit korrigierend auf den Ablauf vor Ort eingewirkt werden. Die Darstellung dieser zeitlichen Parallelität wird ebenfalls dargelegt und mit anschaulichen Praxisbeispielen verdeutlicht.

Vorbemerkung des Autors

Moderne Kommunikationsstrategien oder eine innovative Programmarchitektur sind gewiss die spezielle Würze eines Fachkongresses, verkörpern aber bereits die Kür. Vor dieser steht die Pflicht: eine funktionierende Logistik. Erst mit einem stabilen organisatorischen Fundament lassen sich moderne Strukturen entsprechend in einen Fachkongress einbinden.

P. Sautter (✉)
Filderstadt, Deutschland
E-Mail: p.sautter@emendo-events.de

© Springer Fachmedien Wiesbaden GmbH 2017   329
C. Bühnert und S. Luppold (Hrsg.), *Praxishandbuch Kongress-, Tagungs- und Konferenzmanagement*, DOI 10.1007/978-3-658-08309-0_22

Beim Themengebilde „Teilnehmermanagement" bilden Pflicht und Kür gewissermaßen einen fließenden Übergang. Einerseits gilt es, logistische Aufgaben zu erfüllen, indem beispielsweise lange Warteschlangen bei der Registrierung vermieden werden. Andererseits ist ein modernes Teilnehmermanagement durchaus auch Steuerungselement, um innovative Elemente der Kongressorganisation einzugliedern.

Insgesamt fasziniert mich die Bandbreite des Teilnehmermanagements, mit der aktiv auf den Erfolg Einfluss genommen werden kann – denn was bleibt, ist die Erinnerung.

1   Erst die Zielsetzung, dann die Umsetzung

Es ist bildlich vorstellbar: Kongressbesucher irren umher, suchen ihren Vortragsraum. Aufgrund dessen mit Verspätung dort angekommen, sind keine freien Sitzplätze mehr verfügbar. Diese und ähnliche Situationen kennen Veranstalter, die sich nicht frühzeitig mit der Logistik rund um die Besucherführung vor Ort auseinandergesetzt haben. Ein reibungsloser Ablauf bei einem Fachkongress endet folglich nicht mit der Überlegung, auf welche Pausenzeit das Catering bestellt werden muss, sondern geht weit darüber hinaus.

Die Steuerung der Besucher, oftmals mehrere Hundert Personen, lässt sich nur dann zielgerichtet planen, wenn bereits bei Registrierungsbeginn klar definiert wird, wie die Abläufe vor Ort sein sollen. Das Teilnehmermanagement wird damit zum Schlüsselelement für einen planvollen Veranstaltungsverlauf.

Voraussetzung für den Besuch eines Fachkongresses ist die Anmeldung. Der Veranstalter stellt den potenziellen Besuchern diverse Anmeldemöglichkeiten zur Auswahl: per vorgefertigtem Anmeldeformular, per Onlineanmeldung, Fax oder Brief.

Die Bestandteile der Teilnehmerregistrierung variieren dabei stark und spiegeln die Komplexität der Programmstruktur wider. Zugleich bildet die Teilnehmerregistrierung eine bedeutende Grundlage für wichtige organisatorische Entscheidungen: Abhängig von Anmeldezahlen erfolgt die Bestuhlung, werden Catering bestellt, ergänzende Marketingaktivitäten geplant, aber auch Sicherheitskonzepte erstellt und Personalkonzepte für die Besucherbetreuung entwickelt.

1.1   Pflichtangaben bei der Teilnehmerregistrierung

Der Besuch eines Fachkongresses ist in der Regel mit Gebühren verbunden. Damit diese in Rechnung gestellt werden können, bedarf es der Abfrage von persönlichen Daten des Besuchers. Voraussetzung zur qualifizierten Rechnungsstellung laut Umsatzsteuergesetz

(UStG) sind Name und Vorname des Teilnehmers sowie Straße, Postleitzahl und Ort. Bei internationalen Teilnehmern muss zudem das Herkunftsland abgefragt werden.

Bei Privatpersonen oder Freiberuflern, wie beispielsweise Ärzten und Architekten, reicht die einfache Abfrage der persönlichen Adressdaten. Bei Geschäftskunden ist die Abfrage und Ausweisung einer Abteilung oder Kostenstelle wichtige Voraussetzung für die Bezahlung der Rechnung durch deren Arbeitgeber. Die Abfrage einer abweichenden Rechnungsadresse ist daher durchaus zielführend.

Die zusätzliche Abfrage von speziellen personenbezogenen Daten ist nur dann sinnvoll, wenn diese für die weitere Planung von Bedeutung sind. Die Erfassung der Position eines Teilnehmers innerhalb seines Unternehmens ist dann zweckmäßig, wenn einzelne Programmpunkte auf bestimmte Zielgruppen ausgerichtet sind – für Führungskräfte etwa.

Für statistische Zwecke werden gerne weitere Daten erhoben, um vor diesem Hintergrund Aussagen über die Qualität der Teilnehmer treffen zu können. Gegenüber Sponsoren und Ausstellern sind Informationen über die hierarchische Stellung der Kongressbesucher häufig von zentraler Bedeutung. Nicht zuletzt von der Besucherqualität hängt der etwaige Sponsoringumfang ab.

Die wahllose Erfassung von personenbezogenen Daten ist hingegen weder zielführend noch rechtskonform. Das Bundesdatenschutzgesetz (BDSG) setzt bei der Erhebung, Speicherung und Verwendung dieser Daten klare Grenzen.

Exkurs: Datenschutz bei Fachkongressen

Eine Einwilligung zur Erhebung, Verarbeitung und Nutzung der Daten von Kongressbesuchern ist nur dann wirksam, wenn folgende Vorschriften berücksichtigt werden:

- **Freie Entscheidung:** Ein Kongressbesucher muss über die Einwilligung frei entscheiden können, was bedeutet, dass bereits gesetzte Häkchen bei der Einwilligung (direkter Zwang) oder die Möglichkeit zum Abschluss der Anmeldung nur bei Einwilligung (indirekter Zwang) nicht zulässig sind.
- **Hinweispflicht:** Ein Veranstalter muss die Besucher darüber informieren, warum deren Daten erhoben, verarbeitet und genutzt werden. Wenn dieser Datenverarbeitung nicht zugestimmt wird, müssen die Folgen der Verweigerung kenntlich gemacht werden.
- **Schriftform:** Die Einwilligung zur Datenverarbeitung ist stets schriftlich einzuholen. Wenn ein Einwilligungssatz zur Datenverarbeitung in einem Passus mit weiteren Erklärungen – zum Beispiel den übrigen Teilnahmebedingen – steht, muss dieser hervorgehoben werden, durch Fettdruck beispielsweise. Bei einer elektronischen Einwilligung muss diese protokolliert, für den Erklärenden abrufbar und für die Zukunft widerrufbar sein. Bei mündlicher Einwilligung muss der Veranstalter diese schriftlich bestätigen (o.V. et al. 2014).

1.2   Teilnehmerarten und Gebührenklassen

Jeder Fachkongress spricht innerhalb der thematischen Zielgruppe unterschiedliche Teilnehmerarten an. Diese Unterscheidung bereits bei der Registrierung vorzunehmen, ist wiederum verbunden mit der Rollenverteilung der unterschiedlichen Teilnehmergruppen vor Ort. Die Begrifflichkeit des Teilnehmers muss an dieser Stelle und für den Moment weiter differenziert werden. So wird im Zusammenhang mit unterschiedlichen Teilnehmerarten auch von Ausstellern, Pressevertretern, Referenten, Sitzungsleitern und gegebenenfalls von weiteren Gruppierungen gesprochen, die Zugang zum jeweiligen Fachkongress haben.

Die Erfassung und frühzeitige Differenzierung kann beispielsweise für die Zugangskontrolle vor Ort bedeutsam sein.

Praxisbeispiel

Steht den Referenten vor Ort ein Loungebereich zur Verfügung, zu dem ausschließlich diese Zutritt haben, muss dies für die zuständige Kontrollperson in irgendeiner Weise ersichtlich sein – durch einen entsprechenden Aufdruck oder eine farbliche Kennzeichnung auf dem Badge etwa.

Oftmals stehen die Teilnehmerarten in unmittelbarem Zusammenhang mit der für die Teilnahme zu entrichtenden Gebühr. So wird Studierenden der Zugang zum Fachkongress meist für einen geringeren Beitrag ermöglicht als einem Fachbesucher.

Der Unterscheidung in Teilnehmerarten und Gebührenklassen kann dabei auch eine marketingrelevante Bedeutung zukommen. Viele Veranstalter bedienen sich – neben der personellen Unterscheidung – einer zeitlichen Preisdifferenzierung, indem sie für frühzeitige Anmeldungen einen Nachlass gewähren (Früh- und Spätbuchertarife).

1.3   Programmplanung, Rahmenprogramme und
Kapazitätsauslastung

Die in Abschn. 1.1 dargelegte Situation, dass Räume vollständig ausgelastet sind und eine Teilnahme für einzelne Besucher an gewissen Programmpunkten nicht mehr möglich ist, kann frühzeitig bei der Teilnehmerregistrierung vermieden werden.

Des organisatorischen Mittels einer Auslastungskontrolle bedienen sich Veranstalter vornehmlich bei begrenzten und nur für eine geringe Anzahl zugänglichen Programmelementen – bei Workshops oder Seminaren in Kleingruppen beispielsweise. Auch zu Rahmenprogrammpunkten muss eine rechtzeitige Anmeldung erfolgen.

Die erzwungene Festlegung auf einzelne Programmpunkte bietet dem Veranstalter die Möglichkeit, stets Herr über die Auslastung zu sein. Darüber hinaus lassen genaue Buchungszahlen eine planvolle Vorbereitung der Programmpunkte zu. Bei Workshops mit praktischen Anwendungen können so anhand dieser ausreichend Präparate, Untersuchungsgeräte oder andere zur Durchführung benötigte Elemente organisiert werden.

1.4   Von Hotel- und Reiseplanung bis Shuttleservice

Im Spannungsfeld vieler Konkurrenzveranstaltungen wird versucht, die Kongressteilnahme für die Besucher möglichst bequem zu gestalten. Die An- und Abreise samt Übernachtung schon während des Registrierungsvorgangs zu buchen, ist daher naheliegend.

Für Agenturen hat dieser zusätzliche Service zumeist auch einen finanziellen Mehrwert in Form von Vermittlungsprovisionen.

Neben dem finanziellen Anreiz und dem erhöhten Servicegedanken spielt auch hier wieder ein elementarer organisatorischer Aspekt eine wichtige Rolle. Wenn während des Registrierungsprozesses auch die entsprechende Reiseplanung erfolgt, kann bei eventuell auftretenden Problemstellungen (Streiks, Flugausfällen etc.) direkt reagiert und korrigierend in den Programmablauf eingegriffen werden. Es ist daher von besonderer Bedeutung, die Reiseplanung von Referenten und anderen unmittelbar am Geschehen beteiligten Personen zu kennen.

Finden Programmpunkte an unterschiedlichen Standorten statt, wird häufig ein Shuttleservice angeboten. Auch hier ist bei der Planung und Einrichtung der Shuttles wichtig, dass die Buchungsdaten von Hotels und Reisezeiten bekannt sind, um die Transferkapazitäten möglichst effizient einsetzen zu können.

1.5   Teilnahmebedingungen und Bezahlsysteme

Am Ende eines Registrierungsprozesses bestätigen die Teilnehmer die Akzeptanz der Teilnahmebedingungen. In der praktischen Anwendung sind jedoch unterschiedliche Ausgestaltungen zu erkennen. Empfehlenswert ist, die wichtigsten Bestimmungen in Form von juristisch belastbar ausgearbeiteten Teilnahmebedingungen zu regeln, sodass im Anwendungsfall für die Teilnehmer und den Veranstalter gleichermaßen eindeutige Regelungen vorherrschen. Die üblicherweise in den Teilnahmebedingungen zu regelnden Inhalte werden im Abschnitt „Exkurs: Teilnahmebedingungen" näher beleuchtet.

Neben der Akzeptanz von Teilnahmebedingen kommen am Ende eines Registrierungsprozesses auch diverse Bezahlsysteme zum Einsatz. An dieser Stelle muss zunächst zwischen analogen Anmeldungen mit Anmeldeformular und digitalen Anmeldungen per Onlineregistrierung differenziert werden.

Bei analogen Anmeldungen füllen die Teilnehmer entsprechend vorgefertigte Formulare aus. In der Regel werden den Teilnehmern drei Möglichkeiten zum Zahlungsausgleich des Rechnungsbetrags geboten: die Bezahlung auf Rechnung, die Bezahlung mittels SEPA-Lastschrift oder Kreditkarte. Der Teilnehmer hat dabei alle nach den Vorschriften des SEPA-Lastschriftmandats zu treffenden Angaben beziehungsweise Kreditkartendetails anzugeben. Gleichermaßen hat der Veranstalter oder die von ihm beauftragte Agentur alle teils sehr komplexen rechtsverbindlichen Vorgaben einzuhalten. Beim SEPA-Lastschriftmandat beziehungsweise der Kreditkartenzahlung werden die Angaben des Kongressteilnehmers an einen sogenannten Acquirer weitergeben.

Ein Acquirer ist ein Drittanbieter, der nach Prüfung der Bonität die zu zahlende Gebühr vom Konto oder der Kreditkarte des Käufers abbucht und anschließend an den Verkäufer transferiert.

Auch bei Onlineregistrierungen werden die vorgenannten Zahlungsvarianten eingesetzt. In der praktischen Umsetzung werden hierfür Schnittstellen zwischen der Onlineregistrierung und einem Acquirer programmiert. Dies hat zwei große Vorteile: Der Käufer kann sich einer sicheren Zahlungsabwicklung unter Wahrung datenschutzrechtlicher Bestimmungen gewiss sein und der Verkäufer minimiert das Risiko eines Zahlungsausfalls durch eine entsprechend vorgeschaltete Liquiditätsprüfung.

Weitere gängige Bezahlsysteme:

- PayPal: Dieser Anbieter tritt als Treuhänder auf. Mit einer Schnittstelle zu PayPal können direkt mehrere Zahlungskomponenten verknüpft werden: Zahlung mit einem PayPal-Konto oder Zahlung per Kreditkarte und Bankeinzug ohne eigenes PayPal-Konto.
- Sofortüberweisung: Der Rechnungsbetrag wird umgehend vom Girokonto des Teilnehmers abgebucht und an den Veranstalter oder die Organisationsagentur transferiert. Dieses Bezahlsystem ähnelt einem SEPA-Lastschriftverfahren, ist für den Verkäufer in der weiteren buchhalterischen Verwaltung jedoch wesentlich einfacher.

Für kurzfristige Anmeldungen und Zahlungen stehen den Teilnehmern bei professionell organisierten Fachkongressen auch vor Ort entsprechende Point-of-Sale-Geräte zur Verfügung. Der Rechnungsbetrag wird dann mit EC- oder Kreditkarte direkt am Registrierungscounter bezahlt.

Den Veranstaltern oder Agenturen entstehen mit dem Angebot all dieser Bezahlsysteme teils hohe Kosten. Diese sind meist prozentual abhängig von den Bruttorechnungsbeträgen. Für die Kongressteilnehmer bieten derartige Bezahlsysteme hingegen eine bequeme Alternative zur Zahlung auf Rechnung.

Abschließend und zur Vervollständigung sei erwähnt, dass auch Barzahlungen vor Ort nach wie vor ermöglicht und regelmäßig nachgefragt werden.

Exkurs: Teilnahmebedingungen
Üblicherweise werden in den Teilnahmebedingungen folgende Dinge geregelt:

- **Anmeldeformen:** Wie hat sich ein Teilnehmer anzumelden?
  - Eine telefonische Anmeldung wird häufig ausgeschlossen, da hier keine eindeutige Willensäußerung des Teilnehmers zur Teilnahme und damit zur Zahlung der Teilnahmegebühr nachzuweisen ist.
- **Bezahlung:** Welche Zahlungsweisen und -fristen werden angeboten beziehungsweise sind einzuhalten?
  - Neben der Zahlung auf Rechnung wird in den meisten Fällen die Bezahlung per Kreditkarten oder Bankeinzug angeboten.

- **Stornierung/Umbuchung:** Welche Gebühren zieht eine Stornierung zu welchem Zeitpunkt nach sich? Besteht die Möglichkeit, die Anmeldung auf eine andere Person zu übertragen?
  - Aus Kulanzgründen bieten viele Veranstalter an, die bestehende Buchung eines Teilnehmers im Falle einer Verhinderung kostenfrei auf einen Ersatzteilnehmer umzubuchen.
- **Haftung:** Wer haftet für welche Schäden?
  - Der Haftungsausschluss des Veranstalters für durch den Teilnehmer entstandene Schäden ist ein wichtiger Bestandteil der Teilnahmebedingungen.
- **höhere Gewalt:** Was passiert bei Fällen höherer Gewalt?
  - In der Regel verpflichtet sich der Veranstalter, für entsprechenden Ausgleich zu sorgen, sich im Falle eines Referentenausfalls beispielsweise um gleichwertigen Ersatz zu bemühen.
- **Hausrecht:** Wer übt das Hausrecht aus?
  - Ein Veranstalter räumt sich sinnvollerweise das Recht ein, dass die von ihm oder von Hilfskräften erteilten Anweisungen zu befolgen sind. In manchen Fällen werden Veranstalter vonseiten der Location sogar dazu verpflichtet.
- **Erfüllungsort/Gerichtsstand:** Welches Gericht an welchem Erfüllungsort ist im Streitfall anzurufen?
  - Entsprechende Regelungen werden vom Bürgerlichen Gesetzbuch (BGB) festgelegt und sind dennoch fester Bestandteil der Teilnahmebedingungen.
- **Nebenabreden/salvatorische Klausel:** Wie ist im Falle von Nebenabreden oder nicht rechtswirksamen Bestimmungen zu verfahren?
  - Es wird festgehalten, dass mündliche Nebenabreden schriftlich fixiert werden müssen und der Veranstalter erklärt, dass – sollten einzelne Bestimmungen gegen geltendes Recht verstoßen – stattdessen dem ursprünglichen Zweck möglichst nahekommende, rechtlich wirksame Regelungen einzusetzen sind.

1.6 Teilnehmermanagement vor Ort und ex post

Die Teilnehmerregistrierung endet nicht mit dem zeitlichen Beginn des Kongresses. Vielmehr wird die Registrierung, je näher der Kongress rückt, zunehmend komplexer. Veränderungen in den Auslastungen bedürfen meist kurzfristiger Korrekturen in der Organisation.

Auch an den Veranstaltungstagen ist die Teilnehmerregistrierung ein Schlüsselelement. Die Bedeutung eines professionellen Umgangs mit den Teilnehmern bei Ankunft wird deutlich, wenn man sich bewusst macht, dass die Registrierung vor Ort das Erste ist, was ein Besucher vom Fachkongress erlebt.

1.6.1 Kongressunterlagen

Alle Teilnehmer – ob im Vorfeld angemeldet oder erst vor Ort registriert – erhalten bei Fachkongressen in der Regel eine Mappe oder eine Tasche mit diversen Unterlagen.

Diese werden häufig von Sponsoren zur Verfügung gestellt und enthalten folgende gängige Beilagen:

- Schreibblock oder Notizbuch
- Kugelschreiber oder andere Stifte
- Programmheft
- Ausstellerkatalog
- Broschüren des Veranstalters
- Werbebroschüren, Flyer oder sonstige Give-aways von Sponsoren
- Mitgliedschaftsanträge (meist bei Jahrestagungen von Fachgesellschaften)
- Kongresszeitung (ergänzende Informationen, Interviews und Anzeigenwerbungen bei größeren Fachkongressen)
- Abstract-Bände mit Kurzzusammenfassungen der Vorträge
- USB-Sticks oder CD-ROMs mit weiterführenden Inhalten
- Teilnehmerlisten (nur unter Wahrung der datenschutzrechtlichen Bestimmungen erlaubt)
- Broschüren mit touristischen Informationen zur Kongressdestination

1.6.2 Check-in

Für den Check-in geschultes Personal nimmt die Kongressbesucher in Empfang und händigt die wichtigsten Kongressunterlagen aus. Die Vorgehensweisen beim Check-in differieren von Veranstalter zu Veranstalter. Bereits die Organisation des Check-ins der Teilnehmer lässt meist Rückschlüsse auf die übrige Veranstaltungsorganisation zu. Die Stellschrauben hin zur Professionalisierung des Check-ins sind dabei variantenreich. Die oberste Zielsetzung in der Organisation ist es daher, die Teilnehmer bereits frühzeitig richtig zu kanalisieren. Eine erste Unterscheidung erfolgt daher zwischen bereits angemeldeten Teilnehmern und noch nicht registrierten Personen. Für Letztere sollte, um eine rasche Abwicklung zu ermöglichen, ein eigener Registrierungscounter eingerichtet werden.

Innerhalb der Gruppe vorangemeldeter Teilnehmer erfolgt die Kanalisierung meist analog einer Buchstabeneinteilung der Nachnamen. Um Zahlungsausfälle möglichst gering zu halten, müssen Kongressteilnehmer spätestens beim Check-in ihre Kongressgebühr entrichten oder eine unmittelbar vor der Veranstaltung getätigte Zahlung nachweisen.

Die Zukunft des Check-in-Verfahrens liegt sicher in der Technisierung des Prozesses. So ist es schon heute üblich, dass Teilnehmer mit ihrer Buchungsbestätigung einen individuellen Barcode erhalten, der vor Ort gescannt wird. Dieser Scan löst zeitgleich den Druck des Namensbadges aus. Die Vorteile einer solchen technikgestützten Lösung liegen auf der Hand: Es werden keine Badges mehr unnötig produziert, die Kongressteilnehmer müssen nicht mehr nach Buchstaben kanalisiert werden und der Veranstalter hat stets einen Überblick, wie viele Personen tatsächlich anwesend sind.

Ein Kongressveranstalter muss dabei die teilweise strengen Vorgaben bei der Erstellung eines Zertifikats beachten. Die einfache Bescheinigung über die Anwesenheit reicht bei Weitem nicht aus.

Im ersten Schritt ist die Zertifizierung eines Kongresses oder Teile davon bei der zuständigen Institution – häufig Kammern oder Fachgesellschaften – zu beantragen. Hierbei wird das Programm von der Zertifizierungsinstitution bewertet. Kriterien für die Zertifizierung sind beispielsweise die Lernintensität der Teilnehmer: Workshops sind intensiver als Plenarvorträge und werden daher höher bewertet. Ein weiteres Bewertungskriterium kann die Dauer der Veranstaltung oder einzelner Programmblöcke sein.

Die zugrunde liegende Ticketstruktur wird in der Bewertung der Institutionen ebenfalls berücksichtigt. Wenn der Fachkongress über mehrere Tage geht und zugleich Tageskarten erworben werden können, ist auch bei der Beantragung der Zertifizierung entsprechend darauf zu achten, dass einzelne Tage bescheinigt werden können.

Die Bewertung des Programms und der Ticketstruktur erfolgt in Form von Punkten.

Bei der Erstellung der Zertifikate ist vom Veranstalter oder der organisierenden Agentur besondere Sorgfalt zu wahren: Die zertifizierenden Institutionen haben spezielle Richtlinien mit Anforderungen an die Zertifikate. Die Optik ist meist individuell gestaltbar, solange die vorgeschriebenen Pflichtangaben erkennbar sind. Diese Pflichtangaben können sein:

- interne Fortbildungsnummer der zertifizierenden Institution
- Anzahl der Fortbildungsstunden
- Name, Ort und Datum der Veranstaltung
- Titel der besuchten Workshops oder des Fachkongresses
- Name und Anschrift des Teilnehmers
- Name des/der Referenten
- Name und Unterschrift des Kongresspräsidenten
- Stempel, Plakette oder Hologramm der zertifizierenden Institution
- Hinweise auf die Fortbildungsordnung der zertifizierenden Institution
- weitere von der Berufsordnung abhängige Angaben

Warum müssen Zertifikate erstellt werden? Diverse Berufssparten haben eine Fortbildungspflicht. Dieser kann auf unterschiedliche Weise nachgekommen werden. Eine Möglichkeit ist der Besuch von Fachveranstaltungen. Als Nachweis, dass die Veranstaltung auch tatsächlich besucht wurde, kommen Zertifikate zum Einsatz.

Der Veranstalter muss darüber hinaus einen Nachweis führen, dass der Teilnehmer die zertifizierte Veranstaltung tatsächlich besucht hat. Gängige Praxis hierfür sind Unterschriftenlisten.

Die Zukunft liegt auch hier im technischen Ansatz des Zertifizierungsprozesses:

Zur Nachweisführung wird – statt Unterschriftenlisten – der Barcode auf dem Badge der Teilnehmer beim Betreten des Vortrags- oder Workshopraums gescannt, ebenso beim Verlassen. Durch beide Scans kann genau bestimmt und nachgewiesen werden, ob der Teilnehmer die Mindestanwesenheitszeit als Voraussetzung für ein Zertifikat eingehalten hat.

An zentraler Stelle der Kongresslocation haben die Teilnehmer – wiederum mit ihrem Barcode – die Möglichkeit, ihr Zertifikat selbst auszudrucken oder im Nachgang online herunterzuladen.

Nachdem die Veranstaltung beendet ist, werden entweder die Unterschriftenlisten an die zertifizierenden Institutionen geschickt oder die erfassten Anwesenheitszeiten der Teilnehmer digital übermittelt. Die Institutionen nehmen dann, sobald die Teilnehmer ihre Zertifikate als Nachweis der Teilnahme einreichen, wiederum die Gegenkontrolle vor, ob die Angaben korrekt sind.

1.7   Auf die Pflicht folgt die Kür

Für einen reibungslosen Ablauf vor Ort ist ein professionelles Teilnehmermanagement unabdingbar. Die Betreuung der Teilnehmer geht in der modernen Kongressorganisation weit über die Grenzen der Logistik hinaus. Nicht zuletzt vor dem Hintergrund, dass Besucher von Fachkongressen aus ihrem Besuch – neben dem inhaltlichen Interesse – weiteren Mehrwert schöpfen wollen.

In der zeitgemäßen Teilnehmerbetreuung spielt die Vernetzung unterschiedlicher Bausteine eine zunehmend wichtige Rolle. Kongressteilnehmer sind es gewohnt, dass die gebotenen Möglichkeiten von Smartphones und anderen mobilen Endgeräten auch im Kongressumfeld Einzug halten. Im Zusammenhang mit der Teilnehmerregistrierung kann beispielsweise die Erstellung eines eigenen individuellen Programms angeboten werden: Die bei der Anmeldung gebuchten Vorträge, Kurse und Rahmenprogrammpunkte können in den persönlichen Kalender exportiert oder über Applikationen für mobile Endgeräte abgerufen werden. Dadurch wird dem Besucher eine völlig neue Orientierungsmöglichkeit vor Ort geboten und dem Wunsch nach Individualität Rechnung getragen.

Auch die Verfügbarkeit von zusätzlichen und ergänzenden Inhalten in Form von Fachartikeln, Lehrvideos oder Podcasts sind Teil des modernen Teilnehmermanagements. Der Teilnehmer erhält demzufolge mehr als den auf den Veranstaltungszeitraum begrenzten Inhalt als Belohnung für seine Teilnahme – gewissermaßen verkörpert dies die Kundenbindungsmaßnahme der Kongresswelt von morgen.

Doch nicht nur die inhaltlichen Aspekte spielen eine wesentliche Rolle bei der Entscheidung über eine Teilnahme. So kommt der Vernetzung der Teilnehmer eine immer größere Bedeutung zu. Dies kann analog durch entsprechende Organisation von Rahmenbedingungen vor Ort oder durch eine digitale Vernetzung via Foren auf der Kongresswebsite und Chatfunktionen in einer Applikation erfolgen. Die technischen Entwicklungen und Möglichkeiten sind hier maßgebend für die Ansprüche der Teilnehmer im Kongressumfeld.

1.8   Quod erat demonstrandum

Die eingangs aufgestellte These, dass Teilnehmermanagement mehr ist, als logistische Abläufe vor Ort zu steuern, wurde hinreichend aufgezeigt und begründet. Deutlich hervorzuheben ist, dass die Kongressteilnehmer von heute und morgen mehr erwarten als den zeitlich begrenzten Besuch einer Veranstaltung. Die technischen Möglichkeiten und die Zugänglichkeit befeuern diese Entwicklung zusätzlich. Moderne Helfer wie Smartphones machen das Teilnehmermanagement der Zukunft interaktiver und Fachkongresse damit über den eigentlichen Veranstaltungszeitraum erlebbar. Nichtsdestoweniger ist auch Personen ohne entsprechenden Zugang zu den technischen Möglichkeiten entsprechend Rechnung zu tragen. Die Aufrechterhaltung von Doppelstrukturen im Zusammenhang mit der Teilnehmerbetreuung ist mittelfristig nicht abzustellen.

In welchem Grad dieser Entwicklung vonseiten der Organisation nachgekommen wird oder nachgekommen werden kann, hängt nicht zuletzt mit finanziellen und personellen Ressourcen zusammen.

Mit Blick auf die Logistik hinter dem Teilnehmermanagement lässt sich zusammenfassen, dass an unterschiedlichen Stellen des Organisationsprozesses immer wieder Einfluss auf den Ablauf vor Ort genommen werden kann. Festzuhalten ist auch, dass frühzeitig getroffene, falsche Entscheidungen mithilfe moderner Teilnehmerkommunikation korrigiert werden können. Das zeitgemäße Teilnehmermanagement endet also nicht mit der Möglichkeit, sich für einen Fachkongress anzumelden. Allen voran steht die Einbindung der Teilnehmer in den Organisationsprozess, also ein aktiver Informationsfluss.

Literatur

o.V. (2014) Einwilligung des Betroffenen. In: Datenschutz von A–Z. Haufe-Lexware, Freiburg, S 141–142

Weiterführende Literatur

Bühnert C (2013) Teilnehmermanagement. In: Dinkel M, Luppold S, Schröer C (Hrsg) Handbuch Messe-, Kongress- und Eventmanagement. Wissenschaft & Praxis, Sternenfels, S 189–194

Über den Autor

Philipp Sautter, Bachelor of Arts (Hons), studierte von 2005 bis 2007 Event- und Kongressmanagement an der Heidelberg International Business Academy (HIB). Seinen Abschluss machte er im Fach „Events Management" nach einjährigem Studium an der Leeds Metropolitan University (GB) im Jahr 2008. Bereits während seines Studiums gründete er mit seinem Geschäftspartner Carsten Hartig die Agentur EMENDO Event & Congress. Nach diversen freiberuflichen Tätigkeiten in der Kongressbranche legten sie den Agenturschwerpunkt auf den Bereich „Teilnehmermanagement". Heute ist EMENDO eine der führenden Agenturen in diesem Segment.

1.6.3 Badges

Namensbadges bei Fachkongressen erfüllen diverse Zielsetzungen. Zu beleuchten sind zunächst die Funktionen und anschließend die Ausführungsmöglichkeiten.

Fachkongresse dienen den Besuchern vornehmlich zur Aus-, Weiter- und Fortbildung. Eine zunehmende Bedeutung erfährt aber auch die Vernetzung der Teilnehmer untereinander. Der Fachkongress bietet die einmalige Gelegenheit, an einem Ort zahlreiche Experten zu treffen. Um die Kommunikation zwischen den Teilnehmern untereinander, aber auch mit den Referenten und Ausstellern zu erleichtern, werden Namensbadges getragen. Dies erfüllt den operativen Zweck.

Aus organisatorischer Sicht werden mit dem Namensschild weitere wichtige Funktionen abgedeckt. So können die Zugangsberechtigungen einzelner Teilnehmergruppen hierüber abgebildet werden. Einfache Aufschriften oder Zeichensetzungen lassen Raumkontrollen direkt erkennen, ob der Zugang gewährt werden darf oder nicht. In der modernen Umsetzung wird hier auf offenkundige Stigmatisierung und dadurch eventuell hervorgerufene Diskriminierung verzichtet und Zugangsberechtigungen zu bestimmten Bereichen oder Räumen in einem Barcode abgebildet, der dann ebenfalls Element des Namensbadges sein muss.

Wurden bei der Teilnehmerregistrierung einzelne Programmpunkte abgefragt, kommt es vor, dass Kongressbesucher ihre bei der Anmeldung getroffene Auswahl nicht mehr präsent haben. Auch in diesem Fall ist das Namensbadge wichtiges Hilfsmittel: Die vom Teilnehmer gemachten Angaben können darauf erneut abgebildet werden.

Schlussendlich ist auch auf dem Namensbadge Platz für Sponsorenwerbung. Es stellt somit eine wichtige Einnahmequelle für Veranstalter dar.

Den Ausführungsmöglichkeiten sind in Form und Gestaltung kaum Grenzen gesetzt. Zunehmende Bedeutung findet jedoch der Umweltgedanke: Ein Namensbadge wird immer ein Einwegprodukt sein. Daher ist die bewusste Überlegung der Materialauswahl durchaus berechtigt.

Folgende Ausführungen sind in der Kongresswelt am geläufigsten (in alphabetischer Reihenfolge, ohne Wertung der Verwendungshäufigkeit):

- Bio-PVC-Karte (vollständige Zersetzung in Verbindung mit Wasser)
- folienkaschierter Karton
- Papier mit Plastiksichthülle
- PVC-Karte

Die Befestigung kann auf unterschiedliche Weise erfolgen. Während Plastikkarten gerne mit einer Clip- oder Magnetlösung an der Kleidung befestigt werden, kommen bei Papiervarianten häufig Lanyards/Schlüsselbänder zum Einsatz.

1.6.4 Zertifikate

Fachkongresse zahlreicher Berufssparten erfordern die Ausstellung eines Teilnahmezertifikats als Nachweis für den erfolgreichen Besuch einer Fort-, Aus- oder Weiterbildungsmaßnahme.

Crowdmanagement

Der Mensch im Mittelpunkt der Planung

Martin Leber

Zusammenfassung

Crowdmanagement ist ein Planungskonzept für Veranstaltungen, das den Menschen, seine Sicherheit und sein persönliches Veranstaltungserlebnis in den Mittelpunkt stellt. Um sowohl die Sicherheit als auch das Wohlbefinden des Menschen während einer Veranstaltung zu gewährleisten, müssen unter Berücksichtigung der äußeren und inhärenten Einflussfaktoren sowohl präventive Schutzmaßnahmen – also Maßnahmen, die vor dem eigentlichen Ereignis getroffen werden müssen, um gefährliche und unangenehme Situationen zu vermeiden – definiert, organisiert und umgesetzt werden als auch die sogenannten „Repressivmaßnahmen" als die Prozessschritte und Zuständigkeiten für den drohenden oder bereits eingetretenen Notfall festgeschrieben werden.

Vorbemerkung des Autors

Crowdmanagement ist nicht nur ein Thema für Großveranstaltungen mit vielen Tausend Besuchern, sondern sollte einen wesentlichen Bestandteil bei der Planung jeder Veranstaltung darstellen. Nur wenn der Mensch und sein Erlebnis im Mittelpunkt der Planung der Veranstaltung stehen, kann die Veranstaltung ein uneingeschränkter Erfolg werden.

Die Inhalte dieses Beitrags wurden teilweise schon im „little white book" des Autors veröffentlicht, Quelle: http://www.leber-partner.com/little-white-book.

M. Leber (✉)
Frankfurt am Main, Deutschland
E-Mail: leber@raleber.de

© Springer Fachmedien Wiesbaden GmbH 2017   343
C. Bühnert und S. Luppold (Hrsg.), *Praxishandbuch Kongress-, Tagungs- und Konferenzmanagement,* DOI 10.1007/978-3-658-08309-0_23

1   Definition

Der Begriff „Crowdmanagement" wird in Deutschland in Abhängigkeit von dem jeweiligen Bedeutungszusammenhang in unterschiedlichem inhaltlichem Kontext verwendet. Im englischsprachigen Raum existiert die Begrifflichkeit hingegen bereits seit über 20 Jahren als feststehender Terminus und Planungsansatz. Der amerikanische Planer John J. Fruin definierte Crowdmanagement 1993 als die systematische Planung und die kontinuierliche Überwachung und Steuerung einer geordneten Ansammlung von Menschen. Er beschreibt damit einen präventiven Planungsansatz, der den Besucher und sein Sicherheits-(Wohl-)Befinden in den Mittelpunkt der Planung stellt (Funk und Runk 2015).

Es geht demnach nicht nur um den Aspekt der Sicherheit, sondern darüber hinaus ganz wesentlich auch um das Wohlbefinden des Menschen im Kontext der Veranstaltung und der anderen Besucher, auch wenn das primäre Schutzziel von Fruin (1993) in dem Verhindern von großem Druck sowie unkontrollierter Bewegungen von beziehungsweise in Menschenmengen gesehen wird.

2   Hauptelemente des Crowdmanagements

Um sowohl die Sicherheit als auch das Wohlbefinden des Menschen während einer Veranstaltung zu gewährleisten, müssen unter Berücksichtigung der äußeren und inhärenten Einflussfaktoren sowohl präventive Schutzmaßnahmen – also Maßnahmen, die vor dem eigentlichen Ereignis getroffen werden müssen, um gefährliche und unangenehme Situationen zu vermeiden – definiert, organisiert und umgesetzt werden als auch die sogenannten „Repressivmaßnahmen", also die Prozessschritte und Zuständigkeiten für den drohenden oder bereits eingetretenen Notfall, festgeschrieben werden.

Zu den präventiven Schutzmaßnahmen im Crowdmanagement zählt insbesondere die systematische Planung von Flächen und Infrastrukturen, Kommunikationswegen und Organisationsstrukturen unter besonderer Berücksichtigung des Besuchers als Individuum und Teil einer sich ähnlich einer Flüssigkeit mit hoher Viskosität verhaltenden Masse, seiner persönlichen Bedürfnisse und des erwarteten individuellen und kollektiven Verhaltens im Normal- und Notfall.

Die Repressivmaßnahmen, im Englischen auch als „crowd control" bezeichnet, beschreiben die Reaktion auf eine entstehende oder bereits bestehende Gefährdungsbeziehungsweise Notfallsituation. „Natürlich müssen auch diese Maßnahmen detailliert vorgeplant sein – Szenarien mit den entsprechenden Crowd Control Maßnahmen [sic!] sind daher immer ein wichtiger Bestandteil eines Crowd Management Plans [sic!] bzw. Sicherheitskonzeptes. Fruin (1993) betont hier zu Recht, dass unangemessene oder schlecht umgesetzte Crowd Control Maßnahmen [sic!] Unglücke eher forciert als verhindert haben" (Funk und Runk 2015).

3   Der Crowdmanagement-Prozess

Viele Unglücke auf Veranstaltungen lassen sich insbesondere auf folgende Auslösefakto-
ren zurückführen:

- unzureichende Kommunikation und ungenaue Absprachen
- unklare Verteilung von Verantwortlichkeiten
- fehlende Risikoanalysen
- fehlendes Risikomanagement
- fehlende oder nicht praktisch umsetzbare Notfall- und Gefahrenabwehrpläne
- Vernachlässigung der Veranstaltungsphasen
- Vernachlässigung des Publikumsprofils

Der Crowdmanagement-Prozess soll diese Gefahr bringenden Bedingungen erst gar
nicht entstehen lassen bzw. ihre Auswirkungen minimieren.

3.1   Gefährdungsbeurteilung

Die Basis für ein effektives Crowdmanagement ist die veranstaltungs- oder produktionsbe-
zogene Situationsanalyse verbunden mit einer Gefährdungsbeurteilung (s. Abb. 1 und 2).
Hierbei sind insbesondere folgende Aspekte zu berücksichtigen:

- **Veranstaltungsart**
  Ein Kongress bietet andere Herausforderungen als ein Konzert, eine Messe wiederum
  andere Gefahrenpotenziale als eine Sportveranstaltung.
- **Veranstaltungszeitpunkt**
  Jede Jahreszeit hat ihre ganz eigenen Gefahr bringenden Bedingungen. So kann zum
  Beispiel der Einlassprozess im Winter Maßnahmen für das Auftreten von Blitzeis
  oder gegen das Herabstürzen von Schneebrettern erfordern, im Sommer hingegen
  Maßnahmen zur Versorgung der am Eingang wartenden Menschen mit Getränken und
  Schutz vor Sonne. Der Frühling und der Herbst bringen mit zunehmender Häufigkeit
  Windgeschwindigkeiten über acht Beaufort mit sich, die insbesondere temporäre Auf-
  bauten im Außenbereich belasten oder sogar den Abbruch einer Veranstaltung bedin-
  gen können.
- **Veranstaltungsort**
  Findet die Veranstaltung in einer genehmigten Versammlungsstätte statt, kann in der
  Regel auf ein bestehendes Räumungskonzept zurückgegriffen werden, welches in der
  Musterversammlungsstättenverordnung (MVStättVO) seit der Novellierung im Jahr
  2014 nicht mehr nur für Versammlungsstätten über 5000 Personen, sondern für alle
  Versammlungsstätten gefordert wird (MVStättVO § 42). Anders sieht es hingegen in

Musterveranstaltung

Veranstaltungsdurchführung

Gefährdungen	Gefährdete Personengruppen	Phasen:	Risiko ohne Schutzmaßnahmen			Risiko mit Schutzmaßnahmen		
			EW	SA	R	EW	SA	R
Amoklauf / Angriff durch Einzeltäter	Alle an der Veranstaltung Beteiligten		1	5	5	1	5	5
Ausfall von Telekommunikationsanlagen (z. B. durch Überlastung von Handymasten)	Alle an der Veranstaltung Beteiligten		2	5	10	1	5	5
Bombendrohung	Alle an der Veranstaltung Beteiligten		2	5	10	2	5	10
Brand / Feuer / Explosion	Alle an der Veranstaltung Beteiligten		2	5	10	2	3	6
Drohendes Unwetter und Starkwind mit Windstärken über 8 Beaufort	Alle an der Veranstaltung Beteiligten		3	4	12	3	3	9
Eisregen / Blitzeis / Schnee	Alle an der Veranstaltung Beteiligten		2	4	8	2	3	6
Elektrische Gefährdung beim Einsatz elektrischer Anlagen und Betriebsmittel	Alle an der Veranstaltung Beteiligten		2	5	10	1	5	5
Gefahr durch schlechte Kommunikation zwischen wichtigen Funktions- und Entscheidungsträgern während des Veranstaltungsbetriebes	Alle an der Veranstaltung Beteiligten		4	5	20	2	2	4
Gehörschäden durch zu hohe Schalldrücke während der Veranstaltung	Alle an der Veranstaltung Beteiligten		4	4	16	2	2	4
Hohe Personendichte im Räumungsfall	Alle an der Veranstaltung Beteiligten		3	5	15	3	3	9
Hohe Personendichte während der Veranstaltung	Alle an der Veranstaltung Beteiligten		3	5	15	3	3	9
Lasten über Personen	Alle an der Veranstaltung Beteiligten		2	5	10	2	2	4
MANV (Massenanfall von Verletzten) Unfall mit mehr als 20 verletzten Personen	Alle an der Veranstaltung Beteiligten		2	4	8	1	4	4
Orientierungslosigkeit im Räumungsfall	Besucher		3	3	9	1	3	3
Stolpern und Stürzen auf Bühnen und Szenenflächen	Künstler und Darstellerbetreuung, Projektteam der Arena, Projektteam Veranstalter		3	5	15	2	2	4
Stolpern und Stürzen auf Verkehrswegen	Alle an der Veranstaltung Beteiligten		3	3	9	2	3	6
Strukturversagen von Hallendächern und anderen Aufbauen durch Überlast	Alle an der Veranstaltung Beteiligten		2	5	10	1	5	5
Technischer Störfall (Ausfall von technischen Sicherheitseinrichtungen)	Alle an der Veranstaltung Beteiligten		4	5	20	2	2	4
Unfall mit Transportfahrzeugen während der Veranstaltung	Alle an der Veranstaltung Beteiligten		2	3	6	2	2	4
Unfall / Personenschaden / Medizinischer Notfall (Herzinfarkt, Allergischer Schock etc.)	Alle an der Veranstaltung Beteiligten		2	5	10	2	2	4
Unruhe und Angst bei den Besuchern auf Grund eines unerwarteten Ereignisses	Alle an der Veranstaltung Beteiligten		2	4	8	2	3	6
USBV / Herrenloser Koffer - Auffinden einer herrenlosen potenziell gefährlichen Sache	Alle an der Veranstaltung Beteiligten		2	5	10	2	5	10
Verhaltensauffällige Person (Pöbelei, sexuelle Belästigung, Androhung von Gewalt etc.)	Alle an der Veranstaltung Beteiligten		2	3	6	2	2	4
Vermisste oder aufgefundene Person	Besucher		3	1	3	3	1	3

Zum Schutz gegen	Schutzmaßnahmen	Ausführungsverantwortliche	Kontrollverantwortliche
Ausfall von Telekommunikationsanlagen (z.B. durch Überlastung von Handymasten)	Wichtige Funktionsträger verfügen über ein redundantes Kommunikationssystem (Funkgerät + Handy).	Projektteam Veranstalter	Veranstaltungsleiter
Bombendrohung	Während der Veranstaltung ist ein Sprengstoffspürhund anwesend	ESS - Hundestaffel	Ordnungsdienstleiter
Brand / Feuer / Explosion	Ausschmückungen und sonstige Dekorationselemente bestehen aus schwer entflammbaren Materialien.	Ausführender Dienstleister	Verantwortlicher für Veranstaltungstechnik - VA

Gefährdungsbeurteilung erstellt mit delegatis, durch Martin Leber   11.05.2016, 10:59   27 von 71

Abb. 1 Gefährdungsbeurteilung Musterveranstaltung (Veranstaltungsdurchführung). (Quelle: eigene Darstellung)

Musterveranstaltung

Verhaltensauffällige Person (Pöbelei, sexuelle Belästigung, Androhung von Gewalt etc.)

Im Zusammenhang mit	Gefährdete Personengruppen	Phasen:
Veranstaltungsdurchführung	Alle an der Veranstaltung Beteiligten	

Hinweis: Der beschriebene Prozess ist verbindlich sofern nicht Gefahr im Verzug ein anderes Vorgehen erfordert. Er kann vom Veranstaltungsleiter oder einem Einsatzleiter abgeändert und abgebrochen werden. Die Weisungen dieser Personen gehen dem definierten Prozess vor.

Alarmierungs- und Gefahrenabwehrmaßnahme	Hinweis	Ausführung	Risiko ohne Schutzmaßnahmen			Kontrolle	Risiko mit Schutzmaßnahmen			Erledigt
			EW	SA	R		EW	SA	R	
1.00 Information der Produktionsleitung	–> Rundruf über Funk Kanal 3: "Achtung, Achtung, verhaltensauffällige Person in Bereich:…" Über Funkkanal 3 hören folgende Personen mit: 1. Veranstaltungsleiter; 2. VIP Betreuer; 3. BRASIWA - Teamleiter Feuerwehr; 4. Ordnungsdienstleiter; 5. Sanitätsdienstleiter; 6. CvD Betreibervertreter; 7. Sicherheitsberater; 8. VfV Verantwortliche für Veranstaltungstechnik 1; 9. VfV Verantwortliche für Veranstaltungstechnik 2; 10. Produktionsleiter/Regisseur 11. Einsatzleiter der Polizei/Feuerwehr etc. sofern anwesend.	Alle an der Veranstaltung Beteiligten	2	3	6	None	2	2	4	
1.10 Information der Veranstaltungsleitung über Funk Kanal 3		Produktionsleitung				Veranstaltungsleiter				
2.01 Information des Ordnungsdienstleiters		Veranstaltungsleiter				CvD				
2.02 Nach Rücksprache mit dem Ordnungsdienstleiter Entscheidung über die Einbeziehung von der Polizei treffen.	–> Notrufnummer: 110	Veranstaltungsleiter				CvD				
2.03 Sofortmaßnahmen festlegen	Sofortmaßnahmen können z.B. sein: - Festsetzen der Person -	Ordnungsdienstleiter				CvD				
2.04 Nach Rücksprache mit dem Ordnungsdienstleiter über die Erteilung eines Platzverweises entscheiden.		Veranstaltungsleiter				CvD				
3.01 Den Ordnungsdienstleiter über die Erteilung des Platzverweis informieren.		Veranstaltungsleiter				Veranstaltungsleiter				
3.02 Ordnungsdienstmitarbeiter über Platzverweis informieren.		Ordnungsdienstleiter				Ordnungsdienstleiter				
5.02 Person vom Gelände entfernen.		Ordnungsdienst				Ordnungsdienstleiter				
5.02 Vollzug an den Veranstaltungsleiter melden		Ordnungsdienstleiter				Veranstaltungsleiter				
5.03 Zumindest 15 min die Person weiter beobachten und das Wiederbetreten des Veranstaltungsgeländes verhindern.		Ordnungsdienst				Ordnungsdienstleiter				
5.05 Protokoll über Ereignisverlauf		Veranstaltungsleiter				CvD				

Gefährdungsbeurteilung erstellt mit delegatis, durch Martin Leber   11.05.2016, 10:59   68 von 71

Abb. 2 Gefährdungsbeurteilung Musterveranstaltung (Verhaltensauffällige Personen). (Quelle: eigene Darstellung)

einer temporär umgenutzten Industriehalle oder gar im Außenbereich aus. In den Bundesländern, welche die MVStättVO von 2014 bereits im Landesrecht umgesetzt haben, findet auf Open-Air-Veranstaltungen die Versammlungsstättenverordnung (VStättVO) keine Anwendung mehr, sofern nur temporäre/fliegende Bauten[1] errichtet werden (MVStättVO § 1 Abs. 1 Nr. 3). In einem solchen Fall hat man auf der einen Seite mehr Möglichkeiten, ein vergleichbares Sicherheitsniveau wie in einer genehmigten Versammlungsstätte zu erreichen, allerdings sind die dafür notwendigen infrastrukturellen Maßnahmen oftmals erheblich umfangreicher und damit auch teurer. Ein Aspekt, der bei der Wahl der Location nicht unberücksichtigt bleiben sollte.

- **Flächennutzung, Infrastruktur und geplante Einbauten**
Es bedarf einer qualifizierten Flächennutzungsplanung – nicht nur, um zu wissen, wie viele Personen überhaupt an der Veranstaltung teilnehmen können. Eine genaue Aufplanung[2] ist daher ein ganz entscheidender Bestandteil des Crowdmanagements.

Neben der genauen Abgrenzung der Veranstaltungsfläche – die zum Beispiel für den Ordnungsdienst von erheblicher Bedeutung ist, da er im öffentlichen Raum keinen Platzverweis erteilen darf und Repressivmaßnahmen nur unter bestimmten Voraussetzungen vornehmen kann – müssen neben den Flucht- und Rettungswegen auch die Bereiche berücksichtigt werden, welche nicht für Besucher zugänglich sind wie Catering, Bühnen, Backstage und Lagerbereiche. Umfangreiche Einbauten wie große Szeneflächen und Sperrbereiche können auch eine Anpassung des bestehenden Räumungskonzepts einer genehmigten Veranstaltungsstätte bedingen. Ein kritischer „Praxischeck", ob ein bestehendes Sicherheitskonzept auch für die konkrete Veranstaltung effektiv umgesetzt werden kann, ist demnach unabdingbar. Ebenfalls müssen bei der Aufplanung die bestehende Infrastruktur und die über die Sicherheit hinausgehenden Bedürfnisse des Menschen berücksichtigt werden, wie etwa die Aufnahme und das Wiederabgeben von Nahrung und Flüssigkeit. Gelingt entweder das eine oder andere nicht in angemessener Zeit, wirkt sich das nicht nur negativ auf den Getränkeumsatz aus, sondern kann auch Aggressionen und Ausschreitungen nach sich ziehen (vgl. „Wurst-Gate"-Affäre auf der Daimler-Hauptversammlung 2016 – ade/dpa 2016; Lange 2016).

- **Personenanzahl und Verteilung**
Der Veranstalter sollte nicht nur wissen, wie viele Personen seine Location aufnehmen kann, sondern auch, wie viele Personen maximal gleichzeitig und über den gesamten Veranstaltungsverlauf erwartet werden. Unter Berücksichtigung dieser Faktoren ist zu definieren, von wem und wie die aktuelle Personendichte überwacht wird

---

[1]Dabei handelt es sich um bauliche Anlagen, die zu dem Zweck bestimmt sind, wiederholt aufgestellt und abgebaut zu werden.

[2]Aufplanung bezeichnet die Flächennutzungsplanung bei Veranstaltungen, in der festgelegt wird, welche Bereiche für Flucht- und Rettungswege freigehalten werden müssen und welche Flächen für Besucher zugänglich gemacht werden bzw. für Technik und Backstagebereiche reserviert sind. Im Messebereich meint es die Festlegung der Standflächen.

und welche Maßnahmen bei einer drohenden Überfüllung getroffen werden können, um den Besucherzustrom temporär oder absolut zu begrenzen.

- **Besucherprofil**

  Neben der Geschlechter- und Altersverteilung, welche zum Beispiel bei der Bemessung der Sanitäranlagen eine Rolle spielen können, ist insbesondere auch das zu erwartende Verhalten der Besucher von Bedeutung. Neben exogenen menschlichen Faktoren – wie gruppendynamische Prozesse, hervorgerufen durch das Zusammentreffen von andersdenkenden Menschen, zum Beispiel beim Aufeinandertreffen zweier Fan-Gruppen bei einem Fußballspiel oder auch Gegendemonstranten bei einer Parteiveranstaltung – sind auch die endogenen menschlichen Faktoren wie der zu erwartende Drogenkonsum der Besucher und Mitwirkenden und die damit im Zusammenhang stehenden Ausfallerscheinungen zu berücksichtigen.

- **An- und Abreisemodalitäten**

  Wer kommt wann und womit? Crowdmanagement darf nicht erst am Eingang der Location beginnen. Diesbezüglich ist insbesondere zu berücksichtigen, in welchem zeitlichen Zusammenhang die Besucher eintreffen und auch wieder abreisen. Das Spektrum reicht vom Eintreffen vieler Tausend Menschen – angereist mit Sonderzügen in extrem kurzer Zeit – bis hin zu Jugendlichen, welche bereits mehrere Tage vor der Veranstaltung im wahrsten Sinne des Wortes vor den Veranstaltungstüren die Zelte aufschlagen, nur um bei ihrem Star in der ersten Reihe zu stehen.

  Aber auch wenn der Weg vom ausgewiesenen Parkplatz bis zum Sitzplatz für eine Person bei Verwendung einer Gehhilfe oder eines Rollators so lange dauert, dass der Veranstaltungsbeginn verpasst wird, oder es an Sitzmöglichkeiten im Wartebereich fehlt, lässt sich dies als Mangel im Crowdmanagement ausmachen, der ungeahnte Konsequenzen für die Verantwortlichen haben kann.

- **Organisations- und Delegationsstrukturen: „Who is in charge?"**

  Veranstaltungen sind, bedingt durch das Zusammenwirken vieler Beteiligter, geprägt durch eine dynamische und komplexe Organisations- und Kommunikationsstruktur. Es ist daher bereits in einem frühen Planungsstadium zu eruieren, welche Personen in den Planungs-, den Umsetzungsprozess und in ein effektives Notfallmanagement eingebunden werden müssen, und zu bewerten, an welchen Schnittstellen Kompetenzüberschneidungen oder auch ein Kompetenzvakuum (niemand fühlt sich für einen Aspekt zuständig) entstehen könnte.

- **Information und Kommunikation vor und während der Veranstaltung**

  „Kommunikation ist der wichtigste Faktor für Sicherheit und den gesamten Erfolg einer Veranstaltung." Dieser einfache Grundsatz muss auch bei der Risikobewertung berücksichtigt werden.

  Hierbei spielt zum Beispiel die Frage eine Rolle, wie die Besucher sowohl in der Einlassphase als auch während der Veranstaltung über besondere Ereignisse wie zum Beispiel den Abbruch informiert werden können:

- Geschieht dies über die „ELA" (Elektroakustische Anlage) des Veranstaltungsorts oder über die eingebrachte Veranstaltungstechnik, oder lässt sich beides sinnvoll kombinieren?
- Erreicht man damit auch Personen in den Außen- und Nebenbereichen wie Toilettenanlagen?
- Werden die Durchsagen vom DJ oder einer Band überdeckt – und wenn ja, wie kann man dies verhindern?
- Gibt es automatische Sicherheitsdurchsagen? Wenn ja, in welchen Sprachen?
- Werden diese von den erwarteten Besuchern verstanden?
- Gibt es eine Sprechstelle für Individualdurchsagen, oder soll dies von der Bühne aus geschehen?
- Wer nimmt Individualdurchsagen vor? Braucht diese Person Textvorlagen?
- Kann man Anzeigetafeln/LED-Wände zur visuellen Kommunikation nutzen?
- Wer entscheidet, wann welche Informationen und über welchen Informationskanal kommuniziert werden?

- **Berücksichtigung der Veranstaltungsphasen**
  Da der Mensch sich in den verschiedenen Phasen der Veranstaltung unterschiedlich verhält und auch unterschiedliche Bedürfnisse zum Beispiel an den ihm zur Verfügung stehenden Platz oder die ihm zur Verfügung stehenden Informationen hat, ist es geboten, die wesentlichen Phasen der Veranstaltung dezidiert zu betrachten.

Wie schon der Mathematiker Blaise Pascal vor fast 400 Jahren erkannt hat, ist das Risiko sowohl zur Eintrittswahrscheinlichkeit als auch zum Schadensausmaß proportional. Daher empfiehlt es sich, eine Bewertung nach diesen Aspekten vorzunehmen, um eine effektive Visualisierung der Priorisierung zu erreichen. Bei der Gefährdungsbeurteilung und Maßnahmenableitung sollten die Phasen der Veranstaltung und auch der Wechsel zwischen den Betriebszuständen der Veranstaltungsstätte berücksichtigt werden.

3.2   Festlegung von präventiven Schutzmaßnahmen

Auf der Gefährdungsbeurteilung aufbauend, erfolgt die Definition notwendiger und gebotener Maßnahmen inklusive der Festlegung der hierfür ausführungs- und kontrollverantwortlichen Gruppen, Personen und Funktionen. Bei der Maßnahmendefinition geht es beim Crowdmanagement in erster Linie darum, die personenbezogenen Hauptgefährdungen zu vermeiden. Fruin (2002) hat diese im FIST-Modell wie folgt zusammengefasst:

- Force (Druck/Gedränge)
- Information (Information und Kommunikation)
- Space (der Bewegungsraum des Besuchers inkl. Infrastruktur)
- Time (die zeitlichen Dimensionen der Raumnutzung)

Er benennt zur Vermeidung dieser Gefährdungen insbesondere folgende Aspekte:

- Design (Flächenplanung, Infrastrukturen, Sichtlinien, …)
- Information (technisch [akustisch, visuell] und inhaltlich)
- Management (Personaleinsatz, Organisationskonzepte, Aufgabenverteilung, …)

für die drei relevanten Phasen

- Ingress (Anreise-/Einlassphase)
- Circulation (Anwesenheitsphase)
- Egress (Auslass-/Abreisephase)

Dies ist im sogenannten „DIM-ICE-Metamatrix"-Planungsansatz zusammengefasst, der als systematische Leitlinie bei der Maßnahmen-Definition herangezogen werden kann.

Für die Ingress- also die Anreise- und Einlassphase müssen insbesondere

- die Zugangswege zum Veranstaltungsort,
- die Anordnung der Parkbereiche oder die ÖPNV-Verkehrsknotenpunkte,
- der Platzbedarf der wartenden Menge,
- die Durchlasskapazitäten der Eingänge,
- die notwendigen Informationen der wartenden und anreisenden Besucher,
- die Besucherleitung und Organisation der Warteschlangen,
- die benötigten Personalkapazitäten für den Service (Verifikation und gegebenenfalls Akkreditierung),
- die benötigten Personalkapazitäten für die Aufrechterhaltung der Sicherheit und Ordnung und
- die Abgrenzung der Verantwortlichkeiten des Ordnungsdiensts und der Polizei (abhängig von der Grenze zwischen Veranstaltungsareal und öffentlichem Raum)

geplant beziehungsweise organisiert werden.

Die Anwesenheitsphase ist geprägt durch die Bewegungen der Besucher auf der Veranstaltungsfläche und den angrenzenden Arealen. Diese Bewegungen können sehr unterschiedlich motiviert sein. Menschen auf Veranstaltungen bewegen sich insbesondere, um:

- eine bessere Sicht zu erlangen.
- nahe an der gewünschten Attraktion oder dem Künstler zu sein.
- zu einem Vortrag oder Meeting an einen anderen Ort/Konferenzraum zu gelangen.
- die Veranstaltung im Ganzen zu erfassen (zielloses Flanieren zum Beispiel auf Messen und Ausstellungen).
- Kollegen oder Freunde zu finden.
- Nahrung und Flüssigkeit aufzunehmen.
- Nahrung und Flüssigkeit abzugeben und vieles mehr.

Hierzu benötigen die Besucher und Verantwortlichen Informationen über Standorte, Abläufe, Programme oder Preise. Die Bewegungen müssen gelenkt und teilweise auch eingeschränkt werden. Dies kann geschehen durch

- das Geländedesign selbst (Wegeführung),
- passive technische Maßnahmen und Einbauten (Wellenbrecher, Barrieren etc.),
- aktive technische Lenkungsmaßnahmen (visuelle Besucherinformationssysteme, Durchsagen),
- aktive organisatorische Lenkungsmaßnahmen (durch Ordner),
- aktive persönliche Informationenbereitstellung (Programmheft, Flyer, Veranstaltungs-App),
- eine gezielte Steuerung des Bühnen- oder Konferenzprogramms (versetzter Anfang etc.).

Die Auslassphase von Veranstaltungen ist dadurch charakterisiert, dass die Teilnehmer regelmäßig so schnell wie möglich den Veranstaltungsort verlassen, um die Verkehrsmittel zu erreichen, und oftmals gleichzeitig bereits abbaubedingte Maßnahmen eingeleitet werden.

Die Besucher sind in dieser Phase vielfach müde, erschöpft und/oder betrunken, wodurch ihnen die Umgebung infolge der veränderten Sichtverhältnisse anders erscheint und dadurch der Informations- und Lenkungsbedarf erheblich höher ist als zu Beginn einer Veranstaltung.

Auch die Beteiligten der Veranstaltung sind in dieser Phase häufig erschöpft und durch den mit dem Ende der Veranstaltung oftmals eintretenden Adrenalinabfall weniger aufmerksam und entscheidungsfähig. Diese Auslassphase ist als Übergangsphase zwischen Veranstaltungsende und Abbau die Phase mit dem höchsten Unfallrisiko.

Hinzu kommt, dass diese Phase und die angrenzende Abbauphase – bedingt durch Fokussierung der Organisationsverantwortlichen auf die Veranstaltungsdurchführung – regelmäßig schlechter oder gar nicht organisiert sind als die übrigen Phasen. Fast jede größere Veranstaltung hat einen Bauzeitenplan für den Aufbau und oftmals auch einen definierten Einlassprozess. Was oft fehlt, aber ein ganz wesentlicher Teil des Crowdmanagements sein muss, ist:

- ein definierter Prozess zum Ende der Veranstaltung,
- ein Personalkonzept für die Aufrechterhaltung der Sicherheit und Ordnung,
- eine Logistikplanung für den Abtransport der Besucher,
- eine entsprechende Bauzeiten-/Logistikplanung für den Abbau.

Man verdirbt dem Besucher das gesamte Veranstaltungserlebnis, wenn zum Beispiel zu früh anfahrende und in der Nähe der Veranstaltungsstätte wartende Lkws der Dienstleister die unmittelbaren Zufahrtswege der Location so stark belasten, dass die für den Hotel-, Bahnhofs- und Flughafentransfer eingesetzten Reisebusse die Veranstaltungsstätte nicht rechtzeitig erreichen können und sich der Abtransport damit so stark verzögert, dass die Gäste ihre Flüge oder Züge nicht mehr erreichen. Tritt ein solcher Fall ein, spielt es keine Rolle mehr, dass die Veranstaltung bis zu diesem Zeitpunkt bis ins kleinste Detail perfekt gelaufen ist. Sie wird dem Besucher als Negativerlebnis in Erinnerung bleiben und kann zudem aufgrund möglicher Regressforderungen für Zusatzflug- und Hotelkosten auch ein finanzielles Desaster werden.

3.3 Alarm- und Notfallmanagement: Repressivmaßnahmen und -prozesse

Neben dem „Normalbetrieb" der Veranstaltung müssen auch die Gefahren oder der Notfall geplant werden. Für die auf Grundlage der Gefährdungsbeurteilung ermittelten potenziellen Schadensereignisse sollten notwendige Repressivhandlungen in sogenannten „Alarm- und Gefahrenabwehrplänen" inklusive der für die einzelnen Prozessschritte und Entscheidungen ausführungs- und kontrollverantwortlichen Personen, Gruppen oder Funktionen festgelegt werden, um eine schnelle Reaktionszeit zu gewährleisten und Diskussionen zu vermeiden. Selbst wenn alles gut geht, kann alleine eine zu lange Reaktionszeit des Veranstaltungsteams bereits einen Shitstorm in den sozialen Medien auslösen. Ein anschauliches Beispiel hierfür waren die medialen Reaktionen auf das Veranstalterverhalten in Folge der Bombendrohung beim Finale der zehnten Staffel der Sendung „Germany's Next Topmodel" im Jahr 2015. Sofern die Veranstaltungslocation über ein entsprechendes Räumungskonzept verfügt – wie es nach Maßgabe der MVStättVO (2014) für die meisten Versammlungsstätten gefordert wird, sollte dieses nicht ohne eine Prüfung der Anwendbarkeit und Effektivität für die konkrete Veranstaltung übernommen werden. Gegebenenfalls kann es auch geboten sein, weitere Szenarien zu ergänzen oder Verantwortlichkeiten veranstaltungsspezifisch abweichend zu regeln.

Für welche Szenarien ein Alarm- und Gefahrenabwehrplan erstellt werden sollte, hängt von der einzelnen Veranstaltung ab und ergibt sich aus der veranstaltungsbezogenen Gefährdungs-Beurteilung.

Auf die folgenden Szenarien sollte man jedoch stets vorbereitet sein und die Beteiligten sollten wissen, wie man in einem solchen Fall vorgehen wird:

- Amoklauf/Angriff durch einen Einzeltäter
- Ausfall von Telekommunikationsanlagen (die Mitglieder der Veranstaltungsleitung und des Krisenteams müssen für diesen Fall über eine redundante Kommunikationsmöglichkeit verfügen)
- Bombendrohung/Anschlagsdrohung
- Brand/Feuer/Explosion
- Eisregen/Blitzeis/Schnee (sofern nicht witterungsbedingt auszuschließen)
- MANV – Massenanfall von Verletzten

- technischer Störfall (Ausfall von technischen Sicherheitseinrichtungen nach § 14 MVStättVO)
- Unfall/Personenschaden/medizinischer Notfall (Herzinfarkt, allergischer Schock)
- Unwetter/Starkregen/Wind (abgestuft ab Windstärke 5 und über Windstärke 8)
- herrenloser Koffer/potenzielle USBV (Unbekannte Spreng- und Brandvorrichtung)
- verhaltensauffällige Person
- zu hoher Personendruck vor und nach der Veranstaltung
- zu hoher Personendruck während der Veranstaltung

Die Prozesse sind hierbei jedoch als Basisleitfaden zu verstehen, welche von den jeweiligen Entscheidungsträgern auch dynamisch angepasst werden können, wenn „Gefahr im Verzug" ein anderes Vorgehen erfordert.

3.4 Kommunikation und Abstimmung der erarbeiteten Ergebnisse mit den Beteiligten

Hat man die vorgenannten Schritte erfolgreich absolviert, kommt der wohl wichtigste Schritt: die Kommunikation der Inhalte an die Beteiligten. Ein Crowdmanagement oder auch ein Sicherheitskonzept, das nur auf dem Papier existiert und es nicht bis in die Köpfe der Verantwortlichen schafft, kann seinen Zweck nicht erfüllen.

Die beteiligten Personen, welche entweder Ausführungs- oder Kontrollverantwortung für Präventivmaßnahmen haben oder eine Rolle im Notfallmanagement spielen – zum Beispiel als Teil eines Krisenteams – müssen über ihre Aufgaben informiert werden. Die Unterweisungsverantwortung obliegt als Teil der Organisationsverantwortung der Projektleitung, muss aber nicht von ihr persönlich wahrgenommen werden, sondern kann auch entsprechend delegiert werden. Nach dem „Train-the-Trainer-Prinzip" muss aber darauf geachtet werden, dass die Unterweisungsverantwortung nur an hinreichend unterwiesene Personen übertragen wird.

Ein ganz wesentlicher Faktor für die erfolgreiche Vermittlung und Aufnahme der relevanten Informationen ist die Informationsselektion. Man kann von den Projektverantwortlichen nicht verlangen, dass sie sich aus 100 Seiten Konzept die drei Seiten selbst heraussuchen, welche für sie relevant sind. Das ist Aufgabe des Unterweisenden. Auch Änderungen sollten als solche immer klar erkennbar kommuniziert werden. Insofern ist es sehr hilfreich für die Erstellung entsprechender Konzepte, auf moderne Softwarelösungen – wie etwa Delegatis – zurückzugreifen, die datenbankbasiert eine personen-, gruppen- oder funktions- und zeitselektive Ausgabe von Informationen ermöglichen.

Die Kenntnisnahme und das Verständnis der Informationen und die Annahme der entsprechenden Ausführungs- oder Kontrollverantwortung sollte man sich von den wichtigsten Funktionsträgern, am besten bei einem veranstaltungsbezogenen Sicherheitsbriefing unmittelbar vor Veranstaltungsbeginn per Unterschrift bestätigen lassen, da die VStättVO zumindest für die Delegation von Betreiberpflichten die Schriftform vorschreibt und das Schriftformerfordernis zum Beispiel durch eine E-Mail, welche der sogenannten „Textform" aber eben nicht der „Schriftform" entspricht, nicht erfüllt wird.

Literatur

Ade/dpa (2016) Büfett auf Hauptversammlung: Daimler-Aktionäre streiten über Würstchen. http://www.spiegel.de/wirtschaft/unternehmen/wuerstchen-streit-zwischen-daimler-aktionaeren-provoziert-polizeieinsatz-a-1085886.html. Zugegriffen: 30. Mai 2016

Fruin JJ (2002) The causes and prevention of crowd disasters. Originally presented at the First International Conference on Engineering for Crowd Safety, London, England, März 1993

Funk S, Runk S (2015) Grundlagen Crowd Management. http://www.basigo.de/handbuch/Sicherheitsbausteine/Crowd_Management/Crowd_Management. Zugegriffen: 30. Mai 2016

Lange K (2016) Was Sie zum Wurst Case bei Daimler wissen müssen. http://www.manager-magazin.de/unternehmen/artikel/daimler-fuenf-fragen-zur-wurst-affaere-a-1085903.html. Zugegriffen: 30. Mai 2016

Leber M (2016) The little white book. http://www.leber-partner.com/little-white-book. Zugegriffen: 13. Sept. 2016

MVStättVO (2014) Fassung von 2005, zuletzt geändert durch Beschluss der Bauaufsicht vom Juli 2014. https://www.is-argebau.de/suchen.aspx?id=991&o=991&s=versammlungsst%C3%A4t ten. Zugegriffen: 30. Mai 2016

Über den Autor

Rechtsanwalt **Martin Leber** LL.M. verfügt neben seiner juristischen Ausbildung auch über die Qualifikation als Meister für Veranstaltungstechnik, Fachrichtung Bühne/Studio. Als FOH-Techniker, Technischer Leiter und Produktionsleiter erlangte er langjährige Praxiserfahrung und ein feines Gespür für die Besonderheiten der Branche. Als Gründungsmitglied von LEBER & PARTNER Rechtsanwälte betreut er das Ressort „Messe- und Veranstaltungsrecht" und berät als Partneranwalt die Verbände VPLT e. V., Degefest e. V. und die Vereinigung Deutscher Veranstaltungsorganisatoren e. V. sowie die Betreiberseite, Veranstalter und Dienstleister. Sein Wissen gibt er unter anderem als Lehrbeauftragter der HfMDK Frankfurt weiter. Sein Forschungsschwerpunkt ist die Verantwortungsverteilung in komplexen und dynamischen Organisationsstrukturen.

Teil IV

Werbung und Public Relations, Inhalte und Transformation

Kongresse und Tagungen aus der Marketingperspektive

Marketingkommunikation im Eventmanagement

Claus Bühnert

Zusammenfassung

Der Dienstleistungsbereich, in dem sich Veranstalter und Organisatoren von Kongressen, Tagungen und Konferenzen einordnen, stellt besondere Ansprüche an das Marketing. Abzulesen ist das an einem erweiterten Marketingmix, wobei eines der vier klassischen Instrumente, die Kommunikation (heute besser unter „Promotion" bekannt) in erster Linie herausgefordert ist. Denn der Kundschaft muss eine Leistung vermittelt und schmackhaft gemacht werden, die nur in Text und Bild auf dem Papier steht. Und die Digitalisierung macht es auch nicht „griffiger". Auch Veranstaltungen sind immateriell und lassen sich nicht in einen Showroom oder in ein Verkaufsregal stellen. Mehr noch: Marketing für Events und Events zu Marketingzwecken sind je eine Seite der Medaille. Dieser Beitrag greift heraus, worauf es bei der Kommunikation von Kongressen, Tagungen und Konferenzen ankommt und wirft auch einen Blick auf das Locationmarketing.

Vorbemerkung des Autors

Marketingevents im Rahmen eines Eventmarketings – oder muss es umgekehrt heißen? Was in der Marketinglehre unstrittig ist, wird in der Praxis mitunter etwas freizügiger interpretiert. Man könnte auch fragen, was zuerst da war: die Henne oder das Ei? Jedenfalls tun sich mehrere Perspektiven auf, wenn man über die gedankliche Verbindung zwischen Veranstaltungen und Marketing nachdenkt. Seit jeher kommen Kongresse und Tagungen natürlich nicht umhin, Menschen

C. Bühnert (✉)
Neulingen, Deutschland
E-Mail: cb@kongressentiell.de

© Springer Fachmedien Wiesbaden GmbH 2017
C. Bühnert und S. Luppold (Hrsg.), *Praxishandbuch Kongress-, Tagungs- und Konferenzmanagement,* DOI 10.1007/978-3-658-08309-0_24

als Teilnehmer (und zunehmend Unternehmen als Sponsoren) zu gewinnen, also zu werben. Die Veranstaltung an sich ist zugleich Promotion für den Veranstalter respektive für seine Produkte und Dienstleistungen, auch wenn vor allem bei Kongressen und Tagungen der Fokus auf Wissenstransfer und Networking gerichtet sein mag und obendrein für die Teilnahme in aller Regel ein (Kauf-)Preis verlangt wird. Veranstaltungen, also Marketingevents, entpuppen sich somit als Medium. Sie haben aber darüber hinaus in einem konzeptionellen Gefüge namens Eventmarketing auch strategische Bedeutung, und zwar für die Marketingkommunikation. Insofern wäre der Begriff „Eventkommunikation" angebrachter, vor allem weil der geneigte Praktiker dieses meint, wenn er „Eventmarketing" sagt. Das allerdings würde die Wirtschaftswissenschaftler auf den Plan rufen. Aber man versteht sich ja auch so.

1 Marketing im Dienstleistungsbereich

Dienstleistungen werden heutzutage von nahezu allen Wirtschaftsunternehmen angeboten, auch von solchen, die primär materielle Produkte herstellen und vertreiben. Umgekehrt gibt es kaum eine Dienstleistung, die gar keinen Bezug zu einem Produkt hat (Kotler et al. 2011, S. 692). Kennzeichnend für die Dienstleistung ist, dass man sie – anders als ein Produkt – nicht vorproduzieren kann. In ihrer jeweiligen Entstehung ist sie sogar einmalig, auch wenn vergleichbare Handlungen vollzogen werden. Die Beauftragung einer Dienstleistung hat daher mit Vertrauensvorschuss zu tun und die Marketingkommunikation demzufolge viel mit Vertrauensaufbau. Es geht darum zu vermitteln, dass man „es kann". Dieser Herausforderung muss sich auch die Kongressbranche stellen.

Wesentliche Entscheidungsfaktoren in der Veranstaltungspraxis sind Methodenkompetenz und Auftreten, verkörpert durch das Personal sowie Prozesshoheit und Ausführungsqualität, nachweisbar durch Referenzen. Einen Beleg dafür liefern Kongresszentren oder Eventagenturen oft mit Marketingevents für ihre (potenzielle) Kundschaft, die sich dann „am Objekt" von der Leistungstiefe und -fähigkeit überzeugen kann. An Bedeutung gewinnt außerdem die Bereitstellung von Wissen, aber auch die Kommunikation von Auszeichnungen, Publikationen, Presseartikeln, Pitch-Erfolgen oder Innovationen im Rahmen von Content-Marketing-Strategien. Damit werden Kompetenzen signalisiert.

Beim Schwenk von der Praxis in die Theorie wird deutlich, dass sich hinter Dienstleistungsmarketing aber noch viel mehr verbirgt. So gliedert die wissenschaftliche Auffassung in sieben Instrumentalbereiche, die sogenannten „7 Ps":

- Product
- Promotion

- Price
- Place
- Process
- Personnel
- Physical facilities

Darüber hinaus beginnt sich ein achtes „P" (Productivity & Quality) zu etablieren, dem aber noch nicht alle Lehrmeinungen beipflichten.

Das Dienstleistungsmarketing nach der reinen Lehre liefert also die Blaupause für sämtliche Schritte in der Entstehung und Umsetzung. Das ist nicht außergewöhnlich, denn Marketing dauert, und zwar nicht nur im Dienstleistungsbereich, während des gesamten Produktzyklus' an (Kotler et al. 2011, S. 38). Kongresse und Tagungen sind demnach pures Marketing.

Wie in allen Wirtschaftsbereichen ist die Kenntnis der Zielgruppen, deren Bedarf und Bedürfnisse entscheidend, denn schnell gibt es „Streuverluste", eine sehr vornehme Bezeichnung für Geldverschwendung. Ziel, Zielgruppe und Zielmarkt sind daher konzentriert ins Visier zu nehmen:

- Markt – Wer ist die Zielgruppe, wo ist sie anzutreffen, auf welchen Wegen ist sie gezielt erreichbar?
- Bedarf und Bedürfnisse – Was braucht die Zielgruppe und (das ist sehr wohl etwas anderes) was wünscht sie sich?
- Wettbewerb – Was bekommt die Zielgruppe (auch und in gleicher Qualität) von der Konkurrenz?
- Differenzierung – Gibt es ein Alleinstellungs- oder Abgrenzungsmerkmal für die eigene Dienstleistung oder kann ein solches geschaffen und herausgearbeitet werden?
- Nutzen – Welche besonderen Vorteile entstehen für den Kunden aus der konkreten Dienstleistung heraus (Vorsprung, Problemlösung, Mehrwert, …)?
- Ansprache – Wie denkt und spricht die Zielgruppe?

Der Aufwand für eine solche Sondierung lohnt sich, nicht zuletzt aufgrund der Besonderheit einer Veranstaltung. Denn eine Veranstaltung muss „auf den Punkt" auf Nachfrage treffen. Das beginnt beim Programm, geht über die Werbebotschaften und die Veranstaltungsformate bis hin zu den Kontaktdaten der (potenziellen) Kunden für die direkte, persönliche Ansprache (Direktmarketing).

Noch näher heran an die Bedarfs- und Bedürfnisstrukturen rückt man im direkten Gedankenaustausch mit den Kunden. Dies erfordert, die nächste Stufe der Marketingkommunikation zu erklimmen und zum Dialogmarketing zu gelangen. Den Weg dazu haben bereits neue Technologien, das Internet und die Digitalisierung geebnet und damit auch letzte Zweifel an den Potenzialen dieser Marketingausprägung ausgeräumt (Möllendorf 2014, S. 386). Der Dialog ist ohnehin ein Charaktermerkmal einer Veranstaltung, er lässt sich jedoch – schon allein aufgrund der Eigendynamik der digitalen Kommunikation – nicht mehr auf den Veranstaltungszeitraum beschränken. Was sich in interaktiven und partizipativen Veranstaltungsformaten ausdrückt, braucht ein Pendant in der Kommunikation vor und nach dem Ereignis. Als Plattform dafür drängt sich die digitale Welt geradezu auf. Mehr noch: Sie gibt den Takt vor. Hybride Events sind längst zu einer Gussform für die multimediale Kommunikation geworden. Für das Dialogmarketing sind, über die technischen und methodischen Grundlagen hinaus, zwei Voraussetzungen zu erfüllen:

- eine Segmentierung der Zielgruppe nach einem bestimmten Nachfrageverhalten oder soziografischen Merkmalen in sogenannte „Dialoggruppen" (Hornikel 2014, S. 20),
- die – besondere – Idee, wie die Kundschaft zur Reaktion motiviert wird.

Gründlichkeit und Kreativität sind also angesagt. Gründlichkeit bei der Erschließung der Zielgruppe ist aufwendig, daher liegt nahe, die Generierung von Kundenadressen und -informationen mit einer Marketingaktion zu verbinden. Der sorgfältigen Vorbereitung muss sich dann aber auch eine gute Idee anschließen, die aus der Kenntnis der Zielgruppe beziehungsweise der Dialoggruppen abgeleitet ist und Kreativität – vom Medium über die Botschaft bis hin zum Response-Impuls – ausstrahlt.

Wege zum Kundendialog ebnet vor allem Content-Marketing. Nicht das Produktangebot steht hier im Blickpunkt: Stattdessen greift Content-Marketing Themen im Umfeld auf und unterstreicht indirekt Kompetenzen und Know-how. Gerade bei schwer erklärbaren, meist technisch komplexen Produkten und vor allem bei Dienstleistungen ist Content-Marketing eine geeignete Methodik, die den Kunden vom Wissen, Können und Ansehen des Anbieters auf dessen Produkte oder Leistungen schließen lassen. Im Zuge der Verlagerung traditioneller Kommunikation in das Web hat sich Content-Marketing beziehungsweise Content-Generierung primär zu einer Technik in der Marketingkommunikation in den digitalen Netzwerken entwickelt. Diese Netzwerke sind damit der bevorzugte Ort für den Austausch von „werthaltigem" Content geworden. Kongresse, Tagungen oder Symposien sind von Natur aus inhaltsgetriebene Kommunikation, die Themen und Referenten sind die Aushängeschilder. Beide bieten ein großes Reservoir an Fachwissen und Hintergrundinformationen, womit die Veranstaltung charakterisiert und beworben werden kann. Inhalte stehen für die Qualität der Veranstaltung. Abstracts, autorisierte Auszüge aus Fachartikeln oder Buchbeiträgen sowie Interviews (Print, Video) mit ausgewählten Referenten sind nur einige der Optionen. Ziel- beziehungsweise Dialoggruppen werden zur Auseinandersetzung mit produkt- oder unternehmensrelevanten Themen – zum Dialog – animiert. Daraus erwächst außerdem noch eine weitere Option: Empfehlungsmarketing. Bei Werbung und Public Relations helfen Geschäftspartner und Kunden mit, mit anderen Worten die Redner, Sponsoren, Aussteller und Teilnehmer eines Kongresses oder einer Tagung. In diesen Dialoggruppen finden sich in der Vorausschau bei einer Veranstaltung stets Referenzgeber, denn deren Entscheidung mitzuwirken beziehungsweise teilzunehmen, beruht auf einer positiven Erwartungshaltung.

Über Wege und Methoden hinaus sind es die (zu)treffenden Worte, mit denen Kunden überhaupt erreicht, für den Dialog und nicht zuletzt für eine Kaufhandlung gewonnen werden. So muss auch die Botschaft an die (potenziellen) Teilnehmer, Redner, Sponsoren und Aussteller stimulieren können. Dazu ist es erforderlich, im Wording von „Sender" auf „Empfang" umzustellen. Das, was ankommt, ist entscheidend. Und das ist nicht das Angebot an sich, sondern der damit verbundene Nutzen für den Adressaten der Botschaft – und auch dessen Wertschätzung (Domning 2009, S. 131). Wohlbefinden anstatt Service, Problemlösung anstatt Produkt, Impulse anstatt Kontakte, Exklusivität anstatt Präsenz, Wissen anstatt Fakten, Ablenkung anstatt Unterhaltung – so liest sich Nutzenargumentation in der Veranstaltungswerbung.

2 Eventmarketing per Marketingevent

Eventmarketing findet sich innerhalb des Marketingmix in der Kommunikationspolitik wieder, hat eine strategische Dimension und dient der Imagewerbung oder der Produktwerbung. Ein Marketingevent als dazu passende operative Maßnahme (Livekommunikation) zielt auf Resonanz und Wahrnehmung. Erfolgsindikatoren sind deshalb generierte Kunden beziehungsweise Kundendaten sowie das Echo in Presse, TV, Rundfunk und in den digitalen Netzwerken. Ein Event als Marketingmedium muss also aus einer Gesamtkonzeption heraus entstehen. Mal eben ein Event veranstalten, wird keine Nachhaltigkeit erzeugen. Eine ganzheitliche Betrachtung des Eventmarketings, die sich unter anderem auch mit Veranstaltungsformaten, Servicekomponenten oder Prozessverläufen befassen müsste, ginge an dieser Stelle allerdings zu weit. Der Fokus ist daher fortan auf die Marketingkommunikation gerichtet.

Erst das Zusammenspiel auf allen Medienkanälen führt auf den richtigen Weg zu den Teilnehmern, Mitwirkenden, Unterstützern, Interessengruppen und zur öffentlichen Wahrnehmung. Nicht nur die Begriffswelt – Cross Media, Multichannel-Marketing, Mediamix etc. – gibt dazu mehrere Optionen her. Das meiste davon lässt sich übrigens auf einen Nenner bringen: „über die Bande spielen". Und auf allen Kanälen Präsenz zeigen:

- Print
  Kongresswerbung muss mehrstufig sein, wobei nicht nur die Inhalte und Botschaften einen Wechsel vollziehen sollten, sondern auch die Formate (über Standards wie Wickelfalz und DIN lang hinaus). Und anstatt das Grußwort in der Kongresswerbung mehrfach zu bemühen, treffen beispielsweise Interviews mit Rednern oder Statements von (früheren) Teilnehmern deutlich besser den Nerv des umworbenen Publikums.
- Onlinemedien
  Analog zu den Printmedien lautet die Vorgabe: Aktualisierung und – im wörtlichen Sinne – News. Spätestens an dieser Stelle wird die Notwendigkeit eines Redaktionsplans deutlich. Content-Lieferant ist hauptsächlich der Entstehungsprozess des Kongresses und die Kongresswebsite wird dabei zur Berichtsplattform, deren inhaltliches Volumen sukzessive anwächst. Videocasts, Audiocasts oder Blogs runden einen solchen dynamischen Onlineauftritt ab.

- Mobilgeräte
  Über Responsive Design hinaus sind Anwendungen für die Mobilgeräte gefragt. Als Synonym dafür steht die App zum Kongress. Sie muss aber mehr sein als eine abgespeckte Website und dann auch für den Kongressbesuch Wegweiser und Informationsgeber sein. Denn die mitgebrachten Mobilgeräte sind beziehungsweise werden zugleich Standardwerkzeuge der Kongressbesucher (BYOD – Bring Your Own Device). Für schnelle und kurzlebige Informationen stehen Push-Notifications (Mitteilungen in wenigen Worten an einen definierten Empfängerkreis) für den Empfang auf Smartphones oder Tablets, womit Programmneuheiten, Terminsachen, Empfehlungen, Pressemeldungen etc. zeitnah und „auf Schritt und Tritt" übermittelt werden können.
- Livekommunikation
  Eine Veranstaltung zur Veranstaltungswerbung ist kein Paradoxon. Im Gegenteil: Es werden Leistungs- und Qualitätsnachweise erbracht und ein persönlicher Kontakt zum Publikum geknüpft. Das kann im vorausgehenden Jahr ein Prolog für einen exklusiven Teilnehmerkreis oder auch ein offener Satellitenworkshop im Rahmen einer Branchenveranstaltung sein. Nicht zuletzt erzielt auch ein Vortrag zum Beispiel im Begleitprogramm einer Fachmesse Werbewirkung.

Der ideale Zeitpunkt, wann welche Teilnehmerwerbung einsetzt, ist mitentscheidend. Das muss aber nicht zwingend ein besonders früher sein. Auf der Zeitleiste sind mindestens zwei Momente wichtig, die man übrigens abfragen kann: Wann wollen die Teilnehmer erste Hinweise (Termin, Ort, bereits bekannte Redner) und wann brauchen die Teilnehmer konkrete Informationen (Programm, Konditionen, Organisation), um endgültig entscheiden – also buchen – zu können? Hinweise und Informationen über die Veranstaltung sind aber nur ein Teil der Teilnehmeransprache. Der andere sind die Botschaften und Inhalte, die vor allem Bedarf und Bedürfnisse der (potenziellen) Teilnehmer im Blick haben und die periodisch abgefragt werden sollten. Der bereits zitierte Nutzen muss artikuliert und kommuniziert werden. Nur auf die Kraft des gewiss gelungenen Programms zu bauen, ist nicht genug. Bauen kann man indes auf die Teilnehmer selbst. Sie lassen sich für die Weiterverbreitung vor allem in den digitalen Netzwerken gewinnen. Empfehlungsmarketing also. Dabei sollen jedoch mehr als nur „Likes", sondern aktives Weitersagen angestoßen werden. So können zum Beispiel Testimonials aus Teilnehmerbefragungen kommuniziert, die Eventwebsite per E-Mail-Signatur verbreitet oder Aktionen wie zum Beispiel „Teilnehmer werben Teilnehmer" durchgeführt werden.

Geworben wird oft auch um Mitfinanzierung durch Wirtschaftsunternehmen und Institutionen. Vor allem die wissenschaftlichen Kongresse sind darauf angewiesen. Dabei kommt es auf Kreativität und Schnelligkeit an. So bedeutet rechtzeitige Ansprache von potenziellen Sponsoren und Ausstellern immer Spätsommer, denn in diesem Zeitfenster erfolgen die Budgetplanungen. In diese gilt es aufgenommen zu werden. Auf den Tisch (noch besser: online) müssen dazu flexible Sponsoringpakete, vielfältige Präsentationsmöglichkeiten zur Schaffung von Exklusivität, Präsentationsoptionen auf allen Medienkanälen (live, Print, online, mobile), mehr als nur eine Sponsorenliste mit Links und

Logos, idealerweise eine parallele virtuelle Ausstellung sowie viel Nutzen und große Reichweiten.

3   Eckpfeiler des Locationmarketings

In Deutschland finden nach einer Studie 3,06 Mio. Veranstaltungen p. a. statt. Diesen stehen über 7000 Veranstaltungszentren, Tagungshotels und Eventlocations (mit jeweils mindestens 100 Sitzplätzen im größten Saal) gegenüber (EITW 2016, S. 4). Ein Selbstbedienungsmarkt wie es scheint. Keineswegs – dann jede Location muss sich lokal, regional und national im Wettbewerb behaupten. Messbares Ergebnis der Marketingkommunikation einer Location ist die Auslastung. Dazu gehören Individualität, Kreativität und Intensität bei der Akquisition. Die Kenntnis über die bloße Rolle als Veranstalter ist nicht hinreichend genug für eine gezielte Kundenansprache. Selbst die besonders beeindruckenden Merkmale einer Location verfehlen ihre Wirkung, wenn der konkrete Bedarf und die besonderen Bedürfnisse der Veranstalter damit nicht explizit aufgegriffen werden. Permanente Recherchearbeit ist erforderlich, damit möglichst viele Informationen über die Veranstaltung(en) und über die Veranstalter dokumentiert sind.

Auch hier gilt einmal mehr, den jeweils relevanten Nutzen herauszuarbeiten, indem aus Veranstaltersicht argumentiert wird. Dies gelingt nur jenseits der „Werberhetorik" und über die dazu geeigneten Medien, zum Beispiel Whitepaper, Fachartikel, Webinare oder Checklisten. Oder die Location zeigt sich „im Betrieb". Weil das aber eine laufende Veranstaltung stören kann, lautet die Devise: selbst ein Kundenevent organisieren, sei es als Tages- oder Abendveranstaltung und dabei alle relevanten Leistungen unter Beweis stellen. Livekommunikation für den Ort der Livekommunikation schafft dadurch außerdem ganz im Sinne des Content-Marketings ein besonderes Erlebnis, vermittelt neue Erkenntnisse und gibt Impulse. Letztlich wird damit auch Methoden- und Beratungskompetenz kommuniziert. Auch die Produktpolitik zählt dazu, die ein Terrain zur Profilierung im Wettbewerb schafft. Etwas anbieten, was ansonsten eher rar ist – das beginnt beim Raum, geht über Möblierung, Technik und Catering, bis hin zu außergewöhnlichem Können. Auch eine Spezialisierung im einen oder anderen Aufgabenfeld schafft – wenn die Kernleistungen nicht vernachlässigt werden – Aufmerksamkeit.

4   365 Tage Kongress

Ein Kongress, eine Tagung oder eine Konferenz sind die Plattformen für Kommunikation, Interaktion und Partizipation. Diese Charaktermerkmale lassen sich innerhalb des Dienstleistungsmarketings nur unter Beweis stellen, wenn sie auch dort Gegenstand sind. Ein konventionelles Push-Marketing kann dieses nicht leisten und ist auch angesichts der Erfordernis, mit den späteren Kongressteilnehmern frühzeitig in den Dialog zu treten, eine wenig geeignete Methode. Im übertragenen Sinne findet ein Kongress, eine Tagung oder eine Konferenz ganzjährig statt. Die Veranstaltungstage bilden den Höhepunkt. Im Zeitraum davor sind Inhalte und Anregungen für die Hinführung und Vorbereitung zu bieten. Danach stehen Evaluation, Dokumentation und Nachbereitung auf dem Programm. Über das gesamte Jahr hinweg können außerdem aktuelle Informationen zu den Rednern und neueste Erkenntnisse zu den Themen kommuniziert werden, was Mehrwert für Teilnehmer und Interessenten schafft. Um dieses bewältigen zu können, sind alle Medienkanäle und damit das Publikum vielfach zu bedienen, wobei die digitalen Plattformen dafür mehr Handlungsspielräume, Flexibilität und Reaktionsgeschwindigkeit bieten – mit vergleichsweise geringeren Kosten gegenüber Printmedien. Letztere sind deshalb aber kein Auslaufmodell, sondern nehmen in einer virtuellen Informationswelt eine wertvolle Schnittstellenfunktion ein: Interesse wecken und die Interessenten auf digitale Plattformen lenken auf denen periodisch aktuelle Informationen bereitgestellt werden, zum Dialog animiert und die „Dialoggruppe Teilnehmer" gepflegt wird.

Literatur

Domning M, Elger CE, Rasel A (2009) Neurokommunikation im Eventmarketing. Gabler, Wiesbaden

Europäisches Institut für TagungsWirtschaft GmbH (EITW) an der Hochschule Harz (2016) Meeting- & EventBarometer Deutschland 2015/2016. Die Deutschland-Studie des Kongress- und Veranstaltungsmarktes (Kurzauswertung). Frankfurt a. M.

Hornikel S (2014) Erfolgsfaktoren für Dialoge mit Kunden und solchen, die es werden wollen. In: Hermes V (Hrsg) Innovatives Dialogmarketing. Haufe-Lexware, Freiburg, S 19–32

Kotler P (Hrsg) (2011) Grundlagen des Marketing. Pearsson, Hallbergmoos

Möllendorf J (2014) Dialog ist überall. In: Hermes V (Hrsg) Innovatives Dialogmarketing. Haufe-Lexware, Freiburg, S 385–409

Über den Autor

Claus Bühnert, Dipl.-Betriebswirt (BA), ist seit über zwei Jahrzehnten in Leitungsfunktionen der Kongressbranche zu Hause, zunächst als Leiter des Kongressbüros Stuttgart, dann des Messe Congress Centrums Stuttgart und schließlich von Thieme Congress. Seit 2013 begleitet und coacht er Kongressveranstalter in selbstständiger Tätigkeit (Claus Bühnert KONGRESSENTIELL). Er hatte mehrere Funktionen in Verbänden inne, darunter bei der Deutschen Fachpresse (Vorsitzender der Kommission Veranstaltungen, 2011–2014) und der ICCA (Chairman German Committee, 2001–2011). Er ist Dozent an der Dualen Hochschule Baden-Württemberg (DHBW) in Ravensburg, an der Internationalen Event- & Congress Akademie in Mannheim und an der VDZ Akademie (Akademie des Verbands Deutscher Zeitschriftenverleger) und außerdem Prüfungsausschussvorsitzender für Veranstaltungskaufleute in der IHK Region Stuttgart.

Kommunikation für Kongresse

Eine wesentliche Säule des Erfolgs für Veranstalter

Michael Streich

Zusammenfassung

Die Kommunikationspolitik von Unternehmen, hier speziell von Kongressveranstaltern, stellt eine wesentliche Säule des Erfolgs dar. Die Kommunikation hat zum einen die Aufgabe, potenziell an der Leistung interessierte Personen überhaupt erst einmal auf diese aufmerksam zu machen. Dies gilt für Erst- wie Wiederholungskäufer gleichermaßen. Zum anderen soll sie zum Kauf beziehungsweise zur Teilnahme anregen. Dabei muss unterschieden werden, ob es sich um high oder low involvierte Personen handelt. Während Ersteren bereits ein bestimmtes Maß an Interesse innewohnt, was sich unter anderem in aktiver Informationssuche ausdrückt, müssen low involvierte Personen typischerweise erst wiederholt angesprochen und inhaltlich aufgeklärt werden, bevor sie sich mit der Möglichkeit eines Kaufs auseinandersetzen. Aufgrund der Vielschichtigkeit der Zielgruppen und auch individuellen Präferenzen ist dabei ein bestimmter Kommunikationsmix nötig. Während zum Beispiel Anzeigen in geeigneten Zeitungen und Zeitschriften großflächig über das Stattfinden eines Kongresses informieren, dienen persönlich adressierte Schreiben der konkreten Einladung beziehungsweise Überzeugungsarbeit einzelner Personen beziehungsweise Unternehmen. Ein großes Problem ist dabei die Messung des Kommunikationserfolgs beim Einsatz von Massenmedien. Während beim persönlichen Kontakt die Reaktion des Rezipienten unmittelbar registriert werden kann, ist die Wirkungsmessung bei Massenmedien nur über Befragungen oder auch gegebenenfalls eingefügte Coupons möglich, die zur Anforderung von Informationsmaterial etc. dienen. Besonders ratsam ist der Einsatz eines integrierten Kommunikationskonzepts, das vor allem die Einheitlichkeit des Auftritts zum Ziel hat, aufgrund

M. Streich (✉)
Ravensburg, Deutschland
E-Mail: streich@dhbw-ravensburg.de

© Springer Fachmedien Wiesbaden GmbH 2017

C. Bühnert und S. Luppold (Hrsg.), *Praxishandbuch Kongress-, Tagungs- und Konferenzmanagement,* DOI 10.1007/978-3-658-08309-0_25

der deutlichen Positionierung aber auch Potenzial zur Kostensenkung bietet, da ein insgesamt geringerer Kommunikationsaufwand möglich gemacht wird.

Vorbemerkung des Autors
Die Kommunikation ist ein wesentliches Element bei Veranstaltungen, die in Form persönlicher Begegnung stattfinden – wie etwa Kongresse, Tagungen und Konferenzen. Allerdings erfordert dieses Zusammenkommen eine strukturierte und geplante Kommunikation speziell im Vorfeld – und dort insbesondere zur Ansprache der potenziellen Teilnehmer.

1   Grundlagen der Kommunikationspolitik

1.1   Begriff und Einordnung der Kommunikationspolitik

Ziel jedes marktwirtschaftlich orientierten Unternehmens ist es, Produkte und Dienstleistungen so zu gestalten, dass damit die Kundenerwartungen und -wünsche bestmöglich erfüllt oder gar übertroffen werden, um damit eigene Zielgrößen wie Gewinn, Absatz etc. positiv zu beeinflussen. Dabei muss die Attraktivität des eigenen Angebots aufgrund des zum Teil breiten und häufig relativ homogenen Angebots in der jeweiligen Branche dem potenziellen Kunden gegenüber deutlich herausgestellt werden. Dies ist die Aufgabe der betrieblichen Kommunikationspolitik. Sie beschäftigt sich mit der „Gesamtheit der Kommunikationsinstrumente und -maßnahmen eines Unternehmens, die eingesetzt werden, um das Unternehmen und seine Leistungen den relevanten Zielgruppen der Kommunikation darzustellen und/oder mit den Anspruchsgruppen eines Unternehmens in Interaktion zu treten" (Bruhn 2014, S. 3). Unter Kommunikation wird dabei die Übermittlung relevanter Informationen in Bezug auf die jeweilige Kontaktsituation verstanden, die Zielsetzungen wie Aufmerksamkeitserregung, Einstellungsänderungen etc. beinhaltet.

Die Kommunikationspolitik ist Teil des Marketingmix, der üblicherweise in vier beziehungsweise sieben Bereiche eingeteilt wird. Neben der Kommunikationspolitik zählen die Produkt-, Preis- und Distributionspolitik zu den sogenannten „4 Ps" (Promotion, Product, Price, Place). Obwohl es sich zunächst um vier abgegrenzte Bereiche zu handeln scheint, ist die simultane Betrachtung durch die Marketingverantwortlichen unerlässlich. So muss ein stimmiger Mix aus dem angebotenen Produkt (Product), dem dafür verlangten Preis (Price), dem gewählten Vertriebsweg (Place) sowie den gewählten Kommunikationsmaßnahmen (Promotion) entstehen. Handelt es sich beispielsweise um einen internationalen, hochrangig besetzten Kongress, muss die Ausgestaltung und Streuung der Werbemaßnahmen darauf abgestimmt werden. Ebenso wird eine hochpreisige Veranstaltung anders zu bewerben sein als eine niedrigpreisige. Bei ersterer ist es zum Beispiel Teil der kommunikationspolitischen Zielsetzungen, ein gehobenes Flair zu

Tab. 1 Kommunikationsfor-men. (Quelle: eigene Darstel-lung)	Nach Empfängerkreis:	Spezifisch – anonym
	Nach Ansprache:	Persönlich – unpersönlich
	Nach Beziehung:	Einseitig – interaktiv

kommunizieren, um den hohen Preis zu rechtfertigen, während die Kommunikation für niedrigpreisige Veranstaltungen typischerweise eher einen Schwerpunkt auf die Akquise möglichst vieler Teilnehmer durch Betonung der Preishöhe legen wird. Im Dienstleistungsbereich werden die genannten vier Instrumente häufig um drei weitere zu dann 7 Ps – zusätzlich Personnel (Personalpolitik), Processes (Prozesspolitik), Physical Facilities (Ausstattungspolitik) – erweitert, um die besondere Bedeutung dieser Bereiche für die Dienstleistungserbringung zu betonen. Diese Erweiterung ist umstritten, zum einen, weil die klassische Marketingdefinition schwerpunktmäßig Aktivitäten zur Beeinflussung der Kunden beinhaltet (Meffert und Bruhn 2009, S. 243), zum anderen, weil diese Bereiche im Grunde auch unter „Product" subsumiert werden können, da dadurch auch ein Beitrag zur optimalen, kundengerechten Leistungsbereitstellung geleistet werden kann.

1.2 Formen der Kommunikation

Grundsätzlich können die in Tab. 1 aufgeführten Kommunikationsformen unterschieden werden.

Während die anonyme Ansprache typischerweise über die Massenmedien (Anzeige, Plakate etc.) erfolgt, sind bei der spezifischen Ansprache Kontaktdaten der Zielpersonen bekannt, sodass eine zielgenaue Ansprache ohne (größere) Streuverluste erfolgen kann. Die Kommunikation selbst kann weiterhin persönlich, das heißt Face-to-Face oder am Telefon, stattfinden oder aber unpersönlich, zum Beispiel über adressierte Werbebriefe oder Newsletter, erfolgen. Insbesondere die persönliche Kommunikation ist dabei typischerweise durch Interaktion der Beteiligten geprägt, während Newsletter, adressierte Werbebriefe etc. eher einseitigen Charakter aufweisen, da im Regelfall kein unmittelbarer Respons im engeren Sinne erfolgt.

Die genannten Formen spiegeln sich in den verschiedenen Instrumenten der Kommunikation wider, auf die an späterer Stelle genauer eingegangen wird.

2 Ziele und Zielgruppen

2.1 Kommunikationspolitische Ziele

Schlussendlich hat jede kommunikative Maßnahme das Ziel, einen Mehrabsatz zu generieren. Preise, die man gegebenenfalls für einen prämierten Werbespot oder Ähnliches erhält, werden gerne entgegengenommen, sind aber nur eine positive Begleiterscheinung.

Tab. 2 Stufenmodell der
Kommunikationswirkung.
(Quelle: eigene Darstellung)

Streutechnische Ziele	Kontaktzahlen
↓ Psychologische Ziele ↓	Aufmerksamkeit Bekanntheit Einstellung Bevorzugung Kauf-/Teilnahmeabsicht
Ökonomische Ziele	Absatz

Grundsätzlich soll die Kommunikation den betrieblichen Absatz fördern. Dass dieses Ziel oftmals nicht im Vordergrund zu stehen scheint oder erst gar nicht explizit erwähnt wird, liegt hauptsächlich an der mangelnden Zurechnung der Kommunikationsmaßnahmen auf den ökonomischen Erfolg im Rahmen der Wirkungskontrolle. Da typischerweise mehrere Kommunikationsinstrumente parallel und auch über einen längeren Zeitraum wiederholt eingesetzt werden, ist diese Zurechnung zumeist nicht oder schwer möglich. Aus diesem Grund kann von einem Stufenmodell der Kommunikationswirkung ausgegangen werden, welches in Tab. 2 skizziert ist.

Streutechnische Ziele, auch „Kontaktziele" genannt, beziehen sich auf die reine Zählung von Kontakten mit dem Werbemittel durch die Rezipienten. Psychologische Ziele beschreiben die Auswirkungen des Kontakts auf die Aktivitäten im Gehirn des Empfängers. Ökonomische Ziele schließlich bilden Größen wie Absatzzahlen, aber auch Gewinn, Marktanteil oder Ähnliche ab.

Die Überlegung ist, dass ein Kunde erst kauft beziehungsweise an einem Kongress oder Ähnlichem teilnimmt (ökonomisches Ziel), wenn er zuvor die Absicht verspürt, die wiederum aus einer positiven Einstellung gegenüber der Leistung entsteht. Diese kann sich erst bilden, wenn er weiß, dass zum Beispiel ein Kongress stattfindet, indem er zuvor über eine bestimmte Kommunikationsmaßnahme darauf aufmerksam wurde (psychologisches Ziel). Dies kann wiederum nur dann der Fall sein, wenn er zuvor in Kontakt mit dem betreffenden Instrument gekommen ist (streutechnisches Ziel). Andersherum betrachtet, steigert also eine erhöhte Kontaktzahl die Wahrscheinlichkeit, dass die Nachfrage am Ende der Wirkungskette zunimmt. Die Zahl der Kontakte kann ebenso wie die Erhöhung der Bekanntheit relativ einfach und vor allem zeitnah zur Maßnahme gemessen und so der genannte Ursache-Wirkung-Zusammenhang hergestellt werden. Gleichzeitig wird die häufig anzutreffende Meinung unterstützt, man müsse ja erst mal die Menschen informieren und überzeugen, bevor sie sich zum Kauf entschließen. Im Fall von Kongressen mit einer maximalen Teilnehmerzahl ist die Formulierung von ökonomischen Zielen hingegen naheliegend. Allerdings sollte nicht die Erhöhung der Teilnehmerzahl im Allgemeinen im Vordergrund stehen, sondern es ist empfehlenswert, konkretere Ziele wie zum Beispiel „50 % verkaufte Plätze bis zum 1. Mai" zu formulieren.

Kongresse werden der Dienstleistungsbranche zugerechnet, was ein weiteres kommunikationspolitisches Problem aufwirft. Im Gegensatz zu Konsumgütern ist die Kernleistung des Kongresses ein immaterielles Gut. Neben typischen Eigenschaften wie Nichtlagerfähigkeit und Nichttransportfähigkeit bedeutet dies zum einen, dass der Erfolg

Abb. 1 Verweis auf Networking-Potenzial beim Kongress. (Quelle: http://www.euroforum.de/datenschutz-kongress/)

des Kongresses sehr stark von dem externen Faktor, in diesem Fall dem Kongressbesucher, abhängt. Zum anderen ist ein Kongress, wie jede andere Dienstleistung auch, durch einen hohen Anteil an Erfahrungseigenschaften geprägt. Im Gegensatz zu sogenannten „Sucheigenschaften", bei denen der Konsument schon im Vorfeld der Kaufentscheidung in der Lage ist, die für ihn wesentlichen Eigenschaften der Produkte zu beurteilen (zum Beispiel beim Kauf eines Fernsehers), kann eine Dienstleistung erst im Moment der Inanspruchnahme wirklich dahin gehend eingeschätzt werden, ob die eigenen Ansprüche erfüllt wurden oder nicht. Auch wenn Location, Programm, Referenten etc. im Vorfeld bekannt sind, ist dies noch keine Garantie dafür, dass der potenzielle Teilnehmer seine Erwartungen erfüllt sehen wird. Die Aufgabe der Kommunikationspolitik besteht daher darin, den potenziellen Teilnehmer bereits im Vorfeld davon zu überzeugen, dass er eine Leistung erhalten wird, die bestimmten Ansprüchen genügen wird. Hierzu zählen Weiterbildung, aber auch Networking etc. (Abb. 1).

Vorteilhaft ist in diesem Zusammenhang, wenn mit Referenzen geworben werden kann. Findet ein Kongress zum Beispiel regelmäßig statt, kann ein Ersttteilnehmer mit positiven Äußerungen früherer Kongressbesucher konfrontiert werden. Dies ist keine Garantie dafür, dass dieser einen Nutzen aus der Teilnahme ziehen wird, die gefühlte Wahrscheinlichkeit dafür steigt aber. Darüber hinaus kann auch vor allem bei Neuveranstaltungen allgemein mit bekannten Kooperationsfirmen geworben werden, um die Kompetenz des Veranstalters zu dokumentieren (vgl. Abb. 2).

Neben Referenzen spielen noch weitere Faktoren eine Rolle. So dient der Preis in vielen Fällen als Qualitätssignal – in Ermangelung geeigneter Bewertungsmöglichkeiten im Vorfeld der Teilnahme (Meffert und Bruhn 2009, S. 304). Eine hohe Teilnahmegebühr kann damit eine hohe Qualität suggerieren, da sie aus Kundensicht ja offensichtlich

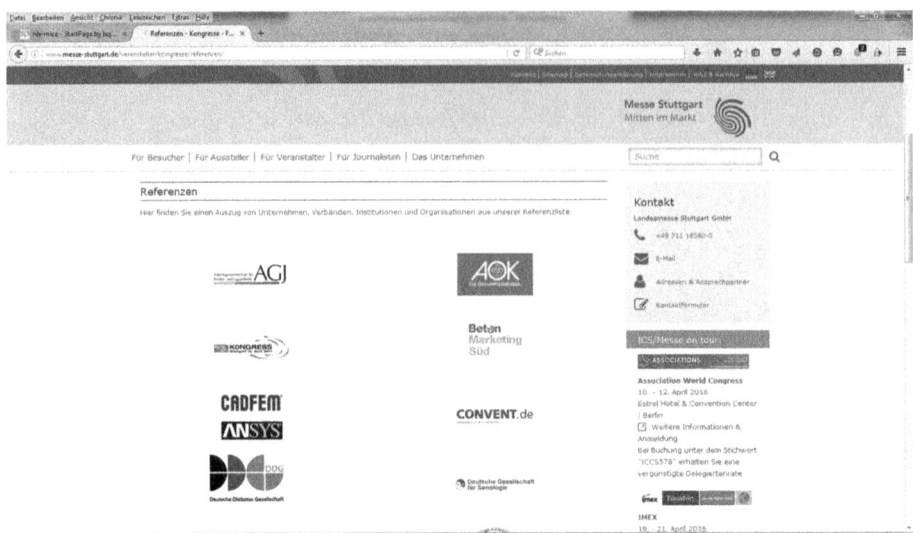

Abb. 2 Referenzen. (Quelle: http://www.messe-stuttgart.de/veranstalter/kongresse/referenzen/)

gerechtfertigt sein muss. Dabei muss andererseits aber die Zahlungsbereitschaft potenzieller Teilnehmer berücksichtigt werden. Daneben kann mit einer attraktiven Lage/Halle
sowie der technischen Ausstattung etc. gepunktet werden, entweder statisch (Abb. 3)
oder in Form eines Onlinevideoclips (Abb. 4).

Tab. 3 fasst die wesentlichen Besonderheiten der Dienstleistungskommunikation
am Beispiel von Kongressen sowie beispielhafte, daraus resultierende Implikationen
zusammen.

Zu beachten ist abschließend die zeitliche Einordnung der Kommunikationsziele (vgl.
auch Abschn. 4). Während vor einem Kongress der Schwerpunkt auf der Bekanntmachung und positiven Bewerbung des Kongresses mit dem Ziel der Teilnehmergewinnung
liegt, dient die Kommunikation nach der Veranstaltung der Bestätigung der Kauf- beziehungsweise Teilnahmeentscheidung. Hier liegt das Augenmerk auf der Kundenbindung,
der Teilnehmer soll die Veranstaltung in guter Erinnerung behalten, um bei einer möglichen turnusmäßigen Nachfolgeveranstaltung leichter wieder als Kunde gewonnen zu werden. Daher ist die Ex-post-Kommunikation besonders wichtig, insbesondere dann, wenn
offensichtliche, aber auch unterschwellige Mängel aus Sicht des Teilnehmers auftraten.
An dieser Stelle ist auf ein funktionierendes Beschwerdemanagement hinzuweisen. Bei
Dienstleistungen ist der erste Schritt – die Beschwerdestimulierung – im Vergleich zu
Konsumgütern relativ einfach, da in den meisten Fällen ein persönlicher Kontakt zwischen Anbieter und Kunden besteht. Somit kann eine aufkommende Unzufriedenheit
schnell und unkompliziert geäußert werden. Wichtig ist im weiteren Verlauf, dass eine
Bearbeitung der Beschwerde erfolgt und der Kunde über den Bearbeitungsprozess auf
dem Laufenden gehalten wird sowie am Ende eine angemessene Reaktion erfolgt.

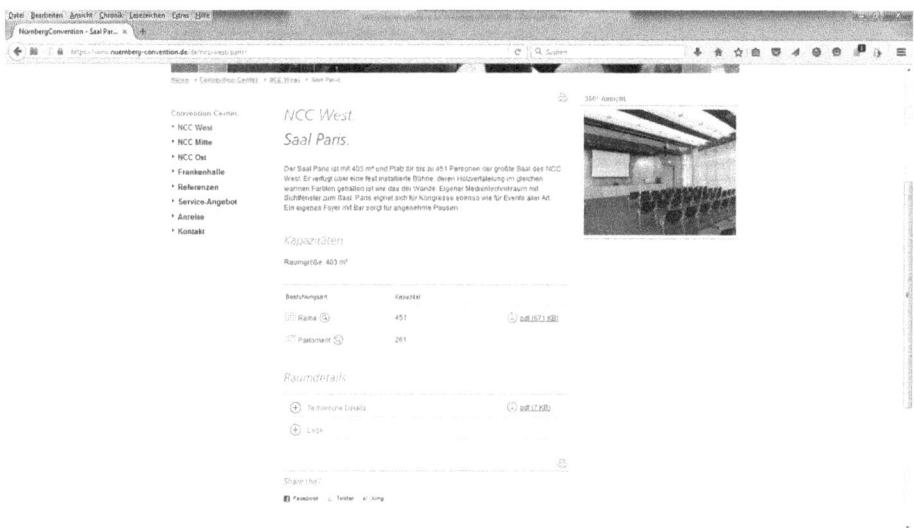

Abb. 3 Technische Ausstattung (Saal Paris im Nürnberg Convention Center). (Quelle: https://www.nuernberg-convention.de/de/ncc/west/paris/)

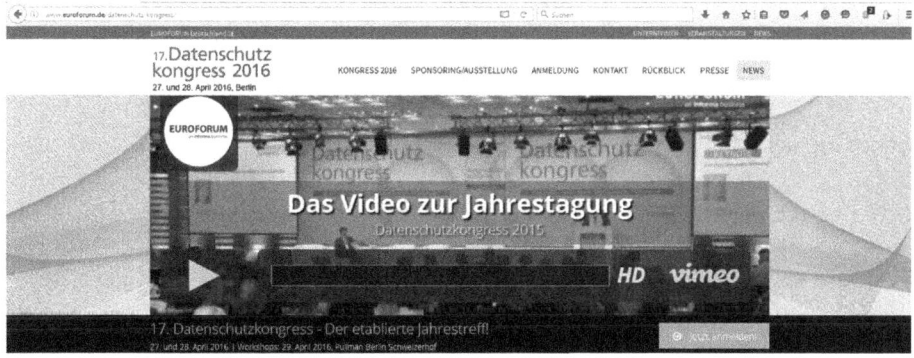

Abb. 4 Onlinevideoclip. (Quelle: http://www.euroforum.de/datenschutz-kongress/)

2.2 Charakteristika von Zielgruppen

Abhängig vom Inhalt einer Veranstaltung kann die Zielgruppe der potenziellen Kongressteilnehmer umfangreich und stark segmentiert oder auch eher klein und homogen sein. Dies hat wiederum Auswirkungen auf die Wahl der Kommunikationsinstrumente und deren inhaltliche Ausrichtung.

Tab. 3 Besonderheiten von Dienstleistungen und Implikationen für die Kommunikationspolitik von Kongressveranstaltern. (Quelle: eigene Darstellung in Anlehnung an Meffert und Bruhn 2009, S. 280 ff.)

Besonderheiten von Dienstleistungen	Implikationen für die Kommunikationspolitik
Leistungsfähigkeit des Kongressveranstalters	Dokumentation spezifischer Kompetenzen des Dienstleisters (qualifiziertes Personal, Erfahrung etc.)
Integration des externen Faktors	Hinweise auf Shuttleservices o. Ä., Darstellung von Referenzkunden, Vermeidung der Teilnahme unpassender Teilnehmer
Immaterialität	Materialisierung des Kongresses durch Darstellung tangibler Elemente (Fotos von Halle, Hallentechnik, attraktiver Außenbereiche etc.), Videoclips auf der Website mit Ausschnitten früherer Kongresse bzw. qualifizierten Mitarbeitern
Nichtlagerfähigkeit	Versuch der frühzeitigen Kapazitätsauslastung, z. B. durch Kommunikation von Frühbucherrabatten
Nichttransportfähigkeit	Bekanntmachung von Ort und Zeit des Kongresses, Kommunikation von Anfahrtswegen, Hinweis auf begleitende Ausstellung zur Steigerung der Attraktivität der Veranstaltung – vor allem bei langen Anfahrtswegen des Teilnehmers etc.

Ein Kongress kann einerseits auf eine vorher definierte Zielgruppe zugeschnitten werden (zum Beispiel ein Neurologenkongress), andererseits können aber auch potenzielle Teilnehmer sowie solche, die an vergangenen Kongressen derselben Art teilgenommen haben, anhand verschiedener Merkmale in Gruppen eingeteilt werden. Hierzu zählen vor allem (Beckmann et al. 2003, S. 50):

- Alter
- Geschlecht
- geografische Herkunft
- Einkommen
- Position im Unternehmen
- Bildungsstatus
- Vorwissen
- Teilnahme unverzichtbar (zum Beispiel für Bescheinigungen) oder lediglich interessehalber

Je nach Ausprägung der einzelnen Merkmale muss die Kommunikation zum Beispiel mehrsprachig erfolgen oder kann in entsprechender Fachsprache formuliert sein.

Neben den Teilnehmern existieren aber auch noch weitere für die Kommunikation eines Kongressveranstalters relevante Zielgruppen. Hier wären vorrangig zu nennen:

- die breite Öffentlichkeit (zum Beispiel Anwohner)
- potenzielle Sponsoren
- gegebenenfalls Aussteller (bei Kongressen mit begleitenden Ausstellungen)

Hinsichtlich dieser Zielgruppen ist die Zielsetzung eine andere als bei den potenziellen Besuchern/Teilnehmern eines Kongresses. Während die breite Öffentlichkeit zum Beispiel über den Nutzen für die Gemeinde einer gegebenenfalls mit Verkehrsbeeinträchtigungen verbundenen Veranstaltung aufgeklärt werden soll, geht es bei der Kommunikation mit Sponsoren und potenziellen Ausstellern vorrangig um ökonomische Zielsetzungen, namentlich einen Beitrag zur Finanzierung des Kongresses.

Schließlich soll auch die interne Kommunikation nicht unerwähnt bleiben. Hier ist besonders auf den „internal communication gap" hinzuweisen, der im GAP-Modell von Zeithaml, Parasuraman und Berry (1992, S. 131 ff.) als eines der entscheidenden Problemfelder bei der Erreichung von Kundenzufriedenheit ermittelt wurde. Kernpunkt ist, dass die den Kunden im Rahmen der Unternehmenskommunikation versprochenen Leistungen nicht dem entsprechen, was die für die Realisierung verantwortlichen Mitarbeiter schlussendlich umsetzen können. Hier ist dringend auf die entsprechende Abstimmung hinzuweisen.

3   Instrumente des Kommunikationsmix

3.1   Überblick

Zur Erreichung kommunikationspolitischer Ziele hat sich in den vergangenen Jahrzehnten eine Vielzahl an Kommunikationsinstrumenten entwickelt. Zu den bekanntesten zählen (Bruhn 2014, S. 205):

- Mediawerbung
- Verkaufsförderung
- Direct Marketing
- Public Relations (PR, Öffentlichkeitsarbeit)
- Sponsoring
- persönliche Kommunikation
- Messen und Ausstellungen
- Eventmarketing
- Online-/Social-Media-Kommunikation
- Mitarbeiterkommunikation

Während die letztgenannte Form die innerbetriebliche Kommunikation beschreibt, richten sich die übrigen Instrumente primär an Zielgruppen außerhalb des Unternehmens.

Diese können wiederum nach verschiedenen Merkmalsausprägungen klassifiziert werden (Bruhn 2014, S. 206 ff.). Eine dieser Systematiken gründet auf die Sichtbarkeit der Kommunikationsmaßnahmen, was in der Praxis, aber auch in der Fachliteratur, oftmals in den Begriffen „Above-the-Line-Maßnahme" und „Below-the-Line-Maßnahme" zum Ausdruck kommt, die häufig unzureichend als „herkömmliche" und „neue" Instrumente übersetzt werden. Die „Line" bezeichnet vielmehr die Schwelle der Sichtbarkeit für den Rezipienten. Während vor allem bei der Mediawerbung und dem Direct Marketing der Versuch der Beeinflussung durch kommunikative Maßnahmen für den Rezipienten deutlich ersichtlich ist, können Instrumente wie das Sponsoring oder Eventmarketing unterschwellig Wirkung entfalten, derer sich der Empfänger der Kommunikation nicht wirklich bewusst ist, da sein Augenmerk mehr auf dem emotionalen Erleben der Veranstaltung als auf dem Veranstalter oder dem Sponsor liegt.

An dieser Stelle soll kurz auf den Begriff des Involvements eingegangen werden, der sowohl bei der Wahl der Instrumente als auch bei deren späterer Ausgestaltung eine wesentliche Rolle spielt. Unter „Involvement" versteht man den Grad der Ichbezogenheit oder das Ausmaß, mit dem sich eine Person einer bestimmten Sache zuwendet beziehungsweise sich dafür interessiert, wobei sowohl emotionale als auch kognitive Elemente eine Rolle spielen (Kroeber-Riel und Gröppel-Klein 2013, S. 461 ff.). Bei Personen mit hohem Involvement („high involvement") kann somit ein starkes Interesse an der Leistung, hier einem Kongress, unterstellt werden, weshalb eine direkte, werbliche Ansprache erwünscht ist, da der potenzielle Teilnehmer sich zum Beispiel aus beruflichen Gründen für das Thema interessiert und möglichst viele Informationen über Zeitpunkt, Ort und Inhalte des Kongresses wünscht. Vorrangiges Ziel bei der Ansprache solcher Personen ist demnach das ökonomische Ziel der Aufforderung zur Teilnahme. Personen mit niedrigem Involvement („low involvement") hingegen interessieren sich aktuell eher weniger für eine bestimmte Leistung. Aufgabe der Kommunikation ist hier eher eine unterschwellige, dafür regelmäßige Übermittlung wesentlicher Kommunikationsinhalte wie Kompetenz, Modernität etc. So kann es sein, dass ein Unternehmen, das einen Kongress sponsert, bisher nicht explizit im Gedächtnis eines Teilnehmers verankert ist, dieser sich aber im Bedarfsfall an diesen Leistungsanbieter erinnert, da er den Namen mit dem positiven Erlebnis des Fachkongresses verbindet.

Für den Veranstalter eines Kongresses kommen typischerweise die Mediawerbung sowie das Direct Marketing infrage, um unmittelbar relevante Informationen insbesondere an high involvierte Personen zu übermitteln. Daneben bietet die PR eine geeignete Plattform, um darüber hinaus imageorientierte Botschaften an verschiedene Zielgruppen zu übermitteln. Die Online-/Social-Media-Kommunikation ist an der Schnittstelle zwischen high und low involvierten Rezipienten zu sehen, abhängig von der inhaltlichen Ausgestaltung. Das Sponsoring schließlich soll nachfolgend ebenfalls Erwähnung finden, allerdings weniger als Teil des Kommunikationsmix von Kongressveranstaltern als vielmehr als Finanzierungsoption durch externe Sponsoren.

3.2 Mediawerbung

Unter „Mediawerbung" oder schlicht „Werbung" versteht man „die entgeltliche Belegung von Werbeträgern mit Werbemitteln, um die vom Unternehmen verfolgten Werbeziele zu erreichen" (Sander 2011, S. 561). Die Werbeträger sind dabei die Kanäle, über die die jeweilige Werbebotschaft transportiert wird (zum Beispiel Zeitungen oder Radio, vgl. Tab. 4), die Werbemittel sind die jeweiligen Ausdrucksformen der Botschaftsübermittlung (zum Beispiel Anzeige, TV- beziehungsweise Radiospot).

Die Mediawerbung kann einerseits im Rahmen der unternehmensbezogenen Imagewerbung, andererseits aber auch anlassbezogen eingesetzt werden. Während im ersten Fall die generelle Kompetenz eines Unternehmens herausgestellt und dauerhaft im Gedächtnis des Rezipienten verankert werden soll, dient Letztere der detaillierten Information, zum Beispiel hinsichtlich eines konkreten Kongresses. Die beiden unterschiedlichen Formen sind in Abb. 5 und 6 dargestellt.

Bei der Auswahl der Werbeträger (Mediaselektion) gilt es vor allem, die Nutzungsgewohnheiten der jeweiligen Zielgruppe zu beachten. Speziell für Kongresse sind Fachzeitschriften besonders geeignet, da diese eine eng gefasste Leserschaft (zum Beispiel Ärzte) erreichen, wohingegen Fernseh- und Radiospots erhebliche Streuverluste mit sich bringen und daher aus Effizienzgesichtspunkten typischerweise unberücksichtigt bleiben.

3.3 Direct Marketing

Während die Mediawerbung sich der Massenmedien bedient und damit ein anonymes Publikum bedient (anonym in dem Sinne, dass zwar die Zielgruppen tendenziell erreicht werden können, jedoch unbekannt ist, wer genau das Werbemittel wahrnimmt), setzt das Direct Marketing die Bekanntheit von Adressen oder Telefonnummern voraus. Es kann definiert werden

Tab. 4 Werbeträger(-gruppen). (Quelle: eigene Darstellung)

Insertionsmedien	Tages-/Wochenzeitungen
	Publikumszeitschriften
	Fachzeitschriften
	Beilagen
	Verzeichnisse
Elektronische Medien	Fernsehen
	Hörfunk
	Filme (Kinowerbung)
	Internet (E-Mail, Newsletter)
	Smartphones (SMS, Newsfeeds)
Medien der Außenwerbung	Plakate
	Videowände
	Verkehrsmittelwerbung (Bus, Luftschiff)
Medien der Direktwerbung	Persönlich adressierte Werbebriefe
	Drucksachen

Abb. 5 Imagewerbung der Messe Frankfurt. (Quelle: Messe Frankfurt)

Abb. 6 Werbung für konkrete Veranstaltung der Messe Frankfurt. (Quelle: Messe Frankfurt)

als „die gezielte Einzelansprache mit sämtlichen Kommunikationsmaßnahmen, die darauf ausgerichtet sind, einen direkten Kontakt zum Adressaten herzustellen und einen unmittelbaren Dialog zu initiieren oder durch eine indirekte Ansprache die Grundlage eines Dialogs in einer zweiten Stufe zu legen, um Kommunikations- und Vertriebsziele eines Unternehmens zu erreichen" (Meffert und Bruhn 2009, S. 299). Der direkte Kontakt kann durch einen Anruf oder das persönliche Aufsuchen einer Person eingeleitet werden, während unter einem indirekten Kontakt zum Beispiel ein an die Zielperson gerichtetes, persönliches Schreiben verstanden wird, das beispielsweise einen Rückruf durch diese auslöst. Je nach Zielsetzung werden folgende Erscheinungsformen unterschieden (Meffert und Bruhn 2009, S. 300):

- passiv (Standardwerbebrief, zum Beispiel an alle in der eigenen Datenbank verzeichneten Personen)
- reaktionsorientiert (zum Beispiel Werbebrief mit Gutschein/Coupon)
- interaktionsorientiert (zum Beispiel Telefonanruf bei potenziellen Teilnehmern von Kongressen)

Aufgrund des direkten Kundenkontakts ist diese Kommunikationsvariante für Dienstleistungen gut geeignet, da gerade im persönlichen Gespräch Informationsdefizite auf beiden Seiten (Leistungsfähigkeit/Kompetenz des Anbieters einerseits, Wünsche und Leistungsfähigkeit der Kunden andererseits) abgebaut werden können. Dies kann in erhöhter Planungssicherheit und damit höherer Dienstleistungsqualität resultieren.

3.4 Public Relations (PR)

Unter „Public Relations" („PR") „versteht man den Aufbau und die Aufrechterhaltung von Beziehungen eines Unternehmens zu bestimmten (in- und externen) Zielgruppen mit dem Ziel, Vertrauen bei diesen Zielgruppen aufzubauen beziehungsweise aufrechtzuerhalten und Verständnis für die eigenen Handlungen zu gewinnen" (Sander 2011, S. 623). Im Gegensatz zur häufig anzutreffenden deutschen Bezeichnung „Öffentlichkeitsarbeit" (die aufgrund des zweiten Wortbestandteils recht verkrampft wirkt) werden hier die Beziehungen zu den Zielgruppen explizit genannt. Typische Zielgruppen sind Kunden (Kongressteilnehmer), Verbände, (potenzielle) Sponsoren, Finanzinstitute, staatliche Behörden sowie auch die breite Öffentlichkeit. Typischerweise unterscheidet man folgende Charakteristika der PR (Meffert und Bruhn 2009, S. 289):

- leistungsbezogen (zum Beispiel Zeitungsartikel über einen bevorstehenden großen Kongress)
- unternehmensbezogen (zum Beispiel Verteilung von Geschäftsberichten und allgemeinen Unternehmensinformationen)
- gesellschaftsbezogen (Dokumentation von gesellschaftlicher Verantwortung und Transparenz, zum Beispiel durch einen Tag der offenen Tür, öffentliche Stellungnahmen zu Problemfeldern oder eine Auslobung von Preisen)

Ziel der PR ist vor allem der Aufbau beziehungsweise die Aufrechterhaltung eines gewünschten Images bei den jeweiligen Zielgruppen. Sie gilt im Vergleich zur Mediawerbung als eher glaubhaft und erreicht auch Zielgruppen, die der Werbung sonst eher bewusst aus dem Weg gehen (Kotler et al. 2007, S. 869). Besonders zum Tragen kommt die PR daher auch in Krisenfällen („Krisen-PR"), wenn es darum geht, Unwahrheiten zu begegnen oder aber Bereitschaft zur Korrektur öffentlich gewordener Probleme zu zeigen. Ein Beispiel für misslungenes Krisenmanagement in diesem Zusammenhang ist das Love-Parade-Unglück am 24. Juli 2010.

3.5   Sponsoring

„Sponsoring" bezeichnet „die Zuwendung von Finanz-, Sach- oder Dienstleistungen an einen Empfänger, an die eine Gegenleistung geknüpft ist" (Esch et al. 2013, S. 278). Dieses Instrument ist aus Sicht des Gesponserten ein Finanzierungsinstrument, wohingegen es für den Sponsor ein Kommunikationsinstrument ist. Häufig fällt der Begriff „Sponsoring" im Zusammenhang mit Sport, es finden sich aber auch Aktivitäten in den Bereichen „Kultur", „Soziales", „Ökologie" und „Wissenschaft". Für den Sponsor eines Kongresses steht also der Kommunikationsgedanke im Vordergrund. Durch die (Mit-) Finanzierung eines wissenschaftlichen Kongresses kann der Sponsor so sein Engagement für die Gesellschaft betonen und ein entsprechendes Image aufbauen. Als Gegenleistung für seine Zuwendungen ist zum Beispiel die Nennung des Unternehmens in Broschüren, auf Bannern oder im Begrüßungsvortrag etc. denkbar. Für den Veranstalter eines Kongresses ist Sponsoring hingegen zunächst eine Finanzierungsoption neben Teilnahmegebühren und sonstigen Einnahmen. Kommunikativen Charakter kann das Sponsoring für ihn aber auch dadurch erlangen, dass ein großes, bekanntes und angesehenes Unternehmen die Veranstaltung unterstützt und diese dadurch sozusagen inhaltlich aufwertet (ähnlich dem Prinzip einer Schirmherrschaft durch eine prominente Person).

3.6   Onlinekommunikation

Einen immer wichtiger werdenden Bereich stellen die Möglichkeiten der Onlinekommunikation dar. Synonym werden teilweise auch die Begriffe „Multimediakommunikation" und „Neue Medien" verwendet. Umgangssprachlich wird dieses Instrument zunehmend als „Social Media" bezeichnet, was inhaltlich nicht deckungsgleich ist. Während unter Onlinekommunikation jeglicher Informationsfluss über Onlinekanäle zu verstehen ist, bezeichnet „Social Media" lediglich einen Teilbereich davon, nämlich „online-basierte Plattformen, die gekennzeichnet sind durch die Kommunikation und Vernetzung zwischen den Usern" (Bruhn und Hadwich 2015, S. 3). So gesehen können für Kongresse zwei grundlegende Bereiche unterschieden werden:

- die unternehmensinitiierte Kommunikation über Onlinekanäle
- die nutzerinitiierte Kommunikation in den Social Media

Der Ursprung des ersten Bereichs liegt streng genommen noch vor der Entwicklung des Internets, zum Beispiel in der Nutzung des Faxgeräts. Allgemein wird aber heutzutage das sogenannte „Web 1.0" als Start des Onlinezeitalters verstanden, wobei der Begriff „Web 1.0" einseitige Informationsflüsse bezeichnet, wie sie früher Standard waren, aber auch heute noch vorzufinden sind. Die klassischen Websites stellten – zum Beispiel als Alternative zu Print – Informationen bereit, die von den Nutzern jederzeit abgerufen werden konnten. Hierzu zählen zum Beispiel Hallenpläne, Ticketpreise etc. Aber auch die E-Mail stellt einen solchen einseitigen Informationsfluss dar. Die Einführung von Plattformen, die den Austausch unter den Usern ermöglichen, indem eigene Inhalte eingestellt und mit anderen geteilt werden, kam einer technischen Revolution gleich (Web 2.0). Von großer Bedeutung sind in diesem Zusammenhang für jeden sichtbare Nutzerbewertungen, die einen großen Einfluss auf die Kaufentscheidung anderer nehmen können. Zu den Ausprägungen zählen vor allem:

- klassischer Webauftritt
- Banner etc.
- Suchmaschinenmarketing

Diese Formen der Onlinekommunikation gehören heute zum Standard. Insbesondere eine Website, gegebenenfalls sogar unter einer völlig eigenständigen Adresse für einen Kongress oder eine andere Veranstaltung, ist unverzichtbar, da sie häufig den ersten Anlaufpunkt für interessierte Personen darstellt (vgl. Abb. 7). In diesem Zusammenhang muss die Position in Suchmaschinenergebnissen beachtet werden. Für die meisten Nutzer sind nur die ersten ein bis zwei Seiten von Relevanz, weiter hinten aufgeführte Treffer werden oft erst gar nicht angeschaut. Gegebenenfalls kann die Position über das sogenannte „Keyword-Advertising" positiv beeinflusst werden, bei dem das Unternehmen Schlüsselwörter bucht, die im Zusammenhang mit dem eigenen Auftritt stehen, und dafür typischerweise auf Cost-per-Click-Basis bezahlt.

Die nutzerinitiierte Kommunikation über die Social Media kann in vielerlei Formen erfolgen (vgl. Abb. 8). Dabei reicht die Bandbreite der Informationsübermittlung von umfangreichen Darstellungen (zum Beispiel eigene Facebook-Seite) bis hin zu Kurzeinträgen bei Twitter oder einer kurzen Produktbewertung durch Nutzer.

Die Social Media bedeuten zugleich Chancen und Risiken für die Unternehmen. Hier können vor allem die breite Zugangsmöglichkeit und rasche Informationsverbreitung sowie die Multiplikatorfunktion der Kanäle genannt werden. Werden Inhalte beispielsweise über Facebook verbreitet, kann der Nutzer per „Teilen" unmittelbar eine Empfehlung an Freunde und Bekannte abgeben sowie mit „Gefällt mir" seine entsprechende Wertschätzung ausdrücken. Dies hat den Vorteil, dass Empfehlungen aus dem Bekannten-/Freundeskreis typischerweise als glaubwürdiger empfunden werden als die reine

Abb. 7 Ausschnitt aus der Homepage eines Kongresses. (Quelle: www.sport.kit.edu/kongress15)

Abb. 8 Erscheinungsformen und Kommunikationsträger der Social-Media-Kommunikation. (Quelle: Bruhn 2014, S. 1044)

Abb. 9 Ausschnitt aus der Facebook-Seite des Kongresses. (Quelle: www.facebook.com/KongressKA)

Unternehmenskommunikation, der eine Verkaufsabsicht anhängt. Schließlich ist auch die Möglichkeit eines Kommentars, und damit natürlich auch einer negativen Äußerung, gegeben. Diese Seite unterscheidet sich somit inhaltlich deutlich von der klassischen Website durch das starke Interaktionspotenzial (vgl. Abb. 9).

Hauptproblem der Social Media ist die eingeschränkte Kontrollierbarkeit durch Unternehmen, da sie die Kommunikationshoheit abgeben. Während ein Kongressveranstalter auf der Website die Inhalte vollständig selbst bestimmen kann, sind die Social Media vom Goodwill der Nutzer abhängig. Im schlimmsten Fall kann das Auslösen eines Shitstorms erhebliche Imageprobleme mit sich bringen. Ein weiterer Problempunkt ist die Pflege solcher Seiten. Während eine klassische Homepage zunächst eher statischen Charakter hat und nur gelegentlicher Pflege bedarf, ändern sich die Inhalte auf Social-Media-Plattformen möglicherweise minütlich. Eine Überwachung und gegebenenfalls ein Eingreifen erfordern daher einen nicht unerheblichen personellen Aufwand, ein Punkt, der bei allem Enthusiasmus für das neue Medium gerne übersehen wird. Hinzu kommt, dass geeignetes, geschultes Personal bereitstehen muss.

Hilfreich bei der Frage, ob Social-Media-Kanäle zum Einsatz kommen sollen, sind Aspekte wie:

- grundsätzliche Eignung für die eigenen Leistungen
- Social-Media-Affinität und Erreichbarkeit der Zielgruppe
- Konkurrenzaktivitäten in den Social-Media-Kanälen
- eigene Kompetenzen und Ressourcen

Insgesamt bieten die Social Media unzweifelhaft eine Vielzahl an neuen Möglichkeiten, die es aber sinnvoll und durchdacht einzusetzen gilt. Lediglich die Tatsache, dass Social Media in aller Munde sind, ist noch keine Rechtfertigung für einen betriebswirtschaftlich sinnvollen Einsatz.

4   Integrierte Kommunikation

Der Einsatz der verschiedenen Kommunikationsinstrumente darf nicht isoliert erfolgen, sondern muss im Rahmen eines integrierten Kommunikationskonzepts geplant werden. Der Grundgedanke der integrierten Kommunikation ist im deutschsprachigen Raum insbesondere durch Bruhn bekannt geworden. Integrierte Kommunikation ist ihm zufolge „ein strategischer und operativer Prozess der Analyse, Planung, Durchführung und Kontrolle, der darauf ausgerichtet ist, aus den differenzierten Quellen der internen und externen Kommunikation von Unternehmen eine Einheit herzustellen, um ein für die Zielgruppen der Kommunikation konsistentes Erscheinungsbild des Unternehmens beziehungsweise eines Bezugsobjektes der Kommunikation zu vermitteln" (Bruhn 2014, S. 97). Die damit einhergehenden Ziele sind in Tab. 5 aufgeführt.

Tab. 5 Ziele der integrierten Kommunikation. (Quelle: Bruhn 2014, S. 100)

Psychologische Ziele	Ökonomische Ziele
• Einheitliches Erscheinungsbild des Unternehmens • Glaubwürdigkeit des Unternehmens • Akzeptanz des Unternehmens • Vermeidung von Informationsüberlastung • Erzielung von Lerneffekten • höhere Mitarbeiteridentifikation • etc.	• Realisierung von Synergieeffekten • Kosteneinsparungen • Effektivitätssteigerung • Effizienzsteigerung • etc.

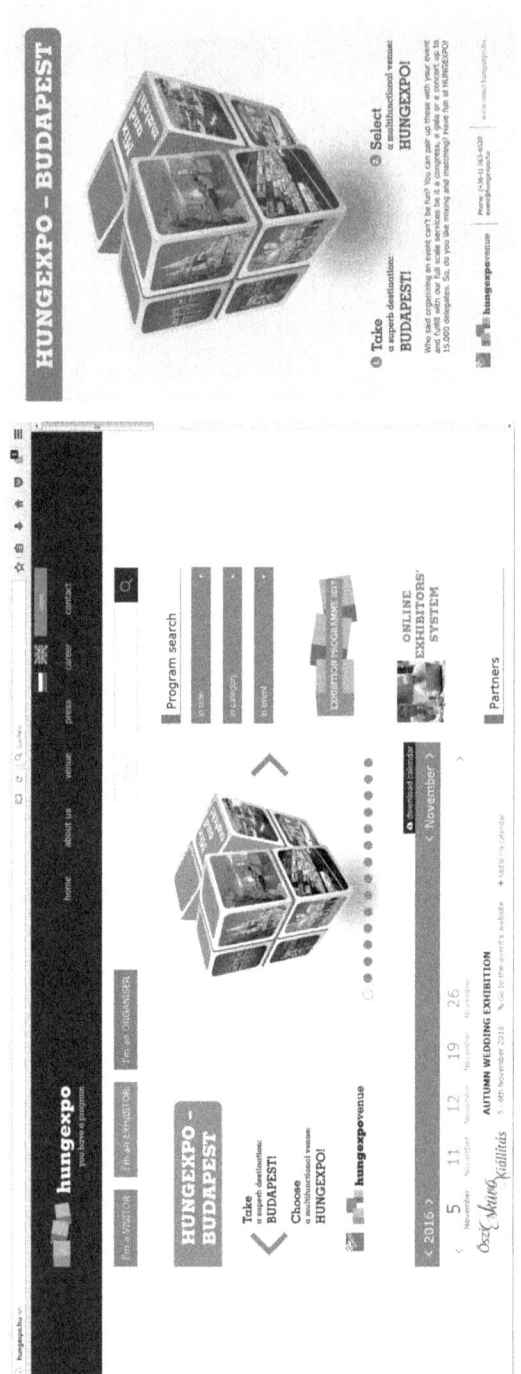

Abb. 10 Formale Integration am Beispiel Website (links) und Anzeige (rechts). (Quelle: www.hungexpo.hu/en)

Die integrierte Kommunikation baut auf drei Säulen auf:

- formale Integration
- inhaltliche Integration
- zeitliche Integration

Die formale Integration bezieht sich auf die Verwendung einheitlicher formaler Stilelemente über verschiedene Medien hinweg, um ein einheitliches Erscheinungsbild und damit eine hohe Wiedererkennung zu erreichen. Hier ist auf die enge Verwandtschaft zur Corporate Identity, speziell zum Corporate Design, hinzuweisen. Abb. 10 verdeutlicht dies am Beispiel einer Veranstaltung.

Die inhaltliche Integration beschreibt eine durchgängige Leitaussage. Eines der bekanntesten Beispiele ist die seit 1988 bekannte Kampagne der Volks- und Raiffeisenbanken. Unabhängig vom eingesetzten Motiv findet sich dort der Slogan „Wir machen den Weg frei".

Die zeitliche Integration findet sich in zwei Ausprägungen. Zum einen ist der kontinuierliche Einsatz im Zeitablauf gemeint. Insbesondere low involvierte Konsumenten brauchen die regelmäßige, gleichartige Ansprache, damit es bei ihnen zu Lerneffekten kommt. Zum anderen ist die zeitliche Abstimmung der einzelnen Maßnahmen untereinander betroffen. Beispielsweise muss die Website online gestellt werden, bevor Plakate oder Anzeigen publiziert werden, in denen für weitere Informationen auf den Webauftritt hingewiesen wird. Schließlich ist zu überlegen, welche Zielgruppe zu welchem Zeitpunkt angesprochen werden soll. Bei einem Kongress steht die Kontaktaufnahme mit potenziellen Referenten natürlicherweise von der Kommunikation mit möglichen Besuchern sowie der breiten Öffentlichkeit. Desgleichen muss ein Anschreiben mit dem Hinweis auf Frühbucherrabatte eben auch entsprechend früh versandt werden. Ein typisches Beispiel für die zeitliche Integration findet sich in Tab. 6, die den zeitlichen Ablauf der Kommunikationsmaßnahmen für ein jährlich stattfindendes Verbandstreffen beschreibt. Auf ähnliche Weise werden aufgrund der nötigen Vorlaufzeit für eine Teilnahme Fachbesucher einer Messe deutlich früher kon taktiert als das allgemeine Publikum.

Die Befolgung des Integrationsgedankens kann zusammenfassend zu einer einheitlichen und damit schnelleren Wahrnehmung des Unternehmens durch die Rezipienten führen. Gleichzeitig sind dadurch Synergiepotenziale möglich, da durch den integrierten Auftritt das gesamte Kommunikationsvolumen reduziert werden kann.

Tab. 6 Zeitliche Integration für ein jährlich stattfindendes Verbandstreffen. (Quelle: o. V. 2008, S. 305)

Weeks out	Action
52	Kick off promotion of next year's event through signage, handouts, etc. Offer special discounts to attendees who register by deadline date
40	News release #1: Announce and position the event. Send to trade publications
40	Begin content Planning and development for event website, including graphic look and feel for event identity
26	News release #2: Send details about speakers, event theme, exciting destination events, and major benefits of general sessions and seminars to trade publications
24	Mailing #1: Send flyer or postcard about the event, promoting benefits and reminding about early registration date. Coincide with launch of the event's website
24	Place advertisements in trade journals. Include a response device and the event's website address
24	Distribute video to local chapters of your association, or if your organization is a corporation, to regional sales offices. The video highlights last year's event, with endorsements by attendees
20	News release #3: Send more details about speakers and benefits of attendance to trade publications
16	Mailing #2: Send program brochure of event with full schedule of events, from first day until last. Promote early registration discounts
12	Place a cover story about the event in your association or corporate magazine, promoting benefits of attendance
10	Send invitations to media list, offering complimentary registration and admission to all functions
8	Mailing #3: Send the latest information on speakers and other program attractions. Include housing and registration forms (unless pre-registration is closed)
6	News release #4: Send complete details about event, major benefits of attendance, and feature story ideas to trade and consumer press
1	Follow up press invitations by telephone

Literatur

Beckmann K et al (2003) Seminar-, Tagungs- und Kongressmanagement. Cornelsen, Berlin

Bruhn M (2014) Unternehmens- und Marketingkommunikation – Handbuch für ein integriertes Kommunikationsmanagement, 3. Aufl. Vahlen, München

Bruhn M, Hadwich K (2015) Einsatz von Social Media für das Dienstleistungsmanagement. Springer Gabler, Wiesbaden

Esch F-R, Herrmann A, Sattler H (2013) Marketing. Eine managementorientierte Einführung, 4. Aufl. Vahlen, München

Euroforum. http://www.euroforum.de/datenschutz-kongress/. Zugegriffen: 13. Apr. 2016

Hungexpo. http://www.hungexpo.hu/en. Zugegriffen: 26. Okt. 2016

Karlsruher Institut für Technologie. www.sport.kit.edu/kongress15. Zugegriffen: 13. Apr. 2016

Kongress KA. www.facebook.com/KongressKA. Zugegriffen: 13. Apr. 2016

Kotler P et al (2007) Grundlagen des Marketing, 4. Aufl. Pearson, München

Kroeber-Riel W, Gröppel-Klein A (2013) Konsumentenverhalten, 10. Aufl. Vahlen, München

Meffert H, Bruhn M (2009) Dienstleistungsmarketing, 6. Aufl. Gabler, Wiesbaden

Messe Stuttgart. http://www.messe-stuttgart.de/veranstalter/kongresse/referenzen/. Zugegriffen: 13. Apr. 2016

Nürnberg Convention Center. https://www.nuernberg-convention.de/de/ncc/west/paris/. Zugegriffen: 13. Apr. 2016

o.V. (2008) The convention industry council manual. A working guide for effective meetings and conventions, 8. Aufl. Kendall Hunt Pub Co, Washington

Sander M (2011) Marketing-Management, 2. Aufl. UVK, Konstanz

Zeithaml VA, Parasuraman A, Berry LL (1992) Qualitätsservice: Was Ihre Kunden erwarten – was Sie leisten müssen. Campus, Frankfurt a. M.

Über den Autor

Prof. Dr. Michael Streich lehrt an der Dualen Hochschule Baden-Württemberg Ravensburg im Studiengang BWL „Messe-, Kongress- und Eventmanagement" mit Schwerpunkt Marketing und Marktforschung.

Die Veranstaltung ins rechte Licht rücken

Werbung als kommunikationspolitisches Instrument in der Veranstaltungswirtschaft

Gernot Gehrke

Zusammenfassung

Werbung ist als Teil der Above-the-Line-Maßnahmen unverzichtbarer Bestandteil der Kommunikationspolitik im Marketingmix. In einer sich dynamisch wandelnden Medienwelt entstehen immer neue Werbemittel, die über sich immer stärker differenzierende Werbeträger transportiert werden können. Neben einem soliden Überblick zu den Werbemitteln mit ihren Chancen und Risiken ist mehr denn je die inhaltliche, formale und zeitliche Integration der Werbemaßnahmen in den Kommunikationsmix und die konzeptionelle Ausrichtung auf Ziele und Strategien von entscheidender Bedeutung. Dabei ist das Leitbild der integrierten Kommunikation eine geeignete Form, um im kommunikativen Konkurrenzkampf bestehen zu können. Der Beitrag beschreibt Werbung als Managementprozess und Teil der Kommunikationspolitik im Marketingmix, stellt ausgewählte etablierte und neue Werbeträger und Werbemittel vor und gibt Empfehlungen dazu, wie Werbemaßnahmen als Teil einer integrierten Organisationskommunikation zu gestalten und auf die richtigen Werbeträger zu verteilen sind. Besonderes Interesse wird dabei dem dynamisch wachsenden Bereich der Out-of-Home-Medien gewidmet.

G. Gehrke (✉)
Hannover, Deutschland
E-Mail: gernot.gehrke@hs-hannover.de

© Springer Fachmedien Wiesbaden GmbH 2017
C. Bühnert und S. Luppold (Hrsg.), *Praxishandbuch Kongress-, Tagungs- und Konferenzmanagement,* DOI 10.1007/978-3-658-08309-0_26

Vorbemerkung des Autors

Es gibt wenig, was Veranstaltungen mehr trifft als eine schlechte Resonanz aufseiten derer, für die sie gedacht waren. Der zu groß gewählte Raum, leere Stühle, das nicht genutzte Buffet schöner Speisen – aus diesem Stoff sind die Albträume der Veranstaltungsmanager. Wo früher die bloße Ankündigung ausreichend war, um das Interesse zu wecken und das Publikum zu einer Veranstaltung zu bringen, ist heute die Schlacht um die Aufmerksamkeit („battle for attention") voll entbrannt. Wer heute erfolgreich sein will in der Konkurrenz der Angebote, muss die geeigneten Wege kennen und die richtigen Fahrzeuge wählen, damit die Gäste über das Ziel Bescheid wissen und es auch erreichen wollen. Ins Bewusstsein vieler Veranstaltender ist diese Erkenntnis zu meinem großen Kummer oft noch nicht gedrungen. Die Begeisterung über das eigene Angebot ist oft größer als die Einsicht in die Notwendigkeit, die richtige Werbung an den richtigen Orten der richtigen Gruppe zur richtigen Zeit bekannt zu machen. Dabei bieten zahlreiche Werbeformen eine Vielzahl an Möglichkeiten, wenn sie denn gekannt und integriert genutzt werden. Und dabei geht es um viel mehr als darum, das richtige Datum auf das Plakat zu drucken und es rechtzeitig aufzuhängen. Für mich ist das ein Stück notwendiger Professionalisierung, die ich mir als früherer „vor allem Praktiker" und heutiger „vor allem Hochschullehrer" sehr wünsche.

1 Werbung als Teil der Above-the-Line-Maßnahmen im Kommunikationsmix

Werbung hat eine lange Geschichte. Ausrufer für die Förderung des Verkaufs sind schon für das antike Ägypten belegt. Händler in Babylon verfügten über Tafeln, auf denen in Keilschrift die angebotenen Waren aufgelistet waren. Eine der ersten großen Werbekampagnen wird Martin Luther zugeschrieben, der seine Thesen per Plakatanschlag publik machte. Und die ersten Anzeigenblätter mit ihren ausschließlich werblichen Botschaften entstanden in Frankreich schon zu Beginn des 17. Jahrhunderts (Schweiger und Schrattenecker 2013, S. 1 ff.). Den professionellen Ausrufer kennen wir auch heute noch – wenn auch vielleicht eher mit einem Twitter-Account, einem Blog oder einem YouTube-Profil ausgestattet. Angebotstafeln finden wir auf Märkten oder im Supermarkt ebenso wie vor dem Buffet des Caterers bei einer Veranstaltung. Wer mit offenen Augen durch die Stadt geht, wird allerorten Plakatanschläge sehen, und die Anzeigenblätter landen direkt in den Briefkästen. Neben diesen und anderen althergebrachten Werbeträgern hat sich die massenmedial verbreitete Werbung etabliert und eine erstaunliche Vielfalt an Werbeformen entwickelt. Die bekannten Werbemittel wurden gemeinsam mit den neuen in moderne Marketingkonzepte integriert, in deren Kern detaillierte Managementprozesse stehen, die eine differenzierte Analysephase,

Ziel- und Strategieentwicklung vor die Gestaltung und Implementierung der Werbebotschaft setzen. Die Vielfalt der zur Verfügung stehenden Werbemedien und Werbemittel sorgt dafür, dass sich der Schwerpunkt der kommunikationspolitischen Managementprozesse verschiebt – weg von der Implementierung über die Auswahl von Medien und Trägern hin zu der analytischen Betrachtung des kommunikativen Umfelds mit all seinen Facetten und den sich daraus ergebenden Fragestellungen als Teil integrierter Kommunikationskonzepte. In konkreten Zahlen ausgedrückt, werden in Deutschland rd. 50.000 Produkte gleichzeitig aktiv beworben. In jedem Jahr kommen rd. 25.000 neue Produkte mit erheblichem Werbeaufwand auf den Markt. 350.000 Anzeigen, 2.000.000 Werbespots sowie unzählige Mailings, Plakate und Onlinebanner führen zu ca. 3000 Werbebotschaften pro Kopf, von denen allerdings nur ein Bruchteil die Aufmerksamkeitsschwelle der Verbraucherinnen und Verbraucher überspringt und ins Bewusstsein gelangt (Scharf et al. 2015, S. 384). Diese oft als „information overload" oder „Informationsflut" bezeichnete Entwicklung wird als Beleg für den verschärften Kampf um Aufmerksamkeit („battle for attention") gesehen – einem zunehmenden Kommunikationswettbewerb, dem sich auch die Veranstaltungswirtschaft trotz ihrer in der Regel bestehenden Fokussierung auf besondere Zeitpunkte nicht entziehen kann. So verzeichnet das Meeting- & EventBarometer mit 383 Mio. Teilnehmern im Jahr 2014 ein Plus von 3,3 % in den Veranstaltungsstätten. Diese wachsende Nachfrage wird in 7152 Veranstaltungszentren, Tagungshotels und Eventlocations mit jeweils mindestens 100 Sitzplätzen im größten Saal bedient. Das Angebot deutscher Veranstaltungsstätten ist so um 1,7 % im Vergleich zum Vorjahr gestiegen (Meeting- & EventBarometer 2015, S. 1).

Kommunikationspolitische Instrumente gelten als Sprachrohr des Marketings. In Abhängigkeit von der Wahrnehmung der Adressaten werden sie häufig in die Gruppen „Above-the-Line" und „Below-the-Line" eingeteilt. Das Etikett „Above-the-Line" kennzeichnet alle Maßnahmen im Kommunikationsmix, die sich selbst als werbliche Beeinflussung ausflaggen und auch als solche wahrgenommen werden können. Entsprechend sind „Below-the-Line" alle Maßnahmen, die nicht ohne Weiteres als werbliche Beeinflussung interpretiert werden. Verkaufsförderung, Sponsoring, Product-Placements, Events, Mund-zu-Mund-Kommunikation sowie eine Reihe sonstiger Kommunikationsinstrumente zählen zu den „Below-the-Line"-Maßnahmen. Öffentlichkeitsarbeit, Direktwerbung sowie Onlinewerbung und auch klassische Werbung werden dagegen als „Above-the-Line" charakterisiert (Scharf et al. 2015, S. 398 oder Meffert et al. 2015, S. 586). Dieser Beitrag konzentriert sich, wie Abb. 1 zeigt, auf die Maßnahmen, die als „Above-the-Line" charakterisiert werden und analysiert klassische Werbung, Onlinewerbung und Direktwerbung als werbepolitische Instrumente in der Veranstaltungswirtschaft. Zum Thema PR wird auf das gleichlautende Kapitel in diesem Band verwiesen.

Unter klassischer Werbung oder Mediawerbung wird ganz allgemein ein Prozess verstanden, bei dem in der unpersönlichen Form der Massenkommunikation „durch den Einsatz von Werbemitteln in bezahlten Werbemedien versucht wird, unternehmensspezifische Zielgruppen anzusprechen und zu beeinflussen" (Scharf et al. 2015, S. 398). Trotz nach wie vor bestehender Unsicherheiten über die Wirkungsweise und den Wirkungsgrad

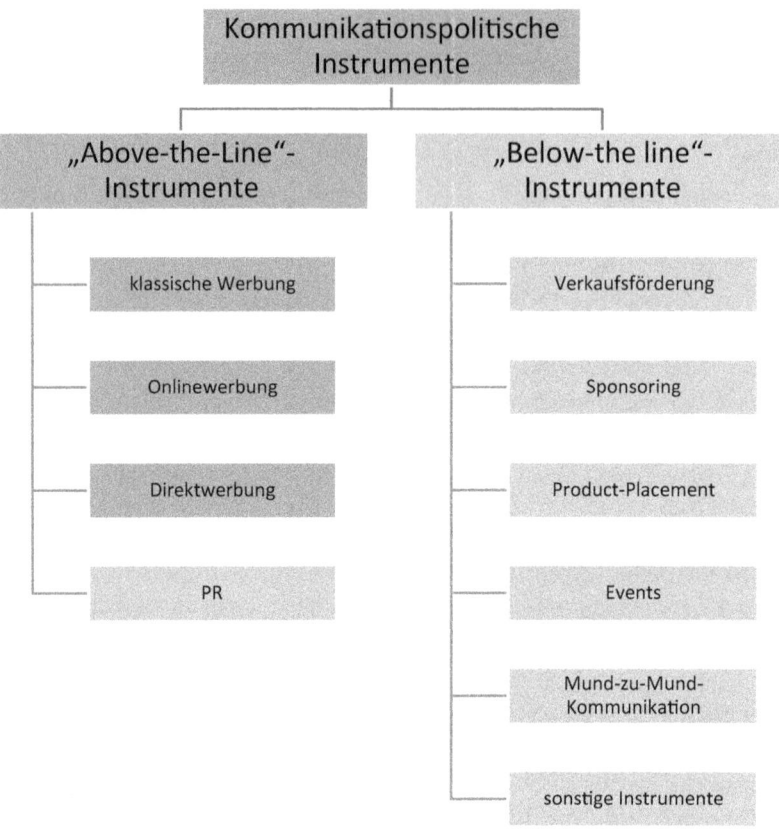

Abb. 1 Kommunikationspolitische Instrumente. (Quelle: eigene Darstellung in Anlehnung an Scharf et al. 2015, S. 398)

von Werbung, ist die klassische Werbung noch immer die am stärksten genutzte Variante kommunikationspolitischer Instrumente. Nach unterschiedlichen Studien werden in Deutschland zwischen 25 und 30 Mrd. EUR pro Jahr in Werbung investiert. TV, Außenwerbung und Onlinemedien/Mobile konnten ihren Anteil an den Werbeinvestitionen dabei steigern. Hörfunk und fast alle Printformen haben dagegen Anteile eingebüßt. Die Veränderungen bei der Zuteilung der Werbebudgets spiegeln dabei das gewandelte Nutzungsverhalten, das derzeit ganz wesentlich durch die zunehmende Frequentierung von Onlinemedien geprägt bleibt. Tageszeitungen sehen sich dagegen mit weiter sinkenden Abonnentenzahlen konfrontiert, was ihre Attraktivität als Werbeträger schmälert. Meffert, Burmann und Kirchgeorg konstatieren 2015 allerdings einen Anstieg der Akzeptanz der klassischen Werbung. Danach sind insbesondere Personen, die ihre Normen, Werte, Gedanken und ihr Handeln eher an der Zukunft ausrichten, Werbung gegenüber positiv eingestellt. Es gilt aber, dass Mediawerbung als umso störender wahrgenommen wird, je drastischer sie die Mediennutzung unterbricht. Eine interessante Gestaltung lässt die

Akzeptanz dagegen steigen. Die Kreativität der Gestaltung beeinflusst die ungestützte Bekanntheit des Kommunikationsobjektes außerdem positiv (Meffert et al. 2015, S. 588). Umgekehrt gilt nach wie vor, dass zahlreiche Nutzer von Medienangeboten die darin enthaltene Werbung oft als störend empfinden und Reaktanzeffekte entstehen, die als ungewollte Reaktion auf Werbebotschaften verstanden werden können (Meffert et al. 2015, S. 710). Bruhn schlägt vor, die Abgrenzung der Mediawerbung entlang der folgenden Kriterien vorzunehmen:

„Die Mediawerbung ist

- eine Form der unpersönlichen Kommunikation,
- eine Form der mehrstufigen, indirekten Kommunikation,
- die sich öffentlich und
- ausschließlich über technische Verbreitungsmittel (den Medien),
- vielfach einseitig,
- mittels Wort-, Schrift-, Bild- und/oder Tonzeichen
- an ein disperses Publikum richtet" (Bruhn 2014, S. 220).

Weil ihre Bedeutung rapide zunimmt und sie eigene Besonderheiten aufweist, wird die Onlinewerbung mittlerweile als eigenständiges Kommunikationsinstrument aufgefasst. Bei der sogenannten „Inselfrage" etwa („auf welches Medium würden Sie keineswegs verzichten wollen, wären Sie auf einer einsamen Insel?") nennen die meisten inzwischen das Internet. Früher wurde hier mit deutlichem Abstand auf das Fernsehen verwiesen (Van Eimeren und Ridder 2011, S. 5). Als eine Besonderheit kann gelten, dass die Onlinewerbung eine exklusive Vielzahl neuer Werbemittel hervorgebracht hat, die den Werbetreibenden zur Verfügung stehen. Dazu gehören unter anderem die Bannerwerbung und die Suchmaschinenwerbung in ihren zahlreichen Varianten, Produkt- und Firmen-Websites sowie E-Mails und Newsletter. Charakteristisch für Onlinewerbung gegenüber klassischer Werbung sind

1. die direkte Feedbackmöglichkeit,
2. die häufig damit verbundene Kommunikation in Echtzeit,
3. ihre Hypermedialität,
4. die globale Verfügbarkeit und
5. die immense Menge an Daten, die zur Nutzung von Websites als Werbeträger zur Verfügung stehen (Meffert et al. 2015, S. 635).

Geht die Initiative bei 1) der direkten Feedbackmöglichkeit vom „Empfänger" aus, spricht man von „Kommunikationspull". Dabei rufen Internetnutzer aktiv die bereitgestellten Informationen ab. Demgegenüber wird das Versenden von Newslettern und E-Mails sowie die Schaltung von Werbebannern unterschiedlichster Form als „Kommunikationspush" bezeichnet. Zuvor wurde bereits darauf hingewiesen, dass diese Form der Werbung das Risiko in sich trägt, vom Nutzenden als störend wahrgenommen zu werden.

Die 2) Kommunikation in Echtzeit erlaubt zwar eine sehr schnelle Kommunikation aktueller Inhalte – etwa über die Verfügbarkeit von Tickets an der Abendkasse. Sie gilt aber auch als flüchtig, weil die Tickets vielleicht nicht mehr verfügbar sind, wenn die Interessierten den Veranstaltungsort erreicht haben. Anders als in der klassischen Werbung erlaubt es die 3) Hypermedialität der Onlinewerbung, verschiedene Medien (Text, Ton, Bild, Film) in einer Werbeform zu kombinieren und gemäß ihren jeweiligen Stärken einzusetzen. Prinzipiell sind alle Werbeformen des Internets global verfügbar 4) und von jedem Nutzenden an jedem Ort abzurufen. Dass dabei 5) große Mengen an Daten mitprotokolliert und gespeichert werden (Cookies), gilt als Vorteil für die Treffgenauigkeit der Onlinewerbung (Targeting), weckt aber auch zunehmend die Skepsis kritischer Verbraucher (Scharf et al. 2015, S. 400).

Direktwerbung, häufig auch als „Direkt-" oder „Direct Marketing" respektive „Direct-Response-Werbung" oder „One-to-One-Marketing" bezeichnet und mit jeweils leicht changierendem Bedeutungsgehalt definiert, stellt die direkte, persönliche Interaktion mit aktuellen oder potenziellen Nachfragern in den Mittelpunkt (Scharf et al. 2015, S. 391). Bruhn (2015, S. 403) rückt die Absicht, einen mittelbaren Dialog zu initiieren oder „durch eine indirekte Ansprache die Grundlage eines Dialoges in einer zweiten Stufe zu legen, um Kommunikations- und Vertriebsziele eines Unternehmens zu erreichen", ins Zentrum und unterstreicht damit, dass Direktwerbung auch in zwei Stufen verlaufen kann. Direktwerbung wird häufig eingesetzt, wenn es um die Gewinnung neuer Kunden, Rückgewinnung von Kunden oder Kundenbindung geht (Scharf et al. 2015, S. 399) und ist ein in der Veranstaltungswirtschaft sehr etabliertes Kommunikationsinstrument. Schweiger und Schrattenecker (2013, S. 131) schließen die Einschaltung eines Massenmediums bei Direktwerbung aus.

Masterman und Wood (2011, S. 134) beschreiben die Vorteile der Werbung für die Veranstaltungswirtschaft allgemein mit ihrer großen Reichweite bei inzwischen hoher Zielgruppengenauigkeit und gleichzeitig geringen Kosten. Sie sei deshalb gleichermaßen effektiv wie effizient zu gestalten. Ob dies auch für die Bewerbung von Veranstaltungen zutrifft, lassen sie allerdings offen und verweisen hier auf die zahlreichen und sehr verschiedenen Forschungsergebnisse.

2   Werbung als phasenorientierter Managementprozess

Die kommunikationspolitischen Instrumente umfassen mehr als Werbung, Marketing ist mehr als Kommunikation. Die Differenzierung der kommunikationspolitischen Instrumente vergrößert die Möglichkeiten für die Bewerbung von Veranstaltungen, erfordert aber gleichzeitig – nicht nur auf akademischer Seite – eine große Sorgfalt bei Benennung und Einsatz. Ein Plakat mit Hinweisen auf besondere Ticketrabattierungen etwa nutzt eine Technik der Verkaufsförderung (Masterman und Wood 2011, S. 134). Für eine integrierte Kommunikationsplanung ist diese Differenzierung auch auf Unternehmensseite bedeutsam, weil es die engen Beziehungen zwischen einzelnen kommunikationspolitischen Maßnahmen unterstreicht und die Notwendigkeit zur Abstimmung deutlich macht. Werbung für Veranstaltungen hat häufig eine kanalisierende Funktion. Anzeigen, Plakate oder Spots verweisen auf die Website zur Veranstaltung oder eine Telefonnummer, die zur Kaufmöglichkeit für Tickets leitet. Auch dies unterstreicht, dass die hinter den Mediaentscheidungen liegenden Planungsprozesse von elementarer Bedeutung sind.

Allen Darstellungen zur Werbeplanung ist in der modernen Form die Einbettung in einen generellen Managementprozess von Analyse, Planung, Durchführung und Kontrolle, die hierarchische Einordnung in den Marketingmanagementprozess und die Orientierung an einer ganzheitlichen, integrierten Kommunikationsplanung gemein. Meffert, Burmann und Kirchgeorg (2015, S. 570, Herv. i. Orig.) beschreiben die aus dem kommunikationswissenschaftlichen Kontext bekannte Lasswell-Formel mit ihren einzelnen Stufen des Kommunikationsprozesses als Grundlage für die systematische Aufbereitung kommunikationspolitischer Entscheidungen:

- „**Wer** (Unternehmen)
- sagt **was** (Kommunikationsbotschaft)
- unter welchen **Bedingungen** (Umwelt-, Wettbewerbssituation)
- über welche **Kanäle** (Kommunikationsinstrumente)
- auf welche **Art und Weise** (Gestaltung der Kommunikationsbotschaft)
- zu **wem** (Zielgruppen)
- mit welcher **Wirkung** (Kommunikationserfolg)?"

Kommunikationsplanung wird so zu einem systematisch-methodischen sowie integrativ ausgerichteten Prozess der Erkenntnis und Lösung kommunikationspolitischer Problemstellungen, der durch Prozessbezogenheit, Rationalität, Zukunftsbezogenheit und Zielbezogenheit gekennzeichnet ist. Dieser Planungsprozess wird stets als Bestandteil integrierter Kommunikationskonzepte aufgefasst, deren Aufgabe es ist, die Vielfalt der Kommunikationsinstrumente und -mittel für unterschiedlichste Zielgruppen in unterschiedlichsten Kommunikationssituationen – oft quer zu den Abteilungen eines Unternehmens oder über mehrere Hierarchieebenen hinweg – zu bändigen und in einen formalen, zeitlichen und inhaltlichen Einklang zu bringen. Für ein erfolgreiches Kommunikationsmanagement ist es deshalb unentbehrlich, eine strategische Planung der Gesamtkommunikation im Sinne einer integrierten Kommunikation mit der strategischen Planung einzelner Kommunikationsinstrumente zu verknüpfen. Hierin liegt die eigentliche Herausforderung integrierter Kommunikationskonzepte. Diese strategische Kommunikationsplanung liefert die Rahmung für die taktische Kommunikationsplanung, die festgelegte Strategien in konkrete Kommunikationsaktivitäten umsetzt (Bruhn 2015, S. 69 f.).

Masterman und Wood (2011, S. 5) etikettieren den Prozess der integrierten Kommunikationsplanung als „integrated marketing communications (IMC)" und unterstreichen: „The methods for managing IMC are of lesser importance than the acceptance of the concept that any communication plan needs to consider and use, where appropriate, a variety of communication tools and that in doing this it is necessary, and beneficial, to ensure consistency of the message (shared core meaning) and complementarity of the methods" (Masterman und Wood 2011, S. 6). Gerade in mittelständisch geprägten oder eher kleineren Betrieben der Veranstaltungswirtschaft wird die Akzeptanz von analytischen Managementprozessen und damit verbundenen Vorlaufzeiten, ehe das tatsächliche werbliche Handeln beginnt, möglicherweise nicht besonders groß sein. Zum einen deshalb, weil dies die werbliche Aktivität verzögert, zum anderen, weil der Managementprozess, wenn er falsch ausgestaltet ist, kreative und innovative Ansätze durch einen formalisierten Prozess und Bürokratisierung behindert. Dem ist vorzubeugen. Der Hinweis von Masterman und Wood verdeutlicht aber, dass eine gemeinsame Orientierung am Leitbild integrierter Kommunikation den kommunikativen und damit letztlich auch den tatsächlichen Erfolg einer Veranstaltung erheblich erhöht.

Die in Abb. 2 von Masterman und Wood (2011, S. 139) gewählte Darstellung setzt die Ziele der Organisation an die Spitze, danach folgt der Hinweis auf das Marketingkonzept und die darin enthaltene Situationsanalyse, die Grundlage für die Entwicklung von Marketingzielen, Marketingstrategien, Marketingmix und Kommunikationsmix ist. Die Festlegung der Werbeziele, mit der hier der Planungsprozess für das „advertising management" startet, greift auf diese Ergebnisse zurück und integriert sie in den weiteren Ablauf. Andere Autoren schlagen eine eigene, auf die Werbung bezogene Situationsanalyse vor (Bruhn 2014, S. 271). So oder so muss dafür Sorge getragen werden, dass Ziele des Marketingkonzepts nicht durch Zielsetzungen der Werbeplanung korrumpiert werden – oder vice versa. Dies setzt nicht nur Planung in allen Bereichen eines Unternehmens voraus, sondern vor allem eine gut funktionierende interne Kommunikation.

Bruhn (2014, S. 294) sieht die Werbesituationsanalyse als „eine Bestandsaufnahme relevanter Sachverhalte mit dem Ziel, werbepolitische Chancen und Risiken sowie Stärken und Schwächen offenzulegen und als Grundlage zur Festlegung von Werbezielen zu diesen. Dabei beinhaltet sie den Vorgang der Informationsbedarfsermittlung, Informationsbeschaffung sowie der Analyse und Aufbereitung unternehmensinterner und -externer Daten. Das Ergebnis einer Situationsanalyse ist die Herausarbeitung der werblichen Problemstellung eines Produktes, einer Marke beziehungsweise eines Unternehmens." Wie schon zuvor dargestellt, ist die Neigung zu ausgefeilten Werbesituationsanalysen aus unterschiedlichen Gründen leider oft gering. Dabei können mit ihrer Hilfe konkrete unternehmensspezifische Fragestellungen herausgearbeitet werden, die einen erheblichen Beitrag zu einer erfolgreichen kommunikativen Positionierung von Unternehmen der Veranstaltungswirtschaft und der durch sie angebotenen Veranstaltungen leisten können, indem sie folgende, in Unternehmen gelegentlich auch sehr umstrittene Themenfelder berühren:

- Bewusstmachung des eigenen Kommunikations- und Werbeproblems („Wie stehen wir zu unseren eigenen Produkten und Angeboten? Wie vermitteln wir sie?")
- Erkennen des Kommunikations- und Werbeverhaltens der Hauptwettbewerber („Welche Aussagen und Angebote stellen unsere Mittbewerber in den Mittelpunkt?")

Ziele der Organisation

Marketingkonzept
•Situationsanalyse – Marketingziele – Marketingstrategie – Marketingmix – Kommunikationsmix

Werbung: Ziele
•Zielentwicklung, die verbunden und abgestimmt ist mit den Marketingzielen

Werbung: Strategie
•Festlegung von Richtung und Tiefe der Strategie •Zielgruppen identifizieren •Festlegung der Werbebotschaft •Auswahl von Werbemitteln und Werbeträgern •Mediaplan entwickeln •Budget festlegen

Werbung: Prüfung der Machbarkeit
•Vergleich der gewählten Werbelösungen mit anderen kommunikationspolitischen Instrumenten: •Ist die gewählte Werbeform gleichermaßen effektiv und effizient? •Kann die gewählte Werbeform erfolgreich in die Gesamtkommunikation integriert werden? •Bei einmal „Nein" als Antwort wird auf Werbung im Kommunikationsmix verzichtet, bei zweimal „Ja" folgt die Implementierung

Werbung: Implementierung
•Bestätigung des Mediaplans und Ausführung

Werbung: Evaluation und Feedback
•Evaluation entlang der Marketingziele, Feedback für kommende Marketingplanungen •Die Evaluation läuft prozessbegleitend und nach der Implementierung

Abb. 2 Managementprozess der Werbeplanung. (Quelle: eigene Darstellung in Anlehnung an Masterman und Wood 2011)

- Bewusstmachung der Effizienz des eigenen Kommunikations- und Werbeverhaltens in der Vergangenheit („Wie wirtschaftlich waren unsere Kampagnen für die zurückliegenden Veranstaltungen? Haben wir die ausgewählten Maßnahmen richtig ausgeführt?")
- Erkennen von Tendenzen im Kaufverhalten („Welche Veranstaltungsangebote funktionieren im Augenblick besonders gut – aus welchen Gründen?")
- Antizipieren von Trends im Lebensstil der Zielgruppe („Welche Zielgruppe steht uns besonders nahe, welche Zielgruppe wollen wir vor allem für unsere Angebote erschließen? Wie passen aktuelle Trends auf unsere Veranstaltungsangebote, nehmen unsere aktuellen und künftigen Veranstaltungen solche Trends auf und spiegeln sie?")

- Lokalisierung neuer werblicher Möglichkeiten, zum Beispiel durch neue Technologien („Wissen wir, was prinzipiell an Werbemitteln zur Verfügung steht, kennen wir uns gut genug mit den neuen Werbemedien aus, um sie für unsere Zwecke erfolgreich zu nutzen?")
- Ermittlung von kommunikativen Wettbewerbsvorteilen („Gibt es Werbebereiche, in denen wir eine Alleinstellung erzielt haben, können wir diese weiter ausbauen und nutzen?")
- Erkennen nicht genutzter kommunikativer und werblicher Ressourcen im Unternehmen („Verfügen wir über besonders qualifiziertes Personal für spezielle Werbeformen, sind wir als Unternehmen in bestimmten Medien besser positioniert als in anderen?")
- Ermittlung von innerbetrieblichen Barrieren und Reaktanzen der Mitarbeitenden („Ziehen alle beteiligten Mitarbeiter bei der Realisierung von Werbekampagnen an einem Strang, kennen alle die festgelegten Ziele und die ausgewählte Strategie? Gibt es Befindlichkeitsstörungen gegenüber als neu empfundenen Medien?")

Natürlich birgt auch dies keine Gewähr, werbepolitische Fehlentscheidungen auszuschließen. Allerdings trägt es zu einer größeren Planungssicherheit bei. Hinzu kommt, dass hervorragende Methoden wie die SWOT-Analyse oder als Variation die TOWS-Analyse zur Verfügung stehen, um die situative Bestandsaufnahme mit strategischen Optionen zu verknüpfen, indem nach der Ermittlung von Stärken (S = Strengths) und Schwächen (W = Weaknesses) auf Unternehmens- und Produktseite einerseits sowie Chancen (O = Opportunities) und Risiken (T = Threats) im Markt andererseits alle Befunde strategisch aufeinander bezogen werden (vgl. Abb. 3). Dabei kann beispielsweise ermittelt werden, wie eigene Stärken vorhandene Chancen nutzen (Max-max-Strategie) oder Risiken (Max-min-Strategie) minimieren können. Diese SWOT- oder TOWS-Matrix liefert auch Erkenntnisse dazu, wie im Licht von Chancen und Risiken des Markts mit den eigenen Schwächen des Unternehmens umgegangen werden könnte (Weihrich 1982). Bruhn (2014) liefert sehr gute und auf die speziellen Bedürfnisse der Veranstaltungswirtschaft leicht adaptierbare Vorschläge für Fragestellungen

Umfeld / Unternehmen/Produkt	Chancen (O) • … • …	Risiken (T) • … • …
Stärken (S) • … • …	SO-Strategien	ST-Strategien
Schwächen(W) • … • …	WO-Strategien	WT-Strategien

Abb. 3 Matrix einer SWOT-Analyse. (Quelle: eigene Darstellung in Anlehnung an Weihrich 1982, S. 60)

einer zunächst auf Datensammlung konzentrierten SWOT-Analyse, die der Planung von Mediawerbung (Bruhn 2014, S. 399) oder Direktmarketing (Bruhn 2014, S. 621) vorangestellt werden kann. In der Variante SWOT-Analyse kann die in Abb. 3 dargestellte Kreuztabelle entstehen und gefüllt werden.

Im Ergebnis liefert die SWOT-Analyse so bereits Hilfestellung für die Zielformulierung und die Festlegung von Strategien der werbepolitischen Aktivitäten. Weitere Methoden der Situationsanalyse sind die Means-End-Analyse, die Positionierungsanalyse, die Wettbewerbsanalyse oder die Umfeldanalyse (Bruhn 2014, S. 298–309).

Nach der Situationsanalyse folgt die auf die Marketingziele abgestimmte Zielfestlegung für die werbepolitischen Aktivitäten. Als mögliche Werbeziele sehen Masterman und Wood (2011, S. 139) 1) den Aufbau eines Markenimages („building brand image"), 2) die Entwicklung von Bekanntheit und Erinnerung („creating awareness"), 3) die Stimulation von Handlungen („stimulating action") sowie 4) die Verstärkung von Bekanntheit („awareness reinforcement"). Danach geht es im ersten Bereich um das Kapital der Marke, das es aufzubauen und zu stärken gilt. Dies gelingt am besten, wenn es mit einem Produkt verbunden wird, das besonders gut in der Lage ist, auf diese Zielsetzung einzuzahlen. In der Veranstaltungswirtschaft wird bei periodischen Ereignissen sehr oft mit Testimonials von Teilnehmenden der zurückliegenden Auflagen eines Events geworben oder mit Zitaten aus der medialen Berichterstattung zur Veranstaltung.

Abb. 4 zeigt, wie auf der Website zur NEXT, einer internationalen Konferenz zur digitalen Entwicklung der Gesellschaft, die Berichterstattung des Magazins „Business Punk" über ein Zitat mit einem Bild der Konferenz verbunden wird und so im Wege einer Anzeige das Kapital der Marke „NEXT" stärkt und ein 1) Markenimage aufbaut. Die Ankündigung von bekannten Keynotern oder der Hinweis auf verbesserte und erweiterte Räumlichkeiten für diese Konferenz würde dagegen zum Werbeziel 2) „Entwicklung von

Abb. 4 Screenshot der Website zur Konferenz NEXT unter http://nextconf.eu/next15/

Bekanntheit und Erinnerung" zählen. Eine klare 3) Handlungsaufforderung wurde auf der gleichen Website unmittelbar nach dem Verkauf der letzten Tickets untergebracht: „NEXT15 sold out – apply for NEXT16". Die 4) Verstärkung der Bekanntheit wird auf der Website durch den Hinweis erreicht, dass die NEXT demnächst auch auf dem Reeperbahnfestival in Hamburg anzutreffen sein wird. Der Hinweis und auch die Teilnahme am Reeperbahnfestival sind Maßnahmen, die Bekanntheit stärken.

Werbeziele haben unterschiedliche Funktionen. Bruhn unterscheidet eine Entscheidungs- und Steuerungsfunktion der Werbeziele von einer Koordinationsfunktion, einer Motivations- und Identifizierungsfunktion und einer Kontrollfunktion. Wird die Planung der Mediawerbung beispielsweise an den gesetzten Zielen ausgerichtet, erfüllt sie eine Entscheidungs- und Steuerungsfunktion. Weiter kann die Formulierung von Werbezielen Verhaltensabstimmung zwischen unterschiedlichen Arbeitsbereichen eines Unternehmens auslösen und damit koordinative Funktionen übernehmen. Ziele können, wenn sie gemeinsam getragen und angestrebt werden, motivierend und identitätsstiftend wirken. Schließlich liefern sie die Basis für die Überprüfung der eigenen Leistung und haben auf diese Weise eine kontrollierende Funktion (Bruhn 2014, S. 310). Dies funktioniert vor allem dann, wenn die Ziele entlang bestimmter Anforderungen formuliert werden. Bruhn nennt sieben Anforderungen, die an taugliche Werbeziele zu stellen sind (Bruhn 2014, S. 312):

1. Danach müssen Werbeziele eine hohe werbebedingte Reagibilität aufweisen, also in einem engen Zusammenhang mit den werblichen Aktivitäten stehen.
2. Sie benötigen eine hohe selektive Steuerungskraft mit Blick auf die zu ergreifenden werbepolitischen Handlungen.
3. Ziele müssen relevant für die Gesamtheit der Unternehmensziele sein.
4. Ziele müssen vollständig und präzise sein.
5. Ziele müssen situationsgerecht formuliert werden.
6. Zielvariablen müssen integrationsfähig sein in ein System von Ober- und Unterzielen sowie Haupt- und Nebenzielen.
7. Werbeziele müssen umsetzbar sein.

Am Beispiel vollständiger und präziser Werbeziele entwickelt Bruhn Zieldimensionen, die mit den bekannten SMART-Kategorien (spezifisch, messbar, attraktiv, realistisch und terminiert) vergleichbar sind (Bruhn 2014, S. 312; Schweiger und Schrattenecker 2013, S. 208):

- Zielart/Zielvariable („Was ist zu erreichen?")
  Beispiel: Steigerung des aktiven Bekanntheitsgrads …
- Ausmaß („Wie viel ist bei der Zielart zu erreichen?")
  Beispiel: … um 20 % …
- Zeitbezug („Wann ist das Ziel zu erreichen?")
  Beispiel: … innerhalb der nächsten sechs Monate …
- Objektbezug („Bei welchem Produkt/welcher Marke wollen wir das Ziel erreichen?")
  Beispiel: … beim Produkt XY …

- Zielgruppe („Bei wem ist das Ziel zu erreichen?")
  Beispiel: … bei Personen mit einem Jahreseinkommen über 50.000 Euro

Übertragen auf den Veranstaltungssektor könnte ein Ziel der Werbung für die zuvor bereits genannte Konferenz „NEXT" lauten, den aktiven Bekanntheitsgrad beim Konferenzformat „NEXT" innerhalb der nächsten sechs Monate bis zum Beginn des Ticketvorverkaufs um 20 % zu steigern bei Personen mit einem Jahreseinkommen über 50.000 EUR. Konsequenzen der Werbeziele wären danach bei der Entstehung von Werbekontakten, bei Werbewirkungen und übergeordneten Konsequenzen wie Absatzförderung zu erwarten. Bruhn (2014, S. 316) zeigt in einer Übersicht psychologische Zielkategorien der Mediawerbung und differenziert dabei zwischen kognitiv, affektiv und konativ orientierten Zielen. Damit steigt das Bewusstsein dafür, dass beispielsweise zwischen Aufmerksamkeit und Wahrnehmung (kognitiv), dem Interesse an einem Produkt oder einem Leistungsangebot (affektiv) und der Kaufabsicht (konativ) große Unterschiede bestehen, die es bei der Festlegung der Werbeziele und der Ausgestaltung von Werbebotschaften zu berücksichtigen gilt.

Masterman und Wood nennen in ihrem Verlaufsschema nach der Werbezielfestlegung die Werbestrategie als folgenden Punkt. Zur Strategie zählen sie Festlegung von Richtung und Tiefe der Strategie, die Identifikation von Zielgruppen, die Festlegung der Werbebotschaft, die Auswahl von Werbemitteln und Werbeträgern, die Entwicklung eines Mediaplans und die Festlegung des Budgets. Budgetierung, Mediaplanung und Maßnahmenplanung sind bei Bruhn, anders als bei Masterman und Wood, nicht Teil der Strategie, sondern eigene Punkte im Planungsprozess der Mediawerbung. Bruhn definiert Werbestrategien als „bedingte, mehrere Planungsperioden umfassende, verbindliche Verhaltenspläne von Unternehmen für ausgewählte Planungsobjekte (zum Beispiel Marken, Unternehmen). Sie beinhalten Schwerpunkte bei den Entscheidungen über zentrale Entscheidungstatbestände der Mediawerbung zur Erreichung der strategischen Werbeziele:

- Objekt,
- Zielgruppen,
- Botschaft,
- Mediamix,
- Timing,
- Areal" (Bruhn 2014, S. 342).

Aus dem Mix dieser Faktoren entstehen unterschiedliche strategische Ansätze, die verfolgt werden können. Üblicherweise wird zwischen Strategien zur Bekanntmachung, Information, Imageprofilierung, Konkurrenzabgrenzung, Zielgruppenerschließung und Kontaktanbahnung unterschieden (Bruhn 2014, S. 347). Für die Festlegung der Strategie ist also konkret festzulegen, ob etwa Produkt oder Unternehmen im Fokus stehen sollen, welche Zielgruppe mit welcher Botschaft in welchem Mix zu welcher Zeit in welchem Ausmaß angesprochen werden soll. Der Eindruck, ein kreativer Prozess würde über die Maßen formalisiert und eher verwaltet als gestaltet, trügt. Es bleibt die Erkenntnis, dass – gerade angesichts der wachsenden Vielfalt an Möglichkeiten – die genaue Planung der werblichen Aktivitäten große Vorteile bringt, weil sie einen Fokus schaffen und so letztlich auch Gewähr dafür bieten kann, dass Ressourcen effizient genutzt werden.

Bisweilen suggeriert die Menge an Werbemedien und Werbemitteln, die im Folgenden ausgewählt dargestellt werden, man könne zu jeder Zeit aus dem Vollen schöpfen und der Erfolg stelle sich zwangsläufig ein – etwa durch Schaltung von Anzeigen in auflagenstarken Printmedien oder die Realisierung von Werbeaktivitäten in aktuell gerade besonders populären und viel zitierten Onlinemedien. Werbliche Aktivitäten brauchen allerdings die genaue Situationsanalyse ebenso wie die vollständige und präzise Formulierung von Zielen, ehe über Strategien und ihre Umsetzung, die schließlich auch einen Mix an Aktivitäten einschließt, nachgedacht werden kann. Gerade die schnelle Entwicklung der Medienangebote, ebenso wie die sich rasch wandelnden Nutzungspräferenzen von immer kleiner werdenden, fragmentierten Zielgruppen, offenbaren ein Maß an Unsicherheit, das nur durch aktuelle und der Aufgabenstellung angemessene Analysen reduziert werden kann. Erst so wird die Basis für eine punktgenaue Zielformulierung und die Entwicklung passender Strategien liefert. Die Ergebnisse werden in einer „Copy-Strategie" zusammengefasst. Sie fixiert schriftlich die wichtigen Vorgaben für kreative Lösungsansätze im Rahmen der festgelegten Werbestrategie (Bruhn 2014, S. 356), indem sie die anzusprechende Zielgruppe beschreibt, den speziellen Nutzen des beworbenen Produkts für den Konsumenten („Unique Selling Proposition") hervorhebt, das Nutzenversprechen glaubwürdig begründet („Reason Why"), den Gestaltungsstil der Werbebotschaft festlegt und „Key Visuals" definiert – grafische Elemente, die durchgehend in allen Teilen der Kampagne eingesetzt werden.

Orientiert an den Zielen der werbepolitischen Aktivitäten erfolgt die Budgetierung der Werbekampagne und damit die Antwort auf die schwierige Frage: „Wie viel Geld will ich einsetzen, um das definierte Ziel in der entwickelten Strategie zu erreichen?" Dabei dominieren in der Praxis die heuristischen Ansätze: Diese „beruhen meist sehr subjektiv auf den Erfahrungen und dem Gespür der Werbetreibenden" und führen, wie Bruhn kritisch anmerkt, zu „suboptimale[n] Lösungen, weil sie funktionale Zusammenhänge vernachlässigen" (Bruhn 2014, S. 365). Schweiger und Schrattenecker zeigen, dass Mediaplanung und Budgetierung in einer naturgemäß engen Wechselbeziehung mit Zielen und Strategie stehen. In welcher Phase des Lebenszyklus befindet sich das zu bewerbende Produkt? Welche Zielgruppe soll wie erreicht werden? Welche Werbemittel benötige ich dafür? Und wie viele Werbeträger muss ich in welcher Frequenz einbeziehen? Pragmatisch erkennen sie außerdem, dass die finanzielle Situation des Unternehmens natürlich ebenso einzubeziehen ist wie die Maßnahmen der Mitbewerber (Schweiger und Schrattenecker 2013, S. 217 f.). Bezüglich der Ausgestaltung der Werbeplanung fragen sie, ob es beispielsweise um „Klotzen" (intensive Werbeanstrengungen in kurzer Zeit) oder „Kleckern" (kontinuierliche Verteilung über lange Planperiode) gehen soll (Schweiger und Schrattenecker 2013, S. 224). Zwar weist Bruhn (2014, S. 365) darauf hin, dass im Grunde funktionale Zusammenhänge zu berücksichtigen seien. Es treffe aber auch zu, dass diese oft schwer zu bestimmen sind, weil

- die Wirkung von Werbung nicht nur von den Werbeausgaben, sondern auch vom Einsatz der übrigen Marketing- und Kommunikationsinstrumente abhängig ist,
- Werbewirkungen oft mit Verzögerung eintreten (Timelag) und meist langfristig wirken, insbesondere, wenn sie auf den Imageaufbau abzielen, und,
- wie Schweiger und Schrattenecker ergänzen (2013, S. 218), die Wirkung von Werbung nicht nur vom Geldmitteleinsatz abhängig ist, sondern auch davon, wie kreativ eine Kampagne gestaltet wird oder wie gut ein viral geplantes Konzept funktioniert und in der Praxis aufgeht.

Tatsächlich werden deshalb oft die folgenden drei Methoden der Budgetierung angewandt, die leicht auszuführen sind und die finanzielle Situation des Unternehmens berücksichtigen. Allerdings wird mit diesen Methoden die eigentlich der Werbung zugrunde liegende Wirkungsvermutung, nach der ein hoher Werbeeinsatz zu einem größeren Umsatz und Gewinn führt, umgedreht. So wird die Höhe des Werbebudgets bei der Umsatz- beziehungsweise Gewinnanteilmethode als Prozentsatz vom vergangenen oder erwarteten Umsatz beziehungsweise Gewinn geplant. Bei der Methode der Werbekosten je Verkaufseinheit wird jeder Produkteinheit ein bestimmter Betrag für Werbezwecke zugewiesen. Und bei der Methode der finanziellen Tragbarkeit wird der Werbeetat anhand der vorhandenen finanziellen Mittel festgelegt (Schweiger und Schrattenecker 2013, S. 218). Bruhn (2014, S. 371 ff.) beschreibt ausführlich stärker theoriegeleitete Verfahren, die als analytische Ansätze der Werbebudgetierung bezeichnet werden.

Abhängig von Stellenwert und Bedeutung der Budgetierung, erfolgen die Mediaplanung und die Auswahl von Werbeträgern und Werbemitteln vor oder nach dieser Phase. Masterman und Wood (2011) sehen Mediaplanung und die Auswahl von Werbeträgern und Werbemitteln vor der Budgetierung, Bruhn (2014) ebenso wie Schweiger und Schrattenecker (2013) danach. Konkret geht es damit um eine nur leicht veränderte Fragestellung. Einerseits wird gefragt, welches Budget Aufgaben und Zielen angemessen ist (was müssen wir uns leisten?), andererseits wird gefragt, welches Budget unabhängig von der Notwendigkeit einer konkreten Ausgestaltung zur Verfügung steht (was können wir uns leisten?). Auch hier wird in der Praxis jenseits solcher theoretischen Vorgaben eine Mischform zu wählen sein, die Ziele und Strategien berücksichtigt, also adäquate Zuordnungen von Etats trifft, am Ende aber natürlich die wirtschaftliche Leistungsfähigkeit des Unternehmens als Richtschnur wählt.

Nach Bruhn (2014, S. 393) umfasst die Mediaplanung „eine zielgruppengerechte und planungsperiodenbezogene Aufteilung des Werbebudgets auf einzelne Werbeträger beziehungsweise Mediagattungen, um vorgegebene Werbeziele bestmöglich zu erreichen." Angesprochen sind damit Verteilungsfragen (Allokationsprobleme). Wie werden Budgets sachlich und zeitlich verteilt? Welche Medien sind innerhalb der Intermediaselektion auszuwählen (etwa TV versus Hörfunk), auf welche Einzelmedien soll im Wege der Intramediaselektion (WDR2, radio RST, radio NRW) gesetzt werden? Antworten brauchen Informationen zu den räumlichen Abdeckungen einzelner Medien, ihrer zeitlichen Verfügbarkeit, der globalen und zielgruppenspezifischen Reichweite, Kontakthäufigkeit, Kontaktverteilung und ihrem Nutzungspreis (Bruhn 2014, S. 396). Die getroffenen Entscheidungen werden in einem Mediaplan zusammengefasst, der auf einer detaillierten Zeitleiste auflistet, welche Werbeträger mit welchen Werbemitteln zu welcher Zeit in welchem Ausmaß gebucht wurden und damit eine wichtige Voraussetzung dafür liefert, dass zeitlich integriert kommuniziert werden kann. Beispiele für Werbeträger und Werbemittel werden im nächsten Kapitel gesondert vorgestellt und analysiert.

Masterman und Wood integrieren bei ihrem Phasenmodell der Werbeplanung (Abb. 2) eine Schleife, die insbesondere vor dem Hintergrund schneller Änderungen im Mediennutzungsverhalten und raschen Verschiebungen und Veränderungen der Medienangebote als sehr lohnend betrachtet wird. In einer gesonderten, „Prüfung der Machbarkeit" genannten Phase fordern sie zum Vergleich der gewählten Werbelösungen mit anderen kommunikationspolitischen Instrumenten auf, um die Frage zu beantworten, ob die gewählte Werbeform gleichermaßen effektiv und effizient ist und die gewählte Werbeform erfolgreich in die Gesamtkommunikation integriert werden kann. Nur wenn beide Fragen bejaht werden, soll die Planung auch implementiert werden. Wenn einmal „Nein" als Antwort gegeben wird, soll auf die Integration von Werbung in den Kommunikationsmix verzichtet werden. Dies unterstreicht geradezu radikal die Notwendigkeit, Prozess und Ergebnis unter wirtschaftlichen Gesichtspunkten zu bewerten und dabei gleichzeitig dem Leitbild einer integrierten Kommunikation zu entsprechen, die formal, inhaltlich und zeitlich aufeinander abgestimmt ihre Botschaften anbietet. Bruhn (2014, S. 457 ff.) unterstreicht, dass eine Abstimmung in jeder einzelnen Phase des Planungsprozesses für werbepolitische Aktivitäten mit Blick auf die Integration in den Kommunikationsmix erfolgen muss.

Wie zahlreiche andere Phasenmodelle im Marketing enden auch die Werbephasenmodelle mit einer Erfolgskontrolle. Masterman und Wood (2011, S. 139) bezeichnen sie als „Evaluation und Feedback", die endkontrollierend an den Zielen ausgerichtet ist und Feedback für künftige Planungsprozesse liefert. Bruhn (2014, S. 271) zeigt die doppelte Funktion der Erfolgskontrolle in seinem Phasenmodell durch die Rückkopplung ihrer Ergebnisse in jede Phase der Werbeplanung: Sie richtet sich als operatives Controlling nicht nur auf die Bewertung der taktisch getroffenen Maßnahmen, sondern bezieht sich als strategisches Controlling auch auf Analyse, Zielentwicklung, Zielgruppenplanung und Strategiefestlegung. Als Methoden stehen der Erfolgskontrolle zahlreiche Formen und Variationen von Beobachtung und Befragung zur Verfügung, die auch schon im Rahmen von Werbemitteltests eingesetzt werden können. Bruhn (2014, S. 478 ff.) nennt zahlreiche spezifische Messmethoden, die in der Praxis der Veranstaltungswirtschaft eher selten zum Einsatz kommen werden. Zu warnen ist allerdings vor schnellen Übertragungen, die den Erfolg einer Kampagne ausschließlich an der Steigerungsrate verkaufter Tickets festmachen wollen. Wer differenzierte Ziele setzt und klare Strategien entwickelt, wird sich mit der Erfolgskontrolle weniger schwertun, weil die Messgrößen schon klar sind, ehe die Kampagne implementiert wird. Hier liefert die Onlinekommunikation sehr viel bessere Voraussetzungen als Mediawerbung und Direktwerbung, weil sie durch ihre stärkere Adressierbarkeit auch genauere Auswertungsmöglichkeiten liefert, die etwa in Form von Besucherstatistiken bei Websites, den Klickraten bei Newslettern oder den Konversionsraten bei Banner- oder Anzeigenschaltungen – um nur einige zu nennen – aussagekräftig zusammengefasst werden können. Eine kompakte Übersicht liefern Schweiger und Schrattenecker (2013, S. 331 f.).

Was hier am Beispiel der Mediawerbung als Prozess dargestellt wurde, verläuft vergleichbar als Managementphasen bei allen Werbeformen. Auch der Planungsprozess für das Direktmarketing oder die Social-Media-Kommunikation wird in den Phasen „Situationsanalyse", „Festlegung der Ziele", „Zielgruppenplanung", „Strategiefindung", „Budgetierung", „Maßnahmenplanung" und „Erfolgskontrolle" beschrieben (Bruhn 2014, S. 617, 1067), soll hier aber nicht gesondert dargestellt werden.

3 Ausgewählte Werbemittel und Werbeträger für klassische Werbung (Mediawerbung), Direktwerbung und Onlinekommunikation

Klassische Werbung impliziert in erster Linie die Schaltung von Anzeigen in Zeitungen und Zeitschriften, die Ausstrahlung von Hörfunk- und Fernsehwerbespots sowie den Einsatz von Plakaten und Handzetteln. Zu den weiteren Werbemitteln zählen Kataloge, Warenpräsentation zum Beispiel auf Messen und Ausstellungen, Kinowerbung, Telefon- und Adressbuchwerbung und Werbebriefe. Werbeträger sind neben den zuvor genannten auch Plakatwände, öffentliche Verkehrsmittel, Schaufenster, Messestände, Verpackungen und Adress- und Telefonbücher. Zunehmend werden auch Gegenstände in der Alltagswelt der Verbraucher wie etwa private Fahrzeuge, Fußgängerüberwege, die Brötchentüte beim Bäcker, Eingangsbereiche von Kinos und Restaurants oder Zapfpistolen an Tankstätten und öffentliche Toiletten zu Werbeträgern. Sie werden als Ambient-Medien (engl.: „ambient" = „umgebend") bezeichnet (Meffert et al. 2015, S. 617) und sollen insbesondere helfen, Reaktanzen zu vermeiden. Direktwerbung und Onlinewerbung haben ebenfalls spezielle Werbeträger und Werbemittel, die allerdings wiederum nicht exklusiv der Werbung zuzurechnen sind. An Kreutzer (2013, S. 333) ist die Übersicht in Abb. 5 orientiert:

In Radio und Fernsehen gewinnen die Direct-Response-Spots (DR) gegenüber den klassischen Spots an Bedeutung. Sie bieten die direkte Reaktionsmöglichkeit auf den Spot – meist durch den Hinweis auf die Website oder das Angebot einer Telefonnummer. Analog dazu steht die Dialog-Anzeige in den Printmedien. Das klassische „Das Wetter wird Ihnen präsentiert von …" hat als Presenting in Radio und Fernsehen seinen Stellenwert behalten. Mit „Infomercials" sind all jene Sendungen gemeint, in denen Werbung redaktionell aufbereitet präsentiert wird und die als Dauerwerbesendungen gelten.

Werbeträger	Werbemittel				
TV	Klassischer TV-Spot	DR-TV-Spot	Presenting	Infomercial	Tandemspot
Radio	Klassischer Radio-Spot	DR-Radio-Spot	Presenting	Infomercial	Gewinnspiel
Zeitung/ Zeitschrift	Monolog-Anzeige	Dialog-Anzeige	Anzeige mit Produktprobe	Werbebeilage	Kundenzeitschrift
Internet	Werbebanner	Pop-up	Sponsoren-Link	E-Mail-Kampagne	E-Newsletter
Kino	Werbefilm	Display	Produkt-verkostung	Produkt-präsentation	...
Außenwerbung/ Out-of-Home-Medien	Großflächen-plakat	Litfaßsäule	Leucht-werbung	Verkehrs-mittelwerbung	Blow-up
Werbung per Post	Katalog	Prospekt	Mailing	Geschenk-Mailing	Unadressierte Werbesendung
Verzeichnis-medien	Monolog-Anzeige	Dialog-Anzeige	...	...	...

Abb. 5 Ausgewählte Werbeträger und ihre Werbemittel. (Quelle: eigene Darstellung nach Kreutzer 2013, S. 333; Schweiger und Schrattenecker 2013, S. 323 f.; Meffert et al. 2015, S. 597 ff.)

Für die Entscheidung, welche Werbemittel und Werbeträger bei werbepolitischen Aktivitäten mit Blick auf Ziele und Strategie am meisten Erfolg versprechen, sind Daten zur Mediennutzung und Medienbewertung von grundlegender Bedeutung. Dabei gilt es zu berücksichtigen, dass sich Mediennutzungszahlen immer stärker entlang von Altersgruppen differenzieren. So hält etwa das Fernsehen nach wie vor die Spitzenstellung beim Medienkonsum, wenn auf die Bevölkerung ab 14 Jahren insgesamt abgestellt wird. Schaut man dagegen auf die 14- bis 29-Jährigen hat das Internet die erste Position beim Medienkonsum inne. Allerdings muss bei der Bewertung dieser Nutzungszahlen auch in Betracht gezogen werden, dass Internetnutzung inzwischen auch die Rezeption traditioneller Medien ermöglicht und inkludiert. Fast ein Viertel der mit Internet beschriebenen Nutzungszeit entfallen auf Fernsehen, anderes Bewegtbild, Radio, andere Audiodateien und Nachrichten außer Tageszeitung (Breunig und van Eimeren 2015). Dieses Beispiel zeigt, wie genau Daten zur Mediennutzung interpretiert und bewertet werden müssen, um erfolgreich werbepolitische Aktivitäten entfalten zu können. Diese Sorgfalt ist nicht nur beim intermediären Vergleich angebracht. Die weit auseinanderliegenden Nutzungszahlen zunächst gleichermaßen etabliert erscheinender Onlineangebote wie Süddeutsche.de, Spiegel.de, Bild.de oder T-Online.de zeigen das. So verzeichnet T-Online.de im November 2015 fast achtmal so viele Visits wie Süddeutsche.de. Ob die Nutzer allerdings die Seite der Inhalte wegen aufsuchen oder, weil die Website als Startseite eingestellt ist, muss zunächst offenbleiben. Insofern bedürfen auch detaillierte Nutzungsdaten beim intramedialen Vergleich einer Interpretation und Einordnung.

Neben der Mediennutzung ist auch die Bewertung der Medien von herausgehobener Bedeutung. Welches Medium transportiert also jenseits der intendierten codierten Werbebotschaft welches Image? In der Gesamtbevölkerung gilt das Fernsehen beispielsweise vor allem als unterhaltsam. Dies trifft auch in der Gruppe der 14- bis 29-Jährigen zu – allerdings mit stark abnehmender Tendenz. Das Internet gilt hier inzwischen als fast genauso unterhaltsam, vor allem aber als modern und vielseitig. Die größte Kompetenz schreibt diese Gruppe der Tageszeitung zu. Diese Einschätzung gilt nicht für die Gesamtbevölkerung. Hier teilen sich Tageszeitung und Fernsehen den Spitzenplatz bei der Zuschreibung von Kompetenz (Breunig und van Eimeren 2015, S. 523). Solche Befunde sind in Veränderung begriffen. Sie müssen immer wieder neu analysiert und bewertet werden, um für erfolgreiche Werbeentscheidungen eine gute Grundlage zu legen. Kreutzer (2013, S. 335 f.) nennt weitere Kriterien, die für die Bewertung der Auswahl von Werbeträger und Werbemittel maßgeblich sein können: Wie ist die Nutzungssituation des Mediums? Wird parallel zu anderen Medien genutzt? Welche primäre Funktion erfüllt die Nutzung? Wie häufig wird die Nutzung aktualisiert?

Mit Blick darauf, dass Werbung häufig dann als störend wahrgenommen wird, wenn sie den Mediengebrauch unterbricht, sind die Medien der Außenwerbung, die sogenannten Out-of-Home-Medien, besonders in den Blickpunkt gerückt. Sie sollen hier deshalb etwas ausführlicher betrachtet und beispielhaft auf ihr Potenzial für die Veranstaltungswirtschaft hin überprüft werden. Die gewachsene Mobilität der Gesamtbevölkerung trägt zum Bedeutungsgewinn dieser Werbeform bei. Mit der Digitalisierung haben sich zusätzliche Möglichkeiten entwickelt, jenseits vom klassischen Plakat werbepolitischen Aktivitäten zu entfalten. Neben der Plakatwerbung werden Hinweismedien, Transportmedien, Digital-out-of-Home- und Ambient-Medien unterschieden. So zeigt die Allensbacher Markt- und Werbeträgeranalyse (AWA) 2015, dass fast 29 Mio. Menschen Anschlagsäulen oder Plakatanschläge täglich oder fast täglich wahrnehmen. Mehrmals wöchentlich sind es 2015 noch einmal fast 20 Mio., die dies von sich sagen. Dabei reicht das Angebot von den noch immer angebotenen Litfaßsäulen über City-Lights bis zu Mega Lights und Blow-ups (Meffert et al. 2015, S. 598 ff.). City-Lights funktionieren als Poster in einer hinterleuchteten Vitrine. Sie sind häufig mit einem Wechselmechanismus der Poster ausgestattet, damit in Rotation mehrere Plakatmotive geschaltet werden können. Ihre Anzahl nimmt stark zu (Meffert et al. 2015, S. 597).

Mega Lights wie in Abb. 6 gehören zu den beliebtesten Plakatwerbeformen. In Deutschland stehen rund 18.000 Werbemöglichkeiten dieser Art zur Verfügung.

Abb. 6 Mega Light in U-Bahn-Station. (Quelle: http://www.stroeer.com/presse/mediathek.html)

Sie ermöglichen – wie auch alle anderen Plakatwerbeformen – einen sehr gezielten regionalen und lokalen Einsatz und eignen sich deshalb auch für die Belange der Veranstaltungswirtschaft sehr gut. 2012 lagen die Kosten bei knapp 50 EUR für eine Belegung pro Tag (Meffert et al. 2015, S. 600).

Die als Allgemeinstellen bezeichneten Litfaßsäulen (Abb. 7) haben in Deutschland mit über 36.000 Stück immer noch eine hohe Verbreitung. Ein Plakat pro Tag kann für weniger als einem Euro geklebt werden. Dass die Werbeindustrie selbst auf den besonderen Nutzen der Werbeträger im Out-of-Home-Bereich aufmerksam macht, ist angesichts der zuvor geschilderten Entwicklung der Nutzungssituation und der Verbreitung nicht verwunderlich. Abb. 8 zeigt die Werbung für Plakatwerbung auf einer Großfläche, die direkt am Rand einer Bundesstraße positioniert wurde und auf lokal Werbende ebenso zielt wie auf regional Werbende, die sich den starken Berufspendlerverkehr der Strecke zunutze machen können. Natürlich kann ein Plakat an dieser Stelle auch in nationale Kampagnen eingebunden werden. Diese flexible Verfügbarkeit, die genau auf Ziele,

Abb. 7 Litfaßsäulen mit Werbung für unterschiedliche Kulturveranstaltungen. (Quelle: https://www.stroeer.de/nc/werbemedien/kategorie/kulturmedien/produkt/allgemeinstelle-litfasssaeule.html)

Abb. 8 Werbung für Plakatwerbung auf einer Großfläche. (Quelle: eigenes Foto des Autors)

Zielgruppen, Strategie und Budget angepasst werden kann, macht die Großfläche zum am weitesten verbreiteten Werbeträger der Out-of-Home-Medien (Meffert et al. 2015, S. 602) und zu einem nützlichen Instrument für die Bewerbung von Veranstaltungen. Insgesamt stehen in Deutschland 152.000 dieser Plakatwände zur Verfügung. Meffert, Burmann und Kirchgeorg weisen darauf hin, dass die „Buchung auch nach Branchen und umliegenden Geschäften und Dienstleistungsbetrieben, nach Lage und Position im Straßenverkehr, nach der Nähe zu öffentlichen Einrichtungen oder Haltestellen des Personennahverkehrs" (Meffert et al. 2015, S. 602) erfolgen kann.

Obgleich Plakatwerbung (Abb. 8 und 9) aufwendig zu aktualisieren ist und bei den Adressaten häufig nur einen oberflächlichen Eindruck hinterlässt, gehören Plakate, oft auch einzeln für die jeweilige Veranstaltung gehängt, immer noch zu den sehr beliebten Werbeformen der Veranstaltungswirtschaft. Abb. 9 zeigt ein Beispiel für typische Plakatwerbung für Veranstaltungen – mit allen Nachteilen, die etwa Witterungseinflüsse bei ungeschützten Plakaten verursachen können.

Abb. 9 Klassische Plakatwerbung für Veranstaltungen. (Quelle: eigenes Foto des Autors)

Längst etabliert haben sich Transportmedien oder Verkehrsmedien (Abb. 10), die Werbung in und auf Bussen, Bahnen, Fernzügen, Lkw oder Taxen ermöglichen. Meffert, Burmann und Kirchgeorg (2015, S. 610) verweisen auf die lange Geschichte dieser Werbeform bei Pferdedroschken und Eisenbahnwagen und sehen die Vorteile vor allem bei der hohen Reichweite in mobilen Zielgruppen, die sich auf dem Weg zum Einkauf, zur Arbeit oder zu Freizeitaktivitäten befinden. Danach werden etwa in Hamburg in einem Monat 31,8 % der 14- bis 69-Jährigen mit einer Standardbelegung von einem Bus, der mit Ganzgestaltung versehen ist, erreicht. Ein Mix verschiedener Fahrzeuge erzielt sogar Reichweiten von bis zu 70 % (Meffert et al. 2015, S. 611). Verkehrsmedienwerbung ist mittlerweile stadtbildprägend und macht sich auf besondere Weise die Nachteile etablierter Werbenutzungssituationen zunutze, indem es Werbebotschaften in Zeiten aussendet, die traditionell keine Werberezeptionszeiten sind, sondern die Menschen in Alltagssituationen anspricht. Es wird zu beobachten sein, wie sich der eigene mobile Medienkonsum, der sich längst auch auf die in Verkehrsmitteln verbrachte Zeit ausgedehnt hat, auf die Wirksamkeit dieser Werbeform auswirkt. Für die Veranstaltungswirtschaft scheint diese Werbeform kurz- wie langfristig derzeit aber gut geeignet. Es können einzelne Veranstaltungen ebenso beworben werden wie Spielstätten oder Veranstaltungszentren.

Auf die Spitze getrieben wird das Prinzip, Werbung in eigentlich werbefreie Zonen zu verlagern, bei den sogenannten „Ambient-Medien", wie auf Abb. 11. Während Verkehrsmittelwerbung eine lange Tradition hat, ist das Aufdrucken von Werbebotschaften auf Werbeträger, die nicht also solche gedacht sind, relativ neu. Der Fachverband Ambient Media (FAM) wurde 2001 gegründet. Ambient-Medien begegnen Menschen in Situationen, wo ansonsten keine werbliche Ansprache zu erwarten ist. Damit fügen sie sich besonders gut in alltägliche Mediennutzungs-, Konsum- und Freizeitgewohnheiten ein, die von klassischen Werbeformen eher unterbrochen werden. Gängige Formen

Abb. 10 Verkehrsmittelwerbung in Köln. (Quelle: http://www.stroeer.com/fileadmin/com/Presse/Fotos_Werbetraeger/Stroeer_Mediathek_Verkehrsmittelwerbun_Koeln.jpg)

Abb. 11 Beispiele für Ambient-Media-Installation am Gepäckband eines Flughafens zum 3-D-Kinofilm „Pixels". (Quelle: http://www.stroeer.de/wissen-inspiration/marktnachrichten/news-artikel//ueberdimensionaler-pac-man-am-flughafen-muenchen.html?city=10&cHash=9d547f8979 0a4d104d447967e85b43c8)

sind Gratispostkarten in der Szenegastronomie, Werbung auf Zapfsäulen, Produktproben, Werbung auf Bäckereitüten oder auf öffentlichen Toiletten. Guerillamedien wie selbstklebende Folien oder Sticker fallen ebenfalls unter den Begriff „Ambient-Medien". Während Guerillaaktionen aber niemals angemeldet sind und jederzeit von der Polizei unterbrochen werden können, Bußgelder inklusive, sind Ambient-Media-Kampagnen immer genehmigt, wiederholbar und folgen einem festen Plan (Wadhawan 2014, S. 43).

Die Potenziale, die damit verbunden sind, scheinen auch für die Veranstaltungswirtschaft von besonderem Interesse. Neben den unter den Ambient-Medien inzwischen etablierten Werbeträgern wie Zapfpistolen an Tankstellen oder Plakate und Bildschirme in Toiletten, können die noch weniger bekannten Formate wie Bodengrafiken, Spiegelwerbung oder Diaprojektionen an Hauswänden jene Überraschung und Aufmerksamkeit erzeugen, die klassischen Formen der Werbung mehr und mehr verloren zu gehen scheint.

4 Werbung auf dem Prüfstand

Unter dem Druck der Zunahme von Werbebotschaften und beworbenen Produkten sowie der ständigen Erweiterung der verfügbaren Werbeträger und Werbemittel bei immer straffer geplanten Budgets kommt der Werbesituationsanalyse, der Festlegung von Zielen und Zielgruppen, der Entwicklung einer Werbestrategie und der sorgfältigen Budgetierung der Vorhaben eine wachsende Bedeutung zu. Gegenüber den Entscheidungen für einen bestimmten Werbeträger und das ausgewählte Werbemittel gewinnen diese Phasen des Managementprozesses für die Werbeplanung deutlich an Bedeutung. Diese Entwicklung wird sich angesichts der weiter wachsenden Zahl von Veranstaltungen noch verstärken.

So stellt das Wachstum der Branche die Veranstaltungswirtschaft vor immer neue kommunikationspolitische und werbepolitische Herausforderungen. Gefordert ist neben sorgfältiger Analyse und Planung vor der Durchführung auch die Beantwortung der weitreichenden Frage, ob alternative kommunikationspolitische Maßnahmen erfolgreicher sein können als die jeweils ausgewählte Werbeform. Bei der Entscheidung für bestimmte Werbeträger und Werbemittel braucht es ebenfalls eine genaue Analyse beispielsweise von Wirksamkeit, Image, Verbreitung und Nutzungssituation, um Werbung erfolgreich zu gestalten. Aus der Vielfalt der Angebote wurden die Out-of-Home-Medien ausgewählt, genauer betrachtet und eine hohe Passgenauigkeit für die Belange der Veranstaltungswirtschaft festgestellt. Mit dem Bereich Ambient-Media verfügen die Out-of-Home-Medien außerdem über das Potenzial, den zuvor geschilderten Druck aufzunehmen, um innovative und aufmerksamkeitsstarke Werbeformen zu realisieren.

Literatur

Breunig C, Eimeren B van (2015) 50 Jahre „Massenkommunikation": Trends in der Nutzung und Bewertung der Medien. Ergebnisse der ARD/ZDF-Langzeitstudie 1964–2015. Media Perspekt 2015(11):505–525

Bruhn M (2014) Unternehmens- und Marketingkommunikation. Handbuch für ein integriertes Kommunikationsmanagement, 3. Aufl. Vahlen, München

Bruhn M (2015) Kommunikationspolitik. Systematischer Einsatz der Kommunikation für Unternehmen, 8. Aufl. Vahlen, München

Kreutzer R (2013) Praxisorientiertes Marketing. Grundlagen, Instrumente, Fallbeispiele, 4. Aufl. Springer, Wiesbaden

Masterman G, Wood EH (2011) Innovative marketing communications. Strategies for the event industry. Routledge, New York

Meeting- & EventBarometer (2015) Pressemappe. http://www.evvc.org/de/engagement/Meeting-und-event-barometer/. Zugegriffen: 12. Apr. 2016

Meffert H, Burmann C, Kirchgeorg M (2015) Marketing. Grundlagen marktorientierter Unternehmensführung. Konzepte – Instrumente – Praxisbeispiele, 12. Aufl. Gabler, Wiesbaden

Scharf A, Schubert B, Hehn P (2015) Marketing. Einführung in Theorie und Praxis, 6. Aufl. Schäffer-Peoschel, Stuttgart

Schweiger G, Schrattenecker G (2013) Werbung. Eine Einführung, 8. Aufl. UVK, Konstanz

Van Eimeren B, Ridder C-M (2011) Trends in der Nutzung und Bewertung der Medien 1970 bis 2010. Ergebnisse der ARD/ZDF-Langzeitstudie Massenkommunikation. Media Perspekt 2011(1):2–15

Wadhawan J (2014) Kundenansprache mit dem Aha-Effekt. absatzwirtschaft 2014(9):42–44

Weihrich H (1982) The TOWS matrix – a tool for situational analysis. Long Range Plan 15(2):54–66

Weiterführende Literatur

IVW (2015) Gemessene Nutzungsdaten. 11/2015. http://ausweisung.ivw-online.de/index.php?i=10. Zugegriffen: 17. Dez. 2015

Schulz J (o. J.) Stichwort: Werbung. In: Springer Gabler Verlag (Hrsg) Gabler Wirtschaftslexikon. http://wirtschaftslexikon.gabler.de/Archiv/54932/werbung-v10.html. Zugegriffen: 30. Nov. 2015

Über den Autor

Prof. Dr. Gernot Gehrke ist seit dem 1. März 2014 Professor für Management und Marketing in der Veranstaltungswirtschaft an der Hochschule Hannover und lehrt dort in den Bachelorstudiengängen „Integrated Media Communication" und „Veranstaltungsmanagement" sowie im Masterstudiengang „Kommunikationsmanagement". Nach Studium und Promotion in Münster in Publizistik- und Kommunikationswissenschaft, Anglistik und Politikwissenschaften an der Westfälischen Wilhelms-Universität und freiberuflicher journalistischer Tätigkeit für Zeitung, Hörfunk und Fernsehen folgten 15 Jahre Geschäftsführung in kleinen, medienpolitischen Beratungsunternehmen – zuletzt mit den Schwerpunkten „Kongress-" und „Festivalmanagement". Neben seiner Hochschultätigkeit arbeitet Gernot Gehrke als Systemischer Business-Coach und als Berater zu den Themen „Veranstaltungsmanagement" und „Organisationsentwicklung".

Öffentlichkeitsarbeit

Imagegewinn durch zielorientierte Kommunikationsarbeit

Antje Münsterberg

Zusammenfassung

Eine mediale Präsenz und eine sachgerechte Informationsarbeit sind im Beziehungs-
geflecht mit Journalisten und Multiplikatoren entscheidend, um das Image eines
Unternehmens aufzubauen und zu pflegen, aber auch, um Besucher für Veranstal-
tungen zu gewinnen. Neben den unterschiedlichen Medientypen für verschiedene
Zielgruppen werden die wichtigsten PR-Instrumente wie Pressemeldung, Interview,
Pressekonferenz und Presseverteiler beleuchtet und mit Tipps aus der Praxis ange-
reichert. Abschließend erfolgt die Betrachtung zum einen von PR für Locations und
Destinationen, zum anderen von PR für Veranstalter.

Vorbemerkung der Autorin
Zwei Jahrzehnte Öffentlichkeitsarbeit, zunächst für das Congress Centrum Mainz
(jetzt mainzplus CITYMARKETING), dann zusätzlich für den Europäischen Verband der Veranstaltungs-Centren e. V. (EVVC) haben positive Spuren hinterlassen:
einerseits langjährige und vertrauensvolle Kontakte zu Medien und Wettbewerbern
und ein klares Bild der Kongressbranche in den Augen der Fachkreise und der
Öffentlichkeit. Andererseits die Erkenntnis, dass sich die Welt kontinuierlich neu
erfindet und neue Kommunikationswege entwickelt. Sowohl alte Pfade nicht zu
verlassen, als auch neue Wege zu beschreiten, ist dabei wohl die Kunst wirkungs-
voller PR.

A. Münsterberg (✉)
Mainz, Deutschland
E-Mail: A.Muensterberg@mainzplus.com

© Springer Fachmedien Wiesbaden GmbH 2017   417
C. Bühnert und S. Luppold (Hrsg.), *Praxishandbuch Kongress-, Tagungs- und
Konferenzmanagement,* DOI 10.1007/978-3-658-08309-0_27

1   Das kleine 1 × 1 der PR

1.1   Beziehungsmanagement

Unter „Public Relations" (PR) oder „Öffentlichkeitsarbeit" versteht man Kommunikationsarbeit mit dem Ziel zu informieren, zu überzeugen sowie langfristig ein Image aufzubauen und zu pflegen. Insbesondere der englische Begriff impliziert bereits das Wort „Beziehungsmanagement". PR zielt darauf ab, eine Beziehung zwischen dem eigenen Unternehmen oder der Institution auf der einen Seite und verschiedenen Interessengruppen auf der anderen Seite aufzubauen. Im Veranstaltungsgeschäft sind mögliche Interessengruppen für die externe PR zum Beispiel Kunden, Besucher, Bürger und Politiker.

Im Gegensatz zur externen PR richtet sich die interne PR an die eigenen Mitarbeiter im Unternehmen und zielt auf den Aufbau einer Corporate Culture und eines Corporate Image (Springer Gabler (o. J.), Gabler Wirtschaftslexikon, Stichwort: Public Relations).

Die klassische Pressearbeit stellt einen wesentlichen Bestandteil der PR dar. Durch die gezielte Verbreitung von Meldungen für unterschiedliche Zielgruppen sowie den (durchaus langfristigen) Aufbau von Beziehungen zu Journalisten und Multiplikatoren der unterschiedlichen Medientypen können die Reputation und das Image eines Unternehmens nachhaltig beeinflusst werden.

1.2   Medientypen

Unterschiedliche Menschen bedienen sich unterschiedlicher Medien, um sich zu informieren. Abhängig vom Kommunikationsziel und der damit verbundenen Zielgruppe ist es sinnvoll, verschiedene Medien in der Kommunikationsarbeit zu betrachten:

Tagespresse/Radio/Fernsehen
Diese Medien werden von nahezu allen Menschen konsumiert und haben somit eine hohe Relevanz – zum Beispiel für öffentliche Veranstaltungen wie Konzerte, Sportveranstaltungen und Publikumsmessen. Aber auch für kommunale Veranstaltungshäuser und Destinationen ist die örtliche Tagespresse von hoher Bedeutung zur politischen Meinungsbildung und zur Selbstvermarktung im städtischen Umfeld.

Fachpresse
Fachmedien gibt es für alle Branchen und die mit ihnen verbundenen Berufsgruppen. So werden Fachmedien der Veranstaltungswirtschaft in erster Linie von Betreibern und Besitzern von Locations, Veranstaltungsagenturen und Zulieferbetrieben der Branche gelesen. Fachmedien gibt es aber natürlich auch unter anderem für den Konzert- und Sportmarkt, für Verbände im Allgemeinen und für jede andere Berufsgruppe. Viele Fachmedien finanzieren sich überwiegend über Anzeigenverkäufe.

Social Media

Auch Social-Media-Kanäle wie Facebook, Xing etc. sowie diverse Blogs tragen ihren Teil zur PR bei. Image aufbauen und pflegen, aber auch über Produkte und Dienstleistungen informieren – dies alles kann auch über diese Kanäle erfolgen.

Newsletter

Ein Newsletter ist ein probates Mittel für Firmen, Dienstleister und Verbände, um regelmäßig Kunden und andere Interessenten über Wissenswertes und Neuigkeiten zu informieren. Durch den unkomplizierten Versand eines Newsletters über E-Mail und die dadurch entstandene E-Mail-Flut, ist es jedoch umso wichtiger, dass der Newsletter für die Zielgruppe wichtige und relevante Informationen mit Mehrwert enthält. Eine reine Bewerbung des eigenen Produkts reicht hier meistens nicht aus. Herausgeber von Newslettern sind auch Branchenverbände und/oder Institutionen. Sofern ein enger Bezug dorthin besteht, zum Beispiel durch eine Mitgliedschaft, können oft auch hier Meldungen veröffentlicht und ein Hineinwirken in weitere Netzwerke und somit noch größere Reichweite bewirkt werden.

Wählt man den Weg eines E-Mail-Newsletters, sind auch Aspekte der Rechtssicherheit zu beachten. Vor dem ersten Versand des Newsletters muss dem Empfänger eine personalisierte E-Mail zur Bestätigung des Empfangen-Wollens (Bestätigungsanfrage) des Newsletters gesendet werden, die er als Bestätigungsmail zurücksendet (Double-Opt-in-Verfahren) und damit seine Einwilligung für den Erhalt des Newsletters dokumentiert. Diese Bestätigungs-E-Mail darf weder Content noch Werbung beinhalten und keine personenbezogenen Daten Dritter (zum Beispiel in Form einer Empfängerliste mit weiteren E-Mail-Adressen anderer Newsletter-Empfänger) aufweisen. Darüber hinaus muss bei jedem Newsletter-Versand die Möglichkeit bestehen, das Abonnement zu widerrufen (Newsletter-Abmeldung = unsubscribe; Risch-Kerst 2016).

1.3   PR-Instrumente

1.3.1 Pressemeldung

Die Pressemeldung ist das Herzstück der PR, mit der die relevanten Inhalte an die jeweiligen Multiplikatoren gesendet werden. Zunächst gilt es, die Aufmerksamkeit der Journalisten oder anderer Empfänger zu gewinnen, die täglich viele Hundert Meldungen erhalten. Innerhalb weniger Sekunden wird hier entschieden, ob eine Meldung für die zu bedienende Zielgruppe wichtig und interessant ist. Daher kommt es beim Formulieren der Pressemeldung darauf an, dass deren Inhalt sofort erfasst werden kann. Die folgenden Merkmale gilt es beim Verfassen einer Pressemeldung zu berücksichtigen:

- Headline/Überschrift, die Interesse zum Weiterlesen weckt und den Inhalt der Meldung wiedergibt
- Subtitle (zweite Überschrift), gegebenenfalls mit kurzen weiteren Informationen

- Einleitungstext, der kurz das Wichtigste beschreibt
- Haupttext mit folgenden Merkmalen:
  - sachliche Sprache ohne Wertungen, Meinungen und Eigenlob
  - Beschreibung des Sachverhalts mit Beantwortung der sechs wichtigen W-Fragen: was, wer, wann, wie, wo, warum?
  - Meinungen in Form von Zitaten/„O-Tönen" (direkte Sprache)
  - Zwischenüberschriften bei längeren Texten
  - klare und einfache Formulierungen, keine langen Sätze, keine Redundanzen
  - Fachsprache/Fachbegriffe entsprechend Medium und Zielgruppe (der Leser muss sich angesprochen fühlen, was beim Textverständnis beginnt!)
- Abspann mit Hintergrundinformationen über den Absender
- Ansprechpartner mit Telefon und Mailadresse für Rückfragen
- Versanddatum
- Formatierung mit breiterem Rand auf der rechten Seite, Zeilenabstand 1,5-fach

Eine Garantie, dass eine Meldung ganz, teilweise oder abgeändert publiziert wird, gibt es nie. Die Pressemeldung dient den Journalisten als Informationsgrundlage, die sprachlich verändert werden kann. Lediglich direkte Zitate müssen wortwörtlich übernommen werden, wenn Journalisten sie verwenden möchten.

Damit eine Pressemeldung die Chance hat, aufgegriffen zu werden, muss sich der Verfasser selbstkritisch hinterfragen:

- Ist die Pressemeldung wirklich eine Meldung wert?
- Kann die Pressemeldung Interesse wecken? Gibt es einen anderen Titel, der noch eher neugierig macht und auf das Thema hinweist?
- Entspricht mein Presseverteiler der Zielgruppe, die das Thema interessiert?
- Besteht die Möglichkeit, Ansprechpartner bei den Medien nach Verbreitung der Pressemeldung telefonisch zu kontaktieren (Follow-up)?

1.3.2 Story und Interview

Während die Pressemeldung in der Regel an einen breiten Verteiler gesendet wird, erarbeitet man die Story oder ein Interview gemeinsam mit einem einzelnen Medium. Die Veröffentlichung ist somit vereinbart und setzt eine gewisse Beziehungsebene zwischen dem Medium und dem Unternehmen voraus.

Insbesondere Hintergründe können in einer Story gut verarbeitet werden.Indem man zum Beispiel Journalisten ermöglicht, hinter die Kulissen einer besonderen Veranstaltung zu blicken und hier die Vorbereitung und die Durchführung zu begleiten, erhalten diese exklusive Informationen und durchaus auch ein Stimmungsbild. Angereichert mit O-Tönen kann daraus eine „Geschichte" – eine Story – entstehen.

Eine Story in Form eines Interviews zu veröffentlichen, hat auch für das Medium einen besonderen Vorteil: Exklusivität. Denn dabei können Inhalte vermittelt werden, die gegebenenfalls anderen Medien nicht vorliegen und die in einem regulären Artikel keinen

Platz oder keine Relevanz finden würden. Immer die Zielgruppe im Blick, können hier die relevanten und interessanten Fragen gestellt werden.

Ein Unternehmen profitiert von einer Story oder einem Interview, weil diesen Formaten meist sehr viel mehr Platz in den Medien zukommen als einer Meldung und dadurch mehr Aufmerksamkeit erzielt werden kann. Darüber hinaus bietet insbesondere das Interview den richtigen Rahmen, eine Stellungnahme zu bestimmten Themen abzugeben und auf Hintergründe tiefer und erklärender einzugehen, als es in regulären Meldungen der Fall ist.

1.3.3 Pressekonferenz

Zur Vermittlung komplexer Inhalte und wenn mehrere Personen als Gesprächspartner dienen, empfiehlt sich die Einladung zu einer Pressekonferenz oder einem Pressegespräch. Solche Veranstaltungen folgen – auf beiden Seiten gewohnten – Ritualen, was ein nahezu manifestes Schema für Vorbereitung und Durchführung mit sich bringt.

Die Einladung
- erfolgt schriftlich an die relevanten Pressekontakte und/oder Redaktionen
- beschreibt die Inhalte der Pressekonferenz
- weckt Interesse
- listet den oder die Gesprächspartner auf mit Namen, Titel und Funktion
- enthält Ort und Zeit, gegebenenfalls Hinweise zur Anfahrt
- ist vom PR-Verantwortlichen unterschrieben und enthält dessen Kontaktdaten
- enthält die Bitte an Journalisten, sich anzumelden (Anm.: Kurz vor der Pressekonferenz sollte man wichtige Medienvertreter, die sich noch nicht zurückgemeldet haben, anrufen und zur Teilnahme zu bewegen versuchen.)

Ort und Zeit
- an einem Ort, der dem Thema entspricht (zum Beispiel ein Konferenzraum, Open-Air auf dem Rasen im Stadion oder in einem Zelt auf einem Festivalgelände)
- formales oder formloses Set-up (je nach Thema mit Konferenztisch und Stuhlreihen oder aber als lockeres Pressegespräch an Stehtischen)
- am späten Vormittag oder am frühen Nachmittag (ca. 11.00 Uhr beziehungsweise ca. 14.00 Uhr, da sich diese Zeiten am besten in den Alltag eines Journalisten einbinden lassen. Vor 11.00 Uhr und nach 16.00 Uhr finden oft Redaktionskonferenzen statt.)

Bewirtung
Kaffee und Kaltgetränke sollten auf alle Fälle bereitstehen und auch belegte Brötchen oder Snacks sind – je nach Tageszeit – angebracht. Nach dem offiziellen Teil der Pressekonferenz ist der gemeinsame Imbiss eine gute Gelegenheit, mit den Medienvertretern noch weiter ins Gespräch zu kommen und Kontakte zu knüpfen beziehungsweise zu vertiefen.

Unterlagen

Auch wenn die klassische Pressemappe in Papierform schon lange ausgedient hat, ist es unerlässlich, die für Medien relevanten Informationen passgenau zusammenzustellen.

Eine Pressemeldung im Printformat kann verteilt werden, doch diese und alle weiteren Informationen sollten in digitaler Form (zum Beispiel auf einem USB-Stick) ausgegeben werden, um den Medienvertretern eine einfache Weiterbearbeitung zu ermöglichen. Weitere relevante Unterlagen – neben der aktuellen Pressemeldung – sind zum Beispiel Hintergrundinformationen über den Veranstalter der Pressekonferenz, Rückblicke oder Historien, um zum Beispiel die Entwicklung eines Projekts zu beleuchten, Grafiken und Schaubilder sowie aussagekräftiges Fotomaterial in großer Auflösung (300 dpi).

Eine Alternative zur Ausgabe eines USB-Sticks ist der Versand einer E-Mail nach der Pressekonferenz mit allen relevanten Informationen und/oder einem Link zur eigenen Homepage, wo im Newsroom oder Pressebereich alle Unterlagen zum Download bereitstehen (siehe auch Abschn. 1.3.5 Newsroom). Auch Drucksachen, die für das auf der Pressekonferenz präsentierte Thema relevant sind, wie Broschüren, Flyer, Tagungsprogramme etc., gehören zu den Presseunterlagen.

Darüber hinaus ist es sinnvoll, sich bereits im Vorfeld Gedanken für ein mögliches Fotomotiv zu machen, das die Gesprächspartner optimal in Szene setzt. Dies kann ein sinnbildliches Umfeld sein, eine Geste oder etwas, was die Personen gemeinsam präsentieren. Hat man die Möglichkeit, unterschiedlichen Medien verschiedene Fotomotive anzubieten, erhöht sich die Exklusivität für das Medium und somit die Wahrscheinlichkeit der Veröffentlichung.

Auch bilaterale Interviewtermine in einem separaten Raum sind nach der Pressekonferenz eine gute Möglichkeit, das Thema nochmals zu vertiefen und auf spezielle Fragen gezielt einzugehen.

Nicht vergessen sollte man, die Kontaktdaten der anwesenden Journalisten zu erfragen (Namen, Telefonnummern und E-Mail-Adresse registrieren und/oder Visitenkarte). Auf diese Weise lässt sich die Adressdatenbank erweitern und aktualisieren, wenn beispielsweise Redaktionen Journalisten entsenden, zu denen bisher noch kein Kontakt bestand.

1.3.4 Presseeinladung

Insbesondere Veranstaltungen eignen sich hervorragend für Presseeinladungen, um nach dem Event eine Nachberichterstattung zu erzielen. Die Pressevertreter erleben die Veranstaltung aus Sicht der Besucher und können bei dieser Gelegenheit auch die Protagonisten der Veranstaltung interviewen, sei es der Kongresspräsident, ein Wissenschaftler, der eine bahnbrechende Entdeckung beim Kongress vorstellt, der Konzertstar oder der Fußballprofi.

Zur Vorstellung neuer Locations erfolgen oftmals Presseeinladungen verbunden mit einer Site-Inspection, das heißt einer ausführlichen Hausführung mit erläuternden Hintergrundinformationen.

1.3.5 Newsroom

Ganz unabhängig davon, welches Werkzeug für die Kommunikation mit der Presse gewählt wird, sollten alle relevanten Informationen auf der Homepage in einem Newsroom oder Pressebereich zusammengestellt sein. Hier finden Medienvertreter jederzeit Unternehmensdaten, gegebenenfalls auch die Unternehmensgeschichte, Bildmaterial von relevanten Personen, Produkten, Gebäuden und/oder Gegenständen sowie frühere Pressemeldungen im Pressearchiv.

Manche Unternehmen setzen für die Nutzung des Pressearchivs eine Registrierung mit Benutzername und Passwort voraus, um nachvollziehen zu können, wer sich der Unterlagen bedient.

1.4   Presseverteiler

„Beziehungen schaden nur dem, der keine hat" (Klages 2003) und so ist der richtige und aktuelle Presseverteiler mit den für das Unternehmen relevanten Kontakten unerlässlich für erfolgreiche PR.

Um einen neuen Presseverteiler aufzubauen, kann man sich externer Dienstleister bedienen und entsprechende Kontakte zielgruppenspezifisch käuflich erwerben. Wichtig ist jedoch, dass der Presseverteiler regelmäßig aktualisiert wird, zum Beispiel durch Recherche gültiger E-Mail-Adressen bei Fehlermeldungen nach dem E-Mail-Versand. Auch der Bitte, E-Mail-Adressen aus dem Mailverteiler zu nehmen, sollte und muss man unbedingt nachgehen.

Je nachdem, welches Thema zu kommunizieren ist, bedient man durchaus unterschiedliche Kontakte. Ein Veranstaltungshaus zum Beispiel wird für die Bewerbung eines Konzerts als Eigenveranstaltung die örtliche Tagespresse mit deren Ressort „Feuilleton", das Radio sowie gegebenenfalls musikspezifische Medien wählen, zur Vorstellung einer baulichen Veränderung am Gebäude aber auch die Fachpresse miteinbeziehen. Wichtig ist in der Tat, zielgerichtet zu kommunizieren. Jeder Journalist erhält täglich Hunderte E-Mails mit Informationen, von denen jeder Absender überzeugt ist, es sei eine wichtige Meldung. Entscheidend jedoch ist, inwieweit der Journalist das Thema als wichtig und relevant für seine Arbeit einschätzt und überzeugt davon ist, dass seine Leser (oder Hörer) darüber informiert werden möchten.

Der englische Begriff „Public Relations" impliziert das Wort „Beziehung". Je vertrauensvoller die Beziehung zu einem Medienvertreter ist, desto mehr profitieren in der Regel beide Seiten. Es lohnt also durchaus, in die Beziehungspflege zu wichtigen Kontakten Zeit zu investieren. Eine Möglichkeit hierzu ist das Follow-up nach der Aussendung von Pressemeldungen – ein Telefonat mit der Nachfrage, ob der Journalist die Meldung erhalten hat, ob noch Fragen offen sind oder ob Interesse an einem persönlichen Gesprächstermin besteht.

1.5 Evaluierung

Insbesondere, um sich ein Bild zu machen, welche Themen wie von den Medien aufgenommen werden (und welche nicht), ist eine Evaluierung der PR unerlässlich. Hierfür bedienen sich viele Unternehmen einer professionellen Medienbeobachtung, die je nach Wunsch täglich, wöchentlich oder monatlich Presseausschnitte zu vorher definierten Schlagworten entweder digital oder in Papierform liefert. Beobachtet werden können sowohl Printmedien als auch Radio- und Fernsehbeiträge sowie Social Media und Internet. Darüber hinaus gibt es die Möglichkeit, durch einen solchen „Clippingdienst" genaue Analysen der Medienverbreitung und der Leserschaft eines Unternehmens in Auftrag zu geben, um weitere Rückschlüsse auf die Zielgruppe schließen zu können. Vor allem für bundesweit oder international tätige Unternehmen ist dies von Bedeutung.

Arbeitet man eher mit Fokus auf die lokalen und eigenen Fachmedien (zu deren Leserkreis man selbst gehört), erfolgen die Dokumentation und das Archivieren zumeist im eigenen Haus. Interessante Hintergrunddaten, die jeweils einmal erfasst werden, sind zum Beispiel Reichweite und verbreitete Auflage sowie die Erscheinungsweise der einzelnen Medien.

Um die Onlinepräsenz zu erfassen, kann man sich zum Beispiel Google Alerts bedienen und wird hier auch über Veröffentlichungen im Internet nach entsprechenden Stichworten informiert.

1.6 Die Veranstaltungsbranche in der Tagespresse

Noch vor wenigen Jahren war in der Tagespresse kaum etwas über die Veranstaltungswirtschaft zu lesen, weil sie in der Öffentlichkeit nicht als Branche wahrgenommen wurde. Messen, Kongresse, Konzerte, Sportveranstaltungen, Events – alles zusammen ergibt ein sehr heterogenes Bild, das in den Medien nicht nur einem, sondern oft mehreren Ressorts zugeordnet werden kann und schon in der Telefonzentrale der Redaktionen zu Fragen über die Zuständigkeit führt.

Erst seitdem sich der Europäische Verband der Veranstaltungs-Centren e. V. (EVVC) und das GCB German Convention Bureau gemeinsam auf den Weg begeben haben, um mit dem Meeting- & EventBarometer jährlich relevante Branchenzahlen zu erheben, die wichtige Grundlage für Lobbyarbeit sind, erhöht sich langsam die Wahrnehmung. Hinzu kommt die Stellungnahme der Verbände zu allgemeingültigen Themen, die auch für Leser interessant sind, die sich nicht der Veranstaltungsbranche bewegen: Zukunftsfähigkeit, Ausbildung, Sicherheit, Störerhaftung bei der Bereitstellung von WLAN sind Stichworte, die alle angehen.

2 PR für Locations und Destinationen

2.1 Gute Gründe für öffentliches Interesse

Veranstaltungslocations und Destinationen stehen im Fokus der Öffentlichkeit. Fast alle Stadthallen und Kongresszentren sind kommunal betrieben und erhalten Zuschüsse der öffentlichen Hand. Auf der anderen Seite sind sie jedoch für Städte und Gemeinden ökonomisch wertvoll, weil Hotels, Restaurants, Einzelhandel und Zulieferbetriebe von den Veranstaltungen profitieren und die Kommunen durch Gewerbesteuereinnahmen auf dem Weg der Umwegrentabilität erhebliche Einnahmen erzielen.

Kein Wunder also, dass gerade die örtliche Politik ein großes Interesse an gut gebuchten Veranstaltungshäusern hat und diesbezügliche Geschehnisse auch in der Tagespresse entsprechend verfolgt.

Aber auch für die Bevölkerung sind die örtlichen Locations von großer Bedeutung: Hier trifft man sich beim Abiturball, bei Parteiveranstaltungen, in manchen Gegenden bei der Fastnacht oder bei anderen Events. Veranstaltungshäuser sind Teil des öffentlichen Lebens einer Stadt und von dort nicht wegzudenken – auch in Zeiten von 2.0 und 4.0.

2.2 Richtige Themen für die richtige Zielgruppe

Eine Veranstaltungslocation oder eine Destination ist für ganz unterschiedliche Zielgruppen interessant – jeweils aus einer anderen Perspektive. Dies muss in der PR entsprechend berücksichtigt werden.

- **Baumaßnahmen und Investitionen**
  Wirtschaftliche Themen interessieren in der Regel die Kongressmedien genauso wie die Tagespresse. Insbesondere große Investitionen und Baumaßnahmen werden von beiden Seiten aufgegriffen. Beide sollte man zu Baustellenführungen und Site-Inspections einladen, um sie vom Fortgang entsprechend zu informieren.
- **Besucherzahlen und Umwegrentabilität**
  Die jährlichen Betriebsergebnisse und wirtschaftlichen Effekte einer Location oder Destination sind gerade für die örtliche Tagespresse von Interesse. Neben der Entwicklung der Besucher- und Veranstaltungszahlen ist es hilfreich, wenn auch Aussagen über die Umwegrentabilität und Wirtschaftskraft getroffen und relevante Studien einbezogen werden können. Wichtig ist hier eine klare und einfache Formulierung. Nicht jeder Leser kennt die Begriffe „regionalökonomische Effekte" oder „Umwegrentabilität".

  Aber auch der Kongresspresse lässt man eine solche Meldung zukommen. Auch wenn diese nicht als Artikel dort erscheinen wird, bewahren viele Journalisten relevante Informationen zu bestimmten Themen auf, um sie dann später in einem größeren Gesamtkontext verwenden zu können.

- **Nachhaltigkeit und Technologie**

  Besondere Anstrengungen zur Nachhaltigkeit und Technologie sind sowohl für Fachmedien als auch für die Tagesmedien von Interesse. Beide Themenfelder machen deutlich, wie die Location oder die Destination aufgestellt ist.

- **Ausbildung und soziale Aspekte**

  Beide Themen haben es mitunter schwer, von den Medien aufgegriffen zu werden. Eine Meldung zum Beispiel, dass Azubis die Abschlussprüfung geschafft haben oder dass ein Verein wohltätig unterstützt wurde, reicht nicht aus. Verständlicherweise – weil die Location oder Destination hier nicht der einzige Absender solcher Nachrichten ist. Nur wirklich bedeutende Initiativen und große Projekte, die den Charakter des Besonderen haben, bekommen eine Chance auf Veröffentlichung.

- **Vermarktung und Marketingstrategien**

  Die Tatsache an sich, dass sich ein Unternehmen zum Beispiel auf einer Messe präsentiert, ist zumeist kaum eine Meldung wert. Wenn im Zuge dessen jedoch neue Produkte oder Dienstleistungen vorgestellt werden, ist dies durchaus auch für die heimische Tagespresse von Interesse. Auch die Präsentation neuer Vermarktungsstrategien oder die Bearbeitung neuer Zielmärkte wird oft von den lokalen Medien aufgegriffen.

  Für die Kongresspresse sind hier eher neue und ungewöhnliche Strategien von Bedeutung sowie zum Beispiel Kooperationsmodelle mit Universitäten, lokalen Partnern oder anderen Locations und Destinationen.

- **Eigenveranstaltungen**

  Führt eine Location oder eine Destination selbst Veranstaltungen durch, sind diese natürlich ein Pflichtfeld für die PR! Hier geht es in erster Linie darum, Besucher zu gewinnen, aber auch Imagepflege zu betreiben.

2.3   Politik und Partner

Zur Unterstreichung der Bedeutung der Nachricht und nicht zuletzt aus Gründen des Eigenmarketings werden oftmals in Meldungen von Locations und Destinationen prominente Lokalpolitiker, zum Beispiel Bürgermeister, Wirtschaftsdezernenten oder Aufsichtsratsvorsitzende zum Thema zitiert. Dass der Wortlaut zuvor mit den jeweiligen Personen abgestimmt wird, versteht sich von selbst.

Aber auch ein Blick über den eigenen Tellerrand und die Kooperation mit anderen Partnern lohnt sich durchaus. So ergibt es durchaus Sinn, das Gespräch mit Veranstaltern oder auch Fachverbänden zu suchen, um diese in die eigene PR miteinzubeziehen. Ein Statement eines Verbandspräsidenten zur Bedeutung des Ausbaus einer Location oder zur Vermarktungsstrategie kann einer Meldung durchaus noch mehr Gewicht und Glaubwürdigkeit verleihen und wird gerne gesehen.

2.4 Bezahlte PR – Advertorial

In Fachmagazinen, die sich mehr über Anzeigeneinnahmen als über bezahlte Abonnements finanzieren, gibt es auch die Möglichkeit der bezahlten PR. Anstelle einer Anzeige kann eine entsprechende Seitenzahl gebucht werden, die dann nach eigenen Vorstellungen mit Text und Bildmaterial im Layout des Magazins gestaltet wird. Im Gegensatz zur Anzeige wird hier wesentlich mehr Content vermittelt und es wirkt glaubwürdiger, weil sich die Inhalte im journalistischen Kontext befinden.

Eine Alternative zur PR mit unternehmenseigenen Inhalten ist Content-Marketing. Hier bleibt das Unternehmen bewusst im Hintergrund zugunsten der Darstellung von zum Beispiel Wissensbeiträgen und Studien.

3 PR für Kongressveranstalter

Kongresse und Tagungen richten sich – ähnlich wie Fachmessen – an ein Fachpublikum und müssen gerade vor der Veranstaltung in den einschlägigen Fachmedien intensiv beworben werden. Überregionale Tageszeitungen können bei der Erreichung der Zielgruppe trotz der einsetzenden Streuverluste eine flankierende Wirkung erzielen, während die lokale Tagespresse die Ankündigung eines Fachkongresses dann aufgreifen wird, wenn lokale Bezüge hergestellt werden (zum Beispiel wissenschaftlich relevante Institutionen am Standort, Infrastrukturthemen, lokaler Kongresspräsident etc.).

Anders als bei öffentlichen Events im Sport oder in der Kultur stehen bei der PR für Kongresse der Inhalt und der Nutzen, den der Teilnehmer aus der Veranstaltung ziehen kann, im Vordergrund. Hier gilt es, Experteninterviews zu platzieren sowie ausgewählte Inhalte zur Orientierung (und Vorbereitung) zu bieten.

Bei der Nachberichterstattung über eine Fachveranstaltung ist auch die örtliche Tagespresse zu bedenken. Insbesondere wenn in einer Meldung oder bei einer Pressekonferenz die fachspezifischen Ergebnisse eines Kongresses oder einer Tagung allgemein verständlich formuliert werden, können sie Beachtung finden.

4 Stellenwert der PR für die Kongressbranche

Für fachspezifische Veranstaltungen hat die PR eine große Bedeutung innerhalb des Marketingmix. Das Fachpublikum wird über Fachmedien gezielt angesprochen, wodurch die anderen Werbe- und PR-Maßnahmen verstärkend flankiert werden.

Veranstalter sprechen mit PR ihre potenziellen Teilnehmer an, Veranstaltungsstätten und Dienstleister wiederum die Veranstalter als potenzielle Mieter und Auftraggeber – und zwar jeweils über die relevanten Fachmedien. Die breite Öffentlichkeit dagegen erhält über die Tagespresse Einblick in Fachwelten und bekommt Kenntnis, welche Fachthemen am jeweiligen Standort im Rahmen von Kongressen und Tagungen behandelt werden. Dies ist insofern wichtig, weil eine öffentliche Infrastruktur dazu erforderlich ist, die ihrerseits eine öffentliche Finanzierung (aus Steuergeldern) erfordert. Angesichts einer zu beobachtenden grundsätzlichen Skepsis gegenüber großen Investitionen der öffentlichen Hand ist dies letztlich auch richtungsweisend.

Literatur

Dr. Risch-Kerst, EVENTLawyers (2016) Vortrag zum Thema „Datenschutz und IT-Compliance im Eventbereich". MEXCON, Berlin

Klages K (2003) In: Lauer K, Silie P, Hi H (Hrsg) Das Schlimmste für den Humor ist der Ernstfall. Sprüche und Aphorismen; nebst einer Auswahl von Kuno Klaboschkes Eckwegkarten zur Rettung der Umwelt/Klaus Klages gezügelte und Kuno Klaboschkes ungezügelte Worte. Klages Kalender, Weyarn

Springer Gabler (Hrsg) (o. J.) Gabler Wirtschaftslexikon, Stichwort: Public Relations. http://wirtschaftslexikon.gabler.de/Definition/public-relations-pr.html

Über die Autorin

Antje Münsterberg ist seit fast 20 Jahren mit Öffentlichkeitsarbeit in der Veranstaltungsbranche betraut, zunächst von 1997 bis 2005 im Bereich „Marketing und Verkauf" des Congress Centrums Mainz (jetzt mainzplus CITYMARKETING). Seit 2006 ist sie nebenberuflich Pressesprecherin des Europäischen Verbandes der Veranstaltungs-Centren e. V. (EVVC) und verantwortet hier die Kommunikation nach innen und nach außen.

Content-Marketing

Eine innovative Maßnahme im Kongressmanagement

Claudia Hilker

Zusammenfassung

Content-Marketing ist ein wirksames Instrument im Kongressmanagement zur Positionierung, Kundengewinnung und -bindung. Im Vergleich zum klassischen Kongressmarketing liegt der Fokus nicht darauf, die reinen Kongressfakten zu kommunizieren. Vielmehr geht es um die markenbezogene Platzierung des eigenen Contents zum Kongress, um Kunden zu gewinnen und zu binden.

Ein zentrales Erfolgskriterium im Content-Marketing sind relevante Inhalte. Geeignet sind qualitativ hochwertige Inhalte, die für die Zielgruppe nützlich, interessant und unterhaltsam sind, zum Beispiel Lösungsansätze liefern oder Sachverhalte erklären. Der kundenzentrierte Ansatz arbeitet mit neuen Methoden wie Personas (detailliert beschriebene Charaktere, die sich der eigenen Zielgruppe zuordnen lassen) und Customer Journey (Zyklen, die ein Kunde bis zum Produktkauf durchläuft), um die Anliegen der Kunden mit Lösungen von Unternehmen zu verbinden. Dabei werden bedarfsgerechte Angebote mit Werkzeugen zur Marketing-Automatisierung mit SEO-Wirkungsmechanismen erstellt.

Grundsätzlich gibt es beim Content-Marketing eine Vielzahl an Überschneidungen zu anderen Marketingansätzen, zum Beispiel mit PR, Corporate Publishing und Social-Media-Marketing. Die Integration von Content-Marketing in das strategische Marketingmanagement verstärkt dabei die Effizienz. Im Rahmen des Kongressmanagements lässt sich Content-Marketing in drei Kommunikationsphasen einteilen:

C. Hilker (✉)
Düsseldorf, Deutschland
E-Mail: info@hilker-consulting.de

© Springer Fachmedien Wiesbaden GmbH 2017

C. Bühnert und S. Luppold (Hrsg.), *Praxishandbuch Kongress-, Tagungs- und Konferenzmanagement,* DOI 10.1007/978-3-658-08309-0_28

vor, während und nach dem Kongress. In der Analyse dreier Praxisbeispiele zeigt sich, dass der Einsatz von Content-Marketing ein Instrument ist, das wirksame Erfolge zur strategischen Marketingkommunikation im Kongressmanagement erzielen kann.

Vorbemerkung der Autorin

Das Zeitalter der klassischen Werbung ist vorbei! Nicht selten blicken wir in erstaunte, fragende und ratlose Gesichter, sobald unsere Kunden feststellen, dass sich das Marketingumfeld radikal verändert hat. Dabei werden wir häufig erst dann kontaktiert, wenn der Wandel bereits negative Spuren hinterlassen hat, zum Beispiel Kundenbeschwerden online mit Kundenverlust und Umsatzrückgang. Um dem vorzubeugen, ist es auch in der Kongressbranche wichtig, sich frühzeitig auf die veränderten Anforderungen einzustellen. Man muss den Bedarf, die Wünsche und Anliegen der Zielgruppe genau kennen und das Denken und Handeln im Marketing strategisch, inhaltlich und technisch daran anpassen. Kongressanbieter müssen sich davon lösen, starr ihre Kongresse zu bewerben, denn die Bedürfnisse der Kunden sind heute die Treiber zur Nachfrage von Leistungen. Nur wenn dieses Umdenken gelingt, kann der Kampf um die Aufmerksamkeit gewonnen werden. Mit Content-Marketing können Kongressanbieter markengerecht neue Kunden strategisch gewinnen und binden. Content-Marketing ist ein wesentlicher Bestandteil in der Digitalstrategie. Damit lässt sich der digitale Wandel in der Marketingkommunikation meistern. Ergänzt wird er zumeist durch weitere Marketingansätze wie: Omni-Channel- und Kampagnenmanagement und Social-Media-Marketing.

1   Definition des Begriffs „Content-Marketing"

Was ist Content-Marketing? Content-Marketing ist ein innovatives Marketinginstrument, das im Vergleich zu klassischer Werbung den Fokus nicht auf das Produkt selbst legt. Vielmehr geht es um die markenbezogene Platzierung von eigenem Content über das Internet. Inhalte sind daher vor allem eins: relevant und nicht werblich. Relevant bedeutet in diesem Kontext, dass die Inhalte beispielsweise einen inspirierenden, informativen, anregenden, unterhaltenden, emotionalen oder teilbaren Charakter haben. Im amerikanischen Raum spricht man teilweise auch von „Brand Journalism" oder „Branded Journalism" (DVorkin 2012), da vor allem Arbeitsweisen des Journalismus zum Einsatz kommen.

▶ **Content-Marketing** is a marketing technique of creating and distributing relevant and valuable content to attract, acquire, and engage a clearly defined and understood target

Tab. 1 Unterschiede klassisches Marketing vs. Content-Marketing. (Quelle: Hilker 2017, S. 4)

	Klassisches Marketing	Content-Marketing
Ausrichtung	Push-Strategie	Pull-Strategie
Botschaften	Werbung	Bedarfsorientiert
Ziel	Direkter Verkauf	Indirekter Verkauf
Wirksamkeit	Direkter Verkaufsappell	Positionierung
Folgen	Werbemüdigkeit	Relevanz

audience – with the objective of driving profitable customer action (Content Marketing Institute 2013).

Was Content-Marketing konkret ist, wird in der Abgrenzung zum klassischen Marketing deutlich (vgl. Tab. 1). Werbeanzeigen beispielsweise folgen der sogenannten „Push-Strategie": Werbebotschaften werden über Gatekeeper[1] wie Zeitschriften gestreut, das Produkt steht im Fokus und der potenzielle Kunde soll offensichtlich zum Kauf angeregt werden. Content-Marketing verfolgt im Gegensatz dazu die sogenannte „Pull-Strategie". Dabei soll der Kunde zum Produkt kommen. Dies geschieht, indem der Kunde in den Marketingmaßnahmen einen vom Kauf unabhängigen Mehrwert erkennt. Er ist auf der Suche nach Informationen, fühlt sich gut beraten und interessiert sich in der Folge auch für die Leistungen des Anbieters.

1.1 Ziele von Content-Marketing

Viele Unternehmen haben mittlerweile erkannt, dass ein neues Zeitalter der Kommunikation eingeläutet wurde, das Content-Marketing erfordert. Trotz dieser Erkenntnis steckt die Umsetzung größtenteils noch in den Kinderschuhen und wird durch viele Hürden gebremst. Um dies voranzutreiben, ist die Frage nach den Zielen, die mithilfe von Content-Marketing erreicht werden können, von zentraler Bedeutung. Ist der Content qualitativ hochwertig aufbereitet und an die individuelle Zielgruppe angepasst, fördert dies die Neukundengewinnung und die Kundenbindung. Der direkte Dialog mit der Zielgruppe ist deshalb ein anzustrebendes Ziel. Außerdem soll eine größere mediale Aufmerksamkeit/Reichweite erreicht werden, sodass der Bekanntheitsgrad stetig steigt. Zusammenfassend soll durch hochwertigen Content ein Wettbewerbsvorteil in der Positionierung erreicht werden, der sich in einer Umsatzsteigerung ausdrückt.

---

[1]Gatekeeper (dt.: „Pförtner, Torwächter"): Personen, die aufgrund ihres Einflusses darüber entscheiden, welche Nachrichten zum Beispiel über die Medien in der Öffentlichkeit erscheinen. Der Ausdruck wird besonders im Hinblick auf Journalisten verwendet.

Content-Marketing ist jedoch nicht nur in der Marketingabteilung anzusiedeln, sondern betrifft auch die Unternehmensbereiche „PR" und „Social Media". Zudem ist die
Unterstützung der Geschäftsführung notwendig, da Content-Marketing direkte Auswirkungen auf das Markenimage und auf die Reputation des Unternehmens hat. Demzufolge sollten alle Content-Maßnahmen mit dem Branding übereinstimmen.

1.2   Hürden und Probleme in der Einführung von Content-Marketing

Content-Marketing stellt Unternehmen vor neue Herausforderungen. So mangelt es beispielsweise an Kompetenzen, Erfahrungen und Strukturen, die eine direkte Implementierung des Content-Marketings erlauben. Sowohl technisch als auch organisatorisch
muss daher zuerst einiges vorbereitet werden. Dies bedeutet finanzielle Aufwendungen für Strategie, Schulung und Technik. Zumeist sind personelle Umstrukturierungen
sowie Prozessänderungen zur Content-Produktion und deren Freigaben erforderlich.
Redaktionssysteme müssen zum Beispiel angeschafft und Mitarbeiter ausgebildet oder
eingestellt werden. Zusätzlich müssen Aufgaben, Rollen und Verantwortlichkeiten abteilungsübergreifend neu organisiert werden. Die journalistische Aufbereitung der zielgruppenspezifischen Themen hat in den meisten Unternehmen bisher noch keine Rolle
gespielt. Deshalb mangelt es an Erfahrungen. Die Einführung von Content-Marketing
bringt anfangs Unruhe in das System. Deshalb ist es wichtig, von Anfang an systematisch vorzugehen. Unüberlegter Aktionismus kann sowohl intern als auch extern Irritationen und Schaden anrichten.

2   Wirkungsweisen im Content-Marketing

Der Kern von Content-Marketing ist die Verbindung einer Kommunikation, die durch ziel-
gruppenspezifische Themen bestimmt wird, ergänzt durch die direkte Interaktion in Social
Media und basierend auf den aktuellen technischen Gegebenheiten. Daraus geht eine neue,
für das Content-Marketing spezifische Wirkungsweise hervor. Der Weg, einen Kunden
von seinem Produkt oder seiner Dienstleistung zu überzeugen, führt primär über relevante
Inhalte, die dem (potenziellen) Kunden meist kostenlos zur Verfügung gestellt werden.
Der Kunde fühlt sich informiert, beraten und unterhalten. Seine Aufmerksamkeit wurde
geweckt und er beginnt eine Interaktion mit dem Unternehmen durch Liken, Folgen, Kommentare oder Teilen. Zentrales Element dieser Wirkungsweise ist infolgedessen die Relevanz der Themen. Der Erfolg kann mit dem Kennwert „Engagement" gemessen werden.

Warum sollten sich Unternehmen dem Wettbewerb um den relevantesten Content überhaupt aussetzen? Warum funktioniert klassische Werbung nicht mehr? Die Antwort auf
diese Fragen liegt im Mediennutzungsverhalten der Zielgruppe. Die Zahlen der ARD/
ZDF-Onlinestudie von 2015 belegen, dass die Mediennutzung erstens auf über neun

Stunden täglich angestiegen ist und zweitens heute wesentlich digitaler und mobiler ausfällt. Knapp 80 % der Deutschen nutzen das Internet und über 50 % davon die sozialen Medien (ARD/ZDF-Onlinestudie 2015). Charakteristisch für die heutige Zeit ist die Wandlung der Mediennutzer vom passiven Rezipienten zum aktiven Produzenten und Kommunikator. Kommuniziert wird sowohl über private Angelegenheiten als auch über Nachrichten, Politik, Marken, Dienstleistungen und Produkte. Empfehlungen, die früher Face-to-Face weitergegeben wurden, werden heute online und in aller Öffentlichkeit kommuniziert. Da die Glaubwürdigkeit klassischer Werbung gegenüber auffallend zurückgegangen ist, informieren sich Verbraucher bezüglich Produktempfehlungen und -bewertungen immer häufiger online. Laut der Studie von Dr. Steffen de Sombre, Projektleiter am Institut für Demoskopie Allensbach, (de Sombre 2015) bewertet jeder zehnte User Produkte oder Dienstleistungen online. 21 % orientieren sich ebenfalls beim Kauf neuer Produkte an Onlinebewertungen (de Sombre 2015). Aufgrund dieser neuen Mediennutzung müssen Unternehmen Inhalte crossmedial verbreiten, denn der „hybride Kunde" entscheidet selbst über seinen Lieblingskanal.

Es geht also im Content-Marketing um Vertrauen und Glaubwürdigkeit. Und nicht jeder ist überall erreichbar. Zum Beispiel kann heute jeder technikaffine Internetnutzer mithilfe von Ad-Blockern[2] klassische Werbeeinblendungen umgehen. Klassische Outbound-Marketingmaßen[3] sind daher, vor allem mit Blick auf das Preis-Leistungs-Verhältnis, nicht mehr wirksam und effizient. Insgesamt haben die Nutzer heute viel mehr Auswahl, besitzen die entsprechenden technischen Fähigkeiten und sind dadurch wesentlich anspruchsvoller, ungeduldiger und bequemer geworden. Für Unternehmen bedeutet das, dass der Kampf um die Aufmerksamkeit der potenziellen Kunden härter geworden ist. Ein Ausweg ist, dass Unternehmen das Marketing an die Entwicklung des Mediennutzungsverhaltens ihrer Zielgruppe anpassen. Ein Lösungsansatz ist das strategische Content-Marketing in Verbindung mit Omni-Channel-Management[4] und SEO-Marketing[5]. So kann der „hybride Kunde" wählen, über welchen Lieblingskanal er seine Botschaften erhalten möchte. Durch seine Google-Suchanfragen findet der Kunde relevante Inhalte im Content-Marketing von Firmen.

---

[2]Ad-Blocker sind Filterprogramme, die Werbung wie zum Beispiel Werbebanner auf Websites blockieren, sodass sie für den User nicht mehr angezeigt werden.

[3]Outbound-Marketing ist eine Marketingstrategie, welche die Aufmerksamkeit der Konsumenten direkt auf das Produkt lenkt. Diese Maßnahmen neigen dazu, sich auf das Senden von Inhalten oder Nachrichten an Interessenten durch Telemarketing, direkte Mails, E-Mail oder andere Werbekampagnen zu konzentrieren.

[4]Als Omni-Channel-Management bezeichnet man die Gestaltung von Kundenkommunikation, die mithilfe von Social-Customer-Relationship-Management-Software kanalübergreifend und in Echtzeit stattfindet.

[5]SEO-Marketing: Ziel der Suchmaschinenoptimierung ist, die eigenen Beiträge in den Suchergebnissen der Online-Suchmaschinen wie Google durch den Einsatz gezielter Keywords möglichst populär zu platzieren.

3   Methodische Ansätze

Wie bereits erläutert, ist ein Umdenken im Marketing notwendig. Content-Marketing will kundenzentrierte Themen auf dem passenden Kanal zum richtigen Zeitpunkt im geeigneten Medienformat liefern. Dabei sind im Rahmen des übergeordneten Unternehmensziels individuelle Kommunikationsziele zu erreichen, die den Anspruch der Personas erfüllen sowie der Marke dienen. Die Auswahl der Themen und deren Aufbereitung sollten dabei die Nutzerinteressen abbilden, journalistischen Kriterien entsprechen und Social-Media-affin sein. Die Anforderungen zeigen, dass Content-Marketing mehr ist als ein strategisches Vorgehen in der Marketingkommunikation. Von der Produktion über den Customer-Service, vom Vertrieb bis hin zu Marketingabteilung und Controlling müssen alle Fachbereiche in den strategischen Prozess eingebunden werden. Content-Marketing muss als ein Instrument im gesamten Marketingmanagement verstanden werden. Die strategischen Anforderungen erfordern ein abteilungsübergreifendes Handeln. Und auch bezüglich der methodischen Umsetzung wird die Interdisziplinarität des Content-Marketings deutlich. So verfolgt Content-Marketing beispielsweise klassische Ziele aus der PR, wie zum Beispiel das Untermauern der eigenen Kompetenzen statt einer direkten Kaufaufforderung. Sowohl in der klassischen PR als auch beim Content-Marketing geht es eher darum, das Unternehmensimage auszubauen, als Verkaufszahlen kurzfristig zu steigern (Wüst und Kreutzer 2013). Neben klassischen PR-Zielen will das Content-Marketing auch die Ziele des Customer-Relationship-Managements unterstützen. Beispiele dafür sind die intensive Pflege der Kundenbeziehung, die direkte Interaktion und schlussendlich das indirekte Setzen von verkaufsfördernden Impulsen.

3.1   Kampagnenmanagement im Content-Marketing

Die Auswahl der Kanäle für eine Crossmedia-Kampagne hängt von den Zielen ab. Unternehmen können dabei vier Ansätze wählen, wie Abb. 1 zeigt.

Die crossmediale Kampagnenplanung im Internet lässt sich in vier Bereichen betreiben:

1. Owned Media: Content-Veröffentlichung auf eigenen Plattformen, zum Beispiel Blog.
2. Paid Media: Content auf anderen Plattformen, wo das Unternehmen kostenpflichtige Werbung schaltet, zum Beispiel Bannerwerbung oder Google AdWords.
3. Earned Content: Kostenfreie Platzierung durch journalistische Nachrichtenwerte, zum Beispiel Medienkooperationen und Pressearbeit.
4. Social Media: Content auf sozialen Netzwerken, den die User weiterverbreiten.

Da die Reichweite auf eigenen Medien (Owned Media) allein meist zu gering ist, empfiehlt es sich, den Content für die anderen Bereiche auch zur Verfügung zu stellen, um mehr Aufmerksamkeit zu gewinnen. Die Ergänzung in den anderen Bereichen (Paid,

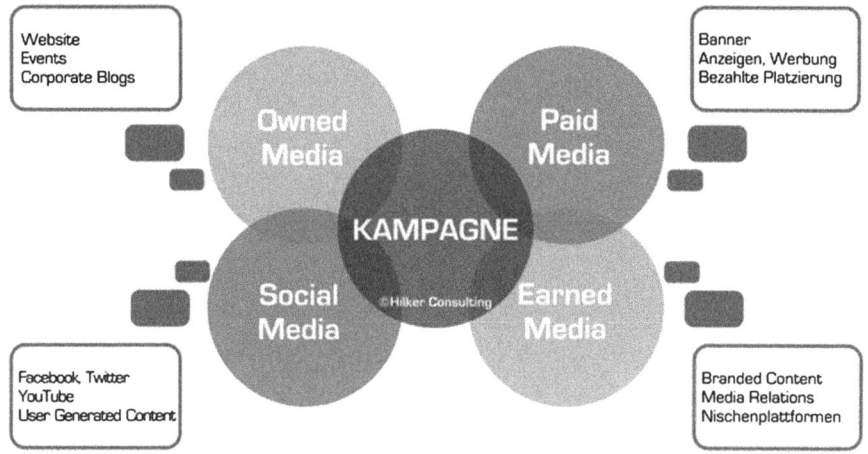

Abb. 1 Crossmediale Kampagnenplanung im Internet. (Quelle: Hilker 2012, S. 136)

Earned, Social Media) erhöht die Reichweiten der Inhalte. Dafür müssen allerdings die Inhalte weiter aufbereitet werden, zum Beispiel in Pressemitteilungen, Fachbeiträgen, Gastbeiträgen in thematisch passenden Blogs.

Content-Marketing besteht also nicht nur darin, Content selbst zu produzieren, sondern auch andere zur Content-Produktion und -Verbreitung anzuregen. Während Owned und Paid Media selbst plan- und kontrollierbar sind, genießen die eher unkontrollierbareren Arten (Earned, Social Media) eine wesentlich höhere Glaubwürdigkeit und Anerkennung bei den Usern.

3.2   Storytelling im Content-Marketing

Neben der Auswahl der Themen lebt erfolgreiches Content-Marketing primär von einer guten Aufbereitung, gemessen an der Attraktivität der Inhalte. Um dies stetig zu verbessern, setzen Unternehmen im Content-Marketing auf die narrative Erzählweise des Storytellings. Von persönlichen Geschichten eines Mitarbeiters bis zum Gastbeitrag eines Kunden, der einen Blick hinter die Kulissen werfen durfte, gibt es eine Vielzahl an Themen, die keinen großen Rechercheaufwand erfordern.

> **Tipps zum Storytelling für erfolgreiches Content-Marketing (Hilker 2015b, 2016, 2017)**
> 1. Konzentration auf das Wesentliche, denn kurze Geschichten prägen sich besser ein.
> 2. Die Erzählstruktur sollte logisch aufgebaut sein und im Zusammenhang präsentiert werden.

3. Die Hauptperson braucht markante charakteristische Merkmale, um eine Faszination auszuüben.
4. Eine einfache Erzählung wird besser von den Zuhörern aufgenommen und weitererzählt.
5. Menschen bevorzugen positive Geschichten und lieben ein Happy End.
6. Klare Botschaften mit einem roten Faden prägen sich besonders gut ein.
7. Eine gute Geschichte verfolgt immer eine Dramaturgie mit Höhen und Tiefen.
8. Metaphern, Symbole und Bilder veranschaulichen die Story und regen die Fantasie an.

3.3 Social-Media-Einsatz im Unternehmen

Der spezifische Einsatz von Social Media für ein erfolgreiches Content-Marketing wurde mehrfach benannt. Warum sich der Einsatz von Social Media für Unternehmen lohnt, blieb bisher unbeantwortet und soll nun erläutert werden.

▶ **Social Media** is a group of Internet-based applications that build on the ideological and technological foundations of Web 2.0 that allow the creation and exchange of user generated content (Kaplan und Haenlein 2010, S. 61).

Social Media wurden in den vorangegangenen Kapiteln in einem Atemzug mit klassischen Marketingkanälen genannt, da sie mittlerweile ein grundlegender Bestandteil der Unternehmenskommunikation sind. Sie verfolgen die Ziele: Steigerung der Bekanntheit, Kundenbindung, Verbesserung des Images und eine Verbesserung des Zugangs zur Zielgruppe (s. Abb. 2).

Beim Betrachten der Ziele des Einsatzes von Social Media im Unternehmen wird deutlich, dass sie relativ deckungsgleich mit den Zielen des Content-Marketings sind. Deshalb nehmen Social Media einen so hohen Stellenwert im Content-Marketing ein. Social Media sind Erfolg versprechend, wenn es darum geht, neue Kunden zu gewinnen und sie zu binden. Um dies näher zu erläutern, werden im Folgenden die Chancen und Risiken von Social Media beschrieben.

3.4 Chancen und Risiken von Social Media für Unternehmen

Die Tab. 2 macht deutlich, dass Social Media neben unzähligen Chancen auch einige Risiken bergen. Um die entsprechenden Chancen nutzen zu können und Risiken zu minimieren, lohnt es sich, eine solche Liste – angepasst für das eigene Unternehmen – zu erstellen und das strategische Vorgehen damit abzugleichen.

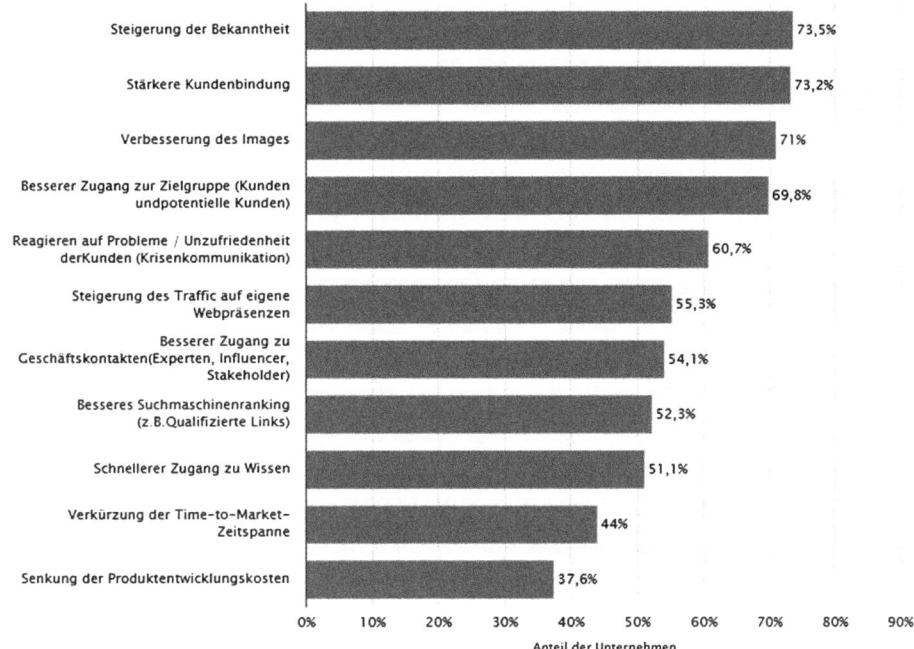

Abb. 2 Social-Media-Ziele von Unternehmen. (Quelle: Statista 2016)

Tab. 2 Chancen und Risiken von Social Media für Unternehmen. (Hilker 2010, S. 24)

Chancen	Risiken
• Zuhören: erkennen und verstehen, was Kunden wirklich wollen	• Zeitverschwendung durch Verzettelung
• Marktforschung: Überblick über Märkte, Kunden, Mitbewerber durch Web-Monitoring	• Angst, an den virtuellen Pranger gestellt zu werden
• Erhöhung des Bekanntheitsgrads durch weltweite Verbreitung, hohe Aktualität und Tempo	• „Lost in Space": Suchtpotenzial
	• Datenschutzproblematik und Kriminalität
• Branding: verstärkte Wahrnehmung von Marken, Unternehmen, Personen, Produkten	• Return of Invest: Erfolge sind schwer messbar
• Virale Marketingeffekte z. B. durch weitergeleitete Tweets oder Webvideos	• Negative Reputation: nicht wünschenswerte Informationen werden verbreitet
• Positive Reputation durch Imagearbeit	• Kontrollverlust: Unternehmen verlieren Macht über ihre Marke
• Etablierung des Expertenstatus, z. B. durch fachliche Beiträge in Blogs	• Streuung von Falschinformationen möglich, z. B. Fake-Accounts
• Kundenbeziehungsmanagement	• Unsinnige und banale Informationen wie: „Bin gerade im Bus"
• Neue Potenziale zur Gewinnung von jüngeren Zielkunden und Mitarbeitern	
• Kunden mitmachen lassen durch Aufruf zur aktiven Gestaltung von Produkten	
• Crowdsourcing: mit Ideen von Kunden Produktinnovationen entwickeln	
• Online verkaufen durch z. B. Blogs	

Eine der ersten Entscheidungen, die gefällt werden muss, wenn ein Unternehmen Social Media nutzen möchte, ist die Frage nach dem richtigen Kanal. Primär sollte die Auswahl des Kanals nach Kundenpräferenz erfolgen. Das bedeutet: Dort, wo die Zielgruppe präsent ist oder in naher Zukunft präsent sein könnte, sollte ein Unternehmen Webpräsenzen einrichten. Um einen besseren Überblick über die existierenden Kanäle bieten zu können, folgt im nächsten Abschnitt ein Überblick über die wichtigsten Social-Media-Netzwerke (Hilker 2015c).

Die wichtigsten Social-Media-Netzwerke

1. **Facebook** Verlässliche Zahlen über aktive Nutzer in Deutschland zu finden, ist schwierig. Facebook selbst meldet keine Zahlen für Deutschland. Aktuell gibt es rd. 1,5 Mrd. monatlich aktive Nutzer weltweit. Die ARD/ZDF-Onlinestudie meldet 23,5 Mio. aktive deutsche Facebook-Nutzer.
2. **Google+** hat laut ARD/ZDF-Studie ca. sechs Mio. aktive Google+-Nutzer in Deutschland. Allerdings erfasst die Datenerhebung bei der ARD/ZDF-Studie keine Nutzungszahlen, sondern befragt Menschen zu ihrem Nutzungsverhalten.
3. **Twitter** hat 320 Mio. monatlich aktive Nutzer weltweit und wächst kaum noch. Je nach Messmethode schwankt die Zahl der deutschen Nutzer. Die ARD/ZDF-Onlinestudie geht von knapp vier Mio. deutschen Twitter-Nutzern aus.
4. **XING** hat laut Quartalsbericht (Q3/2015) 9,2 Mio. Mitglieder in der DACH-Region (davon 869.000 zahlende Mitglieder). Die ARD/ZDF-Studie schätzt, dass rund die Hälfte der Mitglieder aktiv ist.
5. **LinkedIn** Ca. 7,5 Mio. deutschsprachige Nutzer hat das Portal inzwischen. Weltweit hat LinkedIn mehr als 400 Mio. Mitglieder. Nur ein Drittel der Mitglieder ist aktiv, glaubt man der ARD/ZDF-Studie. Das wären deutlich weniger als bei XING.
6. **Instagram** wächst weiter im dreistelligen Bereich pro Jahr. Über 400 Mio. Nutzer gibt es weltweit und über fünf Mio. deutsche Instagram-Nutzer (ARD/ZDF-Studie).
7. **Pinterest** hat ca. 100 Mio. aktive Nutzer weltweit. Die ARD/ZDF-Studie schätzt knapp zwei Mio. deutsche Nutzer.
8. **Snapchat** hat circa 200 Mio. aktive Nutzer. Deutschland gehört zu den zehn Ländern mit den meisten Nutzern und dem schnellsten Wachstum.
9. **Foursquare** hat durch die Aufteilung in zwei Apps (Foursquare und Swarm) zahlreiche Nutzer verloren. Foursquare meldet „mehr als 55 Mio. Menschen weltweit". Schätzungsweise 600.000 Foursquare-Nutzer gibt es in Deutschland.
10. **WhatsApp** dürfte weltweit etwa eine Mrd. Nutzer haben. Schätzungsweise gibt es etwa 35 Mio. Nutzer in Deutschland, insbesondere Jugendliche.

11. **YouTube** ist eines der größten Social-Media-Netzwerke. Obwohl bereits ein Drittel aller Internetnutzer weltweit – nämlich eine Mrd. Unique Visitors[6] – Videos auf YouTube ansehen, wächst die Plattform mit mehr als zehn Prozent pro Jahr weiter. Knapp 35 Mio. Deutsche nutzen Videoportale im Internet.

4   Fallbeispiele von Kongressen mit Content-Marketing

Im Folgenden zeigen drei Fallbeispiele aus dem Kongressmanagement, wie Content-Marketing in diesem Bereich strategisch und operativ eingesetzt werden kann.

4.1   Euroforum

Euroforum ist ein Premium-Bildungsanbieter. Er richtet Konferenzen, Kongresse, Seminare und Tagungen aus, auf denen Experten aus Wirtschaft, Wissenschaft und Politik aktuelles Wissen und Meinungen austauschen, neue Trends analysieren und richtungsweisende Ausblicke für die Zukunft geben. Euroforum ist der offizielle Partner für Veranstaltungen der WirtschaftsWoche und des Handelsblatts. In diesem Rahmen soll der Einsatz von Content-Marketing anhand zweier Beispiele aufgezeigt werden:

WirtschaftsWoche – „Business After Future"-Konferenz: Maßnahmen im Rahmen des Content-Marketings werden auf der Veranstaltungswebsite beispielsweise in Form von regelmäßigen Blogbeiträgen deutlich (Abb. 3). Die Veranstalter bieten Interessenten dadurch die Möglichkeit, sich vor der Veranstaltung bereits mit veranstaltungsnahen Themen auseinanderzusetzen. Ziel ist es einerseits, das Interesse potenzieller Besucher zu steigern und die Entscheidung für eine Anmeldung zum Kongress – durch die thematischen Einblicke – positiv zu beeinflussen. Andererseits sollen neue Kunden dazugewonnen werden, die diese Blogbeiträge mithilfe einer Suchmaschine online finden und dadurch erst auf die Veranstaltung aufmerksam werden. Am Event kann man persönlich teilnehmen. Zudem kann man sich live im Streaming online dazu schalten und danach das Video ansehen. So erhöht sich die Reichweite des Events, denn die räumlichen und zeitlichen Möglichkeiten zur Präsenzteilnahme sind begrenzt. Durch die digitalen Maßnahmen ist die Reichweite unbegrenzt skalierbar mit überschaubaren Kosten für die Produktion von Filmaufnahme, Streaming und Videoproduktion. Am Ende jedes Blogbeitrags wird der User aufgefordert, eine Antwort zu hinterlassen. Diese Aufforderung zur Interaktion hat eine intensivere Kundenbindung mit nachhaltigen Dialogen zum Ziel.

---

[6]Unique Visitors (engl. „einzelne Besucher"): Dabei handelt es sich um eine Kennzahl, welche die Zugriffshäufigkeit einer Website misst.

Aktuelle News zu Business After Future:

Wargaming: Verstehen wie der Wettbewerber tickt!

Strategic Business Wargaming hilft Unternehmen dabei, die Reaktionen von Wettbewerbern auf veränderte Marktbedingungen besser zu verstehen und in die eigene Strategieentwicklung einzubeziehen. **Professor Dr. Hagen Lindstädt**, Gründer und Leiter des **Center for Strategic Business Wargaming** der Universität Karlsruhe / KIT, erläutert warum es im unternehmerischen Wettbewerb nicht ausreicht, sich auf sein Bauchgefühl zu verlassen. (mehr ...)

Design Thinking, IdeaSpace & BizLab – so funktioniert Innovation bei Airbus

Für **Dr. Markus Durstewitz, Head of Innovation Methods and Tools: Design Thinking bei Airbus** bedeutet Innovation der Mix aus Offenheit (OPEN-UP), Geschwindigkeit (SPEED-UP) und Zusammenarbeit (TEAM-UP). Im Interview verrät Durstewitz, wie Airbus das Thema Innovation angeht. (mehr ...)

3D-Druck für den Endverbraucher. Und was ist eigentlich 4D-Druck?

Mit **All3DP** will **Mathias Plica** den 3D-Druck in die weitere Öffentlichkeit tragen. Im Interview erklärt der All3DP-Geschäftsführer, dass viele Verbraucher gar nicht wissen, was für Produkte mit 3D-Druck hergestellt werden können. Außerdem gibt er einen Einblick in den nächsten Trend: 4D-Druck. (mehr ...)

Abb. 3 Screenshot des Newsfeeds der Blogbeiträge der „Business After Future"-Konferenz. (http://wiwo.konferenz.de/businessafterfuture/)

Handelsblatt – „Auto Summit": Die Veranstaltung wirbt damit, „die hochkarätigste Automobil-Konferenz in Deutschland!" zu sein. Für die „Auto Summit" setzen die Veranstalter ebenfalls auf Content-Marketing als Marketinginstrument. Wie bei der „Business After Future" ist auch auf der Veranstaltungswebsite der „Auto Summit" ein Blog integriert. Der informierende Charakter dieses Formats soll dementsprechend auch dort genutzt werden. Um die Reichweite solcher Blogbeiträge oder anderen Ankündigungen in der Vorphase der Konferenz zu erhöhen, setzen die Veranstalter auf Social Media.

Abb. 4 Hashtag
„#autosummit". (Quelle:
Twitter)

So haben sie beispielsweise direkt auf der Startseite ihren Twitter-Hashtag „#autosummit" prominent platziert (Abb. 4). Ein Hashtag ist ein Schlüsselwort, unter dem Beiträge zusammengefasst und für andere User schnell aufgefunden werden können. Zumeist wird dabei vor den Sammelbegriff ein „#" gesetzt. Einerseits informiert die Nennung dieses Hashtags den Kunden/Interessenten darüber, wo er mehr Informationen bekommen kann, andererseits weiß der Social-Media-Nutzer dadurch auch, wie er seine Posts und Tweets platzieren muss, damit es von anderen Nutzern und den Veranstaltern gelesen wird. Dieses Hashtag schafft damit einen Raum für die direkte Interaktion. Doch wie können die Veranstalter ein solches Hashtag nutzen?

Vor dem Kongress kann das Hashtag eingesetzt werden, um auf sich aufmerksam zu machen, Informationen zu teilen und Kundenpflege via Social Media zu betreiben. Während des Kongresses ist es möglich, eine Twitter-Wall mithilfe dieses Hashtags aufzustellen oder eine Art Liveberichterstattung/Liveticker durchzuführen. Menschen, die nicht an der Veranstaltung teilnehmen können oder wollen, können auf diesem Weg ein Teil des Events werden. Eine solche Maßnahme schafft ein positives Image bei Kunden, potenziellen Kunden und Interessierten, die bei der nächsten Veranstaltung dann eventuell als zahlende Kunden mit dabei sind. Der Aufbau von Kundenbeziehungen und die Pflege der Community ist daher ein wichtiger Baustein, der mithilfe von Social Media gepflegt werden kann. Abschließend kann ein solches Hashtag natürlich auch noch in der Nachberichterstattung eingesetzt werden, um Kundenstimmen einzufangen, sich Feedback einzuholen oder weiterführende Themen, Beiträge oder Diskussionen zu platzieren. Es geht darum, möglichst auch nach dem Event präsent zu bleiben, seine inhaltliche Qualität zu unterstreichen und im Optimalfall die folgende Veranstaltung indirekt schon zu bewerben.

Neben Social Media setzen Euroforum und das Handelsblatt in der Nachberichterstattung auch auf Bewegtbild. So haben sie die „Auto Summit 2014" beispielsweise in einem kurzen Video zusammengefasst (Abb. 5), Inhalte und Speaker kurz vorgestellt und die Stimmung widergespiegelt. Am Ende wird der Zuschauer dazu aufgerufen, an der „Auto Summit" im Jahr 2015 teilzunehmen. Das Video ist auf der Website integriert und über die Videoplattform Vimeo einzusehen. Dieser Maßnahmenmix ist ein unterhaltsames und emotionales Kampagneninstrument, um Kunden von der Veranstaltung zu überzeugen.

4.2 Die re:publica

Als Vorzeigebeispiel im Kongressmanagement bezüglich Content-Marketing-Einsatz kann die „re:publica" genannt werden. Während im Rahmen der ersten beiden Fallbeispiele einzelne Maßnahmen ausgewählt und detaillierter beschrieben wurden, soll

Abb. 5 Rückblick 2014 – Video der „Auto Summit 2014". (Abrufbar unter: https://vimeo.com/111717477)

im Folgenden ein Gesamtüberblick über die Content-Marketing-Maßnahmen der „re:publica" gegeben werden.

Die „re:publica" ist eine Konferenz zu Themen rund um die digitale Gesellschaft. 2016 fand die zehnte Jubiläumsausgabe „re:publica TEN" in Berlin statt. Die Teilnehmerzahl lag 2016 bei 8000. Die Veranstalter werben mit einem Mix aus Journalisten, Wissenschaftlern, Unternehmern, Bloggern sowie Social-Media- und Marketingexperten. Zu den Erfolgsfaktoren gehört auch der Einsatz von Content-Marketing.

Das Herzstück der Kommunikation ist die Homepage der „re:publica", dort laufen alle individuellen Bausteine zusammen. Die „re:publica" setzt vor, während und nach der Veranstaltung sowohl auf schriftliche Textbeiträge (zum Beispiel Blogbeiträge) als auch auf Videomaterial (zum Beispiel Livestreams, Vlogs). Jeder dieser Beiträge ist dauerhaft im Newsroom abrufbar. Durch die Archivierung ist mittlerweile ein enorm großer Pool an informativem und unterhaltendem Material entstanden, das jedem User kostenlos zur Verfügung gestellt wird (Abb. 6). Unabhängig von der Veranstaltung ist durch diese vielen qualitativ hochwertigen und vielseitigen Beiträge eine Wissensplattform mit Alleinstellungsmerkmal entstanden – eine bessere Eigenwerbung gibt es nicht!

So facettenreich wie die thematische Aufbereitung ist auch die Nutzung der Social-Media-Kanäle. Der Social-Media-Einsatz reicht von Facebook über Twitter, YouTube, der Fotoplattformen Flickr und Instagram bis zu Google+. Alle Social-Media-Buttons und das eigene Hashtag (2016 war es „#rpTEN") sind prominent auf der Homepage platziert. Diese Vielfalt schafft eine multimediale und crossmediale Präsentation der Inhalte, die garantiert, dass User mit den unterschiedlichsten Mediennutzungsverhalten angesprochen werden. So entsteht ein Netzwerk aus Inhalten und Usern, das sich positiv auf

Abb. 6 Archiv der Speaker auf der Website der „re:publica". (https://re-publica.de/archive)

die generelle Reichweite, das Empfehlungsmarketing, die Kundenbindung, das Image der „re:publica" und im Endeffekt auf die Teilnehmerzahlen kommender Veranstaltungen auswirkt. Der „re:publica" ist es dadurch gelungen, sich in der Branche zu etablieren, eine positiv besetzte Reputation aufzubauen, eine große Community zu bilden sowie diese über Jahre zu pflegen.

4.3 Schlussfolgerungen zum Content-Marketing im Kongressmanagement

In der Analyse der Fallbeispiele zeigt sich, dass es drei Phasen im Content-Marketing zum Kongressmanagement gibt: vor, während und nach dem Event.

1. Vor einer Veranstaltung ist es von zentraler Bedeutung, mit möglichst großer Reichweite Aufmerksamkeit zu generieren. Dafür eignen sich soziale Netzwerke wie Facebook oder Twitter, in denen man Informationen bekannt geben, veranstaltungsnahe

Blogbeiträge anteasern oder Videomaterial aus vergangenen Jahren als „Appetizer" verbreiten kann. Das Ziel ist es, die Bekanntheit zu steigern und möglichst viele Anmeldungen zu erreichen.

2. Während des Kongresses können soziale Netzwerke dafür genutzt werden, die Community weiter auszubauen. Dafür bieten sich beispielsweise auch Formate wie Liveticker, Twitter-Walls, Hangouts, Livestreaming und andere Formate an.

3. Nach dem Kongress geht es darum, die vergangene Veranstaltung online wiederzuverwerten und zu archivieren. Teilnehmerstimmen können wiedergegeben, Videomaterial kann online bereitgestellt und Reviews und Learnings können verbreitet werden. Mithilfe des produzierten Materials soll die Qualität der Veranstaltung unterstrichen werden, sodass sich die Reputation des Veranstalters möglichst positiv besetzt. Insgesamt geht es darum, dem wirklichen oder dem potenziellen Kunden ein Rundum-Erleben zu ermöglichen, das entweder einen informativen oder einen unterhaltenden Charakter hat, und sich selbst damit als Experte für die jeweilige Branche zu platzieren.

Losgelöst von den drei Phasen der Kommunikation ist es wichtig, zu jeder Zeit die übergeordneten Unternehmensziele im Auge zu behalten und die interaktive Kommunikation aktiv durch operatives Content-Management zu gestalten: Monitoring, Moderation der Beiträge und Community-Aufbau. Das Beispiel der „re:publica" bestätigt, dass Content-Marketing ein Instrument ist, das bei konsequentem Einsatz langfristig für umfassende Erfolge sorgt.

5   Zehn Handlungsempfehlungen zur Implementierung von Content-Marketing in das Kongressmanagement

Für Unternehmen und Marketer ohne Content-Marketing-Erfahrung können die bisherigen Ausführungen zwar inspirierend, aber auch zu komplex und überfordernd wirken. Es stellt sich die Frage: Wie implementiert man Content-Marketing in das eigene Unternehmen, ohne mit blindem Aktionismus bisher Bewährtes über den Haufen zu werfen? Für den Start kann ein externer Berater hilfreich sein, der auch die Umsetzung begleitet.

Es folgen zehn Handlungsempfehlungen zur Implementierung von Content-Marketing in das Kongressmarketing.

1. Stellenwert definieren, den Content-Marketing einnehmen soll. Es ist wichtig, dass der Rahmen festgesteckt wird. Projekt-, Zeit- und Budgetplanungen sowie Rollen, Verantwortlichkeiten und Prozesse müssen definiert werden.

2. Ziele setzen und Strategien entwickeln. Man sollte sich mit folgenden Fragen auseinandersetzen: Was sind die Ziele? Wer soll erreicht werden? Wer ist beziehungsweise sind die Zielgruppe/-n? Gibt es schon Customer Personas? Was sind deren Fragestellungen und welche Lösungsansätze gibt es?

3. Klassische Verantwortlichkeiten beziehungsweise Abteilungen aufspalten. Netzwerkartige Strategien aufbauen. Es muss in neuen Strukturen gedacht und das Wissen abteilungsübergreifend zusammengefasst werden: Stakeholder-Analysen sollten durchgeführt und Customer Personas sowie die Customer Journey entwickelt werden.

4. Content-Marketing-Team zusammenstellen. Es sollte ein möglichst heterogenes Team zusammengestellt werden, damit alle geforderten Fähigkeiten abgedeckt sind (eventuell muss das Team extern erweitert werden).

5. Agendasetting und Themenpool aufbauen. Es muss reflektiert werden, welche Themen für die jeweiligen Personas interessant sind und welche Lösungsansätze das Unternehmen bieten kann. Dadurch kann ein Pool aus relevanten Themen entwickelt werden.

6. Zeitplanung: Wann sollen welche Themen gesetzt werden? Man sollte sich anhand der drei Kommunikationsphasen überlegen, wann welche Maßnahme zielführend ist (Strukturierung der Themen, Medienformate und Aktionen).

7. Tools auswählen und Kanäle aufbauen. Welche Tools eignen sich am besten, um das entsprechende Thema zur richtigen Zeit an die richtige Zielgruppe zu vermitteln, um somit die übergeordneten Ziele zu erreichen?

8. Kommunikations-Guidelines festlegen. Um eine stringente Kommunikation zu ermöglichen, sollten Checklisten für die jeweiligen Kanäle angefertigt werden, zum Beispiel Do- und Don't-Listen. Regeln Sie die Wortwahl, die Tonalität, den Umgang mit Krisensituationen und die Freigabeprozesse.

9. Content-Marketing in den Marketingmix integrieren. Maßnahmen des Content-Marketings sollten nicht isoliert voneinander betrachtet werden. Denken Sie crossmedial und interdisziplinär und beachten Sie die übergeordneten Unternehmensziele.

10. Content-Marketing und seine Folgen messbar machen. Zum Abschluss müssen die Kennzahlen festgelegt werden, anhand derer gemessen wird, ob das Content-Marketing zielführend ist. Bei „Misserfolg" muss die Strategie/das Vorgehen angepasst werden. Dieser Aspekt ist außerdem wichtig, um finanzielle und personelle Aufwendungen zu rechtfertigen.

Literatur

ARD/ZDF-Onlinestudie (2015) Knapp 80 Prozent der Deutschen sind online – User nutzen Internet häufiger und vielfältiger. http://www.ard-zdf-onlinestudie.de/index.php?id=541. Zugegriffen: 1. Nov. 2015

Content Marketing Institute (2013) How content strategy and content marketing are separate but connected. http://contentmarketinginstitute.com/2013/10/content-strategy-content-marketing-separate-connected/. Zugegriffen: 12. Mai 2016

DVorkin L (2012) Inside Forbes. The birth of brand journalism and why it's good for the news business.http://www.forbes.com/sites/lewisdvorkin/2012/10/03/inside-forbes-the-birth-of-brand-journalism-and-why-its-good-for-the-new-business/. Zugegriffen: 12. Mai 2016

Hilker C (2010) Social Media für Unternehmer. Wie man Xing, Twitter, YouTube und Co. erfolgreich im Business einsetzt. Linde, Wien

Hilker C (2012) Erfolgreiche Social-Media-Strategien für die Zukunft. Mehr Profit durch Facebook, Twitter, Xing und Co., 1. Aufl. Linde, Wien

Hilker C (2015a) Whitepaper: strategisches Social Media Marketing für Unternehmen. http://www.hilker-consulting.de/socialmedia/. Zugegriffen: 12. Mai 2016

Hilker C (2015b) Storytelling im Content Marketing (6/8). http://www.hilker-consulting.de/storytelling-im-content-marketing/. Zugegriffen: 17. Mai 2016

Hilker C (2015c) Eignung von Social-Media-Netzwerken für Unternehmen zur Marketing-Kommunikation mit Kunden. In: Hofbauer G, Oppitz V (Hrsg) Wissenschaft und Forschung. Wirtschaftswissenschaftliche Beiträge zur Forschung. uni-edition, Berlin

Hilker C (2016) Expertenbeirat: Storytelling als zentrales Element im Content Management. In: Kleine Wieskamp P (Hrsg) Storytelling: Digital – Multimedial – Social Formen und Praxis für PR, Marketing, TV, Game und Social Media. Hanser, München, S 162–174

Hilker C (2017) Content Management in der Praxis. Ein Leitfaden – Strategie, Konzepte und Praxisbeispiele für B2B- und B2C-Unternehmen. Gabler, Wiesbaden

Kaplan AM, Haenlein M (2010) Users of the world, unite! The challenges and opportunities of social media. Bus Horiz 53:59–68

Lange M (2014) Die acht Hebel des strategischen Content Marketings. http://www.talkabout.de/infografik-die-acht-hebel-der-content-kontrolle/. Zugegriffen : 2. Juli 2014

Statista (2016) Wie wichtig sind für Ihr Unternehmen die folgende Gründe für den Einsatz von Social Media? http://de.statista.com/statistik/daten/studie/185531/umfrage/ziele-von-unternehmen-in-deutschland-bei-social-media-aktivitaeten/. Zugegriffen: 17. Mai 2016

Sombre S de (2015) AWA 2015. Die Renaissance der Meinungsführer. Institut für Demoskopie Allensbach. http://www.ifd-allensbach.de/fileadmin/AWA/AWA_Praesentationen/2015/AWA_2015_Meinungsfuehrer_deSombre.pdf. Zugegriffen: 19. Nov. 2015

Wüst C, Kreutzer R (Hrsg) (2013) Corporate reputation management, Wirksame Strategien für den Unternehmenserfolg. Gabler, Wiesbaden

Über die Autorin

Dr. Claudia Hilker ist Unternehmensberaterin zur digitalen Marketing Kommunikation. Als Inhaberin von „Hilker Consulting" entwickelt sie mit ihrem Team Digital Stategien, um den Geschäftserfolg ihrer Kunden zu steigern. Auch die Umsetzung und Begleitung im Change Prozess als Beirat, Coach und Speaker zählt dazu. Dr. Hilker gibt Workshops, Seminare und hält Vorträge und Vorlesungen. Sie hat als Autorin neun Fachbücher geschrieben und ihre nebenberufliche Promotion über Social Media erfolgreich abgeschlossen. Mehr: www.hilker-consulting.de.

Digitales Marketing

Livekommunikation trifft Onlinemedien

Christine Fuchs und Karina Grützner

Zusammenfassung

So wie im Zeitalter der Digitalisierung digitales Marketing selbstverständlich zum Marketingmix gehört, so ist Kommunikation integrativer Bestandteil der Marketingstrategie, was im Verlauf dieses Beitrags in den Mittelpunkt gestellt wird. Im Veranstaltungsmarkt sind Kommunikation und Vermarktung von Produkten und Dienstleistungen über digitale sowie analoge Kanäle gleichermaßen wichtig. In erster Linie geht es dabei um Public Relations und Werbung in den beiden Medienwelten. Weil der reine Abverkauf von Produkten oder Dienstleistungen im B2B-Segment noch nicht wirkungsvoll genug über digitale Kanäle erfolgt, wird dieser Aspekt in der weiteren Betrachtung nicht beleuchtet.

Ein Praxisbeispiel der Stuttgart-Marketing GmbH erklärt, wie digitales Marketing über diverse Kanäle funktioniert. Schwerpunkt liegt dabei auf digitalem Marketing über Social Media und über eine Dienstleistungs-App. Folgende Beispiele werden näher betrachtet:

- mobile App: „Stuttgart After Business"
- Social Media: integrierte digitale Marketingkampagne für einen Messeauftritt
- Twitter-Chat: digitales Pressegespräch

C. Fuchs · K. Grützner
Stuttgart, Deutschland
E-Mail: imke.sander@springer.com

© Springer Fachmedien Wiesbaden GmbH 2017
C. Bühnert und S. Luppold (Hrsg.), *Praxishandbuch Kongress-, Tagungs- und Konferenzmanagement*, DOI 10.1007/978-3-658-08309-0_29

447

Dabei werden folgende Fragen beantwortet:

- Was sind die Marketing- und Kommunikationsziele?
- Wer ist die Zielgruppe?
- Wie soll vermarktet und kommuniziert werden?

Vorbemerkung der Autorinnen
Aller guten Dinge sind drei!

Von wegen, jedenfalls nicht in der Volkswirtschaft. Nach Agrar-, Industrie- und Dienstleistungsgesellschaft sind wir längst in der Informationsgesellschaft angekommen, wenn man so will im vierten Sektor der Volkswirtschaft. Die Veränderungen sind ebenso umfassend, wie es bei den früheren Übergängen der Fall war. Anders aber ist das rasante Tempo. Das ist eine besondere Herausforderung für Unternehmen, Institutionen und Organisationen … und für Autoren eines Buchbeitrags wie diesen (aus dem Jahr 2015 mit entsprechender Halbwertszeit).

Eins oder Null?

Auch wenn das Binärsystem als rasche Antwort auf die Frage „Was ist eigentlich digital?" korrekt wäre, so ist sie doch nicht ausreichend. Die digitale Welt ist komplexer und lässt sich eben nicht an den berühmten fünf Fingern (lat.: „digitus") einer Hand ablesen. Schon allein die schier unerschöpfliche Kreation neuer Begriffe für digitales Handeln deutet schon darauf hin, dass hier nicht nur ein neuer Wirtschaftssektor entstanden ist, sondern ein neuer Kosmos der Marketingkommunikation. Darin muss die Kongressbranche mehrere Umlaufbahnen einschlagen: Präsenz in einem weltweiten Käufermarkt, kundennahe Präsentation von (Kongress-)Immobilien, Spürbarkeit des Servicegedankens sowie Vermittlung von Inhalten und Wissen. Digitales Marketing „at its best".

1   Digitaler Handlungsbedarf

„Die Zeiten werden nie wieder so langsam sein wie jetzt", so Thomas de Buhr, Deutschlandchef von Twitter, im Juli 2015 bei den „Digital Marketing Days" von HORIZONT (Wochenzeitung für Marketing, Werbung und Medien) in Berlin. Er bezog sich mit seiner Aussage auf die sich immer rascher wandelnde Konsumwelt und die Notwendigkeit, die Produktvermarktung den schnelleren Innovationszyklen anzupassen.

Marketer sind daher rund um die Uhr in Alarmbereitschaft. Sie wollen den digitalen Anschluss an ihre Kunden nicht verlieren. Wurde gestern noch erfolgreiches Online-Content-Marketing an der Anzahl der Likes, Fans und Followers gemessen, erleben wir heute die Verschiebung von Owned über Earned zu Paid Media[1], zum Beispiel in Form von Bewegtbildwerbung oder Native Advertisement.[2] Die harte Währung, mit der die Marketingexperten Kampagnen heute bewerten, sind Klicks auf Paid Media sowie die Verweildauer eines Users bei Bewegtbild-Werbung.

Hinzu kommen im Onlinemarketing einflussreiche Themen wie „Big Data", also die Sammlung und Auswertung beziehungsweise Analyse großer Datenmengen zwecks Nutzeranalyse sowie „Targeting", das in der Onlinewerbung eingesetzt wird, um Werbung zielgruppenspezifisch auszuliefern. Die größten Datensammler Facebook und Google beobachten und kennen ihre Nutzer genau. Deshalb kann Werbung auf diesen Kanälen sehr präzise, also zielgruppenspezifisch, gesteuert werden. Digitales Empfehlungsmarketing, aufgebaut auf Algorithmen, zeigt den Kunden genau, was zu ihrem Konsumverhalten passen könnte. Amazon ist hier sicherlich einer der Vorreiter.

Die Analyse von gesammelten Daten so zu nutzen, dass die Bedürfnisse der Kunden antizipiert und das passende Produkt empfohlen wird, ist heute und künftig die größte Herausforderung im digitalen Marketing.

2   Digitales Marketing vs. klassisches Marketing

Marketing heißt wörtlich „den Markt bereiten" – und dies auf unterschiedlichen Kanälen. Zum klassischen Marketing zählt man unter anderem Print, TV, Radio, Out-of-Home sowie Events. Diese Kanäle können unterschiedlich bespielt werden, wie zum Beispiel Below-the-Line-Marketing mit viralen Kampagnen oder durch klassische Marketingkampagnen, also durch Above-the-Line-Marketing. Mit Below-the-Line-Marketing werden alle nicht-klassischen Werbemaßnahmen bezeichnet wie zum Beispiel Guerillamaßnahmen, Flashmobs, virale Aktionen oder Events. Mit diesen Maßnahmen möchte man die Zielgruppe direkt und auf überraschende Art ansprechen. Above-the-Line-Marketing bezieht sich auf klassische Werbeformen wie Print, TV, Rundfunk und Außenwerbung/Kinowerbung.

Digitales Marketing oder Onlinemarketing befasst sich mit der Vermarktung von Produkten oder Dienstleistungen über alle digitalen Kanäle. Dazu zählen die Vermarktung und Kommunikation über Websites, Social-Media-Kanäle und Apps, E-Mails und Chats.

---

[1]Werbeformen in Social-Media-Kanälen. Owned Media sind die vom Unternehmen selbst bespielten Kanäle. Earned Media bedeutet, dass die Nutzer sich selbst über diverse Kanäle über Produkte und Dienstleistungen informieren und Inhalte teilen. Unter Paid Media versteht man von Unternehmen bezahlte Werbung.

[2]Bei dieser Werbeform soll die Aufmerksamkeit der Nutzer durch Inhalte auf ein Produkt/eine Dienstleistung gelenkt werden. Der Inhalt wird dabei dem Medium angepasst. Damit die Werbeabsicht noch erkennbar ist, muss die Werbeform als solche auch gekennzeichnet werden (zum Beispiel mit Begriffen wie „Werbung", „Promotion" oder „Sponsored Post").

Je nach Zielgruppe und Marketing-/Kommunikationsziel müssen unterschiedliche digitale Kanäle bespielt werden. Die Vor- und Nachteile der einzelnen Kanäle müssen vor der Marketingplanung und Festlegung der digitalen Marketingstrategie genau abgewogen werden. Dabei gilt: Je diverser die Zielgruppen (zum Beispiel soziodemografische Unterschiede), desto mehr Kanäle spielen im Marketingmix eine Rolle.

Die Umsetzungsmöglichkeiten von Kampagnen sind im digitalen Raum fast unendlich groß und wachsen kontinuierlich. Mit der Weiterentwicklung digitaler Kanäle und der Einführung neuer Gadgets wie Wearables[3] erhalten die Kunden in immer kürzeren Zeitzyklen neue Informationsquellen.

2.1 Social Media im digitalen Marketingmix

Social-Media-Marketing ist aus dem Vermarktungs- und Kommunikationsmix heute nicht mehr wegzudenken. Gemäß der Studie „Social Media in Unternehmen Studie 2014/2015" des Bundesverbands Digitaler Wirtschaft (BVDW) nutzen 70 % der Unternehmen in Deutschland Social Media häufig oder sehr häufig zur Kundenbindung. Dabei integrieren sechs von zehn Unternehmen Social Media in ihre Werbekampagnen. Weitere Nutzungsmöglichkeiten von Social Media sind PR, Kundenbetreuung oder auch Mitarbeiterkommunikation.

Die größten Erfolge mit Social Media sehen die Unternehmen mit 63 % in der Kundenbetreuung, 61 % in der Kundenbindung und immerhin noch 57 % in Werbekampagnen. Die Stuttgart-Marketing GmbH nutzt Social-Media-Marketing hauptsächlich zur Kundenbetreuung und -bindung sowie als Informations- und PR-Kanal in Ergänzung zum klassischen Marketing.

3 Der Marketingmix macht's: Ein Praxisbeispiel für digitales Marketing

Die digitale Welt ist sehr dynamisch und entwickelt sich stetig weiter. Schnelligkeit und Experimentierfreude eröffnen spannende Möglichkeiten zur Erschließung neuer Potenziale im Marketing, auch im Kongressmarketing. Im harten Wettbewerb der Veranstaltungsbranche ist digitales Marketing wesentlich. Eine besondere Bedeutung kommt dabei der Kommunikation zu, um die Bekanntheit des Produkts zu steigern und Bedürfnisse zu wecken. Die Zielgruppen werden je nach Vermarktungsstadium im Customer-Lifecycle (dieser teilt die Beziehung des Kunden mit dem Unternehmen in Phasen auf)

---

[3]Ein „in die Kleidung integriertes oder (unmittelbar) am Körper getragenes Computersystem, das auf den Nutzer oder dessen Umwelt bezogene Daten registriert und verarbeitet" (duden.de, Stichwort: Wearable).

unterschiedlich angesprochen. Praktische Beispiele für digitale Kommunikation im Veranstaltungsmarketing verdeutlichen die Vielfalt.

3.1 Die App „Stuttgart After Business"

Die Stuttgart-Marketing GmbH hat ein Konzept entwickelt, mit dem Geschäftsreisende und damit auch Kongress- und Tagungsbesucher deutlich stärker an touristische Angebote gebunden werden sollen. Es geht um die sinnvolle Bereitstellung bedarfsgerechter Freizeitaktivitäten in Ergänzung zu den beruflichen Verpflichtungen dieser Gästegruppe. Der Geschäftsreisende reist in der Regel alleine. Er hat wenig Zeit, und wenn er sich als Ausgleich zu seiner beruflichen Tätigkeit für Freizeitangebote interessiert, müssen diese spontan, unkompliziert und auf seine spezifischen Bedürfnisse ausgerichtet sein. Die App „Stuttgart After Business" erfüllt diese Kriterien.

Die Ausgabe von Informationen ist der Funktion des jeweiligen Betriebssystems (Android oder iOS) angepasst. Die App greift beispielsweise auf das Kartenmaterial des jeweiligen Smartphones zurück und berücksichtigt die gewohnten Mechanismen bei der Darstellung. Zusätzlich wird die Ausspielung der Inhalte mit einer Umkreissortierung (Funktion „Around Me") ermöglicht. Beim Download der App wird der Nutzer per GPS verortet und die Inhalte werden zum aktuellen Standort in der Region Stuttgart automatisch ausgespielt. Die App ist auf Deutsch und Englisch verfügbar und kostenlos. Alle Inhalte sind klassifiziert. 2014 wurde sie mit dem renommierten „Meetings Industry Marketing Award" in Gold in der Kategorie „Beste Marketing App" in London ausgezeichnet (Abb. 1).

Dieses Produkt setzt als digitales Kommunikationsinstrument an, wenn der Gast bereits an der Destination angekommen ist, beziehungsweise wenn sich der Gast über das Reiseziel vorab informieren möchte. Ein wichtiges Ziel ist es, ein kompaktes Informationsmedium zur Verfügung zu stellen, welches als Mehrwert qualitativ wertvolle und typische Kurzinformationen über die Destination bereitstellt: ausgewählte schwäbische Restaurants, Museen und Kultureinrichtungen mit verlängerten Öffnungszeiten,

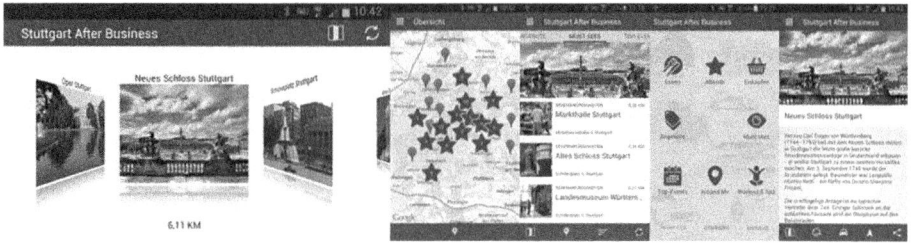

Abb. 1 Screenshots Stuttgart After Business App. (Quelle: Stuttgart-Marketing GmbH)

Livemusik-Locations, Topevents, „Must-see"-Sehenswürdigkeiten oder Empfehlungen zu Spa- oder Workout-Locations.

Fazit:

- zielgruppengerechte selektierte Angebote
- keine Informationsüberflutung
- intuitive Bedienung
- zielgruppengerechte Werbemaßnahmen zur Positionierung am Markt

3.2 Integrierte digitale Marketingkampagne im Rahmen eines Messeauftritts

Der Messeauftritt des Stuttgart Convention Bureaus an der MICE-Fachmesse „IMEX 2015" wurde vor, während und nach der Messe digital beworben. Ziele waren die Erhöhung des Besucheraufkommens am Messestand, die Gewinnung neuer Kundenkontakte und die Pflege bestehender Kundenbeziehungen. Außerdem sollte der Messebesucher am Messestand individuell eingebunden werden und spielerisch die Destination kennenlernen.

Das begrenzte Budget bedurfte zielführender und kreativer Ideen mit großer crossmedialer Reichweite und vertretbarem operativem Aufwand. Als Kommunikationskanäle wurden klassische Instrumente wie mehrstufige Mailings in gedruckter sowie digitaler Form zur gezielten Kundenansprache genutzt. Die Einbindung in Editorials der eigenen Newsletter und weitere digitale Instrumente rundeten die Kampagne ab.

Google AdWords wurden über mehrere Monate vor der Messe bis nach der Messe geschaltet. Dazu bedurfte es zielgerichteter Keywords, nach deren Algorithmen die Anzeigen in der Google-Suche angezeigt wurden. So konnte Reichweite ohne große Streuverluste eingekauft werden. Klassische Printanzeigen in nationalen und internationalen MICE-Fachmagazinen erreichen die Zielgruppe in diesem Fall nicht so präzise. Diese digitale Anzeigenform ermöglicht es, Keywords flexibel und kontinuierlich aufgrund von Erfahrung und Beobachtung anzupassen. Dies ist ein entscheidender Vorteil. Kreative Texte mit Bezug zu definierten Keywords, erhöhen die Schaltung und das Ranking der Anzeige durch Google und leiten interessierte Besucher direkt auf die Landingpage der Kampagne. Zusätzlich zu den kostenpflichtigen Google AdWords wurden die Social-Media-Kanäle YouTube, Twitter, Google+ sowie die Business-Netzwerke LinkedIn und Xing mit kontinuierlichen Informationen zum Messeauftritt bespielt.

Auf Twitter wurde eine redaktionell strukturierte Kampagne umgesetzt, die wöchentlich Erfindungen aus der Region Stuttgart präsentierte und so die Destination aus einem anderen Blickwinkel darstellte. Die Mischung aus Kuriosem und Witzigem, immer mit dem Ziel, die Nutzer zu begeistern, führte zu einer viralen Verbreitung der Kampagne via Twitter und erzeugte zusätzliche Aufmerksamkeit. Die Twitter-Kampagne war nahezu kostenfrei (Owned Media). Voraussetzungen wie zeitliche Kapazität, ein kreativer und inhaltlicher Plan und daraus abgeleiteter redaktioneller Input durch einen verantwortlichen

Mitarbeiter sowie das Verständnis für Twitter als Kommunikationskanal wurden im Vorfeld geschaffen. Die Kosten beschränkten sich hierbei auf Personalkosten (über den entsprechenden Zeitraum). Das Thema „Erfindungen aus Stuttgart" spiegelte sich auch im Messestandkonzept wider, erhöhte mithilfe der Twitter-Kampagne zusätzlich die Reichweite und steigerte das Interesse am Messebesuch.

Für die IMEX Messebeteiligung wurde ein einfacher 30 s dauernder Kurzfilm erstellt, in dem die Highlights des Messeauftritts angeteasert wurden. Die Kommunikation erfolgte über den YouTube-Kanal des Stuttgart Convention Bureaus und über soziale Medien. Außerdem erschien der Film direkt auf der Landingpage der für die Messe eingerichteten Microsite.

Fachbeiträge und Blogposts bei den Business-Netzwerken LinkedIn und Xing erreichten ebenfalls die anvisierte Zielgruppe. Ein Webinar über die Meeting-Destination Stuttgart für die Zielgruppen in internationalen Märkten rundete einen Monat vor Messestart die Messekampagne ab.

Am Messestand wurden die Besucher aktiv in das Konzept eingebunden. Sie konnten ihr persönliches Stuttgart-Selfie schießen und dieses via Twitter oder Instagram mit einem im vorab definierten Hashtag veröffentlichen. Der Erfinderreichtum Stuttgarts spiegelte sich in einer Verkleidungsaktion wider: So konnten sich die Messebesucher, als berühmte Stuttgarter Erfinder verkleidet, vor der Selfie-Cam präsentieren. Die kreativsten Fotos wurden nach der Messe von einer Jury ausgewählt und mit attraktiven Preisen belohnt.

Fazit:
- Die Kommunikationsmaßnahmen waren vollständig auf das Messekonzept abgestimmt.
- Die geplanten Social-Media-Kommunikationsmaßnahmen erzielten eine hohe digitale Aufmerksamkeit und führten zur Steigerung der Standbesucherzahlen.
- Die Selfie-Aktion kam bei den Standbesuchern gut an, doch es wurden relativ wenige Fotos veröffentlicht. Das Gewinnspiel verfehlte hierbei die erhoffte Zugkraft.
- Das Konzept des Storytellings bildete einen wichtigen USP bei der Vermarktung.

3.3   Twitter-Chat – das etwas andere Pressegespräch

Um die Bekanntheit im US-Markt zu steigern, beteiligte sich das Stuttgart Convention Bureau mit dem German Convention Bureau New York und zwei weiteren deutschen Destinationen an einem Twitter-Chat mit Fachjournalisten sowie Veranstaltungsexperten aus Nordamerika. Das Projekt wurde unter ein spezifisches, für den MICE-Markt relevantes Thema gestellt.

Zum digitalen Chat wurde vorab über verschiedene digitale Kommunikationskanäle eingeladen. Als Partner wurde ein bekanntes US-MICE-Magazin gewonnen. Eine im Zielmarkt renommierte Redakteurin und Veranstaltungsexpertin moderierte den Chat und stellte Fragen. Die beteiligten Partner twitterten ihre Beiträge inklusive weiterführender Links, Fotos und kurzen Videos. Daraus entwickelte sich ein dynamisches Twitter-Gespräch. Die Herausforderung bestand darin, sich kurz und präzise mit maximal 140 Zeichen auszudrücken.

Durch die virale Verbreitung der Gesprächsinhalte erreichten die Initiatoren eine Reichweite von 15.000 Kontakten. Da in den USA Twitter ein viel genutztes Medium ist, wurde dieses Format der Ansprache zielführend ausgewählt. Zeit- und Reisekostenersparnis waren weitere wichtige Vorteile bei dieser Aktion.

Fazit:
- Twitter-Chats sind gut geeignet für den US-Markt.
- Das Timing ist entscheidend.
- Ein interessantes und relevantes Thema muss Grundlage des Chats sein.
- Starke lokale Partner sind wichtig für eine große Reichweite.
- Twitter ist ein effektives und kostengünstiges Kommunikationsinstrument zur Ergänzung klassischer Pressegespräche/Pressekonferenzen.

4   Größere und engere Netzwerke

Die Praxiseinblicke zeigen, dass die Möglichkeiten im digitalen Marketing sehr vielfältig und variabel sind. Wichtig für die Planung digitaler Marketingkampagnen sind:

- die genauen Kenntnisse über die Zielgruppe
- eine konkrete Definition der Kampagnenziele
- die Auswahl zielgruppenrelevanter Kommunikationskanäle
- kreativer und relevanter Content

Für die Veranstaltungsbranche empfehlen sich ein ausgewogener Mix aus digitalem und crossmedialem Marketing sowie die Pflege des direkten Kundenkontakts. Die Branche steht für die Zusammenführung von Menschen und bedient den Bedarf an Face-to-Face-Kommunikation.

Digitales Marketing ist ein bedeutendes und sehr flexibles Marketinginstrument in der Kongressbranche. Dank digitalem Marketing sind die durch Veranstaltungen gestärkten Begegnungen länger wirksam. Die Zielgruppe wird dauerhaft und über Face-to-Face-Begegnung hinaus in die Kommunikation eingebunden.

Literatur

BVDW Studie (2014/2015) www.bvdw.org/themen/social-media.html. Zugegriffen: 1. Sept. 2015
duden.de, Stichwort: Wearable, Datum des letzten Aufrufs: 06.07.2016

Über die Autorinnen

Christine Fuchs, M.A. der Neuphilologie, hat über zehn Jahre Erfahrung in der Verlags-, Medien- und Veranstaltungswelt. Sie ist auf Social-Media-Marketing und Kommunikation spezialisiert. Da sie vor der „Digital-Natives"-Generation groß wurde, fühlt sie sich sowohl in der analogen als auch der digitalen Welt wohl. „Learning by doing" ist dabei ihre Devise. 2014 gründete sie ihr Brand „the social fox" und unterstützt Unternehmen in der Veranstaltungsbranche bei der Entwicklung von neuen Marketing- und Kommunikationsansätzen. Ihr Profil wird durch zahlreiche Engagements als Speaker zu Social-Media-Themen abgerundet.

Karina Grützner, Dipl.-Kauffrau (FH) ist seit über zehn Jahren beruflich in der Messe- und Kongressbranche tätig. Bei der Deutschen Zentrale für Tourismus e. V. organisierte sie B2B-Fachveranstaltungen wie den „Germany Travel Mart". Bei der Messe Stuttgart baute sie den Marketing- & Sales-Bereich für das neu entstehende Internationale Congresscenter Stuttgart auf, welches 2007 eröffnete. Aktuell verantwortet sie den Bereich Convention Marketing und Business Development des Stuttgart Convention Bureaus – einer Abteilung der Stuttgart-Marketing GmbH – und vermarktet dort gemeinsam mit dem Team die Kongress- und Tagungsregion Stuttgart auf nationaler und internationaler Ebene.

Teil V

Akteure und Berufsbilder, Führung und Teams

Aus- und Weiterbildung in der Kongresswirtschaft

Berufliche und akademische Qualifizierungen

Stefan Luppold

Zusammenfassung

Die klassische Lehre als Weg zu einer beruflichen Qualifizierung existiert für die Kongresswirtschaft in Form des Ausbildungsberufs „Veranstaltungskaufmann/Veranstaltungskauffrau"; an Hochschulen – als akademische Variante – ist dies in Form von Veranstaltungsmanagement-Studiengängen zu finden. Quereinsteiger oder bereits im Beruf befindliche Fachkräfte können sich weiterbilden – auf spezielle Themen ausgerichtete Angebote oder umfangreichere und mit einem öffentlich-rechtlich anerkannten Abschluss ausgestattete Programme sind am Markt verfügbar und werden von privaten Bildungsträgern, von berufsständischen Körperschaften wie auch von Fachverbänden angeboten.

Vorbemerkung des Autors

Kongresse, Tagungen und Seminare sind von großer volkswirtschaftlicher Bedeutung – in mehrfacher Hinsicht: Sie generieren Einkommen und Wissen. Da es sich dabei meist um eine sehr spezifische Dienstleistung handelt, ist zu erwarten, dass sie von Spezialisten geplant und realisiert wird. Doch woher können solche Fachkräfte kommen, was ist deren Qualifizierungsmöglichkeit?

S. Luppold (✉)
Ravensburg, Deutschland
E-Mail: luppold@dhbw-ravensburg.de

© Springer Fachmedien Wiesbaden GmbH 2017
C. Bühnert und S. Luppold (Hrsg.), *Praxishandbuch Kongress-, Tagungs- und Konferenzmanagement*, DOI 10.1007/978-3-658-08309-0_30

459

1   Ausbildungsberuf „Veranstaltungskaufmann/ Veranstaltungskauffrau"

Im Jahr 2001 wurde, als Beschluss der Kultusministerkonferenz, der Rahmenlehrplan für den Ausbildungsberuf „Veranstaltungskaufmann/Veranstaltungskauffrau" (Veranstaltungskaufleute) verabschiedet. Er ist, wie bei anderen Ausbildungsberufen auch, in eine berufsfeldbreite Grundbildung und eine darauf aufbauende Fachbildung gegliedert. Die duale Ausbildung ergibt sich aus der Kombination von Praxis (im Unternehmen) und Theorie (in der Berufsschule).

Die Berufsschule übernimmt im allgemeinen Unterricht die Entwicklung von Handlungskompetenz, die auf die Bereitschaft und Fähigkeit des Einzelnen, sich in gesellschaftlichen, beruflichen und privaten Situationen sachgerecht, durchdacht sowie individuell und sozial verantwortlich zu verhalten, gerichtet ist. In elf Lernfeldern sind inhaltliche Schwerpunkte, wie etwa „Veranstaltungen planen, durchführen und nachbereiten" festgelegt. Sie beziehen sich auf verschiedene Branchen und Unternehmen der Veranstaltungswirtschaft, darunter auch Kongresszentren und Agenturen.

Veranstaltungskaufleute sind zunächst im operativen Bereich angesiedelt, setzen um, führen durch, realisieren, organisieren. Allerdings vermittelt die duale Ausbildung – die in der Regel drei Jahre dauert – auch die Kompetenzen zur Konzeption von Kongressen, Messen und Events im Rahmen der an der Berufsschule unterrichteten Methoden und Werkzeuge.

Die Berufsausbildung ist innerhalb des Schwerpunkts sehr breit aufgestellt, da sie auch technische (Veranstaltungstechnik) und rechtliche (Vorschriften, Verordnungen und Gesetze mit Bezug auf die Veranstaltungswirtschaft) Aspekte vermittelt. Ein Schwerpunkt „Kongress-, Tagungs- und Konferenzmanagement" ist nicht erkennbar und wird nur vonseiten des Ausbildungsunternehmens als besondere Spezialisierung vermittelt werden, sofern es sich beispielsweise um einen PCO (Professional Congress Organiser) handelt[1].

2   Studium

Der Bologna-Prozess, eine europaweite Harmonisierung von Studiengängen und Studienabschlüssen, hat neben der durchgängigen Etablierung des ECTS (European Credit Transfer System) und einer fortlaufenden Qualitätssicherung insbesondere in Deutschland die Beschäftigungsfähigkeit (Employability) als wesentliches Element des Konvergenzprozesses. Dies wiederum führte dazu, dass bei vielen Studiengängen eine inhaltliche Vertiefung

---

[1]Der Rahmenlehrplan kann zum Beispiel unter http://famab.de/fileadmin/user_upload/6.0_Services/6.4_Aus-_und_Weiterbildung/6.4.2_Ausbildung/Rahmenlehrplan_veranstaltungskfm.pdf eingesehen werden.

und Spezialisierung hergestellt wurde, um eine möglichst hohe Deckung zwischen branchenspezifischen Anforderungen und Curriculum zu gewährleisten.

Für den Schwerpunkt „Kongress-, Tagungs- und Konferenzmanagement" weist der Studiengang „Messe-, Kongress- und Eventmanagement" an der DHBW (Duale Hochschule Baden-Württemberg) in Ravensburg[2] die höchste Deckung im Kontext akademischer Bildung auf. „Duale" bezieht sich dabei auf den Wechsel im Dreimonatsrhythmus zwischen theoretischen Studienabschnitten und Praxisphasen in kooperierenden Unternehmen. Die Inhalte der Theorie- und Praxisphasen sind aufeinander abgestimmt, die Partnerunternehmen als „Duale Partner" ausgewählt und zugelassen.

Der im Jahr 1997 gegründete Studiengang qualifiziert die Studierenden für eine Tätigkeit im Projektmanagement (Projektleitung oder -assistenz) oder als sachverständiges Teammitglied in Unternehmen der Messe-, Kongress- und Eventwirtschaft. Im Zentrum steht der Kompetenzerwerb im Projekt- und Dienstleistungsmanagement, in Unternehmensstrategie und Führung. Damit verbunden ist immer der Anspruch, neben dem Verständnis für operative Aufgaben im strategischen Gesamtzusammenhang arbeiten und Teams führen zu können – was für Themen wie Internationalisierung und Expansion, Produktportfolio-Management und Diversifizierung gleichermaßen gilt.

Für Kongress-, Tagungs- und Konferenzmanagement relevant sind übergreifende Themen, wie etwa Logistik, Catering, Dolmetschen, Messebau, Dramaturgie, Rechtsfragen, Veranstaltungstechnik und interkulturelles Management. Daneben werden in Veranstaltungsmanagement-Modulen die Spezifika gelehrt, die für Unternehmenskonferenzen, wissenschaftliche Kongresse oder Verbandstagungen von Bedeutung sind – wie etwa die Nutzung von Informationsmanagement-Systemen oder die Organisation eines Call for Papers. Das sechssemestrige Studium endet mit einem akademischen Abschluss (Bachelor of Arts). Zulassungsvoraussetzungen sind ein Studien- und Ausbildungsvertrag mit einem geeigneten Unternehmen sowie die allgemeine oder fachgebundene Hochschulreife. Unter bestimmten Voraussetzungen können auch Studierende mit Fachhochschulreife und beruflich Qualifizierte zugelassen werden.

Einige andere Hochschulen bieten ebenfalls Studiengänge mit einem Veranstaltungsmanagement-Schwerpunkt, häufig jedoch liegt der Fokus auf Eventmarketing, oder es fehlen betriebswirtschaftliche Grundlagen. In der Regel sind diese Angebote ohne spezifische curriculare Inhalte zu Kongress-, Tagungs- und Konferenzmanagement.

3   Weiterbildung

Die Möglichkeiten, sich als Quereinsteiger zu qualifizieren oder seine Kompetenzen im Kongress-, Tagungs- und Konferenzmanagement zu erweitern, sind umfassend. Allerdings hat das quantitative Wachstum im Veranstaltungsmarkt auch zu einer Zunahme an Weiterbildungsangeboten geführt, die qualitativ keinen hohen Anspruch stellen.

---

[2]Weitere Informationen hierzu unter http://www.ravensburg.dhbw.de/?id=271.

Veranstaltungsfachwirt

Umfassend und daher auch als branchenbezogene kaufmännische Aufstiegsfortbildung einzuordnen, ist der Veranstaltungsfachwirt. Es handelt sich dabei um einen öffentlich-rechtlich anerkannten Abschluss mit einer bundeseinheitlichen Prüfung einer Industrie- und Handelskammer (IHK). Der Veranstaltungsfachwirt wird seit 2008 angeboten, wo er den Fachwirt für Tagungs-, Kongress- und Messewirtschaft ablöste.

Veranstaltungsfachwirte planen, steuern und kontrollieren verschiedene Arten von Veranstaltungen, damit auch Kongresse, Tagungen und Konferenzen. Dies – wie grundsätzlich bei der dualen Berufsausbildung und dem Studium – auf der Basis betriebswirtschaftlicher, rechtlicher und technischer Zusammenhänge.

Neben einigen Kammern bieten insbesondere private Bildungsträger eine Vorbereitung auf die IHK-Prüfung an, als Vollzeitkurs (mit bis zu sechsmonatiger Dauer) oder in Teilzeit (mit bis zu zweijähriger Dauer). Die Inhalte setzen sich aus fachübergreifenden (zum Beispiel Volks- und Betriebswirtschaftslehre) sowie aus fachspezifischen Modulen (zum Beispiel Konzipieren von Veranstaltungsprojekten) zusammen.

Die zweigeteilte Prüfung hat unterschiedliche Zulassungsvoraussetzungen. Beim Prüfungsteil „Wirtschaftsbezogene Qualifikationen" sind dies

- ein Abschluss im anerkannten Ausbildungsberuf Veranstaltungskaufmann/Veranstaltungskauffrau oder
- eine mit Erfolg abgelegte Abschlussprüfung in einem anerkannten kaufmännischen oder verwaltenden Ausbildungsberuf und danach eine mindestens einjährige Berufspraxis oder
- ein Abschluss in einem sonstigen anerkannten Ausbildungsberuf und danach eine mindestens zweijährige Berufspraxis oder
- eine mindestens vierjährige Berufspraxis.

Die Zulassung zum Prüfungsteil „Handlungsfeldspezifische Qualifikationen" ist dann gegeben, wenn der Prüfungsteil „Wirtschaftsbezogene Qualifikationen" erfolgreich abgelegt wurde und mindestens ein weiteres Jahr Berufspraxis nachgewiesen werden kann.

Angebote von Bildungsträgern

Verschiedene privatwirtschaftlich organisierte Bildungsträger bieten Seminare zu spezifischen Themen an und schaffen so die Möglichkeit einer permanenten Wissenserweiterung und -aktualisierung für Fach- und Führungskräfte aus der Kongresswirtschaft. Dabei kann die offerierte Qualität sehr unterschiedlich sein – seriöse Anbieter sind tendenziell bereits länger am Markt, beschäftigen kompetente Dozenten, räumen ausreichend Zeit für die jeweiligen Kurse ein und präsentieren sich mit einem guten Preis-Leistungs-Verhältnis, das sich nicht aus niedrigen Gebühren, sondern aus ausgezeichneten Leistungen ergibt.

Beispielhaft sei hier eine dieser Weiterbildungsakademien erwähnt – die IECA Internationale Event- & Congress-Akademie. Auch, weil sie, nicht nur im Namen, im

Portfolio ihres Angebots kongressbezogene Themen hat. Sie ist Teil der Event- und Kongressagentur m:con – mannheim:congress GmbH und besteht seit dem Jahr 2005.

Neben der Fortbildung zum International Event Organiser (IEO) als Fortbildung und in Anlehnung an das Konzept des Veranstaltungsfachwirts (innerhalb von zwölf Monaten werden die Teilnehmer berufsbegleitend in allen Bereichen der Kongress-, Event- und Tagungsbranche ausgebildet, Experten vermitteln spezifisches Wissen, die Prüfung ist IHK-zertifiziert) bietet IECA offene Seminare zu aktuellen Themen in Mannheim und Berlin an. Die Angebote richten sich dabei sowohl an in der Branche Tätige, die sich zu aktuellen Themen weiterbilden wollen, als auch an Quereinsteiger, die bereits Erfahrung mitbringen.[3]

Angebote von Verbänden

Verbände der Veranstaltungswirtschaft – nationale wie internationale – sehen verstärkt einen Weiterbildungsauftrag für ihre Mitglieder. Daher hat sich deren Angebot in den vergangenen Jahren ausgeweitet, Weiterbildung wurde zum Teil institutionalisiert:

Der EVVC (Europäische Verband der Veranstaltungs-Centren e. V.) betreibt für seine Mitglieder und Partner eine Akademie[4], analog zur internationalen Schwester AIPC (International Association of Convention Centres).[5]

Der degefest (Verband der Kongress- und Seminarwirtschaft e. V.) bietet, wie einige andere Branchenverbände auch, Weiterbildung komprimiert in Form seiner jährlichen Fachtage[6] und jeweils mit einem thematischen Schwerpunkt; daneben liefern die Partner des degefest den Mitgliedern Know-how in Form von Publikationen, Seminaren und Webinaren.

MPI (Meeting Professionals International)[7] bezeichnet sich selbst als den größten Branchenverband und nennt mehr als 60.000 Mitglieder in 24 Ländern. Innovative und relevante Ausbildung gehört zu den MPI-Zielen: Das kommt auch in Form der beiden Programme CMP (Certified Meeting Professional) und CMM (Certified Meeting Manager) zum Ausdruck – die allerdings im deutschsprachigen Raum als Qualitätssiegel von beziehungsweise für Fachkräfte keine Verbreitung gefunden haben.

4   Vom Labor in das Klassenzimmer

Die Dynamik – bestimmt durch relevante Trends und die sinkende Halbwertszeit des Wissens – erfordert gegebenenfalls neue Ansätze, um die Logistik zwischen Erkenntnis und Erwerb von neuem Wissen zu organisieren.

---

[3]Angebotene Seminare sind hier aufgeführt: http://www.ieca-mannheim.de/seminarangebote/.

[4]Mehr zur EVVC-Akademie: http://www.evvc.org/de/service/evvc-akademie/.

[5]Mehr zur AIPC Academy: http://aipc.org/index.asp?id=2.

[6]Hinweise zu den degefest-Fachtagen sind hier zu finden: http://degefest.de/fachtage/.

[7]http://www.mpiweb.org/home.

Das Netzwerk BodenseeMeeting[8], ein Zusammenschluss von 13 Partnern aus vier Ländern (Kongresshausbetreiber, Convention Bureau, Schloss- und Inseleigentümer etc.), widmet sich den Zukunftsfragen, darunter:

- Welche Weiterentwicklungen werden die Branche nachhaltig prägen?
- Welche veränderte Aufgabenstellung als Anbieter von Kongress- und Tagungseinrichtungen bringt die Zukunft mit sich?

Aus den Erkenntnissen eines im Jahr 2013 eingerichteten Labors („micelab:bodensee") entwickelten die Initiatoren eine Bildungsplattform, die aus einer Ideenschmiede, aus dreitägigen Trainingseinheiten und einem Kongress, der als Spielwiese, Übungsfeld und Erfahrungsaustauschplattform fungiert, besteht.

Über den Autor

Stefan Luppold ist Professor an der staatlichen DHBW (Duale Hochschule Baden-Württemberg) Ravensburg; dort leitet er den Studiengang „Messe-, Kongress- und Eventmanagement". Das gleichnamige Institut (IMKEM) hat er 2009 gegründet.

Zuvor war er zwei Jahrzehnte lang in internationale Projekte der Veranstaltungsbranche eingebunden, darunter bei Messe- und Kongressgesellschaften, Stadien und Arenen, Kultureinrichtungen sowie den Veranstaltungsabteilungen wissenschaftlicher Verbände und Eventagenturen.

Als Herausgeber von zwei Fachbuchreihen mit aktuell 17 Bänden, als Mitherausgeber des 2013 veröffentlichten „Handbuch Messe-, Kongress- und Eventmanagement" sowie als Autor, Referent bei Branchenverbänden und Gastdozent an Hochschulen im In- und Ausland gibt er sein Wissen weiter.

---

[8]http://www.micelab-bodensee.com/de/home-de.html.

Akteure auf Veranstaltungen

Kriterien für die passende Referenten-, Moderatoren- und Entertainerauswahl

Gerd Kulhavy

Zusammenfassung

Am Erfolg und überhaupt am Zustandekommen eines Kongresses, egal ob firmen-intern oder als offene Veranstaltung, sind verschiedene Akteure beteiligt. In diesem Beitrag wird der Schwerpunkt auf (externe) Akteure, insbesondere Referenten, Mode-ratoren und Entertainer gelegt.

Viele Veranstalter gelangen hier an die Grenzen des eigenen Kompetenzbereichs, da unterschiedliche Faktoren zugrunde liegen. Insbesondere das vorrangige Entschei-dungskriterium „Budget" sowie Anforderungen der Zielgruppe beziehungsweise der Teilnehmer können schwer zu überwindende Barrieren darstellen. Doch soll die Ver-anstaltung schließlich zum Erfolg gebracht werden und ein durchdachtes, ausgewoge-nes und zielgerichtetes Rahmenprogramm die gewünschten Effekte erzeugen.

Dieser Beitrag soll zeigen, welche wichtigen Einflussgrößen in der Entscheidungs-findung bei der Auswahl zu berücksichtigen sind und welche Arten von Akteuren der Markt bietet. Je nach Ziel, Art und Dauer des Events stehen Veranstalter vor der Herausforderung, den passenden Akteur auszuwählen. Referenten gibt es sprichwörtlich wie Sand am Meer. Rund 80.000 Referenten tummeln sich allein in der deutschspra-chigen Weiterbildungsbranche. Vom Keynote-Speaker (in der Regel ein prominenter Redner oder professioneller Grundsatzreferent) über den Trainer bis zur prominenten Persönlichkeit, die Angebotsvielfalt scheint unendlich groß zu sein und die Auswahl schier unmöglich. Dazu kommt noch die Frage: „Brauchen wir eine Moderation oder einen Showact?" Der Markt bietet diverse Hilfestellungen wie Referenten- und Künst-leragenturen, die als Schnittstelle zwischen Referenten, Moderator beziehungsweise

G. Kulhavy (✉)
Stuttgart, Deutschland
E-Mail: gerd.kulhavy@speakers-excellence.de

© Springer Fachmedien Wiesbaden GmbH 2017   465
C. Bühnert und S. Luppold (Hrsg.), *Praxishandbuch Kongress-, Tagungs- und Konferenzmanagement,* DOI 10.1007/978-3-658-08309-0_31

Entertainer und Veranstalter fungieren. In puncto Auswahl dienen sie als Filter und finden die Besten der Besten der Branche für jedes Event.

Vorbemerkung des Autors

Ein erfolgreicher Kongress, eine gelungene Veranstaltung mit begeisterten Mitarbeitern oder Teilnehmern lebt nicht nur von einer guten Organisation oder einem guten Rahmenprogramm, sondern in erster Linie von Menschen. Menschen, die es sich zur Aufgabe gemacht haben, ihr Wissen weiterzugeben. Nicht irgendwie, sondern mit einem System, einem Plan und einer guten Portion Leichtigkeit. Schnell kommt die Frage auf: „Wie geht das?" Wie wird eine gute Veranstaltung organisiert, was gehört dazu, was besser nicht? Fragen, vor denen schon viele Veranstalter standen und zu scheitern drohten. Abhilfe bringen Akteure, die sich darauf spezialisiert haben, eine Veranstaltung mit ihrem Wissen erfolgreich zu gestalten und so die Teilnehmer noch lange danach zu motivieren, das Beste aus sich herauszuholen.

1   Die Akteure im Überblick

Das Planen und der Einsatz von Akteuren stellen entscheidende Erfolgsfaktoren des Kongressmanagements dar. Bei der Planung eines Kongresses, eines Bildungsevents, einer Veranstaltung, eines Seminars für Mitarbeiter, Kunden oder Geschäftspartner werden oft externe Referenten hinzugezogen, welche die Umsetzung der eigenen Ziele unterstützen sollen. Der Markt bietet eine Fülle an möglichen Akteuren, die auf eine Anfrage warten. Doch welcher Akteur eignet sich für welche Veranstaltungsart?

Im Segment der Bildungsanbieter befinden sich die Vortragsredner beziehungsweise Speaker sowie die Trainer. Beide weisen ein spezialisiertes Wissen auf, das durch einen Vortrag, ein Seminar oder einen Workshop vermittelt wird. Beide Gruppen dienen unterschiedlichen Zielen für den Veranstaltungserfolg. Die entscheidende Frage ist, was der Veranstalter mit dem Event erreichen möchte. Soll die Motivation der Teilnehmer gesteigert oder das Unternehmensimage optimiert werden? Geht es um Kundenbindung, Teambuilding oder die Lösung eines bestimmten Konflikts? Sowohl Speaker als auch Trainer können dies gewährleisten und eine Veranstaltung bereichern. Entscheidend sind der gesteckte Rahmen und der optimale Einsatz der Akteure.

1.1   Vortragsredner und Speaker

Der Kongressbereich ist das Metier der Speaker, häufig als Keynote-Speaker bekannt. Eine Tagung kann durch den Einsatz eines Speakers aufgelockert werden. Innerhalb von

30 bis max. 90 min gelingt es ihm, auf meist unterhaltsame Art und Weise Wissen zu vermitteln beziehungsweise erste Impulse zu geben. Der Begriff „Infotainment" beschreibt diese Form der Wissensvermittlung am besten. Die Funktion eines Speakers besteht darin, neues Denken anzustoßen. Ein guter Speaker denkt wie die wenigsten, redet aber wie die meisten – wie schon von Arthur Schopenhauer (deutscher Philosoph, Autor und Hochschullehrer) postuliert. In kurzer Zeit erhält der Teilnehmer anregendes Wissen, welches für den privaten oder beruflichen Alltag nützlich ist.

1.2 Trainer und Workshopleiter

Trainer werden eingesetzt, wenn es darum geht, Wissen vertiefend zu vermitteln, Methoden und Systeme tief greifend zu verankern. Die Zusammenarbeit mit den Teilnehmern ist von großer Bedeutung – „Frontalbeschallung" ist dabei nicht von Vorteil. Im Training beziehungsweise Workshop wird mit den Teilnehmern das neu Gelernte aktiv in Übungsphasen beziehungsweise simulierten Praxissituationen trainiert.

Eine empirische Studie des deutschsprachigen Weiterbildungsmarkts zeigt, dass die Anforderungen an Referenten, Speaker und Trainer auseinandergehen. Während Flexibilität, Authentizität und Verständlichkeit die wichtigsten Anforderungen an die Trainer darstellen, sind es für Speaker Aktualität der Themen, fachliche Kompetenz, ein hoher Storytelling-Anteil sowie rhetorische Brillanz (Bernecker et al. 2014, S. 25).

1.3 Moderator

Je nach Größe und Art der Veranstaltung bietet es sich an, eine Moderation einzusetzen. Je größer und komplexer eine Veranstaltung ist, desto wichtiger ist es, eine passende Moderation zu wählen. Moderatoren helfen dabei, das Programm in einen Rahmen zu fassen und einen roten Faden durch Veranstaltungen zu ziehen. Oftmals sieht sich der Veranstalter selbst in der Rolle als Moderator. Er geht davon aus, diese vermeintlich einfache Aufgabe selbst übernehmen zu können. Doch das trägt in der Regel nicht zur Qualität der Veranstaltung bei! Sowohl die Auswahl der Referenten als auch die der Moderation bestimmt die Professionalität der Veranstaltung. Moderatoren leiten nicht nur zu Programmpunkten über. Sie können darüber hinaus eingesetzt werden, um Informationen des Veranstalters zu kommunizieren, die Stimmung des Publikums zu lenken beziehungsweise zu beeinflussen, sie zu unterhalten und zu begeistern.

1.4 Prominente Persönlichkeiten und Unternehmer

Wichtig ist es, die Teilnehmer mit der richtigen Auswahl der Akteure für den Besuch einer Veranstaltung zu aktivieren und sie zu begeistern. Dies ist unter anderem möglich mit dem Einsatz bekannter Persönlichkeiten aus Funk und Fernsehen oder aus der Welt des Sports, des Business, der Politik und der Wissenschaft. Immer mehr Prominente finden ihren Weg auf die Vortragsbühne und werden von den Teilnehmern gerne gesehen. Sobald sich ein Veranstalter für ein prominentes Gesicht entschieden hat, sollte das auch nach außen kommuniziert werden, um so erhöhte Aufmerksamkeit im Vorfeld einer Veranstaltung zu erreichen.

Liegt der Fokus eines Kongresses eher auf praxisnahen beziehungsweise branchenrelevanten Themen, sind exzellente Unternehmerpersönlichkeiten eine passende Auswahl – egal ob prominenter Firmenchef oder ein noch unbekannter Inhaber eines Unternehmens, der sich durch eine faszinierende Unternehmensgeschichte beziehungsweise ein einzigartiges Produkt oder eine besondere Dienstleistung vom Markt abhebt. Er steht für eine außergewöhnliche Erfolgsgeschichte und dient mit seinen Best-Practice-Beispielen als Vorbild für viele. Fällt die Wahl auf eine Unternehmerpersönlichkeit, dann stehen deren Erfahrungen im Vordergrund und nicht die Fähigkeiten als Redner.

1.5   Entertainer und Künstler

Einen weiteren Mehrwert für eine erfolgreiche Veranstaltung und begeisterte Teilnehmer bieten Entertainer und Künstler. Sie können sowohl für kurze Showeinlagen für zwischendurch als auch zur Begleitung des gesamten Events gebucht werden. Ob Solomusiker oder Bands, Kabarettisten, Zauberer oder Magier, Artisten oder DJs – die Stil- und Genrevielfalt ist enorm. Im Rahmen eines Kongresses, Seminars oder Workshops werden verstärkt Entertainer und Künstler als beispielsweise kabarettistisches Element eingesetzt, um die Stimmung aufzulockern und die Teilnehmer zu aktivieren. Die Zuhörer verweilen somit eher beim Thema und das Gehörte kann leichter und besser gespeichert werden. Der Inhalt sollte dabei stets an zentraler Stelle stehen und der Fokus auf der Wissensvermittlung liegen.

2   Sieben Schritte für die passende Auswahl der Akteure

2.1   Ziele und Zielgruppe

Im ersten Schritt erfolgt die Analyse der Veranstaltung, um die Anforderungen an den Referenten zu definieren. Deshalb gilt es, die eigenen Ziele, welche man mit dem Event verfolgen möchte, klar festzulegen. Dafür muss die gewählte Zielgruppe analysiert werden und die Ausrichtung dahin gehend erfolgen. Wer soll mit der Veranstaltung erreicht werden? Kunden, Führungskräfte, Mitarbeiter verschiedener Positionen, externe Teilnehmer oder Geschäftspartner? Ist die Zielgruppe homogen oder sind viele unterschiedliche Interessen zu bedienen? Aus der Zielgruppe ergibt sich oft die etwaige Richtung der Ziele. Handelt es sich um eine Kundenveranstaltung, geht es in erster Linie um Kundenbindung.

Sind die eigenen Mitarbeiter Mittelpunkt des Events, kann es um Weiterbildung und Kompetenzerweiterung gehen, um Teambuilding, Motivation oder die Lösung eines bestimmten Konflikts.

2.2   Art der Veranstaltung

Sind die Ziele sowie die Zielgruppe definiert, muss der Rahmen des Events abgesteckt werden. Dauer und Art der Veranstaltung sind wichtige Kriterien für die richtige Referentenauswahl und hängen entscheidend von der Zielsetzung, der Zielgruppe und dem Budget ab. Soll mit der Veranstaltung beziehungsweise mit dem Referenten ein Impuls gesetzt werden oder bedarf es einer Trainingsreihe, um Wissen und Methoden nachhaltig zu verankern? Bietet sich ein ein- oder mehrtägiges Seminar an, ein 90-minütiger Impulsvortrag, eine Außendiensttagung, ein Incentive oder ein Outdoortraining? Wird eine Auflockerungsphase mit einem Entertainer oder Künstler benötigt? Ebenfalls im Vorfeld sollte definiert werden, wann die Veranstaltung stattfindet. Am Abend, am Morgen, am Wochenende? Kommunikations- beziehungsweise Erholungspausen für die Teilnehmer sollten mit eingeplant werden. Um den Rahmen des Events in der Durchführung nicht zu sprengen, ist es sinnvoll, Reservezeiten einzukalkulieren. Referenten neigen dazu, ihre vorgegebenen Vortragszeiten auszuweiten. Auch die Teilnehmer könnten im Nachgang Fragen haben, eine Diskussionsrunde kann entstehen – wodurch es zu zeitlichen Verschiebungen im Programm kommen kann. In diesem Zusammenhang ist es wichtig, eine Person auszuwählen, die für den Regieablauf verantwortlich ist. Sie sollte für Abstimmungen mit den Referenten zur Verfügung stehen und sowohl technische als auch ablaufbezogene Fragen beantworten können.

2.3   Von den Besten lernen

„Von den Besten lernen" – getreu diesem Motto sollten die Referenten oder Trainer gewählt werden, die zum gewählten Thema das größte Know-how und als Experten und Topreferenten in der Branche bekannt sind. Wer gilt als Themenführer? Welcher Referent steht mit seinem Namen als Marke für einen bestimmten Themenbereich? Ist ein spezielles Thema oder doch die Marke gewünscht? Wer ist State of the Art? Diese Fragen sollte sich jeder Veranstalter vorab stellen, um die optimale Auswahl zu treffen. Empfehlungen Dritter sollten in jedem Fall hinzugezogen werden. Auch Referenten- und Künstleragenturen, die auf solche Dienstleistungen und Recherchen spezialisiert sind, kürzen die aufwendige Suche nach dem passenden Akteur drastisch ab. Im Zeitalter des Internets und der Onlinesuchmaschinen sollte auch dieses Medium aktiv genutzt werden. Wird beispielsweise ein Experte für Zeitmanagement gesucht, kann nach „Zeitmanagementexperte" oder „Zeitmanagementpapst" gegoogelt werden. Geht es um Körpersprache, geht man auf die Suche nach einem „Körperspracheguru". Welche Treffer erscheinen bei „Verkaufsexperte"? Keywords wie diese stehen für die jeweiligen Spezialisten. Referenten haben dies bereits früh für sich erkannt und werden mit diesen Schlagwörtern in Verbindung gebracht.

2.4   Qualifikationen und Referenzen

Wichtig ist es, sich nach den Qualifikationen der gewählten Kandidaten zu erkundigen – und auch deren eigene Weiterbildungen in Erfahrung zu bringen. Hat man als Veranstalter vorab nicht die Möglichkeit, den Referenten oder Künstler live zu erleben, kann Filmmaterial herangezogen werden. Videoplattformen und Streaming-Portale stellen zum Teil kostenfrei oder gegen eine geringe Gebühr Videosequenzen oder ganze Vorträge zur Verfügung. Zudem ist es förderlich zu erfahren, was die Presse und Experten über die Akteure äußern. Dafür können Presseartikel eine aufschlussreiche Informationsquelle sein.

Gemäß der gewählten Veranstaltungsform kann der Kreis der geeigneten Referenten eingegrenzt werden. Für eine Großveranstaltung oder ein Seminar sollte man sich bereits im Vorfeld über die Erfahrungen des Referenten informieren. Nicht jeder kann seine Stärken vor einem großen Publikum zeigen – zwischen Wollen und Können liegt ein großer Unterscheid. Um sich zu vergewissern, dass Referenten zur eigens gewählten Veranstaltungsform passen, können Referenzen hinzugezogen werden. Sie zeigen, mit welchen Kunden er bereits zusammengearbeitet hat und in welcher Form er als Referent aufgetreten ist. Handelt es sich bei der möglichen Buchung um ein hohes Auftragsvolumen beziehungsweise möchte man – im Sinne eines Risikomanagements – sichergehen, dass der Referent passt, kann durchaus Kontakt mit früheren Auftraggebern aufgenommen werden.

2.5   Methoden und Authentizität

Neben der Berücksichtigung von Referenzen sind ebenso die Auswahl der Methodik sowie die Medienauswahl, die der Referent zur Vermittlung seines Themas einsetzt, von Bedeutung. Verwendet ein Speaker zum Beispiel eine klassische PowerPoint-Präsentation oder nutzt er nur das Flipchart? Setzt ein Trainer zur Weitergabe des Wissens oder eventuell als Übungsheft für die Teilnehmer ein Handout ein? Kennt er sich als Moderator beziehungsweise Workshopleiter mit alternativen und aktivierenden Methoden, wie zum Beispiel Open Space oder World-Café aus? In jedem Fall sollten die eingesetzten Medien auch dem Thema entsprechen; daneben unterstützt eine Medienvielfalt und die damit verbundene abwechslungsreiche Gestaltung einer Veranstaltung im Sinne des Infotainments die Aktivierung der Teilnehmer. Zu viel schadet allerdings auch: In puncto Medienvielfalt muss eine harmonische und ausgeglichene Mischung gewählt werden. Im Übrigen benötigt nicht jeder Vortrag oder Workshop die neuesten Medien und Methoden. In manchen Fällen genügt auch das, was jedem Menschen zur Verfügung steht – das eigene Wort.

Egal, ob Speaker oder Trainer, der Referent sollte eine positive Lebenseinstellung ausstrahlen sowie Begeisterung für die aktive Weitergabe von Wissen und Erfahrungsschätzen mitbringen. Ein guter Redner verkörpert seine Thesen und Aussagen!

2.6 Briefing

Getreu dem Motto „Doppelte Vorbereitungszeit ist halbe Durchführungszeit" sollte der Referent im Vorfeld ausführlich zur Zielgruppe, zu den Veranstaltungszielen, den Unternehmenszielen und zur Philosophie gebrieft werden. Als Veranstalter ist es wichtig, alle erforderlichen Informationen zur Verfügung zu stellen, damit der Referent ein spezifisches Programm für die Zielgruppe zusammenstellen kann. Auch sollte über Technikanforderungen des Referenten gesprochen werden. Kann die Veranstaltungslocation beziehungsweise der Veranstalter die technischen Anforderungen gewährleisten?

Entscheidend bleibt es, einen Mehrwert für die Teilnehmer zu schaffen – hier treffen sich das Interesse des Referenten und das des Veranstalters. Ein Mehrwert für die Teilnehmer können je nach Verfügbarkeit Bücher, DVDs, Hörbücher oder andere Medien und Tools darstellen. Oft stehen Referenten für eine anschließende Signierstunde zur Verfügung. Diese sollte jedoch unbedingt im Briefing vorab mit dem Referenten abgestimmt werden. Zusätzlich bieten einige Referenten auch Vortragshandouts für die Teilnehmer an. Das Gelernte kann somit gestärkt und Wissen nachhaltig verankert werden.

Üblicherweise erfolgt das Briefinggespräch telefonisch. Im Anschluss an das Telefonat bietet es sich an, ein Protokoll zu verfassen, welches allen Beteiligten des Briefings einen Überblick über das Besprochene und Verabredete gibt.

2.7 Honorar und Reisekosten

Expertenstatus, Marktsituation und andere Parameter bestimmen die Honorarhöhe. Zwingend erforderlich ist es, das Honorar sowie die Nebenkosten (unter anderem die Reisekosten) im Vorfeld zu fixieren. Sonderkonditionen aufgrund hoher Buchungsvolumina diverser Referenten erhalten in der Regel nur spezialisierte Referenten- und Künstleragenturen. Gerade in Bezug auf Preisverhandlungen können Agenturen eine nützliche Hilfestellung geben, da diese mit den Akteuren bereits in engem Kontakt stehen. Ferner sollte vorher mit dem Referenten abgeklärt werden, ob dieser als selbstständig künstlerisch oder publizistisch tätiger Redner oder Trainer im Sinne des Künstlersozialversicherungsgesetzes einzustufen ist. Diese Einstufung ist wichtig, damit eine verbindliche Abgabenpflicht vonseiten des Auftraggebers festgestellt werden kann. Dient der Vortrag, das Training oder das Coaching der Weiterbildung und damit der Wissensvermittlung, ohne dass der Referent dabei künstlerisch oder publizistisch im Sinne des KSKG tätig ist, so besteht keine Abgabepflicht. Bei Künstlern und Entertainern greift selbstverständlich die Künstlersozialkasse.

3 Auswahlkriterien der Akteure auf einen Blick

In Abb. 1, 2, 3 und 4 sind die erfolgsentscheidenden Auswahlkriterien für die einzelnen Akteure zu finden.

Abb. 1 Auswahlkriterien für Vortragsredner und Speaker. (Quelle: eigene Darstellung)

Abb. 2 Auswahlkriterien für Trainer und Workshopleiter. (Quelle: eigene Darstellung)

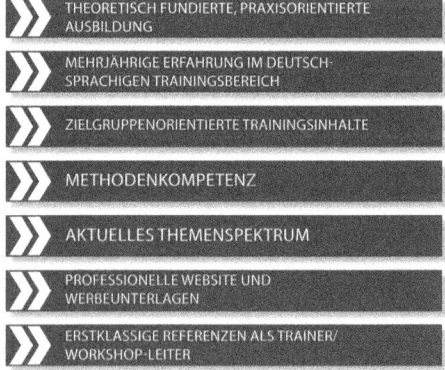

Abb. 3 Auswahlkriterien für
Unternehmer und prominente
Persönlichkeiten. (Quelle:
eigene Darstellung)

**AUSWAHLKRITERIEN FÜR
UNTERNEHMER UND PROMINENTE
PERSÖNLICHKEITEN**

- INNOVATION, IDEEN, TRADITION ODER MARKTFÜHRERSCHAFT
- UNTERNEHMERPERSÖNLICHKEIT
- MEDIENPRÄSENZ/AUTOR
- MEHRJÄHRIGE UNTERNEHMERTÄTIGKEIT
- EMPFEHLUNG, REFERENZEN BZW. LOBBY
- EMPLOYER BRANDING
- EXPERTENSTATUS „VOM UNTERNEHMER ZUR MARKE"

Abb. 4 Auswahlkriterien
für Entertainer und Künstler.
(Quelle: eigene Darstellung)

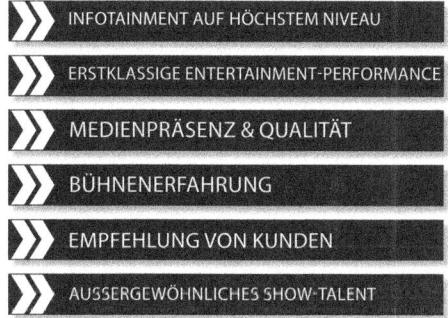

**AUSWAHLKRITERIEN FÜR
ENTERTAINER UND KÜNSTLER**

- INFOTAINMENT AUF HÖCHSTEM NIVEAU
- ERSTKLASSIGE ENTERTAINMENT-PERFORMANCE
- MEDIENPRÄSENZ & QUALITÄT
- BÜHNENERFAHRUNG
- EMPFEHLUNG VON KUNDEN
- AUSSERGEWÖHNLICHES SHOW-TALENT

4   Klare Ziele als Grundlage

Dass sich der Erfolg einer Veranstaltung nicht allein auf eine PowerPoint-Präsentation zurückführen lässt, ist einsichtig. Wichtig bleiben eine ausreichend lange Vorbereitungszeit und ein Fokus auf die Ziele und Wünsche: „Was möchte ich mit dieser Veranstaltung erreichen?" Veranstalter müssen ein Grundgerüst bauen und dort ihre Ziele, Wünsche, Erwartungen und Restriktionen klar benennen. Beachtet man die Punkte, die eine gelungene Veranstaltung versprechen, wird es möglich sein, die Teilnehmer nachhaltig zu begeistern und zu motivieren. Ein wichtiger Punkt, den jeder erfolgreiche Veranstalter verinnerlichen sollte, ist, nach dem Event ein differenziertes Feedback der Teilnehmer einzuholen. Hieraus lässt sich für die nächsten Trainings- und Vortragsplanungen lernen.

Literatur

Bernecker M, Foerster B, Bühler N (Hrsg) (2014) Weiterbildungsmarkt 2013/2014. johanna, Bergisch Gladbach

Über den Autor

 **Gerd Kulhavy** ist Spezialist und führender Experte für individuelle Referentenpositionierung und Referentenmarketing. Er gilt als „der Pionier" des deutschsprachigen Speaker-Markts und prägte diesen nachhaltig mit den von ihm entwickelten Marketingstrategien. Als Gründer und Vorsitzender der Geschäftsführung der Referenten-agentur „Speakers Excellence" begleitet er heute eine ausgewählte Zahl von Topreferenten auf ihrem Weg zur „Marke". Der Vollblut-unternehmer studiert seit über 20 Jahren die Erfolgsrezepte der namhaftesten Trainer und Referenten des internationalen Markts. Begegnungen mit prominenten Persönlichkeiten aus den Bereichen „Marketing", „Politik", „Sport", „Management", „Führung", „Ver-kauf", „Persönlichkeit", „Erfolg" sowie „Gesundheit" inspirierten ihn tief greifend. Gerd Kulhavy ist eines der Gründungsmitglieder der Vereinigung deutscher Veranstaltungsorganisatoren e. V. und seit über zehn Jahren im Vorstand tätig. Ziel dieser größten, nationalen Interessenvertretung für Corporate-Meeting-Planner ist die effektive Unterstützung der Veranstaltungsplaner sowie die Vernetzung von Menschen und Ideen.

Nachhaltiges Personalmanagement

Qualifizierte und motivierte Mitarbeiter als vorrangige Führungsaufgabe

Kristina Wulf

Zusammenfassung

Die Mitarbeiter sind das Kapital eines Unternehmens. Wer dies erkannt hat, wird die richtigen Instrumente einsetzen, um dieses „Kapital Personal" langfristig zu binden.

Die langfristige, sozial verantwortliche und wirtschaftlich zweckmäßige Gewinnung, Entwicklung und Erhaltung von Mitarbeitern wird auch in der Tagungs- und Kongressbranche die zentrale Herausforderung für das zukünftige Personalmanagement sein. Veranstaltungsmanager werden in der Kongressbranche unter anderem von Convention- & Visitors Bureaus (CVBs), Destination Management Companies (DMCs), Professional Congress Organizers (PCOs) und Kongresszentren beschäftigt. Daher sind diese – allesamt Dienstleister in der Kongressbranche – gefordert, entsprechende Rahmenbedingungen zu schaffen, die den Einsatz von Instrumenten im Sinne eines nachhaltigen Personalmanagements ermöglichen.

Es ist unbestritten, dass den Human Resources in einer zunehmend wissensorientierten Wirtschaft eine immer größere Bedeutung zukommt. In diesem Sinne hat das Personalmanagement in der Kongressbranche in den letzten Jahren schon an Bedeutung gewonnen. Es muss aber zunehmend nachhaltig ausgerichtet werden, da diese betriebliche Querschnittsfunktion den Aufbau, die Entwicklung und den Erhalt zukunftsorientierter Personalpotenziale zum Ziel hat. Mit zunehmender Komplexität der Veranstaltungsformate und der immer weiter fortschreitenden Veranstaltungsdichte muss zukünftig das Augenmerk vermehrt auf die Personalentwicklung, die Personalkommunikation, die Personalgewinnung und -bindung sowie den Erhalt der Arbeitskraft gelenkt werden.

K. Wulf (✉)
Aachen, Deutschland
E-Mail: kwulf@eurogress-aachen.de

© Springer Fachmedien Wiesbaden GmbH 2017   475
C. Bühnert und S. Luppold (Hrsg.), *Praxishandbuch Kongress-, Tagungs- und Konferenzmanagement,* DOI 10.1007/978-3-658-08309-0_32

Die zentrale Frage lautet daher: Wie müssen die genannten Dienstleister ihr Personalmanagement gestalten, um zu gewährleisten, dass sie langfristig ausreichend qualifizierte, motivierte und belastbare Mitarbeiter haben?

Da sich Anforderungen an die Organisationsfähigkeit und Kundenorientierung
eines Veranstaltungsmanagers in den genannten Sparten nicht unterscheiden – bei allen
steht die Dienstleistung im Rahmen des Projektmanagements an erster Stelle – wird
das Thema „Personalmanagement" in diesem Beitrag am Beispiel eines Kongresszentrums näher beleuchtet.

Vorbemerkung der Autorin

Die Orientierung an der Arbeitsmarktfähigkeit (Employability) ist für Berufsein-
steiger wie auch für bereits im Beruf Stehende Pflicht. Nur diejenigen, die Kenntnisse und Fähigkeiten haben, die von Unternehmen und Organisationen verlangt
werden, schaffen den Einstieg in das Berufsleben oder klettern die Karriereleiter
hinauf. Für Veranstaltungsmanager heißt das, profunde Kenntnisse des Veranstal-
tungsmarkts zu erlangen, Management- und Teamfähigkeiten – auch während der
Berufsphase – auszubilden, Sprach-, Computer und Webkenntnisse zu vertiefen,
flexibel und teamfähig zu sein sowie Veranstaltungen als Mittel der Livekommunikation zu inszenieren. Für Führungskräfte in der Veranstaltungsbranche heißt das,
das „Kapital Mitarbeiter" zu erkennen, es zu schätzen, zu erhalten und zu fördern,
um langfristig die besten Veranstaltungsmanager zu gewinnen und zu binden.

1 Organisations- und Projektteamstruktur

Ein Kongress ist – unabhängig von der Dauer, der Teilnehmerzahl, der Vorbereitungszeit
etc. – als Projektarbeit mehrerer Projektbeteiligter zu betrachten.

Das Projektteam ist die Keimzelle der gesamten Projektarbeit. Je nach Projektgröße
besteht es aus einigen wenigen bis hin zu mehreren Dutzend Teammitgliedern. Wesentlicher Erfolgsfaktor ist in diesem Zusammenhang, dass Teams so klein wie möglich und so
groß wie nötig sein sollten. Das stellt eine effiziente Kommunikation ebenso sicher wie
eine schnelle Entscheidungsfindung und eine reibungslose Lösung eventueller Konflikte.

In einem Kongresszentrum wirken an der Organisation von Kongressen zahlreiche
Mitarbeiter mit den unterschiedlichsten Aufgabengebieten mit. Damit ein Kongress
nicht nur für den Kunden ein Erfolg wird, sondern auch für das Kongresszentrum, bedarf
es einer prozessorientierten Struktur im administrativen sowie im organisatorischen
Bereich. Ein weiterer Erfolgsfaktor ist die richtige Personalplanung beziehungsweise die
optimale Zusammensetzung des Projektteams.

Ein Kongress wird im Rahmen eines Projektmanagements von einem Projektteam während des gesamten Prozesses – also im Vorfeld bei allen Absprachen mit

dem Kunden, während des Kongresses selbst sowie bei der Nachbereitung – betreut. Das Projektteam, in dem – je nach Anforderung – Mitarbeiter aus verschiedenen Geschäftsbereichen mitwirken, wird von einem Projektleiter geführt. Er plant, steuert und kontrolliert das Projekt „Kongress". Er stellt am Anfang eines Projekts ein Team aus Generalisten und Fachleuten zusammen, das als Einheit die anstehenden Aufgaben zusammen interdisziplinär erfolgreich erledigt. Darüber hinaus koordiniert er die unterschiedlichen Rollen, Aufgaben und Verantwortlichkeiten von Teammitgliedern sowie die Kommunikation und regelt die Kooperation im Team.

Neben dem Geschäftsbereich „Veranstaltungen", der federführend bei der Organisation von Kongressen ist, sind weitere Geschäftsbereiche notwendig, die entweder im Vorfeld, während oder in der Nachbereitung an der Umsetzung des Kongresses mitwirken.

Zunächst einmal wird der Veranstalter beziehungsweise die Veranstaltung akquiriert. Das heißt, dass der Kunde das Kongresszentrum für seine Veranstaltung in Erwägung zieht und es in die engere Wahl der infrage kommenden Locations nimmt. Sofern das Kongresszentrum einen Verkäufer hat, stellt dieser den ersten Kontakt her, versorgt den Kunden mit den notwendigen Informationen und lädt den Kunden zu einer Site-Inspection ein. Sofern es keinen Verkäufer gibt, übernimmt dies ein Projektleiter. Bereits bei diesem ersten Kontakt mit dem Kunden vor Ort muss der Projektleiter vonseiten des Kongresszentrums bestimmt sein, damit der Kunde während des gesamten Organisationsprozesses den gleichen Ansprechpartner hat. Der Projektleiter ist Ansprechpartner für alle Belange des Kunden. Man nennt dieses Prinzip auch „One Face to Customer". Es schafft eine größere Kundenzufriedenheit durch eine bessere Betreuung und hilft außerdem, Informationsverluste zu vermeiden. Darüber hinaus gibt es dem Kunden Sicherheit und Vertrauen. Ein Wechsel des Projektleiters in der Planungsphase eines Kongresses sollte daher unbedingt vermieden werden, auch wenn die Vorbereitung des Kongresses über mehrere Jahre dauert, da ein solcher Wechsel zu Verunsicherung und einem Vertrauensverlust beim Kunden führen kann.

Je nach Größenordnung, Anforderung und Komplexität des Kongresses benennt der Projektleiter einen oder mehrere Projektassistenten. Der Projektleiter entscheidet, wie die Aufgaben innerhalb der Betreuung des Kongresses zwischen ihm und dem oder den Projektassistenten aufgeteilt werden und delegiert die Aufgaben entsprechend. In dem Projektteam muss darüber hinaus ein Mitarbeiter des Geschäftsbereichs „Technik", der sogenannte „technische Projektleiter", mitarbeiten. Dieser muss ebenfalls frühzeitig, möglichst zu Beginn der Planungsphase, benannt und einbezogen werden. Er unterstützt und berät den Projektleiter in allen technischen Belangen des Kongresses. Er setzt die technischen Anforderungen des Kunden im Rahmen des Kongresses um und bindet bei Bedarf weitere Mitarbeiter aus dem technischen Bereich oder externe Dienstleister ein.

Weitere Mitwirkende an einem Kongress sind Mitarbeiter aus dem Geschäftsbereich „Finanzen und Personal". In diesem Bereich werden die Anforderungen des Projektleiters an weiteres Personal von der Personalsachbearbeitung umgesetzt. Sofern Hostessen, Garderobieren, Reinigungskräfte oder sonstige Mitarbeiter benötigt werden, beschafft dieser Geschäftsbereich das notwendige Personal.

An der Nachbereitung des Kongresses ist dieser Geschäftsbereich ebenfalls beteiligt, da die Rechnungsstellung sowie die Überwachung des Zahlungseingangs in der Buchhaltung erfolgt.

Manchmal ist es bei mehrtägigen Kongressen erforderlich, einen Chef vom Dienst einzusetzen. Er übernimmt die Rolle des Projektleiters, wenn dieser den Kongress bereits tagsüber betreut hat, aber auch am Abend eine Betreuung während eines Kongressdinners oder eines Get-togethers erforderlich ist. Aus arbeitszeitrechtlichen Gründen kann der Projektleiter dann nicht mehr eingesetzt werden. Der Chef vom Dienst übernimmt alle Rechte und Pflichten des Projektleiters und wird während seines Dienstes Ansprechpartner für den Kunden sowie für alle anderen Mitwirkenden des Kongresszentrums.

Der Projektleiter hat in dem Projektteam die führende Rolle inne. Er ist für die ganzheitliche Koordination des Kongresses verantwortlich. Er beziehungsweise der Chef vom Dienst sind zudem während der Veranstaltung entscheidungsbefugter Ansprechpartner für Feuerwehr, Rettungsdienst, Ordnungsamt, Bauaufsicht und Polizei. Sie sind zur Einstellung des Veranstaltungsbetriebs verpflichtet, wenn für die Sicherheit der Versammlungsstätte notwendige Anlagen, Einrichtungen oder Vorrichtungen nicht betriebsfähig sind, Betriebsvorschriften nicht eingehalten werden und dadurch eine Gefährdung von Personen eintreten kann.

Zur Erfüllung seiner Aufgaben bindet der Projektleiter die verschiedenen Geschäftsbereiche oder entsprechende Dienstleister bereits in der Planungsphase ein. Neben dem erweiterten Team wird im Projekt auch immer wieder Bedarf an Know-how entstehen, der sich nur durch Fachexperten aus anderen Bereichen der Organisation decken lässt. Hier sollte bedacht werden, dass dieses Know-how auch abgerufen werden kann, ohne dass die Know-how-Träger gleich ins Projektteam integriert werden müssen. Im Sinne eines effizienten Projektmanagements ist es oft sinnvoller, diese Experten als Dienstleister temporär für bestimmte Dienstleistungen zu konsultieren als sie mit allen Pflichten ins Projekt einzubinden.

Zusammenfassend bleibt festzuhalten, dass der Projektleiter über alle Wünsche des Kunden sowie über alle Abläufe informiert sein muss. Er muss fachlich kompetent, aber auch kommunikativ sein und als Führungskraft integrierend und vernetzend arbeiten können, denn er ist dafür verantwortlich, dass alle Mitwirkenden ausreichend informiert sind, sodass die Anforderungen des Kunden rechtzeitig umgesetzt werden. Idealerweise bringt er zudem Kundenorientierung, Flexibilität, Durchsetzungsstärke, Belastbarkeit in Stresssituationen, soziale Kompetenz sowie Souveränität mit.

1.1 Personaleinsatz und -organisation

Personalmanagement ist dann nachhaltig, wenn es langfristig ausgerichtet ist und die Bedürfnisse und Interessen aller Anspruchsgruppen berücksichtigt. Es geht im Einzelnen um individuelle, organisationale und gesellschaftliche Interessen (Zaugg 2006, S. 271–279). Zunächst einmal sind die Mitarbeiter die primären Anspruchsgruppen. Es gilt aber auch, die Bedürfnisse weiterer Anspruchsgruppen (wie zum Beispiel Angehörige, Arbeitnehmervertreter, Kunden) zu berücksichtigen.

Daher ist die große Herausforderung in einem Kongresszentrum der optimale Personaleinsatz unter Berücksichtigung folgender Punkte:

- Die Einhaltung aller rechtlichen Vorschriften muss gewährleistet werden.
- Die vorhandenen Mitarbeiter mit den richtigen Qualifikationen müssen flexibel und passend zur Aufgabe eingesetzt und in den Arbeitsprozess eingegliedert werden.
- Die Bedürfnisse der Mitarbeiter und der weiteren Anspruchsgruppen müssen berücksichtigt werden.
- Die Arbeit soll physisch und psychisch langfristig erträglich und zumutbar sein, besser noch zur Persönlichkeitsförderung und Zufriedenheit beitragen.
- Das muss zudem alles unter ökonomischen Gesichtspunkten erfolgen.

In einem Kongresszentrum, das 24 h am Tag und 365 Tage im Jahr im Betrieb ist, bedeutet dies, dass ausreichend Mitarbeiter mit den richtigen Qualifikationen sowohl in der Veranstaltungsorganisation (Projektleiter, Chef vom Dienst) als auch in der Veranstaltungstechnik (Meister/Fachkraft für Veranstaltungstechnik) beschäftigt werden müssen, damit gewährleistet ist, dass die Kongresse vom Aufbaubeginn bis Abbauende unter Berücksichtigung der Versammlungsstättenverordnung (VStättVO) betreut werden. Es bedeutet aber auch unter ökonomischen Gesichtspunkten, dass die Mitarbeiter effektiv eingesetzt werden.

Kongresse dauern inklusive Auf- und Abbau in der Regel mehrere Tage. Das Fachprogramm am Tag beinhaltet mehrere Sessions mit Vorträgen, Lerneinheiten sowie Diskussionen in Form von Arbeitsgruppen und findet somit vom Vormittag bis zum Nachmittag statt. Sollte am Abend noch ein Rahmenprogramm, zum Beispiel Get-together oder ein Dinner, durchgeführt werden, so ist die ganztägige Betreuung mit einem Projektleiter und einem Veranstaltungstechniker nicht abzudecken. Es müssen zunächst also die zeitlichen und personellen Anforderungen des Kunden im Detail feststehen, damit die Ressourcen festgelegt und der Personaleinsatz für alle Beteiligten (Projektleiter, Techniker, Hostessen, Garderobieren etc.) geplant werden kann. Diese Anforderungen müssen frühzeitig beim Kunden erfragt werden, damit die Dienstpläne, unter anderem unter Berücksichtigung des Arbeitszeitgesetzes, erstellt werden können.

Auch wenn es sich bei der Betreuung eines Kongresses nicht unbedingt um Schichtarbeit im eigentlichen Sinn handelt, so arbeiten die Projektleiter, Chefs vom Dienst und Techniker doch zu sehr unterschiedlichen Zeiten. Dies setzt voraus, dass mit den Mitarbeitern flexible Arbeitszeiten vereinbart werden.

Insgesamt gilt es, beim Personaleinsatz in einem Kongresszentrum den belastenden Arbeitsanforderungen wie Leistungs- und Zeitdruck sowie Schicht- und Nachtarbeit durch flexible Arbeitszeiten, ausreichend qualifizierte Mitarbeiter, ausreichend Ruhezeiten, ein betriebliches Gesundheitsmanagement etc. Rechnung zu tragen, sodass die Mitarbeiter langfristig leistungsfähig bleiben.

Die Aufgabe der Personalorganisation besteht darin, die strukturellen Grundlagen für ein effizientes Erreichen vielfältiger personalwirtschaftlicher Ziele zu schaffen. Die Personalorganisation ist auf Dauer angelegt und unterscheidet sich so von der fallweisen beziehungsweise punktuellen Disposition für einen Kongress sowie von vorläufigen und von vornherein befristeten Regelungen der Improvisation.

Ziel der Personalorganisation muss es sein, die Wettbewerbs-, Innovations- und Leistungsfähigkeit eines Kongresszentrums langfristig zu sichern. Dies ist eine große Herausforderung im Hinblick auf den demografischen Wandel und bedeutet, dass ein Strukturwandel vorgenommen werden muss. Das heißt, dass bei der Personalorganisation nicht nur die jüngeren Mitarbeiter in den Fokus genommen werden sollten, sondern vielmehr auf einen optimalen Einsatz von jüngeren und älteren Mitarbeitern gesetzt werden sollte. Hierbei sollte auf altersgemischte Teams, Mentoringprogramme, Know-how-Tandems und Kommunikationsforen sowie Wissensdatenbanken gesetzt werden (degefest et al. 2015, S. 14).

Bei der nachhaltigen Personalorganisation geht es vor allem darum, Nachfolgeregelungen zu finden, die eine gezielte Weitergabe von Wissen sichern und ein schrittweise vorgenommenes Ausscheiden aus dem Arbeitsleben ermöglichen. Auch wenn der Organisationsprozess eines Kongresses grundlegend festgelegt ist, so ergeben sich im Laufe des Prozesses immer wieder Situationen, die ein flexibles Reagieren erfordern. Erfahrene Mitarbeiter eines Kongresszentrums zeichnen sich dadurch aus, dass sie viele solcher Situationen erlebt haben und schnell und flexibel reagieren können. Hierdurch wächst der Erfahrungsschatz der Mitarbeiter. Im Zuge einer internen Nachfolgeregelung zum Beispiel gilt es, diese Erfahrungen an den nachfolgenden Mitarbeiter weiterzugeben.

Im Zusammenhang mit der Personalplanung und -organisation müssen Rechtsvorschriften berücksichtigt und angewendet werden.

Arbeitsverhältnisse sind gesetzlich durch das Arbeitsrecht geregelt. Man unterscheidet zwischen dem Privatrecht und dem öffentlichen Recht. Private Rechtsvorschriften findet man vor allem im bürgerlichen Recht und Handelsrecht, beim öffentlichen Recht steht der Staat über dem Einzelnen. Befindet man sich in einem Arbeitsverhältnis, gilt das Arbeitsrecht, welches sowohl private wie öffentliche Rechtsinhalte umfasst. Die Rangfolge im Arbeitsrecht unterteilt sich in:

- Das überstaatliche EU-Recht.
- Das staatlich gesetzliche Recht: Dazu gehören das Verfassungsrecht (Grundgesetz für die Bundesrepublik Deutschland, das Landesverfassungsgesetz) und die entsprechenden Gesetze und Verordnungen.
- Recht, das vertraglich geschaffen wird: Dazu gehören Tarifverträge, Arbeitsverträge, Betriebsvereinbarungen und betriebliche Übungen.
- Richterrecht: Das ist die Arbeitsgerichtbarkeit, nach den folgenden Punkten strikt der Rangordnung arbeitsrechtlicher Vorschriften und Normen untergeordnet:
  - das Verfassungsrecht
  - die Gesetze und das Richterrecht

- die Rechtsverordnungen
- der Tarifvertrag
- die Betriebsvereinbarung
- der Einzelarbeitsvertrag
- die Weisung des Arbeitgebers

Nachfolgend werden einige relevante Rechtsvorschriften genannt, die häufig angewendet werden:

- Allgemeines Gleichbehandlungsgesetz – AGG
- Arbeitszeitgesetz – ArbZG
- Arbeitsschutzgesetz – ArbSchG
- Jugendarbeitsschutzgesetz – JArbSchG
- Bürgerliches Gesetzbuch – BGB
- Gesetz zum Elterngeld und Elternzeit – BEEG
- Betriebsverfassungsgesetz – BetrVG
- Bundesurlaubsgesetz – BUrlG
- Gesetz über Zahlung des Entgelts an Feiertagen und im Krankheitsfall – EntgfG
- Insolvenzordnung – InsO
- Kündigungsschutzgesetz – KSchG
- Mutterschutzgesetz – MuSchG
- Mediationsgesetz – MediationsG
- Pflegezeitgesetz – PflegeZG
- Drittes Sozialgesetzbuch (Arbeitsförderung) – SGB III
- Neuntes Sozialgesetzbuch (Behinderte Menschen) – SGB IX
- Teilzeit- und Befristungsgesetz – TzBfG

Neben den Rechtsvorschriften gibt es allgemeine Schutzbestimmungen. Die hier genannten Bestimmungen stellen ebenfalls nur einen Auszug dar und erheben keinen Anspruch auf Vollständigkeit.

Die allgemeinen Schutzbestimmungen sind für alle Arbeitnehmer gültig und betreffen die Bereiche „Arbeitszeit", „Urlaubsanspruch", „Unfall-" und „Gesundheitsschutz". Die Vorschriften zum Unfall- und Gesundheitsschutz findet man unter anderem in der Arbeitsstättenverordnung, der Gewerbeordnung, den Unfallverhütungsvorschriften der Berufsgenossenschaften und dem Gesetz der Betriebsärzte.

In der Arbeitsstättenverordnung sind die wichtigsten hygienischen, arbeitsmedizinischen und sicherheitstechnischen Regeln, die allgemein anerkannt sind, enthalten. Mit der Gewerbeordnung wird ein Betrieb, und somit der Arbeitgeber, dazu angehalten, die Arbeitsplätze, Arbeitsräume, Geräte, Maschinen und Betriebsvorrichtungen sicher für den Arbeitnehmer zu gestalten.

1.2   Personalentwicklung

Die Studie „Tagung und Kongress der Zukunft", die das Institut für Zukunftsstudien und Technologiebewertung im Auftrag des German Convention Bureaus erstellt hat, kommt zu dem Schluss, dass das lebenslange Lernen im Hinblick auf eine alternde Belegschaft immer wichtiger wird. Der so häufig genannte demografische Wandel wird auch die Tagungs- und Kongressbranche erreichen und starke Auswirkungen haben – zum Beispiel auf die Arbeitskräfteverfügbarkeit und die wirtschaftliche Dynamik. Beschäftigte der Tagungs- und Kongressbranche benötigen zudem bestimmte Kompetenzen: Sie sollen in der Lage sein, den unterschiedlichen Kongresskunden mit einem immer höheren Maß an Aufmerksamkeit, Sensibilität und Toleranz zu begegnen sowie darüber hinaus mit den Möglichkeiten und Grenzen modernster technischer Lösungen vertraut sein (German Convention Bureau 2013, S. 28). Die stetige Weiterqualifizierung der Mitarbeiter hat daher höchste Priorität. Die Ergebnisse des Meeting- & EventBarometers bestätigen, dass bereits 44,1 % der befragten Anbieter die Fortbildung der Mitarbeiter als wichtige Herausforderung für die Branche sehen (Schreiber et al. 2014, S. 37).

Zur Begriffsgruppe der Personalentwicklung gehören insbesondere Stichworte wie „Ausbildung", „Fortbildung", „Förderung", „Qualifikation", „Know-how" und „Karriereplanung". Nachhaltige Personalentwicklung hat mithin die Aufgabe, durch den Einsatz der geeigneten Maßnahmen und Instrumente dafür Sorge zu tragen, die Mitarbeiter – das heißt deren Wissen, Erfahrungen, Fähigkeiten, Fertigkeiten sowie Neigungen – an die sich ständig steigenden Anforderungen so anzupassen, dass sie zu einem Erfolgsfaktor werden. Auf diese Weise wird gewährleistet, dass das Unternehmen auch zukünftig wettbewerbsfähig bleibt. Dazu bedarf es einer kontinuierlichen Situations- und Bedarfsanalyse im Unternehmen.

Im Folgenden wird als Beispiel die Personalentwicklung im Kongresszentrum Eurogress Aachen erläutert. Sie basiert auf drei Säulen: „Fortbildung", „Talentmanagement" und „Mitarbeiteraustausch". Diese drei Säulen sichern durch die konsequente Umsetzung langfristig qualifiziertes und motiviertes Personal.

1.2.1 Fortbildung

Das Fortbildungskonzept, das unter anderem auch die in der Veranstaltungsbranche geforderten regelmäßigen Unterweisungen beinhaltet, basiert auf dem Prinzip „Fördern und Fordern". Bei der Erarbeitung des Konzepts sind folgende wichtige Voraussetzungen berücksichtigt beziehungsweise im Vorfeld erfüllt worden:

- Das Fortbildungskonzept hat eine hohe Priorität im Unternehmen.
- Die Einbindung aller Mitarbeiter ist im Vorfeld beziehungsweise bei der Einführung berücksichtigt worden. So sind aus Betroffenen Beteiligte gemacht worden.
- Der Sinngehalt und die Ziele sind klar formuliert und kommuniziert worden.
- Die Ressourcen „Zeit" und „Budget" werden in ausreichendem Maße gewährt.

Die Nachhaltigkeit dieses Fortbildungskonzepts findet sich in folgenden Bereichen wieder:

- Beteiligung der Mitarbeiter – durch die explizite Berücksichtigung der Mitarbeiterinteressen, den hohen Stellenwert der Selbstentwicklung und das Vertrauen in das Verantwortungsbewusstsein der Mitarbeiter ist dieser Bereich der Personalentwicklung äußerst partizipativ.
- Kundenzufriedenheit – durch eine kompetente, professionelle Betreuung wird die Zufriedenheit der Kunden erhöht und somit die Nachfrage gesteigert.
- Wertschöpfungsorientierung – durch die Investition in das Wissen der Mitarbeiter wird intellektuelles Kapital generiert.

1.2.2 Talentmanagement

Talentmanagement gewinnt auch in Kongresszentren zunehmend an Bedeutung – denn ob ein Unternehmen erfolgreich ist oder nicht, hängt vor allem von seinen Beschäftigten ab. Wie bereits erwähnt, ist der demografische Wandel ein Grund, warum es allenthalben schwieriger wird, Fachkräfte zu bekommen und zu binden. Deshalb richtet sich der Blick vermehrt nach innen, verbunden mit der Frage, welche Potenziale unentdeckt im eigenen Personalpool schlummern. Lineare Karrieren werden realiter immer seltener, dafür finden sich häufiger talentierte und engagierte Mitarbeiter mit einem hohen Entwicklungspotenzial, die einen eher „bunten" Lebenslauf haben. Hinzu kommt, dass es bis vor einigen Jahren keine veranstaltungsspezifischen Ausbildungsberufe gab. Das heißt, in der Veranstaltungsbranche arbeiten viele Quereinsteiger, die sich die Qualifikation für ihre Position autodidaktisch angeeignet haben.

Indem die Karrieremotivation, Führungskompetenzen und Entwicklungspotenziale der Beschäftigten in regelmäßig stattfindenden Qualifikationsgesprächen erfasst werden, ist es möglich, interne Fördermaßnahmen auf die tatsächlichen Erfordernisse abzustimmen. Hier setzt das interne Talentmanagement an, dessen Aufgabe es ist, verborgene Talente zu identifizieren, zu entwickeln, zu fördern, zu platzieren und langfristig zu binden. Mit einfachen Instrumenten kann – aufbauend auf dem bereits bestehenden nachhaltigen Fortbildungskonzept – ein internes Talentmanagement etabliert werden.

Instrumente: regelmäßige Mitarbeiter- und Zielvereinbarungsgespräche, Motivationsanreize (Stärkenanalyse), Aufzeigen individueller Entwicklungswege und persönlicher Perspektiven, Förderung und Entwicklung individueller Fähigkeiten und Fertigkeiten.

Maßnahmen: berufsbegleitende Studiengänge, Meisterschulen, zertifizierte Lehrgänge, Berufsabschlüsse als Externe, Seminare und Workshops etc.

1.2.3 Mitarbeiteraustausch

Ein weiterer und wesentlicher Bestandteil der Personalentwicklung kann der Austausch von Mitarbeitern mit anderen Kongresszentren sein. Dieser Austausch dient dazu, von anderen zu lernen oder die eigene Vorgehensweise zu überprüfen. In dem Netzwerk „Congress Allianz" sind zum Beispiel neun Kongresszentren vereint, die als eine

Besonderheit dieser Allianz Mitarbeiter zur Hospitanz in ein anderes Kongresszentrum schicken.

Ziele der nachhaltigen Personalentwicklung im Eurogress sind:

1. Mitarbeiterzufriedenheit und -motivation (Identifikation, Selbstverantwortung, Selbstbewusstsein),
2. umfassende und dauerhafte Erhöhung der Motivation sowie der Handlungskompetenzen der Mitarbeiter,
3. Potenzialerschließung,
4. kontinuierliche Kompetenzerweiterung,
5. Verhinderung von Personalengpässen,
6. effizienter Einsatz des Qualifizierungsbudgets,
7. Steigerung der Attraktivität als Arbeitgeber,
8. Karriereplanung,
9. Erreichung höherer Vergütungen,
10. Kundenzufriedenheit,
11. Wertschöpfung.

1.2.4 Weitere Methoden der Personalentwicklung

- Einarbeitung neuer Mitarbeiter – geplante, systematische Eingliederung in die Organisation.
- Patenschaft und Mentorensysteme – Vermittlung von Qualifikationen und Kompetenzen, aber auch von Riten und Normen eines Unternehmens durch eine erfahrene Führungskraft (Pate beziehungsweise Mentor) an einen am Anfang seines Berufslebens stehenden Mitarbeiter (Mentee).
- Coaching – individuelle Beratung und Begleitung einzelner Personen beziehungsweise Gruppen hinsichtlich tätigkeitsbezogener, fachlicher beziehungsweise zwischenmenschlicher Fragestellungen.
- Jobrotation – regelmäßiger, systematischer und planmäßiger Wechsel von Arbeitsplätzen und Arbeitsaufgaben der Mitarbeiter untereinander.
- Jobenlargement – zu den bestehenden Tätigkeiten werden neue, qualitativ gleichwertige Tätigkeiten hinzugenommen; die Anzahl der Aufgaben innerhalb des Arbeitsbereichs wird erhöht.
- Jobenrichment – qualitative Aufwertung der Tätigkeitsinhalte.
- E-Learning – Erwerb von Fähigkeiten und Wissen, der durch Informations- und Kommunikationstechnologien unterstützt wird.
- Teamentwicklung – aktiver, gesteuerter Prozess, der der Verbesserung der Zusammenarbeit von Mitarbeitern dient.
- Auslandsaufenthalt beziehungsweise -entsendung – kurz-, mittel- und langfristige Auslandseinsätze von Mitarbeitern zur Förderung des Wissenstransfers.

1.3   Personalkommunikation

Personalkommunikation ist ein wichtiger Teil der Unternehmenskommunikation (Corporate Communication). Sie bezeichnet im Allgemeinen die Kommunikation einer Organisation, sowohl die interne als auch die externe. Die Unternehmenskommunikation ist wiederum ein Teil des Unternehmensverhaltens (Corporate Behaviour). Das Unternehmensverhalten ist eine Art Verhaltenskodex eines Unternehmens und gibt den Rahmen unter anderem für die Personalkommunikation vor.

Innerhalb der Personalkommunikation muss zwischen interner und externer Kommunikation unterschieden werden. Unter interner Kommunikation werden unter anderem der Führungsstil sowie der Umgang der Mitarbeiter untereinander verstanden. Die externe Kommunikation bedeutet in der Personalkommunikation die Ansprache von potenziellen, zukünftigen Mitarbeitern.

1.3.1 Interne Kommunikation

Interne Kommunikation muss transparent, fair und wertschätzend sein. Nur wenn sie diese Attribute aufweist, ist sie glaubhaft und authentisch. Eine authentische Personalkommunikation schafft Vertrauen. Geprägt wird die interne Kommunikation insbesondere durch das Führungs- und Kooperationsverhalten. Dieses manifestiert sich darin, wie zum Beispiel Aufgabenstellungen an Mitarbeiter kommuniziert werden, ob die Vorgesetzten eine Art Vorbildfunktion haben und diese auch erfüllen, wie mit Kritik umgegangen wird und wie Kritikgespräche geführt werden. In einem Kongresszentrums bedeutet dies zum Beispiel, dass nach jedem Kongress innerhalb des Projektteams ein Feedbackgespräch geführt wird, in dem gute wie auch schlechte Abläufe thematisiert werden.

Ein weiterer wichtiger Gesichtspunkt des internen Verhaltens sind die sogenannten „Rituale". Gemeint sind damit sich wiederholende Handlungsabläufe, die zu einer bestimmten Zeit an einem bestimmten Ort und mit einer bestimmten Besetzung stattfinden, wie zum Beispiel Abteilungs-, Projekt- und Technikbesprechungen. Technikbesprechungen sind das ganz zentrale Ritual eines Kongresszentrums, da hierbei jedes Projekt detailliert und abteilungsübergreifend besprochen wird.

Unter die Rituale fallen aber auch seltener stattfindende Events wie Weihnachts- oder Geburtstagsfeiern. Damit werden den Mitarbeitern zum einen die Werte der Firma gezeigt, zum anderen werden die Mitarbeiter durch Veranstaltungen wie die Weihnachts- oder Geburtstagsfeiern aktiv in die Wertbildung einbezogen.

Instrumente der internen Personalkommunikation sind unter anderem regelmäßige Besprechungen, Feedbackgespräche, Informationsmanagement, Wissensmanagement, Intranet, Betriebszeitung, Schwarzes Brett, Betriebsversammlungen und Firmen-Wiki.

1.3.2 Externe Kommunikation

Mit der externen Personalkommunikation wird vor allem das Ziel verfolgt, sich als attraktiver Arbeitgeber in der Öffentlichkeit zu präsentieren und damit potenzielle Bewerber auf sich aufmerksam zu machen. In Anbetracht der Herausforderungen, die ein Kongresszentrum im Hinblick auf den demografischen Wandel erwartet, gewinnt die Qualität der externen Personalkommunikation immer mehr an Bedeutung, wenn man die besten Talente rekrutieren will.

Nicht nur der Umgang mit beziehungsweise das Verhalten gegenüber Bewerbern ist wichtig, sondern auch die positive Darstellung als Arbeitgeber in der Öffentlichkeit. Da sich 94 % der Hochschulabsolventen über die Website über einen potenziellen Arbeitgeber informieren (Kienbaum Communications 2015), sollte diese im Hinblick auf Unternehmenskultur, Karrieremöglichkeiten etc. aussagekräftig sein. Auch Geschäftsberichte und Veröffentlichungen in Printmedien (Tageszeitungen, Fachzeitschriften) können zu einem positiven Image als Arbeitgeber beitragen, ebenso wie die Beteiligung an regionalen Aktivitäten, Personaler-Runden und Arbeitgeberzertifikaten (IHK, Arbeitgeberverbände). Aufgrund von Vorträgen und Beteiligung an Ausbildungs- und Berufsmessen kann der Arbeitgeber unmittelbar ins Gespräch mit potenziellen Bewerbern kommen.

1.4   Personalgewinnung und -bindung

Wie lässt sich die Zukunft der Tagungs- und Kongressbranche sichern? Die belastenden Arbeitsanforderungen wie Leistungs- und Zeitdruck sowie Schicht- und Nachtarbeit stellen die Branche schon heute vor große Herausforderungen. Zudem müssen für die Rekrutierung der Generation Y heute ganz andere Instrumente eingesetzt werden. Auch bei der Personalgewinnung wird das Zauberwort „Social Media" zukünftig einen hohen Stellenwert einnehmen. Eine nachhaltige Personalgewinnung ist daher unverzichtbar, damit die Kongresszentren im Wettbewerb um Fachkräfte bestehen können. Erfolgreiche Personalgewinnung erfordert vor allem die zielgerichtete und prägnante Kommunikation eigener, tatsächlich relevanter Werte an die Zielgruppe. Werte, die das Unternehmen positiv auszeichnen, es vom Wettbewerb differenzieren – und die sowohl die Unternehmenskultur als auch die Reputation auf dem Markt stärken.

Eine der wichtigsten Voraussetzungen, um mittel- und langfristig gutes und qualifiziertes Personal beschäftigen zu können, ist das Personalmarketing. Zu diesem Zweck kommen alle möglichen Werbemittel zum Einsatz, um die Suche nach neuen Mitarbeitern zu optimieren. Eine attraktiv gestaltete Website ist ebenso ein Werbemittel wie ein Aushang am Schwarzen Brett der Universität oder eine Stellenanzeige in Facebook. Das Personalmarketing dient auch dazu, ein positives Image aufzubauen und sich so einen möglichst guten Namen in der Branche zu machen, wenn es darum geht, ausgezeichnete Mitarbeiter zu verpflichten.

Es gibt verschiedene Modelle für ein gutes Personalmarketing. So kann das Unternehmen zum Beispiel den Absolventen von Universitäten und Hochschulen aufzeigen, wie eine Stellung in ihrem Unternehmen aussehen könnte und welche Tätigkeitsfelder zu besetzen sind. Das Kongresszentrum bringt sich an Universitäten und Hochschulen ein und bietet Studenten zum Beispiel ein attraktives Praktikum oder die Anfertigung einer Bachelor- oder Masterarbeit an.

Das Anbieten von Traineeprogrammen ist ebenfalls eine gute Möglichkeit für ein effektives Personalmarketing. 46 % der Absolventen können sich einen Einstieg über ein solches Programm vorstellen (Kienbaum Communications 2015). Um gute Fachkräfte für ein Kongresszentrum akquirieren zu können, sind neben einem adäquaten Gehalt auch die passenden Rahmenbedingungen von großer Bedeutung. Mitarbeiter sollen sich während der Arbeit wohlfühlen; dies können die Betriebe zum Beispiel durch attraktive Zusatzleistungen erreichen. Neben dem klassischen Personalmarketing bieten sich insbesondere auch Kooperationen mit Ausbildungsinstitutionen und Verbänden an.

Bei der Personalbeschaffung kommen drei unterschiedliche Modelle zur Anwendung. Zum einen die Beschaffungsaktivitäten, die sich nur auf den internen Arbeitsmarkt beschränken, solche, die sich nur am externen Arbeitsmarkt orientieren oder das Modell, das beide Möglichkeiten umfasst.

Neue Mitarbeiter können durch eine interne Stellenausschreibung gewonnen werden, aber auch durch den Vorschlag eines Vorgesetzten. Ebenso stellt die Übernahme eines Auszubildenden nach dessen Ausbildung eine interne Personalbeschaffung dar.

Gibt es im eigenen Unternehmen nicht genug qualifizierte Mitarbeiter und somit auch nicht ausreichend Bewerber um eine offene Stelle, dann muss man sich auf dem externen Markt umsehen. Auch hier gibt es unterschiedliche Möglichkeiten, eine offene Stelle neu zu besetzen. Kommt es zu einem kurzfristigen Engpass bezüglich des Personals, so gibt es die Möglichkeit der Arbeitnehmerüberlassung. Geregelt durch das Arbeitnehmerüberlassungsgesetz (AÜG), besteht die Möglichkeit, Personal zeitlich begrenzt einzustellen. Um relevante Posten auf Führungsebenen neu zu besetzen, greifen Kongresszentren auch schon mal auf einen Personalberater zurück. Eine besondere Form der Personalberatung stellt das sogenannte „Headhunting" dar. Das Charakteristische an dieser Beratungsleistung ist, dass beim Headhunting die Person, die für eine Führungsaufgabe infrage kommen könnte, bereits namentlich und in vielen Fällen auch schon persönlich bekannt ist.

Da in einem Kongresszentrum neben den fest angestellten Mitarbeitern in Teil- und in Vollzeit zahlreiche geringfügig Beschäftigte für Einsätze unter anderem im Bereich „Bestuhlung, Einlass, Garderobe und Service" benötigt werden, empfiehlt es sich, einen eigenen Personalpool aufzubauen. Sollte das in diesem Pool vorhandene Personal in Spitzenzeiten nicht ausreichen, muss auch in diesem Bereich auf Zeitarbeitsfirmen ausgewichen werden.

Eine nachhaltige Personalgewinnung bedeutet, dass das Kongresszentrum bei der Gewinnung der Mitarbeiter langfristig erfolgreich ist, kostengünstige Wege einsetzt und sich Plattformen zur Personalgewinnung bedient, wie zum Beispiel eine eigene interne und externe Karriereseite sowie die Einstellung neuer Mitarbeiter schon als Praktikanten oder Studenten.

Das Empfinden und Erleben von Zugehörigkeit zu, Verbundenheit und Identifikation der Mitarbeiter mit ihrem Unternehmen oder ihrer Organisation wird als „Personalbindung", „Mitarbeiterbindung" beziehungsweise „Commitment" bezeichnet. Erwünscht ist insbesondere ein hohes „affektives Commitment", welches wiederum zu besonderer

Leistungsbereitschaft führen und Absentismus und Fluktuation reduzieren soll (Göbel 2010, S. 236 ff.).

Nachhaltig ist das Bindungsmanagement, wenn es auf materielle und immaterielle Anreize setzt (kooperatives, kollegiales Arbeitsklima, wertschätzende Führung und Anerkennung, Entscheidungsspielräume, abwechslungsreiche und herausfordernde Tätigkeit, offene Informationspolitik und Mitbestimmungsmöglichkeiten, werteorientierte Unternehmenspolitik und gutes Image des Unternehmens), die materiellen Anreize gerecht einsetzt und eine hohe Übereinstimmung zwischen organisationalen und individuellen Werten erreicht (Göbel 2010, S. 236 ff.).

1.5 Betriebliches Gesundheitsmanagement als Ausdruck von Sorgfalt

Betriebliches Gesundheitsmanagement ist das systematische und nachhaltige Bemühen um gesundheitsförderliche Gestaltung von Prozessen und Strukturen und um die gesundheitsförderliche Befähigung der Beschäftigten (Bertelsmann-Stiftung und Hans-Böckler-Stiftung 2004, S. 113).

Es umfasst die Steuerung und Integration aller betrieblichen Aktivitäten, die die Gesundheit und das Wohlbefinden der Beschäftigten erhalten und fördern sollen. Dazu gehört es, den Arbeitsschutz zu gewährleisten, gesundheitsförderliche Arbeitsbedingungen und -inhalte zu schaffen und den Mitarbeitern individuelle Maßnahmen zur Bewältigung des Arbeitsalltags anzubieten.

Themen im betrieblichen Gesundheitsmanagement sind in der Veranstaltungsbranche vor allem Leistungsverdichtung (wegen zunehmender Veranstaltungsdichte), Beschleunigung, Zeitdruck und zunehmende Komplexität der Veranstaltungen. Weitere wichtige Themen in der Branche sind der Arbeitsschutz und die Arbeitssicherheit. Einen ganz besonderen Stellenwert nimmt gerade aufgrund der beschriebenen Leistungsverdichtung, der ständigen Erreichbarkeit sowie der hohen zeitlichen Beanspruchung von Mitarbeitern in Kongresszentren die Work-Life-Balance ein. Daher wird im Folgenden nur auf das Thema „Work-Life-Balance" eingegangen.

„Event organiser burnout no surprise with 17 h days", titelte die Onlineplattform meetpie.com vor einiger Zeit, als sie die aktuelle „British Meetings & Events Industry Survey 2009" vorstellte. Demnach gebe es zahlreiche britische Veranstaltungsmanager, die regelmäßig 17 h pro Tag arbeiten. Während Veranstaltungen kämen einige sogar bis zu 72 h ohne Schlaf und Pausen aus. Gemäß dieser Umfrage stehen Überstunden im Veranstaltungsmanagement sogar so regelmäßig an der Tagesordnung, dass viele Betriebe schon im Bewerbungsgespräch darauf hinweisen, dass der Beruf eines Veranstaltungsmanagers kein Nine-to-Five-Job ist (Schilke 2009, S. 6).

Verantwortungsbewusstsein sieht anders aus, zumal der Gesetzgeber klare und kompromisslose Vorgaben gibt. Führungskräfte in Kongresszentren müssen vielmehr die beruflichen Rahmenbedingungen für ihre Mitarbeiter dem Gesetz nach und außerdem förderlich für die Work-Life-Balance gestalten, um die drohenden gesundheitlichen und beruflichen Auswirkungen fehlender Work-Life-Balance abzumildern beziehungsweise zu verhindern.

Eine fehlende Work-Life-Balance kann Auswirkungen auf die Gesundheit (körperliche und psychische Beeinträchtigungen), das Privatleben (Abbau sozialer Kontakte, Scheidungen/Trennungen) und das Berufsleben (Abnahme mentaler Leistungsfähigkeit, Rückgang der Arbeitsleistung) haben.

Um dem vorzubeugen, können Kongresszentren unter anderem folgende betriebliche Lösungskonzepte umsetzen:

- Arbeitszeitdokumentation und Verpflichtung zum Überstundenausgleich
- flexible Arbeitszeitmodelle
- Dienstpläne/Wochenpläne (Mitspracherecht der Mitarbeiter)
- Autonomie in der Arbeitsgestaltung
- Ergebnisorientierung (keine Anwesenheitsorientierung)
- Werte und Unternehmenskultur, die die Work-Life-Balance fördern
- Führungskultur, die die Work-Life-Balance fördert
- Finanzierung von Weiterbildungen

Die Planung und Umsetzung eines ganzheitlichen Work-Life-Balance-Konzepts nimmt neben zeitlichen und personellen auch finanzielle Ressourcen in Anspruch. Dem stehen aber die folgenden positiven Effekte gegenüber, die sich für Kongresszentren und Kongressveranstalter ergeben können:

- größere Attraktivität als Arbeitgeber
- besseres Betriebsklima
- stärkere Mitarbeiterbindung
- stärkere Loyalität gegenüber dem Arbeitgeber
- größere Mitarbeiterzufriedenheit und Motivation
- Senkung von Fehlzeiten und Entgeltfortzahlungskosten
- mehr Engagement für das Unternehmen/mehr Produktivität
- größere Kundenzufriedenheit beziehungsweise Kundenbindung
- positive Außenwirkung

In sozialer und ökonomischer Hinsicht sind gesunde, motivierte und gut ausgebildete Mitarbeiter eine elementare Voraussetzung für den nachhaltigen Erfolg von Kongresszentren.

Literatur

Bertelsmann-Stiftung, Hans-Böckler-Stiftung (Hrsg) (2004) Zukunftsfähige betriebliche Gesund-heitspolitik. Bertelsmann-Stiftung, Gütersloh

degefest (Verband der Kongress- und Seminarwirtschaft e. V.), Veranstaltungsplaner.de (Vereini-gung Deutscher Veranstaltungsorganisatoren e. V.), Hochschule Heilbronn (Hrsg) (2015) Best Ager in der Veranstaltungswirtschaft. Selbstverlag, Hamm

German Convention Bureau (GCB) e. V. (Hrsg) (2013) Tagung und Kongress der Zukunft. GCB, Frankfurt

Göbel E (2010) Unternehmensethik. Lucius & Lucius, Stuttgart

Kienbaum Communications (2015) Absolventenstudie 2014/2015. Kienbaum Communications, Gummersbach

Schilke C (2009) Bachelor-Thesis „Work-Life-Balance in der Veranstaltungsbranche – Analyse und Empfehlungen". Osnabrück

Schreiber M-T, Kunze R, Dessi A (2014) Meeting- und Eventbarometer Deutschland 2013/2014, Die Deutschland-Studie des Kongress- und Veranstaltungsmarktes. EITW, Wernigerode

Zaugg RJ (2006) Nachhaltiges Human Resource Management. In: Zaugg RJ (Hrsg) Handbuch Kompetenzmanagement. Haupt, Bern

Zaugg RJ, Blum A, Thom N (2001) Nachhaltiges Personalmanagement, Spitzengruppenbefragung in europäischen Unternehmen und Institutionen. Institut für Organisation und Personal IOP, Bern

Weiterführende Literatur

Gabler Verlag (Hrsg) Gabler Wirtschaftslexikon, Stichwort: nachhaltiges Personalmanagement. http://wirtschaftslexikon.gabler.de/Definition/nachhaltiges-personalmanagement.html. Zugegrif-fen: 3. Aug. 2015

Über die Autorin

Kristina Wulf studierte Musikwissenschaften und Angewandte Kulturwissenschaften in Kiel und Lüneburg. Sie startete ihre berufli-che Laufbahn 1994 als Mitarbeiterin der Konzertabteilung in der Musik- und Kongreßhalle Lübeck und übernahm noch im selben Jahr die Leitung der Abteilung. Im Jahr 2000 wechselte sie zu dem privaten Radiosender Berliner Rundfunk 91!4 als Leiterin der Pro-motion-Abteilung. 2001 kehrte sie zur Musik- und Kongreßhalle zurück, übernahm die Leitung des Veranstaltungsmanagements (Konzert- und Kongressabteilung) und wurde Mitglied der Geschäftsführung. In dieser Funktion verantwortete sie den Aufbau der Tochtergesellschaft Congress Management International, die als PCO Kongresse und Tagungen in ganz Deutschland organisierte. 2004 fing sie als Veranstaltungsreferentin beim Deutschen Sparkas-sen- und Giroverband in Berlin an, um die Kundenseite kennenzuler-nen. 2007 übernahm sie die Geschäftsführung der OsnabrückHalle. 2009 wechselte sie nach Aachen und ist seitdem Geschäftsführerin des Eurogress Aachen.

Von 2010 bis 2015 war sie als Mitglied im Vorstand des Europäischen Verbands der Veranstaltungs-Centren (EVVC) für den Bereich „Corporate Social Responsiblity" mit dem Schwerpunkt „Nachhaltigkeit" zuständig. 2013 wurde sie mit dem Eurogress Aachen in der Kategorie „Nachhaltiges Personalmanagement" für den „Meetings Experts Green Award" nominiert, den sie 2015 in der gleichen Kategorie mit dem Konzept „Talentmanagement im Eurogress Aachen" gewann. Seit 2014 ist sie Mitglied im Prüfungsausschuss für Veranstaltungskaufleute in der IHK Aachen.

Coaching und Mentoring von Teams

Orientierung, Partizipation und Effizienz in interorganisatorischer Zusammenarbeit

Thomas Wolter-Roessler

Zusammenfassung

Ausgehend von der Erkenntnis, dass es in Zeiten von Globalisierung, demografischem Wandel, Digitalisierung und Wertewandel in der Gesellschaft alternative Optionen in der Führung von interdisziplinären und interorganisatorischen Teams braucht, werden hier klassische Führung, Leadership, Coaching und Mentoring vor- und gegenübergestellt.

Um eine Bewertung dieser verschiedenen Ansätze zu ermöglichen, muss die Situation der betreffenden Teams berücksichtigt werden: Abhängigkeit von der Leistung der anderen Teammitglieder, Interdisziplinarität und Expertengetriebenheit, interorganisatorische Konstellation und räumliche Trennung, parallele Projekte des Einzelnen, Projektcharakter und Interkulturalität. Aus diesen Merkmalen im Arbeitsumfeld ergeben sich verschiedene Herausforderungen für die Führung: Orientierung geben, Rahmenbedingungen schaffen, Kommunikation sicherstellen und Selbstorganisation ermöglichen.

Die vorgestellten Führungsansätze begegnen diesen Herausforderungen in unterschiedlicher Weise und Intensität. Leadership jedoch kommt ihnen am nächsten – vorbehaltlich der individuellen Erfordernisse im jeweiligen Projekt, der persönlichen Fähigkeiten und Vorlieben der Akteure und der Frage, welcher Ansatz vereinbart und gemeinsam getragen wird.

T. Wolter-Roessler (✉)
TWR Coaching, Stuttgart, Deutschland
E-Mail: twr@twr-coaching.de

© Springer Fachmedien Wiesbaden GmbH 2017
C. Bühnert und S. Luppold (Hrsg.), *Praxishandbuch Kongress-, Tagungs- und Konferenzmanagement,* DOI 10.1007/978-3-658-08309-0_33

493

Vorbemerkung des Autors

Neue Arbeitswelten erfordern neue Wege, diese Arbeit zu organisieren. Doch welche Wege gibt es? Welche Bedürfnisse und Besonderheiten haben hier interdisziplinäre und interorganisatorische Teams der Kongressbranche? Und wie können diese Berücksichtigung finden bei der Auswahl eines neuen Führungsansatzes? Und nicht zuletzt: Welcher Ansatz bietet sich an, um mit künftigen Herausforderungen und Veränderungen in der Arbeitswelt umzugehen?

Ich bin der Überzeugung, dass es keine richtigen oder falschen, sondern nur mehr oder weniger passende Ansätze gibt. Und ich habe mehrfach erlebt, dass genau das große Erfolgschancen hat, woran die Beteiligten glauben und woran sie sich gemeinsam ausrichten. Modelle und Ansätze dienen dabei als hilfreiche Dialogwerkzeuge, um über das Gleiche zu sprechen und zu gemeinsam getragenen Entscheidungen kommen zu können.

1   Einführung

1.1   Von „Toll, ein anderer macht's!" zu „Toll, endlich alle miteinander!"

„Als Team zusammenarbeiten", „Join our team!", „Teamspirit entwickeln" – der Umfang, in dem der Teambegriff Anwendung findet, ist groß. Führungskräfte und Manager bedienen sich gerne des Sportvokabulars, wenn es darum geht, eine Form der Zusammenarbeit zu beschreiben, die als leistungsfähig, elegant, positiv und letztlich erfolgreich und effizient gilt. Doch vor dem Einstieg in die Reflexion unterschiedlicher Arten, ein Team zu führen, sei hier eine Abgrenzung vorgenommen.

Dieser Beitrag widmet sich interdisziplinären und interorganisatorischen Teams, wie sie in der Kongressbranche häufig anzutreffen sind. Bei aller Unterschiedlichkeit in Tätigkeit, Spezialisierung und Herkunft der Teammitglieder gibt es in diesen Teams meist deutliche Gemeinsamkeiten und Identifikationspunkte: Der Wille, professionelle Dienstleistung zu erbringen, sei hier genannt, oder auch die Leidenschaft für Events als solche.

Dies ist eine nicht zu unterschätzende Ressource in der Teamarbeit! Etwaige Uneinigkeiten in der operativen Zusammenarbeit lassen sich leichter aus der Welt schaffen, wenn es gemeinsame Ziele und grundlegende Werte gibt, an die appelliert werden kann.

Und das gemeinsame Ziel ist auch das entscheidende Merkmal, das in der Definition aus einer Gruppe von Menschen ein Team macht: „Teamarbeit ist die kooperative, zielorientierte Arbeit von 2-8 Fachleuten, die gemeinsam an einer definierten komplexen Aufgabe, in einem Projekt oder an einem Problem arbeiten, bei Integration unterschiedlichen Fachwissens und nach bestimmten, gemeinsam festgelegten Regeln" (Gellert und Nowak 2010, S. 22).

Welcher ist nun der Führungsansatz, der sich für Teams in dem genannten Umfeld eignet? Die Beantwortung dieser Frage erfolgt unter der Prämisse, dass kein Führungsansatz von sich aus notwendigerweise besser oder schlechter als ein anderer ist, nur eben anders. Und daher je nach Situation mal mehr, mal weniger gut geeignet ist, die anstehenden Herausforderungen erfolgreich gelingen zu lassen.

Im Folgenden seien drei Ansätze vorgestellt: klassische Führung (Management und Leadership), Coaching und Mentoring.

1.2   Klassische Führung (Management und Leadership)

Allen anderslautenden Trends zum Trotz hält sich das klassische Führungsbild in vielen Unternehmen stabil. Einerseits nehmen Dezentralisierung, Flexibilisierung und Mobilisierung der heutigen Erwerbsarbeit zwar zu und mit Themen wie „Partizipation" und „Demokratisierung von Unternehmen" lassen sich heute mehrere Hundert Personen zur Teilnahme an Konferenzen bewegen (Sattelberger et al. 2015, S. 77).

Andererseits finden sich in vielen Unternehmen noch immer klassische frühindustrielle Verhaltensweisen, die nicht immer nur positive Effekte haben: „Der Oberboss schaute mal wieder bei uns vorbei. Am ‚großen Tag' ging dann eine E-Mail rum, dass die Lifte von 11.00 bis 13.00 Uhr, genau während der Mittagszeit, blockiert sein würden. Damit der Oberboss ungestört vom Empfang in die oberste Etage fahren konnte. Jetzt muss man wissen, dass wir über zehn Stockwerke verteilt sind und die Kantine ganz unten im Erdgeschoss ist. Den 2.000 Leuten im Gebäude wurde ihr langer Gang zum Mittagessen damit schmackhaft gemacht, dass Treppensteigen gut für die Gesundheit sei" (Bartussek und Weyergraf 2015, S. 19).

Das hierarchische und positionsorientierte Führungsbild geht davon aus, dass mit der Höhe der Führungsebene die Qualität der Entscheidungen steigt. Das kann so weit gehen, dass alleine die Position, aus der heraus eine Entscheidung gefällt wird, sie rechtfertigt. Der tatsächliche Sachverstand, die Erfahrung, die Analysegenauigkeit des Entscheidenden sind dabei nicht zwingend primäre Kriterien.

Die Frage, die hier zu stellen ist, lautet: „Führt ein Mehr an autoritärem Führungsverhalten zwingend zu mehr Effizienz im Arbeitsalltag?" Angesichts stetig zunehmender Spezialisierungen, fragmentierter Lebensläufe, einem Mangel an Fachkräften und immer komplexeren und dynamischeren Projektkonstellationen darf dies bezweifelt werden. Grundlegende Veränderungen in der Unternehmensführung kündigen sich an: „Unternehmensführungen, Personalmanager und Betriebsräte haben die Menschen viel zu lange in einer angelernten Unmündigkeit gehalten. Den Aufbruch zu mehr Freiheit haben viele Unternehmen den Mitarbeitern Jahrzehnte lang in tayloristischen Strukturen ausgetrieben. Hier ist Verlernen und Neu-Lernen angesagt" (Sattelberger et al. 2015, S. 13).

An dieser Stelle sei erneut darauf hingewiesen, dass aus Sicht des Autors kein Führungsansatz von sich aus besser oder schlechter ist. In seiner beruflichen Praxis beobachtet der Autor viele Situationen, in denen ein autoritärer Patriarch mit einer klaren Ansage – gerne untermalt von einem herzhaften Schlag auf den Tisch – zur Klärung der Sachlage beitragen und den Weg für die nächsten Schritte freimachen würde.

Doch an Stellen, an denen der Ranghöchste nicht zwingend das größte Fachwissen hat, in diffusen Situationen mit unklarer Faktenlage oder bei Entscheidungsbedarfen, für die keine Erfahrungswerte gelten, mag „die richtige" Entscheidung durchaus von einer Stelle kommen, die laut formellem Organigramm nicht dafür zuständig ist.

Kotter differenziert weiterhin zwischen Management und Leadership: „Management ist eine Reihe von Prozessen, die ein kompliziertes System von Menschen und Technologien reibungslos laufen lässt. Zu den wichtigsten Managementaspekten gehören Planung, Budgetierung, Organisation, Personalbesetzung, Controlling und Problemlösung. Leadership besteht aus einer Reihe von Prozessen, die Unternehmen in erster Linie gestalten oder sie bedeutenden Veränderungen anpassen. Leadership definiert, wie diese Zukunft aussehen sollte, bringt Menschen hinter diese Vision und inspiriert sie zur Umsetzung trotz aller Hindernisse" (Kotter 2011, Kap. 2).

Der Manager im klassischen Führungsbild wird streng genommen also

- messen (das heißt sich ein Bild der Ist-Situation und der anstehenden Probleme und Aufgaben machen),
- steuern (Anweisungen an seine Mitarbeiter erteilen, wer was bis wann zu tun hat) und anschließend
- kontrollieren (also die Umsetzung und Ergebnisse der Handlungen der Mitarbeiter analysieren und darauf aufbauend neue Anweisungen entwickeln).

Dass er seine Mitarbeiter in die Analyse und Entscheidungsfindung einbezieht, ist ebenso wenig vorgesehen wie eine Erklärung, weshalb er zu welchen Entscheidungen gekommen ist. Der Manager ist aufgrund seiner Position der Souverän, seine Mitarbeiter führen aus.

Auch der Leader macht sich ein Bild von der aktuellen Situation und – vor allem – von der Zukunft. Ihm gelingt es, eine Vision zu formulieren, die so attraktiv und inspirierend auf seine Mitarbeiter wirkt, dass diese von sich aus beginnen, im Sinne dieser Vision zu handeln. Er muss damit keine (operativen) Entscheidungen mehr treffen, diese entstehen bei den Mitarbeitern im Kopf. Die Vision wie ein Magnet vor Augen und geführt von vereinbarten und akzeptierten Rahmenbedingungen (Werte und Richtlinien), arbeiten sie auf das Ziel hin. Der Leader bleibt dennoch vor Ort: als Motivator, Konfliktlöser und Motor des Prozesses (vgl. Abb. 1).

1.3   Coaching

Auch der Begriff „Coaching" ist dem Sport entlehnt und wird ähnlich inflationär gebraucht wie „Team". „Coach" bedeutet wörtlich übersetzt „Kutsche" und diese Bedeutung weist

Management	Leadership
➤ *Planung und Budgetierung:* Etablierung detaillierter Schritte und Zeitpläne, um die notwendigen Resultate zu erreichen, gefolgt von der Allokation der notwendigen Ressourcen, um diese umzusetzen.	➤ *Festlegung der Richtung:* Entwicklung der Zukunftsvision und der Strategien zur Erreichung dieser Vision.
➤ *Organisation und Personalbesetzung:* Etablierung einer Struktur zur Erreichung der geplanten Ziele, entsprechende Auswahl des Personals, Delegation von Verantwortung und Autorität für die Durchführung dieses Plans, Bereitstellen von Richtlinien und Prozessen als Leitfaden für die Mitarbeiter und Erstellung von Methoden oder Systemen zur Überwachung der Implementierung.	➤ *Ausrichtung der Mitarbeiter:* Kommunikation der neuen Richtung durch Worte und Taten gegenüber all denjenigen, deren Kooperation gebraucht wird, um Teams und Koalitionen zu bilden, die die Vision und Strategien verstehen und dessen Notwendigkeit akzeptieren.
➤ *Controlling und Problemlösung:* Überwachung der Resultate, Identifizierung der Planabweichungen, gefolgt von Planung und Organisation der Problemlösung.	➤ *Motivation und Inspiration:* Motivation der Mitarbeiter, um sie in die Lage zu versetzen, wichtige politische, bürokratische und zwischenmenschliche Barrieren des Wandels abzubauen, indem grundlegende, aber oftmals unerfüllte menschlichen Bedürfnisse befriedigt werden.
Schafft ein bestimmtes Maß an Vorhersagbarkeit und Ordnung und hat das Potenzial, konsistent schnelle Erfolge zu schaffen, die von verschiedenen Stakeholdern erwartet werden (z.B. Pünktlichkeit bei den Kunden; Budgeteinhaltung bei den Aktionären).	Erzeugt Wandel, oftmals in einem dramatischen Ausmaß, und hat das Potenzial, sehr sinnvolle Veränderungen zu bewirken (z.B. neue Produkte, die der Kunde will, neue Ansätze bei den Tarifpartnern, die helfen, das Unternehmen wettbewerbsfähiger zu machen).

Abb. 1 Vergleich von Management und Leadership. (Quelle: Kotter 2015b)

bereits auf ein erstes Merkmal von Coaching hin: Der Coach ist lediglich ein Vehikel, reisen muss der Klient schon selbst. Da meist der Fahrer die Befehle gibt und nicht die Kutsche, liegt die Verantwortung für die Reise – also für die Ergebnisse – beim Fahrer und damit beim Klienten.

Der Deutsche Bundesverband Coaching (DBVC e. V.) definiert Coaching als „professionelle Beratung, Begleitung und Unterstützung von Personen mit Führungs- und Steuerungsfunktionen und von Experten in Organisationen. Coaching richtet sich auch auf die entsprechenden sozialen Gruppen und organisationalen Systeme. Sowohl im Einzel- wie im Mehrpersonen-Coaching wird dieser soziale und organisationale Kontext immer berücksichtigt" (DBVC 2012, S. 20).

Ohne weiter auf die Merkmale von systemisch-konstruktivistischer Arbeit eingehen zu wollen, sei an dieser Stelle noch eine Definition angefügt: Radatz definiert systemisches Coaching als „die maßgeschneiderte Problemlösung im Spannungsdreieck zwischen Beruf, Organisation und Privatleben, oder einem dieser drei Bereiche – eine

Problemlösungsmethode, in welcher der Coach für die passenden Fragen, hilfreichen Zusammenfassungen und die Einhaltung des Ablaufs verantwortlich ist, und der Coachee (d. h. Klient, Anm. d. Verf.) eigenständige Lösungen für seine Situation – für seine anstehenden Fragestellungen – findet" (Radatz 2009, S. 85).

Der Coach unterstützt, begleitet, reflektiert also. Er entscheidet nicht und handelt nicht selbst. Wie kann er dann einen wirksamen Beitrag zum Gelingen der Teamaufgabe leisten? Indem er darauf hinweist, was aus seiner Sicht unklar oder unvollständig gelöst ist. Indem er Klarheit schafft, wo es Missverständnisse und unentdeckte Diskrepanzen gibt. Indem er den Weg ebnet, sodass das Team erfolgreich handelt. „Ein Aufgabenschwerpunkt beim Team-Coaching liegt in dem Bereich der Teamentwicklung – insbesondere der Förderung von Kommunikation, Motivation und Kooperation. Ziel ist i.d.R. die Verbesserung des Führungs- und Leistungsverhaltens, z. B. durch die Klärung von Konflikten im Team. Im Mittelpunkt aller Maßnahmen bleibt – wie beim Einzelcoaching – zudem stets die Förderung bzw. der Erhalt der Selbststeuerungsfähigkeit des Teams: Das Team muss seine Aufgaben selbst erfolgreich lösen, der Coach fungiert als Analytiker und Prozessberater bei den Treffen und Besprechungen des Teams" (Rauen 2005, S. 130).

Der Coach als Führungskraft interessiert sich für den Prozess. Er übernimmt die Verantwortung dafür, dass das Team „am Ball" bleibt, beobachtet Kommunikation und Zusammenarbeit und spiegelt seine Wahrnehmung zurück. Wohl wissend, dass diese seine Wahrnehmung nur eine von vielen ist und nicht zwingend „der Wahrheit" entspricht: „Es wird niemals zwei Menschen geben, die zugleich auf die gleiche Art und Weise das Gleiche erleben" (Radatz 2009, S. 33). Er wertet weder Handlungen noch Personen; er ist nicht der Meinung, dass die Teammitglieder „sind", sie „verhalten sich" (Radatz 2009, S. 44). Aus seiner subjektiven Wahrnehmung folgert er Hypothesen und leitet Interventionen daraus ab (Königswieser und Hillebrand 2011, S. 45) und führt so das Team, das jedoch alle operativen Entscheidungen selbst trifft.

1.4 Mentoring

„Mentoring bezeichnet einen individuellen Lernprozess, in dem eine erfahrene Person (Mentor oder Mentorin) eine weniger erfahrene Person (Mentee) über einen längeren Zeitraum in ‚Vier-Augen-Gesprächen' berät. (…) Ziel ist es, für persönliche und berufliche Themen und Fragestellungen Lösungen zu finden und den Mentee in seiner persönlichen Entwicklung zu unterstützen" (Schmid und Haasen 2011, S. 14). Und obgleich sich in der Literatur nur wenige Hinweise auf Gruppen- oder Teammentoring finden, lassen sich die von Schmid und Haasen formulierten Inhalte von (Einzel-)Mentoring auf Teams übertragen:

- Erfahrungsaustausch und Weitergabe von informellem Wissen –
  da, wo es gebraucht wird und individuell Sinn stiftet

- individuelle Beratung zu beruflichen Fragestellungen des Mentees;
  die Möglichkeit, anhand von Beispielen aus dem Berufsalltag zu lernen
- Feedback zur Person
- Einblick in andere Hierarchieebenen oder andere Bereiche und Unternehmen
- persönliche Unterstützung und Ermutigung
- Unterstützung beim Netzwerkausbau für den Mentee
- Vertiefung beraterischer Kompetenzen und Sinnstiftung aufseiten des Mentors

(Schmid und Haasen 2011, S. 16).

Es wird deutlich, dass der Mentor kaum operativen Einfluss hat. Vielmehr handelt es sich hierbei um einen Ansatz der Personal- und Teamentwicklung: „Übergeordnetes Ziel jedes Mentoring ist es, den Mentee in seiner persönlichen und beruflichen Entwicklung zu fördern" (Graf und Edelkraut 2014, S. 12). Im Gegensatz zum Manager und zum Coach, der immerhin noch Verantwortung für den Prozess und damit indirekt auch für die Zielerreichung trägt, ist der Mentor weit weg von operativem Einfluss und Entscheidungsbefugnissen.

Aufgrund dieser „Unverbindlichkeit" und häufigen Verortung im oberen Management der Organisation aber bietet der Mentor weiterführende Hilfe durch sein Netzwerk. „(Der) Mentor sollte ca. 2 Stufen hierarchisch höhergestellt sein" (Graf und Edelkraut 2014, S. 14). Aufgrund seiner Position wird er keine Entscheidungen für das Team fällen oder Ratschläge geben, wie zu verfahren ist. Aber er kann Kontakt zu Wissens- und Erfahrungsträgern herstellen und „ein gutes Wort" für seine Mentees einlegen. Damit verhilft er nicht selten zu einer schnellen Problemlösung und leistet damit einen indirekten Beitrag zum Teamerfolg.

Die Verantwortung für die Zielerreichung im Mentoringprozess liegt beim Team. Das Angebot kann vom Mentor kommen, wann es wie anzunehmen ist, entscheidet letztlich das Team in eigener Verantwortung. Kommt es zum Beispiel an einer bestimmten Stelle nicht weiter, liegen Konflikte vor, deren Lösung sich das Team selbst nicht zutraut, sind Anregungen und Impulse von außen nötig, kann ein Gespräch angefordert werden. Nach dem Gespräch – im gesamten Team oder unter vier Augen, zum Beispiel mit dem Projektleiter – verlässt der Mentor den Prozess wieder und überlässt es dem Team, ob – und wenn ja, welche – Entscheidungen es daraus ableitet.

1.5   Kernaspekte

Bezogen auf einige wenige Kernaspekte der Führung interdisziplinärer und interorganisatorischer Teams in der Veranstaltungsbranche lassen sich einige Unterschiede zwischen den vorgestellten Ansätzen abbilden, die in Abb. 2 zu sehen sind.

Führungsansatz	Gestaltungs- befugnis	Entscheidungsbefugnis	Erfolgsverantwortung	Effizienz in der...		
				Kommunikation	Entscheidungsfindung	Umsetzung
Management (hierarchisch, Messen – Steuern – Kontrollieren, Rechtfertigung aus der Position heraus)	voll – keine erklärende oder rechtfertigende Argumentation notwendig	voll – keine erklärende oder rechtfertigende Argumentation notwendig	theoretisch voll, praktisch sind in der Verantwortungsüber- nahme gelegentlich Unterschiede zwischen Erfolgen und Misser- folgen zu beobachten	eingeschränkt durch Einhaltung des Dienst- weges und selektive Aufnahme/ Weitergabe von Informationen durch den Manager	vorwiegend hohe Geschwindigkeit in der Entscheidungsfindung, da wenige Beteiligte; fraglich: Effektivität und Qualität der Entscheidungen	stark abhängig vom Grad der angewandten Autorität
Leadership (hierarchisch, Rechtfertigung aus Inspiration und visionärer Überzeugungskraft heraus)	vorhanden, aber stark angepasst auf aktuelle Situation der Mitarbeiter „Natürlich muss ich ihnen folgen, schließlich bin ich doch ihr Chef" (Alexandre Ledru-Rollin)	ist vorhanden, wird aber zugunsten der Partizipation und Eigenverantwortung der Mitarbeiter nicht direkt eingesetzt	voll – gelegentlich wird das persönliche Schicksal mit dem Gelingen des Vorhabens verbunden	hoch – alle Stimmen werden gehört, auch bzw. gerade zurückhaltenden Sichtweisen wird Gewicht eingeräumt	durch hohen Grad an Partizipation eher gering in der Geschwindigkeit, jedoch hoch in Akzeptanz und Umsetzung	durch Inspiration und Begeisterung wird maximale Motivation generiert; bei günstigen Rahmenbedingungen (v. a. Zielklarheit) ist eine sehr hohe Umsetzungseffizienz die Folge
Coaching (begleitend, Hilfe zur Selbsthilfe anbietend, reflektierend)	indirekt vorhanden durch Reflektion, Feedback und ggf. externe Impulse	keine	keine in der Sache, jedoch für den Prozess und die Qualität in der Zusammenarbeit (Prozessverantwortung)	ergänzend – die Reflektion kann relevante Themen zur Sprache bringen, die sonst unausgesprochen blieben	systemische Denkweise und Aspekte der Wirklichkeits- und Möglichkeitskonstruktion bieten ein erweitertes Entscheidungsspektrum	entzieht sich dem Einfluss des Coaches
Mentoring (unterstützend durch Erfahrungsaustausch und Vorbildfunktion)	keine	geringe Einflussnahme durch Vorbildfunktion („Die/ der xxx hat's auch gesagt...")	keine	entzieht sich dem Einfluss der Mentorin/ des Mentors	Vorbildfunktion und Respekt vor der Mentorin/ dem Mentor führt ggf. zu suboptimalen Entscheidungen	entzieht sich dem Einfluss der Mentorin/des Mentors

Abb. 2 Kernaspekte der vorgestellten Führungsansätze. (Quelle: eigene Abbildung)

2   Situationsbeschreibung

Wie sind nun die Situationen charakterisiert, in denen interdisziplinäre und interorganisatorische Teams der Kongressbranche agieren? Folgende Merkmale seien hier herausgegriffen:

1. Abhängigkeit
   In einem interdisziplinären und interorganisatorischen Team ist der Beitrag jedes einzelnen Mitglieds unerlässlich. Zugleich ist jedes Mitglied in der Lage, den Teamerfolg vollständig zu verhindern („organisatorisches Vetorecht"). Aufgrund der unterschiedlichen Disziplinen kann keine Mehrleistung eines Teammitglieds die Minderleistung eines anderen Mitglieds ausgleichen.
2. Interdisziplinarität und Expertengetriebenheit
   Die Teams können hinsichtlich fachlicher Spezialisierung, Erfahrung und Arbeitsweise höchst heterogen sein. Wenn zum Beispiel ein kreativer Messestanddesigner mit einem Elektroinstallateur und einer controlling-orientierten Vertriebsmitarbeiterin des Veranstaltungsstättenbetreibers zusammentrifft, liegt nicht zwingend das gleiche Grundverständnis, die gleiche Sprache oder gar die gleiche Vorgehensweise in der Projektarbeit vor.
3. interorganisatorische Konstellation und räumliche Trennung
   In einem Team können unterschiedlichste Organisationen (Branche, Größe, Geschäftsmodell, Ort) repräsentiert sein. Der ausstellende Großkonzern mit seiner Organisationswelt aus Richtlinien, Ansprechpartnern und Prozessen gleicht in seiner Arbeitsweise dem kleinen operativ geprägten Schreinereibetrieb oder der Kreativagentur nur wenig.
4. parallele Projekte des Einzelnen
   Ausgehend von der Hypothese, dass die Vielzahl in der Veranstaltungsbranche Tätigen mit kleinen Aufgaben betreut sind, ergibt sich in Folge, dass die Teammitglieder meist mehrere Projekte parallel bearbeiten. Das heißt, nur ein kleiner Teil der Teammitglieder ist zu 100 % einem Projekt zugeordnet und steht diesem permanent zur Verfügung. Das erhöht die Komplexität in der Teamorganisation und verringert gegebenenfalls die Geschwindigkeit in der Aufgabenbearbeitung.
5. Projektcharakter
   Die Natur von Veranstaltungen bringt es mit sich, dass sich die Teams in Projekten mit entsprechendem Charakter wiederfinden: Projekte sind abgegrenzt, innovativ, komplex, schwer zu planen, risikoreich und benötigen besondere Ressourcen (Kuster et al. 2011, S. 4). Die permanente Anwendung bewährter Vorgehensweisen und Standards ist ebenso schwer möglich wie die iterative Entwicklung der Dienstleistung: Es geht um das einmalige Event, für sein Gelingen gibt es nur eine Chance.
6. Interkulturalität
   Veranstaltungen aller Art werden im Zuge der Globalisierung internationaler und oftmals interkultureller. Damit ist das Team, das einen Kongress organisiert, automatisch

mit allen Folgen dieser Interkulturalität befasst, wenn nicht sogar selbst interkulturell: Mehrsprachigkeit, unterschiedliche Gepflogenheiten und damit Erwartungen der Teilnehmer und Gäste, Zeitverschiebung und vieles mehr. Auch der Umgang mit dieser Komplexität ist in der Gestaltung der Teamführung zu berücksichtigen.

2.1 Herausforderungen aus der Situationsbeschreibung

Mit Blick auf die zuvor genannten Merkmale der Arbeit in interdisziplinären und interorganisatorischen Teams lassen sich folgende Anforderungen an die Führung stellen:

1. Orientierung
   Die Führungskraft muss schnellstmöglich mit minimalem Aufwand und mit größtmöglicher Belastbarkeit Orientierung herstellen. Im Idealfall hat jedes Teammitglied stets zwei Bilder vor Augen:
   - zum einen ein Bild vom Gesamtvorhaben: „Worum geht es, was sind die Erfolgsmerkmale, welche Kundenwünsche gibt es? Was muss passieren, damit der Kongress gelingt?"
   - zum anderen ein Bild vom eigenen Anteil: „Was ist mein Part am Gesamten, welchen Beitrag leiste ich zum Gesamterfolg? Was ist nicht mein Thema, sondern liegt in der Hand eines anderen Teammitglieds?"

   Die Kunst bei der Orientierung liegt darin, im Sinne des Leadership-Ansatzes das Zielbild so zu zeichnen, dass die Teammitglieder eigenständig Entscheidungen daraus ableiten können. Gleichzeitig muss das Bild so viel Flexibilität zulassen, dass später einfließende Veränderungen (Kundenwünsche, Umwelteinflüsse) berücksichtigt werden können.
   Ein Ziel darf und wird sich jederzeit ändern – wichtig ist für die Teamarbeit, dass zu jedem Zeitpunkt ein eindeutiges und einheitliches Zielbild bei allen Teammitgliedern vorliegt.
2. Rahmenbedingungen
   Je besser das Team über die vorherrschenden Rahmenbedingungen informiert ist und diese akzeptiert, desto reibungsloser wird die Arbeit verlaufen. Zu den Rahmenbedingungen zählen die Aufgabenabgrenzung zu anderen Teams, Richtlinien und Vorgaben in der Ausführung (Kundenstandards, Code of Conduct, Compliance-Richtlinien, gesetzliche Vorgaben etc.).
3. Kommunikation
   Eine weitere wesentliche Führungsaufgabe besteht in qualitativ hochwertiger Informationslogistik: die richtige Information zur richtigen Zeit in der richtigen Menge, Qualität und Aufbereitung am richtigen Ort zur Verfügung zu stellen (Jünemann 1989).

Die Verantwortung der Führungskraft liegt dabei nicht in der Verarbeitung der Informationen an sich, sondern in der Etablierung einer kommunikativen Infrastruktur, derer sich die Teammitglieder bedienen können. Seien es persönliche Gespräche, Dateiablagen, Webkonferenzsysteme oder die Dokumentation der Ergebnisse: Letztlich ist Ziel, dass relevante Informationen möglichst schnell dorthin weitergegeben werden, wo sie gebraucht werden.

4. Selbstorganisation

Verschiedene Aspekte, die in Abschn. 1.2 genannt wurden, führen dazu, dass es keine zentrale Informations- und Entscheidungsstelle im Team gibt. Das thematisch, zeitlich, räumlich und organisatorisch getrennte Arbeiten erfordert es, dass jedes Teammitglied bis zu einem gewissen Grad die Initiierung, Gestaltung, Umsetzung, Kontrolle und Weitergabe seiner Arbeitsergebnisse selbst steuert.

Die Führungskraft wird damit zu einem „Organisator zweiter Ordnung": Sie organisiert nicht, sie sorgt dafür, dass organisiert wird. Sie beauftragt die Teammitglieder damit, zu beobachten und zu reflektieren, denn dies ist Grundlage dafür, dass die Arbeitsaufträge effektiv und effizient ausgeführt werden können. Klinkt sich ein Teammitglied aus den Kommunikationsstrukturen aus (keine Teilnahme an Besprechungen, fehlende Statusrückmeldung etc.), muss die Führungskraft dem nachgehen, um den gemeinsamen Erfolg abzusichern.

2.2   Passungsfrage

Nach der Vorstellung verschiedener Führungsansätze (klassische Führung: Management und Leadership, Coaching und Mentoring) und der Verortung von Führungsschwerpunkten in interdisziplinären und interorganisatorischen Teams der Veranstaltungsbranche stellt sich nun die Frage, welcher Führungsansatz die Anforderungen der genannten Teams am besten erfüllt, s. Abb. 3.

2.3   Umsetzungsvoraussetzungen

Aus Abb. 3 geht hervor, dass sich für die in Abschn. 1.1 beschriebenen Teams ein Leadership-Ansatz eignen kann. Diese Aussage gilt natürlich immer unter dem Vorbehalt des Kontexts und der individuellen Situation in Team und Projekt.

Wesentliche Voraussetzungen dafür, dass der Leadership-Ansatz dann auch die beabsichtigten Erfolge zeigt, sind unter anderem:

1. Die bewusste Vereinbarung dieses Führungsansatzes im Team und bei umliegenden Stakeholdern
Nur wenn allen Beteiligten klar ist, wie geführt werden soll und wie sich Team und Vorgesetzte die Organisationsverantwortung aufteilen, kann in seinem Sinne gehandelt

Führungsansatz	Orientierung	Rahmenbedingungen	Effiziente Kommunikation	Selbstorganisation
Management (hierarchisch, Messen – Steuern – Kontrollieren, Rechtfertigung aus der Position heraus)	↗ Aufgrund der Verlagerung der Gestaltungs- und Entscheidungsbefugnis auf die Führungsebene wird hier der Orientierung der Teammitglieder wenig Wert beigemessen	↘ Die starke Regulierungsorientierung führt zu klaren Vorgaben.	↗ Wenn die Führungskraft zum zentralen Knotenpunkt der Informationsverteilung wird, können Verzerrung, Erhöhung der Durchlaufzeit und sogar fehlende Kommunikationsvorgänge die Folge sein.	↗ Ist in diesem Konzept nicht vorgesehen – die Führungskraft entscheidet, den Mitarbeitern bleibt die Ausführung vorbehalten.
Leadership (hierarchisch, Rechtfertigung aus Inspiration und visionärer Überzeugungskraft heraus)	↗ Ist sehr zukunftsbezogen und gibt ggf. zu wenig Informationen über Gegenwart und Erfahrungen aus der Vergangenheit wider.	↘ Durch das gemeinsame Gesamtbild als Zentrum der Zusammenarbeit, sind auch Rahmenbedingungen bekannt und akzeptiert.	↗ Die inspirierte und begeisterte Atmosphäre, die Ziel dieses Ansatzes ist, führt zu aktivem, schnellem und positiven Austausch innerhalb des Teams.	↗ Die inspirierte und begeisterte Atmosphäre sowie der sichtbare Beitrag des Einzelnen zum Gesamterfolg führen zu hoher Motivation.
Coaching (begleitend, Hilfe zur Selbsthilfe anbietend, reflektierend)	↗ Das gemeinsame Zielbild wird im Gespräch „herausgelockt" und im Team abgesichert. Es gibt jedoch keine – hierarchisch vorgegebene – Zielvorgabe.	↗ Durch intensive Reflektion und Förderung einer ganzheitlichen Kommunikation zum Kontext werden viele Rahmenbedingungen präsent. Inhaltlich kann die Führungskraft diese aber nicht auf Vollständigkeit prüfen.	↗ Dadurch, dass viel Wert auf Kontext und eine ganzheitliche Sichtweise gelegt wird, kommen auch Themen zur Sprache, die wesentlich zur Gestaltung einer positiven Zusammenarbeit beitragen können. Das Prinzip der Selbstverantwortung verstärkt dies.	↗ Coaching ist Hilfe zur Selbsthilfe – die starke Gewichtung von Selbstorganisation ist hier Teil des Konzepts.
Mentoring (unterstützend durch Erfahrungsaustausch und Vorbildfunktion)	↗ Aufgrund der geringen strategischen und operativen Verantwortung des Mentors nicht stark ausgeprägt. Erfahrungsberichte des Mentors können allerdings Orientierung geben.	↘ Der Erfahrungsschatz des Mentors kann hier einen großen Mehrwert bieten: Der Mentee erfährt nicht nur von vorhandenen Rahmenbedingungen, sondern sogar über deren Hintergrund und Relevanz.	↗ Der Mentor ist zu weit weg, um operativ positiven Einfluss auf die Kommunikation zu haben. Er kann jedoch aufgrund seiner Erfahrung relevante Themen zur richtigen Zeit zur Sprache bringen und so die Vollständigkeit der Kommunikation absichern.	↗ Der Mentor hat wenig operativen Einfluss – die Selbstorganisation im Team und jedes einzelnen Teammitglieds ist wesentlicher Bestandteil des Konzepts.

Abb. 3 Passungsfrage. (eigene Abbildung)

werden. Doch nicht einmal die Bekanntheit des Ansatzes alleine ist ausreichend – erst wenn er auch durchgängig akzeptiert ist, kann er Erfolge bringen.

2. Die Kontextfähigkeit im Projekt

Der Leadership-Ansatz beinhaltet Inspiration als wesentliches Element. Damit er erfolgreich und wirksam implementiert werden kann, ist es erforderlich, dass diese Inspiration auch in den Kontext passt. Bei den meisten Events in der Kongressbranche ist dies gegeben, nicht zuletzt weil es Ziel vieler Events ist, selbst zu inspirieren. Im Sanierungsfall eines Unternehmens kann dies auch noch fruchten – im Fall einer bereits eingetretenen Insolvenz wohl weniger.

3. Individuelle Fähigkeiten der Beteiligten

Führung ist hoch individuell – das gilt für die Führenden genauso wie für die Geführten. Daher ist es unzulässig pauschalisierend, einen Ansatz generell als wirksam zu titulieren. An dieser Stelle hat sich die Führungskraft vielmehr zu fragen, inwiefern sie fähig und willens ist, den Leadership-Ansatz umzusetzen und sich entsprechend zu verhalten: „Bin ich selbst inspirations- und visionsgetrieben? Bin ich gewillt, Entscheidungsbefugnis abzugeben? Inwiefern kann mich mein Wunsch nach Kontrolle hier beeinträchtigen?" Die gleichen Fragestellungen gelten freilich auch für die geführten – lediglich aus anderer Perspektive.

2.4   Umsetzungswege

Schon das gemeinsame Handeln nach einem für die Beteiligten neuen Führungsansatz mag schwer sein. Noch herausfordernder wird aber die Umstellung und damit das Verlassen alter, vertrauter Routinen und gelebter Verhaltensweisen.

Unter dem Überbegriff „Change-Management" finden sich hierzu in der Literatur viele Modelle und Konzepte. Einer der bekanntesten Vertreter ist John P. Kotter, der in seinem Hauptwerk „Leading Change" ein Change-Modell in acht Schritten vorstellt. Zur Frage, wie dieser Wandel organisatorisch begleitet werden kann, schlägt er vor: „Was wir heute brauchen, ist ein leistungsstarkes neues Element, mit dem wir den durch wachsende Komplexität und schnellen Wandel bedingten Herausforderungen begegnen können. Die Lösung, die meiner Erfahrung nach verblüffend gut funktioniert, ist eine zweite, netzwerkartig aufgebaute Struktur [...] Sie ergänzt wirkungsvoll die Hierarchie einer älteren Organisation, ohne sie zu überlasten, und setzt dadurch Kapazitäten frei, damit sie genau das tun kann, wofür sie optimiert wurde. [...] Was wir brauchen sind zwei Systeme, die Hand in Hand funktionieren – also ein duales Betriebssystem" (Kotter 2015a, S. 9).

Darüber hinaus gibt es praxisnahe Konzepte, mit deren Hilfe der Wandel bewusst gemacht und seine Umsetzung gelernt werden kann. Dazu zählt zum Beispiel „Influencing others without Authority" (IowA©), ein Best-Practice-Ansatz, der unter anderem eine Simulation der INSEAD Business School aufgreift (Angehrn 2004).

2.5 Kritik

Dieser Artikel widmet sich der Frage, inwiefern unterschiedliche Führungsansätze die Bedarfe von interdisziplinären und interorganisatorischen Teams erfüllen können. Einer solchen Systematisierung haftet immer der Makel der Verallgemeinerung und Nichtbeachtung relevanter Details an. Diese sind im Einzelfall gewichtiger als grundlegende Überlegungen und können die Empfehlung dieses Artikels grundlegend infrage stellen.

Ziel des Artikels ist es jedoch gleichzeitig auch, unterschiedliche Herangehensweisen an die Führung solcher Teams vorzustellen und abzugrenzen, und somit Optionen für den Alltag der Akteure darzustellen. Die Antwort darauf, dass das klassische Führungsbild mit Autorität, Kontrolle und Verlagerung aller Entscheidungen nach oben nicht immer funktioniert, muss nicht immer „mehr davon" heißen. Gegebenenfalls können „weniger", „anders" oder „zusätzlich" wirksamer sein.

3 Leadership – der Führungsansatz für Teams

Neue Arbeitswelten erfordern neue Wege, diese Arbeit zu organisieren. Welcher Weg denn aber der bessere (wirksamere, akzeptiertere und erfolgreichere) ist, erschließt sich nicht zwingend auf den ersten Blick. Für interdisziplinäre und interorganisatorische Teams können neben dem Managementansatz alternative Modelle wie Leadership, Coaching und Mentoring attraktiv sein.

Unter den getroffenen Annahmen deckt gerade der Leadership-Ansatz die Situation und Bedarfe solcher Teams gut ab; aufgrund ihrer starken Unterschiede in Arbeitsweise und -zielen, ihrer räumlichen Verteilung und ihrer Fokussierung auf ein gemeinsames Event bietet es sich an, diesen Weg zu gehen.

Literatur

Angehrn AA (2004) Behind the EIS simulation: an overview of models underlying the simulation dynamics, INSEAD CALT Report 12-2004. http://www.calt.insead.edu/eis/documents/eissimulationunderlyingmodels.pdf

Bartussek J, Weyergraf O (2015) Mad Business: Was in den Führungsetagen der Konzerne wirklich abgeht. Campus, Frankfurt a. M.

DBVC e. V. (2012) Coaching als Profession. Eigene Publikation

Gellert M, Nowak C (2010) Teamarbeit – Teamentwicklung – Teamberatung. Limmer, Meezen

Graf N, Edelkraut F (2014) Mentoring: Das Praxishandbuch für Personalverantwortliche und Unternehmer. Springer Gabler, Wiesbaden

Jünemann R (1989) Materialfluss und Logistik – Systemtechnische Grundlagen mit Praxisbeispielen. Springer, Berlin

Königswieser R, Hillebrand M (2011) Einführung in die systemische Organisationsberatung. Carl-Auer, Heidelberg

Kotter JP (2015a) Accelerate – Strategischen Herausforderungen schnell, agil und kreativ begegnen. Vahlen, München

Kotter JP (2015b) Leading Change. Vahlen, München

Kuster J et al (2011) Handbuch Projektmanagement. Springer, Heidelberg

Radatz S (2009) Beratung ohne Ratschlag – Systemisches Coaching für Führungskräfte und BeraterInnen. Verlag systemisches Management, Wien

Rauen C (Hrsg) (2005) Handbuch Coaching. Hogrefe, Göttingen

Sattelberger T, Welpe I, Boes A (2015) Das demokratische Unternehmen: Neue Arbeits- und Führungskulturen im Zeitalter digitaler Wirtschaft. Haufe-Lexware, Freiburg

Schmid B, Haasen N (2011) Einführung in das systemische Mentoring. Carl-Auer, Heidelberg

Über den Autor

Thomas Wolter-Roessler, Dipl.-Ing. (DHBW), B.Sc. (hons) übernimmt seit über 15 Jahren Verantwortung als Projektleiter in komplexen Planungs- und Beratungsthemen. Als Fabrikplaner leitete er fast zehn Jahre lang Um- und Neubauprojekte in KMU und Industriekonzernen, so zum Beispiel in Maschinenbau, Luftfahrt und Automobilindustrie. Als Führungskraft einer mittelständischen Beratungsgesellschaft hatte er neben der Verantwortung für den Erfolg seiner Projekte auch Personal- und Umsatzverantwortung inne. Die Beobachtung der Veränderungsprozesse in Unternehmen führte ihn in die Personal- und Organisationsentwicklung – und zu der Frage, wie Veränderungskompetenz erlernt werden kann. Heute begleitet Wolter-Roessler als selbstständiger Organisationsberater und Coach in erster Linie produzierende KMU auf ihrem Weg zu industrieller Professionalität und zur Fähigkeit, Veränderungsprozesse selbst zu gestalten und erfolgreich zu beschreiten. Er ist Dozent an verschiedenen Hochschulen in Baden-Württemberg.

Teil VI

Projektarbeit und Prozesssteuerung, Kundenzufriedenheit und Bauchgefühle

Der externe Faktor in der Kongress- und Tagungswirtschaft

Chancen und Risiken im Kontext von Veranstaltern, Besuchern und Dienstleistern

Patrick Haag

Zusammenfassung

Sowohl definitorisch als auch in der praktischen Umsetzung stellt der externe Faktor einen zentralen Punkt bei der Erbringung von Dienstleistungen dar. Er beschreibt hierbei den Teil einer Dienstleistung, in welchem der Kunde mit in den Leistungserstellungsprozess integriert wird. Da Dienstleistungen immer direkt am Kunden oder dessen Objekten und mit dessen Beteiligung erbracht werden, muss jede Dienstleistung unter Einbezug des jeweiligen externen Faktors erfolgen.

In umfangreicheren und komplexen Projekten, wie der Organisation und Realisierung von Kongressen, Tagungen oder Konferenzen, an denen zahlreiche Dienstleister beteiligt sind, ist eine bewusste Auseinandersetzung mit dem externen Faktor unabdingbar. So muss die Frage gestellt werden, welche externen Komponenten zur Erbringung der eigenen Dienstleistung benötigt werden. Nur durch eine bewusste Auseinandersetzung mit dem externen Faktor, welche zu einer zielorientierten Integration eben diesen in den Leistungserstellungsprozess führt, lässt sich schließlich ein professionelles Veranstaltungsmanagement realisieren.

Der vorliegende Beitrag setzt sich deshalb mit dem externen Faktor im Kontext von Kongressen, Tagungen und Konferenzen auseinander. Neben der Definition und Abgrenzung des externen Faktors wird näher auf die Rolle des externen Faktors in der Veranstaltungswirtschaft eingegangen. Anhand der Betrachtung des externen Faktors wird aufgezeigt, was diesen aus Sicht von Veranstaltern, Zulieferern oder Besuchern ausmacht.

P. Haag (✉)
Wimsheim, Deutschland
E-Mail: haag@haag-international.com

© Springer Fachmedien Wiesbaden GmbH 2017
C. Bühnert und S. Luppold (Hrsg.), *Praxishandbuch Kongress-, Tagungs- und Konferenzmanagement*, DOI 10.1007/978-3-658-08309-0_34

Vorbemerkung des Autors

Wenn auch oft nicht bewusst, setzt sich jeder Dienstleister bei der Erbringung seiner Leistungen mit dem externen Faktor auseinander.

Gerade in einer durch Dienstleistungen geprägten Branche kommt dem externen Faktor eine bedeutende Rolle zu. Er stellt hierbei den Teil der Dienstleistung
dar, welcher direkt am Kunden – oder dessen Objekten – und in Verbindung mit
diesem erbracht wird. Bei der Reparatur des Beamers einer Tagungsstätte stellt der
Projektor den externen Faktor dar, da die Dienstleistung des Reparierens direkt
daran vollzogen wird. Der Redner auf einer Konferenz erbringt seine Dienstleistung direkt an den Kunden und Veranstaltungsbesuchern, sobald er vor diesen steht
und diese ihm zuhören. Eine Dienstleistung erfolgt dementsprechend immer durch
die Integration des externen Faktors.

Die bewusste und aktive Integration des externen Faktors führt schließlich zu
einer besseren Dienstleistungsqualität, welche wiederum Voraussetzung für professionelle Kongresse, Tagungen und Konferenzen ist.

1 Einführung – Abgrenzung und Definition des externen Faktors

Im Erstellungsprozess von Dienstleistungen kommt dem externen Faktor eine wichtige
Rolle zu. So ist er auch bei der „Produktion" und Durchführung von Veranstaltungen
wie Kongressen, Tagungen und Konferenzen von erheblicher Bedeutung. Um ein tiefer
gehendes Verständnis des externen Faktors zu erlangen, bedarf es jedoch zuvor der Aus-
einandersetzungen mit Dienstleistungen und deren Herkunft im Allgemeinen.

Aus historischer Sicht kann die erste Betrachtung von Dienstleistungen im wissenschaftlichen Kontext auf die Volkswirtschaftslehre zurückgeführt werden (Welter 2005,
S. 95). In diesem Zusammenhang ist vor allem die „Drei-Sektoren-Hypothese" zu nennen, welche die Volkswirtschaften in den primären (Urproduktion, Lagerwirtschaft,
Forstwirtschaft, Fischerei), sekundären (verarbeitende Industrie) und tertiären Sektor
(Dienstleistungen) unterteilt (Meyer 1988, S. 8). Die Betrachtung von Dienstleistungen aus betriebswirtschaftlicher Perspektive gehen zu Beginn auf eine prozessbezogene
sowie eine ergebnisbezogene Sichtweise ein (Welter 2005, S. 97). In der ergebnisorien-
tierten Sichtweise werden Dienstleistungen als „für den Absatz produzierte immaterielle
Wirtschaftsgüter" (Maleri 1973, S. 5) verstanden. Aus prozessbezogener Sichtweise sind
Dienstleistungen „der Bedarfsdeckung Dritter dienende […] Prozesse […][, die einen]
synchronen Kontakt zwischen Leistungsgeber und Leistungsnehmer […] erfordern"
(Berekoven 1974, S. 29).

Das Zentrum der prozessbezogenen Betrachtung liegt dementsprechend auf dem synchronen Zusammenwirken von Nachfrager und Anbieter bei der Leistungserstellung.

Entscheidend für die Dienstleistungserbringung ist, den sogenannten „externen Faktor" (Maleri 1973, S. 76 ff.) in den Erstellungsprozess der Dienstleistung zu integrieren (Welter 2005, S. 97). Der externe Faktor stellt dementsprechend den Teil dar, den der Auftraggeber mit in die Dienstleistungsproduktion einbringt, beziehungsweise den Teil, an dem die Dienstleistung schließlich erbracht wird. Er kann als Produktionsfaktor verstanden werden, der während der Dienstleistungsproduktion in den Verfügungsbereich des Dienstleistungsanbieters übergeht. So können als externer Faktor folgende allgemeine und veranstaltungsspezifische Beispiele herangezogen werden:

- Bei der Autoreparatur geht das Auto des Nachfragers mit in die Dienstleistungserstellung als externer Faktor ein. So wird es zur Reparatur benötigt und stellt das Objekt dar, an dem die Reparaturdienstleistung erbracht wird.
- Beim Haareschneiden beim Friseur gehen die Haare des Nachfragers als externer Faktor mit in die Leistungserstellung ein. Der Kunde stellt dem Friseur seine Haare zur Verrichtung der Dienstleistung zur Verfügung.
- Bei einer Tagung wird ein Technikdienstleister für die ton- und lichttechnische Betreuung der Veranstaltung beauftragt. Dessen Leistungserbringung erfolgt also am externen Faktor „Veranstaltung". Er benötigt diesen externen Faktor (welcher zum Beispiel dem Veranstalter zugeschrieben werden kann), um seine Leistungen zu erbringen.
- Der Veranstalter eines Kongresses bucht einen Redner zur Präsentation aktueller Themen. Für den Redner stellt wiederum die Veranstaltung an sich den externen Faktor dar, den dieser zur Leistungserstellung benötigt.

Der externe Faktor ist dementsprechend ein von „außen" in die Dienstleistungserstellung eingebrachter Faktor, wie zum Beispiel ein Objekt, eine Sache, Personen, Rechte, Nominalgüter, Informationen oder Tiere, die zur Erbringung der Leistung benötigt werden. Eine besondere Herausforderung stellt für den Leistungserbringer hierbei dar, dass externe Faktoren nicht – beziehungsweise nur äußerst schwer – einzuplanen sind. Dies ist darauf zurückzuführen, dass externe Faktoren und deren Beschaffenheit immer von „Fremdem" und dessen Eigenschaften, Beschaffenheit, Tagesform, Verfassung etc. abhängen. Da bei der Dienstleistungsproduktion die eigentliche Transformation, also die Erbringung der Leistung erst am – beziehungsweise in Verbindung mit dem – externen Faktor erfolgt, muss diesem besondere Aufmerksamkeit zukommen.

So spielen in den zuvor aufgezeigten Beispielen unter anderem die „Beschaffenheit" der Haare oder die tatsächliche Beschädigung am zu reparierenden Pkw eine entscheidende Rolle. Weiter ist für den Tontechniker die konkrete Situation in der Location für seine Leistungserbringung interessant. Ist der Kongresssaal voll besetzt, wird die Beschallung anders ausfallen als bei nur wenigen Besuchern. Selbiges gilt für den Redner, der auf einer guten Bühne und vor interessiertem und aufmerksamem Publikum anders performen wird als in einem schlechten Setting.

Der externe Faktor ist also der Teil der Dienstleistungserbringung, welcher von außen eingebracht wird und aufgrund dessen im Vorfeld nur schwer oder unscharf kalkuliert werden kann. Er ist dennoch notwendiger Bestandteil der Dienstleistungsproduktion, da er die Kundenseite repräsentiert, an der die Dienstleistung schließlich erbracht wird. Dienstleistungen können demnach nur durch die Integration eines externen Faktors hergestellt werden (Meffert et al. 2015, S. 28).

Der externe Faktor in der Literatur

Da sich die allgemeine betriebswirtschaftliche Literatur bis in die Siebziger-jahre hinein hauptsächlich auf die „Untersuchung von Sach- und Investitions-gütern" konzentrierte (Welter 2005, S. 96) findet auch eine wissenschaftliche Betrachtung des externen Faktors, wie er hier verstanden wird, bis dahin keine Beachtung. Auch nach der Auseinandersetzung Berekovens mit Dienstleistun-gen und dessen Erkenntnissen zur prozessbezogenen Dienstleistungsdimension sowie dem damit verbundenen externen Faktor (Berekoven 1974, S. 29) erfolgt die wissenschaftliche Betrachtung zunächst eher implizit (Welter 2005, S. 96). Im Zusammenhang mit dem externen Faktor stehen heute beispielsweise Arbei-ten zu E-Commerce (u. a. Ekeledo und Sivakumar 2004, S. 46 ff.), der Schaffung von Mehrwert (u. a. Rapp et al. 2008, S. 24 ff.) oder der technologiebasierten Dienstleistungsoptimierung (u. a. Timmor und Rymon 2007, S. 99 ff.) zur Ver-fügung. In der deutschsprachigen Literatur finden sich zudem Beiträge, die den externen Faktor beispielsweise mit IT-Dienstleistern (u. a. Spita und Schmidpeter 2002, S. 141 ff.) oder mit Fragestellungen zur Unternehmensberatung (u. a. Lip-pold 2013, S. 14 ff.) in Verbindung bringen. Weitere Literatur setzt sich zudem mit allgemeinen Fragen des externen Faktors in der Wirtschaft (u. a. Welter 2005, S. 94 ff.) und bei der Dienstleistungserstellung auseinander (u. a. Frietzsche 2001, S. 1 ff.). Zudem werden unter anderem Themenfelder wie die Planung und Kalku-lation von Dienstleistungen (u. a. Möller und Cassack 2008, S. 159 ff.) sowie deren produktionswirtschaftliche Eigenschaften (u. a. Richter 2012, S. 9 ff.), Modelle zum Dienstleistungsmanagement (u. a. Scheer et al. 2006, S. 19 ff.; Haller 2012, S. 1 ff.) oder der Bestimmung der Komplexität von Dienstleistungen (u. a. Rieck 2011, S. 18 ff.) behandelt. In aktuellen Lehr- und Sachbüchern zu Dienstleistung, Dienstleistungsmarketing und dem Dienstleistungsmanagement findet der externe Faktor ebenso Beachtung (u. a. Meffert et al. 2015, S. 28 ff.; Hogreve 2007, S. 13 ff.).

Sowohl in der wissenschaftlichen als auch in der praxisorientierten und Managementliteratur erfolgt bisher keine tief gehende Auseinandersetzung mit dem externen Faktor bei Veranstaltungen. Dementsprechend bleibt auch eine fokussierte Betrachtung des externen Faktors von und auf Kongressen, Tagungen und Konferenzen bisher aus.

2   Die Rolle des externen Faktors in der Veranstaltungswirtschaft

„Veranstaltungen sind Dienstleistungen." Diese Aussage kann aus zwei Perspektiven erhärtet werden, zum einen aus der des Veranstalters oder Organisators, zum anderen aus der des Besuchers.

Dem Besuch eines Kongresses, einer Tagung oder einer Konferenz liegen aus Besucherperspektive in der Regel verschiedene Ziele zugrunde. Diese können zum Beispiel das Erlangen von Informationen über eine Branche oder eine Innovation sein, der Austausch mit Kollegen, Kunden oder Spezialisten zu einem bestimmten Thema oder die Möglichkeit, die eigene Expertise, das eigene Produkt oder Unternehmen im Rahmen einer solchen Veranstaltung zu präsentieren. Der Kongress, die Tagung oder die Konferenz stellt also eine Plattform dar, auf der die Besucher- und/oder Teilnehmerziele erfüllt werden sollen. Die Dienstleistung der Veranstaltung, vertreten durch den Veranstalter oder Organisator, ist demnach, ein Umfeld zu schaffen, in dem Informationsvermittlung, Austausch oder Präsentationsmöglichkeiten vorhanden sind.

Dies geschieht in der Regel durch den oder im Auftrag des Veranstalters. Eine dienstleistungsorientierte Sichtweise entsteht für diesen vor allem in Anbetracht der Leistungserstellung. Diese wird in der Regel mit spezialisierten Zulieferern erfolgen, welche zum überwiegenden Teil Dienstleistungen mit in den Leistungserstellungsprozess einbringen. So sind solche Dienstleister – zum Beispiel für Technik, Sicherheit, Marketing, die operative Umsetzung mit Auf- und Abbau – schließlich am Erstellungsprozess der gesamten, für den Kunden sichtbaren Dienstleistung beteiligt.

Sowohl aus der zuvor aufgeführten und aus der aus Wissenschaft und Literatur hervorgehenden Betrachtung als auch aus dem praktischen Kontext erschließt sich, dass die Erbringung von Dienstleistungen nur unter Einbezug des externen Faktors erfolgen kann. So benötigt der Veranstalter die Besucher. Selbst wenn er die Rahmenbedingungen zur Informationsvermittlung, zum Austausch oder zur Präsentation durch eine bestmöglich organisierte Veranstaltung geschaffen hat, kann ohne die Besucher weder Austausch noch Informationsvermittlung oder die Präsentation von Produkten oder Unternehmen erfolgen. Den entscheidenden externen Faktor bei Veranstaltungen wie Kongressen, Tagungen oder Konferenzen stellt aus Veranstaltersicht somit der Besucher der Veranstaltung dar. Für die Zulieferer wird der externe Faktor in der Regel durch den Veranstalter und die Rahmenbedingungen auf der Veranstaltung repräsentiert.

Nicht nur aufgrund dessen, dass ohne den entsprechenden externen Faktor eine Leistungserstellung nicht möglich ist, sondern auch, da der externe Faktor relativ schlecht kalkulierbar ist, kommt ihm eine große Bedeutung zu. So muss der externe Faktor bestmöglich in die Leistungserstellung mit eingeplant werden, was sich aber aufgrund der eher schlechten Kenntnisse über dessen Eigenschaften als verhältnismäßig schwierig erweist. Der Referent zum Beispiel sollte sich bestmöglich auf sein Publikum einstellen, um seine Rede und Präsentation zielgruppengerecht und kundenorientiert zu gestalten. Zwar ist für ihn in der Regel grob absehbar, wie viele Zuhörer im Raum sein werden

(Anmeldezahlen etc.) oder welchen Kenntnisstand diese haben (Fachpublikum, Laien, Endkunden, Presse usw.), wie deren genaue „Eigenschaften" jedoch sind, ist nicht vorhersehbar. So wird er zum Beispiel das Publikum viel besser zur Teilnahme an Diskussionen motivieren können, wenn dieses engagiert, motiviert, konzentriert und aus eigenem Interesse auf der Veranstaltung ist. Diese „genauen Eigenschaften" der Besucher – beziehungsweise des externen Faktors –, die jedoch erfolgsentscheidend sein können, wird der Referent erst im Laufe seines Vortrags, also bei der Leistungserstellung, erfahren.

Der externe Faktor kann demnach sowohl positive als auch negative Auswirkungen auf die Erstellung der Dienstleistung haben. Ein motiviertes und engagiertes Publikum wird in der Regel – trotz der gleichen Performance des Referenten – zu einem anderen Veranstaltungsverlauf führen als ein unmotiviertes, desinteressiertes und müdes Publikum. Aus Dienstleistersicht gilt es demnach, den externen Faktor weitestgehend in den Leistungserstellungsprozess zu integrieren und – sofern machbar – auf diesen so gut wie möglich einzugehen. So holt der Referent das Publikum im Optimalfall dort ab, wo es steht, und passt seine Rede entsprechend auf die Zuhörer an. Die Vorstellung, eine für ein interessiertes und motiviertes Fachpublikum konzipierte Rede vor unmotivierten und müden Laien zu halten, verdeutlicht die Relevanz der Integration des externen Faktors.

2.1   Der externe Faktor aus unterschiedlichen Perspektiven

Für die verschiedenen Stakeholder eines Kongresses, einer Tagung oder einer Konferenz stellt sich der externe Faktor unterschiedlich dar. Nachfolgend wird daher auf die verschiedenen externen Faktoren von Veranstalter, Location, Zulieferern, Rednern und Teilnehmern der Veranstaltung eingegangen. So wird exemplarisch aufgezeigt, worin der externe Faktor jeweils bestehen kann. Da von Veranstaltung zu Veranstaltung unterschiedliche Rahmenbedingungen herrschen, muss jeweils individuell und unter Einbezug der entsprechenden Situation geprüft und evaluiert werden, welche die jeweiligen relevanten externen Faktoren sind.

Externer Faktor des Veranstalters
Ziel des Veranstalters ist es, eine erfolgreiche Veranstaltung durchzuführen und die im Vorfeld definierten Ziele zu erreichen. Sofern der Veranstalter im Auftrag Dritter tätig wird, gilt dies für die vereinbarte Zielsetzung mit dem Kunden oder dem Vorgesetzten. Je nach Zielsetzung können so, wie bereits angesprochen, zum Beispiel die Informationsvermittlung, der Austausch der Teilnehmer mit dem Veranstalter sowie untereinander oder die Präsentation von Produkten, Innovationen oder des Unternehmens im Zentrum der operativen Zielsetzung stehen. Diesen Zielen – beziehungsweise Teilaspekten von Veranstaltungszielen – ist gemein, dass der Kunde, respektive der Besucher der Veranstaltung, eine zentrale Rolle bei der Zielerreichung spielt. Nur durch eine entsprechende Integration des Kunden können die Ziele des Veranstalters erreicht werden. So stellen den zentralen externen Faktor auf Kongressen, Tagungen und Konferenzen schließlich die Besucher und Teilnehmer dar.

Externer Faktor der Location

Den externen Faktor der Location, im konkreten Fall des Anbieters des Kongress- und Tagungszentrums, stellt die Veranstaltung dar. Diese wird im übertragenen Sinne repräsentiert durch den Veranstalter. Er trägt entscheidend zur Performance bei. Mit dem Ziel, dem Kongress, der Tagung oder der Konferenz einen entsprechenden infrastrukturellen Rahmen zu geben, ist die Location zwingend auf eine gute Zusammenarbeit mit dem Veranstalter angewiesen. Nur durch eine entsprechende Integration – vom Beginn der Planung bis zum Ende der Veranstaltung – mit all dem, was in Zusammenhang mit der Veranstaltung steht, kann eine entsprechende Zielerreichung durch die Location erfolgen.

Externer Faktor der Zulieferer

Während die Location im weitesten Sinne als Zulieferer der Veranstaltung verstanden wird, entspricht deren externer Faktor auch dem aller anderen Zulieferer. Technikdienstleister, Sicherheitsunternehmen, Caterer, Marketingagentur, Auf- und Abbauhelfer: Aus deren Perspektive stellt die Veranstaltung – respektive der Veranstalter – den externen Faktor dar. Dieser ist einerseits Auftraggeber, andererseits aber auch ausschlaggebend dafür, dass die beauftragten Dienstleister ihre Leistung entsprechend erbringen können. So muss der Veranstalter in den Leistungserstellungsprozess der Zulieferer zum Beispiel eine adäquate Planung einbringen. Wenn das Essen des Caterers nicht ausreicht oder die Beschallung des Saals in einer nicht ausreichenden Qualität erfolgt, da ihm vom Veranstalter eine zu geringe Teilnehmerzahl kommuniziert wurde, kann dies auf den externen Faktor zurückgeführt werden. Die hier aufgezeigten Beispiele stellen jeweils Situationen dar, die durch eine adäquate Planung, also die Kommunikation der richtigen Besucherzahl oder das Einplanen von Puffern, hätten vermieden werden können. Nicht zu unterschätzen ist jedoch der nicht kalkulierbare und schlecht planbare Teil des externen Faktors, welcher im konkreten Fall zum Beispiel sein könnte, dass von den Besuchern überdurchschnittlich viel (einer bestimmten Speise) gegessen wurde. Vorstellbar wäre weiter, dass aufgrund einer Erkältungswelle zahlreiche Teilnehmer durch Nebengeräusche wie Husten oder Naseputzen eine entsprechende Geräuschquelle und Unruhe im Raum schaffen, die zur Reduzierung der Verständlichkeit beitragen. So wird schließlich der Besucher, welcher ursprünglich den externen Faktor des Veranstalters darstellt, über diesen zum externen Faktor für Zulieferer und Dienstleister.

Externer Faktor der Redner und Referenten

Die „Übertragung" des externen Faktors des Veranstalters kann ebenfalls zu Rednern und Referenten beobachtet werden. Zwar werden diese vom Veranstalter beauftragt und benötigen diesen zur Leistungserstellung, die Erbringung der Leistung im eigentlichen Sinne erfolgt jedoch direkt vor dem Publikum. Abhängig davon, wer mit welchen „Eigenschaften" im Publikum sitzt, wird die Performance des Redners und Referenten unterschiedlich ausfallen. Selbiges gilt entsprechend für alle Acts auf der Bühne und im Umfeld der Veranstaltung, welche die Besucher und Teilnehmer direkt ansprechen. Hier erfolgt die Integration des externen Faktors im Sinne einer gemeinsamen Zielerreichung von Veranstalter und Dienstleister vor allem über die Integration der Besucher.

Externer Faktor der Teilnehmer und Besucher

Nicht zwangsläufig aus definitorischer Perspektive, in jedem Fall jedoch im übertragenen Sinne, kann auch aus Sicht des Besuchers oder Teilnehmers ein externer Faktor ausgemacht werden. So erfolgt durch den Besucher zwar keine direkte Beauftragung des Veranstalters zur Vermittlung von Inhalten oder dem Bereitstellen von Gesprächspartnern, implizit ergibt sich dies jedoch aus dessen Erwartungen. Von der Teilnahme an dem Kongress, der Tagung oder der Konferenz erhofft sich der Teilnehmer das Erreichen seiner Zielsetzung. Diese kann zum Beispiel sein, Informationen über ein Produkt zu erlangen, sich mit Branchenprofis auszutauschen oder sich weiterzubilden. Wenn auch diese Ziele nicht direkt und individuell zum Veranstalter kommuniziert werden, trägt dieser dennoch zur Erreichung der Ziele bei, indem er das entsprechende Setting, an Gesprächspartnern, an Referenten oder Infrastruktur zur Verfügung stellt. So stellt schließlich nicht nur der Besucher den externen Faktor für den Veranstalter dar, sondern auch der Veranstalter den externen Faktor für den Besucher und dessen Zielerreichung.

2.2 Chancen nutzen, Risiken reduzieren – perspektivische Betrachtung des externen Faktors

In Bezug auf den externen Faktor bei in der Dienstleistungsproduktion im Allgemeinen, aber auch bei Kongressen, Tagungen und Konferenzen kann die Betrachtung aus zwei nahezu gegensätzlichen Blickwinkeln erfolgen. Während dem externen Faktor einerseits analytisch und mit Managementtools sachlich und eher objektiv entgegengetreten werden kann, bietet sich andererseits eine auf Erfahrungen und Menschenkenntnis beruhende, eher subjektive Perspektive an. In praktischen Überlegungen zum externen Faktor und in der tatsächlichen Organisation, Vorbereitung, Durchführung und Nachbereitung von Tagungen, Kongressen und Konferenzen empfiehlt sich eine entsprechende Mischung aus objektiverer analytischer und subjektiverer erfahrungsgestützter Betrachtungsweise. Inwieweit diese eher objektive oder subjektive Ausprägung besitzt, ist von Veranstaltung zu Veranstaltung verschieden und muss an die jeweilige Situation angepasst werden.

Aus analytischer Perspektive empfiehlt sich die Betrachtung des externen Faktors anhand von Tools und Methoden aus dem Risikomanagement. So können zum Beispiel mit Porters „Five Forces" die Einflussgrößen betrachtet werden, welche das Abschneiden des Unternehmens beziehungsweise des Projekts, am Markt beeinflussen (Peng 2009, S. 35). Hieraus lassen sich wiederum Implikationen für die eigene Veranstaltung ableiten. Ergibt sich zum Beispiel bei der Marktbetrachtung anhand des Five-Forces-Modells, dass eine hohe Rivalität im Markt besteht, beispielsweise durch Kongresse mit ähnlichem Inhaltsschwerpunkt, muss damit gerechnet werden, dass die Erwartungen der Besucher besonders hoch sind. Ähnlich kann auch mit anderen Tools des Risikomanagements verfahren werden, um Risiken, aber auch Chancen zu erkennen und schließlich zu beeinflussen.

Die mit analytischen Tools aufgezeigten oder subjektiv – zum Beispiel aus eigener Einschätzung oder dem Erfahrungsschatz – evaluierten Chancen und Risiken (extern) lassen sich schließlich in einer SWOT-Analyse (Strengths, Weaknesses, Opportunities, Threats) zusammenfassen. Die SWOT-Analyse dient dementsprechend der Analyse interner und externer Faktoren und trägt so zur Entscheidungsfindung bei (Ghazinoory et al. 2007, S. 99 ff.). Die Veranschaulichung der externen Chancen und Risiken in der SWOT-Analyse soll schließlich dazu dienen, interne Maßnahmen zu finden, welche die jeweiligen externen Faktoren beeinflussen. So können externe positive Potenziale verstärkt und externe negative Wirkungen abgeschwächt werden. Das weitere Vorgehen entspricht schließlich dem Risikomanagementprozess, welcher in vier Stufen die Situation – beziehungsweise das Risiko – erkennt, analysiert, bewertet und beeinflusst.

Im Beispiel des Redners, welcher das Publikum als (übertragenen) externen Faktor mit in seinen Leistungserstellungsprozess miteinbezieht, muss die Risikoerkennung bereits bei der Vorbereitung seiner Rede erfolgen. So erkennt er die Gefahr, dass das Publikum emotional nicht angesprochen werden kann. In der Analyse und Bewertung stellt er fest, dass die Chance für ein eher ruhigeres Publikum relativ groß ist, da es sich hauptsächlich um professionelle Fachbesucher handelt. So kann er in der Phase der Beeinflussung auf diese Erkenntnis reagieren und seinen Vortrag entsprechend an das erwartete Publikum anpassen beziehungsweise so gestalten, dass eine Anpassung während des Vortrags, also während der Leistungserstellung, möglich ist.

In der Praxis werden die wenigsten Referenten analytische Tools oder Methoden bei der Vorbereitung ihrer Rede einsetzen. Selbiges gilt für andere Dienstleister, da der Aufwand einer modellbasierten Analyse nicht im Verhältnis zum Auftrag steht oder die Einschätzung des externen Faktors eher implizit erfolgt. So wird der Referent auf seine Erfahrungen zurückgreifen, um das Publikum einzuschätzen. Während des Vortrags wird er im Idealfall auf sein Publikum eingehen und seine Leistung an die „Bedingungen" des externen Faktors anpassen. Hierfür wird von ihm neben seinem Erfahrungsschatz auch die Fähigkeit abverlangt, sein Gegenüber einzuschätzen. Im konkreten Beispiel kann dies durch Menschenkenntnis oder ein Gespür für die Situation erfolgen, in Bezug auf den externen Faktor im Allgemeinen durch Wissen über diesen. Hauptsächlicher Bestandteil dieses Wissens über den externen Faktor stellt hierbei die Kenntnis über dic Ziclc dcs jeweiligen externen Faktors dar. Nur wenn diese miteinbezogen werden, zum Beispiel durch Anpassung des Vortragprogramms an die Besucher, kann auch implizit eine optimale Integration des externen Faktors erfolgen und somit eine Win-win-Situation für Anbieter und Nachfrager geschaffen werden.

3   Bewusster Umgang mit dem externen Faktor

Da eine Dienstleistung zu einem bestimmten Grad immer die Mitwirkung des Kunden an der Leistungserstellung mit sich bringt, muss die Integration des externen Faktors als eine der zentralen Eigenschaften von Dienstleistungen festgehalten werden (Hogreve 2007, S. 14; Fließ 2006, S. 31; Corsten 2001, S. 27 f.). Für Dienstleistungen in der Veranstaltungsbranche – speziell im Bereich von Kongressen, Tagungen und Konferenzen – bedeutet dies einerseits, dass der Kunde als externer Faktor möglichst gut in die Leistungserbringung integriert sein muss. Andererseits bringt dies eine unkalkulierbare, nicht kommissionierbare und teilweise schwer einzuschätzende Komponente mit sich. Diese Komponente kann positive oder negative Auswirkungen haben, erfordert aber in jedem Fall eine Aktion oder Reaktion des Dienstleisters.

Dem externen Faktor muss dementsprechend mit adäquaten Mitteln begegnet werden. Diese können entweder, aufbauend auf Wissenschaft und Forschung, verschiedenste Managementtools sein, welche bewusst zum Einsatz kommen, oder ein eher intuitives Handeln, welches aus Erfahrungen und subjektivem Empfinden resultiert. Wenn auch nicht bei jeder Veranstaltung der Einsatz mehr oder weniger aufwendiger Tools und Methoden betriebswirtschaftlich sinnvoll ist, so lohnt sich dennoch in jedem Fall eine bewusste Auseinandersetzung mit dem externen Faktor. Fragestellungen wie die, was im konkreten Fall der externe Faktor ist, welche Auswirkungen dieser haben kann und wie diesen begegnet wird, sind ebenso Teil eines professionellen Veranstaltungsmanagements wie ein an den externen Faktor angepasstes Risikomanagement.

Der externe Faktor stellt grundsätzlich eine Herausforderung für Veranstalter, Verantwortliche und Auftraggeber dar, da er mehr oder weniger unerwartete Änderungen der Planung und auch der Durchführung mit sich bringen kann. Durch die bewusste Auseinandersetzung der Verantwortlichen bei Kongressen, Tagungen und Konferenzen – in Verbindung mit einem adäquaten Risikomanagement – lässt sich der externe Faktor jedoch gut in die Veranstaltung integrieren, sodass schließlich ein erfolgreicher Kongress, eine erfolgreiche Tagung oder eine erfolgreiche Konferenz durchgeführt werden kann.

Literatur

Berekoven L (1974) Der Dienstleistungsbetrieb – Wesen – Struktur – Bedeutung. Gabler, Wiesbaden
Corsten H (2001) Dienstleistungsmanagement. Oldenbourg, München
Ekeledo I, Sivakumar K (2004) The impact of E-Commerce on entry-mode strategies of service firms – A conceptual framework and research propositions. J Int Mark 12(4):46–70
Fließ S (2006) Prozessorganisation in Dienstleistungsunternehmen. Kohlhammer, Stuttgart
Frietzsche U (2001) Externe Faktoren in der Dienstleistungsproduktion – Ansätze zur Lösung von Erfassungs- und Bewertungsproblemen. Springer, Wiesbaden
Ghazinoory S, Zadeh A, Memariani A (2007) Fuzzy SWOT analysis. J Intell Fuzzy Syst 18(1):99–108
Haller S (2012) Dienstleistungsmanagement – Grundlagen – Konzepte – Instrumente, 5. Aufl. Springer Gabler, Wiesbaden
Hogreve J (2007) Die Wirkung von Dienstleistungsgarantien auf das Konsumentenverhalten – Eine empirische Analyse. Gabler, Wiesbaden
Lippold D (2013) Die Unternehmensberatung – Von der strategischen Konzeption zur praktischen Umsetzung. Springer Gabler, Wiesbaden
Maleri R (1973) Grundzüge der Dienstleistungsproduktion. Springer, Berlin
Meffert H, Burmann C, Kirchgeorg M (2015) Marketing – Grundlagen marktorientierter Unternehmensführung – Konzepte – Instrumente – Praxisbeispiele, 12. Aufl. Springer Gabler, Wiesbaden

Meyer A (1988) Dienstleistungs-Marketing: Erkenntnisse und praktische Beispiele, 3. Aufl. FGM, München

Möller K, Cassack I (2008) Prozessorientierte Planung und Kalkulation (kern-)produktbegleitender Dienstleistungen. Zeitschrift für Planung und Unternehmenssteuerung 19(1):159–184

Peng M (2009) Global Strategic Management, 2. Aufl. Cengage Learning Emea, London

Rapp A, Rapp T, Schillewaert N (2008) An empirical analysis of e-service implementation – antecedents and the resulting value creation. J Serv Mark 22(1):24–36

Richter M (2012) Modelle wissensintensiver Dienstleistungen – Ansätze einer modernen Produktionstheorie auf Basis der graphischen Aktivitätsanalyse. Springer Gabler, Wiesbaden

Rieck A (2011) Qualitätsprüfung komplexer Dienstleistungen – Ein ergebnisorientierter und kennzahlenbasierter Ansatz. Gabler, Wiesbaden

Scheer A, Grieble O, Klein R (2006) Modellbasiertes Dienstleistungsmanagement. In: Bullinger H, Scheer A (Hrsg) Service Engineering – Entwicklung und Gestaltung innovativer Dienstleistungen. Springer, Berlin, S 19–51

Spita T, Schmidpeter H (2002) IV-Controlling in einem Systemhaus – Eine Fallstudie. Wirtschaftsinformatik 44(2):141–150

Timmor Y, Rymon T (2007) To do or not to do: the dilemma of technology-based service improvement. J Serv Mark 21(2):99–111

Welter M (2005) Die Dienstleistung als Objekt der Wirtschaftswissenschaften. Der Markt 44(173):94–99

Über den Autor

Patrick Haag studierte Messe-, Kongress- und Eventmanagement sowie Management kleiner und mittlerer Unternehmen mit Schwerpunkt auf Entrepreneurship und Unternehmenskommunikation. In über zehn Jahren Praxiserfahrung in verschiedenen Unternehmen und Agenturen begleitete er unzählige Kongresse, Messen und Events in verschiedenen Positionen.

Heute berät er Unternehmen zu deren Messe- und Eventmarketing-Aktivitäten im In- und Ausland. Weiter ist er Lehrbeauftragter an verschiedenen Hochschulen. So lehrt er unter anderem im Studiengang „Messe-, Kongress- und Eventmanagement" an der Dualen Hochschule Baden-Württemberg (DHBW) Ravensburg, im Studiengang „Sport- und Eventmanagement" am Bodensee Campus Konstanz, der Steinbeis Business Academy/Steinbeis Hochschule Berlin oder an der IST-Hochschule für Management in Düsseldorf.

In seiner Dissertation beschäftigt er sich mit dem Eventmarketing von KMU und Start-ups. Er ist zudem Autor und Herausgeber zahlreicher Fachpublikationen in den Bereichen „Eventmarketing" und „Management von kleinen und mittleren Unternehmen".

Die sieben Faktoren für ein erfolgreiches Projektmanagement

Lernen von den Projektprofis

Michael Maier und Stefan Luppold

Zusammenfassung

Klassisches Projektmanagement greift durch die Fokussierung auf die Realisations-phase und die überwiegende Steuerung des Arbeits- und Zeitplans leider in vielen Projekten zu kurz. Aus der Praxis der Unternehmensberatung der IBM Global Business Services hat sich die Steuerung von Projekten anhand von sieben Erfolgsfaktoren in zahlreichen Projekten bewährt: „Umfang", „Team", „Arbeits- und Zeitplan", „Stakeholder", „Kundennutzen", „Risiken" und „Dienstleisternutzen". Diese sind über die vier Projektphasen „Anbahnung", „Planung", „Umsetzung" und „Abschluss" konsequent zu planen und zu steuern. Durch die Anwendung der sieben Erfolgsfaktoren auf IT- und Kongressunternehmen in diesem Beitrag zeigt sich die Nutzbarkeit in unterschiedlichen Branchen. Somit lässt sich der Ansatz auf Kongress-, Tagungs-, Konferenz- und andere Veranstaltungsprojekte übertragen beziehungsweise für solche anwenden und sichert damit die angestrebte Zielerreichung ab (siehe hierzu Beiträge wie „Veranstaltungsmanagement", „Veranstaltungsformat" und „Evaluation" in Dinkel et al. Handbuch Messe-, Kongress- und Eventmanagement, Verlag Wissenschaft & Praxis, Sternenfels, 2013).

M. Maier (✉) · S. Luppold
Ravensburg, Deutschland
E-Mail: maier@dhbw-ravensburg.de

S. Luppold
E-Mail: luppold@dhbw-ravensburg.de

© Springer Fachmedien Wiesbaden GmbH 2017   523
C. Bühnert und S. Luppold (Hrsg.), *Praxishandbuch Kongress-, Tagungs- und Konferenzmanagement*, DOI 10.1007/978-3-658-08309-0_35

Vorbemerkung der Autoren

Wenn das häufig sehr mechanisch angewandte Projektmanagement als zentrales Werkzeug den Erfolg garantieren soll, dann muss ihm eine qualitativ ausgerichtete Komponente zur Seite gestellt werden, die sich den Erfolgsfaktoren methodisch widmet. Dies führt zu einer idealen Kombination aus klassischem Projektmanagement und einem verbesserten Blick auf kritische Entwicklungen im Verlauf – über alle Projektphasen hinweg und damit nicht nur, wie immer wieder praktiziert, bei der Anbahnung. Die Übersetzung dieser Systematik in ein Anzeigeschema mit Ampelfarben schafft dabei einen raschen Überblick.

1   Methodik und Inhalt der sieben Erfolgsfaktoren

Die Unternehmensberatung IBM Global Business Services nutzt die sieben Erfolgsfaktoren zum Management zahlreicher IT- und Businessprojekte seit der Übernahme der PWC Consulting im Jahr 2002. Sie haben sich als Nukleus eines effizienten und effektiven Projektmanagements unabhängig von Größe, Typ, Komplexität und Umsetzungsort durch langjährige Erfahrungen in unterschiedlichen Projekten herauskristallisiert. Damit bilden sie den praxisbezogenen Rahmen jener kritischen Faktoren, die den Erfolg von Projekten entscheidend prägen.

Diese Erfolgsfaktoren gewähren zunächst einen Einblick in den Status eines Projekts und helfen dabei, kritische Informationen zu identifizieren. Ihr Nutzen liegt somit darin, Warnsignale frühzeitig zu erkennen und Maßnahmen zur Gegensteuerung rechtzeitig und möglichst ganzheitlich ergreifen zu können. Auf ihrer Grundlage werden jene Informationen generiert, mit denen die Belange eines Projekts besser an die verantwortlichen Stakeholder kommuniziert werden können. Gut verstanden und angewendet, tragen diese insgesamt sieben Erfolgsfaktoren entscheidend dazu bei, den Erfolg eines Projekts sicherzustellen.

Drei der sieben Faktoren können durch den Projektmanager selbst gesteuert werden, die restlichen vier sind nur mittelbar zu beeinflussen. Tab. 1 zeigt die Erfolgsfaktoren und eine kurze einführende Erläuterung.

Für ein erfolgreiches Projektmanagement müssen über die vier Phasen eines Projekts alle sieben Erfolgsfaktoren geplant und gesteuert werden (vgl. ähnlich zu den einzelnen Projektphasen Steinbuch 2000).

Dabei sollte die Berichterstattung unter „Status" anhand von Ampelfarben erfolgen, um einen schnellen Überblick über ein oder mehrere Projekte zu erhalten (hier auf Grund der einfarbigen Abbildung in entsprechenden Graustufen dargestellt – grün=hellgrau, gelb=dunkelgrau, rot=schwarz).

Tab. 1 Die sieben Erfolgsfaktoren eines erfolgreichen Managements von Projekten. (Quelle: eigene Darstellung)

Faktor	Erläuterung
Direkt beeinflussbare Erfolgsfaktoren	
Umfang	Die Grenzen des Projektumfangs (vor allem bezogen auf den Leistungsumfang) müssen vereinbart, verhandelt und gegebenenfalls im Verlauf eines Projekts kontrolliert angepasst werden
Team	Die erforderlichen Mitglieder für das Projektteam müssen identifiziert, ausgewählt und entwickelt werden, adäquate Räume angefordert und gepflegt werden, Ausstattung beschafft und andere notwendige Ressourcen für eine erfolgreiche Projekt- und Teamarbeit bereitgestellt werden
Arbeits- und Zeitplan	Projektergebnisse und deren Erarbeitung müssen geplant sowie kontrolliert und damit vorherseh- und steuerbar sein. Sie müssen den zuvor festgelegten Kundenanforderungen entsprechen
Mittelbar beeinflussbare Erfolgsfaktoren	
Stakeholder	Einzelne Personen und Gruppen, die vom Projekt beeinflusst werden oder die das Projekt ihrerseits beeinflussen, müssen identifiziert, geprüft, informiert und beeinflusst werden
Kundennutzen	Schätzung, Messung und Darstellung des aus dem Projekt resultierenden Nutzens für den Kunden: Dieser besteht aus den positiven Wirkungen der Projektergebnisse abzüglich der in Kauf zu nehmenden Kosten. Dabei sollten finanziell messbare Wirkungen genauso transparent gemacht werden wie schwer oder nicht direkt messbare Auswirkungen
Risiken	Risiken müssen identifiziert, bewertet und durch geeignete Maßnahmen gesteuert werden. Es muss entschieden werden, ob Risiken akzeptiert oder aktiv durch gezielte Maßnahmen unter Kontrolle gehalten werden sollen
Dienstleisternutzen	Aufsetzen, Vereinbarung und Berichterstattung der Nutzen des Projekts aus Sicht des Dienstleisters: Hierfür sind neben finanziellen Nutzen auch Wissenstransfer und die Weiterentwicklung der Mitarbeiter als Nutzenbestandteile zu betrachten

- „Grün" steht für „Halte den Kurs" – keine Korrektur notwendig und zeigt an, dass alles nach Plan verläuft.
- „Rot" bedeutet „Notfall" – sofortige Kurskorrektur ist notwendig, um inakzeptable Auswirkungen zu vermeiden (Anpassen von Plänen, Ressourcen oder beidem).
- „Gelb" zeigt an, dass ein korrigierender Eingriff wahrscheinlich ist, um inakzeptable Auswirkungen zu vermeiden (Anpassen von Plänen, Ressourcen oder beidem).

Tab. 2 Bericht zu den sieben Erfolgsfaktoren. (Quelle: eigene Darstellung)

Faktor	Status	Kommentar	Maßnahmen
Stakeholder			
Kundennutzen			
Arbeits- und Zeitplan			
Team			
Umfang			
Risiken			
Dienstleisternutzen			

Tab. 3 Übersicht der sieben Erfolgsfaktoren zu mehreren Projekten. (Quelle: eigene Darstellung)

Faktor	Projekt 1	Projekt 2	Projekt 3	Projekt 4	Projekt n
Stakeholder					
Kundennutzen					
Arbeits- und Zeitplan					
Team					
Umfang					
Risiken					
Dienstleisternutzen					

Das Projekt-Reporting zeigt den Status entlang der sieben Erfolgsfaktoren. Tab. 2 skizziert die Grundsystematik anhand von konkreten Kommentaren und Maßnahmen.

Diese Systematik lässt sich für Multiprojektmanager gut in eine Gesamtübersicht zum Status aller Projekte nach den sieben Erfolgsfaktoren ausbauen (vgl. grundsätzlich zur Aufgabe des Multiprojekt-Controllings ausführlich Steinle und Eichenberg 2015 sowie Lachnit 1994). Dadurch entsteht vor allem für diese Aufgabe eine effektive Übersicht zur Steuerung des gesamten Projektportfolios (vgl. Tab. 3).

2   Einsatz der sieben Erfolgsfaktoren in den unterschiedlichen Phasen eines Projekts

2.1   Projektanbahnung

In der Phase der Projektanbahnung müssen bereits alle sieben Erfolgsfaktoren „reportet" werden (vgl. ausführlich zum Controlling in der Phase der Projektanbahnung Lachnit 1994, S. 37 ff.). Die relevanten Stakeholder sollten in dieser Phase möglichst systematisch ermittelt werden. Dabei sind deren wahrscheinliche Reaktionsweisen auf das Projekt zu ergründen. Besonders wichtig sind in dieser Phase Einstellungen der Entscheidungsträger beim potenziellen Kunden und beim Dienstleister selbst. Sie müssen umfassend identifiziert und über das Projekt und seine geplanten Wirkungen informiert werden.

Der potenzielle Kundennutzen des geplanten Projekts muss in dieser frühen Phase bereits festgestellt werden, da er ein entscheidendes Argument für die Kommunikation an die Stakeholder ist. Hierfür ist es zunächst sinnvoll, die Strategie des Kunden mit den Wirkungen des Projekts abzugleichen und dabei herauszustellen, welche positiven Effekte durch das Projekt bezogen auf die angestrebte Strategie des Kunden zu erwarten sind.

Der Arbeits- und Zeitplan sollte in der Phase der Projektanbahnung grob skizziert werden. Es ist eine hinreichend konkrete Vorstellung bezüglich der Struktur des Projekts zu dokumentieren. Dies ist gegebenenfalls sogar Teil der Erwartungshaltung des potenziellen Auftraggebers – es geht um die Machbarkeit (im Kontext der Tendenz zu kürzer werdenden Vorlaufzeiten bei Veranstaltungen).

Die Zusammensetzung des Teams kann aufgrund der anstehenden Arbeitspakete im Arbeits- und Zeitplan bezogen auf Zahl und Fähigkeiten sowie Rollen bereits grob abgeschätzt werden. In dieser Phase muss bei größeren Projekten ein Angebotsteam zusammengestellt werden.

Vom Projektumfang hängt ab, wo die voraussichtlichen Grenzen des Projekts gezogen werden. Jedes Projekt kann bezogen auf den Leistungsumfang maximal oder minimal ausgeprägt werden. Deshalb geht es hier vor allem um eine möglichst erfolgsträchtige Relation zwischen dem Kunden- und dem Dienstleisternutzen – bezogen auf die konkrete Ausprägung der Projektleistungen.

Risiken können in der Phase der Projektanbahnung vom Dienstleister nur wenig detailliert erfasst und gesteuert werden. Bis zur Vertragsunterzeichnung können Projekte mit einem ungünstigen Risikoprofil durch entsprechende Risikoklassifizierungen im „Risk-Advisory-Board" verhindert oder mit Risikozuschlägen versehen werden. Deshalb ist es von großer Bedeutung, mögliche Risiken nach Art des Projekts und Kunden differenziert zu erfassen, zu bewerten sowie darauf aufbauende Entscheidungen zur Gestaltung des Angebots zu fällen.

Der Dienstleisternutzen ist gegeben, wenn die Projektwirkungen mit den Unternehmenszielen des Dienstleisters gut korrespondieren. Diese Entscheidung sollte der Dienstleister in Form eines internen Reviews treffen – da die potenziellen Projektleiter oder Vertriebsmitarbeiter aufgrund ihres Eigeninteresses meist nur unzureichend entscheidungsfähig sind.

2.2 Projektplanung

In der Phase der Projektplanung müssen sich Auftraggeber und Auftragnehmer auf die Projektinhalte und Vertragsbedingungen einigen. Mit den Stakeholdern sind Rollen und

Verantwortlichkeiten zu vereinbaren und im Vertrag zu verankern. In dieser Phase ist es wichtig, die Übereinkunft mit wichtigen Stakeholdern erneut und detaillierter als in der Phase der Projektanbahnung einzufordern (vgl. zur Zielklärung mit unterschiedlichen Stakeholdern ausführlich Pascher et al. 2013, S. 91 ff.). Zentrale Fragen sind:

- Glauben alle wichtigen Projektbeteiligten wirklich daran, dass die geplanten Wirkungen des Projekts die Kundenstrategie stützen?
- Sind diese Wirkungen korrekt ausgearbeitet, durchdacht, werthaltig, implementierbar und von Dauer für den Kunden?
- Glaubt der Kunde ohne Einschränkungen daran, dass der Dienstleister dies auch leisten kann?

Der Kundennutzen sollte separat identifiziert, niedergeschrieben und bezogen auf möglichst messbare Größen festgelegt werden. Mögliche Änderungen am Projektumfang sollten bereits hier gedanklich vorerfasst und bezogen auf ihre Wirkung auf den Kundennutzen beschrieben werden.

Der Arbeits- und Zeitplan ist für einen Vertragsabschluss möglichst detailliert in einen Projektplan zu integrieren. Dieser adressiert die vorgegebenen Projektziele möglichst strukturiert durch zeitlich gegliederte Arbeitspakete und den hierfür erforderlichen Ressourcenplan. Dabei ist zu prüfen, ob ein dem Projekttyp entsprechender instrumenteller Einsatz (zum Beispiel MS Project) bei der Erstellung des Projektplans erfolgt ist (siehe hierzu den Einsatz von Projektmanagementmethoden). Zu unterschiedlichen Methoden vgl. auch Pascher et al. 2013, S. 93 ff. sowie Corsten et al. 2008, S. 108 ff.

In der Folge konkretisieren die verantwortlich planenden Personen den Einsatz der Ressourcen. Sie stellen sicher, dass sowohl das Team als auch die erforderliche Infrastruktur für die Dauer des Projekts in der geplanten Qualität bereitstehen. Um den Einsatz adäquat planen zu können, muss der Projektplan Informationen darüber enthalten, welche Rollen zu besetzen sind und welche Fähigkeiten diese erfordern. Ein Abgleich mit den Kompetenzen und deren Verfügbarkeit beim Dienstleister und beim Kunden ermöglicht eine Einschätzung zur geplanten Teamleistung.

Die Vertragsinhalte determinieren den Projektumfang. Denn bereits hier entscheidet sich oftmals, ob der Umfang in der Realisierungsphase durch den Projektleiter realistisch gesteuert werden kann oder nicht. Deshalb ist es unabdingbar, den Projektumfang klar und messbar entlang des Projektplans (Rollen, Verantwortlichkeiten Auftraggeber/-nehmer, Zeitpläne etc.) festzuschreiben. Hierfür sollten alle Entscheidungsträger des Projekts die einzelnen Bestandteile des Projektplans gesichtet und ihr Einverständnis schriftlich erklärt haben. Die Möglichkeit von Abweichungen vom Arbeits- und Zeitplan und ihre Wirkungen sollten verpflichtend in den Vertrag eingearbeitet und vor allem vom Auftragnehmer verstanden werden (Vereinbarung eines Change-Request-Managements).

Risiken entstehen in dieser Phase vor allem bezogen auf Fehler in der Vertragsgestaltung. Deshalb sind hier Risikoklassifizierungen und formale interne Prüfungen des Dienstleisters durchzuführen, um die möglichen Risiken zu bewerten und in die Vertragsgestaltung einfließen zu lassen.

Da am Ende dieser Projektphase alle Informationen bezogen auf voraussichtlichen Ressourceneinsatz, Kundennutzen, Team und Risiken vorliegen, sollte es dem Dienstleister nun auch gelingen, das Projekt bezüglich des Dienstleisternutzens abschließend einzuschätzen. Die Top-Entscheidungsträger müssen einen erkennbaren Nutzenbeitrag des Projekts für den Dienstleister identifizieren. Wenn das Projekt einen erkennbaren Kundennutzen liefert (Reputation am Markt) und das Team sich weiterentwickelt (Entwicklung nach innen) sowie Risiken abgeschätzt und getragen werden können sowie ein akzeptabler Profit realisierbar ist, sollte einer Umsetzung nichts mehr im Wege stehen.

2.3   Projektumsetzung

In allen Phasen der Projektumsetzung sind die sieben Erfolgsfaktoren regelmäßig weiter zu reporten. Hierfür bedarf es der Ingangsetzung eines Prozesses zum Stakeholder-Management. Die für die Projektumsetzung wesentlichen Stakeholder sind nun strikt an das Projekt zu binden. Rollen und Verantwortlichkeiten müssen verstanden und im Sinne des Projekterfolgs gelebt werden. Um dies möglichst transparent zu halten, sollte die Zufriedenheit der Stakeholder regelmäßig eingeschätzt und nachgehalten werden.

Die Umsetzungsphase realisiert zunehmend den angestrebten Kundennutzen. Der diesbezügliche Fortschritt sollte reportet und Maßnahmen zur erfolgreichen Steuerung des Kundennutzens ergriffen werden. In dieser Phase greift vor allem das gängige Instrumentarium des Projektmanagements (vgl. hierzu etwa Drews und Hillebrand 2010 oder Streich 1996 sowie Steinbuch 2000). Die Nutzenbeiträge durch das Projekt sind zu planen, dokumentieren, kommunizieren und umzusetzen. Soll-Ist-Vergleiche geben Aufschluss darüber, ob geplante Nutzenbeiträge durch die Meilensteine des Projekts auch umgesetzt werden konnten und welche Abweichungen es zu konstatieren gilt. Darauf aufbauend können Pläne entwickelt werden, wie der Kundennutzen möglichst zielgerichtet durch zu ergreifende Maßnahmen im Rahmen der Restriktionen weiterhin angesteuert werden kann.

Der Arbeits- und Zeitplan ist in dieser Projektphase detailliert nach Realisierungsphasen hinsichtlich Ressourcen, Arbeitsaufwand, Dauer und Abhängigkeiten auszuarbeiten und aktuell zu halten. Der Projektfortschritt muss regelmäßig am Plan bezogen auf den Erreichungsgrad gemessen werden und Projektergebnisse sind schließlich bezogen auf ihre Kundenakzeptanz zu beurteilen. Die noch ausstehenden Realisierungsschritte des Projektplans müssen regelmäßig gegen die tatsächlichen Erfahrungen im Projekt gespiegelt werden. Erforderliche Anpassungen sind in den Projektplan aufzunehmen und mit allen betroffenen Stakeholdern bezüglich ihrer Auswirkungen zu kommunizieren.

Für das eingesetzte Team und die Infrastruktur ist in der Phase der Realisierung ein Prozess zu implementieren, der Abweichungen von den geplanten Zielen dokumentiert und steuert, da der Projekterfolg entscheidend von einem effizient und effektiv arbeitenden Team abhängt. Sollte sich etwa in der Umsetzung herausstellen, dass einzelne Mitarbeiter den Herausforderungen nicht gewachsen sind, so muss dies frühzeitig erkannt und behoben werden, da sonst weitreichende Auswirkungen auf die Teamleistung und die Kundenakzeptanz zu befürchten sind. Vor jeder neuen Realisierungsphase sollten diesbezügliche Reviews formalisiert durchgeführt werden.

Die Steuerung des Umfangs stellt in der Phase der Projektrealisierung eine der schwierigsten Aufgaben für den Projektleiter und seine Mitarbeiter dar. Änderungen am Umfang eines Projekts müssen deshalb konsequent über einen formalisierten Änderungsprozess gesteuert werden. Eine gewünschte Anpassung des Projektumfangs muss deshalb zunächst bezogen auf Inhalt und Auswirkungen auf Ressourcen und Zeitplan dokumentiert werden. Die damit verbundenen Konsequenzen sind mit dem Kunden zu besprechen und im Einvernehmen schriftlich festzuhalten. Dazu gehört auch, dass eingesetzte Subunternehmer aus diesem Prozess ausgeschlossen sind, da sie die Verantwortung für eine Veränderung des Umfangs in der Regel nicht tragen. Unbefugte Mitarbeiter des Dienstleisters können auch keine Zusagen für eine Veränderung des Projektumfangs machen, da dies formell über einen Genehmigungsprozess mit der Projektleitung – bestehend aus Kunden und Entscheidungsträger des Dienstleisters (gewöhnlich Projektleiter) – abzuwickeln ist.

Risiken müssen periodisch im Sinne eines Prozesses mit dem Projektmanagement integrativ wahrgenommen werden (vgl. zum Risikomanagement in Projekten grundsätzlich die Dissertation von Enz 2008). Die Identifikation, Prüfung und Steuerung von Risiken bezieht sich nun auf die Realisierung. Deshalb müssen die Risiken entlang der Projektspezifika klassifiziert, dokumentiert und kommuniziert sowie möglichst weitgehend durch Steuerungsmaßnahmen unter Kontrolle gehalten werden. Akzeptable Risiken müssen konsequent von solchen Risiken getrennt werden, die über geeignete Maßnahmen abgeschwächt oder beseitigt werden müssen.

Der Nutzen des Dienstleisters kann nur gewährleistet werden, wenn dessen Projektleitung einen Prozess der Interaktion mit dem internen Management der Unternehmung regelmäßig lebt. Dazu gehört ein ehrliches und konsequentes Reporten wichtiger Nutzenkategorien wie „Finanzen", „Weiterentwicklung des Teams" und „Risiken".

2.4   Projektabschluss

Nach der Realisationsphase ist ein Projekt strukturiert abzuschließen. Dazu müssen die Projektverantwortlichen gemeinsam mit den Stakeholdern den Geschäftsnutzen des Projekts zunächst beurteilen. Die Ergebnisse sind zu dokumentieren und an die Stakeholder zu kommunizieren. Dem Kunden sollte ein abschließender Bericht zum Wertbeitrag des Projekts übergeben werden (vgl. zur Methodik des Projektabschlussberichts ausführlich Pascher et al. 2013, S. 186 ff.).

Die Arbeits- und Zeitpläne sind nach Abschluss des Projekts erneut zu sichten, um Abweichungen zwischen Plan und Ist zu identifizieren und daraus Lerneffekte für zukünftige, ähnlich gelagerte Projekte ableiten zu können.

Auch das Team und seine Leistung werden einem Review unterzogen. Alle Teammitglieder sollten zum Abschluss eines Projekts nochmals zusammenkommen, um die wesentlichen Erkenntnisse aus der Realisierung zusammenzutragen und zu bewerten. Gegebenenfalls können wesentliche Erkenntnisse des Projekts in Arbeitspapieren einem erweiterten Kreis in der Unternehmung des Dienstleisters zugänglich gemacht werden. Schließlich sind die Teammitglieder selbst bezogen auf ihre Leistung zu bewerten.

Zum Abschluss des Projekts muss der Kunde die Umsetzung des geplanten Projektumfangs durch das Projekt formell bestätigen. Das Management des Projektumfangs im Laufe der Realisierungsphase ist einer kritischen Analyse zu unterziehen und wesentliche Fehler müssen aufgedeckt sowie mit den Verantwortlichen besprochen werden.

Auch das Management der Risiken ist ex post zu hinterfragen, um daraus Schlüsse für zukünftiges Risikomanagement in ähnlich gelagerten Projekten ziehen zu können.

Schließlich ist auch der Nutzen für den Dienstleister erneut und abschließend kritisch zu prüfen. Konnte das Projekt den geplanten finanziellen Nutzen realisieren? Hat das Team den Wissensstand erreicht, der beabsichtigt war, um die Weiterentwicklung für den Dienstleister sicherzustellen?

In den folgenden Abschnitten werden die sieben Erfolgsfaktoren in Event- und Kongressagenturen beziehungsweise entsprechenden Abteilungen von Unternehmen und Verbänden beispielhaft angewendet – bei einem IT-Projekt (zum Beispiel Einführung eines IT-Projekts) und bei einem Veranstaltungsprojekt.

3 Beispielhafte Anwendung der sieben Erfolgsfaktoren in einem IT-Projekt

Im Folgenden sollen einige der zuvor allgemeingültig herausgearbeiteten Hinweise zu Planung und Steuerung von Projekten vor dem Hintergrund eines konkreten IT-Projekts (zum Beispiel Einführung eines Enterprise-Resource-Planning [ERP] -Systems) in ausgewählten Phasen und Vorlagen gespiegelt werden.

3.1 Phasenorientierte Hinweise

In der Anbahnungsphase von IT-Projekten ist es erforderlich, alle von einem IT-System betroffenen Stakeholder möglichst systematisch zu ermitteln. Dies ist deshalb von zentraler Bedeutung, da gerade in dieser Phase der Dienstleister verstehen muss, wie die Einflussmöglichkeiten bezogen auf die Vergabeentscheidung aufseiten der Stakeholder verteilt sind. Ein grober Arbeits- und Zeitplan hilft in dieser Phase sehr, das anstehende Projekt nach außen einheitlich und zielstrebig bezogen auf den Kundennutzen (zum Beispiel „zukunftssicherer und qualitativ hochwertiger Betrieb der Finanzsoftware") zu kommunizieren. Ferner können dadurch gegebenenfalls bereits wichtige Ressourcen für die Erstellung eines Angebots organisiert werden. Risiken müssen bereits in der Anbahnungsphase erkannt, erfasst und kommuniziert werden. Ein ERP-Projekt bei einem öffentlichen Auftraggeber birgt aufgrund der angespannten politischen Situation gegebenenfalls andere Risiken als bei einem Chemieunternehmen.

In der Planungsphase eines IT-Projektes ist vor allem ein gut strukturierter und von allen Stakeholdern abzunehmender Projektplan zu erstellen. Er ist die wichtigste Voraussetzung für ein anschließendes Management des Projektumfangs und damit des Projektnutzens für den Dienstleister. Ausgehend von einer klaren Zieldefinition durch den Auftraggeber müssen die Arbeitspakete des Projekts zeitlich und ressourcenorientiert durchdrungen werden. Bei einem ERP-Projekt könnte die Zieldefinition etwa wie folgt lauten: „Ablösung der bisherigen Lösungen x, y und z durch das einzuführende System SAP bis zum …, unter Einhaltung der vereinbarten Budgetvorgaben". In der Leistungsbeschreibung (Pflichtenheft) sind dann konkrete Vereinbarungen zu den Modulen des ERP-Systems und deren Ausprägung enthalten. Bestandteile, die nicht zuverlässig geschätzt werden können, da Erfahrungen diesbezüglich fehlen, nimmt man in besser aus den werkvertraglichen Bestandteilen heraus und vereinbart zusätzlich eine Umsetzung im Rahmen eines Dienstvertrags.

In der Umsetzungsphase eines IT-Projekts muss konsequent gegen die vereinbarte Planung (Arbeits- und Zeitplan) gesteuert werden. Hier zeigen sich die Qualität des Plans und die Fähigkeiten des Projektmanagers, den Leistungsumfang immer wieder dagegenzuspiegeln. Nachträgliche Anforderungen des Auftraggebers werden durch erfahrene Manager von IT-Projekten konsequent vom vereinbarten Leistungsumfang abgetrennt (zum Beispiel zusätzliche Berichte innerhalb eines Moduls von SAP). Dieses Change-Management ist der Schlüssel, um den Profit eines IT-Projekts konsequent ansteuern zu können.

3.2   Anwendung des Berichts der sieben Erfolgsfaktoren

Nachstehend ist in Tab. 4 ein Beispiel eines Berichts zu den sieben Erfolgsfaktoren in der Umsetzungsphase eines IT-Projekts dargestellt.

4   Beispielhafte Anwendung der sieben Erfolgsfaktoren bei Veranstaltungen

4.1   Phasenorientierte Hinweise

In der Phase der Projektanbahnung muss der potenzielle Kundennutzen des geplanten Kongresses frühzeitig identifiziert werden, da er nicht nur wesentlicher Anker für die Festlegung von Detailzielen („Motivation des Vertriebsteams für das neue Geschäftsjahr und Information über die aktuelle Produktpalette"), sondern auch ein entscheidendes Argument für die Kommunikation an die Stakeholder eines Kongresses ist. Hierfür ist es sinnvoll, die Strategie des Kunden mit den Wirkungen des Kongresses abzugleichen und dabei herauszustellen, welche positiven Effekte durch den Kongress bezogen auf die Strategie des Kunden zu erwarten sind (zum Beispiel eine Veranstaltungskonzeption, die

Tab. 4 Beispiel eines Berichts anhand der sieben Erfolgsfaktoren für ein IT-Projekt. (Quelle: eigene Darstellung)

Faktor	Status	Kommentar	Maßnahmen
Stakeholder		Das Meeting zum ERP-Steuerungskreis wurde ohne Angabe von Gründen auf den Folgemonat verlegt	Wir holen wesentliche Vereinbarungen der Stakeholder ein und starten damit die Wiederaufnahme dieses Prozesses. H. Maier nimmt Kontakt mit H. Müller auf und vereinbart einen Termin zur Ermittlung und Dokumentation der Gründe für die Verlegung
Kundennutzen		Der CIO des Kunden stellt Termin der Produktivsetzung des ERP-Systems aufgrund von Anpassungsproblemen mit anderen Anwendungen infrage	Wir prüfen die Gründe für die Verlegung durch ein Gespräch mit dem CIO. Die Ergebnisse sind zu dokumentieren. H. Maier prüft den Schnittstellenplan zu anderen IT-Anwendungen und den diesbezüglichen Vereinbarungen
Arbeits- und Zeitplan		Einige Teammitglieder können erst verspätet eingesetzt werden. Daraus resultieren Verzögerungen im Projektplan	Es erfolgt eine erste Kommunikation mit dem Kundenprojektleiter. Wir passen den Projektplan an. H. Maier eruiert die Gründe für die Verzögerung. H. Müller prüft Möglichkeiten der Eskalation durch den Projektpartner. Es ist eine Stellungnahme zu formulieren und Risikomeldung abzusetzen
Team			
Umfang		Ursprünglicher Projektplan kann evtl. nicht ohne Anpassungen auf der Ressourcenseite realisiert werden	H. Maier prüft die Reduktion des Projektumfangs, die Anpassung der Zeitschiene oder andere Maßnahmen, um den vorgegebenen Budgetrahmen einhalten zu können. Ist ein Change-Management implementiert? Warum wurden die Änderungen nicht vorhergesehen und mit Change-Requests beauftragt? H. Maier beantwortet diese Fragen in einer Stellungnahme
Risiken			
Dienstleisternutzen			

auf diese Strategie explizit einzahlt). Der Nutzen für den Kongressveranstalter ist gegeben, wenn die Wirkungen des Kongresses mit den Unternehmenszielen des Kongressveranstalters gut korrespondieren. Das Management des Kongressveranstalters sollte diese Entscheidung durch ein internes Review treffen, zumal die potenziellen Projektleiter oder Vertriebsmitarbeiter diesbezüglich nur unzureichend entscheidungsfähig sind. Entsprechendes gilt, sofern ein Pitch stattfindet, für die Phasen vor (Briefing und Rebriefing) wie auch nach dem Pitch (vertiefend hierzu Bleile und Blei 2013).

In der Phase der Planung eines Kongresses ist das bekannte Instrumentarium des Projektmanagements einzusetzen. Besonders interessant ist dabei die Frage, ob das erwartete Konzept und dessen Realisierung gegebenenfalls zu vorherigen Veranstaltungsformaten passen oder ob allein die Wirkungen entscheidend sind. Ferner ist in dieser Phase die Nutzung eines Veranstaltungsmanagementsystems als Klammer zwischen Detailplanung und Realisierung anzuraten. In dieser Phase stellt sich auch die Frage, ob der Kundennutzen eines Kongresses anhand geplanter, umfassender Zielwirkungen oder rein über Budgets gesteuert werden soll.

In der Phase der Umsetzung ist es bei Kongressen von besonderer Bedeutung, dass ein hohes Involvement von Teilen der Stakeholder gegeben oder sogar erforderlich ist. Sie wünschen den Transport von Werten etc. als Element einer Veranstaltung, sind in die interne Prä- und Post-Kommunikation zur Veranstaltung eingebunden oder Aktivposition bei der Veranstaltung selbst (zum Beispiel als Vortragende).

In der Abschlussphase können wesentliche Erkenntnisse des Kongresses in Arbeitspapieren einem erweiterten Kreis des Kongressveranstalters zugänglich gemacht, als „Muster" für sich wiederholende Kongresse herangezogen oder als Vorlage für ähnliche Kongresse verwendet werden. Bei der Dokumentation des Nutzens des Kongresses ist zu hinterfragen, ob etwa ein neues Marktsegment (als Veranstaltungsagentur, als Professional Congress Organiser, als Technikdienstleister) tangiert wurde, das nun weiter erschlossen werden kann.

4.2   Anwendung des Berichts der sieben Erfolgsfaktoren

Nachstehend ist in Tab. 5 ein Beispiel eines Berichts zu den sieben Erfolgsfaktoren in der Umsetzungsphase eines Kongresses dargestellt.

Betrachtet man diese Beispiele, so werden relativ rasch Verbindungen zu eigenen Erfahrungen aus geplanten und durchgeführten Veranstaltungen erkennbar – die hinsichtlich ihrer Herausforderungen, Probleme und Fehlinterpretationen das Potenzial für einen erweiterten Projektmanagementansatz evident erscheinen lassen. Die Komplexität von Kongress-, Tagungs- und Konferenzprojekten resultiert unter anderem aus unterschiedlichen Nutzeninterpretationen der beteiligten Dienstleister, die sich alleine durch vertragliche Regelungen oder Briefinggespräch nicht ausreichend beschreiben lassen (Nußbaum 2015).

Tab. 5 Beispiel eines Berichts anhand der sieben Erfolgsfaktoren für einen Kongress. (Quelle: eigene Darstellung)

Faktor	Status	Kommentar	Maßnahmen
Stakeholder		Das Meeting zur finalen Festlegung des Veranstaltungsorts wurde ohne Angabe von Gründen auf den Folgemonat verlegt	Der Prozess wird wiederaufgenommen, um wesentliche Vereinbarungen der Stakeholder einzuholen. Die Gründe für die Verlegung werden ermittelt und dokumentiert
Kundennutzen		Kunde stellt Termin der Information an potenzielle Teilnehmer aufgrund von Koordinationsproblemen mit anderen Aktivitäten infrage	Die möglichen Auswirkungen auf die Teilnehmerzahl werden durch ein Gespräch mit dem Kunden eruiert und die Ergebnisse dokumentiert
Arbeits- und Zeitplan		Einige Teammitglieder können erst verspätet eingesetzt werden. Daraus resultieren Verzögerungen im Projektplan	Wir kommunizieren mit dem Projektleiter des Kunden und passen den Projektplan an
Team			
Umfang		Der ursprüngliche Projektplan kann aufgrund gestiegener Sicherheitsanforderungen evtl. nicht ohne Anpassungen auf der Ressourcenseite realisiert werden	Wir prüfen eine Reduktion des Projektumfangs, der Zeitschiene oder anderer Maßnahmen, um den vorgegebenen Budgetrahmen einhalten zu können. Alternativ verabreden wir ein angepasstes Budget
Risiken			
Dienstleisternutzen			

Literatur

Bleile G, Blei CP (2013) Veranstaltungsrichtlinien Voraussetzungen für erfolgreiche Events. Wissenschaft & Praxis, Sternenfels

Corsten H, Corsten H, Gössinger R (2008) Projektmanagement – Einführung, 2. Aufl. Oldenburg, München

Dinkel M, Luppold S, Schröer C (2013) Handbuch Messe-, Kongress- und Eventmanagement. Wissenschaft & Praxis, Sternenfels

Drews G, Hillebrand N (2010) Lexikon der Projektmanagement-Methoden, 2. Aufl. Haufe, Freiburg

Enz R (2008) Risikomanagement in Projekten – Ein Konzept zur systematischen Identifikation, Bewertung und Behandlung von Risiken, Dissertation. Duisburg, Köln, Verlag WiKu

Lachnit L (1994) Controllingkonzeption für Unternehmen mit Projektleistungstätigkeit. Verlag Vahlen, München, S 50–58

Nußbaum B (2015) Im Rampenlicht Der rote Faden zum Event-Erfolg. Wissenschaft & Praxis, Sternenfels

Pascher D, Ropers J, Zillmer DR (2013) Management und Controlling von Projekten – Von Kunden und Balanced-Scorecard-Projekten zu Prozesskennzahlen, 2. Aufl. Verlag Haufe-Lexware, Freiburg i. Br

Steinbuch PA (2000) Projektorganisation und Projektmanagement – Moderne Organisation für Praxis und Studium, 2. Aufl. Verlag Neue Wirtschafts-Briefe, Ludwigshafen

Steinle C, Eichenberg T (Hrsg) (2015) Handbuch Multiprojektmanagement und –controlling, 3. Aufl. Verlag Erich Schmidt GmbH & Co., Berlin

Streich R (Hrsg) (1996) Projektmanagement. Schäffer-Poeschel, Stuttgart

Über die Autoren

Prof. Dr. Michael Maier, Dipl.-Vw., ist seit 2012 als Professor im Studiengang „Messe-, Kongress- und Eventmanagement" der Dualen Hochschule Baden-Württemberg (DHBW) in Ravensburg tätig. Dort lehrt er Rechnungswesen, Controlling und Unternehmensführung. Vor dieser Zeit war er elf Jahre in verschiedenen Beratungsunternehmen (unter anderem IBM und KPMG) als leitender Projekt- und Programmmanager für die Einführung von Business Intelligence im Public Sector tätig.

Prof. Stefan Luppold ist Professor an der staatlichen DHBW (Duale Hochschule Baden-Württemberg) Ravensburg; dort leitet er den Studiengang „Messe-, Kongress- und Eventmanagement". Das gleichnamige Institut (IMKEM) hat er 2009 gegründet.

Zuvor war er zwei Jahrzehnte lang in internationale Projekte der Veranstaltungsbranche eingebunden, darunter bei Messe- und Kongressgesellschaften, Stadien und Arenen, Kultureinrichtungen sowie den Veranstaltungsabteilungen wissenschaftlicher Verbände und Eventagenturen.

Als Herausgeber von zwei Fachbuchreihen mit aktuell 17 Bänden, als Mitherausgeber des 2013 veröffentlichten „Handbuch Messe-, Kongress- und Eventmanagement" sowie als Autor, Referent bei Branchenverbänden und Gastdozent an Hochschulen im In- und Ausland gibt er sein Wissen weiter.

Projektmanagement für Kongresse

Vom Projektmanagement zur Ableitung von Prozessen der Leistungserstellung

Thomas Bauer

Zusammenfassung

Veranstaltungen werden in charakteristischen Phasen beschrieben, die systematisch geplant und gesteuert werden sollten. Das Instrumentarium des Projektmanagements liefert dabei Planungs- und Steuerungskonzepte vom Veranstaltungskonzept, der Festlegung der organisatorischen Aufgaben, der Ablaufplanung, der Ressourcenplanung, des Drehbuchs und der Regieplanung, des Veranstaltungscontrollings bis hin zur Übergabe und Dokumentation. Dieses Instrumentarium wird für Projekte allgemein sowie in seinen typischen Ausprägungen in der Veranstaltungsbranche beschrieben, womit der Beitrag einen Überblick über die Vorgehensweise beim Projektmanagement für Veranstaltungen geben möchte. Die Aufgaben der Unternehmensführung liegen im Anschluss an erfolgreiche Projekte darin, effektive und effiziente Prozesse zu definieren, die konsequent das Wissen von Vorgängerveranstaltungen für Folgeprojekte aufnehmen und durch fortlaufende Prozesssteuerung kontinuierliche Optimierung erfahren.

Vorbemerkung des Autors

„Veranstaltungen entwickeln und planen" wird häufig mit einem kreativen Prozess assoziiert, der durch Kreativitätstechniken angeregt wird und im Format eines Pitches im kreativen Vergleich den Kunden überzeugen und begeistern soll.

Während dies tatsächlich das Vorgehen für die Aspekte „Design", „Inszenierung" und „Dramaturgie" einer Veranstaltung darstellt, beginnt die Planung der Veranstaltung bereits wesentlich früher, wenn aus der ersten Idee heraus die

T. Bauer (✉)
Ravensburg, Deutschland
E-Mail: bauer@dhbw-ravensburg.de

© Springer Fachmedien Wiesbaden GmbH 2017　　　　　　　　　　　　537
C. Bühnert und S. Luppold (Hrsg.), *Praxishandbuch Kongress-, Tagungs- und Konferenzmanagement,* DOI 10.1007/978-3-658-08309-0_36

Entscheidung fällt, diese weiter zu verfolgen. Diese zunächst bezüglich Umfang und Durchführung unbestimmte Idee wird einem Vorgehen der Planung unterworfen, die mit dem Instrumentarium des Projektmanagements bestritten wird. Das Projektmanagement stellt somit das Handwerkszeug oder den Werkzeugkasten dar, die Idee zu konkretisieren und das Projekt arbeitsfähig zu planen. Gelingen die Planung und anschließende Realisierung, ist dies häufig der Startpunkt für Folgeveranstaltungen, für die Struktur, Ablauf und Vorgehensweisen teilweise übernommen werden können. Diese können in Prozessen beschrieben werden, die quasi als Fließband für die standardisierte und kontinuierlich optimierte Bearbeitung sorgen. Die Entwicklung von der Manufaktur zur Serienfertigung von Veranstaltungsprojekten ist der Weg, den Veranstalter gehen sollten, wenn sie nicht alleine dem kreativen Vergleich standhalten wollen. Operative Exzellenz zu erzielen, den Kunden und seine Bedürfnisse zu kennen und sich auf diese einzustellen und darüber hinaus organisatorische Innovationen zu leisten, ist häufig der ausschlaggebende Unterschied der effektiven und effizienten Veranstaltungsgestaltung, die den Projektzielen „in time", „in budget" und „in quality" folgen muss. Der Kunde folgt entsprechend nicht allein der Kreativität, sondern der umfassenden Kompetenz eines Veranstalters, die sich häufig in seiner Arbeitsweise manifestiert. In meiner Tätigkeit in der Veranstaltungskonzeption und -durchführung konnte ich so immer wieder erleben, wie sich gegenseitiges Vertrauen durch eine integrierende und professionelle Vorgehensweise entwickelt.

1   Der Weg vom Projekt zum Prozess

Der Kongress sowie von diesem abgeleitete Veranstaltungsformate werden von Bühnert als die Produktpolitik des Veranstalters beschrieben (Bühnert, Handbuch Messe-, Kongress- und Eventmanagement, Wissenschaft & Praxis, Sternenfels, 2013). Entsprechend kann das Projektmanagement der Veranstaltung als die Leistungserstellung (Produktion) verstanden werden. Im Zuge dieser Leistungserstellung für Veranstaltungen kann als Art der Leistungserstellung zwischen Einzelfertigung und Mehrfachfertigung unterschieden werden. Während Veranstaltungen durch ihre Eigenschaften als Dienstleistung, insbesondere durch ihre Integration eines externen Faktors (Haller, Dienstleistungsmanagement, Springer Gabler, Wiesbaden, 2012), kaum dem Prinzip der Massenfertigung folgen können, ist neben der Einzelfertigung eine Serienfertigung denkbar.

Diesem Verständnis folgend, soll dieser Beitrag das Instrumentarium des Projektmanagements als das Werkzeug für die Einzelfertigung von Veranstaltungen beschreiben. Die „Werkbank Projektmanagement" umfasst dabei zahlreiche Werkzeuge beziehungsweise Instrumente, die zur Definition, Planung, Realisierung und zum Abschluss eines Projektes dienen. Nach DIN 69901 ist ein Projekt ein „Vorhaben, das im Wesentlichen durch Einmaligkeit der Bedingungen in ihrer Gesamtheit gekennzeichnet ist, zum

Beispiel Zielvorgabe, zeitliche, finanzielle, personelle und andere Begrenzungen, Abgrenzung gegenüber anderen Vorhaben, projektspezifische Organisation" (DIN 69901-1: 2009-01, Projektmanagement – Projektmanagementsysteme – Teil 1: Grundlagen, 2009).

Weitere Merkmale von Projekten sind zudem ein Abweichen von Routineaufgaben und die Interdisziplinarität der Aufgabenstellung aus der typischerweise auch eine organisatorische Komplexität resultiert, da ein hoher Neuheitsgrad für eine Organisation oder die Kollaboration verschiedener Arbeitsbereiche ein hohes Maß an Kommunikation und Koordination bedingen.

Projekte werden in der Regel in ihre Phasen des Managements als eine logische Abfolge verschiedener Aktivitäten beschrieben. So lassen sich Projekte gliedern in die Phase der Definition, Planung, Realisierung und Abschluss (Abb. 1). Die DIN-Norm 69901 nennt über dies hinaus noch die Vorgängerphase der Initialisierung, die im Weiteren jedoch als Teil der Definitionsphase beschrieben wird.

Die Einzelfertigung in Form eines Veranstaltungsprojekts ist ähnlich dem Prototypenbau im Automobilbau die Voraussetzung für den Beginn einer Serienfertigung, das heißt sich wiederholender Arbeitsvorgänge, um ähnliche oder auch nur in der Fertigungstechnik vergleichbare Leistungen zu erstellen.

In das Vokabular der Veranstaltungsbranche übersetzt bedeutet dies, die Organisation einer einzelnen Veranstaltung wird mit dem Instrumentarium des Projektmanagements definiert, geplant, realisiert und abgeschlossen. Unternehmen der Veranstaltungsbranche, beispielsweise Professional Congress Organisers (PCOs) oder Veranstaltungsstätten, legen auf Basis dieses Instrumentariums Abläufe fest, die sie wiederholbar zur Anwendung bringen, beispielsweise bei der Buchung der Veranstaltungsstätte. Diese durch ihre Repetitivität gekennzeichneten Abläufe können als Prozesse beschrieben werden: „In definitional terms, a process is simply a structured, measured set of activities designed to produce a specified output for a particular customer or market. It implies a strong emphasis on *how* work is done within an organization, in contrast to a product focus's emphasis on *what*. A process is thus a specific ordering of work activities across time and place, with a beginning, an end, and clearly identified inputs and outputs: a structure for action" (Davenport 1993, S. 5).

Im Prozessmanagement erweitern sich die Aufgaben um die Prozesssteuerung, in anderen Worten um die Gestaltung von Strukturen, Logiken, Infrastruktur und Ressourcen, die den reibungslosen Ablauf der Leistungserstellungsprozesse ermöglichen. Die Gestaltungsbereiche der Prozesssteuerung sind somit die Prozessorganisation, das Prozesscontrolling, das Informationsmanagement und das Personalmanagement, auf die in Abschn. „Prozessmanagement als Fließband" in diesem Beitrag weiter eingegangen wird.

Abb. 1 Projektphasen. (Quelle: eigene Darstellung)

Während Veranstaltungen generell und Kongresse im Speziellen in der Regel als Projekte gesteuert werden, deren Ablauf in Abschn. „Projektmanagement als Werkbank" erläutert wird, sind gewisse Abläufe über verschiedene Projekte hinweg standardisierbar und werden als Prozesse beschrieben. Somit werden das in Projekten gewonnene Wissen und die angeeigneten Praktiken in Arbeitsabläufe überführt, die quasi Best Practices zu regelmäßig wiederkehrenden Abläufen formalisieren.

2   Projektmanagement als Werkbank

2.1   Veranstaltungskonzept als Projektdefinition

Kongresse, Tagungen und Konferenzen als Veranstaltungsformate des Wissenstransfers haben als Kernaufgabe, die Plattform zu bilden, auf der Menschen ihr Wissen effektiv und effizient austauschen können. Verschiedene Ausführungen und Gestaltungsmittel dieser Veranstaltungsformate (s. Bühnert 2013, S. 201 ff.) können nun eingesetzt werden, um diese Plattform zu bilden.

Die Definitionsphase eines Veranstaltungsprojekts beginnt mit dem Projektanstoß. Dieser ist eine aus Bedürfnissen, hier das Bedürfnis an Wissen, abgeleitete Projektidee. Es gibt bekanntlich kein Monopol für gute Ideen, weshalb Projektideen prinzipiell von verschiedenen potenziellen Initiatoren stammen können. So können sowohl Sender (Kommunikatoren), die ein Interesse an der Vermittlung ihrer Kenntnisse besitzen, als auch Empfänger (Rezipienten), die ein Interesse am Erwerb von spezifischem Wissen haben, diesen Anstoß zur Veranstaltung geben. Aber auch zunächst Außenstehende des Wissenstransfers, insbesondere Veranstalter, die das Bedürfnis potenzieller Teilnehmer als Chance identifizieren, eine Veranstaltungsdienstleistung anzubieten, treten als Initiatoren auf. Generell gesprochen, kann so jeglicher Stakeholder durch Beschreibungen von Problemen, Bedürfnissen oder Ideen den Projektanstoß geben.

Die Rollen im Kommunikationsprozess sind freilich keine Einbahnstraße, sondern wechseln in der Regel mehrfach. Zahlreiche Veranstaltungsformate zielen genau darauf ab, dass Bedingungen und Abläufe bereitgestellt werden, die Dialoge ermöglichen. Ziele des Projekts sind nun zu definieren, um das optimale Veranstaltungsformat zu wählen, sowie im Folgenden eine Projektplanung, -durchführung und -kontrolle zu leisten, die eine Zielerreichung gewährleisten. Dabei beschreibt man Projektziele und Produktziele.

Projektziele beschreiben die Ziele der Umsetzung. Diese sind gleichzeitig auch die Zieldimensionen des Projektmanagements und werden häufig als das „magische Dreieck" des Projektmanagements bezeichnet (Bohinc 2011, S. 19). Danach sollen Projekte in einer vorgegebenen Qualität („in quality"), innerhalb eines gesetzten Zeitraums („in time") und unter Verwendung eines definierten Budgets („in budget") umgesetzt werden. Entsprechend umfasst die Zielbeschreibung in der Regel das Produktziel nebst Aussagen zu den Ausprägungen der drei Zieldimensionen.

Produktziele beschreiben die Erwartungen an das Projektergebnis, das heißt an die zu erstellende Leistung. Ein in der Softwareentwicklung verbreiteter Startpunkt zur Beschreibung von Produktzielen ist die User-Story. User-Storys beschreiben die Eigenschaften eines Produkts kurz und einfach aus der Sichtweise der Person, die sich das Produkt wünscht, im Veranstaltungswesen gewöhnlich also der Teilnehmer oder Kunden. Damit dienen sie in der Folge als Ausgangspunkt der detaillierteren Definition von Produktzielen. Gewöhnlich sind sie nach folgendem einfachen Muster aufgebaut (Cohn 2010, S. 270):

Als [Art des Teilnehmers/Kunden] wünsche ich [ein Ziel], damit [ein Grund].

Beispiel

„Als Kongressteilnehmer möchte ich Beiträge präsentiert bekommen, die ich vorab in einem Programm auswählen kann und die mir ohne aktive Mitwirkung Wissen vermitteln, bei denen ich aber durch die Möglichkeit der interaktiven Teilhabe die Wissensaufnahme mitbestimmen beziehungsweise steuern kann, damit ich einerseits von der didaktisch gewählten Präsentationstechnik des Referenten profitieren kann, andererseits aber auch Rückmeldung geben kann, wenn Klärungsbedarf auftritt."

Bei der Formulierung von Zielen ist auf deren Operationalisierbarkeit zu achten. Doran beschreibt diese Operationalisierung als SMART (Doran 1981, S. 35). So sollen Ziele Spezifisch, Messbar, Attraktiv/Akzeptiert, Realistisch und Terminiert beschrieben sein. Entsprechend bedarf die Zielbeschreibung einer Konkretisierung, insbesondere durch die Ergänzung von Projektzielen hinsichtlich der Dimensionen des magischen Dreiecks. Das Produktziel beschreibt dabei die Qualitätsdimension (= erwartetes Ergebnis), während die Kosten das Budget- und der Zeitpunkt der Veranstaltung (gegebenenfalls auch von Wiederholungen) das Terminziel benennen.

Beispiel

„Kongressteilnehmer sollen die Möglichkeit erhalten, Referenten bei vorab kommunizierten Vorträgen zu folgen sowie förderliche Interaktionsmöglichkeiten zur Wissensaufnahme erhalten. Diese Veranstaltung soll erstmals im April nächsten Jahres als zweitägige Veranstaltung stattfinden, Kosten von maximal 500 Euro pro Teilnehmer bei minimal 40 Teilnehmern erzeugen und bei der zweiten Durchführung im Folgejahr einen positiven Deckungsbeitrag erzielen."

Beckmann et al. (2006, S. 62) nennen als die Ziele des Wissenstransfers bei Tagungen und Kongressen das Erreichen von Information, Innovation, Motivation, Entscheidung sowie Unterhaltung.

In einer Anforderungsanalyse wird nun das Produktziel sowie seine Umsetzung konkretisiert. Die Formate sind das Briefing und Rebriefing. Im Briefing formuliert der Auftraggeber alle aus seiner Sicht bedeutsamen Informationen, das heißt sein Bild der

Veranstaltung, das er einem Auftragnehmer zur Umsetzung übergibt. Er brieft entsprechend, *was* umgesetzt werden soll. Im Rebriefing antwortet der Auftragnehmer nun darauf und stellt seine Aufgaben dar, mit denen er die Wünsche des Auftraggebers realisieren möchte. Dabei spiegeln sich auch sein Verständnis des Auftrags sowie die Interpretation des Projekts durch das Projektteam wider. Entsprechend hat der Auftraggeber nun in einem iterativen Vorgehen wiederum die Möglichkeit einzugreifen beziehungsweise ergänzend zu briefen, wo der Auftragnehmer ein von den eigenen Vorstellungen abweichendes Bild der Umsetzung rückmeldet. Ferner kann in diesen Iterationen jeweils das Verständnis konkretisiert werden, wodurch sich immer deutlicher das *Was* und *Wie* der Umsetzung abzeichnen.

Als Ergebnis dieses Prozesses steht ein Lastenheft des Auftraggebers, das den Projektauftrag ergänzt. Dieses beschreibt nun alle Anforderungen, die der Auftraggeber an die Erreichung des Projektziels stellt. Darüber hinaus werden die Rahmenbedingungen beschrieben, unter denen das Projekt laufen soll. Ein Pflichtenheft aufseiten des Auftragnehmers dokumentiert schriftlich die Ergebnisse der Anforderungsanalyse, spezifiziert, welche Anforderungen realisiert werden können, und verdeutlicht dem Auftraggeber, welche Erwartungen er haben darf.

Um diese Anforderungsanalyse zu leisten, wird häufig eine Stakeholder-Analyse durchgeführt. Stakeholder werden dabei nicht lediglich als „Interessenten" an einem Projekt aufgefasst, sondern als wichtige Anspruchsgruppen, die nicht nur von der Durchführung betroffen sind, sondern bereits in der Definitionsphase einbezogen werden. Die Stakeholder-Analyse dient damit der Sammlung, Bewertung und Abwägung projektspezifisch relevanter Informationen, um fundierte Entscheidungen zu treffen. Es ist offensichtlich, dass das Einbeziehen von Teilnehmern bei der Planung einer Veranstaltung erforderlich ist, um die Bedürfnisse und Erwartungen zu kennen, die durch die Durchführung befriedigt werden sollen. Weniger bewusst sind sich Veranstalter hingegen häufig, dass es ebenso eines Einbeziehens der an der Durchführung Beteiligten, das heißt des Projektteams, bedarf. Nur so können deren Lösungswege und Realisierungsalternativen in das Projekt eingeführt werden. Wenn diejenigen hinzugezogen werden, die im späteren Projektverlauf die Umsetzungskompetenz einbringen, kann diese Kompetenz schon in der Definitionsphase genutzt werden. Dies erlaubt in der Folge einerseits eine spezifische und realistische Planung, andererseits aber auch gleichzeitig das Einholen von Commitment der Durchführenden, die den Lösungsweg miterarbeitet haben.

Beispiel

Wird ein Mitarbeiter, der Vortragstechnik bereitstellt, bereits bei der Besichtigung eines Veranstaltungsorts einbezogen, kann bereits zu einem frühen Zeitpunkt der für eine Räumlichkeit spezifische Aufwand beurteilt, in späteren Phasen aber auch immer weiteres Know-how zur Realisierung und Abstimmung mit weiteren Stakeholdern (Moderator, Teilnehmern, Referenten, …) eingeholt werden.

Die Aufgaben des Projektmanagers im Zuge der Stakeholder-Analyse sind die Identifikation der relevanten Stakeholder, das Interviewen dieser Anspruchsgruppen, die

Klassifikation der erhaltenen Informationen sowie die weitere kontinuierliche Einbindung der relevanten Stakeholder. Da diese Stakeholder die wichtigste Informationsquelle für Ausgangsposition, Ziele und Grenzen des Projekts sind, entscheidet häufig die Qualität der Informationserhebung und -nutzung über den Erfolg des Projekts.

Am Ende der Projektdefinition sollte das Projekt über eine „gesunde Basis" verfügen. Diese ist gegeben, wenn ein eindeutiger Auftraggeber existiert, klare Ziele definiert sind, ein verbindlicher Auftrag erteilt ist, ein verantwortlicher Projektleiter bestimmt sowie eine eigenständige Organisation (Projektteam) gebildet wurde. Dies erfolgt in der Regel durch einen formellen Projektauftrag und dessen Freigabe durch den internen oder externen Auftraggeber.

Obwohl die genannten Voraussetzungen zur weiteren Bearbeitung offensichtlich benötigt werden, ist Projekten der Unternehmenspraxis häufig schon hier ein entscheidendes Defizit zu attestieren. Regelmäßig kommen so Projekte in Umsetzungsschwierigkeiten, bei denen der Auftraggeber nur lose Interessenbekundungen geleistet hat, sich aber nicht an eine Projektdefinition gebunden hat. Die Folge sind Veränderungen der Projektziele oder des Projektumfangs im laufenden Realisierungsprozess oder gar die Absage des Auftraggebers zu einem fortgeschrittenen Zeitpunkt der Projektplanung. Ein anderer Fallstrick ist die Benennung einer Gruppe von Personen als Projektleitung, unter der sich jedoch keine Einzelperson zur Führungsrolle bekennt oder keine klare Priorisierung unter zahlreichen Projekten erfolgt, sodass jedes Mitglied des Projektteams eine individuelle Priorisierung leisten muss. So werden häufig Projektmitarbeiter benannt, ohne deren freie Kapazitäten oder ihre Bereitschaft zur Mitarbeit zu klären. Die sich daraus direkt ergebenden Terminkonflikte erfordern eine Klärung zu späteren Zeitpunkten im Projekt bei gegebenenfalls umfassenden Veränderungen der Planung und gefährden die Projektziele durch zeitliche Verzögerungen, höhere Kosten sowie aus Kundensicht mangelnder Übereinstimmung der Projektergebnisse mit seinem „innerem Bild".

Jedem angehenden Projektleiter sei dementsprechend geraten, diese „gesunde Basis" auch formell und vollständig einzufordern, bevor weitere Planungsschritte unternommen werden.

Checkliste Konzeption
☐ Projektanstoß: Benennung des Bedürfnisses/des zu lösenden Problems
☐ Projektziel: Definition von operationalisierbaren Zielen (SMART)
- Produktziele = Leistungsziele
  ☐ User-Story
  ☐ Briefing
  ☐ Rebriefing
  ☐ Pflichtenheft
  ☐ Lastenheft
- Projektziele
  ☐ „time" = Zeitpunkt der Fertigstellung sowie Terminierung wichtiger Meilensteine

☐ „budget" = Projektbudget
☐ „quality" = kundenorientierte Qualität in der Umsetzung der Produktziele
☐ Stakeholder-Analyse
   ☐ Identifikation relevanter Anspruchsgruppen
   ☐ Informationsgenerierung für das Projekt
   ☐ Sicherung von Commitment
   ☐ Generierung einer Liste von kontinuierlich einzubindenden Stakeholdern
☐ „gesunde Basis"
   ☐ eindeutiger Auftraggeber
   ☐ klare und fixierte Ziele
   ☐ verbindlicher und freigegebener Projektauftrag inkl. Ressourcenausstattung
   ☐ verantwortlicher Projektleiter
   ☐ eigenständige Organisation (Projektteam)

2.2 Organisatorische Aufgaben als Projektstruktur

Strukturierung macht ein System oder ein Projekt überschaubar. Entsprechend gilt es, diese Übersichtlichkeit herzustellen und in Form einer Projektstruktur zu visualisieren. Diese soll eine überschaubare Darstellung des Projekts in seinen Komponenten gewährleisten. Projektkomponenten beziehungsweise Vorgänge, die als Arbeitspakete die elementare Planungsebene des Projekts darstellen, bilden in der Folge den Ausgangspunkt zur weiteren Planung und Definition von Kosten, Terminen, Beteiligten, Qualität, Risiken und der sachgerechten Abwicklung. Sie dienen im Verlauf des Projekts aber auch als Einheiten der Fortschrittskontrolle, der Leistungsermittlung sowie der Abnahme durch den Auftraggeber. „Im Projektstrukturplan (PSP) werden die vom Projektteam auszuführenden Arbeiten hierarchisch zerlegt. Er beschreibt die im Projekt zu erstellenden Liefergegenstände und deren Struktur" (Bohinc 2011, S. 59).

Entsprechend kann der Projektstrukturplan wie eine inhaltliche Gliederung gelesen werden, die jedoch noch keinerlei Aussagen zur zeitlichen Reihenfolge, Abhängigkeiten oder Bewertung der Aufwände von Projektkomponenten beinhaltet. Vielmehr wird durch die hierarchische Gliederung ein Überblick hergestellt und entsprechend in der Regel grafisch dargestellt (vgl. Abb. 2).

Zur Strukturierung kommen verschiedene Verfahren der Gliederung zum Einsatz, bei Veranstaltungsprojekten handelt es sich zumeist um den phasenorientierten Projektstrukturplan. Hierbei werden auf der obersten Gliederungsebene die Phasen eines Veranstaltungsprojekts als Projektdefinition, Projektkonzeption, Vorbereitung/Entwicklung, Durchführung/Realisierung und Nachbereitung/Abnahme des Projekts unterschieden. In der weiteren Folge werden Objekte als Bestandteile in den Phasen oder Funktionen als Verrichtungen zur weiteren Gliederung verwendet. Eine solche gemischte

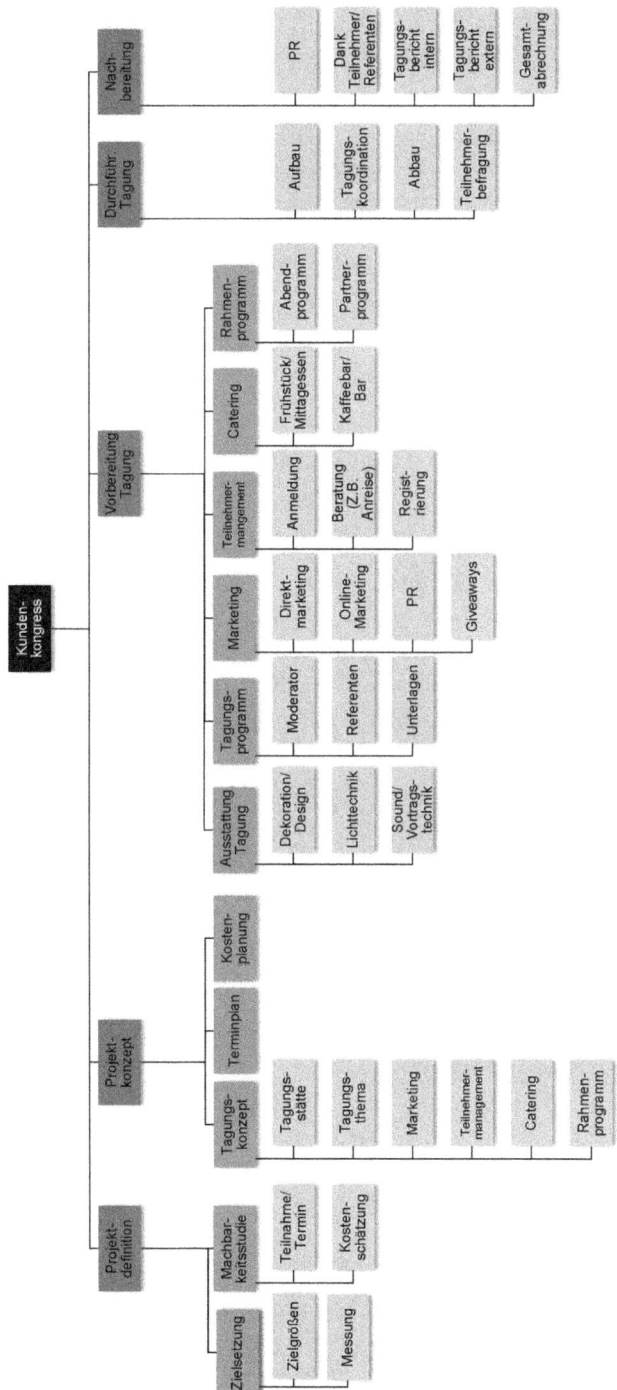

Abb. 2 Beispiel Projektstruktur für einen Kundenkongress. (Quelle: eigene Darstellung)

Vorgehensweise der Strukturierung sollte nach praktischer Zweckmäßigkeit fallspezifisch gewählt werden (Bea et al. 2011, S. 140). Generelle Anforderung an die Strukturierung des Projekts ist es, die Aufgaben des Projekts vollständig und überschneidungsfrei darzustellen. Entsprechend muss der Projektleiter entscheiden, mit welcher Gliederungssystematik diese Eigenschaften stimmig erreichbar sind.

Auf der untersten Ebene steht das Arbeitspaket (AP). Arbeitspakete als elementare Vorgänge der Spezifikation von Tätigkeiten und Ergebnissen sowie weiterer Bedingungen der Ausführung sollten bei Veranstaltungsprojekten folgenden Regeln folgen:

- AP soll genau einer Projektphase zuordenbar sein
- AP hat die typische Größenordnung: 1–60 Personentage (PT)
- AP hat die typische Dauer von zwei Tagen bis acht Wochen (verglichen mit Projektdauer nicht zu groß)
- AP hat einen nennenswerten Kostenplanwert
- AP kann mit eindeutigen AP-Verantwortlichen und AP-Mitarbeitern geplant werden
- AP, das von einem externen Unternehmen übernommen wird, sollte von anderen abgegrenzt sein
- AP-Größe entspricht Risiko (AP umso kleiner, je größer Risiko)

Folglich besteht die Leistung der Projektstrukturierung darin, die Struktur einerseits feingliedrig zu gestalten, um präzise die weitere Projektplanung und -steuerung zu ermöglichen, andererseits auch nicht zu granular, um den Aufwand der Planung und Steuerung effizient zu halten. Der Projektleiter zerlegt entsprechend Aufgaben so lange in mehrere Arbeitspakete, bis diese steuerbaren und controllingfähigen Einheiten erreicht sind. Dabei sind die genannten Umfänge lediglich Richtgrößen, die bei Veranstaltungsprojekten typischerweise zweckmäßig sind; die tatsächliche Zweckmäßigkeit ist projektindividuell und im Hinblick auf den Projektumfang zu wählen.

Die Strukturierung kann hierbei „top down", also durch Zerlegung der umfassenderen Phasen und Teilaufgaben in Arbeitspakete erfolgen. Umgekehrt können „bottom up" die notwendigen Produktkomponenten und Tätigkeiten als Arbeitspakete aggregiert werden, bis die Struktur in Aufgaben und Sammelvorgängen definiert ist. In der Regel überprüft man eine Struktur im Gegenstromprinzip, um die Stimmigkeit und Vollständigkeit in beiden Richtungen zu überprüfen.

2.3   Ablaufplanung als Projektplan

Zur effizienten Bearbeitung eines Projekts ist die Klärung der zeitlichen Reihenfolge essenziell, in der die Bearbeitung von Arbeitspaketen eingeplant wird. Dabei ist zu klären, inwieweit sachliche, organisatorische und logische Abhängigkeiten zwischen Aktivitäten bestehen. Daraus erschließt sich gleichzeitig, welche Arbeitspakete parallel abgearbeitet werden können, da keine inhaltlichen Abhängigkeiten bestehen.

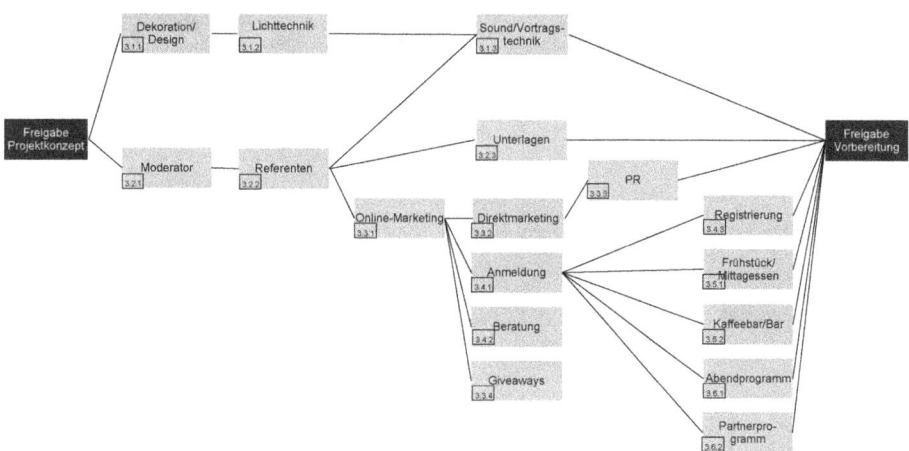

Abb. 3 Beispiel eines Teilnetzplans in der Phase „Vorbereitung der Tagung". (Quelle: eigene Darstellung)

Die Projektablaufplanung dient folglich der Veranschaulichung der organisatorischen und inhaltlichen Zusammenhänge innerhalb eines Projekts.

Im Netzplan werden Ablaufstrukturen grafisch dargestellt, die aus Ereignissen und Anordnungsbeziehungen bestehen. Der Name „Netzplantechnik" indiziert dabei bereits die Art der grafischen Darstellung, die stark einem Netz aus Vorgängen ähnelt (vgl. Abb. 3). Arbeitspakete als die elementare Planungsebene bei Projekten werden grafisch mit ihren Vorgängern und Nachfolgern verknüpft. Dabei können verschiedene Arten von Netzplänen unterschieden werden, von denen hier der Vorgangsknoten-Netzplan dargestellt wird. In diesen werden die Vorgänge als Knoten und ihre Anordnungsbeziehungen als Pfeile zwischen den Knoten dargestellt. Da bei komplexen Projekten schnell unübersichtliche Netzpläne entstehen, können Projektstrukturen auch in einzelne Teilnetzpläne aufgeteilt werden.

Am Vorgangsknoten werden typischerweise weitere, über die reine Anordnungsbeziehung hinausgehende Informationen angezeigt, zum Beispiel eine Vorgangsnummer, eine Benennung/Beschreibung, die Dauer des Vorgangs sowie frühester und spätester Anfang beziehungsweise Ende des Vorgangs (vgl. Abb. 4).

Neben der Darstellung des Ablaufs wird der Netzplan in der Regel auch zur Zeitanalyse eingesetzt, um den zeitlichen Umfang des Projekts zu bestimmen, bevor dieser in der Folge der Terminplanung weiter optimiert wird. Grundlage hierfür ist eine erste grobe Schätzung der Dauer zur Erledigung der Aufgaben, das heißt der Dauer der Arbeitspakete. Ohne der Termin- und Ressourcenplanung vorzugreifen, sind bereits Eingaben und Schätzungen notwendig, die in der Folge auch eine realistische Ausgangsbasis zur finalen Einschätzung des Aufwands und des Ressourcenbedarfs in den Arbeitspaketen bildet. Die geschätzte Dauer eines Vorgangs wird wie zuvor dargestellt am Vorgangsknoten indiziert.

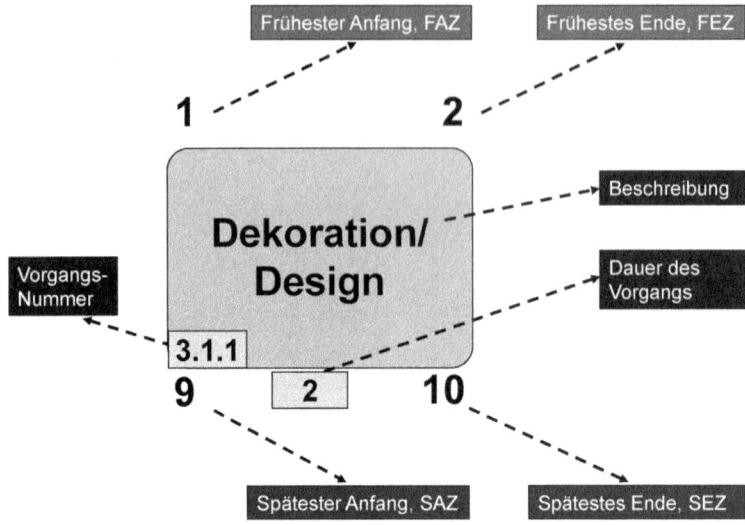

Abb. 4 Beispiel der Darstellung eines Vorgangsknotens. (Quelle: eigene Darstellung)

Eine erste Terminrechnung erfolgt nun, indem über die Vorgangsknoten der frühest-möglicher Anfangszeitpunkt (FAZ) sowie der frühestmögliche Endzeitpunkt (FEZ) in der Reihenfolge ihres zeitlichen Ablaufs geschrieben wird. Dabei wird in dieser Vorwärts-rechnung ein Vorgang immer direkt dann als *frühestmöglich* zu beginnen beschrieben, wenn alle Vorgänger abgeschlossen sind, zu denen eine kausale Abhängigkeit besteht. Führt man diese Vorwärtsrechnung über den gesamten Projektverlauf durch, ergibt sich der frühestmögliche Endtermin (in Projekttagen) als Abfolge der Vorgänge ohne zeitliche Verzögerungen.

In der Rückwärtsrechnung wird nun wiederum von diesem frühestmöglichen End-termin begonnen. Es wird jedoch umgekehrt die Frage beantwortet, wann die Vorgänge *spätestens* beginnen müssen, um den frühestmöglichen Endtermin des Projekts aus der Vorwärtsrechnung zu erreichen. Dieses in der Vorwärtsrechnung berechnete Projektende bleibt hierbei auch in der Rückwärtsrechnung der spätestzulässige Endzeitpunkt, jedoch ergibt sich in zahlreichen einzelnen Vorgängen durchaus eine Differenz zwischen FAZ und spätestmöglichem Anfangszeitpunkt (SAZ). Von diesen SAZ wiederum ausgehend, werden auch die Vorgänger mit einem vom FEZ abweichenden spätestmöglichen End-zeitpunkt (SEZ) errechnet.

Im Beispiel (Abb. 5) kann Vorgang 3.1.1 frühestens am ersten Tag der Projektdurch-führung beginnen, spätestens jedoch am neunten Tag, um das errechnete früheste Projekt-ende zu erreichen.

Aufgrund dieser Vorgehensweise der Berechnung bleibt zwingend auch eine Folge von Vorgängen, in der FAZ und SEZ sowie FEZ und SEZ identisch sind. In dieser spe-zifischen Arbeitspaketfolge sind keine zeitlichen Reserven enthalten, entsprechend wird diese auch als „kritischer Pfad" bezeichnet. Im Projektmanagement kommt in der

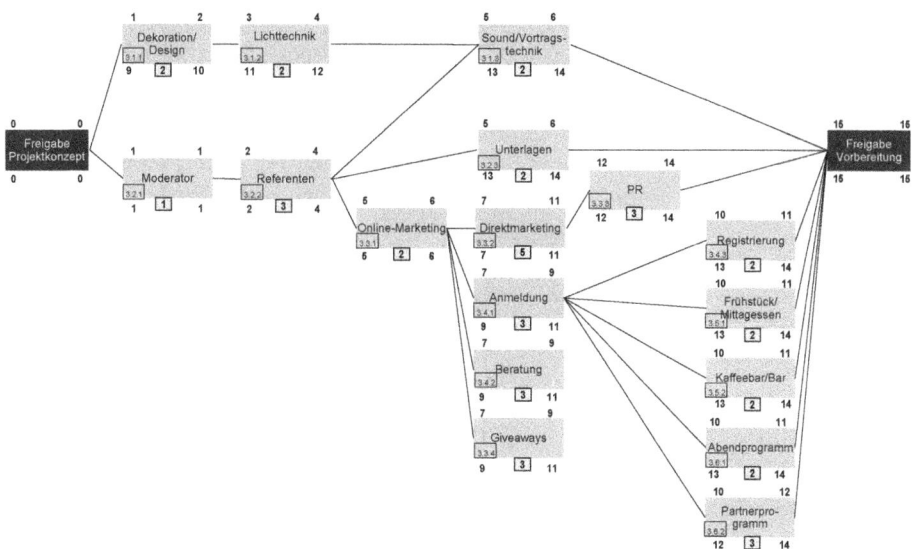

Abb. 5 Beispiel Vorwärts- und Rückwärtsrechnung. (Quelle: eigene Abbildung)

Folge denjenigen Arbeitspaketen, die den „kritischen Pfad" bilden, eine hervorgehobene Bedeutung zu, da sie direkt die Dauer des Projekts determinieren. Ergeben sich also Verzögerungen innerhalb der Vorgänge auf dem „kritischen Pfad", so führen diese zu einer zeitlichen Verschiebung des Projektendes oder müssen innerhalb von Vorgängen ausgeglichen werden, die ebenso auf dem „kritischen Pfad" liegen. Umgekehrt haben Maßnahmen zur Zeitersparnis auf dem „kritischen" Pfad das Potenzial, die gesamte Projektdauer zu verkürzen.

Pufferzeiten entstehen jenseits des „kritischen Pfads". Durch Abweichungen von FAZ und SAZ beziehungsweise FEZ und SEZ ergibt sich der zeitliche Puffer eines Vorgangs, das heißt, aus der Differenz der Zeitpunkte errechnet sich die tolerierbare Verzögerung, die noch keine Auswirkungen auf das zeitliche Projektende besitzt. Allerdings muss beachtet werden, dass sich ein Gesamtpuffer einer Sequenz von Vorgängen auf alle betroffenen Arbeitspakete verteilt. Wird also der zeitliche Puffer vollständig für einen einzelnen Vorgang benötigt, verbleibt für die folgenden kein weiterer Puffer mehr. Pufferzeiten werden somit in der Projektplanung nicht eingeplant, sondern sind vielmehr das Resultat logischer Abfolgen der Arbeitspakete.

Im Beispiel des Vorgangs 3.1.1 besteht somit als Differenz von FAZ und SAZ ein Puffer von acht Tagen, die sich der Vorgang jedoch mit den Vorgängen 3.1.2 und 3.1.3 teilt.

In der bisher dargestellten Normalfolge, die auch als Ende-Anfangs-Beziehung (EA) bezeichnet wird, kann ein nachfolgender Vorgang erst beginnen, wenn der vorherige Vorgang (Vorgänger) abgeschlossen ist. Im Beispiel können beispielsweise die Unterlagen (Vorgang 3.2.3) erst dann vorbereitet werden, wenn die Referenten (Vorgang 3.2.2) bekannt sind.

Es sind jedoch auch weitere mögliche Vorgangsbeziehungen abbildbar. In Anfangs-Anfangs-Beziehungen (AA) kann ein Vorgang erst beginnen, wenn ein anderer Vorgang ebenso gestartet wird. Im Beispiel kann die Anmeldungsphase (3.4.1) erst beginnen, wenn auch der Vorgang Direktmarketing (3.3.2) begonnen hat und potenziellen Teilnehmern Informationen über die Veranstaltung vorliegen. Umgekehrt ist es aber auch nicht zielführend, die Vorgänge des Direktmarketings (3.3.2) zu starten, ohne Anmeldemöglichkeiten oder die Beratungskapazitäten (3.4.1–3.4.2) bereitzuhalten. Entsprechend führt die Anfangsfolge zu einer annähernden Gleichzeitigkeit im Beginn der Vorgänge.

Bei der Endefolge, auch Ende-Ende-Beziehung (EE), darf umgekehrt der Nachfolgervorgang nicht vor Beendigung des Vorgängervorgangs beendet werden. Im Beispiel können so die Cateringvorgänge der Planung des Frühstücks und des Mittagessens (3.5.1) zwar ohne zeitliche Abhängigkeiten bereits bearbeitet werden, wenn die Vorbereitungsphase beginnt, sie können aber erst final abgeschlossen werden, wenn dann auch die Anmeldephase (3.4.1) endet und die Teilnehmerzahl dem Caterer final bestätigt werden kann.

Auf Basis eines durch reine Aneinanderreihung der Vorgänge resultierenden Netzplans setzen nun Maßnahmen zu dessen Optimierung an. So können gegebenenfalls Normalfolgen gelockert werden, indem Überlappungen von Arbeitspaketen geprüft werden. Verdichtungen können die Verkürzung der Bearbeitungszeiten durch die Erhöhung von Kapazitäten, insbesondere in kritischen Arbeitspaketen, ermöglichen. Weitere organisatorische Maßnahmen können ergriffen werden, wenn sich Kompetenzengpässe bereits hier abzeichnen, beispielsweise durch Schulungen zur Mitarbeiterqualifizierung.

Bei der Terminplanung erfolgt nun basierend auf dem Netzplan die Festlegung der Termine in der beschriebenen Vorgangsfolge. Das gängigste Instrument hierfür ist die Gantt-Technik. Hierfür werden in einem Balkenplan, auch Gantt-Diagramm genannt, die Vorgänge gelistet und in einem Balkendiagramm grafisch in ihrer zeitlichen Verortung dargestellt. Dabei werden wiederum die Dauern der Arbeitspakete als Input benötigt, auf Basis derer eine automatische Terminierung (entspricht Vorwärts- oder Rückwärtsrechnung im Netzplan) erfolgt. Alternativ, oder in einzelnen Vorgängen selektiv, können Start- und Endtermine auch manuell geplant werden. Bei Veranstaltungen generell sowie im Beispiel wird selbstverständlich der tatsächliche Zeitpunkt der Veranstaltung und deren Koordination am Veranstaltungstag (4.2) nicht der automatischen Berechnung überlassen. Vielmehr wird die Veranstaltung nach inhaltlichen Überlegungen, zum Beispiel aufgrund der Verfügbarkeit der Teilnehmer, der Veranstaltungsstätte und der Referenten fix terminiert. Analog werden der Aufbau (4.1) direkt vor und der Abbau (4.3) direkt nach der Veranstaltung durchzuführen sein, da die Veranstaltungsstätte effizient genutzt werden sollte. Auch für die Teilnehmerbefragung (4.4) bietet sich der Tag der Durchführung der Tagung an, somit ist es naheliegend, auch diese manuell zu terminieren.

In der Regel werden der Sicht des Gantt-Diagramms Meilensteine hinzugefügt. „(…) Meilensteine sind Teilziele im Projektfortschritt, die zu bestimmten Terminen erreicht sein müssen" (Keßler und Winkelhofer 2004, S. 134). Meilensteine sind dadurch wichtige und entsprechend vorab definierte Entscheidungspunkte, zu denen Teilergebnisse vorliegen sollen, die über den weiteren Projektverlauf entscheiden. In der Regel setzt

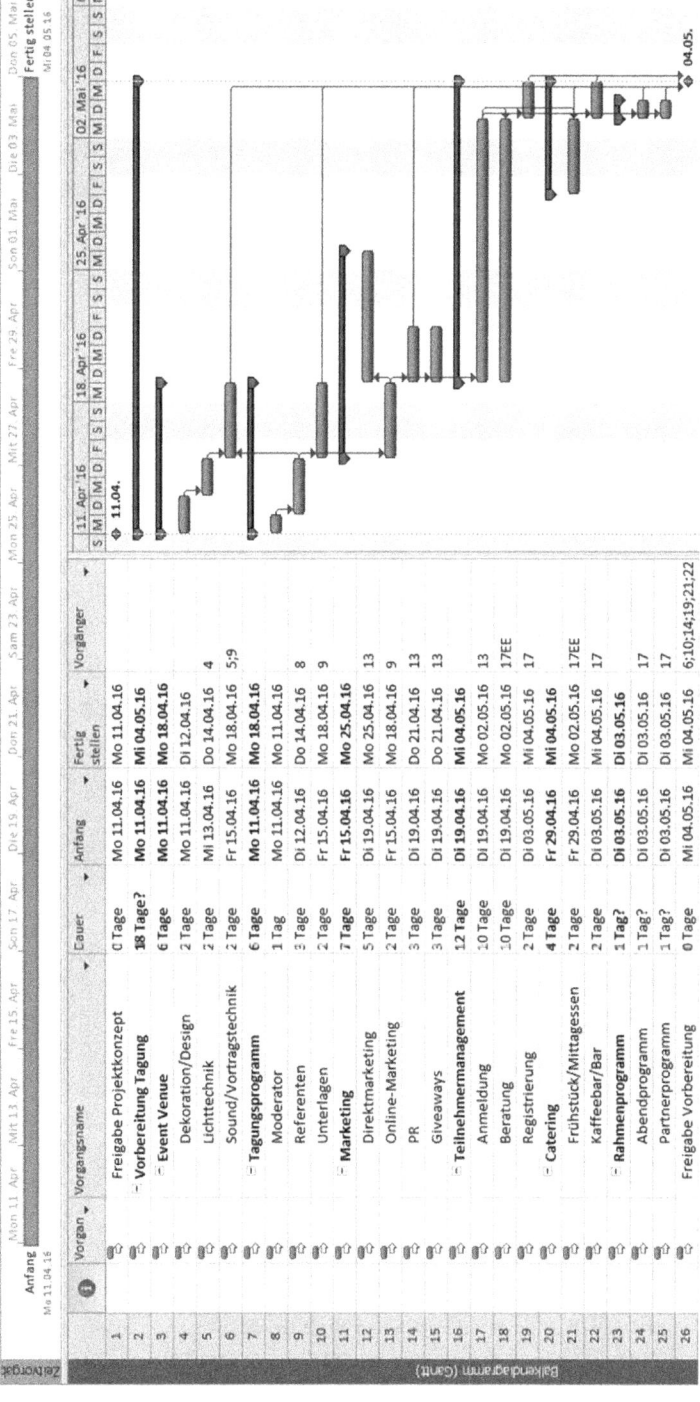

Abb. 6 Beispiel Gantt-Diagramm mit Definition von logischen Abhängigkeiten. (Quelle: eigene Darstellung)

man Meilensteine beim Übergang zwischen Phasen von Veranstaltungsprojekten, bei denen eine Freigabe zur Arbeit an folgenden Phasen erfolgt, zum Beispiel die Freigabe des Veranstaltungskonzepts. Häufig werden Meilensteine aber auch verwendet, um Liefergegenstände und -zeitpunkte für Auftraggeber und Auftragnehmer zu terminieren, zum Beispiel die Unterzeichnung des Projektauftrags durch den Auftraggeber oder der Abschluss eines Mietvertrags mit einer Veranstaltungsstätte. Aber auch bei erfolgskritischen – im Sinne von risikobehafteten – Vorgängen, bietet sich die Festlegung von Teilzielen an. Dabei eignen sich Meilensteine als „Sollbruchstellen", also Zeitpunkte und Teilergebnisse, auf Basis derer über die Fortführung des Projekts entschieden wird, zum Beispiel ein Zeitpunkt, zu dem mindestens 40 Anmeldungen zur Tagung vorliegen müssen, um eine Mindestwirtschaftlichkeit und eine zielführende Veranstaltungsgröße zu erreichen. Liegt ein solches Zwischenergebnis hingegen nicht vor, ist auch die Fortführung des Projekts zu überprüfen.

Meilensteine, deren Termine manuell terminiert werden, fügen auch der Terminplanung eine weitere Determinante hinzu. So kapseln sie gegebenenfalls das Projekt, beispielsweise in seine Projektphasen. Wird am Projekt erst weitergearbeitet, wenn ein Meilenstein als Phasenübergang erreicht ist und eine weitere Freigabe von Projektressourcen erfolgt, schiebt sich dieser auch in die zeitlichen Abfolgen. Er tritt folglich als Vorgänger für folgende Arbeitspakete in Kraft. Auch durch die Definition von Meilensteinen (mit ihren Abhängigkeiten des Erreichens von Teilergebnissen beziehungsweise Bedingung zur Fortführung des Projekts) ergeben sich gegebenenfalls Puffer in einzelnen Arbeitsfolgen, da möglicherweise die Arbeit am Projekt beziehungsweise an nachfolgenden Arbeitspapieren ruht, bis der Meilenstein erreicht und freigegeben ist.

In der Praxis der Ablaufplanung, insbesondere beim Einsatz von Projektmanagement-Software wie beispielsweise MS Projects, erfolgen häufig die Schritte der Ablaufplanung (Netzwerkplan) und der Terminplanung (Gantt-Diagramm, Abb. 6) simultan. Das Gantt-Diagramm ist hier typischerweise die führende Ansicht der Projektplanung, in der zu den Vorgängen die jeweiligen Vorgänger (Normalfolge) spezifiziert werden, aber auch Ende-Ende- und Anfang-Anfang-Beziehungen abgebildet werden können (Schwab 2011, S. 111).

Die Terminplanung ist an diesem Schritt jedoch noch nicht final abgeschlossen, da diese nun noch mit Ressourcen, insbesondere Personal, ausgestattet werden muss. Bei der Ressourcenplanung ergeben sich dabei in der Regel weitere terminliche Veränderungen, da die Ressourcenkapazität berücksichtigt wird und Engpässe auftreten können, beispielsweise bei der Verfügbarkeit des notwendigen Personals mit den zur erfolgreichen Bearbeitung eines Arbeitspakets benötigten Kompetenzen.

2.4   Ressourcenplanung als Projektausstattung

Bei Dienstleistungen allgemein und bei Veranstaltungen im Speziellen beruht der Projekterfolg wesentlich auf den Projektmitarbeitern, die direkt im Dialog mit Kunden,

Teilnehmern oder auch im Hintergrund die organisatorische Grundlage für das Gelingen eines Kongresses legen.

Diese Gastgeber nun abstrakt als Ressourcen zu bezeichnen, klingt technisch, dient allerdings der Projektplanung, bei der bewusst abstrahiert wird. So erfolgt die Ressourcenplanung nicht alleine für die Ressource „Personal", sondern auch für die finanzielle Ausstattung eines Projekts. Vergleichbar können auch Sachmittel- und Materialeinsatz geplant werden.

Generell ist das Ziel der Ressourcenplanung die Festlegung der notwendigen Ressourcen des Projektes nach:

- Quantität
- Qualität
- Zeitpunkt
- Zeitraum

Dabei hat wie bereits erwähnt die Verfügbarkeit (oder Nichtverfügbarkeit) der Ressourcen oft entscheidenden Einfluss auf die Terminplanung.

Personalplanung

Der Startpunkt für die Personalplanung ist die Aufwandsermittlung. Unter zahlreichen Verfahren zur Aufwandsschätzung (Bea et al. 2011, S. 146 ff.) ist die Analogiemethode in der Veranstaltungsbranche die gängigste. Dabei werden zu schätzende Arbeitspakete mit vergleichbaren Arbeitspaketen bereits abgeschlossener Projekte verglichen. Ziel ist die Erkennung gewisser Muster und Analogien, die Feststellung von Abweichungen und die Bewertung dieser Abweichungen. Hierdurch soll eine möglichst präzise Einschätzung des Personalbedarfs für jeden Vorgang realisiert werden, deren Summe den Personalbedarf des gesamten Projekts darstellt. Die Erhebung dieser Analogien und Abweichungen geschieht in der Regel durch Expertenbefragung. Wie in Abschn. 1 zum Thema „Stakeholderanalyse" ausgeführt, sind die zukünftigen Projektmitarbeiter, neben ihrer Mitwirkung an der inhaltlichen Definition von Arbeitspaketen, auch die valideste Quelle zur Schätzung des Aufwands.

Aus dem Aufwand leitet sich der quantitative Ressourcenbedarf direkt ab. Der Aufwand als geplante beziehungsweise geleistete Menge von Arbeitseinheiten für einen Vorgang wird in Personenstunden (PS) oder Personentagen (PT) quantifiziert. Dabei ist jedoch noch keine Entscheidung gefallen, ob ein Aufwand von zehn Personentagen durch einen einzelnen Mitarbeiter an zehn Tagen oder von fünf Mitarbeitern in je zwei Tagen geleistet wird. Entsprechend ist die Aufgabe der Ressourcenplanung, genau diesen Ressourceneinsatz bezüglich zeitlicher Auswirkungen und personeller Kapazitäten zu planen und iterativ zu optimieren. Dabei geht die Rechnung, mit mehr Personal die Projektdauer in gleichem Maße zu senken, oftmals nicht proportional auf, was in der Regel mit dem überproportionalen Anstieg der Kommunikationsbeziehungen zwischen Projektmitarbeitern zusammenhängt.

Der quantitativen Perspektive des Aufwands muss eine qualitative Betrachtung hinzugefügt werden. So ist in der Regel die Ausführung von Aufgaben eng an die Kompetenzen der Mitarbeiter geknüpft. Entsprechend gilt es, jedes Arbeitspaket bezüglich der Anforderungen an die Kompetenzen der eingesetzten Projektmitarbeiter zu analysieren. Beispielsweise werden Veranstaltungstechniker wahrscheinlich nicht im Marketing für den Kongress eingesetzt, während umgekehrt die Marketingspezialisten nicht über die technischen Kenntnisse zur Installation von Ton-, Licht- und Präsentationstechnik verfügen.

Die daraus resultierende qualifikationsorientierte Bedarfsplanung auf Basis von Kompetenzprofilen für Arbeitspakete und Mitarbeiter ermöglicht die Zuordnung von infrage kommenden Mitarbeitern, lässt aber auch die personellen und zeitlichen Belastungsspitzen und Engpässe für den Bedarf bestimmter Qualifikationen erkennen.

Die entsprechende Zuordnung der Mitarbeiter erfolgt nun unter Einbeziehung von Kapazitäten (gegebenenfalls unter Verwendung eines Kapazitätenplans), der Ressourcenbedarf und freie Projektkapazitäten zusammenführt. So ist in der Regel die für Projekte zur Verfügung stehende Netto-Arbeitszeit nach Abzug von mitarbeiterspezifischen Teilzeiten, gesetzlichen Abwesenheiten, persönlichen Abwesenheitszeiten (zum Beispiel Urlaub, Krankheit, Gleitzeit) sowie Grundlasten (zum Beispiel Führungsaufgaben, Vertriebsverantwortung) zu bestimmen. Selbstverständlich können Mitarbeiter neben dem zu planenden Projekt auch in weiteren Projekten benötigt werden und eingeplant sein, wodurch sich die Verfügbarkeit weiter reduziert. Entsprechend dient die Ressourcenplanung neben der personellen Zuordnung von Mitarbeitern zu Arbeitspaketen auch der Vorreservierung von Mitarbeitern für das Projekt, insbesondere im Zuge einer Multiprojekt-Ressourcenplanung. Ferner ist die Aufgabe der Ressourcenplanung, die Verstetigung der Auslastung von Mitarbeitern zu leisten, um Engpässe beziehungsweise Unterdeckungen zu vermeiden, jedoch auch Unterauslastungen beziehungsweise Überdeckungen transparent zu machen. Die Transparenz der Ressourcenauslastung ermöglicht eine kapazitätsorientierte Verstetigung des Einsatzes von Mitarbeitern unter Verwendung der im Projekt vorhandenen Pufferzeiten. So können gegebenenfalls Terminverschiebungen toleriert werden, um die Personalkosten im Projekt zu optimieren. Eine terminorientierte Optimierung im Sinne eines die Durchlaufzeit minimierenden Ressourceneinsatzes, kann hingegen mit suboptimalen Kapazitätsauslastungen einhergehen.

Das Resultat der Personalplanung ist neben einer Zuordnung von Mitarbeitern auf Arbeitspakete in quantitativer, qualitativer und zeitlicher Hinsicht auch eine Liste der Projektmitarbeiter sowie der wichtigsten Betroffenen eines Projekts, beispielsweise die Vorgesetzten der Mitarbeiter, die im Folgenden vom Projektleiter in die Projektkommunikation aufgenommen werden.

Kostenplanung

Die Kostenplanung erfolgt bei Veranstaltungsprojekten in der Regel auf Basis beziehungsweise parallel zur Aufwands- und Personalplanung, da der Einsatz der Ressource „Personal" typischerweise den größten Kostenblock ausmacht. Eine präzise Kostenplanung ist dabei die Voraussetzung, um die Wirtschaftlichkeit von Veranstaltungsprojekten zu beurteilen und im Zusammenspiel mit der Ressourcen- und Terminplanung zu optimieren. Während der Realisierungsphase wird sie dann die Basis für Soll-Ist-Vergleiche von geplanten gegenüber tatsächlich angefallenen Kosten. Die Kostenplanung dient entsprechend der Ermittlung von Sollkosten.

Insbesondere bei Kundenprojekten kommt der Kostenkalkulation und -planung eine kritische Rolle zu, da die Selbstkosten als Preisuntergrenze in der Regel den Aufsatzpunkt für die Preisgestaltung bilden. Das Risiko der Fehlplanung wirkt hier in zwei Richtungen. Bei Kalkulation zu niedriger Kosten im Soll wird ein zu niedriger Preis angesetzt, höhere Istkosten führen entsprechend zu einer finanziellen Unterdeckung und resultieren in einem Verlust für den Auftragnehmer. Werden umgekehrt die Kosten zu hoch angesetzt, besteht die Gefahr, dass sich ein Anbieter aus dem Markt kalkuliert und entsprechend erst gar nicht den Zuschlag für das Veranstaltungsprojekt erhält, da Wettbewerber das Projekt günstiger, weil effizienter geplant anbieten.

Während für zahlreiche Ansätze in der Projektkostenplanung auf die weiterführende Literatur verwiesen wird (Bea et al. 2011, S. 197 ff.), sind bei Veranstaltungsprojekten die Personal- und Fremdleistungskosten typischerweise die wesentlichen Kostenarten. Durch Strukturierung des Projekts in Kostenpakete, die aus den bereits definierten Arbeitspaketen resultieren, ermittelt sich nun der Mengenansatz, wie viel Aufwand (Personentage) pro Kostenpaket anfallen. In der Bewertung der Personalkosten wird dann typischerweise der Aufwand des Arbeitspakets in Personentagen mit den persönlichen Kostensätzen der eingesetzten Mitarbeiter multipliziert. Über alle Mitarbeiter pro Arbeitspaket sowie in der Summe der Personalkosten über alle Arbeitspakete ergeben sich so die Personalkosten des Projekts.

Fremdleistungen bilden den zweiten großen Kostenblock bei Veranstaltungsprojekten. So kommen bei Kongressen zahlreiche Dienstleister in den Bereichen „Veranstaltungsstätte", „Veranstaltungstechnik", „Messebau", „Honorare", „Catering", „Dolmetscher", „Agenturen" sowie im Bereich „Travel-Management" zum Einsatz, deren externe Kosten pro Arbeitspaket über Angebote der Dienstleister erhoben werden können. Da bei Fremdleistungen die Dienstleister auch das Realisierungsrisiko ihrer Aufträge übernehmen, bergen Kosten für Fremdleistungen im weiteren Projektverlauf deutlich weniger Kostenrisiken für den Veranstalter als die internen Personalkosten.

Neben bereits benannten Kosten für die Ressourcen „Material" und „Sachmittel" sind ferner noch kalkulatorische Kosten zu berücksichtigen, beispielsweise für Abschreibungen, Kapital- und Finanzierungskosten, die jedoch in der Regel als Gemeinkosten durch Zuschlagssätze über die Stundensätze der Personalkosten auf das Projekt verrechnet werden.

Der Projekterfolg hängt für einen Veranstalter wesentlich davon ab, ob der genehmigte Kostenrahmen (Projektbudget) im weiteren Verlauf des Projekts auch eingehalten wird. Entsprechend ist eine transparente Darstellung der Projektkosten als Basis für die spätere Kostenkontrolle unerlässlich. Im Rahmen von Kundenprojekten wird diese Kostentransparenz in der Regel auch vom Auftraggeber eingefordert, um die Preisgestaltung verifizieren zu können.

2.5   Drehbuch und Regieplan als Veranstaltungsablauf

Eine besondere Bedeutung bei Veranstaltungsprojekten hat selbstverständlich der Zeit-raum der Veranstaltungsdurchführung. Dieser macht bei Betrachtung des gesamten Pro-jekts typischerweise nur einen relativ kurzen Zeitraum aus, der zudem terminlich von Beginn an gesetzt ist. Auf die Projektziele „in time" sowie „in budget" hat der Veran-staltungszeitraum in der Regel kaum mehr Auswirkungen. Der Veranstaltungsablauf ist jedoch selbstverständlich der Zeitpunkt, zu dem sich die kundenorientierte Qualität „in quality" des Projekts manifestiert. Er ist somit nicht nur als Teil der Projektrealisie-rungsphase zu sehen, sondern stellt gleichzeitig sein Ergebnis dar. Anders als bei Bau-, Forschungs- oder Produktentwicklungsprojekten gibt es bei Veranstaltungen keinen End-stand des Projekts, der über eine längere Nutzungsphase in seiner Qualität beurteilt wer-den kann. Die Nutzungsphase ist vielmehr ein Teil der Realisierungsphase, in welcher der externe Faktor, die Teilnehmer einer Veranstaltung, integriert werden und das Veran-staltungserlebnis erzeugt wird.

Organisatorisch ist für Veranstalter die Herausforderung, dass ein Großteil der Arbeitspakete des Veranstaltungsprojekts hier gleichzeitig ihre Ergebnisse zeigen und integriert zum Gesamterlebnis zusammenwirken. Dadurch erreicht in der Regel das Veranstaltungsprojekt in der Veranstaltungsdurchführung auch seinen Höhepunkt bezüglich des Personaleinsatzes. Entsprechend kommt der Koordination von Akteuren und dem Zusammenwirken von Leistungen eine herausgehobene Rolle zu, um einen reibungslosen Ablauf zu ermöglichen, aber auch die anvisierte Dramaturgie und Insze-nierung umzusetzen. „Dramaturgie beschäftigt sich mit der Struktur, der abstrakten Form, mit Bauformen, Handlungen, Motiven, Figuren, Spannung und Entwicklung. Inszenierung ist die konkrete Form und umfasst die szenischen Mittel wie Protagonis-ten, Darstellungsart, Bühne und Raum, Veranstaltungstechnik oder Medien" (Schäfer-Mehdi 2009, S. 85).

Die Dramaturgie der Veranstaltung wird im Drehbuch anhand dessen dramatischen Struktur als Veranstaltungsablauf erzählt. Die Höhepunkte werden im Hinblick auf psychologische Wirkungen der Teilnehmer als Spiel mit Spannung und Entspannung verstanden (Philippi 2006, S. 39), um Botschaften wirksam unterzubringen, indem Auf-merksamkeit und Emotionen bewusst gesteuert werden. Dadurch schafft Dramaturgie auch Handlungsstränge und Entwicklungen, die bei Kongressen auch durch den Einsatz verschiedener Veranstaltungsformate und -räumlichkeiten im zeitlichen Ablauf unter-stützt werden können. Zur Definition eines Spannungsbogens, der sich häufig an die Struktur des Dramas von Aristoteles anlehnt, und dessen Inszenierung stehen Veranstal-tern zahlreiche Formen und Techniken zur Verfügung (Schäfer-Mehdi 2009, S. 86 ff.). Deren Einsatz wird im Drehbuch niedergeschrieben und so den Akteuren der Veranstal-tung transparent gemacht.

Der Regieplan ergänzt dieses Drehbuch um konkrete Anweisungen der Umsetzung einer Inszenierung. Dabei umfasst der Aufgabenbereich der Regie die Einrichtung, das

Einstudieren und die (künstlerische) Leitung einer Inszenierung (Philippi 2006, S. 63). Im Regieplan wird nun anhand einer minutengenauen Zeitachse beschrieben, wann und von welchem Akteur Handlungen starten (Auftritt) sowie technische Aktionen vorzubereiten sind (Mikro verkabeln) oder stattfinden (Screen/Projektion, Musik, Jingle, Zeitansagen aus dem Off, Licht/Spots) sowie an welcher Stelle der Regisseur der Veranstaltung selbst prüft oder eingreift. Diese Anweisungen sind aufgrund der schnellen Abfolge der Veranstaltung kurz und knapp zu formulieren, wobei häufig mit Symbolen gearbeitet wird (Philippi 2006, S. 66).

Weitere Planungsformate können die Realisierungsphase inhaltlich konkretisieren. Aufbauplan sowie Abbauplan dienen dabei der Detaillierung der (technischen) Ausstattung einer Veranstaltungsstätte nebst Planung von Raumkonzept, Bestuhlung und Medieneinsatz. Da die Auf- und Abbauplanung sachliche Abfolgen bezüglich Zugänglichkeit (zum Beispiel Installation der Beleuchtung), Makellosigkeit/Unversehrtheit anderer Elemente (zum Beispiel Standbau), aber auch Kosten für die Bereitstellung (zum Beispiel Miete von Tagungstechnik) berücksichtigen muss, dient sie insbesondere der Terminierung und Steuerung verschiedener Gewerke.

Die im diesem Kapitel beschriebenen Planungsformate für den Veranstaltungsablauf sind typischerweise nicht Teil der Projektplanung. Vielmehr werden sie als Teil des Projektergebnisses in der Phase der Projektrealisierung erarbeitet, kommen aber auch direkt in der Phase der Projektrealisierung zur Ausführung. Obwohl sie also Teil der inhaltlichen Ausarbeitungen des Projekts sind, ist ihre Thematisierung im Rahmen dieses Beitrags zum Projektmanagement für Veranstaltungen unerlässlich, da sie die Bedeutung des tatsächlichen Veranstaltungsablaufs und der detailorientierten inhaltlichen Planung innerhalb der Projektdurchführung aufzeigen.

2.6   Event-Controlling als Projektrealisierung

Das Eventcontrolling sollte sich über alle Phasen des Projekts erstrecken, insbesondere über die Realisierungsphase, da diese typischerweise unter Mitwirkung des gesamten Projektteams nebst externen Dienstleistern und Kunden bestritten wird. In diesem Zeitraum besteht dementsprechend der höchste Steuerungs- und Koordinationsaufwand und es wird die wesentliche Wertschöpfung des Projekts erbracht und umgesetzt.

„Unter Controlling wird das Planen und Steuern der unternehmerischen Tätigkeit mit Hilfe betriebswirtschaftlicher Daten und Analysen verstanden" (Jung 2010, S. 1162). Entsprechend ist der Begriff nicht deckungsgleich mit dem deutschen Begriff „Kontrolle". Während Kontrolle vergangenheitsorientiert vorgeht und Fehler feststellt beziehungsweise sogar Schuldige sucht, ist die Perspektive im Controlling zukunftsorientiert, richtungsweisend und lenkend, indem der Status permanent überwacht und bei Planabweichungen nachgesteuert wird. Im Projektcontrolling ist die allgegenwärtige Frage: „Bin ich denn im Plan?"

Das Vorgehen in der Phase der Projektrealisierung kann in einem Regelkreis der Projektsteuerung veranschaulicht werden (vgl. Abb. 7). In diesem resultiert aus Projektdefinition und Projektplanung eine Soll-Planung, die entsprechende Vorgaben bezüglich Zeitraum, Budget und Qualität von Arbeitspaketen impliziert. Während der Umsetzung dieser Soll-Planung in der Projektrealisierung treten jedoch immer wieder unvorhergesehene Störgrößen auf, die unter anderem auch das Ergebnis von veränderten Vorgaben oder Rahmenbedingungen sein können. So kann beispielsweise der Kunde Vorgaben wie den Zeitpunkt der Veranstaltung, die Ausstattung des Veranstaltungsorts oder der Gästezahl auch über das Projekt hinweg verändern; ebenso können eingeplante Moderatoren, Referenten oder andere Veranstaltungsbeteiligte verhindert sein oder sich eingeladene Teilnehmer nicht in der angenommenen Anzahl anmelden. Die Beispiele sollen verdeutlichen, dass diese Störgrößen nicht nur vage Eventualitäten sind, sondern Planabweichungen im Projektverlauf einer Veranstaltung die Regel darstellen, da Planung immer zu gewissem Grad unter Unsicherheit stattfindet und folglich unvorhergesehene Ereignisse fast zwingend eintreten. Entsprechend ist ein Berichtwesen im Projektcontrolling von Bedeutung, das in zu definierenden Intervallen den Ist-Stand der Projektrealisierung erfasst und diesen Status einem Soll-Ist-Vergleich unterzieht. Diese Projektkontrolle zeigt einerseits plankonforme Elemente, jedoch eben auch die Abweichungen, die durch Störgrößen oder initiale Unsicherheit ausgelöst wurden. Die Analyse der Abweichungen geschieht mithilfe der W-Fragen, bei denen gefragt wird, *was wann wo wie warum* passiert ist sowie *wer* daran beteiligt war. Die Aufgabe der Projektsteuerung ist es nun, geeignete Maßnahmen zu ergreifen, um die Abweichungen wieder in Richtung

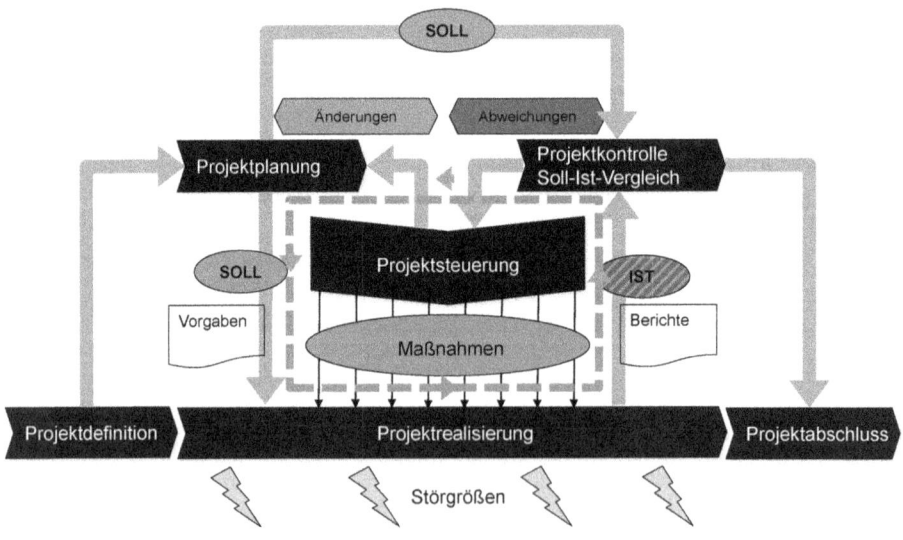

Abb. 7 Regelkreis der Projektsteuerung. (Quelle: eigene Abbildung in Anlehnung an Burghardt 2002; sowie Patzak und Rattay 2004)

der Soll-Planung anzupassen. Dabei steht dasselbe Instrumentarium wie bereits bei der Projektplanung zur Verfügung, das heißt es kann an der Terminierung, an der Ressourcenausstattung sowie an den Arbeitspaketinhalten nachjustiert werden. Ist eine Steuerung im Rahmen des Plans oder gar des Projektauftrags nicht hinreichend möglich, muss entschieden werden, ob eine Korrektur des Plans oder eine Änderung des Projektauftrags erfolgen kann. Dies geschieht in der Regel unter Einbeziehung des Auftraggebers und resultiert in neuen Soll-Vorgaben, die im weiteren Verlauf des Projekts den Bezugspunkt weiterer Soll-Ist-Vergleiche darstellen. Dieser Regelkreis wird im Projektverlauf so lange durchlaufen, bis das Projekt sein Ergebnis erreicht hat und der Projektabschluss erfolgen kann.

Als Bezugsobjekt der Überwachung der Projektrealisierung dienen Ergebnisse, Prozesse und Risiken. Ziel des Projektmanagements ist es so, die Sollvorgaben bezüglich der Ergebnisse im Hinblick auf Inhalt, Qualität, Termine und Kosten zu erreichen. Gleichzeitig soll auch die Arbeitsweise unter Betrachtung der Prozesse optimiert werden – hinsichtlich der Anwendbarkeit, Korrektheit, Angemessenheit, Organisiertheit und Fehlerhäufigkeit der eingesetzten Prozesse. Bei der Überwachung von Risiken steht die Identifikation und der bewusste Umgang mit Risiken im Vordergrund.

Bei der Ergebniskontrolle, die in der Regel im Vordergrund der Projektkontrolle von Veranstaltungen steht, wird der Terminfortschritt zumeist im Gantt-Diagramm – parallel zur Terminplanung – erfasst. Der Soll-Ist-Vergleich der Kosten erfolgt typischerweise durch Gegenüberstellung beziehungsweise Abweichungs-Analyse der bereits geleisteten Aufwände bezogen auf den Soll-Status im Projekt für diesen Zeitpunkt. Der Zeitpunktbezug ist dabei essenziell. So können absolute Abweichungen vor Abschluss des Projekts nicht am Gesamtbudget gemessen werden, da ja auch im weiteren Verlauf Aufwände anfallen. Darüber hinaus ist der Kostenverlauf ferner am Leistungsfortschritt zu relativieren. So wäre beispielsweise möglich, dass sich zur Hälfte des Projekts die Istkosten gleich den Sollkosten darstellen, allerdings der Leistungsfortschritt zurückliegt. Entsprechend würde sich nicht nur eine Leistungsabweichung, sondern gleichzeitig auch eine Terminverzögerung sowie eine Kostenabweichung ergeben, da sowohl weitere Zeit vergeht als auch weitere Kosten anfallen, bis der Leistungsfortschritt den Planvorgaben entspricht. Die Interdependenz der drei Dimensionen von Projektzielen ist entsprechend bei der Fortschrittskontrolle zwingend zu beachten.

Aufgrund der inhaltlichen Unterschiedlichkeit der Arbeitspakete (zum Beispiel AP der Drehbuchentwicklung vs. AP der Installation von Beleuchtungstechnik) bezogen auf deren Inhalt, ihre qualitative Umsetzung, eingesetzte Ressourcen und Risiken, ist die valide Ermittlung des Leistungsfortschritts eine Herausforderung. Theoretisch ist der Fertigstellungsgrad eines jeden Arbeitspakets zu ermitteln als das Verhältnis der zu einem Stichtag erbrachten Leistung zur notwendigen Gesamtleistung eines Arbeitspakets (DIN 69903). Dies wird in dem Prozentsatz ausgedrückt, zu dem ein Arbeitspaket abgearbeitet ist. Da dieser insbesondere bei konzeptionellen Aufgaben kaum objektiv ermittelbar ist, wird häufig mit subjektiven Leistungsschätzungen eine Näherung erzielt.

Heuristiken wie die 0/50/100-Methode gehen diesen Schritt nicht, sondern bewerten nicht begonnene Arbeiten mit 0 %, angefangene und laufende Arbeiten mit 50 % sowie beendete mit einem Fertigstellungsgrad von 100 %. Diese werden dann mit ihrem Aufwand gewichtet aufsummiert. Je umfangreicher Projekte aufgebaut sind, desto eher resultiert diese Methode tatsächlich in einer Näherung des kumulierten Fertigstellungsgrads. Auf die Fertigstellung eines einzelnen Arbeitspakets nimmt diese Methode allerdings dann nur wenig Bezug.

In der Praxis im Rahmen von Veranstaltungsprojekten ist somit ratsam, tatsächlich subjektive Leistungsschätzungen zu erheben, die allerdings nicht von außerhalb eines Arbeitspakets erfolgen sollten, sondern von Mitarbeitern oder dem Verantwortlichen eines jeden Arbeitspakets, da diese den tiefsten Einblick in die Realisierung und noch anstehende Herausforderungen besitzen.

Ein Projektinformationssystem kann in verschiedenen Formen über mündliche Kommunikation, schriftliche Berichte sowie Dokumentation erfolgen. Dabei sind prinzipiell zwei Sichtweisen möglich. In Project-Reviews ist das gesamte Projekt Gegenstand der Betrachtung. Gerade in großen, lange andauernden Projekten sollten die Entscheidungsebenen in angemessenen Intervallen zusammenhängend über den Status des Projekts unterrichtet werden. Hierbei gilt es zu prüfen, ob die getroffenen Maßnahmen ausreichend zielwirksam sind und das gesamte Projekt auf dem Weg ist, seine Ziele zu erreichen. Ein solches Project-Review wird typischerweise in größeren Abständen terminiert, deren Intervall sich bei Veranstaltungsprojekten typischerweise verkürzt, je näher es der Durchführung der Veranstaltung kommt. Dabei ist die Terminierung des Project-Reviews entkoppelt von Meilensteinen, da hier nicht das Festhalten von Meilensteinergebnissen und die Freigabe nächster Schritte, sondern vielmehr die kontinuierliche Überwachung und korrigierende Steuerung geleistet werden soll, um Meilensteine einzuhalten. Task-Reviews sind regelmäßige Kontrollen von einzelnen Arbeitspaketen. Die Überwachung erfolgt mithilfe von Kontrolllisten, in denen die qualitativen, terminlichen und kostenmäßigen Anforderungen an einen Vorgang definiert und beschrieben sind.

2.7 Übergabe und Dokumentation als Projektabschluss

Die Phase des Projektabschlusses erscheint nach einer gelungenen Veranstaltung erreicht, wenn der Abbau geleistet und die Veranstaltungsstätte wieder übergeben wurde. Aus Sicht des Projekts hingegen, insbesondere bei einer Auftraggeber- und Auftragnehmerbeziehung stehen mit dem Projektabschluss weitere formelle Abnahmen bezüglich der Projektergebnisse an.

So müssen die Projektergebnisse an den Kunden übergeben werden. Da das Ergebnis einer Veranstaltung sich auf eine Dienstleistung im Zeitverlauf bezieht, ist dieses Projektergebnis gegebenenfalls in mehreren Schritten zu übergeben. Im Fall von Kongressen kann beispielsweise das Meilensteinergebnis des Aufbaus beziehungsweise der Ausstattung der Räumlichkeiten am Vorabend der Veranstaltung abgenommen werden.

Bei Dienstleistern, die Veranstaltungstechnik (Licht-, Ton-, Präsentationstechnik) oder andere physische Produkte (Möbel, Druck-Erzeugnisse, Catering) zur Verfügung stellen, wird in der Regel die Leistung bei Anlieferung per Lieferschein bestätigt. Dienstleistungen, die bei der Konzeption und Planung oder direkt an den Veranstaltungsteilnehmern geleistet werden und für den ordnungsgemäßen Verlauf essenziell sind, können hingegen erst im Nachhinein abgenommen werden, wenn sich die Leistung manifestiert hat. Entsprechend wird in der Regel eine Dokumentation vereinbart, die genau diese Leistungen belegt. Eine solche Dokumentation beinhaltet dann beispielsweise Beschreibungen der Abläufe, Listung der Beteiligten und Belege für die Art der Durchführung in Bild- und Videodokumentation. Diese Dokumentation sollte in der Regel formell, das heißt rechtlich relevant vom Kunden abgenommen werden.

Ein Abschlussbericht stellt einen über diese Dokumentation hinausgehenden Bericht dar, der sich insbesondere auf die Ziele des Projekts bezieht und deren Erreichen dokumentiert. Analog zur Zieldefinition werden hier nun das Erreichen der Produktziele des Kongresses, beispielsweise die Anzahl der Teilnehmer, die Anzahl der begleitenden Aussteller oder Zielkennzahlen bei der Kundenzufriedenheit ermittelt. Ebenso wird die Umsetzung bezüglich der Projektziele einer Realisierung in einem definierten Zeitrahmen („in time"), Budget („in budget") und in der geforderten Qualität („in quality") aufgeführt. Hierbei werden sowohl interne Daten – wie beispielsweise die angemeldeten Teilnehmerzahlen –, aber auch extern erhobene Daten – beispielsweise durch Teilnehmerbefragungen – verwendet. Während derlei Daten auch zu Zwecken der Öffentlichkeitsarbeit verwendet werden können, sind sie elementarer Bestandteil des Abschlussberichts, da sie die Akzeptanz der Veranstaltung sowie gegebenenfalls Einstellungen der Weiterempfehlungsbereitschaft oder Wiederkehrabsicht dokumentieren und damit gleichzeitig wichtigen Input für zukünftige Projekte liefern.

Häufig differenziert man den Inhalt des Abschlussberichts nach dessen Zielgruppe. Während der interne Abschlussbericht die gesamten Ergebnisse des Projekts beschreibt sowie eine Analyse der Arbeit im Projekt nebst Stärken und Schwächen in der Umsetzung enthält, ist für einen externen Abschlussbericht differenzierter vorzugehen. Intern kann relativ schonungslos „Manöverkritik" geübt werden, da der Bericht als Basis für zukünftige Projekte verwendet werden sollte, für deren Beteiligte selbstverständlich auch das Optimierungspotenzial im Hinblick auf eine kontinuierliche Verbesserung aufzuzeigen ist. An dieser Stelle sollte dann entschieden werden, welche Ergebnisse, Praktiken, identifizierte Risiken oder Optimierungspotenziale Teil einer internen Wissensdatenbank werden sollen. Bei externen Abschlussberichten sollte je nach Zielgruppe differenzierter mit den Informationen umgegangen werden. So sind beispielsweise für den Kunden insbesondere die Produktergebnisse bedeutend, die Projektziele des zeitlichen Aufwands, der Mittelverwendung oder interne organisatorische Herausforderungen sind nur bedingt aufzunehmen. Dies bedeutet allerdings nicht, dass im externen Bericht Schönfärberei betrieben wird. Es ist im Gegenteil dringend ratsam, Defizite bei Produktergebnissen oder sichtbare Mängel der Realisierung aktiv aufzugreifen, um dem Kunden ein Problembewusstsein, gegebenenfalls gepaart mit ersten Optimierungsideen für eine potenziell zukünftige Durchführung, zu signalisieren. Entsprechend kann Kunden die Kompetenz einer Organisation in der Eigenschaft ihrer Lernbereitschaft und -fähigkeit vermittelt werden.

3 Prozessmanagement als Fließband

Obwohl Projekte – wie eingangs beschrieben – durch ihre Einmaligkeit der Ziele und Rahmenbedingungen gekennzeichnet sind, gibt es bei jeglichen Projekten durchaus Vorgehensweisen, Erfahrungen und Praktiken, die für eine Vielzahl von Vorhaben vergleichbar anwendbar sind. Obwohl typischerweise jede Veranstaltung eigenen Rahmenbedingungen durch den Wechsel von Veranstaltungsstätten, Zeitpunkt, Teilnehmern, Programm oder Projektteam unterliegt, finden erfolgreiche Kongresse typischerweise nicht nur einmalig statt, sondern in regelmäßigen, beispielsweise jährlichen, Zyklen. Selbstverständlich sind dann, trotz verschiedener zu identifizierender Veränderungen der Bedingungen, große Teile der Projekte vergleichbar.

Dies beginnt bei der Struktur des Projekts. Inhaltliche Veränderungen eines Kongresses oder andere Teilnehmer erfordern gegebenenfalls die Wahl alternativer Veranstaltungsformate. Diese sind jedoch als Produktvariation zu verstehen (Bühnert 2013, S. 199). Die Arbeitspakete zur Leistungserstellung verändern sich so in der Regel bezogen auf ihren Inhalt, jedoch nicht auf die Art der zu leistenden Aufgaben. Allgemein gilt sowohl für die Beschreibung von Projekten als auch von Prozessen, dass die Grundelemente von Projekten und Prozessen Vorgänge sind, die durch die Logik der Abfolge miteinander verknüpft werden (Holzbaur 2016, S. 324).

Entsprechend sind auch Ablauf- und Terminplanung bei Prozessen ähnlich vorzunehmen beziehungsweise fortzuführen wie im initialen Projekt. Erst bei der Ressourcenplanung können wieder deutlichere Veränderungen erwartet werden, wenn geprüft wird, welche personellen Ressourcen für Thema, Teilnehmer und Veranstaltungsformat die geeignetsten sind, sowie verfügbare Kapazitäten aufweisen, um im Projekt mitzuarbeiten. Selbstverständlich ist aber auch hier die Vorerfahrung von Mitarbeitern, die an der Vorgängerveranstaltung mitgewirkt haben, ein wichtiges Auswahlkriterium, sodass häufig weitgehend dieselben Ressourcen als Projektmitarbeiter und Dienstleister eingesetzt werden.

Einführend wurde der Prozess in Abgrenzung vom Projekt bereits definiert und als Beginn der Serienfertigung benannt. Im Übergang zu dieser Serienfertigung ist nun erforderlich, Prozesse als wiederkehrende Vorgänge und Abläufe mit hoher Repetitivität zu identifizieren, um sie standardisieren und in der Folge optimieren zu können. Die Aufgabe des Managements ist es entsprechend nicht mehr, die Art des Arbeitspakets zu beschreiben, da diese aus dem Initialprojekt bekannt ist, sondern eine Organisation um diese Prozesse der Leistungserstellung aufzubauen, welche die Abläufe effektiv und effizient zu leisten vermag. Um diese Ziele zu erreichen, bedarf es der Prozesssteuerung.

Die Prozessorganisation soll sicherstellen, dass alle notwendigen Aktivitäten tatsächlich durchgeführt, unnötige Aktivitäten unterlassen und die geleisteten Aktivitäten optimal koordiniert werden (Diller et al. 2005, S. 62). Teil der Prozessorganisation ist es dabei, die bestgeeigneten Mitarbeiter diesen Aktivitäten zuzuweisen, wobei die Zahl der Schnittstellen zu minimieren ist. Entsprechend gelingt es, diese Prozesse effizient zu beherrschen, wenn feste Veranstaltungsteams, ausgestattet mit hinreichender Kompetenz und Verantwortung („Empowerment"), eingesetzt werden. Die Verantwortung in der Prozessorganisation ist ferner regelungsbedürftig, das heißt es müssen koordinierende Prozessverantwortliche festgelegt werden. Der Grad an Formalisierung der Prozesse muss ferner definiert und die Prozesse beschrieben werden.

Entsprechend stellt sich auch die Frage, welche Vorgänge sich im Veranstaltungsmanagement zur Formalisierung und Standardisierung eignen. Im Kongressmanagement sind unter den in Unternehmen typischerweise als Kernprozesse beschriebenen relevant (Binner 2016, S. 165 f.):

- Entwicklungsprozess, bei Kongressen als Briefing-Prozess und Konzepterstellung
- Planungsprozess, bei Kongressen als Durchführungsplanung
- Vertriebsprozess, bei Kongressen als Teilnehmermarketing und -management
- Beschaffungsprozess, bei Kongressen als Dienstleistungseinkauf
- Produktionsprozess, bei Kongressen als Veranstaltungsproduktion

Zur Formalisierung von Prozessen werden Techniken der Prozessmodellierung wie Flussdiagramme und Ereignis-Prozess-Ketten (EPK) eingesetzt, die in ihrer Darstellung dem Netzplan des Projektmanagements ähneln (Koch 2015, S. 51 ff.).

Das Prozesscontrolling hat analog zum Projektcontrolling die Aufgabe, für die Transparenz der Prozesse zu sorgen, um steuernd eingreifen zu können, sollten sich Soll-Ist-Abweichungen ergeben. Die Managementaufgabe liegt hier darin, die permanente Formulierung prozessorientierter Zielsysteme zu leisten, entsprechende Kennzahlen zu definieren und die laufende Überwachung dieser Kennzahlen nebst entsprechenden Feedbacks in die operative Prozessbearbeitung einzuführen. Die resultierende mitlaufende Prozessüberwachung und -regelung stellt nun die Basis für eine kontinuierliche Prozessverbesserung dar. Diese liegt bei der Optimierung einzelner Prozessabläufe, aber auch in einer prozessübergreifenden Synchronisierung und einer Verbesserung der Schnittstellen.

Informationsmanagement soll im Prozessmanagement den optimalen Informationseinsatz in den Veranstaltungsprozessen sicherstellen. Beispielsweise können Informationssysteme zur Raumplanung oder CRM-Systeme Veranstaltungsprozesse wie die Veranstaltungsproduktion und das Teilnehmermarketing und -management unterstützen, da auf Daten zurückgegriffen werden kann, die unter anderem auch die Erfahrungen mit Veranstaltungsstätten oder Teilnehmern dokumentieren. Die Wahl der geeigneten Informationssysteme und der umfassenderen Informationsinfrastruktur gehört zu den Aufgaben des Informationsmanagements. Ebenso muss definiert werden, welche Arten von Informationen als Input für welche Geschäftsprozesse verwendet, welche Daten in Informationssystemen dokumentiert sowie auf welche Art die Ergebnisse als Output angezeigt werden.

Dass sich hieraus ein ständiger Aufgabenbereich ergibt, der schon durch die informationstechnischen Möglichkeiten ständig zusätzliche Optimierungspotenziale bietet, lässt sich an der großen Zahl von Systemen erkennen, die hier zur Steuerung der Information eingesetzt werden, beispielsweise Marktinformationssysteme, Wissensmanagementsysteme, CRM-Systeme, Dokumentenmanagementsysteme sowie veranstaltungsspezifische Software. Diese können wiederum unterschiedlich ausgestaltet werden – beispielsweise bezüglich Grad der Automatisierung, örtlicher Verfügbarkeit (lokal installiert vs. cloudbasiert), Endgeräteklassen (Website vs. App) oder Grad der Autonomie von Teilnehmern (Selfservice bei Buchung, Bezahlung, Check-in, Download von Teilnehmerunterlagen).

Das Personalmanagement als Aufgabe im Prozessmanagement beschäftigt sich mit der Sicherstellung der hinreichenden persönlichen und fachlichen Qualifikation der Prozessmitarbeiter, um diese den sich ständig wandelnden und oftmals wachsenden Anforderungen anzupassen. Dies beginnt mit Vorgehensweisen der Personalauswahl und reicht über die Aus- und Weiterbildung bis zur Anleitung und individuellen Zielsetzungen und -vereinbarungen mit dem Mitarbeiter. Da neben der Qualifikation auch die Motivation über den Veranstaltungserfolg entscheidet, kommt Motivationskonzepten eine bedeutende Rolle zu. Auch die Organisationsform einer Unternehmung regelt die Zusammenarbeit des Personals. Dabei ist die Herausforderung der Veranstaltungsbranche, dass diese, wie zuvor beschrieben, Projekte als Einzelfertigung steuert, bei denen jedoch Kernprozesse in die Serienfertigung überführt werden. Häufig ist das Resultat eine Matrix-Projektorganisation. Diese beruht auf der Kompetenzaufteilung zwischen dem funktions- beziehungsweise prozessorientierten und dem projektorientierten Leitungssystem. Dabei werden projektbezogen die Verantwortung und Kompetenzen zwischen einem Projektleiter und beteiligten Fachteams aufgeteilt, das heißt, Projektteams greifen auf Leistungen von spezialisierten Prozessteams zurück, die in diesen Prozessteams einer kontinuierlichen Prozesssteuerung unterliegen. Hierdurch wird gewährleistet, dass neue wie auch sich wiederholende Projekte in ihrer Einzigartigkeit der Bedingungen durchdacht und geplant werden, jedoch ebenso auf etablierte und kontinuierlich optimierte Prozesse zugegriffen werden kann, die sich durch Effektivität und Effizienz einer lernenden Organisation auszeichnen.

Einen theoretischen Ansatz für die ganzheitliche prozessorientierte Organisationsentwicklung und outputorientierte Unternehmenssteuerung zur Umsetzung konsequenten Prozessmanagements liefert das MITO-Modell (Binner 2016, S. 9). Dieses beschreibt Management, Input, Transformation und Output als Prozess, der die unternehmensspezifischen Strategie-, Ziel-, Handlungs- und Gestaltungsfelder miteinander verknüpft:

- Erfolgsorientierung (managementbezogen)
- Mitarbeiterorientierung (inputbezogen)
- Prozessorientierung (transformationsbezogen)
- Kundenorientierung (outputbezogen)

4   Vergleichbare Management-Herausforderungen

Der vorliegende Beitrag ersetzt in seiner Kompaktheit nicht die bestehende Projektmanagement- und Prozessmanagement-Literatur, sondern gibt vielmehr einen Überblick über die in der Veranstaltungsbranche gängigen Vorgehensweisen und Ausprägungen. Entsprechend wurden weniger verschiedene Alternativen von Planungsinstrumenten diskutiert, sondern die gängigen Verfahren im Kontext und anhand eines Beispiels des Kongressmanagements dargestellt. Für ein ausführlicheres Studium der Alternativen sowie deren Diskussion sei entsprechend auf die umfangreiche Literatur, die insbesondere im Umfeld der IT- und Softwareentwicklung angesiedelt ist, verwiesen. Auch diese Branche ist durch einmalige Entwicklungsprojekte, aus denen sich Prozesslogiken und -abläufe extrahieren lassen, gekennzeichnet, wodurch die Herausforderungen an das Management vergleichbar mit denen der Veranstaltungsbranche sind.

Literatur

Bea FX, Scheurer S, Hesselmann S (2011) Projektmanagement, 2. Aufl. UVK Lucius, Konstanz

Beckmann K, Kaldenhoff A, Kuhlmann HE, Lau-Thurner U (2006) Seminar-, Tagungs- und Kongressmanagement. Cornelsen, Berlin

Binner H (2016) Methoden-Baukasten für ganzheitliches Projektmanagement. Springer Gabler, Wiesbaden

Bohinc T (2011) Grundlagen des Projektmanagements, 2. Aufl. Gabal, Offenbach

Bühnert C (2013) Veranstaltungsformat. In: Dinkel M, Luppold S, Schröer C (Hrsg) Handbuch Messe-, Kongress- und Eventmanagement. Wissenschaft & Praxis, Sternenfels, S 199–212

Burghardt M (2002) Projektmanagement, 6. Aufl. Springer, Berlin

Cohn M (2010) Agile Softwareentwicklung. Addison-Wesley, München

Davenport T (1993) Process innovation: reengineering work through information technology. Harvard Business School, Boston

Diller H, Haas A, Ivens B (2005) Verkauf und Kundenmanagement. Eine prozessorientierte Konzeption. Kohlhammer, Stuttgart

DIN 69901-1:2009-01 (2009) Projektmanagement – Projektmanagementsysteme – Teil 1: Grundlagen

Doran GT (1981) There's a S.M.A.R.T. way to write management's goals and objectives. Manag Rev (AMA FORUM) 70(11):35–36

Haller S (2012) Dienstleistungsmanagement, 5. Aufl. Springer Gabler, Wiesbaden

Holzbaur U (2016) Events nachhaltig gestalten. Springer Gabler, Wiesbaden

Jung H (2010) Allgemeine Betriebswirtschaftslehre, 12. Aufl. Oldenbourg, München

Keßler H, Winkelhofer G (2004) Projektmanagement, 3. Aufl. Springer, Berlin

Koch S (2015) Einführung in das Management von Geschäftsprozessen, 2. Aufl. Springer Vieweg, Berlin

Patzak G, Rattay G (2004) Projektmanagement, 4. Aufl. Linde, Wien

Philippi R (2006) 30 Minuten für Veranstaltungs-Dramaturgie, 2. Aufl. Gabal, Offenbach

Schäfer-Mehdi S (2009) Event-Marketing, 3. Aufl. Cornelsen, Berlin

Schwab J (2011) Projektplanung mit Project 2010. Hanser, München

Über den Autor

Prof. Dr. Thomas Bauer, Dipl.-Kfm., ist seit 2014 als Professor und Studiengangsleiter im Studiengang „Messe-, Kongress- und Eventmanagement" der Dualen Hochschule Baden-Württemberg (DHBW) in Ravensburg tätig. Vor dieser Zeit war er in verschiedenen Leitungsfunktionen im CRM und Kundenmanagement für die 1&1 Internet AG sowie die hotel.de AG tätig. In diesen Rollen leitete er die Definition und Steuerung skalierbarer (teilweise automatisierbarer) Kundenkommunikations-, Cross-Selling-, Upselling-, Loyalty- und Rentention-Prozesse für große Kundenbestände. Seit 2008 ist er im Projektmanagement von Veranstaltungen in einem selbst gegründeten Unternehmen in den USA tätig und leitet in dieser Rolle bis heute Veranstaltungsprojekte.

Kongressorganisation

Prozessoptimierung im Hinblick auf zukunftsfähige Veranstaltungen

Matthias Spacke

Zusammenfassung

Kongressorganisation ist eine komplexe Dienstleistung. Es müssen eine Vielzahl von Interessenträgern mit teilweise gegenläufigen Zielvorstellungen eingebunden werden. Auch wenn der Kongress eine Großveranstaltung ist, wird die Veranstaltung inhaltlich häufig noch und vor allem bei wissenschaftlichen Fachgesellschaften durch ehrenamtliche Tätigkeit geplant und gestaltet. Gleichzeitig steigen die Erwartungen der Beteiligten an die Professionalisierung der Veranstaltung. So sind auch die Jahrestagungen der Fachgesellschaften heute auf einem ausdifferenzierten Fortbildungsmarkt keine Selbstläufer mehr. Dadurch entstehen besondere Herausforderungen für die Gestaltung des Veranstaltungsformats „Kongress".

Managementinstrumente und Methodenkompetenz sind zwingend erforderlich. Veranstalter holen sich daher meist Unterstützung ein, von einem Professional Congress Organiser (PCO). Der PCO, eine Eventagentur, die sich auf die Organisation von Kongressen spezialisiert hat, erbringt dabei nicht nur alle Dienstleistungen, sondern auch eine umfassende Beratung.

In diesem Beitrag wird der Fokus auf die Prozesse der Kongressorganisation für die inhaltliche Planung und die Einbindung des Teilnehmers einer solchen Großveranstaltung gerichtet. Durch den sinnvollen Einsatz von Prozessmodulen und Kontrollinstrumenten kann man in der Kongressorganisation der Gestaltung einen sinnvollen Rahmen der Planungssicherheit geben. Dabei wird immer wieder der Spiegel der aktuellen Anforderungen an das Veranstaltungsformat gelegt und bewertet, wo man Akzente setzen kann, um eine zeitgemäße Kongressveranstaltung zu planen und die Beteiligten so stark wie möglich in den Gestaltungsprozess mit einzubinden.

M. Spacke (✉)
Berlin, Deutschland
E-Mail: m.spacke@gmx.de

© Springer Fachmedien Wiesbaden GmbH 2017   567
C. Bühnert und S. Luppold (Hrsg.), *Praxishandbuch Kongress-, Tagungs- und Konferenzmanagement,* DOI 10.1007/978-3-658-08309-0_37

Vorbemerkung des Autors

Ein Kongress ist ein sehr komplexes Gebilde. Kongressorganisation gilt daher seit jeher als ein kompliziertes Spezialfach und als die konservative Tochter des Eventmanagements. Die Kongressorganisation hat nicht den Glamour der Eventorganisation. Oft wird die Organisation eines Kongresses mit der Besteigung eines hohen Bergs verglichen. Man braucht langen Atem, Spezialausrüstung und lange Vorbereitungszeiten. Manche verlieren auf den ersten Höhemetern den Atem und wenden sich auf dem Gebiet des Eventmanagements anderen Spezialfächern zu, mit denen man sich auf den ersten Blick leichter zu tun scheint.

Ich möchte diesen Vorurteilen begegnen und aufzeigen, wie spannend Kongressprojekte sind, wie aktuell die Notwendigkeit einer modernen Kongressorganisation ist, um diese verbreitete Veranstaltungsart für die Zielgruppen attraktiv und zukunftsfähig zu gestalten.

Mit ca. 20 Jahren Erfahrung im Kongressmanagement habe ich den Wandel der Kongresse vom Motto „Der Kongress tanzt" zu einem modernen Bildungs- und Netzwerkformat miterlebt. Für mich ist die ideelle Komponente der Kongresse immer eine große Motivation gewesen: Kongresse entwickeln mit wissenschaftlichen oder anderen gesellschaftlich relevanten Fachthemen Wissen direkt am Puls der Zeit mit aktuellen Forschungsergebnissen. Sie verbreiten dieses Wissen, entwickeln es weiter und haben gesellschaftliche Relevanz. Auch wenn man nicht aus dem jeweiligen Fach kommt, ist es eine erfüllende Aufgabe, Veranstalter beim Entwickeln der optimalen Plattform für ihr Thema zu begleiten. Ich möchte diese Begeisterung mit allen aktuellen Herausforderungen von ökonomischen Rahmenbedingungen, von Compliance und dem Fortbildungsverhalten der nachfolgenden Generationen an Nachwuchs oder Quereinsteiger weitergeben.

1   Gründe und Motive für eine Kongressteilnahme

Kongresse sind nach Irmtraut Schmitt Informations- und Kontaktbörsen (Schmitt 2012, S. 21). Der Begriff „Börse" trifft sehr gut den Kern. Es kommen ähnlich wie bei einer Börse verschiedene Interessengruppen zusammen, um über ihre Forschungen, Fachprodukte und Anwendungsmöglichkeiten zu diskutieren und Kontakte zu Fachkollegen oder Anbietern aus dem Fachgebiet zu knüpfen. Die gewonnenen Informationen oder Kontakte werden im besten Fall nach dem Kongress in den Arbeitsalltag integriert. Der Kongress ist also nicht nur einfach ein großes Veranstaltungsformat, bei dem man einen Vortrag an den nächsten reiht, sondern sein Wert und seine Wirkung wird durch die Relevanz der Inhalte und Kontakte für die Teilnehmer bestimmt und determiniert.

Nach einer weiteren Definition nach Donald Getz (2012, S. 60) sind Kongresse „große Delegiertenversammlungen von Verbänden[1], Fachgesellschaften, politischen Parteien oder religiösen Gruppen". Größe wird zum Definitionskriterium. Verbände und Fachgesellschaften, ob natur- oder geisteswissenschaftlich, industriell, gesellschaftlich, sportlich oder weltanschaulich orientiert, haben übrigens einen höchst unterschiedlichen Organisationsgrad. Die Bandbreite geht von professionellen Organisationen mit eigener Geschäftsstelle und großen Budgets bis hin zu gemeinnützigen und gar durchweg ehrenamtlich geführten Vereinigungen und Vereinen. Wissenschaftliche Fachgesellschaften, ihrerseits mit einem beträchtlichen Anteil am Kongressaufkommen in Deutschland, finden sich häufiger in der letztgenannten Kategorie. Fachgesellschaften sind Standesvertretungen meist von Wissenschaftlern aus einem bestimmten Fachgebiet. Das Ziel von Fachgesellschaften ist die Verbreitung von Wissen, die Initiierung von Forschungsprojekten und die Bildung von wissenschaftlichen Standards im Fachgebiet. Zu diesem Zweck werden Jahrestagungen oder Kongresse veranstaltet.

Weil Förderung und Fortentwicklung eines bestimmten Fachgebiets Gegenstand von Satzungen oder Vereinsstatuten ist, werden diese Fachveranstaltungen durchgeführt. Herausragend ist dabei in aller Regel der jährliche Kongress, die Jahrestagung. Das bedeutet, dass Jahrestagungen integrative und zweckgebundene Instrumente sind. Die Gemeinnützigkeit impliziert die gesellschaftliche Relevanz, denn die Themen sind förderungswürdig. Etwas weiter gefasst, lässt sich sagen, dass ein öffentlicher Auftrag vorliegt und damit auch eine besondere Verantwortung der eingesetzten Mittel verbunden ist – insbesondere, weil meistens eine steuerliche Sonderbehandlung mit der Durchführung der Jahrestagung verbunden ist. Der personifizierte Veranstalter (meist „Kongresspräsident" tituliert) gehört der Fachgesellschaft als Mitglied an oder steht durch fachliche Ausbildung beziehungsweise Mitwirkung mit ihr in Verbindung.

Der Auftrag zur fachlichen Weiterentwicklung und Weiterbildung bedeutet, dass ein Kongress respektive eine Jahrestagung immer eine Vielfalt von Themen bieten muss, und zwar gleich für eine größere Fach- beziehungsweise Zielgruppe. Außerdem wird damit deutlich, dass sich das Veranstaltungsformat „Kongress" an ein Fachpublikum wendet, also klassischerweise eher eine B2B-Veranstaltung („Business to Business"/B2B: Fachveranstaltung, die nicht für Laien oder die Öffentlichkeit, sondern für ein Fachpublikum angelegt ist) ist.

Folgende Aspekte stechen bei einem Kongress heraus: thematische Relevanz für den Teilnehmer, großes thematisches Angebot für ein Fachpublikum, gemeinnütziger Auftrag und Plattform zum Austausch mit anderen Fachleuten. Die Verwertung von fachlichem Wissen steht dabei im Mittelpunkt. Dieser Umstand ist für die Gestaltung

---

[1]Ein Verband ist eine Interessengemeinschaft einer bestimmten Fachgruppe, der für die Mitglieder die Interessenvertretung in der Öffentlichkeit übernimmt. Dabei macht ein Verband auch politische Lobby- und Informationsarbeit, um die gesetzlichen Rahmenbedingungen für die Fachgruppe günstig mitzugestalten.

der Kongresse wesentlich. Organisatoren haben kein Fachwissen, müssen aber um die Inhalte herum viele Informationen sammeln und auswerten. Sie müssen sich wie bei jeder anderen Veranstaltung auch mit der Zielgruppe und deren Bedürfnissen auseinandersetzen. Die Teilnehmer erwarten von dem Besuch eines Kongresses, dass sie die Inhalte wissenschaftlich oder praktisch direkt anwenden können. Diese Aufbereitung des Inhalts in verschiedener Form ist ein wesentliches Merkmal im Sinne einer Informationsbörse und unterscheidet Kongresse von herkömmlichen Fortbildungsveranstaltungen. Die Mittel der Inszenierung müssen darauf abgestimmt werden.

Die Inszenierung orientiert sich wie bei jeder anderen Veranstaltung an den Zielen des Veranstalters. Hierbei geht es um die Förderung von wissenschaftlichen oder gesellschaftsrelevanten Inhalten. Fachwissen wird verbreitet und im Diskurs weiterentwickelt. Gleichzeitig ist die Jahrestagung auch ein Forum, um neue Mitglieder aus dem Fachgebiet anzuwerben. Je mehr Mitglieder eine Fachgesellschaft aufweisen kann, desto mehr Relevanz bekommt ihre Arbeit im Fachkreis. Die Jahrestagung einer Fachgesellschaft ist also auch eine wesentliche Kommunikationsplattform. Sofern die Inhalte markt- beziehungsweise nutzergerecht dargestellt werden und den Austausch in der Fachwelt verstärken, profitiert die Fachgesellschaft in ihrer Außendarstellung als relevante Größe und fachliche Autorität auf dem Fachmarkt. Dabei geht es auch um die Sicherung und Fortentwicklung der Fachgesellschaft als Institution. Damit streift die Jahrestagung außerdem den Bereich des Content-Marketings, also der Bewerbung durch Sachinformation, abseits von den klassischen Werbe- und Kommunikationsmitteln. Die Ziele der Teilnehmer, möglichst viel Wissen verwerten und austauschen zu können und die Ziele des Veranstalters, möglichst relevantes Fachwissen bei der Veranstaltung zu vermitteln und weiterentwickeln zu können, treffen sich hier.

Ziel ist es also immer, möglichst viele Fachteilnehmer in die Jahrestagung mit einzubeziehen. Um für einen Kongress das Programm zielgruppengerecht zu konzipieren, muss man die Zielgruppe genau betrachten. Auf den ersten Blick mag sie sehr klar eingrenzbar erscheinen. Je nach Fachgebiet gibt es aber viele Untergruppen. Bei vielen Fachgesellschaften haben sich für die Untergruppen Arbeitskreise gebildet. Manche Fachgebiete beziehen angrenzende Fachbereiche mit ein. Für die Kongressorganisation ist es wichtig, dass man die Voraussetzungen der erfolgreichen Integration für möglichst viele Zielgruppensegmente schafft und folgende Fragestellungen untersucht.

Altersstruktur

Erfahrene Teilnehmer mit längerer wissenschaftlicher Vita suchen anderen Austausch als Nachwuchswissenschaftler. Beide Zielgruppen müssen auf einer Informationsbörse mit verschiedenen Angeboten angesprochen werden. Der Kongress verbindet beide Möglichkeiten, indem es Beiträge von eingeladenen Rednern gibt, die einen Ruf in der Fachwelt haben und gleichzeitig Nachwuchswissenschaftler, die sich mit Studien als Redner oder für eine Posterpräsentation bewerben können.

Die Altersstruktur wirkt sich auch stark auf die präferierten Sitzungsformate aus. Sitzungsformate können traditionelle Vorlesungen oder Podiumsdiskussionen, kleinere Workshops, Diskussions- oder Arbeitsgruppen sein. Sitzungsformate unterscheiden sich oft in dem Grad, wie weit Zuhörer integriert werden. Je nach Integration der Teilnehmer in die Diskussion können Lerninhalte entweder einfach nur vorgetragen werden oder gemeinsam erarbeitet und fortentwickelt werden. Die Erfahrung zeigt, dass verschiedene Altersgruppen unterschiedliche Lernverhalten haben. Erfahrenere Teilnehmer bevorzugen die traditionellen Vorlesungen und sind gewohnt, sich in Diskussionen vor einem großen Publikum zu äußern. Jüngeren Teilnehmern müssen andere Möglichkeiten der Partizipation in der Diskussion geboten werden, damit sie beim Kongress nicht nur den verlängerten Vorlesungssaal aus dem Studium oder der Fachausbildung antreffen. Die jüngeren Generationen haben andere Lerngewohnheiten und stellen höhere Anforderungen an die Vernetzung und (digitale) Partizipation.

Tätigkeitsfeld

Forschende Teilnehmergruppen suchen andere Inhalte als Teilnehmer, die mehr in der praktischen Anwendung arbeiten. Das klassische Beispiel bei einem medizinischen Kongress ist der klinisch tätige Arzt, der forscht und an Studien arbeitet, sowie der niedergelassene Arzt, der eher die Leitlinien für die Therapie im Praxisalltag sucht. Fachgesellschaften müssen ihr Fortbildungsangebot an beiden Zielgruppen gleichermaßen orientieren.

Dieser Aspekt hat genauso wie die Altersstruktur direkte Relevanz für die Veranstaltungsformate. Praktisch tätige Fachteilnehmer wollen alltagsrelevante Fragen beantwortet haben, ihre Fälle einbringen können, praktisch dazulernen. Hier ist ganz besonders der Austausch auf Augenhöhe wichtig sowie kleinere Sitzungsformate mit „Hands-on-Demonstrationen"[2] und Anleitungen, ein guter Anknüpfungspunkt, um eine weitere Zielgruppe – die Sponsoren – einzubringen. In Workshops können neue Geräte oder Produkte in ihrer Anwendung demonstriert werden.

Fachgruppen

Bei jedem Kongress muss untersucht werden, wie groß die Nachfrage nach Weiterbildung ist und in welche Tiefe die Fortbildungsinhalte gehen müssen. Sind eher Übersichtsreferate interessant oder gibt es Spezialthemen, die bedient werden müssen? Ist es wichtig, angrenzende Fachgruppen mit einzuladen, um einen interdisziplinären Austausch anzuregen? Diese Anforderungen wirken sich direkt auf den potenziellen Teilnehmer- und Sponsorenkreis aus. Die gestellten Themen sind Ansatzpunkte für oder wider die Teilnahme an einem Kongress. Inhalte prägen einen Kongress im verstärkten Maße.

---

[2]Aktive Arbeit der Teilnehmer an Fallbeispielen oder Modellen im Rahmen eines Workshops (Hands-on-Workshop) oder Kurses.

2   Content-Generierung per Abstract-Management[3]

Die Besonderheit von Kongressen ist es, dass der Veranstalter Schwerpunktthemen vor-
gibt und einen fachlichen Rahmen setzt, die inhaltliche Ausgestaltung aber einer Vielzahl
von Angehörigen der jeweiligen Fachgebiete mitgestaltet werden kann. Diese Mitgestaltung ist eine besondere Möglichkeit für Teilnehmer, sich selbst in die Fachwelt einzubringen, den Austausch oder die Weiterentwicklung von Themen anzuregen und sich
auch zu profilieren. Diese Form der Beteiligung und Integration hat Tradition. Es entspricht aber auch den modernen Marktbedürfnissen, eines Austauschs auf Augenhöhe.
Daher hat das Abstract-Management zentrale Bedeutung.

Viele wissenschaftliche Kongresse haben einen Fachbeirat, der die Themen festlegt.
In dem Beirat sitzen anerkannte Wissenschaftler oder Fachleute, die während der gesamten Vorbereitungszeit beratend und bewertend dem Kongresspräsidenten zur Verfügung
stehen. Dieser Beirat ist wie ein Gremium der Weisen, das auf die Relevanz, Aktualität
und Qualität der Programmgestaltung achtet.

Für die konkrete Programmgestaltung nutzt der Kongresspräsident zwei Gruppen von
Referenten. Zu den Plenarsitzungen, die das Thema und die Ausschreibung des Kongresses prägen, werden Fachredner eingeladen, die in der Fachwelt bekannt und geschätzt
werden. Diese Beiträge sind ein Anreiz zur Anmeldung für viele Teilnehmer. Dabei handelt es sich meistens um den „Goldstandard" der Forschung, den aktuellen State of the
Art in dem Fachthema.

Untermauert werden diese Übersichtsreferate mit der Vorstellung von Studien zum
Thema, zum Forschungsstand in Spezialthemen und zu Erfahrungen in spezialisierten
Anwendungen. Dazu reichen Fachgruppen und Nachwuchswissenschaftler ihre Beiträge
in einer Kurzfassung, in einem Abstract, ein. Abstracts sind inhaltliche textliche Zusammenfassungen eines wissenschaftlichen Beitrags in Kurzform. Der Rahmen ist meistens
auf eine bestimmte Anzahl von Zeichen begrenzt und soll den Beitrag so zusammenfassen, dass für einen Leser das Thema, die Art der Ausführung und die Schlussfolgerung
im Rahmen erkennbar sind. Der Leser soll durch einen Abstract einen Überblick über
den Beitrag bekommen. Für den Kongressteilnehmer dienen sie als Überblick und Orientierung über das Kongressprogramm während des Kongresses und können auch in der
Nachbereitung genutzt werden. Die Abstracts werden oft in eigenen Abstract-Bänden
oder in digitaler Form veröffentlicht.

Die Abstracts werden von einem ausgewählten Gutachterkreis respektive Fachbeirat
bewertet. Entsprechend der Bewertung ordnet der Kongresspräsident die Beiträge in das
Programm ein, als Vorträge oder Poster.

---

[3]Abstract-Management ist der gesamte Koordinationsprozess um die Einreichung, die Auswertung
und Veröffentlichung von Abstracts im Rahmen eines Kongresses. Die Einbindung ist ein wesentlicher Teil der inhaltlichen Gestaltung eines Kongressprogramms. Wegen der Komplexität des
gesamten Prozesses und der Beteiligung von zahlreichen Abstract-Referenten sowie Gutachtern ist
ein striktes Zeitmanagement notwendig.

Die Referate werden als Kurzvorträge in themenrelevanten Sitzungen mit kurzen, sich anschließenden Diskussionszeiten präsentiert. Die eingereichten Beiträge können aber auch ergänzend zu den Hauptreferaten in Plenarsitzungen vorgetragen werden. Das liegt im Ermessen des Kongresspräsidenten und hängt von den Fachthemen ab (s. Abb. 1).

Die Poster, die ebenso aus dem Abstract-Management hervorgehen, sind eine alternative Form des Wissensaustauschs zu den Vorträgen. In Postern einer üblichen Standardgröße von DIN A1 werden anhand von Texten, Grafiken, Fotos und anderen möglichen Darstellungsformen die Beiträge visuell aufbereitet. Diese Poster werden in Print- oder in digitaler Form präsentiert. Als Papierausdruck werden sie an Posterwänden (Stellwänden) in einem eigenen Bereich – meist im Foyer – zugänglich gemacht. Hier können die Teilnehmer entsprechend ihrem Interessensgebiet relevante Fachthemen auswählen. In speziellen Poster-Sessions stehen die Referenten an ihren jeweiligen Postern und stellen ihr Thema den interessierten Teilnehmern vor. Eine Poster-Session ist eine alternative Sitzungsform zu den üblichen Vortragssitzungen während eines Kongresses. Während der Poster-Session stehen die Posterreferenten bei ihrem Poster und stehen für Gespräche und Diskussionen mit den Kongressteilnehmern zur Verfügung. In dieser Zeit gibt es üblicherweise keine anderen Vortragssitzungen. Zweck der Poster-Session ist der direkte Austausch des Fachpublikums mit den Referenten. Der Vorteil ist, dass hier eine rege und fachspezifische Diskussion erfolgen kann. In dieser Form und Individualität kann das Fachgespräch in Vortragssitzungen nie stattfinden.

In digitaler Form (E-Poster) können Poster in der gleichen Größe wie das Printprodukt auf Präsentationsbildschirmen dargestellt werden. Der Vorteil dieser E-Poster besteht darin, dass man auf einem Bildschirm, also an einem Platz, verschiedene Poster auswählen kann. Viele Teilnehmer und Posterreferenten geben aber nach wie vor der

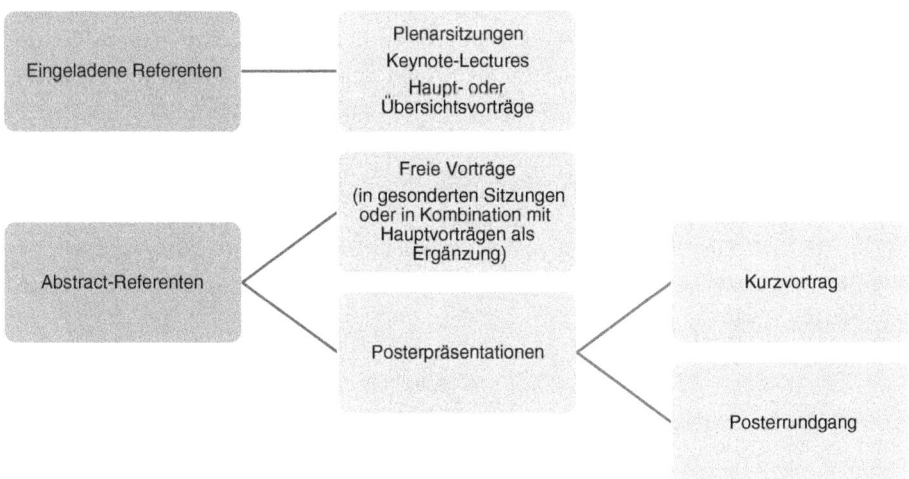

Abb. 1 Sitzungsformen/Referenten. (Quelle: eigene Abbildung)

traditionellen Papierform den Vorzug, weil dann der Referent den festen Platz bei einem offiziell geführten Posterrundgang hat. Ein Posterrundgang ist eine moderierte Poster-Session. Ein Moderator führt eine Gruppe von Kongressteilnehmern durch eine Reihe von Postern, kommentiert die Poster und diskutiert die Inhalte mit den Posterreferenten, die bei ihren Postern stehen. Während eines Posterrundgangs agieren meist mehrere Moderatoren gleichzeitig nach einer festgelegten Einteilung. Der Teilnehmer kann sich gemäß seinem Interessengebiet frei die Gruppen während des Rundgangs aussuchen. Ergänzend zu E-Postern können Posterreferenten in Kurzpräsentationssitzungen die Inhalte darlegen und sich dabei der Diskussion mit den Teilnehmern stellen.

Viele Umfragen im Anschluss an Jahrestagungen haben die Erfahrung bestätigt, dass gerade die Kommunikation an den Postern ein wichtiger Faktor ist, den die Teilnehmer sehr hoch bewerten. Das ist in der räumlichen und technischen Gestaltung der Poster-ausstellung und der zeitlichen Einordnung im Programm zu beachten. Poster-Sessions benötigen ausreichend Zeit. Es ist nicht förderlich, wenn parallel dazu andere Sitzungen stattfinden. Für die Gestaltung des Raums sind ausreichende Lichtquellen und zusätzliche Sitzgelegenheiten oder Tische für Notizen und den Austausch in kleiner Runde notwendig. Es bewährt sich immer wieder, wenn man zu den offiziellen Posterbegehungen Catering vorsieht. Das fördert den Austausch und die Diskussion. Für Referenten und Teilnehmer ist genau diese Gelegenheit des Diskurses gleichermaßen ein wichtiges Forum.

Die Abstracts, ob als Poster oder Vortrag, werden in Abstract-Bänden zusammengefasst. In einem Abstract-Band werden alle Abstracts, die für den Kongress eingereicht wurden und von den Gutachtern angenommen wurden, veröffentlicht. Das kann ein eigener gedruckter Band sein. Die Abstracts können aber auch in einer Beilage einer wissenschaftlichen Fachzeitschrift, die in dem Fachbereich üblicherweise gelesen wird, erscheinen. Man spricht dann von einem Supplement einer Fachzeitschrift. Es sollte darauf geachtet werden, dass diese Publikationen mit einer ISBN-Nummer versehen sind. Dadurch werden diese Abstracts zitierfähig – für Referenten und Fachinstitute wichtige Wegsteine der wissenschaftlichen Etablierung und Diskussion. Die Abstract-Publikationen gelten als wissenschaftliche Kurzzusammenfassung des Kongresses und werden von Teilnehmern oft als Nachschlagewerke benutzt. Daher werden auch von den eingeladenen Referenten Abstracts ihrer Vorträge einbezogen, die im Gegensatz zu den eingereichten Beiträgen nicht bewertet werden.

Mit Abstract-Bänden werden die Abstracts nicht nur den Kongressteilnehmern, sondern dem gesamten Fachbereich zugänglich gemacht. In Zeiten der digitalen Verarbeitung können Abstracts zudem digital über die Kongresswebsites oder eine Kongress-App abgebildet werden. Eine weitere Möglichkeit der Vervielfältigung und Weitergabe an Kongressteilnehmer ist die Speicherung auf elektronischen Datenträgern wie USB-Sticks oder CDs als ressourcenschonende Alternative zu einem gedruckten Abstract-Band.

2.1   Ausschreibung der Abstract-Einreichung

Die korrekte Ausschreibung des Abstract-Verfahrens und die sorgfältige Auswahl der Einreichungsfrist sind von zentraler Bedeutung für den Zeitplan der Kongressorganisation. Die folgenden Kriterien spielen eine wichtige Rolle.

Aktualität der Abstracts
Damit der Kongress neueste Erkenntnisse aufgreift und aktuelle Themen repräsentieren kann, darf die Einreichungsfrist nicht zu früh enden. Es ist inzwischen schon üblich geworden, dass Wissenschaftler oder Fachteilnehmer den letztmöglichen Zeitpunkt für die Einreichung abwarten, um letzte Erkenntnisse verarbeiten zu können. In vielen Fächern wird schon regelmäßig die Abstract-Frist um ein bis zwei Wochen verlängert.

Zeitbedarf nach der Einreichung
Dem Wunsch nach einer möglichst späten, dem Veranstaltungszeitpunkt nahen Einreichungsfrist stehen administrative Arbeiten in der Aufbereitung entgegen, die sehr genau einzuplanen sind. Nach der Einreichung werden die Abstracts über ein digitales System an Gutachter zur Blindbegutachtung weitergeleitet. Bei der Blindbegutachtung bekommen die Gutachter die Beiträge digital in anonymisierter Form, damit sie sie objektiv bewerten können. Die Zeit der schriftlichen Einreichung mit einer Flut von Kopien für die Gutachter und Auswertung ist schon lange vorbei. Es haben sich namhafte Dienstleister auf diesem Gebiet etabliert, die den gesamten Prozess digital abwickeln. Unterschiedliche Wahlmöglichkeiten für Betreuung während des gesamten Bearbeitungszyklus werden angeboten. Der Service reicht von der einfachen digitalen Speicherung und Verteilung an die Gutachter bis hin zur Vernetzung mit weiteren Programmplanungsmedien. Die Fülle der Servicekomponenten bestimmt den Preis. Hier muss für jede Kongressgröße entsprechend den individuellen Rahmenbedingungen der passende Anbieter gefunden werden. Manche PCOs können ein eigenes System anbieten.

Die Gutachter, weil ehrenamtlich tätig, brauchen genügend Zeit für die Bewertung. Auch der Kongresspräsident braucht einen ausreichenden Zeitraum, um die Zuteilung zu den Sitzungen und das finale inhaltliche Programm – neben seinem laufenden Alltagsbetrieb – zu gestalten. Unterstützung durch den wissenschaftlichen Beirat verkürzt den absoluten Zeitbedarf an dieser Stelle nicht, da auch dessen Koordination zeitaufwändig ist. Es ist wichtig, dass dafür Zeitpläne erstellt werden, die Verantwortlichkeiten und eventuelle Unterstützung festlegen. Diese Phase ist sehr arbeitsintensiv. Es gibt keinen zeitlichen Puffer zur Verlängerung. Danach folgen noch einige Fristen für den Druck des Programmhefts und des Abstract-Bands, die ihrerseits eine bestimmte Zeit benötigen.

Der Kongresspräsident sieht erst nach der Begutachtung, welche Abstract-Beiträge ihm tatsächlich zur Vervollständigung des Gesamtprogramms, in Ergänzung zu den Beiträgen der eingeladenen Referenten, zur Verfügung stehen. Hier zeigt sich, ob es zu jedem der ausgeschriebenen Themen genügend Beiträge gibt und ob sich die Idee bei der Ausschreibung der Themen für die Abstract-Einreichung umsetzen lässt. Wenn für bestimmte Themengebiete nur wenige oder keine Abstracts eingereicht wurden, muss er möglicherweise das ursprüngliche inhaltliche Konzept korrigieren. Es kann passieren, dass ganze Sitzungen umgestellt werden müssen oder weitere Referenten eingeladen werden müssen, um die Themen mit genügend Vorträgen als Sitzungsprogramm einem anspruchsvollen Fachpublikum präsentieren zu können.

Die Ausschreibung erfolgt meist über einen „Call for Abstracts"[4]. Das ist traditionell ein Printmedium, mit dem für die Einreichung von Abstract-Beiträgen geworben wird. Darin werden die Themen vorgestellt und gegebenenfalls ein Überblick über die eingeladenen Referenten und deren Vorträge gegeben. Je nachdem, wie die Teilnehmergruppe online vernetzt ist, kann der „Call for Abstracts" auch digital im Web verbreitet werden.

Ein wichtiger Aspekt ist die stetige Kommunikation mit den Abstract-Referenten. Immerhin gestalten diese Beiträge den Kongress maßgeblich mit. Automatisierte Bestätigungs-Mails einerseits und Mailings über den Verlauf der Begutachtung und Einteilung andererseits, insbesondere falls es Verzögerungen beim Zusammenstellen des Programms gibt, stimmen die Referenten positiv und sie werden aktiv in den Prozess eingebunden. Meistens erhalten diese Referenten nur geringe (oder auch keine) Vergünstigungen bei der Kongressgebühr und bekommen weder Honorar noch eine Erstattung der Reisekosten. Proaktive Kommunikation ist daher Pflicht. Die Bestätigung der Annahme des Beitrags sollte daher auch so rechtzeitig erfolgen, dass der Referent frühzeitig seine Terminplanung und seine (günstige) Reisebuchung vornehmen kann und dass er den Beitrag – als Poster oder Vortrag – vorbereiten kann. Außerdem müssen die Referenten bei ihrem Arbeitgeber meist eine Teilnahme-/Reisegenehmigung einholen. Wenn das rechtzeitig geschieht, kann sich der Teilnehmer eventuell noch zu einem kostengünstigen Frühbucherpreis anmelden.

2.2   Zeitplanung des Abstract-Managements

Zeitplanung und Abwicklungsprozess des Abstract-Managements sind eng verwoben. Die Digitalisierung des Prozesses hat viel zur Professionalisierung der Abwicklung beigetragen. In diesen komplexen Prozess, in den sehr viele Beteiligte involviert sind, kommt schnell Sand ins Getriebe, wenn die Fristen nicht großzügig und mit ausreichend Puffer geplant werden. Daher soll hier noch einmal auf die kritischen Punkte gesondert eingegangen werden.

Die Abb. 2 greift auf, welche Gruppen beim Abstract-Management mitwirken. Allein die Anzahl der beteiligten Personen lässt das Unterfangen als die Quadratur des Kreises

---

[4]Mit einem „Call for Abstracts" wird die Öffnung der Abstract-Einreichung angekündigt und für die Einreichung von Abstracts im Fachkreis geworben. Das kann über einen Flyer in schriftlicher oder digitaler Form per Post- oder Mailversand erfolgen. Wichtige Bestandteile des „Call for Abstracts" sind die Themen, für die Abstracts eingereicht werden können, und die Bekanntgabe der Frist, bis wann Abstracts eingereicht werden können.

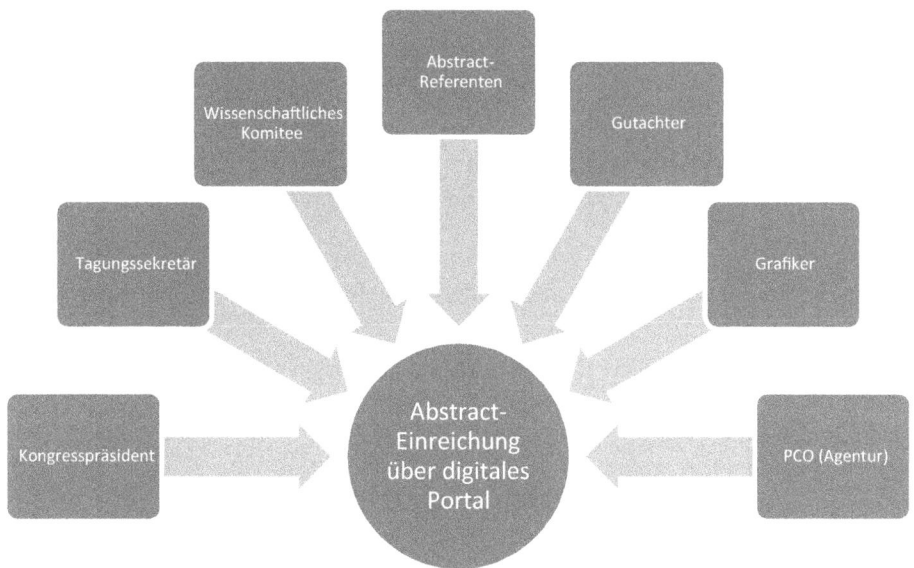

Abb. 2 Mitwirkung beim Abstract-Management. (Quelle: eigene Abbildung)

erscheinen. Geht man aber zum ursprünglichen Gedanken zurück, dass das Zentrum des Kongresses immer der Inhalt ist, wird klar, dass das Abstract-Management das Gerüst der Kongressplanung und Umsetzung ist. Daher determiniert die Abstract-Planung die gesamte Zeitplanung des Kongresses. Neben weiteren externen Faktoren – wie die Verfügbarkeit von Locations, Hotelzimmern und den terminlichen Kapazitäten der Referenten – ist die Abstract-Planung einer der zentralen Prozesse bei der Zeitplanung. Der aus der Projektmanagement-Lehre bekannte Begriff des „Kritischen Pfads"[5] trifft auf den Prozess des Abstract-Managements zu. Die Einfluss- und Störfaktoren müssen daher hinterfragt werden:

- Welche traditionellen Zeitzyklen gibt es bei dieser Fachgruppe und wann erwarten potenzielle Einreicher die Ausschreibung?
- Wo werden die Abstracts veröffentlicht und den Teilnehmern zu Verfügung gestellt? Welche Planungszyklen gibt es bei Fachverlagen oder Produzenten anderer Medien, in denen die Abstracts publiziert, digital gespeichert oder hinterlegt werden?

---

[5]Der Begriff „Kritischer Pfad" bezieht sich auf die Zeitschiene einer Aufgabe, eines Aufgabenbündels oder eines Teilprozesses, die bei unvorhersehbaren Verzögerungen zum Engpass für das gesamte Projekt respektive für eine Veranstaltung mit einem fixen Durchführungstermin werden kann. Kontrollmechanismen einerseits und andererseits Zeitpuffer sind nach der Identifikation eines Kritischen Pfads bereits im Stadium der Projektplanung vorzusehen.

- Welche administrativen und organisatorischen Aspekte sind für die Verarbeitung der Abstracts durch das System, den Dienstleister und das Projektteam zu berücksichtigen?
- Wie ist die persönliche Jahresplanung des Kongresspräsidenten, des Fachbeirats und der Gutachter? Gibt es Zeiten, an denen sie durch andere Verpflichtungen keine Freiräume haben? Gibt es einen internationalen Kongress, bei dem die gesamte Fachgruppe involviert ist und nicht zur Verfügung steht?

Sehr oft werden bei internationalen Kongressen, die grundlegend für den Fachkreis sind, neue thematische Aspekte veröffentlicht. Der nationale Kongress sollte davon profitieren und diese neuesten Trends mitverarbeiten. Daher kann der Zeitplan nicht allein vom Projektteam festgelegt werden, sondern hauptsächlich in Abstimmung mit dem Kongresspräsidenten und dem Fachbeirat. Es ist sinnvoll, sich alle externen Faktoren aufzulisten und in die Gesamtplanung, sei es ein Netzplan oder ein Balkendiagramm, einzupassen. Der Ausgangspunkt ist immer der Zeitpunkt der Einreichungsfrist mit der erwähnten Verlängerungsfrist. Von diesem Punkt kann rückwärtsgerechnet werden.

Mit dem Ende der Einreichungsfrist werden verschiedene Arbeitsschritte ausgelöst. Zuerst werden die Abstracts so aufbereitet, dass sie digital und anonymisiert an die Gutachter geschickt werden. Die Gutachter bewerten den Abstract mit Noten. Die Bewertungsskala gibt der Tagungspräsident vor. Es ist auch möglich, dass die Bewertung einfach aus Annahme oder Ablehnung besteht. Meistens wird ein Abstract gleichzeitig von zwei bis drei Gutachtern bewertet, damit die Bewertung auf mehreren Meinungen basiert. Um die inhaltliche Qualität sicherzustellen, werden die Abstracts von ausgewählten Gutachtern bewertet. Die Gutachter kommen aus dem engeren Netzwerk von namhaften und anerkannten Wissenschaftlern und gelten meistens als Meinungsbildner („Key Opinion-Leader").

Mit Abschluss des Gutachterprozesses beginnt die eigentliche Programmplanung und damit auch die Phase der Aufbereitung für die Veröffentlichung durch Fachverlage und durch Dienstleister, die Speichermedien vorbereiten sowie durch Grafiker und Drucker, falls notwendig. Den Schlusspunkt setzt die Veröffentlichung des Abstract-Bands zum Kongress, das Hauptziel des Abstract-Managements.

In diesem Prozess (s. a. Abb. 3) gibt es viele Ausnahmen und Abweichungen. Gutachter können ausfallen. Es kann passieren, dass Referenten ihre Abstracts zurückziehen. Oft werden zu bestimmten Themen nicht genügend Beiträge eingereicht und zu anderen Themenschwerpunkten zu viele. Das bedeutet immer, dass man eine Alternativplanung auslösen muss. Das muss im Timing berücksichtigt werden.

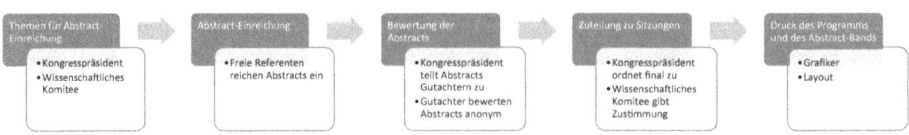

Abb. 3 Phasen Abstract-Management. (Quelle: eigene Abbildung)

3 Ganzheitliches Teilnehmermanagement

Ziel dieses Kapitels ist es, Aspekte herauszugreifen, die sich bei Kongressen von anderen Veranstaltungen unterscheiden. Dazu gehört das Teilnehmermanagement.

Der Kongress steht einem durch das Thema definierten Teilnehmerkreis offen. Im Gegensatz zu manchen Events gibt es keine feste Einladungsliste. Auch wenn es bei manchen Jahrestagungen eventuell einige wiederkehrende Kongressbesucher gibt, muss man um die Teilnehmer werben. Der Erfolg des Kongresses hängt wie aufgezeigt auch wesentlich von der Größe und der Beteiligung von vielfältigen Teilnehmergruppen ab. Daher sollte man das Teilnehmermanagement nicht nur auf technische und administrative Prozesse reduzieren, sondern den Blick auf die großen Zusammenhänge wenden.

3.1 Der Teilnehmer im Mittelpunkt

Ein Kongress, eine Jahrestagung soll ein Kommunikationsforum für die Mitglieder eines Fachkreises aufbauen. Der Veranstalter kommuniziert mit den Mitgliedern und wirbt durch seine Aktivitäten auch für solche Teilnehmer, die noch Mitglieder werden könnten. Selbst wenn der thematische und fachliche Austausch im Vordergrund steht, ist die Jahrestagung oder der Kongress auch ein Kommunikationsinstrument im Sinne des Zielgruppenmarketings.

Es gibt viele Interessengruppen bei einer Jahrestagung. Die Teilnehmer sind jedoch die größte Zielgruppe. Unabhängig davon, ob sie eine volle Teilnehmergebühr oder eine reduzierte Gebühr zahlen, ob sie als Ehrengäste oder als Referenten eingeladen sind, sind sie die Hauptzielgruppe und müssen auch entsprechend behandelt werden. Daher sollte man beim Teilnehmermanagement bei jeder Veranstaltung neu die Bedürfnisse der Zielgruppe analysieren.

Hauptbedürfnisse sind zunächst rein organisatorischer Natur. Die Teilnehmer möchten sich möglichst einfach und schnell anmelden. Sie suchen Beratung und organisatorische Erleichterung beim Durchlaufen der Prozesse. Das kann man einerseits durch ein Registrierungssystem bieten, bei dem die entsprechenden Informationen hinterlegt sind und Interaktion möglich ist. Andererseits unterstützen die Kongresshomepage sowie sämtliche Kongressmedien die Kommunikation mit dem Teilnehmer. Die Gestaltung muss zeitgemäß, schnell und technisch immer auf dem neusten Stand sein. Das wird von den Teilnehmern als professionelle Organisation empfunden.

Bei aller Perfektion, die man durch diese Medien herstellen kann, ist nicht zu unterschätzen, wie stark die Bewertung der Veranstaltung durch Teilnehmer von den wenigen persönlichen Kontakten abhängt, die sie mit dem Organisationsteam oder dem Veranstalter haben. Jeder, der persönlich an solchen Veranstaltungen teilgenommen hat, weiß, was freundliche und kompetente Betreuung bewirkt. Der Gesamteindruck wird davon wesentlich beeinflusst. Daher ist die ständige Fort- und Weiterbildung des Teams, das mit Teilnehmern arbeitet, essenziell. Die Kommunikationsprozesse müssen ständig erneuert und den Erfahrungen angepasst werden.

Dem Registrierungssystem liegt auch ein Regelwerk zugrunde, das dem gesamten Zugang zum Kongress einen Rahmen gibt. Regeln zu setzen bedeutet immer, Bedingungen zu schaffen, die Gültigkeit für alle Teilnehmer haben. Ein Beispiel dafür sind Stornierungsbedingungen, die finanzielle Konsequenzen im Falle einer Stornierung nach sich ziehen. Dabei entsteht sehr schnell ein Interessenkonflikt. Darauf richtig zu reagieren, ist eine umfassende Aufgabe für das Team. Wie geht man mit Beschwerden um, welche Spielräume hat man in Härtefällen und wie kann man intern den Vorgang deeskalieren? Dieses Prozessmanagement muss für die Registrierung und Akkreditierung von Kongressen umfassend durchdacht und dokumentiert sein.

3.2   Bereitstellung von Informationen

Kongresse haben meistens ein sehr verdichtetes Programm. Das ist eigentlich ein Vorteil für den Teilnehmer. Er kann sich wie auf einer Börse sein bevorzugtes Programm individuell zusammenstellen.

Das Konsumverhalten hat sich allerdings durch die Nutzung von digitalen Kommunikationsmedien stark geändert. Block und Stifte werden zunehmend durch Fotos von iPads und Videoaufnahmen von Smartphones abgelöst. Wenige der Kongressteilnehmer möchten wie in einer Vorlesung Stichworte mitschreiben. Die geänderten Konsumgewohnheiten haben sich auf die Erwartungen der Kongressteilnehmer über die Verfügbarkeit der Daten in allen Phasen des Kongresses ausgewirkt.

Kaum ein Teilnehmer kommt heute nur wegen des Namens der Veranstaltung und des Rufs der Fachgesellschaft. Auch wenn man dem fachlichen Netzwerk angehört, konkurrieren Kongresse von Fachgesellschaften heute mit Veranstaltungen von Firmen, Fachverlagen und anderen Anbietern. Die kleineren Seminarveranstaltungen bieten oft eine sehr professionelle Aufbereitung der Inhalte im Detail. Die Teilnehmer entscheiden sich nur zur Teilnahme für einen Kongress, wenn sie einen direkten Nutzen bei der Veranstaltung sehen. Daher müssen Programminhalte frühzeitig für Teilnehmer bekannt sein, nicht nur in Form von Stichpunkten oder generellen Themen. Aus Vorprogrammen[6] und Websites müssen Themendarstellung und Veranstaltungsformate auf dem Kongress hervorgehen. Man sollte bei der Bewerbung für den Kongress auch die gesamten Möglichkeiten von Social-Media-Kanälen nutzen. Dabei muss man allerdings beachten, welche

---

[6]Das Vorprogramm ist eine vorläufige Version eines Kongressprogramms. Das Gesamtprogramm steht je nach Größe und Komplexität oft erst kurz vor dem Kongress final fest. Da sich aber interessierte Fachteilnehmer früher über die Inhalte des Kongresses informieren wollen, um sich für eine Teilnahme aufgrund für sie interessanter und relevanter Inhalte zu entscheiden, wird ein vorläufiges Programm – das Vorprogramm – früher veröffentlicht. Oft sind in dem Vorprogramm nur die eingeladenen Referenten und ein Überblick über die geplanten Sitzungen gegeben. Das Vorprogramm kann in gedruckter oder digitaler Form per Post- oder Mailversand verschickt werden.

Social-Media-Kanäle eine Zielgruppe nutzt und wo sich die Zielgruppe normalerweise über Veranstaltungen informiert. Es gibt einige Fachkreise, die sich eher in Fachzeitschriften oder in speziellen Veranstaltungskalendern über Fachveranstaltungen und Fortbildungen informieren und dafür keine Social-Media-Kanälen nutzen.

Während der Veranstaltung wollen die Teilnehmer die Informationen detailgetreu für sich speichern, um sie später abrufen und nutzen zu können. Daher werden Präsentationsfolien fotografiert. Wenige Teilnehmer sind bereit, selbst schriftlich wichtige Punkte zu notieren. Zudem haben Teilnehmerevaluationen gezeigt, dass sich der Vorteil der Fülle des Vortrags- und Veranstaltungsangebots auf einem Kongress auch umkehren kann, wenn der Teilnehmer das Gefühl hat, nicht alle Angebote wahrnehmen zu können. Mit der Zahlung der Teilnehmergebühr wird ein Anrecht auf möglichst alle angebotenen Inhalte verbunden. Daher empfiehlt es sich, Vortragsfolien und Zusammenfassungen von vornherein als Skripte oder Downloads zur Verfügung zu stellen. Man vermeidet damit, dass sich Kongressräume ähnlich wie Konzerthallen mit erhobenen Smartphones und Tablets füllen.

Mit der Kopie von Vortragsinhalten ist die Frage nach Urheberrechten und eventuell nach Verwertungsrechten von Verlagen verbunden. Werden Inhalte digital oder in Druckform zur Verfügung gestellt, ist die Zustimmung der Referenten und gegebenenfalls eines Verlags einzuholen. Die Referenten können dem Veranstalter die zeitweisen Nutzungsrechte zur Verfügung stellen, müssen aber auch ihrerseits die Quellen angeben und damit Urheberrechte beziehungsweise Verwertungsrechte klären. Trotz allem dürfen die technischen und rechtlichen Hürden den Veranstalter aber nicht daran hindern, Inhalte für Teilnehmer leicht zugänglich zu machen. Der Kongress hat die Informationsverbreitung als Ziel. Somit sind diese Maßnahmen eng mit der Zielerreichung verbunden.

3.3   Mitwirkung an der Programmgestaltung

Man hat den Eindruck, dass die meisten Teilnehmer eher passive Informationssammler sind. Das mag an der Tradition der universitären Vorlesung liegen. Aber auch an Hochschulen haben sich die Zeiten geändert. Die jüngere Generation hat eine andere Vorstellung von Informationsvermittlung. Das gilt auch für Kongressteilnehmer. Diese Veränderungen erfordern, den Kongress zukunftsfähig zu machen und die nachfolgenden Generationen für die Teilnahme zu begeistern.

Um mit veralteten Methoden zu brechen, muss das Angebot geändert werden, ohne die Erwartung zu haben, dass sich gleich alle potenziellen Teilnehmer darauf einstellen. Es wird einige „Early Adopters" und Innovatoren geben. Aber der Hauptanteil braucht Zeit, um sein Konsumverhalten erst darauf einzustellen.

Die aktive Einbindung der Teilnehmer ist nicht nur auf die Veranstaltung beschränkt, sondern bezieht sich auf die Phase davor und danach. Damit wird die Kommunikationsplattform erweitert und es gelingt eine stärkere Bindung der Fachteilnehmer. Aus der Seminarorganisation oder vom Coaching ist diese Methode schon lange bekannt.

Warum soll man es beim Kongress nicht anwenden? Nicht nur Abstracts, sondern auch virulente Themen (jedoch nie ohne Rednervorschläge) oder Fallstudien werden bei den potenziellen Teilnehmern abgefragt. Durch die direkte Rückkopplung wird offenkundig, was Teilnehmer bewegt, was die Probleme im Alltag sind und welche inhaltlichen Angebote somit ein Kongressprogramm anbieten muss.

Sinnvoll ist die Analyse, wie man die Zielgruppe am besten erreicht – auf Social-Media-Plattformen, gezielt via App oder traditionell per Post und Fax – oder mit einem passenden Medienmix. Damit bereitet man die Teilnahme nicht nur im Sinne der Erhöhung der Teilnehmerzahlen, sondern auch im Sinne der aktiven Gestaltung der Sitzungen auf dem Kongress vor. Dabei sollte man die Veranstaltungsformate so ändern, dass man den Erwartungen, die man damit weckt, auch gerecht wird.

Es gibt einige Veranstaltungsformate beziehungsweise -bausteine, die eine aktive Teilnahme sicherstellen. Die technisch unterstützten Lösungen verdrängen dabei zunehmend konventionelle Optionen wie Fragerunden via Saalmikrofon. Bereits etabliert ist die Möglichkeit der Abstimmung oder Fragestellung per App oder auf einem iPad.

3.3.1 Zeitplanung

Jeder Kongresspräsident will ein fachlich fundiertes Programm gestalten, das allen Aspekten im Fachgebiet gerecht wird. Die führenden Experten als Hauptredner, die Keynote-Speaker, sind hier zuerst zu nennen. Außerdem sollen möglichst alle Aspekte des Kongressthemas abgedeckt werden. Dadurch entstehen oft zeitlich dicht gedrängte Tagesabläufe mit wenigen oder zu kurzen Pausen. Es drohen Zeitüberziehungen, wenn die Sitzungen nicht diszipliniert moderiert werden.

Die überfrachtete Fülle des Programms geht außerdem auf Kosten von Diskussionszeit und des eigentlichen interaktiven Austauschs von Informationen. Genau an der Stelle, an der es der Teilnehmer spannend findet, heißt es dann, aus Zeitgründen abzubrechen. Aber gerade der Austausch mit den Fachleuten ist das, warum Teilnehmer sich auf den manchmal weiten Weg zu einem Kongress machen. Die Pausen für den sich an Referate anschließenden informellen Austausch sollten daher auch großzügig geplant werden, zumal die Fachausstellung besucht werden soll oder ein Telefonat mit dem eigenen Büro oder einfach nur Essen und Trinken möglich sein muss. Meet-the-Expert-Runden nach den Sitzungen sind außerdem zweckmäßig.

3.3.2 Moderation

Auf die Moderation ist gerade auch bei Kongressen Wert zu legen. Meist wird ein namhafter Wissenschaftler zum Sitzungsvorsitzenden ernannt. Dieser ist der Zeremonienmeister und hat Einfluss auf den Zeitplan und die Aktivierung der Teilnehmer. Eine professionelle Moderation bedarf der Vorbereitung und einer fundierten Erfahrung im Fachbereich. Der Sitzungsvorsitzende muss Fragen aufgreifen und selbst Fragen stellen, um entweder eine Fragerunde in Gang zu bringen oder das Publikum zu einer Fachdiskussion durch das Aufgreifen von kontroversen Aspekten anzuregen. Entscheidend an der Stelle ist damit das Briefing.

3.3.3 Nachbearbeitung und Evaluierung

Eine zielführende Vorbereitung und Einbindung der Teilnehmer im Vorfeld muss mit einer nachhaltigen Nachbereitung abgeschlossen werden. Die Kommunikation darf nicht mit dem Veranstaltungsende unterbrochen werden, wobei die gleichen Kommunikationskanäle wie zuvor genutzt werden können. Dazu gehören Kongressberichte, Zusammenfassungen, Ergebnisse von Diskussionen und Bewertungen. Diese Nachbereitung ist aufwendig. Ergebnisse sind teilweise auch für die Öffentlichkeit relevant. Die Reichweite wird hiermit vergrößert.

Die Erfolgsmessung ist ein Schwerpunkt in der Nacharbeit. Das beginnt bei der einfachen und wenig aufwendigen Messung von Besucherresonanz in Sitzungen. Schwägermann und Cornelius zeigen darüber hinaus mehrere Stufen der Erfolgsmessung auf: das Vier-Ebenen-Modell von Kirkpatrick (Schwägermann und Cornelius 2012, S. 256) und das ROI-Modell nach Phillips (Schwägermann und Cornelius 2012, S. 257 f.).

Bei dem Vier-Ebenen-Modell misst man auf der ersten Ebene die unmittelbare Reaktion und die Zufriedenheit der Teilnehmer. Das geschieht üblicherweise durch eine Befragung der Teilnehmer entweder während der Veranstaltung oder danach. Beides hat Vor- und Nachteile. Der unmittelbare Eindruck muss nicht immer der nachhaltige Eindruck sein. Zeitgemäß ist ein digitaler Fragebogen, der die Ergebnisse für den Veranstalter automatisch aufbereitet. Denkbar ist auch eine Befragung vor Ort durch direkte Teilnehmerinterviews, womit – erfahrene Interviewer vorausgesetzt – ein umfassenderes Bild möglich ist.

Die zweite Ebene beim Vier-Ebenen-Modell misst den Lernerfolg. Es gilt festzustellen, was die Teilnehmer gelernt haben: Lernerfolgskontrolle. Das ist eine gängige Methode bei kleineren Veranstaltungen. Bei Kongressen mit einem vielfältigen Programmangebot ist das kaum möglich. Immerhin ziehen Lernerfolgskontrollen bei der Zertifizierung von Veranstaltungen mit Fortbildungspunkten, zum Beispiel CME-Zertifizierung bei medizinischen Kongressen, eine höhere Bewertung nach sich und machen die Teilnahme für Fachbesucher attraktiver. „CME" („Continuing Medical Education") ist ein Begriff aus dem medizinischen Fortbildungsbereich. Dahinter steht der Gedanke, dass sich Mediziner ständig fortbilden müssen, um auf dem aktuellen Stand der Wissenschaft zu sein und aktuelle Behandlungsmethoden in ihre Praxis einfließen lassen. Normalerweise werden pro vollständigem Fortbildungstag acht Punkte vergeben. Wird aber in eine Sitzung eine Lernerfolgskontrolle eingebaut, können Zusatzpunkte vergeben werden. Das ist für die Teilnehmer von Interesse, da sie dadurch mehr Fortbildungspunkte gewinnen können. Bei Kongressen könnten solche Lernkontrollen bei kleineren Spezialsitzungen, Workshops oder Kursen eingearbeitet werden.

In der dritten Ebene beobachtet man die Anwendung des Erlernten oder die Verhaltensänderung beim Teilnehmer. Es wird untersucht, ob der Teilnehmer die neu vorgestellten Methoden im Alltag anwendet und sein vorheriges Arbeitsverhalten zugunsten des neu erlernten Verhaltens ändert. Diese Messung ist bei einem Kongress kaum möglich. Hierfür muss man mit Schlüsselkontakten aus den Unternehmen und Institutionen der Teilnehmer arbeiten, um zu einer sinnvollen Auswertung zu kommen. Die Verhaltensänderung durch neu erlernte Inhalte beim Kongress können nicht vom Teilnehmer selbst gemessen werden, sondern müssten im Betrieb von dritter Stelle evaluiert werden. Bei der Menge der Kongressteilnehmer, die alle aus verschiedenen Betrieben oder Institutionen kommen, wäre das eine weitverzweigte Messung, die zu umfassend und aufwendig ist. Diese Stufe der Messung wird eher bei internen Fortbildungsveranstaltungen von Unternehmen angewendet.

Bei der Unternehmensveranstaltung ist das Ziel die vierte Ebene, nämlich die Auswirkung des geänderten Verhaltens auf die Unternehmensergebnisse. Das ist eine besonders interessante Ebene, denn nur daran kann man messen, ob die Veranstaltung überhaupt Sinn ergeben hat. Beim ROI-Modell nach Phillips (Schwägemann und Cornelius 2012, S. 257 f.) wird dieser Impact als Return on Investment noch monetär gemessen (Abb. 4).

Der Kongress hat die Wissensverbreitung und die Anwendung des erlernten Verhaltens zum Ziel. Die Messung ist aber direkt kaum möglich. Auf keinen Fall kann sie als direkter ROI monetär gemessen werden. Man kann festhalten, dass bei Kongressen in der Praxis bisher meist nur die erste Ebene gemessen wird.

Umso wichtiger ist der enge und kontinuierliche Kontakt des Kongressveranstalters mit den Teilnehmern nach der Veranstaltung durch die erwähnten Kongressberichte und Ergebniszusammenfassungen. Um einen dauerhaften Erfolg des verbreiteten Fachwissens nachvollziehen zu können, ist letztendlich eine konstante Kommunikation mit dem Fachkreis notwendig. Wenn man im Vorfeld Fachdiskussionen in Blogs oder sozialen Medien initiiert hat, muss man sie jetzt fortsetzen. Auch diese Kommunikation bedarf einer Fachkraft, die den inhaltlichen Input steuern kann. Dieser Aufwand muss personell und finanziell eingeplant werden. Aber nur so kann die Zielerreichung, die fachliche Bindung der Teilnehmer an den Kongressveranstalter, gewährleistet werden.

Abb. 4 ROI-Modell nach Phillips. (Quelle: Schwägemann und Cornelius 2012 S. 257 f.)

3.4   Sicherheit und Versicherung

Für Notfälle sind eingespielte Handlungsabläufe buchstäblich lebenswichtig. Daher sollen Mitarbeiter, die Veranstaltungsabläufe betreuen, mindestens wiederholt in Erste-Hilfe-Maßnahmen geschult werden.

Da ein Projektleiter zwar eine Kontrollfunktion hat, aber nicht immer überall sein kann, ist Überwachung zu delegieren. Das Organisationsteam muss dann während des Aufbaus, des Veranstaltungsverlaufs sowie des Abbaus immer wieder alle Räumlichkeiten kontrollieren, ob es Unregelmäßigkeiten gibt. Überfüllte Räume bedürfen eines unmittelbaren Eingriffs.

3.5   Veranstaltungsausfallversicherung

Krisen sind in aller Regel übersehene Risiken. Für solche Fälle gibt es Versicherungen, da sonst ein womöglich nicht tragbarer Vermögensschaden droht. Da ist zunächst die Haftpflichtversicherung zu nennen, die Schäden gegen Menschen und Sachgegenstände finanziell ausgleicht. Darüber hinaus gibt es die Veranstaltungsausfallversicherung. Das sehr unwahrscheinliche Risiko eines Veranstaltungsausfalls muss natürlich vorher analysiert werden, genauer gesagt: der vermutliche finanzielle Schaden eines Ausfalls. Faktoren können politische Unruhen, Wirtschaftskrisen im akuten Ausmaß, terroristische Anschläge am Ort, Streiks und nicht zuletzt Naturkatastrophen sein.

Es gibt aber auch Faktoren, die wesentlich leichter eintreten können, zum Beispiel, wenn das Kongresszentrum aufgrund von Feuerschäden oder Materialabnutzung nicht mehr nutzbar ist und man bei der Veranstaltungsgröße meistens keine Möglichkeiten am Ort hat, um auszuweichen.

Bei den Veranstaltungsausfallversicherungen gibt es sehr viele unterschiedliche Konditionen. Oft handelt es sich um Grundmodelle mit einer Basisabdeckung wie zum Beispiel bei Krankenversicherungen. Für weitergehende Versicherungsfälle wie zum Beispiel Flugasche oder terroristische Akte sind Zusatzprämien zu leisten. Als Faustregel gilt: Je spezieller das Risiko oder je höher die Wahrscheinlichkeit der Beeinträchtigung bei speziellen Destinationen, desto höher sind die Versicherungsbeiträge.

Letztendlich muss immer der Veranstalter und Träger der Veranstaltung entscheiden, ob und in welcher Höhe der Veranstaltungsausfall abgesichert werden soll.

4   Der Stellenwert des Kongresses

Kongresse sind Veranstaltungen mit gesellschaftlicher Relevanz, weil sie maßgeblich zur Fort- und Weiterbildung in verschiedenen Fachbereichen beitragen. Innovationen werden vorgestellt, Studien und der Transfer von Wissen in das Alltagsleben angeregt. Daher unterliegen Kongresse auch den Megatrends der Gesellschaft.

Die Globalisierung ist ein Trend, der schon lange besteht und das menschliche Konsum- und Marktverhalten grundsätzlich verändert hat. Davon sind auch Kongresse betroffen. Das Angebot von Fortbildungsveranstaltungen kann heute viel einfacher verglichen werden. Kongresse stehen in einem ganz anderen Wettbewerb um Teilnehmer als das in vergangenen Jahren der Fall war. Teilweise gibt es auf dem Fortbildungsmarkt Verdrängungswettbewerb. Das Kongressangebot muss sich nach den allgemeinen Marktbedingungen richten und sein Angebot – wie bei jedem anderen Produkt – auf die Zielgruppe ausgerichtet werden.

An erster Stelle stehen beim Kongress das Thema und die Fachinhalte. Die Form, wie Lerninhalte vermittelt werden, muss so attraktiv gestaltet werden, dass Teilnehmer klar den Vorteil von der Wissensbörse „Kongress" gegenüber kleineren Fortbildungskursen oder Seminaren sehen. Dabei müssen Inhalte für Teilnehmer einfach zugänglich sein und nach der Veranstaltung abgerufen werden können. Es ist sinnvoll, bei dem breiten Angebot, das ein Kongress bieten kann, den Teilnehmer in die Gestaltung der Veranstaltung zu involvieren. Die Digitalisierung eröffnet gute Möglichkeiten und wird in Zukunft sicher noch weitere technische Möglichkeiten bieten. Das ist aufmerksam zu beobachten.

Die Ökonomisierung betrifft die gesamte Veranstaltungswirtschaft und unterscheidet sich bei Kongressen nicht im Vergleich zu anderen Veranstaltungen oder Events. Der Teilnehmer will in erster Linie möglichst viel inhaltlichen Nutzen aus der Veranstaltung in möglichst kurzer Zeit mitnehmen. Aber es kommen darüber hinaus noch weitere Faktoren des Konsums dazu. Der Teilnehmer möchte die Veranstaltung mit gutem Gewissen besuchen. Daher wünschen sich viele Teilnehmer heute mehr und mehr ein umweltverträgliches Angebot für einen reduzierten Ressourcenverbrauch beim Besuch eines Kongresses. Das Schlagwort „Green Meetings" gilt gleichermaßen für Kongresse wie auch andere Veranstaltungen. Transparenz bei der Finanzierung von Kongressen sowie Einbettung in das soziale Umfeld durch Corporate-Social-Activity-Maßnahmen in der Fachcommunity sind weitere Themen, die Teilnehmer erkennen möchten.

Zusammenfassend kann man sagen, dass man als Kongressveranstalter durch die hohe gesellschaftliche Relevanz dieser Großveranstaltungen immer die Nase vorn haben muss, dass man genau wie ein Unternehmer ein strategisches Gespür haben muss, wenn sich das Umfeld und der Markt ändern. Hierfür benötigt man unter Umständen Unterstützung von anderen Fachleuten, Erfahrungen von PCOs, Rechtsanwälten, Steuerberatern oder auch Marktforschern. Bei der Kongressorganisation sollten zwar immer die Fachthemen und die zielgruppengerechte Aufbereitung und Präsentation im Vordergrund stehen. In Zukunft werden aber gerade die ökonomischen Rand- und Rahmenbedingungen immer relevanter werden. Es wird die Herausforderung sein, einen integrativen Weg von fachlichen Komponenten und Rahmenbedingungen zu finden. Der Kongress der Zukunft kann von dieser strategischen Integration nur profitieren.

Literatur

Getz D (2012) Event studies – theory, research and policy for planned events, 2. Aufl. Routledge, Abingdon

Schmitt I (2012) Praxishandbuch Eventmanagement, Das A-Z der perfekten Veranstaltungsorganisation – Mit zahlreichen Checklisten und Mustervorlagen, 3. Aufl. Springer Gabler, Wiesbaden

Schwägermann H, Cornelius M (2012) Wiegen, messen und für gut befunden? Ein Beitrag zum Event-Controlling. In: Schreiber M-T (Hrsg) Kongresse, Tagungen und Events- Potenziale, Strategien und Trends der Veranstaltungswirtschaft. Oldenbourg Wissenschaftsverlag, München

Weiterführende Literatur

Rück Hans RG (2013) Compliance bei Events. In: Zanger C (Hrsg) Events und Sport – Markenkommunikation und Beziehungsmarketing. Springer Fachmedien, Wiesbaden

Holzbauer U, Jettinger E, Knauss B, Moser R, Zeller M (2010) Eventmanagement – Veranstaltungen professionell zum Erfolg führen, 4. Aufl. Springer, Berlin

Über den Autor

Matthias Spacke, Dipl.-Betriebswirt (FH), ist seit über 20 Jahren im Bereich „Kongress- und Eventorganisation" und seit einigen Jahren in leitender Funktion tätig. Zudem arbeitet er als Lehrbeauftragter an der Hochschule für Wirtschaft, Technik und Kultur beziehungsweise an der Internationalen Berufsakademie Standort Berlin und lehrt Kurse im Bereich „Event- und Kongressmanagement".

Live Communication bei Fachkongressen

Wissenstransfer und Gedankenaustausch in Echtzeit

Philipp Sautter

Zusammenfassung

Die diversen Interessengruppen (Veranstalter, Referenten, Teilnehmer, Aussteller etc.) verstehen einen Fachkongress vorrangig als Plattform für den gemeinsamen Austausch. Das persönliche Gespräch ist dabei kleinster gemeinsamer Nenner, die Zielsetzung ist jedoch häufig von unterschiedlicher Ausrichtung. Wird in der klassischen Programmarchitektur durch Frontalvorträge noch beständig einseitig kommuniziert, gewinnt die Interaktion zwischen Referenten und Teilnehmern zunehmend an Bedeutung. Der Teilnehmer wird vermehrt als wichtiger Teilgeber verstanden, indem er nicht nur inhaltlich Einfluss auf die Programmausgestaltung nimmt, sondern auch an der organisatorischen Ausrichtung mitwirkt. In welcher Form und unter Einsatz welcher Instrumente gegenseitig Einfluss genommen werden kann, welche wechselseitigen Veränderungen daraus resultieren können und welche natürlichen Grenzen vorherrschen, wird im folgenden Beitrag erörtert. Erklärtes Ziel ist es, die wechselseitige Einflussnahme richtig einzusetzen und auszugestalten, um konkrete und gewinnbringende Schlüsse für das Produkt „Fachkongress" ziehen zu können.

Vorbemerkung des Autors

Seit jeher steht die Kommunikation bei Fachkongressen im Mittelpunkt. Klassischerweise erfolgt diese während der Sitzungen einseitig. Zwischen Botschaftssender und

P. Sautter (✉)
Filderstadt, Deutschland
E-Mail: p.sautter@emendo-events.de

C. Bühnert und S. Luppold (Hrsg.), *Praxishandbuch Kongress-, Tagungs- und Konferenzmanagement,* DOI 10.1007/978-3-658-08309-0_38

-empfänger findet kein unmittelbarer Austausch statt. Ist es doch aber gerade dieser Austausch, der Dinge verändert und bestenfalls sogar verbessert.

Mit Blick auf den Fachkongress bestehen zunehmend Möglichkeiten, einen solchen Austausch zuzulassen und gewinnbringend einzusetzen. Spannend ist, wenn Teilnehmer einen persönlichen Mehrwert erzielen und den Kongressbesuch mit einem greifbaren Ergebnis abschließen können.

Die Herausforderung liegt darin, die Dosierung, die Form und die Mittel der Beteiligung sorgfältig zu wählen.

1   Unidirektionale Kommunikation bei Fachkongressen

1.1   Der Teledialog

Der Teledialog (TED) fand seinen Ursprung im Jahr 1979. Entwickelt wurde das System, um Anrufe als Spontanreaktion des Fernsehpublikums der Sendung „Schauplatz Berlin" auf der Internationalen Funkausstellung zu erfassen (ZDF 2004).

Seit jeher wird mit dieser Technik ein Stimmungsbild der Zuschauer eingeholt. Der Fokus liegt damals wie heute nicht auf der qualitativen Bewertung, sondern vielmehr in der Erkennbarkeit einer Tendenz.

Auch im Kontext von Fachkongressen ist eine TED-Abstimmung probates Mittel, um das Publikum aktiv einzubinden. Im Vergleich zu den Ursprüngen ist die technische Ausführung heute deutlich vereinfacht. Mit der Entwicklung der Smartphones und Tablets sowie den dazugehörigen Applikationen lassen sich TED-Abstimmungen heute unkompliziert in die Programmarchitektur eines Fachkongresses integrieren. Viele branchenübliche Applikationslösungen sehen ein solches System bereits von Haus aus vor.

Alternativ kommen SMS-Systeme zum Einsatz. In der Praxis ist die Beteiligung hier jedoch wesentlich geringer, da den Teilnehmern Zusatzkosten entstehen können. Auch der Aufwand für den Nutzer ist durch das Aufsetzen einer Textnachricht höher, als beim einfachen Voting per Klick auf dem mobilen Endgerät.

Vielfach sind Sitzungen mit beabsichtigter TED-Abstimmung in den Programmheften der Fachkongresse entsprechend gekennzeichnet. Für Referenten und Teilnehmer stellen diese Sitzungen eine abwechslungsreiche Alternative zum reinen Frontalvortrag dar. Durch die aktive Einbindung der Teilnehmer wird zudem der Lernerfolg erheblich gesteigert.

Weitere Vorteile liegen auf der Hand: Die Anonymität der Teilnehmer wird gewährleistet, das persönliche Wissen, das Verständnis einer Thematik oder einer Problemstellung können unmittelbar überprüft werden und die Referenten erhalten eine direkte Reaktion.

1.2   Einseitige Erfolgsevaluierung: Chancen und Risiken

Erfolgsevaluierungen bei Fachkongressen sind erprobte Instrumente, um eine direkte Rückmeldung über die Zufriedenheit der Teilnehmer zu erhalten. Unterschieden werden dabei quantitative und qualitative Ansätze. Beim quantitativen Ansatz wird versucht, mit möglichst wenig personellem und finanziellem Einsatz ein Stimmungsbild einzuholen. Die in der Praxis am häufigsten eingesetzte Methode ist der Fragebogen. Des Weiteren sind direkte, also dialoggeführte und standardisierte Befragungen denkbar. Die Messung des Umfangs medialer Berichterstattung über den Fachkongress in entsprechenden branchenspezifischen Fachzeitschriften ergänzt den quantitativen Ansatz der Evaluierung.

Beim qualitativen Ansatz liegt der Fokus mehr auf dem Inhalt der Befragung, mit dem Ziel, Rückschlüsse über die Hintergründe zu ziehen und somit wesentlich tiefer in die Evaluierung des Erfolgs einzusteigen. Beispiele aus der Praxis sind Interviews mit Teilnehmern (eher selten), eigene Beobachtungen der Veranstalter und Agenturen (verminderte Objektivität in der Ergebnisbewertung) und gezielte Diskussionen und Evaluierungen in Gruppen, beispielsweise einem Wissenschafts-, Programm- oder Industriebeirat (Kiel und Bäuchl 2014, S. 118–119).

Der Einsatz von Fragebogen ist der am häufigsten vorkommende Fall, dessen praktische Umsetzung steht deshalb im Mittelpunkt der weiteren Betrachtung:

Ein Fragenbogen findet sich häufig bei den Kongressunterlagen wieder und hofft durch stetige Erinnerung der Referenten und Sitzungsmoderatoren auf Beantwortung. Innovativere Kongresse setzen bereits auf eine Onlinedarstellung. Dies hat allen voran den Vorteil der effizienteren Auswertung durch die digital vorliegenden Antworten.

Doch mit der reinen Bereitstellung – ob analog oder digital – ist es noch nicht getan. Der aufwendigste und zugleich meistunterschätzte Parameter ist die Ausgestaltung der Fragen.

Zu Beginn empfiehlt es sich, die Befragung über den Fachkongress in Teilbereiche zu clustern. Mögliche Beispiele sind:

- Werbung und Marketing
- Programm und Referenten
- Fachausstellung und Industrieveranstaltungen innerhalb des Fachkongresses
- organisatorische Aspekte (Catering, Teilnehmerbetreuung etc.)

Sind spezielle Neuerungen, wie eine Veranstaltungsapplikation oder eine neue Website, erschienen, ist auch die Abfrage nach diesen Elementen empfehlenswert. Auf diese Weise lässt sich unmittelbar erkennen, wie Innovationen wahr- und aufgenommen werden. Auch die Planung zukünftiger Elemente kann über einen Fragebogen bewertet werden.

Praxisbeispiel

Sollen feste Bestandteile eines Fachkongresses verändert oder gar eingespart werden, so ist hier das Meinungsbild der Besucher für die weitere Planung hilfreich. Wenn beispielsweise die Zusammenstellung von Vortragsmanuskripten in Papierform eingespart werden soll und die Bereitstellung einer digitalen Version geplant ist, wird aktiv in gewohnte Muster der Kongressbesucher eingegriffen, deren Veränderungsbereitschaft mithilfe einer Umfrage evaluiert werden kann.

Exkurs: Fragebogenerstellung

Neben trivialen Ratschlägen, wie die Fragestellungen möglichst kurz, konkret und eindeutig zu formulieren, gehen die Überlegungen zu einem zufriedenstellenden Ergebnis durchaus weiter.

Im Folgenden werden die einzelnen Arten von Fragestellungen, Skalen und Antwortvorgaben skizziert, um einen ersten Überblick zur Erstellung eines Erfolg versprechenden Fragebogens zu ermöglichen. Beispiele sollen die praktische Umsetzung erleichtern.

Wichtigster Grundsatz ist, dass bei der Formulierung der Fragen bereits bekannt sein muss, welches Ziel verfolgt wird.

Üblicherweise werden im Kongressumfeld folgende Fragenformate eingesetzt:

Geschlossene Fragen

Dieses Fragenformat lässt nur eine begrenzte Antwortauswahl zu. Weiter kann zwischen einer Einfach- und Mehrfachnennung unterschieden werden, wobei Letztere kenntlich gemacht werden muss.

Einfachnennung:
Würden Sie die Veranstaltung Ihren Kolleginnen und Kollegen weiterempfehlen?

○ *ja*
○ *nein*

Mehrfachnennung:
Wie sind Sie auf die Veranstaltung aufmerksam geworden? (Mehrfachauswahl möglich)

❑ *persönliche Einladung*
❑ *Veranstaltungswebsite*
❑ *Anzeigenschaltung*
❑ *Webbanner*
❑ *Call for Abstracts*
❑ *Pressebericht*
❑ *Empfehlung durch Kollegen*
❑ *Online-Eventkalender*
❑ *Teilnahme an früheren Veranstaltungen*

Wichtig ist bei der Mehr- und Einfachauswahl, dass alle möglichen Antworten vorgegeben werden, da bei einer geschlossenen Fragestellung keine eigenen Antworten zulässig sind.

Offene Fragen

Hier geben die Befragten in eigenen Worten ihre persönliche Meinung wieder. Oft enthalten diese wichtige Hinweise, die mit einer geschlossenen Fragetechnik nicht erfolgt wären. Da bei Veranstaltungen häufig die personellen oder finanziellen Ressourcen für ein Interview mit Teilnehmern fehlen, um ein spezifischeres Feedback in Ergänzung zum Fragebogen zu erhalten, sind offene Fragestellungen ein gängiges Mittel, um konkrete Antworten zur Zufriedenheit, den Wünschen und Bedürfnissen der Teilnehmer zu erhalten.

Beispiele:
Was hat Ihnen besonders gut gefallen?
Welchen Nutzen ziehen Sie aus Ihrer Teilnahme?
Was haben Sie gelernt für die praktische Umsetzung?

Halboffene Fragen

Bei halboffenen Fragen wird die Möglichkeit eingeräumt, Antworten zu ergänzen. Dies ist vor allem dann sinnvoll, wenn nicht sichergestellt werden kann, dass die Liste der Antwortmöglichkeiten vollständig ist. Der zweite Anwendungsbereich für eine halboffene Fragestellung ist, wenn zu einer bestimmten Fragestellung nähere Informationen abgefragt werden sollen.

Beispiel A – Ergänzung:
Wie sind Sie auf die Veranstaltung aufmerksam geworden?

❑ *persönliche Einladung*
❑ *Veranstaltungswebsite*
❑ *Anzeigenschaltung*
❑ *Webbanner*
❑ *Call for Abstracts*
❑ *Pressebericht*
❑ *Empfehlung durch Kollegen*
❑ *Online-Eventkalender*
❑ *Teilnahme an früheren Veranstaltungen*

Ergänzungsoption:
❑ *Sonstiges:*

Beispiel B – Abfrage tiefer gehender Informationen:
Wie bewerten Sie das Vortragsprogramm?

   ○ *sehr gut*   ○ *gut*   ○ *neutral*   ○ *schlecht*   ○ *sehr schlecht*

Alternative Antwortvorgabe:

   ○ *++*   ○ *+*   ○ *0*   ○ *-*   ○ *--*

Ergänzungsoption:
❑ *Wünsche:*

Ordinalskalen:
Der Befragte gibt seine Einschätzung zu Häufigkeit und Intensität ab oder bewertet, wie zutreffend eine bestimmte Aussage ist.

Beispiel:
Wie bewerten Sie das Vortragsprogramm?

   ○ *sehr gut*   ○ *gut*   ○ *neutral*   ○ *schlecht*   ○ *sehr schlecht*

Alternative Antwortvorgabe:

   ○ *++*   ○ *+*   ○ *0*   ○ *-*   ○ *--*

Empfehlenswert bei Ordinalskalen ist, die Fragen präzise aufzugliedern, um eine genaue Aussage darüber zu erhalten, was gut oder schlecht war. Bei der Beispielfrage zum Vortragsprogramm lassen sich zunächst keine zielgenauen Aussagen über die Qualität erkennen. Erst bei einem tieferen Einstieg können daraus Verbesserungen für Folgeveranstaltungen abgeleitet werden. Weitere mögliche Untergliederungen sind: Referenten, Themenauswahl, Themenkomplexität, Praxisrelevanz, Programmdichte, Programmarchitektur, Vortragslänge, Diskussionszeit etc.

Intervallskalen

Dem Befragten werden bestimmte Wertebereiche, in gleichen oder zumindest schematisch gleichgestellten Intervallabständen, vorgegeben. Diese Skalen werden eingesetzt, um Aussagen über Verhältnismäßigkeiten zu ermöglichen.

Beispiel:
Wie viele Mitarbeiter hat Ihr Unternehmen/Ihre Institution?

   ○ *1-10*   ○ *11-50*   ○ *51-500*   ○ *über 501*

Sicher sind auch weitere Überlegungen hinsichtlich der grafischen Gestaltung und der Länge etc. anzustellen. Nicht zuletzt ist die Erstellung eines Fragebogens immer auch auf den spezifischen Hintergrund des jeweiligen Fachkongresses abzustimmen (Porst 2014).

2 Bidirektionale Kommunikation bei Fachkongressen

2.1 Interaktion: Vom Zusammenspiel der Handlungspartner

Die reine Beschreibung der Interaktion – also ein aufeinander bezogenes Handeln – lässt, mit Bezug auf Fachkongresse, einen sehr weitläufigen Interpretationsspielraum. Die weiteren Überlegungen werden daher auf den kommunikativen Ansatz der Interaktion beschränkt, logistische Zusammenhänge sind nicht Gegenstand dieser Betrachtung.

Vor dem kommunikativen Betrachtungshintergrund der Interaktion stehen die zwischenmenschlichen Erlebnisse im Fokus. Die Zielsetzungen der Teilnehmer sind stets sehr individuell. Die Absicht der Veranstalter hingegen sollte identisch sein: den Teilnehmer mit einem positiven Gefühl und voller neuer Erkenntnisse nach Hause gehen zu lassen.

Das alte Modell der Paukschule für Erwachsene hat ausgedient (Gleich 2014, S. 7). Der Anspruch muss sein, positive Erlebnisse zu planen und vor Ort gezielt und souverän umzusetzen. Im Zentrum der Betrachtung stehen immer die Zielgruppen des Fachkongresses. Während bei der einen Zielgruppe eine intensive Interaktion (beispielsweise durch aktive Verankerung in der Programmarchitektur) gewünscht und umsetzbar ist, muss dies für eine andere Zielgruppe noch lange nicht zutreffen.

In die Planungsüberlegung sollte zudem die Fragestellung nach der Dosierung der geplanten Interaktion eingebunden werden. Abschließend und vor der Darstellung einiger praktischer Beispiele für kommunikative Interaktion noch der Hinweis auf eine eiserne Grundregel: Für den Teilnehmer darf keinerlei Zwang entstehen, sich an der Interaktion zu beteiligen. Um wirkungsvolle Ergebnisse erzielen zu können, bedarf es einer freiwilligen Beteiligung.

Klassische Interaktionsbeispiele:

- Diskussionen mit Referenten und Sitzungsleitern
- Pausengespräche mit anderen Teilnehmern
- Begrüßungskaffee in der Ausstellung zum ersten Austausch zwischen Teilnehmern und Industrie
- Podiumsdiskussion mehrerer Experten
- Interviews auf der Bühne
- professionelle Moderation von Gesprächen in Kleingruppen
- Hands-on-Workshops: praktisches Arbeiten in Kleingruppen unter Anleitung eines Experten

In der modernen Betrachtungsweise der Interaktion auf Fachkongressen werden vermehrt Methoden aus der Pädagogik, vornehmlich der Didaktik, realisiert. Die Verfügbarkeit von Zeit und Raum sind dabei elementare Bausteine. Weiterhin gewinnen atmosphärische Ansätze an Gewicht.

Moderne Interaktionsbeispiele (Gleich 2014):

- selbst organisierte Programmpunkte mit eigenverantwortlicher Themenausrichtung der Teilnehmer (Barcamp)
- thematische Öffnung von Fachkongressen hin zu einem Austausch inhaltsähnlicher Fachrichtungen, um bekannte Erkenntnisse einer Fachwelt auf eine andere zu übertragen
- technische Öffnung von Fachkongressen nach außen, beispielsweise durch die Übertragung von Inhalten per Livestream und mit der Möglichkeit, auch als virtueller Teilnehmer Fragen an den Redner stellen zu können
- ergänzendes Informationsangebot auf der Kongresswebsite mit moderierten Expertenchats, Foren, Wikis und Blogs
- Vernetzung von Teilnehmern durch in der Programmarchitektur verankerte Formate (Matchmaking, Speeddating)
- sinnvoller Einsatz sozialer Netzwerke als unterstützende Ergänzung zum Networking vor Ort.

2.2 Matchmaking als organisierte Live Communication

Die Idee des Matchmakings bei Fachkongressen beruht letztlich auf der Grundidee eines Markplatzes. Händler bieten Waren und Dienstleistungen an und Käufer suchen nach genau diesen. Die Vorstellung ist also denkbar einfach, die Ausführung hingegen mit einigen Spielregeln bedacht. Fallstricke in der praktischen Umsetzung sind zwingend zu vermeiden.

Moderne Fachkongresse gehen über die Vermittlung von reinem Fachwissen hinaus und nutzen einen entscheidenden Vorteil gegenüber der Inhaltsvermittlung in Fachzeitschriften, Fachbüchern und online: das reale Zusammentreffen unterschiedlicher Experten.

Die Zielsetzung des Matchmakings ist es, exakt diese Expertise mit Suchenden zusammenzuführen. Dabei kommen im professionellen Kongresskontext in der Regel Onlineplattformen zum Einsatz. Experten – dies können Aussteller, Referenten oder Teilnehmer gleichermaßen sein – erstellen ein individuelles Profil mit Personen- und Unternehmensdaten, Angaben zu Produkten oder Dienstleistungen. Die Teilnehmer des Fachkongresses haben die Möglichkeit, über entsprechende Suchfunktionen und Filter nach diesen Angeboten zu suchen. Auch die umgekehrte Erstellung von Suchprofilen ist denkbare und gängige Praxis.

Bei entsprechendem Sucherfolg kann nun ein gezieltes Treffen auf dem Fachkongress vereinbart oder bereits ein fachlicher Austausch im Vorfeld arrangiert werden.

Die Vorteile liegen auf der Hand: Suchende finden so methodisch nach potenziellen Lösungen, Bietende finden neue Kunden oder Kooperationspartner und der Veranstalter stellt mit der Möglichkeit des gezielten Matchmakings einen konkreten Mehrwert für beide Seiten bereit, der wiederum als Bindungsmaßnahme für Aussteller, Referenten und Teilnehmer an den Fachkongress genutzt werden kann.

3 Kommunikationsplattform „Kongress"

Die kommunikativen Elemente bei einem Fachkongress sind vielfältig. Die richtigen Mittel sind mit Bedacht zu wählen und mit der entsprechend gebotenen Sorgfalt zu planen. Nur so können die Erträge des Einsatzes eingefahren werden. Wo direkte oder indirekte Kommunikation stattfindet, entstehen schnell Missverständnisse – auf die Klarheit der Formulierungen ist daher besonderes Augenmerk zu legen. Die Einbindung der Teilnehmer in einen Fachkongress hat zugleich auch Grenzen, die es zu respektieren gilt. Mut wird hingegen häufig belohnt – eingestaubte Kommunikationsrituale dürfen und müssen selbstkritisch hinterfragt werden. Mit einem entsprechenden Angebot, das jedem Teilnehmer die Möglichkeit einräumt, einen persönlichen Nutzen aus dem Besuch des Kongresses zu ziehen, lassen sich Profile schärfen, neue Teilnehmergruppen erschließen und echte Mehrwerte für Forschung und Entwicklung erzielen.

Literatur

Gleich M (2014a) Chaordische Kongresse. In: Gleich M (Hrsg) Der Kongress tanzt. Springer Fachmedien, Wiesbaden, S 107–124

Gleich M (2014b) Von kongrässlich zu kongenial. In: Gleich M (Hrsg) Der Kongress tanzt. Springer Fachmedien, Wiesbaden, S 5–23

Kiel H-J, Bäuchl RG (2014) Eventmanagement – Konzeption, Organisation, Erfolgskontrolle. Vahlen, München

Porst R (2014) Fragebogen – Ein Arbeitshandbuch, 4. Aufl. Springer Fachmedien, Wiesbaden
ZDF (2004) http://www.zdf-jahrbuch.de/2004/produktion/denninger.htm. Zugegriffen: 5. Apr. 2015

Weiterführende Literatur

Müller S (2014) Kundenkommunikation bei Events – Interaktion planen und erfolgreich umsetzen.
Springer Fachmedien, Wiesbaden

Über den Autor

Philipp Sautter, Bachelor of Arts (Hons), studierte von 2005 bis 2007 Event- und Kongressmanagement an der Heidelberg International Business Academy (HIB). Seinen Abschluss machte er im Fach „Events Management" nach einjährigem Studium an der Leeds Metropolitan University (GB) im Jahr 2008. Bereits während seines Studiums gründete er mit seinem Geschäftspartner Carsten Hartig die Agentur EMENDO Event & Congress. Nach diversen freiberuflichen Tätigkeiten in der Kongressbranche legten sie den Agenturschwerpunkt auf den Bereich „Teilnehmermanagement". Heute ist EMENDO eine der führenden Agenturen in diesem Segment.

Veranstaltungsmanagement-Systeme

Software für Kongresse, Tagungen und Konferenzen

Stefan Luppold

Zusammenfassung

Das Management von Kongressen, Tagungen, Konferenzen und anderen Veranstaltungen bedingt im Ablauf – bei der Vorbereitung, Durchführung und Nachbereitung – den Umgang mit großen Mengen an Informationen. Sie sind im Innenverhältnis wichtig für die Projektsteuerung, im Außenverhältnis stehen sie für die Verbindung zu den Teilnehmern, Referenten und verschiedenen Dienstleistern.

Ein Veranstaltungsmanagement-System (im Sinne von spezifischer Software, von Informations- und Kommunikationstechnologie) unterstützt dabei und hat wirtschaftliche (zum Beispiel Einsparung von Zeit) wie auch qualitätssichernde Effekte.

Verschiedene Einsatzbereiche sind möglich – von der Leistungsdisposition bis hin zur Online-Teilnehmerregistrierung – und können durch geeignete Software abgedeckt werden.

Vorbemerkung des Autors

Wer das Veranstaltungsmanagement noch aus der Zeit der Karteikarten und Pinnwände kennt, weiß, dass unterstützende Instrumente und Hilfsmittel wichtig sind. Heute aber besser mit Software und Daten „aus der Cloud", mit Tools, die Webshop- und Workflow-Support leisten können – und damit, im Hintergrund, zu einem optimalen Veranstaltungsprodukt beitragen!

S. Luppold (✉)
Ravensburg, Deutschland
E-Mail: luppold@dhbw-ravensburg.de

© Springer Fachmedien Wiesbaden GmbH 2017
C. Bühnert und S. Luppold (Hrsg.), *Praxishandbuch Kongress-, Tagungs- und Konferenzmanagement*, DOI 10.1007/978-3-658-08309-0_39

1   Einführung

Kongresse, Tagungen, Konferenzen und andere Veranstaltungen, bei denen es sich im weiteren Sinn um Zusammenkünfte handelt (unter anderem Fiedler 2013, S. 124), können jeweils hinsichtlich ihrer operativen Handhabung – also der Planung, Durchführung und Kontrolle – wie Projekte betrachtet werden, beziehungsweise sind Projekte! Damit muss man sich, wie in anderen Beiträgen dieses Handbuchs auch umfänglich ausgeführt, am Projektmanagement als einer der zugrunde liegenden fachlichen Disziplinen orientieren.

Gleichzeitig stellt sich die Frage, mit welchen Werkzeugen dieses Management unterstützt werden kann. Es geht, wie generell bei Projekten, um den Ressourceneinsatz – hier unter anderem um zeitliche und finanzielle Ressourcen – sowie um die Sicherung von Qualität: die Reduzierung von Unsicherheit, die Vermeidung von Risiken, die Nutzung von Erfahrungswerten aus vorherigen Projekten etc.

Gerade ein systematisches Sammeln, Bewerten und Verdichten von Erfahrungen, Entwicklungen, Hinweisen, Fehlern und Risiken in Projekten kann die Grundlage für definierte Prozesse sein beziehungsweise für die konstante Verbesserung derselben. Gleichzeitig muss überlegt werden, wie diese methodische Herangehensweise in ein möglichst optimal aufgestelltes System gegossen werden kann, um ihre Wirkung zu entfalten. Typisch hierfür ist ein softwaregestütztes System, also eine Kombination aus Hard- und Software, das dann häufig auch „Veranstaltungsmanagement-System" genannt wird.

Sogenannte „Branchensoftware" (Jaworski et al. 2010, S. 28), üblicherweise für die erforderlichen Einsatzzwecke standardisiert, richtet sich auf die verschiedenen Kern- und Unterstützungsprozesse. Ein nicht spezifiziertes Werkzeug, wie etwa MS Project als Software für Projektmanagement, hilft „im Allgemeinen", wohin gegen Tools wie „XING Events" (Teilnehmermanagement, s. www.xing-events.com) oder „USI Ungerboeck Software" (ganzheitliches Veranstaltungsmanagement, s. https://ungerboeck.com/de/) auf die konkreten Erfordernisse ausgerichtet sind und damit potenziell einen positiveren Effekt auslösen können.

Dieser Beitrag orientiert sich an den wesentlichen Aufgabenstellungen im Kongress-, Tagungs- und Konferenzgeschäft, darunter das Teilnehmermanagement und das Programm- und Referentenmanagement. Insgesamt sind damit alle Maßnahmen und Abläufe im Blickfeld, die zur Planung, Vorbereitung, Durchführung und Nachbereitung erforderlich sind – sowohl bei kommerziellen als auch nicht-kommerziellen Veranstaltungen (Dinkel et al. 2013, S. 213).

Im internationalen Zusammenhang wird häufig von „ICT-Management" gesprochen – dies steht für „Information and Communication Technology" und liefert den Hinweis darauf, dass es bei der Unterstützung von Veranstaltungsmanagement-Prozessen immer (auch) um Information und Kommunikation geht.

2 Wirkungsdimensionen

Der Einsatz eines Veranstaltungsmanagement-Systems, also von Hard- und Software zur Unterstützung der Planungs- und Realisierungsprozesse von Veranstaltungen, hat unterschiedliche Wirkungen. Sie treten typischerweise kombiniert auf und stehen für Effizienz und Effektivität, also für Wirtschaftlichkeit und Wirksamkeit. Sie sind damit mehr als ein bloßes Hilfsmittel.

Schnell und fehlerfrei, rund um die Uhr verfügbar, flexibel, die Qualität sichernd und so weiter – wie nachstehend dargestellt in den Dimensionen „Automation", „Information", „Kommunikation", „Dokumentation" sowie „Integration" zusammenfassbar.

Informationstechnologie hat einen grundsätzlichen Anker ihrer Existenz in der Automation – die „Maschine" übernimmt Aufgaben und führt diese in gleichbleibender Art und Weise, damit auch in gleichbleibender Qualität, und in der Regel schnell aus. In jedem Prozess sind Elemente enthalten, die mit automatischen „Aktivitäten" verknüpft sind, beispielsweise einer Wiedervorlage (eine Erinnerung wird automatisch aufgrund von hinterlegten Parametern generiert). Insbesondere im Hinblick auf E-Commerce-Abläufe sind solche Elemente heute Standard. Bei einer Teilnehmerregistrierung, die online erfolgt (siehe Abb. 1), wird beispiels-

Abb. 1 Online-Teilnehmerregistrierung für einen Automobil-Kongress. (Quelle: Ungerboeck Systems International)

weise die Bestätigung der Anmeldung nach Abschluss des Vorgangs automatisch erzeugt und versandt. Die Abarbeitung von Wartelisten – das Kontingent für einen besonders stark nachgefragten Workshop wurde durch die Verlegung in einen größeren Tagungsraum erhöht – oder die Anmahnung fälliger Bewertungen der Mitglieder eines wissenschaftlichen Komitees (Begutachtung eingegangener Abstracts) zählen zu diesen automatischen Aktivitäten. Es handelt sich dabei entweder um den Vorgang selbst, als Teil des Workflows, oder die „Erinnerungsfunktion" für eine Person, um eine solche Aufgabe auszuführen.

So detailliert Kongresse, Tagungen, Konferenzen und andere Veranstaltungen geplant werden können, so individuell sind jeweils im Prozess der Vorbereitung und Durchführung zu treffende Entscheidungen. Sie hängen wesentlich davon ab, welche Informationen vorliegen und selbstverständlich auch von deren Interpretation. Veranstaltungsmanagement ist eine Teamaufgabe, eine umfassende und einheitliche Informationsgrundlage eine wesentliche Voraussetzung dafür. Ein System, im Verständnis einer digitalen und leicht zugänglichen Infrastruktur (ein zentraler Leitz-Ordner konnte dies in der prädigitalen Zeit erfüllen!), schafft die Grundlage für ein hohes Niveau an Informiertheit (vollständig, rasch, aktuell). Gebuchte Räume verfügen über Attribute, die über die Fläche oder die Anzahl von Plätzen in Reihenbestuhlung hinausgehen – diese Information ist dann wesentlich, wenn es um die Abstimmung mit Referenten, die vorbereitende Planung zum Set-up des Raums, der Buchung von technischen Ausstattungselementen etc. geht. Informationen sind nicht explizit statisch, sondern können sich im zeitlichen Verlauf verändern. So etwa durch anfallende Buchungen im Prozess, etwa die Zahl der noch verfügbaren Zimmer der eingeholten Kontingente. Oder die finanzielle Situation, die nach jeder Teilnehmerbuchung (betrachtet als Projekt-Gewinn-und-Verlust-Rechnung) ein neues Bild bietet (s. Abb. 2). Ebenso die Informationssituation im Kontext von Beschaffungen – was wurde geordert, was bestätigt, geliefert und abgerechnet (als komprimierter Gesamtüberblick s. Abb. 3).

Der Prozess der Planung, Durchführung und Nachbereitung einer Veranstaltung ist mit einem hohen Maß an Kommunikation verbunden. Nicht nur innerhalb der eigenen Organisation, also des Teams, sondern auch in Verbindung mit den Teilnehmern, den Referenten und diversen Dienstleistern. Inhalte dieser Kommunikationen beziehen sich häufig auf Informationen (aus dem System), die dann, hinterlegt oder hinterlegt und dynamisch aktualisiert, als Teil der Nachricht eingebracht werden müssen. Auch ist das Vorhandensein einer Empfängerinformation (im Sinne von im Customer-Relationship-Management-System enthaltenen Angaben zu E-Mail, Fax, postalischer Adresse oder Ähnliches) erforderlich, um die Kommunikation zu vollziehen. Sowohl individuelle (s. Abb. 4) als auch standardisierte Kommunikation ist notwendig. Das Nachrücken der auf Warteliste gebuchten Teilnehmer (siehe das vorstehend genannte Beispiel bei Automation) führt hier zunächst zur Kommunikation an die Teilnehmer (Änderungsbestätigung), dann gegebenenfalls zu einer zusätzlichen Rechnung, ebenfalls an die Teilnehmer, sowie der individuellen Benachrichtigung des Referenten über die nun gestiegene Zahl seiner Zuhörer. Ein Teil dieser Kommunikation wird, was den Workflow angeht, stets automatisierbar sein, ein Teil immer individuell bleiben müssen. Ungeachtet dessen verändern

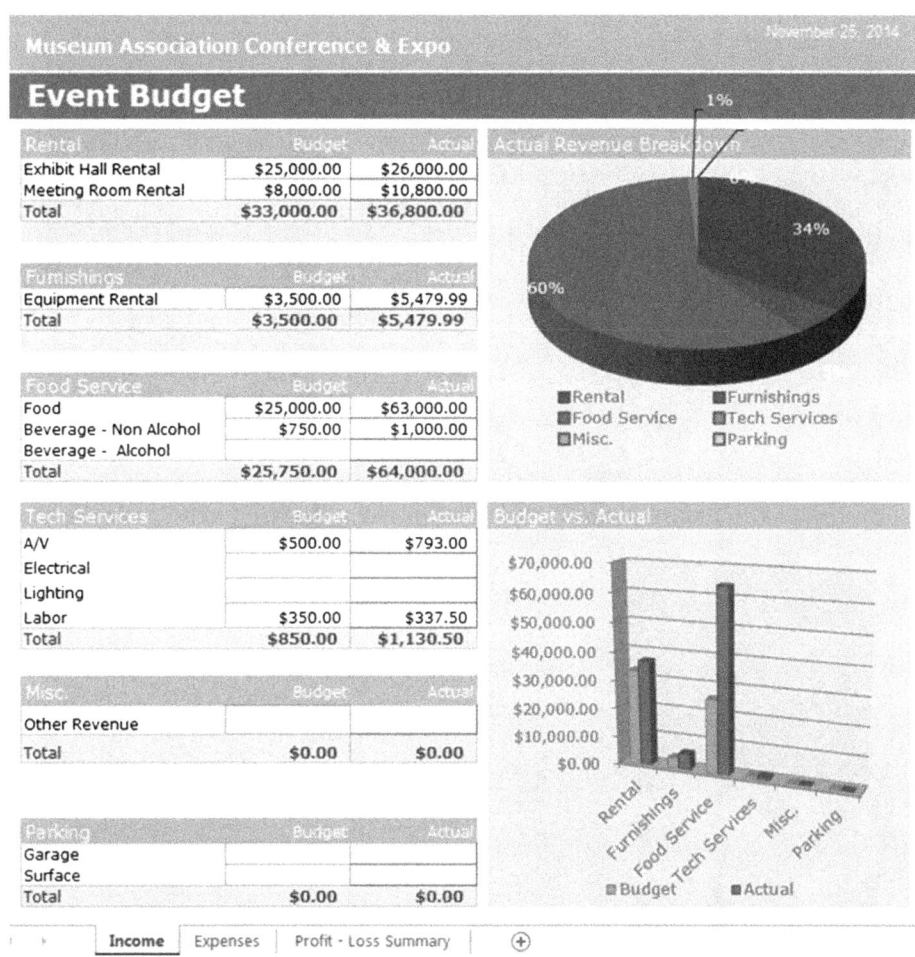

Abb. 2 Eventbudget-Überblick. (Quelle: Ungerboeck Systems International)

sich im Kontext dieser Kommunikation auch die Information – und, was im folgenden Abschnitt dargestellt ist, die Dokumentation.

Vergleicht man den Gesamtprozess im Veranstaltungsmanagement mit einer Schiffsreise, dann muss man die Dokumentation mit dem Logbuch gleichsetzen. Alle Einzelaktivitäten, Veränderungen und Besonderheiten sind, im Sinne der zuvor genannten einheitlichen und umfassenden Information für das Team, zu dokumentieren. Dabei ist ganz besonders die chronologische Ordnung eine Herausforderung, da mit zunehmendem Fortschritt in den Planungs- und Vorbereitungsaktivitäten auch die dokumentierten Vorgänge sehr umfangreich werden. Vollständigkeit des Logbuchs ist zwingend erforderlich, jedoch muss die Lesbarkeit – damit auch die Nutzbarkeit ad hoc – erhalten bleiben. „Das Neueste oben", so die Logik bei der Ablage, kann bei digitalen Systemen problemlos

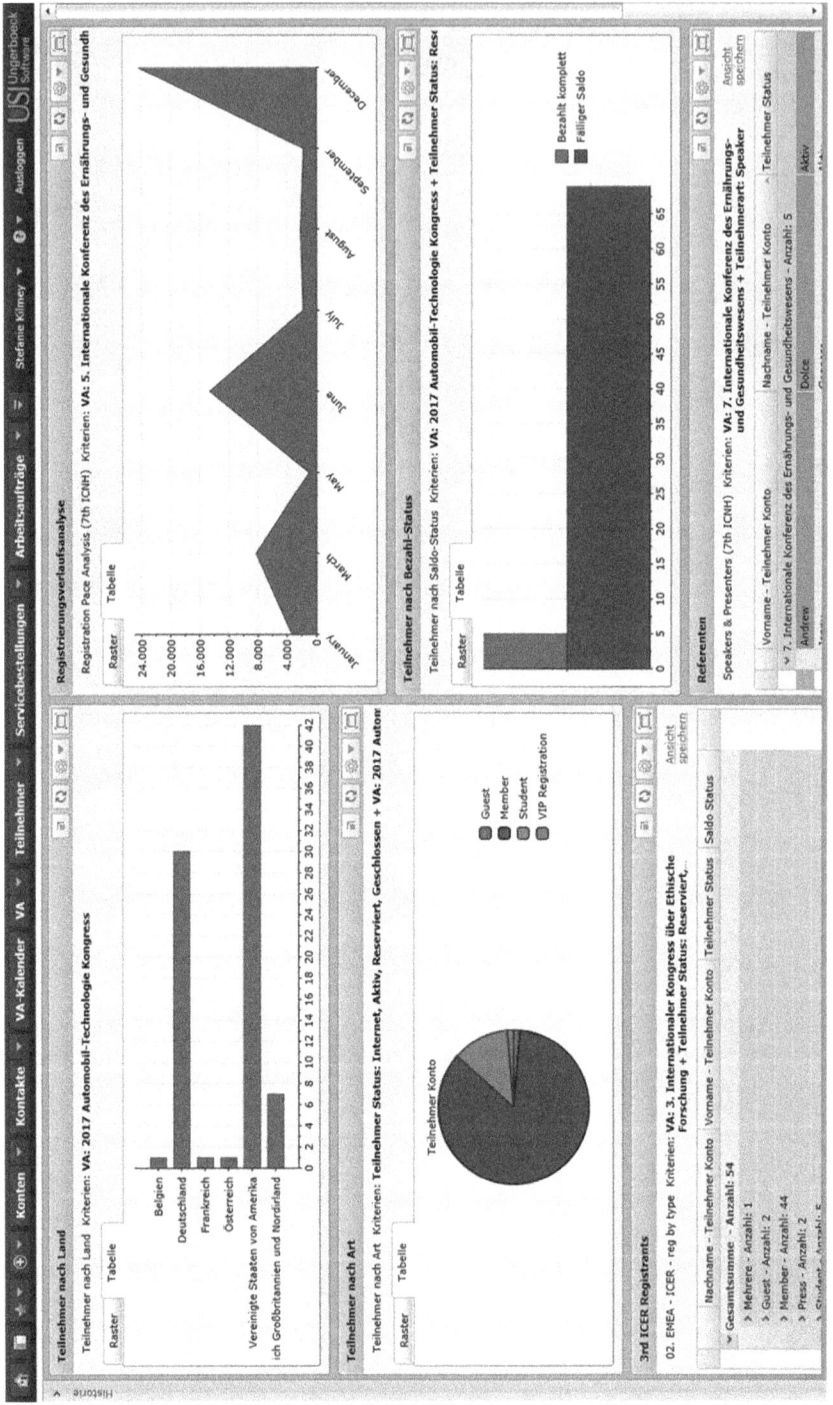

Abb. 3 Dashboard für das Kongressmanagement. (Quelle: Ungerboeck Systems International)

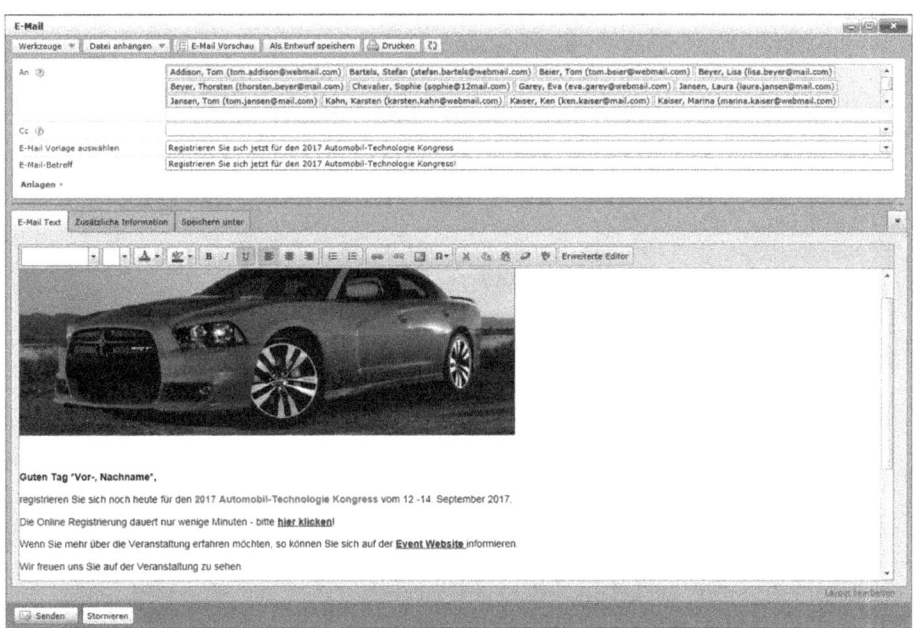

Abb. 4 Individualisierte/personalisierte Einladungs-E-Mail. (Quelle: Ungerboeck Systems International)

gewährleistet werden. Zusätzlich muss, entlang eines sogenannten „Zeitstempels" oder einer „Zugriffsorganisation", eine Veränderungsselektion ermöglicht werden. „Zeige alle neu registrierten Teilnehmer seit dem letzten Login" (oder „seit Freitag" oder „von heute"), kann die ganz spezifische Filtereinstellung lauten. Die Dokumentationsfunktion eines Veranstaltungsmanagement-Systems dient in erster Linie der operativen Unterstützung und nicht der Beweissicherung im Falle der Zuordnung von Fehlverhalten (wenngleich es das auch leisten kann!). Ein Ablaufplan etwa, der in allen Einzelheiten die Organisation eines mehrtägigen Kongresses beschreibt, ist unter Umständen so umfangreich wie ein Buch. Dieses immer wieder komplett zu lesen, ist nicht effizient – aber die seit dem letzten Zugriff vorgenommenen Änderungen müssen zur Kenntnis gebracht und gegebenenfalls besprochen werden. So lassen sich die regelmäßig stattfindenden Projektmeetings vorbereiten und optimieren (s. Abb. 5). Parallel reduziert sich die Anzahl an Fehlern durch die Transparenz der Aktivitäten – „der Referent wurde bereits über die gestiegene Teilnehmeranzahl informiert"!

Die Verbindung der genannten Nutzendimensionen, also die Integration von Automations-, Informations-, Kommunikations- und Dokumentationsfunktionalitäten, ist der wesentliche Nutzenaspekt bei der Betrachtung eines Veranstaltungsmanagement-Systems (Luppold 2011, S. 299). Hinzu kommt eine Integration mit den Standardtools von Informations- und Kommunikationsinfrastruktur, also beispielsweise Textverarbeitungssoftware (MS Word und andere) und E-Mail-Programme (MS Outlook und andere).

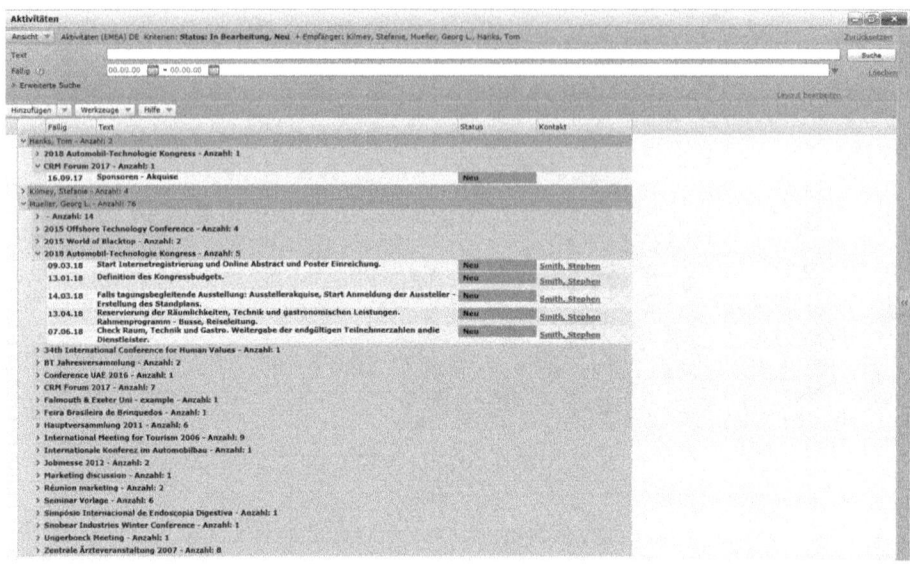

Abb. 5 Aktivitäten-Überblick als Projektstatus. (Quelle: Ungerboeck Systems International)

Eine Zusammenführung dient der möglichst nahtlosen Abbildung von Prozessen, durchgängig und voll unterstützt innerhalb eines Systems. Die Teilnehmer eines Kongresses sind als Adressdaten vorhanden, ihre Buchungs- und Zahlungsvorgänge dokumentiert, Änderungen und Sonderangaben in der Historie ebenso auffindbar wie der E-Mail-Verkehr und andere Korrespondenz. Dies gilt ebenso für Referenten und Dienstleister, für die Prozesse des Veranstaltungsdesigns und der Schnittstelle zu Online- beziehungsweise E-Commerce-Komponenten.

Die Aufgabenstellung bei einem gegebenen Volumen an Veranstaltungen, an Teilnehmerbuchungen beziehungsweise an sonstigen Planungs- und Koordinierungstätigkeiten wird durch ein integriertes Gesamtsystem hinsichtlich der quantitativen (viel) und zeitlichen (rasch) Anforderungen leistbarer, gegebenenfalls mit einem geringeren Personaleinsatz, sicherlich jedoch mit einem vorab definierbaren Qualitätsniveau.

Integration verhindert auch sogenannte „Medienbrüche": Ein Wechsel eines informationstragenden Mediums innerhalb des Informationsbeschaffungs- oder Verarbeitungsprozesses kann zu Informationsverlust, Verschlechterung der Informationsqualität – aber auch zur Beeinträchtigung der Produktivität führen. Die Lösung ist in diesem Fall Integration beziehungsweise ein integriertes (Gesamt-)System!

3 Einsatzbereiche

Mit Blick auf die Einsatzschwerpunkte eines Veranstaltungsmanagement-Systems im jeweiligen Kontext der Aufgabenstellung lassen sich folgende Bereiche unterscheiden:

- Customer-Relationship-Management,
- Kongress- und Seminarmanagement,
- Ausstellungsmanagement,
- E-Commerce und Website-Management sowie
- Controlling und Reporting.

Customer-Relationship-Management (CRM) bezeichnet in diesem Zusammenhang nicht nur das eigentliche Kundenbeziehungsmanagement als konsequente Ausrichtung einer Organisation auf deren Kunden und die systematische Gestaltung der Kundenbeziehungsprozesse, sondern steht auch für das informationstechnische Handling der relevanten Daten. Häufig wird CRM oder CRM-System mit „Adressdatenbank" gleichgesetzt, Letzteres ist allerdings nur ein Teil und generell eher auf typische Adressdaten, weniger auf qualifizierende oder aus den Beziehungen mit den Kunden resultierende Daten gerichtet.

Selbstverständlich ist dies jedoch die Basis für viele Prozesse – etwa den der Teilnehmerregistrierung. Adressdaten sind erforderlich, in der Komplexität eines Kongressbuchungsvorgangs mit der notwendigen Flexibilität: Eine Adresse kann zu einem einzelnen Teilnehmer, zu einem Mitglied einer Gruppenbuchung, zu einer Begleitperson etc. gehören. Bestätigungen gehen dann gegebenenfalls an den Adressempfänger, der auch als Debitor fungiert, also Rechnungen empfängt und Zahlung leistet. Begleitpersonen werden gegebenenfalls in Abhängigkeit der gebuchten Leistungen nur quantitativ, nicht aber mit weiteren Details erfasst – müssen jedoch für sonstige Aufgaben (Unterstützung bei der Einholung von Visa, Namensliste für den Shuttle vom Flughafen zu den Hotels etc.) bereitgehalten werden.

Mit Adressen ist stets die Historie verbunden; sie zeigt die bisherigen Beziehungen (war schon Teilnehmer oder Referent etc.) und führt wichtige Attribute weiter (Vegetarier, nutzt für seine Vorträge immer ein Headset etc.). Zur Historie zählt auch die Verknüpfung mit der Kommunikation, also zumindest der Hinweis auf ein- oder ausgegangene Briefe, Faxe, E-Mails und gegebenenfalls auch Telefonate. Eine Verbindung zum Buchungsteil eines Veranstaltungsmanagement-Systems ermöglicht einen transparenten Zahlungsstatus – was wurde wann berechnet, was beglichen, was ist noch offen.

Der Umgang mit Adressen führt häufig zu sogenannten „Dubletten". Mehrfach vorhandene Adressen sind qualitätsmindernd und sollen daher vermieden (Prüfung bei der Neuanlage einer Adresse) oder eliminiert (Dublettencheck-Funktion) werden.

Daneben kann mit Adressen eine Wiedervorlage verbunden sein; hierfür gibt es verschiedene Gründe, etwa um mit einem angefragten Referenten über die verbindliche Zusage zu sprechen. Zur Abschätzung von möglichen Erfolgen kann mit einer Adresse auch eine sogenannte „Chance" verbunden sein – die Einschätzung, als Sponsor oder Aussteller den Kongress mit zu unterstützen.

Verbände – man spricht in Deutschland von einem hohen Anteil an durch Verbände generierte Veranstaltungen – verfügen in der Regel bereits über ein CRM in Form der Mitgliederdatenbank, die dann zusätzliche Funktionalitäten wie etwa eine Beitragsverwaltung und -abrechnung erfordert. Eine Integration von Mitgliederdatenbank und Veranstaltungsmanagement-System ist sinnvoll, da so Adressen nur einmal vorhanden sein müssen und der „digitale Blick" auf ein Mitglied eine vollumfängliche Auskunft ermöglicht.

Weitere Anforderungen an ein CRM ergeben sich aus den angestrebten Nutzungsprofilen; so können für die Akquisition von Teilnehmern, Ausstellern, Referenten etc. mehrstufige Kampagnen erforderlich sein, die eine intelligente Statusverwaltung notwendig machen: Nur die Kontakte, die bereits beworben worden, aber noch nicht reagiert haben, erhalten ein zweites Mailing zur Erinnerung etc. Schon als Selbstverständlichkeit gilt die Möglichkeit zur individuellen Abfrage aus der Datenbank sowie der Erstellung von diversen Listen.

Das Kongress- und Seminarmanagement muss Funktionen für die Planung und Koordination der Veranstaltung bieten, ebenso für den wichtigen Prozess der Teilnehmerregistrierung, zu dem auch die Buchung von Hotelzimmern zählen kann, sowie die Verwaltung von Referenten.

Eine Veranstaltung gliedert sich zeitlich und räumlich – in den Schnittpunkten finden sich dann beispielsweise die „Kongresseröffnung im Plenarsaal" oder der „Workshop I im Raum Seeblick". Ein Veranstaltungsmanagement-System unterstützt hier zunächst in der strukturierten Erfassung der Abläufe und der Bereitstellung einer übersichtlichen Ansicht nach Uhrzeit und Raum – und dies nicht nur für die eigentlichen Veranstaltungsteile, sondern auch für die Zeiten und Räume, in denen auf- oder abgebaut wird.

Eine solche Struktur nimmt dann dezidierte Leistungen auf – sowohl das Personal als auch das Equipment betreffend. So kann im System nicht nur festgehalten werden, was für den Kongress benötigt wird (zum Beispiel „vier drahtlose Mikrofone"), sondern auch, wann und wo diese Leistungen zum Einsatz kommen. Um nicht nur die Bereitstellung im System zu planen, sondern auch die Details zum Ablauf festzuhalten, ist eine Kommentarfunktion sinnvoll; vor der Veranstaltung können alle Details einschließlich dieser individuellen Anmerkungen als sogenanntes „Regiebuch" (Synonyme: „Function-Sheet", „Veranstaltungsprotokoll") ausgegeben und den jeweiligen Protagonisten zur Verfügung gestellt werden.

Die Unterstützung im Prozess der Teilnehmerregistrierung erfordert Flexibilität in der Konfiguration eines Veranstaltungsmanagement-Systems: Einerseits gibt es, abhängig von der jeweiligen Situation, unterschiedliche Buchungsmodalitäten (Einzelbuchung, Gruppenbuchung, Firmenbuchung, Buchung von Begleitpersonen), andererseits sollte sowohl der manuelle (telefonische, schriftliche oder Fax-Anmeldung beziehungsweise Registrierung vor Ort) als auch der Onlineprozess (Teilnehmer bucht sich über ein Portal ein) möglich sein.

Die Struktur von Kongressgebühren ist häufig nicht trivial und kann die Grenzen einer IT-Unterstützung aufzeigen. Pauschalen für Mitglieder und Nicht-Mitglieder, Sonderkonditionen für Studenten, Tagestickets für einzelne Kongressteile, Frühbucherrabatt und optionale Kulturangebote zeigen die mögliche Komplexität, die in den entsprechenden Masken – bei einer Onlineregistrierung zusätzlich noch ohne den Verlust der Übersichtlichkeit – eines Systems abgebildet werden muss.

In bestimmten Situationen sind Wartelisten möglich, die dann im Veranstaltungsmanagement-System logisch integriert, geführt und gegebenenfalls automatisch abgearbeitet werden müssen (Storno eines Teilnehmers lässt Wartelisten-Kandidaten nachrücken etc.).

Soll die Leistung „Unterkunft" mitgebucht werden, so sind zunächst eingeholte Hotelzimmerkontingente in das Angebot aufzunehmen. Buchungen werden Kontingenten zugeordnet, um eine Überbuchung zu vermeiden – es kann lediglich dort eine Unterkunft bestätigt werden, wo die Zuordnung zum Teilnehmer aus einem Kontingent möglich ist. Eine Auswahl von Zimmern kann nach unterschiedlichen Kriterien organisiert werden (Sterne-Kategorien, Nähe zum Tagungsort etc.), der Zahlungsprozess selbst hängt unter anderem von den Verabredungen mit den Hotels ab (lediglich Reservierung und Bezahlung bei Abreise, vollständige Bezahlung vorab, Vorauszahlung für den Fall einer No-Show).

Zum Teilnehmerhandling gehören auch Funktionen wie die Erstellung von Namensschildern (Badges), ein Check-in-Status (Teilnehmer ist anwesend/nicht anwesend) und die gesamte Abwicklung des Zahlungsverkehrs.

Bei wissenschaftlichen Kongressen, Tagungen und Konferenzen wird häufig ein sogenannter „Call for Papers" eingesetzt. Potenzielle Referenten werden mit einem zeitlichen Vorlauf von zum Teil mehr als einem Jahr (durch Direktansprache oder eine Nennung in Fachmagazinen, auf der Internetseite des Verbands etc.) aufgefordert, einen Beitrag (Paper beziehungsweise in der gängigen Bezeichnung einer Kurzfassung: Abstract) einzureichen. Ein Fachgremium bewertet die eingegangenen Beiträge und bestimmt so die endgültige Zusammensetzung der Inhalte beziehungsweise Vortragenden. Solche Prozesse sind idealtypisch für eine Abbildung in einem Veranstaltungsmanagement-System, geht es doch um die in Abschn. 2 beschriebenen Dimensionen „Kommunikation", „Information" und „Dokumentation". Eine speziell hierfür konzipierte Software kann die Ansprache der potenziellen Referenten organisieren (CRM, E-Mail etc.), die eingegangenen Beiträge digital allen relevanten Bewertenden zur Verfügung stellen, die notwendigen Daten abfragen (wer reicht ein, wer wird im Fall einer Auswahl vortragen etc.) und die gesamten Prozesse überwachen (wessen Bewertung steht noch aus, wo wurden die ausgewählten Beiträge bereits rückbestätigt etc.).

Die Organisation von Vorträgen im weiteren Sinn umfasst auch das Handling von Posterausstellungen beziehungsweise Poster-Sessions (Bühnert 2013, S. 203). Hier stellt das Veranstaltungsmanagement-System die Plattform für eine koordinierte Planungs- und Vorbereitungsleistung – unter Einbeziehung der Ressourcen (Raum, Technik, Ausstattung, Personal etc.) sowie der beteiligten Personen (Referent) und der zeitlichen

Integration (als Element der Gesamtveranstaltung, gegebenenfalls buchbar, mit Vor- und Nachbereitungsphasen).

Die Leistungsdisposition in dem voranstehend genannten Raster mit den Dimensionen „Zeit" und „Raum" erlaubt, systemgestützt, die konsolidierte Übersicht und deren qualifizierte Interpretation: Was wird wann und wo (und wofür) gebraucht? Was ist bereits vorhanden (zum Beispiel als Ausstattungsmerkmal von Räumen) oder muss beschafft werden? Welche Beschaffungsprozesse (Bestellungen) sind in Gang gesetzt? Und so weiter. Eine mehrtägige Veranstaltung mit einigen Hundert Teilnehmern generiert in der Regel eine drei- oder vierstellige Zahl an einzelnen Leistungspositionen, die nur durch ein geeignetes Veranstaltungsmanagement-System mit vertretbarem Aufwand und innerhalb eines engen Zeitfensters optimal gesteuert werden kann.

Das Ausstellungsmanagement ist ein Einsatzbereich, der nur bei einem Teil der Kongresse, Tagungen und Konferenzen erforderlich wird – dann aber mit hohen Anforderungen an den professionellen Umgang mit der Vermarktung von Ausstellungsflächen, deren Belegung, der notwendigen Auftragsabwicklung und -verfolgung für Zusatzleistungen sowie dem gesamten Vertrags- und Abrechnungshandling. Dazu zählt die Verwaltung von Hallenplänen (CAD = Computer-Aided Design) mit Funktionen zur Einplanung von Ständen, eine Statusverwaltung der Stände (angeboten/optioniert/fest gebucht), das grafische Teilen, Zusammenlegen, Kopieren und Verschieben von Ständen sowie die Verbindung mit den Informationen aus anderen Bereichen (etwa CRM für die Ausstellerdaten).

Die Kommunikation nach außen bietet ein Veranstaltungsmanagement-System in Form von E-Commerce- und Website-Funktionalitäten an. Die integrierte Nutzung vorhandener Daten ohne ein zusätzliches Content-Management-System (CMS) ist wirtschaftlich sinnvoll und reduziert Fehler. Eine im Backoffice angelegte Veranstaltung kann rasch für die Online-Teilnehmerregistrierung freigeschaltet werden, der vorgesehene Ablauf mit einzelnen Programmpunkten zur Information auf einer Website oder Microsite bereitstehen.

Controlling und Reporting sind Bereiche, die explizit durch ein IT-System unterstützt werden, sei dies durch entsprechende Berichte und Auswertungen oder aber durch eine automatische Aktualisierung von Kennzahlen im zeitlichen Verlauf. So können Kalkulationen, denen Plangrößen (Teilnehmer, Gebühren) zugrunde liegen, dynamisch fortgeschrieben und Risiken identifiziert werden. Vergleiche zu Vorjahresveranstaltungen liefern zusätzliche Erkenntnisse und können in ihrer analytischen Betrachtung zu Aktivitäten führen: „Die Zahl der Teilnehmer ist acht Wochen vor der Veranstaltung bei 65 % der geplanten Zahl, im Vorjahr waren es bereits über 80 % – entweder hat sich das Buchungsverhalten verändert (Tendenz zu kurzfristigeren Zusagen), oder es müssen kurzfristig weitere Kommunikationsmaßnahmen eingeleitet werden". Zu einem professionellen Reporting zählt die Möglichkeit, über Pivot-Tabellen Auswertungen zu generieren und dem Veranstaltungsmanagement sogenannte „Dashboards" (Armaturenbrett = die wichtigsten Zahlen auf einen Blick, in Echtzeit) zur Verfügung zu stellen.

4   Technologien, Auswahlprozess und Anbieter

Auch wenn es wie ein Modebegriff erscheint, so ist Cloud-Computing hier der aktuelle und in vielerlei Hinsicht auch der richtige technologische Ansatz. Veranstaltungsmanagement erfordert einen zeitlich und örtlich flexiblen Einsatz – beispielsweise werden Planung und Vorabregistrierung im Büro erledigt, aber Tagesregistrierung und Aktualisierungen im Programmablauf finden vor Ort statt. Hinzu kommt der Internetteil – ob dynamische Informationsplattform oder Webshop, ob Verlinkung mit anderen Systemen oder Downloadbereich für Teilnehmer. Dies erfordert eine virtuelle Datenhaltung, auf die von überall zugegriffen werden kann. Das Cloud-Computing entspricht im Wesentlichen dem früheren Hosting, bei dem Speicherplatz (für Daten und/oder Programme) angemietet wurde.

Veranstaltungsmanagement-Software kann in der Regel als Lizenz erworben werden – wie etwa das Office-Paket von Microsoft. Allerdings ist für viele Anwender eine solche Software kein Hilfsmittel für den täglichen Gebrauch, geht es etwa nur um die Planung und Durchführung des jährlichen Verbandskongresses oder die Unterstützung bei einem Vertriebsevent eines Unternehmens. So werden die Anschaffungskosten von Lizenzen im Verhältnis zum Nutzen problematisch. Dieses Dilemma lösen neue Preis- und Lizenzmodelle der Softwareanbieter:

Sogenannte „SaaS-Konzepte" (SaaS steht für „Software as a Service") berechnen Nutzungsgebühren bezogen auf den tatsächlichen Einsatz, also etwa pro Teilnehmer, der sich online registriert hat. Anwender erhalten die Software vollumfänglich und in der erforderlichen Zusammenstellung (Konfiguration), gegebenenfalls mit einer berechnungspflichtigen, individuellen Anpassung (Customizing = Möglichkeit zur programmtechnischen Anpassung von Standardsoftware an individuelle Anforderungen und Spezifikationen des Anwenders, zum Beispiel Einstellung der Bildschirmmasken, Ausblenden nicht benötigter Funktionen, Sprachanpassungen, Schnittstellen zu anderen Programmen, Gestaltung von Papier- und elektronischen Ausgaben sowie spezifische Reports).

SaaS steht in diesem Kontext für niedrige Einstiegskosten (die Lizenzierung von Software entfällt), hat dafür höhere laufende Kosten – allerdings immer bezogen auf das Niveau der Nutzung! Ein geringes Risiko für die Entscheider bei gleichzeitig hohem Leistungsumfang, ein externer Service und immer aktuelle Versionen: Das spricht für SaaS.

Auch dieses Konzept ist nicht völlig neu, Vorläufer ist der ASP (Application Service Provider) – ein Dienstleister, der eine Anwendung über ein Netz (zum Beispiel Internet) zur Nutzung zur Verfügung stellt.

Bei der Auswahl der richtigen Veranstaltungsmanagement-Software sind verschiedene Kriterien zu beachten, hier eine Auswahl:

- **Softwarefunktion**
  Was wird benötigt, in welcher Intensität und Frequenz, wie integriert oder offen für andere Anwendungen?

Das Spektrum erstreckt sich von einer einmal eingesetzten Software zur Teilnehmer-registrierung bis hin zu einem dauerhaft benötigten komplexen System.

- **Erfüllung der Anforderungen aus dem Soll-Konzept**
  Gibt es ein Soll-Konzept im Sinne eines Anforderungskatalogs oder Pflichtenhefts? In welchem Umfang erfüllen die verschiedenen Lösungen die dort definierten Funktionen?

- **Modularität der Software**
  Kann die Software „wachsen"? Ist es möglich, mit wenigen Benutzern und einem kleinen Funktionsumfang zu starten und je nach Bedarf Lizenzen und Softwareteile zuzuschalten?

- **Bedienerfreundlichkeit**
  Wie rasch kann das System produktiv genutzt werden? Ist es selbsterklärend, verfügt es über eine intelligente Form der Unterstützung (kontextsensitive Onlinehilfe)? Entspricht die Bedienung der anderer (Standard-)Anwendungen? Wie hoch ist der Schulungsaufwand, bezogen auf die zeitliche wie auch die monetäre Größe?

- **Kompatibilität zu anderen Programmen**
  Können vorhandene Anwendungen integriert werden, zum Beispiel die Textverarbeitung oder das E-Mail-Programm? Wie ist die Verbindung zum Rechnungswesen, zur Adressdatenbank?

- **Zuverlässigkeit und Fehlerrobustheit**
  Wer ist bereits Anwender, welche Referenzkunden gibt es? Sind das Nutzer, die zum eigenen Profil passen? Welche Rückmeldungen erhalte ich von Kollegen und Marktbegleitern hinsichtlich deren Erfahrungen?

- **Customizing**
  Inwieweit kann ich die Standardeinstellungen an meine Anforderungen anpassen (lassen)? Wie viel Spielraum besteht für die Individualisierung, ohne die Vorteile eines Standards aufzugeben?

Typisch für die Vorbereitung einer Entscheidung ist ein kleiner Auswahlprozess, für den zunächst der eigene Bedarf erhoben wird, der dann mit den angebotenen Lösungen abzugleichen ist – und schließlich die Schärfung des Bilds der potenziellen Anbieter durch Kontakt zu anderen Anwendern und/oder einer Präsentation im Unternehmen. Einen Marktüberblick schafft meist die Recherche

- bei Kollegenunternehmen,
- im Internet und in Fachzeitschriften sowie
- auf Fachmessen (beispielsweise „IMEX" und dort der Technologiebereich).

Einzelne Felder, etwa komplexe und integrierte Gesamtlösungen, sind in der Regel sehr übersichtlich mit Anbietern besetzt; hier gibt es wenige, aber erfahrene und langjährig aktive Softwareunternehmen.

Immer mehr Anbieter sind im Bereich von Teillösungen zu finden, insbesondere bei der Funktion der Teilnehmerregistrierung; meist sind dies, was der aktuellen technologischen Entwicklung entspricht, webbasierte Lösungen.

5   Zentral und bereichsübergreifend

Ein Veranstaltungsmanagement-System, basierend auf Hard- und Software, kann als zentrales Hilfsmittel wichtige Aufgaben im Prozess der Planung, Durchführung und Kontrolle übernehmen. Es unterstützt durch Automation, Information, Kommunikation und Dokumentation, hat durch die Integration von Daten und Abläufen auch eine qualitätssichernde Funktion. Anbieter solcher Systeme, wie beispielsweise Ungerboeck Systems International (USI), sprechen auch von einer Datenbank, die alle Abteilungen vereint – wie in Abb. 6 beispielhaft dargestellt.

Abb. 6 Integriertes Veranstaltungsmanagement-System. (Quelle: Ungerboeck Systems International)

Literatur

Bühnert C (2013) Veranstaltungsformat. In: Dinkel M, Luppold S, Schröer C (Hrsg) Handbuch
    Messe-, Kongress- und Eventmanagement. Wissenschaft & Praxis, Sternenfels, S 199–212
Dinkel M, Luppold S, Schröer C (2013) Veranstaltungsmanagement. In: Dinkel M, Luppold S,
    Schröer C (Hrsg) Handbuch Messe-, Kongress- und Eventmanagement. Wissenschaft & Praxis,
    Sternenfels, S 213–215
Fiedler B (2013) Kongress. In: Dinkel M, Luppold S, Schröer C (Hrsg) Handbuch Messe-,
    Kongress- und Eventmanagement. Wissenschaft & Praxis, Sternenfels, S 124–127
Jaworski J, Luppold S, Behn-Künzel I, Hörsch-Tadic S (2010) Informationstechnologie im Touris-
    mus. uni-edition, Berlin
Luppold S (2011) Management-Informationssysteme für Sportstätten-Betreiber. In: Bielzer L,
    Wadsack R (Hrsg) Betrieb von Sport- und Veranstaltungsimmobilien. Peter Lang, Frankfurt
    a. M., S 285–308

Weiterführende Literatur

Luppold S (1998) Software-gestütztes Qualitätsmanagement für Veranstaltungs-Stätten – Funkti-
    onsbereiche und Einsatzmöglichkeiten am Beispiel von Veranstaltungsmanagement-Software.
    In: Goschmann K, Kohl H, Odenkirchen B, Luppold S (Hrsg) Qualitätssicherung in Tagungs-
    stätten. Neuer Merkur, München, S 155–175
Luppold S (2005) EDV in der Veranstaltung – der Einsatz von Standard- und Spezialsoftware im
    Veranstaltungsmanagement. In: Haase F, Mäcken W (Hrsg) Handbuch Event-Management,
    2. Aufl. kopaed, München, S 373–391

Über den Autor

Prof. Stefan Luppold ist Professor an der staatlichen DHBW
(Duale Hochschule Baden-Württemberg) Ravensburg; dort leitet er
den Studiengang „Messe-, Kongress- und Eventmanagement". Das
gleichnamige Institut (IMKEM) hat er 2009 gegründet.

Zuvor war er zwei Jahrzehnte lang in internationale Projekte der
Veranstaltungsbranche eingebunden, darunter bei Messe- und Kongressgesellschaften, Stadien und Arenen, Kultureinrichtungen sowie
den Veranstaltungsabteilungen wissenschaftlicher Verbände und
Eventagenturen.

Als Herausgeber von zwei Fachbuchreihen mit aktuell 17 Bänden, als Mitherausgeber des 2013 veröffentlichten „Handbuch
Messe-, Kongress- und Eventmanagement" sowie als Autor, Referent bei Branchenverbänden und Gastdozent an Hochschulen im In-
und Ausland gibt er sein Wissen weiter.

Es ist angerichtet

Gastronomie in Veranstaltungszentren

Joachim König und Karin Wolffrom

Zusammenfassung

Catering spielt in der Veranstaltungsbranche eine immer wichtigere Rolle. Es geht nicht mehr nur darum, die Gäste während der Veranstaltung mit Speisen und Geträn-ken zu versorgen, sondern vielmehr darum, ein gastronomisches Gesamtkonzept zu entwickeln und in die Dramaturgie des Veranstaltungsformats zu integrieren. In einem Dialog zwischen Karin Wolffrom, Inhaberin von Catering Guides, und Joachim König, Direktor des HCC Hannover Congress Centrum, wird auf den folgenden Seiten veranschaulicht, weshalb dem Thema „Catering" heute eine immer wichtigere Rolle in der Veranstaltungsbranche zugespielt wird. Dabei wird in diesem Kapitel das Thema „Catering" aus der Sicht eines Veranstaltungszentrums am Beispiel des HCC beschrieben sowie die Rolle des Caterings bei Veranstaltungen erläutert. Zu erken-nen ist dabei in beiden Fällen, dass das Catering heute nicht nur für die Versorgung der Gäste während der Veranstaltung eingesetzt wird, sondern auch, um die eigenen Werte des Unternehmens zu transportieren. Dass dafür das Cateringangebot allerdings gut durchdacht werden muss und auch langfristig in die Veranstaltungsplanung inte-griert werden sollte, wird ebenfalls erläutert.

In einem zweiten Teil wird daher auch darauf eingegangen, worauf bei der Zusam-menarbeit mit Cateringunternehmen geachtet werden sollte. Von der Personalplanung bis hin zur Durchführung von Veranstaltungen werden wertvolle Tipps, Anregungen und Hinweise gegeben, die dem Veranstalter die Zusammenarbeit mit Cateringunter-nehmen erleichtern.

J. König · K. Wolffrom (✉)
Hamburg, Deutschland
E-Mail: karin.wolffrom@catering-guides.de

© Springer Fachmedien Wiesbaden GmbH 2017
C. Bühnert und S. Luppold (Hrsg.), *Praxishandbuch Kongress-, Tagungs- und Konferenzmanagement*, DOI 10.1007/978-3-658-08309-0_40

Vorbemerkung der Autoren

Ein Magen muss viel ertragen: Es drückt mitunter, dreht sich herum, es liegt etwas schwer darin, er ist auch mal leer und knurrt dann, kann mal verdorben sein oder auch flaue Gefühle äußern. Manchmal geht sogar die Liebe durch. Schon die sprichwörtliche Vielfalt offenbart, dass es nicht nur um Nahrungsaufnahme geht. Catering ist demnach mehr. Galt das Catering früher lediglich als Verpflegung während der Veranstaltungen, wird dieses heutzutage in das Gesamtkonzept von Veranstaltungen integriert. Umso wichtiger ist es, dem Catering eine tragende Rolle zuzuspielen und vorzeitig in die Veranstaltungsplanung zu integrieren. Auch die Auswahl des richtigen Partners sollte nicht dem Zufall überlassen werden. Unternehmen sollten ähnliche Ziele transportieren und bei ihren Partnern denselben Anspruch an Professionalität und Kreativität wiederfinden.

1   Cateringkonzepte für Veranstaltungszentren

1.1   Fremdgastronomie vs. Eigengastronomie

Catering ist in der Veranstaltungsbranche mehr als die Bereitstellung von Speisen und Getränken. Catering ist Teil des Programms und ein strategisches Element, das ein gastronomisches Gesamtkonzept erfordert. Dies gilt auch in Kongresszentren, wo die Gastronomie an Volumen und Bandbreite der unterschiedlichen Versorgungsanforderungen auszurichten ist. Um zu verstehen, warum das so ist, reicht ein Blick auf die zwei verschiedenen Arten von Gastronomie, die es in der Branche gibt und ihr Mengenverhältnis: Rund 80 bis 90 % der Veranstaltungszentren haben ihr Versorgungsangebot durch entsprechende vertragliche Absprachen mit Partnern ausgelagert. Nur ein sehr kleiner Teil der Veranstaltungszentren betreibt die Gastronomie als einen eigenen Betriebsbereich, die sogenannte „Eigengastronomie-Lösung". Dabei fungiert das Veranstaltungszentrum als Gastronom und entwickelt und steuert seine diesbezüglichen Angebote sowohl qualitativ als auch preislich direkt als Teil des Gesamtangebots für die Veranstaltung.

In der Abwägung, ob Fremdgastronomie oder Eigengastronomie, gibt es keine pauschalen Lösungen, die für alle Kongresszentren gleich gut funktionieren.

Hat man einen zuverlässigen Gastronomiepartner, bekommt man in der Regel gute Lösungen mit entsprechender Kundenzufriedenheit ohne viel eigenen Begleitaufwand. Hat man ihn dagegen nicht, kann das mit großen Schwierigkeiten verbunden sein. Dabei gibt es eine ganze Reihe von entscheidenden Faktoren wie die Größe des Objektes, die örtliche Gesamtsituation, das politische Umfeld, die Erwartungshaltung des Veranstalters und der Gäste und die verfügbaren Ansprechpartner für gastronomische Dienstleistungen vor Ort, die dabei eine Rolle spielen können. Viele scheuen vor der Herausforderung des eigenen Caterings zurück, weil sie ein Kompetenzproblem fürchten. Schließlich gehört viel Know-how dazu, eine Eigengastronomie aufzubauen, die auch mit einem erhöhten personellen Aufwand verbunden ist. Allerdings sollte man diese Faktoren nicht überschätzen und sich daneben auch über die Vorteile klar werden. Der wohl Größte ist dabei die Einheitlichkeit des Produkts. Eigengastronomie kann nämlich auch die eigenen Unternehmenswerte transportieren, die in der direkten Kundenkommunikation verwendet werden können.

Wird die Gastronomie allerdings unter Berücksichtigung der vorhergegangenen Faktoren ausgelagert, sollte man in regelmäßigen Abständen Qualitätsprüfungen vereinbaren. So können gemeinsame Entwicklungsmöglichkeiten bezüglich der Zusammenarbeit und der Produktentwicklung besprochen werden. Das ist besonders bei den branchenüblich sehr langfristigen Verträgen wichtig.

Betrachtet man dabei die Entwicklung der letzten Jahre, sind aber auch gastronomische Mischlösungen keine Seltenheit mehr. Tatsächlich fiel in früheren Jahren nur die Entscheidung zugunsten eines Pächters für das gesamte Cateringgeschäft oder aber zur Eigengastronomie. Heutzutage gibt es aber auch Ansätze, die versuchen, beides zu verbinden. So kann man sich beim Outsourcing dafür entscheiden, die Verantwortung auf mehrere Partner zu verteilen. Dieses Konzept hat einige Vorteile: Einerseits geht man ein geringeres Risiko beim Ausfall eines Caterers ein und kann Partnern bei Qualitätsproblemen entsprechend offensiver gegenübertreten. Andererseits bietet es die Möglichkeit, eine Partnerschaft für die sogenannte „Highend-Gastronomie", eine für das Kerngeschäft und eine für die budgetsensible Angebotsstruktur (Schlichtversorgung: Veranstaltungen mit geringem Budget) zu unterhalten. So schafft man Optionen für unterschiedliche qualitative und preisliche Wünsche sowie Vorgaben der Kunden und Gäste. Der Nachteil an diesem Konzept liegt im organisatorischen Aufwand, den das Veranstaltungszentrum damit hat. Man braucht schließlich nicht nur mehrere Partner, sondern muss auch deren Logistik aufeinander abstimmen und eventuell zusätzliche Produktions- und Lagerkapazitäten zur Verfügung stellen. Außerdem sollten die Absprachen zwischen den Caterern effektiv funktionieren – beispielsweise, wenn aufeinanderfolgende Veranstaltungen von unterschiedlichen Partnern durchgeführt werden.

Eine weitere Mischlösung liegt im gelegentlichen Einsatz von externen Anbietern bei einer Eigengastronomie. Auch das HCC, das seit 1914 Eigengastronomie betreibt, bietet mittlerweile externen Cateringdienstleistern die Möglichkeit, Veranstaltungen vor Ort durchzuführen. Hier spielt die Kundenzufriedenheit eine wichtige Rolle, denn an erster Stelle sollte sich ein Veranstaltungszentrum immer fragen, was der Gast will. So kann es bei bestimmten gastronomischen Anforderungen sinnvoll sein, das Mitbringen eines vom Kunden gewünschten Caterers zu akzeptieren. Dabei sollten allerdings nicht nur die Kompensationsleistungen für das Abtreten der Gastronomie vorab geregelt werden. Auch das Hinterfragen der Verhältnismäßigkeit des Gesamtaufwands einer solchen Lösung ist notwendig. Fällt dieses allerdings positiv aus, kann man durch die zusätzliche Zusammenarbeit mit externen Cateringdienstleistern sehr wohl mehr Veranstaltungen und zufriedenere Kunden haben als bei einem Beharren auf althergebrachte Umsetzungsstrukturen.

Abschließend ist zu sagen, dass Outsourcing- und Eigengastronomie-Strategien immer differenzierter umgesetzt werden und jedes Veranstaltungszentrum seine eigene Lösung finden muss, mit der es sich wohlfühlt. Dabei können folgende Ansätze festgehalten werden:

- die Umsetzung des Caterings mit einer reinen Eigengastronomie
- die Umsetzung des Caterings mit einer Eigengastronomie und Zusammenarbeit mit externen Cateringdienstleistern, wenn vom Kunden veranstaltungsbezogen erwünscht
- die Umsetzung des Caterings ausschließlich mit externen Cateringdienstleistern, wobei hier gewählt werden kann zwischen einem exklusiven Partner oder mehreren Partnern, die dem Kunden für seine Veranstaltung empfohlen werden

1.2   Artenvielfalt in der Gastronomie

Beim Catering wird in fünf verschiedene Cateringarten untergliedert. Das Care-Catering kümmert sich hauptsächlich um die Verpflegung von Menschen in Sozial- und Gesundheitseinrichtungen, zum Beispiel Kliniken und Krankenhäuser, Seniorenheime und auch Schulen und Kitas. Das Business-Catering umfasst die Mitarbeiterverpflegung in Industrie- und Dienstleistungsunternehmen in Kantinen und Betriebsrestaurants sowie auch bei Konferenzen oder Inhouse-Veranstaltungen. Das Verkehrscatering umfasst die Speisen- und Getränkeversorgung von Menschen, die sich an Autobahnen, Bahnhöfen, Flughäfen, Schiffshäfen befinden oder in einem der genannten Fortbewegungsmittel. Hier werden auch alle anderen Arten von Fortbewegungsmitteln eingeschlossen. Das Messecatering übernimmt die gastronomische Versorgung von all denjenigen, die sich auf Messen befinden. Dies kann einerseits der Messebesucher sein, andererseits auch der Aussteller mit seinem Standpersonal. Das Hauptaugenmerk dieses Beitrags liegt natürlich auf der Cateringart „Eventcatering", bei dem die Bewirtung von Gästen bei Großveranstaltungen wie Kongressen, Firmenfeiern, Sportveranstaltungen und Konzerten übernommen wird. Dieses wird auch hauptsächlich in Veranstaltungszentren eingesetzt und umfasst die Versorgung von Gästen und Mitwirkenden auf Veranstaltungen aller Art. Beim Eventcatering gibt es diverse Unterarten wie beispielsweise die À-la-carte-Gastronomie, die Bankettgastronomie und auch die Unterscheidung zwischen einer Gesamtabrechnung und Selbstzahlern.

So verfügen viele Veranstaltungszentren über eine À-la-carte-Gastronomie (Restaurants, Bistros, Bars etc. mit regelmäßigen Öffnungszeiten). Das bietet auch dann eine ergänzende Versorgung der Gäste, wenn diese vonseiten des Veranstalters nicht geordert wurde. Dieses Angebot ist allerdings von Personal-, Material- und Logistikaufwand häufig eine wenig lukrative Versorgungsnotwendigkeit, an der der Betreiber kaum Ertrag hat. Ausnahmen sind dabei beispielsweise Veranstaltungszentren, die in der Innenstadt liegen und zusätzliche Laufkundschaft haben.

Die klassische Angebotsstruktur in Veranstaltungszentren ist die Bankettgastronomie. Sie kümmert sich um die veranstaltungsbegleitende Versorgung der Gäste.

Hier unterscheidet man die klassische Bankettgastronomie mit Büffets, Tellergerichten, Menüs oder Imbissversorgung und die Messegastronomie mit ganztägiger Vorhaltung von Speisen und einem eher einfachen Essensangebot mit schwankenden Anforderungen sowie die sogenannte „Pausenversorgung" bei Konzert-/Theaterveranstaltungen oder auch bestimmten Vorträgen.

Bei diesen Formen der Bankettgastronomie wird zusätzlich zwischen einer Gesamtabrechnung und Selbstzahlern differenziert. Bei einer Gesamtabrechnung übernimmt der Veranstalter die Gesamtkosten für das anfallende gastronomische Angebot. Bei der Variante der Selbstzahler werden die Kosten für die verzehrten Speisen von den Teilnehmern übernommen. Allerdings kann man aber in den letzten Jahren eine klare Tendenz zu Veranstaltungen mit Selbstzahlern erkennen. Für den Gastronomen eine schwierige Entwicklung, denn bei Selbstzahlern werden in der Regel nicht nur weniger Umsätze generiert. Auch der Warenverbrauch und der Einsatzbedarf an Personal sind hier nur schwer einzuschätzen. Nicht selten übernimmt der Selbstzahlerkunde deshalb nach einer entsprechenden Absprache die Personalkosten – die für den Gastronomen den größten Kostenblock bilden – zumindest anteilig.

1.3 Catering als Marketingaspekt

Neben der richtigen Auswahl der Cateringstrategie (Eigencatering oder Fremdcatering) sowie der Auswahl des Cateringpartners können durch das Catering ebenfalls die Marketingziele sowie das Betriebskonzept des Veranstaltungszentrums unterstützt werden. Beispielsweise wurde im HCC schon vor einigen Jahren ein Nachhaltigkeitskonzept als Managementstrategie entwickelt. Das hat dem Unternehmen in der Außenwirkung bereits eine Reihe von Auszeichnungen eingebracht, wie zum Beispiel den Titel des nachhaltigsten Kongresszentrums Europas durch Green Globe. Im Rahmen dieser Strategie ist auch die Gastronomie seit 2013 als eigener Konzeptbaustein regional und saisonal ausgerichtet worden. Außerdem wird die eigene Produktpalette an vielen Stellen – wie im hauseigenen Restaurant „Das Grüne am Stadtpark" – mit biologischen Komponenten angereichert.

An diesem Beispiel ist zu erkennen, wie die erfolgreiche Umsetzung einer nachhaltigen Gastronomie dazu geeignet ist, Geschichten zu erzählen, immer weiter fortzuschreiben und somit erfolgreich in die Vermarktung des Unternehmens integriert werden kann. Dies beginnt im konkreten Fall bei der Auswahl von regionalen Lieferanten und Partnern, setzt sich mit einem eigenen Kräutergarten und einem Bienenvolk im Stadtpark fort und schließt ausgewählte Hausweine und vegane Pralinenmischungen ein.

Nachhaltige Gastronomie ist aber auch Personalentwicklung und Personalbindung, die dafür sorgt, dass Mitarbeiter die Geschichte selbst weiterschreiben. Das Restaurant im HCC ist inzwischen ein von der Belegschaft autonom organisiertes Auszubildenden-Restaurant; einmal im Jahr wird von diesem eine Weihnachtsfeier für Obdachlose betreut und auch die Dekoration für die Versorgungsangebote ist umweltgerecht.

Das alles macht die Gastronomie zu einem wesentlichen Transportmittel für das Produkt HCC und einem unentbehrlichen Bestandteil der Marketingstrategie. Dies ist allerdings im Beispiel HCC nur möglich, da sich das Unternehmen für eine Eigengastronomie entschieden hat, die so ihren Beitrag in glaubwürdiger und effektiver Form leisten kann.

2 Das Zusammenspiel mit Cateringunternehmen

2.1 Bedeutung des Caterings bei Veranstaltungen

Besonders Eventagenturen – die als Kernaufgabe außergewöhnliche Konzepte für Veranstaltungen kreieren – haben die Entwicklung entscheidend mit vorangetrieben, dass die Gastronomie einen anderen Stellenwert bei Veranstaltungen hat und stärker in den Vordergrund rückt. Das hat auch dafür gesorgt, dass das Catering immer diversifizierter wird. Die Folge dieser Entwicklung: Das Speisen- und Getränkeangebot, die Form der Speisenpräsentation, der zeitliche Ablauf und auch die Integration des Personals in die Veranstaltung – all das muss frühzeitig in der Eventorganisation berücksichtig werden.

Aus diesem Grund reicht es heute nicht, wenn ein Caterer weiß, wohin er die Speisen liefern soll. Für die erfolgreiche Verpflegung der Gäste benötigt er noch eine Vielzahl anderer relevanter Informationen, die in Abschn. 2.2 im Detail erläutert werden.

2.2 Briefing des Caterers

Um eine Veranstaltung gut vorbereiten zu können und der immer wichtiger werdenden Rolle des Caterings bei Veranstaltungen gerecht zu werden, benötigen Caterer somit eine große Anzahl an Informationen. Vor allem aufgrund der Diversität gibt es beim Catering heute kaum mehr einen Standard. Deshalb sollte der Caterer eigentlich immer bereits zu Beginn und nicht erst am Ende der Veranstaltungsplanung hinzugezogen werden. Für ein überzeugendes Gesamtkonzept ist es außerdem entscheidend, dass der Gastronom bei der Planung des Speisenangebots dabei ist. Nur so gewährleistet man, dass alle Rahmenbedingungen miteinander harmonieren. Das Essen ist und bleibt schließlich ein maßgeblicher Bestandteil einer jeden Veranstaltung. Im Detail benötigt der Caterer folgende Informationen:

- Zunächst einmal die Zeitparameter, also: Wann findet die Veranstaltung statt, um welche Jahreszeit handelt es sich (saisonales Angebot), findet die Veranstaltung unter der Woche oder am Wochenende statt (kann zum Beispiel über die Dauer der Veranstaltung entscheiden, unter der Woche gehen die Gäste eher früher nach Hause)?
- Ein Blick auf die Teilnehmerstruktur empfiehlt sich ebenfalls für jede Veranstaltung. Die wichtigste Information für den Caterer und für dessen Kalkulation ist die

Personenanzahl. Nach dieser richtet sich das Angebot, sie ist ausschlaggebend für den Einkauf und den Personaleinsatz. Aber auch Kenntnisse über die Herkunft, die Altersstruktur, das Geschlecht und den sozialen Status der Kunden sind nicht zu vernachlässigen.

- Veranstaltungsdetails wie beispielsweise Art und Ablauf der Veranstaltung sind für den Caterer wichtige Informationen: Handelt es sich um eine Tages- oder Abendveranstaltung, um eine Messe, Tagung, Produktpräsentation oder ein Galadinner? Denn davon hängt immer auch die Auswahl und Präsentation der Speisen ab.
- Ein detaillierter Veranstaltungsablauf ist ebenfalls wichtig für die Planung. Kommen die Gäste alle zum gleichen Zeitpunkt, so müssen zunächst viele Menschen gleichzeitig bedient werden. Treffen die Gäste erst nach und nach ein, entspannt sich die Bewirtung zu Beginn der Veranstaltung etwas. Finden Reden oder Künstlerauftritte statt, muss der Caterer wissen, ob der Service hierfür unterbrochen wird oder dezent im Hintergrund weiterlaufen darf. Auch muss das Küchen- und Serviceteam über die Dauer der Reden oder Künstlerauftritte informiert sein, um sich rechtzeitig auf den nächsten Gang vorbereiten zu können.
- Die Möblierung der Veranstaltung sollte dem Caterer ebenfalls bereits zu Beginn mitgeteilt werden, denn nicht nur die Auswahl des Caterings und die einzukalkulierende Büffetfläche richten sich nach dem Bestuhlungsplan (zum Beispiel Fingerfood oder Flying Buffet für Stehempfänge, Büffet- oder Menüform für Veranstaltungen mit eingedeckten Tischen). Auch die Menge und die genaue Einteilung des Personals hängt maßgeblich von den Raumeigenschaften ab. So muss bei längeren Wegen oder einem komplizierten Location-Aufbau häufig mehr Belegschaft eingeplant werden, was sich auf die Kosten auswirkt. Derartige Details sollte ein Caterer auf jeden Fall überprüfen, denn nicht immer werden diese vom Veranstalter berücksichtigt.
- Doch auch die Infrastruktur der Location sollten bei der Planung nicht außer Acht gelassen werden: Laufwege von den Produktionsräumen zum Gästebereich, vorhandene Lagerkapazitäten und der Vorbereitungsplatz in der Küche – diese Informationen benötigt ein Caterer für die erfolgreiche Verpflegung aller Gäste. Ebenfalls wichtig ist die Anlieferung. Kann alles ebenerdig oder mit einem Lastenaufzug angeliefert werden oder sind hier Stufen oder sogar mehrere Stockwerke zu überwinden? Sind ausreichende Starkstromanschlüsse vorhanden, um die benötigten Küchengeräte zu versorgen?

3 Das Personal als Visitenkarte

3.1 Bedeutung des Serviceteams in der Gastronomie

Die Gastronomie gilt noch immer als ein nicht besonders lukrativer und angesehener Arbeitgeber und dies nicht ganz zu Unrecht: Arbeitszeiten mit starken Schwankungen, auch an Wochenenden und Feiertagen, und eine nicht gerade üppige Bezahlung- besonders in

Service und Küche - sind schließlich nicht von der Hand zu weisen. Für viele Gastrono-miebetriebe stellt somit die Personalsuche ein immer größeres Problem dar (Schmid und Reif 2016, S. 43). Gerade aus diesem Grund muss in der Gastronomie erkannt werden, dass das Team das Allerwichtigste ist. Bei Veranstaltungen sind die Servicemitarbeiter die Visi-tenkarte des Unternehmens und die Kundenbotschafter. Sie sind dafür verantwortlich, dass eine positive und angenehme Stimmung herrscht, sie haben die Möglichkeit, durch ihr sym-pathisches Auftreten Kunden und Gäste zu Stammkunden zu machen. Daher sollte darauf geachtet werden, dass die Mitarbeiter im Gastronomieservice nicht nur die Richtlinien des Unternehmens beherrschen und wiedergeben können, sondern auch hinter dem Produkt ste-hen, um es an den Gast zu bringen. Dieser Zusammenhalt innerhalb des gesamten Teams ist die Grundlage für den Erfolg eines Cateringunternehmens, sodass die Bedeutung des Serviceteams bei Veranstaltungen keinesfalls unterschätzt werden darf. Wenn man sich auf der Führungsebene also ein Konzept ausgedacht hat, ist es wichtig, die Menschen davon zu überzeugen, die es umsetzen. Das Team soll die ganze Zeit das Gefühl haben: „Das ist klasse, was wir hier machen!". Und für dieses Gefühl braucht es mehr als nur Schulungen, es braucht Wertschätzung.

3.2   Personalplanung

Doch nicht nur die Auswahl des Personals und deren Verhalten bei Veranstaltungen spielt eine entscheidende Rolle, sondern auch der Einsatz des Serviceteams muss gezielt geplant werden. So sollte das Aufbauteam je nach gastronomischer Veranstaltungs-art mindestens drei Stunden vor Veranstaltungsbeginn am Veranstaltungsort eintreffen. Dabei beginnt die Vorbereitung der Servicemannschaft ab dem Zeitpunkt, an dem Tische und Stühle aufgebaut sind. Wenn der Saal also bestuhlt ist, beginnt das Team mit dem Eindecken und Dekorieren.

Die Bar wird gleichzeitig von dem Barpersonal bestückt, das im Anschluss auch bei der Veranstaltung tätig ist. Das Küchenpersonal ist in der Regel bereits vor dem Service-team vor Ort, weil die Zubereitung der Speisen die längste Vorlaufzeit benötigt.

Wird mit einer längeren Veranstaltungsdauer gerechnet, arbeitet man teilweise auch in zwei Schichten. Die erste Schicht übernimmt dann die Veranstaltungsvorbereitung und den Service zu Beginn der Veranstaltung und übergibt im Anschluss an ein zwei-tes Serviceteam. Wenn dieser Wechsel im laufenden Veranstaltungsbetrieb erfolgt, sollte er von den Gästen so wenig wie möglich wahrgenommen werden. Die Nacharbeit der Veranstaltung kann entweder durch das zweite Serviceteam erfolgen oder aber von Hilfskräften ausgeführt werden. Das ist vor allem dann von Vorteil, wenn man mit dem Serviceteam nicht über die maximale Arbeitszeit von zehn Stunden am Tag kommen möchte.

Doch nicht nur für die Veranstaltungsvorbereitung müssen die Mitarbeiter gut und vor allem in ausreichender Anzahl eingeplant werden. Noch wichtiger ist die Mitarbei-terplanung für den Veranstaltungsbetrieb an sich. Eine allgemeingültige Richtlinie, die besagt, wie viel Personal für Veranstaltungen einkalkuliert werden muss, gibt es nicht. Der Hauptgrund hierfür ist, dass jede Veranstaltung anders ist und somit auch personell individuell kalkuliert werden muss. Doch auch hier gilt die Faustregel: Je umfangreicher und hochwertiger das Event, desto mehr Personal wird benötigt. Dabei erfolgt die Aufteilung der Mitarbeiter in der Regel nach Stationen. Es wird also vorher festgelegt, wer welche Tische oder Raumteile übernimmt. Dabei ist jede Servicekraft für zehn bis 30 Gäste zuständig, je nachdem, wie hochwertig die Veranstaltung ist. Wird nur eine einfache Versorgung angeboten, bei der man lediglich abräumen muss, kann auch mit 50 Gästen pro Servicekraft kalkuliert werden.

Bei der Aufteilung des Personals empfiehlt es sich, insbesondere die Rangordnung unter den Servicemitarbeitern zu beachten. Über dem gesamten Serviceteam steht der Serviceleiter. Dieser koordiniert das Team, fungiert als Ansprechpartner für den Kunden und bildet die Schnittstelle zum Küchenteam. Dem Serviceleiter folgt hierarchisch der Stationsleiter. Er erhält Anweisungen vom Serviceleiter und gibt sie an jene Servicemitarbeiter weiter, die ihm unterstehen. Eine funktionierende Rangordnung ist auch der Grund dafür, dass bei großen und aufwendigen Veranstaltungen der Service so reibungslos läuft.

3.3 Personalbriefing

Damit sich das Serviceteam zielgerichtet einbringen kann, benötigt es auch einige Informationen zum Veranstaltungsablauf und den Veranstaltungsdetails. Dies wird vor jeder Veranstaltung im Personalbriefing übermittelt, das vom Serviceleiter rund eine Stunde vor Veranstaltungsbeginn – möglichst mit allen zur Veranstaltung eingeteilten Servicemitarbeitern – durchgeführt wird. Dabei stellt das Briefing das Ende der Aufbauarbeiten dar. Das heißt, zu diesem Zeitpunkt sollte der Großteil der Location für das Eintreffen der Gäste bereit sein. Auch die Mitarbeiter sind zu diesem Zeitpunkt bereits umgezogen, sodass sie im Anschluss sofort einsatzfähig sind. Beim Personalbriefing geht der Serviceleiter auf folgende veranstaltungsrelevanten Informationen ein:

1. Veranstaltungsablauf: Das Team erhält die wichtigsten Informationen über die Veranstaltung (Zeitpunkt, zu dem Gäste eintreffen, wann bei Tagungen die Pausen oder bei Abendveranstaltungen die Reden und Künstlerauftritte stattfinden, voraussichtliches Veranstaltungsende).
2. Bewirtungsangebot: Das gesamte Speisen- und Getränkeangebot wird durchgesprochen. Sofern eine Menükarte vorhanden ist, wird diese beim Briefing erläutert, um eventuelle Fragen zu beantworten und unter anderem Hinweise auf Allergene sowie die Weinbeschreibung zu verdeutlichen.
3. Räumliche Gegebenheiten: Im Idealfall wird das Briefing direkt im Veranstaltungssaal durchgeführt. So kann das Team die Location und ihre Gegebenheiten kennenlernen und sich mit dem Saal vertraut machen.

4. Personaleinteilung: Stationen können – ein weiterer Vorteil des Briefings im Veranstaltungssaal – den entsprechenden Mitarbeitern ganz einfach zugeteilt werden. Dabei wird geklärt, welche Servicekraft für welche Tische zuständig ist und wie welche Anzahl an Tellern von Mitarbeitern getragen werden kann. Letzteres ist vor allem bei Veranstaltungen wichtig, bei denen Menüs angeboten werden, denn der Service muss hier zeitgleich an allen Tischen erfolgen. Bei der Mitarbeitereinteilung spielt die Servicequalität eine maßgebliche Rolle: Sind vom Veranstalter VIP-Tische ausgewiesen, werden diese von ausgewählten Mitarbeitern, wenn nicht sogar vom Serviceleiter bedient.

Weitere Bestandteile der Personalanleitung ist die Absprache von Laufwegen und Rücklaufstationen. Die Laufwege berücksichtigen die optimale Versorgung der Gäste mit Speisen und Getränken. Dieser Service erfolgt in der Regel von der Küche und von der Bar aus. An den Rücklaufstationen wird das abgeräumte Geschirr gesammelt und dann von einem Logistiker oder Mitarbeiter aus der Spülküche abgeräumt. Bei größeren Veranstaltungen können auch mehrere Rücklaufstationen aufgebaut werden, um die Laufwege für das Servicepersonal zu verkürzen.

3.4   Gesetzliche Rahmenbedingungen

Seit dem Jahr 2014 müssen Gastronomen die Gäste über Allergene in Speisen und Getränke informieren (DEHOGA 2015, S. 32). Die Einführung dieses Gesetzes hat die Branche sehr bewegt und viele Caterer vor eine Herausforderung gestellt, die sich aber mittlerweile aufgrund guter Organisation der Unternehmen erfolgreich in den Alltag integriert hat. Im Jahr 2015 folgte das Mindestlohngesetz (DEHOGA 2015, S. 32), das die Branche erneut vor eine Herausforderung stellte, da die Personalkosten stiegen und Preise für Büffets und Menüs neu kalkuliert werden mussten. Auch ein drittes Gesetz, nämlich das Arbeitszeitgesetz (ArbzG), begrenzt Spielräume, insbesondere hinsichtlich der Maximalarbeitszeit von zehn Stunden am Tag. In der Eventbranche erfordert dies oft viel organisatorisches Geschick, vor allem bei Veranstaltungen mit längerer Dauer und aufwendiger Vorbereitung. Eine Lösung bietet das Arbeiten in Schichten: Wie bereits in Abschn. 3.2 erwähnt, kann so der erste Teil der Veranstaltung von einem Team übernommen werden, das während des Events von einem zweiten abgelöst wird. Dabei ist es besonders wichtig, dass der Personalwechsel während der laufenden Veranstaltung reibungslos funktioniert. Der Serviceleiter sollte deshalb keine zusätzlichen Aufgaben erfüllen müssen, um ein erneutes Personalbriefing durchführen zu können, sobald die neuen Mitarbeiter eintreffen.

Alternativ können die Aufgabenpakete in der Abfolge reorganisiert werden: Ein Team von Logistikmitarbeitern übernimmt dann Auf- und Abbauarbeiten und das Serviceteam ist nur für den Veranstaltungsablauf eingeplant. So lassen sich Arbeitszeiten ausgewogen und gesetzeskonform auf die einzelnen Mitarbeiter verteilen.

4 Der Faktor „Küche"

4.1 Küchenarten

Das Herzstück in der Gastronomie ist die Küche. Dabei wird in den meisten Fällen der Großteil des Caterings in der Produktionsküche des Caterers vorproduziert, vor Ort findet nur noch die finale Zubereitung der Speisen statt. Für die Produktion der Speisen verfügen die Caterer in ihren Produktionsbetrieben über eine vollständige Hauptküche, in der alle Teilkomponenten der Gastronomie produziert werden können: warme Küche, Patisserie und kalte Küche. Außerdem ist eine ausreichende Anzahl an Lager- und Kühlräumen vorhanden, um die Lebensmittel den Vorschriften entsprechend zu lagern. Sind die Speisen fertig, werden sie in die sogenannten „Satellitenküchen" transportiert, in der das Essen in Hotcars (Warmhaltewagen) warmgehalten wird. Die Satellitenküchen befinden sich wiederum nicht in den Produktionsbetrieben der Caterer, sondern in den Raumbereichen der Veranstaltungszentren an sich. Diese werden somit von den Veranstaltungszentren den Caterern zur Verfügung gestellt. Wichtig ist dabei, dass in den Satellitenküchen ausreichend Platz für die zahlreichen Ausgabetische vorhanden ist, an denen die Speisen für die Gäste angerichtet werden. Wenn in einer Location mehrere Caterer tätig sind, handelt es sich bei den Satellitenküchen oft nur um einen gefliesten Raum mit ausreichender Stromversorgung, der alle hygienischen Richtlinien erfüllt und groß genug ist, um das Anrichten der Speisen zu ermöglichen. Die genutzten technischen Geräte werden von den Caterern dann zu jeder Veranstaltung aus eigenen Beständen mitgebracht.

4.2 Hygienerichtlinien

Wärme und Feuchtigkeit, Staub und Schmutz sind das Milieu, in dem sich die Keime der Mikroorganismen wohlfühlen und sich unkontrolliert vermehren können. In der geltenden EU-Lebensmittelhygiene-Verordnung, die seit Februar 1998 in Kraft ist, sind die Hygienerichtlinien genau definiert und umfassen einen zielgerichteten Hygieneprozess, der jeden Mitarbeiter (Personalhygiene) und den gesamten Betrieb (Betriebshygiene) betrifft. Nach der Lebensmittelhygiene-Verordnung (LMHV) ist jeder Betrieb, der Lebensmittel verarbeitet, herstellt, verpackt, lagert, befördert, verteilt, behandelt oder zum Verkauf anbietet, dazu verpflichtet, geeignete und notwendige Maßnahmen und Kontrollen zu ergreifen, um ein unbedenkliches und genusstaugliches Lebensmittel zu gewährleisten. Caterer müssen sich daher in erster Linie bewusst sein, dass Hygiene in ihren Betrieben eine wichtige Rolle spielt und diese ernst zu nehmen ist. Schließlich wird hier mit Lebensmitteln umgegangen, sodass jederzeit eine Gesundheitsgefährdung bestehen kann.

Eine Methode, dieser Verantwortung gerecht zu werden, ist ein Eigenkontrollsystem zur Garantie der Lebensmittel- und Hygienesicherheit im Produktionsprozess.

Für die Gastronomie gilt dabei das Prinzip „HACCP" (Hazard Analysis and Critical Control Points), das unter allen Umständen eingehalten werden muss. Ziel ist es hier, gesundheitsgefährdende Einflüsse auf den Verbraucher zu vermeiden. Dazu werden alle Gefahren im Lebensmittelherstellungsprozess identifiziert (Gefahrenanalyse, HA) und so kritische Kontrollpunkte (CCP) festgelegt, an denen gesundheitliche Risiken auftreten können, die durch entsprechend festgelegte Maßnahmen gelenkt werden müssen. Die Effizienz des Systems wird durch Dokumentationen und HACCP-Audits ständig überprüft (kritische Grenzwerte, zum Beispiel Temperaturgrenzwerte in der Eiprodukte-Verordnung, Geflügelhygienefleisch-Verordnung, Hackfleisch).

Um dieses Eigenkontrollsystem erfolgreich durchzuführen, empfiehlt es sich, diverse Checklisten einzusetzen und diese akribisch abzuarbeiten: Reinigung von Küche, Warenlager und sanitären Anlagen, Einhaltung von Kühlketten, Durchführung von Personalschulungen und vieles mehr kann und sollte schriftlich festgehalten werden. So ist einerseits eine gewisse Selbstkontrolle gewährleistet und andererseits wird auf den richtigen Umgang mit Hygiene hingewiesen. Für Caterer ist es auch sinnvoll, über ein gutes Probensystem zu verfügen, bei dem von jeder Veranstaltung Lebensmittelproben aufbewahrt werden.

4.3   Personalkalkulation in der Küche

Der zeitliche Aufwand, den größere Veranstaltungen der Küche abverlangen, sollte keinesfalls unterschätzt werden. Die Vorbereitungen für aufwendige Büffets oder Menüs starten beispielsweise häufig schon bis zu drei Tage vor dem Event. Am Veranstaltungstag ist dann oft der Großteil der Arbeit schon abgeschlossen und es bedarf nur noch eines letzten Schliffs, bevor die Speisen serviert werden.

Aber es gibt auch hier keine eindeutige Richtlinie, die bei der Personalplanung angewandt werden kann: Eine Erbsensuppe für 1000 Teilnehmer ist zum Beispiel schon in einem Tag vorbereitet. Um den zeitlichen Rahmen richtig einschätzen zu können, hilft aber in jedem Fall ein Blick auf die Büffetanforderung und die Gästeanzahl. Deshalb sollte der Caterer möglichst frühzeitig feste Größen kennen, um die entsprechende Planung des Einkaufs und der Personaleinteilung durchführen zu können. Für den Veranstaltungsablauf an sich muss dann eventuell noch zusätzliches Personal für die Ausgabe der Speisen einkalkuliert werden. Besonders intensive Personalbegleitung benötigen zum Beispiel Livecooking-Stationen.

5   Gastronomie im Wandel

5.1   Entstehung und Entwicklung von Trends

Die Food-Szene befindet sich in einer bewegten Zeit. Einerseits besinnen sich Konsumenten zurück auf ein bewussteres Essen, auf den Genuss, die Qualität und die Herkunft.

Andererseits wird ein großes Maß an Flexibilität gefordert. Auffällig ist auf jeden Fall, dass die Qualität der Speisen in den Mittelpunkt gerückt ist. Es entstehen Trends durch Vorlieben, Neigungen und Befindlichkeiten der Menschen, die weitgehend dem Zeitgeist unterworfen sind. Das bringt aktuell Attribute wie „gesund", „nachhaltig", „Bio" und „Fairtrade" ins Spiel. Das alles findet statt in einer Zeit des Ideenreichtums, in der die beeindruckende Kreativität von Köchen, Baristas, Barkeepern und Entrepreneuren (unter anderem mit ihren Foodtrucks) viele neue Zeichen für die Branche setzen. Und doch scheint der herausragende Foodtrend schlicht die Qualität zu sein.

Menschen sind offenkundig erstmals dazu bereit, Geld für gutes Essen auszugeben. Bis in die Siebzigerjahre stand für den Verbraucher Quantität über Qualität – man wollte primär zeigen, dass man sich Essen leisten kann. Danach handelten Konsumenten zwar zunehmend gesundheitsorientierter, aber der Wunsch nach Hochwertigkeit und verantwortungsvollem Umgang mit Ressourcen ist eine Erscheinung des letzten Jahrzehnts. Die Konsumenten interessieren sich wieder für die Herkunft der Lebensmittel. Sind die Produkte fair gehandelt, wie wurden sie hergestellt, kommen sie aus der Region? Dieses neue Konsumentenbewusstsein stellt den Trend der Nachhaltigkeit auch im Catering in den Vordergrund.

Eine weitere interessante Entwicklung in der Branche ist das Streetfood. Diese Bewegung hat das wenig glamouröse Junkfood-Image längst abgelegt. Raffiniert und vielseitig, statt fad und fettig; frisch verarbeitet, statt aufgetaut und frittiert und nicht zuletzt hübsch verpackt, statt lieblos in eine braune Papiertüte gepackt. Der schnelle Imbiss auf die Hand hat ein neues Level erreicht und ist inzwischen längst keine Notlösung mehr, sondern eine echte Gaumenfreude. Klassiker wie Pommes und Currywurst feiern ein Revival, denn: Wurst ist nicht gleich Wurst, Soße nicht gleich Soße und selbst Pommes lassen sich neu erfinden. Mit einer beeindruckenden Auswahl an Schärfegraden, selbst gemachten Soßen, Kartoffelvariationen, hausgemachten Burger-Buns (Burger-Brötchen) und köstlichen Gewürzmischungen werden Budenklassiker neu erfunden. Auch bei Bällen, zu denen die Gäste in Abendgarderobe erscheinen, werden die teuren Tischangebote oft nicht mehr wahrgenommen, sofern eine Alternative geboten wird. Foodtrucks rollen vermehrt über die Straßen und auch viele klassische Caterer entwickeln ihr Angebot weiter, indem sie eine Produktsparte „Streetfood" mit aufnehmen oder sich sogar einen Foodtruck anschaffen, mit dem sie auf die Nachfrage der Kunden (zum Beispiel auch bei Veranstaltungen) eingehen können.

Die wachsende Nachfrage nach veganen und vegetarischen Alternativen, welche die Gesellschaft zunehmend prägt, wird auch im Catering wahrgenommen. Vegetarische und vegane Menüs werden immer häufiger angefragt. Seitdem immer mehr Menschen auf eine gesunde Ernährung achten, boomt auch die fleischlose Küche. Im Catering gehört mindestens ein vegetarisches Gericht pro Menü oder Büfett schon lange zum Standard und der Trend geht immer weiter in die Richtung einer bewussteren und gesünderen Ernährung. Menschen legen viel Wert darauf, dass die Nahrungsmittel, die sie konsumieren, aus regionalem Anbau stammen und möglichst saisonal angepasst sind. Dies hat bei vielen Caterern dazu geführt, dass sich auch deren Verhalten gegenüber den Lieferanten verändert hat. Zutaten werden regional bezogen, es wird wieder mit örtlichen Landwirtschaftsbetrieben aus der Umgebung zusammengearbeitet.

5.2   Nachhaltigkeit – viel mehr als nur ein Trend

Nachhaltiges Catering ist mehr als nur grün, mehr als regional, vegetarisch oder vegan. Wichtig ist vor allem die Tiefe, die Überzeugung, die hinter der Entscheidung für nachhaltiges Catering steht. Nachhaltig wird ein Catering erst, wenn das Bewusstsein für einen behutsamen, rücksichtsvollen und weitsichtigen Umgang mit der Welt, ihren Ressourcen, aber auch den Mitmenschen sowohl die ökologischen als auch die ökonomischen und sozialen Strukturen durchdringt. Dabei geht die Branche mittlerweile sogar einen Schritt weiter, denn Nachhaltigkeit ist keine Wellenbewegung mehr, sondern eine progressiv ansteigende Linie. Demografisch bedingt, ist die jetzt in die Konsumentenrolle hineinwachsende Generation so stark auf den guten Umgang mit Lebensmitteln fokussiert, dass es einen Daueranstieg der gesunden und bewussten Ernährung geben wird. Nicht zu unterschätzen ist dabei, dass in Zukunft auch die Anforderungen an Originalität und Innovation weiter wachsen. Gesund und nachhaltig wird nicht mehr ausreichen – die Verpackung muss stimmen, eine originelle Geschichte gehört dazu und auch die zeitlichen Abstände zwischen Produktneuheiten verkleinern sich.

Trotzdem werden verschiedene Trends in einer Gesellschaft mit unterschiedlichen Ernährungsgewohnheiten und -vorstellungen weiterhin nebeneinander bestehen – das aber wahrscheinlich mit sich gegenseitig verschiebenden Marktanteilen. Faktisch ungesund wird sich zukünftig nur noch ein zunehmend kleinerer Teil der Bevölkerung ernähren. Aber den wird es weiter geben, genau wie Fleischesser und Fast-Food-Junkies. Die Häufigkeit des Fleischkonsums und die Art des Fast Foods werden sich aber sicherlich auch hier wandeln. Das wird für die Branche zur Herausforderung, denn Trends beschleunigen heute mehr denn je und zeitnahe Reaktionen bedeuten kurzfristigen Aufwand. Der wird sich am Ende im Preis ausdrücken, was Konsumenten aber zunehmend akzeptieren. Man denke nur daran, wie viele Menschen bereit sind, für einen Fairtrade-Kaffee mit Sojamilch fünf Euro und mehr auszugeben.

Neben den nachhaltigen Lebensmitteln steht auch der ökologische Fußabdruck zunehmend im Verbraucherfokus. Dazu gehören energieeffiziente Auslieferfahrzeuge, moderne Küchentechnik, die Reduktion von Abfall und der sorgfältige Umgang mit den Ressourcen. Aber noch ein zweiter Faktor sollte von jedem Caterer, der langfristig wettbewerbsfähig sein will, beachtet werden: Der faire Umgang mit Angestellten, ein gesundes Arbeitsklima und viel Raum für Kreativität und Inspiration – denn schließlich ist jeder Mitarbeiter ein Botschafter seines Unternehmens, der maßgeblich zu dessen Erfolg beiträgt.

6   Catering als Erfolgsfaktor

Um die Bedeutung des Caterings bei Veranstaltungen zu definieren und herauszufinden, weshalb dessen Wirkung keinesfalls unterschätzt werden sollte, bedarf es der einfachen Überlegung, woran man sich selbst als Gast einer Veranstaltung am besten langfristig erinnern kann. Langfristige Erinnerungen hat man dabei meistens an herausragende Künstler, an persönliche Erlebnisse wie gute Gespräche und eben auch an das Essen. So wie eine gute Verpflegung positive, lang nachwirkende Erinnerungen schafft, ärgert man sich langfristig auch über schlechtes Essen. Aus diesem Grund sollten Veranstaltungsplaner den Stellenwert des Caterings für die Veranstaltung keinesfalls unterschätzen. Das moderne Eventcatering ist heute viel mehr als nur die reine Gästeversorgung bei Veranstaltungen. Ziel sollte es sein, das Catering in das Gesamtkonzept zu integrieren und damit die Dramaturgie der Veranstaltung zu unterstützen. Dies gilt nicht nur für Veranstaltungen, sondern auch für Veranstaltungszentren, die über das Catering ebenfalls ihre Unternehmenswerte weitergeben können.

In Veranstaltungszentren ändert sich dieses Prinzip nicht. Auch hier lassen sich über die Gastronomie die Werte des Unternehmens transportieren, das Catering ist also auch Aushängeschild. Ob sich das Veranstaltungszentrum dabei für die Zusammenarbeit mit Fremdcaterern entscheidet oder aber eine Eigengastronomie aufbaut, hängt letztlich auch von der unternehmerischen Mission und den Unternehmenszielen ab.

Literatur

Schmid B, Reif M (2016) Wieder auf Kurs. gv-praxis 2016(5):26–45
Porträt einer Wachstumsbranche (2015) Kapitel V: Fachabteilung Catering im DEHOGA Bundesverband. Fachabteilung Catering im DEHOGA Bundesverband, Oktober, Herausgeber

Über die Autoren

Joachim König ist seit 2007 Direktor und Betriebsleiter des Hannover Congress Centrums (HCC) einschließlich der Zuständigkeit für das gesamte Catering in der HDI-Arena. Zuvor war er in zahlreichen weiteren leitenden Positionen in der Branche tätig.

Zudem ist Joachim König seit 2009 Präsident des EVVC (Europäischer Verband der VeranstaltungsCentren), dessen Vizepräsident er davor neun Jahre lang war, und seit 2016 President des JMIC (Joint Meeting Industry Councils). Er hat den Gesellschaftervorsitz der „EVVC Service GmbH" inne sowie alternierend in der „Deutschen Prüfstelle für Veranstaltungstechnik" (DPVT) und in der „Meeting Industry Service & Event GmbH" gemeinsam mit dem GCB (German Convention Bureau). Außerdem ist er stellvertretender Vorsitzender der BVMV (Bundesvereinigung der Musikveranstalter) und Mitglied des Tourismusausschusses des Deutschen Industrie- und Handelskammertags Berlin.

Karin Wolffrom beendete 2002 ihr Studium in der Fachrichtung „Messe- und Kongressmanagement" an der DHBW Ravensburg. Studienbegleitend war sie in einer Eventagentur für die Mitorganisation großer Messestände verantwortlich. Nach ihrem Abschluss war sie vier Jahre lang hauptsächlich mit der Organisation und Betreuung von Incentive-Reisen betraut. 2006 baute sie für die Eventlocation „Buddha Lounge Red Mandarin" in Stuttgart das Geschäftsfeld „Firmenveranstaltungen und Hochzeiten" komplett neu aus. 2009 machte Karin Wolffrom sich selbstständig und gründete den „Catering Guide", eine Plattform, die vernetzt Informationen bündelt.

Erfolgreich tagen – genussvoll und erlebnisreich speisen

Mit Brainfood zum Veranstaltungserfolg

Andrea Brenner

Zusammenfassung

Kongresse und Tagungen werden penibel geplant – das Essensangebot auch? Wenn ja, unter welchem Aspekt und was wird abgefragt außer Essenszahl und Budget? Dieser Beitrag zeigt auf, in welcher Weise das Angebotene einen Beitrag zum Erfolg der Veranstaltung leisten kann. Der Begriff „Brainfood" wird in der Branche oft verwendet, doch welche Nahrungsmittel wirklich die Leistungsfähigkeit steigern, das „Suppenkoma" verhindern und warum das so ist, wird im ersten Kapitel erläutert. Die beiden zentralen Faktoren sind dabei die Kohlenhydrate als Hauptenergielieferant und die Flüssigkeitsversorgung des Körpers. Abschn. 2 widmet sich der konkreten Umsetzung im Tagungsalltag, wobei die einzelnen Pausenszenarien aufgezeigt werden. Besonders das Snackangebot ist ein spannendes Spielfeld für Bankettmanager und Küchenchefs. Checklisten und Beispiele geben praktische Tipps zur Umsetzung. Das dritte Kapitel widmet sich den Soft Facts, denn Essen löst bekanntermaßen Emotionen aus. Zu guter Letzt geht es natürlich auch noch darum, wie die neuen Ideen erfolgreich verkauft werden können.

Vorbemerkung der Autorin

Auf Kongressen, Tagungen, Konferenzen und in Seminaren wollen die Veranstalter und Referenten Menschen begeistern und etwas bewegen. Die Verpflegung und ihre Präsentation können dabei im Seminargeschehen nochmals neue Akzente setzen und innovative Wege gehen. So will ich in diesem Beitrag unter dem Motto

A. Brenner (✉)
Oberaudorf, Deutschland
E-Mail: brenner@foodatwork.de

© Springer Fachmedien Wiesbaden GmbH 2017
C. Bühnert und S. Luppold (Hrsg.), *Praxishandbuch Kongress-, Tagungs- und Konferenzmanagement,* DOI 10.1007/978-3-658-08309-0_41

„Brainfood als Helfer zum Seminarerfolg" das Thema aufgreifen. Eine Veranstaltung, die mit einer Kaffeepause mit Croissants startet, gefolgt von Frühlingsrollen und Lachskanapees wird kaum einen Teilnehmer inspirieren. Mir geht es in diesem Beitrag darum, wie der Inhalt der Speisen im Sinne von Brainfood die Lern- und Merkfähigkeit steigern kann und wie durch ein pfiffiges Angebot die Motivation der Teilnehmer einen Kick erhält. Ein wichtiger Aspekt dabei ist es, den Gast mit Neuem zu überraschen, so wird die Veranstaltung „merk-würdig". Hierbei geht es nicht um eine Sterneküche in der gehobenen Preiskategorie, sondern um frische Ideen.

1   Brainfood

Eine wissenschaftlich eindeutige Definition gibt es für diesen Begriff nicht. Meist werden als „Brainfood" aber Lebensmittel bezeichnet, deren Inhaltsstoffe schlicht gut für das Gehirn sind. Ist Brainfood damit anders und vor allem besser als eine ausgewogene oder gesunde Küche? Den Unterschied macht die Herangehensweise. Während das eine primär dazu dient, Krankheiten zu vermeiden, zielt das andere auf die Leistungsfähigkeit ab – wobei sich die Wirkung einiger Substanzen schon nach wenigen Minuten und nicht erst Jahre später zeigt.

Woher bezieht nun das Gehirn seine Energie und was braucht es noch zum reibungslosen Ablauf der menschlichen Schaltzentrale?

1.1   Gehirn – Leistungsfähigkeit – Motivation

Für optimale geistige Fitness benötigt das Gehirn alle Stoffe aus gesunder Nahrung, um Botenstoffe, Schutzstoffe, Energiezufuhr, Sauerstofftransport und damit einen reibungslosen Ablauf des gesamten Denkprozesses zu gewährleisten. Die Wirkungen der einzelnen Nahrungsbestandteile sind sehr umfassend, deshalb hier nur eine kurze Liste bekannter Prozesse, die die Gedächtnisleistung ankurbeln und durch den Input aus der Nahrung beeinflusst werden:

- Aufbau und Funktion des Zentralnervensystems
- Blutgefäße (Koffein = gefäßerweiternd)
- Hormonhaushalt
- Sinnesorgane (Geschmack, Gefühl, Sehschärfe)
- Energiestoffwechsel (Glukose und Kohlenhydrate)
- Wasserhaushalt

All diese Erkenntnisse sprechen dafür, dass ein „brainfittes" Verpflegungsangebot bei der Tagung die Effektivität und Leistungsfähigkeit sowie das Wohlbefinden der Teilnehmer steigert. Die geistige Verfassung und Leistung bestehen aus einem ganzen Paket von Parametern, das positiv beeinflusst werden kann. Neben Gedächtnisleistung gehören dazu auch Stimmung, Wachheit, Motivation, Wahrnehmung und Auffassung. Diese können zusätzlich durch die Soft Facts des Verpflegungsangebots gesteigert werden. Pfiffig und innovativ umgesetzt und angerichtet, unterstützt es sicherlich die gute Stimmung und Motivation – nach dem uralten Motto „das Auge isst mit".

1.2   Futter fürs Gehirn – was ist Brainfood?

Zucker – Energie für den Prozessor

Hauptenergielieferant für das Gehirn ist die Glukose – also Zucker. Diese kann nicht etwa wie im Muskel gespeichert werden, sondern muss konstant zugeführt werden. Aber Vorsicht: Zucker oder Traubenzucker helfen nur etwa zehn Minuten lang zu geistigen Höhenflügen und befördern die Menschen dann ins tiefe Tal. Wichtig sind stärkehaltige Lebensmittel mit vielen Ballaststoffen, die eine längerfristige Versorgung mit Glukose bewirken. Es werden Kartoffeln, Nudeln, Reis und Vollkornbrot empfohlen. Traubenzucker, Schokoriegel und auch Müsliriegel sind Zuckerbomben und damit kontraproduktiv.

Nur das beste Motorenöl für die Schaltzentrale

Mehrfach ungesättigte Fettsäuren und hier insbesondere die bekannten Omega-3-Fettsäuren beeinflussen die Geschmeidigkeit der Zellmembranen. Dies wirkt sich auf die Informationsweitergabe und Speicherung im Zentralnervensystem aus. Enthalten sind sie in fettreichen Fischen wie Lachs, Hering oder Makrele. Außerdem zeigte sich in Untersuchungen auch, dass die Omega-3-Fettsäuren die Gehirnzellen vor oxidativem Stress schützen, das heißt, der Alterung und der Schädigung der Zellen entgegenwirken. Besonders große Mengen dieser gesunden Fettsäuren finden sich auch in Lein-, Raps-, Soja- und Walnussöl.

Vitamine und Mineralstoffe fürs Köpfchen

Nicht zu unterschätzen ist auch der Einfluss der Vitamine und Mineralstoffe. So hat zum Beispiel Vitamin B1 eine Schlüsselstellung bei der Verarbeitung der genannten Kohlenhydrate und agiert so als Beschleuniger der Konzentrationsfähigkeit. Man nennt es auch das Anti-Stress-Vitamin. Vitamin B12 ist am Aufbau der schützenden Membranlipide der Nervengewebe beteiligt. Die antioxidativ wirkenden Vitamine C und E schützen nicht nur die Körperzellen vor Alterung, sondern natürlich auch die Gehirnzellen. Das Gleiche gilt für die sogenannten sekundären Pflanzenstoffe. Natrium und Kalium sind an der Erregungsleitung der Zellen beteiligt. Kalzium stabilisiert die Zellmembranen und ist an der intrazellulären Signalübermittlung und an der Reizübertragung im Nervensystem beteiligt. Eisen sorgt für flotten Sauerstofftransport zur intensiven Gehirndurchblutung. Magnesium gilt als Anti-Stress-Mineral, weil es etwa 300 Enzyme aktiviert.

Trinken – das A und O

Besonders wichtig für das menschliche Gehirn ist die ausreichende Zufuhr von Flüssigkeit. Das Gehirn reagiert sehr empfindlich – mit sofortiger Leistungseinbuße – auf zu wenig Wassernachschub.

Über die Auswirkungen des Trinkens beziehungsweise mögliche Folgen einer unzureichenden Wasserversorgung gibt es einige Studien mit beeindruckenden Ergebnissen. Die meisten wurden mit Schülern oder Studenten durchgeführt und dabei die Leistungen in Tests bewertet.

Zum Beispiel wurde in der Rosbacher Trinkstudie der Zusammenhang von optimaler Flüssigkeitsversorgung und mentaler Leistungsfähigkeit untersucht. Dabei wurde eine hohe Korrelation von Trinkmenge und Notendurchschnitt aufgezeigt. Die Ergebnisse dieser und anderer Studien zeigen, dass bereits ein Flüssigkeitsverlust von ein bis zwei Prozent zur Einschränkung der geistigen Leistungsfähigkeit führt. Zu diesem Zeitpunkt stellt sich noch kein Durstgefühl ein. Das heißt: Wer wartet, bis sich der Durst meldet, ist bereits in seiner Leistungsfähigkeit eingeschränkt. Da das Durstgefühl durch Stress oder Gewohnheit auch stark unterdrückt sein kann, ist es besonders wichtig, nicht erst auf das Signal „Durst" zu warten.

Weil der Körper nicht nur beim Sport erhebliche Mengen an Wasser ausscheidet, müssen im Durchschnitt mindestens etwa 1 bis 1,5 l Wasser pro Tag nachgeliefert werden. Denn alle Nährstoffe und der Sauerstoff werden im Blut zu den Gehirnzellen transportiert. Damit diese möglichst schnell dorthin gelangen, sollte das Blutvolumen möglichst hoch und damit die Fließgeschwindigkeit und die Durchblutung des Gehirns gewährleistet sein. So können die Gehirnzellen optimal versorgt werden. Ein weiteres Ergebnis der Untersuchungen: Die geistige Leistungsfähigkeit war am Tag nach zu geringer Flüssigkeitszufuhr noch stärker eingeschränkt. Daher lautet die Empfehlung, auf jeden Fall über den Tag verteilt ausreichend zu trinken (Rosbacher Trinkstudie 2012).

Natürlich gelten diese Erkenntnisse ebenso für den Erwachsenen im Arbeitsalltag, finden nur bisher nicht ausreichend Beachtung. Je nach Arbeitsumfeld und persönlichen Gewohnheiten ist die Umsetzung einfacher oder erfordert ein wenig Aufmerksamkeit.

Daraus wird deutlich, dass sowohl eine konstante Zufuhr der Leistungsförderer über den Tag verteilt als auch eine ausgewogene Ernährung über einen längeren Zeitraum sinnvoll ist. Für Ersteres kann die Tagungsverpflegung einen entscheidenden Beitrag leisten.

2   Brainfood in den verschiedenen Tagungsszenarien

Im Kongress- und Tagungsgeschehen sollte daher ein hohes Augenmerk auf das Was und Wie des Angebots gerichtet werden. Denn die Verpflegung kann entscheidend zum Seminarerfolg beitragen. Eine „Brainfit-Tagungspauschale" zu entwickeln, ist daher sehr zu empfehlen. Hierbei geht es zum einen um den direkten Input an Nährstoffen – die Hard Facts – und die Präsentation zum Wohlgefühl und für den Aha- und Erinnerungseffekt – die Soft Facts. Damit sind das Anrichten und das Innovationspotenzial gemeint.

Belegte Brötchen mit Wurst und Käse oder Kanapees mit Lachs & Co. werden bei keinem Teilnehmer mehr zu Freudentänzen führen. Es geht darum, die Gäste zu überraschen, sodass sie sich zunächst wohlfühlen, sich besonders bewirtet fühlen und auch zu Hause noch davon erzählen. So bleiben die gesamte Veranstaltung, der Veranstalter und der Gastgeber in bester Erinnerung. Damit ist nicht eine hochpreisige Sterneküche gemeint, sondern es geht darum, individuelle Angebote zu konzipieren, die zu dem jeweiligen Haus und den Budgets der Kunden passen. Brainfood-Angebote sind keine große Zauberei, es braucht nur einen entsprechenden Anstoß und die Bereitschaft, gängige Abläufe zu durchbrechen beziehungsweise offen für Neues zu sein – sowohl vonseiten der Geschäftsführung der Veranstaltungsstätte als auch vonseiten des Küchenteams und allen anderen beteiligten Mitarbeitern.

Ein erstes Grundprinzip des innovativen Angebots soll die Möglichkeit eines „fehlerfreien Essens" sein. Das soll heißen, dass der Gast im Gespräch oder in der Stehempfang-Situation mit Etikette essen kann. Der Gast soll ohne peinliches Krümeln, fettige Finger, Flecken auf der Kleidung oder unschönes Abbeißen vom Parmaschinken-Brötchen mit seinem Gesprächspartner entspannt essen können. Oft werden die Schnittchen mit großer Liebe und Kreativität dekoriert, sind aber im Essens-Handling sehr schwierig. Ein Tipp: Versetzen Sie sich in die Rolle des Essers – am besten selbst probieren oder den Gästen einfach mal zusehen. Blätterteiggebäcke aller Art sind nicht nur wegen ihres fettreichen Inneren für einen Kongress oder eine Tagung völlig ungeeignet, sondern vor allem wegen fettiger Finger und starker Krümelei.

Wichtig sind auch die Portionsgrößen. Oft bleiben großstückige Teile wie Brote oder auch Wraps liegen, weil der Gast gerne lieber mehrere kleine Häppchen probieren möchte. Ebenso wichtig ist die Ausstattung mit Stehtischen, Tischen oder im Falle einer frei stehenden Esssituation, das Angebotene wirklich als Fingerfood mit einer Hand essen zu können.

2.1   Start in den Tag und Vormittagspause

Gerade bei eintägigen Veranstaltungen haben die Teilnehmer oft schon eine längere Anreise mit frühem Aufstehen hinter sich und freuen sich über einen kleinen Snack zum Start in den Tag. Und es geht mehr als die Klassiker: Butterbrezel, Obstkorb, Joghurt und süße Teilchen. Ein kleines Frühstücksbuffet ist schnell aufgebaut. Besonders eine Müsliauswahl und Obstsalat sind ein guter Start. Hier bietet sich ein Milch- oder Buttermilchshake wie auch ein Fruchtlassi als „Brain-Kick" an.

Bei der Verpflegung am Vormittag und am Nachmittag gibt es häufig noch viel Luft nach oben. Denn frittierte Frühlingsrollen in der Vormittagspause und schwere Kuchen in der Nachmittagspause sind weder kreativ noch leistungsfördernd. Vormittags empfehlen sich pfiffige Snacks mit Vollkornbrot und -brötchen kombiniert mit Frischkäse und Quark sowie Gemüsekomponenten. Bitte hier nicht nur an Kräuterquark mit Gemüse zum Dippen denken. Salate mit Hülsenfrüchten, Couscous & Co – in kleinen Gläser serviert – sind einfach in größeren Mengen zu produzieren und schnell portioniert.

Folgende Grundsätze sind zu beachten:

- frisches Obst der Saison, idealerweise aufgeschnitten oder als Obstsalat
- mindestens eine Variante mit Vollkornbrot
- keine frittierten Fingerfood-Snacks
- kleine, leicht zu verzehrende Portionen
- auf Blätterteig verzichten

Tipps und Ideen für den Start und die Vormittagspause

Gemüse
- Salate im Glas mit leichtem Dressing
- Gemüsesushi
- Pestobrunnen (im Schokobrunnen)
- Gemüsespieße
- Gemüse-Couscous-Salat
- Gazpacho in kleinen Gläsern
- Gemüsesaft

Brote und Wraps etc.
- Vollkornbrot, Schwarzbrot mit Quark, Schnittlauch, Tomatenwürfeln, Gurke, Ei
- Brote mit Kressequark, Paprikacreme
- Schwarzbrot mit Matjestatar
- Dinkelbrot mit Champignoncreme
- Gemüsestrudel mit Sauerrahm
- Minisandwiches (Vollkorn) mit Salat und Pute
- Wraps mit viel Gemüse und Salat
- Gemüsequiche (zum Beispiel Spinat, Kürbis) auf Quarkölteig (kein Mürbteig)
- Olivenbaguette mit Käse
- Mini-Flammkuchen mit Apfel und Blauschimmelkäse
- Oliven-Crostini
- Vollkornbrot-Pralinen
- Miniwindbeutel mit Kräuterquark gefüllt
- Vollkornbaguette mit Mango-Curry-Quark

2.2 Nachmittagspause

Für die Kaffeepause am Nachmittag geht es meistens nicht ohne Kuchen oder Süßes. Hier kommt es auf die Teige und den Belag an. Blätterteig, Rührteig und andere fettreiche Teige sorgen aufgrund ihres Fettgehalts eher für schläfrige Stimmung, noch dazu, wenn sie mit Sahne & Co kombiniert sind. Bei der Teigauswahl können Hefe- und Strudelteig oder Biskuit positiv punkten, besonders in Kombination mit Quark und Obst. Und bitte Finger weg von Müsliriegeln, auch wenn die Werbung gerne suggeriert, dass sie gesunde Pausensnacks seien. In Wahrheit sind sie wahre Zuckerbomben mit der Wirkung des schnellen Zuckerflashs mit schnellem Tief. Hier hat bei genauer Recherche auch der Convenience-Bereich mit den tiefgekühlten Minis einige Dinge im Angebot.

Grundlagen für den Nachmittagssnack:

- frisches Obst oder Gemüse der Saison
- ein Kuchen aus fettarmen Teigen und mit Obst und/oder Quark; in kleinen Portionen zum leichten Verzehr und für die Möglichkeit, angemessene Menge zu essen
- eine Joghurt- oder Quarkspeise oder -getränk

Tipps und Ideen für die Nachmittagspause
- Quark- und Obststrudel aus Strudelteig
- Fruchtbaiser
- Himbeer- und Waldfruchtschnitten auf Biskuit
- Mini-Quarkstrudel (Strudelteig)
- Quark-Obstkuchen auf Biskuit
- frische Waffeln oder Crêpes mit verschiedenen Toppings (zum Beispiel Obst, Quark …)
- Windbeutel mit Quarkcreme
- Hefeblechkuchen mit Apfel oder Pflaume
- Sorbets

2.3   Mittag- und Abendessen

Besonders wichtig ist natürlich das Mittagessen, denn in dieser Phase des Tages ereilt jedermann ohnehin das Mittagstief. Mit leichten, eiweißbetonten Gerichten bekommen die Gäste besser die Kurve. Ideal ist natürlich ein gesetztes Mittagsmenü. Hier kann vor allem auf die Menge Einfluss genommen werden, was am Buffet nicht möglich ist. In den meisten Fällen wird aus logistischen und Zeitgründen jedoch ein Buffet das übliche Angebot sein.

Grundsätzlich gilt es, eine leichte, vollwertige Mahlzeit anzubieten – nach dem Motto „Drei Farben auf dem Teller" mit folgenden Grundsätzen:

- Auswahl von drei Hauptspeisen: eine mit Fleisch, eine mit Fisch, eine fleischlos
- Salat oder Gemüsebeilage
- mindestens eine sättigende, leichte Kohlenhydratbeilage
- zubereitet mit wenig Fett und ohne fette Grundzutaten

Das Abendessen ist dann je nach Kundenwunsch eher als Angebot für einen geselligen Abschluss zu sehen. Häufig werden hier Themen wie „Regionale Spezialitäten" oder das Firmenmotto umgesetzt. Definitiv sind fettreichere Spezialitäten am Abend am ehesten gut platziert, auch wenn nach einem langen Meetingtag im Sitzen deftige Gerichte aus ernährungswissenschaftlicher Sicht nicht unbedingt empfehlenswert sind. Meistens stehen abends andere Grundideen im Vordergrund und sollen auch dort ihren Raum finden.

Ideen aus der Brainfood-Küche

Suppen und Vorspeisen:
Glasnudelsuppe mit Gemüse, Tomaten-Kokos-Suppe, Minestrone, saisonale pürierte Gemüsesuppe, Reissalat, Rote-Linsen-Salat mit Hähnchenbrust, Bulgursalat, Paprikasuppe, Rote-Linsen-Curry-Suppe, Karotten-Ingwer-Suppe, Andalusische Fischsuppe, Apfel-Zitronengras-Süppchen

Fisch:
Rotbarschfilet mit Lauchgemüse und Petersilienkartoffeln, pochierter Seelachs mit Polenta, gedämpftes Fischfilet auf Mangoldgemüse mit Wasabi-Kartoffeln, Kabeljau mit Apfel-Fenchel-Gemüse und Kräuterreis, Zanderfilet auf Gemüsebett mit Reis, Lachs in Sesamkruste und Ratatouille-Gemüse, gedünstetes Zanderfilet auf Limettenschaum mit Quinoa

Fleischlos:
Risotto mit Pilzen und Rucola, Gemüseeintopf, Couscouspfanne, Gemüselasagne, Grünkernbratling mit Kräuterdip, Ofenkartoffeln mit Quark, Dinkel-Vollkorn-Crêpes mit Ratatouille, Gemüsemaultaschen, vegetarisches Moussaka, Paprika-Tofu-Spieße auf Mango-Gemüse-Salat mit Ingwerdressing, Zucchinischnitten mit Bulgur, Champignons und Tomaten, Wirsinglasagne, Möhrenflan mit Grünkohl und Parmesansoße, Ebli mediterran mit Tomatensugo

---

2.4   Trinken mit Brainpower

Getränke werden bereits auf jeder Tagung in irgendeiner Form angeboten. Üblicherweise natürlich verschiedene Mineral- oder Tafelwässer und zwei Sorten Säfte, oftmals auch Cola, Eistees oder Ähnliches. In einer „brainfitten" Pauschale sollten die Letzteren nicht vorkommen, denn sie sind extrem zuckerhaltig und sorgen schnell für ein unproduktives Tief. Bei der Auswahl der Säfte ist es empfehlenswert, das Etikett genau zu studieren, denn oftmals stehen keine hundertprozentigen Säfte auf den Tischen. Fruchtsaftgetränke und Fruchtnektare enthalten ebenfalls reichlich Zucker und sind kein Vergleich zu den reinen Säften, die dann meist als Schorle gemischt werden.

Kaffee ist wegen seiner gefäßerweiternden Wirkung tatsächlich ein Wachmacher und ist sowieso von Kongressen und Tagungen nicht wegzudenken. Mittlerweile stehen natürlich frisch gebrühte Kaffeespezialitäten aus Kaffeevollautomaten bei Teilnehmern deutlich höher im Kurs als Filterkaffee aus der Thermoskanne.

Eine Teebar mit einer ansprechenden Präsentation und einer reichhaltigen Auswahl inklusive Samowar werten das Angebot stark auf.

Folgende Grundsätze sind zu beachten:

- mindestens zwei verschiedene Sorten Wasser: still und spritzig
- mindestens ein Saft = 100 % Saft
- möglichst große Flaschen von regionalen Produzenten (Umweltschutz)
- auch Fruchtcocktails und Smoothies sind empfehlenswert
- auf dem Saftetikett sollten keine Zucker und Süßstoffe genannt sein

Tipps für pfiffige Getränkeauswahl
- aromatisiertes Wasser (Ingwer, Limette)
- Kräuterwasser (Minze, Basilikum, Thymian)
- Saftbar mit frisch gepressten Säften
- Fruchtsmoothies
- grüne Smoothies
- Gemüsesäfte (Tomate, Karotte)
- selbst hergestellter Eistee
- Teebar
- Teecocktails
- Molkedrinks
- kalte Tees
- Wasser mit gefrorenen Fruchtsaftwürfeln

Eine schnelle Checkliste und Orientierungshilfe bei der Auswahl und Kreation von Brainfood-Angeboten bietet Tab. 1.

3 Motivation und Emotion

Essen löst bekanntermaßen Emotionen aus. Im Veranstaltungsgeschehen wird diese Größe oft unterschätzt, wird doch ein „andersartiges" Angebot emotional wahrgenommen und entscheidet über ein positives Empfinden und spätere erfolgreiche Wahrnehmung.

Kongress- und Tagungsplanungen sind bekanntermaßen höchst aufwendige Projekte, die nicht nur logistische Herausforderungen mit sich bringen. Viele kreative Köpfe sitzen daran und vergessen leider oft die wunderbare Tatsache, dass auch über das Essen Emotionen transportiert werden können. Und das ganz nebenbei, ohne dass es offensichtlich bemerkt wird. Wie schon anfangs erwähnt, kann durch positive Emotionen und damit verbundene höhere Motivation das Lernen gefördert werden. Eine angenehme

Tab. 1 Grundlagen für den Rezeptcheck Tagungs-Brainfood. (Quelle: eigene Darstellung)

Gruppe	Empfehlenswert	Nicht anbieten
Öle und Fette	Rapsöl, Olivenöl, Traubenkernöl	Tierische Fette, gehärtete Fette
Teigarten	Hefeteig, Quark-Öl-Teig, Brandteig, Strudelteig, Nudelteig	Rührteig, Mürbteig, Blätterteig
Gewürze	Viel Abwechslung mit der ganzen Palette z. B. Koriander, Zimt, Kardamom Muskat, Nelke, Pfeffer etc	Würzmischungen
Gemüse	Saisonal aus der ganzen Angebotsvielfalt, frisch oder TK Gemüse oder Obst sollte in jedem Rezept vorhanden sein Vielfalt der Kräuter nutzen	Kohl eher unbeliebt (außer Brokkoli)
Obst	Wie bei Gemüse	Heidelbeeren, da starke Verfärbung der Zähne
Saaten, Nüsse, Kerne	Möglichst häufig verwenden, da hierin hochwertige Brainpower steckt Sesam, Sonnenblumenkerne, Kürbiskerne, Leinsamen, Nüsse (Walnüsse, Mandeln, Macadamia etc.) unbedingt angeben wegen Allergiegefahr	Mohn, da er unschön in den Zahnzwischenräumen hängt
Milchprodukte	Milch, Joghurt, Sauerrahm, Käse in Maßen und fettärmere Sorten	Sahne, fette Käsesorten
Kohlenhydrat-Zutaten	Kartoffeln, Nudeln und Reis Getreideprodukte möglichst Vollkorn oder Mischungen mit Vollkorn	Frittierte Produkte
Fleisch, Fisch, Wurst	Fleisch wenig und fettarm Fisch: häufig Meeresfische, nicht frittiert wegen Omega-Fettsäuren Wurst wenig – alternative Brotbeläge	Fettes Fleisch und Wurst Räucherlachs auf Brot: fette, stark riechende Finger. Oft lang anhaltender Geschmack, abgedroschen und langweilig
Süßes, Desserts	Süßes als Nachtisch oder gemeinsam mit einem pikanten Angebot Wenig süße, aber geschmacklich gute Desserts mit Obst und Milchprodukten, fettarme Teige Kleine Portionen Schokolade mit Kakaoanteil größer als 50 %	Nur Kekse oder Kuchen und Kaffee Viel Zucker (auch Honig und alle anderen Süßungsmittel) Kekse Vollmilchschokolade Blätterteiggebäck und andere fette Teigsorten (siehe oben)

Atmosphäre und Präsentation des Angebots inklusive aufmerksamem Service gehören nicht nur zum guten Ton, sondern unterstützen das Wohlbefinden.

Dieser Aspekt könnte viel mehr in das Tagungsgeschehen Eingang finden. Zum einen können dies die Kongresszentren und Tagungshäuser nutzen, um sich besonders zu positionieren, zum anderen unterstützt die positive Emotion die Unternehmen und Trainer bei der Erreichung ihrer Lernziele. Gerade wenn es um Themen wie Burn-out, Work-Life-Balance oder Stressmanagement geht, ist ein rundum stimmiges Konzept nötig. Insbesondere die Trainer und Keynote-Speaker könnten dies noch viel mehr nutzen, wenn sie vorab in den Dialog mit der Veranstaltungsstätte treten.

4 Verkauf und Präsentation – Essen mit Erfolgsgarantie

Wer sein Angebot nach den genannten Aspekten ausrichtet, darf natürlich die Vermarktung und interne Kommunikation nicht vergessen. So sollten die Ideen im Idealfall mit den Abteilungen „Küche", „Bankett", „Verkauf" und „Marketing" gemeinsam entwickelt werden. Die beiden letztgenannten Abteilungen vermarkten und verkaufen dann das stimmige Konzept, indem sie dem Kind einen Namen und einen Auftritt verleihen – denn ohne sie kommen selbst die allerbesten Ideen des Küchenteams nicht beim Gast an. Daher gehören zu einem erfolgreichen Brainfood-Konzept auch die Gästeinformation und die Schulung der Mitarbeiter.

Für die Entwicklung eines zugkräftigen „brainfitten" Verpflegungsangebots empfiehlt es sich, in mehreren gemeinsamen Meetings das Konzept zu entwerfen.

Folgende Parameter sind zu berücksichtigen:

- personelle und logistische Möglichkeiten vonseiten der Küche
- Ausstattung der Küche und des Bankettbereichs
- Geschirrausstattung
- Ausstattung und Größe der Seminar- und Vorräume
- bisheriger Kundenkreis und zukünftige Zielgruppen
- Budgets aller Abteilungen inklusive Personalkosten
- Entwicklung eines Brainfood-Angebots aufgrund der genannten Parameter
- Namensfindung
- Verkaufs- und Marketingstrategien
- Entwicklung von Verkaufs- und Präsentationsmedien
- Schulung der Mitarbeiter von Küche, Bankett und Verkauf

Literatur

Rosbacher Trinkstudie (2012) http://www.rosbacher.com/trinkstudie/. Zugegriffen: 17. Juni 2016

Über die Autorin

Dipl. oec. troph. Andrea Brenner ist seit 1990 nach Absolvierung des Studiums der Ernährungswissenschaften freiberuflich als Ernährungsberaterin und Foodjournalistin tätig. 2009 gründete sie das Unternehmen FOODatWORK, das ganzheitliche Ernährungs- und Verpflegungskonzepte für Firmen, Verbände, Behörden, Messeplaner, Seminarleiter, Catering-Unternehmen, Hotels und andere Kunden kreiert. Hier ist Frau Brenner deutschlandweit in kleinen und mittelständischen Unternehmen unterwegs. Zudem bietet sie Personal Food-Coaching, Vorträge zum Thema „Brainfood" sowie die Konzeptionierung von Tagungsverpflegung, die „merk-würdig" ist, an. Seit einem Jahr führt sie zudem zusammen mit ihrem Partner ein Hotel und Restaurant in Oberaudorf, in dem sie sich vor allem dem Thema „regional und nachhaltig speisen" widmet und mit einer ganz besonderen Location und dem entsprechenden Foodkonzept eine „merk-würdige" Tagungsmöglichkeit bietet.

Beschwerdemanagement

Bausteine für eine erfolgreiche Handhabung von Kundenunzufriedenheit

Diego Luis Enrique Arteaga

Zusammenfassung

Eine Beschwerde sollte als Teil des Customer-Relationship-Managements eines jeden Unternehmens von großer Wichtigkeit sein. Beschwerden sind im besten Fall als kostenloses Feedback zu verstehen, aus welchem es möglich ist, Verbesserungsvorschläge für Produkte und Serviceleistungen abzuleiten. Der Umgang mit einer Beschwerde ist jedoch keine leichte Aufgabe – verschiedene Faktoren werden erläutert, welche für die korrekte Handhabung einer Beschwerde essenziell sind, um die Beschwerdeabwicklung zu erleichtern und die Kundenbindung und -zufriedenheit zu begünstigen: Wahl des Beschwerdekanals, Bearbeitungszeit, Transparenz etc.

Die Unterschiede des Beschwerdemanagements in verschiedenen medialen Kanälen werden hervorgehoben und der Brückenschlag zu dem exemplarischen Szenario einer Veranstaltung in Form von Liveevents wird hergestellt.

Vorbemerkung des Autors

Beschwerden sind kein Novum – es gibt sie in allen erdenklichen Ausprägungen und Intensitäten, seitdem es Menschen gibt. Im Rahmen der Beziehung zwischen Unternehmen und Kunden ist das Thema „Beschwerde" und deren Handhabung für viele Unternehmen jedoch weiterhin ein blinder Fleck. Obwohl inzwischen vielfach in der Literatur unter dem Deckmantel des Customer-Relationship-Managements behandelt, bereitet Beschwerdemanagement Unternehmen weiterhin Kopfzerbrechen.

D.L.E. Arteaga (✉)
Karlsruhe, Deutschland
E-Mail: dle.arteaga@gmail.com

© Springer Fachmedien Wiesbaden GmbH 2017
C. Bühnert und S. Luppold (Hrsg.), *Praxishandbuch Kongress-, Tagungs- und Konferenzmanagement,* DOI 10.1007/978-3-658-08309-0_42

Durch das Internet und Social Media hat das Thema an Brisanz zugenommen, da Kunden nun eine große Plattform haben, um ihre Unzufriedenheit bezüglich eines Produkts oder einer Dienstleistung zu äußern – und sie finden Gehör auf dem ganzen Globus.

Ein gut geplantes und ausgeführtes Beschwerdemanagement erhöht nicht nur die Kundenzufriedenheit, sondern fördert auch die Loyalität des Kunden gegenüber dem Unternehmen und ermöglicht es dem Unternehmen, eine stärkere Kundenbindung zu knüpfen und existierende Dienstleistungen und Produkte zu verbessern. Dieser Beitrag entspringt meiner Leidenschaft für das Interkulturelle, die Kommunikation und das (digitale) Marketing.

1   Die Beschwerde – mehr Segen als Fluch

Eine Beschwerde ist der Ausdruck von Unzufriedenheit. Im Kontext des Beschwerdemanagements ist sie der Ausdruck von Unzufriedenheit eines Kunden mit einem Produkt oder einer Serviceleistung eines Unternehmens, die nicht mit den Erwartungen des Kunden übereinstimmen. Das Beschwerdemanagement befasst sich also mit der Art und Weise, wie Unternehmen mit dem Ausdruck von Unzufriedenheit eines Kunden mit ihrem Produkt oder Service umgehen (Álvarez et al. 2010, S. 134; Stone 2011, S. 115).

Für ein erfolgreiches Beschwerdemanagement ist es notwendig, die richtige Einstellung zu potenziellen Beschwerden und Kundenmeinungen zu finden. Nach wie vor werden Kundenbeschwerden von Unternehmen als Ballast angesehen und sogar ignoriert. Letzteres kann gerade im digitalen Zeitalter verheerende Folgen für ein Unternehmen haben, da sich Informationen im Internet wie ein Lauffeuer verbreiten und somit schnell für negative Schlagzeilen sorgen können. Es ist wichtig zu verstehen, dass jede Beschwerde einem Unternehmen die Möglichkeit gibt, noch besser zu werden – eine Lücke im Prozess auszubessern, ein Produkt noch zuverlässiger werden zu lassen, einen Qualitätsstandard und -anspruch aufrecht zu erhalten (Kleinberg 2012; Fiegerman 2012; Kwak 2012, S. 490).

Eine Beschwerde ist nicht immer offensichtlich als Beschwerde erkennbar, sie kann als Anfrage, Änderungsvorschlag oder Verifizierung einer Sachlage „getarnt" sein. Eine Beschwerde ist ein Geschenk, welches ohne Lieferkosten direkt bis zur Haustür gebracht wird – man muss nur die Tür aufmachen und es entgegennehmen (Barlow et al. 2008, S. 15 f.).

2   Die Beschwerde richtig kanalisieren

Damit die Lieferung frei Haus auch klappt, müssen Kanäle geschaffen werden, über die Beschwerden zum Unternehmen finden. Hierbei ist die Wahl des Mediums entscheidend: Telefon, E-Mail, Social Media und/oder Direktkontakt. Der Kanal sollte außerdem entsprechend sichtbar für den Kunden gekennzeichnet sein, damit er weiß, wo er seine Beschwerde anbringen und mit dem Unternehmen in Kontakt treten kann. Es sollte das Ziel sein, dass der Kunde seine Beschwerde direkt an das Unternehmen heranträgt, bevor er aus Frustration über das Nichtvorhandensein eines Beschwerdekanals seine Unzufriedenheit mit anderen potenziellen Kunden teilt.

Für die Wahl des Kanals gibt es keine Richtlinie, außer, dass er für den Kunden einfach zu finden und zu bedienen sein sollte und sinnvoll das Kundenservice-Portfolio des Unternehmens ergänzt. Je nach Branche eignen sich gewisse Kanäle besser als andere. Somit bietet es sich beispielsweise an, bei einer Veranstaltung den Besuchern zu ermöglichen, sich direkt mit dem vor Ort befindlichen Personal in Verbindung zu setzen, anstatt eine Beschwerde per E-Mail einzureichen (Durvasula et al. 2000, S. 441 f.).

Jedes gewählte Medium der Kommunikation mit dem Kunden hat seine Vor- und Nachteile, die es sinnvoll einzusetzen gilt. Während man zum Beispiel bei einer Beschwerde per E-Mail die Möglichkeit hat, das Kundenproblem hinter den Kulissen aufzuarbeiten und mit einer gewissen Vorbereitung der Beschwerde entgegenzutreten, muss bei einer direkten Beschwerde eine entsprechende Behandlung der Beschwerde unter Beobachtung des Kunden und in Echtzeit durchgeführt werden. Auch kann sich der Kanal je nach Zeitpunkt einer Produktlieferung oder Serviceleistung ändern. Somit könnte vor einer Veranstaltung der Hauptanlaufpunkt die Firmenwebsite sein, wobei während der Veranstaltung Applikationen für mobile Endgeräte und nach dem Event dedizierte Fragebogen zur Zufriedenheitsmessung zum Einsatz kommen können. Hier kann je nach Situation der bestmögliche Kanal herausgesucht werden, um Beschwerden und Feedback einzusammeln.

Hierbei lässt sich bereits ein weiterer entscheidender Faktor bei der Wahl des Kanals herauslesen: der interne Prozess zur eigentlichen Bearbeitung der Beschwerde. Um einen reibungslosen Verlauf zu garantieren, muss dieser präzise definiert und aufbereitet werden, damit die Beschwerde nicht nur auf fachmännische Art und Weise entgegengenommen wird, sondern auch bearbeitet und gelöst zum Kunden zurückgeführt werden kann (Stauss et al. 2007, S. 300 f.).

3 Der korrekte Umgang mit einer Beschwerde

Der Rahmen ist gesteckt. Nun geht es darum, die Beschwerde entgegenzunehmen, mit dem Kunden in Dialog zu treten und sich ernsthaft seiner Beschwerde anzunehmen. Er soll ja beschwichtigt werden und als Kunde erhalten bleiben. Hierfür ist kompetentes und gut geschultes Personal von hoher Bedeutung. Eine Studie aus dem Jahr 2006 hat dieses Thema genauer untersucht, um festzustellen, welche Qualitäten der Ansprechpartner von Unternehmensseite mitbringen muss, damit sich der Kunde gut aufgehoben fühlt: Kompetenz und Wissen bezüglich der Unternehmensprodukte, Freundlichkeit, Empathie und eine hohe Motivation sind nur ein paar der Eigenschaften, die der Kunde in seinem Ansprechpartner wiederfinden möchte. Die Studie macht

deutlich, dass sorgfältig ausgewähltes Personal für ein erfolgreiches Beschwerdemanagement unabdingbar ist (Gruber et al. 2006, S. 619 ff.).

Der Umgang mit der Beschwerde selbst besteht aus mehreren Komponenten, welche
je nach Situation und Wahl des Mediums unterschiedlich schwer ins Gewicht fallen und
Einfluss auf einen positiven Ausgang einer Beschwerde nehmen (Arteaga 2013, S. 30 f.;
Chan et al. 2010, S. 98).

Zeitnahe Bearbeitung

Die Geschwindigkeit, in der eine Beschwerde bearbeitet und adressiert wird, hat direkten Einfluss auf die Zufriedenheit des Kunden und den Ausgang der Beschwerde. Es
gilt die Devise: je schneller, desto besser. Jedoch ist das Tempo stark abhängig von der
Wahrnehmung des Kunden und der Dringlichkeit seines Anliegens. Auch hier spielt das
Medium wieder eine große Rolle. Je nachdem, welchen Kanal der Kunde wählt, um
seine Beschwerde kundzutun, wird eine schnellere oder langsamere Antwort vonseiten des Unternehmens erwartet. Auch der Sachverhalt bestimmt die Dringlichkeit einer
Beschwerde und sollte berücksichtigt werden. Somit ist es notwendig, bei einer Liveveranstaltung zum Beispiel umgehend auf eine Beschwerde einzugehen, da die Beschwerde
womöglich nach Ablauf der Veranstaltung ihre Relevanz verloren hat und somit auch
keine Chance mehr besteht, das Kundenerlebnis zu verbessern. In der Theorie gibt es
hier differenzierte Meinungen, es ist jedoch bewiesen, dass die schnellere Bearbeitung
einer Kundenanfrage/Beschwerde zu einer höheren Kundenzufriedenheit führt (Arteaga
2013, S. 30 f.; Davidow 2003, S. 238 f.; Johnston 2001, S. 67).

Glaubwürdige Erläuterung

Im Fall einer berechtigten Beschwerde sollte das eigentliche Problem umgehend identifiziert und anschließend dem Kunden erklärt werden, um ihm verständlich zu machen,
wie es dazu kommen konnte. Dadurch wird für den Kunden ersichtlich, dass das Unternehmen die Beschwerde ernst nimmt und dementsprechend bereit ist, alles in die Wege
zu leiten, um das Problem zu beheben; maßgeblich auch, um erneuten Beschwerden in
Zukunft entgegenzuwirken. Diese Art von Transparenz ist ein Schlüsselelement, denn
der Kunde muss sicher sein können, dass das Unternehmen ihn und seine Beschwerde
ernst nimmt (Kaplan et al. 2010, S. 63; Morris 1988, S. 88; Conlon et al. 1996,
S. 1049 f.).

Angemessene Kompensation

Die Kompensation beschreibt die Gegenleistung, die ein Unternehmen einem Kunden für
die entstandene Servicelücke entgegenbringt. Dieses Element ist stark abhängig von der
jeweiligen Situation und dem Umfang der Beschwerde respektive der Servicelücke. Oftmals reicht es bereits aus, dem Kunden bei seinem Problem zu helfen, damit er das jeweilige Produkt beziehungsweise den Service weiterhin nutzen kann. Eine unverhältnismäßige
Zusatzleistung wird vom Kunden selten verlangt. Weitere Studien deuten darauf hin, dass
der Prozess zur Handhabung der Beschwerde in gewissen Fällen stärker ins Gewicht fällt

als die eigentliche Lösung des Problems (Davidow 2000, S. 481 f.; Yavas et al. 2004, S. 31 ff.).

Ein weiterer nicht zu vernachlässigender Teil der Kompensation ist eine angemessene Entschuldigung gegenüber dem Kunden im Fall einer nicht erbrachten Leistung. Die Entschuldigung kann als psychologisches Gegenstück zur sachlichen Entschädigung verstanden werden. Es wird vom Kunden geschätzt, wenn ein Unternehmen bereit ist, eine Produktschwäche beziehungsweise eine Servicelücke anzuerkennen und sich dafür zu entschuldigen. In Verbindung mit den anderen genannten Elementen wirkt sich die Entschuldigung äußerst positiv auf die spätere Kundenzufriedenheit aus (Davidow 2000, S. 482 f.; Chan et al. 2010, S. 73 ff.).

Ernsthafte Anteilnahme

Ernsthafte Anteilnahme meint die Kommunikation und Interaktion, die zwischen Unternehmen und Kunden stattfindet. Vier wichtige Teilbereiche sind hervorzuheben: Respekt, Höflichkeit, Empathie sowie der Wille zuzuhören. Oft liegt das, was bei einem Kunden Unzufriedenheit auslöst, nicht an einem Produkt oder am Service, sondern an der Art und Weise, wie das Unternehmen mit der Beschwerde umgeht. Eine patzige Antwort, unbeantwortete Anfragen oder auch mehrere Ansprechpartner signalisieren eine klare Nachricht: „Wir interessieren uns nicht wirklich für das Problem." Feste Ansprechpartner, die den Kunden von Anfang bis Ende in regelmäßiger Korrespondenz und respektvollem Umgang betreuen, können wesentlich dazu beitragen, die Kundenzufriedenheit und das Wohlbefinden positiv zu beeinflussen. Aus diesem Grund ist die Auswahl geschulten Personals umso wichtiger. Die menschliche Komponente ist ein äußerst entscheidendes Element für den positiven Ausgang einer Beschwerde (Blodgett 1994, S. 1 ff.; Karatepe 2006, S. 72 f.).

Ein weiterer Aspekt ist, die Erwartungen des Kunden bezüglich einer Lösung der Beschwerde sinnvoll zu begrenzen. Wie erwähnt, geht es bei einer Beschwerde um den Ausdruck einer Unzufriedenheit aufgrund einer nicht erfüllten Erwartung. Durch die Beschwerde selbst wurde bereits ersichtlich, dass eine Kundenerwartung nicht erfüllt wurde. Im Rahmen der Behandlung der Beschwerde sollte also auch sichergestellt werden, dass eine realitätsnahe Erwartungshaltung beim Kunden entsteht, was die Lösung seiner Beschwerde betrifft. Weitere Diskrepanzen zwischen erbrachter und erwarteter Leistung zulasten des Kunden sollten vermieden werden, um die Kundenzufriedenheit nicht weiter zu gefährden (Homburg et al. 2005; Stauss et al. 2007, S. 310 f.).

Die gerechte Regulierung der Erwartungshaltung des Kunden bezüglich der Produkte und Dienstleistungen eines Unternehmens ist eine der besten Maßnahmen zum Vorbeugen von Beschwerden.

Während des gesamten Prozesses vom Aufnehmen der Beschwerde bis hin zur Lösung des Problems sollte ein hohes Maß an Transparenz gegenüber dem Kunden gewahrt werden. Das erhöht das Vertrauen des Kunden gegenüber dem Unternehmen und erlaubt dem Kunden, „hautnah" an der Findung einer Lösung beteiligt zu sein (Stauss et al. 2007, S. 315 f.).

4   Beschwerden im digitalen Zeitalter

In einer digitalen Welt ist es von hoher Relevanz, sich auch das Beschwerdemanagement im Onlineumfeld genau anzuschauen. Hierbei ist es wichtig, zunächst das Medium und dessen Funktionsweise richtig zu verstehen. Daraus lassen sich entsprechende Handlungsempfehlungen für das Beschwerdemanagement ableiten.

Eine Studie von The Nielsen Company hat gezeigt, dass gerade Social Media zu einem wichtigen Kanal für Kundenservice heranwachsen. Bereits 47 % der Social-Media-Nutzer treten über diesen Kanal mit Unternehmen in Verbindung und nutzen ihn als Kontaktkanal. Jede dritte Person zieht Social Media als Kontaktkanal dem Telefon sogar vor. Das zeigt deutlich: Die Nachfrage für Onlinekundenservice wächst (The Nielsen Company 2012).

Die Möglichkeit, sich über geografische Grenzen hinweg in Echtzeit mit anderen Menschen (Kunden) auszutauschen, hat vor allem am Markt seine Auswirkungen gehabt – der Monolog aus Marketingbotschaften von Unternehmen hat sich zu einem Dialog mit den Kunden gewandelt. Kunden und Konsumenten sind nicht gesichtslos, sondern ihre Meinungen fallen ins Gewicht – und zwar so stark, dass es für Unternehmen auch brisant werden kann. Der Skaleneffekt durch das Internet ist enorm. Kein anderes Medium zuvor hat diese Geschwindigkeit und Reichweite erreichen können. Für Unternehmen also eine ernst zu nehmende Größe. Durch die hohe Transparenz und die Fülle an anderen Menschen, die zuschauen, ist es umso wichtiger für Unternehmen, auf eine Beschwerde in einem digitalen Umfeld sachgerecht zu reagieren (Kilian und Langner 2010b, S. 140 f.; Skibicki 2010; Owen et al. 2009, S. 55 f.).

Eine Studie aus dem Jahr 2013 hat folgende wichtige Erkenntnisse für die Handhabung von Beschwerden in einem Onlineumfeld hervorgebracht:

Zeitnahe Bearbeitung spielt eine sehr große Rolle für das Beschwerdemanagement
Der Echtzeitcharakter des Onlineumfelds hat zur Folge, dass die grundsätzliche Erwartungshaltung der Kunden ist, eine schnelle Bearbeitung einer Beschwerde über diesen Kanal zu bekommen. Diese ist auch ratsam, da es meist viele Nutzer gibt, die mitlesen, mit Freunden teilen und Anteil nehmen an einer Beschwerde. Je schneller agiert wird, desto schneller kann eine ungewollte Verbreitung des Problems vermieden werden. Falls es nicht möglich ist, rund um die Uhr für den Kunden erreichbar zu sein, kann man dies den Kunden offen kommunizieren und virtuelle „Öffnungszeiten" für die Handhabung von Beschwerden, Fragen und Kommentaren einrichten. Auch hier spielen wieder Transparenz und das Setzen der richtigen Erwartungshaltung beim Kunden eine große Rolle (Arteaga 2013, S. 35 f.)

Ernsthafte Anteilnahme und „Menschlichkeit" sind essenziell
Die meiste Kommunikation im Internet verläuft immer noch schriftlich. Das Problem hierbei ist, dass schriftliche Kommunikation als eine arme Form der Kommunikation beschrieben wird (Media-Richness-Theorie). Sie lässt viel Spielraum für Interpretation und erlaubt keine Unterstützung der Botschaft durch Gestik oder Mimik wie es in einem

gegenüberstellenden Gespräch der Fall wäre, wie man es beispielsweise während einer Veranstaltung am Check-in erleben kann. Somit muss bei der Internetkommunikation nachgearbeitet werden, um diesen Verlust weitestgehend zu kompensieren. Ansprechpartner mit Namen, expliziter Ausdruck von Empathie und eine klare, eindeutige Botschaft helfen, die Kommunikation zu unterstützen (Kilian und Langner 2010a, S. 22; Daft et al. 1986, S. 563 f.; Brunelle 2009, S. 234 f.; Arteaga 2013, S. 36 f.).

Online entgegennehmen – offline lösen

Durch die erläuterte Schwäche schriftlicher Kommunikation sollte es vermieden werden, komplexe Sachverhalte auf diesem Weg zu klären. Dies reduziert das Risiko von Missverständnissen, was wiederum zu Frustration und Unzufriedenheit auf Kundenseite führen kann. Es ist zu empfehlen, die Beschwerde über einen Social-Media-Kanal entgegenzunehmen und sie dann mit dem Kunden gemeinsam offline zu nehmen. So können in Ruhe Details besprochen und auf eine Lösung hingearbeitet werden. Des Weiteren umgeht man hierbei potenzielle Interferenzen durch andere Kommunikationsteilnehmer, die sich in einem öffentlichen Austausch zwischen Unternehmen und Kunden einschalten könnten (Arteaga 2013, S. 37 f.).

Abschließend bleibt anzumerken, dass eine Beschwerde nicht immer einer Lösung bedarf oder gar berechtigt ist. Es gibt durchaus Kunden, die keine tatsächliche Lösung ihrer Beschwerde suchen, sondern einfach nur Dampf ablassen wollen. Manch andere stiften aus persönlichen Gründen Unruhe. Auch hier kommt wieder das geschulte Personal ins Spiel, welches nach kurzer Kontaktaufnahme sehr gut einschätzen kann, wie mit der jeweiligen Beschwerde und der Person umzugehen ist.

5   Künftiger Stellenwert des Beschwerdemanagements

Beschwerdemanagement ist und bleibt ein wichtiger Bestandteil des Customer-Relationship-Managements. Mehr und mehr Unternehmen befassen sich mit dem Thema und verbessern ihre Kundenpflege – trotzdem gibt es nach wie vor Nachholbedarf. Es ist zu erwarten, dass durch zunehmende Automatisierung von Prozessen und bessere technologische Errungenschaften in der Kommunikation ein verbessertes Beschwerdemanagement möglich sein wird. Trotz stark voranschreitender technologischer Entwicklungen werden die beschriebenen Komponenten und Faktoren für eine erfolgreiche Beschwerdeabwicklung relevant bleiben.

Das Event und der Veranstaltungsbereich bildet hierbei keine Ausnahme – die Komponenten eines strukturierten und systematischen Beschwerdemanagements werden ihre Relevanz beibehalten. Gerade bei einer Liveveranstaltung sind dann geschultes Personal und eine schnelle Reaktionszeit gefragt, um sich des Kunden anzunehmen. Der technologische Fortschritt wird die Aufnahme und Bearbeitung von Beschwerden und Feedback vereinfachen, welches aber auch höhere Erwartungen aufseiten des Kunden hervorruft, dass sich entsprechend schnell und reibungslos seiner Beschwerde angenommen wird.

Literatur

Álvarez LS, Casielles RV, Martín AMD (2010) Analysis of the role of complaint management in the context of relationship marketing. J Mark Manag 27(1–2):143–164. doi: 10.1080/02672571003719088

Arteaga, DLE (2013) Complaint management in social media. How can companies address customer complaints in social media to increase customer loyalty? Karlshochschule International University, Karlsruhe

Barlow J, Møller C (2008) A complaint is a gift. Recovering customer loyalty when things go wrong, 2. Aufl. Berrett-Koehler, San Francisco

Blodgett JG (1994) The effects of perceived justice on complainants' repatronage intentions and negative word of mouth behavior. J Consum Sat Dsat Compl Behav (7):1–4

Brunelle E (2009) Introducing media richness into an integrated model of consumers' intentions to use online stores in their purchase process. J Internet Commer 8(3–4):222–245. doi: 10.1080/15332860903467649

Chan HCY, Ngai EWT (2010) What makes customers discontent with service providers? An empirical analysis of complaint handling in information and communication technology services. J Bus Ethics 91(S1):73–110. doi: 10.1007/s10551-010-0569-z

Conlon DE, Murray NM (1996) Customer perceptions of corporate responses to product complaints: the role of explanations. Acad Manag J 39(4):1040–1056

Daft RL, Lengel RH (1986) Organizational information requirements, media richness and structural design. Manag Sci 32:554–571

Davidow M (2000) The bottom line impact of organizational responses to customer complaints. J Hosp Tour Res 24(4):473–490. doi: 10.1177/109634800002400404

Davidow M (2003) Organizational responses to customer complaints. What works and what doesn't. J Serv Res 5(3):225–250. doi: 10.1177/1094670502238917

Durvasula S, Lysonski S, Mehta SC (2000) Business-to-business marketing Service recovery and customer satisfaction issues with ocean shipping lines. Eur J Mark 34(3/4):433–452. doi: 10.1108/03090560010311957

Fiegerman S (2012) 11 biggest social media disasters of 2012. Mashable. http://mashable.com/2012/11/25/social-media-business-disasters-2012/. Zugegriffen: 2. Mai 2016

Gruber T, Szmigin I, Voss R (2006) The desired qualities of customer contact employees in complaint handling encounters. J Mark Man 22(5/6):619–642

Homburg C, Bruhn M (2005) Handbuch Kundenbindungsmanagement. Strategien und Instrumente für ein erfolgreiches CRM, 5. Aufl. Gabler, Wiesbaden

Johnston R (2001) Linking complaint management to profit. Int J Serv Ind Manag 12(1):60–69. doi: 10.1108/09564230110382772

Kaplan AM, Haenlein M (2010) Users of the world, unite! The challenges and opportunities of social media. Bus Horiz 53(1):59–68. doi: 10.1016/j.bushor.2009.09.003

Karatepe, OM (2006) Customer complaints and organizational responses. The effects of complainants' perceptions of justice on satisfaction and loyalty. Int J Hosp Manag 25(1):69–90. doi: 10.1016/j.ijhm.2004.12.008

Kilian T, Langner S (2010a) Kommunikation im Internet: Interaktiv, vernetzt und multimedial. In: Kilian T, Langner S (Hrsg) Online-Kommunikation. Gabler, Wiesbaden, S 19–24

Kilian T, Langner S (2010b) Social-Media-Kommunikation: Web 2.0-Dienste aktiv nutzen. In: Kilian T, Langner S (Hrsg) Online-Kommunikation. Gabler, Wiesbaden, S 133–147

Kleinberg, S (2012) Social media mistakes: the memorable messes on twitter and facebook in 2012. Chicago Tribune. http://www.chicagotribune.com/business/technology/chi-social-media-mistakes-disasters-20121217,0,3676900.photogallery. Zugegriffen: 2. Mai 2016

Kwak H (2012) Self-disclosure in online media. Int J Advert 31(3):485–510. doi: 10.2501/IJA-31-3-485-510

Morris SV (1988) How many lost customers have you won back today? An agressive approach to complaint handling in the hotel industry. J Consum Sat Dsat Compl Behav 1988(1):86–92

Owen R, Humphrey P (2009) The structure of online marketing communication channels. J Manage Marketing Res 2:54–62

Skibicki, K (2010) Marketing 2020. Vermarkter, Werbedruck, Multichannel – wie haben die denn damals bloß verkauft? With assistance of Deutsches Insitut für Kommunikation und Recht im Internet. Brain Injection. Slideshare. http://www.slideshare.net/Klemens/iw-kongress-skibicki-marketing2020-20100414-kompatibilittsmodus. Zugegriffen: 2 März 2016

Stauss B, Seidel W (2007) Beschwerdemanagement. Unzufriedene Kunden als profitable Zielgruppe, 4. Aufl. Hanser, München

Stone M (2011): Literature review on complaints management. J Database Mark Cust Strategy Manag 18(2):108–122. doi: 10.1057/dbm.2011.16

The Nielsen Company (2012) State of the media: the social media report 2012. http://blog.nielsen.com/nielsenwire/social/2012/. Zugegriffen: 2. März 2016

Yavas U, Karatepe OM, Babakus E, Avci T (2004) Customer complaints and organizational responses: a study of hotel guests in Northern Cyprus. J Hosp Leis Mark 11(2–3):31–46. doi: 10.1300/J150v11n02_04

Über den Autor

Diego Luis Enrique Arteaga ist am 07.05.1989 in Karlsruhe (Deutschland) geboren und in den USA und Deutschland aufgewachsen. Im Frühjahr 2013 hat er seinen Abschluss in „International Marketing" an der Karlshochschule International University in Karlsruhe absolviert – seine Abschlussarbeit schrieb er über Beschwerdemanagement in Social Media. Anschließend hat er bei der SAP SE über vier Jahre an diversen Marketingprojekten mitgearbeitet, unter anderem an der Social-Media-Integration auf der SAP.com-Website sowie an der Automatisierung von Marketingprozessen. Seit Juli 2016 berät er Kunden der Adobe Systems GmbH bei der Planung und Implementierung von automatisierten Marketingprozessen und -lösungen.

Teil VII

Locations und Technik, Infrastruktur und Sicherheit

Facility-Management für Veranstaltungs- und Kongressgebäude

Veranstaltungsflächen und ihre Besonderheiten

Thomas Häusser

Zusammenfassung

Facility-Management bei Veranstaltungs- und Kongressflächen – was ist das genau? Obwohl sich die Definitionen von Facility-Management stark unterscheiden, gibt es einige unstrittige Kernelemente. Ganz gleich, ob es um Sauberkeit oder angenehme Temperaturen während eines Kongresses geht, um Zugangsprozesse wie Drehkreuze und digitale Parkleitsysteme, Catering und den energieoptimierten Betrieb des Standorts – alle diese Themen haben auch immer etwas mit Facility-Management zu tun.

Vorbemerkung des Autors

Veranstaltungen und Kongresse werden längst nicht mehr nur mit „Kommunikation, Information und Events" verbunden – ein Kongressbereich ist ein zentraler Ort des Verweilens, ein Treffpunkt mit Wohlfühlfaktor – hell freundlich, modern und erlebnisorientiert.

1 Definition und Einordnung von Facility-Management

Denkt man an Messen und Kongresse von heute und morgen, werden oft sehr hohe Ansprüche an Konzeptionierung, Bau und Betrieb dieser Flächen gestellt, unter anderem:

T. Häusser (✉)
Stuttgart, Deutschland
E-Mail: ingrid.mueller@dreso.com

© Springer Fachmedien Wiesbaden GmbH 2017
C. Bühnert und S. Luppold (Hrsg.), *Praxishandbuch Kongress-, Tagungs- und Konferenzmanagement*, DOI 10.1007/978-3-658-08309-0_43

- architektonisch außergewöhnlich
- städtebaulich nachhaltig, in die Umgebung eingebunden und öffentlich sehr gut erschlossen
- flexibel, multifunktional und an unterschiedlichste Szenarien anpassbar
- erhöhte Aufenthaltsqualität mit „Magnetfunktion"
- energieeffizient, nachhaltig errichtet und nachhaltig betrieben (ganzheitliche Betreiberkonzepte und Facility-Management)

Um als Besuchermagnet erfolgreich zu sein, sind eine hohe Aufenthaltsqualität sowie eine maximale Flexibilität hinsichtlich unterschiedlichster Veranstaltungsformate elementar wichtig. Neben der Lage und der damit verbundenen Attraktivität des Umfelds sind darüber hinaus die Architektur (innen wie außen), Raumhöhen, organische Formen, die eingesetzten Materialien, das Lichtkonzept (mit möglichst viel natürlicher Belichtung), die Luftqualität, die Akustik sowie das Grünkonzept, um nur einige der Stellhebel zu nennen, für einen „place to be" zu konzeptionieren.

So vielfältig die Facetten des Facility-Managements in jedem Unternehmen auch sind – die GEFMA (German Facility Management Association) – definiert Facility-Management wie folgt: „Facility Management (FM) ist eine Managementdisziplin, welche die notwendigen Unterstützungs-(Sekundär-) Prozesse des Kerngeschäfts eines Unternehmens vereint. Dabei stehen Arbeitsplatzgestaltung, Werteerhalt und Kapitalrentabilität im Fokus des Facility Managers" (GEFMA o. J.).

Die Herausforderungen des Facility-Managements sind unter anderem:

- unterschiedlichste Nutzungs- und Veranstaltungsarten mit den daraus resultierenden Anforderungen an die Gebäudeprozesse und Art und Umfang der technischen und infrastrukturellen Services auf den jeweiligen Flächen (zum Beispiel Kongresse, Seminare, Messen, Events, Firmenveranstaltungen, Hauptversammlungen etc.)
- unterschiedliche Programm- und Veranstaltungsarten (Parallelveranstaltungen von Themen, Webinare, World Cafés, Frontveranstaltungen etc.)
- komplexe Anforderungen an die Technik und Gebäudetechnik vor Ort (Multimedia, Eventbeleuchtung, individuelle Aussteller und Veranstaltungstechnik etc.)
- stark unterschiedliche Nutzungszeiträume und relativ kurze Betriebszeiten (lediglich eine Abendveranstaltung, mehrtägige Kongresse etc.) und gegebenenfalls lange Stillstandszeiten zwischen einzelnen Veranstaltungen (Stillstandsmanagement)
- stark unterschiedliche Belegungen und somit auch unterschiedliche Auslastung/Belastung des Areals und der technischen Anlagen (schwankende Besucherzahlen, je nach Veranstaltungsart)
- rasch wechselnde Anforderungen an die Klima- und Beleuchtungstechnik (Beleuchtungsszenarien, bedarfsgerechte Luftmengen abhängig von den Besucherzahlen und Events auf der Fläche wie zum Beispiel stehende oder sitzende Tätigkeiten)

- Anlagentrennung zwischen Gebäudetechnik (Messe/Kongress) und Veranstaltungsbereichen (gegebenenfalls Ausstellertechnik, Eventtechnik der Nutzer)
- Sicherstellung der gesetzlichen Betreiberverantwortung und Abdeckung aller gesetzlichen Anforderungen
- effizienter und nachhaltiger Standort- und Gebäudebetrieb (Reduzierung und Steuerung der Betriebskosten, Green FM)

2   Nutzen und Leistungen von Facility-Management

Was ist der Nutzen des Facility-Managements? Nach der GEFMA definiert er sich folgendermaßen: „FM sorgt für einen langfristigen Erhalt oder eine Erhöhung der Vermögenswerte von Unternehmen in Form von Bausubstanz, Anlagen und Einrichtungen (Facilities). Durch den sparsamen und gezielten Einsatz von Ressourcen begrenzt und verringert FM die gebäude- und servicebedingten Kosten über den gesamten Lebenszyklus. FM schafft Transparenz in Randbereichen eines Unternehmens und entlastet Management und Mitarbeiter in Sekundärprozessen. Durch eine optimale Arbeitsplatzgestaltung sorgt FM für erhöhtes Wohlempfinden bei den Mitarbeitern und steigert so indirekt die Produktivität. Somit leistet FM einen wichtigen Beitrag zum Unternehmenserfolg" (GEFMA o. J.).

Facility-Management – und die damit in Art und Umfang relevanten Services – sind ein weites Feld bei Veranstaltungsimmobilien. Die etablierten Definitionen zum Begriff „Facility-Management" sind naturgemäß sehr breit formuliert, um eine Allgemeingültigkeit und eine universelle Passung sicherzustellen. Schaut man sich diverse Veranstaltungsimmobilien an, so wird schnell deutlich, dass die Leistungen oder Themenbereiche des Betriebs in Teilen bereits weit in das „eigentliche Kerngeschäft" der jeweiligen Veranstaltung hineinreichen.

Die Professionalität der Kongressveranstalter und Nutzer solcher Immobilien, aber auch der am Markt verfügbaren externen Serviceanbieter, haben dazu beigetragen, dass durch gezielte temporäre Unterstützung externer Fach- und Spezialfirmen die hohen Anforderungen – aber auch die temporärer und oft auch sehr kurzfristig auftretenden Bedarfe der Nutzer – erfüllt werden können. Dazu bedarf es eines schlanken, aber effizienten Kernteams aufseiten des Veranstalters zur Abdeckung des „Grundrauschens" des täglichen Betriebs – und weniger Spezialfirmen zur Abdeckung von Leistungsspitzen und kurzfristigen Anforderungen bei Veranstaltungen.

Leistungen des Facility-Managements können unter anderem sein:

- **technisches Facility-Management**
  - technisches Betreiben sowie Wahrnehmung und Sicherstellung der technischen Betreiberverantwortung
  - Wartung und Inspektion der wartungsrelevanten baulichen und technischen Anlagen

- Störungsmanagement und 24-Stunden-Bereitschaft
- Energiemanagement/Energieoptimierung
- Betreuen von Instandsetzungen und Sonderprojekten
- **infrastrukturelles Facility-Management**
  - Unterhaltsreinigung
  - Glas- und Fassadenreinigung
  - Tages- und Permanentreinigung
  - Außenreinigung
  - Entsorgung
  - Winterdienst
  - Grünpflege
- **kaufmännisches Facility-Management/Property-Management (wird i. d. R. vom Immobilienbetreiber erbracht)**
  - Mieter-/Nutzerbetreuung
  - kaufmännische Abrechnung von Veranstaltungen und Ständen
  - Flächenbelegungsplanung
  - Kundenbetreuung und Service-Hotline für Kundenanforderungen
- **sonstige nutzerrelevante Services**
  - Catering
  - Garderobenservice
  - Parkeinweiser
  - Logistikservices
  - Empfangs- und Sicherheitsdienste

3   Immobilien und die Betreiberverantwortung

Wie auch bei vielen anderen Immobilienarten mit öffentlichem Charakter spielt beim Facility-Management bei Veranstaltungsstätten immer auch der Aspekt der Betreiberverantwortung eine sehr große Rolle. Das Sprichwort „Eigentum verpflichtet" ist hier nicht nur im übertragenen, sondern im wortwörtlichen Sinn zu verstehen. Ganz gleich, ob Eigentumsgesellschaft oder Messe-GmbH etc., die Betreiberverantwortung nach deutschem Recht mit den diversen Gesetzen, Richtlinien und anerkannten Regeln der Technik gilt es, in jedem Fall einzuhalten und sicherzustellen.

Schaut man sich die einzelnen Aspekte der Betreiberverantwortung in Deutschland und die hierzu erstellte Richtlinie der GEFMA 190 im Detail an, dann wird sehr schnell deutlich, dass eine Betreiberorganisation ohne die FM-relevanten Prozesse und Leistungsinhalte nicht denkbar wäre – Beispiele hierzu sind:

- Sicherstellung der gesetzlichen Betreiberauflagen (Verkehrssicherungspflicht, gesetzliche Auflagen im Bereich „Brandschutz", Hygiene, Wartung- und Inspektion von technischen und baulichen Anlagen etc.)

- Aufbau- und Ablauforganisation rund um das Thema „Gebäudebetrieb"
- Überwachungs- und Prüfpflichten sowie der Aufbau und die Einhaltung von Reporting- und Dokumentationsvorgaben
- Steuerung und Koordination von eigenen Mitarbeitern und von externen Zulieferern und Subunternehmern

4   Zukunftstrend Nachhaltigkeit

Der Trend zur Nachhaltigkeit im Bau, aber auch im Betrieb, hat bei Veranstaltungsimmobilien gerade erst begonnen. Noch kann man am Beginn eines Trends vom Reputations- und Marketinggewinn profitieren – beziehungsweise sich im Wettbewerb positiv platzieren. Was heute noch ein Trend ist, das wird morgen ganz sicher ein Standard sein; zunächst bei den Neubauten, dann aber auch schnell bei den Bestandsimmobilien.

Die Berücksichtigung nachhaltiger Prinzipien während der Planung, beim Bau sowie beim eigentlichen Betrieb des Veranstaltungsobjekts wird sich langfristig positiv auf die Immobilienwertentwicklung auswirken. Die Weichen für die Nachhaltigkeit werden bereits in der frühen Planungsphase des Objekts gestellt. Neben der Architektur und dem Bau des Objekts muss das gesamte Planerteam den kompletten Lebenszyklus im Blick haben. Denn im Gegensatz zu Verwaltungsimmobilien liegt die Besucherfrequenz und somit die Beanspruchung des Gebäudes deutlich höher – und auch der Energie- und Wasserbedarf.

Nachhaltigkeit und Green FM bei Veranstaltungsstandorten – was bedeutet das? Stellt man diese Frage in der Branche, werden häufig folgende Schlagworte genannt:

- Klimaschutz
- nachhaltige Prozesse beim Bau, im Einkauf und im Betrieb
- Ökonomie (Lebenszykluskosten)
- Gesundheit, Komfort und ein angenehmes und besuchergerechtes Umfeld
- reduzierter Energie- und Ressourcenbedarf unter Berücksichtigung erneuerbarer Energien
- nachhaltige Ressourcen und Ressourcenmanagement (Materialien, Wasser etc.)
- Green Facility-Management/nachhaltiger Betrieb
- Ökologie in Form von Grünflächen, Biosphären, natürliche Belichtung etc.

Der Begriff der Nachhaltigkeit bestimmt somit wie kaum ein anderes Thema die Zeit und wird auch angesichts der anstehenden Energiewende weiter an Bedeutung gewinnen.

In aktuellen Untersuchungen wird der Stellenwert der Nachhaltigkeit in Unternehmen sowie in der Immobilienbranche generell untermauert. So schätzen laut einer Studie von Drees & Sommer mehr als zwei Drittel der befragten Personen aus der Immobilienwirtschaft, dass Gebäude (aller Art) „ohne Nachhaltigkeit […] in Zukunft gar nicht mehr gewinnbringend vermarktbar sein werden" (Drees & Sommer 2016). Führungskräfte und Experten bestätigen, dass diese Vorzüge, insbesondere ein verbesserter Cashflow, aussichtsreichere Vermarktungschancen bieten.

Untersucht man die Aktivitäten der Branche, so zeigt sich rasch, dass sich nahezu alle Marktteilnehmer auf die eine oder andere Weise mit dem Thema „Nachhaltigkeit bei Immobilien" auseinandersetzen. Beim genaueren Hinsehen wird jedoch deutlich, dass eine klare und vor allem eine einheitliche Richtung für Veranstalter, Nutzer oder auch Betreiber bislang fehlt, was vermutlich auf unterschiedliche Interessenlagen und mangelnde Rahmenvorgaben zurückzuführen ist.

4.1 Zertifizierungssysteme

Der Erfolgskurs der Gebäude-Zertifizierungssysteme, wie zum Beispiel von LEED[1], BREEAM[2] oder der DGNB[3], für Neubauten ist seit Jahren unumstritten. Die steigende Anzahl von Zertifizierungen in der internationalen und nationalen Immobilienwirtschaft zeigt, dass Neubauten ohne ein Zertifikat oder zumindest eine Bestätigung der Zertifizierungsfähigkeit bereits heute nur schwer am Markt platzierbar sind. Betrachtet man die mittlerweile standardisierten Planungs- und Zertifizierungsprozesse für Neubauten, wird schnell deutlich, dass die Planung und der Bau von nachhaltigen Immobilien im Vergleich zu den Herstellungskosten von herkömmlichen Immobilien nicht wesentlich teurer sind.

In den genannten Zertifizierungssystemen werden jeweils neben der „Hardware" – die eigentliche Immobilie und die eingesetzten und verbauten Materialien etc. – auch planerische und prozessrelevante Themen mit in das Bewertungsverfahren integriert. Nach dem Erfolg für die Neubauten lag es nahe, die Zertifizierung auch auf Bestandsimmobilien auszuweiten – beziehungsweise hierfür gesonderte Bewertungskriterien abzuleiten. In allen der genannten Zertifizierungssysteme finden sich bei der Bestandsbewertung von Immobilien mehr oder weniger umfangreiche Ansätze, die den eigentlichen Immobilienbetrieb des zu bewertenden Objekts im Fokus haben. Bewertungsthemen sind unter anderem:

- die Ökobilanz für den Betrieb (Energieverbräuche)
- die Betriebskosten
- die Instandhaltungsstrategie für bauliche und technische Bestandteile
- die Bestandsdokumentation
- der Nachweis von Mess- und Monitoring-Konzepten
- diverse Bewertungen von Prozessthemen

---

[1]„Leadership in Energy and Environmental Design" (LEED) ist ein System zur Klassifizierung für ökologisches Bauen, das vom U.S. Green Building Council 1998 entwickelt wurde. Es ist eine weltweit verwendete Nachhaltigkeitszertifizierung und definiert eine Reihe von Standards für umweltfreundliches, ressourcenschonendes und nachhaltiges Bauen.

[2]BREEAM steht für „Building Research Establishment Environmental Assessment Method" und ist das älteste und am weitesten verbreitete Zertifizierungssystem für nachhaltiges Bauen. Es wurde 1990 in Großbritannien entwickelt.

[3]Die „Deutsche Gesellschaft für Nachhaltiges Bauen" – DGNB e.V. (engl.: German Sustainable Building Council) ist eine Non-Profit- und Nichtregierungsorganisation, deren Aufgabe es ist, Wege und Lösungen für nachhaltiges Planen, Bauen und Nutzen von Bauwerken zu entwickeln und zu fördern.

Unabhängig von den konzeptionellen Unterschieden der Systeme wird jedoch eines klar: Ihre Bewertung fokussiert mehrheitlich auf das jeweilige Gebäude und weniger auf den klassischen Veranstaltungs- beziehungsweise Gebäudebetrieb. Aktuell scheint es kein schlüssiges System am Markt zu geben, das in der Lage ist, Facility-Management mit den Schwerpunkten „Betriebsprozesse", „Betriebskosten" und „nachhaltiger Immobilienbetrieb" an sich zu bewerten und messbar zu machen.

Immobilien sind in dieser Hinsicht stark vereinfacht mit dem Dreiliterauto vergleichbar: Die gute Grundlage in Planung und Bau des Pkws garantiert noch lange keinen optimierten niedrigen Benzinverbrauch – sondern neben Reifenwahl und weiteren Komponenten ist das Fahrverhalten des Nutzers der Hauptstellhebel für ein ressourcenschonendes Fahren. Auf die Immobilie übertragen bedeutet dies, der Facility-Manager – ganz gleich, ob ein interner oder ein externer Betreiber – hat die Aufgabe, ein bestehendes Gebäude optimal zu betreiben und somit das Maximum aus der Immobilie herauszuholen. In diesem Fall bedeutet dies minimierten Ressourceneinsatz und maximale Energieeffizienz.

4.2   Die GEFMA-Richtlinie

Der Ansatz der GEFMA[4] und der aktuelle Arbeitskreis „Nachhaltigkeit", bei dem der Autor dieses Beitrags aktiv ist, greifen diesen Zusammenhang in Form der neuen GEFMA-Richtlinie 160 auf, die im März 2014 eingeführt wurde. Selbstverständlich geht es um Immobilien und deren Bewirtschaftung – der Fokus soll jedoch nicht auf dem Gebäude an sich liegen, sondern an den messbaren Ergebnissen. Wichtig ist, was der Betreiber/Nutzer aus der Immobilie macht. Denn im Vergleich zum zitierten Dreiliterauto soll hier nicht ein vergleichbarer Normwert, sondern möglichst ein Minimum an Ressourcen eingesetzt beziehungsweise verbraucht werden, was neben den verbrauchsgebundenen Ressourcen wie Wärme, Strom, Wasser auch personelle, materielle und wirtschaftliche Ressourcen beinhaltet. Ziel des Arbeitskreises war es, Bewertungskriterien und konkrete Kennzahlen auszuarbeiten und diese am Markt zu etablieren.

Antriebskraft für diese neue Richtlinie war es, kein konkurrierendes Produkt zu bereits bestehenden Zertifizierungssystemen am Markt zu platzieren, sondern durch den Fokus auf den eigentlichen Betrieb von Bestandsgebäuden unterschiedlichster Art und Nutzung eine „bewertungstechnische Lücke" in Form eines neuen Standards zu schließen.

Unabhängig von den konzeptionellen Unterschieden der aktuellen Zertifizierungssysteme wird jedoch eines klar: Die Bewertung fokussiert vornehmlich auf das jeweilige Gebäude und weniger auf die jeweilige Nutzung beziehungsweise das Facility-Management.

---

[4]German Facility Management Association (GEFMA, Deutscher Verband für Facility-Management) ist der Branchenverband des Facility-Managements.

4.3   Impulsgeber Corporate Social Responsibility

Der Trend bewegt sich weg von einzelnen Immobilien in Richtung der Unternehmensstrukturen in Gänze. So sind Nachhaltigkeitsberichte oder Social-Responsibility-Reports
heutzutage ein Muss. Diese Entwicklung bringt einen starken Impuls, der auch eine Verbindung zum Facility-Management hat:

- Die Erwartungen der Mieter, Investoren, Aktionäre, Dienstleister, der Geschäftspartner
  sowie der Öffentlichkeit haben sich im Zuge der Globalisierung, des Klimawandels
  und der Wirtschaftskrise gewandelt – insbesondere bezüglich der Erfüllung gesellschaftlicher Ansprüche steigen die Anforderungen.
- Investitionsentscheidungen werden immer mehr von Nachhaltigkeitskriterien beeinflusst.

Die Schnittstelle zum nachhaltigen Immobilienbetrieb beziehungsweise zum Green
Facility-Management wird deutlich, wenn man sich die inhaltlichen Schnittstellen des
jeweiligen Konzern-Reportings im Detail ansieht. Unter dem Oberbegriff „Corporate
Responsibility" findet man je nach Unternehmen Unterthemen wie zum Beispiel:

- Corporate Governance (Compliance-relevante Punkte)
- Corporate Sustainability – mit unterschiedlichsten Bewertungskriterien, die mittelbar
  oder unmittelbar mit der Immobilie zu tun haben – wie zum Beispiel:
  - Energieverbrauch
  - CO_2-Emissionen
  - Health und Safety
  - Environmental Impact
  - Sustainable Products
  - Wasserverbrauch
  - Abfallaufkommen
  - Kundenzufriedenheit und Mitarbeiterfluktuation

Diese Ansätze sind nicht nur bei den Großen der Veranstaltungsbranche erkennbar, auch
kleine Marktteilnehmer setzen vermehrt auf das zunehmende Bewusstsein der Nachhaltigkeit in der Bevölkerung.

4.4   Wichtige Anforderungen für die Zukunft

Betrachtet man die inhaltlichen Hintergründe der zuvor genannten Aspekte, wird rasch
deutlich, dass der wesentliche Beitrag aus dem eigentlichen Betrieb des Kongressstandorts kommen muss.

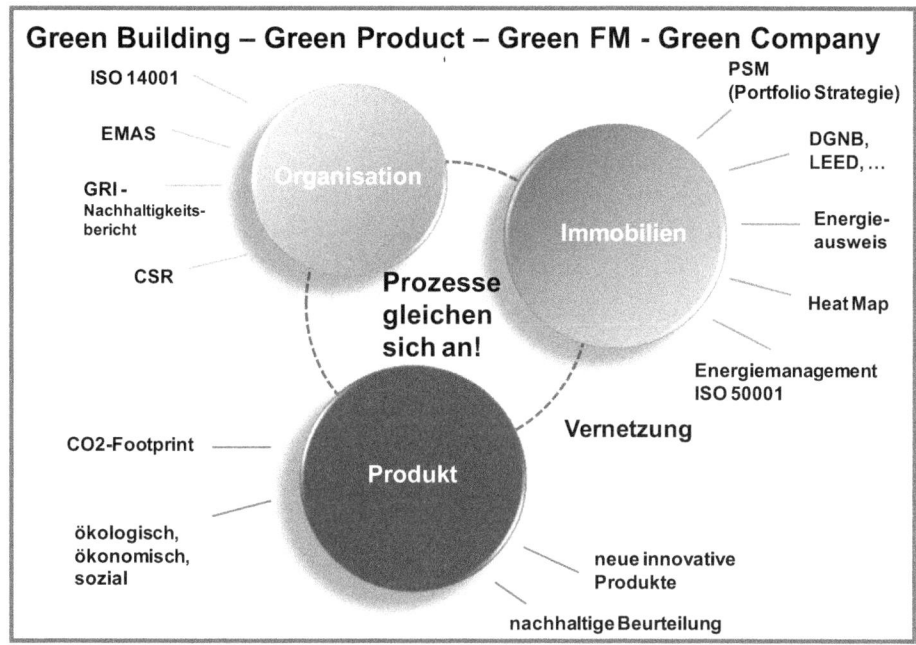

Abb. 1 Vom Green Building zur kompletten Nachhaltigkeitsstrategie. (Quelle: Drees & Sommer)

Aus diesen Zusammenhängen und aus den Erfahrungen vieler Jahre Projekterfahrungen lassen sich unter anderem folgende Zukunftsthemen für die Veranstaltungsbranche ableiten:

- Nachhaltige Veranstaltungen sind kein „Nice-to-have", sondern gehören schon zum „Pflichtprogramm"!
- Ohne nachhaltiges FM keine nachhaltige Immobilie!
- Green Building – Green Product – Green FM – Green Company! (s. auch Abb. 1)
- „carbon footprint" – die Einheit der Zukunft?

Betrachtet man unterschiedliche Unternehmen diverser Branchen am Markt und ihre jeweiligen Marketingstrategien im Detail, so wird deutlich, dass Prädikate wie „Green" oder „Blue" vermitteln wollen, dass sich vom eigentlichen Kernprodukt des Unternehmens bis hin zu allen Sekundär- und Tertiärprozessen, das Thema „Nachhaltigkeit" wie ein roter Faden durch das Unternehmen zieht (Blue Shopping-Center, CO_2-neutrale Produktion, CO_2-Ausstoß bei Pkws und natürlich auch grüne Veranstaltungen und Green Food etc.).

Die von den Unternehmen angestrebten Systeme zum Nachweis ihrer Nachhaltigkeit (Global Reporting Initiative/GRI, Corporate Social Responsibility/CSR etc.) bilden zwar das Unternehmen an sich ab, lassen aber in der Regel, insbesondere in den Real-Estate-

Themen, keinen verbindlichen Rückschluss auf die Nachhaltigkeit der Prozesse oder des Immobilienbestands zu.

Ein gemäß den international anerkannten Standards als nachhaltig eingestuftes Unternehmen muss beispielsweise die Einhaltung gewisser Rahmenbedingungen nachweisen. Dies umfasst regelmäßig auch Aspekte, welche das FM betreffen, zum Beispiel den nach Primärenergiequellen aufgeschlüsselten Energieverbrauch, Treibhausgasemissionen, Abwassermengen etc. Die sogenannten „Performance-Indicators" der Global Reporting Initiative (GRI) beinhalten sogar als Kriterium den Nachweis von Nachhaltigkeitszertifikaten bezüglich Neubau, Management, Nutzung und Sanierung (Global Reporting Initiative 2011).

Um in den Medien – aber auch im Konkurrenzkampf um Kunden und Märkte – als ein nachhaltiges und verantwortungsbewusst agierendes Unternehmen wahrgenommen zu werden, gilt es, alle Unternehmensprozesse in einer Gesamtsystematik als gesamtheitliches Thema der Nachhaltigkeit zu fassen. In anderen Worten: Alle Facetten der Corporate Responsibility (Corporate Governance, Economic Responsibility, Environmental Responsibility und Social Responsibility) sind in einer einheitlichen Systematik abzubilden, transparent zu machen – und zu bewerten.

4.5   „Carbon footprint" – die Einheit der Zukunft?

Diskussionen zu einer weiteren globalen Vereinheitlichung und Messbarkeit von Nachhaltigkeit und Ressourceneffizienz innerhalb und außerhalb der Immobilienbranche werden lauter. Als ein möglicher Ansatz steht als Einheit derzeit der „carbon footprint" (CF) zur Diskussion.

Ein „carbon footprint" kann vereinfacht definiert werden als die Summe aller Kohlenstoffdioxid(CO_2)- und anderer Treibhausgasemissionen, die mit einer Immobilie während ihres gesamten Lebenszyklus in Verbindung gebracht werden können (verbaute Materialien, Energieverbräuche, Dienstleistungen in und um das Gebäude etc.). Der Vorteil dieser Betrachtung ist, dass Lebenszyklusaspekte in der Betrachtung abgebildet werden, aber auch ein jährlicher Vergleich der Nutzung und des FM-Betriebs über den Zeitverlauf gemessen und gebenchmarkt werden können. Allerdings gibt es auch hier aktuell noch keine einheitlichen Standards, sondern bestenfalls einheitliche Grundlagen. Um Standards zu etablieren, gilt es weiterhin, durch international agierende Unternehmen und Verbände eine gemeinsame Basis der Bewertung zu finden.

5   Veranstaltungsorganisation und Facility Management Hand in Hand

So vielfältig die Anforderungen an einen Veranstaltungsstandort beziehungsweise eine Veranstaltungsimmobilie auch sind, so vielfältig und komplex ist der Betrieb einer solchen Fläche. Besonders bei kurzfristigen und temporären Veranstaltungen mit wechselnden

Besucherzahlen und unterschiedlichsten thematischen Vorgaben müssen das „Kerngeschäft" und das Facility-Management Hand in Hand arbeiten, um in Richtung Nutzer beziehungsweise Besucher ein professionelles und einheitliches Bild abzugeben. Die Teile des Facility-Managements, die man (am besten) nicht sieht – wie alles rund um Technik, Klima und Energie – und natürlich alle Themen, die Service und Komfort ausmachen (wie zum Beispiel Reinigung, Catering, Einweisungs- und Empfangsservices) sind ein elementarer Teil eines erfolgreichen Kongresses und einer guten Veranstaltung.

Literatur

Drees & Sommer (2016) Marktstudie 360°
GEFMA (o. J.) www.gefma.de
Global Reporting Initiative (2011) Sustainability Reporting Guidelines Version 3.1, Kriterium CRE8. https://www.globalreporting.org/resourcelibrary/G3.1-Guidelines-Incl-Technical-Protocol.pdf. Zugegriffen: 3. Juni 2016

Über den Autor

Dipl.-Ing. (FH) Thomas Häusser wechselte im Jahr 2001 von Philipp Holzmann AG zu Drees & Sommer in das Team Real Estate Consulting. Im Jahr 2008 wurde er Mitglied der Geschäftsleitung. Heute ist Thomas Häusser Geschäftsführer bei Drees & Sommer sowie Partner des Unternehmens und verantwortet den Leistungsbereich Real Estate & Facility Management Consulting für die Unternehmensgruppe national sowie international.

Raum für die Räume des Geschehens

Veranstaltungsstätten am Beispiel von Kongresszentren und Tagungshäusern

Stefan Lohnert

Zusammenfassung

Zusammenkunft erfordert neben Teilnehmern vor allem Orte im Sinne von „Begegnungsstätten". Solche gibt es dank moderner Technik auch im digitalen und virtuellen Raum, doch stehen sie noch am Anfang ihrer Entwicklung. Groß ist der Wunsch nach persönlichem Austausch und all den sich daraus ergebenden Möglichkeiten. Der von führenden Fachleuten der Kongressbranche gerne zitierte erste Kongress, die Bergpredigt, fand im Freien statt, stellt aber heute in Industriestaaten die Ausnahme dar und ist eher als symbolische Erzählung zu betrachten. Damit richtet sich der Fokus auf überdachte Immobilien und deren Entwicklungen vor dem Hintergrund der heutigen Herausforderungen. Tragik wie auch Herausforderung ist dabei im Kern, dass eine Immobilie, so sie denn einmal gebaut ist, vom Grundriss her keine Veränderungen mehr zulässt.

Welche Anforderungen an die organisatorischen, technologischen und räumlichen Infrastrukturen eines Kongresszentrums oder Tagungshauses gestellt werden, ist Gegenstand dieses Beitrags.

S. Lohnert (✉)
Stuttgart, Deutschland
E-Mail: stefan.lohnert@mcssc-stuttgart.de

© Springer Fachmedien Wiesbaden GmbH 2017
C. Bühnert und S. Luppold (Hrsg.), *Praxishandbuch Kongress-, Tagungs- und Konferenzmanagement,* DOI 10.1007/978-3-658-08309-0_44

Vorbemerkung des Autors

Jedes Kongresszentrum, jedes Tagungshaus ist anders … und doch irgendwie gleich. Da muss man zwar nicht eine Handvoll, nämlich genau fünf, Veranstaltungshäuser geleitet haben, um das zu erkennen. Man entwickelt jedoch ein differenzierteres Verständnis über die Unterschiedlichkeit, deren Ursachen und Wirkungen. Multifunktionalität hat Spezialisierung weitgehend abgelöst. Bei Veranstaltungsstätten aus sehr frühen Jahren wird sie mit viel diskutierten Investitionen nachträglich geschaffen. Bei Neubauprojekten sorgt sie fast durchgängig für verwandtschaftliches Aussehen, die (Multi-)Funktionalität wird erkennbar betont und mit dem Begriff „Location" sprachlich gleich internationalisiert. Dem Betrachter respektive Veranstalter bietet sich somit ein zugleich homogenes und heterogenes Angebot. Die feinen Unterschiede erkennen zu können, ist am Ende für den Nutzer zielführend.

1 Eine lange Geschichte

Der klassische „Blick zurück" und damit auf die Anfänge organisierter Zusammenkünfte ist zugleich eine Nachbetrachtung der Evolution vom einfachen Raum hin zum hoch technisierten Kongresszentrum. Das heutige omnipotente „Internationale Kongresszentrum" kannte zu früher Stunde noch niemand. Man bediente sich vorhandener Versammlungsräume, beginnend bei Funktionsräumen kirchlichen und politischen Hintergrunds (Kirchen als solche sowie Plenarräume, Senatsräume, Regierungssitze). Namentlich zu erwähnen sind hier zwei der bekanntesten Zusammenkünfte aus der Geschichte:

- Das biblische Vorbild – sozusagen die Urmutter für alle Konzilien – ist das Apostelkonzil, bei dem im Jahr 49 oder 50 die bedeutendsten Vertreter der Heidenchristen und Judenchristen in Jerusalem zusammenkamen, um über den Verpflichtungsgrad verschiedener jüdischer Gesetze für alle Christen zu entscheiden.
- Auf dem Wiener Kongress - der weltliche Gegenpol sozusagen - wurde in der Zeit vom 18. September 1814 bis zum 9. Juni 1815 unter der Leitung des österreichischen Außenministers Fürst von Metternich über die räumliche und strukturelle Neuordnung Europas beraten und befunden. Teilnehmer waren bevollmächtigte Vertreter aus rund 200 europäischen Staaten, Herrschaften, Körperschaften und Städten.

Das anfängliche architektonische Grundmuster ist dabei recht simpel, identisch und in erster Linie funktional: Foyer – Saal – Bühne, fertig ist die Tagungsstätte. Hochschulen und Universitäten sind damit grundsätzlich von Anfang an als „traditionelle Versammlungsstätten" gesetzt, zählen heute jedoch kurioserweise zu Special-Event-Locations. Die Ursprünglichkeit charakterisiert denn auch die Typenvielfalt bei den heutigen Locations:

- Räume und Säle von Hochschulen oder Universitäten werden – außerhalb des Vorlesungsbetriebs – meist auch für wissenschaftliche Kongresse genutzt. Während das Ambiente sowie das technische und gastronomische Niveau solcher Einrichtungen die Anforderungen an ein „purpose-built convention-center" nicht erfüllen, ist es erkennbar der Mietpreis, der eine Nachfrage stimuliert.
- Bildungshäuser und Akademien sind dagegen aufgrund ihres Raumangebots und ihrer Technikausstattung für kleinere Tagungen und für Seminare geeignet. So sind die bundesweit verbreiteten Volkshochschulen prädestiniert für eine Vielzahl an Veranstaltungen, die Bestandteil des VHS-Programms sind. Deren Geschäftsmodell ist freilich nicht die Raumvermietung, sondern das, was darin stattfindet: Weiterbildung.
- Eine noch junge Geschichte haben die Special-Event-Locations – also außergewöhnliche Veranstaltungsstätten, die ursprünglich anderen Zwecken dienten. Ihren historischen Ursprung haben die Special-Event-Locations im „Schleswig-Holstein Musik Festival". Dessen Hauptinitiator und langjähriger Intendant Justus Frantz war es, der in den Achtzigerjahren für Konzerte Scheunen, Produktionshallen und Industrieruinen revitalisierte und inszenierte.
- Die Spezies „Kongresszentrum" ist die heute am weitesten für sämtliche Belange und Formen von Kommunikation entwickelte Variante.

2 Kommunale Betriebsamkeit und umstrittene Multifunktionalität

In erster Linie ist die öffentliche Hand Träger eines Kongresszentrums, da diese auch Nutznießer dieser Infrastruktur ist. Begonnen hat alles mit den Stadthallen. Der Höhepunkt des ersten Booms solcher Einrichtungen lag in den Siebzigerjahren. Tourneetheater erlebten eine Hochkonjunktur: Die ersten Musicals – damals noch ohne Immobilie wie beispielsweise das Stuttgarter SI-Centrum – zogen Liebhaber der leichten Muse in ihren Bann. „Anatevka" und „Hair" sind die Vorreiter des Genres „Musical", moderne Operetten, die eine anhaltende Inflation aber auch Nachfrage mit sich brachten. Dies führte und verführte viele Städte dazu, einen Zwitter ins Leben zu rufen, der Kultur und Kommunikation gleichermaßen bedienen sollte. Gemäß der Weisheit „Ist doch alles Bühne …", funktionierte man die Hallen zu multifunktionalen Zentren um, indem man sie mit Mittelbühnen, wenn nicht sogar mit Vollbühnen ausstattete. Das Tourneetheater, welches eine Mittelbühne erfordert, ist konstant rückläufig. Heute ist dies eher ein sogenanntes „Pfenniggeschäft", wenn nicht sogar subventionsbedürftig. Kabarett- und Comedyfestivals haben es abgelöst, decken aber laufende Kosten nicht im Ansatz. Refinanzierung und Erwirtschaftung der laufenden Kosten der Häuser ist erwünscht, daher setzte man auf Corporate Business.

Darüber hinaus sind andere Faktoren für die Kommune bedeutsam:

- Image der Stadt (Außenwahrnehmung)
- Wirtschaftsfaktor
- Erweiterung/Ergänzung der vorhandenen ortsansässigen Hochschul- oder Bildungs-
  stätten (zum Beispiel das Kongresszentrum „darmstadtium")

Mit der Weiterentwicklung des Bildungssystems stieg peu à peu die Nachfrage nach
externen Veranstaltern respektive Bildungsanbietern. Das Kongresswesen nahm auch in
touristischem Sinne Fahrt auf, was attraktive Erlöse in Aussicht stellte. Schnell wurde
das Kongresswesen als einträglicher Wirtschaftszweig identifiziert, Kommunen stampf-
ten (jetzt in einer zweiten Welle – etwa um 1975–1985) Veranstaltungsstätten mit
(damals) neuester Technik aus dem Boden. Es lag im Trend, sich zum Beispiel ein Kongresszentrum zu leisten.

Für die bereits vorhandenen, in aller Regel auf den Kulturbetrieb ausgerichteten
Stadthallen bedeutete dies, dass manche zu einem Kongresszentrum oder Tagungshaus
umgebaut werden mussten. Für den nachträglich implementierten, hoch spezialisierten Kongress- und Tagungsbetrieb stellte dies meist eine Herausforderung dar. Fixierte
Bestuhlung lässt wenig Spielraum, kleinere Räume sind Mangelware, die gesamte
Infrastruktur ist deutlich erkennbar auf Kulturbetrieb ausgerichtet. Solche multifunk-
tionalen Häuser finden sich heute allerorten. Oftmals sind diese Zwitter auch in ihrer
Architektur vergleichbar, manches Haus ist eine unverkennbare Kopie aus der Nachbar-
gemeinde. Jene Veranstaltungsstätten, denen in den Achtzigerjahren lediglich das Prä-
fix „Kongress-" vorangestellt wurde, sind heute in der Konkurrenz um Kongresse und
Tagungen überregional nicht mehr wettbewerbsfähig. Auf Weiterentwicklungen des
Kongresswesens (Technik, Catering, Ausstellungsfläche, Beherbergungssituation) wurde
nicht reagiert (Investitionsstau), daher liefert man sich heute allenfalls mit der Nachbar-
gemeinde einen Konkurrenzkampf, meist in Form eines Preiswettbewerbs. Geendet hat
dies in noch größeren und voluminöseren Bauwerken, denen man den Namen „Mehr-
zweckhalle" oder gar „Arena" verlieh. Beide Bezeichnungen lassen jedoch eine verstärkte Nutzung aus dem Sport- und Freizeitbereich erahnen. Die meisten Arenen kennt
man heute durch die Kombination mit ihrem Hauptsponsor, zum Beispiel Allianz-Arena
(Stadion des FC Bayern). Im Kongress- und Tagungsgeschäft spielen beide Typen keine
bedeutende Rolle.

3   Kongresszentren als Bestandteil von Messegeländen

Die Weiterentwicklung von Fachmessen hat in Deutschland vor ca. 25 Jahren dazu
geführt, dass Messegesellschaften auf ihren Geländen großformatige Kongresszentren
gebaut haben. Das resultierte aus der Erkenntnis, dass Fachmessen zunehmend Themen und Inhalte bedienten, die einen Wissenstransfer beinhalteten. Außerdem wurden
dadurch „intime Showrooms" von Firmen/Ausstellern geschaffen, die unbeobachtet
Kundengespräche führen und Präsentationen vorführen können.

Darüber hinaus erforderten steigende Teilnehmerzahlen und größerer Flächenbedarf großer Jahrestagungen aus dem wissenschaftlichen Bereich Platz, um sich zu inszenieren. Posterausstellungen, begleitende Workshops, Industrieausstellungen (zur Refinanzierung) und häufig auch Gastronomiebereiche zur ordentlichen Verpflegung aller Teilnehmer sind feste Bestandteile von Kongressen.

4 Erfolgsfaktoren von Kongresszentren und Tagungshäusern

Raumaufteilung und -verteilung innerhalb eines Tagungshauses sind in erster Linie dafür verantwortlich, ob ein Tagungshaus genutzt wird. Wie kommt der Besucher hinein, welche Services müssen an vorderster Stelle stehen und wie gestaltet sich die Orientierung nach dem Einlass? Im Grunde geht bereits unmittelbar nach Betreten des Hauses nichts über den Faktor „Platz" (im Sinne von „Fläche"). Die Bauordnung hält zwar Formeln bereit, anhand derer man die Auslastung „Anzahl an Menschen pro qm" errechnen kann, doch liegen diese Werte weit unter dem erforderlichen Wohlfühlfaktor des Besuchers. Ein Foyer ist nicht einzig ein Vorraum, sondern eigentlich die Zentrale des Ganzen. Sie muss von Einlasskontrolle über Akkreditierung, Garderobe, sanitäre Einrichtungen, Coffee-Corner, Büchertische bis hin zum Infoschalter alles bereithalten. Zum Leidwesen vieler Veranstalter hat die immer wieder überarbeitete Versammlungsstättenverordnung (VStättV) mit ihren ständig zunehmenden Fluchtwegbreiten einige Standards und Maximalkapazitäten im Laufe der Jahre beschnitten. Ein Raumangebot im Sinne von „Vielfalt" ist aber selbst bei mittelgroßen (300–500 Teilnehmer) Veranstaltungen mittlerweile unabdingbar, zumal die Form der ausschließlichen „Frontalbeschallung" Vergangenheit ist. Die Teilnehmer wollen und sollen in direkten Dialog treten, daher sind neben dem Hauptraum – in dem alle Teilnehmer Platz finden – mindestens fünf oder sechs gleich große Workshopräume empfehlenswert.

Ein wichtiger Aspekt ist aus Sicht sowohl des Kongresszentrums als auch der Veranstalter die Handhabung von parallel stattfindenden Kongressen oder Tagungen. Eine hohe Auslastungsquote einerseits, exklusive Abgeschlossenheit andererseits erfordern, dass Säle und Räume zu einem autarken Ensemble (mit eigenen Zugängen und Wegen) gruppiert werden können. Analog gilt dies für einen Teilbetrieb.

Eine zweite Herausforderung ist die technische Ausstattung. Kein anderer Aspekt im Veranstaltungsbereich unterliegt kürzeren Evolutionszyklen als die Technik. Es muss mittlerweile von der „allumfassenden Veranstaltungstechnik" gesprochen werden, da auch Kongresse und Tagungen Showelemente als feste Bestandteile haben. Angesichts der rapiden Entwicklung im Bereich der Technik sind hier ständige Investitionen und Schulungen des bedienenden Personals erforderlich.

Es geht schon längst nicht mehr allein um Projektion und Sprachübertragung. Vorträge gleichen Inszenierungen und beinhalten damit individuelle Dramaturgien. Beleuchtungs- und Projektionseffekte sind gang und gäbe. Führt man sich allein die Projektionstechnik im Wandel der Zeit vor Augen, so müsste man wohl bei der Kreidetafel anfangen und über Tageslichtprojektoren und Episkope, Dias, Videos, DVDs bis hin zu PowerPoint-Präsentationen und Livestreaming/Liveübertragungen per Satellit blicken. Professionelle Kongresszentren und Tagungshäuser kooperieren mit externen Dienstleistungspartnern, welche Aktualität in Hard- und Software garantieren.

Ebenso wichtig ist die Möglichkeit für den einzelnen Tagungsteilnehmer zu kommunizieren, also online zu sein. Teilnehmer verfügen durchschnittlich über 3,5 elektronische Geräte, mit denen sie online sind: je ein Smartphone für geschäftliche und private Zwecke, ein Tablet und einen Laptop – natürlich alles kabellos in Benutzung und das auch außerhalb des Tagungsraums. Dies erfordert eine sehr hohe Leistungsfähigkeit des lokalen WLAN-Betreibers.

Ein weiterer wichtiger Faktor im Veranstaltungsbereich aus Betreibersicht ist die Gastronomie: Worauf muss der Kongresshausbetreiber achten? Gastronomie ist ein Wesen für sich. Der gemeinsame Nenner lautet in erster Linie „Gastgeber". Damit ist „dienen und bedienen wollen" ein Grundsatz und Erfolgsgröße. In der Reihenfolge der Veranstaltungsplanung steht dieser Leistungsbaustein meist am Schluss. Die Fragestellungen zur gewünschten Gastronomie zu klären, überlässt der Betreiber oft dem Caterer direkt (Ausnahmen wie zum Beispiel im Hannover Congress Centrum bestätigen die Regel). Zum einen verfügt das Personal des Veranstaltungszentrums (Projektleiter, Sales-Mitarbeiter, …) selten über das entsprechende Fachwissen, zum anderen kann die Klärung sehr zeitraubend geraten, da die Geschmäcker bekanntermaßen verschieden sind. Inkludiert im Cateringangebot sollten in jeden Fall die dazu notwendigen temporären Bauten (sogenannte Gastroinseln samt Stromanschlüssen, Skirtings und Abräumstationen) sein, zumal diese einen erheblichen Kostenfaktor darstellen. Versteht sich der Caterer ausschließlich auf die Zubereitung der Speisen und Bedienung der Gäste, klafft hier eine Lücke, die am Ende schon manches Budget gesprengt hat. Noch relativ neu, aber doch schon etabliert ist der regionale Ansatz, also der im Zuge der Nachhaltigkeitsdebatten angestrebte regionale Bezug der Rohware. Nachweise sind zu führen. Die jüngste Innovation aber lautet: Streetfood im Gebäude, also der Einsatz mobiler Einpersonengarküchen. Kosmopoliten goutieren dies. Die Gastronomie muss also als eigener Erfolgsfaktor und Innovationsgeber wahr- und ernst genommen werden!

5 Lage – der beste Platz in der Destination

In der Standortfrage hört man immer wieder zwei wiederkehrende und gegenläufige Aussagen, deren Widerspruchsgehalt sich auch trotz sorgsamer Standortauswahl nicht ausräumen lässt. Ein Teil der Kongressveranstalter bevorzugt räumliche Nähe zur Innenstadt, der andere möchte weit davon entfernt sein.

Die Argumente für die Innenstandlage lauten:

Nähe zum Hotel, zu Kulturstätten, zum Einzelhandel, zur Gastromeile – Grund ist meist der Wunsch, auch den Kongressstandort im touristischen Sinne einzubinden, den Teilnehmern zu präsentieren. Das ist eine deutliche Betonung des zweiten Wortes im Begriff „Kongresstourismus". Sofern einem Kongress- oder Tagungsprogramm Innovation, Tiefe oder Qualität fehlen, kann dies ein Mittel sein, Teilnehmerzahlen zu generieren, also Zerstreuungsmöglichkeiten.

Für die Randlage sprechen:

Meist deutlich bessere Anbindung an die Verkehrsnetze „Autobahn" und „Flughafen"; dadurch ist der Aspekt „Internationalität" besser transportierbar, größere Anzahl an Parkmöglichkeiten, keine Verlockung im Sinne von „Ablenkung", sodass Kongressteilnehmer nicht auf dem Weg zwischen Hotel und Veranstaltungsstätte zur Shoppingtour oder Museumsbesuchen abschweifen.

Soll ein Kongresszentrum oder Tagungshaus neu gebaut werden, ist eine Standortanalyse zu betreiben. Vorgaben sind die unkomplizierte Erreichbarkeit aus allen Himmelsrichtungen, möglichst mit allen relevanten Verkehrsmitteln, sowie schnelle respektive direkte Linien und eine enge Taktung im ÖPNV-Netz. In Deutschland bewegen sich Kongressteilnehmer noch zu 70 % mit dem Auto, 13 % nutzen die Bahn und zehn Prozent das Flugzeug.

Um als Kongresszentrum oder Tagungshaus Erfolg zu haben, bedarf es außerdem weiterer ausgewiesener Standortfaktoren. So beeinflussen das kulturhistorische und naturräumliche genauso wie das technische und ökonomische Umfeld die Wahl der Veranstaltungsstätte deutlich. Wofür steht der Kongressstandort, welches Bild haben die Teilnehmer im Kopf – oder Herzen –, wenn sie den Veranstaltungsort genannt oder zur Auswahlentscheidung vorgelegt bekommen? Im Zuge einer Bewerbung eines Kongresszentrums oder eines Tagungshauses wird die Region, deren wissenschaftliche und wirtschaftliche Bedeutung, eher in den Vordergrund gestellt. Die Leistungsfähigkeit der Veranstaltungsstätte spielt dann im Quervergleich nur eine nachgeordnete Rolle. Ein veranstaltungsrelevantes Umfeld kann den Projekten und Themen natürlich äußerst zuträglich sein. Sind Hochschulen, Verbände, Wirtschaftsunternehmen oder sonstige themennahe Organisationen vor Ort – und damit Baustein eines Netzwerks –, sind dies für den Veranstalter immer willkommene und förderliche Aspekte.

Auch die Hotellandschaft (im Sinne von „stilistischer und preislicher Vielfalt") ist ein weiterer entscheidender Faktor. Um die Teilnehmer eines Kongresses in Hotels unterzubringen, sollte der Standort über eine Basiskapazität an Hotelzimmern verfügen, die qua Faustformel dreimal so hoch liegen sollte. Kongresse und Tagungen finden meist zu Zeiten statt (Wochentage, außerhalb der Feriensaison), in denen auch der normale tägliche Geschäftstourismus hohe Übernachtungskapazitäten erfordert.

Sekundäre Entscheidungskriterien/Faktoren sind das übliche Dienstleistungsangebot (Kultur und Unterhaltung, Landschaft und Klima, Sport und Fitness).

6   Entwicklung der Veranstaltungsformate

In jeder Broschüre von Veranstaltungsstätten finden sich die klassischen Symbole Reihenbestuhlung, parlamentarische Bestuhlung, U-Form wieder. Die Halbwertszeit dieser Raumkonzepte scheint in greifbarer Nähe. Der große Plenarsaal verliert zunehmend an Bedeutung. Meist werden nur noch Auftakt- oder Schlussveranstaltungen darin inszeniert. Kommunikation finden die Teilnehmer auch andernorts: Wie bei Fachmessen längst üblich, bieten offene Foren eine Gelegenheit dazu. Mitten im Ausstellungsgeschehen steht eine kleine Anzahl Stühle, davor ein kleines Pult und eine Leinwand. Vorteil ist dabei, dass der Besucher „schnuppern" kann, ohne durch Eintreten oder Verlassen das Auditorium zu stören.

Noch offener gestaltet sind Gesprächsinseln, die locker bestuhlt sein können und durch einen kleinen Teilnehmerkreis eine aktive Beteiligung einfordern beziehungsweise ermöglichen. Workshop- und Breakout-Räume kann man nie genug vorweisen. Bei Größenordnungen von mehreren Hundert bis einigen Tausend Teilnehmern, die ständig beschäftigt sein wollen, liegt diese Forderung auf der Hand. Bei Kongressen mit parallelen Veranstaltungseinheiten gilt eine Sitzplatzkapazität – auch Breakout-Kapazität genannt – in allen Kongresssälen und Tagungsräumen im Verhältnis eins zu eins zum Haupt-/Plenarsaal als Faustformel. Das Raumprogramm eines jeden Kongresses – der Hauptsaal, alle weiteren Säle und Räume über Lounges im Foyer (für fortgesetzte Fachgespräche) bis hin zur begleitenden Fachausstellung – ist höchst unterschiedlich. Es müssen Räumlichkeiten sein oder entstehen, die Lernen, Wissens- und Gedankenaustausch auch atmosphärisch unterstützen, was schon an der (zu üppigen oder zu geringen) Raumgröße scheitern kann. Weil kein Kongresszentrum alle möglichen Größen- und Nutzungsvarianten a priori in einem der Immobilie zugrunde gelegten Raumbuch berücksichtigen kann, kommt es schließlich auf die Bandbreite der Teilungsoptionen von Sälen und Räumen an. Allerdings rücken dann für die Organisation Umrüstzeiten und -aufwand stärker in den Blick.

Nicht zu vergessen, dass man auch zur Umsetzung für die Operativen noch Platz braucht: Veranstalterbüro, Garderoben, separate Toiletten und Duschräume für Künstler, Vorstände, Präsidiumsmitglieder und Redner, Mise-en-Place[1] für die Küche, Medienannahme, Medientechnik, Lager (unter anderem Tagungsunterlagen/-taschen, Ausstellungsgüter/-materialien, Leergut), Services im Foyer (Registrierung, Tagungsunterlagen-Ausgabe), Help-/Trouble-Desk, Touristeninformation. Aufgrund niedriger Akkulaufzeiten erfreuen sich außerdem zentrale Ladestationen großer Beliebtheit.

Was die zuvor genannten klassischen Bestuhlungsformen angeht, werden diese zunehmend durch Fishbowl, Open Space und andere Formate ergänzt. Die Fishbowl-Methode beispielsweise hat ihren Namen von der Sitzordnung: Sie gleicht einem Goldfischglas, um das die Teilnehmer im Kreis herumsitzen. Eine kleine Gruppe von

---

[1]Vorbereitungsbereich, wo die Teller bestückt werden.

Teilnehmern diskutiert im Innenkreis (im „Goldfischglas") über das Thema, während die übrigen Teilnehmer in einem Außenkreis die Diskussion beobachten. Die dafür benötigten Stühle können aufgrund der Geometrie nicht verbunden werden und stehen folglich lose im Raum. Solches sieht das Regelungswerk – die Versammlungsstättenverordnung – nicht vor und verlangt daher nach Prüfung, Regelung und Genehmigung. Hintergrund ist der Brandschutz und damit die Möglichkeit einer problemlosen Evakuierung.

7   Künftige Begegnungsstätten in einer digitalisierten Welt

Versammlungsstätten werden sich immer weiterentwickeln, wenn auch langsam. Sie werden auf das Kommunikationsverhalten des Menschen reagieren müssen, um wettbewerbsfähig zu bleiben und in Zukunft erfolgreich am Markt zu bestehen.

In welche Richtung sich Versammlungsstätten dabei bewegen müssen, kann heute nur geschätzt werden. Um hier tiefer in die Komplexität einzutauchen, empfiehlt sich die von GCB und EVVC initiierte Studie „Future Meeting Space". Dieser Prozess ist derzeit noch nicht abgeschlossen, ein Fazit wird gegen Mitte/Ende 2017 erwartet. Führende Köpfe, Verbände und Organisationen erforschen dabei gemeinsam mit den Wissenschaftlern des Fraunhofer-Instituts für Arbeitswirtschaft und Organisation (IAO), wie Veranstaltungsformate und -szenarien der Zukunft aussehen werden, um die Wettbewerbsfähigkeit und die Marktposition der Veranstaltungsindustrie durch Sicherung der Innovationsführerschaft auszubauen.

Gewiss, die Digitalisierung wird weiterhin Einfluss nehmen und viele Aufgaben erleichtern, doch neue Technologien werden nur dann adaptiert, wenn sie einen Nutzen bringen. Die persönliche Begegnung wird sie nie ersetzen können.

Über den Autor

Stefan Lohnert ist Bereichsleiter Gastveranstaltungen/ICS Internationales Congresscenter Stuttgart und damit Mitglied der Geschäftsleitung der Landesmesse Stuttgart. Er studierte Veranstaltungs- und Kulturmanagement an der Fachhochschule Ludwigsburg sowie Klassische Musik an der Hochschule für Musik in Köln. Von 1991 bis 2006 war er in mehreren Veranstaltungshäusern (CongressCentrum Böblingen, Tourismus-GmbH Bad Saulgau, Kulturamt Gemeinde Tamm) in Baden-Württemberg leitend beziehungsweise in führender Funktion tätig. Als Gastdozent an der Fachhochschule Heilbronn zu „Kongress- und Veranstaltungsmanagement" sowie an der Fachhochschule Ludwigsburg zu „Management und Betrieb von Veranstaltungsstätten" gibt Stefan Lohnert sein Wissen an den Berufsnachwuchs weiter. Er ist außerdem seit 2011 Chair des German Committee der ICCA (International Congress & Convention Association).

Sicherheitsrechtliche Anforderungen an einen Kongress

Öffentlich-rechtliche Vorgaben und zivilrechtliche Haftungsregelungen

Martin Glöckner

Zusammenfassung

Jede Ansammlung von Menschen birgt das Risiko, dass es zu Verletzungen der Teilnehmer kommt. Es ist daher elementar, bei jeglicher Veranstaltung klare Vorgaben zu sicherheitsrelevanten Aspekten zu haben, deren Einhaltung zu überwachen und in diesem Zusammenhang auch eindeutige Regelungen im Bereich der Zuständigkeit und rechtlichen Haftung zu treffen. In diesem Artikel soll die aktuelle deutsche Rechtslage aus Sicht eines Kongressveranstalters kurz dargestellt werden. Hierbei wird zwischen den öffentlich-rechtlichen Vorgaben und den zivilrechtlichen Haftungsregelungen unterschieden.

Vorbemerkung des Autors

„Sicherheit" ist nicht nur ein wohlklingendes Wort, da es dem Hörer ein Gefühl des Schutzes vermittelt, sondern eine wesentliche Thematik in der juristischen Beratung zu jeder Form der Veranstaltung. Wer eine Veranstaltung durchführt, muss sich auch damit befassen, wie er die Sicherheit der Teilnehmer garantieren kann. Bei einfachen und jedermann einleuchtenden Aspekten, ist dies in aller Regel auch unproblematisch. Auch versierte Veranstalter kommen aber an ihre Grenzen, wenn es um unterschiedliche Normen aus konkurrierendem Bundes- und Landesrecht geht und die Antwort zu Detailfragen über mehrere Gesetzestexte verteilt zu finden ist. Dieser Beitrag soll im Bereich der Veranstaltung von Kongressen den Lesern ein erstes Gefühl für die relevanten Normen geben und somit etwas Sicherheit im Umgang mit der Sicherheit schaffen.

M. Glöckner (✉)
Nürnberg, Deutschland
E-Mail: gloeckner@anwaelte-gkr.de

1   Einleitung

Jede Ansammlung von Menschen birgt das Risiko, dass es zu Verletzungen der Teilnehmer kommt. Die jüngere Geschichte kennt insofern viele Beispiele von Veranstaltungen, die aus den verschiedensten Gründen in einer Katastrophe endeten. Vom Brand
des Wiener Ringtheaters am 08. Dezember 1881 über die Massenpanik im Fußballstadion Hillsborough in Sheffield am 15. April 1989 bis zum Tod von 21 Menschen bei
der Loveparade am 24. Juli 2010 in Duisburg. Dies zeigt, wie elementar es bei jeglicher
Veranstaltung ist, klare Vorgaben zu sicherheitsrelevanten Aspekten zu haben, deren Einhaltung zu überwachen und in diesem Zusammenhang auch eindeutige Regelungen im
Bereich der Zuständigkeit und rechtlichen Haftung aufzustellen.

Nachstehend soll die aktuelle deutsche Rechtslage aus Sicht eines Kongressveranstalters kurz dargestellt werden. Hierbei ist zunächst zwischen den öffentlich-rechtlichen
Vorgaben und den zivilrechtlichen Haftungsregelungen zu unterscheiden.

Das öffentliche Recht umfasst in Deutschland die Summe der Normen, die auf Bundes- und Landesebene erlassen wurden, um die für die Bevölkerung als Ganzes die
öffentliche Sicherheit und Ordnung zu gewährleisten. Es handelt sich daher um Vorgaben
des Gesetzgebers, die allen Bewohnern des Staates gemacht werden und deren Einhaltung von den Organen der Exekutive überwacht wird. So ist, beispielsweise, im deutschen Strafgesetzbuch geregelt, welches Verhalten in Deutschland unter Strafe gestellt ist
und es obliegt den Polizeibehörden und der Staatsanwaltschaft, als staatliche Organe der
Exekutive, die Einhaltung und Durchsetzung dieser Normen zu überwachen. Vereinfacht
dargestellt, regelt das öffentliche Recht die Beziehung eines Staates zu seinen Bürgern.

Das Zivilrecht regelt dagegen die rechtlichen Beziehungen der Bürger eines Staates
untereinander. Es umfasst Regelungen, wie Verträge geschlossen und abgewickelt werden können, wie sich Unternehmer gegenüber Verbrauchern und im wechselseitigen
Handelsverkehr zu verhalten haben und dergleichen mehr. Das bekannteste Gesetz in
diesem Bereich ist das Bürgerliche Gesetzbuch (BGB). Nach dem Zivilrecht bestimmt
sich aber auch, wer für welche Situationen konkret die Haftung zu übernehmen hat.
Generell lässt sich sagen, dass derjenige, der eine Gefahrenquelle geschaffen oder für sie
die Verantwortung übernommen hat, diese auch kontrollieren muss, um zu verhindern,
dass sich das der Gefahrenquelle innewohnende Schadenspotenzial realisiert. Kommt es
dennoch zum Eintritt eines Schadensfalls, so hat derjenige, der die Kontrolle über die
Gefahrenquelle hatte, diesen Schaden zu ersetzen.

2   Öffentlich-rechtliche Vorgaben

Wie dargelegt, dient das öffentliche Recht primär der Aufrechterhaltung der öffentlichen Sicherheit und Ordnung. In Deutschland regelt das Grundgesetz die Verteilung der
Zuständigkeiten zwischen dem Bund und den Ländern zum Erlass von entsprechenden
Gesetzen. Der Bund kann in den ihm zugewiesenen Bereichen gesetzliche Regelungen

für das gesamte Gebiet der Bundesrepublik Deutschland erlassen, die Bundesländer können in ihren Bereichen Gesetze erlassen, die ausschließlich im betreffenden Bundesland Wirkung entfalten.

2.1 (Muster-)Versammlungsstättenverordnung

Bei einer der wesentlichsten öffentlich-rechtlichen Bestimmungen im Bereich der Durchführung von Veranstaltungen kommt die einleitend kurz dargestellte Differenzierung zwischen der Zuständigkeit des Bundes und der Länder beim Erlass gesetzlicher Bestimmungen zum Tragen. Es handelt sich hierbei um die gesetzlichen Regelungen im Bereich der Errichtung und des Betriebs von Versammlungsstätten im Sinne einer Versammlungsstättenverordnung.

Die Gesetzgebungskompetenz zum Erlass bauordnungsrechtlicher und sicherheitsrechtlicher Vorschriften liegt nach dem Grundgesetz bei den Bundesländern, sodass hier kein für das gesamte Gebiet der Bundesrepublik Deutschland gültiges Bundesgesetz erlassen werden darf. Gerade im Interesse der einheitlichen Anwendung eines möglichst hohen Sicherheitsstandards bei Veranstaltungen beschloss die Bauministerkonferenz (ARGEBAU), die Vereinigung der Landesminister unter Gastbeteiligung des Bundesbauministers, bereits nach dem Zweiten Weltkrieg eine Musterverordnung für die Errichtung und den Betrieb von Versammlungsstätten zu verfassen, die als Entwurf für die jeweiligen Landesversammlungsstättenverordnungen dienen sollte (Löhr und Gröger 2015, S. 7). Im Jahr 1961 wurde dann die erste Musterversammlungsstättenverordnung (MVStättV) veröffentlicht, welche seither immer wieder, letztmalig zum Juli 2014, den modernen Anforderungen an die Errichtung und den Betrieb von Versammlungsstätten angepasst wurde.

Wie bereits erläutert, handelt es bei der MVStättV nicht um ein Gesetz, sondern um den Vorschlag zum Erlass eines Gesetzes. Es liegt bei den jeweiligen Landesparlamenten, ob und in welcher Form eine landesspezifische Versammlungsstättenverordnung erlassen wird. Die Umsetzung einer neuen MVStättV in Landesrecht wird von den einzelnen Bundesländern unterschiedlich schnell vorgenommen[1] und das Muster wurde in vielen Fällen noch modifiziert. Da der Umfang der länderspezifischen Besonderheiten der einzelnen Versammlungsstättenverordnungen der Länder den Umfang dieses Beitrags sprengen würde, soll nachfolgend nur auf die MVStättV (Stand: Juli 2014) Bezug genommen werden.

2.1.1 Anwendungsbereich

Zunächst soll einmal betrachtet werden, in welchen Fällen die MVStättV Anwendung findet. Der Begriff der „Versammlungsstätte" umfasst dabei jede Örtlichkeit, egal ob im

---

[1]Oder sie ist, wie im Fall des Bundeslandes Bremen, bisher überhaupt noch nicht erfolgt.

Freien oder in einem Gebäude, die dazu bestimmt ist, Besucher während einer Veranstaltung aufzunehmen. Die genaue Definition nach § 2 Abs. 1 MVStättV lautet:

„Versammlungsstätten sind *bauliche Anlagen* oder Teile baulicher Anlagen, die für die *gleichzeitige Anwesenheit vieler Menschen* bei Veranstaltungen, insbesondere erzieherischer, wirtschaftlicher, geselliger, kultureller, künstlerischer, politischer, sportlicher oder unterhaltender Art, bestimmt sind sowie Schank- und Speisewirtschaften".[2]

Die Regelungen der MVStättV betreffen daher stets eine bestimmte Örtlichkeit, an der sich die Besucher einer Veranstaltung aufhalten sollen, sei es ein Gebäude, Räume in einem Gebäude oder fest errichtete Anlagen unter freiem Himmel.

Auch die Größe – oder vielmehr das Fassungsvermögen der Versammlungsstätte – spielt eine entscheidende Rolle, wenn es darum geht zu ermitteln, ob die Vorschriften der MVStättV überhaupt Anwendung finden. Nach § 1 Abs. 1 MVStättV ist der Anwendungsbereich der Verordnung eröffnet, wenn die Versammlungsstätte in geschlossenen Räumen mehr als 200 Besucher fasst, bei Versammlungsstätten im Freien liegt dieser Grenzwert bei mehr als 1000 Besuchern. Sportstadien sind erst dann mit einbezogen, wenn sie mehr als 5000 Besucher fassen. Entscheidend ist hierbei, dass es auf die tatsächliche Zahl der bei einer Veranstaltung anwesenden Besucher nicht ankommt, sondern nur auf das Gesamtfassungsvermögen der Versammlungsstätte (Michow und Ulbricht, 2013, Rn. 1139).

Inhaltlich finden sich in der MVStättV Bestimmungen zum Schutz dieser Besucher während des Aufenthalts bei der Veranstaltung und Regelungen zur Sicherstellung ausreichender Fluchtwege, zur raschen Evakuierung im Schadensfall (Michow und Ulbricht 2013, Rn. 1139). Dabei teilen sich die Normen in zwei wesentliche Gruppen auf, Bauvorschriften einerseits und Betreiberpflichten andererseits. Hieran zeigt sich auch, dass der Betreiber einer Versammlungsstätte der Hauptadressat der Regelungen ist. Die MVStättV definiert den Begriff des Betreibers nicht.

Nach der Rechtsprechung wird hierunter aber jeder verstanden, der rechtlich befugt und tatsächlich imstande ist, einen bestimmenden Einfluss auf eine Anlage (in diesem Fall die Versammlungsstätte) auszuüben (Bundesverwaltungsgericht, Urteil vom 25. Juni 1992 – 7 C 1/92 –; BVerwGE 90, S. 255–265). Der Begriff des Betreibers ist weit auszulegen und umfasst neben dem Eigentümer auch Dauermieter oder Pächter und Betreibergesellschaften. Zunächst nicht inbegriffen ist der Veranstalter, es sei denn, er ist zugleich auch der Betreiber der Versammlungsstätte.

2.1.2 Bauvorschriften

Wie bereits dargelegt, dienen die Regelungen der MVStättV primär dem Schutz der Veranstaltungsbesucher in den Fällen, in denen ein Schadensereignis eintritt und der damit verbundenen Sicherstellung einer möglichst problemfreien Evakuierung der Versammlungsstätte. Daher sind im Teil 2 der MVStättV unter der Überschrift „Allgemeine

---

[2]Die Hervorhebungen stammen vom Autor.

Bauvorschriften" in den §§ 3 bis 21 allgemeine Regelungen festgehalten, die beim Bau einer Versammlungsstätte zu beachten sind. Aus den gerade genannten Gründen ist es daher notwendig, Fluchtwege in ausreichender Anzahl und mit einer maximalen Fluchtwegdistanz bei der Versammlungsstätte mit vorzusehen. § 7 Abs. 1 MVStättV regelt das Folgende:

§ 7 Rettungswege

(1) Die Entfernung von jedem Besucherplatz bis zum nächsten Ausgang aus dem Versammlungsraum oder von der Tribüne darf nicht länger als 30 m sein. Bei mehr als 5 m lichter Höhe ist je 2,5 m zusätzlicher lichter Höhe über der für Besucher zugänglichen Ebene für diesen Bereich eine Verlängerung der Entfernung um 5 m zulässig. Die Entfernung von 60 m bis zum nächsten Ausgang darf nicht überschritten werden. Die Sätze 1 bis 3 gelten für Tribünen außerhalb von Versammlungsräumen sinngemäß.

In den weiteren Abschnitten des § 7 MVStättV finden sich genaue Regelungen zu den Fluchtwegen bezogen auf eine Bühne, ein Foyer und die Mindestbreite entsprechender Fluchtwege. Als generelle Norm ist, bei Versammlungsstätten in Gebäuden, eine Mindestbreite von 1,20 m pro 200 Personen Fassungsvermögen vorgeschrieben.

Für Kongresse ist die Regelung zur Bestuhlung in § 10 MVStättV von besonderer Bedeutung, da in aller Regel ein Auditorium geschaffen werden muss. Nach dieser Vorschrift sind in Reihen angeordnete Sitzplätze unverrückbar zu befestigen. Für den Fall, dass nur vorübergehend Stühle aufgestellt werden, sind diese in den einzelnen Reihen fest miteinander zu verbinden. Die Sitzplätze an sich müssen eine Mindestbreite von 0,5 m aufweisen, wobei zwischen den Sitzplatzreihen eine lichte Durchgangsbreite von mindestens 0,4 m vorhanden sein muss. Die Sitzplätze sind in Blöcken mit je höchstens 30 Sitzplatzreihen anzuordnen, wobei sich hinter und zwischen den Blöcken Gänge mit einer Mindestbreite von 1,20 m befinden müssen. Sollten Tischplätze zur Verfügung gestellt werden, so darf der Weg zu einem Gang nicht länger als 10 m sein. Der Abstand von Tisch zu Tisch soll 1,50 m nicht unterschreiten. Die Regelung des Abstands von Tisch zu Tisch ist als Sollvorschrift ausgestaltet, wenn es aus objektiven zwingenden Gründen nicht möglich ist, die Distanz zu erreichen, soll zumindest alles getan werden, um dem Abstand von 1,5 m möglichst nahezukommen (Löhr und Gröger 2015, § 10, S. 277). Wichtig ist bei einer Bestuhlung, egal ob mit oder ohne Tische, dass die von der MVStättV vorgeschriebene Distanz zu den Gängen im Interesse eines gesicherten Fluchtwegs nicht überschritten wird.

Die sich ansonsten in den Bestimmungen der MVStättV befindlichen Bauvorschriften, wie etwa die Ausgestaltung von Toilettenräumen und barrierefreien Stellplätzen, zur Rauchableitung, zu Brandmelde- und Alarmierungsanlagen etc. sind in aller Regel für den Veranstalter eines Kongresses von wenig faktischem Belang, da die Veranstaltungsstätte von ihm typischerweise nicht errichtet wird. Mit Ausnahme der vorstehend benannten Vorgaben zur mobilen Bestuhlung von Veranstaltungsstätten wird der Veranstalter in aller Regel wenig Einfluss darauf nehmen können, welche baulichen Vorgaben in der Versammlungsstätte erfüllt sind. Hier ist es primäre Pflicht des Betreibers der Versammlungsstätte, die notwendigen Vorgaben der Verordnung bautechnisch umzusetzen.

2.1.3 Betreibervorschriften

Neben den Vorschriften zur Errichtung einer Versammlungsstätte aus baurechtlicher Sicht finden sich in der MVStättV im vierten Teil, in den §§ 31 bis 43, Vorschriften, die sich an den Betreiber der Versammlungsstätte richten. Hierbei handelt es sich um faktische Handlungsanweisungen beim Durchführen der Veranstaltung. Der Betreiber hat insofern unter anderem darauf zu achten, dass die Rettungswege auf dem Grundstück sowie Zufahrten, Aufstell- und Bewegungsflächen für Einsatzfahrzeuge von Polizei, Feuerwehr und Rettungsdiensten ständig freigehalten werden (§ 31 MVStättV) und dass die sicherheitsrechtlich notwendigen technischen Einrichtungen regelmäßig gewartet werden und funktionsbereit sind (§ 36 MVStättV). Die Normen dieses Teils der MVStättV regeln daher den „Betrieb" der Versammlungsstätte und ihrer Einrichtungen. Eine grundsätzliche Definition des Begriffs „Betrieb" existiert nicht, wobei hierunter in aller Regel die Summe aller Tätigkeiten an Anlagen von deren Inbetriebnahme bis zu deren Außerbetriebnahme verstanden wird.

Wie vorstehend bereits dargestellt, ist der Betreiber nicht mit dem Veranstalter gleichzusetzen. Der Betreiber ist derjenige, der rechtlich befugt und tatsächlich imstande ist, bestimmenden Einfluss auf die Versammlungsstätte auszuüben, in aller Regel deren Eigentümer. Der Veranstalter hingegen führt nur die von ihm auszurichtende Veranstaltung innerhalb der Veranstaltungsstätte durch. Auch bezogen auf die Regelungen im Teil 4 der MVStättV ist der Veranstalter, zunächst, nicht primärer Adressat der Verordnung (Löhr und Gröger 2015, S. 477). Verletzt der Betreiber einer Versammlungsstätte die ihm nach der Verordnung obliegenden Betreiberpflichten, so kann dies nach § 47 MVStättV als Ordnungswidrigkeit geahndet werden und auch zivilrechtliche Haftungsansprüche oder strafrechtliche Konsequenzen nach sich ziehen (Löhr und Gröger 2015, § 38, S. 528).

2.1.4 Übertragung von Betreiberpflichten auf den Veranstalter

Der Betreiber ist, wie dargestellt, primär dazu verpflichtet, alles Erforderliche und Zumutbare zu tun, damit Personen bei der Teilnahme an oder beim Besuch von Veranstaltungen in seiner Veranstaltungsstätte nicht zu Schaden kommen. § 38 MVStättV regelt insofern die den Betreiber der Versammlungsstätte treffenden Verpflichtungen bei der Durchführung der Veranstaltung:

§ 38 Pflichten der Betreiber, Veranstalter und Beauftragten

(1) Der Betreiber ist für die Sicherheit der Veranstaltung und die Einhaltung der Vorschriften verantwortlich.

(2) Während des Betriebes von Versammlungsstätten muss der Betreiber oder ein von ihm beauftragter Veranstaltungsleiter ständig anwesend sein.

(3) Der Betreiber muss die Zusammenarbeit von Ordnungsdienst, Brandsicherheitswache und Sanitätswache mit der Polizei, der Feuerwehr und dem Rettungsdienst gewährleisten.

(4) Der Betreiber ist zur Einstellung des Betriebes verpflichtet, wenn für die Sicherheit der Versammlungsstätte notwendige Anlagen, Einrichtungen oder Vorrichtungen nicht betriebsfähig sind, oder wenn Betriebsvorschriften nicht eingehalten werden können.

(5) Der Betreiber kann die Verpflichtungen nach den Absätzen 1 bis 4 durch schriftliche Vereinbarung auf den Veranstalter übertragen, wenn dieser oder dessen beauftragter Veranstaltungsleiter mit der Versammlungsstätte und deren Einrichtungen vertraut ist. Die Verantwortung des Betreibers bleibt unberührt.

Hierbei ist aber zu beachten, dass der Betreiber der Versammlungsstätte nach § 38 Abs. 5 MVStättV die ihn aufgrund der vorstehenden vier Absätze treffenden Verpflichtungen auf den Veranstalter übertragen kann. Dies muss, entsprechend dem Text der Vorschrift, durch schriftliche Vereinbarung geschehen und der Veranstalter oder sein Veranstaltungsleiter müssen mit der Versammlungsstätte und deren Einrichtungen vertraut sein. Diese schriftliche Übertragung der Pflichten des Betreibers auf den Veranstalter darf nicht pauschal erfolgen, sondern muss diejenigen Einzelpflichten exakt bezeichnen, die auf den Veranstalter übertragen werden sollen (Löhr und Gröger 2015, § 38, S. 539). Dabei ist zu beachten, dass die Übertragung von den Betreiber betreffenden Verpflichtungen sich nicht allein auf die in § 38 Abs. 1 bis Abs. 4 MVStättV benannten Pflichten beschränkt, sondern dass auch die weiteren in den §§ 31 bis 43 bezeichneten betreiberbezogenen Pflichten und darüber hinausgehend auch Pflichten aus behördlichen Auflagen, wie etwa im Zusammenhang mit einem Baugenehmigungsbescheid, schriftlich auf den Veranstalter übertragen werden können (Löhr und Gröger 2015, § 38, S. 539).

Hat der Betreiber vertraglich die Betreiberpflichten auf den Veranstalter übertragen, so entlässt ihn dies, nach § 38 Abs. 5 Satz 2 MVStättV, nicht aus seiner Verantwortung. Der Betreiber der Veranstaltungsstätte haftet daher – auch bei wirksamer Übertragung seiner Pflichten auf den Veranstalter – neben diesem als Gesamtschuldner für die Einhaltung der übertragenen Verpflichtungen. Um hier nicht zu unbilligen Ergebnissen zu kommen, kann der Betreiber der Veranstaltungsstätte seine Haftung jedoch dahin gehend reduzieren, dass er in zumutbarem Maß den Veranstalter bezüglich der Einhaltung der ihm übertragenen Verpflichtungen kontrolliert. Sollte es zum Schadensfall kommen, stehen dem Geschädigten oder der öffentlich-rechtlichen Verwaltung im Fall einer wirksamen Übertragung nach § 38 Abs. 5 MVStättV sowohl der Betreiber der Veranstaltungsstätte als auch der Veranstalter als Gesamtschuldner zur Verfügung.

2.2   Lärmschutz

Kongresse sind, in aller Regel, Veranstaltungen, bei denen mit keiner erhöhten Lärmbelastung für die Teilnehmer und die Umwelt zu rechnen ist. Rein ergänzend sei daher an dieser Stelle darauf hingewiesen, dass bei Veranstaltungen die Vorgaben der DIN 15905-5, bezogen auf den Publikumslärmschutz, und der TA Lärm, bezogen auf den Umgebungslärmschutz, zu beachten sind.

Nach DIN 15905-5 darf der maximal zulässige Schallpegel bei Veranstaltungen 99 Dezibel, mit kurzfristigen Spitzenwerten bis hin zu 135 Dezibel, nicht überschreiten. Der Schallpegel ist insofern während der gesamten Veranstaltung am lautesten Ort, der für das Publikum zugänglich ist, zu messen, wobei die Einhaltung der Höchstwerte eine ausschließliche Pflicht des Veranstalters ist (Michow und Ulbricht 2013, Rn. 1135 f.). Die TA Lärm stellt Höchstwerte zum in der Umgebung der Versammlungsstätte wahrnehmbaren Schallpegel auf. Die Norm geht dabei jedoch von einer Dauerbeschallung aus, wobei bei seltenen Ereignissen, wie vereinzelt auftretenden Veranstaltungen, Überschreitungen der vorgegebenen Höchstwerte in einem benannten Rahmen zulässig sind.

2.3   Jugendschutz

Bei der Anwesenheit von Kindern und Jugendlichen bei einer Veranstaltung ist besonderes Augenmerk auf den Schutz von deren altersspezifischen Belangen zu richten. Der Jugendschutz hat in Deutschland einen sehr hohen Stellenwert und wird im Jugendschutzgesetz (JuSchG), insbesondere auch bezogen auf öffentliche Veranstaltungen, geregelt. Die durch das Gesetz angesprochenen Erwachsenen, beispielsweise die Veranstalter, müssen nach dem Gesetz dafür Sorge tragen, dass sich in ihrem Verantwortungsbereich keine Minderjährigen entgegen den gesetzlichen Bestimmungen aufhalten und auch nur mit solchen Produkten in Kontakt kommen, die für ihr Alter gesetzlich nicht verboten sind (Bundesministerium für Familie, Senioren, Frauen und Jugend 2014, S. 3). Gesetzlich ist dies dergestalt geregelt, dass nach § 2 JuSchG Veranstalter und Gewerbetreibende in Zweifelsfällen das Lebensalter zu überprüfen haben. Es ergibt sich daher eine gesetzliche Pflicht des Veranstalters, aktiv Maßnahmen des Jugendschutzes zu ergreifen.

Der Aufenthalt von Kindern und Jugendlichen bei Kongressen wird, in aller Regel, unproblematisch sein. Das Gesetz stellt zeitliche Höchstgrenzen und Aufenthaltsverbote nur für Gaststätten, Tanzveranstaltungen, Spielhallen sowie jugendgefährdende Veranstaltungen und Orte auf (§§ 4 bis 7 JuSchG). Der Veranstalter sollte aber, falls sich Minderjährige unter den Teilnehmern befinden, zumindest aus allgemeinen Erwägungen[3] heraus prüfen, ob ein weiterer Aufenthalt der minderjährigen Personen diesen noch zugemutet werden kann, und in Zweifelsfällen deren Erziehungsberechtigte konsultieren.

Wichtiger, gerade in Anbetracht der allgemeinen Prüfpflicht nach § 2 JuSchG, ist, dass der Veranstalter überwachen muss, ob Minderjährige während der Veranstaltung Alkohol konsumieren oder rauchen. Die Abgabe von Branntwein und branntweinhaltigen Getränken an Personen unter 18 Jahren sowie die Abgabe sonstiger alkoholischer Getränke an Personen unter 16 Jahren ist nach § 9 Abs. 1 JuSchG verboten. Nach § 10 Abs. 1 JuSchG darf Personen unter 18 Jahren das Rauchen in der Öffentlichkeit nicht gestattet werden.

---

[3]Dazu zählen beispielsweise fortgeschrittene Tageszeit, Thematik der aktuellen Beiträge und Ähnliches.

2.4   Nichtraucherschutz

Auch für erwachsene Teilnehmer einer Veranstaltung gibt es einschränkende gesetzliche Bestimmungen zum Konsum von Genussmitteln während einer Veranstaltung. Während es Erwachsenen gesetzlich durchaus erlaubt ist, bei Veranstaltungen Alkohol zu konsumieren, gibt es teilweise sehr strikte Regelungen in Bezug auf das Rauchen von Tabak. Auch hier steht primär der Gedanke der öffentlichen Sicherheit und Ordnung im Vordergrund, da von Tabakrauch eine nicht unerhebliche Belästigung und eventuell sogar gesundheitliche Risiken für Nichtraucher ausgehen.

Im Zuge der Föderalismusreform 2006 wurde das Gaststättenrecht der Gesetzgebungskompetenz der Länder unterworfen. Da dieser Bereich primär von Nichtraucherschutzregelungen betroffen ist, stellt das seit dem 01.09.2007 in Kraft getretene Bundesnichtraucherschutzgesetz (BNichtrSchG) nur den allgemeinen gesetzlichen Rahmen für den Nichtraucherschutz dar. Im BNichtrSchG ist folglich auch nur ein Rauchverbot in öffentlichen Einrichtungen des Bundes und in öffentlichen Verkehrsmitteln geregelt. Der Nichtraucherschutz in allen weiteren Bereichen des öffentlichen Lebens wurde dann durch entsprechende Landesgesetze mehr oder weniger streng geregelt, wobei die Tendenz in der Landesgesetzgebung dahin ging, ein generelles Rauchverbot, nicht nur für öffentliche Einrichtungen des Landes und der Kommunen, sondern auch für sportliche, kulturelle und Bildungseinrichtungen zu normieren. Die Nichtraucherschutzgesetze einzelner Bundesländer, beispielsweise Baden-Württemberg, lassen aber Ausnahmen zu (s. § 5 Abs. 2 Landesnichtraucherschutzgesetz (LNRSchG) des Landes Baden-Württemberg vom 25. Juli 2007).

Nachdem Kongresse primär in geschlossenen, oftmals öffentlichen, Gebäuden veranstaltet werden, sollte der Veranstalter die Einhaltung eines generellen Rauchverbots beachten und auch durchsetzen.

3   Zivilrechtliche Verkehrssicherungspflichten

Neben den vorstehend dargestellten öffentlich-rechtlichen Vorgaben kann sich eine Haftung des Veranstalters eines Kongresses auch aus zivilrechtlichen Aspekten ergeben. Bezogen auf die für dieses Kapitel relevanten sicherheitsrechtlichen Vorschriften kommt die Verletzung von Verkehrssicherungspflichten in Betracht.

Generell trifft denjenigen, der in seinem Verantwortungsbereich eine Gefahrenlage, gleich welcher Art, für Dritte schafft oder das Bestehen einer solchen Gefahrenlage zur Kenntnis nimmt, allgemeine Rechtspflicht, all diejenigen Vorkehrungen zu treffen, die erforderlich und ihm zumutbar sind, um Schädigungen Dritter möglichst zu verhindern (Bundesgerichtshof, Urteil vom 02. Oktober 2012 – VI ZR 311/11 –; BGHZ 195, 30–42). Die Rechtsprechung ordnet dies der allgemeinen deliktischen Haftung nach § 823 BGB unter:

§ 823 Schadensersatzpflicht

(1) **Wer vorsätzlich oder fahrlässig das Leben, den Körper, die Gesundheit, die Freiheit, das Eigentum oder ein sonstiges Recht eines anderen widerrechtlich verletzt, ist dem anderen zum Ersatz des daraus entstehenden Schadens verpflichtet.**

(2) **Die gleiche Verpflichtung trifft denjenigen, welcher gegen ein den Schutz eines anderen bezweckendes Gesetz verstößt. Ist nach dem Inhalt des Gesetzes ein Verstoß gegen dieses auch ohne Verschulden möglich, so tritt die Ersatzpflicht nur im Falle des Verschuldens ein.**

Derjenige, der die Gefahrenquelle zu verantworten hat, ist daher, unabhängig davon, ob zwischen ihm und dem Geschädigten eine vertragliche Beziehung besteht, zum Ersatz des Schadens verpflichtet, der dem Geschädigten durch die Gefahrenquelle entstanden ist, falls er nicht alles ihm Mögliche unternommen hat, um den Eintritt des Schadens zu verhindern.

Aus diesem Zusammenhang ergibt sich auch, dass die Haftung des Veranstalters in den Fällen begrenzt ist, denen der Verletzte den Eintritt des Schadens entweder selbst verursacht hat, indem er sich freiwillig in die Gefahrensituation begeben hat und mit den Konsequenzen zumindest rechnen musste, oder den Schaden durch sein Verhalten zumindest mitverursacht hat. Die Haftung des Veranstalters in zivilrechtlicher Hinsicht ist ebenfalls in den Situationen ausgeschlossen, in denen er auch bei höchster Sorgfalt mit einem unvorhersehbaren Ereignis konfrontiert wird, dessen Auswirkungen er durch zumutbare Bemühungen nicht hätte verhindern können, also einem Ereignis der höheren Gewalt.

Nach § 823 Abs. 2 BGB wird eine zivilrechtliche Haftung auch dadurch begründet, dass vorsätzlich oder fahrlässig gegen eine gesetzliche Schutzvorschrift verstoßen wird. Zu diesen Schutzgesetzen zählen auch die Vorschriften der Betreiberpflichten der jeweiligen Versammlungsstättenverordnungen der Bundesländer (Oberlandesgericht Celle, Urteil vom 03. Dezember 2003 – 9 U 109/03 –; juris). Sofern diese Betreiberpflichten zulässig auf den Veranstalter übertragen wurden (Abschn. 2.1.4), ist auch für diesen eine zivilrechtliche Haftung für Schadensfälle begründet.

Wie dargestellt, gehen nicht nur von der Versammlungsstätte an sich, sondern auch von der konkreten Durchführung der Veranstaltung potenzielle Gefahren für die Teilnehmer aus. Hat der Veranstalter diese Gefahren vorsätzlich oder fahrlässig hingenommen, wobei die Schwelle der Fahrlässigkeit in diesem Falle sehr niedrig von der Rechtsprechung angesetzt wird, so hat er für den dadurch entstandenen Schaden einzustehen. Eine Maßnahme zur Begrenzung der eigenen Haftung im Zusammenhang mit der möglichen Verletzung von Verkehrssicherungspflichten ist eine Risikoanalyse vor Durchführung der Veranstaltung und die Erstellung eines Handlungsplans bei der Realisierung bestimmter Gefahrenquellen. Bei größeren Veranstaltungen empfiehlt sich zudem die Erstellung eines Sicherheitskonzepts, in dem einzelne Risiken (publikums-, brand-, witterungs- oder kriminalitätsbedingt) analysiert werden und die Maßnahmen zur Vermeidung von

Schadenseintritten bei Realisierung dieser Risiken aufgezeichnet werden. Gemäß § 43 MVStättV ist die Fertigung eines solchen Sicherheitskonzepts für Versammlungsstätten mit mehr als 5000 Besucherplätzen ohnehin zwingend vorgeschrieben.

Literatur

Bundesministerium für Familie, Senioren, Frauen und Jugend (Hrsg) (2014) Jugendschutzgesetz und Jugendmedienschutz-Staatsvertrag der Länder. Stand: Juli 2014. www.bmfsfj.de/RedaktionBMFSFJ/Broschuerenstelle/Pdf-Anlagen/Jugendschutzgesetz-Jugendmedienschutz-Staatsvertrag,property=pdf,bereich=bmfsfj,sprache=de,rwb=true.pdf. Zugegriffen: 6. Okt. 2015
Löhr V, Gröger G (2015) Bau und Betrieb von Versammlungsstätten, 4. Aufl. Fachmedien Recht und Wirtschaft, Frankfurt am Main
Michow J, Ulbricht J (2013) Veranstaltungsrecht. Beck, München
Zitierte Rechtsprechung entnommen aus www.juris.de, Seitenbetreiber: Juris GmbH, Gutenbergstraße 23, 66117 Saarbrücken

Über den Autor

Martin Glöckner ist Rechtsanwalt und Fachanwalt für gewerblichen Rechtsschutz. Seine Mandantenstruktur erlaubte es ihm, schon seit Beginn seiner Tätigkeit vertiefte Kenntnisse zu den rechtlichen Themen im Bereich der Organisation und Durchführung von Veranstaltungen zu erwerben. Er ist zudem externer Dozent an der Dualen Hochschule Baden-Württemberg für den Studiengang „Messe-, Kongress- und Eventmanagement" und hält dort die Vorlesung „Veranstaltungsrecht".

Veranstaltungstechnik

Ein Qualitätsmerkmal von Kongressen und Tagungen

Klaus Ostermayer

Zusammenfassung

Der Beitrag gibt einen Überblick über alle technischen Bestandteile der Veranstaltungstechnik. Dazu gehören die einzelnen Teilbereiche „Ton", „Licht", „Video", „Präsentationstechnik", „Kommunikationstechnik" sowie „software-basierte Lösungen zur Interaktion". Ein komprimiertes Grundwissen in allen Disziplinen ist für alle, die sich im Kongress- und Tagungsgeschäft professionell bewegen, eine große Hilfe, um im Dialog mit Kunden und Dienstleistern die richtigen Fragen zu stellen und bereits in der Planung einer Veranstaltung die technischen Aspekte in eine ganzheitliche Betrachtung einfließen zu lassen. Neuere Strömungen, die mit der zunehmenden Technologisierung von Veranstaltungen einhergehen, wie zum Beispiel partizipative Veranstaltungsformate, werden ebenso behandelt wie die Einbindung von Streaming oder Hybrid-Events.

Vorbemerkung des Autors

Licht an, Ton ab – so simpel klingt es nur in alten Spielfilmen. Einsatz und Bedienung der Technik rund um das Bühnengeschehen, das Saalpublikum und die Foyer-Aktivitäten sind in höchstem Maße komplex und diffizil. Nicht von ungefähr baut Veranstaltungstechnik auf Spezialausbildungen auf und erfordert – so die belastbare Selbsteinschätzung nach 25 Berufsjahren – reichlich praktische Erfahrung. Was in aller Regel im Hintergrund abläuft, ist so etwas wie die Hauptschlagader

K. Ostermayer (✉)
Taufkirchen, Deutschland
E-Mail: klaus.ostermayer@neumannmueller.com

© Springer Fachmedien Wiesbaden GmbH 2017
C. Bühnert und S. Luppold (Hrsg.), *Praxishandbuch Kongress-, Tagungs- und Konferenzmanagement,* DOI 10.1007/978-3-658-08309-0_46

eines Events. Störungen dabei ziehen den gesamten Organismus der Veranstaltung in Mitleidenschaft. Die Veranstaltungstechnik bedient die Sinne – und wenn Augen und Ohren nicht komfortabel behandelt werden, stellt sich kein positives Empfinden ein. Das pfeifende Mikrofon ist da nur eine Spitze von Unterlassungen. Viele Störungen wirken nur unterbewusst. Ein Beweis mehr, dass es sich hier um Filigranarbeit handelt.

1 Technisches Umfeld und konzeptionelles Spielfeld zugleich

Jede Art technischer Gerätschaften, die zur Durchführung einer Veranstaltung – sei es eine musikalische Darbietung beliebiger Größe oder ein Kongress – benötigt werden, fällt in den Bereich der Veranstaltungstechnik. Unterschieden wird hier seither in Ton-, Licht-, Video-, Rigging- und Bühnentechnik. In den letzten Jahren hält auch in der Veranstaltungstechnik zunehmend die Digitalisierung ihren Einzug, so ist auch der Bereich der Event-IT als eigener Kompetenzbereich zu sehen. Jede dieser Abteilungen wird innerhalb der Veranstaltungstechnik als Gewerk bezeichnet. Seit Ende der Achtzigerjahre findet in der relativ jungen Branche eine zunehmende Professionalisierung statt. Seit 1998 ist die Fachkraft für Veranstaltungstechnik ein IHK-geprüfter Beruf. Aufgabenfelder sind die technische Planung, der Aufbau und die Bedienung der Technik.

Veranstaltungstechnik ist entweder fest in einem Kongresszentrum, Kongresshotel oder einer Veranstaltungshalle installiert, oder eine Verleihfirma vermietet die nötige technische Ausrüstung, die dann temporär am Veranstaltungsort eingebaut, eingerichtet und nach Ende der Veranstaltung wieder ausgebaut wird. Oft ist auch eine Mischlösung aus beiden Varianten empfehlenswert: Die fest installierte Technik, die meist alle Standardanwendungen abdeckt, wird um gemietete Technik erweitert, um speziellere Anforderungen abzudecken. Häuser mit fest installierter Veranstaltungstechnik haben in der Regel auch das nötige Personal zur Bedienung der Technik. Bei angemieteter Veranstaltungstechnik kümmert sich die Verleihfirma um die entsprechenden Spezialisten.

Die ganzheitliche Betrachtung von Ton, Licht und Video ist elementar für den stimmigen Gesamteindruck einer Veranstaltung und den optimalen Transport von Kommunikation und Emotion. Eine der Veranstaltung angepasste, gewerkeübergreifende Technik ist unbedingt nötig und auf das Ziel der Veranstaltung ausgerichtet zu planen. Nicht ausreichende oder falsche Technik kann eine Präsentation ebenso sabotieren wie ein übertriebener oder unpassender Technikeinsatz.

2 Was zum guten Ton gehört

Jeder Kongress lebt durch die Beiträge der Redner auf einer großen Bühne, in einem Konferenzraum oder in einem kleineren Meetingraum. Eine angenehme Konferenzatmosphäre stellt sich nur ein, wenn die Aufmerksamkeit auf das gesprochene Wort keine Mühe bereitet und die Zuhörer den Vortrag ohne Anstrengung verfolgen können. Die Praxis zeigt, dass die Beschallung des Publikums häufiger in der Planung vernachlässigt wird und dieses anspruchsvolle Gewerk einen Nebenschauplatz gegenüber den visuellen Elementen wie Licht und Bild darstellt. Bei kompetenter Planung der Tontechnik können nicht zufriedenstellende Ergebnisse akustischer Art, wie zum Beispiel schlechte Verständlichkeit der Redner, ungleichmäßige Schallverteilung im Saal oder im schlimmsten Fall durchgehende Rückkopplungen, die sich in unangenehmem Pfeifen auf verschiedensten Frequenzen äußern, vermieden werden.

Je nach Größe und der akustischen Qualität des Auditoriums bieten sich verschiedene Arten der Beschallung der Zuhörer an. Unter „Qualität des Auditoriums" versteht man in diesem Zusammenhang hauptsächlich die Nachhallzeit eines Raums, die von baulichen Gegebenheiten abhängt. Prinzipiell unterscheidet man zwischen zwei Varianten:

Zentrale Beschallung: Die Lautsprecher befinden sich in der Nähe der Bühne: links, rechts oder über den Rednern. Bei entsprechender Höhe des Veranstaltungssaals wird diese Art der Beschallung heute mit sogenannten Line-Arrays (umgangssprachlich auch „Bananen" genannt) durchgeführt. Mit dieser speziellen Lautsprechertechnik ist es möglich, sehr genau eine gleichmäßige Lautstärkeverteilung über den kompletten Zuschauerbereich zu erreichen. Kleinere Räume mit nur wenigen Zuschauern erfordern kein Line-Array, die Beschallung wird ebenfalls dezentral über einfachere Lautsprechersysteme direkt neben der Bühne durchgeführt.

Dezentrale Beschallung: Im Zuschauerraum werden links und rechts oder auch in der Decke Lautsprecher gestaffelt in verschiedenen Entfernungen zur Bühne installiert. Diese Vorgehensweise ist in niedrigen und/oder lang gezogenen Tagungsräumen gängige Praxis. Die akustische Ortung der Redner über einen Lautsprecher der links, rechts oder über einem Zuhörer steht, oder eingebaut ist, kann leicht irritieren. Deshalb wird auch bei dieser Positionierung versucht, über die gezielte Laufzeitverzögerung der hinteren Lautsprecher (Delay-Speaker, Delay-Lines) eine Ortung aus Richtung der Bühne zu erreichen.

Häufiger werden auch Mischungen aus beiden Ansätzen eingesetzt, um zum Beispiel in einem zwar hohen, aber sehr langen Saal die hinteren Reihen mit verzögerten Delay-Lautsprechern zu versorgen. Um „akustische Löcher" direkt an den ersten Stuhlreihen vor der Bühne zu eliminieren, werden kleinere Lautsprecher als „Nahfeld-Systeme" zum Einsatz gebracht.

Bevor das Signal die Lautsprecher erreicht, sind in der Kette das Mikrofon, das Tonmischpult und die Verstärker vorgeschaltet. Ein möglichst im Saal positionierter Tontechniker greift während der Veranstaltung ständig in den Frequenzverlauf und die Lautstärke der eingesetzten Mikrofone ein, um für eine durchgängig angenehme Lautstärke und Sprachverständlichkeit zu sorgen. Je nach Bewegungsradius des Redners werden stationäre Rednerpultmikrofone, drahtlose Handmikrofone, Nackenbügelmikrofone oder Ansteckmikrofone verwendet. Speziell Ansteckmikrofone stellen oft in akustisch schwierigen Umgebungen und bei sehr leise sprechenden Rednern eine Herausforderung dar und sollten daher mit dem entsprechenden Redner vor Beginn der Veranstaltung getestet werden.

Qualitätskriterien für eine gute Beschallungsanlage sind in erster Linie eine verzerrungsfreie, unverfälschte Wiedergabe ohne störende Rückkopplungen sowie eine maximal homogene Lautstärkeverteilung im gesamten Publikumsbereich in angemessener Lautstärke. Eine rein auf Sprachbeschallung ausgelegte Anlage sollte allen Qualitätsansprüchen genügen, die auch an die hochwertige Wiedergabe von Musik gestellt werden. Einziger Unterschied ist ein weniger ausgeprägter Bassbereich. Sollen über die gleiche Beschallungsanlage auch lautere Musikzuspielungen erfolgen, sollte sie um geeignete Basskomponenten ergänzt werden.

3   Kommunikation auf (fast) allen Kanälen

Zur Kommunikation innerhalb des Organisationsteams oder als Schnittstelle zwischen Organisation und den Technikverantwortlichen werden hauptsächlich mehrkanalige Funkgeräte eingesetzt. So ist zum Beispiel die Veranstaltungsorganisation auf Kanal eins erreichbar, die Technik auf Kanal zwei, Catering auf Kanal drei usw. Je nach Einsatzbereich hinter der Bühne oder im Publikum können einfache „Hör-Sprech-Garnituren" oder optisch unauffällige Headsets eingesetzt werden.

Die Kommunikation zwischen den Technikern der verschiedenen Gewerke und dem Bühnenmanagement erfolgt über drahtgebundene Intercom-Anlagen. Drahtgebundene Intercom-Systeme haben den Vorteil einer echten Zwei-Wege-Kommunikation, Hören und Sprechen sind gleichzeitig möglich und sie sind weniger anfällig für Störungen, wie sie bei Funkgeräten durch sich überlappende Frequenzbereiche oder schlechten Empfang auftreten können. Weniger aufwendige Veranstaltungen kommen dabei mit einem einzigen Kanal aus, auf dem sich alle immer gegenseitig hören und ansprechen können, der sogenannten „Partyline".

Aufwendigere Produktionen erfordern eine anspruchsvollere Art der Kommunikation über digitale vielkanalige Intercom-Anlagen mit deren Hilfe einzelne Personen oder Gruppen gezielt angesprochen werden können. Große Systeme sind in der Lage, Funkgeräte, drahtlose Intercoms sowie Mobiltelefone in die Kommunikation miteinzubeziehen.

4 Mehr als eine Sprache sprechen

Ebenfalls dem Gewerk „Tontechnik" zuzuordnen, ist die Simultan- oder Dolmetsch-technik. Hierbei wird eine Originalsprache, in der ein Vortrag erfolgt, in eine oder meh-rere Sprachen simultan übersetzt. Für jede Sprache ist eine Dolmetscherkabine, die Sichtkontakt zu den Rednern ermöglichen sollte, im Veranstaltungsraum nötig. Viele Kongresszentren sind mit diesen Dolmetscherkabinen baulich ausgestattet. Dolmet-scherkabinen sind auch für den mobilen Einsatz verfügbar, bieten jeweils Platz für zwei Dolmetscher, sind akustisch gedämmt und haben Einrichtungen für eine ständige Frisch-luftzufuhr. Dolmetscher arbeiten aufgrund der hohen Konzentrationsbelastung dieser Tätigkeit normalerweise in Zweierteams, um sich regelmäßig abzuwechseln. Der Dol-metscher hört den Originalton über Kopfhörer und spricht seine Übersetzung in eine Sprechstelle, die mit dem Übertragungssystem für das Publikum verbunden ist. Die Übertragung der Übersetzung erfolgt über Infrarot- oder Funksender zu mehrkanaligen Empfängern, die den Gästen beim Betreten des Saals übergeben werden. Die Empfänger ermöglichen die Umschaltung zwischen den verschiedenen Sprachen am Gerät.

Für kleine Gruppen mit nur einer Sprache bieten sich Personenführungsanlagen an, die aus einem Funkmikrofon und einigen Empfängern mit Kopfhörer bestehen. Bei die-ser Anwendung spricht der Simultandolmetscher im selben Raum – ohne Kabine und leise – in ein drahtloses Mikrofon, welches die Übersetzung direkt zu den Empfängern der Gäste überträgt.

5 Stets im Bilde

5.1 Leinwand

Zentrales Element einer jeden Kongressbühne ist die Leinwand oder Projektionsfläche. Mehrere Faktoren sind hierbei zu bedenken:

- **Größe**
  Sie wird meist beschränkt durch die Deckenhöhe des Saals und die nötige Bildunter-kante.
- **Seitenverhältnis**
  Zur Auswahl stehen klassisch 4:3 oder das zeitgemäße Format 16:9.
  4:3 entspricht dem lange Zeit eingesetzten Bildformat für TV-Geräte und Computer-bildschirme. Mittlerweile hat das 16:9-Format im TV-Bereich 4:3 komplett abgelöst. In der IT sind 4:3-Formate bei günstigen Notebooks und Videobeamern noch anzu-treffen, aber auch hier ist 16:9 der aktuelle Standard.
- **Bildunterkante**
  Die Bildunterkante sollte so gewählt werden, dass alle Zuschauer uneingeschränkten Blick zur Leinwand haben. So sollte in einem bestuhlten Saal eine Unterkante von ca.

1,40 m nicht unterschritten werden. Eine bodenbündige Leinwand kann als szenisches Stilmittel verwendet werden, Inhalte sollten sich aber immer über der Sichtachse des Publikums befinden. Sollen Redner unter einer Leinwand agieren, ist eine Unterkante von ca. 2 m nötig.

Im Großteil der Fälle handelt es sich um eine Projektion von vorne auf die Leinwand (Aufprojektion). Dafür sind blickdichte, mattweiße Leinwandmaterialien zu verwenden. Optional ist ebenso die Projektion aus der Richtung hinter der Leinwand möglich (Rückprojektion). Hierfür werden spezielle opake (halbtransparente) Projektionsfolien verwendet, die meist eine graue Tönung zur Kontrastoptimierung aufweisen.

Jede Projektion erfordert eine kontrollierte Lichtsituation im Saal, da Tageslicht der „natürliche Feind" jeder Projektion ist. Die Lichtleistung des verwendeten Projektors wird in ANSI-Lumen angegeben und ist je nach Umgebungslicht auszuwählen. Die Helligkeitsangabe in ANSI-Lumen ist eine normierte Messung der Projektorhelligkeit nach Vorgaben des American National Standards Institute. Wie kontrastreich dunkle Bildinhalte wiedergegeben werden, steht im direkten Zusammenhang mit der Grundhelligkeit im Veranstaltungsraum und der Lichtleistung des eingesetzten Projektors.

Ist der Einsatz von Projektionen wegen der Umgebungshelligkeit oder schlechter Positionierbarkeit eines Projektors nicht möglich, bieten sich noch mehrere Alternativen an:

5.2 Displays

Displays sind in Größen von 20-Zoll- bis zu über 150-Zoll-Bildschirmdiagonale erhältlich. Displays sind in Plasma-, oder in der verbreiteteren LCD-Technik aufgebaut. Das Bildseitenverhältnis ist mittlerweile immer 16:9 und Auflösungen von HD (1920 × 1080) bis UHD (3840 × 2160) sind möglich.

Displays finden auch als Vorschaumonitore und als zusätzliche, abschnittsweise im Raum platzierte Bildschirme ihren Einsatz.

5.3 Splitwand/Multi-Display-Videowand

Aus einzelnen sogenannten „Steglos-" oder „Rahmenlos-Displays" werden größere Einheiten zu einer Bildfläche arrangiert und werden als ein Display angesteuert. In der Realität sind die sehr schmalen Rahmen der einzelnen Displays als Raster sichtbar, was aber bei entsprechend großen Bildinhalten wenig störend wirkt.

Vorteil: Da jedes einzelne Display bereits eine sehr hohe Auflösung hat, ist durch das Zusammenfassen mehrerer Displays eine sehr hohe Gesamtauflösung möglich.

Nachteil: Da jedes Display einen, wenn auch schmalen Trennsteg besitzt, sind diese Stege als Raster erkennbar. Nahtlose Flächen sind damit nicht möglich.

5.4   LED-Wand

Umfänglich tageslichttauglich sind LED-Wände, die aufgrund ihres modularen Aufbaus in nahezu jeder Größe, ohne sichtbare Stoßkanten, realisierbar sind. Der Aufbau ist um einiges aufwendiger als bei anderen Systemen, bei gleichzeitig hohen Mietkosten. Höchste Auflösung wie bei Projektionen und bei Display-Systemen sind damit im Moment nicht zu realisieren. Diese spielt aber nur im Zusammenhang mit kurzen Betrachtungsabständen eine Rolle. Die Auflösung einer LED-Wand wird durch den physikalischen Abstand der einzelnen LED-Elemente zueinander definiert. Gängige Auflösungen für den Indoor-Bereich liegen zwischen 8 mm und 3 mm „Pixel-Pitch". Zum Beispiel sind bei einem Betrachtungsabstand von 10 m zu einer 3 mm-LED-Wand keine einzelnen Bildpunkte mehr erkennbar.

Vorteil: Es sind sehr helle, tageslichttaugliche Bildwände möglich.

Nachteil: Nachteile sind die höheren Kosten im Vergleich zu Projektionen oder Splitwänden, der höhere Zeitaufwand bei Auf- und Abbau sowie die niedrigere mögliche Auflösung der Bildinhalte.

5.5   Kreativ-LED-Systeme

Unter „Kreativ-LED-Systemen" versteht man LED-Modulwände mit sehr großem Abstand der einzelnen LED-Pixel. Es existieren Systeme von 20–100 mm „Pixel-Pitch". Als Deko-Elemente eingesetzt, können sie bewegte Farbmuster oder niedriger aufgelöste Grafiken abbilden. Kreativ-LED-Systeme eignen sich hervorragend zur Corporate-Design-/Corporate-Identity-konformen Farbgebung dekorativer Bühnenelemente im Zusammenspiel mit farbigem Effektlicht.

5.6   Gängige Auflösungen

Bei einem Seitenverhältnis von 4:3 beträgt die Standardauflösung für Präsentationen 1024 × 768 Pixel. Die entsprechende 4:3-Kameratechnik liefert Bilder in Standard-Definition(SD)-Qualität, was einer Auflösung von 768 × 576 Pixel entspricht. In der Projektionstechnik ist dieses Seitenverhältnis noch häufig anzutreffen, Displays in 4:3 und präsentationstauglichen Größen sind aber vom Markt verschwunden.

In den letzten Jahren hat sich High-Definition (HD) aber weitestgehend durchgesetzt. Das Seitenverhältnis bei HD-Auflösungen ist immer 16:9. Die entsprechenden Auflösungen sind hierbei: das „kleine" HD-Format mit 1280 × 720 Pixel oder Full-HD mit der Auflösung von 1920 × 1080 Pixel. Für optimale Ergebnisse wäre eine durchgehende Auflösung von 1920 × 1080 Pixel sowohl vonseiten der Präsentationstechnik als auch bei der Kameratechnik von großem Vorteil. Sowohl Videodatenprojektoren, die auch als „Beamer" bezeichnet werden, als auch Monitore sind in Full-HD in großer Vielfalt auf dem Markt erhältlich. In der aktuellen Kameratechnik haben sich die Kurzbezeichnungen „720" oder „1080", bezogen auf die vertikale Bildauflösung, eingebürgert. Die nächstgrößere Auflösung ist Ultra High Definition (UHD) mit 3840 × 2160 Pixel. Es handelt sich um die vierfache Auflösung von Full-HD.

5.7 Zuspieltechnik

Die bildgebenden Geräte sind entweder Präsentationsrechner, festplatten-basierende Videozuspieler, Kameras oder optische Medien. Optische Medien sind DVD oder Blu-Ray (Bildinformationen werden dabei in Datenform auf Discs gespeichert und mit Laserlicht ausgelesen). Videoquellen, die auf Bändern basieren, sind kaum noch anzutreffen.

In der Saalvideoregie (Bildregie) laufen alle Signale zusammen und werden dort über einen Video-/Datenmischer oder Umschalter auf die Leinwand übertragen. Größere Systeme verfügen über mehrere Ausspielwege, um zum Beispiel Displays im Foyer oder Vorschaumonitore auf der Bühne mit jeweils verschiedenen Signalen zu versorgen. Der Präsentationsrechner steht entweder auf der Bühne beim Referenten oder aber in der Bildregie. Mithilfe von Funk-Präsentationssteuerungen kann der Referent auch einen in der Regie stehenden Präsentationsrechner steuern.

5.8 Präsentationssoftware

Hinsichtlich Präsentationssoftware hat sich Microsoft mit seinem Produkt „PowerPoint" mit einem sehr großen Marktanteil durchgesetzt. Alternativen sind aber auf dem Markt und stehen dem Flaggschiff teilweise in nichts nach. Zu erwähnen wären beispielhaft „Keynote" von Apple oder die relativ junge Softwarelösung „Prezi", die einem nicht linearen Präsentationsablauf entgegenkommt. Weitere Produkte finden sich im Open-Source-Segment. Alternativ ist auch eine Präsentation mit Adobe-PDF-Dateien möglich.

5.9 Präsentationsmanagement

Für Kongresse mit vielen gleichzeitig ablaufenden Präsentationen in verschiedenen Sälen eines Kongresszentrums ist das Management der als „PowerPoint-" oder in einem anderen Format vorliegenden Präsentationen eine komplexe Aufgabe. Präsentatoren, die mit einem USB-Stick in letzter Sekunde vor ihrer Präsentation auf der Bühne erscheinen, können komplette Ablaufpläne ins Wanken bringen. Ein großer Ärztekongress beispielsweise kann es auf mehrere Hundert unterschiedliche Präsentationen bringen. Die Lösung dafür bieten servergestützte Präsentationsmanagement-Systeme. Lange vor der Veranstaltung kann der Präsentierende seine Präsentationsdaten auf einer Onlineplattform platzieren. Der Anbieter der Managementsoftware kann hier bereits frühzeitig die Präsentation auf etwaige Probleme untersuchen und mit dem Einreicher in Verbindung treten. Am Veranstaltungsort beim sogenannten Mediacheck können bis kurz vor dem Präsentationstermin noch letzte Änderungen eingearbeitet werden. Das redundante Serversystem, das heißt, ein Hauptsystem wird im Fall eines Soft- oder Hardwaredefekts durch ein immer parallel laufendes zweites System abgelöst, verteilt die einzelnen Präsentationen auf die verschiedenen Tagungsräume und der Referent findet beim Betreten der Bühne seine aktuelle Version bereits auf dem Präsentationsrechner. Diese Systeme werden ebenfalls für die Darstellung der entsprechenden Ablaufpläne und Redezeiten auf Saalinfosystemen (Displays vor den Tagungsräumen, die das aktuelle Programm anzeigen) eingesetzt. Die vernetzte Struktur erlaubt es so, auf Absagen oder Raumänderungen spontan zu reagieren.

5.10   Medienserver

Für Präsentationen, die über das übliche Format sowohl in Größe als auch in Auflösung hinausgehen, werden Medienserver für die Bildzuspielung eingesetzt. Medienserver sind spezialisierte rechnerbasierte Videozuspieler, die im Verbund auch Videosequenzen abspielen können, die aus Leistungsgründen von einem einzigen Gerät nicht abgespielt werden können. Durch sich überlappende Projektionen ist damit jede Bildgröße und Auflösung möglich.

Gängige Systeme sind zum Beispiel „Watchout" von Dataton, „Pandoras Box" von Coolux oder „Ventuz" vom gleichnamigen Hersteller. In Verbindung mit Touchscreens oder Infrarotsensoren ist hiermit auch jede Art der Gestensteuerung der Präsentationsinhalte möglich. Bei dieser Technik wird die räumliche Position eines Fingers oder einer ganzen Hand mithilfe eines unsichtbaren Infrarotgitters in Mauszeigerinformationen übersetzt und so eine freie Interaktion im Raum ermöglicht.

5.11   E-Poster

Die Funktionsweise von E-Postern ist dem Präsentationsmanagement ähnlich. Auch die klassische Posterpräsentation von wissenschaftlichen Arbeiten auf Kongressen hat den Sprung in das digitale Zeitalter geschafft. Die Posterpräsentationen werden ebenso lange vor der Veranstaltung online eingereicht und stehen vor Ort auf einer definierten Anzahl an Displays, meist mit Touchfunktionalität, zur Verfügung. Die Überlegenheit gegenüber dem Papierposter ist der nicht vorhandene Transportaufwand einer Posterrolle, die Flexibilität, auch Änderungen in letzter Minute durchführen zu können, sowie die Möglichkeit der Verbreitung im Web durch das digitale Format.

5.12   Digital Whiteboard

Das digitale Pendant zum Flipchart ist das Digital Whiteboard. Sollen Ideen mit Stift oder per Fingerdruck auf der Bühne entwickelt werden oder digitale Inhalte handschriftlich ergänzt werden, bietet sich diese interaktive Technik an. Digital Whiteboards sind in Projektions- oder in Touchscreen-Technik aufgebaut. Der Vorteil der Technik ist die einfache Übertragbarkeit auf eine große Präsentationsleinwand und die Speicherung der während der Präsentation entwickelten Inhalte für die Weiterverwendung.

6   Ins richtige Licht setzen

Die Lichttechnik hat im Zusammenspiel mit Bild und Ton nicht nur die Aufgabe, Akteure auf der Bühne im passenden Licht erscheinen zu lassen, sondern ist eines der wichtigsten Gestaltungsmittel, um emotionale Inszenierungen zu ermöglichen, eine räumliche Tiefe in der Bühnengestaltung zu erhalten und ein angenehmes Ambiente für das Publikum zu erzeugen. Zum Einsatz kommen grundlegend drei Arten der Beleuchtung:

1. Das Bühnenlicht trifft idealerweise im Winkel von 45° von schräg oben auf die Bühne und gewährleistet so eine blendfreie Ausleuchtung der Spielfläche auf der Bühne. Zu steile Ausleuchtung führt zu sehr störenden Schatten, besonders in Gesichtern. Eine hinsichtlich des Winkels zu flache Ausleuchtung, das heißt die Beleuchtung trifft von vorne fast frontal auf, führt zur Blendung der Akteure auf der Bühne. Sie hat zur Folge, dass Manuskripte nicht mehr lesbar sind und der Blick auf Vorschaumonitore oder in das Publikum nicht mehr möglich sind. Das Bühnenlicht wird auch „Weißlicht" genannt, da hier keine Farben außer Weiß verwendet werden.
2. Das Effekt- oder Showlicht besteht aus verschiedenen, in der Lichtfarbe veränderbaren, meist bewegbaren Lampen. Die Aufgabe ist das Setzen von Akzenten, die Schaffung von räumlicher Tiefe und, im Zusammenspiel mit Bild und Ton, die Inszenierung emotionaler Momente innerhalb einer Veranstaltung. Die eingesetzten Farben sollten in enger Abstimmung mit der Corporate Identity oder dem Corporate Design der Veranstaltung gewählt werden, um so den ganzheitlichen Ansatz zu unterstreichen.
3. Das Publikumslicht sollte in der Helligkeit in einer Weise auf die Gesamtsituation abgestimmt werden, dass ein Redner auf der Bühne immer sein Publikum erkennen kann, um den unangenehmen Effekt zu vermeiden, alleine auf der Bühne in Richtung eines schwarzen Lochs zu sprechen. Das Publikum sollte nicht geblendet werden, darum wird die Publikumsbeleuchtung direkt von oben senkrecht nach unten eingerichtet. Eine Grundhelligkeit, die das Schreiben von Notizen ermöglicht, sollte im Raum immer gegeben sein.

Die eingesetzten Leuchten unterscheiden sich in ihrer Bauart sowie in den verwendeten Lichtquellen (Leuchtmitteln). Nicht-bewegliche Leuchten werden fest auf eine Position eingeleuchtet und unterscheiden sich im Austrittswinkel des Lichts, der Helligkeit und der Möglichkeit, den Randbereich des Lichtkegels mithilfe einer in die Leuchte integrierten Linsenkonstruktion scharf oder unscharf zu fokussieren. Zudem können nicht-bewegliche Scheinwerfer eine Anordnung von Torblenden (vier Metallblenden, die dazu dienen, gezielt den Lichtstrahl am Leuchtenrand abzublenden) enthalten, um den Lichtkegel zu beeinflussen und unerwünschtes Streulicht zu vermeiden. Kopfbewegte Scheinwerfer („Moving Heads") bieten alle Möglichkeiten nicht-beweglicher Leuchten, können aber zusätzlich beliebig geschwenkt und geneigt werden. Kopfbewegte Scheinwerfer können beliebige Farben wiedergeben. Alle Parameter sind über ein Lichtsteuerpult jederzeit abrufbar. Das macht Moving Heads universell einsetzbar und zum bevorzugten Mittel für den Showlichteinsatz.

Bei den Lichtquellen lassen sich alle Scheinwerfer in die Kategorien „Glühlicht (Halogen)", „Gasentladungslampen" oder „LED-Leuchtmittel" einteilen. In den letzten Jahren hat sich die LED-Technik als das Leuchtmittel der Zukunft herausgestellt. Die Hauptvorteile sind der wesentlich niedrigere Energiebedarf, weniger Wartungsaufwand und weniger Wärmeabgabe als konventionelles Licht (Halogen, Gasentladungslampen).

7   Interaktion durch Technik

Einer der größten Trends der letzten Jahre ist die Abkehr von der „Frontalbeschallung" durch einen Vortragenden auf der Bühne hin zur interaktiven Einbindung der Teilnehmer und so zur Durchführung von partizipativen Veranstaltungsformaten. Mithilfe softwarebasierter Systeme über Smartphones oder Tablet-Computer ist es einfach und in Echtzeit möglich, Meinungen, Stimmungen und Fragen aus dem Publikum einzufangen und so einen interaktiven und wesentlich lebendigeren Vortrag für aufmerksamere Teilnehmer zu gestalten. Die gängigsten Formen sind:

- Liveabstimmungen:
  Um ein Stimmungsbild zu einzelnen Punkten einer Präsentation einzuholen, kann über einfache Ja-/Nein-Antworten oder über Multiple-Choice-Fragen in Echtzeit auf der Leinwand ein Ergebnis dargestellt werden.
- Fragen an das Podium:
  Als anonyme Alternative zum Saalmikrofon können während oder nach einer Präsentation Fragen an das Podium, an den Redner gestellt werden. Über ein Redaktionssystem können Fragen gezielt gebündelt oder priorisiert werden.
- Ideensammlung:
  Ein Live-Brainstorming gibt die Möglichkeit, eine gemeinsame Ideenfindung anzuregen.

Es gibt viele weitere Einsatzbereiche interaktiver Eventapplikationen – wie zum Beispiel die Kommunikation zwischen den Teilnehmern, Notizfunktionen zu den Präsentationen sowie Umfragemodule zur allgemeinen Feedbackgewinnung. Vor der Veranstaltung ist zu klären, ob die Applikation anonym oder mit Anmeldung der Teilnehmer eingesetzt wird. Beide Varianten haben Vor- und Nachteile bezüglich des ehrlichen Feedbacks und den Belangen des Datenschutzes.

Die interaktive Anwendung ist erweiterbar um organisatorische Funktionen wie Ablaufpläne der Veranstaltung oder interaktive Raumpläne.

Technisch gesehen, handelt es sich meist um webbasierte Anwendungen, die auf vom Veranstalter zur Verfügung gestellter Hardware, wie zum Beispiel Tablets, ausgeführt werden – oder auf dem Smartphone des Teilnehmers. Um eine möglichst latenzfreie (Latenz = Reaktionszeit des Systems auf eine Eingabe) grafische Auswertung der Eingaben der Teilnehmer auf der Leinwand sicherzustellen, ist eine geeignete Server- und WLAN-Infrastruktur von großer Bedeutung.

7.1   BYOD

BYOD steht für „Bring Your Own Device" und bezeichnet das Bestreben, allen Besuchern alle Möglichkeiten der Information und Partizipation rund um eine Veranstaltung über ihr eigenes Smartphone, Tablet oder Notebook zugänglich zu machen. Dies hat den Vorteil, dass keine zusätzlichen Endgeräte (zum Beispiel Tablets) an die Besucher ausgegeben werden müssen, um zum Beispiel bei Abstimmungen, Feedback- und Fragerunden live teilzunehmen. Weil aber nicht immer alle Smartphones der Anwesenden den Anforderungen an die verwendete Onlinetechnik entsprechen, empfiehlt es sich, auch bei auf BYOD ausgelegten Anwendungen immer eine gewisse Anzahl an Leihgeräten bereitzuhalten, um allen Teilnehmern eine Mitwirkung über die angebotenen Applikationen zu ermöglichen.

Grundsätzlich ist bei allen online-basierten Möglichkeiten auf eine performante und gut ausgebaute Netzwerkinfrastruktur zu achten. Speziell in der Bereitstellung eines ausreichend dimensionierten WLANs liegt die große technische Herausforderung bei Veranstaltungen mit vielen Teilnehmern. Ein Schnitt von zwei bis drei WLAN-fähigen Endgeräten pro Besucher ist keine Seltenheit und sollte in die Bandbreitenschätzungen im Vorfeld einbezogen werden.

7.2   Matchmaking

Die Vernetzung (Networking) von Teilnehmern mit ähnlichen Interessen oder synergiebildenden Geschäftsabsichten im Umfeld eines Kongresses, einer Tagung oder einer Konferenz wird heute durch verschiedene darauf spezialisierte Onlinesoftware-Umgebungen dargestellt. Ähnlich der bekannten Tools wie XING oder LinkedIn wird durch

Eingabe der persönlichen Interessen oder Angebote ein „Match" erkennbar und vor, während oder nach einer Veranstaltung die Anbahnung interessanter Geschäftsbeziehungen unterstützt und vereinfacht.

Die dazu nötige Software ist in Form einer speziell auf die jeweilige Veranstaltung zugeschnittenen Event-App oder in Form einer angepassten webbasierten Lösung umsetzbar. Der Vorteil einer webbasierten Lösung liegt in der Tatsache, dass nichts auf dem Endgerät des Teilnehmers installiert werden muss (wie beim BYOD-Konzept) und alle Funktionen über einen einfachen Weblink verfügbar sind. Eine installierbare Event-App ist in der Programmierung aufwendiger, da sie für jedes der verbreiteten Smartphone-Betriebssysteme individuell programmiert werden muss, hat aber auch Vorteile wie die Möglichkeit des Zugriffs auf die Datenbestände (zum Beispiel Adressbuch, Bilder) sowie spezielle Hardware (zum Beispiel Fingerprint-Reader, Kamera) des Endgeräts des Benutzers.

7.3   Augmented Reality

Reale Livebilder der Kamera eines Smartphones oder Tablets werden hierbei mit virtuellen Texten, Bildern, Videos oder 3-D-Objekten überlagert. Diese „erweiterte" Realität kann zur Erklärung von Zusammenhängen, für Zusatzinformationen oder als rein grafisch-künstlerische Spielerei verwendet werden. Man unterscheidet zwischen einer bilderkennenden Augmented Reality und einer Version, die auf Basis von GPS-Daten arbeitet. Die auf die Erkennung von Bildern ausgerichtete Augmented Reality kann ein mit der Kamera aufgenommenes Objekt identifizieren und blendet die für dieses Bild vorproduzierte Zusatzinformationen über das Livebild ein. Zudem können zusätzliche technische Daten zu einem Ausstellungsstück abgelesen werden, ein erklärender Film eingeblendet werden oder Anleitungen zur Verwendung des präsentierten Exponats bildlich dargestellt werden. Die GPS-basierte Augmented Reality arbeitet nur im Außenbereich, wertet den jeweiligen Standort der Kamera über GPS aus und wird meist im Umfeld der Wegweisung oder der Bereitstellung von Zusatzinfos zu zum Beispiel sehenswerten Gebäuden eingesetzt. So erscheinen zum Beispiel alle relevanten Informationen über ein Gebäude als Überlagerung des Kamerabilds.

7.4   Cloud-Computing

Die „Computerwolke" beschreibt den Trend weg von der Datenspeicherung und der Bereitstellung und Ausführung von Programmen auf kleinen lokalen Einheiten wie Servern und einzelnen Arbeitsplatzrechnern hin zu großen, meist global verteilten IT-Infrastrukturen, die sowohl Daten jeder Größe als auch ausführbare Programme jederzeit überall verfügbar machen. Die großen Anbieter wie zum Beispiel Amazon, Google oder Akamai bieten skalierbare Lösungen jeder Größenordnung an. Solche Infrastrukturen sind für die Bereitstellung von Livestreams, Videocasts und jeder Art der webbasierten Applikationen im Veranstaltungsbereich sehr hilfreich, um global Informationen jederzeit, überall und zuverlässig verfügbar zu machen.

7.5   Livestreaming

Livestreaming ist die Übertragung der Kamerabilder aus der Veranstaltungslocation in das Internet. Die Umrechnung der Videobilder in ein für das Internet geeignetes Format erfolgt am Veranstaltungsort oder in einem angeschlossenen Rechenzentrum. Meist wird ein „Hauptstream" in maximaler Größe in nahezu Echtzeit erzeugt, der live in ein Rechenzentrum übertragen und dort für verschiedenste Endgeräte der online verbundenen Zuschauer aufgearbeitet wird. Dadurch entsteht ein kleiner zeitlicher Versatz. Folgende technischen Voraussetzungen sind zu beachten:

- Im Kongresssaal muss eine stabile, performante Internetanbindung vorhanden sein.
- Im Voraus muss eine ungefähre Schätzung über die maximale Anzahl der Onlineteilnehmer abgegeben werden, um entsprechende Serverkapazitäten bereitzustellen.
- Je nach Qualitätsanspruch müssen verfügbare Auflösungen und Bandbreiten des Streams definiert werden.

Der Livestream wird über eine Veranstaltungshomepage im Internet entweder frei oder zugangsbeschränkt mit vorab kommunizierten Passwörtern für das Zielpublikum bereitgestellt.

Livestreaming ist auch in der umgekehrten Richtung möglich. So wird zum Beispiel die Rede eines gefragten Keynote-Speakers, dessen Terminplan eine persönliche Anwesenheit verhindert, per Livestream in den Kongresssaal auf die Leinwand übertragen.

7.6   Webcast

Wird der Videolivestream einer Präsentation oder Rede um die parallel im gleichen Browserfenster angezeigten Präsentationscharts ergänzt, spricht man von einem Webcast. Der Vorteil ist, den Referenten als Livebild zusammen mit der im Präsentationsraum vor Ort gezeigten Präsentation verfolgen zu können. Ein erweiterter Webcast bietet zusätzlich noch eine Chatfunktion, mit der ein laufender Vortrag von Zuschauern weltweit online kommentiert werden kann oder bereits während des Vortrags Fragen für eine folgende Fragerunde online gestellt werden können.

7.7 Hybrides Event

Wird ein lokal stattfindendes Event um virtuelle Elemente erweitert, entsteht ein Hybrid-Event. Hybrid-Events erlauben eine überproportionale Erweiterung der Teilnehmer einer Veranstaltung durch die Nutzung möglichst vieler Onlinekanäle. Vorträge und Reden werden weltweit über Livestreaming und Webcasts übertragen und Informations- und Erfahrungsaustausch wird möglich, ohne leibhaftig am Veranstaltungsort anwesend zu sein. Interaktive Elemente wie Abstimmungen, Einholung von Meinungsbildern und Fragen an die Redner können online von weit entfernten „virtuellen" Teilnehmern genutzt werden. Durch die Einbindung über Event-Apps, Websites und Social-Media-Plattformen können in Echtzeit ein Austausch und Diskussionen stattfinden. Ebenfalls können weitere Redner per Livestreaming zugeschaltet und deren Vortrag live in den Kongresssaal übertragen werden.

7.8 Reichweiten

Die Erhöhung der Reichweite einer Veranstaltung ist sowohl zeitlich als auch räumlich möglich. Die zeitliche Erweiterung beinhaltet den Zeitraum sowohl vor und auch nach dem eigentlichen Event. Im Vorhinein ist der Austausch des Veranstalters mit den Teilnehmern über Reiseinformationen, Terminplanung des Tagungsablaufs, Informationen zu den einzelnen Bestandteilen einer Veranstaltung, Informationen zu den Vorträgen und Rednern sowie tagesaktuelle Informationen möglich. Aber auch die Teilnehmer können sich im Voraus untereinander verabreden (im Rahmen eines Matchmaking-Verfahrens). Diese Kommunikation erfolgt in der Regel über eigens für die Veranstaltung aufgesetzte Websites oder Veranstaltungs-Apps. Nach der Veranstaltung dienen online abrufbare, langfristig gespeicherte Aufzeichnungen der am Veranstaltungsort generierten Livestreams und Webcasts für eine nachhaltige Bewahrung aller Informationen, die während der Veranstaltung ausgetauscht wurden.

Die räumliche Erhöhung der Reichweite während einer Veranstaltung ist durch den Einsatz jeglicher Komponenten eines hybriden Events möglich.

8 Veranstaltungstechnik der Zukunft: ein Ausblick

Vor Jahren begannen die Diskussionen, ob Kongresse, Tagungen und Events den Weg von der realen Veranstaltung vor Ort, hin zur virtuellen Veranstaltung, die nur noch im Internet abgebildet wird, gehen werden. Zum Glück für die Veranstaltungstechnikbranche hat sich die Wirklichkeit gegensätzlich dargestellt: Die zunehmend „virtuelle" Kommunikation per Mail, Chat usw. hat eher zu einem gesteigerten Bedürfnis, sich persönlich zu treffen und auszutauschen zu können, geführt. Die Aufgaben der Veranstaltungstechnik werden sich aber trotzdem von der rein technischen Inszenierung vor

Ort in Form von Licht, Ton und Video weiter in Richtung IT, Netzwerke und virtuelle Formate erweitern, um lokal stattfindende Veranstaltungen mit einem echten Mehrwert aufzuladen.

Über den Autor

Klaus Ostermayer ist seit 1991 als Medientechniker und Mediendesigner tätig und produziert und entwickelt weltweit audiovisuelle Medien und Konzepte für Events, Tagungen und Messen. Seit 2006 leitet er die Medienproduktion der Veranstaltungstechnik von Neumann&Müller GmbH & Co. KG am Standort München und ist Ausbilder für Mediengestalter Bild und Ton (IHK). Seit 2013 ist er Mitglied der Geschäftsleitung und zuständig für die Bereiche „Medienproduktion" und „Event-IT".

Platz nehmen

Bestuhlung, Stühle und Möblierung

Clemens Porsche

Zusammenfassung

Gegenstand dieses Beitrags sind die fundamentalen Aspekte von Stühlen und Bestuhlungen. Im Mittelpunkt der Betrachtung stehen die Mindestanforderungen und verschiedene Raumkonzepte, welche es ermöglichen, dem Nutzer einen bequemen Stuhl anzubieten. Herausgearbeitet werden dabei Eigenschaften, Handhabungen und Nutzbarkeit der unterschiedlichen Stuhltypen und Bestuhlungssysteme. Darüber hinaus geht es um die Konfiguration der Räume und der Bestuhlungsformen.

Vorbemerkung des Autors

Nachdem unser Vorfahre zum „Zweibeiner" geworden war, konnte er sich schneller, einfacher und besser ernähren. Rastlos eilt er von einem Ort zum anderen, jagt Tiere und entdeckt neue Welten. Mit vollem Bauch kann er auch ein bisschen mehr nachdenken als vorher, aber dann spürt er dieses menschliche Verlangen zu ruhen, er ist müde und beschließt, sich „zu setzen". So entstand eine weitere, fundamentale Situation, die Position zwischen Stehen und Liegen: Sitzen.

Es vergingen etliche Tausend Jahre und unser Vorfahre schaffte es, Feuer zu machen, ohne auf den nächsten Blitzeinschlag warten zu müssen. Dadurch wurde das Feuer zum Gesellschaftsereignis. Der Platz am Lagerfeuer war ein privilegierter Platz, mitten im Urwald oder in der Höhle. Man kauerte rund um das Feuer, teilte sich das Essen und tauschte die Erlebnisse des Tages aus. Dann fand einer

C. Porsche (✉)
Barcelona, Spanien
E-Mail: cporsche@fercoseating.com

© Springer Fachmedien Wiesbaden GmbH 2017
C. Bühnert und S. Luppold (Hrsg.), *Praxishandbuch Kongress-, Tagungs- und Konferenzmanagement,* DOI 10.1007/978-3-658-08309-0_47

705

heraus, dass es doch bequemer war, sich auf einen Holzklotz zu setzen als auf den nackten, kalten Boden. Dies muss wohl der Moment gewesen sein, in dem das erste Mobiliar für Gemeinschaftsveranstaltungen entstanden ist. Seitdem sind einige weitere Tausend Jahre vergangen, bis es zu dem Stuhl kam, wie wir ihn heute kennen und mit dem man sich trefflich wissenschaftlich und wirtschaftlich beschäftigen kann.

1   Mehr als nur eine Sitzgelegenheit

Ein Stuhl hat einige feste Eigenschaften: Erstens sollte der Stuhl in Kontakt mit dem menschlichen Hinterteil sein. Zweitens sollte der Stuhl die Person samt Gesäß auf einer gewissen Distanz zum Boden halten.

Der Stuhl ist sicherlich eines der Objekte unseres täglichen Lebens, welches, mehr als jedes andere, unter dem „Stylingfieber" gelitten hat. Die Form wurde um der Form willen gestylt, designt und re-designt und hat nicht wenige Hexenschüsse und Rückenschmerzen verursacht. Glücklicherweise entdeckten die Designer dann die Ergonomie – welche nichts weiter ist, als die rationale Beziehung zwischen den Objekten und ihren Nutzern – und einige Dinge und Wirbel wurden wieder zurechtgerückt.

Nicht von ungefähr sind die einzelnen Elemente eines Stuhls nach ihrem Bezug zu den entsprechenden menschlichen Extremitäten benannt. Man spricht von Stuhl*füßen*, *Arm*lehnen, Sitz(von: *Gesäß*)fläche und *Rücken*lehnen. Denken kann der Stuhl (noch) nicht, aber dies wird wenigstens dem Sitzenden durch die *Kopf*stützen erleichtert. Heute kann man mit Recht von der Industrie und den Designern fordern: „Denkt nach und macht bitte einen guten Stuhl, auf dem ich mich bequem setzen kann".

Sich setzen ist etwas Wichtiges für den Menschen. Früher konnte man sich an der Kleidung orientieren, um von einer Person zu erfahren, wer er ist. Heute muss man den Stuhl, auf welchem die Person sitzt, und dessen Anordnung in einem Raum betrachten, denn je nach Stuhl und Position bedeutet dies auch eine gewisse Vorrangstellung. Ein Stuhl ist gewissermaßen ein Symbol, das den Menschen zeigt, was und wen sie sehen und wer wer ist.

Sich setzen bedeutet Ruhe, Entspannung, Nachdenklichkeit, aber auch Freiheit, die Freiheit, wieder aufstehen zu können. Der Erfolg vieler Veranstaltungen hängt auch sehr vom Komfort des Gestühls ab. Bei der Planung und beim Bau von Veranstaltungs- und Kongresszentren werden namhafte Architekten und Innenarchitekten beauftragt und Spezialisten für alle möglichen Bereiche konsultiert. Es entstanden und entstehen prächtige Bauten, welche der Stolz der Städte und Gemeinden sind. Grandiose Foyers, Gastronomiebereiche und gewagte Außenfassaden beeindrucken den Besucher.

Die Praxis zeigt jedoch, dass den Planern bei vielen Projekten anscheinend erst sehr spät einfällt, dass auch noch eine erhebliche Anzahl von Stühlen beziehungsweise eine feste Bestuhlung benötigt wird, um die Kongresse, Tagungen oder Konferenzen sitzend abhalten zu können. Dies hat dann manchmal zur Folge, dass das Budget für die Bestuhlung nur sehr limitiert ist. Es stellt sich hier die grundsätzliche Frage, warum man ein Kongress- oder Veranstaltungszentrum baut. Schließlich geht es doch darum, die Besucher während der Veranstaltungen zu setzen. Denn im Gegensatz zu einem – zeitlich recht kurzen – Besuch in einem Kino oder bei einer Sportveranstaltung verbringt der Besucher eines Kongresses sehr viele Stunden, manchmal zwei bis vier Tage hintereinander auf diesem Stuhl. Die Auswahl eines bequemen, ergonomisch korrekten Stuhls sowie eines Bestuhlungssystems, welches sich den Anforderungen der jeweiligen Veranstaltungen bestmöglich anpassen lässt, ist nicht nur für den Nutzer wichtig, sondern noch vielmehr für den wirtschaftlichen Erfolg des Kongresszentrums.

2   Typische Bestuhlung

Generell werden zwei Stuhltypen unterschieden: lose Bestuhlung, also einzelne Stühle, meist stapelbar und frei konfigurierbar, sowie Festbestuhlung, das heißt fest im Boden verankerte Stühle mit fixer Konfiguration.

Baurechtlich gehört lose Bestuhlung somit auch zum Mobiliar, während die fest eingebaute Bestuhlung ein eigenständiges Gewerk im Bau darstellt und hinsichtlich Garantien und/oder anderer Leistungen oft nach VOB[1] geregelt wird.

2.1   Einzelstück mal x

Bei der losen Bestuhlung kommen einzelne Stapelstühle zum Einsatz, welche es ermöglichen, einen leeren Raum in Bezug auf die Anzahl der Stühle und die Anordnung individuell zu bestuhlen. Dies schafft viel Flexibilität, da ein einziger Stuhltyp für verschiedene Veranstaltungen (zum Beispiel Bankett, Konferenz, Kongress, oder Tagung, s. Abb. 1) eingesetzt werden kann. Nicht benötigte Stühle können gestapelt und auf Transportwagen in die entsprechenden Lager gefahren werden.

Der lose Stuhl sollte auf jeden Fall im Sitz- und Rückenbereich gepolstert und mit Stoff bezogen sein. Bei den Abmessungen des Stuhls kann von folgenden ungefähren Richtmaßen ausgegangen werden:

- Sitzhöhe 430–450 mm
- Höhe der Rückenlehne 750–800 mm
- Stuhlbreite 500–560 mm
- Stuhltiefe 530–550 mm

---

[1]Vergabe- und Vertragsordnung für Bauleistungen, Regelwerk für die Vergabe von Bauleistungen durch Auftraggeber aus dem Bereich der öffentlichen Hand (so auch für kommunal getragene Veranstaltungszentren).

Abb. 1 Bankettbestuhlung (oben links), Konferenzbestuhlung (oben rechts), Kongressbestuhlung/
Kulturveranstaltung (unten links), Sitznummerierung (unten rechts). (Quelle: Firma Hiller Objekt-
möbel GmbH)

Es stellt sich oft die Frage, ob der Stuhl mit oder ohne Armlehne ausgestattet sein sollte.
Während eine Armlehne bei einer Reihenbestuhlung zusätzlichen Komfort verschafft, ist
sie bei einem Bankett eher störend. Es bietet sich deshalb an, bei der Gesamtmenge an
Stühlen 50 % mit und 50 % ohne Armlehne anzuschaffen. Bei einer Reihenbestuhlung
kann somit im Wechsel ein Stuhl mit Armlehnen und ein Stuhl ohne Armlehnen aufgebaut werden, womit den Nutzern jeweils eine geteilte Armlehne zur Verfügung steht. Es
können auch zwei Stühle mit Armlehnen nebeneinander aufgestellt werden. Die sich
dadurch ergebende doppelte Armlehne erhöht den Komfort, vergrößert jedoch das Achs-
maß und es können unter Umständen weniger Stühle aufgestellt werden. Eine Armlehne
erlaubt auch gegebenenfalls das Aufstecken eines klappbaren Schreibtablars[2].

Die in einer Reihenaufstellung aufgestellten einzelnen Stühle müssen nach der deutschen Versammlungsstättenverordnung (VStättV) zwingend untereinander verbunden
sein. Dies kann entweder mithilfe eines am Stuhl bereits angebrachten Systems erfolgen
oder aber durch lose Verbindungsteile. Sowohl die Stuhlreihen als auch die Stühle selbst

---

[2]Klappbare und abnehmbare Arbeitsplatte an einem Stuhl, auch Schreibtablett genannt.

sollten nummeriert werden. Es bieten sich hier manuelle, aufsteckbare Systeme an oder kleine, im Stuhlrücken eingebrachte LED-Displays. Diese erlauben eine individuelle und persönliche Kennzeichnung des Sitzplatzes, sind jedoch in der Anschaffung erheblich teurer. Langfristig gerechnet, stellen diese jedoch eine Einsparung bei der Arbeitszeit dar, abgesehen von dem unvermeidlichen Verlust von nicht unerheblichen Mengen lose angebrachter Nummern.

Die Vorteile einer losen Bestuhlung liegen eindeutig in der großen Flexibilität dieses Systems. Die Räume können individuell gestaltet werden. Dies ermöglicht eine größere Auslastung und die Nutzung bei fast allen Events. Ein weiterer Vorteil liegt im geringeren Anschaffungspreis dieses Stuhltyps. Der größte Nachteil gegenüber einer Festbestuhlung ist der geringere Komfort. Bei langen Konferenzen und Events ist ein loser Stapelstuhl sicher nicht die beste – vom Nutzer und Organisator – bevorzugte Lösung und oft wird deshalb einem Auditorium mit fester Bestuhlung der Vorzug gegeben. Die lose Bestuhlung erfordert außerdem zusätzliche Lagerräume im Gebäude.

2.2   Fest verankert

Unter Festbestuhlung versteht man ein Bestuhlungssystem, welches fest in dem Saal eingebaut ist, als Reihenbestuhlung und am Boden verschraubt. Hier handelt es sich meist um vollgepolsterte Sitze mit großzügigen Armlehnen, klappbarem Sitz sowie Schreibtablaren oder ausklappbarem Tisch (s. Abb. 2). Die Sitze sind in großen Auditorien als ansteigendes Gestühl entweder durch Gefälle oder Stufen montiert. In kleineren Sälen kann, unter Berücksichtigung der iso-optischen Linien, die Bestuhlung auch auf ebenem Boden montiert werden.

Eine Veränderung der Saalkonfiguration ist nicht oder nur sehr schwer möglich. Eine Ausnahme bilden hier verschiedene Sitzsysteme, bei welchen es möglich ist, jede zweite Sitzreihe in große Tische zu konvertieren. Dies geschieht entweder durch einfaches Umklappen des Sitzes oder Überbauen der Sitzreihe. Auf diese Art wird eine Plenarbestuhlung, bei der die maximale Sitzplatzkapazität des Raums ausgenutzt wird, zu einer parlamentarischen Sitzordnung umgewandelt. Bei der parlamentarischen Sitzordnung gehen jedoch über 50 % der Sitzplatzkapazität verloren.

In der heutigen Zeit ist jedoch die Anforderung an große Arbeitstische, wie sie bei einer parlamentarischen Sitzordnung entstehen, nicht mehr zeitgemäß, da sich im Laufe der Jahre die Gepflogenheiten der Kongressbesucher geändert haben. Man hat keine voluminösen Unterlagen und Akten mehr, welche einen großen Arbeitstisch rechtfertigen würden. Vielmehr sind heute Tablets, kleine Notebooks oder Smartphones die Arbeitsinstrumente und der Platzbedarf hierfür ist erheblich geringer. Ausreichend sind somit kleinere Arbeitsflächen, welche als Tablare entweder aus den Armlehnen ausgeklappt werden oder an der Rückenlehne der vorderen Reihe angebracht sind und von dort ausgeklappt werden.

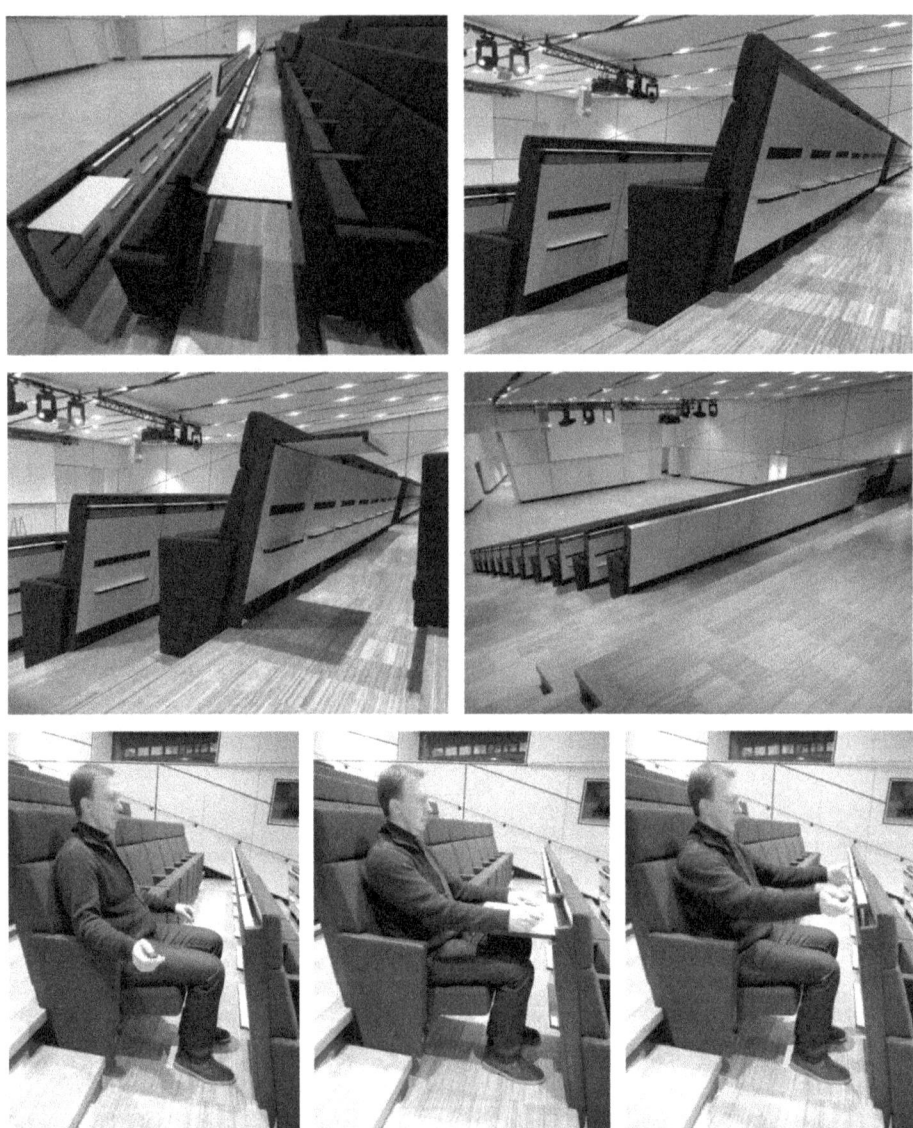

Abb. 2 Festbestuhlung mit ausklappbaren Tischen an der Rückenlehne des vorderen Sitzes angebracht: Bequeme, ergonomisch korrekte Arbeitsposition. (Quelle: Firma Eheim Möbel GmbH)

Für einen Stuhl, der fest in einem Saal montiert wird, ist von folgenden Anforderungen auszugehen:

- Höhe Sitzfläche: 440–450 mm
- Höhe Rückenlehne: 850–980 mm
- Sitzbreite: 530–580 mm
- Sitztiefe/hochgeklappt: 480–580 mm
- Sitz: Schaumkern, vollgepolstert
- Rückenlehne: Schaumkern, vollgepolstert
- Tisch/Schreibtablar: min. 400 × 250 mm
- LED-Licht
- USB-Anschluss
- Elektroanschluss

Vorteile bietet eine Festbestuhlung hinsichtlich des Komforts während längerer Konferenzen. Die großzügigen Sitzmaße und eine gepolsterte Sitz- und Rückenfläche erlauben ein entspanntes, ergonomisch korrektes Sitzen und Arbeiten. Weiterhin entfallen die Umrüst- beziehungsweise Aufbauarbeiten und es werden auch keine zusätzlichen Lagerflächen benötigt. Jeder Sitz kann mit USB- und Elektroanschlüssen versehen werden.

Ein Nachteil bei Festbestuhlung ist die fehlende Flexibilität hinsichtlich der Anzahl der Sitze und der Sitzkonfigurationen. Oft ist ein Saal mit Festbestuhlung entweder zu groß oder zu klein für ein Event. Die Auslastung der Fläche ist demzufolge eingeschränkt. Eine Festbestuhlung ist außerdem um ein Vielfaches teurer als eine lose Bestuhlung und man ist hinsichtlich Design, Farben und Technik auf viele Jahre gebunden. Und auch für die Saalreinigung ist die Festbestuhlung buchstäblich ein Hindernis.

2.3 Wie auf Schienen

Einige Hersteller bieten variable Stuhlsysteme an, bei welchen die Bestuhlung entweder manuell oder automatisch im Raum an bestimmte Positionen gefahren und somit komplett oder teilweise ab- oder aufgebaut werden kann. Dies wird entweder durch im Boden verlegte Schienensysteme (s. Abb. 3) oder mit ausziehbaren Tribünen (Teleskoptribünen) realisiert.

Beim Schienensystem werden die kompletten Sitzreihen auf kugelgelagerten Fahrwagen montiert (s. Abb. 4), welche dann leicht unter die Bühne gefahren werden können. Dies kann mit der gesamten Bestuhlung erfolgen oder auch nur in einem Teilbereich des Saals, um freie Flächen zu schaffen. Die Umrüstzeiten (s. Abb. 5) sind hier hinsichtlich des Zeit- und Personalaufwands sehr gering. Die hierfür eingesetzten Stuhltypen sind kleiner, leichter und im hochgeklappten Zustand von sehr geringer Eigentiefe (max. 200 mm). Auf diese Weise können zum Beispiel 25 Stuhlreihen unter einer Bühne auf max. 5800 mm Tiefe gestaut werden.

Abb. 3 Verfahrbares Stuhlsystem auf Schienen, die im Boden eingelassen sind. (Quelle: Firma Amobile S.L.)

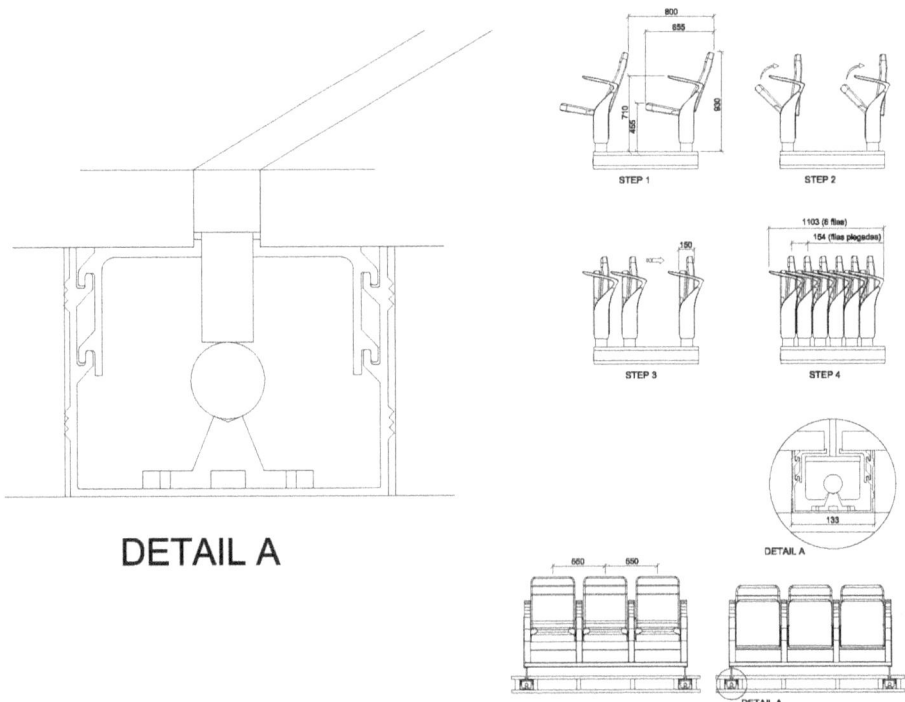

Abb. 4 Zeichnerische Darstellung eines Schienensystems. (Quelle: Fa. Amobile S.L.)

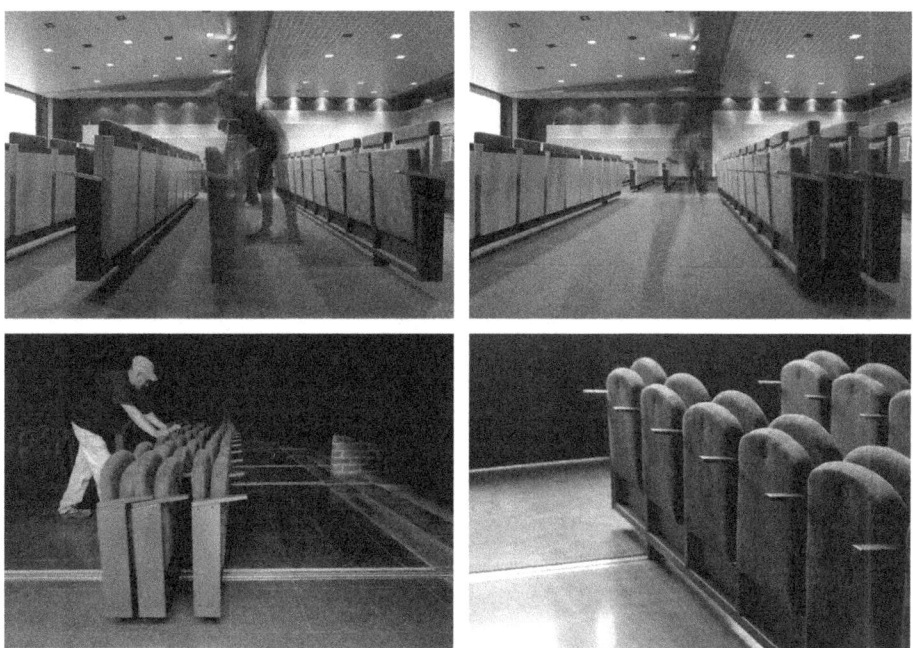

Abb. 5 Kurze Umrüstzeiten und geringer Personalaufwand sind die Vorteile eines Schienensystems. (Quelle: Firma Amobile S.L)

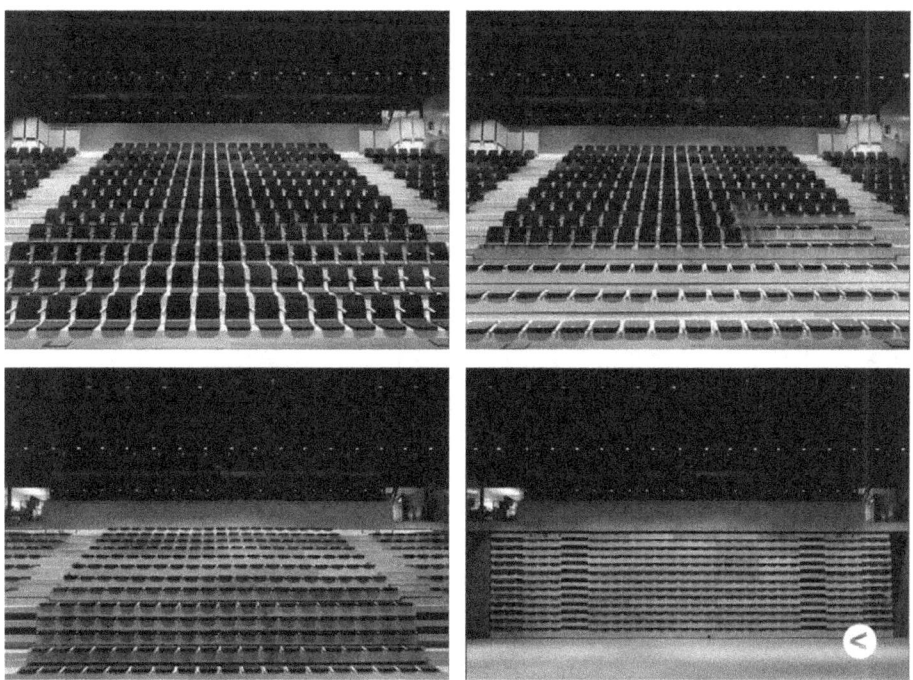

Abb. 6 Teleskoptribüne: Bei ausziehbaren Tribünen werden die Stufen eingefahren und die Sitze umgeklappt. (Quelle: Firma Amobile S.L.)

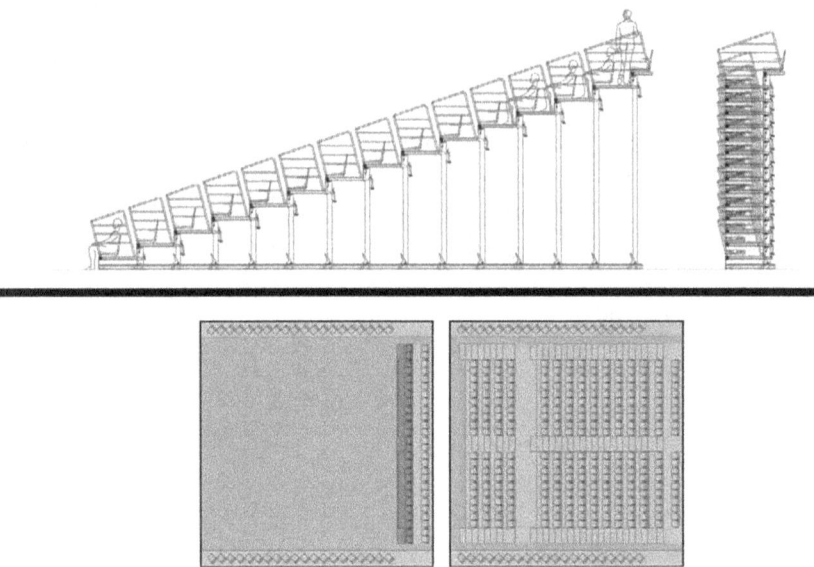

Abb. 7 Zeichnung Teleskoptribüne. (Quelle: Firma Amobile S.L.)

Abb. 8 Kombinierte Systeme. (Quelle: Firma Amobile S.L.)

Bei einer Lösung mit ausziehbarer Tribüne (Teleskoptribüne) werden im Gegensatz zum Schienensystem nicht nur die Stuhlreihen bewegt, sondern die gesamten Stufen beziehungsweise die komplette ansteigende Tribüne – wie die Schubladen einer Kommode (s. Abb. 6 und 7).

Beide Systeme können auch miteinander kombiniert werden: Schienensystem im vorderen Bereich und ausziehbare Tribüne im hinteren Bereich (s. Abb. 8).

Sowohl Schienensysteme als auch Teleskopbühnen sind mit hohen Investitionskosten verbunden und erfordern weitreichende bauliche Vorkehrungen, bieten jedoch bei der flexiblen Raumgestaltung sehr viele Vorteile.

Eine weitere Variante ist das Verstauen der Bestuhlung im beziehungsweise unter dem Boden. Dies ist eine sehr platzsparende Variante, da keine zusätzlichen Lagerflächen erforderlich sind (s. Abb. 9 und 10).

Hier wird durch kastenartige Elemente eine Art Doppelboden geschaffen und die Sitze werden aus dem Boden ausgeklappt. Es können nach Belieben und Bedarf mit nur wenigen Handgriffen Blöcke und Laufgänge geschaffen werden oder sogar Übergänge beziehungsweise Überbrückungen, sogenannte Passerellen als Catwalks entstehen.

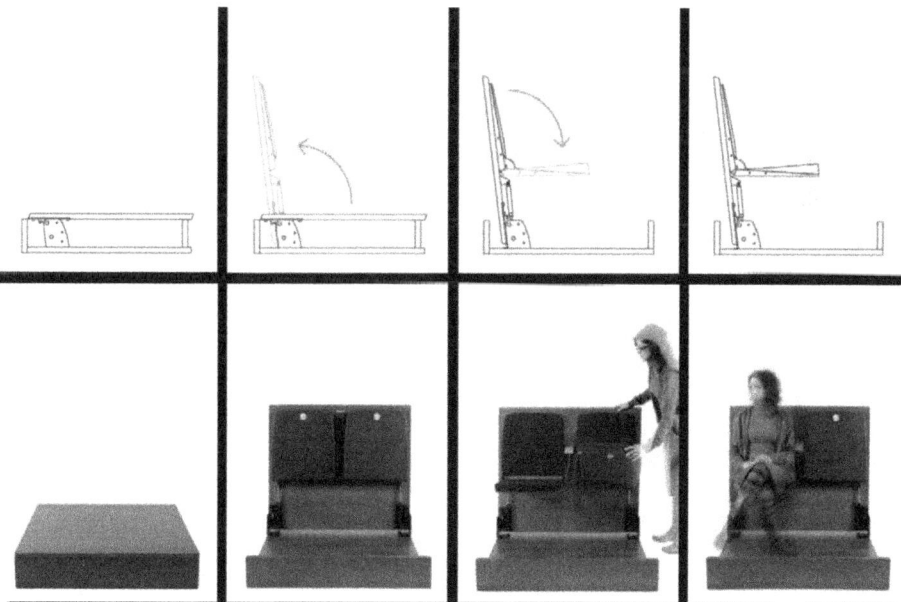

Abb. 9 Verstauen von Bestuhlung im Boden. (Quelle: Alismobile)

Abb. 10 Kombination mit ausziehbarer Tribune und Unterboden-Elementen. (Quelle: Alismobile)

3   Flexibilität – der Schlüssel zum Erfolg

Grund und Boden, Fläche und Raum sind heute wertvolle Wirtschaftsgüter und diese müssen optimal genutzt werden. Deshalb ist bei der Planung eines Kongress- oder Veranstaltungszentrums unbedingt auf die maximale Flexibilität bei der Bestuhlung zu achten. Eine anfangs größere Investition für ein flexibles Stuhlsystem rechnet sich meist schon mittelfristig dadurch, dass für mehr Events maßgeschneiderte Sitzlösungen angeboten werden können.

Kurze Umrüstzeiten mit geringem Personalaufwand und Schonung des Materials sind sehr wichtige Argumente bei der Entscheidung für das jeweilige System. Sitzkomfort und technische Accessoires sind weitere Verkaufsargumente bei der Vermarktung der Säle.

„Flexible space management" lautet das Lösungswort, weil dadurch und dank variabler Raumteilung sowie vieler Bestuhlungsvarianten die Voraussetzungen für den wirtschaftlichen Erfolg eines Kongresszentrums geschaffen werden. Dies erfordert in der Bandbreite zwischen sehr großen Sälen und sehr kleinen Räumen eine Vielzahl an unterschiedlichen Größenvarianten, um den individuellen Raumbedarf (nahezu) jeden Events entgegen kommen zu können.

Über den Autor

Clemens Porsche studierte Wirtschaftswissenschaften in Deutschland und Spanien und lebt heute in Barcelona (Spanien).

Nach Abschluss des Studiums war er zunächst für verschiedene deutsche Großkonzerne im Bereich Stahl- und Anlagenbau tätig. Als Delegierter lebte er in Mexiko, Guatemala, USA und Spanien, seit Anfang der Neunzigerjahre in Barcelona.

1993 begann er seine Aktivitäten im Bereich der Großraumbestuhlung für eines der weltweit führenden Unternehmen in diesem Sektor. Zunächst als Projektleiter von Großprojekten in Europa, am Persischen Golf und in Asien, wurde er später in die Geschäftsleitung des Unternehmens berufen.

Seit 2009 arbeitet Clemens Porsche als selbstständiger Unternehmer im Bereich der Stadion- und Kongressbestuhlung.

Teil VIII

Interaktion und Partizipation, Lernen und Mehrwert

Lernen

Mehrwert und geistiges Weiterkommen für Teilnehmer

Martina Richter

Zusammenfassung

Kongress-, Tagungs- und Konferenzmanagement ist kein Selbstzweck und weitaus mehr als Projektmanagement. Es ist ebenfalls weitaus mehr als die Gestaltung eines netten Events, das einem Incentive gleichkommt und lediglich eine Abwechslung vom „daily business" bietet. Kongresse, Tagungen und Konferenzen sind ein Investment in Wissen und in Menschen. Den ökonomischen Prinzipien folgend, ist man gut beraten, dies nach dem Return on Investment kritisch zu hinterfragen: Kommen die gewünschten Botschaften bei der Zielgruppe, den Teilnehmern, an? Kann ein Erfolg erzielt werden, sprich: nachhaltiges Lernen, das über das kognitive Abrufen von Inhalten hinausgeht? Denn entscheidend ist die Umsetzung des Gelernten im Alltag – nicht nur in der vertrauten Komfortzone, sondern auch in neuen Situationen, die gegebenenfalls ein flexibles Anpassen und Transferieren des Wissens erfordern. Ein zentrales Handlungsfeld in der Veranstaltungsgestaltung ist daher die Ermöglichung des Lernens. Doch wie lernen Menschen eigentlich? Unumstritten ist, dass die Zeiten des Nürnberger Trichters vorbei sind. Einhergehend mit dem Marketingansatz dieses Buchs werden Kongresse, Tagungen und Konferenzen als Produkte aufgefasst, die eine Botschaft (Lerninhalt) vermitteln und den Teilnehmenden (Konsumenten) wirksam dargelegt werden sollen.

Dieser Beitrag löst sich von dem Wunsch nach Patentrezepten für jedes Veranstaltungsformat. Bühnerts Differenzierung der Veranstaltungsformate nach wesentlichen Wesenszügen wird dabei zugrunde gelegt: „Kompetenzerweiterung (Aus-, Fort- und Weiterbildung, Wissenstransfer, Innovation), Identifikation (Motivation, Meinungsbildung,

M. Richter (✉)
München, Deutschland
E-Mail: martina.richter@kompetenz-architekten.de

© Springer Fachmedien Wiesbaden GmbH 2017   721
C. Bühnert und S. Luppold (Hrsg.), *Praxishandbuch Kongress-, Tagungs- und Konferenzmanagement,* DOI 10.1007/978-3-658-08309-0_48

Kundgebung, Überzeugung, Kundengewinnung), Kommunikation (Information, Gedankenaustausch, Aussprache, Inspiration) sowie Entscheidungsfindung (Debatte, Zielsetzung, Lösungen, Arbeitsauftrag)" (Bühnert 2013, S. 200). Diese Patentrezepte gab es nicht, gibt es nicht und wird es auch nicht geben. Vielmehr besteht die Herausforderung für einen jeden Veranstalter in der geschickten Kombination der zur Verfügung stehenden Empfehlungen aus unterschiedlichen Disziplinen. So unterschiedlich die Veranstaltungsformate auch gestaltet sein mögen, so haben sie dennoch die gleichen Intentionen aus zwei Perspektiven betrachtet: Die Teilnehmenden erwarten einen Mehrwert, ein geistiges Weiterkommen und/oder einen Erkenntnisgewinn – sie wollen lernen. Der Veranstalter hat die spiegelverkehrte Erwartungshaltung: Die Teilnehmenden sollen lernen, sodass das gesteckte Ziel der Veranstaltung erreicht wird. Dieser Beitrag wird dem menschlichen Lernen gewidmet und es wird dem Gestaltungsspielraum des Lesers überlassen, wann welche Form des Lernens geeignet ist.

Dem Ansatz dieses Buches folgend, Kongress-, Tagungs- und Konferenzmanagement nicht aus der Projektmanagementperspektive, sondern aus der Marketingperspektive zu betrachten, wird Lernen in diesem Beitrag aus dem Blickwinkel der Didaktik (Konstruktivismus und Neurodidaktik) und aus dem Blickwinkel der Informations-, Werbe- und Marktpsychologie betrachtet. Die Intention der Autorin besteht darin, die Kernideen der jeweiligen Ansätze vereinfacht darzulegen, zu kombinieren und anhand von sich zusammenfügenden Phänomenen „Best-of-all-worlds-Handlungsempfehlungen" abzuleiten. Von einer kontroversen wissenschaftlichen Diskussion der Ansätze wird in diesem Beitrag Abstand genommen.

Vorbemerkung der Autorin

„Lebenslanges Lernen", „Was Hänschen nicht lernt, lernt Hans nimmer mehr" (Volksweisheit), „Lernen ist wie Rudern gegen den Strom. Hört man damit auf, treibt man zurück" (Laozi), „lessons learned" … in vielen privaten und beruflichen Aussagen finden wir das Wort „Lernen" in unterschiedlichen Kontexten wieder. Lernen ist eine zentrale Fähigkeit des Menschen, die es ihm ermöglicht, sich weiterzuentwickeln statt auf dem Status quo stehen zu bleiben. Hieraus leiten sich zwei spannende Fragen ab: „Wie funktioniert Lernen?" Unser Gedächtnis ist ein komplexes Phänomen, oftmals verglichen mit einer Schatzkammer, zu der allerdings der (nachhaltige) Zugang geschaffen werden muss. Die sich anschließende Frage lautet: „Wie ermöglichen wir lernen?". Wenn auch viele persönliche, sich dem Einflussbereich des Senders einer (Lern-)Botschaft entziehenden Faktoren auf das Lernvermögen und den Lernwillen von Individuen einwirken, so sind dennoch die (didaktischen) Fragen nach der Gestaltung der Lernplattform und der Berücksichtigung vielfältiger Lerntypen von eminenter Bedeutung. Ermöglichen Sie Lernen auf Ihren Veranstaltungen, indem Sie über das Lernen lernen!

1   Phänomene: Lernen und Gedächtnis

„Gedächtnis verbindet die zahllosen Einzelphänomene zu einem Ganzen, und wie unser Leib in unzählige Atome zerstieben müsste, wenn nicht die Attraktion der menschlichen Materie ihn zusammenhielte, so zerfiele ohne die bindende Macht des Gedächtnisses unser Bewusstsein in so viele Splitter, als es Augenblicke zählt." (Herrmann 2009, S. 69). Bereits 1870 hat Edward Hering in seinem Buch „Über das Gedächtnis als eine allgemeine Function der organisirten Materie" die schier unfassbare Leistung des menschlichen Gedächtnisses als Teil des Gehirns formuliert. Das Gedächtnis verleiht Menschen die Fähigkeit, Reize zu empfangen, zu selektieren, aufzunehmen, zu verarbeiten, sie als Informationen gegebenenfalls lebenslang zu speichern und abzurufen. Um sich dem Lernen zu nähern, führt der erste Weg über das Gedächtnis. Denn als Ergebnis des Lernens kann man das dauerhafte Bestehen von Informationen im Gedächtnis verstehen, was zum einen zur Stabilisierung von Verhaltensweisen beiträgt, aber auch Flexibilisierung (situative und kontextbezogene Anpassung des angeeigneten Wissens zur Weiterentwicklung auf persönlicher, gesellschaftlicher und institutioneller Ebene) ermöglicht.

Der Informationsspeicherung im Gedächtnis als Ergebnis des Lernens geht der Informationsverarbeitungsprozess voraus, der das Gedächtnis als „(...) Fähigkeit eines Organismus, Informationen aufzunehmen, zu speichern und bei Bedarf wieder abzurufen" versteht (Raab et al. 2010, S. 107). Diese Fähigkeit wird in der Hirnforschung gemeinhin mit dem etablierten „Drei-Speicher-Modell" der menschlichen Informationsverarbeitung erklärt, welches auf Atkinson und Shiffrin (anno 1968) zurückgeht und auch diesem Beitrag zugrunde gelegt wird (von weiteren Perspektiven wie zum Beispiel der computertomografischen Betrachtung der Hirnregionen aus der aktuellen Neuroforschung wird hier Abstand genommen). Das Drei-Speicher-Modell nach Lachmann geht von drei Typen von Gedächtnissen mit unterschiedlicher Speicherkapazität aus (Fischer et al. 2011, S. 24):

- Ultrakurzzeitspeicher (UKZS), auch das sensorische Gedächtnis genannt
- Kurzzeitspeicher (KZS), auch Arbeitsspeicher genannt
- Langzeitspeicher (LZS), auch Gedächtnis genannt

Menschen erleben nur seltene Momente der Ruhe und der Reizarmut. Der Organismus ist einer konstanten Reiz(über)flutung ausgesetzt, einer Flut von Sinneseindrücken, welche die eigentliche Verarbeitungskapazität sprengt. Schon 1971 wurde von Alvin Toffler der Begriff „Information-Overload" eingeführt (Fischer et al. 2011, S. 28). Ohne eine erste Filterung würden Menschen ob der konstanten Masse an Reizen (man stelle sich nur ein Großraumbüro vor mit Telefonklingeln, Tastaturhämmern, Fußschritten, Stimmen, Papierrascheln, Räuspern, Lachen und anderes vor), die in jedem Moment ihres Lebens auf sie einprasseln, nur eingeschränkt handlungsfähig sein. Der Ultrakurzzeitspeicher registriert die eintreffenden Reize und entscheidet über diverse

Kontrollmechanismen, ob sie die lediglich 0,1 bis 1 angedachten Sekunden im sensori-schen Gedächtnis verbleiben, oder ob sie zu einem nächsten Verarbeitungsschritt wei-tergeleitet werden (Raab et al. 2010, S. 107). Somit wird in Bruchteilen von Sekunden entschieden, ob der Reiz eine Aufmerksamkeit generiert, als bedeutend wahrgenommen wird, die natürlichen Selektionsbarrieren passiert und an das Kurzzeitgedächtnis weiter-geleitet wird, oder ob er in seiner Bedeutungslosigkeit sofort gelöscht wird.

Während das sensorische Gedächtnis eine sehr hohe Aufnahmekapazität, wenn auch mit kurzer Speicherkapazität hat, dient das Kurzzeitgedächtnis als Arbeitsspeicher dazu, die vorselektierten Reize zu verarbeiten, zu interpretieren und zu prüfen, ob die Reize so bedeutsam und wertig sind, dass sie in kognitive (bewusst verfügbare) Informationen umgewandelt werden, oder ob sie unwichtig sind und somit gleich wieder gelöscht wer-den. Dem Kurzzeitgedächtnis kommt neben der Untersuchung der Reize auf Relevanz noch eine Mittlerrolle für „Weitergabe und Zugriff" zu: Zum einen können die Informa-tionen an das Langzeitgedächtnis weitergegeben werden, zum anderen können im Lang-zeitgedächtnis bereits vorhandene Informationen abgerufen werden (Fischer et al. 2011, S. 25).

Das Ultrakurzzeitgedächtnis und das Kurzzeitgedächtnis sind die menschlichen Schutzschilder und damit nur Passierstationen. Erst wenn ein Reiz es geschafft hat, in das Langzeitgedächtnis vorzudringen, kann von Lernen gesprochen werden. Wenngleich es nur wenige Reize schaffen, überhaupt das Ultrakurzzeitgedächtnis zu überwinden: Das Langzeitgedächtnis bietet dann eine fast unbeschränkte dauerhafte Speicherkapa-zität. Hier sammeln sich unter anderem Wertauffassungen, Erfahrungen, Ereignisse, Wörter, Regeln, Präferenzen, Fertigkeiten, Wissen – alles, was sich ein Mensch mit zunehmender Lebenszeit aneignet (Fischer et al. 2011, S. 26). Das Langzeitgedächt-nis wird in seiner Komplexität in der Hirnforschung diversen Differenzierungen unter-zogen. Für diesen Kontext sei auf eine weitere Unterteilung hingewiesen: Das explizite Gedächtnis (auch „deklaratives Gedächtnis" genannt) bezieht sich auf den bewussten Wissensabruf durch das freie Erinnern, das Erinnern mit Abrufunterstützung (zum Bei-spiel durch verbale oder visuelle Abrufhinweise, typischerweise durch die Reaktion „ah, da war ja was" gekennzeichnet) und das Wiedererkennen (Rekognition). Das implizite Gedächtnis (auch „nondeklaratives Gedächtnis" genannt) hingegen bezieht sich auf unbewusstes, schwer verbalisierbares Wissen, zum Beispiel die Fertigkeit, Fahrrad zu fahren oder ein Instrument zu spielen (Herrmann 2009, S. 71). Das reine Eintreten einer Information in das Langzeitgedächtnis ist noch nicht ausreichend für eine nachhaltige Speicherung. Erst das Bestehen einer dauerhaften Gedächtnisspur, deren Löschen nicht mehr einfach möglich ist, bedeutet eine dauerhafte Speicherung. Der Zeitraum der Ent-wicklung einer Gedächtnisspur, das heißt von der ersten Einprägung bis zur dauerhaf-ten Speicherung, wird als Konsolidierungsphase (Festigung) bezeichnet. In dieser Phase werden Assoziationen zwischen neuen Informationen und bestehenden Gedächtnisein-heiten stabilisiert, was eine länger-/langfristige Speicherung positiv unterstützt (Herr-mann 2009, S. 73).

Checkpoint 1: Lernen und Gedächtnis

Dass Informationen nach einem längeren Zeitraum wieder genutzt werden, man also von Lernen sprechen kann, erfordert drei geistige Prozesse in dem Speichermodell der Informationsverarbeitung im menschlichen Gedächtnis (Raab et al. 2010, S. 119):

- Encodierung: erstmalige Verarbeitung von Informationen zur Erzielung einer Repräsentation im Gedächtnis
- Speicherung: Aufbewahrung des encodierten Materials
- Abrufung: Wiederauffinden der gespeicherten Informationen

Wenngleich auch Interferenztheorien (Vergessenstheorien) sich mit der spannenden Frage beschäftigen, warum Menschen vergessen, wenn doch eine dauerhafte Speicherung erfolgt ist, folgt der Beitrag aus Lernsicht der Frage, wie sowohl das Behalten/ Speichern von Informationen im Langzeitgedächtnis als auch das Abrufen derselben aus dem Langzeitgedächtnis ermöglicht und auch erleichtert werden kann – im Umkehrschluss das Vergessen verhindert wird. Hobmaier (in: Raab et al. 2010, S. 110) hat in der Gedächtnisforschung hierzu wesentliche Determinanten zur Informationsverarbeitung zusammengetragen, welche im Folgenden dargelegt und weiter ergänzt werden:

- **Wiederholungen und Übungen**
  Dies ist nachvollziehbar, wenn man sich das Behalten von Telefonnummern vorstellt, das mit einer stetigen Wiederholung der Zahlen einhergeht. Erst wenn man eine Telefonnummer ohne weiteres Nachdenken jederzeit abrufen kann, ist sie im Langzeitgedächtnis aufgenommen.
- **„Chunking" von Informationen**
  Als „chunking" wird die Strukturierung von Informationen in Mustern bezeichnet (Fischer et al. 2011, S. 26). Bereits 1956 hat Miller in seinem Beitrag „The Magical Number Seven" (in: Fischer et al. 2011, S. 26) aufgezeigt, dass Menschen maximal sieben ($\pm$ 2) Sinneinheiten auf einmal verarbeiten und auch halten können. Als Beispiel können Telefonnummern auch hierfür dienen. Die Zahlenreihe „13474125" ist definitiv zu lang, um sie sich auf Anhieb zu merken. Das Aufteilen in kürzere Einheiten, zum Beispiel 134 74 125 vereinfacht das Einprägen. Die Zuordnungen von Bedeutung und/oder auch Eselsbrücken, zum Beispiel 134 ($1 + 3 = 4$) oder 74125 (stellt ein „P" auf der Telefontastatur dar), begünstigen als Abrufschlüssel ebenfalls das Speichern.
- **Emotionalisierung von Informationen**
  Neurowissenschaftliche Erkenntnisse unterstreichen die Bedeutung der Emotionalisierung, da eine Information erst einer emotionalen Bewertung durch das limbische System (bestehend aus verschiedenen Zentren) unterzogen wird, bevor sie eine rationale Weiterverarbeitung erfährt (Fischer et al. 2005, S. 41). Das limbische System beurteilt alle Eindrücke und Erfahrungen danach, ob sie aufgrund der Bewertung von „gut/freudvoll/vorteilhaft/lustvoll" einer Wiederholung würdig sind, oder ob sie

aufgrund der Bewertung von „schlecht/traurig/nachteilig/schmerzhaft" zukünftig zu meiden sind (Herrmann 2009, S. 61). Untersuchungen zeigen, dass eine Emotionalisierung ebenfalls den „Primacy-Recency-Effekt" (die erst- und letztgenannten Informationen werden eher und besser behalten als die Informationen aus dem Mittelteil) ausstechen kann: Nach der Erzählung einer Geschichte mit neutralem Anfang, emotionalem Mittelteil und neutralem Ende konnten sich Probanden im Anschluss wesentlich detaillierter an Informationen aus dem emotionalen Mittelteil der Geschichte erinnern (Herrmann 2009, S. 77).

- **Greifbarkeit von Informationen**

  Je abstrakter ein Sachverhalt ist, desto mehr bedarf er einer Form der Greifbarkeit, um im Langzeitgedächtnis gespeichert werden zu können. Anschauliche (Praxis-)Beispiele und Analogien, sprich: die Anknüpfung an die bekannte Welt, können hierbei unterstützen.

- **Positionseffekt für Informationen**

  Der visuell Lernende (Buch, Präsentation oder Ähnliches) erfährt Unterstützung, wenn wichtige Botschaften sich im Text durch zum Beispiel farbliche Markierungen, Unterstriche, Fettdruck gegenüber unwichtige[re]n Informationen abheben.

- **Bildhaftigkeit von Informationen**

  Untersuchungen haben gezeigt, dass das menschliche Gedächtnis für Bildinformationen deutlich ausgeprägter ist als das Gedächtnis für sprachliche Informationen, sowohl bei einfachen, als auch bei komplexen sprachlichen oder visuellen Darstellungen, da Bildhaftigkeit für Konkretheit sorgt (Raab et al. 2010, S. 113).

- **Wissens- und Deutungsangebote unterbreiten**

  „Konstruktivistische Grundannahmen sind, dass Lernen nicht machbar, sondern nur anregbar ist." (Kutting 2010, S. 49). Eine rein inputorientierte Darbietung von Informationen wird ins Leere laufen. Daher gilt es, Lernschleifen zu etablieren, das heißt eine Balance zwischen Phasen der Aufnahme (Instruktion) und Phasen der Selbsttätigkeit (Konstruktion) zu schaffen, um die Erschließung der Informationen zu ermöglichen (Kutting 2010, S. 50). Insbesondere die Konstruktionsphase unterstützt die Lernprozesse wirksam. Diese kann handlungsorientiert gestaltet sein (zum Beispiel durch Ausprobieren, Umsetzen, Aktivwerden) und/oder den Freiraum für die eigenständige geistige Auseinandersetzung mit der Materie bieten, damit die neuen Informationen in die persönliche Denkstruktur konstruiert werden können.

- **Kontext der Informationsdarbietung**

  Dem Kontext, in dem Lernen stattfindet, kommt eine nicht unerhebliche Bedeutung zu: Neuere Untersuchungen der Gedächtnisforschung haben gezeigt, dass bei jedem gelernten Inhalt ebenfalls mitgelernt wird, wer diesen Inhalt vermittelt hat (sogenanntes „Quellengedächtnis") und weiterhin auch, wann und wo das Lernen („Orts- und Zeitgedächtnis") stattgefunden hat (Herrmann 2009, S. 67). Die Glaubwürdigkeit des Informationsdarbietenden zeigt sich sowohl durch körpersprachliche Signale als auch durch die Verbalisierung des eigenen Überzeugtseins von den Botschaften. Gepaart mit einer lernförderlichen Umgebung, welche zum Beispiel Ruhe vor Lärm und Hektik,

Platz und Freiraum und eine adäquate Temperatur und Helligkeit bietet, wird die Informationsverarbeitung positiv unterstützt.

- **Körperliche Bewegung**

  Bewegungsaktivität fördert nicht nur die körperliche, sondern auch die geistige Leistungsfähigkeit, da sie strukturelle Veränderungen im Gehirn auslöst: „Die Gehirndurchblutung wird verbessert und neurotrophe Wachstumsfaktoren steigen an, die wiederum die Neubildung von Nervenzellen und deren Vernetzung begünstigen." (Voll und Buuck 2005, S. 1). Die vermehrte Durchblutung führt zu einer erhöhten Sauerstoff- und Nährstoffversorgung, welche einen positiven Einfluss auf die Konzentrationsfähigkeit und den Abbau von Stresshormonen hat. Diese zwei Effekte werden oftmals als „geistige Frische" empfunden, man hat „den Kopf frei gemacht". Durch Bewegung wird ebenfalls die Ausschüttung von Botenstoffen (Neurotransmitter), insbesondere Dopamin, Serotonin und Noradrenalin erhöht, welche die Übertragung von Informationen zwischen den Nervenzellen zur Aufgabe haben. Die Ausschüttung dieser Botenstoffe hat einen unmittelbaren Einfluss auf das menschliche Verhalten und Emotionen: Während ein Mangel an Neurotransmittern Antriebslosigkeit und Unlust zur Folge haben kann, führt eine Vermehrung/ein Überschuss zu verstärkter Aktivität. Bewegung kann daher positiv auf die Gehirnstruktur, die Lern- und Gedächtnisvorgänge und letztendlich auch auf das menschliche Verhalten einwirken (Voll und Buuck 2005, S. 3 f.).

Die Erkenntnisse aus der Gedächtnisforschung helfen dabei, die Informationsverarbeitung und damit auch das wirksame, nachhaltige Lernen zu verstehen. Es stellt sich allerdings die Frage, welche Voraussetzungen vorhanden sein und/oder geschaffen werden sollten, um diese Prozesse überhaupt zu ermöglichen.

2   Phänomene: Aufmerksamkeit und Wahrnehmung

Im Zusammenhang mit dem Ultrakurzzeitgedächtnis wurden bereits die Aufmerksamkeit als Voraussetzung für die Wahrnehmung und damit der weitergehenden Verarbeitung genannt – hoffentlich ist dies Ihrer Aufmerksamkeit nicht entgangen! Wie kann ein Reiz Aufmerksamkeit, das heißt die bewusste Zuwendung, erregen und von Menschen wahrgenommen werden? Festzuhalten ist: Ohne Aufmerksamkeit verlieren sich sämtliche Reize im Nichts. Das bedeutet, dass kein Durchbrechen des Ultrakurzzeitgedächtnisses, Verarbeitung im Kurzzeitgedächtnis und Speichern im Langzeitgedächtnis, sprich: Lernen, erfolgen wird. „Die Aufmerksamkeit unterbricht sozusagen den permanenten Fluss unbewusst registrierter Reize und wendet sich etwas gezielt zu. Sie wählt bestimmte Reize aus der Umwelt (Selektivität) aus und weist ihnen unsere kostbaren, da nur sehr beschränkt zur Verfügung stehenden Bewusstseinsressourcen (Orientierung) zu." (Fischer et al. 2011, S. 20). Dem Verständnis, welchem Reiz in Bruchteilen von Sekunden Bedeutung und Relevanz zugewiesen wird, geht die Beschäftigung mit der Wahrnehmung voraus. Wer Wahrnehmung versteht, kann Aufmerksamkeit durch die zielgerichtete Gestaltung von Reizen generieren. Aus diesem Grund kann man sich auch zuerst der Wahrnehmung widmen, wenn auch prozessual die Aufmerksamkeit dieser vorausgeht.

Nehmen Menschen wahr, was Menschen wahrnehmen? „Wahrnehmung schafft Realität. Das bedeutet: Unsere Realität basiert allein darauf, wie wir sie wahrnehmen. Unser Handeln richtet sich nicht danach, wie sich die Welt objektiv darstellt, sondern ausschließlich danach, wie wir sie empfinden und wie sie unser Bewusstsein prägt." (Fischer et al. 2011, S. 17). Es wäre ein großer Irrtum zu glauben, dass jedes Individuum zum Beispiel von einer bestimmten Situation dieselbe Wahrnehmung hat. Die Wahrnehmung (der Realität und Wirklichkeit) ist durch drei Determinanten bestimmt (Raab et al. 2010, S. 169):

- **Subjektivität**
  Wenngleich jeder Mensch glaubt, dass er die Wirklichkeit so wahrnimmt, wie sie tatsächlich ist, so entspricht diese individuell gefühlte Wirklichkeit nur einem Teil der existierenden Wirklichkeit.
- **Selektivität**
  Aus der Flut von Reizen, die auf die Sinnesorgane treffen, werden nicht alle gehörten, gesehenen, geschmeckten, gerochenen und gefühlten Reize gleichzeitig und gleichwertig verarbeitet. Alleine diese Tatsache verfälscht und verzerrt bereits die tatsächliche Realität.
- **Aktivität**
  Die Aktivität bezeichnet die aktive Aufnahme und die Weiterverarbeitung der Reize. Auch in der Aktivität gibt es aufgrund der individuell unterschiedlichen Voraussetzungen keine Sicherheit, wie das Ergebnis der Aktivität aussieht.

Einen weiteren interessanten Zugang zur Wahrnehmung und der „Wirklichkeit" bietet der Konstruktivismus, der die drei genannten Determinanten aufnimmt und noch erweitert. Eine Annäherung kann über das Märchen „Des Kaisers neue Kleider" von dem dänischen Dichter Hans Christian Andersen aus dem Jahr 1837 erfolgen:

Zwei Betrüger behaupten, dem Kaiser ein kostbares Kleid in der Art und Weise weben zu können, dass es für dumme und unfähige Menschen unsichtbar bleibt. Bei des Kaisers Auftritt in seinem neuen Gewand wagt inklusive dem Kaiser niemand zuzugeben, dass sie nichts sehen – viel mehr noch: Die Untertanen äußern ihre Bewunderung für das neue Gewand bis auf ein kleines Kind, das plötzlich ruft: „Aber er hat ja gar nichts an!" (Siebert 2005, S. 7).

Das Märchen regt zu unterschiedlichen Deutungen an und stellt kritische Fragen „[…] nach Sein und Schein, nach Wahrheit und Täuschung, nach Wirklichkeit und Illusion." (Siebert 2005, S. 7). Was man wahrnimmt und/oder wahrnehmen will, wird von vielen weiteren Determinanten beeinflusst, unter anderem möglichen ökonomischen Vorteilen, gesellschaftlichem Stand, Ängsten und Hoffnungen, Erfahrungen, Sozialisierung, gelerntem

Wissen, Glaube, Geschichte. Der Konstruktivismus beschreibt daher die wahrgenommene Wirklichkeit als individuelles Konstrukt, das – in einem und in sich geschlossen – daher keine Abbildung, keine tatsächliche Repräsentation der Wirklichkeit ist und mit der Umwelt lediglich strukturell gekoppelt ist und von ihr angeregt werden kann (Siebert 2005, S. 11).

Checkpoint 2: Aufmerksamkeit und Wahrnehmung
Je mehr man Paul Watzlawicks Frage „Wie wirklich ist die Wirklichkeit?" (Siebert 2005, S. 8) nachgeht, desto absurder erscheint es, diese Frage absolut gültig beantworten zu wollen, geschweige denn zu können. Festzuhalten ist:

- Wahrnehmung ist durch diverse Determinanten beeinflusst.
- Wahrnehmung schafft ein subjektiv geprägtes, individuelles Bild der Wirklichkeit.
- Aufmerksamkeit ist die Voraussetzung für Wahrnehmung und für eine weitere Informationsverarbeitung.

Die Kunst der Darbietung eines Reizes besteht also in der Erzielung von Aufmerksamkeit, welche Wahrnehmung erzeugt und eine Weiterverarbeitung des Reizes ermöglicht, indem der Schutzwall „Ultrakurzzeitgedächtnis" überwunden wird und nicht der Reizselektion zum Opfer fällt. Fischer et al. vertreten die Auffassung, dass mangelnde Aufmerksamkeit die Folge von mangelnder Qualität ist. „Qualität" ist hinsichtlich der Erkenntnis der sehr individuellen Wahrnehmungen der Wirklichkeiten differenziert zu betrachten: Zum einen gilt es, eine objektive Qualität des Reizes zu erzeugen, zum anderen muss die Qualität des Reizes so gestaltet sein, dass die individuelle Aufmerksamkeit erzielt wird. Im Umkehrschluss bedeutet das, dass die individuellen Lern- und Gedächtnisstile (und die daraus resultierende subjektive Wahrnehmung) genau bekannt sein müssten, um die Reizpräsentation optimal daran ausrichten zu können. Dies ist in der Realität eine nahezu unerfüllbare Aufgabe: Wenn auch eine offenkundig homogene Zielgruppe zu einem Kongress, einer Tagung, einer Konferenz eingeladen wird, scheint es schier ausgeschlossen, sämtliche Reize derart zu individualisieren, dass sie bei jedem (in gleichem Maße oder überhaupt) Aufmerksamkeit erzeugen. Daher ist es notwendig, sich an dieser Stelle von Patentrezepten zu verabschieden und sich über Abstraktion den Herausforderungen der objektiven und der subjektiven Qualität zu nähern, um über eine möglichst vielgestaltige Reizdarbietung bei unterschiedlichen (Lern-)Typen Aufmerksamkeit hervorzurufen. Der Reiz benötigt hierzu die Charakteristika der Relevanz. Ein relevant erscheinender Reiz impliziert die Sinnhaftigkeit der tiefer gehenden Zuwendung. Als kritische Erfolgsfaktoren können hierzu unter anderem die folgenden genannt werden:

- **Anknüpfung an vorhandenes Wissen**
  Die Selektion des ankommenden Reizes hinsichtlich seiner Relevanz erfolgt oftmals über den Ver- und Abgleich mit vorhandenen Schemata. Schemata sind komplexe Wissenspakete, die vergleichbar mit einem Netz aus vertrauten Assoziationen

sind: Fügt sich der neue Stimulus kongruent in das bekannte Schema ein, kann dieser glaubhaft und authentisch wirken, das vorhandene Schema stärken, als relevant eingestuft werden und Aufmerksamkeit, damit bewusste Zuwendung, aktivieren. Schemata verfügen zumeist über einen besonders herausragenden Aspekt, den sogenannten „Schlüsselreiz", der das Assoziationsnetz aktiviert. Soll zum Beispiel das vorhandene Wissen (Schema) über Paris um die Pariser Vororte (Stimulus) erweitert werden, kann „Eiffelturm" (Schlüsselreiz) als Bezuggeber dienen und eine weitere Verarbeitung aufgrund von Relevanz initiieren (Fischer et al. 2011, S. 29 f.).

- **Wecken von Neugierde**
  Menschen sind „Neugierwesen" (Herrmann 2009, S. 19). Das Wecken und Fördern des Neugierverhaltens, zum Beispiel durch bedeutungsvolle Erkenntnisse, erklärungswürdige Sachverhalte, überraschende Einsichten, unerwartete Phänomene, besondere Kuriosa, Eye-Opener- und Wow-Effekte, unterstützt die Fokussierung von Aufmerksamkeit (Herrmann 2009, S. 11).

- **Involvement ansprechen**
  „Das Involvement entscheidet [mit] darüber, ob der Mensch einer Information Aufmerksamkeit zollt oder nicht." (Fischer et al. 2011, S. 34). Je stärker ein Thema auf der persönlichen Agenda einer Person steht („High Involvement"), desto mehr Aufmerksamkeit widmet die Person den Reizen, welche in die aktuelle Lebenssituation passen: Wer sich gerade mit der nächsten Urlaubsreise beschäftigt, entdeckt auf einmal in seiner Umwelt Urlaubsrelevantes. Steht der Urlaub auf der persönlichen Prioritätenliste gerade ganz unten („Low Involvement"), so werden urlaubsbezogene Reize bei dieser Person keine Aufmerksamkeit und keine Wahrnehmung erzielen. Lachmann (in: Raab et al. 2011, S. 34) definiert Involvement daher als „[…] den Grad der Bereitschaft, sich mit einem Thema zu befassen", wobei hierzu in der Folge auch das Engagement gehört, das heißt die aktive Handlung und Auseinandersetzung mit der Materie. Wie aus dem Urlaubsbeispiel abgeleitet werden kann, ist Involvement nicht nur durch die Intensität, sondern auch durch eine zeitliche Dimension zu differenzieren: Zum einen existiert das langfristig anhaltende persönliche Involvement, das in der Person durch zum Beispiel Einstellungen, Werteauffassungen, Hobbys oder private/berufliche Zwänge begründet ist, und zum anderen tritt das zeitlich begrenzte situative Involvement auf, welches sich auf die aktuelle Situation der Person bezieht (Fischer et al. 2011, S. 35 f.). Je stärker der Bezug zwischen Reiz und Involvement besteht, desto wahrscheinlicher wird die Erregung der Aufmerksamkeit.

3   Veranstaltungen als Lernort

Lernen ist ein „[…] höchst subjektiver Vorgang, mit individueller Struktur und unterschiedlichen Verknüpfungen mit der bestehenden neuronalen Landkarte" (Beck 2003, S. 8). Lernen kann angeregt werden. Lernen kann ermöglicht werden. Es ist allerdings unmöglich, alle Determinanten so zu individualisieren, dass sämtliche Teilnehmer einer

Veranstaltung dieselben Lernerfolge erzielen können, geschweige denn davon auszugehen, dass alle die gleichen Voraussetzungen an zum Beispiel Involvement körperlicher
und mentaler Fitness mitbringen. Der Erfolg des Lernens (des Vermittelns von Botschaften auf Veranstaltungen) ist daher zwar unmittelbar abhängig von dem individuellen Willen und Können, ist allerdings auch positiv beeinflussbar durch eine vielseitige
Gestaltung der Reize und der (Lern-)Plattform.

Checkpoint 3: Erkenntnisse
Entscheidende Erfolgsfaktoren für die Ermöglichung von Lernen auf Veranstaltungen
sind:

- Glaubwürdigkeit des Informationsbietenden (Quellengedächtnis)
- strukturierte Informationsaufbereitung mithilfe von „chunks"
- Erzeugung von Aufmerksamkeit
- Förderung von Neugierverhalten
- körperliche Bewegung und Aktivierung
- Gestaltung eines förderlichen Lernumfelds
- Sinnstiftung, Nutzen und Mehrwert
- Anknüpfung an bekanntes Wissen
- griffige Aufbereitung abstrakter Informationen
- Abwechslung von Instruktion und Konstruktion
- Emotionalisierung von Informationen
- bildhafte Darstellung von Informationen

Schlussbemerkung
Ich intendiere, nicht meine eigenen Worte Lüge zu strafen. In der Hoffnung, Ihre
Aufmerksamkeit über Schlüsselreize, „chunks" und Positionseffekte erregt, einen
geistigen Mehrwert geschaffen und Aha-Effekte, die von Ihrem Gehirn mit der
körpereigenen Glücksdroge Dopamin belohnt wurden, erzeugt zu haben, wünsche
ich Ihnen viel Freude und Genuss beim weiteren Lernen über das Lernen!

Literatur

Beck H (2003) Neurodidaktik oder: Wie lernen wir? Zuerst veröffentlicht in „Erziehungswissen-
    schaft und Beruf", Heft 3/2003. Merkur Verlag Rinteln Hutkap GmbH & Co. KG. http://www.
    schulebw.de/unterricht/paedagogik/didaktik/neurodidaktik/neurodidaktik_beck.pdf. Zugegrif-
    fen: 29. Okt. 2015
Bühnert C (2013) Veranstaltungsformat. In: Dinkel M, Luppold S, Schröer C (Hrsg) Handbuch
    Messe-. Kongress- und Eventmanagement. Wissenschaft & Praxis, Sternenfels. S 199–212

Fischer KP, Wiessner D, Bidmon RK (Hrsg) (2011) Angewandte Werbepsychologie in Marketing und Kommunikation. Cornelsen Verlag Scriptor GmbH & Co. KG, Berlin

Herrmann U (Hrsg) (2009) Neurodidaktik. Grundlagen und Vorschläge für gehirngerechtes Lehren und Lernen, 2. Aufl. Beltz, Weinheim

Kutting D (2010) Lehrer und Fallberatung. Kollegiale Selbsthilfe. Vandenhoeck & Ruprecht, Göttingen

Raab G, Unger A, Unger F (2010) Marktpsychologie, Grundlagen und Anwendung, 3. Aufl. Gabler, Wiesbaden

Siebert H (2005) Pädagogischer Konstruktivismus, lernzentrierte Pädagogik in Schule und Erwachsenenbildung, 2. Aufl. Beltz, Weinheim

Voll S, Buuck S (2005) Steigerung der geistigen Leistungsfähigkeit durch Bewegung. Veröffentlicht in: Vorschriften, Empfehlungen und Unterrichtshilfen für den Sportunterricht und außerunterrichtlichen Aktivierung (BekoAkt) an bayrischen Schulen. Schulsport AL 30, Köln, Wolters Kluwer. https://opus4.kobv.de/opus4-bamberg/frontdoor/delivery/index/docId/772/file// VollBuuckSteigerungseA2.pdf. Zugegriffen: 28. Okt. 2015

Über die Autorin

Martina Richter ist Diplom-Betriebswirtin (FH)/Personalmanagement und MBA/International Consulting. Sechs Jahre war sie als Unternehmensberaterin mit dem Fokus „Markteintrittsstrategien in China" tätig. Seit 2009 arbeitet sie als selbstständige Moderatorin von Workshops (zum Beispiel Leitbild, Projekt-Kick-offs, Reorganisation, Strategie, Teamentwicklung), begleitet Veränderungsprozesse/Change Projekte und führt als Trainerin Didaktik-, Sozial- und Methodenkompetenztrainings (zum Beispiel Leadership, Moderation, Präsentation, Projektmanagement, Selbstmanagement, Teammanagement) in der Wirtschaft und der Wissenschaft durch.

MEINS: Partizipative Events

Von der Teilnahme zur Teilhabe

Torsten Fremer und Carl Naughton

Zusammenfassung

Viele Events ergeben für deren Teilnehmer nur wenig Sinn. Egal, ob firmeninterne Marketingveranstaltung oder Kongress. Egal, ob Tagung oder Innovationsmeeting. Die meisten Veranstaltungen folgen über die Köpfe ihrer Teilnehmer hinweg blutleeren und von oben oktroyierten Agenden oder verordnen als Alibi eine nicht ergebnisoffene Partizipation, die kaum noch zeitgemäß zu nennen ist. Auf Anbieterseite hingegen gilt: Kollaborationstools und -methoden gibt es viele. Was ihnen in der Regel fehlt, ist ein fundierter didaktischer Unterbau. In der Folge wird die gewählte Methode oft zum Effekt, dessen kultur- und sinnstiftendes Potenzial verpufft. Grund dafür ist der alleinige Glaube an die Wirkkraft der Vernetzung. Diese ist zwar notwendige Voraussetzung, reicht aber keinesfalls aus, um belastbare Ergebnisse als Basis einer inhaltlich starken, partizipativen Entwicklung sicherzustellen. Der Beitrag zeigt, warum Partizipation bei Events grundsätzlich eine Herausforderung darstellt, wo es sinnvolle und konkrete Ansatzpunkte und Hebel gibt, Partizipation einzusetzen und liefert darüber hinaus mit dem „Future Cube" ein neues Konzept, Events durch den gezielten und sinnstiftenden Einsatz digital vernetzender Technologie sowie analoger Arbeitsphasen innovativ, erfrischend und zielführend zu gestalten. Denn Sinnstiftung ist kein bloßes Eventformat, es ist eine Zusammenkunft mit klar umrissener Dynamik, deren Steuerung breites didaktisches und methodisches Wissen erfordert.

T. Fremer · C. Naughton (✉)
Köln, Deutschland
E-Mail: fremer@klubhaus.de

© Springer Fachmedien Wiesbaden GmbH 2017
C. Bühnert und S. Luppold (Hrsg.), *Praxishandbuch Kongress-, Tagungs- und Konferenzmanagement,* DOI 10.1007/978-3-658-08309-0_49

Vorbemerkung der Autoren

Die Energie der 200 Teilnehmer des „labs" war mit Händen zu greifen. In inszenierten Kreativateliers entwickelten sie Ideen, diskutierten deren Chancen sowie mögliche Stolpersteine. Sie bastelten, sägten und arbeiteten an fantasievollen Präsentationen für die nachfolgende Castingshow, in der sie ihre Ideen dann auf den Laufsteg schicken konnten. Das Ziel hätte sinnvoller nicht sein können: Beim internen Event eines großen Konsumgüterproduzenten galt es, belastbare Ansätze für die Optimierung bestehender Vertriebsprozesse zu entwickeln und diese mit neuen Ideen aufzuladen.

1 Partizipation – eine Herausforderung bei der Konzeption von Events

Wie reagieren Menschen auf die Einladung zu Partizipation und Kollaboration? Generell positiv: „Endlich werden wir nach unserer Meinung gefragt, endlich dürfen wir unsere lange gehüteten Gedanken und Ideen einbringen", so lautete das Resümee der Teilnehmer im eingangs beschriebenen Szenario. Besonders motivierend wirkte zudem, dass der CEO des Unternehmens gleich beim Auftakt der Veranstaltung angekündigt hatte, die drei besten Ideen unmittelbar nach der Veranstaltung umzusetzen. Der Kunde war im Vorfeld durch die planende und umsetzende Agentur mehrfach davor gewarnt worden. Der Vorschlag lautete, zumindest „geprüft" zu sagen und dann gemeinsam mit den Teilnehmern an einer Umsetzungsvariante zu arbeiten. Der CEO hingegen war sich seiner Sache ganz sicher.

Und so kam es, wie es kommen musste: Schon eine Woche später hatte sich das Tagesgeschäft wieder eingeschlichen, die Veranstaltung schien vergessen, von den Ideen der Mitarbeiter keine Spur mehr. Vergessen? Nur fast! In der Geschäftsleitung war man zwar zum business as usual übergegangen, doch die Mitarbeiter fragten sich: Was ist mit unseren Ideen? Wofür haben wir gearbeitet? So wurde eine ursprünglich sehr erfolgreiche Veranstaltung zu einem veritablen Rückschlag. Die Unternehmensleitung hatte viel verspielt, nämlich die eigene Glaubwürdigkeit und die Motivation der Mitarbeiter. Das Beispiel ist kein Einzelfall und zeigt deutlich, dass Vorsicht geboten ist, wenn es bei Events um Partizipation geht.

Und dennoch führt an Partizipation kein Weg vorbei, denn sie ist aus dem Kanon der Anforderungen an die heutige Arbeitswelt nicht mehr wegzudenken. Unternehmen funktionieren jetzt und in Zukunft besser, wenn möglichst viele Stimmen gehört werden, wenn Vielfalt und Heterogenität zum Tragen kommen. Gruppen als offene, kooperationsbereite Netzwerke können wahre Erfolgstreiber sein. Dabei entstehen Lösungen nicht durch Konsens, sondern durch Reibung. Die schiere Notwendigkeit zur Partizipation resultiert aktuell aus ganz unterschiedlichen gesellschaftlichen, wirtschaftlichen und technologischen Entwicklungen.

1.1   Die Arbeitswelt im Wandel

Fast ist es schon ein Gemeinplatz, aber es stimmt darum nicht weniger: Die moderne Arbeits- und Lebenswelt wird immer komplexer. Während und weil Globalisierung und Digitalisierung voranschreiten, sind zunehmend qualifizierte Spezialisten gefragt – Führungskräfte können die immer vielschichtigeren Aufgaben nicht mehr alleine bewältigen. Zeitgleich vollzieht sich durch diese „hellen Köpfe" ein Wertewandel in Unternehmen, denn sie fordern mehr Mitbestimmung und Teilhabe. Klassische Karriereziele treten zunehmend in den Hintergrund. Statt Vermögen und Besitztum stehen Selbstverwirklichung, Identität und Verantwortungsgefühl ganz oben auf der Agenda. Arbeit wird zur Sinnquelle, Beteiligung macht diesen Sinn erlebbar.

1.2   Ideenmanagement durch Vernetzung

Jeder spricht vom Wandel der Märkte. Aber was genau wandelt sich – und was haben Events damit zu tun? Der Wettbewerbs- und Innovationsdruck ist hoch. Was kann ein Unternehmen dem entgegensetzen? Mitarbeiter, die mitdenken – engagiert und unkorrumpiert.

Der Hintergrund: Kreativität entsteht vor allem im Zusammenspiel von Köpfen. Kreative Organisationen sind also nicht unbedingt diejenigen mit den meisten kreativen Individuen, sondern jene, in denen Gruppen von Menschen ihr Wissen und Talent zu einem großen Ganzen verknüpfen. Beispiele dafür sind Phänomene wie Open Innovation oder Crowdsourcing.

1.3   Komplexitätsmanagement durch digitale Technologien

Technologie ist in den Jahren der Digitalisierung zum wichtigsten Treiber für wirtschaftliche und gesellschaftliche Entwicklungen geworden. Sie verändert unseren Alltag, schafft neue Werte oder definiert diese neu. Sie wird vom Trend zum Alltäglichen und ist mehr als nur ein Werkzeug, nämlich ein „Möglichmacher" neuer Arbeitsstrukturen. Über die funktionale Nutzung hinaus lohnt es sich, darüber nachzudenken, wie man diese Technologien auf Veranstaltungen sinnvoll einsetzt, um Inhalte nachhaltig zu vermitteln.

2   Wo die Hebel greifen können – konkrete Ansatzpunkte innerhalb von Events

Die Schwachstellen bisheriger Eventformate lassen sich klar definieren: Sie folgen Regeln, die den Mitarbeitern häufig eher ab- als zugewandt sind. Hinzu kommt, dass sich viele Teilnehmer von einer Veranstaltung mehr zielgerichteten Austausch als reine Informationsvermittlung wünschen. Wie oft hört man den Satz: „Das Beste an der Veranstaltung? Die Kaffeepause!" Und trotzdem: Wenn ein Referent mal wieder zu viele Folien mitgebracht hat, lässt man ihn ausreden und knapst noch ein paar Minuten von den ohnehin schon knapp bemessenen, aber so wichtigen Pausen ab.

Wenn es in Zukunft gelingt, diese Schwachstellen zu beseitigen, dann werden Events zur bestmöglichen Plattform, um die allseits eingeforderte Partizipation zu erproben und in den Arbeitsalltag zu integrieren. Der Konzeption von Events fällt damit eine neue strategische Aufgabe zu: Neue Formen partizipativen Arbeitens können getestet werden, zum Beispiel wie man im Unternehmen künftig miteinander arbeiten möchte. Das Event wird zur Spielwiese, um Kooperation und Partizipation einzuüben und gleichzeitig gemeinsame Ergebnisse zu erzielen, die von einer breiten Basis getragen werden. Wer die nachfolgenden Aspekte berücksichtigt, kann echte Erfolgsgeschichten schreiben.

2.1   Den Raum als dritten Lehrer berücksichtigen

Bei der Planung eines Events muss gerade der Raumgestaltung eine besondere Bedeutung beigemessen werden. Das wirft zum Beispiel die Frage auf, ob klassische Kongresssäle, die nach dem Prinzip der Hörsäle des 19. Jahrhunderts gebaut wurden, heute überhaupt noch zum Lernen beitragen können. Vor allem, wenn man bedenkt, dass Lernen immer etwas mit Bewegung zu tun hat (Terkessidis 2015, S. 110).

2.2   Technik nicht nur als Gadget nutzen

Spiegelt man die aktuellen Entwicklungen im Bereich der Digitalisierung auf die Situation der klassischen Veranstaltungen, so ist festzustellen, dass die Eventbranche noch stark den Traditionen verhaftet ist und in eine Eventroutine verfallen ist, aus der offenbar nur schwer auszubrechen ist. Bei Veranstaltungen findet Kommunikation noch immer viel zu oft eindimensional statt, da es sich um statische beziehungsweise klassische Vortragssituationen handelt. Dabei ist gerade ein Event eine Intervention in den Alltag und bietet Möglichkeiten, in einer Art Laborsituation Neues zu erproben.

Wenn in Gruppen gearbeitet wird, ist der Informationsaustausch oft isoliert oder beschränkt sich auf einzelne Teams. Digitale Kongresstools begrenzen sich auf einfache Abstimmungen oder vorbereitete Multiple-Choice-Fragen, die eher als Gadget zu betrachten sind, als dass sie auch nur ansatzweise die Möglichkeiten des digitalen Netzwerkes ausschöpfen würden.

2.3   Menschliche Wahrnehmungs- und Problemlösungsprozesse integrieren

Sinnstiftung ist eine komplizierte Sache. Dazu gehören rationale Prozesse, aber auch Emotionen spielen eine wichtige Rolle.

Wenn in einem digital vernetzten Brainstorming eines Versicherungskonzerns zu den „Best Practices der letzten zwölf Monate" Rückmeldungen auftauchen wie „Gleich geht es auf die Reeperbahn", dann ist das eventuell der Anonymität eines digitalen Tools und der kleinen Sinnkrise eines Einzelnen geschuldet. Kurios wird es, wenn solche kleinen Ausbrüche plötzlich auf Resonanz im System stoßen: „Komm nicht zu spät heim, Junge!", „Astra ist das Beste!" oder „Lang lebe Freddy Quinn!". Fakt ist: Die Teilnehmer koppeln sich ab, sobald ihnen die Fragestellung zu weit vom eigenen Muster entfernt liegt – und dann finden solche Ausbrüche statt. Das liegt nicht an den Mitarbeitern. Es liegt an der Fragestellung. Oder unter Umständen am Gesamtaufbau der Veranstaltung. Eventuell (oder sogar sehr wahrscheinlich) hat man sich bei der Planung nicht damit auseinandergesetzt, wie ein Individuum Sinn sucht und findet.

Denn Sinn entsteht nur dort, wo Menschen, gerade Mitarbeiter, einen Erlaubnisraum vorfinden, in den sie sich einbringen können. Der Ablauf dieser „Sinnstiftung" und das Erreichen unternehmerisch belastbarer Ergebnisse muss (fast zwangsläufig) der Informationsverarbeitung sowohl des einzelnen Hirns als auch der versammelten, vernetzten Gehirne gerecht werden.

2.4   Mehr Flexibilität bieten

Unter dem Deckmantel der Partizipation sollten sich keine traditionellen Hierarchien verbergen. Freiräume geben bedeutet auch, Kontrolle abzugeben. Ansonsten befindet man sich im Modus der Simulation von Freiheit.

Sinnstiftung per Agenda funktioniert nicht und ist ein Widerspruch in sich. Wenn eine Lösung erst durch das Miteinander entstehen soll, kann sie keine Führungskraft voraussehen und ihre Genese für die anderen zu einem ordentlichen Ablauf vorbereiten. Besonders bei kulturellen Themenstellungen wird dies deutlich – wenn zum Beispiel Werte scheinbar neu ausgehandelt werden. Tatsächlich sollen in so einem Scheinprozess oft bereits entscheidende Eckpfeiler zementiert werden – Ergebnisoffenheit sieht anders aus.

Dieses Phänomen geht über kulturelle Findungsprozesse hinaus. In einer frühen Phase ihrer Arbeit als Eventkonzeptioner und -umsetzer entwickelten die Autoren des Beitrags ein Tagungskonzept, das lediglich die Zielsetzung und die Pausen beinhaltete. Thematische Anker waren nicht gesetzt, sie sollten sich aus dem Miteinander ergeben. Wurde diese Agenda so im Vorfeld den Entscheidern gezeigt? Nein, die Autoren haben Agendapunkte „erfunden", die Sicherheit versprachen, die sie aber getrost ignorieren konnten. Die Erkenntnis kam den Gastgebern auf der Veranstaltung. Im Vorfeld hätten sie das Konzept wohl niemals genehmigt.

Sieben Jahre später war die Arbeitswelt einen Schritt weiter. Auf einer Veranstaltung, die sinnigerweise das Thema „Partizipation" zum Leitmotiv gemacht hatte, wurden bereits im Vorfeld der eigentlichen Veranstaltung die thematischen Schwerpunkte den Teilnehmern überlassen. Auch während der Veranstaltung hatten sie mithilfe eines ausgeklügelten digitalen Tools sogar die Leitung der Podiumsdiskussion in der Hand. Sie entschieden über den inhaltlichen Verlauf bis hin zur Sinnhaftigkeit der Anwesenheit der Gesprächspartner auf dem Podium.

Für dieses Vorgehen mussten die Veranstalter Mut beweisen. Wurde der belohnt? Und wie: Die Teilnehmer haben den Informationsfluss als Gruppe bestimmt und nicht die Präferenzen eines Moderators oder einzelner Gesprächsteilnehmer. Die Rede ist vom „DGFP//lab", einer Veranstaltung der Deutschen Gesellschaft für Personalführung zum Thema „Partizipation", die nachfolgend als Praxisbeispiel näher vorgestellt wird.

3   Partizipation in der Praxis – das „DGFP//lab"

Bereits vier Wochen vor der eigentlichen Veranstaltung hatten sich die Teilnehmer zu zwei Online-Sessions virtuell zusammengefunden, um die wichtigsten Fragestellungen zu entwickeln, die gemeinsam angegangen werden sollten. So konnten die Autoren als Veranstalter das Event bestmöglich im Sinne aller Teilnehmer konzipieren und für entsprechende Inspirationen und Irritationen sorgen, damit am Ende ein möglichst hoher kreativer Output herauskam.

An dem zweitägigen „lab" nahmen dann über 200 Menschen teil und vernetzten sich an mit Rechnern bestückten Stehtischbrücken (s. Abb. 1 und 2). Die Platzwahl war frei.

Das Thema des „labs" war wie beschrieben vorgegeben, das Ziel dagegen nicht. Und damit eben auch nicht der detaillierte Ablauf. Warum auch – Zielplanung kann gefährlich sein: Wer das Ziel trifft, verfehlt oft alles andere. Ein Konzeptgerüst gab es natürlich dennoch. Das unterschied beispielsweise zwischen analogen und digitalen Arbeitsphasen, in denen das erarbeitete Wissens- und Denkmaterial mithilfe eines speziellen digitalen Tools dem gesamten Plenum zur Verfügung stehen sollte. Hinter den Stehtischbrücken thronten überdimensionale Tafeln, bestückt mit bunter Kreide. Irritationsflächen, die im menschlichen Miteinander Köpfe öffnen sollten für neue Perspektiven: Digitales Arbeiten traf auf analoge Phasen.

Fallbeispiel: DGFP//lab
Die Verquickung von digitalen Möglichkeiten des 21. Jahrhunderts mit dem urmenschlichen Bedürfnis nach Gestaltung und persönlichem Austausch beflügelte die Energie. Viele Menschen nutzen die Kaffeepausen, um im System noch weiter nach Aussagen und Impulsen der anderen zu forschen. Als würde der tradierte Spruch „Good conversation is like black coffee, and it is just as hard to sleep afterwards" ein Update erhalten – Partizipation als Koffein-Ersatz.

Der Ablauf des ersten Tages hatte einige feste Komponenten. Denn er sollte eines der obersten Gebote der Partizipation einhalten und die Teilnehmer fragen: „Aus dem Blickwinkel welchen Themas möchten Sie arbeiten? Was ist für Sie das Wichtigste?" Ausgeklügelte Algorithmen sorgten dafür, dass alle Teilnehmer gemäß ihren Präferenzen zu einem Team von Gleichgesinnten stießen. Das ist Diversity per Knopfdruck. Jeder lernte Menschen aus sehr unterschiedlichen Bereichen kennen, mit denen er bereits das erste Gesprächsthema und die erste Identifikation teilte: die Perspektive.

Abb. 1 Aufbau für das DGFP//Lab, Foto: Philipp von Recklinghausen

Abb. 2 DGFP//Lab, Foto: Philipp von Recklinghausen

Diese sinnstiftende Herangehensweise war dann auch das leitende Prinzip für die weitere Arbeit, Diskussion, Verdichtung von Inhalten und die Abstimmung von Prioritäten. Die gelebte Partizipation wurde nun auch in die sozialen Netzwerke getwittert und gefacebookt. Der Effekt war ebenso kurios wie überwältigend, Begeisterung schlug Wellen: Am zweiten Tag kamen nicht nur alle Teilnehmer wieder, sondern es gab eine Teilnehmerquote von 103 %!

Und das Ergebnis? Nicht etwa eine Kakofonie der Ideen stand am Ende des „labs", sondern ein Manifest der Partizipation: 30 Thesen für die Arbeit von morgen. Einige der zahlreichen positiven Feedbacks, die ebenfalls ins System gelangten: „Danke für diesen frischen und mutigen Prototypen! Solche Formate sind die Zukunft." Oder: „Ein außergewöhnliches Event! Vielen Dank – einfach gigantisch – fantastisch!"

4   Neue Wege gehen – Eventkonzeption auf Basis menschlichen Wahrnehmens, Denkens und Handelns

Der bereits beschriebenen Veranstaltung lag ein Format zugrunde, das die Autoren „Future Cube" getauft haben. Denn: Wer Sinn stiftet und die kollektive Intelligenz einer Gruppe nutzen möchte, muss sich daran orientieren, wie Menschen wahrnehmen, denken und handeln. Dazu muss man wissen, dass sich das komplexe Feld menschlicher Wahrnehmung und Problemlösung in sechs Schritten vollzieht: Musterbildung, Irritation von Mustern, Integration von Mustern, Relativierung, Erschaffen und Implementieren von Neuem.

Und weil sich eben auch partizipative Events am besten an genau diesen Schritten orientieren sollten, haben die Autoren den „Future Cube" als Veranstaltungsformat analog dazu entwickelt. Seine sechs Phasen orientieren sich also an den zuvor genannten Schritten und heißen beim „Cube": Initiation, Inspiration, Invention, Iteration, Innovation und Implementierung. Für die Entwicklung taten sich die Livekommunikationsagentur Klubhaus, nextpractice, ein auf Netzwerke spezialisiertes Beratungsunternehmen, sowie Braincheck, eine Gruppe von pädagogischen Psychologen zusammen.

Entstanden ist ein Veranstaltungsformat, das auf Basis kollaborativen Arbeitens die kollektive Intelligenz und Kreativität auch großer Gruppen zu nutzen weiß. Denn Unternehmen sind heute und in der Zukunft mehr und mehr gefragt, das gesamte Wissen ihrer Mitarbeiter einzubeziehen. Mit dem Format lassen sich Ziele in ganz unterschiedlichen Bereichen realisieren, wie etwa das Entwickeln von Kulturthemen, Innovationen, Produktideen, gemeinsamen Handlungsrichtlinien oder Maßnahmenplänen.

In der Praxis verbindet der „Future Cube" in unterschiedlicher Gewichtung analoge Phasen mit digital vernetztem Arbeiten. Beides ist gleich wichtig, weil die kognitiven Prozesse nicht allein auf Informationsaustausch gepolt sind, sondern gestalterische, schaffende Prozesse einbeziehen. Die digitale Vernetzung ermöglicht auf Basis intelligenter Algorithmen eine präferenzgesteuerte Themenzuordnung und die Echtzeitverarbeitung fremden Inputs. Jeder Teilnehmer kann digital auf den Input des anderen zugreifen, ihn bewerten, besprechen und anreichern. So werden Ideen synchronisiert und Muster, die auf der Entwicklungs- und

Denkarbeit aller beruhen, für sämtliche Teilnehmer sichtbar. Im weiteren Verlauf dieses Kapitels wird der Hintergrund zu den sechs Phasen des „Future Cube" dargestellt.

4.1 Musterbildung im Denkprozess – Initiation

Partizipation beginnt als Wahrnehmungsprozess. Die Sinngebung von Wahrnehmungen geschieht im Gehirn eines Menschen über die Bildung von Mustern. Diese Muster wiederum sind erst dann sinnvoll, wenn sie sich in bestehendes Wissen integrieren lassen. Einen solchen Musterbildungsprozess entstehen zu lassen, ist eine Conditio sine qua non.

Denn Partizipation kann überhaupt erst beginnen, wenn der Mensch ein für sich relevantes Muster erkannt hat. Eigentlich ist dies seit Langem bekannt. Heath und Heath (2007) etwa zeigen auf, wie sehr die Beachtung dieses einfachen neurologischen Prinzips den Erfolg, zum Beispiel den einer Zeitung, antreibt. Das „What's-in-it-for-me" der inhaltlichen Ausrichtung einer Zeitung ist der Relevanz-Booster, also der Grund, der Menschen zum Kauf bewegt. Denn sie wollen etwas erfahren, das in ihr Muster passt, etwas, das sie mit ihren Mustern abgleichen wollen. Partizipation braucht genau diese Relevanz. Sonst beginnt sie gar nicht erst. So ist dieser erste Schritt in der Musterbildung auch zwangsweise der Auftakt einer jeden partizipativen Veranstaltung.

Initiation – die Umsetzung im „Future Cube"
Die Phase der Initiation im „Future Cube" (s. Abb. 3) dient folgerichtig der teilnehmergesteuerten Initiation eines gemeinsamen Relevanzmusters und das bereits im Vorfeld der

1. Initiation
Inhalte spezifizieren: Fragen stellen,
Themen sammeln, Eingaben bewerten

2. Inspiration
Kreativität anregen: Informationen inszenieren, Impulse platzieren, Irritation nutzen

3. Invention
Ideen hervorbringen: Teams bilden, Methoden nutzen, Kreativität vernetzen

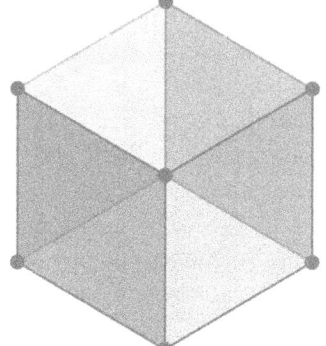

4. Iteration
Inventionen verfeinern: Verständnis synchronisieren, Perspektiven wechseln, kollektive Intelligenz heben

5. Innovation
Konzepte entwickeln: Ideen konkretisieren, im Netzwerk bewerten, Verantwortung übernehmen

6. Implementierung
Innovationen integrieren: Projektgruppen bilden,
Umsetzungsenergie nutzen, Nachhaltigkeit sicherstellen

Abb. 3 Die sechs Phasen des „Future Cubes". (Quelle: KLUBHAUS. Agentur für intelligente Kommunikation GmbH)

Veranstaltung. Das digitale Tool fungiert hier online als Themensammler und -clusterer. Aus der Perspektive des Individuums, sprich seines Gehirns, vollzieht sich eine Sinnkopplung. Im Einbringen des eigenen Materials und im Austausch mit den anderen findet ein Relevanzabgleich statt. Es entsteht ein Resonanzphänomen: „Ah, darum geht es den anderen – und darum geht es mir!" Wie gut ein partizipatives Konzept zu Ende gedacht ist, zeigt sich also bereits in diesem zentralen didaktischen Schritt. Fehlt er, so wird bereits zu Beginn gegen Grundregeln des partizipativen Arbeitens verstoßen.

4.2 Positive Irritation von Mustern – Inspiration

Das Gehirn ist eine Energiesparmaschine. Je weniger Energie es in eine Problemlösung investieren muss, umso besser. Geschuldet ist das der Evolution. Im 21. Jahrhundert führt es zu kognitiven Heuristiken. Das sind mentale Abkürzungen, die das Überdenken bestehender Muster und eigener Sichtweisen erschweren. Daher ist eine Irritation als Auftakt so wichtig. Auch wenn sie nicht als reine Provokation, sondern eher als Inspiration aus einer neuen Sichtweise zu verstehen ist.

Bei einer Veranstaltung ist diese Phase essenziell, um eine zu schnelle Verdichtung des im ersten Schritt erzeugten Musters zu verhindern. Auch eine Gruppe ist zu mentalen Schnellschüssen in der Lage, die weder der Komplexität der Fragestellung noch dem kollaborativen Potenzial Rechnung tragen, sondern eben nur dem Faulenzer-Modus des Gehirns. Viele analoge wie digitale partizipative Methoden setzen übrigens erst nach diesem Musterbruch ein. Die Entwickler steigen damit zu spät in den Musterbildungsprozess ein und verhindern, was sie eigentlich propagieren: neue Ideen im Kollektiv.

Irritation als Teil des „Future Cube"
In der zweiten Phase des „Cube"-Konzepts liegt daher der Fokus auf dem Anregen von Kreativität: indem Informationen inszeniert, Impulse platziert und Irritationen erzeugt werden. Die Teilnehmer sollen bestmöglich für den gemeinsamen Denkprozess inspiriert werden, denn in dieser Veranstaltung geht es in erster Linie nicht um den Redner auf der Bühne, sondern um die kollektive Kreativität aller im Saal.

So stößt man auf inszenierte Themenwelten oder Impulsvorträge, kreativitätsfördernde Aktionen, musterbrechende Interventionen oder themenspezifische Marktplätze zu den im Web-Workshop generierten Themen.

Hier wird ein weiterer Qualitäts-Key-Performance-Indikator sinnfällig: Neben didaktischen Überlegungen zeigt sich die Ausgereiftheit eines digitalen Tools an der Wirksamkeit der ihm zugrunde liegenden Algorithmen. Eine Mensch-Themen-Passung zu erzeugen, die selbst bei 500 Teilnehmern eine 90 %-Zuordnung gemäß erster Themenpriorität erzeugt, ist nämlich grundlegend für die Fortführung der individuellen Identifikation zwischen Teilnehmer und Thema.

4.3   Neues integrieren – Invention

Veränderungen entstehen meist nicht en passant, vielmehr muss man ihnen zielgerichtet den Weg bereiten. Denn neue mentale Modelle aufzubauen, ist für den Kopf eine intensive Arbeit. Sie ist jedoch als Schritt zu neuen Mustern zwingend notwendig. Dieser Modellentwicklung muss eine Veranstaltung Rechnung tragen: Bei einem partizipativ gestalteten Event muss Zeit zum Abgleich des Bestehenden mit dem Neuen vorhanden sein, denn die Integration neuer Informationen in bestehende Muster ist alles andere als trivial.

Um eigene und fremde Impulse integrieren zu können, bedarf es der Anwesenheit eines Plenums. Im Kollektiv „einigen" sich die Teilnehmer auf relevante Lesarten des Neuen, die dann in Lösungsansätze gewandelt werden können. Das bedeutet auch, dass in dieser zentralen Phase Input und Output gleichzeitig erzeugt werden. Bestehende Muster und neue Informationen werden zu partizipativ erarbeiteten Lösungen.

Raum für neue Ansätze – Invention im „Future Cube"
Die vorher beschriebenen Anforderungen zum gemeinsamen Aufbau solcher mentalen Modelle und neuer Muster finden im „Future Cube" also in der Phase „Invention" statt. Mit analogen Methoden entwickeln die Teilnehmer zunächst erste Ideen und Ansätze, die über das digitale System zur Weiterentwicklung in der Gesamtgruppe weitergegeben werden.

Dabei sprechen die Vorteile digitaler Technologien bei der Partizipation für sich. Denn die Integration von Neuem bedarf nicht nur der Abstimmung im einzelnen Gehirn, sie ruft auch zwingend nach einer Diskussion im Kollektiv. Für gewöhnlich ist dies das Nadelöhr einer partizipativen Veranstaltung: Breakouts, Moderatoren, Flipcharts. Es wird dann so viel Papier vollgeschrieben, dass eigentlich jeder gesunde Baum seinen Lebensmut verlieren müsste. Die meisten Ergebnisse gehen jedoch grundsätzlich auf dem Weg vom Breakout-Raum ins Plenum verloren. Und das auf zweierlei Weise: Zum einen erzeugen die Breakouts eine Informationsdichte, die nicht ernsthaft in einer Kaffeepause geordnet werden kann. Zum anderen fehlt jedem einzelnen Team ein großer Teil der Mustergenese, denn die Teilnehmer waren ja nicht daran beteiligt.

4.4   Relativierung durch das Kollektiv – Iteration

Es ist wichtig zu berücksichtigen, dass die aus der Integration entstandenen neuen Meinungsmuster ebenso schnell absolut gesetzt werden wie die abgelegten. Denn die physiologischen Mechanismen des Gehirns sind ja noch die gleichen. Das hat zur Folge, dass die gefundenen Erklärungen und Lösungen (vor-)schnell als richtig beurteilt werden.

Gelungene Partizipation kann ein imposantes Korrektiv sein. Die Zuordnung der Ergebnisse zu anderen Teams ist eine praktische Umsetzung dieses Schritts. Denn diese Feedbackschleifen reichern die im einzelnen Team entstandenen Muster mit bewusst oder unbewusst ausgeblendeten Fragestellungen und Perspektiven an. Nicht selten ist dies ein gemeinsamkeitsstiftender Vorgang, da eine solche Iterationsschleife gegenseitige Wertschätzung des Erarbeiteten bewirkt.

Feedbackschleifen – Iteration im „Future Cube"

Beim „Future Cube" werden somit in dieser Phase die gesammelten Ergebnisse aufbereitet, gemeinsam reflektiert und optimiert. Dabei geht es auch darum, das Verständnis der Teilnehmer zu synchronisieren, Perspektiven zu wechseln und durch kollektive Intelligenz zu besseren Ergebnissen zu kommen. Der Vorteil daran: Jede Eingabe in das Netzwerk steht sofort allen zur Verfügung – und zwar absenderneutral. Im vernetzten Austausch entsteht eine Liste von Ideen und Kommentaren, sortiert gemäß der Gewichtung durch die Teilnehmer.

Eine solche Iteration gelingt, wenn methodische Klarheit auf Entwicklerseite besteht. Die zentrale Frage ist dabei: Wie durchlässig ist die Methode, wie wird auf Basis eines kompetenten Methodikverständnisses eine solide Nachvollziehbarkeit gewährleistet?

4.5 Die Chancen erkennen – Innovation

Auf abstrakten Ebenen sind sich Menschen schnell einig. Erst wenn sich die konkreten Ableitungen andeuten, prallen in der Regel individuelle Deutungen aufeinander. Oft haben dies die Teilnehmer nach partizipativen Events bestätigt. So beispielsweise nach einer Veranstaltung bei einem Sportartikelhersteller. In der Schlussrunde standen im digitalen Netz Aussagen wie: „Ich bin nun schon seit sieben Jahren in diesem Unternehmen. Noch nie haben wir am Ende einer Tagung so viele konkrete Lösungen gehabt und somit alle gemeinsam gewusst, was zu tun ist."

Motivation durch Innovation im „Future Cube"

Daher ist es ein so wichtiger Bestandteil des „Future Cubes", aus den bisher relevantesten Ansätzen konkrete Ideen und Konzepte zu entwickeln, diese im Netzwerk zu bewerten und so gemeinsam Verantwortung zu übernehmen. Das geschieht in Phase 5 des „Cubes". Viele Methoden und Ansätze partizipativen Arbeitens enden bereits vor dieser entscheidenden Phase. Die Verkürzung des konzeptuellen Ansatzes ist dabei zumeist ein Zeichen inkompletter Zielklärung. Der konzeptuelle Ansatz des „Future Cubes" geht darüber hinaus, indem er der konstruktivistischen Idee des Entwickelns von neuem Wissen den motivatorischen Aspekt hinzufügt. Nur über diese Brücke kann Partizipation zu lang anhaltender Motivation werden.

4.6 Commitment erzeugen – Implementierung

Ohne erlebte Selbstwirksamkeit entsteht kein Sinnempfinden. Eingelöst wird das auf den wenigsten Events. Frühe Tests, auch mit Einsatz digitaler Kommunikation, zeigen, wie viel eine Veranstaltung gewinnt, die den inhaltlichen Bedürfnismustern der Teilnehmer entspringt. Denn nur, wer sich zu den entwickelten Mustern bekennen kann, fühlt sich motiviert und kann Selbstwirksamkeit nachhaltig erleben.

Mit dieser Herangehensweise haben auch die destruktivsten Kritiker keinen Spaß an diesem Tag. Die emotionalen Ausbrüche des „genervten Dutzends" bestimmen nicht mehr die Stimmung der Tagung. Sobald sie Teil eines solchen Systems sind, wird diese negative Intensität gewandelt. Es ist nicht attraktiv, destruktiv zu sein. Es fehlen die Claqueure. Die Folge: Kritik wandelt sich im vernetzten System zu sinnstiftender Rückmeldung, auf der Lösungen aufgebaut werden.

Ergebnisorientiert – Implementierung beim „Future Cube"

So ist folgerichtig die abschließende Phase des „Future Cubes" der Implementierung vorbehalten. Hier geht es darum, die zuvor erarbeiteten Innovationen zu integrieren, indem Projektgruppen gebildet werden und die freigesetzte Umsetzungsenergie genutzt wird. Ideen lassen sich unmittelbar zu Entscheidungs- und Arbeitspaketen verdichten und die nächsten Schritte einleiten.

Durch das ergebnisorientierte Vorgehen bietet der „Future Cube" Führungskräften wie Mitarbeitern eine stabile Grundlage, um direkt handeln zu können. Die Ergebnisse des Tages liegen mit Ende der Veranstaltung vor und können allen Teilnehmern digital zur Verfügung gestellt oder gleich als haptischer Ausdruck mitgegeben werden. Da die Entstehung der Arbeitsergebnisse zu jeder Zeit transparent war und jeder Teilnehmer zu jeder Zeit seinen Ergebnisbeitrag leisten konnte, ist die intrinsische Motivation der Teilnehmer geweckt und die Wahrscheinlichkeit einer nachhaltigen Umsetzung hoch.

Zusammenfassend lässt sich festhalten, dass die beim „Future Cube" eingesetzte Technik keinen spielerischen Selbstzweck erfüllt oder gar aus Gründen des Renommees eingesetzt wird, sondern einem konkreten Ziel folgt: Menschen **aktiv denken** statt **passiv zuhören** zu lassen. Und herauszufinden, was die anderen Teilnehmer/Mitarbeiter überhaupt denken. Es entsteht ein Raum, der informelle Face-to-Face-Kommunikation mit der übersummativen Intelligenz vernetzter Gehirne koppelt.

Die Ergebnisse einer solchen Veranstaltung besitzen dadurch, dass sie von allen Teilnehmern gemeinsam entwickelt und geteilt werden, echte Relevanz. So kann sich zum Beispiel das Kultur- und Werteverständnis während einer Veranstaltung in Echtzeit ändern, eben weil alle alles mitverfolgen und sich zu jeder Zeit einbringen können. Das ist für viele Unternehmen schon ein Musterwechsel, der die Teilnehmer zu einem engagierten Austausch und Umdenken animiert.

5 Ausblick: Partizipation – eine Bedrohung für Führungskräfte?

Nun ist deutlich geworden, dass ein wesentlicher Bestandteil zukünftiger Livekommunikation in gelebter Partizipation liegt. Nur wenn man echte Kollaboration zum Leitprinzip macht, können Veranstaltungen den Freiraum bieten, der zu offenen Ergebnissen führt und Relevanz erzeugt. Doch was bedeuten Mitbestimmung und Teilhabe für die Führungskräfte im Unternehmen?

Eine Studie, die das Beratungsunternehmen nextpractice mit 400 Führungskräften im Rahmen des Projekts „Gute Führung" durchgeführt hat, zeigt, dass hierarchisch dominierte Vorausplanungen von Führungskräften sogar inzwischen mehrheitlich abgelehnt werden. Die Zeit des Vordenkens und Anweisens sei vorbei, die klassische Linienhierarchie ein Auslaufmodell, so die Ergebnisse der Studie. Die Organisationsform der Zukunft liege dagegen in sich selbst organisierenden Netzwerken. Das bedeutet für die Praxis, dass der Umgang mit ebendiesen Netzwerken und den damit verbundenen ergebnisoffenen Prozessen zur Kernkompetenz von zukunftsorientierter Führung werden wird (Kruse und Greve 2014, S. 20–21).

Doch aller Wechsel ist bekanntlich schwer. Und so steht manche Führungskraft heute vor einem scheinbaren Dilemma: Auf der einen Seite weiß man, dass man die komplexen Anforderungen der modernen Wissensgesellschaft nicht mehr alleine bewältigen kann und auf die Zusammenarbeit vieler interner und externer Spezialisten angewiesen ist. Auf der anderen Seite stehen die Angst vor dem Bedeutungsverlust der eigenen Funktion und ein antiquiertes Verständnis der Rolle von Führung im Unternehmen.

Wolf Lotter beschreibt das eigentliche Missverständnis wie folgt: Nur weil Führung immer weniger äußerlich sichtbar sei und die Hierarchien flacher würden, heiße es noch lange nicht, dass man keine Führung mehr brauche. Lediglich die Aufgaben von Führung veränderten sich: „Wenn Spezialisten und Experten, Wissensarbeiter also, die wichtigsten und zentralen Produktivkräfte der Organisation sind, dann können Führungskräfte nicht mehr fachlich überlegen sein. Oben – im Sinne von vorn – ist heute dort, wo die Fähigkeiten und Talente anderer organisiert werden." (Lotter 2015, S. 40).

Stellen Sie sich vor, dass sich die Angst vor dem Kontrollverlust als unbegründet herausstellt. Kollaboratives Arbeiten scheint ernsthaft eine Chance darzustellen – damit sich das neue, bereits vorhandene Verständnis von Führung im Unternehmen Bahn brechen und zu einem Paradigma der Unternehmenskultur heranwachsen kann. Starre Hierarchien führen immer weiter in die Sackgasse, das Gebot der Stunde lautet daher „Kollaboration". Das nimmt den Druck von zwei Seiten: Auf der Ebene der Mitarbeiter entwickelt sich kein Widerspruch gegen die Pläne, denn diese wurden gemeinsam gemacht und zur Umsetzung verabredet. Und dem Vorstand steht ein topmotiviertes Team zur Seite, das geschlossen hinter einem Vorhaben steht.

Zudem dürfte sich der Gedanke der gelebten Partizipation künftig immer leichter durchsetzen lassen. In der gesellschaftlichen Praxis ist eine Kultur des Teilens und Zusammenarbeitens als Megatrend allenthalben beobachtbar: von Carsharing über Crowdfunding bis hin zu Wikipedia. Diese Entwicklungen werden unter dem Begriff „Share-Economy" subsumiert. Selbst an Schulen und Universitäten wird inzwischen damit experimentiert, das Top-down-Prinzip zugunsten kollaborativer Modelle und Methoden zu ersetzen. Warum sollte das nicht auch im Unternehmen funktionieren?

Kollaborative Veranstaltungskonzepte und Formate wie der „Future Cube" sind daher genau das Richtige, um Erfahrungen mit ergebnisoffenen Prozessen zu sammeln und

Formen echter Partizipation und Kollaboration zu erproben. Sie sind ein Übungsraum, der die Möglichkeit bietet, sich für die Herausforderungen der Zukunft in der Zusammenarbeit mit Netzwerken und ergebnisoffenen Prozessen fit zu machen.

Ein Ansatz wie der „Future Cube" zeigt, wie Zusammenarbeit im Unternehmen organisiert, wie gemeinsam zu Entscheidungen gekommen und Verantwortung übernommen werden kann. Er klärt auch die Frage, wie die Forderung nach Sinn erfüllt werden kann. Denn nur durch Sinnstiftung gelingt es Firmen in der Wissensgesellschaft, qualifizierte Fachkräfte zu gewinnen. Zentral dabei ist die Planung im Vorfeld und die Professionalität in der Durchführung, weniger der Grad postindustrieller Verspieltheit. Wenn nicht der Effekt promotet wird, sondern der Teilnehmer durch ausgereifte Didaktik ein Erlebnis der Mitgestaltung erfährt, dann ist Partizipation gelungen; dann wirken Individuum und Kollektiv in einer starken Wechselbeziehung miteinander.

Führungskräften bieten Formate wie der „Future Cube" eine wichtige Entscheidungshilfe für ihr Handeln, und für alle beteiligten Personen ist der Prozess wahrhaft sinnstiftend und motivierend.

Literatur

Heath C, Heath D (2007) Made to stick. Random House Publishing, New York
Kruse P, Greve A (2014) Monitor Führungskultur im Wandel, Kulturstudie mit 400 Tiefeninterviews. nextpractice GmbH, Berlin
Lotter W (2015) Die Chefsache. brand eins 17(03):38–43
Terkessidis M (2015) Kollaboration. Suhrkamp, Berlin

Weiterführende Literatur

Naughton C (2016) Neugier – so schaffen Sie Lust auf Neues und Veränderung. Econ, Berlin

Über die Autoren

Dr. Torsten Fremer ist Mitbegründer und geschäftsführender Gesellschafter von KLUBHAUS, Agentur für intelligente Kommunikation GmbH. Er berät und begleitet seine Kunden bei der Konzeption und Durchführung von Livekommunikationsmaßnahmen sowie bei Fragen der Innovationskultur. Gemeinsam mit dem Beratungsunternehmen nextpractice und Dr. Carl Naughton entwickelte er den „Future Cube" – ein Veranstaltungsformat, das digitale und analoge Kommunikationstechniken kombiniert und mithilfe kollektiver Intelligenz relevante Ergebnisse für große Gruppen erzeugt. Torsten Fremer ist Co-Initiator von „ReThinking Event" und „THE-TRENDJOURNEY". Vor der Gründung von KLUBHAUS absolvierte er ein Studium der Philosophie und Geschichte und arbeitete als Konzeptioner bei prominenten Kommunikationsagenturen.

Dr. Carl Naughton, promovierter Linguist und pädagogischer Psychologe berät und betreut Unternehmen in ihrer internen Kommunikation seit fast 20 Jahren. Sein Fokus liegt seit seiner Forschungsarbeit an der Universität Köln in den Bereichen „Sprache. Denken. Neugier.". Die Ergebnisse überträgt er als Gesellschafter der Braincheck GmbH sowohl direkt in die konzeptuelle Umsetzung von Veranstaltungen als auch in seinen Publikationen. Neben der Autoren- und Studienarbeit, zum Beispiel „Neugiermanagement – Treibstoff für Innovation", eine Studie in Kooperation mit dem Zukunftsinstitut Frankfurt/Wien, hat er bereits Bücher wie „Der Autopilot im Kopf" oder Studien wie „Behalten statt Abschalten" veröffentlicht. Im Frühjahr 2016 erschien sein neues Buch „Neugier – so schaffen Sie Lust auf Neues und Veränderung", das sich der Entwicklung dieser entscheidenden Ressource im privaten und beruflichen Alltag widmet.

Matchmaking

Innovative Ansätze zur Steuerung sozialer Interaktion, Netzwerkbildung und Geschäftsanbahnung in der Meetingbranche

Dirk Hagen

Zusammenfassung

Die verschiedenen Veranstaltungsformate der Meetingbranche wie Kongresse, Konferenzen, Gipfel etc. bieten den Teilnehmern durch Vorträge, Keynotes oder Ähnlichem einen wichtigen Beitrag zur Wissensvermittlung. Diese Zusammenkünfte weisen gleichzeitig ein hohes Potenzial für soziale Interaktion und Kontakte auf. Solche „Meetings" können als temporäre Cluster verstanden werden und sind Orte der „weak ties", der „schwachen Verbindungen". Damit sind sporadische, nur selten stattfindende Kontakte gemeint, aus denen sich innovations- und produktivitätsfördernde Impulse und Netzwerke entwickeln können. Matchmaking, das Abgleichen von komplementärem Wissen und vergleichbaren Interessen der Teilnehmer, steuert gezielt Kontakte. Matchingverfahren dienen der Unterstützung der Geschäftsanbahnung mit beteiligten Sponsoren, aber auch der Vernetzung zwischen den Teilnehmern. Mit einem auf der Grundlage von komplexen Themen- und Fragebögen durchgeführten Matching entstehen neue Qualitäten. Mit Matchmaking entwickelt sich ein eher wissensbasiertes Eventmanagement – und kann als ein innovativer Beitrag für die Meetingbranche verstanden werden.

D. Hagen (✉)
SRH Hochschule Berlin,
Berlin, Deutschland
E-Mail: dirk.hagen@srh-hochschule-berlin.de

© Springer Fachmedien Wiesbaden GmbH 2017

C. Bühnert und S. Luppold (Hrsg.), *Praxishandbuch Kongress-, Tagungs- und Konferenzmanagement*, DOI 10.1007/978-3-658-08309-0_50

Vorbemerkung des Autors

Kaffeepause während eines Kongresses. Gerade hat man eine ansprechende Keynote gehört. Kurz wurden noch zwei Fragen aus dem voll besetzten Saal abgearbeitet. Gleich geht es mit einem der Workshops oder einer der Diskussionsrunden weiter. Doch mit wem könnte man hier jetzt in Kontakt kommen? Wen könnte man wie jetzt neu kennenlernen? Und: Wer beschäftigt sich in seinem Unternehmen gerade mit vergleichbaren Problemen wie man selbst? Vielleicht typische Gedanken eines Teilnehmers auf solch einer Veranstaltung. Die große Anzahl von Teilnehmern, Lösungsanbietern und Ausstellern ist zwar beeindruckend. Natürlich können vielleicht Zufallskontakte entstehen, aber eine gezielte Ausrichtung der Kontakte auf das jeweilige Wissen beziehungsweise die jeweiligen Interessen bleibt oft aus. Mit softwareunterstützten Matchingverfahren wird versucht, soziale Interaktion und Kontaktvermittlung gezielt zu steuern. Zum Beispiel werden Vier-Augen-Gespräche „gematcht" und terminiert. Nicht eine Agenda wird vom Veranstalter erstellt, sondern Hunderte personifizierte Programmabläufe entstehen – und deuten neue Qualitätspotenziale für die Meetingbranche an.

1   Meetings in Zeiten technologischen Wandels

Kongresse, Tagungen, Gipfel etc. – Meetings mit politischer, medizinischer beziehungsweise insbesondere wirtschaftlicher Ausrichtung weisen unabhängig aller technologischen Möglichkeiten und trotz zeit- und kostenaufwendiger Investitionen gerade in Deutschland eine unverändert hohe Dynamik auf. Neben Pflichtveranstaltungen von zum Beispiel Verbänden, Mitgliederzusammenkünften von Gesellschaften oder Kammern sorgen insbesondere technologische Innovationen (Stichwort „Digitalisierung") dafür, dass ein kontinuierlicher Bedarf an Wissensvermittlung herrscht. Technische Innovationen in nahezu allen sozioökonomischen Bereichen sind damit letztendlich nicht nur Treiber der Meetingbranche, sondern sie verändern auch die Veranstaltungen selbst. Trotz der Entwicklung hin zu hybriden Events als eine Art Mischform von physisch-digitalen Veranstaltungen (Dams und Luppold 2016, S. 1) bleibt der persönliche Austausch – die soziale Interaktion – weiterhin ein grundlegendes Element des menschlichen Handelns und kann als ein Grund für die Dynamik der Branche angesehen werden. Insbesondere dann, wenn dabei durch – technologisch unterstützte – Steuerung Projektkollaborationen, Geschäftsanbahnungen und der Aufbau von Netzwerken ermöglicht werden.

2   Meetings als Orte temporärer Cluster, „weak ties" und Netzwerkbildung

Genauso wie bei Messen (Bathelt et al. 2014) stellen B2B-Meetings wie Kongresse, Konferenzen oder Gipfel temporäre Cluster dar (Henn und Bathelt 2015). Sie können aber auch als Orte der „weak ties", der sogenannten „schwachen Beziehungen", verstanden werden (Granovetter 1973). Nach diesem netzwerktheoretischen Ansatz weisen im Gegensatz zu den „strong ties", den „starken Beziehungen", die durch häufige und feste Kontakte geprägt sind, gerade schwache Beziehungen ein hohes Potenzial an innovationsfördernden Impulsen auf. Tagungen sind dann bevorzugt Orte solcher schwachen Beziehungen, die einen sporadischen Charakter bezüglich Kontakten aufweisen; sie können die Funktion von Brücken zwischen verschiedenen Netzwerken außerhalb des temporären Clusters einer Konferenz, eines Meetings etc. übernehmen. Die Vernetzung beziehungsweise Netzwerkbildung zwischen den verschiedenen Teilnehmern und Akteuren birgt insgesamt Potenziale für innovative und produktionsfördernde Entwicklungen, die von solchen Veranstaltungen ausgehen können.

3   Problemfeld: Fehlende soziale Interaktion/ Kontaktbildung im Rahmen von Meetings

Entscheidend für den Aufbau von solchen „weak ties" beziehungsweise einer Netzwerkbildung ist, dass es zu sozialen Kontakten zwischen den verschiedenen Teilnehmern kommt. Dafür stehen in der Regel Kaffeepause, Lunch, Dinner oder Get-together zur Verfügung. Hier können – eher zufällig – solche Beziehungen aufgebaut werden. Dabei sind für viele Teilnehmer genau diese Kontakte oft von hoher Bedeutung für die in der Regel zeit- und kostenaufwendige Beteiligung an solchen Meetings. Zwar bleiben Keynotes oder Best-Practice-Präsentationen weiterhin von hoher Relevanz, gegebenenfalls stehen sie aber auch online als Video zur Verfügung. Dagegen ist direkte soziale Interaktion nur bei der realen, physisch verorteten Veranstaltung möglich. Gerade aber der Aufbau neuer Kontakte stellt für viele der Teilnehmer ein Problem dar. Hemmnisse wie Hierarchien, Geschlecht, Alter, aber auch die fehlende Zeit zur Ansprache eines Unbekannten, dessen Interessen und Wissen nicht einmal bekannt sind, verhindern oft die Kontaktaufnahme. Wesentlich leichter fällt es dagegen, schon bekannte Personen anzusprechen (Ingram und Morris 2007). Damit werden aber letztendlich die Potenziale dieser Zusammenkünfte der Meetingbranche häufig nur unzureichend genutzt.

4   Matchmaking als wissensbasiertes Steuerungsinstrument für Kontakt-/Geschäftsanbahnung und Netzwerkbildung

Mit Matchmaking, dem Matchen, stehen Möglichkeiten zur Verfügung, die sich in den letzten Jahren kontinuierlich mit unterschiedlichen Qualitätsansprüchen auch im deutschsprachigen Raum weiterentwickelt haben. Ehemals ausgehend von einem „Matchen" sowie „Terminieren", das heißt einem Zusammenführen von Teilnehmern auf der einen Seite und Lösungsanbietern, Beratern auf der anderen Seite durch sogenannte „Vier-Augen-Gespräche" oder „One-to-One-Meetings" während eines Konferenztages, hat sich eine aufwendige wissensbasierte Steuerung der Veranstaltungen entwickelt. Dabei wird im wissenschaftlichen Kontext der Begriff „Matchmaking" beziehungsweise „Matchen" zum Teil völlig unterschiedlich definiert, kann aber für die Meetingbranche am ehesten mit den Matchingsystemen der Partnervermittlung verglichen werden: Ziel ist es, einen Abgleich zwischen Interessen bezüglich verschiedener Themen und Bereiche von Veranstaltungsteilnehmern zu entwickeln und auf dieser Grundlage ein zumeist passendes Zusammenführen von Individuen zu ermöglichen.

4.1   Themen- und Fragebogenentwicklung

Ausgangspunkt für das Matching ist das Sammeln von Daten und Informationen unter Berücksichtigung von Datenschutzregelungen. Ziel ist es, in der qualitativ erweiterten Form von Matchmaking über einfache Grunddaten wie Firma, Position, Umsatz etc. hinausgehende Informationen zu sammeln. Für unterschiedliche fachorientierte Events wie beispielsweise im Bereich Logistik, HR oder Finanzen werden damit in der Regel mehrseitige Themen- und Fragebögen vom Veranstalter entwickelt, die weit in die Tiefe der möglichen zu behandelnden Themen, Bereiche und Prozessfelder gehen. Für die Teilnehmer besteht – unter Nutzung virtueller Assistenzsysteme – im Vorfeld der Veranstaltung die Möglichkeit, diese Themen/Fragen zu bewerten und – zum Beispiel zwischen „sehr starkes Interesse" bis hin zu „unwichtig" – zu priorisieren. Dabei entsteht ein umfassendes Bild der Interessen- und Wissenslage der einzelnen Teilnehmer.

4.2   Vorstellung und Auswahl von interaktiven Angeboten

Im Rahmen dieses Themen- und Fragebogens werden dabei auch parallel am Konferenztag stattfindende Interaktionsformate wie Workshops, Diskussionsrunden, Round Tables, Keynote-Corners etc. inhaltlich vorgestellt. Genauso stellen sich Lösungsanbieter, Sponsoren und Aussteller mit einem kurzen Abriss ihres Beratungs- und Angebotsportfolios vor. Damit entsteht für die Teilnehmer noch im Vorfeld der Veranstaltung ein umfassendes Bild an interaktiven Angeboten.

4.3   Matchingprozess

Im Rahmen des Matchingprozesses, der im zeitnahen Vorfeld der Veranstaltung durchgeführt wird, können auf der einen Seite Teilnehmer selbst Gesprächswünsche – zum Beispiel mit Lösungsanbietern und Sponsoren – oder ihre Wünsche bezüglich der Vielzahl von Diskussionsrunden, Workshops, Round Tables etc. anmelden, bis dahin, dass sie Gespräche mit einzelnen Teilnehmern anvisieren. Auf der anderen Seite werden auch von beteiligten Partnern oder vertretenen Lösungsanbietern solche Gesprächswünsche mit Teilnehmern angemeldet. Mithilfe häufig onlinebasierter Webtools kommt es dann zum Abgleich solcher möglichen Kontakte/Gespräche, die mit Priorisierungen – zum Beispiel nach dem Schulnotenprinzip zwischen „1" und „5" – bewertet werden. Aufgrund der ausführlichen vorhandenen Angaben der Teilnehmer unter Berücksichtigung der jeweiligen Priorisierung zu einzelnen Themen, Workshops, Gesprächswünschen etc. beginnt der eigentliche softwareunterstützte Matchingprozess.

4.4   Terminierung und personifizierte Agenda

Ziel ist es, einen idealen Tagesablauf und eine optimale Terminierung von Workshops, Diskussionsrunden sowie direkten Vier-Augen-Gesprächen für jeden einzelnen Teilnehmer, inklusive der beteiligten Lösungsanbieter, zu erzielen. Während Keynotes und Podiumsdiskussion sowie Pausen, Lunch, Dinner etc. für alle Teilnehmer feststehende Säulen im Programmablauf darstellen, können die übrigen zeitlichen Abschnitte, die sogenannten „Slots", individuell besetzt werden. Es kommt zu Terminierungen von zum Beispiel jeweils 20- bis 30-minütigen Gesprächen oder 45- bis 60-minütigen interaktiven Diskussionsrunden, die aufgrund der Themen- und Wissensüberschneidung „zugematcht" werden, wobei sich Gruppen mit komplementärem Wissen oder ähnlichen Interessen herausbilden können. Dazu wird eine jeweils personifizierte Agenda für jeden Teilnehmer erstellt, die neben den Angaben zu den jeweiligen individuellen Terminierungen auch Angaben zu den dazugehörigen Orten oder Räumen enthält. Die personifizierten Agenden werden noch im Vorfeld des Meetings erstellt und ausgedruckt am Veranstaltungstag vorgelegt. Aufgrund von Teilnehmerabsagen, Veränderungswünschen oder Veränderungen im Gesamtprogramm fixieren sich diese personifizierten Agenden mit gematchten und terminierten Programmteilen häufig erst zeitnah vor Beginn der Veranstaltung und können dank der softwarebasierten Informationen häufig noch kurzfristig optimiert werden.

5   Conclusio: Realitätscheck, Potenziale

Matchen, das Terminieren von Kontakten und das Erstellen personifizierter Programmabläufe sollten als Vorschläge verstanden werden; die Zusammenkünfte der Meetingbranche weisen auch eine Eigendynamik auf, wenn zum Beispiel aus einem – ungesteuerten

– Kontakt am Kaffeetisch eine Verabredung für ein späteres Vier-Augen-Gespräch oder ein gemeinsames Besuchen eines interaktiven Workshops entwickelt. Damit ergänzen sich ungesteuerte und gesteuerte Kontakt- und Vernetzungsoptionen, insbesondere dann, wenn im Vorfeld der Veranstaltung zum Beispiel kurze „Steckbriefe" der einzelnen Teilnehmer einsehbar sind oder gedruckt vorliegen. Je qualitativ anspruchsvoller die Themen- und Fragebogenentwicklung und eine dazugehörige Customer-Care sind, umso eher kann von einer passgenauen Steuerung von Kontakten ausgegangen werden. Bisher richten sich Veranstaltungen mit Matchmaking mit zum Beispiel dreistelligen Besucherzahlen und einem homogenen Teilnehmerfeld eher auf die beteiligten Lösungsanbieter beziehungsweise Sponsoren aus. Aber auch für verschiedenste Formate der Meetingbranche mit auch größeren Teilnehmerzahlen werden derartige Matchingsysteme immer interessanter und könnten, gegebenenfalls zwar auch mit abnehmender Passgenauigkeit, so innovative, qualitätsverbessernde Prozesse in der Meetingbranche vorantreiben.

Literatur

Bathelt H, Golfetto F, Rinallo D (2014) Trade shows in the globalizing knowledge economy. Oxford University Press, Oxford

Dams CM, Luppold S (2016) Hybride Events. Zukunft und Herausforderungen für Live-Kommunikation. Springer Gabler, Wiesbaden

Granovetter MS (1973) The strengh of weak ties. American Journal of Sociology 78(6):1360–1380

Henn S, Bathelt H (2015) Knowledge generation and field reproduction in temporary clusters and the role of business conferences. Geoforum 58:104–113

Ingram P, Morris MW (2007) Do people mix at mixers? Structure, homophily and the „life of the party". Administration Science Quarterly 52(4):558–585

Über den Autor

Prof. Dr. rer. nat. Dirk Hagen, Dipl.-Geograf, ist seit über zehn Jahren in leitenden Funktionen für verschiedene Unternehmen der Kongress-, Konferenz- beziehungsweise Meetingbranche aktiv. Er hat leitende Positionen in Stiftungen und Gesellschaften inne und führt Moderatorentätigkeiten aus. Seit 2016 hat er an der SRH Hochschule Berlin die Professur für Allg. Betriebswirtschaftslehre mit dem Schwerpunkt Eventmanagement inne.

Schwarmtechnologie und Interaktion bei Kongressen

Veranstaltungsformate zur Erschließung kollektiver Intelligenz

Heiner Koppermann

Zusammenfassung

Schwarmintelligenz, auch „kollektive Intelligenz" genannt, kann insbesondere bei der Arbeit mit größeren Gruppen angezapft werden. Dabei gilt es, bestimmte Voraussetzungen zu beachten – gleichwohl stehen verschiedene Formate zur Verfügung, deren Potenziale zu besseren Ergebnissen, zu einer Steigerung von Akzeptanz und Umsetzungswahrscheinlichkeit und insgesamt zu einem besseren Return on Investment (ROI) eines Events führen.

Vorbemerkung des Autors

Schwarmintelligenz ist ein faszinierendes und bis heute noch nicht vollständig verstandenes Phänomen, das Hinweise dazu liefert, wie wir Menschen uns effizienter organisieren und bessere Entscheidungen fällen können. Es stehen Methoden zur Verfügung, um mit neuen Formaten und dem Einsatz von Informationstechnologie eine Interaktion größerer Gruppen von Menschen zu organisieren. Das Hindernis liegt in der Überwindung etablierter Verhaltensmuster und konventioneller Eventkonzepte.

H. Koppermann (✉)
Troisdorf, Deutschland
E-Mail: heiner.koppermann@swarmworks.com

© Springer Fachmedien Wiesbaden GmbH 2017
C. Bühnert und S. Luppold (Hrsg.), *Praxishandbuch Kongress-, Tagungs- und Konferenzmanagement*, DOI 10.1007/978-3-658-08309-0_51

1   Schwarmintelligenz: Definition und Bedeutung

Schwarmintelligenz, auch als „kollektive Intelligenz" oder „Gruppenintelligenz" bezeichnet, ist ein Phänomen, bei dem sich durch Kommunikation und spezifische Handlungen von Individuen spontan quasi-intelligente Verhaltensweisen von sozialen Gemeinschaften ausbilden. Typische Beispiele sind die scheinbar von höherer Instanz koordinierten Schwarmbewegungen von Vögeln und auch Fischen sowie die sehr hohe Komplexität erreichenden Kolonien staatenbildender Insekten wie Ameisen, Termiten oder Bienen. Der Schwarm als Ganzes verhält sich scheinbar intelligent, ohne dass die einzelnen Wesen intelligent agieren. Nach heutigem Verständnis sind Grundlage der Schwarmintelligenz einige wenige Verhaltensregeln, an die sich die Einzelwesen, wohl instinktgesteuert, halten, und die dann in Summe über das Kollektiv das nützliche Verhalten ergeben. Diese wenigen, aber sehr effektiven Regeln wiederum wurden im Laufe der Evolution über Jahrmillionen gemäß einem „Survival of the Fittest" herausgemendelt und so optimiert.

2   Schwarmintelligenz vs. Schwarmdummheit

Unter „Schwarmdummheit" versteht man gemeinhin das Verhalten von Individuen, (kritiklos) dem Verhalten einzelner oder einer größeren Menge von Artgenossen zu folgen. Besonders gut beobachten lässt sich dieses Phänomen beim Herdentrieb: Die Herde folgt dem Leittier und sei es auch ins Verderben. Unter Menschen ist dieses Verhalten mitunter an der Börse zu erleben, wenn einzelne Investoren dem Trend einer größeren Masse folgen und dabei viel Geld verlieren. Oder auch in sonstigen Kollektiven, in denen sich Einzelne einem Gruppendruck ergeben und sich, sogar gegen besseres eigenes Wissen, konform verhalten.

Die Wirkweise dieses Herdenphänomens ist jedoch eine andere als die der Schwarmintelligenz. Echte Schwärme haben keine Leittiere und verfügen sogar über Mechanismen, die verhindern, dass „verblendeten Einzelnen" gefolgt wird. So weiß man aus der Forschung an Fischen (Stichlingen), dass der Schwarm der Richtungstendenz einer Untergruppe nur folgt, wenn diese mindestens ca. fünf Prozent der Gesamtgröße des Schwarms ausmacht.

3   Einsatz bei Veranstaltungen

Wie kann das Prinzip der Schwarmintelligenz allgemein bei menschlichen Kollektiven und speziell in Veranstaltungen eingesetzt werden und welche Ergebnisse lassen sich damit erzielen?

Die Prinzipien der Schwarmintelligenz lassen sich leider keinesfalls eins zu eins auf Menschen und ihre Kollektive übertragen. Dazu sind die Grundvoraussetzungen nicht erfüllt: Menschen folgen in der Regel nicht „stur" einigen wenigen Regeln, sondern neigen dazu, diese für sich individuell auszulegen. Dennoch gibt es Situationen, in denen durch gewisse einschränkende Rahmenbedingungen schwarmähnliches Verhalten auch unter Menschen beobachtbar ist. Dazu gehören zum Beispiel das Börsenverhalten, der Straßenverkehr und dortige Stauphänomene oder eben auch Unternehmen als große Kollektive von Menschen.

So weiß man heute, dass Kollektive bei ausreichend Zugang zu den relevanten Informationen angesichts riskanter Entscheidungen zu weniger risikofreudigem Verhalten neigen als Individuen. Das heißt, es ist sehr wohl denkbar, dass die von den extrem riskanten Entscheidungen einiger weniger herbeigeführten Krisen, wie die Finanzkrise ab 2007 und als jüngstes Beispiel die Dieselgate-Krise bei Volkswagen, eben gerade nicht eingetreten wären, wenn die wegweisenden Entscheidungen von größeren Kollektiven statt von wenigen Einzelnen getroffen worden wären.

Die Kunst besteht nun darin zu erkennen, unter welchen Bedingungen menschliche Kollektive durchaus von Ideen und Ansätzen der Schwarmintelligenz profitieren und Zugang zu der sogenannten „Weisheit der vielen" gewinnen können und wann Einzel- oder Expertenmeinungen vorzuziehen sind.

4   Voraussetzungen für den erfolgreichen Einsatz in Events

Gruppen können dann Zugang zu der ihnen inhärenten Weisheit der vielen erlangen, wenn folgende Voraussetzungen erfüllt sind:

- Die bisher vorherrschende Kultur (des Unternehmens, des Verbands, der Institution etc.), in der die Gruppe agiert, ist partizipativen Methoden gegenüber durchaus offen. Das heißt, in der Vergangenheit fand bereits eine Einbeziehung der Gruppe und ein Hören zum Beispiel des Managements auf ihren Input statt und ist somit durchaus glaubwürdig. Sollte dies eher nicht der Fall sein, weil vergleichbare Veranstaltungen in der Vergangenheit eher Akklamationsveranstaltungen waren oder weil bereits einmal erhobener Input des Kollektivs einfach ignoriert wurde, dann sind besondere Anstrengungen zu unternehmen, um die Glaubwürdigkeit eines „plötzlich" auf Einbindung ausgerichteten Konzepts zu untermauern.
- Es erfolgt eine ehrliche Wertschätzung durch konsequente Beteiligung *aller* Teilnehmer. Beiträge können absenderneutral abgegeben und unbefangen beurteilt werden.
- Die Zusammenkunft ist frei von allem, was die Transparenz und Offenheit der Interaktionen behindern könnte, also zum Beispiel Einmischung von Vorgesetzten, Angst vor Repression bei kritischen Äußerungen, einer Kultur des Ja-Sagens, einer geskripteten Agenda, welche keinen kreativen Freiraum zulässt, und dergleichen weiteren Einschränkungen.

- Es werden Methoden und Mittel eingesetzt, um die Meinungen und Beiträge der Einzelnen geeignet zu aggregieren und zügig hinsichtlich ihrer Resonanzfähigkeit zu überprüfen, um in strukturierter Art und Weise zu Entscheidungen zu kommen. Die Verfahren der Entscheidungsfindung sind transparent und werden von der Gruppe akzeptiert. Grundlage hierfür sind die von Niklas Luhmann (1983) in seinem Werk „Legitimation durch Verfahren" beschriebenen Bedingungen dafür, dass getroffene Entscheidungen von einem Kollektiv akzeptiert werden und also Gültigkeit haben.

5   Schwarmtechnologien und -formate in der Eventbranche

5.1   Gaming

Spielerische Interventionen sind nach wie vor ein probates Mittel, um eine sonst allzu oft mit Informationen überladene Agenda aufzulockern und den Teilnehmern einen Energieschub zu vermitteln (Energizing).

Über das reine Energizing hinaus gewinnen sogenanntes „Serious Gaming" beziehungsweise „Gamification" (d. h. die Anwendung spiel-typischer Elemente in einem spielfremden Kontext) zudem immer mehr an Bedeutung bei der Informationsvermittlung, bei der Emotionalisierung von Botschaften und beim eigentlichen Lernen.

Warum die Agenda des Events als langweiliges PowerPoint-Chart zeigen, wenn das Publikum sie mit einem Airbus A380 in Form eines Zielparcours im Himmel „erfliegen" kann? Oder man nutzt Gaming, um selbst mit großen bis sehr großen Gruppen instantanes Teambuilding zu fördern und ein vergleichbares Wirgefühl aufkommen zu lassen, das die Kinder von heute suchen, wenn sie gemeinsam Playstation oder Xbox spielen.

5.2   Interaktivierung von Vorträgen

Vorträge waren, sind und werden eines der Brot-und-Butter-Formate von Events bleiben. Sicher gibt es Vorträge und Vortragende, die allein für sich ein ganzes Publikum über einen längeren Zeitraum mitreißen und inspirieren können. Doch gilt dies nun einmal nicht für jeden Vortrag und Vortragenden.

Allerdings lässt sich jeder Vortrag – selbst der von eher trockenen Unternehmenszahlen geprägte Jahresrückblick – mit einem einfachen Kniff auf eine neue Stufe stellen: Binde das Publikum ein und lasse es zu Wort kommen! Damit gemeint ist jedoch nicht das Herumreichen von Mikrofonen, welches wenigen extravertierten Einzelnen das Wort überlässt, während die allermeisten (schüchterneren) anderen schamhaft in ihre Sitze sinken. Gemeint sind Methoden, die den Input aller im Raum ermöglichen, wie es das Tool „WeVote" von SwarmWorks erlaubt, bei dem jeder Teilnehmer eine reflektierende kleine Handkelle bekommt und ein optischer Scanner alle Reflex beziehungsweise Nicht-Reflex Signale der Teilnehmer auswertet. Auf diese Weise wird quasi ein Dialog mit der Gruppe als Ganzes und in Echtzeit möglich und es können Meinungen, Stimmungsbilder und Feedback erhoben und sogar gemeinsam Entscheidungen getroffen werden.

Auf solche Weise „interaktivierte" Vorträge sind jedem konventionellen Vortag bei Weitem überlegen.

5.3 Kollektiv-kreative inhaltliche Arbeit

Jede Gruppe verfügt über eine innewohnende Intelligenz, die über die reine Summe der Einzelintelligenzen deutlich hinaus gehen kann. Es gibt sogar ein mathematisches Theorem („Condorcet-Jury-Theorem"), wonach unter bestimmten Umständen eine binäre Gruppenentscheidung höhere Qualität aufweist, also mit höherer Wahrscheinlichkeit richtig ausfällt als die Entscheidung eines einzelnen Mitglieds.

Einer der Umstände dabei ist, dass die Mitglieder der Gruppe nicht Ahnungslose sind, sondern eine gewisse Sachkompetenz bezüglich der behandelten Fragestellungen aufweisen (ein Schwarm Ahnungsloser ist auch als Schwarm eher ahnungslos!). Dieser Umstand ist aber in den allermeisten Fällen von Veranstaltungen gegeben: Bei Businessevents sind die Teilnehmer Kenner des Business. Und damit verspricht das Anzapfen der Weisheit der vielen durchaus einen Mehrwert.

Als konkretes (und komplexes) Beispiel hierzu sei die gemeinsame Formulierung einer neuen Unternehmensstrategie mit den 300 Führungskräften eines bekannten deutschen Unternehmens angeführt. Hierbei wurden in zwölf Stunden, über zwei Tage verteilt, der gesamte strategische Fünf-Kräfte-Prozess (nach Michael Porter 2004) abgearbeitet und mehrere strategische Szenarien formuliert, von denen dann kollektiv eine ausgewählt und detailliert wurde.

6 Potenziale von Schwarmtechnologie

6.1 Produktivitätssteigerung

In sehr vielen Kontexten bedeutet das Arbeiten in wenigen größeren Gruppen/Events klare Produktivitätsvorteile gegenüber einer Serie von vielen kleineren, über die Zeit verteilten Events.

Eine einfache Kosten-Nutzen-Rechnung bringt es auf den Punkt: Mehrere Hundert (oder gar Tausend) Menschen lassen sich kosteneffizienter in einem Event als in Dutzenden kleiner Events erreichen.

Noch viel bedeutender als der Kostenvorteil ist der Zeit- und Gleichzeitigkeitsvorteil. Eine größere gegebene Menge an zu erreichenden Menschen (zum Beispiel die gesamte Belegschaft eines Unternehmens oder einer Business-Unit) lässt sich in wenigen Tagen mit einem oder wenigen Großgruppenevents erreichen, während klassische Workshops dafür Wochen benötigen. Gerade bei Change-Projekten und Kick-off-Veranstaltungen bringt die Tatsache, dass viele Menschen gleichzeitig angesprochen werden, erhebliche Vorteile gegenüber einer Verteilung über Zeit mit dem Risiko vielfältiger Verzerrungen der Kernbotschaften.

6.2   Steigerung der Qualität von Ergebnissen

Wie bereits zuvor ausgeführt, kann unter geeigneten Bedingungen die Qualität der Entscheidungen von Gruppen der einzelner Experten überlegen sein. Auch wenn dies kein Automatismus ist und es durchaus auch „nach hinten losgehen" kann, kennt man heute die Bedingungen, unter denen die Weisheit der vielen zum Tragen kommt und auch Situationen, bei denen sie sich nicht einstellt; man kann daher gezielt geeignete Eventformate auswählen.

6.3   Steigerung von Akzeptanz und Umsetzungswahrscheinlichkeit

Gruppen an konkreten Fragestellungen arbeiten zu lassen, bringt über den Synergieeffekt eines $1 + 1 > 2$ noch weitere Vorteile. So tendieren Gruppen und ihre Mitglieder dazu, sich mit selbst erarbeiteten (statt vom Topmanagement durchgereichten) Ergebnissen deutlich stärker zu identifizieren und sind somit auch viel eher geneigt, diese umzusetzen.

6.4   Steigerung des Event-ROI?

Der Return on Investment einer Veranstaltung lässt sich bisher nicht wirklich belastbar messen. Dennoch gibt es Indikatoren, die zumindest eine qualitative Beurteilung des Erfolgs eines Events erlauben.

Die Erfahrung und Teilnehmerfeedback zeigen recht eindeutig, dass Veranstaltungskonzepte, welche die Teilnehmer aktiv ins Geschehen einbinden, solchen, bei denen das nicht der Fall ist, sehr deutlich überlegen sind, was den Event-ROI betrifft. Rein intuitiv ist dies auch jedem sofort klar und entspricht persönlichen Erfahrungen – und sei es aus der eigenen Schulzeit. Zudem wird diese Gewissheit von zahlreichen Erkenntnissen aus den Neurowissenschaften gestützt.

7   Überwindung etablierter Verhaltensmuster

Das in der Tierwelt beobachtete Phänomen „Schwarmintelligenz" bietet auch für Menschen und ihre Organisationsformen Inspiration und Hinweise dafür, wie Menschen sich effizienter organisieren und bessere Entscheidungen fällen können. Gepaart mit dem raschen Fortschritt der Informationstechnologie ist es heute möglich, neue Formate der Interaktion größerer Gruppen von Menschen einzusetzen, welche die Produktivität und

Qualität von Entscheidungen erheblich steigern. Das größere Hindernis dabei, diese Potenziale zu erschließen, liegt nicht in etwaigen Einschränkungen der Übertragbarkeit von Schwarmintelligenz-Ansätzen auf Menschen, sondern eindeutig in der Überwindung etablierter Verhaltensmuster und konventioneller Eventkonzepte sowie einer Tendenz zum „Mehr-Desselben", selbst wenn es nachweislich nicht funktioniert.

Literatur

Luhmann N (1983) Legitimation durch Verfahren. Suhrkamp, Berlin
Porter M (2004) Competitive strategy techniques for analyzing industries and competitors. Simon & Schuster, New York

Weiterführende Literatur

Dueck G (2015) Schwarmdumm. Campus, Frankfurt
Fisher L (2010) Schwarmintelligenz: Wie einfache Regeln Großes möglich machen. Eichborn, Frankfurt a. M.
Horn E, Gisi LM (Hrsg) (2009) Schwärme – Kollektive ohne Zentrum: Eine Wissensgeschichte zwischen Leben und Information (Masse und Medium). transcript, Bielefeld
Miller P (2010) Die Intelligenz des Schwarms: Was wir von Tieren für unser Leben in einer komplexen Welt lernen können. Campus, Frankfurt
Surowiecki J, Beckmann G (2009) Die Weisheit der Vielen: Warum Gruppen klüger sind als Einzelne. Goldmann, Munich
Swarmworks o. V. (2016) SwarmPolling. http://www.swarmworks.com/pdf/SwarmPolling.pdf. Zugegriffen: 26. März 2016

Über den Autor

Heiner Koppermann ist Mitbegründer und Managing Director der SwarmWorks Ltd. sowie CEO der SwarmWorks, Inc. (USA), beides auf die interaktive Einbindung großer Gruppen (Livekommunikation 2.0) und Nutzung kollektiver Intelligenz spezialisierte Beratungs- und Technologiefirmen mit weltweit einzigartigen interaktiven Technologien. Als Teil des SwarmWorks-Teams unterstützt er deren Klienten bei der interaktiven Einbindung großer Gruppen und der Nutzbarmachung der kollektiven Intelligenz ihrer Mitarbeiterschaft und Formatentwicklung für interaktive Großgruppenveranstaltungen. Er verfügt über langjährige internationale Erfahrungen in der Arbeit mit großen Gruppen, welche Unternehmen helfen, schwarmintelligentes Verhalten in ihren Organisationen zu nutzen. Dazu setzt er die in ihrer Funktionalität weltweit einzigartigen Technologien von SwarmWorks ein.

Nachhaltiges Veranstaltungsmanagement

Ökologische Vorzeichen und Vorgaben für die Veranstaltungsbranche

Markus Große Ophoff

Zusammenfassung

Nachhaltigkeit ist durch die Beschlüsse zu den Nachhaltigkeitszielen der Vereinten Nationen und die Klimakonferenz von Paris im Jahr 2015 zu einem Megathema geworden. Dabei wird immer deutlicher, dass ein radikales Umsteuern erforderlich ist. Der wissenschaftliche Beirat der Bundesregierung spricht dabei von einer großen Transformation. Der Veranstaltungsbereich ist dabei doppelt gefordert, da Veranstaltungen einerseits mit großen Umweltbelastungen verbunden sind und sie andererseits eine bedeutende Rolle bei der Gestaltung des Transformationsprozesses spielen können. Nachhaltiges Veranstaltungsmanagement muss daher als ein umfassender Ansatz zur Planung, Umsetzung, Dokumentation und Weiterentwicklung von umweltgerechten Veranstaltungen verstanden werden, der alle relevanten Akteure, wie Mitarbeiter, Zulieferer, Dienstleister und Teilnehmer, einbezieht. Bei der Veranstaltungsplanung gewinnen dabei Konzepte zur aktiven Beteiligung der Teilnehmer in Vorfeld und im Nachgang zu Veranstaltungen eine besondere Rolle.

Vorbemerkung des Autors

Verantwortung für die Zukunft unserer Kinder ist eine große Herausforderung und eine zentrale Motivation. Als Naturwissenschaftler ist mir schnell deutlich geworden, dass die Menschheit Verantwortung übernehmen muss, denn ein „Weiter-so" wird unser Planet nicht verkraften. Gleichzeitig wurde mir auch schnell klar, dass

M. Große Ophoff (✉)
Osnabrück, Deutschland
E-Mail: m.grosse-ophoff@dbu.de

© Springer Fachmedien Wiesbaden GmbH 2017
C. Bühnert und S. Luppold (Hrsg.), *Praxishandbuch Kongress-, Tagungs- und Konferenzmanagement*, DOI 10.1007/978-3-658-08309-0_52

Naturwissenschaften und Technik nicht allein die Lösung bringen können. Um Menschen zu einem gesellschaftlichen Wandel zu bewegen, braucht es Kommunikation. Um genauer zu sein: Es braucht authentische nachhaltige Kommunikation. Und in diesem Bereich sind vielleicht noch mehr Innovationen erforderlich als in der Technik. Dieser Beitrag soll dazu anregen, nachhaltiges Veranstaltungsmanagement weiterzuentwickeln und in die Umsetzung zu bringen.

1 Belastungsgrenzen der Erde

Bereits in den Siebzigerjahren wurden einhergehend mit dem ersten Jahrestreffen des Club of Rome im Jahr 1970 und mit der folgenden Veröffentlichung „Limits to growth" von Meadows et al. (1972) die Diskussion zu den Grenzen des Wachstums unserer Gesellschaft eröffnet. Ein Team von 17 Wissenschaftlern am MIT Massachusetts Institute of Technology erstellte sie. Sie legten den Grundstein für den Diskurs über die Zukunft des Planeten Erde und die Grenzen seiner Belastbarkeit durch das menschliche Handeln.

Seit Mitte der Neunzigerjahre arbeiten Wissenschaftlerinnen und Wissenschaftler – hierzu zählt auch der Wissenschaftliche Beirat der Bundesregierung Globale Umweltveränderungen (WBGU) – an der Identifizierung spezifischer Grenzen oder auch Leitplanken des Planeten Erde. Hier ist auch das sogenannte „2-Grad-Ziel" zu nennen, das 2015 mit der Verabschiedung des Weltklimaabkommens in Paris zum ersten Mal in einem völkerrechtlichen Abkommen verankert wurde. Über das 2-Grad-Ziel hinaus wollen sich die Unterzeichnerstaaten anstrengen, den globalen Temperaturanstieg auf 1,5 °C zu begrenzen.

In den vergangenen Jahren hat das Thema der Grenzen des Systems Erde vor allem durch drei Veröffentlichungen – von Rockström et al. (2009, S. 472–475), vom WBGU (2011) und von Steffen et al. (2015) – weiter an Aktualität gewonnen und es findet auf internationaler Ebene ein wissenschaftlicher und politischer Diskurs über die Möglichkeiten der gesellschaftlichen Entwicklung innerhalb der Leitplanken des Planeten Erde statt.

Das Ziel, eine globale Umweltveränderung zu einem bestimmten Zeitpunkt zu stoppen, bedeutet, dass alle Länder, Regionen und gesellschaftlichen Sektoren ihren jeweiligen Beitrag leisten und dass es einen internationalen Konsens für ein gemeinsames Vorgehen gibt.

Auch der Wissenschaftliche Beirat der Bundesregierung Globale Umweltveränderungen (WBGU) setzt sich auf Basis des Modells der „planetarischen Leitplanken" für eine „Große Transformation" zu einer nachhaltigen Gesellschaft ein. In seinem Hauptgutachten 2011 beschreibt der WBGU die Notwendigkeit eines Strukturwandels hin zu einer post-fossilen Wirtschaftsweise. Demokratiebewegungen, wie der Fall der Berliner

Mauer, sind für den WBGU Belege für die Kraft und Dynamik transformativer Prozesse. Sie sind Lehrstücke für den Übergang zur Nachhaltigkeit in vielfältiger Weise. Sie zeigen, dass transformative Kräfte lange Zeit verborgen bleiben, bis sie wirken. Das fossile ökonomische System befindet sich in einem Umbruch, der aber, um den stabilen Zustand des Systems Erde zu erhalten, innerhalb der planetarischen Leitplanken verlaufen muss.

In seinem Gutachten stellt der WBGU zehn konkrete Maßnahmenbündel zur Beschleunigung des erforderlichen Umbaus vor. Damit die Transformation tatsächlich gelingen kann, muss ein Gesellschaftsvertrag durch einen Diskurs zwischen Regierungen und Bürgern innerhalb und außerhalb der Grenzen des Nationalstaats geschlossen werden.

Der WBGU zeigt im Gutachten explizit, dass die technologischen Potenziale zur Dekarbonisierung (einer Wirtschaftsweise weitgehend ohne die Nutzung von fossilen Kohlenstoffquellen wie Kohle, Erdöl und Erdgas) vorhanden sind. Der Beirat erläutert auch, dass die erforderliche Transformation Änderungen von Infrastrukturen, Produktionsprozessen, Regulierungssystemen und Lebensstilen sowie ein neues Zusammenspiel von Politik, Gesellschaft, Wissenschaft und Wirtschaft umfasst.

Die Gesellschaften müssen laut WBGU auf eine neue „Geschäftsgrundlage" gestellt werden. Es geht um einen neuen Weltgesellschaftsvertrag für eine klimaverträgliche und nachhaltige Weltwirtschaftsordnung. Dessen zentrale Idee es ist, dass Individuen und die Zivilgesellschaften, die Staaten und die Staatengemeinschaft sowie die Wirtschaft und die Wissenschaft kollektive Verantwortung für die Vermeidung des Klimawandels und für die Abwendung anderer Gefährdungen der Menschheit als Teil des Erdsystems übernehmen. Der Gesellschaftsvertrag kombiniert eine Kultur der Achtsamkeit (aus ökologischer Verantwortung) mit einer Kultur der Teilhabe (als demokratische Verantwortung) sowie mit einer Kultur der Verpflichtung gegenüber zukünftigen Generationen (Zukunftsverantwortung).

2 Ziele für eine nachhaltige Entwicklung der Vereinten Nationen

Alle wissenschaftlichen Forschungen zu den großen Umweltproblemen der Erde betonen die Notwendigkeit der internationalen Kooperation. Das theoretische Konzept kann Grundlage für die globale Politik und Wirtschaft im Sinne einer nachhaltigen Entwicklung sein. Ein Ansatz ist die Agenda 2030 für nachhaltige Entwicklung mit den im September 2015 von den Vereinten Nationen (UN) verabschiedeten internationalen Zielen für eine nachhaltige Entwicklung (*Sustainable Development Goals*, SDG).

Die SDGs ersetzen die bisherigen Millennium-Entwicklungsziele und führen sie mit den Zielen der Verhandlungen des Rio-Prozesses seit 1992 zusammen. In einem mehr als dreijährigen internationalen Vorbereitungsprozess wurde eine global ausgerichtete und auf alle Länder universell anwendbare Agenda mit Nachhaltigkeitszielen erarbeitet. Sie soll ab 2016 bis zum Jahr 2030 umgesetzt werden (Abb. 1).

Abb. 1 2030-Agenda: Ziele der Vereinten Nationen für Nachhaltige Entwicklung. (Quelle: © Bundesregierung, http://www.bmub.bund.de/service/mediathek/infografiken/detailview/gallerypage/0/?no_cache=1&tx_cpsbmugallery_pi1%5BshowUid%5D=50341&tx_cpsbmugallery_pi1%5BbackPid%5D=4121)

Die soziale Dimension eines sicheren und gerechten Handlungsraums für die Menschheit hat in der Entwicklung der SDGs besondere Aufmerksamkeit bekommen und wurde durch die ökologische Dimension ergänzt. Die Ziele betonen, dass die Zukunft der Menschheit von einem Zusammenspiel der sozialen sowie der ökologischen Belange abhängt und dass eine Berücksichtigung der Ökologie nicht zulasten der Entwicklungsländer gehen muss. Das neue Zielsystem gilt für Entwicklungs-, Schwellen- und Industrieländer gleichermaßen und umfasst alle Aspekte von nachhaltiger Entwicklung – also ihre ökologische, ökonomische und soziale Dimension. Insgesamt wurden 17 internationale Ziele für eine nachhaltige Entwicklung formuliert und verabschiedet. Es gibt 169 Unterziele. Sie bilden – gemeinsam mit (finanziellen) Mitteln und Umsetzungsmaßnahmen, Indikatoren zur Fortschrittsmessung sowie Überprüfungsmechanismen – die sogenannte „Agenda 2030" für nachhaltige Entwicklung.

3 Klimawandel und Abkommen von Paris

Seit Beginn der Industrialisierung haben die Menschen mehr und mehr fossile Brennstoffe verfeuert. Der Gehalt an Kohlendioxid in der Atmosphäre ist daher kontinuierlich angestiegen (Abb. 2). Und mit jedem Jahr fiel dieser Anstieg bisher immer etwas stärker aus. Der Gehalt von Kohlendioxid in der Atmosphäre stieg von etwa 250–300 ppm[1] vor Beginn der Industrialisierung auf aktuell über 400 ppm. Betrachtet man einen langen

---

[1]Parts per million, also: Teile pro 1 Mio. Teile.

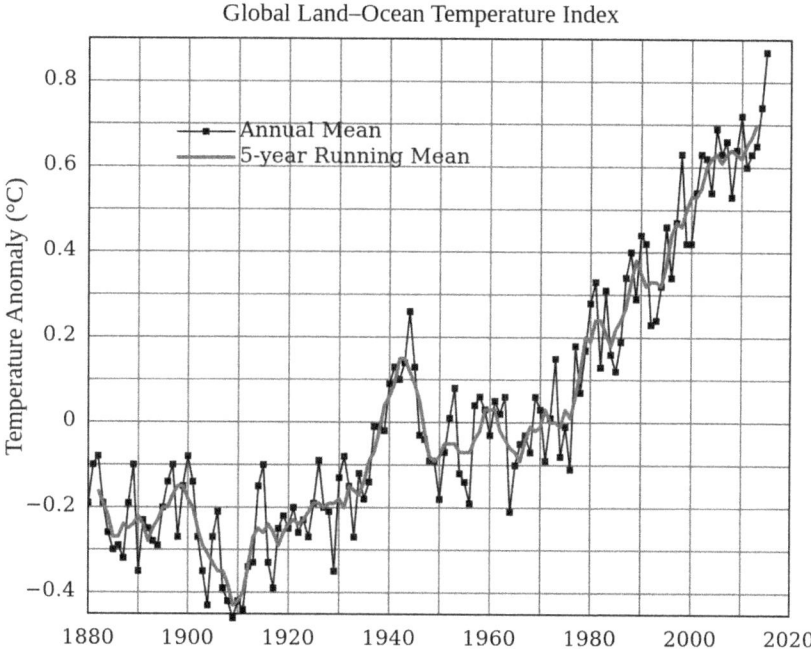

Abb. 2 Globale Erwärmung. (Quelle: Von NASA Goddard Institute for Space Studies – http://data.giss. nasa.gov/gistemp/graphs/, Gemeinfrei, https://commons.wikimedia.org/w/index.php?curid=24363898)

Zeitraum von rund 800.000 Jahren, dann zeigt sich, dass die Kohlendioxid-Konzentration bis vor einigen 100 Jahren etwa im Bereich zwischen 180 und 300 ppm schwankte und noch nie über 300 ppm lag. Ein Vergleich zur Einschätzung der Zeiträume: Den modernen Menschen, Homo sapiens, gibt es seit etwa 200.000 Jahren. Mit nun über 400 ppm Kohlendioxid in der Atmosphäre hat der Mensch durch die Verbrennung von fossilen Energieträgern das globale Gleichgewicht massiv verändert.

Der erhöhte Kohlendioxidgehalt der Atmosphäre hat zusammen mit weiteren Spurengasen zu einer Temperaturerhöhung auf der Erde geführt. Aktuell liegt die Temperatursteigerung bereits bei rund 1 °C.

Es war daher von herausragender Bedeutung, dass in Paris ein sicherer Handlungsraum innerhalb der planetaren Grenzen definiert und Maßnahmen zu dessen Einhaltung aufgezeigt wurden. Ein solches Ziel wurde nun im Abkommen von Paris festgeschrieben: Die Erderwärmung soll auf deutlich unter 2 °C beschränkt werden und möglichst im Bereich von 1,5 °C bleiben. In Paris wurde daher nicht mehr und nicht weniger als eine Transformation zu einem klimaverträglichen Umbau von Wirtschaft und Gesellschaft weitgehend ohne die Verbrennung fossiler Rohstoffe vereinbart.

Mit den Nachhaltigkeitszielen der Vereinten Nationen und dem Abkommen von Paris wurde somit ein radikaler Umbau der Gesellschaft zu mehr Nachhaltigkeit beschlossen.

Dies kann nur gelingen, wenn sich alle Sektoren daran beteiligen. Die Veranstaltungs-wirtschaft ist dabei doppelt angesprochen:

- Zum einen sind mit Veranstaltungen erhebliche Umweltbelastungen verbunden und
- zum anderen werden gerade Veranstaltungen gebraucht, um diesen Prozess einer gro-ßen Transformation zu mehr Nachhaltigkeit zu bewerkstelligen.

4   Was sind nachhaltige Veranstaltungen?

Der Leitfaden für die nachhaltige Organisation von Veranstaltungen des Bundesminis-teriums für Umwelt, Naturschutz und Reaktorsicherheit und des Umweltbundesamtes (2015) (BMUB 2015, S. 4) führt in seiner Einleitung aus:

„Nachhaltigkeit muss stets berücksichtigen, welche Folgen sich für die Zukunft erge-ben. Dies gilt sowohl hinsichtlich ökologischer, ökonomischer als auch sozialer Aspekte. Nachhaltigkeit betrifft alle Betrachtungsebenen und muss daher auf der lokalen Ebene genauso verwirklicht werden, wie im überregionalen oder sogar globalen Bereich. Hierzu kann jeder auf seiner Ebene beitragen."

Dieser Leitfaden will den Organisatoren und Planern von Veranstaltungen (wie zum Beispiel Kongressen, Tagungen, Konferenzen, Messen etc.) Hilfestellung geben, um die mit Blick auf das Thema „Nachhaltigkeit" notwendigen Erfordernisse zu erkennen.

Das Spektrum der zu berücksichtigenden Handlungsfelder reicht von der notwendi-gen Reisetätigkeit (mit ihrem Einfluss auf das Klima), über den Verbrauch von Energie, Wasser, Papier etc. bis hin zu Überlegungen für eine Minimierung des Abfallaufkom-mens. Auch ist die umweltfreundliche Beschaffung von Produkten und Dienstleistungen ein wesentlicher Aspekt von Nachhaltigkeit. Nachhaltiges Veranstaltungsmanagement zeichnet sich daher dadurch aus, dass

- alle Aktivitäten im Vorfeld, während und nach der Veranstaltung im Hinblick auf die Umweltauswirkungen untersucht und daraus Optimierungsansätze erarbeitet und umgesetzt werden,
- die Zulieferer und Veranstaltungsdienstleister in die Konzeption und Umsetzungsstra-tegie im Hinblick auf die umweltgerechte Durchführung der Veranstaltung miteinbe-zogen werden,
- die Mitarbeiter in die Konzeptionierung integriert werden und eine zielgerichtete Information erfolgt,
- eine umfassende Information und Beteiligung der Veranstaltungsteilnehmer über die Maßnahmen zur umweltgerechten Durchführung und zum eigenen umweltgerechten Handeln stattfindet und
- die umweltbezogenen Maßnahmen bei Folgeveranstaltungen jeweils überprüft und weiter optimiert werden.

Zusammenfassend können „Green Meetings" somit folgendermaßen definiert werden (Große Ophoff 2012, S. 175):

„Nachhaltiges Veranstaltungsmanagement ist ein umfassender Ansatz zur Planung, Umsetzung, Dokumentation und Weiterentwicklung von umweltgerechten Veranstaltungen, der alle für die umweltgerechte Durchführung der Veranstaltung relevanten Akteure, wie Mitarbeiter, Zulieferer, Dienstleister und Teilnehmer, einbezieht."

Durch diese Definition wird deutlich, dass sich ein Veranstalter nicht ein „Konzept zum nachhaltigen Veranstaltungsmanagement" durch einen externen Dienstleister einkaufen kann, ohne sich selbst intensiv mit dem Thema zu beschäftigen. Vielmehr erfordert der Ansatz eines nachhaltigen Veranstaltungsmanagements eine konsequente Auseinandersetzung der Verantwortlichen für die Veranstaltung mit der Planung, Umsetzungsstrategie und Kommunikation. Nachhaltige Veranstaltungen sind insbesondere auch eine Management- und Führungsaufgabe. Diese Aufgabe kann sehr wohl durch externe Berater und Dienstleister unterstützt werden.

5 Handlungsfelder für ein nachhaltiges Veranstaltungsmanagement

Der erste Schritt bei der Umsetzung von Maßnahmen zu nachhaltigen Veranstaltungen sollte immer die Definition von spezifischen Umweltleitlinien für die Veranstaltung oder das Unternehmen sein. Hierdurch werden das Ziel und die Strategie des Green-Meeting-Konzepts festgelegt. Idealerweise sollte das Ziel von den relevanten Akteuren der Veranstaltung, wie Mitarbeitern, Zulieferern, Dienstleistern und Teilnehmern, getragen werden. In der weiteren Planung bietet sich die Analyse und Planung anhand von Handlungsfeldern an (Spatrisano und Wilson 2007).

5.1 Mobilität

Das Handlungsfeld „Mobilität" umfasst sowohl die An- und Abreise der Teilnehmer als auch die Reisetätigkeit der Veranstalter und der an der Veranstaltung beteiligten Akteure. Ziel in diesem Handlungsfeld sollte es sein, Verkehr möglichst zu vermeiden und – wenn dieser unvermeidbar ist – ihn auf möglichst umweltfreundliche Verkehrsmittel zu lenken. Geeignete Maßnahmen sind:

- verkehrsgünstige Wahl des Veranstaltungsorts.
- expliziter Hinweis auf umweltfreundliche Verkehrsmittel, wie den öffentlichen Personennahverkehr (ÖPNV), möglichst durch Kombitickets oder spezielle Veranstaltungstickets.
- Unterstützung der umweltfreundlichen Anreise mit Bahn, Bus, Fahrrad und zu Fuß durch geeignete Kommunikationsmaßnahmen. Dabei sollte immer der gesamte Weg

durchdacht werden. Ein häufiger Fehler ist es, dass zwar ein Veranstaltungsticket bis zum Bahnhof organisiert wird, der Weg vom Bahnhof zum Veranstaltungsort aber außer Acht gelassen wird. Zudem sollten die umweltfreundlichsten Verkehrsträger zuerst genannt und auch Serviceangebote, wie eine Reiseauskunft der Bahn oder andere hilfreiche digitale Informationssysteme zu umweltfreundlichen Verkehrsträgern, eingebunden werden.

- Wahl der Veranstaltungszeiten, sodass eine Anreise mit öffentlichen Verkehrsmitteln einfach möglich ist.
- Auswahl von Zulieferbetrieben aus der Region, um auf diese Weise unnötigen Verkehr zu vermeiden.
- Angebote zur Kompensation der CO_2-Emissionen der Anreise.

5.2   Klima und Energie

Das Handlungsfeld „Energie und Klima" umfasst sowohl die Klimawirkungen als auch den Energieverbrauch bei der Anreise, am Veranstaltungsort, bei den Hotels und bei der Vorbereitung und Organisation der Veranstaltung. Ziel ist es, den Energieeinsatz zu minimieren und dazu alle notwenigen Maßnahmen zu ergreifen:

- Veranstaltungsstätten und die Unterkünfte sollen nach ihrem energetischen Zustand ausgewählt werden. Dazu zählen beispielsweise die eingesetzte Energie für Heizung und Warmwasser, die durch den Gebäudeenergieausweis ersichtlich ist. Diese Daten müssen bei jedem Veranstaltungsort vorliegen.
- Es sollte eine energiesparende Beleuchtung für die Veranstaltung eingesetzt werden. Dies können beispielsweise die Tageslichtnutzung, Halogenmetalldampf-Lampen, LED-Lampen, Leuchtstoffröhren oder Energiesparlampen sein. Normale Glühbirnen und Halogenstrahler sollte es nicht mehr geben.
- Die Klimatechnik stellt in Veranstaltungsstätten und Hotels einen der großen Stromverbraucher dar. Eine Wärmerückgewinnung bei der Lüftungstechnik und moderne Klimatisierungstechnologien können diese Energieverbräuche deutlich reduzieren. Bei der Planung neuer Anlagen bietet es sich insbesondere an, auf Kälte aus dem Grundwasser oder dem Boden als umweltschonende und kostengünstige Basis für die Klimatisierung zurückzugreifen. Insbesondere in Hotels sind Klimaanlagen nicht oder zumindest nur zeitweise notwendig.
- Die Nutzung von regenerativen Energien für Wärme und Strom sollte geprüft und umgesetzt werden.
- Es sollten energiesparende Elektrogeräte eingesetzt und auf die Vermeidung von Stand-by-Verlusten geachtet werden.
- Die Heizung sollte nicht höher als 20 °C eingestellt werden, die Klimaanlage nicht kälter als 6 °C unter der Außentemperatur.

- In den Hotels sollten alle Elektrogeräte ausgeschaltet sein, wenn der Gast das Zimmer betritt.
- Viele Energieverluste sind auf falsche Einstellungen und Fehlverhalten der Nutzer zurückzuführen. Vielfach bewährt hat sich ein Konzept, bei dem Mitarbeiter oder Auszubildende zu Energiescouts ausgebildet werden, die dann Energieverluste aufspüren und Kollegen beraten.
- Nach der Umsetzung der zuvor genannten Maßnahmen können verbliebene Emissionen von Klimagasen kompensiert werden.

5.3   Ressourcen

Das Handlungsfeld „Ressourcen" umfasst den Ressourceneinsatz sowohl vor der Veranstaltung, beispielsweise durch den Versand von Einladungen und Programmheften, als auch während der Veranstaltung durch verteilte Materialien, Verpackungsmaterialien, Putz- und Reinigungsmittel (auch im Hotel und bei den Zulieferern für die Veranstaltung) sowie den Materialeinsatz im Nachgang zur Veranstaltung.

- Produkte und Dienstleistungen sollten nach Umweltkriterien eingekauft werden. Kriterien können beispielsweise der „Blaue Engel" und die Internetseite www.beschaffung-info.de aufzeigen. Wichtige Handlungsfelder sind Druck-Erzeugnisse, Hygieneartikel und Konferenzunterlagen. Zunächst sollte geprüft werden, ob alles notwendig ist. Das verbleibende Material sollte umweltfreundlich angeschafft werden. Bei Papierprodukten sollte es sich um Recyclingpapier mit dem „Blauen Engel" handeln. Dieses gibt es mittlerweile in Qualitäten, die kaum noch von Neupapier zu unterscheiden sind.
- Übernachtungskapazitäten sollten nach Umweltkriterien ausgewählt werden. Dabei ist insbesondere auf den Umgang mit Wäsche, Papier und Verpackungen zu achten.
- Unnötiger Ressourcenverbrauch sollte vermieden und auf Kleinverpackungen verzichtet werden.
- Ausschließlich Mehrweggeschirr, -besteck und Getränkeverpackungen sollten eingesetzt werden.
- Abfälle sollten sortiert und einem spezifischen Recycling zugeführt werden.
- Mit Wasser sollte sparsam umgegangen werden.
- Dekorationsmaterialien wie Messebaumaterialien, Teppichboden und Transparente sollten mehrfach verwendet werden.

5.4   Catering

Im Handlungsfeld „Catering" steht eine gesunde, umweltfreundliche Ernährung im Vordergrund. Ziel ist es dabei, die Umweltwirkungen durch die Lebensmittel zu minimieren und gleichzeitig ein hochwertiges Essen anzubieten:

- Regionale Produkte aus der Saison werden bevorzugt.
- Immer mehr werden auch vegetarische und vegane Gerichte angeboten.
- Die Planung der Essensmengen sollte so erfolgen, dass nicht zu viele Nahrungsmittel entsorgt werden müssen. Verbliebene Reste sollten möglichst zur Verköstigung von Bedürftigen eingesetzt werden („Tafel"-Projekte).
- Das gesamte Catering oder Teile davon sollten auch in zertifizierter Bioqualität angeboten werden.
- Fair gehandelte Produkte wie Kaffee oder Tee werden genutzt.
- Getränke von regionalen Anbietern werden gestellt.
- Lebensmittel führen teilweise zu erheblichen Klimawirkungen. Diese steigern sich von Gemüse über Fisch zu Geflügel und Schwein bis hin zu Rindfleisch. Bei der Speiseauswahl sollte dies berücksichtigt werden. Fleischmengen sollten reduziert werden.

5.5   Kommunikation

Das gezielte Veranstaltungsmanagement ist die Basis für eine gelungene umweltgerechte Veranstaltung. Um Kunden und Akteuren das Green-Meeting-Konzept zu vermitteln, ist eine Kommunikation der Maßnahmen erforderlich (Große Ophoff 2009, S. 71–90). Glaubwürdigkeit entsteht erst durch Transparenz:

- Es sollte ein öffentlich zugängliches Umweltkonzept für die Veranstaltung geben.
- Die Veranstaltungsstätte und/oder der Veranstaltungsdienstleister sollten nach Umweltkriterien ausgewählt werden. Dies kann durch entsprechende Zertifizierungen unterstützt werden.
- Verantwortliche für die Umweltaspekte der Veranstaltung sollten benannt werden.
- Die Mitarbeiter sollten entsprechend geschult werden (Kehl 2009).
- Die Maßnahmen für Green Meetings sollten öffentlich – beispielsweise auf der Homepage – kommuniziert werden.
- Die Teilnehmer der Veranstaltung sollten in die nachhaltige Planung und Durchführung der Veranstaltung einbezogen und zu nachhaltigem Handeln angeregt werden.

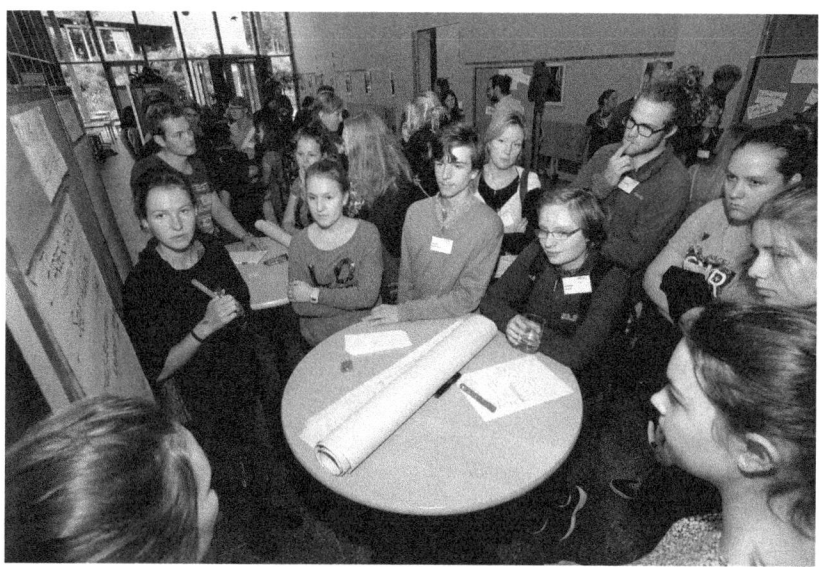

Abb. 3 Jugendkongress „Zukunft selber machen". (Quelle: Deutsche Bundesstiftung Umwelt/Michael Münch)

6 Beispiel Jugendkongress „Zukunft selber machen"

Im Jahr 2015 hat die Deutsche Bundesstiftung Umwelt zusammen mit dem Bundesministerium für Umwelt, Naturschutz, Bau und Reaktorsicherheit einen Jugendkongress zum Thema „nachhaltige Entwicklung" durchgeführt. An diesem Kongress kann beispielhaft aufgezeigt werden, wie die zuvor genannten Ziele miteinander verbunden werden können.

Die erste Besonderheit bei der Planung dieses Kongresses lag darin, dass der Kongress selbst als ein Teil eines gemeinsam gestalteten Prozesses verstanden wurde (Abb. 3). Die jungen Teilnehmer wurden sowohl in die Vorbereitung als auch in die auf den Kongress folgenden Schritte einbezogen.

Zu Beginn der Planung gab es nicht viel mehr als ein Thema, ein Budget und den Plan, die Zielgruppe möglichst umfassend zu beteiligen, um bei den Teilnehmern eine nachhaltige Wirkung zu erzielen. Als erster Schritt wurde dazu ein Vorbereitungsteam mit rund zwölf jungen Leuten gebildet, die sich bereit erklärten, den Kongress vorzubereiten.

In einem ersten Workshop wurden das Konzept und der Titel des Kongresses entwickelt. In einem dreitägigen Kongress sollten sich rund 150 Jugendliche aus ganz Deutschland treffen und ihre eigenen Vorstellungen für eine nachhaltige Zukunft entwickeln. Ziel war es dabei, die Forderungen und Wünsche der jungen Leute zu formulieren und dies an Politik und Verwaltung zu richten. Darüber hinaus wollten sie aber auch

eigene Ideen entwickeln und umsetzen. Ein Teil des Budgets wurde dann dafür eingesetzt, entsprechende Projektideen nach dem Kongress zu realisieren. Aus diesen Überlegungen heraus entwickelten die Jugendlichen auch den Titel des Kongresses „Zukunft
selber machen – junge Ideen für Nachhaltigkeit".

In zwei weiteren Workshops und mehreren Telefonkonferenzen wurde dann das
detaillierte Konzept entwickelt. Die jungen Mitglieder des Vorbereitungsteams übernah-
men dabei die folgenden Aufgaben:

- Auswahl der Veranstaltungs- und Moderationsformate
- Entwicklung des Konzepts für die umweltfreundliche Durchführung (umweltfreund-
  liche Verkehrsmittel und eine vegetarisch/vegane Ernährung waren für die jungen
  Leute selbstverständlich)
- Auswahl von Referenten und Teilnehmern für die Diskussionsrunden
- Entwicklung eines Konzepts für die Qualifizierung des Vorbereitungsteams und der
  Teilnehmer

Eine wichtige Entscheidung der Jugendlichen betraf die Moderation. Auch hier wollten
sie den Titel des Kongresses ernst nehmen und die Aufgaben selbst in die Hand nehmen.
Es wurde somit kein Geld für einen professionellen Moderator ausgegeben. Stattdessen
erhielt das Vorbereitungsteam ein spezielles Moderationstraining und ein Coaching während des Kongresses. Alle Moderationsaufgaben, vom Thementisch beim World-Café bis
zur Diskussionsrunde mit prominenten Bundespolitikern moderierten dann die jungen
Leute selbst. Und gerade dies kam bei den Teilnehmern ganz besonders gut an.

Bei dem Kongress wurden viele Ideen entwickelt, die die jungen Menschen nun
umsetzen. Sie blieben damit auch nach dem Kongress in Kontakt und trugen ihre Ideen
in ihr Umfeld. Aus dem Kongress heraus ist nun die Gründung des Vereins „Zukunft
selber machen – Junge Nachhaltigkeitsideen e. V." entstanden, in dem sich die jungen
Leute nun selbst organisieren und weitere Nachhaltigkeitsideen entwickeln und umsetzen. Aktuell sucht der Verein nach Antworten auf die Frage: „Wie mache ich die Welt
besser?" Er will dazu eine Million Stimmen aus 193 Ländern sammeln und zeigen, dass
Nachhaltigkeit alle etwas angeht und jeder etwas zu nachhaltiger Entwicklung beitragen
kann.

Literatur

BMUB – Bundesministerium für Umwelt, Naturschutz, Bau und Reaktorsicherheit und Umwelt-
    bundesamt (2015) Leitfaden für die nachhaltige Organisation von Veranstaltungen. BMUB,
    Berlin, S 4
Große Ophoff M (2009) Erfolgsfaktoren der Kommunikation von Natur- und Umweltthemen.
    Natur – Nebensache, Luxus oder Kapital?, Deutsche Bundesstiftung Umwelt DBU 2009(9)

Große Ophoff M (2012) Green Meeting & Events – Nachhaltig Tagen in Deutschland. In: Schreiber, MT(Hrsg) Kongresse, Tagungen und Events, Potenziale, Strategien und Trends der Veranstaltungswirtschaft. Oldenbourg Verlag, München

Kehl V (2009) Nachhaltigkeit in der Fortbildung betrieblicher Ausbilder/innen und ausbildender Fachkräfte in der Tourismuswirtschaft. Hampp, München

Meadows D, Meadows D, Randers J, Behrens III WW (1972) The limits to growth. Universe Books, New York

Rockström J et al (2009) A safe operating space for humanity. Nature, Volume 461: 472–475

Spatrisano A, Wilson NJ (2007) Simple steps to green meetings and events, meeting strategies worldwide, meetgreen® corporate. Self-published, Oregon

Steffen W et al (2015) Planetary boundaries: guiding human development on a changing planet. Science 347(6223): 784–787

WBGU (2011) Welt im Wandel – Gesellschaftsvertrag für eine große Transformation. Wissenschaftlicher Beirat der Bundesregierung Globale Umweltveränderungen (WBGU). WBGU, Berlin

Ziele für nachhaltige Entwicklung der Vereinten Nationen (2015) http://www.globalgoals.org/de/. New York

Weiterführende Literatur

DBU (2015) Zukunft selber machen – Junge Ideen für Nachhaltigkeit, Deutsche Bundesstiftung Umwelt. Eigenverlag der DBU, Osnabrück

IPCC (2014) Climate change 2014, international panel on climate change. Cambridge University Press, Cambridge

UNFCCC (2016) United nations framework convention on climate change

Über den Autor

Prof. Dr. Markus Große Ophoff studierte und promovierte im Fach Chemie in Aachen und Bristol 1993 war er beim Umweltbundesamt in Berlin tätig. Ab 1997 leitete er die Öffentlichkeitsarbeit der Deutschen Bundesstiftung Umwelt (DBU). Seit 2001 ist er fachlicher Leiter und Prokurist des Zentrums für Umweltkommunikation (ZUK) der DBU. Seit 2003 ist er Lehrbeauftragter für Veranstaltungsmanagement und Business-Events an der Hochschule Osnabrück. 2014 wurde er zum Honorarprofessor für Veranstaltungsmanagement und Nachhaltigkeitskommunikation an der Hochschule Osnabrück berufen.

Qualitätsmanagement

Aufbau und Sicherung von Qualität mit System

Jörn Raith

Zusammenfassung

Seinen Kunden kontinuierlich sehr gute Leistungen zu bieten, dabei tunlichst keine Fehler zu machen – und das in einem so heterogenen Markt wie dem der Veranstaltungswirtschaft –, muss in jedem Kongressbetrieb zu den wichtigsten Anforderungen an das eigene System gehören.

Funktionierende Qualitätsmanagementsysteme bieten genau das. Und das Ganze obendrein mit mehr Lust – und mit weniger Last. Natürlich bedarf es dabei an jeder Stelle einer selbstkritischen Hinterfragung.

Wie ist die eigene Organisation aufgestellt? Ist das Mitarbeiterzusammenspiel ideal? Wie sieht es mit Doppelarbeit aus? Werden die Arbeitsprozesse im Sinne der Effizienz fortlaufend weiterentwickelt? Können die Mitarbeiter den ständig aktualisierten Kundenanforderungen gerecht werden? Sind die Kunden zufrieden?

Viele Fragen, für die es in einem zertifizierten Qualitätsmanagementsystem (QMS) genau die Antworten gibt, die man von einer zeitgemäßen Organisation erwarten darf und muss.

Ein wesentliches System ist die DIN ISO 9001, die Grundlage eines eigenen QMS-Aufbaus sein kann. Prüfung, Zielsetzung und Zertifizierung sind Elemente einer ganzheitlichen Betrachtung von Qualität beziehungsweise der Einführung und Nutzung eines Qualitätsmanagementsystems.

J. Raith (✉)
Oberhausen, Deutschland
E-Mail: joern@raith.org

© Springer Fachmedien Wiesbaden GmbH 2017
C. Bühnert und S. Luppold (Hrsg.), *Praxishandbuch Kongress-, Tagungs- und Konferenzmanagement*, DOI 10.1007/978-3-658-08309-0_53

Vorbemerkung des Autors

„Qualität inklusive." Mit ähnlichen Aussagen werben viele Organisationen für ihre Produkte und Dienstleistungen. Dies in der Hoffnung, damit schon genug getan zu haben, um den Kunden zu begeistern und ihn an das Kongressangebot zu binden.

Das ist vom Grundsatz her betrachtet durchaus richtig. Denn jede Organisation verfügt über irgendeine Form eines Qualitätsmanagementsystems.

Aber kann und darf man in jeder Form damit werben? Kann man! Man sollte allerdings davon ausgehen, dass der Kunde die Aussagen auch überprüft. Und dann? Dann geht oftmals die Suche nach neuen Kunden wieder von vorne los. So weit sollte es nicht kommen.

1 Qualitätsmanagementsysteme

Kongress- und Tagungsstätten, PCOs (Professional Congress Organisers) und andere Dienstleister der Veranstaltungswirtschaft oder auch Verbände (mit ihren jeweiligen Veranstaltungsabteilungen) verfolgen unterschiedliche Ansätze hinsichtlich ihrer qualitativen Ausrichtung.

Einige konzentrieren sich auf die qualitative Bewertung einzelner Bereiche (beispielsweise Umwelt, Nachhaltigkeit). Andere vertrauen reinen Funktionsüberprüfungen (Eignung als Veranstaltungsstätte, Raumprüfungen) oder Mitarbeiterchecks (Servicequalitätsprüfung).

Komplexer gestalten sich Gesamtorganisationssysteme. Diese inkludieren oftmals die vorgenannten Themen und gehen auf die Wechselwirkungen im Besonderen ein.

1.1 Unterschiedliche Systeme – unterschiedliche Ausrichtungen: Beispiele für relevante Regelwerke

Qualität (übergeordnet)

- ISO 9001: Qualitätsmanagementsysteme – Anforderungen; die internationale Norm ist Teil der Normfamilie ISO 9000 ff. Sie legt branchenübergreifend Anforderungen an ein Qualitätsmanagementsystem fest, und zwar für eine nachhaltige Entwicklung und zur Steigerung der Gesamtleistung einer Organisation.

Qualität (Industrie)

- ISO/TS 16949: Qualitätsmanagement bei Automobilzulieferern; ein Zertifikat nach der Technischen Spezifikation gilt der International Automotive Task Force IATF (Zusammenschluss der großen Automobilhersteller) als Nachweis für die Erfüllung ihrer Anforderungen (Basis ISO 9001).

- EN 9100: Qualitätsmanagementsysteme – Anforderungen an Organisationen der Luftfahrt, Raumfahrt und Verteidigung; von der International Aerospace Quality Group (IAQG) herausgegebener, branchenspezifischer Standard für die Zulieferindustrie (Basis ISO 9001).

Qualität (Gesundheit)

- EN 15224: Dienstleistungen in der Gesundheitsversorgung – Qualitätsmanagementsysteme; Standard für Praxen, Kliniken oder Pflege- und Betreuungseinrichtungen in der Gesundheitsversorgung und im Sozialwesen mit Schwerpunkt auf klinischem Prozess- und Risikomanagement (Basis ISO 9001).
- KTQ: Kooperation für Transparenz und Qualität im Gesundheitswesen; das freiwillige Zertifizierungsverfahren dient zum Beispiel Krankenhäusern und Reha-Einrichtungen als Nachweis für die Einhaltung der gesetzlichen Regelungen gemäß Sozialgesetzbuch V § 137.

Qualität (Bildung)

- ISO 29990: Lerndienstleistungen für die Aus- und Weiterbildung – grundlegende Anforderungen an Dienstleister; die Norm wendet sich an Bildungsanbieter wie Universitäten, Bildungsakademien oder Einrichtungen für die betriebliche Weiterbildung und legt dabei den Fokus auf die Qualität der Lerndienstleistung (mit ISO 9001 kombinierbar).
- AZAV: Akkreditierungs- und Zulassungsverordnung Arbeitsförderung; das Zertifikat gemäß der Verordnung AZAV, ausgestellt von einer fachkundigen Stelle, dient Bildungseinrichtungen als Nachweis, um Arbeitsförderungsmaßnahmen von der Bundesagentur für Arbeit vergütet zu bekommen (mit ISO 9001 kombinierbar).

Qualität (Verbände etc.)

- degefest-Tagungsstättenprüfung: Raum- und Prozessprüfung unter Berücksichtigung bestehender Systeme; die degefest-Prüfung hat das Ziel, für Veranstalter von Bildungsveranstaltungen die Standards zu definieren und zu bewerten, welche die Tagungsqualität für die Teilnehmer erhöhen und zu einer erfolgreichen Veranstaltung führen. Initiator: degefest, Verband der Kongress- und Seminarwirtschaft (www.degefest.de).
- Servicequalität Deutschland: eigenständiges System des Berliner Vereins ServiceQualität Deutschland (SQD) e. V.; das Regelwerk ebnet Organisationen aus Einzelhandel, Dienstleistung und Tourismus den Weg zu nachhaltig und kontinuierlich verbesserter Servicequalität und ist die ideale Basis für die Implementierung von „Service Excellence" gemäß DIN SPEC 77224.

Qualität (Excellence)

- DIN SPEC 77224 (Leitfaden): Erzielung von Kundenbegeisterung durch Service Excellence; ein Zertifikat nach DIN SPEC 77224 belegt, dass eine Organisation über ein Kundenbeziehungsmanagement verfügt, das sich mit herausragenden Serviceleistungen vom Wettbewerb abhebt (Basis ISO 9001, Beschwerdemanagement gemäß ISO 10002 ist enthalten).

(DQS GmbH 2016a)

1.2 Qualität durch festgelegte Abläufe

Ganzheitliche Qualitätsmanagementsysteme bieten den Vorteil, dass sie Prozesse in ihrer Komplexität aufgreifen und die Wechselwirkungen im Zusammenspiel der (internen und externen) Mitarbeiter sowie der Kunden beschreiben und festlegen. Gerade im Bereich der Kongresse, Tagungen und Konferenzen lässt sich dies über Veranstaltungsabläufe organisieren, denn diese folgen wiederkehrenden Mustern.

Der Ablaufstrang in Abb. 1 bietet genau die Basis, um ein wirkungsvolles Qualitätsmanagementsystem aufzubauen. Dabei muss sichergestellt werden, dass die Abläufe in ihrer – jeweils aktuellsten – Bestform festzuschreiben und diese gleichsam fortlaufend weiterzuentwickeln sind.

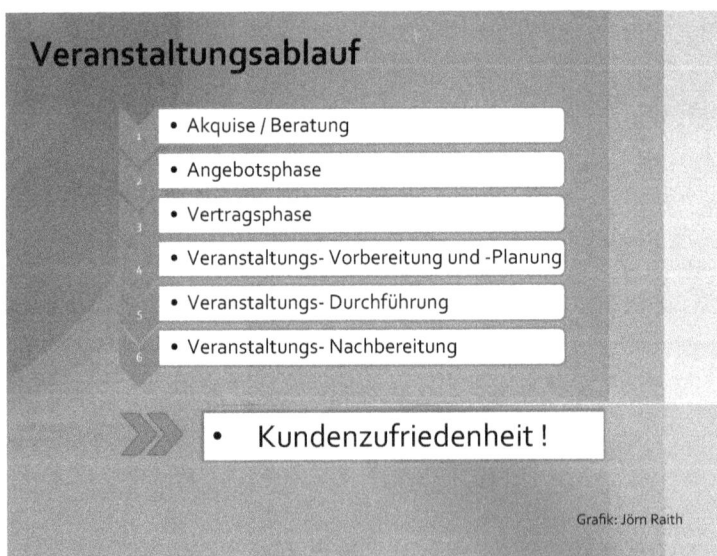

Abb. 1 Veranstaltungsablauf. (Quelle: eigene Darstellung)

„Die Einführung eines Qualitätsmanagementsystems verfolgt die Absicht, Rahmenbedingungen und Arbeitsabläufe eines Unternehmens so zu gestalten, dass sich auf ressourcensparende Art fehlerfreie Produkte und Dienstleistungen erzeugen lassen.

Beweggründe, warum sich Unternehmer für die Einführung eines Qualitätsmanagementsystems entscheiden:

- Ersparnis von Zeit und Kosten
- Steigerung der Kundenzufriedenheit
- Erhöhung der Produktqualität
- Risikoreduktion
- Erhöhung der Transparenz
- Verbesserung der Reputation
- Synergien durch ‚Best Practices‘
- Marktzugänge und Wettbewerbsvorteil
- Qualitätsmanagementsysteme ermöglichen solides Wachstum" (Weidner 2014, S. 18 ff.)

Funktionierende und anerkannte Qualitätsmanagementsysteme sorgen gleichsam für Vorteile für die Anbieter (Häuser) und die Bieter (Kunden) in der Veranstaltungswirtschaft, denn auch der Bieter will sich auf die Aussagen der Kongress- und Veranstaltungsstätte respektive des Kongressveranstalters verlassen. Kunden erwarten einen Prozessablauf, der in sich geschlossen und von Kontinuität geprägt ist, damit sie ihr Produkt adäquat platzieren können.

2 ISO 9001

„Eine nach ISO 9001 zertifizierte Organisation hat, neben zahlreichen Zeit- und Kostenvorteilen, die Möglichkeit, mit anderen zertifizierten Unternehmen langfristig effiziente Geschäftsbeziehungen zu pflegen und den höchsten Qualitätsstandard vom Zulieferer bis zum Endkunden zu garantieren" (Raith 2012, S. 98).

Mit der ISO 9001 bietet sich ein Qualitätsmanagementsystem an, das an Mindestanforderungen geknüpft ist, die jeder – Kongresshaus, PCO, Verband etc. – bieten sollte, um im Markt der Veranstaltungswirtschaft erfolgreich zu sein. Das System beschreibt, wie Produkte und Dienstleistungen bereitgestellt werden, um die Kundenerwartungen vollumfänglich zu erfüllen. Gleichzeitig setzt die ISO 9001 voraus, dass das System fortlaufende Verbesserungsprozesse unterstützt. Bei allen Vorgaben, die der Normerfüllung dienen, fördert die ISO 9001 das selbst aufgestellte Qualitätsmanagementsystem. Damit ist sichergestellt, dass die eigene Organisation mit ihren individuellen Mitarbeitern, mit den unterschiedlichen Arbeitsabläufen und den am Gesamtprozess teilhabenden

Stakeholdern weiterhin nach ihrer Ausrichtung arbeiten kann. Gleichzeitig fördert die ISO 9001 Optimierungen in den Prozessabläufen.

2.1   Die Normenreihe ISO 9000 ff. – ein historischer Abriss

Die Normenreihe ISO 9000 ff. geht auf die im Jahre 1979 von der Organisation BSI (British Standard Institution) vorgelegte, weltweit erste Qualitätsmanagementnorm BS 5750 zurück. 1987 veröffentlichte die kurz nach dem Zweiten Weltkrieg gegründete ISO (International Organization for Standardization) mit Sitz in Genf nach rund dreijähriger Vorarbeit die erste Ausgabe der internationalen Normenreihe. ISO 9001 war zunächst in erster Linie für vertragliche Zwecke vorgesehen, konnte jedoch ebenfalls für die Begutachtung und Zertifizierung durch unabhängige Dritte genutzt werden, was letztlich auch zur Gründung der DQS führte.

Die erste Überarbeitung der Qualitätsnorm wurde 1994 durchgeführt und brachte hauptsächlich redaktionelle Änderungen hervor. Im Jahr 2000 fand dann eine grundlegende Umstellung auf prozessorientierte Qualitätsmanagementsysteme unter Verwendung des PDCA-Zyklus (Plan – Do – Check – Act) samt kontinuierlicher Verbesserung statt. Die Normen ISO 9002 und ISO 9003, die auf Teilbereiche fokussierten, waren verzichtbar geworden und wurden im Zuge dieser Revision zurückgezogen. Die nächste (redaktionelle) Überarbeitung erfolgte im Jahr 2008, ohne nennenswerte inhaltliche Änderungen.

Die aktuelle Revision von ISO 9001 – ein Überblick zu den Änderungen

Der bisherige Höhepunkt der Entwicklung der Norm wurde mit der Revision von 2015 erreicht. ISO 9001 erhielt mit der neuen Grundstruktur für Managementsystemnormen (High Level Structure – HLS) einen komplett neuen Aufbau und eine neue Reihenfolge der Kapitel. Dieser Aufbau ist bei allen Managementsystemnormen der ISO seit 2012 gleich und erleichtert so die Integration in das Managementsystem einer Organisation; mit der Grundstruktur wurden auch neue Kapitel in die Norm aufgenommen. Insgesamt ist die Revision geprägt von höheren Freiheitsgraden, die ISO 9001 den Anwendern nun gewährt und einem risikobasierten Ansatz, der die neue Norm wie ein roter Faden durchzieht.

Wichtige Neuerungen stecken in den Anforderungen hinsichtlich des Kontexts der Organisation (4.1), in denen es unter anderem um die Ermittlung von Sachverhalten und Anforderungen geht, die sich sowohl auf die Planung und Entwicklung des Qualitätsmanagementsystems auswirken können als auch auf dessen Fähigkeit, beabsichtigte Ergebnisse zu erzielen. Die Ermittlung der Bedürfnisse und Erwartungen der interessierten Parteien (Stakeholder-Ansatz) wurde als Kapitel 4.2 aus der ISO 9000:2009 in die neue Norm übernommen. Auch Prozessorientierung ist mit der Revision nun zur Pflicht geworden. Die Anforderung nach „sechs dokumentierten Verfahren" wurde ersetzt durch die Anforderung nach einem dokumentierten Prozessmanagement. Die wichtigste Neuerung hierbei: die Ermittlung von „Leistungsindikatoren" (Kennzahlen) zur Prozesssteuerung (DQS GmbH 2016c).

Neu ist die größere Verantwortung, die der obersten Leitung mit der Übernahme der sogenannten „Rechenschaftspflicht" für das Qualitätsmanagementsystem auferlegt wurde. Gleichzeitig wird kein „Beauftragter der obersten Leitung" mehr gefordert (5.3), was aber nicht bedeutet, dass der Qualitätsmanagement-Beauftragte (QMB) damit abgeschafft werden muss. Der risikobasierte Ansatz (6.1) soll Organisationen mit der Ermittlung von Risiken und Chancen in die Lage versetzen, gewünschte Ergebnisse zu erreichen, unerwünschte Auswirkungen zu vermeiden oder zu verringern und eine fortlaufende Verbesserung umzusetzen. Die Implementierung eines entsprechenden Prozesses wird dabei allerdings nicht gefordert (DQS GmbH 2016c).

Das Kapitel „Wissen der Organisation" (7.1.6) ist ebenfalls neu. Es fordert die Bestimmung, die Vermittlung und auch die Sicherung des Wissens, das zur Durchführung der Prozesse und zur Erreichung der Konformität von Produkten und Dienstleistungen notwendig ist. Das damit verknüpfte Kapitel „Dokumentierte Information" (7.5) behandelt den Umgang mit Information[en], also auch mit Wissen. Was früher „Verfahren, Dokumente und Aufzeichnungen" hieß, wird jetzt mit dem Sammelbegriff „Dokumentierte Information" belegt. Für das Qualitätsmanagementsystem relevante Informationen müssen gelenkt und aufrechterhalten beziehungsweise aufbewahrt werden. Welche Informationen das sind, entscheidet die Organisation selbst. In welchem Zusammenhang dokumentierte Information mit welchem Status stattfinden muss, geht aus den einzelnen Anforderungen der Norm hervor. Wie und wo dokumentiert wird, ist ebenfalls Sache der Organisation, ein Qualitätsmanagement-Handbuch wird dafür nicht mehr gefordert (DQS GmbH 2016c).

2.2   Die Normfamilie ISO 9000 ff. – die wichtigsten Mitglieder

ISO 9000 – Grundlagen und Begriffe

Die Norm dient der Unterstützung von Organisationen bei der Einführung und dem Umgang mit Qualitätsmanagementsystemen. Es werden Grundlagen erlautert und Begriffe definiert und erklärt. Wesentliche Themen werden als die sieben Grundsätze des Qualitätsmanagements beschrieben: Kundenorientierung, Führung, Einbeziehung von Personen, prozessorientierter Ansatz, Verbesserung, faktengestützte Entscheidungsfindung und Beziehungsmanagement. Die aktuelle Version: ISO 9000:2015.

ISO 9001 – Anforderungen

Die branchenübergreifende Norm legt die Anforderungen an ein Qualitätsmanagementsystem fest und stellt die Grundlage für die Erteilung von Zertifikaten.

ISO 9004 – Leitfaden zur Leistungsverbesserung

Der Leitfaden (Leiten und Lenken für den nachhaltigen Erfolg) basiert auf den Grundsätzen von ISO 9001 und gibt Empfehlungen beziehungsweise Anregungen zur Einführung und zur Verbesserung von Qualitätsmanagementsystemen. Er ist eine hilfreiche Ergänzung und gibt Hilfestellung bei der Norminterpretation. Die aktuelle Version des Leitfadens: ISO 9004:2009.[1]

3   Eigener Systemaufbau

Der Schritt zu einem zertifizierten Qualitätsmanagementsystem (Zertifizierung) ist oft einfacher als man zunächst vermutet. Denn es geht bei der Einführung eines Qualitätsmanagementsystems nicht darum, ein von außen eingebrachtes System zu übernehmen.

Kongress- und Tagungsstätten und professionelle Veranstalter unterscheiden sich in vielerlei Hinsicht. Mitarbeiter haben unterschiedliche Kompetenzen und Fähigkeiten. Die Abläufe in den Kongresshäusern differieren genauso wie die der Kongressveranstalter. Gremien im Hintergrund verfolgen unterschiedliche Interessen. Das Veranstaltungsportfolio ist in jeder Organisation anders und damit auch die Anforderungen an die Abläufe.

Vor diesem Hintergrund sollte sich jede Organisation ein eigenes und damit maßgeschneidertes Qualitätsmanagementsystem aufbauen. Es ist damit passgenau.

Dennoch ist zu beachten, dass die Organisation Regeln einhalten muss, um das Qualitätsmanagementsystem nach ISO 9001 überprüfbar zu machen. International festgelegte Kriterien sind in den Normanforderungen beschrieben und gelten quasi als „Spielregeln". „Qualität ist das Übereinstimmen von Produkten und/oder Dienstleistungen mit den *vereinbarten Anforderungen*. Das System, das Qualität bewirkt, heißt *Vorbeugung*. Der Leistungsstandard für Qualität heißt *null Fehler*. Der Maßstab für Qualität ist der *Preis der Abweichung*" (Weidner 2014, S. 27 ff.).

4   Prüfer

Es gibt unterschiedliche Qualitätsmanagementsysteme. Sie zu prüfen und damit zu bestätigen, ist die Aufgabe unabhängiger Zertifizierungsunternehmen. Diese Zertifizierer begutachten die Organisation mit ihren Prozessen, Schnittstellen und Methoden, ob

---

[1]Die Aufstellungen in 2.1 und 2.2 wurden zur Verfügung gestellt von der DQS GmbH, Frankfurt am Main: Die DQS – Deutsche Gesellschaft zur Zertifizierung von Managementsystemen wurde am 1. Februar 1985 vom DIN – Deutsches Institut für Normung und von der DGQ – Deutsche Gesellschaft für Qualität e. V. als erste deutsche und weltweit dritte Zertifizierungsgesellschaft gegründet. Die Gründung ist eng verknüpft mit der Entwicklung der ISO-9000-Familie, deren erste Entwürfe ein knappes halbes Jahr später vorgelegt wurden. Es war die Absicht der Gründergesellschafter, die deutsche Wirtschaft durch unabhängige Begutachtung und Zertifizierung von Managementsystemen nach einheitlichen Regeln zu fördern. Die DQS liefert den Verantwortlichen Erkenntnisse, Informationen und Impulse aus den von ihr durchgeführten Audits, zeigt Stärken und Potenziale auf und legt Handlungsoptionen dar.

die Anforderungen der Kunden, aber auch die Forderungen der eigenen Qualitätspolitik erfüllbar sind. Die erste deutsche Zertifizierungsgesellschaft ist die 1985 gegründete DQS.

5 Zielsetzung

Der Kunde kostet Qualität. Ein Satz, ein Motiv, eine Forderung. Verständlich und tiefsinnig zugleich. Aber es geht um mehr. Qualität muss immer wieder gleich erlebbar sein. Diese zu verstetigen und weiterzuentwickeln, ist das oberste Prinzip im Qualitätsmanagementsystem.

Und das gilt zugleich nach außen für die Kunden und Teilnehmer einer Veranstaltung wie auch nach innen für die Mitarbeiter. Qualitätsziele leiten sich in der Regel von der Qualitätspolitik ab. Qualitätsziele müssen immer messbar und überprüfbar sein. Das betrifft die Zielerreichung der Mitarbeiter gleichermaßen wie die Umsatz- und Kundenzufriedenheitsziele der gesamten Organisation.

Wenn auch die Leistungsmaxime im Vordergrund steht, so sollte die Organisation die weichen von den harten Faktoren zu unterscheiden wissen – und damit zu gewichten.

Zu den harten Faktoren zählen beispielsweise der Einsatz der Mitarbeiter (Zusammenspiel, Vermeidung von Doppelarbeit) und eine gleichbleibende, überprüfbare Qualität der gesamten Organisation hinsichtlich ihrer Produkte und Dienstleistungen.

Der PR-Wert eines zertifizierten Qualitätsmanagementsystems wird dabei eher den weichen Faktoren zugerechnet. Gerade im Bereich der Gremienarbeit ist dieser Faktor dennoch nicht zu unterschätzen. Selbiges gilt für das Marketing insgesamt.

6 Aufbau

Um einen höchstmöglichen Leistungsstandard bei der Durchführung von Veranstaltungen zu realisieren, verpflichtet sich die Leitung, ein Qualitätsmanagementsystem einzuführen und aufrechtzuerhalten, das den hohen Anforderungen der ISO 9001 entspricht.

Beispiel einer Verpflichtungserklärung der obersten Leitung

„Ich beabsichtige, ein stets aktuell zu haltendes Qualitätsmanagement-Handbuch einzuführen, das für alle Mitarbeiter verpflichtend ist. Die Leitung ist verantwortlich dafür, dass die Forderungen/Anforderungen an das Qualitätsmanagementsystem den Mitarbeitern in ausreichendem Maße bekannt gemacht und bei der Erfüllung der Aufgaben berücksichtigt werden.

Weiterhin werde ich einen Qualitätsmanagement-Beauftragten benennen. Führungskräfte und Mitarbeiter sind gleichermaßen verpflichtet, bei Abweichungen rechtzeitig den Qualitätsmanagement-Beauftragten zu benachrichtigen und gegebenenfalls eine Änderung der festgelegten Maßnahmen zu veranlassen."

Der Aufbau eines Qualitätsmanagementsystems obliegt immer der jeweiligen Organisation. Damit wird sichergestellt, dass die Organisation ihr eigenes Qualitätsmanagementsystem entwickelt und kein von außen vorgegebenes System übernehmen muss.

Gleichwohl muss der Aufbau den Grundlagen der ISO 9001 entsprechen, um es überprüfbar zu machen und mit einem Qualitätszertifikat ausstatten zu können.

Am Anfang steht der Plan. Es gilt, Abläufe zu strukturieren und das Zusammenspiel der unterschiedlichen Fachbereiche damit zu fördern. Gerade in einem so heterogenen Markt wie dem der Veranstaltungswirtschaft ist es wichtig, die hochwertigen Dienstleistungen zu stabilisieren und weiterzuentwickeln. Gleichzeitig können die ineffizienten und damit verbesserungswürdigen Leistungen identifiziert und verbessert werden.

6.1   Vom Selbstverständnis der Organisation

„Ein Qualitätsmanagementsystem ist eine Art Kompass. Es schafft Orientierung und Transparenz auf dem Weg zum unternehmerischen Ziel" (Weidner 2014, S. 39). Verantwortliche müssen sich fragen: „Verstehe ich meine Organisation? Erkenne ich die Erfordernisse und die Erwartungen der interessierten Parteien und der handelnden Personen?" Das Qualitätsmanagementsystem nach ISO 9001 lässt sich auf die gesamte Organisation anwenden. Das ist für den ersten Schritt in das Qualitätsmanagementsystem sicherlich mit „ganz großer Kunst" gleichzusetzen. Aber darum geht es zunächst eigentlich nicht. Die Frage muss lauten: „Wofür stehe ich mit meiner Qualität?" Die Symbiose aus Kundeninteresse/-bedürfnis und der Mitarbeiterorganisation macht die Mischung. Auch wenn Verantwortliche bis ins letzte Detail (Zusammenspiel mit Ämtern etc.) alles in ihr Qualitätsmanagementsystem einbringen können, so dürfen sie doch nicht vergessen, den eigentlichen Sinn des eigenen Qualitätsmanagementsystems aus den Augen zu verlieren. Diesen Anwendungsbereich nennt man Scope.

Beispiel-Scope

„Beratung, Planung und Durchführung von Veranstaltungen unter Einbeziehung aller relevanten Dienstleistungen der Veranstaltungswirtschaft."

Ist der Anwendungsbereich definiert, sind die Prozessgrundlagen (Kern- und Stützprozesse, Verfahrensbeschreibungen) festzulegen, um das Qualitätsmanagementsystem zu strukturieren. Dabei stellt die Prozessgüte bei der Entwicklung von Veranstaltungen mit dem Kunden einen wesentlichen Erfolgsfaktor dar. Das betrifft die kontinuierlichen Umsetzungen eigener Vorgaben, das betrifft den Umgang mit (Sonder-)Wünschen des Kunden, das betrifft aber auch die Einhaltung von behördlichen und gesetzlichen Auflagen.

6.2 Organisations-Führung lebt vor

Den Startschuss für die Einführung eines Qualitätsmanagementsystems muss die oberste Leitung vorgeben. Das muss sie in selbstverpflichtender Form tun (siehe auch 6). Gleichzeitig sind alle Mitarbeiter einzubinden, denn das abgegebene Qualitätsversprechen darf sich nicht nur auf die Leitung konzentrieren. Vielmehr müssen gerade auch die Mitarbeiter, und damit die ganze Organisation, dazu verpflichtet werden.

Da bei den ISO-9001-Grundsätzen vor allem die Kundenorientierung im Vordergrund steht, lässt sich an dieser Stelle die Qualitätspolitik ableiten. Sie stellt dabei im Gegenteil zur Preispolitik einen Wettbewerbsvorteil dar. Dabei ist wichtig, dass die Qualitätspolitik immer im Einklang mit der strategischen Ausrichtung der Organisation steht. Eine Dissonanz wäre fatal.

Um sämtliche Vorteile, die sich aus einem Qualitätsmanagementsystem ergeben, schon frühestmöglich nutzen zu können, muss die Organisation aus der Qualitätspolitik Qualitätsziele ableiten und diese veröffentlichen (beispielsweise auf den eigenen Internetseiten). Gerade in diesem Bereich kann sich die besondere Bedeutung der Kundenorientierung zeigen. Der Kunde muss die Qualität spüren.

In diesem frühen Stadium gilt es, auch die Administrationsaufgaben zum Qualitätsmanagementsystem festzulegen. Wer spielt welche Rolle? Dabei kann sich die Führung der grundsätzlichen Verantwortung nicht entziehen. Sie kann aber einen Qualitätsmanagement-Beauftragten bestimmen, der sich um die Rahmenbedingungen kümmert. Dafür gilt es, zeitliche Ressourcen zur Verfügung zu stellen. Erfahrungsgemäß ist der Aufwand hierfür nicht allzu groß. Das gilt allerdings erst, wenn das Qualitätsmanagementsystem steht – und bestenfalls zertifiziert ist.

Ebenfalls muss die Leitung festlegen, wer zu den besonderen Verantwortungsträgern zählt und wer welche Befugnisse zugesprochen bekommt.

6.3 Qualitätsmanagementsystem-Planung(en)

Ebenfalls im frühen Stadium gilt es festzulegen, wie die Organisation mit Risiken, aber auch mit Chancen umgeht. Die ISO 9001 entfaltet gerade hier ihre Stärken. Risiken und Chancen begleiten Unternehmen fortlaufend. Sich auf diese systematisch vorzubereiten und Lösungsansätze parat zu haben, macht ein gutes Qualitätsmanagementsystem aus.

Risikobasiertes – aber auch Chancen bringendes – Denken prägt die ISO 9001. Folgende Fragen sollten sich Verantwortliche stellen: „Bedenke ich bei allem Handeln mögliche Risiken? Gibt es für unsere Organisation Hilfestellungen, die mich dabei unterstützen, Risiken abzuwenden? Wie gehe ich damit um, wenn sie trotzdem eintreten? Welche Chancen können sich für meine Unternehmung nach einem Risiko respektive nach einer Risikovermeidung ergeben, die ich in mein Qualitätsmanagementsystem fest einbinde?".

Thema: Abgestimmte Ablaufpläne müssen im Auftrag des Kunden während
                    des Kongresses verändert werden.
Risiko/Chance: Die Veranstaltungsdramaturgie droht zu scheitern; Mitarbeiterpläne
                    verlieren an Bedeutung. Kann ich im Vorfeld bereits Alternativsze-
                    narien mit dem Kunden entwickeln?

Die eigenen Qualitätsziele zu erreichen, darf kein Zufallsergebnis sein. Vor diesem Hintergrund gilt Folgendes:

- Qualitätsziele müssen vorab geplant werden.
- Qualitätsziele sind im Gegensatz zur komplexeren Qualitätspolitik Zwischenschritte.
- Qualitätsziele müssen messbar sein. Dazu bedarf es einer fixen Terminierung.

Thema: Weiterbildung im EDV-/IT-Bereich
Qualitätsziel: Um in sechs Monaten für den Veranstalter (Kunden) einen quali-
                    fizierten Ansprechpartner für die erweiterte EDV-/IT-Technik ein-
                    satzbereit zu haben, bedarf es einer fachlichen Zusatzausbildung
                    für einen in diesem Bereich tätigen technischen Mitarbeiter.

Das Qualitätsmanagementsystem lebt von der laufenden Veränderung. Gerade die, die in
der Veranstaltungswirtschaft ihre Profession haben, wissen dies zu bestätigen. Der Wille
und die Bereitschaft zur bestmöglichen Qualität sind da nur allzu verständlich – und
angebracht.

6.4   Alleine geht gar nichts

Die besondere Bedeutung eines leistungsstarken Teams findet in der ISO 9001 ihre
Bestätigung.

„Kollektive Kompetenz durch individuelle Förderung" – so lautet eine Aussage des
Kongress- und Eventparks Stadthalle Hagen GmbH zur unternehmenseigenen Per-
sonalförderung. Damit wird schon im Slogan umschrieben, worum es geht. Interne
und externe Schulungen werden in einem Schulungsplan festgehalten und fortlaufend
aktualisiert. Die Mitarbeiter nehmen aktiv an der Planung teil. Nicht zuletzt erkennen sie auch, dass diese Schulungen der eigenen Förderung gelten. Das im Fokus
stehende Ziel ist die Besetzung aller geplanten Arbeitsplätze mit fachkompetenten
Mitarbeitern.

Personelle Infrastruktur

Zur Ermittlung der personellen Infrastruktur bedarf es der Anwendung eines Kompetenzmanagementsystems. Dabei gilt es:

- die Mitarbeiterfähigkeiten und -fertigkeiten zu ermitteln,
- die Mitarbeiterkompetenzen zur strategischen Weiterentwicklung der Unternehmung zu nutzen,
- die optimale Nutzung der Personalressourcen zu erkennen,
- Unternehmens- und Mitarbeiterziele zu vereinbaren,
- klassische Kernkompetenzmodelle anzuwenden.

Make or buy?

Der Kunde erwartet oftmals Dienstleistungen aus nur einer Hand – und dabei ist es egal, ob diese aus der eigenen Organisation kommen oder es sich um Leistungen handelt, die von externer Seite ergänzt werden. Damit ist zugleich der Mehrwert geschaffen, der benötigt wird, um einerseits den Kundenwünschen nach möglichst vielen Dienstleistungen gerecht zu werden und andererseits, um das Maximale für die eigene Organisation zu erreichen. Dem Preismanagement muss zwangsläufig auch das Qualitätsmanagement folgen. Der Kunde erwartet die identische Qualität, wie er sie von der Kongressstätte, aber auch vom professionellen Veranstalter gewohnt ist. Dabei muss die Qualität zur Unternehmung passen und integrativer Bestandteil im eigenen Qualitätsmanagement sein. Zwar gibt man in Teilen Aufgaben außer Haus; gleichwohl ist man dafür gegenüber dem jeweiligen Veranstalter im Sinne der Qualität genauso verantwortlich wie für die selbst erbrachten Leistungen. Um diese Qualität gewährleisten zu können, bedarf es zur Lenkung vertragliche Vereinbarungen. Weiterhin helfen abgestimmte Prüfmechanismen, dem externen Dienstleister vorab die Möglichkeit zu geben, seine Leistungen bereits in seiner Planphase zu überprüfen.

Lebendige Prozesslandschaft

Das Qualitätsmanagementsystem lebt von einer dynamischen Prozesslandschaft. Deshalb ist es ratsam, dass Prozesse einer einheitlichen Struktur folgen. Das ist wichtig für die Mitarbeiter – auch für die, die an einzelnen Prozessen nicht aktiv teilnehmen; aber ebenfalls für das Zusammenspiel der Mitarbeiter untereinander (wer ist wann für was und wen zuständig/verantwortlich?). „Prozessmanagement lebt von funktionierenden – internen und externen – Kundenbeziehungen. Welche Voraussetzungen müssen dafür im Veranstaltungshaus geschaffen werden? Interne Mitarbeiter sind entweder als (interne) ‚Kunden' oder als (interne) ‚Lieferanten' miteinander verbunden. Dabei werden Leistungen auf der Lieferantenseite erbracht und auf der Kundenseite entgegengenommen und weiterentwickelt. Diese Schnittstellen zwischen internen Kunden und Lieferanten sind äußerst sensibel und bedürfen neben dem Rollenverständnis einer guten Kommunikation und Aufgabendefinition, um fehlerfrei zu funktionieren" (Raith 2012, S. 47).

- **Geschäftsführung:** Ziele- und Strategieentwicklung, Wirtschafts- und Erfolgsplanung
- **Sales-Management (Vertrieb):** Akquise, Beratung und Angebotswesen
- **Eventmanagement (Planung):** Vertragswesen, Administration rund um die Veranstaltung, Nachbearbeitung, Kundenzufriedenheit messen
- **Operation-Management (technische Umsetzung):** Umsetzung der Veranstaltung, Aufbau, Durchführung, Rückbau, Zusammenspiel gastronomisches Management
- **Gastronomisches Management:** Umsetzung der Veranstaltung, Aufbau, Durchführung, Rückbau, Zusammenspiel mit dem Operation-Management
- **Marketingaktivitäten:** Marketing- und PR-Maßnahmen

Wissen der Organisation über die Organisation

Mit dem jährlichen Management-Review der Unternehmung fasst die Leitung alle wichtigen Themen zum Qualitätsmanagementsystem zusammen und stellt dieses Review relevanten Mitarbeitern (vorzugweise aus den Führungsbereichen) zur Verfügung. Im Einzelnen werden darin neben den Kennzahlen des Unternehmens (Kundenstruktur, Kundenzufriedenheit) auch spezielle Informationen sowie Ergebnisse der Vermögens-, Finanz- und Ertragslage sowie die Wirksamkeit des Qualitätsmanagementsystems bewertet.

Wissen festschreiben/dokumentieren

Dokumente, Checklisten und sonstige Aufzeichnungen sowie Prozess- und Verfahrensbeschreibungen bedürfen einer stringenten und damit nachvollziehbaren Ordnung. Die Norm ISO 9001 fordert dies konkret ein. Laufende Veränderungen müssen verständlich hinterlegt werden – sonst wären kontinuierliche Verbesserungsprozesse wirkungslos. Aussagekräftige Schaubilder runden die Dokumentation ab.

Zugang zum Wissen (Mitarbeiterschaft)

Grundsätzliches Wissen, das sich aus dem Qualitätsmanagementsystem ergibt, ist schriftlich zu dokumentieren, um es für alle Bereiche der Organisation leicht verstehbar zu machen. Dieses Wissen sollte weiterhin auch im Qualitätsmanagement-Handbuch zusammengefasst werden. Das Qualitätsmanagement-Handbuch muss nicht unbedingt gedruckt vorliegen; eine digitale Form ist ausreichend und ermöglicht den Mitarbeitern einen schnellen Zugriff. Mitarbeiter werden mit unterschiedlichen Leserechten ausgestattet. So verfügen die Teilnehmer am Qualitätsmanagementsystem mit wenigen Mausklicks über relevantes Wissen. Die digitale Version ist zudem schneller zu aktualisieren.

Veranstaltungsspezifisches Wissen

Eine besondere Bedeutung im Qualitätsmanagementsystem nimmt die eingesetzte Veranstaltungsmanagement-Software ein. In dieser Software sollten alle Informationen zu

Kunden gebündelt und für die relevanten Mitarbeiter sichtbar gemacht werden. Terminkalender, Protokolle und Function-Sheets (Ablaufplan, Agenda) werden im Qualitätsmanagementsystem aktiv eingebunden und garantieren den Zugang zum relevanten Wissen.

6.5   Der Kongress läuft ...

Das Zusammenspiel der handelnden Akteure sollte in Prozessen geplant werden. Dabei kann man den Eindruck gewinnen, dass sich klassische Stellenbeschreibungen zugunsten der Prozessorientierung auflösen. Damit gewinnt das Zusammenspiel der Mitarbeiter untereinander zunehmend an Bedeutung. Schwachstellen werden schnell erkannt und können umgehend abgestellt werden.

Prinzip „Lieferant – Kunde"
Im Vergleich zur klassischen Stellenbeschreibung verfolgt ein Qualitätsmanagementsystem das Ziel, Mitarbeiter an ihren Arbeitsprozessen festzumachen. Damit schaffen die Mitarbeiter mit ihren Leistungen viele Puzzleteile, die in unterschiedlichen Bereichen des Puzzles einzusetzen sind. Gerade in einem so differierenden Arbeitsfeld wie dem der Veranstaltungswirtschaft ist diese Vorgehensweise von besonderer Bedeutung.

Konzentration auf Kern- und Stützprozesse respektive Verfahrensbeschreibungen
Die definierten Prozesse sollten sich nach Kern- und untergeordneten Stützprozessen gliedern. In grafischen Prozessschaubildern sowie in den einzelnen Prozessbeschreibungen sollten die Prozesse mit ihren wechselseitigen Abhängigkeiten und den internen Kunden-/Lieferanten-Beziehungen übersichtlich dargestellt werden. Eine Gesamtdarstellung in Form einer Übersichtsgrafik aller Unternehmensprozesse im Zusammenspiel macht die Wechselwirkung der Prozesse transparent. So wird die eigene Organisation bereichsübergreifend und damit in sich schlüssig – quasi analog zu einem Puzzle – zum Qualitätsmanagementsystem fördernden Schaubild.

Leistungen definieren und vorab bewerten (Preis-Leistungs-Verhältnis)
Das dem Kunden anzubietende Produktportfolio bedarf vorab einer Bewertung. Das ist so weit nichts Neues und ist deshalb keine außergewöhnliche Anforderung der Systemnorm. Wichtig ist, dass die Produkte und Dienstleistungen anforderungsgerecht und damit von besonderem Kundeninteresse sind. Trifft man den konkreten Bedarf des Kunden? Sind die Produkte und Dienstleistungen wettbewerbsgerecht? Kann man sich mit den eigenen Produkten und Dienstleistungen einen Wettbewerbsvorteil sichern? Hat man Änderungsmöglichkeiten eingeplant? Lassen sich die eigenen Produkte und Dienstleistungen weiterentwickeln? Hat man Weiterentwicklungsmöglichkeiten eingeplant? Gehören weiche Faktoren wie Freundlichkeit zu den eigenen Leistungen? Und sind diese auch integrative Bestandteile der Produkt- und Dienstleistungsbeschreibung?

Sollte man externe Dienstleistungen und/oder externe Produkte in die eigenen Leistungen integrieren, so hat man diese in der Prozesskette zu berücksichtigen. Wie steuert man die externen Dienstleister/Dienstleistungen? Und wie bewertet man sie?

Aufschlussreich ist hier eine Definition von Gietl und Labinger:

„Bewertungskriterien extern eingebundener Produkte und Dienstleistungen:
Produktqualität/qualitative Spezifikationen; Preis-Leistungs-Verhältnis; Liefertermineinhaltung; Flexibilität; Freundlichkeit; örtliche Nähe

Beispiele für Bewertungsmethoden:
Kleinunternehmen: jährliche Klassifizierung der Lieferanten in zugelassene und nicht zugelassene durch die Geschäftsführung

Mittelstandsunternehmen: Bewertung des Lieferanten nach jeder Lieferung, Streichen des Lieferanten von der Lieferantenliste bei zwei Fehllieferungen im Jahr

Methoden zur Überwachung der Lieferanten im Audit als Alternative oder Ergänzung zur Wareneingangsprüfung:
Prüfungen beim Lieferanten; Anforderungen von Prüfzertifikaten, Werkszeugnissen etc.; Lieferantenaudits; Prozessfähigkeitsnachweis; Überwachung durch unabhängige Dritte"
(Gietl und Lobinger 2009, S. 272).

6.6 Controlling

Ein begleitendes Controlling (Steuern und Kontrollieren) gehört zum unverzichtbaren Muss eines Qualitätsmanagementsystems nach ISO 9001. Dazu bedarf es einer fortlaufenden Koordination auf unterschiedlichen Ebenen. Dies sollte stets in Abstimmung mit den involvierten Mitarbeitern geschehen.

Laufende Messung der Kundenzufriedenheit
Wesentliche Informationsquellen, um den Grad der Kundenzufriedenheit zu erfassen, sind die Kundenbefragungen während und nach einem Kongress. Zur kontinuierlichen Messung empfiehlt sich ein einheitlicher Fragebogen, der auf alle relevanten Themen eingeht. Dies dient der Bestätigung der erbrachten Qualität, aber auch der fortlaufenden Verbesserung des Qualitätsmanagementsystems.

Aus einer Kundenzufriedenheitsbefragung lassen sich Kennzahlen entwickeln, die für die Zielerreichung maßgeblich sein können. Nachfolgende Musterfragen aus einer Kundenzufriedenheitsbefragung können beispielsweise nach dem Schulbenotungssystem bewertet werden:

- Sind die Erwartungen des Kunden erfüllt worden?
- Wie freundlich sind die Mitarbeiter?
- Wie gut sind Mitarbeiter und Ansprechpartner erreichbar?
- Wie flexibel werden Sonderwünsche/Änderungen berücksichtigt?
- Inwieweit wurden die Kundenerwartungen erfüllt?
- Wie gut sind Licht, Klima, Störungsfreiheit, Ambiente und Ausstattung?
- Wie sauber sind der Veranstaltungsraum und die sanitären Einrichtungen?
- Wie freundlich und wie gut erreichbar sind die Techniker?
- Wie freundlich und wie gut erreichbar sind die gastronomischen Mitarbeiter?
- Wie groß ist das Angebot an Speisen und Getränken?
- Wie gut ist das Preis-Leistungs-Verhältnis?
- Wie zufrieden sind die Teilnehmer?

Fortlaufende Analyse der Ergebnisse

Einer Befragung muss zwangsläufig eine konsequente Auswertung erfolgen. Wo wurde die Organisation als positiv empfunden? Wo gibt es Verbesserungspotenziale? Allein dieser Prozess schafft beim Kunden Vertrauen, denn der Kunde erwartet nach der Befragung im Bedarfsfall auch Veränderungen am System.

Interne, regelmäßig wiederkehrende Qualitätsaudits

Interne Audits sind ein wesentlicher und damit elementarer Bestandteil eines Qualitätsmanagementsystems nach ISO 9001. Regelmäßig wiederkehrend müssen diese geplant und auch bewertet werden. Dabei sind die Audits keine reinen Prüfungsinstrumente. Vielmehr sollen sie helfen, Verbesserungspotenziale zu identifizieren und umzusetzen. Damit unterstützen sie die Weiterentwicklung des eigenen Qualitätsmanagementsystems. „Ein Qualitätsaudit stellt einen systematischen, unabhängigen und dokumentierten Prozess dar. Ziele sind dabei der Auditnachweis sowie die objektive Auswertung, inwieweit die Qualitätskriterien erfüllt sind. Zentrale Frage hierbei ist: Sind die Ziele oder Vorgaben erreicht bzw. erfüllt? Audits können von eigenen Mitarbeitern, von Kunden oder von neutralen externen Stellen durchgeführt werden. Entsprechend kann zwischen internen und externen Audits unterschieden werden. Ein externes Audit erfolgt im Regelfall dann, wenn eine Zertifizierung nach einem bestimmten System angestrebt wird oder ein Kunde ein Audit wünscht. Eine Zertifizierung eines eingeführten Managementsystems weist nach, dass dieses System entsprechend den Vorgaben umgesetzt wurde und funktioniert" (Weidner 2014, S. 193).

6.7 Kontinuierlicher Verbesserungsprozess (KVP)

Ein Qualitätsmanagementsystem nach ISO 9001 ist auf einen KVP ausgerichtet. Es gilt, Abweichungen von der Norm zu identifizieren und abzustellen, auch oder gerade, das Qualitätsmanagementsystem auf Spur zu halten und weiterzuentwickeln. Ständige

Optimierungen tragen ideal zum KVP bei. „Ein Qualitätsmanagementsystem unterstützt die Zusammenarbeit im Unternehmen bereits in der Einführungsphase. Arbeitsabläufe und Ergebnisse werden vor einer Implementation in entsprechenden Teams besprochen und ausgetauscht. Dadurch wird eine lernende Organisation geschaffen, welche auch nach der Qualitätsmanagementsystem-Einführung Bestand hat. Der zugrunde liegende Kontinuierliche Verbesserungsprozess (KVP) ist der Motor weiterer Verbesserungen und Kosteneinsparungen" (Weidner 2014, S. 4).

PDCA-Zyklus – in aller Kürze

Ungeachtet der Kern- und Stützprozesse sollte grundsätzlich jedes Qualitätsmanagementsystem eine sehr wichtige, in sich geschlossene Prozesskette bieten: den sogenannten PDCA-Zyklus: „Der PDCA-Zyklus, auch bekannt als Deming-Kreis, ist integraler Bestandteil eines prozessorientierten Qualitätsmanagementsystems. Der Zyklus wird dabei im Sinn einer fortlaufenden Verbesserung von Produkten oder Dienstleistungen einer Organisation immer wieder durchlaufen. Das englische Plan – Do – Check – Act wird im Allgemeinen mit Planen – Ausführen – Überprüfen – Anpassen übersetzt.

Die Phase ,Plan' bedeutet Planung der Prozesse mit Blick auf Risiken und Chancen – in ISO 9001:2015 sind das die Anforderungen im Kapitel 6 ,Planung'. In die Planung gehen zusätzlich Themen aus den Kapiteln 4, 5 und 7 ein: Kontext der Organisation, Kundenanforderungen, Erfordernisse der interessierten Parteien, Führung und Unterstützung. In der Phase ,Do' werden die Eingaben durch Prozesse zu Ergebnissen (Kapitel 8 ,Betrieb'). Die Phase ,Check' misst die Prozessleistung (Ergebnisse) hinsichtlich Produkten/Dienstleistungen und der Kundenzufriedenheit (Kapitel 9 ,Bewertung der Leistung'). Die Phase ,Act' zielt auf die Umsetzung der Verbesserungen (Kapitel 10 ,Verbesserung'). Im Zentrum des PDCA-Zyklus steht die oberste Leitung mit steuernder Wechselwirkung zu allen vier Phasen (Kapitel 5 ,Führung')" (DQS GmbH 2016a).

Auf dem Weg zum Zertifikat (zur Urkunde)

Der Weg zur finalen Bestätigung, ein Qualitätsmanagementsystem nach ISO 9001 erfolgreich eingeführt zu haben, führt über das Zertifizierungsaudit: „Ein Zertifizierungsaudit ist immer Teil eines auf Dauer angelegten Begutachtungsprozesses. Bei diesem Prozess handelt es sich stets um eine vollumfängliche Systemprüfung und -überwachung, welche mindestens drei Jahre umfasst. (…). Im eigentlichen Zertifizierungsaudit wird die Konformität mit bestimmten Normen oder Regelwerken überprüft und offiziell mit einem Dokument bestätigt – dem Zertifikat. Wesentliche Voraussetzung für eine Zertifizierung ist die unabhängige, unparteiliche und objektive Bewertung durch eine dritte, kompetente Stelle" (DQS GmbH 2016b).

Die Abb. 2 macht diesen Prozess anschaulich.

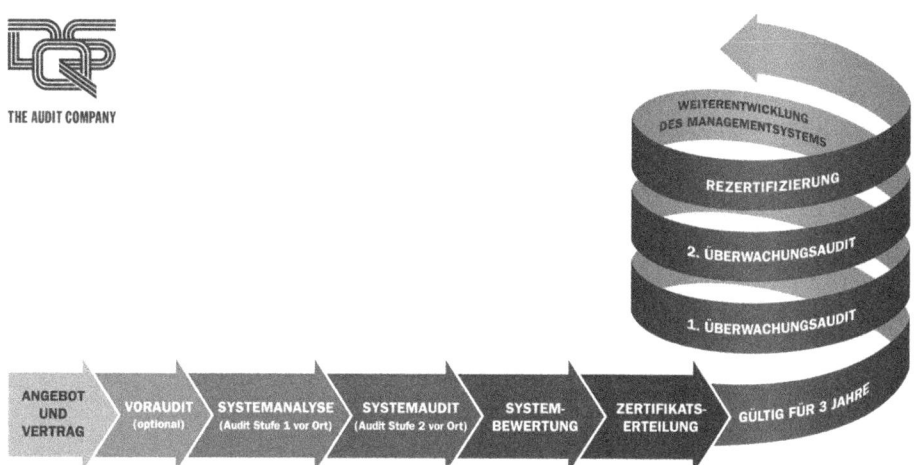

Abb. 2 DQS-Zertifizierungsablauf. (Quelle: DQS GmbH – Deutsche Gesellschaft zur Zertifizierung von Managementsystemen [Herausgeber], Stichwort: DQS-Zertifizierungsablauf, online im
Internet: http://www.dqs.de/fileadmin/files/de2013/Images/Allgemein/DQS_Zertifizierungsablauf.
png, Zugegriffen: 22.06.2016)

7   Zertifizierung/Systembegutachtung

Während die internen Audits von den eigenen Mitarbeitern durchgeführt werden dürfen,
muss man mit dem Zertifizierungsaudit einen unabhängigen Zertifizierer beauftragen. Es
gibt viele unabhängige Zertifizierer. Dazu zählen die DQS, der TÜV, die DEKRA, die
QAS-Company AG und viele weitere.

8   Qualität und Wertigkeit der Arbeit

Arbeitszeit ist ein kostbares Gut. Das muss auch vom Kunden wertgeschätzt werden.
Dabei ist es wichtig, dass nicht nur der Kunde so empfindet. Auch die Mitarbeiter müssen wissen, dass ihre Arbeitszeit bares Geld wert und damit teuer ist. Weiterhin müssen
die unterschiedlichen Stakeholder der Unternehmung die Arbeit wertschätzen. Das ist
umso wichtiger, weil beispielsweise auch die Lieferanten einen wichtigen Platz in der
Prozesskette einnehmen.

   Qualität schafft Begeisterung. Bei den Kunden, bei den Mitarbeitern, bei den Stakeholdern und nicht zuletzt in der Führung.

Literatur

DQS GmbH, Frankfurt am Main (2016a) Schriftliche Empfehlung vom Juni 2016

DQS GmbH, Frankfurt am Main (Hrsg) (2016b) Stichwort: Zertifizierungsaudit. http://www.dqs. de/audits/auditarten.html#item-0. Zugegriffen: 22. Juni 2016

DQS GmbH, Frankfurt am Main (2016c) Stichwort: Die wichtigsten Änderungen. http://www.dqs. de/standards/qualitaet/iso-90012015/iso-90012015-die-wichtigsten-aenderungen/. Zugegriffen: 24. März 2017

Gietl G, Lobinger W (2009) Leitfaden für Qualitätsautoren, 3. Aufl. Hanser, München, S 272

Raith J (2012) Dienstleistungs-Management in Veranstaltungszentren – Vom Raumvermieter zum Inhouse-PCO, In: Luppold S (Hrsg) Reihe Messe-, Kongress- und Eventmanagement. Wissenschaft & Praxis, Sternenfels

Weidner GE (2014) Qualitätsmanagement. Hanser, München

Über den Autor

Jörn Raith ist seit über 30 Jahren in der Veranstaltungswirtschaft aktiv. Seit 17 Jahren ist er Geschäftsführer von Kongress- und Veranstaltungsstätten. Seit 2012 leitet er den „Kongress- und Eventpark Stadthalle Hagen GmbH". Seit 2009 ist Raith Vorsitzender des degefest, des deutschen Fachverbands für die Kongress- und Seminarwirtschaft. Bereits seit 2001 ist er IHK-Prüfungsvorsitzender für den Beruf der Veranstaltungskaufleute. Seit vielen Jahren beschäftigt sich Jörn Raith mit Qualitätsmanagement in Veranstaltungsstätten. Die von ihm geführten Häuser sind erfolgreich ISO-9001-zertifiziert. Darüber hinaus berät er andere Veranstaltungsstätten bei der Einführung und Aufrechterhaltung von Qualitätsmanagementsystemen.

Sachverzeichnis

© Springer Fachmedien Wiesbaden GmbH 2017
C. Bühnert und S. Luppold (Hrsg.), *Praxishandbuch Kongress-, Tagungs- und
Konferenzmanagement*, DOI 10.1007/978-3-658-08309-0